绵陽年鉴

MIANYANG YEARBOOK 2018

绵 阳 市 人 民 政 府　主办
绵阳市地方志办公室　　编

方志出版社
Publishing House of Local Records

图书在版编目（CIP）数据

绵阳年鉴. 2018 / 绵阳市地方志办公室编. —北京：方志出版社，2018.11

ISBN 978-7-5144-3428-6

Ⅰ. ①绵…　Ⅱ. ①绵…　Ⅲ. ①绵阳-2018-年鉴　Ⅳ. ①Z527.13

中国版本图书馆 CIP 数据核字（2018）第 261235 号

绵阳年鉴（2018）

编　　者：绵阳市地方志办公室

责任编辑：罗　滔

出 版 人：冀祥德

出 版 者：方志出版社

地址　北京市朝阳区潘家园东里 9 号（国家方志馆 4 号）

邮编　100021

网址　http://www. fzph.org

发　　行：方志出版社图书经销中心

电话　（010）67110500

经　　销：各地新华书店

印　　刷：成都勤德印务有限公司

开　　本：889×1194　1/16

印　　张：37

字　　数：1262 千字

版　　次：2018 年 11 月第 1 版　2018 年 11 月第 1 次印刷

印　　数：0001~2000 册

ISBN 978-7-5144-3428-6　定价：200. 00 元

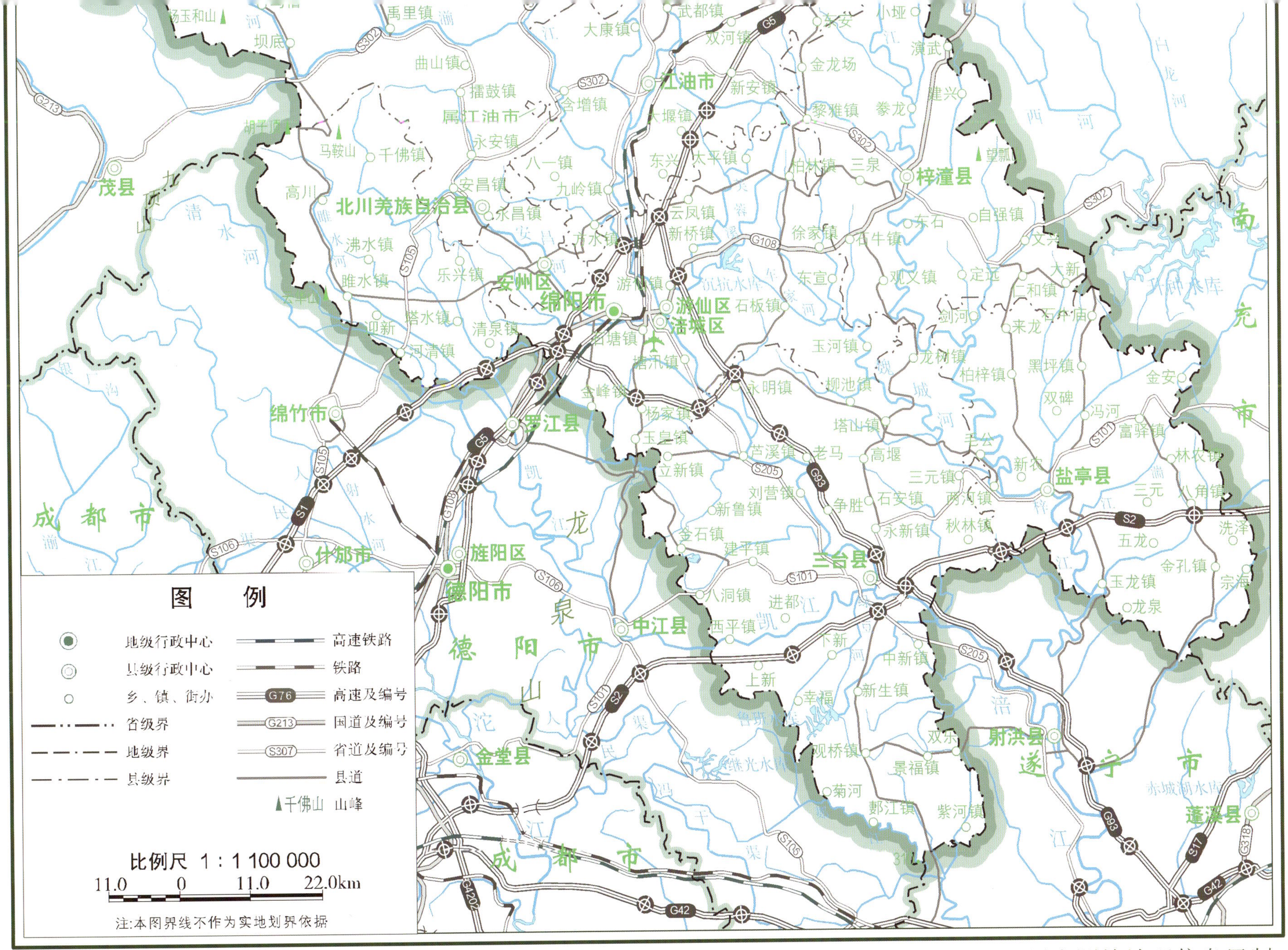

审图号：图川审（2016）018号

2016年5月 四川省测绘地理信息局制

城市荣誉

CITY HONOR

★中国科技城

★全国文明城市

★国家森林城市

★中国优秀旅游城市

★全国科技进步先进市

★全国创业先进城市

★国家电子商务示范城市

★全国首批“三网融合”试点市

★国家产城融合示范区

★国家智慧城市试点市

★国家新型城镇化综合试点市

★全国首批“民生改善十佳典范城市”

★联合国“杰出绿色生态城市”

★国家系统推进全面创新改革试验先行先试区域

★国家卫生城市

★国家环保模范城市

★全国双拥模范城

★全国人民防空先进城市

★国家新型工业化产业示范基地

★国家知识产权示范城市

★全国首批“促进科技和金融结合”试点地区

★国家产融合作试点市

★国家信息消费试点市

★中国幸福城市

★全国新型节水型城市

★联合国“改善居住环境最佳范例城市”

数字绵阳 2017

DIGITAL MIANYANG 2017

辖区面积：20248.48 平方千米
建成区面积：139.1 平方千米
总人口：536.81 万人
城区人口：139.1 万人
常住人口城镇化率：51.01%
年平均气温：16.8℃
空气优良天数：295 天
年平均降水量：886.4 毫米
地区生产总值：2074.75 亿元
规模以上工业增加值增长：10.5%
高新技术产业占工业总产值比重：54.1%
高新技术产值：1701.37 亿元
高新技术企业：新认定 87 家，合计 239 家
战略性新兴产业占工业总产值比重：37.5%
科技城地区生产总值：1476.88 亿元
军民融合企业产值：1530 亿元
军民融合认定企业：新增 85 家，累计 321 家
军民融合占规模以上工业总产值比重：超过 50%
国家级科研院所：18 所
国家级省级工程技术中心：21 家，国家级 5 家
国家级和省级重点实验室：26 家
“两院”院士：28 人
科技进步综合指数：70.64%
科技进步贡献率：58%
科技研发经费占地区生产总值比重：7%
科技创新综合水平指数：70.64%

科技型中小企业：10252 家
科技企业孵化器：58 家
国家级科技企业孵化器：7 家
孵化器总面积：110 万平米
上市挂牌企业：32 家
专利申请量：10889 件
专利授权量：4749 件
发明专利申请量：4275 件
万人发明专利拥有量：8.54 件
国家军民两用技术交易中心技术合同成交额：10.9 亿元
高等院校：14 所， 毕业生：3.72 万人
全社会固定资产投资：1436.54 亿元
社会消费品零售额：1112.48 亿元
一般公共预算收入：110.59 亿元
一般公共预算支出：365.06 亿元
年末本币存款余额：3588.52 亿元
年末贷款余额：1864.71 亿元
外贸进出口总额：16.98 亿美元
旅游总收入：533.22 亿元
公路总里程：20172 千米
民航营运航线：45 条
民用航空客运量：354.34 万人次
城镇居民可支配收入：31822 元
农村居民可支配收入：14752 元
城镇登记失业率：3.70%
公共图书馆藏书量：279 万册

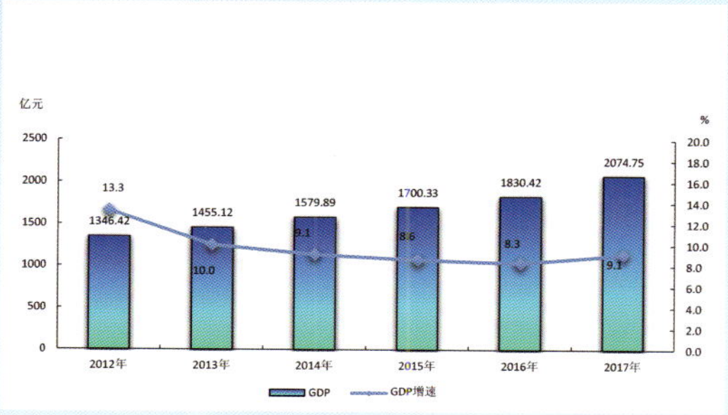

2012-2017 年地区生产总值及增长速度

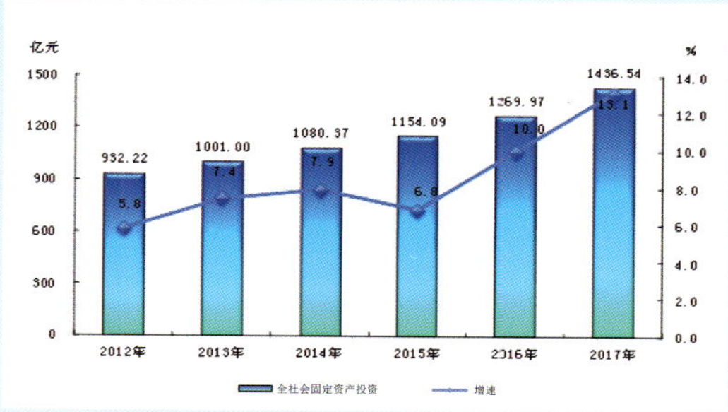

2012-2017 年全社会固定资产投资及增速

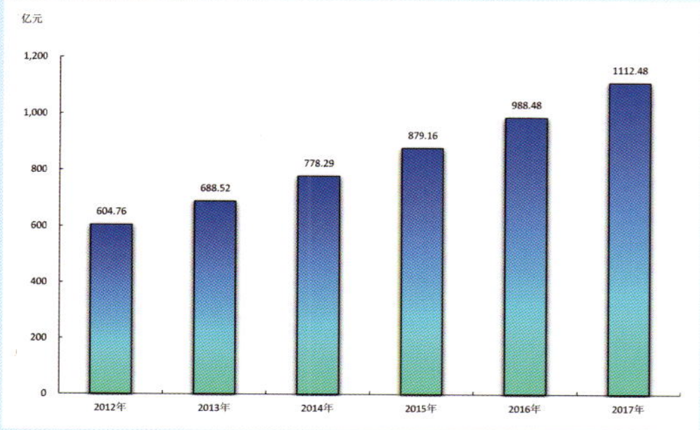

2012-2017 年社会消费品零售总额

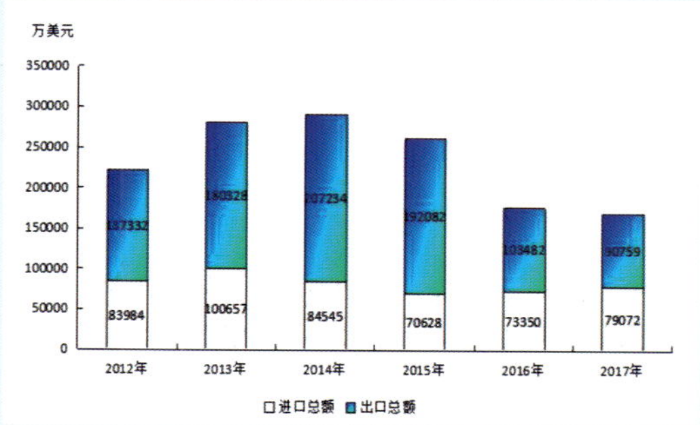

2012-2017 年进出口总额

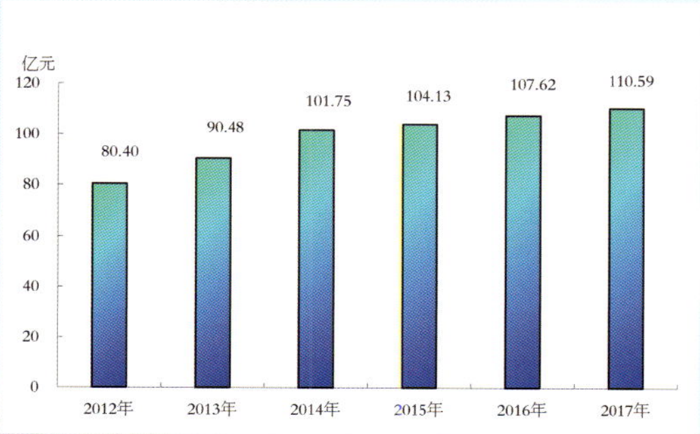

2012-2017 年地方财政一般预算收入

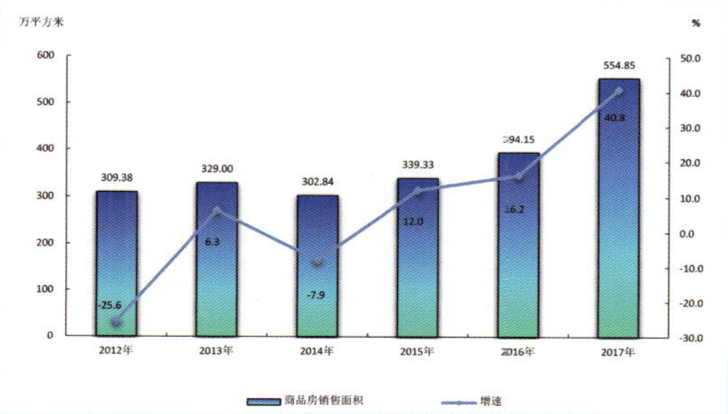

2012-2017 年商品房销售面积及增速

城市风貌

安州乐兴百花园

江油含增梨花园

平武泗耳杜鹃

平武平通梅林

北川药王谷辛夷花

西山公园红梅林

江油养马峡

平武虎牙杜鹃

北川小寨子沟

安州罗浮山温泉

平武王朗自然保护区

江油青龙峡漂流

江油观雾山

平武老河沟

江油枫顺

平武黄羊关

平武药丛山

平武泗耳雪景

江油窦圌山雪景

平武窝托

平武虎牙冰笋

北川九皇山滑雪场

千佛山雪景

9月7日，第五届中国（绵阳）科技城国际科技博览会开幕式在绵阳九洲体育馆举行

9月6日，中国军民融合人才交流服务平台建设启动仪式在科技城创新中心举行

9月7日，第五届科博会国际军民

无人机展品区

以色列馆展区

发展论坛会场

机器人表演

9月7日，中国——以色列（四川）经贸创新合作大会在绵阳举行

9月8日，投资推介会暨集中签约仪式在

室外展区

中物院展区

神州系列展区

室内展区

9月9日，第五届中国（绵阳）科技城国际科技博览会成果发布会暨闭幕式在九洲体育馆举行

“互联网 +”本土电商服务平台展区

顺丰速运展区

9 月 20 日，中国（四川）电子商务发展峰会项目签约仪式举行

9 月 23 日，2017 年中国农村电商发展与精准扶贫

9 月 23 日，2017 中国（四川）电子商务发展峰会开幕式在九洲体育馆举行

洲体育馆举行

9 月 24 日，绵阳市重点招商项目和重点企业“服务绿卡”授卡仪式举行

3 月 1 日，全国首家军民融合科技支行银企对接会银企签约仪式在绵阳举行

4 月 10 日，中国（绵阳）科技城法国投资推广会在巴黎举行

4 月 6 日，中国（绵阳）科技城中德产业园投资

4 月 6 日，市政府与交通银行四川省分行金融服务战略合作协议举行签约仪式

9 月 20 日，市政府与顺丰速递举行签约仪式

3 月 22 日，市政府与省统计局战略合作协议举行签约仪式

4 月 25 日，中国（绵阳）科技城科技成果发布与金融对接会召开

会在德国慕尼黑举行

中国（绵阳）科技城英国投资推广会在伦敦举行

8 月 21 日，市政府与四川省投资集团有限公司签署战略合作框架协议

11 月 27 日，市政府、东旭集团战略合作协议签约仪式

6 月 21 日，华晨集团南方基地汽车整车项目签约仪式在绵阳举行

9 月 20 日，绵阳市政府与北京摩拜科技有限公司在绵阳举行项目签约仪式

3 月 21 日，中国（绵阳）科技城智能制造及智能终端产业投资推广会举行

7 月 28 日，赞比亚——绵阳经贸对

5 月 18 日，汉能集团绵阳移动能源产业园项目举行签约仪式

结友好合作城市签约

9 月 12 日，绵阳市与英国诺丁汉市举行友好合作框架协议签署仪式

2017“海科会”海外高新科技人才走进中国（绵阳）科技城投资推介会召开

10 月 30 日，东江环保绵阳工业废弃
约仪式在深圳举行

8 月 25 日，北斗产业联盟签署战略合作协议在绵阳举行

利用与无害化处置中心及研发基地项目签

10 月 24 日，省环保厅与市政府在绵阳举行战略合作签约仪式

7 月 26 日，四川省产业发展投资引导基金市州行（绵阳站）——军民融合专题活动举行

12 月 29 日，市政府与 360 企业安全集团战略合作协议签约仪式在北京举行

11 月 26 日，四川省金融工作局与绵阳市人民政府战略合作备忘录签约仪式在成都举行

11 月 15 日，市人民政府与中国邮政储蓄银行四川省分行签订政银战略合作协议

科技城创新中心

7 月 5 日，2017 中国（绵阳）科技城人才之夜在九洲体育馆举行

1 月 12 日，四川军民融合大型科学仪器共享平台揭牌仪式在绵阳举行

8 月 31 日，第六届中国创新大赛军转民大赛总决赛暨颁奖仪式在绵阳举行

8 月 25
仪式举行

7 月 5 日，中国国际人才市场国家科技城（绵阳）分市场揭幕现场

10 月 16 日，“财税联动 军民融创——税鑫融启动仪式”在绵阳举行

5 月 18
牌仪式在科

九洲防控科技有限责任公司成立揭牌

（绵阳）科技城大数据产业研究院揭行

3 月 1 日，绵阳市商业银行军民融合科技支行揭牌仪式在高新区举行

长虹军民融合暨智能制造产业园项目建设

科创区高端产业园一期项目建设

绵阳京东方第6代AMOLED（柔性）项目建设

绵阳生物医药产业园标准厂房项目建设

2月27日，全省2017年第一季度重大项目集中开工仪式绵阳分会场

5月15日，科技城集中发展区重大基础设施建设项目暨阳市2017年第二季度111个重大项目集中开工仪式在金家林部经济试验区举行

10 月 27 日，BMW 授权绵阳新晨动力机械有限公司王子发动机投产仪式

9 月 13 日，兵港科技信息安全军民融合产业园项目暨绵阳市 2017 年第三季度 93 个重大项目集中开工仪式在游仙区举行

12 月 12 日，四川省 2017 年第四季度重点项目集中开工绵阳分会场

江油新安农业公园

游仙荷塘

平武黄羊赤芍基地

安州区葛根种植基地

安州区灵芝种植基地

三台崭山米枣

三台麦冬产业基地套作高架蔬菜

五彩田园

梓潼“天宝”蜜柚

三台乡村振兴讲习所

农村趣味体育比赛

迎

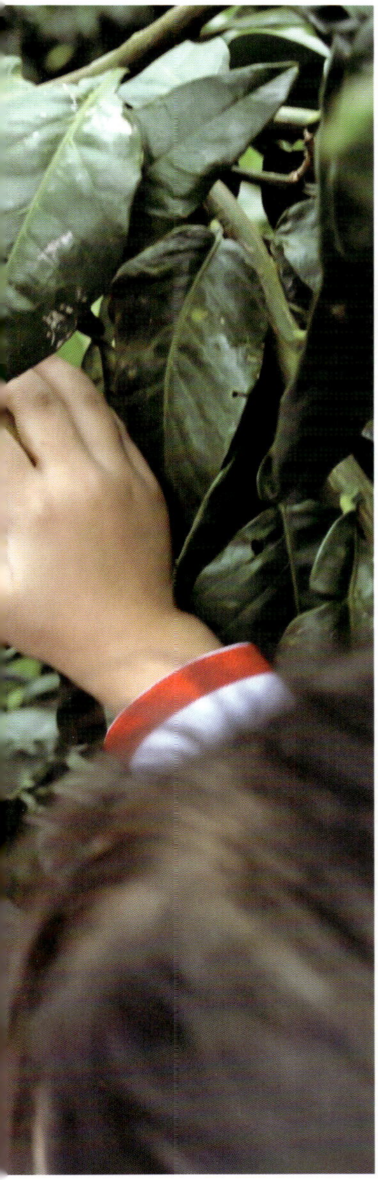

安州区温泉旅游度假区

涪城区高标准桑园基地

村大白菜基地收割现场

安州区辽安大道

9 月 16 日，绵阳科技城建设部际协调小组第 13 次会议在绵阳举行

3 月 7 日，“大规模绿化绵州”2017 春季行动暨中国绿色碳汇基金会绵阳大熊猫碳汇专项基金成立仪式举行

9 月 7 日，省委书记王东明在市委书记彭宇行，市委副书记、市长刘超的陪同下参观第五届科博会展馆

9 月 15 日，省长尹力到北川羌族自治县开展脱贫攻坚专项督导

1 月 25 日，市委书记彭宇行检查节前市场供应及安全工作

9 月 14 日，市人大常委会主任马华到江油开展《四川省农村扶贫开发条例》执法检查

8 月 9 日，市长刘超在江油西环线北接口检查九寨沟地震游客和伤员转移保障工作

1 月 11 日，市政协主席张锦明带队前往越王楼、碧水寺等地检查历史文化街区建设工作

1 月 24 日，2016 年四川十大改革转型发展案例暨十大科技创新改革人物颁奖晚会在绵阳举行

2 月 9 日，“同叙鱼水情·共筑中国梦”2017 年军地联欢晚会举行

3 月 6 日，全市纪念“三八”国际劳动妇女节 107 周年大会召开

3 月 21 日，绵阳市科技创新大会召开

7 月 10 日，绵阳生态文明建设高层研讨会召开

7 月 19 日，全国工商联双创工作评估座谈会在绵阳召开

7 月 20 日，“两弹一星”干部学院成立大会授牌仪式在梓潼举行

8 月 8 日，绵阳农业科技成果发布暨农业投资促进会举行

9月6日，绵阳市首届十佳乡村教师颁奖典礼

10月15日，2017"人教杯"中国（绵阳）科技城全国校园足球邀请赛开幕式

编辑说明

一、《绵阳年鉴（2018）》以毛泽东思想、邓小平理论、“三个代表”重要思想、科学发展观、习近平新时代中国特色社会主义思想为指导，全面记述中共绵阳市委、绵阳市人民政府带领全市人民加快建设国家科技城和西部现代化强市的新部署、新举措、新成果，充分展现2017年全市经济社会事业发展新貌，为科学发展、加快发展提供决策依据和借鉴，为广大读者了解和研究绵阳提供资料和信息。

二、《绵阳年鉴》由绵阳市人民政府主办，绵阳市地方志办公室编纂。1996年创刊，每年一卷。《绵阳年鉴（2018）》为第23卷，记载时限为2017年1月1日至12月31日，“特载”与首次刊载的资料时间有上溯下延。

三、本卷年鉴采用分类编辑，主体由类目、分目、条目三级组成，部分内容增设子分目。设“图片专辑、特载、大事记、自然·生态环境、经济环境、中国（绵阳）科技城建设、中国共产党绵阳市委员会、绵阳市人民代表大会、绵阳市人民政府、中国人民政治协商会议绵阳市委员会、纪律检查与行政监察、民主党派·工商联、人民团体、法治、军事、农村与农业、工业、交通运输·邮政、贸易、金融、财政·税收、科学技术、信息化建设、文化、教育·体育、卫生与健康、旅游·园林、综合监管、应急管理、城乡建设与管理、社会民生、县市区·科学城办事处、人物、附录34个类目。

四、全书条目标题统一用黑体字加【 】表示，正文为小五号书宋字体。全书有中英文目录、索引，具有比较完善的检索系统。在排版上，双页书眉为书名，单页书眉为类目标题。部分“简略语”随条目注释，部分条目附有资料背景链接；书中单位名称、法律法规名称第一次出现时用全称，再次出现用简称，部分单位机构名称用简称，参照“绵阳市部分机关企事业单位全称简称对照表”。

五、本卷年鉴框架结构保持稳定。2018年卷变动之处是：类目“农业”“卫生”标题调整为“农村与农业”“卫生与健康”；在“自然生态环境”类目中增添“环保督察”、在“应急管理”中增加“‘8·8’九寨沟地震抢险救灾”、在“社会民生”中增加“脱贫攻坚”“对口帮扶”“志愿服务”。

六、本卷年鉴所载信息由全市各机关、企事业单位提供，经绵阳年鉴编辑部整理编辑，经编委会审查，出版社审核而成，具有权威性与资料性。所用统计资料由绵阳市统计局提供，正文中数据由各部门提供。因统计口径等原因，有关部门所用个别数据与“统计资料”中的数据不尽一致，引用时以统计资料为准。全书中提及的“同比增长”或“同比下降”数据，除非特殊说明外，均指“比上年增长”或“比上年下降”数据。

七、本卷年鉴的编纂出版工作得到全市各级机关、企事业单位、各县市区、园区的大力支持，广大撰稿及编辑人员付出艰辛劳动，借此表示衷心感谢。由于成书仓促，水平有限，多有疏漏或者不足之处，敬请广大读者批评指正。

绵阳年鉴编辑部　地址：四川省绵阳市桃园路 192 号 301 室
电话：0816-2317693　传真：0816-2315319
E-mail:mysfzbzhang@163.com　邮编：621000

绵阳市部分机关企事单位全称简称对照表

全　称	简　称
中国共产党绵阳市委员会	市委
绵阳市人民代表大会常务委员会	市人大常委会
绵阳市人民政府	市政府
中国人民政治协商会议绵阳市委员会	市政协
中共绵阳市纪律检查委员会	市纪委
中共绵阳市委办公室	市委办
中共绵阳市委政策研究室	市政研室
中共绵阳市委组织部	市委组织部
中共绵阳市委宣传部	市委宣传部
中共绵阳市委统战部	市委统战部
中共绵阳市委市直机关工作委员会	市直机关工委
中共绵阳市委政法委员会	市政法委
中共绵阳市委农村工作领导小组办公室	市委农办
中共绵阳市委台湾工作领导小组办公室（市政府台湾事务办公室）	市委台办
中共绵阳市委精神文明建设办公室	市文明办
中共绵阳市委党史研究办公室	市党研室
中共绵阳市机构编制委员会办公室	市委编办
中共绵阳市委、市人民政府目标督查办公室（民生办）	市目标督查办
中共绵阳市委、市人民政府接待办公室	市接待办
绵阳市妇女联合会	市妇联
绵阳市科学技术协会	市科协
绵阳市文学艺术界联合会	市文联
绵阳市工商业联合会	市工商联
绵阳市社会科学界联合会	市社科联
共青团绵阳市委员会	团市委
中国国际贸易促进委员会绵阳支会	市贸促会
绵阳市残疾人联合会	市残联
中国国民革命委员会绵阳市委员会	民革绵阳市委
中国民主同盟绵阳市委员会	民盟绵阳市委
中国民主促进会绵阳市委员会	民进绵阳市委
中国民主建国会绵阳市委员会	民建绵阳市委
中国致公党绵阳工作委员会	致公党绵阳工委
九三学社绵阳市委员会	九三学社绵阳市委
绵阳市人民政府办公室	市府办
绵阳市旅游发展委员会	市旅发委
绵阳市人民政府法制办公室	市法制办
绵阳市民族宗教事务局	市民宗局

全　称	简　称
绵阳市外事侨务办公室	市外侨办
绵阳市卫生和计划生育委员会	市卫计委
绵阳市文化广播新闻出版局	市文广新局
绵阳市发展改革委员会	市发改委
绵阳市人民政府国有资产监督管理委员会	市国资委
绵阳市经济和信息化委员会	市经信委
绵阳市住房和城乡建设局	市住建局
绵阳市教育体育局	市教体局
绵阳市人力资源和社会保障局	市人社局
绵阳市交通运输局	市交通局
绵阳市国家税务局	市国税局
绵阳市地方税务局	市地税局
绵阳市工商行政管理局	市工商局
绵阳市质量技术监督局	市质监局
绵阳市食品药品监督管理局	市食药监局
绵阳市武都引水工程管理局	市武引局
绵阳市供销合作社社联合社	市供销社
中国工程物理研究院	中物院
绵阳市扶贫移民工作局	市扶贫移民局
绵阳市军队转业干部安置工作领导小组办公室	市军转办
绵阳市大学中专招生委员会办公室	市招生办
绵阳市人民防空办公室	市人防办
绵阳市安全生产监督局	市安监局
绵阳市住房公积金管理中心	市住房公积金中心
绵阳市社会保障事业管理中心	市社保中心
绵阳市科学技术和知识产权局	市科知局
绵阳市人民政府金融办公室	市金融办
绵阳国家高新技术开发区	高新区
绵阳经济技术开发区	经开区
绵阳科技城科教创业园区	科创区
绵阳科技城仙海水利风景区	仙海区
中国人民银行绵阳市中心支行	市人行
中共工商银行绵阳分行	市工商
中国农业银行绵阳分行	市农行
中国银行绵阳分行	市中行
中国建设银行绵阳分行	市建行
中国农业发展银行绵阳分行	市农发行
四川长虹电子集团股份有限公司	长虹集团
四川九洲电器集团有限责任公司	九洲集团
四川电信公司绵阳分公司	绵阳电信
四川移动通信公司绵阳分公司	绵阳移动
中国联合通信有限公司绵阳分公司	绵阳联通

总目
Contents

目录

Contents

图片专辑

特　载

大事记

自然·生态环境

经济环境

中国（绵阳）科技城建设

中国共产党绵阳市委员会

绵阳市人民代表大会

绵阳市人民政府

中国人民政治协商会议绵阳市委员会

纪律检查与行政监察

民主党派·工商联

人民团体

法　治

军 事

农村与农业

交通运输·邮政

贸　易

金 融

财政·税收

科学技术

信息化建设

文　化

教育·体育

卫生与健康

旅游·园林

综合监管

应急管理

城乡建设与管理

社会民生

县市区·科学城办事处

人　物

附　录

CONTENTS

Picture Album

Special Features

Events

Nature · Ecological Environment

Economic Environment

Construction of China (Mianyang) Science and Technology City

The Mianyang Municipal Committee of CPC

Mianyang Municipal People's Congress

Mianyang Municipal People's Government

The Mianyang Municipal Committee of CPPCC

Discipline Inspection and Administrative Supervision

Democratic Party · Federation of Industry and Commerce

People's Organizations

Rule of Law

Military Matters

Village and Agriculture

Industry

Transport · Post

Trade

Finance

Fiscal and Tax Revenue

Science and Technology

Informatization Construction

Culture

Education · Sports

Hygiene and Health

Tourism · Garden

Integrated Regulation

Emergency Management

Urban Construction and Management

Social Well-being

County City District · Science City Office

Figures

Appendix

在市委七届五次全会第一次全体会议上的讲话

中共绵阳市委书记 刘 超

(2018 年 7 月 18 日)

市委七届五次全会，是在绵阳决胜全面小康、开启现代化建设新征程的关键时期召开的一次十分重要的会议。会议的主要任务是：深入学习贯彻习近平新时代中国特色社会主义思想、习近平总书记对四川工作系列重要指示精神，全面贯彻党的十九大和十九届二中、三中全会精神，认真落实省第十一次党代会和省委十一届二次、三次全会决策部署，对新时代推进绵阳发展做出战略谋划，动员全市上下为加快建设中国科技城和西部现代化强市不懈奋斗。

首先，我代表市委常委会报告工作。

市第七次党代会以来，市委坚持以习近平新时代中国特色社会主义思想为指导，认真落实中央大政方针和省委决策部署，统筹推进“五位一体”总体布局、协调推进“四个全面”战略布局，全市呈现经济持续健康发展、民生不断得到改善、社会大局和谐稳定、干部群众奋发有为的良好局面。主要抓了以下几方面的工作。一是深入学习宣传贯彻习近平新时代中国特色社会主义思想和党的十九大精神。坚持把这项工作作为首要政治任务，全面推进“七进”，在学懂弄通做实上下功夫，持续掀起学习宣传贯彻热潮。扎实开展“大学习、大讨论、大调研”活动，推动习近平新时代中国特色社会主义思想及“四川篇”落地生根、深入人心。二是大力推进中国科技城建设。科技城“十三五”发展规划获国务院批复，部际协调小组第十三次会议成功召开，全创试验国务院首批推广的 13 条经验中绵阳贡献 2 条，中物院某重大装置落户绵阳，科技城集中发展区建设加快推进，第五届科博会成功举办，全市军民融合企业达到 321 家、年产值突破 1500 亿元。三是推动经济发展迈上新台阶。2017 年全市经济总量在全省地级市中率先突破 2000 亿元，增速 9.1%、位居全省第 1 位。今年上半年，全市经济继续保持平稳健康发展态势。成功引进京东方、汉能、惠科、威马、诺思等百亿级重大产业项目，国内省外到位资金稳居全省第二位。四是稳步推进民主法治建设。内和外顺、富有活力的人大、政协工作格局进一步形成，各民主党派、工商联和无党派人士作用有效发挥，工会、共青团、妇联等人民团体充分履职，爱国统一战线巩固发展，市、县两级监察委员会挂牌成立，法治绵阳加快建设。五是加强宣传思想文化建设。意识形态工作责任制全面落实，社会主义核心价值观广泛弘扬，文化事业和文化产业加快发展，群众性文化体育活动广泛开展，“5·12”汶川特大地震十周年系列纪念活动成功举办，《卓玛卓玛》等10项文化作品获国家奖励，蝉联全国文明城市。六是着力保障和改善民生。脱贫攻坚实现连战连胜，北川顺利通过国家贫困县“摘帽”实地评估检查，对口协作帮扶红原、壤塘、布拖、昭觉工作成效显著。“全面改薄”、公立医院改革、失地农民参保、城镇危旧房棚户区和农村危房改造等群众“急难愁盼”问题加快解决，平安建设群众满意度测评位居全省第1位。七是强力推进绿色发展。污染防治攻坚战全面打响，中央、省环保督察反馈问题有效整改，河（湖）长制全面推行，环境质量持续改善。大规模绿化绵州行动深入推进，全市森林覆盖率、城市绿地率分别达到53.86%、36.7%。单位地区生产总值能耗下降5.6%，绿色发展指数位居全省第1位。八是推动全面从严治党向纵深发展。从严管党治党政治责任进一步压实，“两学一做”学习教育常态化制度化开展，领导班子和干部队伍结构持续优化，人才新政发布实施，基层党建“3+2”书记项目全面推进，正风反腐不断深化，巡察利剑作用充分发挥，市、县部门纪检派驻改革全面完成，反腐败斗争压倒性态势已经形成并巩固发展。

同志们！当前，中国特色社会主义已经进入了新时代，绵阳内外形势也发生了深刻变化，站在了新的历史起点上。面对新时代新任务新要求，需要与时俱进，对推进绵阳发展做出新的战略谋划和部署。为此，这次市委全会拟作出两个《决定》，一个是《关于深入学习贯彻习近平新时代中国特色社会主义思想和习近平总书记对四川工作系列重要指示精神加快建设中国科技城和西部现代化强市的决定》，一个是《关于全面推动高质量发展的决定》。

做出这样的安排，主要有以下三个方面考虑：第一，习近平新时代中国特色社会主义思想及“四川篇”是我们做好一切工作的行动指南，必须深学笃用、知行合一。党的十八大以来，以习近平同志为核心的党中央，以全新的视野深化对共产党执政规律、社会主义建设规律、人类社会发展规律的认识，创立了习近平新时代中国特色社会主义思想。这一重大思想，具有强大的真理力量，为我们走好新时代的长征路、续写绵阳发展新篇章提供了强大思想武器。习近平新时代中国特色社会主义思想“四川篇”，科学回答了新时代四川“怎么看、怎么办、怎么干”等重大问题。特别是今年2月习近平总书记来川视察时，专门就绵阳科技城建设和军民融合发展做出重要指示。我们学习贯彻习近平新时代中国特色社会主义思想及“四川篇”，必须自觉将其贯穿到全市工作各方面和全过程，确保绵阳各项事业始终沿着正确方向前进。第二，党的十九大和省第十一次党代会以及省委十一届二次、三次全会做出了新的决策部署，必须对标对表、全面落实。党的十九大科学把握当今世界和当代中国的发展大势，做出了中国特色社会主义进入新时代、我国社会主要矛盾发生转化等重大政治论断，确定了决胜全面建成小康社会、开启全面建设社会主义现代化国家新征程的奋斗目标，对新时代推进中国特色社会主义伟大事业和党的建设新的伟大工程做出了全面安排部署。省委十一届三次全会贯彻落实省第十一次党代会、省委十一届二次全会精神，对学习贯彻习近平新时代中国特色社会主义思想及“四川篇”和全面推动高质量发展做出决定，进一步丰富完善了推动治蜀兴川再上新台阶的战略谋划。特别是专门对推进中国科技城超常发展作出部署，为加快建设中国科技城提供了难得机遇。我们必须全面落实中央、省委新部署新要求，系统谋划绵阳发展的奋斗目标、主攻方向和重点举措，确保中央大政方针和省委决策部署不折不扣在绵阳落地落实。第三，绵阳发展的历史方位发生了深刻变化，必须精准研判、担当有为。新中国成立近70年来，经过全市人民的接续奋斗，绵阳经济发展跃上新台阶，各项事业取得长足进步，已从一个川西北的小县城，成长为中国唯一科技城、四川第二大城市和第二大经济体，阔步迈进了转型发展、创新发展、跨越发展的关键历史时期。但我们也应清醒看到，发展不平衡不充分仍是绵阳最大的市情，经济总量不大、产业体系不优、市场机制不活、协调发展不足、开放程度不深的问题日益凸显，转变发展方式、优化发展环境、防范重大风险、补齐民生短板、突破资源环境约束存在诸多挑战，我们的工作离中央、省委要求和全市人民期盼还有不小差距。这些问题归根到底都是发展中的问题，也只有通过发展来解决。我们必须坚持问题导向、发展导向、目标导向，对实现绵阳高质量发展的重点任务、实施路径、政策举措、工作机制等进行科学谋划，推动绵阳转型发展、创新发展、跨越发展，更好满足人民日益增长的美好生活需要。

为做好两个《决定》稿的起草工作，6月上旬，市委成立了文稿起草组，在市委常委会的直接领导下开展工作。起草过程中，市委多次听取工作汇报，多次专题研究文稿起草重大问题。起草组根据市委要求，充分运用贯彻落实党的十九大精神重大课题调研、“大学习、大讨论、大调研”活动成果，数易其稿形成两个《决定》初稿。之后，按程序征求了全市各界各方面的意见。征求意见过程中，大家提出了许多好的意见建议，文件起草组充分吸收，形成两个《决定》送审稿。市委常委会对两个《决定》送审稿进行认真研究后，同意提交这次全会审议。

两个《决定》稿坚持把学习贯彻习近平新时代中国特色社会主义思想及“四川篇”作为主题和主线贯穿始终。其中，《关于深入学习贯彻习近平新时代中国特色社会主义思想和习近平总书记对四川工作系列重要指示精神加快建设中国科技城和西部现代化强市的决定》是管总的指导性文件，《关于全面推动高质量发展的决定》是聚焦经济发展重大问题的专项文件，两者相互补充、相辅相成，是内在统一的有机整体。从征求意见反馈的情况来看，大家高度赞同，一致认为两个文件涵盖“五位一体”总体布局和“四个全面”战略布局，既坚定贯彻中央、省委精神，又符合绵阳实际、顺应群众期盼；既一以贯之坚持市委既定安排部署，又与时俱进对新时代推进绵阳发展做出新的战略谋划和部署，系统回答了事关绵阳全局和长远发展的若干重大问题，具有很强的政治性、战略性、针对性和可操作性。在接下来的会议中，大家要认真思考、深入讨论，群策群力、集思广益，努力把两个《决定》稿审议好、修改好。

下面，我代表市委常委会，就两个《决定》稿中的若干重大问题作一说明。

第一，关于坚定自觉用习近平新时代中国特色社会主义思想及“四川篇”武装头脑、指导实践、推动工作

我们党是用马克思主义武装起来的政党，科学理论始终都是我们认识世界、把握规律、追求真理、改造世界的强大思想武器。习近平新时代中国特色社会主义思想是当代中国的马克思主义，涵盖改革发展稳定、内政外交国防、治党治国治军各个方面，内涵丰富、博大精深、逻辑严密、体系完整，其核心要义是坚持和发展中国特色社会主义，其丰富内涵和实践要求集中体现为“八个明确”和“十四个坚持”，深刻回答了新时代坚持和发展中国特色社会主义的总目标、总任务、总体布局、战略布局以及发展方向、发展方式、发展动力、战略步骤、外部条件、政治保证等一系列基本问题，深刻回答了新时代条件下“中国之问”“时代之问”“人民之问”“执政之问”，为解决当代中国的前途命运问题提供了科学理论指引。习近平新时代中国特色社会主义思想“四川篇”来源于习近平新时代中国特色社会主义思想宏大的理论体系，根植于习近平新时代中国特色社会主义思想在四川的生动实践，聚焦于推动治蜀兴川再上新台阶的时代课题，是习近平总书记为四川改革发展量身定做的“定盘星”，为治蜀兴川标注了时代方位、提出了总体要求、做出了战略谋划、指明了方向路径、描绘了美好蓝图，是我们做好新时代绵阳工作的根本遵循。

深入学习贯彻习近平新时代中国特色社会主义思想及“四川篇”，是对全市各级党组织、广大党员干部政治站位和政治觉悟的直接检验，也是政治能力和政治担当的重要体现。做好学习贯彻工作，必须做到“三个坚定自觉”。一是必须坚定自觉用以武装头脑。深刻领会“八个明确”和“十四个坚持”的丰富内涵，准确把握“十个指明”的根本要求，在深学细悟、学思践悟中增强政治认同、思想认同、理论认同、情感认同，做习近平新时代中国特色社会主义思想的坚定信仰者、忠实实践者。二是必须坚定自觉用以指导实践。坚持稳中求进工作总基调，牢固树立和自觉践行新发展理念，统筹推进“五位一体”总体布局，协调推进“四个全面”战略布局，在习近平总书记为四川发展擘画的蓝图下，书写出浓墨重彩的绵阳篇章。三是必须坚定自觉用以推动工作。深刻把握贯穿其中的马克思主义立场、观点和方法，认真落实习近平总书记“五个着力”重要要求，紧密结合本地区本部门实际，科学确定工作目标、重点任务和政策举措，为推进绵阳转型发展、创新发展、跨越发展，夺取新时代绵阳发展新胜利贡献智慧和力量。

第二，关于新时代推进绵阳发展的战略谋划

不谋万世者，不足谋一时；不谋全局者，不足谋一域。进入新时代、站在新起点，绵阳往哪里走、怎么走，事关全市人民福祉、事关绵阳发展兴衰。基于此，《决定》稿确定了加快建设中国科技城和西部现代化强市的奋斗目标，标定了实现这一目标需要把握的“四个时间节点”，确立了实现这一目标需要坚持的“六个基本原则”，明确了实现这一目标需要突出的“五个主攻方向”，以上这些，构成了新时代推进绵阳发展的战略谋划。

“一个奋斗目标”是绵阳发展方向。《决定》稿提出建设中国科技城和西部现代化强市的奋斗目标，其中建设中国科技城是绵阳肩负的国家使命，也是绵阳有别于其他城市的鲜明特色；建设西部现代化强市是涵盖“五位一体”总体布局和“四个全面”战略布局、统揽全市各项工作的奋斗目标，是绵阳服务建设社会主义现代化强国全局的政治担当。两者相辅相成，是一个不可分割的有机整体。需要特别说明的是，两个《决定》稿同时也提出了建设四川经济副中心和西部经济强市的目标。中国科技城和西部现代化强市是全市发展的总体目标、远期目标，四川经济副中心和西部经济强市是全市发展的经济工作奋斗目标和近期目标，也是建设中国科技城和西部现代化强市的关键支撑。

“四个时间节点”是时间进度安排。这一划分，既承接国家“三步走”战略与国民经济和社会发展五年规划，又与绵阳发展重大时间节点相衔接，是绵阳朝着奋斗目标进军的“时间表”。到2020年建市35周年，我们要高质量全面建成小康社会。全面建成小康社会是与全国、全省同步的底线要求，而高质量体现了我们自加压力、跳起摸高的目标追求。在这个阶段，中国科技城超常发展要取得重大突破，这是落实省委决策部署的必然要求，也是科技城建设20年必须交出的答卷。到2025年建市40周年，重点是要率先建成四川经济副中心，在西部经济强市建设上取得重大突破，形成与城市发展定位相适应的经济实力和战略功能，扭转省内兄弟市州贴身紧逼的窘迫局面。这是绵阳作为全省第二大经济体的应有担当，也是这些年来全市干部群众孜孜以求的奋斗目标。到2035年建市50周年，重点是要在军民融合深度发展上走在全国前列，基本实现中国科技城建设的国家战略目标。这是完成党中央、国务院赋予绵阳国家使命的必然要求。到21世纪中叶，要实现物质文明、政治文明、精神文明、社会文明、生态文明全面提升，建成具有国际影响力的中国科技城，全面建成西部现代化强市。这是绵阳以更加昂扬的姿态屹立于巴蜀大地、崛起于祖国西部的美好愿景，也是为建成社会主义现代化强国贡献更多绵阳力量的必然要求。之所以在2020—2035年这15年中划出2025年这个节点，主要是考虑到从现在到2025年建市40周年这8年时间，是绵阳建设四川经济副中心和西部经济强市的决胜期，必须实现超常发展、跨越发展，为绵阳后续发展夯实基础、赢得主动。

“六个基本原则”是工作基本遵循。这“六个基本原则”既是习近平新时代中国特色社会主义思想在绵阳的实践要求，也是绵阳多年来改革发展取得的基本经验，是新时代推进绵阳发展的基本方略，必须在坚持中发展、在发展中坚持。必须坚持党的全面领导这个根本政治保证。党政军民学、东西南北中，党是领导一切的。只有党始终总揽全局、协调各方，不断提高把方向、谋大局、定政策、促改革的能力和定力，才能确保各项事业发展的正确方向。必须坚持发展第一要务这个兴市之要。发展是解决绵阳一切问题的基础和关键。只有经济发展好了，中国科技城和四川第二大城市的地位才能得到巩固，加大对民生社会事业的投入、提高就业质量和居民收入水平才有坚实的基础。必须坚持新发展理念这个战略引领。发展理念管全局、管根本、管方向、管长远。只有牢固树立和自觉践行新发展理念，才能走好创新成为第一动力、协调成为内生特点、绿色成为普遍形态、开放成为必由之路、共享成为根本目的的高质量发展之路。必须坚持全面深化改革扩大开放这个关键一招。只有始终坚持对内靠改革、对外靠开放，以改革破解发展难题，以开放拓展发展空间，才能充分激发各项事业发展的动力活力。必须坚持全面依法治市这个重要保障。法治是治国理政的基本方式。只有统筹推进科学立法、严格执法、公正司法、全民守法，把各项工作全面纳入法治化轨道，才能不断提升现代治理能力，确保各项事业发展顺利推进。必须坚持以人民为中心的发展思想这个价值追求。增进民生福祉是发展的根本目的。只有始终把人民对美好生活的向往作为奋斗目标，把保障和改善民生作为我们工作的永恒主题，才能汇聚起推动各项事业发展的磅礴力量。

“五个主攻方向”是工作着力重点。这是我们精准发力、持续用力地重点领域，在全市各项工作中居于主导地位。着力推进中国科技城建设实现新突破。这既是履行好党中央、国务院赋予的国家使命的必然要求，也是落实好省委“推进中国科技城超常发展”决策部署的实际行动。着力打造经济高质量发展新体系。这既是推动经济发展质量变革、效率变革、动力变革的迫切需要，也是建设四川经济副中心和西部经济强市的关键支撑。着力构建“一核两翼、三区协同”区域发展新格局。这既是解决发展不平衡、不充分问题的重要手段，也是拓展区域发展新空间的重要途径。着力建设西部内陆改革开放新高地。这既是增强经济社会发展动力活力的客观需要，也是绵阳抢占发展先机、赢得发展主动的必由之路。着力推进民生福祉得到新改善。这既是全市人民的共同期盼，也是我们的奋斗目标。我们要紧紧扭住以上这“五个主攻方向”，开拓创新、锐意进取，埋头苦干、聚力攻坚，为建设中国科技城和西部现代化强市奠定具有决定性意义的基础。

“一个奋斗目标、四个时间节点、六个基本原则、五个主攻方向”，是新时代推进绵阳发展的战略谋划。我们一定要坚定目标不动摇，鼓足干劲不松懈，持续奋斗不折腾，朝着加快建设中国科技城和西部现代化强市的宏伟目标坚定前行。

第三，关于推进中国科技城超常发展

建设绵阳科技城，是党中央、国务院做出的重大战略决策。经过18年的努力，科技城初步走出了一条依靠科技创新推动产业发展、助力经济增长、保障国防建设的路子。但也要清醒看到，科技城建设的成效离中央、省委的期望还有很大差距。为什么经过这么多年努力，我们没有在体制机制创新上取得重大突破？没有在创新产业发展上取得重大突破？为什么顶着中国科技城的“桂冠”，绵阳经济总量在西部城市中的排位却一度不断下滑？这个“科技城之问”亟须我们深刻反思并做出回答。之所以提出这个命题，是因为，其一，今年2月习近平总书记来川视察时专门就绵阳科技城建设和军民融合发展做出重要指示，答不好这个问题，有负总书记期望；其二，省委决定推进中国科技城超常发展，并制定专门政策予以支持，省委决心之大、力度之大前所未有，答不好这个问题，有负省委支持；其三，当前全球新一轮科技革命方兴未艾，国家深入实施创新驱动、军民融合发展战略，科技城建设面临难得发展机遇，答不好这个问题，有负时代眷顾。《决定》稿将着力推进中国科技城建设实现新突破作为绵阳现代化建设“五个主攻方向”之一，明确要聚力科技创新、体制机制创新和产业创新，以超常举措促进科技资源加速转化为现实生产力，推进中国科技城超常发展，就是对这一命题的回应。

推进中国科技城超常发展，必须理清思路、明确方向。对于什么是“超常发展”，市委认为就是要以超常的信心决心、超常的思路举措，推动中国科技城实现超常的建设成效，加快打造创新驱动发展试验田、军民融合创新排头兵和西部地区发展增长极，更好实现国家建设中国科技城的战略意图。习近平总书记指出，“当今全球科技革命发展的主要特征是从‘科学’到‘技术’转化，基本要求是重大基础研究成果产业化”。党中央、国务院做出建设中国科技城的重大战略决策，其初衷就是通过体制机制创新，把科技成果特别是绵阳富集的国防军工科技成果转化为现实生产力，促进地方经济发展，为建设创新型国家探索路径、积累经验、做出示范。随着创新驱动、军民融合发展战略的深入实施，虽然赋予了中国科技城建设新的时代内涵，但这一初衷始终未曾改变。我们推进中国科技城建设，必须坚持产业化导向，把科技城建设的落脚点放在促进经济发展上，加速把科技成果特别是国防军工科技成果转化为现实生产力，以经济发展的成效检验中国科技城建设的成效。

推进中国科技城超常发展，必须有的放矢、方法得当。从科学研究到技术开发再到产业发展，构成了广义科技创新的全过程。在这一过程中，科研院所、高等院校、企业、政府多主体共同参与，信息、技术、人才、资本、设施、服务等多要素相融互动。围绕科技成果转化为现实生产力这一目标，作为地方党委政府，我们要牢牢把握科技创新、体制机制创新和产业创新三个主攻方向，引导科技创新、推动体制机制创新、促进产业创新。落实到具体实践中，要重点抓好四个方面的工作。首要是抓创新主体培育，培育更多“顶天立地”“铺天盖地”的创新主体特别是企业主体；基础是抓创新生态营造，形成服务科学研究、技术开发、成果转移转化产业化等科技创新活动全过程的良好环境；关键是抓创新活力激发，以制度创新和体制机制改革充分激发创新主体动力活力；核心是抓创新产业培育，壮大既能起支柱作用又有良好成长性的创新产业集群。在实施创新驱动、军民融合发展战略，推进中国科技城建设过程中，一方面，我们要充分依靠在绵科研院所、高等院校、企业等创新主体，通过体制机制创新、营造良好创新生态，激发活力、释放潜力、增强动力，促进“军转民”“民参军”。另一方面，绵阳科技创新资源多以国防军工科技创新资源为主，这些资源多数集中在科学实验试验领域，离产业、离市场较远，且自主管理权限偏小、市场化程度较低，客观上限制了国防科研院所“军转民”的主动性。因此，我们必须以更加开放的视野、更加开放的思维和更加开放的手段，放眼全国全球，着力聚集更多科技创新、军民融合资源要素来绵阳发展。这些资源要素既包括各类市场创新主体，也包括有利于良好创新生态形成的科技服务主体，还包括有利于创新产业发展的企业主体。引进这些科技创新、军民融合资源要素在绵阳来集聚发展，既可以促进存量资源要素的盘活，也有利于发挥市场在配置科技资源中起决定性作用，提高科技城建设的市场化水平。基于此，《决定》稿提出，要以开放思维和全球视野，在更大范围、更广领域聚集更多创新资源要素，着力培育创新主体、优化创新生态、提升创新活力、壮大创新产业。具体来讲：

优质的创新企业是推进中国科技城超常发展的主体力量。创新主体涵盖科研院所、高等院校、企业等，其中居于主体地位的是企业。深圳90%的研发机构在企业，90%以上的研发人员在企业，90%以上的研发投入出自企业，90%的发明专利出自企业。而我市绝大部分研发机构、研发人员、研发投入和发明专利却集中在国防科研院所；虽然全社会R&D投入占GDP比重达到7%，但企业R&D投入占全社会R&D投入比重仅为29.8%，不仅远低于深圳，也低于全国、全省平均水平。基于此，《决定》稿提出要加大企业创新主体培育力度，实施重点企业研发活动全覆盖行动，建立激励企业加大研发投入机制，将企业R&D经费投入指标纳入考核，其目的就是让企业在技术创新、研发投入、科研组织和成果转化中"唱主角""挑大梁"，以企业带动科研院所、高等院校等创新主体推动产业、技术协同创新，加快构建以企业为主体、市场为导向、产学研深度融合的协同创新体系。

良好的创新生态是推进中国科技城超常发展的肥沃土壤。科技创新是创新主体应该做的事情，营造创新生态是政府应该发力的领域。但过去多年，我们在优化创新生态上办法不多、着力不够、投入不足。基于此，《决定》稿提出要构建优质高效的科技服务体系，促进科技与金融融合发展等，都是为了营造更加有利于释放创新潜能、激发创新活力、保障创新发展的良好创新生态。我们要大力发展科技金融、信用、法律、知识产权、管理和信息咨询、人才服务、资产评估、审计等创新创业服务机构，构建全链条科技服务体系，为创新创业提供"一条龙"科技服务；大力弘扬创新精神，鼓励探索、宽容失败，尊重人才、尊重创造，营造人人崇尚创新、人人希望创新、人人皆可创新的创新生态和社会氛围。

强劲的创新活力是推进中国科技城超常发展的强大气场。科技城建设，归根结底是一项重要的改革任务。当前，制约科技城创新活力的关键症结就是体制不顺、机制不活。习近平总书记强调，科技创新、制度创新必须协同发挥作用，两个轮子一起转。这为我们创新体制机制、破除制度藩篱、激发创新活力指明了方向。基于此，《决定》稿提出要在体制机制创新上实现新突破，为中国科技城超常发展松绑解套。我们要解放思想、大胆创新、先行先试，坚持先易后难、各个击破，对需要上级顶层设计的体制机制问题，要不等不靠、主动作为，积极向上提出工作建议，争取更多国、省改革试点在绵阳率先实施。对自身能够解决的工作运行机制问题，要敢于"自我革命、刀口向内"，破除有悖于激励创新的陈规旧章，砍掉有碍于释放创新活力的繁文缛节，完善支持政策、要素投入、激励保障等长效机制。特别是要大力推进国家科研人员激励计划试点，扩大职务科技成果权属混合所有制改革试点范围，完善科技成果"四权"管理制度，吸引高层次人才和团队向科技城聚集，充分激发各类人才创新创造活力。科技城建设部际协调小组"直通车"机制是我们直通国务院及国家部委的特殊通道，要善加利用，争取得到更多的倾斜支持。

繁荣的创新产业是推进中国科技城超常发展的重要检验。当前，以绿色、智能、泛在为特征的群体性重大技术变革，正在推动全球产业体系和创新发展模式发生根本性改变。我们要切实发挥国防科技比较优势、军民融合区域特色优势，紧跟科技前沿，坚持应用为先，坚持需求导向和产业化导向，真正把这些优势转化为产业发展优势。基于此，《决定》稿提出，聚焦核技术应用、信息安全、北斗导航、空管、网络安全等优势领域，打造军民融合产业集群，等等。我们要顺应发展大势，发挥比较优势，依靠现有企业产业存量壮大一批，通过自身科技潜能释放和成果转化催生一批，通过开放合作招商引资引进一批，着力培育具有绵阳特色、支撑能力强、成长性好的创新产业集群。科技城集中发展区是支撑科技城超常发展的核心载体，要按照"项目引领、产城并进、全面提速"的总体要求，实施好基础设施建设攻坚、项目招引攻坚和优势产业培育攻坚，加快建成科技新区、产业新区和城市新区。

第四，关于构建具有绵阳特色的现代产业体系

习近平总书记强调，国家强，经济体系必须强。党的十九大报告首次提出建设现代化经济体系这一重大命题，这是党中央从党和国家事业全局出发做出的重大决策部署。现代化经济体系中处于基础和核心地位的是产业体系。加快构建具有绵阳特色的现代产业体系是调结构、转方式的重要手段，也是推动绵阳经济高质量发展的重要路径。绵阳的实践充分证明，产业兴、绵阳兴，产业强、绵阳强。抓产业发展的重要性，怎么强调都不过分。通过这些年的努力，我市特色优势产业不断壮大，高新技术产业和战略性新兴产业加快发展，服务业比重持续提高，农业基础地位不断夯实，经济发展的质量和效益逐步提升。同时也要看到，全市产业结构不优、层次不高、关联度不强的问题仍然突出，与构建现代产业体系的标准和要求还有较大差距。去年，第一产业增加值占全市GDP比重为14.1%，比全国、全省分别高6.2和2.5个百分点，占比明显偏重。食品、化工、纺织等传统产业仍占全市工业的半壁江山，商贸流通、房地产等传统行业占服务业比重达35.8%，初级化低端化问题比较明显。基于此，《决定》稿提出，要坚持把发展经济的着力点放在实体经济上，优先发展先进制造业、加快发展现代服务业、大力发展现代农业，加快传统产业转型升级，加快构建实体经济、科技创新、现代金融、人力资源协同发展的现代产业体系。

工业的主导地位决定了绵阳必须优先发展先进制造业。工业是国民经济的主导产业，是三次产业协调发展、良性互动的核心和枢纽。工业发展好了，既能带动服务业特别是生产性服务业发展，也有利于加快农业现代化。制造业是实体经济的主体，是技术创新的主战场，先进制造业是国民经济的脊梁。对绵阳来讲，先进制造业是培育发展新动能、赢得未来竞争新优势的关键所在。与国内国际先进水平相比，我市制造业发展还有很大差距，整体还处于 2.0（电气化和自动化时代）向 3.0（电子信息化时代）过渡阶段，部分企业还停留在 2.0 时代，部分企业处于 3.0 提升阶段，只有少数行业的龙头企业正在努力向 4.0（实体与网络相结合的时代）迈进。因此，《决定》稿提出，要落实《中国制造 2025 四川行动计划》，争创“中国制造 2025”国家级示范区，建设国家新型工业化产业示范基地。我们要把先进制造业摆在优先发展位置，构建先进制造产业体系，加快发展先进制造业态，培育先进制造企业群体，筑牢立市之本、强市之基，推动绵阳工业整体加速转型升级。

服务业的战略地位决定了绵阳必须加快发展现代服务业。服务业是吸纳城乡新增就业的主要渠道，它既能为人民群众提供丰富的物质文化生活产品，也能有力助推工业、农业做大做强，对增强经济发展的韧性至关重要。对绵阳来讲，去年服务业占全市 GDP 比重达 45.5%，已成为全市第一大产业，对全市经济稳增长的影响越来越大。但与发达地区服务业超过 70% 的比重相比，我市服务业还有巨大发展空间。尤其需要注意的是，我市服务业新兴行业占服务业比重仅为 33.6%，服务业内部还没有一个行业的增加值占 GDP 比重超过 5%、成为全市的支柱产业。因此，我们要紧跟服务业发展趋势，坚持需求导向，突出科技创新、产业发展、民生改善等重点领域，加快发展现代服务业，推动生产性服务业向专业化和价值链高端延伸，推动生活性服务业向精细化和高品质转变，不断扩大服务业规模、提升服务业质量、优化服务业结构，着力打造具有区域特色的现代服务业优势产业集群，以服务业大发展助推一二产业做大做强，推动绵阳经济发展行稳致远。

农业的基础性地位决定了绵阳必须大力发展现代农业。农业是安天下、稳民生的战略产业，在国民经济中具有基础性地位。对绵阳来讲，农业强不强，在一定程度上决定着农村美不美、农民富不富，决定着 258 万农民兄弟的获得感和幸福感，决定着建设中国科技城和西部现代化强市的基础是否牢固。绵阳是农业大市，但大而不强的问题比较突出。我们提出大力发展现代农业，就是要推动农业发展由增产导向转向质量导向，在“接二连三”融合发展中不断提升质效。要深入推进农业供给侧结构性改革，围绕重点产业、主导产品，着力做大规模、做优品质、做响品牌，加快构建现代农业产业体系、生产体系、经营体系，切实提高农业供给质量和竞争力，推动绵阳由农业大市向农业强市跨越。

构建具有绵阳特色的现代产业体系，必须推动产业集中集约集群发展。一个城市不可能样样产业都抓、个个产业都强。经过前期研究梳理，《决定》稿对全市产业发展的主攻方向作了进一步明确，确定了“686”重点产业。第一个数字“6”，就是工业重点发展的电子信息、汽车、新材料、节能环保、高端装备制造、食品饮料等 6 大产业，与之前确定的 8 大工业重点产业相比，新确定的 6 大工业重点产业中，没有强调生物和化工产业，而将食品产业调整为食品饮料产业，这是对接全省“5+1”产业体系，根据绵阳相关产业发展的规模体量、发展趋势，以及绵阳资源环境承载能力确定的。食品饮料产业虽然是传统产业，但它是市场刚需产品，是培育扩大我市税源的重要领域，特别是烟、酒税收高，这也是近年来宜宾、泸州、凉山财政实力强的重要原因。第二个数字“8”，就是服务业重点发展的科技服务、现代物流、现代金融、电子商务、会展等生产性服务业和加快发展的旅游、文化创意、健康养老等生活性服务业。第三个数字“6”，就是农业重点发展的粮油、畜禽水产、中药材、林果、蔬菜、休闲农业等 6 大产业。培育壮大“686”重点产业，首要的是抓好全市重点产业及空间布局方案的落实，把重点突破与整体推进结合起来，加快构建绵阳特色优势现代产业体系。产业融合是现代产业发展的重要趋势，是新一轮技术革命和产业变革的必然结果。我们一定要按照《决定》稿要求，在加快培育重点产业的同时，加快促进三次产业融合发展，推动数字经济与实体经济融合发展。产业集群是推动经济发展的“加速器”。加快推动产业集群发展，首先要狠抓企业培育，大力实施大企业大集团培育领航计划，深入实施涌泉计划，着力构建大企业“顶天立地”、小企业“铺天盖地”的企业发展格局，夯实产业集群发展基础；其次要围绕主导产业，着眼“补前端”“强中端”“延后端”，积极引进配套企业和项目，提升产业配套能力，构建产业集群发展良好生态；最后要坚持“区域集中、产业集聚、开发集约”，深化园区管理服务体制改革创新，大力实施园区千百亿工程，推进园区专业化、特色化、高端化发展，着力增强园区产业集群集聚发展承载能力。

第五，关于全面深化改革扩大开放

全面深化改革扩大开放是决胜全面小康、全面建设现代化的必由之路。回顾绵阳发展历程，过去我们取得的辉煌成就主要得益于改革开放，解决眼下的困难问题必须要靠改革开放，未来要实现高质量发展也必须依靠改革开放。这些年，我们在改革开放上迈出了新步伐、取得了新成效。但客观上讲，我们改革开放的步子还不够大、力度还不够强、措施还不够有力，致使取得的成效还不够显著。必须要看到，改革和开放对绵阳发展的影响之深远、意义之重大，无论是破除制约科技城发展的体制机制障碍、集聚各类资源要素、激发全社会的创新创造活力，还是提高政府的行政效能、增进民生福祉、创新社会治理，都离不开改革、离不开开放。可以说，实现加快建设中国科技城和西部现代化强市这一总体目标，最管用的招数就是改革开放，根本出路也要靠改革开放。因此，《决定》稿将全面深化改革扩大开放作为绵阳现代化建设“六个基本原则”和“五个主攻方向”之一，并将改革精神、开放理念贯穿全篇，就是为了凸显改革开放这个“关键一招”对绵阳发展的极端重要性，动员全市上下把改革开放的旗帜高高举起，坚决破除一切不合时宜的思想观念和体制机制弊端，牢固树立对内靠改革、对外靠开放的理念，以更前瞻的思维、更宽广的视野、更有力的举措，推动深化改革、扩大开放，为绵阳加快建设中国科技城和西部现代化强市提供更加强劲的动力活力。

改革的根本目的是解放生产力、发展生产力。这次两个《决定》稿，虽然没有用单独篇幅对全面深化改革工作作出部署，但把众多改革举措融入到了经济建设、政治建设、文化建设、社会建设、生态文明建设和党的建设方方面面。当前，全面深化改革进入了承前启后的关键时期，这就决定了我们必须坚持问题导向，紧紧扭住经济体制改革这个关键，充分发挥经济体制改革对其他领域改革的牵引作用，真正使市场在资源配置中起决定性作用，更好发挥政府作用，努力在一些重点领域和关键环节实现更大突破，充分释放社会活力，增强发展动力。因此，《决定》稿将经济体制改革作为重点专门作出部署，就是要以经济体制改革带动其他各领域改革同步推进，为经济社会发展注入强大动力。具体工作中，重点要按照《决定》部署要求，在以下几个关键领域务求尽快取得突破。一要在国资国企改革上求突破。去年全市国有企业生产总值达到420亿元，国有企业工业总产值排名全省第一，推动国有企业高质量发展，对绵阳经济持续健康发展十分重要。要推进国有企业横向联合、纵向整合和专业化重组，稳步推进长虹等国有企业混合所有制改革，推动国有资本做强做优做大。二要在要素市场化改革上求突破。加快电力、土地、资本三大要素市场化配置改革，提高资源配置效率，不断降低实体经济成本。特别要对接落实全省电力体制改革部署，争取把企业用电价格降下来，降低企业生产成本。实行分类管理和差异化土地供给，探索实行工业用地“租让结合，先租后让”供应方式，禁止向过剩产能和低水平重复产能供地，倒逼产业转型升级。三要在投融资体制改革上求突破。当前，投资对经济增长的拉动作用非常重要。在国家严控地方政府新增债务和规范平台公司融资行为的形势下，要充分发挥政府投资的引导和带动作用，充分激发社会投资动力和活力，确保全市投资持续稳定增长，更好发挥投资对稳增长、调结构、惠民生的关键作用。四要在创新体制机制优化营商环境上求突破。营商环境是重要的竞争力、生产力。市场机制不活、开放程度不深，跟我们营商环境不优有很大关系。要以“壮士断腕”的勇气和决心，加大“放管服”改革力度，坚决简政放权，把该放的放到底、把该管的管到位，全面实施市场准入负面清单制度，真正把“只进一扇门”“最多跑一次”等要求落到实处，创造更加优越、更具吸引力和竞争力的营商环境，让企业、项目、资金、人才等纷至沓来。要研究推出更有针对性、实效性的政策措施，进一步加强产权保护，破除歧视性限制和隐性壁垒，继续下大力气解决历史遗留问题，充分激发民营企业家的创新精神，鼓励和支持民营经济加快发展。

开放也是改革。一方面，改革为开放创造条件，另一方面开放又会倒逼改革。当前，中央深入推进“一带一路”建设、长江经济带发展等国家战略，省委十一届三次全会做出“四向拓展、全域开放”的重大部署，为绵阳加速由西部内陆走向开放前沿创造了有利条件。面对这些有利条件，如果我们不借力借势、奋发有为，就会坐失良机；如果我们不打破旧有观念、革故鼎新，机遇终将会演变为挑战。为此，《决定》稿提出打造西部内陆开放新高地，就是要求全市上下思想再解放、改革再深入、工作再抓实，加快走出一条内陆地区扩大开放的新路子，以全面开放推动改革深化和高质量发展。

要把开放大通道建设作为立体全面开放的重中之重。一个地方的地理区位与生俱来、不可改变，但经济区位可以改变。互联互通的交通体系是改变经济区位的基础和前提。针对我市开放通道不足不畅、经济区位边缘化趋势加剧的问题，《决定》稿提出要按照“外部联通、内部贯通”要求，持续用力推进交通建设攻坚大会战，加快建设西部区域性综合交通枢纽。具体工作中，就是要“突出南向、提升东向、扩大北向、打通西向”，着力畅通开放合作通道，以大通道促大开放。“突出南向”，主要是加快推进G5成绵段扩容工程和中遂高速前期工作，抓紧启动绵遂内城际铁路前期工作，对接成自宜高铁，形成成都经济圈与川南城市群完整闭环；通过成自宜高铁连接贵广高铁、贵南高铁、宜昆高铁，进而对接珠三角、粤港澳大湾区、北部湾经济区以及滇中经济区。“提升东向”，主要是加快推进绵西高速建设，抓紧启动重庆经遂宁至绵阳高铁、成都金堂至三台城际铁路和绵苍、三大高速前期工作，取道重庆与郑万高铁连接，打通绵阳经中原地区至京津冀通道。同时，经重庆与沿江高铁对接，便捷联系长三角经济区，进而加强与长三角、中原经济区、华中经济区的合作。“扩大北向”，主要是加快推进G5绵广高速扩容前期工作，加快广平高速建设，持续加密北向出川通道数量，进而对接中俄蒙经济走廊。“打通西向”，主要是加快建设成兰铁路，大力推进九绵高速建设，打通经九寨沟至甘肃、宁夏、新疆等西北战略腹地的连接通道，深度融入“一带一路”建设。需要强调的是，现代综合交通运输体系是立体的、综合的，既要外部联通，还要内部贯通。在抓好上述重点项目推进的同时，要继续推进绵阳机场改扩建，支持北川、三台等地通用机场建设，形成“1+5+N”民用航空体系。公路除新建扩容高速外，重点是完善内部交通运输网络体系，方便群众生产生活。总之，要持续开展交通攻坚，抢抓国家、省新一轮交通大通道建设的重大机遇，统筹推进航空、铁路、公路通道建设，充分发挥“铁公机”集成优势，加快构建内畅外联、通江达海的现代综合交通运输体系，变交通走廊为经济走廊，变交通优势为经济区位优势。

要把招商引资作为立体全面开放的首要任务。招商引资是做大总量、提高质量最直接最有效的手段，也是面向国内国际两个市场集聚资源要素的重要途径。近年来，我们把招商引资作为推动经济发展的第一抓手，在招商引资特别是招大引强上实现了历史性突破，为绵阳今后几年发展打下了坚实基础。未来绵阳的发展，仍然需要源源不断引进新的增量。为此，《决定》稿提出要强化招商引资，突出招大引强、招新引优、招才引智。在具体工作中，要继续坚持以大招商促进大发展，重点聚焦先进制造业、现代服务业等主导产业，瞄准世界500强、中国500强、行业龙头企业和隐形冠军，持续保持招大引强的强劲势头；同步推进引智、引技工作，着力引进科研院所、高等院校和人才、技术等资源要素，为绵阳发展积蓄强大后劲。在目前环境容量有限、资源要素趋紧的情况下，要逐步推动招商引资向择商选资转变，把投资有回报、产品有市场、企业有利润、员工有收入、政府有税收作为引进项目的前提条件，绝不能什么企业都引、什么项目都招。

要把做优开放大平台作为立体全面开放的重要载体。开放合作大平台既是加强国际国内经贸合作、发展开放型经济的重要载体，更是衡量一个地方对外开放合作水平的重要标尺。近年来，我市对外开放合作平台建设取得一定成效，但仍有较大差距。比如，科博会的国际化、专业化、市场化水平仍需提升，中德创新产业合作平台等国别合作产业园区和综合保税区等开放合作平台建设推进缓慢。《决定》稿对做优开放平台作出部署。具体工作中，就是要以大平台促进大合作，既要注重建设，建好投资促进、经贸合作、产业合作、海关特殊监管区等各类开放合作平台，集中力量打造几个有影响力、有吸引力的平台；又要强化运营，不断完善各类开放合作平台功能，提升服务水平，为绵阳在更大范围内集聚更多优质资源要素更好发挥作用。

第六，关于构建“一核两翼、三区协同”区域发展新格局

区域协调发展是决胜全面建成小康社会的应有之义，是推动高质量发展的内在要求。由于自然地理条件和历史发展等多种因素影响，绵阳市强县弱、城强乡弱、县域分化问题十分突出。比如，9个县市区仅2个进入全省50强，市辖区的GDP占了全市GDP的54.2%。为了解决这一问题，历届市委、市政府都进行了积极探索、付出了艰辛努力，取得了积极成效。从一些地区走过的历程来看，城镇化率达到50%以后，区域经济的空间形态将逐步迎来由“虹吸集聚”向“辐射扩散”发展的拐点，是优化产业经济地理、重塑区域经济版图的重要契机。去年，我市城镇化率已突破50%。下好全市发展“一盘棋”，协调发展是制胜要诀。基于此，《决定》稿提出着力构建“一核两翼、三区协同”区域发展新格局，并对各区域的发展定位、主攻方向作了明确，就是要用好这个难得的“窗口期”，充分发挥各区域特色优势，更好实现各区域优势互补、协同发展。

构建“一核两翼、三区协同”协调发展格局，是统筹考虑各区域的地理区位、发展基础、资源禀赋、自然条件等因素和全市重点产业及空间布局做出的战略安排。其中：“一核”涵盖的涪城、游仙、安州3个市辖区和经开、高新、科创、仙海4个开发园区，是全市资源要素最集中、发展基础最好的区域，要在全市转型发展、创新发展、跨越发展中走在前列，为全市发展大局做出更多贡献。以江油和三台为主体的“两翼”，发展基础较好、人口较多，是全市发展的重要支撑。大县要有大担当，大县要有大作为，两地要自加压力、加快发展，与中心城区形成“三足鼎立”的竞相发展态势。“三区”的划分覆盖了绵阳全域，“三区协同”就是要强化统筹，推动中部平原河谷片区、东南丘陵片区、西北山地片区错位发展、协同发展。结合全市重点产业和空间布局方案，中部平原河谷片区是全市重点开发区域，是全市先进制造业和现代服务业发展的集聚区，要重点主攻电子信息、汽车、新材料、节能环保等产业，着力打造成都平原经济区的现代经济集中发展区和创新示范区。东南丘陵片区是全市农业主产区，要大力发展现代农业，重点培育食品饮料、生物医药、纺织服装等产业，着力打造丘区经济跨越发展样板区。西北山地片区是全市最主要的生态功能区，要加快发展生态经济，促进全域旅游、精品农业、民族工艺等产业发展，加快实现绿色崛起。总之，推动“三区”协同发展，既要“求同”，也要“存异”，按照功能定位，遵循经济规律，打造优势互补、合作共赢的区域发展共同体。

大力实施乡村振兴战略，是做好“三农”工作的总抓手，是补齐“一核两翼、三区协同”农业农村短板的关键之举。推进“一核两翼、三区协同”，“三农”是重要的基础。绵阳要强，农业必须强；绵阳要美，农村必须美；绵阳要富，农民必须富。为此，《决定》稿提出要统筹推动“五大振兴”，促进农业全面升级、农村全面进步、农民全面发展。实施乡村振兴战略是一项系统工程，涉及面很宽，要在总体谋划、全面推进的基础上，抓好一些重点工作，探索建设一批具有带动性引领性的乡村振兴示范区，让群众感受到实实在在的变化。当前，就是要抓住推进“美丽绵阳·宜居乡村”农村人居环境整治这个重点，将其作为重大民生工程、民心工程系统推进，加快打造幸福美丽乡村升级版，不断改善农村生产生活条件，为全面做好“三农”工作打下坚实的基础。

推进县域发展振兴，是提升县域经济综合实力的行动计划，是构建“一核两翼、三区协同”区域发展新格局的应有之义。郡县治则天下安。近年来，我们着眼扭转“市强县弱”局面，出台了加快县域发展系列政策，完善了推动县域振兴的工作体系，强化了县域发展的要素保障，打出了一套推动县域发展振兴的组合拳，县域经济总量在壮大、质量在提升、后劲在增强，正在发生可喜变化。《决定》稿提出要大力实施县域振兴“五大行动”，就是要进一步松绑减负，赋予县（市、区）更大的自主权，鼓励和支持各县（市、区）打造各具特色的区域经济板块，加快培育一批工业强县、农业强县、服务业强县和生态强县，推动各县市区在全省类区县排名晋级升位。各县（市、区）要找准位置、因地制宜，“各出各的优势牌”“各拿各的特色菜”，努力走出一条特色化差异化发展路子。

现代城镇体系是构建“一核两翼、三区协同”区域发展新格局的必然形态。完善的城镇体系不仅是城镇化健康发展的客观要求，还是促进经济社会可持续发展的必然选择。《决定》稿提出要统筹规划、建设和管理，着力推进中心城区组团式发展、县城内涵式发展、小城镇特色化发展，加快形成大中小城市和小城镇协调发展的现代城镇体系。具体工作中，中心城区要按照“建设新区、完善组团、提升旧城”的总体思路，同步推进新区有机生长、组团协调发展、旧城双修更新，构建“一城双心、组团协调”的现代化大城市格局，形成与西部现代化强市相适应的城市形态。各县（市、区）要实施“宜居县城建设行动”，统筹推进县城功能完善、品质提升、特色塑造。江油、三台要加快建设50万人口的现代化中等城市。盐亭、梓潼、平武、北川要加快建设各具特色的宜居县城。各地都要深化拓展“百镇建设行动”，加快打造一批国家、省、市级特色小镇。

构建“一核两翼、三区协同”区域发展新格局是一项重大的战略谋划，必须加强统筹、协调推进。市委将成立推进区域协同发展领导小组，建立“一核两翼、三区协同”领导体制，明确日常工作机构，负责统筹区域发展规划，分区域制定差异化支持政策，建立完善区域协同利益分享机制，加大工作指导、协调和推进力度，确保工作抓实抓细抓出成效。各县（市、区）、园区要牢固树立“全市一盘棋、全域一张图”思想，自觉在全市大局下开展工作，服从全局、服务大局，在构建“一核两翼、三区协同”发展新格局中做出各自的贡献、书写各自的华章。

第七，关于不断提高保障和改善民生水平、加强和创新社会治理

“天地之大，黎元为本”。我们搞建设、促发展、抓改革，最终目的都是为了让绵阳人民过上更加幸福美好的生活。实践表明，抓好民生工作，既能有效解决群众的后顾之忧，调动群众参与和支持发展的积极性，又能释放居民消费潜力、拉动内需，催生新的经济增长点，为经济发展和转型升级提供强大内生动力。《决定》稿将坚持以人民为中心的发展思想作为绵阳现代化建设的“六个基本原则”之一，把着力推进民生福祉得到新改善作为绵阳现代化建设的“五个主攻方向”之一，就是要推动经济发展与改善民生互促互进、相得益彰，让改革发展成果更多更公平惠及全市人民，使全市人民的获得感幸福感安全感更加充实、更有保障、更可持续。

打好精准脱贫攻坚战，是最大的政治责任、最大的民生工程、最大的发展机遇。近年来，我市脱贫攻坚连战连胜，贫困发生率由2012年的8.42%下降至去年底的1.14%，取得了重大阶段性胜利。但脱贫攻坚越往后难度越大，剩下的都是难啃的“硬骨头”。目前，全市还有4.46万贫困人口，其中因病因残致贫占72.47%、无劳动力和丧失劳动力的占51.77%、小学及以下文化程度占61.34%，特别是87.79%的贫困人口分布在非片区县、70%的贫困人口分布在非贫困村，“插花式”脱贫任务十分艰巨。为此，《决定》稿提出要高质量打好精准脱贫攻坚战，并做出系统安排部署。我们一定要发扬连续作战作风，紧紧围绕“两不愁、三保障”目标，下足“绣花”功夫，提高脱贫质量，坚决打赢精准脱贫攻坚战，确保全面建成小康社会不落一户、不漏一人。

全面建成小康，是覆盖城乡的小康，更是惠及全市人民的共同小康。在聚焦少数贫困群众、打好脱贫攻坚战的同时，我们还要兼顾绝大多数群众利益。近年来，全市人民生活得到持续改善，但也还有不少操心事、烦心事。我们要落实《决定》要求，坚持既尽力而为，又量力而行，集中力量做好普惠性、基础性、兜底性民生工作，围绕群众普遍关心关注的热点难点问题，着力解决好就业、教育、医疗、社保、住房等方面的“大事”和停车难、买菜难、如厕难等方面的“小事”，一件事情接着一件事情办，一年接着一年干，不断增进全市人民获得感幸福感安全感。

发展是硬道理，稳定也是硬道理。没有和谐稳定的社会环境，一切改革发展都无从谈起，再好的谋划和方案都难以实现，已经取得的成果也会失去。当今世界，各种“灰犀牛”“黑天鹅”事件频发，逆全球化暗潮涌动、贸易保护主义不断抬头。从我市自身看，经济社会风险和矛盾呈现多样化、复杂化特点，防范金融风险、政府性债务风险、重大自然灾害风险等方面都面临不小压力，并且这些风险往往相互交织，形成风险综合体，处理起来难度更大。如果我们不能有效防范和化解这些风险，改革发展的“底板”就不稳固，不仅什么事都干不成，甚至会影响全国全省大局。我们必须深刻把握社会治理规律，不断提高社会治理的社会化、智能化、专业化水平，坚持有的放矢，抓住“牵一发而动全身”的突出问题，综合施策、系统推进，坚决打好防范化解重大风险攻坚战，着力打造共建共治共享的社会治理格局，为全市经济社会平稳健康发展、人民群众安居乐业营造和谐稳定的社会环境。

第八，关于切实加强民主法治建设

民主与法治是我国社会主义政治文明建设的目标与基本内容，是实现中国梦的双翼。把建设中国科技城和西部现代化强市的宏伟蓝图变成美好现实，要靠民主凝聚人心，要以法治保驾护航。为此，《决定》稿提出要坚持中国特色社会主义政治发展和法治建设道路，推进社会主义民主政治制度化、规范化、程序化，将绵阳各项事业和各项工作全面纳入法治化轨道。

共识在交流中增进，力量在互动中凝聚。我们必须长期坚持、全面贯彻、不断发展人民代表大会制度、协商民主制度、基层民主制度、民族区域自治制度，不断巩固和扩大爱国主义统一战线，充分发挥群团组织作用，有事好商量，众人的事情由众人商量，以更加广泛、更加充分、更加健全的人民民主，最大限度调动一切积极因素，团结一切可以团结的人，汇聚起加快建设中国科技城和西部现代化强市的强大合力。

在经济社会发展中，法治发挥着“定海神针”与“压舱石”作用。着力推进民主法治建设，必须更加注重全面依法治市，坚持科学立法、严格执法、公正司法、全民守法，推动形成办事依法、遇事找法、解决问题用法、化解矛盾靠法的法治良序，这样走出的发展道路会更平坦，赢得的发展成果会更持续。市场经济是法治经济，稳定公平透明的法治保障是最重要的发展环境。各级党委、政府要带头讲诚信，强化契约意识，依法保证各类市场主体平等使用生产要素、公平参与市场竞争、同等受到法律保护，以法治良序保障市场经济秩序，给投资者以稳定预期。要着力构建“亲”“清”新型政商关系，支持党员干部依法履职行权，坦荡真诚同企业家接触交往，热情真诚帮助企业家解决问题特别是历史遗留问题，最大限度减少对企业正常生产经营活动的影响，着力营造放心投资、安心经营的良好环境。

第九，关于大力推动文化繁荣兴盛

文化是一座城市的根脉和灵魂。绵阳具有2200多年的建城史，文化底蕴深厚，历史传统文化、民族文化、红色文化、“三线建设”文化等文化资源十分丰富，文化设施和文化产业基础较好。《决定》稿提出建设西部文化强市，就是要依托绵阳丰富的文化资源优势和良好的文化发展基础，着力提升文化软实力，推动文化强市建设与经济强市建设相互促进，精神文明建设与物质文明建设协调发展。

文化自信是更基础、更广泛、更深厚的自信，是更基本、更深沉、更持久的力量。我们要坚定走社会主义文化发展道路，推动习近平新时代中国特色社会主义思想深入人心，认真践行社会主义核心价值观，牢牢掌握意识形态工作领导权，大力推动绵州文化繁荣发展，使全市人民在理想信念、价值理念、道德观念上凝聚在一起，为加快建设中国科技城和西部现代化强市提供强大的思想保证、舆论支持、精神动力和文化滋养。

现在群众对文化需求越来越多样化，要大力发展文化事业，实施好文化惠民工程，开展好群众性文化活动，保护传承好文物和文化遗产，培养一批德艺双馨、服务大众的文艺队伍，创造一批彰显中国精神、具有绵阳特色的文艺精品力作，更好满足人民对公共文化服务和文化产品的需要，进一步增强群众对绵阳这座城市的荣誉感和归属感。文化产业发展壮大是文化强市建设的重要标志。要进一步深化文化体制机制改革，健全现代文化产业体系和市场体系，做好"文化+"这篇大文章，壮大一批具有核心竞争力的骨干文化企业，打造一批文化产业亮点和品牌，切实把绵阳丰富的文化资源优势转化为现实生产力。

第十，关于推进生态文明建设

生态文明建设是关系中华民族永续发展的根本大计。绵阳作为长江上游重要生态屏障，推进生态文明建设和环境保护责任重大。当前，和全国、全省一样，绵阳生态文明建设正处于压力叠加、负重前行的关键期，已进入提供更多优质生态产品以满足人民日益增长的优美生态环境需要的攻坚期，也到了有条件有能力解决生态环境突出问题的窗口期。为此，《决定》稿提出要加强生态文明建设，就是要动员全市上下牢固树立和践行绿水青山就是金山银山的理念，坚定不移走生态优先、绿色发展之路，进一步夯实绵阳发展的生态本底，筑牢长江上游生态屏障。

生态保护与经济发展不是对立的，而是统一的。实践证明，脱离生态环境保护搞经济发展是"竭泽而渔"，离开经济发展抓生态环境保护是"缘木求鱼"。生态优先，不是不发展，而是把生态作为发展的根本依托，在更高起点上发展最能体现资源优势的绿色产业，实现绿水青山就是金山银山的目标。我们要认真践行绿色发展理念，坚持在发展中保护、在保护中发展，着力做好污染防治的"减法"，抓住重点区域、重点领域，全力打好污染防治"九大战役"，抓好中央、省环保督察反馈问题整改，确保环境质量持续改善；着力做好生态保护的"加法"，严守"三线一单"，全方位开展绿化绵州行动，统筹推进山水林田湖草系统治理，让绵阳山水"颜值"更高、大地"气质"更佳；着力做好绿色发展的"乘法"，加快发展绿色低碳循环产业，推进资源全面节约和循环利用，形成节约资源和保护环境的空间格局、产业结构、生产方式、生活方式，为绵阳可持续发展奠定坚实基础。总之，我们要像保护眼睛一样保护生态环境，像对待生命一样对待生态环境，既让绿水青山持续发挥生态效益和经济社会效益，又把经济发展和生产生活行为限制在自然资源和生态环境能够承受的限度内，协同推动经济高质量发展和生态环境高水平保护。

第十一，关于坚定不移全面从严治党

干好绵阳的事，关键在党，关键在党要管党、从严治党。《决定》稿落实新时代党的建设总要求，对加强党的各项建设、不断提高党建水平，推进全面从严治党向纵深发展做出了安排部署。

全面从严治党必须扛起管党治党政治责任。各级党组织要坚持把抓好党建作为最大政绩，层层压实"两个责任"，切实做到守土有责、守土负责、守土尽责。各级党组织书记抓党建要真抓真管真严，自觉做到"四个亲自"，坚持以上率下，一级做给一级看，一级带着一级干。着力加强和改进市级企事业单位、市委派出党委下属单位党的领导和党的建设工作。健全完善党建述职评议考核，强化结果应用，对不重视不尽责、问题严重的要严肃追责问责。

全面从严治党必须旗帜鲜明讲政治。政治上的坚定源于理论上的清醒。要深入学习贯彻习近平新时代中国特色社会主义思想，自觉用以武装头脑、指导实践、推动工作。要切实树牢"四个意识"、坚定"四个自信"，把"两个维护"作为根本政治任务，自觉在政治立场、政治方向、政治原则、政治道路上同以习近平同志为核心的党中央保持高度一致。严守政治纪律和政治规矩，时刻牢记"五个必须"，坚决反对"七个有之"，坚决反对和纠正个人主义、分散主义、自由主义、本位主义。各县（市、区）党委和各级党组要坚决落实党中央和上级党组织决策部署，做到有令即行、有禁即止。讲政治不是抽象的，而是具体的，对广大党员干部来说，最根本的就在于讲党性，不断提高自身政治觉悟，切实做到政治信仰不变、政治立场不移、政治方向不偏。

全面从严治党必须自觉践行新时代党的组织路线。正确的政治路线要靠正确的组织路线来保证。全市各级党的基层组织要以提升组织力为重点，突出政治功能，强化政治引领，发挥党的群众工作优势和党员先锋模范作用，引领基层各类组织自觉贯彻党的主张，确保基层治理正确方向。坚持正确选人用人导向，突出政治标准，特别是大力选拔敢于负责、勇于担当、善于作为、实绩突出的干部，注重从发展第一线、改革最前沿培养锻炼、考察使用干部。坚持"三个区分开来"，进一步健全完善容错纠错机制，进一步激励广大干部新时代新担当新作为。着眼近期需求和长远战略需要，培养选拔一定数量规模的优秀年轻干部。注重干部培训和实践锻炼，全面提高"八项本领"，建设忠诚干净担当的高素质专业化干部队伍。大力实施人才强市战略，坚持以“高精尖缺”为导向，实行更加积极、更加开放、更加有效的人才政策，让绵阳成为各类人才的创新创业沃土和求职者的向往之地。

全面从严治党必须持久深入开展正风反腐。坚持无禁区、全覆盖、零容忍，坚持重遏制、强高压、长震慑，坚持“老虎”“苍蝇”一起打、受贿行贿一起查，有效遏制增量、削减存量，把反腐败压倒性态势转化为压倒性胜利。持之以恒整治“四风”问题，坚决反对特权思想和特权现象，巩固拓展落实中央八项规定及实施细则精神成果。深化纪检监察体制改革，用好监督执纪“四种形态”，进一步闭合完善“不敢腐、不能腐、不想腐”的制度链条，巩固发展绵阳风清气正的良好政治生态。

同志们！历史的画卷，总是在砥砺前行中铺展；精彩的华章，总是在接续奋斗里书写。让我们更加紧密地团结在以习近平同志为核心的党中央周围，在省委坚强领导下，不忘初心、牢记使命，紧紧依靠和团结带领全市广大干部群众，重整行装再出发、艰苦奋斗再创业，为加快建设中国科技城和西部现代化强市、实现人民对美好生活的向往不懈奋斗！

绵州筑城记

隋开皇五年（585 年），今绵阳市境置绵州。绵州之名，取自州境内万安县（今德阳市罗江县）西南的绵水。该名一直沿用到 1913 年。其州城位于涪江、安昌江、芙蓉溪三江冲积扇上，作为“控扼全川”军事战略要地，历史上屡建屡毁、屡毁屡建。

从唐到宋，绵州治地均在巴西县城。唐绵州城规模不大，地理方位较其前身汉代涪县城没有太大变化。据唐《元和郡县志》记载，它坐落在涪江河道东岸、芙蓉溪西岸，大约今开元场一带。其形似北斗七星，状如卧龙俯伏，呈调羹形带状分布，城东五里是富乐山，城北一里余是天池山，城西八里有蒋琬墓。唐高宗显庆年间（656—660 年），唐太宗第八子越王李贞任绵州刺史，于州城西北修建规制宏阔的州府及辉煌夺目的越王楼。《杜诗详注》说，李贞先建王宫，后修高楼，以楼助王宫气象。安史之乱后，杜甫寓居绵州时，越王楼不过刚历百余年，风华如昔。杜甫不免感慨：“绵州州府何磊落，显庆年间越王作。孤城西北起高楼，碧瓦朱甍照城郭……”唐宣宗大中年间（847—859 年），绵州刺史于兴宗慕名登楼作诗，并将诗作和越王楼画卷一幅寄给友人，公开征集唱和。拜杜甫、于兴宗等人不吝“宣传”，绵州越王楼名扬天下，成为众多诗人歌咏感怀的对象。

宋代绵州城逐渐向西南拓展，有史可查的筑城记录至少有四次。第一次，北宋太宗淳化五年（994 年），一位石姓知州曾经筑城；第二次，北宋真宗景德四年（1007 年），欧阳修之父欧阳观任绵州推官时修筑土城；第三次，南宋宁宗时（1195—1224 年），知州史祁筑土堤于城之西北，以抵御涪江水患。第四次发生在南宋宁宗嘉定十三年（1220 年），由绵州知州程德降主持。据《绵州新城记》介绍：“城成袤一千三百丈，崇二丈，而堞五尺不与……”即城市面积约 1.32 平方千米、城墙高 1.88 丈。

明朝末年，张献忠率军攻打绵州城，久攻不下，可见当时城防体系比较完备。清初绵州城，经过连年战乱，及康熙、乾隆年间几场大洪水冲击，涪江改道，冲毁州城东、北二门，州城破败，无力重修。乾隆三十六年（1771 年），州衙迁往罗江县，原州城被降为金山驿。

嘉庆初年，四川爆发大规模白莲教起义。嘉庆五年（1800 年），白莲教起义军逼进旧州城。知州刘印全认为旧州城虽然残破，但可划江固守，于是号召重筑旧城。刘印全前后捐养廉银九千三百两，士民自掏腰包四万一千二百余两。官民一心，昼夜兴工，创造 48 天修复旧城垣的奇迹。据旧志记载，由于旧州城应对充分，起义军遂放弃攻城，改走他处。

此后历时三年，终于筑起新城：城墙高一丈九尺，周长九百四十六丈八尺，城身以方石修砌，城内修有马道，城市新中心位于北街口，城东南西北分别有安定门、会昌门、镇川门、迎恩门四门，西北还有一道城门，名为长兴门，即小西门。城墙之上，修有四座城楼、五座炮台。此外，文武庙、州衙、仓库、监狱等重要公共设施一应俱全。嘉庆七年（1802 年）七月，经朝廷同意，在刘印全的主持下，绵州州衙从罗江县回迁到新州城内。从那以后到 1913 年裁撤绵州，绵州城再无大的变化。

越王楼

人大常委会工作报告

——在绵阳市第七届人民代表大会第四次会议上

绵阳市人大常委会主任　马　华

（2018 年 4 月 12 日）

过去一年的工作回顾

过去一年，市人大常委会坚定以习近平新时代中国特色社会主义思想为指导，深入学习贯彻党的十九大精神，在中共绵阳市委的坚强领导下，坚持党的领导、人民当家做主、依法治国有机统一，紧紧围绕“五位一体”总体布局和“四个全面”战略布局，紧扣中央和省委、市委重大决策部署，依法履职、主动作为，共召开8次常委会会议，听取审议39个工作报告，制定地方性法规1件，对1件法律法规的实施情况进行了检查，做出6个决议决定，开展2次专题询问和40次视察调研，对21个规范性文件进行了备案审查，提出审议意见49条，多数已转化为“一府两院”重大决策和政策措施，为推进国家科技城建设和全市改革发展发挥了地方国家权力机关应有的作用！

一、旗帜鲜明讲政治，坚持党对人大工作的领导

深入学习贯彻党的十九大精神。党的十九大召开后，常委会把学习贯彻党的十九大精神作为首要政治任务，及时召开常委会党组中心组暨常委会组成人员学习会，认真学习领会习近平新时代中国特色社会主义思想，学习领会以习近平同志为核心的党中央坚持和完善人民代表大会制度的新要求，并就学习贯彻落实党的十九大精神，推动人大工作与时俱进创新发展做出安排部署。为深入宣传学习党的十九大精神和习近平总书记来川视察重要讲话精神，常委会领导同志带头深入县（市、区）、园区和乡村、社区开展宣讲活动，推动党的十九大精神入脑入心、落地落实。

坚决执行中央和省委市委重大决策部署。强化党的意识，提高政治站位，始终坚持请示报告制度，对人大工作中的重大问题、重要事项及时向市委请示报告，主动争取领导和支持，始终与市委在思想上同心、目标上同向、行动上同步。紧紧围绕市委决策部署，统筹安排人大工作，市委工作安排到哪里，人大工作就跟进到哪里。坚持人大决定与市委决策的有机统一，紧扣全市改革发展稳定中全局性、长远性、根本性的重大事项，听取审议相关工作报告，依法作出决议决定。深入贯彻落实中央、省委关于健全和落实人大讨论决定重大事项等部署要求，及时研究制定并即将出台《绵阳市人大常委会讨论决定重大事项的规定》。认真落实中央和省委、市委关于深化国家监察体制改革的决策部署，及时做出《关于绵阳市监察委员会副主任、委员任免及主任、副主任、委员宪法宣誓有关事项的决定》，并依照法定程序选举了市监察委员会主任，任命了监察委员会副主任和委员，顺利推进我市监察体制改革。

坚持党管干部原则依法规范人事任免。坚持任前法律知识考试、供职报告、颁发任命证书和宪法宣誓制度，任免国家机关工作人员117人次，组织宪法宣誓82人次，圆满完成省十三届人大代表选举工作，为全市经济社会发展提供了重要组织保障。

二、围绕中心服务大局，切实推动科学发展

深入推动国家科技城建设。为助推科技城建设实现“创新驱动发展试验田、军民融合创新排头兵和西部地区发展增长极”的发展目标，常委会组成人员和市人大代表，多次深入科技城集中发展区、各县（市、区）产业园区、京东方等重大项目工地和部分在绵科研院所视察调研，听取推进全面创新改革试验工作情况报告，提出了聚焦军民深度融合发展，突出创新驱动，加快推进科技城集中发展区重大产业项目和基础设施建设等意见建议。为更好地服务于国家科技城建设，进一步示范引领和辐射带动绵阳及川西北地区农业科技水平整体提升，常委会批准了《四川绵阳国家农业科技园区总体规划（2016—2018）》。

督促环保问题整改落实。紧紧围绕中央和省市关于做好中央环保督察问题整改落实工作的有关要求，充分发挥人大监督职能，助推环保督察反馈问题的整改落实。多次深入木龙河、南湖公园、翥鹤堰等环境问题突出的地方，明察暗访，视察调研，及时提出整改要求，并督促整改落实。为强力推进污染防治“三大战役”，听取了贯彻

实施环境保护法情况的报告、2017年全市环境状况和环境保护目标完成情况的报告，要求坚持生态优先、绿色发展，开展好“蓝天”“清水”“净土”三大行动，坚决打赢污染防治攻坚战，推动生态环境质量持续改善。持续监督城区污水排放整治工作，高度重视饮用水源安全。对园林绿地建设、南河湿地、小枧生态公园等开展了专题视察调研，听取了关于创建国家森林城市工作的汇报。

依法推进脱贫攻坚。始终把推进脱贫攻坚作为头等大事，依法深入推进全市农村扶贫开发工作，首次开展了《四川省农村扶贫开发条例》执法检查。常委会组成人员、部分在绵全国人大代表和省人大代表组成7个执法检查小组，对有脱贫攻坚任务的北川、平武等7个县（市、区）和部分乡镇村社进行暗访和实地检查，全面真实了解掌握情况，对发现的困难和问题，点对点向当地政府进行了反馈。听取和审议了执法检查组专项工作情况报告，提出进一步加大学习宣传和教育引导，充分发挥脱贫主观能动性，加快产业发展，加强扶贫资金监管，实现精准扶贫精准脱贫等意见建议。

扎实开展挂包帮工作。常委会领导同志切实担负政治责任，多次深入所联系的贫困村、社区和贫困户，宣传政策，帮助规划和实施经济增收项目，帮助解决道路、水利、通讯等基础设施问题，共谋脱贫攻坚、增收致富和乡村振兴大计。按照全市的统一安排，常委会领导同志多次牵头或参与开展对全市脱贫攻坚工作的全覆盖监督检查。与此同时，组织动员1600余名全市各级人大代表积极投入“脱贫攻坚—人大代表再行动”活动，为困难群众办了一批好事、实事，在脱贫攻坚主战场上贡献了人大力量。常委会对脱贫攻坚工作的倾力参与和有力监督，得到群众衷心拥护、社会广泛认同。

三、突出重点强化监督，不断增强监督实效

加强经济工作监督。针对经济下行压力增大的客观形势，常委会加强经济运行分析，紧紧围绕计划执行中的问题，组织检查和深入调研，听取审议上半年国民经济和社会发展计划及预算执行情况报告，形成了经济和社会发展的审议意见。深入开展预算执行全过程监督，强化预算约束，提高财政资金使用效益。坚持全面审查和重点审查相结合，强化会前预算审查，注重审前调研、专业审查，提高预算编制科学化精细化水平。建立部门联席会议制度和财经咨询专家库，完善计划和预算审查代表联络员制度，积极做好预算联网监督。审查批准2016年市级决算和2017年市级预算调整方案。制定实施关于改进审计查出问题整改机制的意见，突出对审计查出问题的跟踪监督。听取关于2016年市级预算执行和其他财政收支审计查出问题整改情况报告，并进行专题询问，督促政府加大审计整改力度，严格落实问责追责机制，并向社会公开处理结果。加强国有资产管理监督的做法和经验，受到全国人大有关专门委员会的重视和肯定。

加强城市建设管理监督。《绵阳市城市市容和环境卫生管理条例》是我市第一部地方性实体法规，常委会听取了条例贯彻实施情况报告，督促市政府及其相关部门在适用范围、配套体系、保障机制等方面再作部署、再添措施，更好地推动条例贯彻执行。常委会多次开展城市建设视察调研，听取和审议了关于加快推进畅通绵阳建设、交通攻坚大会战重点项目建设以及城市无障碍环境建设情况的报告。为优化城市总体功能，对海绵城市和综合管廊建设开展专题视察调研。

加强“三农”工作监督。围绕大中型水利水电工程建设、库区移民安置和后续扶持政策落实情况开展专题视察，听取和审议了专项工作报告，提出进一步加强水利设施建设管理，加强部门协作，创新保障机制，强化后期帮扶，抓好政策落实，维护社会稳定等意见建议。为持续推动农村公路建设、改善乡村基础设施，听取了落实农村公路建设审议意见情况的报告，并进行了满意度测评。为加快生态循环农业发展和新农村示范片建设，深入梓潼、江油、安州等地部分乡镇开展专题视察调研，对各县（市、区）用好、用活政策，因地制宜抓好规划引领，促进农村产业发展和农民增收提出了意见建议。

加强社会事业监督。连续三年跟踪督促市南河体育中心非体育项目的清除工作，听取了专项工作报告并进行专题询问，推动工作落实。深入部分学校、医院、公共图书馆以及台资、侨资企业和宗教场所视察调研，听取和审议了全市公共文化建设、儿童医疗改革与发展、落实台湾同胞投资保护法及实施细则等工作情况报告。为促进民族地区发展进步，对平武白马古寨保护和民俗文化传承发展开展专题调研并提出意见建议。

加强对人大任命人员的监督。为强化对权力运行的监督，促进严格执法、依法行政，经请示市委同意，创新开展了对市发改委、经信委、科知局、财政局、环保局、住建局、交通运输局、政务服务管理局8个市政府组成部门主要负责人的述职测评工作。为此，常委会制定了周密详尽的工作方案，广泛听取了干部群众和相关单位部门意见，专题召开述职测评会，听取了被测评对象述职报告，对其履职情况提出了意见和建议，并就履职情况、人大意识、廉洁从政等方面进行了满意度测评。经过测评，8名主要负责人的测评结果均为满意。此举进一步增强了述职测评对象的宪法意识、人民意识和公仆意识，得到市委充分肯定。

常委会围绕中心、服务大局，聚焦热点，关注民生，不断创新监

督方式，加大监督力度，完善监督机制，增强了监督实效。一是加强执法检查；二是改进监督调研，坚持走基层、到一线，对发现的突出问题要求政府及时整改，把监督调研做实；三是坚持民生取向、发展导向、问题导向，坚持监督与支持相统一，选择好角度、掌握好尺度、把握好力度，精准发力，科学确定监督重点；四是抓住事关群众切身利益的问题，一抓到底，跟踪监督，直到问题解决；五是认真做好规范性文件备案审查工作，确保整个监督工作有力有效。

四、强化立法保障善治，深入推进依法治市

稳步推进地方立法。充分发挥常委会在立法中的主导作用，制定出台《绵阳市水污染防治条例》。加强组织协调，突出绵阳特色，依法提前介入，深入开展调查研究，广泛听取和征求市级各相关部门、各县（市、区）人大常委会、部分市人大代表、基层自治组织以及社会其他各方面意见，顺应人民群众对美好环境的新期待。在条例制定过程中，市政府及环保、水务、农业、住建、法制办等部门给予了高度重视，积极支持。该条例立足绵阳实际，对上位法关于“河长制”的规定进行了细化落实，对城镇污水集中处理设施及配套管网建设、重点河流和水库水环境质量的统一监测、农村畜禽水产养殖污染防治、水库电站坝前水面漂浮物清理等十多个方面创设了管理制度，将对我市保护和改善水环境，防治水污染，保护水生态，保障市民饮用水安全，推进生态文明建设提供良好的法制保障。

促进严格执法公正司法。听取和审议人民调解法贯彻执行情况、全市法院司法改革工作、全市检察机关刑事执行检察工作等情况报告，以及高新区法院、检察院工作和小枧地区检察工作情况报告，要求进一步强化责任担当，全面履行职责，不断提升司法为民的实效和水平。为督促规范司法行为，提升司法公信力，推进公正司法，首次在常委会组成人员学习会上专题听取了市法检两院工作情况汇报。

强化法治宣传和依法治理。采取视察调研、听取汇报、执法检查、专题询问等方式，督促市级相关部门按照“谁主管、谁负责”的原则，加强城乡规划法、科技进步促进法、审计法、体育法、种子法等30多部法律的宣传贯彻实施，不断提高依法治理能力和水平。听取科技城法治示范区建设情况报告，要求围绕创新驱动军民融合，努力探索一条具有绵阳特色的法治建设之路，提升依法治理能力和水平。认真学习宣传宪法修正案，推动“12·4”国家宪法日暨法治绵阳建设宣传周系列活动开展。聚焦打赢污染防治攻坚战，持续开展“环保世纪行”法治宣传，进一步强化生态环保意识，增强生态环保法治观念。

依法处理来信来访。一年来，共受理群众来信来访643件（次）、1956人（次），加强对信访反映问题的调查了解、综合分析和催办、督办，促进群众合法诉求的解决。

五、搭建平台创新机制，充分发挥代表作用

常委会高度重视并不断改进代表工作，创新工作载体形式，积极探索联系代表和服务群众的长效机制，加强和改进代表履职服务保障工作，进一步激发了代表履职热情，提高了代表工作水平。

提升代表履职能力。认真学习宣传代表法，以代表为中心，扩大代表对常委会工作参与的广度和深度，组织80余名市人大代表列席常委会会议、参加“一府两院”组织的活动。提升代表履职能力，制定学习培训计划，集中组织70余名省市人大代表参加履职培训和专题学习。搭建平台，召开在绵省人大代表履职经验交流会。运用QQ、微信等方式联系代表，促进代表知情知政。推广代表向选民或选举单位述职经验；召开全市人大代表履职平台建设现场观摩会，推进代表履职平台建设。

加强代表履职保障。加强常委会与人大代表的联系，开展常委会组成人员联系代表、代表联系群众的“双联”活动，使代表工作“接地气”。指导各选举单位加强与代表的联系沟通，为代表履职创造良好条件。在绵阳电视台和《绵阳日报》等媒体开设专栏，宣传报道28位各级人大代表履职的先进事迹，充分展示我市各级人大代表的履职风采。组织代表开展专题视察调研，撰写“城区棚户区、旧城改造推进情况”等调研报告11篇，为政府决策提供重要参考。精心指导基层人大工作，积极开展县乡人大代表履职评价、退出、保障和激励机制试点；推动代表之家建设，全市所有乡镇“人大代表之家”实现全覆盖，依托“人大代表之家”平台，1.6万余名人大代表接待群众3.5万余人次，收集意见建议2万余条。对277名乡镇人大主席进行履职培训，选送76名县乡人大干部参加人大工作业务培训。及时总结推广安州区迎新乡人代会对乡长、副乡长开展述职测评的创新做法。

推动代表建议办理。创新办理方式，建立网上办理系统。创新评价机制，对代表建议重点督办件的办理工作情况进行满意度测评。坚持代表建议重点督办制度，持续跟踪，力促问题解决，推动办理工作从重“满意率”向重“落实率”转变。2017年9月底，市七届人大二次会议期间代表提出的226件建议已全部回复代表，建议办理结果满意率达94.7%，代表所提问题得到解决或基本解决的113件，同比提高9个百分点，建议办理成效进一步提高。

六、与时俱进务实担当，自身建设成效明显

加强思想政治建设。牢固树立政治意识、大局意识、核心意识、看齐意识，自觉在思想上政治上行动上同以习近平同志为核心的党中央保持高度一致。深入学习贯彻党

的十九大精神，扎实推进“两学一做”学习教育常态化制度化。以党组中心组学习为引领，以常委会会议会前学习和间周一机关学习日为平台，突出政治教育，强化党性锻炼，始终把政治纪律和政治规矩挺在前面。贯彻落实全面从严治党要求，认真落实党风廉政建设主体责任。严格落实中央八项规定及实施细则精神和省、市相关规定及实施细则，严格执行公务接待、公务用车、办公用房等有关规定，持续深入反对“四风”。

*加强素质能力建设。*严格落实常委会组成人员学习制度，坚持开展常委会法制讲座，有针对性地学习人大制度理论、宪法法律知识和人大业务知识，有效提高了组成人员履职能力和水平。健全常委会的组织制度和工作制度，制定《关于进一步提高人大常委会会议质量的意见》，完善了组成人员履职通报制度，严肃常委会议纪律，有效提高了常委会会议的议事效能和质量。认真抓好民主法治建设领域有关改革任务的组织实施，提高用改革精神和法治思维做好工作的能力。积极推进人大信息化建设，加强专门委员会建设，支持他们依法做好工作，充实立法、预算审查、代表工作力量。加强常委会机关建设，成立常委会机关党组，全面加强机关党的建设。严格机关管理，规范工作运行，机关的凝聚力、执行力、创新力和战斗力不断增强。人文包容、团结和谐、开拓创新人大机关的打造正一步一个脚印地向前迈进。

*加强作风建设。*切实增强思想自觉和行动自觉，保持奋发有为的精神状态和求真务实的工作作风。深入开展“走基层”活动，常委会班子成员率领机关干部深入结对乡村、社区和群众家中，宣传党的十九大、省十一次党代会精神，推动解决城市管理、社会治理、民生保障等方面问题。加强调查研究，围绕进一步加强人大工作和建设、生态文明建设、全民创业等开展调研，形成20多篇调研报告，为市委决策和市政府实施提供重要参考。

各位代表：一年来的履职实践，使我们深刻体会到，做好新时期人大工作，全面担负起宪法法律赋予的各项职责，必须旗帜鲜明讲政治，始终坚持和依靠党的领导，增强“四个意识”，坚定“四个自信”，深入贯彻落实中央和省委、市委重大决策部署，保证常委会工作在正确轨道上不偏离、不动摇，才能推动人大事业不断向前发展；必须把人民利益摆到至高无上的地位，坚持以人民为中心的发展思想，把人民对美好生活的向往作为奋斗目标，紧紧抓住人民群众关注的问题，真诚倾听呼声，真实反映愿望，真情关心疾苦，做到民有所呼、我有所应，民有所求、我有所为，才能赢得人民群众的信任，真正把人大常委会建设成“同人民群众保持密切联系的代表机关”；必须大力弘扬法治精神，把法治理念、法治思维、法治方式贯穿和体现到人大工作的全过程，维护宪法法律权威，确保制定的法规、做出的决定符合实际、切实可行，确保行政权、审判权、检察权得到正确行使；必须充分发挥代表主体作用，紧紧依靠代表开展工作，教育引导代表牢记人民重托，依法行使职权，建功立业、奉献社会，以实际行动践行“人民选我当代表，我当代表为人民”的庄严承诺。

各位代表：一年来，常委会工作取得的新进展、新成效，是在中共绵阳市委坚强领导下，全体人大代表、常委会组成人员、各专门委员会组成人员以及常委会机关工作人员履职尽责、扎实工作的结果，是市政府、市法院、市检察院协同配合的结果，是各县（市、区）人大鼎力支持的结果，是全市各族人民和社会各界充分信任、大力支持的结果。在此，我代表市人大常委会，向大家表示衷心的感谢！

回顾一年来的工作，我们也深切感到，立法主导作用还有待加强，监督工作的针对性、实效性还需提高，代表履职平台还有待完善。对此，我们将坚持民生取向、发展导向、问题导向，认真研究并着力解决。

2018年主要工作

2018年是贯彻党的十九大精神的开局之年，也是开启我市西部经济强市建设新征程的第一年。市人大常委会工作的总体要求是：以习近平新时代中国特色社会主义思想为指导，深入学习贯彻习近平总书记来川视察重要讲话和党的十九大、十九届二中、三中全会精神，认真落实中央、省委、市委经济工作会议部署要求，坚持党的领导、人民当家做主、依法治国有机统一，全面担负起宪法法律赋予的各项职责。在中共绵阳市委坚强领导下，紧紧围绕“五位一体”总体布局和“四个全面”战略布局，服务大局，依法履职，为加快建设国家科技城和西部经济强市，实现人民对美好生活的向往不懈奋斗！

一、坚持党的领导，在服务大局上开创新局面

坚持以习近平新时代中国特色社会主义思想为指导，全面贯彻落实党的十九大精神和习近平总书记来川视察讲话精神，牢固树立“四个意识”，坚定“四个自信”，坚决维护以习近平同志为核心的党中央权威和集中统一领导，始终在思想上政治上行动上同以习近平同志为核心的党中央保持高度一致。坚定不移坚持党的领导、人民当家做主、依法治国有机统一，在市委领导下依法充分行使各项职权，确保党中央战略部署和省委、市委重大决策在人大工作中得到全面贯彻落实。充分发挥常委会党组在常委会工作中的领导作用，不断增强凝聚力和战斗力，带领人大常委会组成人员依法履职，奋力开创新时代人大工作新局面。

二、坚持依法履职，在增强工作实效上展现新作为

切实担负政治责任，深入推动宪法法律贯彻实施。宪法是国家的根本法，具有最高的法律地位、法律权威、法律效力。人大及其常委会要深入学习宪法，带头忠于宪法、遵守宪法、维护宪法，履行宪法使命，保证宪法实施；全面担负起宪法法律赋予的各项职责，紧紧围绕全市工作大局，依法行使立法权、决定权、监督权、任免权，加强人民当家做主制度保障。

依法开展地方立法。完善“党委领导、人大主导、政府依托、各方参与”的立法工作格局，充分发挥人大及其常委会在立法工作中的主导作用。认真落实《绵阳市地方性法规案起草工作办法》，制定出台《绵阳市人大常委会立法听证办法》，制定《绵阳市物业管理条例》，扎实开展历史建筑保护和二次供水管理立法调研。修订完善《绵阳市人大常委会规范性文件备案审查办法》。充分发挥立法联系点的桥梁作用和立法咨询专家的智囊作用。

依法讨论决定重大事项。按照市委对全市工作的总体安排部署，严格落实市委《关于健全和落实人大讨论决定重大事项制度各级政府重大决策出台前向本级人大报告的实施意见》，认真执行《绵阳市人大常委会讨论决定重大事项的规定》。紧紧围绕建设西部经济强市、创新驱动军民融合、“两化”互动城乡统筹、改革引领开放合作、实施乡村振兴战略、打赢三大攻坚战等进行视察调研，适时作出决议决定并加强跟踪督查，推动中央、省、市重大决策部署落实。

依法加强和改进监督。紧紧围绕发展不平衡不充分、人民群众反映强烈、社会关注度高的热点、难点和焦点问题开展监督，综合运用视察调研、听取专项工作报告、执法检查、工作评议、述职测评、专题询问等方式，增强监督实效。加强对全面深化改革、创新改革试验、科技城集中发展区建设、工业园区建设、产业发展、生态环境保护、交通攻坚大会战和城市基础设施建设以及城市规划修编等工作的监督；聚焦脱贫攻坚、民族地区发展、乡村振兴、义务教育、公共文化服务、医疗卫生改革、食品药品安全等民生问题开展监督；加强财政预决算审查监督，加强对国有资产管理和政府负债监督，充分发挥审计监督作用；积极推进法治绵阳建设，加强对水污染防治法等法律法规贯彻实施情况的检查；围绕刑事执行检察、民事执行、司法改革等开展司法监督。

依法做好人事任免工作。坚持党管干部与人大依法任免干部相统一，依法行使任免权；继续组织好向宪法宣誓活动；加强对被任命人员的监督，继续组织好部分被任命人员向常委会述职和履职情况满意度测评工作。

三、坚持代表主体，在发挥代表作用上取得新突破

坚持以人民为中心，保持代表同人民群众的密切联系，充分发挥代表作用。强化代表履职服务保障，继续抓好市人大代表的履职学习培训，推动县级人大机关和街道办事处建立“人大代表之家”，指导和抓好管理和运行；有计划地邀请代表和乡镇人大主席列席常委会会议，参与视察调研、执法检查等活动，探索召开市人大代表议政会。抓好代表履职机制建设，在全市全面建立乡镇人大代表履职机制，开展县级人大代表履职考评试点工作，组织市人大代表向原选举单位报告履职情况。持续开展好“双联”活动和“脱贫攻坚—人大代表再行动”活动。深化代表建议办理和督办工作，大力推行代表建议网上办理。进一步深化代表履职宣传，举办人大代表履职事迹报告会。

四、坚持开拓进取，在“两个机关”建设上树立新形象

全面加强常委会组成人员和人大机关工作人员思想政治建设、组织建设、作风建设、纪律建设，扎实开展“不忘初心、牢记使命”主题教育活动。贯彻全面从严治党要求，切实肩负起党风廉政建设主体责任，严格落实中央八项规定及实施细则精神和省、市相关规定及实施细则，旗帜鲜明反对“四风”。进一步健全人大组织制度、工作制度和议事程序，加大干部学习培训和实践锻炼力度，培养和打造政治坚定、熟悉人大工作、具有良好法律素养的干部队伍。加强对县乡人大工作的联系和指导，形成全市人大工作整体合力，提升新时代人大工作水平，使各级人大及其常委会成为全面担负起宪法法律赋予的各项职责的工作机关，成为同人民群众保持密切联系的代表机关。

各位代表：新思想引领新时代，新使命呼唤新作为。让我们高举习近平新时代中国特色社会主义思想伟大旗帜，更加紧密地团结在以习近平同志为核心的党中央周围，在市委的坚强领导下，不忘初心、牢记使命，求真务实、开拓进取，认真履行职责，奋力谱写新时代人大工作新篇章，为决胜全面建成小康社会、加快建设国家科技城和西部经济强市，实现人民对美好生活的向往不懈奋斗！

政府工作报告

——在绵阳市第七届人民代表大会第四次会议上

绵阳市人民政府市长 刘 超

(2018年4月11日)

2017年工作回顾

过去一年，在党中央国务院、省委省政府和市委坚强领导下，在市人大、市政协监督支持下，我们深入学习贯彻习近平新时代中国特色社会主义思想和党的十九大精神，牢牢把握稳中求进工作总基调，坚持科学发展、加快发展工作取向，统筹抓好稳增长、促改革、调结构、惠民生、防风险各项工作，圆满完成市七届人大二次会议确定的目标任务，经济社会发展取得显著成效。

——经济实力跃上新台阶。实现地区生产总值2074.75亿元、增长9.1%，成为全省首个经济总量突破2000亿的地级市，在西部同类城市中的排名由第11位上升至第8位；增速居全省第1位，是自1999年以来在全省最高排位。规模以上工业增加值增长10.5%，居全省第4位，是自2004年以来在全省最高排位。服务业增加值增长10.8%，是自建市以来首次排名全省第1位。

——科技城建设积极推进。科技城"十三五"发展规划获得国务院批复。全国首批推广的13条全创经验绵阳贡献2条，全省首批推广的21条经验中涉及绵阳11条。科技创新综合水平指数达到70.64%，科技对经济增长贡献率达到58%。中国工程物理研究院某重大装置等一批国家重大科技专项落地绵阳、加快实施，绵阳国防军工重镇地位进一步巩固。

——改革开放迈出坚实步伐。重点领域和关键环节改革深入推进，280项年度改革任务基本完成，10多项改革经验做法得到中央领导和国家部委肯定。成功举办第五届科博会、中国（四川）电商发展峰会。招商引资保持强劲势头，经省上认定的国内省外到位资金431亿元，继续稳居全省第2位。

——人民生活水平不断提升。脱贫攻坚取得决定性进展，北川贫困县摘帽通过省级验收，全市又有176个贫困村退出、31866名贫困人口脱贫，贫困发生率下降到1.14%。城乡居民人均可支配收入分别达到31822元、14752元，增长8.2%、9.2%。城镇新增就业5.72万人，城镇登记失业率控制在3.7%。城乡居民基本养老保险覆盖率达到99.74%。完成城镇危旧房棚户区改造4354套、农村危房改造5263户。

——生态环境状况总体改善。深入实施污染防治"三大战役"并取得明显成效。单位地区生产总值能耗下降5.6%。清洁能源消费比重同比提高1.25个百分点。城区空气质量优良天数达到295天，达标率81.7%、同比提高3.5个百分点。森林覆盖率达到53.86%、同比提高0.26个百分点，绿色发展呈现可喜局面。

一年来，我们主要做了以下几个方面工作。

一、坚持把经济建设作为兴市之要，着力稳增长、调结构、提质量，经济发展取得新成效

面对复杂多变的宏观经济形势和激烈的区域竞争态势，我们谋早抓实、精准发力，深入推进供给侧结构性改革，大力振兴实体经济，在做大经济总量中优化结构、提升质量，全市经济保持了稳中有进、稳中向好的良好态势。

大力推动三次产业协调发展。把产业作为经济发展的核心，坚持优先发展先进制造业、加快发展现代服务业、大力发展现代农业，严格落实重点产业及空间布局方案，三次产业结构优化调整为14.1：40.4：45.5，经济增长从主要依靠工业拉动转变为工业和服务业共同拉动。深入实施工业大企业大集团培育"领航计划"，新增50亿元以上企业2家、10亿元以上企业7家、4亿元以上企业17家。加大中小企业培育力度，新增规上工业企业108家。制定出台改进服务工业企业九条措施，帮助解决企业生产经营中的困难问题，攀长钢结束二十年亏损、实现扭亏为盈，长虹控股公司蝉联川企百强榜首。出台特色园区推进工作方案，促进产业集群发展，全市产业园区规模以上工业总产值增长17%。坚持加快发展生产性服务业与提升发展生活性服务业并重，推动服务业上档升级。服务业对经济增长贡献率达到50.1%，拉动经济增长4.6个百分点。坚持以提高农业供给质量为主攻方向，促进农业提质增效。实现第一产业增加值291.66亿元、增长4%。建成现代特色效益农业标准化基地12.1万亩，现代农业产业园区31个，申报“三品一标”农产品243个，新型农业经营主体达1.7万个。

着力提升发展质效。坚持以高新技术产业和战略性新兴产业为主攻方向，突出抓好电子信息、汽车产业发展，支持新材料、节能环保、高端装备制造等优势产业提升能级，“两新”产业产值占规上工业总产值比重分别达到54.1%、37.5%，同比分别提高0.6和1.5个百分点，继续保持全省领跑优势。全市规模以上工业企业主营业务收入2723.2亿元、增长18.2%，盈亏相抵后利润总额133.3亿元、增长19.9%。单位工业增加值能耗下降6.7%。在推进“营改增”等减税降费政策的情况下，地方一般公共预算收入达到110.59亿元，同口径增长8.02%，地方一般公共预算收入中税收占比提高1.15个百分点。深入开展质量对标行动，加快建设质量强市，主导或参与制修订国家和行业标准10项，新增商标注册1800件。

持续扩大投资消费。发挥投资对优化供给结构的关键性作用。坚持以项目为中心组织经济工作，深入推进“项目年”行动，每季度组织全市重大项目集中开工，制定重点项目专员等制度，促进投资持续稳定增长。完成全社会固定资产投资1436.54亿元、增长13.1%，增速全省排名连续四年上升。216个省市重点项目完成投资350.6亿元，投资完成率131.5%。在保持投资强度的同时不断优化投资结构，工业投资增长26.6%，技改投资增长26.8%。增强消费对经济发展的基础性作用，推动传统消费提档升级、新兴消费快速兴起。组织市内企业积极参与“惠民购物全川行”“川货全国行”“迎春购物月”等消费促进活动，社会消费品零售总额突破千亿大关，达到1112.48亿元、增长12.5%。最终消费对经济增长贡献率达到52.4%。

二、坚持创新驱动军民融合，着力促改革、扩开放、添活力，科技城建设取得新进展

纵深推进全创试验。坚持以系统推进全面创新改革试验为引领，努力探索军民融合深度发展的“绵阳路径”，顺利完成147项年度改革任务。建立国内首个“电子信息军民融合创新实验室”、全省首家军民两用技术再研发中心等创新平台。成立国内首家军民融合科技支行。推动中国兵器装备集团自动化研究所转制改企和混合所有制改革取得实质进展。持续开展军民融合企业认定，新增军民融合企业85家、总数达到321家，军民融合企业产值1530亿元、占规模以上工业总产值比重超过50%。

加快建设国家科技城。认真实施科技城“十三五”发展规划，全面落实部际协调小组第13次会议精神，加快建设国家创新驱动发展“试验田”、军民融合创新“排头兵”、西部地区发展“增长极”。把集中发展区作为城市发展和产业发展战略平台，高水平编制集中发展区总体规划、核心区详细规划及城市设计。推动科技城大道河边段等项目竣工投用，5平方公里启动区基本建成；安昌河综合整治、地下综合管廊等项目积极推进，30平方公里核心区主体框架加快形成。京东方柔性面板生产线、中电科磁性材料产业园等重大产业项目加快建设。深入推进大众创业、万众创新上水平，累计认定科技型中小企业超过1万家，新增国家、省级企业技术中心、工程技术研究中心、重点实验室10个。深入推进国家知识产权示范城市建设，强化知识产权运用和保护，全市专利申请量10889件，专利授权量4749件，万人发明专利拥有量达到8.54件。游仙入选国家知识产权强县工程示范区。

稳步推进重点领域改革。扎实推进“三去一降一补”，实行水泥企业错峰生产，压减水泥产量345.4万吨。努力减轻企业负担，减免各类税费62.82亿元。着力解决企业融资难题，为63户企业办理应急转贷资金4.94亿元，降低融资成本2500万元；发挥高新技术中小企业贷款风险补偿基金作用，推动银行向62户企业发放贷款4.06亿元。深入推进商事制度改革，持续优化营商环境，新登记市场主体4.87万户，其中企业1.26万户。深化农业供给侧结构性改革，稳步推进农村集体产权制度改革试点。加快推进国资国企改革，推动长虹授权经营改革，将15项出资人权力授权长虹控股公司，在四川华丰开展全省首批国有控股混合所有制企业员工持股试点。文化教育、医药卫生、投融资等领域改革取得明显成效。

不断提升对外开放水平。坚持以全面开放推动改革深化和高质量发展。把招商引资作为推动发展“第一抓手”，持续开展精准专业化招商，成功引进汉能、华晨、东旭、360等47个10亿元以上重大产业项目。强化成德绵区域合作，积极融入“一带一路”、长江经济带。新增国际友城和国际友好合作城市5个、总数达到25个。南郊机场年旅客吞吐量达到354.3万人次、增长63.1%。实现外贸进出口总额115亿元。加快企业“走出去”步伐，对外投资总量居全省第2位。

三、坚持城乡统筹区域协调，着力打基础、强支撑、增后劲，城乡面貌呈现新变化

加快构建新型城镇体系。大力推进新型城镇化综合试点，坚持规划引领、统筹推进，加快形成以中心城区为龙头、县城为支撑、重点镇和特色镇为基础的现代城镇体系。推动安州区加快融入中心城区。中心城区新增建成区面积10.4平方公里、新增常住人口5.3万人，达到149.5平方公里、138.1万人。海绵城市试点创建工作加快推进。深入实施城建攻坚行动，加快推进“重构一环、贯通二环”，加快建设剑门路西段片区排水综合改造工程，如期建成安昌河石桥铺景观闸坝。实施

增绿添绿行动，城市绿地率提高0.5个百分点，达到36.7%。6个县（市）县城建成区面积新增2.1平方公里，达到94.2平方公里，产业承载能力和人口吸纳能力进一步增强。加快推进小城镇建设，江油市青莲镇入选第二批全国特色小镇，三台县西平镇、涪城区龙门镇等21个国家重点小城镇和省级试点镇建设取得新进展。制定实施幸福美丽新村建设规划，新建幸福美丽新村466个。出台《推进农民工融入城市（镇）工作实施方案》，全市常住人口城镇化率、户籍人口城镇化率提高1.5和1.3个百分点，分别达到51%、34.1%。

深入实施县域振兴计划。大力实施“五大行动”，着力培育充满活力、特色化、专业化的县域经济，不断壮大县域经济实力。设立50亿元的县域经济产业发展投资基金，助推县域产业发展。县域地区生产总值占全市比重达到78.1%、同比提高0.4个百分点。9个县市区在全省类区县排名稳中有升。涪城连续3年入选全国投资潜力百强区。游仙入选全省第二批工业强县示范县。三台、江油获评全省“三农工作先进县”。平武、北川被命名为全省县域经济发展模范县。

大力推进基础设施建设。加速推进交通攻坚行动，西成高铁正式通车，绵西高速路基工程基本完工，九绵高速全线启动建设，广平高速开工建设，全市在建高速公路总里程达301公里，与已通车高速公路总里程相当。实施S205改线等国省干线公路新建改建项目19个、321公里，完成S101等国省干线公路大中修工程7个、155公里。提前完成涪江三桥维修加固。建设县乡道392公里、村道1266公里，群众出行更加便利。农村公路建设获省政府农田水利基本建设考核第1名，安州被认定为首批“四好农村路”省级示范县。新建乡镇生活污水处理设施39个，乡镇场镇生活垃圾收运实现全覆盖。积极推进武引二期灌区等水利工程建设，新增和恢复改善灌溉面积25万亩。加快推进城乡电网改造，升级改造278个村农村电网。不断完善天然气管网，新增用户1.3万户。深入实施“宽带绵阳”建设，新建4G基站超过3000个。

四、坚持以人民为中心的发展思想，着力补短板、惠民生、防风险，民生福祉得到新改善

强力推进脱贫攻坚。把脱贫攻坚作为决胜全面小康社会的头等大事，实施全面决战决胜脱贫攻坚46条硬措施，全市投入36.1亿元，实施扶贫专项23个。加大产业扶贫力度，大力发展特色种养殖、农产品加工、乡村旅游、农村电子商务等产业，带动贫困人口人均增收1275元。完成易地扶贫搬迁2263人。支出医疗救助资金3.2亿元。丘区脱贫攻坚示范区建设取得阶段性成效。对口协作帮扶红原、壤塘、布拖、昭觉四个深度贫困县工作走在全省前列。

全面发展民生和社会事业。在财力十分紧张的情况下，投入资金80.56亿元，实施十项民生工程，办好20件民生实事。“义务教育薄弱学校改造计划”覆盖学校新增78所，惠及学生新增4.1万人。积极推进学前教育优质普惠发展、义务教育优质均衡发展。加大社会保障投入力度，发放低保资金6.35亿元；多方筹集资金44.5亿元，集中解决了4.98万名失地农民参保遗留问题。积极提升医疗卫生水平，开工建设市儿童医院，基层医疗卫生机构规范化建设达标率73%。全面取消公立医院药品加成，为患者减轻药费负担2.85亿元。新增养老机构床位2000张。加快发展文化事业，北川地震遗址保护区成为全省第二家国家级海峡两岸交流基地，《卓玛卓玛》等10项文化作品获国家奖励。居民消费价格同比上涨1.9%，物价水平保持总体稳定。实施功能治堵、工程治堵、管理治堵三大措施，完成治堵缓堵项目35个，交通拥堵问题得到初步缓解。积极推进便民服务设施建设，中心城区新建成农贸市场5个，新增公共停车位1324个，新建改建公厕43座。成功蝉联全国文明城市。

持续提高社会治理水平。深入推进法治绵阳建设。加强基层基础工作，努力构建自治、法治、德治相结合的治理体系，基层治理水平不断提升。强化安全生产工作，各类生产安全事故起数、死亡人数、受伤人数同比分别下降19.5%、19.4%、20.5%，未发生重特大生产安全事故。持续推进平安绵阳建设，全市有效接警数下降9.3%，刑事立案数下降25.8%，破案数上升14.9%，平安建设群众满意度居全省第1位。食品安全总体状况满意度连续四年保持全省第1位。成功化解汉龙资产处置、波鸿信贷违约等重大金融风险。圆满完成“8·8”九寨沟地震抗震救灾交通保障、游客疏散和医疗救援任务。

切实加强生态文明建设。出台污染防治三大战役实施方案。制定实施《重污染天气应急预案》，优良天数达标率和PM10、PM2.5年均浓度实现“一升双降”。全面推行河长制，创新设立河道警长制，实现市县乡村四级河长体系全覆盖，县级及以上城市集中式饮用水水源地、涪江绵阳段流域断面水质达标率均达到100%。实施土壤污染防治行动计划，土壤环境质量总体稳定。深入实施大规模绿化绵州行动十大工程，新增森林面积8.1万亩。扎实推进环保督察问题整改，中央环保督察组交办的信访案件全部按时办结。

国防动员、民族宗教、外事侨务、新闻出版、广播影视、统计调查、保密、档案、气象、水文、海关、邮政、检验检疫、慈善、红十字、残疾人、妇女儿童、老龄、地方志、住房公积金等工作都取得了新的成绩。

一年来，我们切实加强政府自身建设。坚持依法行政，自觉接受人大、政协监督，主动接受人民群众监督。回应人大代表、政协委员关切，办理人大代表建议325件、政协委员提案713件。成功化解31件多年未能解决、事关人民群众切身利益和企业发展的历史遗留问题，政府公信力不断提升。出台《建设服务型政府行动方案》，不断深化“放管服”改革，全面推行相对集中行政许可权改革，取消市级部门行政许可事项23项、市级行政审批项目前置条件276项。在全省率先推行建设项目全程并联审批，项目审批、竣工验收时间进一步缩短。建立实施重点招商项目和重点企业服务绿卡制度。企业和群众办事更加方便。“12345”市长热线进入全国政务热线“第一方阵”。严格落实中央、省、市转变作风规定及实施细则要求，持之以恒纠正“四风”，“三公”经费下降21.1%。加强行政监察和审计监督，狠抓廉洁从政，持续高压反腐，政纪立案229件、政纪处分229人，政风建设取得新成效。

各位代表！过去一年绵阳经济社会发展取得的成绩来之不易。这是习近平新时代中国特色社会主义思想科学指引的结果，是以习近平同志为核心的党中央、省委省政府和市委坚强领导的结果，是市人大、市政协和人大代表、政协委员监督支持的结果，是全市广大干部群众拼搏实干的结果。在此，我代表市人民政府，向全市各族人民，向人大代表、政协委员，向各民主党派、工商联、无党派人士和各人民团体，向驻绵阳解放军指战员、武警官兵、政法干警和民兵预备役人员，向港澳台同胞、广大侨胞和海内外华人华侨，向关心支持绵阳改革发展的朋友们及各界人士，表示诚挚的感谢并致以崇高的敬意！

安不忘危、兴不忘忧。我们清醒地认识到，全市经济社会发展中还存在一些矛盾和问题。主要表现在：发展不平衡不充分的问题还比较突出；城乡居民收入差距较大，农村基础设施比较薄弱；产业结构有待进一步优化；军民融合体制机制障碍尚未有效破解；金融领域、社会领域风险隐患仍然存在；政府债务较重，收支矛盾突出；民生领域还有不少短板，社会保障水平有待提高；部分企业生产经营还面临一些困难，民间投资增速下滑；营商环境还需进一步改进；部分干部服务意识和担当精神不够。对这些问题，我们高度重视，正采取有力举措，切实加以解决。

2018年工作安排

今年政府工作的总体要求是：以习近平新时代中国特色社会主义思想为指导，深入学习贯彻习近平总书记来川视察重要讲话和党的十九大、十九届二中、三中全会精神，认真落实中央、省委、市委经济工作会议部署要求，坚持稳中求进工作总基调，深入贯彻新发展理念，紧扣社会主要矛盾变化，按照高质量发展的要求，坚持以供给侧结构性改革为主线，统筹推进稳增长、促改革、调结构、惠民生、防风险各项工作，推动质量变革、效率变革、动力变革，在打好防范化解重大风险、精准脱贫、污染防治“三大攻坚战”上取得扎实进展，促进全市经济社会持续健康发展，加快建设国家科技城和西部经济强市。

今年经济社会发展的主要预期目标是：地区生产总值增长8.5%，规模以上工业增加值增长10.4%，全社会固定资产投资同口径增长13.5%，社会消费品零售总额增长11.5%，地方一般公共预算收入增长9%，城乡居民人均可支配收入分别增长8%、9%，城镇登记失业率控制在4%以内，居民消费价格涨幅控制在3%以内，完成省政府下达的环境保护和节能减排目标任务。

为实现上述目标，我们将重点抓好以下工作。

一、大力推动高质量发展

坚持质量第一、效益优先，努力构建现代产业体系，继续优化产业结构，持续扩大投资消费，实现经济较快增长和质量效益稳步提高互促共进，加快建设西部经济强市。

推动产业转型升级。实施制造业七个单项行动计划，争创“中国制造2025”国家级示范区。加快发展电子信息和汽车两大支柱产业，力争八大重点产业产值占规模以上工业总产值比重同比提高2个百分点，“两新”产业产值占规模以上工业总产值比重分别达到55%、38%。制定实施服务业八大重点产业行动方案和年度计划，持续提升生产性服务业在服务业增加值中的占比，推动10个项目、15个企业、6个品牌进入全省服务业“三百工程”名录。深入实施工业大企业大集团培育“领航计划”，新增50亿元以上企业1户、30亿元以上企业1户、10亿元以上企业4户；加大“四上企业”培育力度，新增“四上企业”357户，其中规上工业企业100户。加大企业上市挂牌培育力度，促进企业利用资本市场做大做强。深入推进“51025”重点园区培育计划和“园区千百亿工程”，力争园区经济占全市工业经济比重达到82%，园区产业集中度同比提升1个百分点。

促进有效投资。继续深化“项目年”行动，加快推进省市重点项目，形成梯次衔接、压茬推进的良好局面。持续优化投资结构，力争工业投资和技改投资均同口径增长20%以上。落实鼓励民间投资政策措施，新推出一批PPP、TOT、TBT项目，真正让民间资本进得来、能发展，力争民间投资同口径增长10%以上。合理引导市场预期和购房行为，促进房地产市场平稳健康发展。

积极扩大消费。实施改善消费供给专项行动，新增限额以上批零住餐企业100户。扩大信息消费，发展远程定制、体验分享等新模式。加速升级旅游消费，支持北川、安州、平武创建国家全域旅游示范区，支持仙海创建国家级旅游度假区，支持梓潼七曲山风景区创建国家AAAAA级旅游景区。持续开展绵阳名企名品省外“六进”活动，深度参与全省市场拓展“三大活动”。支持社会力量增加医疗、养老、教育、文化、体育等服务供给，更好满足人民群众不断升级的多样化消费需求。

加快建设质量强市。大力实施“质量强市”战略，力争成功创建“全国质量强市示范城市”，让“绵阳造”产品更受欢迎，让老百姓的生活更有质量。深入开展质量提升行动，确保工业产品质量监督抽查合格率达94%以上，食品评价性抽检合格率达98%以上，主要农产品监测合格率、工程一次性验收合格率达100%。实施质量基础工程，力争主导或参与制修订国家和行业标准5项，新增省级企业技术中心3家。大力弘扬工匠精神，开展“绵州工匠”培育评选。实施品牌创建工程，积极争创中国驰名商标，新增商标注册1000件以上。加快创建省级农产品质量安全监管示范市。支持江油、三台申建地理标志产品保护示范区、盐亭申建农产品质量安全示范县、平武申建生态原产地产品保护示范区、北川申建有机产品认证示范区。

二、加快建设国家科技城

把握世界新一轮科技革命和产业变革大势，深入实施创新驱动、军民融合发展战略，着力蹚出一条军民融合路子，促进科技与经济深度融合。

保障服务重大国防科技项目建设。推动中国工程物理研究院某重大装置主体项目按期开工，支持中国空气动力研究与发展中心大型低速风洞加快建设、国家空气动力数值模拟军民融合重大工程项目年内落地开建，推动中国航发四川燃气涡轮研究院国家“两机”重大专项加快实施。支持九洲集团承担C919大飞机专项、国家高分专项等国家重大科技专项。务实推进与央属军工集团战略合作，争取更多国家重大科技专项和军民融合重大项目布局绵阳，力争再引进一批军民融合企业、院所和科研机构，进一步增强对经济建设和国防建设的整体支撑能力。

推进军民融合深度发展。完善军地院地联动合作机制，共同推动关键领域改革。打好全面创新改革试验收官之战，力争形成更多可复制、可推广的绵阳经验。支持在绵国防科研院所改革。积极推进国防科技重点实验室、军工试验设施、大型科研仪器向市场创新主体开放，打造共通共用、共建共享的军民融合示范平台。实施国家军民两用技术交易中心、大型仪器设备资源共享平台等市场化改造，力争完成技术合同成交额9.6亿元、平台整合仪器资源5000台（套）。积极争创国家军民融合创新示范区，争取国家首批军民科技协同创新平台布局绵阳。扎实开展科研人员激励计划试点。大力发展北斗卫星导航、核技术应用、新一代信息技术、航空航天、高端装备制造等军民融合产业。加快“军转民”“民参军”步伐，培育壮大长虹控股公司、九洲集团、攀长钢集团、东材科技等军民融合企业集团。持续开展军民融合企业认定，力争新认定军民融合企业50家以上、总数突破380家，军民融合企业产值突破1700亿元、增长12%以上。

建设国家创新型城市。围绕打造“双创”升级版，加快建设创新创业资源共享平台，拓展市场化专业化众创空间，力争科技企业孵化器面积达到115万平方米，入孵企业达到4000家。高质量建设长虹控股公司国家“双创”示范基地、西南科技大学“省部共建环境友好能源材料国家重点实验室”等国家级创新平台。深入推进国家知识产权示范城市建设，新增专利申请量10280件以上、专利授权量4600件以上。继续实施高新技术企业倍增行动和科技型中小企业提质增效工程，新增高新技术企业50家以上，科技型中小企业稳定在1万家以上、新增升规入统60家以上。大力开展“创业绵阳”行动，办好第七届中国创新创业大赛军转民大赛等活动。加快建设智慧城市，让群众充分感受到科技创新带来的便利。

三、纵深推进改革开放

以改革开放40周年为重要契机，推动重点领域和关键环节改革取得新突破，不断提升对外开放层次水平，进一步增强发展动力活力。

深入推进供给侧结构性改革。结合绵阳实际抓好“三去一降一补”，坚持用市场化法治化手段，严格执行环保、质量、安全等法规标准，化解过剩产能、淘汰落后产能。完善市场主体退出机制，妥善清理处置“僵尸企业”。积极开展“产融合作”国家试点。推进应收账款融资服务试点提速扩面，力争融资规模达到70亿元以上。继续落实减税降费措施，巩固扩大“营改增”政策性减税成果，推动水电油气运等行业要素价格市场化改革，让企业轻装上阵、聚力发展，为实体经济发展加油助力。

深化基础性关键领域改革。继续推进国有企业优化重组，稳妥推进混合所有制改革，完善现代企业制度，培育全国行业一流企业，推动国有资本做强做优做大。加快推动国资监管机构职能由管企业为主向管资本为主转变，有效防止国有资产流失。深化商业银行和农村信用社改革。争创军民融合金融综合改革创新试验区。统筹推进文化、教育、卫生等领域改革，充分释放社会领域巨大发展潜力。

全面提升开放合作水平。坚持把招大引强作为投资促进工作的首要目标，突出先进制造业和现代服务业，大力开展精准专业化招商，力争引进30亿元以上重大项目9个、100亿元以上重大先进制造业项目3个，实现国内省外到位资金600亿元以上、继续保持全省第2位。构建符合当前发展需要的人才目标发展体系、人才政策体系、人才工作制度体系，办好第二届国防军工企业人力资源管理创新大会暨中国（绵阳）科技城军民融合人才峰会，运营好中国国际人才市场国家科技城（绵阳）分市场，力争引进培养高技能人才1.6万人，加快打造西部人才高地。建好对外开放合作平台，高水平办好第六届科博会等重大展会。加快推进中德产业创新合作平台建设。推进综合保税区申建，加快口岸物流通道建设。加强区域合作，主动融入“一带一路”、长江经济带，深化与京津冀、长三角、粤港澳大湾区等交流合作，积极承接先进制造业和加工贸易转移。主动对接省“四项重点工程”，参与成都平原经济区铁路公交化改造运营等项目，加快推进G5成绵高速扩容，推进安州区雎水铁路客、货站建设，推进南郊机场扩能升级。实施外贸优进优出“三大工程”，力争外贸进出口总额达到124亿元。

四、深入推进新型城镇化建设

以人的城镇化为核心，以提高质量为关键，不断提升城镇综合承载能力和宜居水平，努力让居民生活更方便、更舒心。

建设现代化区域性中心城市。按照“建设新区、完善组团、提升旧城”思路，坚持规划、建设、管理并重，加快建设现代化区域性中心城市。积极推进绵阳城市总体规划修编。加快科技城集中发展区核心区“四横四纵”骨干道路和地下综合管廊建设，加快“科技之心”中央公园、市民中心、市文化艺术中心、核医学中心等公共服务配套项目前期工作，加快推进安昌河、草溪河综合治理。实施完善城市组团“五大专项行动”，完善菜市场、停车场、公厕等便民服务设施。启动实施三年棚改攻坚计划，开工城镇危旧房棚户区改造4275户、基本建成2939套。有序推进背街小巷整治和城中村、老旧小区改造，鼓励有条件的加装电梯。加快推进海绵城市建设。启动老城区部分行政事业单位搬迁计划。大力开展城市管理“五大整治行动”，确保顺利通过国家卫生城市复审验收。

支持县城和重点镇建设。深入实施“宜居县城建设行动”，支持江油、三台加快建设现代化中等城市，支持梓潼、盐亭、平武、北川加快建设精品宜居县城，进一步增强县城综合承载力和辐射带动功能。深化拓展“百镇建设行动”，新创建省级试点镇7个。加快打造游仙区石马镇、梓潼县长卿镇等9个市级特色小镇。推进经济发达镇行政管理体制改革，培育县域范围内新的经济增长点。

加快农业转移人口市民化。落实户籍制度改革政策，促进有能力在城镇稳定就业和生活的农业转移人口进城落户，与城镇居民享有同等权利、履行同等义务。全面落实居住证制度，保障居住证持有人在居住地享有教育、就业、公共卫生等基本公共服务。建立农业转移人口市民化激励机制，切实维护进城落户农民在农村的合法权益。全年新增城镇人口5.6万人，常住人口城镇化率达到52.5%，户籍人口城镇化率达到35.5%。

全力推进基础设施建设。加快构建现代基础设施体系，为推进区域协调发展和新型城镇化提供有力支撑。持续推进交通攻坚，抓紧绵遂内铁路、绵苍高速、中遂高速前期工作，开工建设皂角铺铁路货场物流基地、S209改建等项目，加快建设九绵高速、广平高速、S205绕城改线、北川通航机场等项目，确保绵西高速、S416绵中路等项目建成通车。加快推进市县及县域之间快速通道建设。力争新建渡改公路桥8座、干线公路368公里。完成9个生活垃圾卫生填埋场技改扩容，开工建设绵阳市第二生活垃圾焚烧发电厂。确保乡镇污水处理设施实现全覆盖并逐步实现有效运行。加快推进武引二期灌区、开茂水库、沉水水库、“引通济安”引水工程等水利工程建设。继续推进骨干电网与智能配网协调建设和农村电网改造，完善天然气管网。推进通信基础设施建设，确保固定宽带接入用户总数达到148万户。

五、大力实施乡村振兴战略

坚持把实施乡村振兴战略作为“三农”工作总抓手，健全城乡融合发展体制机制，加快农业农村现代化步伐，让农业更强、农村更美、农民更富。

推进农业供给侧结构性改革。围绕粮油、畜禽水产等6个重点产业和生猪、麦冬等10个主导产品，建基地、创品牌、搞加工，力争新增现代特色效益农业标准化基地9万亩、现代农业产业园区12个。加快建设国家农业科技园，开展田园综合体建设试点。全面实施“沃野绵州”现代生态循环农业工程和优势特色农业提质增效工程，申报“三品一标”农产品100个以上。发展多种形式适度规模经营，力争新型农业经营主体达到1.75万个。大力推动农旅融合，建设一批设施完备、功能多样的休闲观光园区、森林康养基地、森林人家、乡村民宿。

全面深化农村改革。巩固和完善农村基本经营制度，落实好第二轮土地承包到期后再延长三十年的政策。全面完成农村各类产权确权登记颁证。落实农村承包地“三权分置”制度。探索宅基地所有权、资格权、使用权分置改革，适度放活宅基地和农民房屋使用权，提高农业生产要素配置效率。继续支持农村综合改革试验区建设。加快推进集体经营性资产股份合作制改革。推进农村普惠金融发展，加强支付惠农示范工程和农村信用体系建设，开展信用户、信用村、信用乡镇创建，推广供销社综合改革试点成果。落实藏粮于地、藏粮于技战略，全面强化粮食安全责任，扎实推进“两区”划定和建设。

推动农村各项事业全面发展。抓好“四好农村路”建设，新建改建农村公路1360公里。认真落实农村人居环境整治三年行动方案，加强农村突出环境问题综合治理，力争90%以上行政村生活垃圾得到治理。大力推广《农村居民建房设计图集》《农村居民建房技术导则》，新建幸福美丽新村300个、“四好村”300个。实施农村土坯房改造6

万户，农村危房改造4400户。保护好具有历史文化价值的村落和传统建筑。完善乡村公共文化服务体系，加快建设基层综合性文化服务中心。

提升县域经济实力。更加注重分类指导，积极培育壮大县域特色优势产业，增强县域发展内生动力。支持县市区引进和实施重大产业项目，加快做大县域经济总量，力争县域地区生产总值达到1700亿元、占全市地区生产总值比重达到79%以上。出台促进民营经济加快发展的政策措施，加强产权保护，更好发挥企业家作用，让广大民营企业在市场经济的澎湃浪潮中大显身手。

六、着力推进绿色发展

坚持“绿水青山就是金山银山”，以对子孙后代高度负责的精神，加强生态文明建设，加快转变发展方式，加快建设天蓝、地绿、水清的美丽家园。

切实加强生态保护。严格落实主体功能区规划，统筹推进山水林田湖草系统治理，实施重要生态系统保护和修复工程。加强湿地保护，加大自然保护区综合整治力度，保护生物多样性。持续推进大规模绿化绵州行动，实施天然林资源保护和退耕还林工程，力争完成营造林50万亩，森林覆盖率达到54%。

注重资源节约利用。配合国家、省上划定并严守资源消耗上限、环境质量底线、生态保护红线，实施最严格的耕地保护制度，提高资源利用综合效益。大力发展绿色低碳循环经济，支持节能环保、清洁能源等产业发展。力争万元工业增加值用水量下降5.1%，单位地区生产总值碳排放下降3%。开展能效“领跑者”行动、节约型公共机构示范创建活动，大力倡导绿色低碳生产生活方式。

完善生态文明体制机制。制定经济发展环境保护负面清单和分区环境管控方案。严格环境准入，健全企业排污许可、环境信用评价、信息强制性披露等制度。加强生态环境监测网络建设，完善生态环境损害赔偿制度，继续实施涪江流域水环境生态补偿和水质超标资金扣缴制度，坚决制止和惩处破坏生态环境行为。完善县市区党政主要领导自然资源资产和环境责任审计制度。完成环保机构垂直管理制度改革。

七、全力保障和改善民生

把增进人民福祉作为政府工作的不懈追求，多谋民生之利、多解民生之忧，在发展中补齐民生短板、促进社会公平正义，不断提升人民群众获得感、幸福感、安全感。

切实办好民生实事。大力实施十项民生工程，办好19件民生实事，确保一般公共预算支出中民生支出比重稳定在60%以上。坚持就业优先战略，完善就业援助机制，扎实做好高校毕业生、城镇失业人员、失地农民和退役军人等重点群体就业工作，确保城镇新增就业4.7万人，使更高质量、更加充分的就业成为绵阳发展的突出亮点。加快建立多主体供给、多渠道保障、租购并举的住房制度，让更多群众实现安居宜居。完善基本养老保险及医疗、失业、工伤、生育保险制度，继续实施全民参保计划。进一步兜好民生底线，适时提高最低生活保障标准和特困人员供养标准，落实社会救助和保障标准与物价上涨挂钩联动机制，让每一个身处困境者都能得到社会的关爱和温暖。

全面发展社会事业。积极推进第三期学前教育行动计划。开展校外培训机构专项治理，着力解决中小学生课外负担重等问题。继续推进“义务教育薄弱学校改造计划”，覆盖学校增加25所、惠及学生增加1.64万人。顺应高考制度改革趋势，巩固提升高中教育质量。创新职业教育发展，鼓励大企业参与举办高质量的职业教育，促进产教融合、校企合作。加强师资队伍和师德师风建设。认真落实全民健身战略，加快南河体育中心升级改造，新建全民健身路径、农民体育健身工程100处以上，打造城市社区15分钟健身圈。推动学校体育、竞技体育和社会体育协调发展。认真落实《“健康绵阳”2030规划纲要》，加强公共卫生和重大疾病防控，巩固公立医院改革成果，推进分级诊疗和家庭医生签约服务，加强基层卫生人才队伍建设，提升基层医疗服务能力，推进中医药传承创新，优化生育全程服务。加快构建覆盖城乡的养老服务体系。全面加强残疾预防和残疾人康复工作，持续深化“量体裁衣”式残疾人服务。

全力促进文化兴盛。大力繁荣文化事业，加快发展文化产业，努力建设文化强市。弘扬中华优秀传统文化，继承革命文化，发展社会主义先进文化，培育和践行社会主义核心价值观。办好“感恩奋进”绵阳市纪念“5·12”汶川特大地震十周年活动。加强思想道德建设和群众性精神文明创建。繁荣发展哲学社会科学，鼓励优秀文艺作品创作，加快创建国家版权示范城市。加强文物保护利用和文化遗产保护传承，延续城市文脉。实施文化惠民工程，为人民群众过上美好生活提供更加丰富的精神食粮。

努力提高社会治理水平。完善基层群众自治制度，加强社区治理。发挥好工会、共青团、妇联等群团组织作用。促进社会组织、专业社会工作、志愿服务健康发展。完善公共法律服务体系，扩大法律援助范围。深入实施“七五”普法，落实普法责任制，深化法治示范创建。加强和改进信访工作，深化网格化管理服务，有效化解矛盾纠纷。规范网约车和互联网租赁自行车管理。强化社会治安防控和公共安全体系建设，依法开展扫黑除恶和禁毒专项斗争，严厉打击违法犯罪活动，建设更高水平的平安绵阳。推动安全生产领域改革发展，坚决防范遏制各类生产安全事故。加大食品和农产品“双安双创”力度，争创“全国食品安全示范城市”，守护好人民群众“舌尖上的安全”。做好地震、气象、地质等工作，提高防灾减灾救灾能力。全面贯彻党的民族宗教工作基本方针，促进民族团结、宗教和顺，支持北川创建全省民族团结进步示范县。加强国防动员和后备力量建设，支持军队改革，做好双拥共建、人民防空工作。

八、坚决打好三大攻坚战

全面建成小康社会已进入决胜阶段，必须抓重点、补短板、强弱项，全力打好防范化解重大风险、精准脱贫和污染防治三大攻坚战。

打好防范化解重大风险攻坚战。完善市县金融监管体系，强化金融机构防范风险主体责任。加强风险监测和预判，密切关注银行不良资产、民间融资理财等重点领域，强化金融风险源头管控。依法做好打击处置传销和非法集资、整治互联网金融风险、清理整顿交易场所等工作，妥善处置企业信贷违约事件。建立更加严格的分行业资产负债率警戒线，推进市场化法治化债转股，有效防范化解企业债务风险。规范政府举债行为，推动融资平台市场化转型，有效遏制隐性债务增量，积极稳妥化解债务存量。

打好精准脱贫攻坚战。坚持以“绣花”功夫精准扶贫精准脱贫，聚焦“两不愁、三保障”和“四个好”要求，深入推进产业、教育、健康、生态扶贫，补齐基础设施和公共服务短板，激发脱贫内生动力。确保北川贫困县摘帽顺利通过国家评估验收，高质量完成平武县摘帽、225个贫困村退出、35666名贫困人口脱贫的年度任务，巩固脱贫成果，让脱贫得到人民群众认可、经得起历史实践检验。全面推广“互联网+精准脱贫代理记账”模式。认真做好红原、壤塘藏族地区对口援建工作，扎实开展昭觉、布拖彝族地区扶贫协作工作。

打好污染防治攻坚战。做好第二次全国污染源普查工作。实施打赢蓝天保卫战三年作战计划，开展大气达标攻坚行动，力争PM2.5年均浓度下降5%以上、全年空气质量优良天数达标率83%，努力消除人民群众“心肺之患”。落实“河长制”“湖长制”要求，大力实施良好水体保护等“四大工程”，国控、省控水质考核断面优良水体比例保持100%。加大土壤污染治理、修复与管控力度，实施好安州、江油土壤污染治理与修复示范项目。严格环境执法，强力整治群众反映突出的环境问题，守护好绵阳的绿水青山。

各位代表！

进入新时代，政府工作要有新气象新作为。我们将树牢“四个意识”，坚定“四个自信”，坚定维护以习近平同志为核心的党中央权威和集中统一领导，落实全面从严治党要求，加强政府自身建设，全面提升履职水平，努力建设新时代人民满意政府。

严格依法行政。推进依法施政，把政府工作全面纳入法制轨道。认真执行市人大及其常委会的决议决定，落实政府重大决策出台前向人大报告制度，自觉接受市人大及其常委会的法律监督和工作监督，自觉接受市政协民主监督，主动接受群众和舆论监督，推进审计监督全覆盖。健全行政决策机制，完善重大事项公众参与、专家论证等制度，加大政府信息公开力度，不断提高民主决策、科学决策、依法决策水平。

提升行政效能。按照中央和省上安排部署，稳步推进机构改革，加快形成职责明确、依法行政的政府治理体系。深入落实《建设服务型政府行动方案》。深化“放管服”改革，全面实施“双随机、一公开”监管。推动综合行政执法体制改革。全面推行“互联网+政务服务”。加强政府诚信建设，依法兑现政府承诺。继续推进历史遗留问题化解，不断优化发展环境。

持续正风肃纪。推进“两学一做”学习教育常态化制度化，认真开展“不忘初心、牢记使命”主题教育。严格执行中央、省、市转变作风规定及实施细则要求，驰而不息整治“四风”，确保“三公”经费只减不增。推动政府系统党风廉政建设向纵深发展，严肃查处群众身边的不正之风和腐败问题，巩固反腐败斗争压倒性态势。进一步完善和落实正向激励和容错纠错机制，旗帜鲜明给积极干事者撑腰鼓劲，对庸政懒政者严肃问责。政府工作人员要履职尽责、勇于担当，清清白白做人、干干净净做事，决不辜负人民的信任和重托。

各位代表！新时代承载伟大梦想，新征程呼唤奋发有为。让我们更加紧密地团结在以习近平同志为核心的党中央周围，在省委省政府和市委坚强领导下，在市人大和市政协监督支持下，紧紧依靠全市各族人民，不忘初心、牢记使命，以永不懈怠的精神状态和一往无前的奋斗姿态，为加快建设国家科技城和西部经济强市，实现人民对美好生活的向往不懈奋斗！

名词解释和说明

1.“三品一标”：无公害农产品、绿色食品、有机农产品和农产品地理标志。

2.“三去一降一补”：供给侧结构性改革的五大任务，指去产能、去库存、去杠杆、降成本、补短板。

3.“一带一路”：“丝绸之路经济带”和“21世纪海上丝绸之路”。

4.“五大行动”：产业培育提速、城乡建设攻坚、民营经济提振、改革开放突破、社会民生促进行动。

5.大规模绿化绵州行动十大工程：城区绿化提升、环城森林带建设、城乡道路绿化美化建设、水岸生态林网建设、森林乡镇美丽新村建设、荒山荒地绿化、森林质量精准提升、湿地保护与恢复、森林资源综合利用、绿化模范创建十大工程。

6.制造业七个单项行动计划：制造业智能化发展、制造业绿色化发展、制造业服务化发展、制造业创新能力提升、制造业本地配套率提升、制造业质量品牌培育行动计划，以及制造业单项冠军企业培育“登峰计划”。

7.全省服务业“三百工程”：建设100个重大项目、培育100个重点企业、打造100个重点品牌。

8.“四上企业”：规模以上工业企业、资质等级建筑业企业、限额以上批零住餐企业、规模以上服务业企业。

9.绵阳名企名品省外“六进”活动：“绵阳造”产品进展会、进超市、进商圈、进网络、进市场、进餐企。

10.全省市场拓展“三大活动”：“惠民购物全川行动”“川货全国行”和“万企出国门”。

11.省“四项重点工程”：全面创新改革、天府新区建设、天府国际机场和国际空港新城建设、中国（四川）自由贸易试验区建设工程。

12.外贸优进优出“三大工程”：主体队伍培育、外向型产业提升、外贸业态创新工程。

13.完善城市组团“五大专项行动”：交通拥堵治理、公共服务设施建设、生态园林城市建设、环境污染防治、排水防涝补短板专项行动。

14.城市管理“五大整治行动”：市容环境、集贸市场、重点场所卫生、食品安全、病媒生物防治整治行动。

15.承包地“三权分置”：农村土地集体所有权、农户承包权、土地经营权“三权”分置并行。

16.“两区”：粮食生产功能区和重要农产品生产保护区。

17.“四好农村路”：“建好、管好、护好、运营好”农村公路。

18.“四好村”：以住上好房子、过上好日子、养成好习惯、形成好风气为主要内容的示范村创建活动。

19.“双安双创”：食品安全示范县创建、农产品质量安全监管示范县创建。

20.“四大工程”：严重污染水体整治、良好水体保护、水污染防治设施建设、饮用水环境安全保障工程。

21.“双随机、一公开”：在市场执法监管过程中随机抽取检查对象，随机选派执法检查人员，抽查情况及查处结果及时向社会公开。

市政协工作报告

——在政协绵阳市第七届委员会第三次会议上

市政协主席　张锦明

（2018年4月10日）

2017年工作回顾

2017年，在中共绵阳市委的坚强领导下，在市人大、市政府的大力支持下，市政协及其常委会坚持以习近平新时代中国特色社会主义思想为指导，高举爱国主义和社会主义伟大旗帜，坚持团结和民主两大主题，积极履行政协职能，充分发挥协调关系、汇聚力量、建言献策、服务大局的作用，为续写绵阳发展新篇章做出新贡献。

一、加强思想政治引领，履职方向更加坚定

旗帜鲜明讲政治，坚决维护党的集中统一领导。坚持中国共产党的领导，是人民政协事业发展进步的根本保证。旗帜鲜明讲政治是人民政协的本质要求。常委会高度重视思想政治建设，进一步增强政治意识、大局意识、核心意识、看齐意识，自觉接受中国共产党领导，自觉维护习近平总书记的核心地位，自觉维护中共中央权威和集中统一领导，坚决贯彻执行党关于人民政协的方针政策，自觉在思想上政治上行动上同党中央保持高度一致，在重大原则问题上，做到旗帜鲜明、立场坚定，团结引导全市各级政协组织和广大政协委员坚持不忘初心、跟党前行，坚定不移走中国特色社会主义政治发展道路。

认真学习贯彻中共十九大精神，夯实共同奋斗思想基础。把迎接中共十九大和学习贯彻中共十九大精神作为全年工作主线，组织和推动各界委员深入学习贯彻习近平总书记系列重要讲话精神和治国理政新理念新思想新战略。组织收看中共十九大盛况，聆听总书记报告，增开七届六次常委会议，做出认真学习贯彻中共十九大精神的政治决议，对政协系统学习贯彻中共十九大精神专项安排，迅速掀起学习贯彻热潮。围绕贯彻中共十九大精神，开展“更好发挥政协在协商民主建设中重要作用”重点课题研究，引导广大委员和界别群众深刻领会习近平新时代中国特色社会主义思想的精髓要义，进一步丰富完善新时期政协工作的思路举措，增强进入新时代、迈步新征程、展现新作为的行动自觉。

压实责任忠诚履职，全面贯彻落实市委决策部署。自觉维护“一核心三党组”政治格局，重大事项、阶段性工作、重要协商议题及时向市委请示汇报，确保市委的决策部署在政协和全市统一战线不折不扣地得到贯彻落实。自觉把政协工作放在全市发展大局中去谋划和推进，坚持市委中心工作推进到哪里、政协履职就跟进到哪里，强化与市人大的沟通，落实与市政府工作联席会议制度，市委、市政府、市政协年初确定的11项年度协商任务全面完成，深度参与全面创新改革试验、脱贫攻坚、环保督察等重点工作，政协履职始终与市委、市政府中心工作同心同向、同频共振。

二、强化调查研究，围绕中心大局协商议政

聚焦“全创”改革试验协商议政。围绕军民融合创新转化、产业培育、人才集聚、开放合作、服务保障“五大体系”建设，就“建设军民融合科技协同创新平台，推进全面创新改革试验”开展常委会专题协商议政，提出夯实军民融合科技协同创新平台、完善支持政策、理顺服务机制等建议，得到有关方面认真采纳落实。组织委员视察“空气动力新城、航空新城、科学新城建设情况”、军民融合产业园发展情况，助力军民融合重点项目建设；开展军民融合金融服务、军民融合研究院智库作用发挥等专题调研，促成全国首家军民融合科技支行挂牌运营，助推军民融合深度发展；开展“加强职业教育为科技城建设提供技能人才支撑”界别协商，支招军民融合技能人才队伍建设。在全市政协系统深入开展助推“全创”改革试验专项活动，政协委员撰写大会发言、提案、社情民意信息等400余件，参与“全创”工作达3923人次，牵头各类“全创”项目74个，于少波、王国春、何苗、周勇等一批委员立足岗位施展才干，积极投身重大项目、重点领域和核心技术攻关。《四川政协报》头版推介了绵阳政协助推全创工作经验。

聚焦转型升级谋良策。就“推进供给侧结构性改革促进转型升级”开展调研，助推全市供给侧结构性改革“1+5”工作方案落地实施，重

点围绕全市农村集体产权制度改革试点进行专题协商，针对改革重点环节缺乏针对性指导、发展壮大集体经济难度大、保障措施亟待完善等问题提出意见建议，市政府主要领导给予充分肯定并批示相关部门落实。着眼培育壮大新动能，组织委员视察京东方、汉能、华强等重大项目，围绕城区专业市场外迁，涪城麦冬、天宝蜜柚等特色农产品产业化培育，通过提案办理或座谈协商等方式，建言产业整合、提质、创新等关键问题，助推产业转型升级。

聚焦民营经济发展资政建言。组成6个调研组把脉问诊民营经济发展，走访座谈企业234家、问卷调查206家。组织企业对职能部门服务民营经济情况开展满意度测评，学习考察德阳、成都等地发展民营经济经验。就“优化发展环境，促进民营经济健康发展”开展常委会专题议政，特别邀请民营企业代表、金融机构负责人和市民代表参与讨论协商，针对政策措施落地难、生产要素保障不力、行政服务手续冗繁等问题，提出加强诚信建设、兑现落实政策、优化政府服务等意见建议，得到市委、市政府主要领导充分肯定和相关部门采纳落实。

聚焦历史文化保护与利用献计出力。针对绵阳三线建设遗产独特而丰富，但保护与利用问题突出的严峻形势，组织委员深入调查研究，就我市三线建设遗产保护与利用进行专题协商，关于提高认识广泛宣传、组建队伍落实责任、摸清家底合理规划等意见建议，受到市委、市政府高度重视，推动《绵阳市优秀传统文化传承发展和文化遗产保护工作方案》《绵阳市三线建设遗产（工业遗产）保护名录》出台，促成全市第一批40栋历史建筑顺利挂牌。围绕碧水寺—越王楼历史文化街区规划建设与开发利用专题调研，提出的3大类12条建议，受到市委市政府重视，推动街区建设前期文物勘探、绵山路历史风貌打造等工作有序开展。组织开展《跃进路历史文化街区保护与利用》重点课题研究，系统提出了加强历史街区保护与利用的对策建议，市委市政府批转了课题报告，进一步优化了街区保护利用思路与措施。组织编撰《欧阳修的城市印迹》《绵阳名山》《绵阳城区记忆》等文史资料5个系列套餐，助推文化事业繁荣发展。

三、践行以人民为中心理念，促进民生和社会事业发展

倾力脱贫攻坚献真情。常委会始终把脱贫攻坚工作摆上重要议事日程，组织委员参与脱贫攻坚视察调研931次，提交相关提案和反映社情民意信息220件，加强贫困地区基层干部队伍建设等建议得到采纳。主席会议定期研究脱贫攻坚工作，主席会议成员多次深入联系点开展扶贫帮扶和脱贫攻坚督导。召开全市政协系统脱贫攻坚工作现场推进会，深入开展“我为扶贫攻坚做件事”活动，动员全市各级政协组织、政协参加单位和广大政协委员积极开展各类扶贫帮扶活动，引导委员参与阿坝州红原县、壤塘县对口援建和凉山州昭觉县、布拖县扶贫协作工作。一年来，全市政协系统联系帮扶贫困村819个次、结对帮扶贫困户4442户，市、县政协委员、政协干部累计做好事实事4989件，受益群众达732.5万人次，市政协办和住建局“五要评分法”助力三台县新河村脱贫攻坚先后被中央电视台国际频道、《四川日报》等媒体广泛报道，引起了极大的社会反响。

助推民生改善谋实招。针对校外托管机构规范化管理、乡镇教师人才队伍建设、民办教育发展、农村留守儿童教育关爱、非法办学机构专项整治等献智出力，协力办好公平优质教育。围绕分级诊疗服务体系、优化医保报账流程、食品药品安全监管、中医药发展等问题深入调研，通过大会发言、提案或社情民意信息等方式提出对策建议，协力改善医疗卫生服务。围绕社会保险信息化和公共服务体系建设开展对口协商，就社保信息化系统开发、数据管理、互联网运用、公共服务等方面提出意见建议；针对返乡农民工创业就业、基层文化阵地建设、日间照料中心建设管理、残疾人教育就业保障、城乡困难群众临时救助等问题建言献策，协力完善社会保障体系。

助推社会治理建真言。组织委员、专家学者、公民代表等就《绵阳市水污染防治条例》立法草案开展专题协商，有效促进了地方立法的科学性、针对性，公众参与性进一步增强。开展城市道路命名重点调研，针对道路命名混乱、缺乏规划指引、部门协作不畅、文化底蕴挖掘不足等问题，提出理清道路命名思路、科学编制规划、健全管理体制等建议，推动恢复设立区划地名机构，建立全市地名工作联席会议制度和专家审核论证工作机制，助推《绵阳城市地名总体规划》出台。针对城市管理的突出问题，组织委员深入调查研究，提出意见建议，推动共享单车规范化管理、城市公交站台信息化建设。

四、突出工作重点，民主监督取得新突破

围绕重大决策部署落实开展监督。认真贯彻落实中共中央《关于加强和改进人民政协民主监督工作的意见》和省委相关实施意见，积极指导县市区政协准确把握协商式监督性质定位。根据市委统一安排，主席会议成员组织委员开展脱贫攻坚督查，全面调研和明察暗访压茬进行，进村入户与问卷调查相互支撑，发现并反馈问题50多个，提出意见建议30多条。认真做好中央、省环保督察迎检工作，主席会议成员专项督导环境保护工作，推动相关问题妥善解决。

围绕重要工作推进开展监督。就工业固体废物综合利用与省政协开展联合调研，提出5个方面建议，得到省委、省政府主要领导肯定性签批，助推我省《关于推进工业固体废物综合利用工作方案（2017—2020年）》的出台。组织委员对城北

片区义务教育阶段校点规划布局、农村贫困单亲未成年人纳入民政救助机制等工作进行视察，及时反映群众关切，推动有关问题解决。持续关注科技城集中发展区建设、城建、交通三大攻坚行动，及时提出意见建议，组织委员就“城市轨道交通规划建设”议题首次开展专题监督性协商，7条建议得到有关方面积极回应。

围绕提案工作创新监督形式。协助市政府制定办理政协提案工作办法，进一步完善提案考评实施细则、提案办理协商办法等制度，提案工作制度化、规范化、程序化水平明显提升。通过媒体、公开征集提案线索320余条，网评优秀提案参与人员达35.5万人次。在全省首创提案办理全媒体现场直播，《对话·提案去哪儿了》专题活动促进了党委、政府、政协工作与公众的有效沟通，提案监督公开方式更加多元。把增强群众获得感作为提案监督的落脚点，重点围绕脱贫攻坚、“全创”改革试验、科技城建设、县域经济振兴、民计民生等方面提案开展办理监督，提案监督的绵阳经验被《民主与法制时报》《四川日报》《四川政协报》等媒体追踪报道。

五、坚持凝心聚力，充分发挥统一战线组织作用

深化合作共事。积极组织全市各党派团体和各族各界人士围绕市委重大决策部署开展协商议政，努力营造畅所欲言、宽松活跃的民主氛围。加强与市政协各参加单位的联系，定期听取对政协工作的意见建议，邀请党派团体参加政协组织的调研视察、提案督办、民主监督等活动，把合作共事精神贯穿到政协工作各个环节。尊重和保障各民主党派、工商联、人民团体和无党派人士的民主权利，鼓励和支持其积极参与政协履职活动。一年来，党派团体提交大会发言80篇，提出集体提案49件，反映社情民意信息96条，“民主党派走进游仙”“平武莫鱼沟村脱贫攻坚集中帮扶”等活动做得有声有色，充分展现了民主党派、人民团体奋发有为、履职尽责的良好形象。民革市委协调全国政协副主席齐续春来绵指导军民深度融合工作并出席第五届科博会。民盟市委《强化行政检察的法律困境及对策》被民盟中央评为优秀论文。民建市委关于《加快剥离四川国企社会职能的建议》被中央统战部采用。民进市委关于《发展品质农业的对策及建议》得到中共四川省委主要领导的肯定性批示。农工党市委促成中国初级卫生保健基金会向江油市捐赠6000余万元的医疗设备。九三学社市委助推九绵合作创新实验基地入驻科技型中小企业103家。致公党市工委关于建议“两高”对暴力索取高利贷的司法认定做出新的司法解释的社情民意被中央统战部《零讯》采用。市工商联助推富莱特航空公司高亚音速无人机成果转化，填补了国内空白。

促进民族团结、宗教和睦。认真贯彻党的民族宗教政策，健全联系制度，积极反映民族和宗教界人士意愿诉求。开展宗教机构人员队伍建设重点视察，提出加强宗教基层基础工作、加强宗教教职人员队伍建设等意见建议，受到市委市政府重视。指导北川“省民族团结进步示范县试点”创建工作，助推绵阳荣获“全国少数民族流动人口服务管理示范城市”称号。

增进联谊互动。加强与全国政协、省政协的汇报和工作联系，就推进供给侧结构性改革促进转型升级、构建成德绵协同创新体系推进军民融合等课题与省政协开展联合调查研究，为支持绵阳发展鼓与呼。加强对县市区政协工作的指导，组织县市区政协就民营经济发展、乡镇（街道）政协工委试点等进行协同调研，提升了建言献策的精准性，形成全市政协履职的整体合力。加强与吉林长春、湖南株洲、贵州遵义等兄弟省市的横向联系，收集编纂《绵阳市在外知名人士通讯录》，推动交流与合作。经常性走访非公有制经济代表人士和新的社会阶层人士，利用中秋、新年等重要节日开展多层次、宽领域的联谊交友，不断加强与港澳台侨的感情联络，鼓励他们为绵阳发展做出更大贡献。

六、强化自身建设，提高政协履职本领

充分发挥党组核心作用。市政协党组严格落实全面从严治党各项要求，切实履行把方向、管大局、保落实的政治责任，坚持重要工作由党组部署，重大决定由党组研究，指导机关党组切实加强机关干部职工思想政治建设，推进“两学一做”学习教育常态化制度化，支持市纪委派驻纪检组依法履职，加强廉政风险防控，政协党组在政协全局工作中的领导核心作用进一步彰显。

夯实专委会履职基础。制定实施《市政协专委会联系市级部门（单位）和界别方案》，配强专委会工作力量，对外加强与党政部门对口联系、对口协商、相互衔接，对内加强与委员的联系互动，组织开展武引二期建设、农村电子商务、互联网产业发展等各类调研视察活动33次、形成成果报告20篇，做到联系经常、活动正常。

加强委员队伍建设。着力提升委员综合素质，邀请叶小文、于川信等国内专家到绵阳作委员专题辅导报告，组织政协委员参加全国政协、省政协培训，在人民大学、浙江大学、厦门大学开办绵阳政协委员专题培训班，培训市政协委员197人，占七届市政协委员总数的45%，实现了政协委员界别、政协各级组织、市政协机关干部全覆盖。加强委员队伍管理，严格执行《绵阳市政协委员管理办法（试行)》，建立委员履职档案，对委员“五个一”经常性履职情况量化考评，评选表扬40名优秀委员，按程序办理3批次21名市政协委员届中调整，免去常委职务2人，撤销委员资格3人，劝辞履职不力委员2人，提醒谈话8人。

抓好政协机关建设。健全切实可行、合理周延的政协工作制度体系，先后在政协例会、专委会工作、委员管理、提案工作及机关人、财、物等方面制定、修订制度23项，工作运行更加规范。注重机关年轻干部的培养使用和多岗位锻炼，重视和加强老干部工作，开展生动活泼、形式多样的党群组织活动，着力营造团结民主、和谐奋进的工作氛围，机关队伍的凝聚力、创造力和战斗力进一步增强。加强与《人民政协报》《中国政协》和省、市主流媒体的联系沟通，全方位、多角度介绍政协履职成果和委员参政议政风采，全年在省级以上媒体发稿28篇，“绵阳政协”微信公众号发布微信信息265期，阅读量突破20万余次，粉丝数达到2.8万人，政协的社会影响力不断提高。

回顾总结过去一年的工作，我们深深感到，这些成绩的取得，是市委坚强领导的结果，是市人大、市政府大力支持的结果，是各级党政部门和社会各界鼎力相助的结果，也是市政协各参加单位、各级政协组织和广大政协委员共同奋斗的结果。在此，我代表市政协常委会表示衷心的感谢！

在肯定成绩的同时，我们也清醒地认识到，对照新时期政协工作的新要求，还存在一定差距和不足。比如有的调查研究不够深入，意见建议针对性和操作性还需要增强；政协履职成果的采纳落实和反馈机制不够健全；民主监督的形式还不够丰富；委员管理还需要进一步规范；更加有效的界别活动方式还需进一步探索。对此，我们要高度重视，采取措施切实加以改进。

2018年工作任务

2018年是全面贯彻中共十九大精神的开局之年，是改革开放40周年，是决胜全面建成小康社会、实施“十三五”规划承上启下的关键一年。今年市政协工作的总体要求是：以习近平新时代中国特色社会主义思想为指导，深入学习贯彻习近平总书记来川视察重要讲话和中共十九大、十九届二中、三中全会精神，在中共绵阳市委的坚强领导下，牢牢把握团结民主两大主题，紧紧围绕全市改革发展稳定大局和现代化建设宏伟目标，认真履行政治协商、民主监督、参政议政职能，更好发挥思想引领、协调关系、汇聚力量、建言献策、服务大局作用，为加快建设国家科技城和西部经济强市做出新贡献。

一、认真学习贯彻中共十九大精神，坚定以习近平新时代中国特色社会主义思想统领政协工作

中共十九大开启了矢志不渝中国梦的新航程。学深悟透践行十九大精神，是当前和今后一个时期政协系统首要的政治任务。全市各级政协组织、政协各参加单位、广大政协委员要运用集中学习培训、专家辅导、专题讨论等多种载体形式，不断掀起学习贯彻新高潮。要把学习领会习近平新时代中国特色社会主义思想作为重中之重。深刻领会思想精髓和核心要义，密切联系实际，深化认识理解，融会贯通，推动参加政协的各党派团体和各族各界人士牢固树立“四个意识”，坚定“四个自信”，自觉维护习近平总书记的核心地位，自觉维护中共中央权威和集中统一领导，坚持和完善中国共产党领导的多党合作和政治协商制度，在事关道路、制度、旗帜、方向等根本问题上统一思想、统一意志、统一步调，确保人民政协事业正确的政治方向。要把学习贯彻中共十九大关于统一战线、人民政协的新思想新要求与学习贯彻全国“两会”精神紧密结合。深刻领会习近平总书记关于新型政党制度的重要论述，自觉用习近平新时代中国特色社会主义思想统领政协各项工作，认真学习新修改的《宪法》和《政协章程》，自觉在宪法和法律的范围内活动,自觉以政协章程作为共同的行为准则和开展工作的基本依据,坚持人民政协的性质定位，展现新时代政协事业新气象新作为。要把学习贯彻中共十九大精神与学习贯彻习近平总书记来川视察重要讲话精神紧密结合。牢牢把握新时代绵阳发展历史方位，深刻领会习近平总书记来川视察对建设绵阳科技城、军民深度融合发展等各项要求，及时深入学习领会中共绵阳市委七届五次全会贯彻落实中共十九大精神，对新时代绵阳发展再出发的一系列决策部署，充分发挥人民政协的独特优势，积极探索政协履职新路径新举措，在新时代绵阳发展新征程中做出人民政协新的更大贡献。

二、聚焦党政中心任务履职尽责，全力服务绵阳高质量发展

我们要按照中共十九大关于“人民政协工作要聚焦党和国家的中心任务”的履职要求，认真组织实施由中共绵阳市委会同市政府、市政协制定的2018年度协商与监督工作计划，通过调研视察、大会发言、提案和反映社情民意等形式，深入协商议政，精准建言献策，力争提供更多更优更好的“政协建议”。2018年重点围绕“一府两院”工作报告开展整体协商，围绕“实施乡村振兴战略，大力推进乡风文明建设”“加强城市社区治理，推进城市治理现代化”“实施乡村振兴战略，促进农村一、二、三产业协调发展”召开议政性常委会议，助推乡村振兴战略实施，提高城市治理现代化水平；围绕“发展壮大绵阳电子信息产业”“完善人才政策，打造西部人才高地”资政建言，推动高质量发展。围绕“科技城集中发展区建设情况”开展专项民主监督，聚焦国家科技城建设和“全创”改革试验，助推市委市政府重大决策部署落地落实。围绕《绵阳市环境污染防治“三大战役”实施方案》落实情况、加快推进市级食品安全示范乡镇创建等开展调研视察，就《绵阳市物业管理条例》立法草案开展专题协商，遴选10件重点提案开展提案办理监督，举办《对话·提案

去哪儿了》大型全媒体直播节目，持续开展“我为扶贫攻坚做件事”活动，主动适应新时代社会主要矛盾变化的新特点，顺应人民对美好生活的新期待，察实情、建真言、谋良策、出实招，不断增强人民群众的获得感、幸福感、安全感。

三、充分发挥爱国统一战线组织作用，汇聚新时代绵阳现代化建设强大合力

团结和民主是人民政协性质的集中体现，是人民政协产生和发展的历史根据。要充分发挥政协组织的团结统战功能，把团结各界、凝聚人心摆在更加突出的位置，抓住重要时间节点，开展系列活动，强化宣传引导，筑牢共同思想政治基础。要完善工作机制，搭建更多平台，加强与各民主党派、工商联和人民团体的合作共事，加强对统一战线内部、政协内部事务的协商，支持他们在政协更好履行职能、发挥作用。要坚持把协商民主贯穿履行职能全过程，坚持“有事好商量，众人的事情由众人商量”，充分发挥政协一头连着党委政府，一头连着界别群众的桥梁作用，搭建各界人士有序政治参与的平台；按照“党政所思、群众所盼、政协所能”选准协商议题，进一步规范协商内容和协商程序，提高协商民主实效，切实发挥政协作为社会主义协商民主重要渠道和专门协商机构的作用。要全面贯彻落实党的民族政策和宗教工作基本方针，发挥好宗教界人士和信教群众在促进经济社会发展中的积极作用，促进各民族共同团结奋斗、共同繁荣发展。要进一步增强界别代表性，更加注重发挥界别作用，构建界别活动长效机制，密切委员与界别群众的联系。建立与党外代表人士、新的社会阶层人士联谊交友制度，加强与新的社会阶层人士的团结联谊，努力扩大团结面、增强包容性，汇聚绵阳新时代艰苦奋斗再创业的强大合力。

四、展现新风貌，围绕提升履职本领推进自身建设

明者因时而变，知者随事而制。人民政协是国家治理体系的重要组成部分，必须适应新时代新任务的要求，牢固树立创新思维，把提高履职本领作为加强自身建设的重点，切实提高履职成效。要增强创新能力。针对新时代政协工作领域、对象、方法上的新变化，研究政协事业发展的新举措，切实增强政协工作的时代性、实效性。统筹安排政治协商、民主监督、参政议政各方面工作，选准工作重点，拓展履职领域，完善工作制度。创新工作方法，做好学习、文史、提案、反映社情民意、视察、调研等经常性工作，进一步发挥专委会的基础作用，加强对县市区政协工作的指导，增强全市政协工作整体合力。要加强委员队伍建设。市政协要进一步完善委员联络机制，加强委员学习培训和履职管理，提高履职质量。全体委员既要政治过硬，又要本领过硬，把“守纪律、讲规矩、重品行”摆到更加突出的位置，以“懂政协、会协商、善议政”为标准牢记职责使命，切实提高政治把握能力、调查研究能力、联系群众能力、合作共事能力，当好中国特色社会主义事业的实践者、维护者和捍卫者，切实发挥在政协工作中的主体作用、本职工作中的带头作用、界别群众中的代表作用。要推进政协机关建设。必须毫不放松地坚持从严从实，加强市政协党组自身建设，强化党性锻炼，严肃党内政治生活，开展好“不忘初心、牢记使命”主题教育，严格落实好党风廉政建设主体责任，持之以恒正风肃纪，确保新时代党的建设新部署新要求在政协落到实处。注重培养机关干部的业务能力、专业精神，营造“团结、紧张、严肃、活泼”的机关氛围，以永不懈怠的精神状态和务实进取的工作作风，不断提高政协工作服务水平。

各位委员，同志们，新时代开启新征程，新使命呼唤新作为。让我们更加紧密地团结在以习近平同志为核心的中共中央周围，在中共绵阳市委的坚强领导下，不忘初心、牢记使命，同心同德、锐意进取，努力推进人民政协事业迈上新台阶，为加快建设国家科技城和西部经济强市而团结奋斗！

2017年绵阳十大新闻

【全市认真学习宣传贯彻落实中共十九大精神】 2017年10月18—24日，中共十九大召开后，全市迅速掀起学习宣传贯彻落实十九大精神热潮。10月28日，全市召开传达学习中共十九大精神大会，及时传达中共十九大报告、十八届中央纪委工作报告和党章修正案。会议强调，学习贯彻中共十九大精神，是当前和今后一个时期全市的首要政治任务，各级党组织要加强领导、精心组织，及时组织传达、大力宣传发动、抓好学习培训、搞好调查研究，迅速掀起学习、宣传、贯彻中共十九大精神热潮。全市上下要认真落实中央和省上的安排部署，坚持以习近平新时代中国特色社会主义思想为统领，确保中共十九大精神在绵阳落地生根、开花结果。市委召开常委会（扩大）会议，对全市贯彻落实中共十九大精神作系统安排部署。全市组织多形式、多层次的中共十九大精神宣讲活动，确保十九大精神在全市广大干部群众中入脑入心。全市各级各部门结合实际，深入调查研究，制定切实措施，推动各项工作，以实际行动贯彻落实中共十九大精神，努力推动绵阳发展和科技城建设再上新台阶。

【绵阳市连续3届荣获“全国文明城市”】 2017年11月14日，备受关注的2017年第五届全国文明城市名单和复查确认继续保留荣誉称号的往届“全国文明城市”名单出炉，绵阳市继续保留“全国文明城市”，这也是绵阳市连续3届蝉联“全国文明城市”。全国文明城市每三年评选一次。它既是反映城市整体文明水平的综合性荣誉称号，也是所有城市品牌中含金量最高、创建难度最大的一个。全国文明城市的建设，一方面使市民的文明素养和城市文明程度都达到了一个新高度，另一方面也增强了市民的幸福感和获得感，更使全市呈现出昂扬发展的蓬勃朝气。

【第五届中国（绵阳）科技城国际科技博览会举行】 2017年9月7—9日，第五届中国（绵阳）科技城国际科技博览会在绵阳举行。本届科博会以“军民融合、科技创新、开放合作”为主题，44个国家、地区和国内10余个国家自主创新示范区、全面创新改革试验区、国家级高新区代表到绵阳参展参会，包括世界500强、知名企业、重点科研院所、高等院校在内的754家单位参展，参展项目3065项、展品1万余件，参会嘉宾近万人，观众超过40万人，签约项目665个、金额1114亿元，创下项目签约新高。本届科博会采购商大会吸引490余家国内外供应商、采购商参会，规模为历年最大。本届科博会彰显军民融合特色，提升对外开放合作水平，展示科技前沿成果，促进各方互利共赢。

【绵阳市“三大攻坚行动”进展顺利保投资促发展稳增长成效显著】 2017年，全市按照“十三五”规划要求，实施城建、交通、集中发展区建设攻坚行动，整体提升城市承载能力和功能品质，加快建设智慧城市，让市民生活更方便舒心，城市更宜居美丽。全市完成交通投资142.6亿元，较2016年增长15%。其中绵阳公路水路投资再创新高，全年完成129.4亿元，同比增长24%；铁路建设完成投资12.6亿元，西（安）成（都）客专已于2017年12月6日开通，绵阳到西安仅需3个多小时；绵阳机场2017年运送旅客近355万人次，同比增长63%，在全国机场2017年度运输旅客增长率中居第一；2017城建攻坚行动重点工程项目（科技城集中发展区的项目）209个，共完成投资165.29亿元，超额完成120亿元的年度目标任务；科技城集中发展区实施基础设施项目52个，累计完成投资102.12亿元，占全年目标任务的100.39%，“再造一个新绵阳”的梦想离绵阳人越来越近。

【2017年脱贫攻坚再战告捷】 2017年，全市围绕市委六届九次全会提出的“到2020年实现农村贫困人口全部脱贫，确保在全省率先实现全面小康”的总体要求，创新思维积极探索，广泛动员和引导社会组织参与脱贫攻坚，将民营企业、社会公民等社会力量结合起来，探索形成合作社与贫困户利益连接机制，36位市级领导和76个市级相关部门一把手多次赴7个县市区、520个贫困村进行专项督查；先后出台《脱贫攻坚领导小组成员单位牵头负责事项》《督查巡查工作办法》《全面决战决胜脱贫攻坚46条硬措施》等政策文件；先后多次开展建档立卡贫困人口动态调整；全面推广入股入社、股权分红、联营共赢等产业扶贫模式，农业产业扶贫带动1.43万贫困群众脱贫；实施易地扶贫搬迁2263人，816套住房建设任务全面完成并全部搬迁入住；加大危房整治改造力度，开工4548户，竣工3771户；全面落实“9+3”免费教育和15年免费教育等政策，持续实施惠及近20万人的农村义务教育学校学生免费午餐计划；全面实行“十免四补助”医疗救助政策，85.2万余人次贫困人口通过医疗救助政策报销或减免医疗费用受益；把交通攻坚大会战延伸到农村，建成县乡道路371千米、村道1168千米；实施饮水安全、产水配套等项目建设，解决安全饮水2.92万人；实施电网改造提升项目125个，覆盖307个贫困村。全市3.1866万人摘掉贫困帽，完成率达101.1%，贫困发生率下降至1.15%，北川通过省级验收，如期完成年初确定的年度减贫计划。

【绵阳科技城建设部际协调小组第十三次会议在绵阳召开】 2017年9月16日，绵阳科技城建设部际协调小组第十三次会议在绵阳召开。中共中央政治局委员、国务院副总理刘延东出席会议并讲话，强调要深入学习贯彻习近平总书记系列重要讲话精神特别是关于科技创新的理念要求，贯彻落实党中央、国务院决策部署，牢记国家使命，拓展全球视野，探索军民融合创新驱动发展的新路径，推动绵阳科技城建设不断取得新的重大突破，为建设创新型国家和世界科技强国做出更大贡献。近年来，绵阳科技城建设呈现“四个新”的显著特点：一是探索中国特色军民融合创新驱动发展路径实现“新突破”；二是研发重大国防科技创新成果做出“新贡献”；三是创新成果应用推动产业发展迈出“新步伐”；四是打造科技创新体系培育发展“新动能”。科技城建设要置身全球格局和全国发展大势中，明确定位，彰显优势，服务好创新驱动发展和军民融合重大战略；要聚焦前沿，更加重视原始创新和颠覆性技术创新，攻克关键核心技术，培养高端创新人才；要推动军民深度融合创新，健全“军转民”“民参军”、协同发展的新机制，促进资源共建共享，优化产业规划布局，实现军民良性互动；要深入开展创新改革试验，推进“放管服”改革，加强部省市三级联动协同，打造内陆城市开放创新高地。

【绵阳军民融合经验登上中央电视台《新闻联播》】 2017年7月11日19时，中央电视台《新闻联播》用1分35秒专门介绍绵阳市探索军民深度融合发展的经验，绵阳成为全国的焦点。2015年9月，国家把成德绵地区列为国家系统推进全面创新改革试验8个试验区域之一，绵阳再次肩负起破解创新驱动、军民融合“瓶颈”，当好军民融合“排头兵”的重任。在强力推动全面创新改革试验率先实现突破中，绵阳市将国家使命与四川省“一号工程”、绵阳战略相结合，在“全国卷”上书写“绵阳答案”。全市总结出的“创新转化、产业培育、人才集聚、开放合作、金融服务的‘五大体系’”，其中相当部分为首创，走在国内军民融合的前列。经过近年来的建设和发展，全市已初步探索出“院所自转、军工自转、院企联转、民企参军”4种军民融合模式，军民融合发展活力得到进一步释放，催生出长虹、九洲、利尔化学等一大批军民融合代表企业。已推出开展军民融合企业认定、搭建军民两用技术交易中心、设立军民融合基金等创新性做法，初步形成一批贴着“绵阳标签”的可复制、可推广的经验做法。

【绵阳市长热线进入全国政务热线第一方阵】 2017年3月初，全国313个地级及以上城市“12345”热线接通率监测结果发布，绵阳市“12345”市长热线以100%的来电接通率，跻身全国热线“第一方阵”，荣获“百分百热线奖”。市长热线一头连着百姓冷暖，一头系于政府的民本情怀，是政府密切联系群众、为民排忧解难的重要渠道。作为受理市民来电、解决群众诉求的综合服务平台，市长热线自开通以来，实行全天候运行，由专人24小时值守，第一时间帮助市民解决生产生活中遇到的难题。仅2016年，绵阳市“12345”市长热线就累计受理群众各类来电19.1万件，比整合前受理量增长106%，内容涵盖与群众生产生活和经济社会发展息息相关的各类热点、难点问题，对受理的诉求事项经及时交办、处理，办结率为100%，群众满意率不断提升，切实做到了“事事有着落，件件有回音”。

【绵阳市举行重点招商项目和重点企业“服务绿卡”授卡仪式】 2017年，绵阳市在全省率先实施重点招商项目和重点企业“服务绿卡”制度。9月22日，在中国（四川）电子商务发展峰会上，绵阳市举行“服务绿卡”授卡仪式，绵阳京东方第六代AMOLED（柔性）生产线项目等41个项目成为首批“服务绿卡”重点招商项目，四川国豪种业和四川羌山农牧等55家企业成为首批“服务绿卡”重点企业。按照“服务绿卡”的服务标准，我市将提供行政审批绿色通道、市级领导定点联系、生产要素优先保障等精准政务服务，以及就医、就学、落户等便利生活服务，以推动重点企业持续健康发展、重点项目又好又快建设。实施重点招商项目和重点企业“服务绿卡”制度，是稳定经济增长、增强发展后劲、优化政务服务的客观需要，有利于促进重点项目落地实施、助推重点企业做强做优做大，带动全市整体政务服务水平新提升。

【绵阳市荣膺“中国十佳品牌会展城市”】 2017年12月12日，在中国会展业年会暨长沙会展经济论坛上，绵阳市荣获“2017年度中国十佳品牌会展城市”，成为四川唯一、西部继桂林后第二个获此殊荣的非省会城市。中国会展业年会由中国会展经济研究会主办，是会展行业年度形势与趋势专业分析、研讨的专业性会议，是对区域会展综合实力的最高检验。近年，市委、市政府高度重视会展业发展，将会展业列入全市八大重点服务业予以支持，明确提出打造“中国科技会展名城”，制定全市首部会展产业发展规划，先后出台《关于加快会展业发展的意见》《会展业管理办法》等政策措施，强力推动全市会展业错位竞争、后发赶超。中国（绵阳）科技城国际科技博览会瞄准全国军民融合第一展目标，连续三年蝉联“全国十佳品牌展会”，成为与西博会齐名的全省两大展会之一。2017年，全市会展活动数量、展览总面积、会展收入等主要指标仅次于成都，位居全省第二位。

2017年大事记

1月

2日，市商务局统计，元旦小长假期间，全市实现商品零售额约11亿元，同比增长10%。

△ 绵阳市梓潼“两弹一星”国防科技教育基地、北川地震遗址博物馆、北川永昌镇入选《全国红色旅游经典景区名录》。

3日，市委、市政府召开专题座谈会，就2017年经济形势和经济工作，听取各民主党派、工商联和无党派人士的意见和建议。

△ 市委召开常委会议，审议《绵阳市人大常委会2017年立法计划（草案）》。

△ 绵阳市被工业和信息化部、新华网、国家宽带发展联盟授予“宽带中国”示范城市最佳实践奖。

4日，市委经济工作会议召开。会议全面落实中央、省委经济工作会议和市第七次党代会精神，总结2016年经济工作，分析当前经济形势，安排部署2017年经济工作。

△ 全国著名电子商务专家、清华大学教授、电子商务交易技术国家工程实验室主任柴跃廷一行到绵阳调研电子商务发展情况。

△ 科创区与电子商务交易技术国家工程实验室、北京中清研信息技术研究院签订合作协议，共建“众智科学产业（绵阳）创新中心”。

5日，国家发改委、商务部等7部委联合发出通知，绵阳市被批准为“创建国家电子商务示范城市”。

△ 全市县域经济发展工作大会召开。会议分析全市县域经济发展的现状、取得的成效、存在的问题，安排部署当前和今后一个时期全市县域经济发展工作。

6日，市政府第8次常务会议审议并原则通过《绵阳市重污染天气应急预案（修订）》《关于全面治理拖欠农民工工资问题的实施意见》《绵阳市“十三五”质量发展规划（2016—2020）年》。

△ 市政协组织驻绵阳的省政协委员围绕科技城集中发展区建设和幸福美丽绵阳建设情况开展专项视察。

△ 市委宣传部、市文广新局主办，市艺术剧院承办的“绵州大舞台·惠民展演季”第五季“文艺下基层”演出在盐亭县两河镇白虎村举行。

△ 在美国拉斯维加斯举办的2017国际消费电子产品展（CES2017）上，长虹控股公司总经

图1　1月4日，市委经济工作会议召开

理李进现场发布全球首款分子识别手机——长虹H2，这是一款搭载小型化分子光谱传感器的智能手机，可实现果蔬糖分、水分，药品真伪，皮肤年龄，酒类品质等检测，成为随身携带的个性化健康管理集成终端。

7日，华晨集团旗下“绵阳造”全新车型——蒂阿兹全球上市新闻发布会在成都东郊记忆举行，标志蒂阿兹正式上市。

9日，中国（绵阳）科技城工业技术研究院举行产品成果发布会，推出绵阳科技型企业自主研发的红外线镜面反射快速升温高温电炉系列产品。

△ 四川长虹电子控股集团有限公司联手清华大学等单位共同参与的“DTMB系统国际化和产业化的关键技术及应用”项目，荣获国家科学技术进步奖一等奖。

△ 第三届海峡两岸文昌文化交流活动台湾交流会在台北市举行。

11日，绵阳市召开领导干部见面会，宣布省委决定，杨学宁任绵阳市委委员、常委。

△ 绵阳市公安驻税务联络室挂牌成立，标志税警协作打击涉税违法犯罪进入新的阶段。

12日，四川军民融合大型科学仪器共享平台在绵阳揭牌运营。这是绵阳与省科技厅“厅地合作”，深入实施军民融合发展战略、系统推进全面创新改革试验的又一战略举措。

△ 市政府与中国铁建股份公司签署战略合作框架协议。

△ 市委副书记、市长、科技城集中发展区建设领导小组组长刘超主持召开科技城集中发展区建设领导小组第三次会议，听取2016年工作推进情况，审议2017年建设计划，安排部署当前及今后一个时期集中发展区建设工作。

△ 国家农业科技园区三台麦冬大健康产业园挂牌成立仪式举行。

△ 游仙区被国家税务总局授予“全国百佳国地税合作县级示范区”。

15日，中国工程物理研究院技术转移中心总部整体搬迁入驻游仙区。

17日，三台县被省政府认定为第四批四川省农产品质量安全监管示范县。

△ 全市节约集约用地现场工作会在安州区召开。

△ 长虹教育与中庆现代、久良科技举行“构建生态型未来教室”战略合作联合发布会，并签署战略合作协议。

18日，四川长虹电子控股集团有限公司与中国邮政集团公司四川省分公司在成都签署战略合作协议。

19日，省文明办、省志愿服务基金会和市精神文明建设委员会、市志愿者服务总队在涪城区迎宾社区开展2017年四川省暨绵阳市“暖冬行·爱传递”主题志愿服务活动。

20日，市委宣传部、市依法治市领导小组办公室、市文广新局、市文联、省微电影艺术协会和金紫荆国际新媒体电影节组委会联合主办的第二届中国科技城（绵阳）法治微电影大赛颁奖盛典在五一大厦举行。

22日，早晨7时40分许，以长篇小说《春潮急》风靡全国的著名作家克非因病在绵阳家中去世，享年87岁。

23日，市委、市政府主办的“绵阳市2017年春节综艺晚会”在绵州大剧院举行。

24日，人民网、四川省全创办、四川省委改革办主办，中共绵阳市委、绵阳市人民政府承办的2016四川十大改革转型发展案例暨十大科技创新改革人物颁奖晚会在绵州大剧院举行。

△ 市政府第9次常务会议审议并原则通过《绵阳市2017年项目计划》《绵阳市2017年市重点项目名单》。

△ 省委副书记、省长尹力率督导组赴绵阳市北川羌族自治县督导脱贫攻坚工作，看望慰问基层干部群众。

1月27日至2月2日春节大假期间，绵阳机场共起降航班498架次，运输旅客59709人次，同比分别增长35.32%和49.18%。

30日，零时起，富乐大桥（涪江三桥）实行加固改造，施工期间，富乐大桥全面禁止车辆通行（包含非机动车及行人）。

2月

2日晚，绵阳机场附近上空发现疑似无人机的不明升空物，导致机场5个航班延误、3个航班备降。

4日，市委召开常委会会议，传达贯彻中央、省委农村工作会议，中央、省委政法工作会议，全省宣传部长会议以及全省扶贫移民局长（主任）会议精神，研究部署有关工作。

5日，中国文联、中国民间文艺家协会等联合主办的2016中国（广东）民间工艺博览会评选结果揭晓，匡从有的玉龙化石雕刻作品《福寿双全》获金奖。

△ 省旅游协会、四川日报社共同推出的“2016四川旅游产业TOP10榜单推选及发布活动”最终名单揭晓，北川羌族自治县获“2016全域旅游新生力”。

6日，市纪委七届二次全会在绵阳召开。会议学习贯彻十八届中央纪委七次全会、省纪委十届六次全会精神，总结2016年全市党风廉政建设和反腐败工作，研究部署2017年任务。

△ 绵阳市举行“新三板”企业上市培训会，各县市区相关企业负责人120余人参加培训。

△ 全市首家旅居平台“蜗牛巴巴”在安州区正式上线。

△ 三台县政府与香港国际经贸

合作协会的万玉山房艺术品有限公司、合贸集团股份有限公司、自然疗法医学综合治疗有限公司、万基泰金融国际集团等四家企业签订投资意向协议，协议金额15.8亿元。

△ 绵阳画家汪小麟两幅《雄鸡报福》作品入选“金鸡报晓——中国当代书画百强”中国邮政有奖明信片。

7日，市委副书记、市长刘超主持召开会议，专题研究绵阳汽车产业园发展战略规划有关事宜。

△ 武引二期灌区工程西梓干渠第一流量段（梓潼境内）全线贯通。

8日，绵阳市和涪城区被司法部认定为全国“七五”普法依法治理工作联系点。

△ 全市国有企业党的建设工作会议召开，会议学习贯彻全国国有企业党的建设工作会议、全省国有企业党的建设暨国资国企改革工作会议精神。

△ 绵阳市环境保护委员会正式成立，市委书记彭宇行，市委副书记、市长刘超任主任。市委、市人大常委会、市政府、市政协分管负责人任副主任，成员为市级相关部门、各县市区及园区主要负责人。

9日，全市召开2017年全市旅游工作会，总结2016年全市旅游发展工作，安排部署2017年相关工作。

△ 市委书记彭宇行，市委副书记、市长刘超，市人大常委会主任马华，市政协主席张锦明率队前往驻绵阳63820部队，与63820部队部队长范召林、政委张源明等座谈。

10日，市委宣传部、市文广新局主办，市艺术剧院承办的绵阳市艺术剧院交响乐团暨中国儿艺会警嫂基金首届学生器乐展演在绵州大舞台上演。

△ 根据省委、省政府统一部署，四川省环境保护督察组进驻绵阳市，开展环境保护督察。

△ 绵阳市109个村被省委、省政府命名为省级“四好村”。

13日，绵阳市2家科研院所主导的“四川省特种装备数字化制造技术工程实验室”“四川省水泥基绿色建筑材料工程实验室”日前获得省发改委批复开建。

14日，省环境保护督察组先后组织绵阳市部分党代表、人大代表、政协委员及市级有关部门负责人召开调研座谈会，深入调查了解全市环境保护工作情况。

△ 新晨动力蓝天项目二期25万台宝马发动机进口设备到货开箱仪式举行。标志着新晨动力正式将宝马发动机的核心零部件——缸盖机加生产线从宝马英国工厂整线引进绵阳。

15日，绵阳市召开市委政法工作会议，传达贯彻中央、省委政法工作会议精神，全面部署2017年全市政法工作。

16日，全市国资系统工作会召开，传达贯彻全省国资国企改革发展座谈会精神，总结2016年全市国资国企改革发展工作，安排部署2017年相关工作。

△ 全市宣传思想工作会议召开，传达学习全省宣传部长会议精神，回顾总结2016年宣传思想文化工作，安排部署2017年相关工作。

17日，绵阳市在五一广场举行2017年职工创新创业推进暨招聘求职洽谈会。

△ 绵阳市2017年一季度重点工业项目集中开工仪式在江油六合锻造隆重举行。集中开工项目共计21个，总投资约19亿元。

18日，以“文昌祖庭探源，两岸文化寻根”为主题的海峡两岸文昌文化讲坛在四川省图书馆举行。

△ 省政府印发《四川省“十三五”战略性新兴产业发展规划》，明确新一代信息技术、高端装备、新材料、数字创意等重点产业的发展方向和空间布局。其中，绵阳被纳入重点产业核心发展区，布局新一代信息技术、高端装备、节能环保等重点产业；成德绵三地联合建设航空产业集聚区。

△ 省第十二届“四川名牌”名单出炉，绵阳市长城特殊钢、华核电气等84家企业、109个产品（服务）获本届“四川名牌”称号。至此，全市“四川名牌”总数在全省排名由第十一届的第四名上升为第三名。

19日，农业部全国农业技术推广服务中心首席植保专家张跃进带队的国家植保专家组到绵阳，对全市小麦条锈病等病虫害发生危害情况进行调查，现场进行小麦病虫害防治指导。

△ 禹里镇等13个乡镇入选省“十三五”特色小镇发展规划。

△ 北川羌族自治县的席桢鹏和谢春梅分别被授予“四川省返乡创业明星”和“四川省优秀农民工”。

20日，中国石油天然气股份有限公司四川销售分公司与绵阳市达成深化战略合作协议，并联合西安北斗聚力能源科技有限公司、四川九洲电器集团有限责任公司在绵阳组建四川中油九洲北斗科技能源有限公司。

20—21日，按照省委、省政府统一部署，省政协副主席、省工商联主席陈放带领省政府督导组到绵阳，就贯彻落实中央、省市经济工作会议精神，推动“项目年”活动和“稳增长”进展情况开展专项督导。

△ 全市文明委扩大会议召开，会议贯彻中央、省关于精神文明建设系列重要部署，总结部署精神文明建设工作。

△ 绵阳市人民政府与中国石油四川销售分公司在成都举行深化战略合作暨四川中油九洲北斗科技能源有限公司项目签约仪式。

△ “风光580杯—2017绵阳最美出租车司机”评选结果出炉，何丽春、文进等10人被评为“绵阳最美出租车司机”，李斌、谢伟等10

人被评为“绵阳出租车优质服务明星”，黄勇等13人被评为“绵阳出租车安全运输标兵”。

△安州区第一初级中学初一学生段春萍发明的“多用插头”在全国第二届“未来科学家”创新大赛中获一等奖。

21日，三台、安州、北川被省政府认定为第一批四川省食品安全示范县。

△中国钓鱼运动协会授予安州区2016“优秀组织奖”。

△省金融工作局主要负责人欧阳泽华率队到绵阳调研军民融合发展和金融支持军民融合情况，并召开座谈会。

21—22日，省委常委、省农工委主任曲木史哈率省直有关部门到绵阳，对绵阳市脱贫攻坚和农业农村等工作开展实地调研。

22日，市委、市政府召开听取市决策咨询委专家意见建议座谈会。

23日，九洲集团与绵投集团举行战略合作签约仪式，标志着双方深度战略性合作迈出实质性的关键一步。双方将在基础设施建设、资本运作、房地产开发、贸易、金融及智慧城市建设等方面展开全面深入合作。

△平武县南坝镇通江村唐家坪社村民在猕猴桃基地建设施工中发现古代墓葬。

24日，市委召开常委会会议，传达省脱贫攻坚领导小组会议、全省组织部长会议、全省统战部长会议精神，研究全市贯彻落实意见并部署相关工作，研究市“两会”建议方案等重点工作。

△绵阳市在文化广场举行2017年“春风送岗位—四项承诺”大型招聘求职会暨就业创业社会保障政策宣传服务活动。

△二月南山·盐亭嫘祖文化旅游（国际）度假养老项目奠基仪式暨战略合作签约仪式在盐亭郑家岛举行。

△江油与荷兰法肯堡市友好合作交流座谈会暨姊妹友好合作城市备忘录签字仪式在江油举行，省人民对外友好协会副会长陈敏，荷兰法肯堡市市长马丁·尤林斯出席仪式。江油与荷兰法肯堡市结为姊妹友好合作城市。

25日，农业部全国农技中心副主任谢建华带领全国夏粮及春耕生产督导组到绵阳三台县深入田间地头和新型经营主体，督导小春田管及春耕工作。

△绵阳市社科界15项成果获四川省第十七次社会科学优秀成果奖，其中《社会风险不平等研究——关于马克思主义阶级理论的一种继承与发展》（专著）和《机制与对策——循环经济之中国探索》（专著）获得二等奖。

26日，市委、市政府批准同意，从2017年起编纂《中国（绵阳）科技城年鉴》，一年一鉴，公开出版。

27日，省委、省政府举行四川省2017年第一季度重大项目集中开工仪式，华丰连接器产业基地项目暨绵阳市2017年一季度107个重大项目集中开工仪式在绵阳分会场举行，项目总投资350亿元。

△第三届海峡两岸文昌文化交流活动台商投资恳谈会在梓潼举行。

28日，中共绵阳市委巡察工作领导小组决定,从2017年2月28日起派出4个巡察组对绵阳市林业局、绵阳市质量技术监督局、共青团绵阳市委、绵阳市妇女联合会、绵阳市疾病预防控制中心、中共绵阳市委台湾工作领导小组办公室、绵阳民航管理局、绵阳机场（集团）有限公司领导班子及成员进行为期1个月的常规巡察。

△以“中华文昌、两岸同源”为主题的第三届海峡两岸文昌文化交流活动在梓潼隆重开幕。副省长朱鹤新，国务院台办副主任龙明彪，中国国民党前副主席、“中央评议委员会”主席团主席詹春柏，市委副书记、市长刘超出席开幕式并致辞。

△市委书记彭宇行在梓潼县会见出席第三届海峡两岸文昌文化交流活动的国民党前副主席、“中央评议委员会”主席团主席詹春柏。双方就加强绵台合作交流进行探讨。

△市委书记彭宇行在梓潼县会见出席第三届海峡两岸文昌文化交流活动的国台办副主任龙明彪一行。

△“人文蜀道·诗香梓潼——中国诗人蜀道行”启动仪式在梓潼举行。启动仪式上签署《“中国诗人蜀道行”梓潼宣言》，中国诗歌学会会长、北京大学中国诗歌研究院副院长、著名诗人黄怒波为梓潼授牌

图2　2月22日，市委、市政府听取市决策咨询委员会专家意见建议座谈会

"中国诗人创作采风基地"。

3月

1日，全国首家军民融合科技支行军民融合银企对接会在绵阳举行。

△ 全国首家军民融合科技支行——绵阳市商业银行军民融合科技支行在高新区樊华广场挂牌开业。

△ 市委召开常委会会议，传达贯彻省全面创新改革试验工作领导小组暨省军民融合发展推进领导小组第四次会议精神，研究部署全市全创试验等重点工作。

△ 绵阳"12345"市长热线以100%的来电接通率，获"百分百热线奖"。

2日，市委书记彭宇行率队前往重庆，考察猪八戒网络有限公司并开展招商引资工作。

△ 市委副书记、市长、市规委会主任刘超主持召开市城乡规划委员会2017年第1次会议，审议并原则通过《绵阳科技城集中发展区核心区（安昌河以北片区）控制性详细规划》。

△ 市政府第12次常务会议审议并原则通过《关于深化农业供给侧结构性改革加快培育农业农村发展新动能的意见》《关于绵阳市2016年国民经济和社会发展计划执行情况及2017年计划草案的报告（送审稿）》《关于绵阳市2016年财政预算执行情况和2017年财政预算草案的报告（送审稿）》。

△ 平武县全域旅游虎牙项目投资合作签约仪式举行，平武县与山东龙田集团、水发集团共同就平武全域旅游虎牙项目的合作开发进行签约。

△ 绵阳市举行石墨烯产业发展应用对接会，引导本市院校、科研院所与相关企业深入合作。

3日，中国侨联主办的"亲情中华·文化讲堂"活动走进北川中学。

△ 2017年"世界野生动植物日"暨四川省第36届"爱鸟周"宣传活动启动仪式在青年广场举行。

图3　3月7日，开展"大规模绿化绵州"2017春季行动暨中国绿色碳汇基金会和举行绵阳大熊猫碳汇专项基金成立仪式

△ 省中医药职业教育协会、省中医药职业教育集团成立大会在四川中医药高等专科学校举行，省中医药职业教育集团在绵阳成立。

△ 绵阳市召开电子信息产业（软件与大数据）专家咨询委员会成立暨第一次会议，本市科研院所、高校、企业的11名软件和大数据行业知名专家学者成为市政府专家咨询委员会首批软件与大数据专业委员会委员。

△ 绵阳市成立城乡建设研究院及城乡建设重点工程专家咨询委员会。

5日，嫘祖文化传播大使全球选拔赛城市花车巡游活动在盐亭举行，标志2017中华旅游小姐环球大赛暨首届嫘祖文化传播大使全球选拔赛拉开帷幕。

△ 绵阳市启动2017年大春备耕农资打假专项整治行动，行动持续至5月底。

6日，2017中国嫘祖文化国际论坛暨中国先秦史学会成立35周年年会在盐亭举行。

△ 中国国民党"中央常务委员会"委员侯彩凤、厉耿桂芳、谢坤宏一行到绵阳参加第二届海峡两岸嫘祖文化交流活动暨2017（丁酉）年华夏母亲嫘祖故里祭祖大典活动。

△ 绵阳美菱智能冰箱生产线升级改造项目正式投产仪式举行。

7日，第二届海峡两岸嫘祖文化交流活动暨2017（丁酉）年华夏母亲嫘祖故里祭祖大典在盐亭举行。

△ "大规模绿化绵州"2017春季行动暨中国绿色碳汇基金会绵阳大熊猫碳汇专项基金成立。

△ 首届嫘祖文化传播大使全球选拔赛在盐亭举行，中国选手李沅沿和1名俄罗斯选手、1名塞尔维亚选手被授予"嫘祖文化全球传播大使"。

△ 四川省国防科技工业办公室、电子科技大学、四川长虹电子控股集团有限公司在绵阳联合成立全国首个"电子信息军民融合创新实验室"。

9日，"嫘祖杯"第29届中国围棋名人战颁奖典礼在盐亭举行。

△ 绵阳旗袍作品《咏梅》获全球VIP佳丽大赛冠军。

10日，市政府第13次常务会议审议并原则通过《绵阳市2017年"互联网+"重点工作方案》《绵阳市海绵城市建设管理暂行办法》。

△ 绵阳机场与云南祥鹏航空有限责任公司在绵签署战略合作协议，祥鹏航空在绵阳机场投放2架波音737-800驻站飞机，新开绵阳—昆明、三亚、天津等航线。

12日，安州区第五届环山环湖国际自行车公开赛举行。

13—15日，中国人民政治协商

会议绵阳市第七届委员会第二次会议召开。

14—16 日，绵阳市第七届人民代表大会第二次会议召开。

16 日，绵阳市精神文明建设总结表扬暨文明城市建设工作会议召开。

△ 全国中小机场经营管理工作座谈会在绵阳召开。

18 日，市委农工委、市博览事务局、市农业局、市商务局、市供销联社和涪城区人民政府等单位主办的中国科技城（绵阳）第三届农资交易展示会在涪城区龙门镇农资批发市场开幕。

△ “5·12”汶川特大地震纪念馆获全国优秀科普教育基地。

△ 第 34 届潍坊国际风筝会选拔赛暨北川第三届民族风筝节在北川开幕。

△ 中国生态文明研究与促进会专家组到仙海调研河湖公园建设。

20 日，市委召开常委会（扩大）会议审议并原则通过《绵阳市法治政府建设实施方案（2016—2020）》。

△ 市委全面深化改革领导小组召开第十五次会议，审议市委全面深化改革领导小组 2017 年《工作要点》《工作台账》《改革落实台账》，审议通过《关于进一步完善矛盾纠纷多元化解机制的实施意见》《绵阳市完善国家工作人员学法用法制度的实施意见》《绵阳市环境污染防治“三大战役”实施方案》《绵阳市推进农业水价综合改革实施方案》。

20—21 日，市委副书记、市长刘超率队先后考察深圳光启高等理工研究院和森虎科技股份有限公司。

21 日，绵阳市科技创新大会召开。

△ 中国（绵阳）科技城智能制造及智能终端产业投资推广会在深圳举行。

22 日，绵阳市 2017 年脱贫攻坚大会召开。

△ 市政府与省统计局签订推进统计改革创新战略合作框架协议。

23 日，资阳市政协主席陈莉萍带领资阳市政协考察组到绵阳，对市政协助推全面创新改革试验工作方面的经验及主要做法进行考察。

△ 绵阳优势产业推介会在欧盟项目创新中心·科技城分中心举行。

△ 环保部固管中心与长虹在绵阳签署关于共同开展生产者责任延伸制研究的战略合作协议，为国家政策、标准及技术规范的制定提供基础数据和参考。

△ 2017 年四川省中青年作家（非虚构文学）培训班开班仪式暨精准扶贫作家北川采风行活动在北川新县城举行。

23—24 日，省政协副主席、省工商联主席陈放带领省政协调研组一行到绵阳，就“构建成德绵协同创新体系、推进军民融合”情况展开调研。

24 日，绵阳市与省商务厅在成都举行座谈会，双方就进一步帮助支持绵阳商务工作，共同推动绵阳开放合作再上新台阶等事宜进行交流。

△ 捷克共和国中捷克州州长耶尔马诺娃一行到绵阳考察。

△ 国务院发展研究中心东方文化与城市研究所名誉所长鲁志强与国务院发展研究中心社会部、中国城市规划学会、北京易兰旅游规划设计院的 10 余位专家到绵阳，考察仙海生态建设。

△ 长虹旗下美菱与世界知名家电集团——意大利 CANDY 集团正式签署《战略合作框架协议》，双方宣布强强联手，在冰箱（柜）和洗衣机等领域全面展开战略合作。

△ 2017 中国科技城·绵阳休闲农业博览会暨四川花艺展览会在绵阳会展中心盛大开幕。

27 日，省委副书记、省长尹力在成都主持召开四川省建设绵阳科技城领导小组第十八次会议，贯彻落实习近平总书记参加十二届全国人大五次会议四川代表团审议时发表的重要讲话精神和全国两会精神，安排部署 2017 年绵阳科技城建设重点工作。

28 日，2017 长虹人工智能新品发布会在北京举行，推出全球首个以电视为中心的全新智能家庭生活解决方案——AICenter。

△ 投资 50 亿元、计划用地面积约 143 公顷的“大美羌城—泛美航空科技城”项目一期工程在北川通航产业园开工建设。

29 日，绵阳市全面创新改革试验工作领导小组 2017 年第一次会议召开，会议落实省全创试验工作领导小组第四次会议和省建设科技城领导小组第十八次会议精神，系统总结 2016 年工作，研究部署 2017 年工作。

△ 绵阳军分区党委十七届十次全体（扩大）会议召开。

△ 市委副书记、市长刘超主持召开会议，专题研究北斗卫星导航产业发展。

30 日，国土资源部调研组到绵阳调研地质灾害防治工作。

△ 绵阳市“互联网+”型创新创业示范区暨猪八戒网绵阳园区启动仪式举行。

△ 绵阳社区大学、致公党绵阳市工委共同组建的首个农村社区教育学习中心——绵阳广播电视大学·平武县水晶镇教育学习中心挂牌成立。

△ 省经信委、省财政厅、人行成都分行组成的省调研组一行到绵阳，调研应收账款融资和产融合作试点工作。

30—31 日，中组部党员教育中心调研组到绵阳，专题调研党员干部现代远程教育工作。

31 日，市委召开常委会会议，传达四川省建设绵阳科技城领导小组第十八次会议、全省优秀农民工暨返乡创业先进集体和个人表彰大会精神，审议《绵阳市法治宣传教育第七个五年规划（2016—2020年）》《绵阳市2017年度协商计划》《2017年政党协商（会议协商）计划（草案）》。

△中国科技城（绵阳）跨境电商产业园整体形象提升工程完工。

4月

1日，市委、市政府召开越王楼—碧水寺历史文化街区保护利用工作专题会议，研究越王楼—碧水寺历史文化街区保护利用工作。

△绵阳市全面深化改革工作会议召开，总结2016年全市深化改革工作，传达2017年全省改革工作推进会主要精神，安排部署2017年相关工作。

△市社科联荣获“全国先进社科组织”。

2日，省政协副主席赵振铣带领省政协调研组到绵阳，就供给侧结构性改革下企业职工安置分流情况展开调研。

△全省2017年自学考试考务工作片区培训会在绵阳举行。

4日，中国照明学会、省市政市容协会城市照明分会主办，市城市管理行政执法局、四川九洲电器集团有限责任公司承办的“美丽绵阳”城市景观照明项目发布会暨城市景观智慧照明研讨会在绵阳举行。

△中国诗歌学会、绵阳市李白诗歌协会主办的第二届“李白诗歌奖”初评结果出炉，50件作品成功入选。

5日，绵阳市青年联合会第五届委员会全体会议和市学生联合会第三次代表大会在长虹技术中心召开。

△农业部专家组经审议通过《武都水库渔港项目实施方案》，全市首座大型渔港码头落户武都水库。

△绵阳市举办2017年法治政府建设论坛。论坛由市委党校、市法学会、四川省犯罪防控研究中心和西科大法学院联合主办。

6日下午，中国（绵阳）科技城中德产业园投资推广会在德国慕尼黑举行。市委书记、科技城党工委书记彭宇行，中国驻慕尼黑总领事馆经商室参赞裴永贵，德国巴伐利亚州经济部对外经济处中国、中亚及土耳其片区负责人艾德出席投资推广会并致辞，宝马集团合资企业合作伙伴咨询项目高级副总裁伍腾、商务部投资促进中心德国中心主任徐遥君、长虹公司董事长赵勇、高新区党工委书记夏明、九洲集团总经理孙仲等出席。

△市委书记彭宇行率团考察德国宝马集团总部。

△市政府与交通银行股份有限公司四川省分行签署金融服务战略合作协议。

△全省矛盾纠纷多元化解创新工作推进会在绵阳召开。

7日，市委副书记、市长刘超在成都会见来川出席“2017中外知名企业四川行”活动的意大利特尼能源公司CEO乌戈·本齐、绿狐公司董事长皮耶尔乔治·塞斯特等企业高层。

7—8日，全国高职高专初等教育专业第八届学术年会在四川幼儿师范高等专科学校开幕。本次年会由全国小学教师教育委员会高职高专分会、全国高职高专初等教育专业联谊会主办，四川幼儿师范高等专科学校承办，高等教育出版社协办，旨在搭建交流平台，让与会人员共享核心素养与卓越小学教师培养经验，共同探索卓越小学教师培养的新模式、新路径、新策略。

8日，市委书记彭宇行率团到德国科学城波鸿市考察，并与市长托马斯·艾斯奇尔希一行座谈。

△绵阳市和全欧华人专业协会联合会主办的中国（绵阳）科技城法国高层次人才对接会在法国巴黎举行。

9日，国家发改委高技术产业司发布2017年“互联网+”重大工程拟支持项目名单，涉及物联网、大数据、人工智能、云服务等22个项目。其中，长虹智能家电产品协同制造云服务平台成为全国家电行业唯一获国家“互联网+”重大工程支持的项目。

△四川省高级人民法院组织的周卫东先进事迹巡回报告会走进绵阳。

△绵阳师范学院与平武县近日签订精准帮扶科教事业发展协议，结成科教帮扶关系，帮扶时间将持续至2019年12月。

10日，四川省环境保护督察绵阳市督察意见反馈会召开。省环境保护督察绵阳组组长、省政协副主席唐坚讲话，督察组副组长、省住房城乡建设厅副厅长陈勇通报督察意见。

△在巴黎开展投资推广活动期间，市委书记彭宇行率团分别拜访亚眠大都会主席阿兰·耶斯特以及巴黎大区工商会副会长阿兰·安戈铎，双方就进一步推动两地深化友好合作往来相关事宜进行深入交流。

△中国（绵阳）科技城工业技术研究院举行产品成果发布会，绵阳本土科技型企业开发的军民两用电力计量系列产品正式亮相。

△绵阳市主办、欧盟创新中心协办的中国（绵阳）科技城法国投资推广会在巴黎举行。

△2017中外知名企业四川行重点活动——四川军民融合深度发展专题推进会上，全省首只军民融合基金——四川天府弘威军民融合产业发展股权投资基金，签约首批投资项目10个，其中有4个项目花落绵阳，全省军民融合龙头企业长虹占3个，涉及化合物半导体芯片、新能源锂离子电池。12日上午，绵阳市主办、英国剑桥科创孵化园中国中心协办的中国（绵阳）科技城国际人才交流英国座谈会在英国牛津大学举行。

△市政府出台《绵阳市“十三五”生态环境保护规划》，对全市“十三五”期间的环境保护工作进行

细致的规划，其中一些数据指标对全市环境质量提升进行细化。

12—13日，省委副书记、省长尹力到绵阳三台县调研农业产业化发展情况和农业供给侧结构性改革。

△ 省人大常委会党组书记、副主任陈光志带领检查组到绵阳开展《四川省农村扶贫开发条例》执法检查。

13日上午，绵阳市主办、剑桥科创孵化园协办的中国（绵阳）科技城英国投资推广会在英国剑桥大学举行。

△ 市委书记彭宇行率团到剑桥市考察访问，拜访市长杰瑞米，双方就城市规划建设、文化教育、国际人才引进等问题进行深入探讨和交流。

△ 人社部就业促进司、全国人才流动中心主办，省人社厅、市人社局、省人才交流中心、市人才服务中心、西南科技大学承办的公共就业人才服务进校园·西南科技大学宣讲会在西南科技大学举行。

△ 人社部全国人才流动中心发起，省人社厅、省教育厅主办，市人社局、省人才交流中心、市人才服务中心承办的“第四届部分大中城市联合招聘高校毕业生巡回招聘会绵阳分会场暨2017年四川省公共招聘进校园活动”在西南科技大学举行。

△《2017年绵阳市“项目年”工作方案》发布。

△ 绵阳市国家安全形势专题报告会在市委五楼多功能会议室举行。省政府副秘书长、省国家安全厅党委书记、厅长赵坚应邀作专题辅导报告。

△ 全省第二次全国地名普查验收暨成果转化工作培训会在北川召开。会议传达贯彻第二次全国地名普查验收暨成果转化视频会议精神，分析当前地名普查面临的形势，研究部署普查验收和成果转化工作。

△ 市委书记彭宇行率绵阳代表团在英国访问期间，与英中贸易协会及其成员企业进行深入交流。

14日，《绵阳科技城“十三五”发展规划》获国务院批复同意。

△《绵阳市城区网络预约出租汽车经营服务管理实施细则》出台。

△ 2017（丁酉）年华夏中医始祖岐伯拜祭典礼在盐亭举行。

△ 聂采寿编著的《绵阳科技馆》清华同方光盘电子出版社出版。

△ 绵阳市首届拔河争霸赛在涪城万达广场开幕，市直机关、各县市区（园区、科学城）、企事业单位、驻绵阳部队、学校、乡镇、社区、社会组织等单位、企业、团体45支队伍500余名队员参赛。

14—16日，中国新教育研究院主办的2017年全国新教育实验区工作会议在北川举行。

15日，“一带一路采风展”暨四川文化艺术学院王蒙文学艺术馆建馆三周年系列活动在四川文化艺术学院举行。

△ 四川青少年素质训练五周年感恩仪式在绵阳市青少年活动中心举行。

△ 绵阳市的杨学是、敬永金两户家庭入选四川省首届“书香之家”。

16日，绵阳特来电新能源有限公司开发的电动汽车群智能充电系统正式上市，该系统优于传统充电桩充电模式，具有智能控制、充电时间短、占地小等优点。

18日上午，涪城区跃进路1958广场9号商业楼三层发生火灾，造成2人死亡、4人受伤。

19日，山东龙田集团、山东水发集团投资总额达50亿元的平武虎牙大峡谷生态旅游度假区正式开工。

△ 绵阳造野马T80SUV车亮相并全国同步上市。

△ 全市大众创业万众创新工作推进会在江油召开，会议总结分析2017年一季度全市“双创”工作，对下一步工作作出安排部署。

20日，绵阳市出台《关于充分调动干部积极性激励改革创新干事创业的实施意见（试行）》。

21日，市人民政府主办，梓潼县人民政府和市投资促进局承办的绵阳生物医药产业园投资恳谈会暨签约仪式在成都举行，总投资16亿元的8个项目成功签约，落户绵阳生物医药产业园。

△ 市委宣传部、市直机关工委、市文明办、市文广新局、市教体局、市总工会、市妇联、团市委主办，中国邮政集团公司绵阳市分公司、市图书馆承办的纪念“4·23世界读书日”暨2017“书香绵州美丽绵阳”全民阅读活动启动仪式在涪城万达广场举行。

△ 市委组织部、市人才办、市经信委联合举办的2017全市第一期军民融合企业家培训班结束。

△“千企联校共铸辉煌”2017年校企人才合作行动启动仪式在绵阳举行。

22日，2017年四川省国家级青少年体育俱乐部管理干部培训班暨全省青少年体育工作例会在绵阳举行。

△ 中国标准化研究院与市政府及相关部门达成合作意向，该院军民融合（西南）研发基地落户绵阳。

△ 亚广协（北京）媒体传播技术研究院、中国传媒行业协会、四川文化艺术学院联合主办，中华广播影视交流协会、中国广播电影电视报刊协会等单位协办的2017（第四届）中国媒体创新论坛暨2016年度“影响中国传媒”媒体调查推介成果发布会在绵阳举行。

△ 国家安监总局统计司巡视员周永平带队的国务院安委办《意见》宣讲团到绵阳进行宣讲。

22—23日，全国第五期职业院校教育教学研究与教学成果奖申报工作高级培训班在北川七一职业中学举行。

24日，市委常委会会议召开，会议传达学习国务院《关于绵阳科技城“十三五”发展规划的批复》、全省深化领导班子思想政治建设工

图 4　4 月 26 日中国共产党绵阳市代表会议召开

作推进会暨市厅级主要领导干部读书班、省委办公厅省政府办公厅《关于巩固提升首战成效扎实抓好今年脱贫攻坚工作的通知》、全省脱贫攻坚总结推进会、全省脱贫攻坚工作情况通报会暨各民主党派开展脱贫攻坚民主监督工作座谈会、全国创建文明城市工作经验交流会精神，研究部署全市贯彻落实意见以及科技城建设、脱贫攻坚、文明城市建设等重点工作。

25 日，中国（绵阳）科技城科技成果发布与金融对接会在绵阳举行。

△ 市药品行业协会、市医疗器械行业协会主办的 2017 年“绵阳造”暨全国药品医疗器械精品博览会在科伦集团举行。

26 日，中国共产党绵阳市代表会议在市委党校召开。会议选举产生绵阳市出席四川省第十一次党代会代表 36 名。

△ 北川羌族自治县人民政府与国网绵阳供电公司签署电力助推北川经济社会发展战略合作框架协议。

27 日，绵阳市庆祝“五一”国际劳动节暨表扬先进颁奖大会在绵州大剧院举行。

△ 四川省北斗卫星导航产业联盟 2017 年年会暨绵阳市北斗卫星导航产业发展推进会在九洲集团召开。

△ 省政府办公厅公布《关于印发 2017 年绵阳科技城建设重点工作安排的通知》。

△ 中国农工民主党绵阳市企业家联谊会成立大会举行。

△ 九洲集团与中国电信四川分公司物联网联合实验室挂牌签约仪式在绵阳举行。

28 日，市委副书记、市长刘超率队赴北京考察汉能控股集团，并与全国工商联副主席、汉能控股集团董事局主席李河君座谈。

△ 三台县出口麦冬质量安全示范区通过省级现场考核验收。

△ 绵阳市产业融合与大数据研讨会暨众智科学产业（绵阳）创新中心揭牌仪式在科创区举行。

△ 印象涪江美丽岛项目暨三台县 2017 年第二季度重大项目开工仪式在三台县芦溪镇涪江江心洲美丽岛举行。此次集中开工项目共 17 个，总投资 89.8 亿元，2017 年计划投资 23 亿元。其中印象涪江美丽岛项目一期投资 20 亿元。

29—30 日，中国（绵阳）科技城动漫游戏嘉年华暨世界 COSPLAY 峰会绵阳赛区活动在创新中心二期举行。来自成都、绵阳、德阳、广元、内江等地的 50 余支队伍 150 余名 COSPLAY 爱好者参加比赛。

5月

1 日，涪城区、游仙区、梓潼县和北川羌族自治县入选全省扶持村级集体经济发展试点，每试点地区获得 1000 万元支持资金，用于开展村级集体经济试点。

△ 绵阳市的台沃农业、科莱电梯等 11 家企业通过省专家组的诊断评审，入选全省首批 100 家现代企业。

△ 市知识产权工作领导小组成员单位市检察院、市商务局（双打办）、市工商局、市文广新局、市公安局经侦支队、市农机监理所、市知识产权局等相关单位，出动行政执法人员，联合开展为期一周的知识产权行政执法检查。

△ 中国科技城创客俱乐部 SYE 绵阳办公室 2017 年第一批创业扶持项目集中签约仪式在创新中心二期举行。签约仪式上，向 7 名创业者发放 2017 年首批创业青年扶持资金 57 万元，支持创业者创业。

△ “长虹大讲坛”首次开讲，中国人民大学教授、博士生导师、华夏基石管理咨询集团董事长彭剑锋做题为“企业如何有质量的成长”专题讲座。

△ 北川草编代表性传承人黄强的草编组合摆件《恩爱》获第十二届中国义乌文化产品交易会工艺美术铜奖，草编作品《磁悬浮摆件系列》《装饰画系列摆件》获创新设计奖。

2 日，公安部印发《关于 2016 年度公安监管场所等级评定情况的通报》，绵阳市拘留所榜上有名，成为全国 30 个全国标兵拘留所之一，也是四川省唯一连续四届（8 年）获评的全国标兵拘留所。

3 日，绵阳市丘区农村扶贫攻坚示范区领导小组会议在三台县召开，会议总结全市丘区农村扶贫攻坚示范区成立以来的工作，安排部署下一步工作。

3—5 日，省政协党组副书记、副主席高烽一行到绵阳调研全面创新改革试验推进和政协系统助推全面创新改革试验情况。

图5 5月4日，市政府与京东方科技集团工作座谈会召开

4日，全市脱贫攻坚总结推进会召开。市委、市政府表扬2016年脱贫攻坚先进县、镇（乡）、村和绵阳市首届“脱贫达人”。

△ 市政府与京东方科技集团举行工作座谈会，双方就京东方第6代柔性面板生产线项目推进情况进行交流。

△ 市政府第17次常务会议，审议并原则通过《绵阳市重点招商项目“服务绿卡”管理办法（试行）》《绵阳市重点企业“服务绿卡”管理办法（试行）》。

5日，绵阳市与人民银行成都分行举行座谈会，双方就支持绵阳经济社会发展和科技城建设进行交流。

△ 国家禁毒办副主任、公安部禁毒局副局长熊德生带领调研组到绵阳安州区调研社区戒毒康复工作。

△ 绵阳机场安检站被全国妇联授予“全国巾帼文明岗”。

8日，省委书记王东明到绵阳盐亭县麻秧乡天水村、玉龙镇现代农业社会化服务超市、三台县太极集团四川天诚制药公司、灵兴镇麦冬种植基地研究部署成都平原经济区科学发展、加快发展有关工作，推动习近平总书记系列重要讲话精神和中央、省委决策部署落地落实。

△ 环保部西南督查中心一处处长彭维宇带领调研组到绵阳调研环境保护工作。

△ 中国诗歌学会、绵阳市李白诗歌协会主办的第二届“李白诗歌奖”揭晓。第二届“李白诗歌奖”作品空缺，6件作品获得第二届“李白诗歌奖提名奖”，分别是王小妮的《出门种葵花》、食指的《相信未来》、郑愁予的《郑愁予的诗》、韩文戈的《晴空下》、梁雪波的《词语里的人》、桑子的《栖真之地》。

△ 科创区举行军民融合协同创新项目签约仪式，进一步整合资源、优势互补，促进军民融合产业发展，推动科技成果转化。

△ 绵阳市消防支队高新区火炬街特勤中队、四川百库有限公司被共青团中央、公安部等22个单位命名为“全国青年文明号”。

8—9日，市委副书记、市长刘超率队赴山东浪潮集团、汉能集团考察。

9日，省委副书记、省长尹力率督导组到北川羌族自治县开展脱贫攻坚专项督导。

△ 全市信访维稳工作会议召开，通报全市当前信访维稳工作形势，安排部署近期信访维稳工作。

△ 中国（绵阳）科技城工业技术研究院举行产品成果发布会。科技型企业绵阳固特科技有限公司开发的高精度温度传感器产品正式亮相。

10日，全市深化农村改革工作推进会议召开，贯彻落实全省农村改革工作推进暨农业供给侧结构性改革专题培训会精神，安排部署当前和今后一个时期全市农村改革工作。

△ 河南省洛阳市人大常委会副主任、市总工会主席原文涛带领考察组一行到绵阳，考察绵阳市供销社综合改革推进情况、供销社在现代农业发展中的经验做法、“新网工程”网络发展及合作金融开展等情况。

△ 长虹集团的《提升液晶电视画质的方法》等5项专利获四川专利一等奖。

10—11日，中央纪委驻科技部纪检组组长、科技部党组成员王宾宜到绵阳，先后前往西南自动化研究所、西南科技大学、科技城创新中心、九洲集团、新晨动力公司等地方，就加强对中央关于科技创新重大决策部署落实情况的监督进行调研。

10—11日，省科协党组书记、副主席王万锟率队到绵阳调研科技创新等工作。

11日，欧盟项目创新中心·科技城分中心揭牌仪式在科创区创新中心举行。

△ 全国教育科学“十二五”规划单位资助教育部规划课题《四川省内地甘孜高中班学生文化同构研究》成果报告会暨甘孜班办班十周年庆祝活动在绵阳普明中学举行。

△ 中共绵阳市委决定追授青方华“全市脱贫攻坚优秀共产党员”。

12日，全国第九个“防灾减灾日”，绵阳市防灾减灾应急知识宣传活动在文化广场举行，市应急办、市防震减灾局、市安监局、市公安局等19个职能部门参加。

△ 市人大常委会主任马华带队前往中国航发四川燃气涡轮研究院就建设历程、军民融合发展、产品研发、院地合作等情况进行调研。

△ 绵阳市依法治市暨科技城法治示范区建设工作推进会议召开。

13日，绵阳市第三届职业教育活动周启动仪式在市人民公园广场举行。

13—14日，全市首届未成年人心理健康服务高峰论坛在南山中学双语学校举行。

15日，绵阳市召开出席省第十一次党代会代表履职专题学习培训会。

△ 市委、市政府举行科技城集中发展区重大基础设施项目暨全市二季度111个重大项目集中开工仪式，项目总投资337亿元，涵盖产业发展、基础设施、民生及社会事业多个领域，项目数量和投资总量分别是2016年同期的1.8倍、4.3倍。

16日，市委巡察工作领导小组会议召开，专题听取七届市委第一轮巡察工作情况汇报和六届市委第一轮巡察单位整改情况汇报，安排部署下一阶段巡察工作。

△ 绵阳市基层党建"3+2"书记项目工作会议召开。

△ 市政府第18次常务会议审议并原则通过《2017年市级民生工程项目》《绵阳市贯彻落实省环境保护督察组督察反馈意见整改方案》。

△ 全省工商系统"红盾春雷行动2017"总结会在绵阳召开，会议贯彻落实国务院"十三五"市场监管规划，总结五年来"红盾春雷行动"的经验、做法，研究部署当前和下一阶段全省市场监管的主要工作。

△ 绵阳市公安局收容教育所被公安部评定为全国一级收容教育所，市公安局收容教育所连续17年被评定为全国一级收容教育所。

16—17日，四川省人大城乡建设环境资源保护工作座谈会在绵阳市召开。

△ 省民政厅党组书记、厅长益西达瓦率省民政厅调研组到绵阳调研社会救助、社区管理、养老产业等工作。

17日，63820部队部队长范召林、政委张源明率队，先后前往九洲集团、科技城国家级企业孵化器、创新中心孵化成果展厅、国家军民两用技术交易中心等地调研绵阳科技城建设情况。

△ 中华全国供销合作总社调研组到绵阳调研绵阳农业社会组织服务中心发展情况。

△ 跨境电商（绵阳）产业研究推进中心在科技城跨境电商产业园开园。

18日，绵阳市与汉能控股集团签约仪式在绵阳举行，投资400余亿元的汉能移动能源产业园项目正式落户绵阳。

△ 绵阳市环境保护大会召开。

△ 中国（绵阳）科技城大数据产业研究院正式在绵阳揭牌成立。

△ 全市汽车产业推进会在安州区召开。

△ 第五届中国（绵阳）科技城国际科技博览会首场国内城市推介会在天津举行。

△ "大数据是产业智能化发展的源动力"国际论坛在科创园区创新中心一期举行。

△ 市文化馆、市"非遗"中心主办的第二届绵阳小品喜剧王大赛颁奖暨首届创客企业文化艺术活动在绵阳城区铁牛广场举行。盐亭县文化馆创编并选送的喜剧小品《楼上楼下》获一等奖。

19日，绵阳市与省教育厅举行座谈会，市委书记彭宇行，省委教育工委书记、省教育厅党组书记、厅长朱世宏围绕加强双方交流合作，促进绵阳教育事业加快发展进行探讨。

△ 全市工业发展大会召开，大会提出加快建设西部先进制造强市。

△ 市文广新局指导，省吟诵学会、市吟诵学会、市艺术剧院有限责任公司、市非物质文化遗产保护中心、市文化促进会联合主办的"吟风诵雅继绝传薪——绵阳市首届中华传统吟诵'非遗'展演"活动在绵州大剧院举行。

△ 市政府残疾人工作委员会主办、市残疾人联合会承办的以"推进残疾预防，健康成就小康"为主题的第27次"全国助残日"活动在五一广场举行。

20日，四川省暨绵阳市《中华人民共和国网络安全法》集中宣传启动仪式在铁牛广场举行。

△ 中国国土经济学会牵头评选的第四届全国"百佳深呼吸小城"榜单正式公布，平武县获全国"百佳深呼吸小城"。

△ 科技城集中发展区重要的基础设施，安州区首个自主建设项目塔九路（淘金大道东外线）竣工通车。

△ 第十五届四川省青少年机器人创新实践活动在绵阳外国语实验学校开幕，来自全省各地的283支参赛代表队、1400余名选手参加。

△ 国家林业局副局长彭有冬率调研组到绵阳就山体生态修复和森林康养等工作开展实地调研。

21日，绵阳市报刊传媒研究会编著、文然主编的《绵阳文萃》由作家出版社出版。

22日，市委全面深化改革领导小组第十六次会议召开。审议《关于进一步促进民间投资健康发展的实施意见》《绵阳市生态环境监测网络建设实施方案》《绵阳市深化公安执法规范化建设实施意见》《关于全面推进政务公开工作的实施意见》《关于做好新时期教育对外开放工作的实施意见》《绵阳市建设"高清绵阳智慧广电"专项改革实施意见》《绵阳市推进家庭医生签约服务的实施意见》《关于推进特色小镇培育工作的实施意见》等专项改革方案。

△ 绵阳市2017年科技活动周启动仪式暨大型集中性科普活动在安州区举行。

△ 绵阳市首家水处理新材料生产基地——四川久润环保科技基地在高新区落户。

23日，全国农村社区建设示范创建考核组到绵阳，就全国农村社区建设示范创建工作进行考核验收。

24日，2017年"城市大脑"战略研讨会在科创区举行。

△ 全面创新改革试验构建军民深度融合创新转化体系建设工作推进会召开。

25日，省政协副主席、农工党

四川省委主委王正荣带队到绵阳，就科技服务业发展情况进行调研。

26日，国家卫计委基层卫生司副司长高光明带队的国务院医改办第一督导组到绵阳督导医改工作。

27日，绵阳市举行科技工作者日活动暨第三届学术大会。

△ 年产2万吨超薄高亮度光学显示薄膜材料产业化项目在涪城临港经济开发区开工建设。

△ 绵阳市举行新一轮千名干部进社区帮助工作启动仪式。

28—30日，市旅游产业领导小组主办，市委宣传部、市旅发委、市文广新局、仙海水利风景区管委会等单位承办的第六届绵阳（仙海）端午文化旅游节举行。

30日，团市委、市少先队工作委员会主办，市青少年活动中心承办的“情暖童心、相伴成长”庆“六一”公益活动在富乐山举行。

31日，中国诗歌学会、绵阳市李白诗歌协会主办，江油市委、江油市政府、绵阳市文联、绵阳市投资控股（集团）有限公司承办的第二届李白诗歌奖颁奖典礼在江油大剧院举行。

△ 市政府第19次常务会议审议并原则通过《绵阳市“十三五”农业农村经济发展规划》《关于加快推进残疾人小康进程的实施意见》。

△ 市委宣传部、市文明办、市教体局主办，涪城区承办的绵阳市青少年科技、文化、艺术成果展暨涪城区“六一”庆祝大会在铁牛广场举行。

6月

1日，国家民委副主任李昌平带领中央统一战线第六督查组到绵阳调研检查宗教工作。

△ 绵阳市传达贯彻省第十一次党代会精神大会召开。会议强调要以省第十一次党代会精神为引领，把贯彻省党代会精神与正在推进的工作结合起来，推动中央、省委各项决策部署在绵阳落地落实，更加奋发有为地推进绵阳科学发展、加快发展，奋力开创国家科技城和幸福美丽绵阳建设新局面。

△ 全市“纪律教育学习月”活动工作会议召开。

2日，绵阳市与省审计厅举行座谈会，就做好绵阳审计工作服务经济社会发展和科技城建设进行探讨。

△ 市政府与省质量技术监督局在绵阳签署合作备忘录，双方将共同推动绵阳实施质量强市战略。

△ 市委副书记、市长刘超率队赴中科院光电技术研究所考察。

△ 省政府2017年普通高考专项督查第四组到绵阳督查高考备考工作情况。

△ 市委书记彭宇行，市委副书记、市长刘超在绵阳会见惠科股份有限公司董事长王智勇，四川产业振兴发展投资基金有限公司党委委员、四川鼎浩发展股份投资基金管理公司董事长吴欣荣，四川省集成电路和信息安全产业投资基金有限公司董事长、总经理肖斌一行。

△ 绵阳市举行节能环保产业新技术新产品新闻发布会，向社会和市场介绍全市节能环保产业的创新技术和创新产品。

△ 智慧海绵城市研究论坛在绵阳市举行。

△ 四川科技扶贫在线绵阳分平台运行。

3日，全省农业水价综合改革工作现场会在游仙区召开。

△ 绵阳市启动为期1个月的“安全生产月”和“安全生产绵州行”活动。

△ 绵阳籍青年导演汪子岚执导的《如果爱有明天》获2017好莱坞国际电影节最佳外语片奖。

△ 绵阳市首个获国家艺术基金支持的舞台剧——多媒体儿童剧《哪吒》在绵州大剧院举行公演。

△ 绵阳市正式接入异地就医国家平台，首批开通市中心医院、市中医医院跨省异地就医住院费用直接结算。标志着绵阳市参保人员可以通过异地就医国家平台实现跨省住院费用直接结算，市中心医院、市中医医院可以正式接收省外病人住院直接结算。

4日，人社部失业保险司司长桂桢带领调研组到绵阳调研失业保险工作。

5日，市委、市人大常委会、市政府、市政协联合主办的绵阳市纪念“六五”环境日暨环保世纪行主题活动启动仪式在铁牛广场举行。

△ 国家发展改革委2017年度重点课题研究启动会在绵阳举行，来自四川、上海、江苏、浙江等省市发改委负责人，“军民融合立法研究”“新体制下军地合力推动军民融合深度发展路径研究”课题组成员共同研讨军民融合发展。

△ 2017年四川省农科学子联合实践行动推进会在西南科技大学召开。

6日，全国优质茧丝生产科技成果推广大会在绵阳举行。

△ 全省工业和技术改造投资工作经验交流学习会在绵阳举行。

△ 全省公安交通集成指挥平台建设及应用推进工作现场会在绵阳召开。

7日，长虹集团与台湾瑞昱达成战略合作关系，建立联合无线实验室，共同研发新一代无线传输芯片技术。

7—8日，副省长杨洪波带队到绵阳专题调研饮用水水源地环境问题整治工作。

8日，市委书记、科技城党工委书记彭宇行率队在北京拜访科技部党组书记、副部长王志刚，汇报科技城建设有关工作。

△ 绵阳市首届“十佳乡村教师”评选活动启动。

9日，绵阳市“最美劳动者”职工演讲比赛在四川中医药高等专科学校举行。

△ 中国（绵阳）科技城工业技术研究院举行产品成果发布会，推出一款“绵阳造”军民两用的特种高强度高耐磨铝基合金材料。

△ 绵阳画家马力平、马青的《永恒的记忆》，李青、李恒的《高原目光》，刘小兰的《梨园川韵》，顾紫璐的《玛尼石堆》，陈莉的《昨夜的一场雪》以及赵冬的《源迹》入选第二十二届全国版画作品展。

10 日，第十八次全国市州区县年鉴研讨会在绵阳举行，这是全国性的年鉴研讨会首次在绵阳召开。

11 日，第六届中国成都国际非物质文化遗产节举行。文化部副部长项兆伦、副省长杨兴平巡视绵阳展馆。

△ 全省农机化生产道路项目建设管理培训会在绵阳召开。

△ 《绵阳市 2016 年环境状况公报》发布。

△ 中国（绵阳）科技城军民融合质量发展联盟筹备会召开，会议讨论修改《中国（绵阳）科技城军民融合质量发展联盟章程草案》，研究联盟成立、联盟服务平台建设以及平台管理等相关事项。

12 日，省住建厅厅长何健率省住建厅调研组到三台县东塔镇、富顺镇、乐加乡、景福镇等地调研土坯房改建工作。

△ 市中医院“办公电脑、打印机等采购项目”在市政务服务和公共资源交易服务中心完成开标评标，并发布采购结果公告。这是绵阳市首个政府采购电子化公开招标项目，标志着市政府采购实现全流程电子化。

△ 全国大学生创客营销实践大赛川东总决赛暨颁奖仪式在西南科技大学举行。

13 日，中国（绵阳）科技城管委会、市科学技术和知识产权局主办，中国（绵阳）科技城工业技术研究院承办的第三届中国科技城大学生毕业设计大赛决赛在科技城创新中心二期举行。

△ 绵阳市首个城市供水应急指挥中心在市水务集团建成投用。

13—14 日，省人大常委会党组副书记、副主任黄彦蓉到绵阳调研国家科技城建设工作。

△ 国防科工局调研组到绵阳调研国家科技城创新驱动、军民融合发展等情况。

14 日，绵阳召开 2017 年世界献血者日宣传活动暨无偿献血表彰大会。

△ 绵阳市“六五”普法总结表扬暨“七五”普法启动电视电话会召开。

15 日，市政府第 20 次常务会议审议并原则通过《绵阳市安全生产“十三五”规划》《绵阳市重点招商项目“服务绿卡”管理办法（试行）》《绵阳市重点企业“服务绿卡”管理办法（试行）》。

△ 广元至平武高速公路项目投资协议签约仪式在广元举行。

16 日，市政协组织部分市政协委员到中国空气动力研究与发展中心、中国航发四川燃气涡轮研究院视察军民融合重点工程开展情况。

△ 全省绿色制造系统集成工作现场会在绵阳召开。

△ 中国（绵阳）科技城军民融合磁性材料标准创新中心工作会召开。

△ 四川省“专精特新”中小企业（第二批）项目申报培训会在中国（绵阳）科技城软件产业园举行。

△ 绵阳市首届快递业务员技能竞赛举行。

19 日，全市深化领导班子思想政治建设工作推进会暨县级党政主要领导干部读书班开班式在市委党校举行。

20 日，省委宣讲团省第十一次党代会精神宣讲报告会暨市委中心组（扩大）学习会议在市委党校举行。

△ 游仙区中国科技城电梯产业园通过四川省知名品牌示范区考核验收。标志着绵阳市省级知名品牌示范区创建实现“零”突破。

△ 绵阳市首批集群登记企业营业执照在工商局科创园分局发放。

△ 四川出入境检验检疫局局长孙颖杰率队的调研组到绵阳调研麦冬大健康产业发展情况。

21 日，绵阳市与华晨集团举行项目签约仪式，总投资 30 亿元的华晨集团南方基地汽车整车项目落户绵阳。

21—22 日，省委副书记、省长尹力到绵阳市安州区、北川羌族自治县、平武县、江油市调研省第十一次党代会精神学习贯彻情况，督

图 6　6 月 22 日，省长尹力在绵阳调研地质灾害现状及防治规划情况

导推动当前重点工作落地落实。

△ 国家质检总局副局长陈钢带队到绵阳调研十二届全国人大五次会议关于广泛开展质量提升行动重点督办建议办理工作情况。

22 日，中国工程物理研究院院长刘仓理、党委书记杭义洪率队，先后到科技城国家级企业孵化器、创新中心孵化成果展厅、军民融合大型仪器共享平台、国家军民两用技术交易中心等处，考察绵阳科技城建设情况。与市委、市政府进行交流，共商加强院地交流合作，推动科技城军民融合、创新驱动发展等事项。

△ 青海原子城纪念馆、山东荣成郭永怀事迹陈列馆、中国工程物理研究院科技馆和梓潼“两弹”城纪念馆共同发起，市委宣传部、梓潼县委县政府主办的庆祝氢弹爆炸成功 50 周年暨“两弹”精神展陈基地共建第一次会议在梓潼“两弹”城举行。

23 日，中国水协节水专委会主任周红霞带队的国家节水型城市复查验收组到绵阳，对绵阳市节水型城市建设工作进行复查验收。

△ 市委召开常委会会议，传达贯彻省全面创新改革工作领导小组暨省军民融合发展推进领导小组第五次会议，尹力省长到绵阳开展宣传贯彻省第十一次党代会精神抓好当前有关工作专项督导有关指示，全省学习宣传贯彻省第十一次党代会精神抓好当前有关工作专项督导动员培训会，全省国资国企改革经验交流暨工作推进会，全省推进“两学一做”学习教育常态化制度化工作会等会议精神，审议并原则通过 2017 年市级民生工程项目，研究部署全市近期有关工作。

24 日，国家信访局副局级信访督查专员董红梅带队的中央信访联席办第五督查组到绵阳督查信访工作。

△ 阿坝州茂县叠溪镇新磨村发生山体高位垮塌灾害后，绵阳公安消防、交警、医院等多部门、单位紧急动员，组织抢险救援力量火速赶赴灾区参与抢险救援。

△ 绵阳市首家集肾脏病预防、诊断、治疗为一体的二级肾脏病专科医院——绵阳肾病医院建成开业，标志着肾脏病可以在绵阳专病专治。

△ 省经信委督察组到绵阳对重点工业行业污染防治工作进行现场督察。

25 日，全省秦巴山片区贫困村驻村农技人员省级示范培训班开班仪式在绵阳举行。

△ “四川农信杯”绵阳首届企业文化节在五一大厦职工创新创业中心举行。

26 日，绵阳市 2017 年投资促进工作会议召开。

△ 绵阳市环境保护委员会第一次全体会议召开。

△ 从“三线”建设到军民融合发展专家论坛第二次筹备会议举行。

△ 绵阳市七届人大常委会第五次会议听取市人民政府关于《四川绵阳国家农业科技园区总体规划（2016—2018 年）》的报告，并批准《四川绵阳国家农业科技园区总体规划（2016—2018 年）》。

27 日，绵阳军分区宣布命令大会召开，省军区司令员姜永申宣布命令并讲话。根据中央军委国防动员部命令，任命四川省绵阳军分区参谋长时义清为绵阳军分区司令员，陆军政治工作部宣传局副局长汪泽元为绵阳军分区政治委员，批准绵阳军分区政治委员唐炼退休。

△ 市委召开常委会会议，审议并原则通过《关于实施全面两孩政策改革完善计划生育服务管理的意见》《关于坚持和完善计划生育目标管理责任制的实施意见》。

△ 全市推进“两学一做”学习教育常态化制度化工作会议召开。

△ 省政府督查组到绵阳对全市省级民生工程项目和民生实事推进情况进行督查。

27—28 日，省政协常委、民进省委驻会副主委赵川荣带领民进省委调研组到绵阳调研土地管理政策创新情况，详细了解现行土地政策对绵阳成为国家创新改革试验区建设的影响。

28 日，四川特钢产业联盟大会暨特钢发展高端论坛在江油举行，首批 30 余家特钢企业共同参与组建的四川特钢产业联盟正式成立。

△ 中国电信绵阳分公司与中国联通绵阳分公司联合举行发布会，共同发布“落实提速降费推广六模全网通终端行动”，绵阳正式进入移动通信流量不限量时代。

29 日，绵阳市庆祝中国共产党成立 96 周年暨市直机关党支部工作法优秀案例展示活动在绵州大剧院隆重举行。

△ 绵阳市举行“绵州先锋”智慧党建平台启动仪式。

△ 中华志愿者“残疾人万众创扶工程”启动仪式在绵阳举行。

△ 2017 中国（盐亭）国际女性微电影年度大展启动仪式在北京举行。

30 日，第十八届中共中央委员、中国社会科学院院长、党组书记、学部主席团主席，中国地方志指导小组组长王伟光率调研组到绵阳，调研社会治安防控体系建设和精准扶贫、精准脱贫工作情况并召开座谈会。

△ 股权中国北京峰会暨集中挂牌仪式上，绵阳市涪城区的科技型中小企业——四川惠众科技有限公司正式在新化股权交易服务中心挂牌“新四板”（挂牌代码：601897）。

7月

1 日，全市国土资源系统召开地质灾害隐患排查防治工作部署会议，市国土局与各县市区国土局签订“全市集中开展地质灾害隐患排查与防治工作责任状”。标志全市为期一个月的地灾隐患集中排查防治工作全面启动。

△ 游仙区首个集中商业街区——东原·香玖台—滨水美食文化商业街区正式开街。

△ 游仙区被国家知识产权局授予“国家知识产权强县工程示范区”。

3 日，市委书记、科技城党工委书记彭宇行主持召开科技城建设部际协调小组第 13 次会议筹备工作会议，听取前期筹备工作情况汇报，研究部署下一阶段筹备工作。

△ 市交通建设攻坚大会战指挥部第 6 次会议召开，会议审议《G108 绵梓路省补中修工程实施方案》《绵阳绕城高速南环线增设永明互通实施方案》《丰谷渡改公路桥实施方案》。

△ 科创区与重庆两江海洋文化发展公司正式签订协议，全市首个海洋主题公园落户科创区。

△ 中国铁路总公司综合检测动车组在新建西（安）成（都）铁路客运专线（西成客专）四川段朝天至江油区间上线试验运行，标志着西成客专全线进入联调联试阶段。

△ 以色列康帕思投资集团董事长奥南·达贡一行到绵阳考察。

△ 安州区获国务院食品安全办、农业部、食药监总局授牌“国家农产品质量安全县”。

4 日，绵阳市全面落实河长制工作领导小组第一次会议召开，贯彻落实中央和省委省政府关于河长制工作的系列重大决策部署，研究部署全市全面落实河长制工作。

△ 4 日 20 时至 5 日 20 时，全市出现区域性大暴雨、局部地区特大暴雨的持续强降雨天气过程，雨量 200 毫米以上有 26 个站，绵阳城区日雨量达 266.7 毫米。

5 日，市委、市政府主办的“英才风华·辉映绵州——2017 中国（绵阳）科技城人才之夜”在九洲体育馆举行。（绵阳是国防军工重镇和科教人才资源大市，全市人才总量达 73 万人，其中专业技术人才 21.9 万人。）

△ 中国国际人才市场国家科技城(绵阳）分市场正式在绵阳揭幕并全面对外运营。

△ 西南地区首家葛根全产业链农产品加工公司——梓潼天富生物科技有限公司在梓潼县经开区正式投产开业。

6 日，四川省林业厅、绵阳市人民政府主办的 2017 年四川首届藤椒产业创新发展专家研讨会在三台县举行。

△ 市政府第 22 次常务会议审议并原则通过《“健康绵阳”2030 规划纲要》《〈绵阳科技城“十三五”发展规划〉任务分解方案》《土壤污染防治行动计划绵阳市工作方案》。

△ 团中央青年发展部、新华社新闻信息中心共同发起的“创青春·创富中国行”活动走进绵阳，宣传报道国家科技城建设和青年创新创业典型。

7 日，绵阳市 2017 年“金秋助学”活动正式启动。

△ 绵阳市首届保险业“十佳”表彰大会召开。

8 日，市委宣传部、市社科联、市文广新局、市科知局主办的“中国科技城·绵州讲坛”在市图书馆开讲。

△ “山海情缘——绵阳市书法家协会威海书法交流展”在威海美术馆开幕。

9 日，全国人大环资委副主任委员、中国工程院院士孟伟率中国环境科学研究院调研组到绵阳，调研生态建设情况。

△ 长虹激光产品制造中心在经开区长虹工业园正式竣工，年产能 15 万台的激光光机、主机一体化标准生产线正式投产。

△ 绵阳市企业技术创新座谈会召开，对 2016 年度新认定市级技术中心进行授牌，总结 2016 年及 2017 年上半年技术创新工作，并对下阶段工作进行安排部署。（绵阳拥有 154 家国家、省、市认定企业技术中心，其中，国家级 8 家、省级 62 家、市级认定 84 家。3 家国家级技术创新示范企业。）

△ 以色列驻成都总领事馆总领事蓝天铭一行到绵阳考察。

10 日，中国生态文明研究与促进会和中组部、团中央博士服务团共同主办的“创新驱动·绿色发展——绵阳生态文明建设高层研讨会”在绵阳召开。

△ 省委党史研究室主任刘晓晨率调研组到绵阳调研党史工作。

△ 省作协、省青少年作协主办的“四川省青少年作家班”开班暨授牌仪式在绵阳中学实验学校举行。

△ 绵阳城建攻坚行动指挥部第 3 次会议，听取上半年全市城建攻坚

图 7　7 月 10 日，绵阳生态文明建设高层研讨会召开

行动项目建设情况汇报，审议一环路南段东延线工程（止于省道205线）等有关事宜，研究御营坝片区、经开区片区防洪排涝地下管网综合改造工作。

△ 绵阳生态文明建设高层研讨会召开，绿色园区创新发展研讨会、生态农业与全域旅游研讨会、绿色金融研讨会在游仙区和涪城区举行。

△ 中国（绵阳）科技城工业技术研究院举行产品成果发布会，华核电气股份有限公司研发生产的“专用充电站解决方案”“商业运营充电站解决方案”“智能充电站管理系统”“智能运营管理系统”等新能源汽车充电系统科技成果正式亮相。

10—15日，2017年四川省青少年田径（甲组）锦标赛在绵阳市普明中学举行。

11日，按照国家防总统一部署，水利部长江水利委员会副总工程师夏仲平带领国家和省防汛工作督查组一行到绵阳，对绵阳市2017年主汛期防汛工作开展情况进行督查。

△ 市政协召开“三线”建设遗址保护与规划专题协商会议。

12日，市政府第23次常务会议审议并原则通过《关于进一步促进民间投资健康发展的实施意见》《绵阳市足球改革发展实施意见》《关于进一步支持建筑业加快发展的意见》。

△ 绵阳市安全生产工作会议暨市政府安委会2017年第二次全体会议召开，总结上半年全市安全生产工作，分析当前安全生产形势，安排部署第三季度安全生产重点工作和安全生产大检查工作。

△ 市委七届第24次常委会审议通过绵阳市2017年市级民生工程项目，2017年，全市实施的民生工程和民生实事由两部分构成：其中，省委、省政府下达10项民生工程、20件民生实事，共计95个项目。

12—13日，省人大常委会副主任彭渝带队的省人大常委会视察组到绵阳，对绵阳市军民融合发展改革试点、供给侧结构性改革和制造业转型升级情况进行专题视察。

12—14日，环保部西南督查中心督查调研组到绵阳，开展中央环保督察前期调研。

13日，全省社会主义核心价值观建设现场交流会在江油举行。

△ 中航安盟财产保险有限公司承保的“中华蜜蜂保险助推精准扶贫”全国首例签约仪式在平武举行。

14日，国家质检总局党组成员、国家标准委主任田世宏带队到绵阳调研质量发展和标准化建设工作。

△ 四川省天府（四川）联合股权交易中心特色板块开板仪式暨挂牌企业融资对接推进大会召开，确定在绵阳成立天府（四川）联合股权交易中心军民融合（绵阳）分中心，搭建挂牌展示、融资服务、上市孵化和并购重组四大功能平台，为全省军民融合企业搭建专门的融资服务平台。

16日凌晨1时，绵阳市区出现短时雷雨大风强对流天气，风力普遍达8级以上、风速超过每秒20米。

17日，绵市举行2017年防汛减灾水域救援暨通讯指挥综合应急演练。

△ 世界品牌实验室（World-BrandLab）主办的第十四届“世界品牌大会”发布2017年《中国500最具价值品牌》分析报告。长虹品牌价值达1319.75亿元。

18日，2017年绵阳市第三季度交通攻坚项目集中开工暨省道418线一级公路建设项目开工仪式在安州区秀水镇举行。

18—19日，“从‘三线’建设到军民融合发展”专家论坛在绵阳举行。

19日，全国工商联党组成员、副主席王永庆带领国务院评估调研组到绵阳调研大众创业、万众创新政策落实情况。

20日，绵阳市与中国工程物理研究院、中国航天科技国际交流中心联合筹建的绵阳市“两弹一星”干部学院在梓潼“两弹”城揭牌成立并开课。

△ 涪城区杨家镇人民调解委员会副主任严荣斌、游仙区魏城镇人民调解委员会副主任陈邦福、江油市中坝镇滨江社区人民调解委员会调解员李华、梓潼县道路交通事故损害赔偿纠纷人民调解委员会副主任邓波被司法部授予“全国模范人民调解员”，三台县中太镇人民调解委员会被授予“全国模范人民调解委员会”。

21日，绵阳市与四川发展（控股）有限责任公司在成都举行座谈会，双方围绕加强项目投资、合作园区建设等方面进行探讨。

△ 省委组织部副部长，省人社厅党组书记、厅长，省公务员局局长戴允康带队的调研组到绵阳，就中国国际人才市场国家科技城（绵阳）分市场建设工作进行调研。

23日，长江委水土保持工作组到绵阳检查武引二期灌区工程水土保持工作。

△ 国家精神卫生综合管理试点工作督导组到绵阳，就全市落实全国精神卫生综合管理试点工作进展情况进行督导。

24日，德国宝马集团高级副总裁伍腾一行到绵阳考察。

△ 全市科技扶贫工作推进会在平武召开。

25日，绵阳市文明城市建设工作推进会议召开，会议通报近期文明城市建设情况，安排部署下一阶段工作任务。

△ 市政府第24次常务会议审议并原则通过《关于支持快递业健康快速发展的实施意见》。

△ 参加四川省产业发展投资引导基金市州行（绵阳站）军民融合专题活动的与会嘉宾前往科技城创新中心孵化成果展示厅、天府（四川）联合股权交易中心军民融合绵

阳分中心、国家军民两用技术交易中心和九洲集团等地，参观考察绵阳市军民融合发展情况。

△ 2017 年全国体育传统项目学校联赛田径赛（南区）在绵阳普明中学开赛。

△ 第 34 届全国青少年信息学奥林匹克竞赛在浙江绍兴落下帷幕，南山中学 8 名参赛选手取得 2 金 4 银 2 铜的成绩。

26 日，四川省财政厅和绵阳市人民政府共同主办，以“产业振兴路上，基金助力同行”为主题的四川省产业发展投资引导基金市州行（绵阳站）军民融合专题活动在绵阳举行。

△ 市政府与京东方科技集团举行工作座谈会。

△ 全市上半年环境空气质量报告出炉：上半年，全市城区环境空气质量有效监测 180 天，达标天数 137 天，达标率 76.1%。

27 日，全国人大常委会副秘书长、香港基本法委员会、澳门基本法委员会主任李飞率全国人大常委会港澳基本法委员会调研组到绵阳的九洲集团、中国工程物理研究院科技馆、中国（绵阳）科技城创新中心等地调研军民深度融合发展、科技创新及成果转化、企业生产经营等情况。

△ 绵阳市生活垃圾焚烧发电项目建成运营，标志着绵阳城区生活垃圾“减量化、资源化、无害化”处置。

27—28 日，按照省总工会调研工作安排，省政协副主席、党组副书记，省总工会主席李登菊带领省总工会第一调研组在绵阳开展调研活动并举行四川省工会工作大调研绵阳座谈会。

28 日，赞比亚—绵阳经贸对接会暨绵阳市与琼圭市缔结友好合作关系签约仪式在绵阳举行。

△ 四川省工会会员服务卡发放暨普惠性服务在绵阳启动。

△ 绵阳市与省环保厅在成都举行座谈会，共同推进绵阳生态文明建设和环境保护工作再上新台阶。

△ 市委群工局获全国信访系统先进集体。

△《绵阳经济技术开发区年鉴》2016 年卷由方志出版社出版发行，这是绵阳经济技术开发区编纂出版的第 1 卷年鉴，也是全市首部园区年鉴。

△ 晚，平武县城突降暴雨，造成老城区全城停电，县文体中心路段山体塌方，街道变为“河道”。

29 日，省依法治省三项工作专项督查组到绵阳督查。

△ 安州区七里农业示范园、游仙区洛水天堂生态葡萄示范园、江油市第三地农村创业创新园区、三台县大地飞歌田园文旅综合体创业基地入选全国农村创业创新园区目录。

31 日，绵阳市庆祝中国人民解放军建军 90 周年大会召开。

△ 市政府召开绵阳京东方项目工作对接会，会议对项目建设情况、工程进度计划等情况进行通报。

8月

1 日，市城乡规划委员会 2017 年第 4 次会议，审议并原则通过《东林镇总体规划及控制性详细规划》。

2 日，科技部、四川省人民政府主办的中国（绵阳）科技城建设新闻发布会在北京举行，新闻发布会发布绵阳科技城建设情况及成效，同时发布第五届中国（绵阳）科技城国际科技博览会举办时间。

△ 市委书记、科技城党工委书记彭宇行率队赴京拜会中国航天科技集团副总经理、党组成员张建恒。双方就进一步深化战略合作以及科技城建设、军民深度融合发展等工作，进行洽谈。

△ 市委书记、科技城党工委书记彭宇行率队在北京拜访商务部国际贸易谈判代表（正部级）兼副部长、党组副书记傅自应，汇报科技城建设有关工作。

4 日，绵阳市迎接中央环保督察工作动员大会召开。

5 日，农业部调研组到绵阳专题调研绵阳市绿色农业发展情况。

△ 谢云主编的《天下欧公出涪城》由吉林人民出版社出版发行。

6 日，2017 年绵阳市“义门陈杯”全民健身日健身展示活动在铁牛广场举行。

7 日，江油—法肯堡市旅游推介会暨签约仪式举行。

8 日，绵阳市人民政府和四川省农业科学院共同主办，以“绿色引领、创新驱动”为主题的绵阳农业科技成果发布暨农业投资促进会在科技城会展中心举行。

△ 中国工程院院士、四川大学校长谢和平率四川大学考察团到绵

图 8　8 月 2 日，中国（绵阳）科技城建设新闻发布会在北京梅地亚中心举行

阳，前往创新中心孵化成果展厅、国家军民两用技术交易中心等处考察绵阳科技城建设情况。

△ 2017（丁酉）年中国盐亭岐伯故里首届中医药文化论坛暨岐黄中医药文化研究会筹备会在盐亭举行。

△ 全省法学会系统培训暨基层法学会“实体化实战化”建设推进会在江油召开。

△ 21 时 19 分，四川省阿坝藏族羌族自治州九寨沟县（北纬 33.2 度，东经 103.82 度）发生 7.0 级地震，震源深度 20 千米。绵阳辖区范围内震感强烈，无人员伤亡。地震发生后，绵阳市组织卫生、防震减灾、公安、消防等专业抢险救灾队伍赶往九寨沟灾区参加抢险救灾。

9 日 8 时，市委书记、绵阳市“8·8”九寨沟地震抗震救灾应急领导小组组长彭宇行在江油市公安局指挥中心，主持召开九寨沟地震抢险救援工作紧急会议，传达贯彻总书记习近平、总理李克强重要指示批示，省委书记王东明、省长尹力指示精神，研究部署道路保通保畅、人员转移安置等工作。市委书记彭宇行、市长刘超分别到平武、江油组织指挥灾区群众和游客的转移、安置、救援保障服务工作。

△ 绵阳市召开文明城市建设工作问题清单移交会，交办文明城市建设工作督查中发现的问题清单。

△ 市委召开推进专项改革方案落实专题会议，研究部署专项改革方案推进落实工作。

△ 以“荷绿游仙·莲洁你我”为主题的游仙首届荷花文化旅游艺术节开幕。

10 日，省委、省政府为贯彻落实党中央、国务院及省委、省政府主要领导批示指示精神，根据“8·8”九寨沟县地震抗震救灾要求，副省长杨洪波到绵阳平武检查、组织指挥关键点位道路保通保畅、应急运输保障等工作，看望慰问一线交通执法人员、公安干警和转运游客。

△ 截至 16 时，绵阳市公安机关出动警车 161 辆，在 27 个管控点和省道 205 线沿线布置警力 1402 人，对地震灾区周边道路实施交通管制，分流疏导灾区出行车辆 10760 辆。交通运输系统组织大巴车 346 辆，共转运地震灾区群众 6166 人，其中，转运至绵阳 31 车次、894 人（经平武转移到绵阳外国游客 28 人），转运至成都 188 车次、5272 人。绵阳机场预留停机位 2 个，接受咨询 400 余人次，协助改签中转 180 余人次、购票 70 余人次，保障九寨沟地面经绵阳机场乘坐航班转移旅客 400 余人。民政系统在九环线沿途各地设立 65 个应急服务站，累计发放矿泉水 2780 件，方便面、面包、饼干等方便食物 3860 件，散装方便食品 890 千克、馒头包子 4300 个，救助人员 8.1 万人次。同时，民政系统还转运 3 名遇难者遗体到绵阳 2 个殡仪馆。卫计医疗系统设置灾区伤员绿色通道、专门救治病区，储备足量血液，安排 10 家医疗机构预留 350 个床位。同时，在绵（阳）九（寨沟）环线沿线设置医疗救助点 36 个，医护人员 142 人。共救治地震伤员 1208 人，其中绵（阳）九（寨沟）环线沿线医疗救助点提供服务 1156 人、市内部分医院治疗 52 人。

△ “中国中药（绵阳）产业园—天雄药业生产基地项目”在安州区工业园区举行奠基仪式。

11 日，省委书记、省抗震救灾指挥部指挥长王东明，省委副书记、省长、指挥部指挥长尹力，前往绵阳市平武县、江油市，看望慰问参与九寨沟地震游客转运疏散的客运站工作人员、公安民警、民兵预备役人员、医护人员、志愿者和基层干部群众。

△ 涪城区政协、涪城区委宣传部、绵阳市欧阳修文化研究会主办的纪念欧阳修 1010 周年诞辰暨《欧阳修诗词文赋选读》首发式在绵阳举行。

△ 省政府安全生产大检查工作第六督查组到绵阳专项督查安全生产工作。

△ 游仙区被国家知识产权局批准为“国家知识产权强县工程示范区”。

△ 全市新材料产业推进会在安州区召开，江油市、高新区、游仙区和部分企业进行交流发言，部分合作项目进行签约仪式。

△ 绵阳微电影协会、攀枝花市微电影协会、眉山市微电影协会、南充市微电影协会、遂宁市微电影协会、三台县微电影协会等单位发起的四川省微电影协会联盟在绵阳成立。

13 日，四川省银河化学股份有限公司、四川长虹电器股份有限公司分别入选全国首批绿色工厂、绿色供应链管理示范企业名单；四川长虹空调有限公司 3 款房间空气调节器入选绿色产品名单。

14 日，中央第五环保督察组到绵阳开展专项督察。通过现场督察、听取汇报和查看资料等方式对三台县垃圾处理场、三台县花园镇垃圾简易填埋场两个点位进行督察，重点对三台县垃圾处理场进行核查，从垃圾生产量、处理量、存储量、应急转运量进行详细核实，并对该场外环境应急处置全过程进行了解。

△ 2017 年（第三十一届）中国电子信息百强企业名单揭晓，四川长虹位居第六，比 2016 年上升 1 位。

△ 市政府第 25 次常务会议审议并原则通过《绵阳市水污染防治条例（草案）》《绵阳市自然保护区专项督察突出问题整改工作方案》《绵阳市城乡居民住宅地震巨灾保险实施方案》。

15 日，省委副书记、省长、“8·8”九寨沟地震抗震救灾指挥部指挥长尹力前往绵阳市中心医院，代表省委省政府看望慰问地震伤员和医务人员。

△ 全市在联系服务中教育引导群众工作会在梓潼召开，会议贯彻落实全市基层党建“3+2”书记项目工作会议精神，专题研究部署在联系服务中教育引导群众工作。

16 日，市委常委会会议审议并原则通过《“健康绵阳”2030 规划纲要》《绵阳市自然保护区专项督查突出问题整改工作方案》《绵阳市领导干部任前党纪党规廉政考试（规定）试行》。

△ 科技部国际合作司主办、西南科技大学承办的 2017 年畜禽养殖加工及废弃物处理技术国际培训班在绵阳举行。

18 日，全市卫生与健康大会召开，会议贯彻落实全国、全省卫生与健康大会精神，总结全市卫生与健康事业发展成绩，安排部署“健康绵阳”建设工作。

△ 省环保案件督办组一行到三台县芦溪镇，督办中央第五环保督察组转办给绵阳市的信访案投诉件办理工作开展情况，同时对郪江三台与大英交界断面的水质情况进行了解，并召开座谈会。

19 日，为期 6 天的首届“斯搏特杯”全国青少年足球邀请赛在绵阳斯搏特足球公园落幕，绵阳斯搏特足球俱乐部获 U8 组冠军，绵州聚力足球俱乐部获 U10 组冠军。

20 日，国家自然科学基金委员会主办、中国空气动力研究与发展中心承办的第 185 期双清论坛“大型风洞设计建设中的关键科学问题”在绵阳市举行。

△ 中国（绵阳）科技城工业技术研究院近日举行产品成果发布会，长虹激光显示科技公司开发的长虹 CHiQ 激光影院亮相。

△ 科技部、国家国防科工局、中国创新创业大赛组委会指导，科技部火炬高技术开发中心、绵阳市政府共同举办的第六届中国创新创业大赛军转民大赛半决赛在北京举行。

△ 游仙经开区、江油市工业园区创建省级高新技术产业园区通过专家论证。

21 日，绵阳市人民政府与四川省川投航信基金公司举行战略合作框架协议签约仪式。

△ 21 日凌晨至 28 日 12 时，北川普降中到大雨，局部暴雨。在此次降雨过程中，擂鼓镇、开坪乡、禹里镇、曲山镇、漩坪乡、墩上乡、通口镇等乡镇累计降雨量较大，其中擂鼓镇累计降雨量达 281 毫米。截至 27 日 18 时，全县受灾人口达 6750 人，紧急疏散避让 136 户 380 人，造成家庭财产、农作物、道路等基础设施直接经济损失 4772.9 万元。

22 日，绵阳市—阿坝州对口帮扶及深度贫困地区脱贫攻坚工作座谈会在马尔康市召开。

23 日，省委常委、副省长、省委秘书长、涪江河长王铭晖率队到绵阳开展涪江巡河督导。

△ 四川九洲电器集团有限责任公司与北京航空航天大学联合申报的“航空机场通信系统 AeroMACS 研究与应用开发项目”，通过省科技厅评审并予以公示，获得 2017 年省科技厅省院省校（重大）科技合作研发项目立项。

23—24 日，市委副书记、市长刘超率市委、市政府工作组赴阿坝州壤塘县，先后前往浦西乡尤日村、克久食用菌种植基地等 12 个考察点，实地考察对口帮扶及深度贫困地区脱贫攻坚工作。

23—25 日，全省动物血吸虫病防治工作暨血防项目技术培训会在绵阳召开。

24 日，市委巡察工作领导小组 2017 年第二次会议召开，专题听取七届市委第二轮巡察工作情况汇报，审议有关事项，安排部署下一阶段巡察工作。

△ 市委书记彭宇行在绵阳会见中国驻英国大使馆公使衔参赞金旭一行。

△ 全省社区矫正信息化暨社区矫正中心建设工作推进会在北川召开。

25 日，绵阳市与省国土资源厅在成都举行座谈会，双方就进一步加强交流合作，为绵阳科学发展、加快发展提供用地保障等进行深入交流。

△ 四川军民融合无人机防控技术研讨会暨四川九洲防控科技有限责任公司揭牌仪式在绵阳举行。仪式上，九洲集团与科创区签署战略合作协议。四川九洲防控科技有限责任公司分别与中国海外控股集团有限责任公司、电信科学技术第十研究所、青岛东方深蓝信息科技股份有限公司签署战略合作协议；与鉴真防务技术（上海）有限公司签署装备采购合同。

△ 科技部直属机关团委、科技部中国农村技术开发中心、中国科学技术发展战略研究院联合组织国务院有关部门和科技部各司局、事业单位青年干部代表一行到绵阳调研，并召开“弘扬两弹精神推进科技创新”科技部青年干部基层调研座谈会。

△ 水利部大坝安全管理中心专家组到江油，就“8·8”九寨沟 7.0 级地震对水库震损情况进行排查。

26 日，省食安办调研组到平武食品药品检验检测中心建设。

△ 第十八届中国绿色食品博览会在包头举办，绵阳市 13 个产品参展。其中，绵阳谷雨绿色农产品专业合作社联合社生产的“蜀好湃牌香米”获金奖。

△ 晚，市委宣传部指导，市文化馆、市音乐家协会、绵阳市艺术学校、西科大文艺学院音乐系主办的民乐雅韵丝竹锦绣——文采筝之私塾专场音乐会在南湖公园举行。

29 日，全市脱贫攻坚帮扶工作推进会在北川召开。

30 日，中国创新创业大赛组委会、科技部、工信部、国防科工局指导，科技部火炬高技术开发中心、市政府共同举办的第六届中国创新创业大赛军转民大赛决赛在科技城创新中心二期举行。20 个涉及装备制造、航空航天、新材料等领域的军工“黑科技”亮相竞逐。绵阳天眼激光科技公司的警用实时真彩三维激光雷达系统和北京航天动力研究所的低温液体火箭发动机涡轮泵技术的民用创新转化项目获一等奖。

△ 省长尹力到绵阳开展环境保护等专项督导，检查贯彻落实中央和省委环保督察、河长制、防汛减灾、安全生产等工作部署。

△ 市政府第 26 次常务会议审议并原则通过《绵阳市建设服务型政府行动方案》《绵阳市保留的村（社区）证明事项清单》《绵阳市取消的村（社区）证明事项清单》。

30—31 日，省人大常委会副主任彭渝带领检查组到绵阳开展《四川省农村扶贫开发条例》执法检查。

31 日，市委常委会会议审议《绵阳市正风肃纪常态化监督检查实施办法（试行）》。

△ 科技部火炬高技术开发中心、绵阳市政府共同举办的第六届中国创新创业大赛军转民大赛在科技城创新中心二期举行颁奖仪式。

△ 四川省全国文明城市创建工作现场推进会在绵阳召开。

8 月 31 日至 9 月 1 日，全国妇联党组书记、副主席、书记处第一书记宋秀岩到绵阳，先后前往涪城区杨家镇天虹现代体验园、城北街道铁牛街社区、北川羌族自治县“云云羌”羌绣生活体验馆、安州区妇女儿童活动中心，调研基层妇联组织改革工作，前往科技城创新中心考察国家科技城建设。

9月

1 日，省委常委、统战部部长李静在成都听取绵阳经济社会发展、科技城建设和统战工作汇报。

△ 市委、市政府主办，市委宣传部承办，四川越王楼文化传播有限公司协办的“军民融合创新绵阳”主题摄影图片展在越王楼开展，本次展览将持续到 10 月 31 日。

2 日，中国科学院院士、国际著名肝胆外科专家陈孝平工作站启动仪式在绵阳市中心医院举行。

3 日，海峡两岸交流基地授牌仪式在北川举行。

△ 省经信委主办，市经信委承办，长虹集团、九洲集团、六合锻造协办的四川省智能制造技术交流对接会在绵举行。

4 日，全国台湾同胞投资企业联谊会常务副会长高锦乐一行到绵阳考察。

4—6 日，凉山州委书记林书成率凉山彝族自治州党政代表团到绵阳参观考察，对接重大项目。

5 日，绵阳市环境保护委员会第二次全体会议召开。

△ 市政协召开七届第五次常委会议，围绕“建设军民融合科技协同创新体系，推进全面创新改革试验”展开专题协商议政。

以“大力提升质量建设质量强市”为主题的 2017 年全市“质量月”活动启动仪式在铁牛广场举行。

△ 全市最宽钢结构人行天桥在四川中医药高等专科学校南北校区之间落成，桥长 57.5 米，净空高 5 米，宽 5.5 米。

6 日，共青团中央网络影视中心、绵阳市人民政府、四川省电子竞技协会联合主办的 2017 亚太国际电竞（绵阳）高峰论坛在九洲体育馆举行。

△ 全国首个军民融合专业化人才交流服务平台——中国军民融合人才交流服务平台在绵阳建设启动。

△ 市人大常委会主任马华会见到绵阳出席第五届中国（绵阳）科技城国际科技博览会的新加坡驻成都总领事馆总领事颜呈吉、泰国驻成都总领事馆总领事潘媞葩、柬埔寨驻昆明总领事馆总领事淮立恒等一行。

△ 市委副书记、市长刘超会见由以色列驻成都总领事馆总领事蓝天铭率领的第五届中国（绵阳）科技城国际科技博览会主宾国以色列代表团一行。

△ 第五届中国（绵阳）科技城国际科技博览会媒体见面会在绵阳举行。

△ 省旅发委、省科技厅、市人民政府主办，游仙区人民政府、市旅发委、市科知局承办的全省旅游业新技术应用大会在绵阳创新中心二期召开。

7 日，科技部和四川省人民政府主办，以“军民融合·科技创新·开放合作”为主题的第五届中国（绵阳）科技城国际科技博览会在绵阳国际会展中心开幕。

△ 第五届中国（绵阳）科技城国际科技博览会以色列馆开馆。

△ 以“加快科技成果转化、推进军民深度融合”为主题的第五届中国（绵阳）科技城国际科技博览会国际军民融合创新发展论坛在绵阳举行。

△ 以“自主可控铸安全、智能制造创未来”为主题的第五届中国（绵阳）科技城国际科技博览会中国兵器装备集团自动化研究所主题日活动在会展中心举行。

△ 第五届中国（绵阳）科技城国际科技博览会以色列主宾国活动——中国—以色列（四川）经贸创新合作大会举行。

△ 第五届中国（绵阳）科技城国际科技博览会科技成果和专利技术发布与交易专场在科技城创新中心举行。

△ 第五届中国（绵阳）科技城国际科技博览会采购商大会举行，大会现场签订合同 20 余个，签约金额128 亿元。

△ 第五届中国（绵阳）科技城国际科技博览会科技金融高峰论坛暨投融资对接会举行。

△ 四川省高新区创新合作发展论坛在绵阳举行。

△ 四川九洲电器集团“冷晓江技能大师工作室”获国家级技能大师工作室授牌，成为全市的第 4 个国家级技能大师工作室。

△ 省外国专家局主办，市人力资源和社会保障局、中国国际人才市场国家科技城（绵阳）分市场承办的引进国外智力项目成果展示暨外国专家组织巡诊回访活动在园艺山创新中心举行。

△ 新西兰黑斯廷斯市议员凯文·沃特金斯一行到绵阳考察。

△ 第五届中国（绵阳）科技城国际科技博览会创新驱动信息安全产业发展高峰论坛在中国（绵阳）科技城软件产业园举行。

△ 国家科学技术奖励工作办公室支持，省科学技术厅、省知识产权局、市政府联合主办的第五届科博会科技成果和专利技术发布与交易专场在科创中心如期举行。

△ 四川红色北斗科技有限公司研发的“智慧党建+北斗应用”平台亮相科博会。

7—8 日，副省长朱鹤新到绵阳调研深化金融综合改革、军民融合深度发展、军民融合金融服务改革创新示范区创建工作。

△ 以“创新孵化、创业引领”为主题的第五届中国（绵阳）科技城国际科技博览会人才交流与成果展示项目——大学生创新创业园区（孵化基地）建设交流与创业项目对接活动举行。

8 日，第五届中国（绵阳）科技城国际科技博览会投资推介会暨集中签约仪式在九洲体育馆举行，全省签约项目 117 个，投资金额 886.89 亿元，比第四届增长 25.5%。其中绵阳签约市（境）外项目 65 个，投资金额 710.87 亿元，比第四届增长 17.1%。

△ 第五届中国（绵阳）科技城国际科技博览会游仙区军民融合产业发展论坛举行。

△ 中国—以色列高科技产业合作对接会在绵阳举行。

△ 第五届中国（绵阳）科技城国际科技博览会中国磁性材料行业发展论坛在创新中心举行。

△ 第五届中国（绵阳）科技城国际科技博览会重点参展商推介会暨对接洽谈活动举行。

△ 第五届中国（绵阳）科技城国际科技博览会中国（绵阳）新型平板显示高峰论坛举行。

△ 2017 中国军民融合知识产权金融高峰论坛在创新中心举行。

△ 省北斗卫星导航产业联盟、市经信委主办，四川九洲电器集团有限责任公司等单位联合承办的第五届中国（绵阳）科技城国际科技博览会北斗卫星导航产业军民融合创新发展论坛举行。

△ 第五届中国（绵阳）科技城国际科技博览会通航产业发展高峰论坛举行。

△ 第五届中国（绵阳）科技城国际科技博览会高技能人才和创新创业人才成果展示活动在科技城会展中心 D 馆（人才馆）启动。

△ 北斗开放实验室中国（绵阳）科技城分实验室授牌仪式举行，绵阳分实验室是由九洲集团、绵阳市工业技术研究院、电子科技大学、民航飞行学院、西南科技大学等 5 家单位共建。北斗开放实验室将成为绵阳市新的北斗资源聚集中心和应用服务中心，为四川省、绵阳市的北斗产业发展提供资源支撑和条件保障。

9 日，第五届中国（绵阳）科技城国际科技博览会成果发布会暨闭幕式在九洲体育馆举行。

△ 绵阳市首届“十佳乡村教师”颁奖典礼在绵州大剧院举行。肖玲、赵光明、唐金平、周桂芝、李碧芳、胡成和、李桂英、陈永玉、易素容、陈树怀获绵阳市首届“十佳乡村教师”。

△ 市教体局、市体育总会主办的2017 年绵阳市“雪宝杯”业余足球超级联赛举行开赛仪式。

10 日，中央电视台第七套“送文化、走基层”特别节目“为你点赞·欢聚游仙”主题文艺活动在游仙区国际兰花主题公园举行。

△ 市委宣传部主办，绵阳文化旅游集团有限公司、北京汇鑫麒麟影视文化有限公司、上海利达影业有限公司等承办的航天科工题材电视剧《向天》开机仪式在绵阳举行。

△ 国家督学、教育部基础教育质量监测中心调研组到绵阳，开展教育评估与质量监测实践及结果应用调研。

△ 市委组织部和团市委联合举

图 9　9 月 8 日，中国（四川）——以色列经贸创新合作大会在绵阳举行

办的 2017 年全市基层共青团干部培训班在市委党校举行。

△ 绵阳市法院“执行大会战”集中攻坚统一行动在市中级人民法院启动。本次“执行大会战”专项行动为全省统一行动，为期 3 个月。

△ 中国企业联合会、中国企业家协会发布“2017 中国企业 500 强分析报告”，绵阳本土企业长虹排名全国 146 名，与 2016 年持平。

11 日，省政府安全督导组到绵阳开展安全生产专项督导。

△ 国防科研单位与地方科研机构、高等院校、企业和市级部门共同发起的中国（绵阳）科技城军民融合质量发展联盟在绵阳成立。

△ 市政协召开“城市轨道交通规划建设”民主监督专题协商启动会，启动“城市轨道交通规划建设”民主监督专题协商工作，并安排部署相关工作。

12 日，国家能源局副局长刘宝华任组长的国务院安委会安全生产大检查第 22 综合督查组到绵阳，开展安全生产大检查综合督查和考评工作。

△ 全省政法英模事迹巡回报告团第一分团到绵阳进行宣讲报告。

△ 英国诺丁汉市政厅行政长官柯睿恩一行到绵阳考察。

△ 市发改委与西科大举行共建经济社会发展高端智库战略合作框架协议签约仪式。

13 日，市委、市政府举行兵港科技信息安全军民融合产业园项目暨绵阳市 2017 年三季度 93 个重大项目集中开工仪式，项目总投资 217.8 亿元，涵盖产业发展、基础设施、社会民生等多个领域，投资总量是 2016 年同期的 1.67 倍，其中产业项目 38 个、总投资 93.4 亿元。

△ 全国政协常委、副秘书长、九三学社中央常务副主席邵鸿到绵阳，前往科技城创新中心、中物院科技孵化基地等地，考察国家科技城建设有关情况。

13—14 日，浙江省人大常委会副主任冯明带领考察组一行到绵阳，考察市人大常委会预算审查监督和预算联网监督工作以及科技城建设发展情况。

14 日，“九三学社全国传统教育基地”授牌仪式在梓潼县“两弹城”举行。

△ 2017“海科会”海外高新科技人才走进中国（绵阳）科技城投资推介会在绵阳举行，签订正式投资项目协议 47 个，签约金额 60.7 亿元。

△ 中国足协常务副主席兼秘书长张剑带领调研组到绵阳，专题调研绵阳市足球发展工作。

15 日，2017 年全国大众创业万众创新活动周绵阳市分会场活动启动仪式在科技城软件产业园举行。

△ 省委副书记、省长尹力率督查组赴北川羌族自治县开展脱贫攻坚等工作专项督导。

△ 省文联、省美术家协会、四川美术馆、市文联、四川文化艺术学院联合主办的《大漠无垠——武海成美术作品巡回展》在四川文化艺术学院王蒙文学艺术馆开展。

16 日，绵阳科技城建设部际协调小组第十三次会议在绵阳举行。中共中央政治局委员、国务院副总理刘延东出席会议并讲话。

17 日，四川省节能领跑绿色产品全川行暨“绿色发展企业联盟高峰论坛”在绵阳举行。

△ 四川大学华西医院、成都理工大学、四川农业大学、成都医药学院、四川省妇幼保健院的 8 位专家组成的四川省专家服务团到北川开展智力帮扶活动。

18 日，伟创力集团全球运营总裁佛朗索瓦·巴比亚一行到绵阳考察。

△ 市人大常委会原主任蒋仁富、中物院总体工程研究所型号总师许建南等部分在绵阳的全国人大代表，围绕“在全国逐步建立儿童免费医疗保障体系”展开专题调研。

△ 交通部专家组到绵阳调研大九寨旅游轨道交通建设。

△ 国家玉米产业技术体系西南及南方片区 2017 年玉米田间开放交流日活动在绵阳举行。

19 日，全省供销社综合改革“双线运行”暨“三化联动”现场交流会在梓潼县召开。

△ 市政府第 28 次常务会议审议并原则通过《绵阳市现代农业六大重点产业发展规划（2017—2020 年）》《绵阳市现代农业十大主导产品行动方案（2017—2020 年）》。

△ 长虹国际控股（香港）有限公司和顺丰速运有限公司签署战略合作协议。

20 日，2017 中国（四川）电子商务发展峰会举行项目签约仪式，绵阳市政府分别与北京摩拜科技有限公司、顺丰速运（集团）有限公司签署战略合作协议。

△ 市委副书记、市长刘超会见到绵阳参加 2017 中国（四川）电子商务发展峰会的中国香港特区驻成都经济贸易办事处经贸关系主任梁振朝和澳大利亚驻成都总领事馆副总领事白天伟、英中贸易协会成都代表处首席代表王楷、荷兰贸易促进委员会成都代表处商务助理柯大卫等。

△ 盐亭举行投资推介会暨天鸿生物科技园开工仪式。

21 日，2017 中国（四川）电子商务发展峰会举行农村电商发展与精准扶贫论坛，共商农村电商发展大计，共谋精准扶贫良策。

△ 2017 中国（四川）电子商务发展峰会举行世界互联网川籍精英圆桌会议。

△ 中国初级卫生保健基金会对江油市区域卫生发展精准扶贫项目捐赠仪式在绵阳举行。

△ 2017 中国（四川）电子商务发展峰会举行“一带一路”跨境电商圆桌会。

21—23 日，以“智能互联·融合

创新”为主题的2017中国（四川）电子商务发展峰会在绵阳举行。全国政协副主席、农工党中央常务副主席刘晓峰出席开幕式并宣布开幕。

22日，四川省十二届人大常委会第三十六次会议第二次全体会议，表决通过省长尹力向省人大常委会提出的任免案，决定任命彭宇行为四川省人民政府副省长。

△2017中国（四川）电子商务发展峰会“知名企业三台行”投资推介暨项目签约仪式在三台县举行。

△绵阳市举行重点招商项目和重点企业“服务绿卡”授卡仪式，41个项目、55家企业获首批“服务绿卡”。

△省电子商务协会主办的“银联荟生活”2017四川电子商务青年创新创业大赛决赛暨颁奖典礼在绵阳举行。

△2017年四川省重大产业项目集中开工绵阳市分会场暨绵阳新华内燃机股份有限公司30万套发动机关键零部件项目开工仪式在安州区举行。

△2017四川电子商务青年创新创业大赛决赛暨颁奖典礼在九洲体育馆隆重举行。经过两个小时的路演，“土地母亲计划”“顺手带”“圣洁甘孜品牌电商打造计划”等3个项目分别获一、二、三等奖。

23日，2017中国（四川）电子商务发展峰会在科技城会展中心落幕。本届峰会500余家电商企业（单位）携万类商品参展，迎接38.5万人次观展，总成交15亿元，实现现场成交额9200万元，意向成交额5000万元，实现线上交易额14.1亿元。

△成都班列公司、长虹民生物流公司、捷克布拉格场站公司签订《中欧班列·蓉欧快铁成都—捷克布拉格直达班列合作意向书》。

△第二十六届“东丽杯”全国梁斌小说奖颁奖会举行，绵阳作家任继红（祭鸿）《温暖的手铐》获短篇小说一等奖。

△四川日报社、省图书馆、省图书馆学会、省中心图书馆主办，市图书馆、绵州历史文化普及基地承办的“书香家庭·唯美阅读”——“悦读家”家庭诵读活动绵阳分赛区决赛在市图书馆举行。

24日，第十五届中国国际农产品交易会在北京举行。绵阳市组织7家涉农企业和1个国家级示范专业合作社携上百个农产品参展，参展的“黑溜宝”生态猪肉获金奖。这是第九届全国农交会以来绵阳市连续获得的第7个全国农交会金奖。其他6个金奖是：“香叶尖”绿茶、“圣迪乐村”鸡蛋、“羌山雀舌”茗茶、“桑道”桑葚酒、“亚隆”核桃油、“文昌添宝”天宝蜜柚。

△全省工会解困脱困、会员普惠暨维稳工作川西北片区会议在江油召开。

△市教育与体育局主办，四川幼儿师范高等专科学校、绵阳职业技术学院承办的中澳职业教育国际交流合作备忘录签约仪式在绵阳举行。

△长虹与华为全资控股子公司深圳市海思半导体有限公司在绵阳签署战略合作协议，双方在国内就物联网领域技术和产品应用层面展开实质性合作。

25日，全省“万企帮万村”精准扶贫行动提质增效经验交流会在三台县召开。

△市公安局城北分局在科创区正式成立。城北分局管辖区域为科创区的上马、元通、八角科园等9个社区。

26日，全国党建研究会科研院所专委会主任委员、中国科学院大学马克思主义学院院长王庭大带队到绵阳，调研知识分子党员队伍现状，并召开座谈会听取情况汇报。

△绵阳市第二届农村乡土人才创新创业大赛举行，来自各县市区的23位乡土创业人员进行现场比拼。经过比赛，北川神侬农业种植协会负责人席桢鹏获金奖。

△市委宣传部、团市委、市广播电视台主办的首届绵州诗词会暨第八届中华经典诵读总决赛在绵州大剧院举行。绵阳中学语文老师张安摘得首届绵州诗词会暨第八届中华经典诵读总决赛桂冠。

△绵阳市与匈牙利陶陶巴尼奥市建立友好城市关系。

27日，全市推进服务型政府建设大会召开，系统安排部署当前和今后一个时期全市服务型政府建设工作。

△人行绵阳市中心支行和市总工会联合主办的绵阳市财税库银横向联网知识竞赛举行。

28日，绵阳市举行《绵阳市大气环境质量限期达标规划》专家评审会。

△绵阳市创建“全国质量强市示范城市”接受省级预验收工作汇报会在绵阳举行。

△市委宣传部、市委政法委、市依法治市办、市司法局共同主办的绵阳市第四届律师辩论大赛在绵阳师范学院举行。

△中国（绵阳）科技城高教联盟揭牌仪式举行。

29日，某重大装置配套基础设施建设项目开工动员会在游仙区举行，标志着某重大装置正式进入实质建设的重要阶段。

30日，全国烈士纪念日，2017绵阳市公祭烈士活动在南山烈士陵园举行。

△14时14分，广元青川（北纬32.27度，东经105.00度）发生5.4级地震，震源深度13千米，绵阳市城区和各县市区震感明显。

△15时30分，中欧班列·蓉欧快铁（成都至布拉格）从成都国际铁路港首发。此趟班列途经哈萨克斯坦、俄罗斯、白俄罗斯、波兰，最终抵达捷克首都布拉格，全程近一万千米，预计运行时间13天。该趟班列有41个12.19米标准集装箱，满载四川长虹电子控股集团有限公司的液晶电视组件等消费类电子设备，总货值508万美元。

10月

6日，省政协副主席、省工商联主席陈放带领省委第三轮脱贫攻坚全覆盖督导组，对平武2017年脱贫攻坚年度目标任务推进完成情况进行督导。

△省旅游景区质量等级评定委员会专家组到绵阳，对越王楼·三江半岛创建国家AAAA级旅游景区进行现场评定检查，越王楼·三江半岛景区通过省级创建评审。

8日，中共绵阳市委巡察工作领导小组决定，从2017年10月9日至11月17日,市委巡察组对市工商局、市统计局（市普查中心）、市教育体育局（市招生办、市政府教育督导团、市教育技术和信息中心、市教育科学技术研究所）、绵阳中学、绵阳南山中学、绵阳第一中学、绵阳实验高级中学、绵阳普明中学党组（党委）领导班子及成员进行为期40天的常规巡察。

△省医师协会高血压专委会率领四川华西医院、四川省人民医院、川北医学院附属医院等医院10余名专家到绵阳开展2017年全国高血压日主题义诊活动。

9日，中国（绵阳）科技城工业技术研究院举行产品成果发布会，长虹集团研发的单兵可穿戴个人体征及环境信息监测系统、智能听诊器、端云一体智能近红外光谱分析系统等成果问世。

10日，市城乡规划委员会2017年第5次会议审议并原则通过《绵阳市安州区河东新区控制性详细规划》《河边镇总体规划暨局部控制性详细规划》。

△绵阳市召开2017年校（院）企项目合作及科研成果产业化对接会。对接会上，西南科技大学、绵阳师范学院等院校代表作了科研成果产业化项目推介；佳禧印染、隆盛等企业代表作产学研合作经验交流；西南科技大学、中物院12所、绵阳师范学院和绵阳职业技术学院等分别与企业签订战略合作协议及科研成果产业化合作协议，签约产学研项目12个，投资额4300万元。

11日，绵阳市在经济技术开发区举行安全生产（危化品泄漏）事故应急救援演练。

△2017年全省第三批交通重点项目集中开工，其中包括广元至平武高速公路，该项目长90公里，总投资132亿元。

△平武首部法治微电影《一米阳光》正式完工，并在优酷等各大网络平台开播。

12日，中国共产党绵阳军分区第十八次代表大会召开。大会回顾总结过去六年建设形势，筹划部署今后五年奋斗目标，选举产生军分区第十八届党的委员会和纪律检查委员会。

△绵阳市高新区与世界500强企业液化空气（中国）投资有限公司签署合作协议，标志着光电显示产业园的重要配套项目——法国液化空气大宗气站项目正式落户绵阳。

图10　10月10日，市城乡规划委员会第5次会议召开

△市政协诗书画院、市书法家协会、市美术家协会、市摄影家协会共同主办喜迎党的十九大“幸福美丽绵阳”书画摄影展在四川文化艺术学院王蒙文学艺术馆开展。

13日，人民教育出版社、绵阳市政府主办的2017年“人教杯”中国（绵阳）科技城全国校园足球邀请赛在绵阳南山中学实验学校开幕。

△以“一带一路、蜀道明珠、科技绵阳”为主题的“技·艺交融”中国名家书画展开幕。

14日，2017首届绵阳中学杯“寻找小李白”文化展示活动暨三台县第三届经典诵读比赛在三台举行。

△游仙经济开发区（游仙孵化中心）创业示范基地、西南科技大学国家大学科技园创业示范基地入选第三批国家双创示范基地。

16日，全国首创“税鑫融”财税资综合智能服务平台在绵阳启动。

△省高级人民法院党组书记、院长王海萍率队到绵阳调研法院工作。

△绵阳市大气污染防治专项督查工作会召开。环保部西南督查中心督导组到会督导。

17日，市委全面深化改革领导小组召开第十八次会议。审议《绵阳市全面深化改革落实问责办法（试行）》《绵阳市全面深化改革第三方评估实施办法（试行）》《绵阳市扩大高等学校科研院所医疗卫生机构人事自主权十条政策》《绵阳市生态文明建设目标评价考核办法》《关于支持新型农业经营主体开展社会化服务的指导意见》《关于推进安全生产领域改革发展的实施意见》等专项改革方案。

△国家安全监管总局监管二司监察专员、国务院安委会办公室第22检查组组长王力争率队到绵阳，开展安全生产大检查“回头看”工作。

19日，市政府第29次常务会议审议并原则通过《关于进一步创新机制引导鼓励社会力量积极参与脱贫攻坚的实施意见》《绵阳市促进足球中长期发展和足球场地设施建设实施方案（2016—2050年）》。

△ 航天军民融合成果转化基地（四川）揭牌仪式在绵阳举行。基地由中国航天科工集团第三研究院第三一〇研究所与科创区共同建立。基地依托航天科工集团强大的军工资源和地方政府的大力支持以及企业的参与，进行军转民、民参军服务；依托航天云网建设军民融合成果转化服务平台，提供科研成果发布，产品、技术、人才等供求信息以及技术成果交易、投融资、全球知识产权检索等服务。基地通过落地实施成果转化项目、建立航天军民融合产业基金、建设军民融合产业园等方式，助力地方科技与经济发展。

△ 全市消防安全保卫暨高层建筑消防安全综合治理推进会召开。

20日，省财政厅厅长王一宏率调研组一行前往北川羌族自治县擂鼓镇，专题调研“互联网+精准扶贫代理记账”工作。

21日，四川省人才工作领导小组办公室主办，四川九洲技师学院承办，全省首个军民融合企业负责人及网络安全管理培训班在绵阳举行。

22日，上午9时50分，从北京飞往绵阳的CA1451航班到达绵阳南郊机场，乘坐该航班的杨家敏成为绵阳机场2017年运送的第300万名乘客，标志绵阳南郊机场出入旅客实现300万人次。

23日，绵阳市今冬明春大气污染防控攻坚行动动员大会召开。

△ 全市一体化政务服务平台建设推进工作会召开，通报全市一体化政务服务平台建设工作进展情况。

24日，日本庄原市市长木山耕三一行到绵阳考察。

25日，成德绵攀西高技能人才交流赛在成都举行。

△ 市工商联、市社科联、市演讲与品牌传播行业协会主办的“四川农信杯·绵阳首届企业文化节颁奖盛典暨中国企业转型升级百城万企公益大巡讲”活动在绵州大剧院举行。

△ 绵阳市商业银行和绵阳南山中学双语学校战略合作签约仪式举行。

△ 绵阳科创区投资推介会暨项目签约仪式在深圳举行。

27日，宝马集团授权绵阳新晨动力机械有限公司王子发动机在绵阳成功投产。

△ 市食品安全委员会主办，市食品安全委员会办公室、市食药监局、盐亭县、三台县、梓潼县联合承办的全市2017年食品安全事件（Ⅲ级）应急处置演练在盐亭县两河镇举行。

△ 全市生态循环农业“家庭微循环”现场推进会召开。

△ 第十二届中国—欧盟投资贸易科技合作洽谈会科技城专场推介会在绵阳举行。

△ 绵阳市举行汽车产业2017年新项目新产品发布会，中央人民广播电台、中新社、四川日报社等20余家媒体，汽车及零部件企业代表参加发布会。

28日，绵阳市传达学习中共十九大精神大会召开。副省长、市委书记彭宇行传达并讲话。

29日，加拿大万锦举行的2017年国际乒联女乒世界杯比赛中，绵阳籍运动员朱雨玲以4:3战胜队友刘诗雯，首夺世界杯单打冠军，这是她获得的第一个世界三大赛单打冠军。

朱雨玲高举奖杯庆祝夺冠

△ 以“熊猫家园、森林绵州、风情平武”为主题的2017中国·四川大熊猫国际生态旅游节在平武开幕。

31日，市委副书记、市长刘超率队赴北京考察360公司，并与360公司创始人、董事长兼CEO周鸿祎，360公司创始人兼360企业安全集团董事长齐向东座谈。

△ 全市一体化政务服务平台上线试运行。

△ 国家民委“检评学”工作组到绵阳检查少数民族流动人口服务管理示范城市建设工作。

△ 绵阳市生物医药产业园入园项目启动暨梓潼县2017年第四季度24个项目集中开工仪式在梓潼经开区举行。

11月

1日，长虹发布全球首款声纹识别人工智能电视，将人工智能电视带入3.0时代，标志着全球首个人工智能电视技术系统问世。

△ 农业部检查组到绵阳督导农机安全生产大检查工作。

△ 全市安全生产监察执法实训暨比武活动近日在江油举行。

△ 市科知局、游仙区政府、四川中物技术股份有限公司共建的中国（绵阳）科技城军民融合智能制造示范基地被省科技厅认定为四川绵阳军民融合智能制造现代服务业产业化基地。

△ 游仙区石马镇老年协会、游仙区富乐街道社区卫生服务中心被全国老龄委命名为第二届全国“敬老文明号”。

△ 长虹美菱在海南省三亚市举行“冻结原味，藏住新鲜”新产品发布会，向全球首发搭载水分子激活保鲜技术的M鲜生系列冰箱，每台售价为7999元至10999元。

2日，市政府第30次常务会议审议并原则通过《绵阳市健全生态保护补偿机制实施方案》。

△ 全市公共文化设施开展学雷锋志愿服务座谈会召开。

3 日，绵阳科技城集中发展区核心区综合管廊及市政道路项目签约仪式举行。

△ 中国微电影艺术创作高峰论坛在盐亭县举行。

△ 2017（丁酉）年华夏母亲嫘祖故里酬蚕节民间祭祖仪式在盐亭嫘祖陵祭祀广场举行。

△ 全国安全用药月暨绵阳市普及安全用药公益项目启动仪式举行。

△ 国家卫计委、省卫计委主办，市卫计委和涪城区卫计局承办，市健教所、涪城疾控中心协办的“2017 健康中国行”走进绵阳主题宣传活动启动。

4 日，农业部调研组到绵阳调研生态循环农业发展与农业面源污染治理工作开展情况。

△ 国家林业局调研组到绵阳调研油橄榄产业发展和造林绿化工作。

△ 全省家庭医生签约服务现场推进会在绵阳召开。

△ 第 30 届中国围棋名人战颁奖典礼在盐亭举行。

5 日，以“军民融合协同创新与全面创新改革”为主题的中国科技论坛·军民融合协同创新与全面创新改革专家论坛在绵阳举行。

△ 四川省旅游投融资及市场营销会在平武举行。

△ 绵（阳）西（充）高速最大桥梁——梓江大桥主体工程完工。

△ 武都水库内陆渔港建设项目获农业厅批准，标志着涪江流域唯一一处渔港码头落户绵阳。

6 日，安州省级电商产业发展示范县项目通过验收。

△ 中国科学院院士孙钧到绵阳西南科技大学城市学院为师生们做题为“科学、未来与人生——浅话在科技创新中的治学与成材”的讲座。

6—7 日，四川省推进军民融合发展暨政策宣贯（川北片区）培训会在绵阳召开。

8 日，绵阳市宣传战线庆祝全国第十八个记者节暨党的十九大精神宣讲会议在梓潼“两弹”城举行。

△ 市委副书记付康带领市经信委、市政府金融办等相关部门负责人，前往安州区实地调研久信公司“军民两用特种电容器产业化建设”和通越国际“车载 GPS、液晶显示模组等项目”建设情况，现场协调解决企业发展、项目推进中遇到的困难和问题。

9 日，省美术家协会、市委宣传部、市文联、绵阳师范学院联合主办，“岁月留痕——李青美术教学创作四十年暨李青作品展览”在绵阳师范学院开展。

△ 全省首个生态环境资源案件检验专家委员会在绵阳成立。

△ 中国（绵阳）科技城工业技术研究院举行产品成果发布会上，四川九高科技有限公司研发的新一代智能录井气体检测设备——全光谱录井多组气体分析设备亮相。

△ 省统计局发布 2016 年四川省 175 个县、市、区经济综合评价排位，涪城区排位第三，成为全省“十强县”，涪城区连续 6 年居全省第三名。

10 日，绵阳市林业系统“森林绵阳大讲堂”首场专题讲座在东津酒店开讲。

△ 维谛技术（绵阳）有限公司标识启用仪式在高新区举行。

△ 省电化教育馆、四川教育电视台主办，南山中学承办，市电化教育馆协办的“梦想花开”四川省第十二届中小学校园电视评选颁奖活动在南山中学举行。

11 日，中午 12 时绵阳市启动重污染天气黄色预警。

△ 中国作家协会《中国历史文化名人传》丛书第七次创作交流会在安州区举行。

△ 四川省 2017 年突发重大动物疫情（Ⅳ级）应急演练在绵阳农业学校举行。

△ 以“亲近自然，休闲竞技”为主题的 2017 绵阳市游仙区“川仙杯”全国钓鱼邀请赛暨云凤镇文化旅游节在游仙区云凤镇举行。

△ “双 11”绵阳市电子商务实现在线交易额 12.39 亿元。

12 日，市委组织部、市委宣传部、市委党史研究室、江油市委共同主办的纪念王右木 130 周年诞辰学术研讨会在江油举行。

13 日，市委、市政府召开专题会议，研究支持中国兵器装备集团自动化研究所事业单位转制和混合所有制改革试点工作。

△ 中国大熊猫保护研究中心调研组到绵阳，调研大熊猫保护及文化宣教工作情况。

△ 游仙区的中国（绵阳）科技

图 11　11 月 13 日，市委、市政府召开专题会，研究中国兵器装备集团自动化研究所事业单位转制和混合所有制改革试点工作情况

城军民融合智能制造示范基地被省科技厅认定为四川绵阳军民融合智能制造现代服务业产业化基地，标志着该基地成为全省首个以现代服务业为发展方向的产业化基地。

△ 市经信委、市国税局、市地税局、市中小企业服务中心承办的“税务助企”市（州）行——川北片区专题服务活动在阳绵举行。

13—14 日，中国法学会督导调研组到绵阳调研基层法学会工作。

14 日，国家标准委副主任于欣丽带领中央军民融合发展委员会办公室及中国航空综合技术研究所的专家一行到绵阳，调研标准化军民融合工作。

△ 绵阳市通过第五届全国文明城市复查，继续保留“全国文明城市”称号。

△ 绵阳市被中央电化教育馆列入区域“基础教育信息化应用典型案例”，绵阳教育资源中心被中央电化教育馆确定为国家数字教育资源公共服务体系建设与应用试点示范工作第一批试点平台。

15 日，市政府与中国邮政储蓄银行四川省分行签署政银战略合作协议。

△ 招商证券和长虹共同主导的“招商创融——四川长虹应收账款资产支持专项计划”成功发行。

△ 全省“中国社会扶贫网”推广暨扶贫移民宣传工作培训会在江油召开。

△ 全省生态环境大数据项目技术培训会在绵阳召开。

△ 市食药监局、市农业局联合启动严打危害肉品质量安全违法违规行为“百日行动”。

△ 全省中药材品质化栽培及全产业链运营培训会在三台县举行。

△ 中日防灾减灾交流研讨会在绵阳举行。

△ 省环境保护考核组到绵阳现场抽查固体废物与化学品管理工作。

△ 绵阳日报社获“中国城市党报媒体融合十强”。

16 日，市委副书记付康带领市委组织部（市人才办）、市人社局、市科知局等部门负责人，前往长虹智慧科技有限公司、西科大国家大学科技园、中国科技城·绵阳军民融合孵化器，专题调研人才工作。

△ 九洲技师学院参赛选手郑章辉获四川省首届“工匠杯”职业技能大赛“工具钳工”项目金奖，绵阳市科技职业培训学校张勤林获“养老护理员”项目金奖。

15—16 日，财政部党组成员、部长助理赵鸣骥带队到绵阳调研“互联网+精准扶贫代理记账”试点工作。

17 日，全国精神文明建设表彰大会在北京举行，绵阳市蝉联“全国文明城市”。国网四川省电力公司绵阳供电公司、四川省绵阳市国家税务局、江油市人民检察院、涪城区城北街道建国门社区、万江眼科医院获“全国文明单位”；三台中学获“全国文明校园”；火炬一小获“全国未成年人思想道德建设工作先进单位”；北川羌族自治县安昌镇、游仙区新桥镇同福村、三台县西平镇柑子园村、北川羌族自治县擂鼓镇盖头村获“全国文明村镇”。

△ 江油市枫顺乡小坝村原党支部书记青方华被省委组织部追授为“四川省优秀共产党员”。

△ 省安全监管局督查组到绵阳开展陶瓷生产和耐火材料制造企业粉尘危害专项治理联合督查。

△ 陕西康源集团捐资助学暨四川中医药高等专科学校老年服务与管理专业 2016 级、2017 级学生“向日葵”助学金发放仪式在四川中医药高等专科学校举行。

△ “绵阳造”新款华晨华瑞金杯 S70 七座版在第十五届（广州）中国国际汽车展览会在中国进出口商品交易会上亮相上市。

△ “富乐梓源·星创天地”启动仪式暨农业创新创业研讨会在游仙区梓棉镇举行。

18 日，北川羌族自治县举行 2017“共融互动、增收致富”禹羌文化展演暨羌山特产展销会。

△ 市委宣传部、市文广新局主办的“绵州大舞台”惠民演出第七季举行《涪城之恋》专场音乐会。

19 日，以色列现代农业绿色发展技术培训在绵阳举行。

20 日，第五届四川农博会在成都圆满落幕。展示展销期间，绵阳市参展 1000 余个特色农产品，4 天线上线下交易总额达到 286 万元；签约农业招商引资项目 38 个，协议投资总额 97.3 亿元。

△ 市委常委会审议并原则通过《绵阳市深化国家监察体制改革试点工作实施方案》，成立绵阳市深化监察体制改革试点工作小组，明确成员单位职责分工。

△ 四川锐丰投资管理集团有限公司与绵阳文昌祖庭文化传播有限公司投资合作签约仪式在成都举行，融资千万元抢救绵阳传统“非遗”项目“文昌祖庭年画”。

△ 绵阳市安州区银河化学股份公司团委书记李晓东入选 2017 年全国团干部直接联系青年工作“最美青春故事”人员。

21 日，学习贯彻中共十九大精神省委宣讲团报告会在绵阳举行。

△ 全省城乡社区服务体系建设推进会在绵阳召开。

△ 省农能办督查组到绵阳督查农村能源建设扶贫项目推进情况。

△ 2017 年 1—10 月全国机场旅客吞吐量排行中，绵阳机场旅客吞吐量达 309.5 万人次，同比增长 71.1%，增速位居全国第一。

22 日，市政府第 31 次常务会议审议并原则通过《绵阳市重污染天气应急预案》《关于进一步扩大开放促进投资若干政策措施的意见》《第二批鼓励社会资本投资重大项目计划》。

△ 绵阳市第四季度重大工业项

目集中开工仪式暨11月工业经济运行分析会在江油举行。

△ 致公党天津市委对口绵阳市脱贫攻坚民主监督工作座谈会在绵阳召开。

△ 中国长虹公司在悉尼举行新闻发布会，首次在澳大利亚推出旗下高端品牌启客（CHiQ）系列产品。

23日，市委副书记、市长、科技城集中发展区建设领导小组组长刘超主持召开科技城集中发展区建设领导小组第四次会议，听取科技城集中发展区建设情况汇报，审议《关于增补科技城集中发展区建设领导小组组成人员及成立专项工作组的建议方案》。

△ 全市安全生产大检查发现问题隐患整改工作会议召开，会议通报国务院安办安全生产大检查“回头看”发现问题隐患有关情况，并对下一阶段整改工作作出安排部署。

△ 中资国本成都投资有限公司与游仙区人民政府签署军民融合发展协议，及签署四川丰泰集团并购协议。丰泰集团从民营企业正式变为国企，有利于引导国有资金进入实体经济，加速军民融合科研成果的转化，助推绵阳科技城建设。

△ 绵阳新编川剧《审英雄》获“中华颂·长丰杯”第八届全国戏剧小品曲艺大展金奖。

24日，市城市管理委员会会议暨市推进城市执法体制改革改进城市管理工作领导小组会议召开。

△ 全国农业植物种苗隔离检疫试种及疫情监测技术方法培训会在绵阳举行。

△ 绵阳市县域经济产业发展投资基金暨高新区重点服务项目签约仪式在绵州酒店举行。

△ 涪城区被国务院防范和处理邪教问题领导小组办公室授予“全国第二批创建无邪教示范区”。

24—25日，国家卫计委调研组到绵阳调研国家精神卫生综合管理试点工作。

26日，绵阳市人民政府、四川省金融工作局、四川省国防科学技术工业办公室、中国财富传媒集团共同主办的2017天府金融论坛—金融助力军民融合发展专业论坛在成都举行。

△ 中国国民党中央委员会委员林丝娱率领的台湾高雄市20个里的里长、社区发展协会和妇女会代表等组成的台湾高雄市基层代表参访团一行38人到绵阳，开展以“共叙血脉亲情、共促交流融合”为主题的交流活动。

△ 平武县锁江羌族乡厚朴栽培省级农业标准化示范区通过考核验收，标志着全市再添一家省级农业标准化示范区。为此，全市有省级农业标准化示范区45家，国家级农业标准化示范区13家。

27日，绵阳市政府与东旭集团有限公司在绵阳举行战略合作协议签约仪式。

△ 中国工程物理研究院邓建军、唐立、范国滨当选中国工程院院士。

△ 绵阳国家农业科技（梓潼）园区授牌仪式在梓潼举行。

28日，绵阳公交全支付暨“畅行巴蜀·金融IC卡交通便民工程”启动仪式举行。标志着公交全支付系统在绵阳正式投入运行，也是全省首个公交全支付系统。

△ 全省首届森林消防技能竞赛在仙海水利风景区举行。

△ 全市休闲农业和乡村旅游行业协会成立大会暨江油市休闲农业与乡村旅游产业发布会在江油市方水镇举行。

29日，宜宾市委书记刘中伯，市委副书记、市长杜紫平率宜宾市党政代表团到绵阳，考察军民融合、创新驱动发展和城市建设、产业发展有关情况。

△ 全市残疾人职业技能竞赛暨双创展能节开幕。

30日，市委副书记、市长刘超率队在深圳市考察东江环保股份有限公司、惠科股份有限公司、嘉兰德科技有限公司，出席东江环保工业废弃物资源化利用与无害化处置中心及研发基地项目签约仪式。

△ “天翼云·中国行·绵阳站”——企业上云推介会在绵阳经开区举行。

12月

1日，市委副书记、市长刘超率队在广州市考察博鳌纵横网络科技有限公司，出席绵阳市政府与博鳌纵横公司战略合作框架协议签约仪式。

△ 中宣部宣教局、光明日报社主办，游仙区委、区政府、光明网、中国伦理学会承办的“核心价值观百场讲坛”工程第六十六场活动在市委党校举行。

△ 绵阳市一体化政务服务平台正式上线，任何政务服务事项在一体化平台上均可办，办理的任何政务服务结果在一体化平台可以查询。

△ 市创业促进会、四川汽车职业技术学院主办的“创业绵阳”青年创新创业微论坛在绵阳举行。

△ 绵阳市被国家版权局命名为“创建全国版权示范城市”。

△ 市国土资源局（即市不动产登记局）按照属地登记的原则，对市辖区相关不动产登记业务进行了相应调整，绵阳市不动产登记涪城、游仙、城西分中心启动试运行。

2日，北川“欢庆羌年”获评全国优秀群众文化品牌。

3日，央行支持绵阳军民融合及科技金融发展暨货币信贷大数据系统推广运用会在绵阳召开。

4日，市委召开常委会（扩大）会议审议《绵阳市学习贯彻党的十九大精神重大课题研究方案（送审稿）》。

△ 市委全面深化改革领导小组召开第十九次会议，审议《关于全面贯彻习近平总书记改革认识论方法论进一步完善改革推进机制的实施意见》《关于改革和完善我市国有资产管理体制的实施意见》《绵阳市市属国有重要骨干企业领导班子和领导人员综合考核评价暂行办法》《绵阳市市属国有企业负责人经营业绩考核暂行办法》《绵阳市市属非上市企业实施中长期激励暂行办法》《绵阳市党风廉政建设“一案双查”实施办法（试行）》。

△ 四川中医药高等专科学校与自贡市荣县人民政府签订战略合作框架协议。

5 日，市政府第 32 次常务会议审议并原则通过《绵阳市城乡垃圾处理设施建设三年推进方案》《绵阳市城镇污水处理设施建设三年推进方案》《关于加快推进智慧医疗建设的实施意见》。

△ 2017 四川军民融合高技术产业联盟年会暨四川军民融合产业对接会在成都举行。

△ 绵阳市与美国库比蒂诺市建立友好合作城市关系。

6 日，西（安）成（都）高铁全线开通运营，绵阳至西安北二等座票价为 218 元。

△ 市城乡规划委员会 2017 年第 6 次会议，审议并原则通过《绵阳市第一批拟申报历史建筑名录》《涪城区吴家镇总体规划暨局部控规（2016—2030）》《中国科技城（绵阳）总部经济试验区控制性详细规划局部调整方案》。

6—7 日，四川省依法治省工作第七考核组对绵阳市 2017 年度依法治市工作进行考核。

7—8 日，农业部畜禽粪污资源化利用重点县培训会在绵阳举行。

8 日，绵阳市建筑业和房地产业“服务绿卡”企业授牌仪式在创新中心二期举行。

△ 中华全国集邮联合会主办的绵阳 2017 中华全国专项集邮展览“长虹杯”在科技城会展中心开幕。

△ 绵阳师范学院获第六届“金拇指”全国大学生公益项目创新大赛“金拇指”奖，赖渝获“最佳指导老师奖”。

△ 安州区被国家粮食局批准为“中国好粮油”行动示范县。

△ 中国（绵阳）科技城工业技术研究院举行的产品成果发布会上，长虹公司联合国网公司发布“长虹—国网”智慧能源管理系统。

10 日，省儿童关爱保护保障工作督查组到绵阳开展农村留守儿童关爱保护和困境儿童保障专项督查检查。

12 日，绵阳市 2017 年第四季度重大项目集中开工仪式在高新区举行，56 个重大项目和 70 个污染防治“三大战役”重大项目集中开工，总投资 321 亿元。

△ 绵阳市荣膺“中国十佳品牌会展城市”。

13 日，《中国区域创新指数报告（2017）》发布会在成都举行，绵阳创新投入位居全国第 8 位，比 2016 年上升 3 位。创新投入指数排名前十位是：深圳、西安、苏州、广州、南京、东莞、杭州、绵阳、合肥和武汉。

△ 省企业联合会、省企业家协会联合发布《2017 四川企业发展报告》，长虹第三次蝉联四川企业 100 强、四川制造业企业 100 强榜首。

△ 环龙集团重整安县纸业有限公司年产 6 万吨斑布生活用纸智能制造项目开工仪式在安州区睢水镇举行。

14 日，中国科协副主席、中国科学院院士李静海一行到绵阳，调研了解科技城创新驱动发展情况。

△ 省农业厅、省食药监局联合督查组到绵阳，督查肉品质量安全违法违规行为“百日行动”开展情况。

△ 省商务厅督导组到绵阳，督导考核 2017 年加快内贸流通创新推动供给侧结构性改革专项行动落实情况。

△ 全省首张电子证照在市政务服务中心质监窗口发出，首张电子证照获得者是富乐山公园游乐场负责人杨某，编号为“游 A1 川B0071（17）”的特种设备使用登记证。

△ 晚 7 时许，三台县辖区省道 205 线绵三路（灵兴—长坪）团柏垭段靠山崖处发生自然塌方，半幅路面被沙石占据。16 日零时，发生二次自然塌方，两块三石滚落到路中再次阻碍交通。

15 日，西南科技大学召开以“协同育人，协同创新，服务军民融合发展”为主题的 2017 年董事会专题会议。

△ 绵阳市承担的全省计量技术法规编制项目《静摩擦系数测定仪校准规范》《灭菌设备温度、压力、时间参数校准规范》在成都通过审定。

16 日，绵阳市中医医院“德国阿玛仕准分子培训基地”挂牌仪式暨“助贫济困摘镜圆梦”近视屈光手术行动在南桥眼科分院正式启动。

△ 平武县、江油市、北川羌族自治县、盐亭县、梓潼县、三台县获四川省文明城市；四川绵阳科伦医药贸易有限公司、“5·12”汶川特大地震纪念馆管理中心、人民银行绵阳市中心支行、游仙区人民法院、三台县精神病院、工商银行三台支行、市殡仪馆、江油市气象局、工商银行江油支行、梓潼县人民医院获四川省文明单位；安州区宝林镇调元社区支部书记李见廷，四川九洲电器集团有限责任公司机制中心钳工班班长、钳工高级技师、公司首席技师游洪建，平武县阔达藏族乡阔丰村村民秦秀，原武警四川总队绵阳市支队支队长李敦锋获第五届“四川省道德模范”。

17 日，中国农业科学院兰州畜牧与兽药研究所、四川省羌山农牧科技股份有限公司、北川羌族自治县政府三方联合共建健康养殖联合实验室签约仪式在北川举行。

图 12　12 月 18 日绵阳—凉山州对口帮扶座谈会召开

△ 市人大常委会组织召开专题会议，听取科技城集中发展区规划情况介绍。

△ 2017 美国亚洲小姐竞选总决赛在纽约举行，来自绵阳的 25 岁崔稀雅获 2017 美国亚洲小姐季军。

18 日，绵阳市—凉山彝族自治州对口帮扶工作座谈会在西昌市召开。

△ 江油市举行 2017 年重大招商引资项目集中签约仪式，签订正式投资协议 32 个，投资金额 328 亿元，3 家"世界五百强"企业中石化、华为科技和碧桂园是首次引进江油。

19 日，市商务局统计，截至 11 月 30 日，绵阳市社会消费品零售总额成为全省首个突破 1000 亿元的地级市州，达 1003.03 亿元，同比增长 12.4%。

△ 四川省 2017 年"书香天府·农民读书月"活动启动仪式在三台县新生镇举行。

20 日，全省畜牧业转型升级绿色发展暨畜禽养殖废弃物资源化利用现场推进会在梓潼召开。

△ 以"秘境平武，南国冰恋"为主题的四川省第八届乡村文化旅游节（冬季）暨首届平武冰瀑节在平武开幕。

△ 绵阳启动为期 100 天的"净市场、护民生、促发展"为主题的"红盾春雷行动 2018"。

△ 以"开展大数据技术产业应用服务科技城产业创新发展"为主题的 2017 中国（绵阳）科技城大数据产业应用国际研讨会在绵阳举行。

△ 绵阳市第二届政府质量奖揭晓，国网四川省电力公司绵阳供电公司、四川九洲空管科技有限责任公司、绵阳港华燃气有限公司、四川雪宝乳业集团有限公司、四川湖山电器有限责任公司 5 家企业获奖。

△ 联合国开发计划署可持续发展目标本地化培训在平武开训。

△ 市委宣传部、市文联、市美术家协会、四川文艺学院王蒙文学艺术馆联合主办的"首届绵阳市美术作品展"在四川文艺学院王蒙文学艺术馆开展。

21 日，市委巡察工作领导小组召开 2017 年第三次会议，听取七届市委第三轮巡察工作情况汇报，审议并原则通过《中共绵阳市委巡察工作实施办法（试行）》《中共绵阳市委领导巡察约谈被巡察党组织主要负责人暂行办法》。

△ 市政府第 33 次常务会议审议并原则通过《绵阳市农村集体资产股份合作制改革试点方案》《关于深入推进城市执法体制改革改进城市管理工作的实施方案》。

△ 中央编办调研组到绵阳，调研军民融合体制机制建设情况。

△ 国家级出口食品农产品（麦冬）质量安全示范区授牌暨投资签约仪式在绵阳举行。

22 日，科技部指导，科技部火炬高技术产业开发中心、省推进"双创"工作联席会议办公室、省科技厅主办，绵阳高新区管委会、市科知局、科技城管委会军民融合促进办公室承办的第二届中国创新挑战赛（绵阳科技城）军民融合专项赛在科技城会展中心举行。

23 日，中国诗歌学会、中国李白研究会、江油市政府主办的"重走唐诗之路启动仪式暨中国诗歌排行榜颁奖活动"在江油举行。

△ 第一届西部游戏高峰论坛在绵阳举行。

△ 四川省耳鼻咽喉头颈外科学会"高级医疗专家精准扶贫"大型巡会诊培训活动在绵阳耳鼻喉医院举行。

△ 国家卫计委到绵阳，对重大传染病防治科技重大专项"十三五"预期标志性成果进行实地调研。

△ 全国磁性元件与铁氧体材料标准化技术委员会换届大会暨 2017 年年会在绵阳召开。

△ 全省应用型本科高校联盟第二次工作研讨会在绵阳师范学院召开。

△《四川省武引渔业发展规划(2018—2027 年)》通过专家组评审。

24 日，中国公证协会调研组到绵阳调研公证体制改革。

△ 四川省畜牧兽医学会第十次会员代表大会暨 2017 年学术年会在梓潼举行。

△ 北川唐家山跨湖大桥的主拱混凝土顶升完工。该桥是绵阳第一座钢管混凝土拱桥结构的特大桥，单跨跨径超过 150 米。

25 日，市政府第 34 次常务会议审议并原则通过《绵阳市深化医药卫生体制改革规划（2017—2020 年)》《关于巩固完善分级诊疗制度建设推进医疗联合体发展的实施意见》。

26 日，市七届人大常委会第八次会议通过《绵阳市人大常委会关于绵阳市监察委员会副主任、委员任免及主任、副主任、委员、宪法宣誓有关事项的决定》。

26—27 日，省委改革办督察考核组到绵阳督察考核全面深化改革工作。

28 日，市委召开常委会会议，审议并原则通过市委《关于坚决维护党中央集中统一领导的规定》《市委市政府七项规定实施细则》，审议并原则同意设立市委军民融合发展委员会，审议并原则通过《关于贯彻〈切实关心爱护脱贫攻坚一线干部激发干事创业活力办法（试行）〉的实施意见》。

△ 中宣部、中央文明办等部门组织开展的“2017 年宣传推选学雷锋志愿服务‘四个 100’先进典型活动”正式进入网络投票环节，绵阳市 5 个先进典型入选。市中心医院儿科护士长王晓燕入选最美志愿者，市雷锋志愿服务中心、市一元爱心协会入选最佳志愿服务组织，涪城区体运村路社区、平武县报恩寺社区入选最佳志愿服务社区。

29 日，市政府与 360 企业安全集团在北京举行战略合作协议签约仪式。协议约定，双方在绵阳建设 360 企业安全集团全国安全服务运营总部、国家级网络安全人才培养基地、军民融合网络安全示范基地、国家级大数据安全实验室、安全智慧城市示范工程，共同推进绵阳军民融合、科技创新、两化融合等。

△ 绵阳市“喜迎十九大原创诗词音乐会暨首届传统诗词颁奖晚会”在绵州大剧院举行。

（张永兴　刘　刚）

西蜀子云亭

涪城区：涪江西岸　名源古县

涪城区位于涪江之西，为绵阳主城区之一，其名源自汉代的涪县。汉高祖六年（公元前 201 年），设立广汉郡，领县十三，其中就有涪县。涪县，因地近涪江得名。绵阳是境内的政区建置即由此开始。涪县几度成为州、郡、县三级政区治地。从汉高祖六年到西魏改涪县名为巴中县，涪县之名使用了约 754 年。隋开皇元年（581），巴中县改名巴西县。到元至元二十年实行“省县入州”，拆撤巴西县等三县并入绵州本州，巴西县之名使用了约 702 年。民国 2 年（1913 年）绵州拆撤，以绵州本州建立绵阳县。民国 24 年，以绵阳县为治地，建立四川省第十三行政督察区。1950 年 1 月 20 日，建立以绵阳县为治地的绵阳行政督察区，后改称绵阳专区。1968 年，绵阳专区改为绵阳地区。1976 年，绵阳县城关镇及其所辖城郊、开元、园艺、五一等 4 公社划出，建立绵阳市（县级）。1978 年，撤销绵阳县，划入绵阳市（县级）。1985 年，撤销绵阳地区，建立绵阳市（地级），同年原绵阳市（县级）改为绵阳市市中区。1992 年 11 月，撤销市中区，以涪江主航道为界，分设涪城区、游仙区两个县级区。

自然·生态环境

Nature · Ecological Environment

概述

【位置面积】 绵阳市位于四川盆地西北部，涪江中上游地带。东邻广元市的青川县、剑阁县和南充市的南部县、西充县；南接遂宁市的射洪县；西接德阳市的罗江县、中江县、绵竹市；西北与阿坝藏族羌族自治州和甘肃省的文县接壤。地理坐标为：北纬30°42′—33°03′、东经103°45′—105°43′。全市呈北西南东条带状展布，东西宽约144千米，南北长约296千米，辖区面积20248.4平方千米。按地貌主要类型分：山区61.0%，丘陵区20.4%，平坝区18.6%。

【地形地貌】 绵阳市地势为西北部高，东南部低，地形起伏很大。西北部面对四川盆地的首列山脉，为北东南西向的龙门山脉，海拔1000~3000余米；其西面的岷山山脉和北面的摩天岭山脉，海拔多在3000米以上。最高点为平武县与松潘县接壤的岷山山脉第二峰（雪宝顶的东南侧峰，当地俗称雪包顶），海拔为5440米。东南部属四川盆地盆中丘陵，一般海拔400—600米，最低点位于三台县郪江镇郪江河谷短沟口，海拔307.2米。最高点与最低点高差达5132.8米。全市地貌明显受控于地质构造。西北部因分别受龙门山北东向褶皱断裂与岷山南北向构造、摩天岭东西向构造的影响，山脉走向呈北东南西向、与南北向和东西向；山地的形态亦与地质构造和岩性有关。东南部处在扬子准地台川北台陷、川西台陷和川中台拱的接合部位，由于地台基底坚硬，地质历史时期地壳以升降运动为主，地层受各时期水平运动的影响较轻，有一些舒缓宽阔的褶皱，地层一般倾角不大，形成岗岭起伏的丘陵、台地、方山地貌。（蒋建波）

【山脉·名山】 绵阳境内主要有岷山山脉、摩天岭山脉、龙门山脉3大山脉。岷山山脉南北走向，长200余千米，北接川甘两省边境的西倾山，南至茂县城北与龙门山脉相关，是岷山山脉北段。摩天岭山脉东西走向，为四川和甘肃两省界山。龙门山脉属四川盆地西北部的盆周山地，南北走向，在绵阳境内又分后龙门山、龙门山、茶坪山（详见《绵阳市志》）。绵阳境内主要有九龙山、千佛山、观雾山、云罗山、窦圌山、七曲山、西山、富乐山、牛头山、凤凰山、三台山、天台山、高山等名山，城区最高山为边堆山，边堆山也是绵阳和四川境内重要古文化遗址。

图13　三台郪江镇郪江河谷短沟口（最低海拔点）

图14　江油窦圌山

图15　涪江六峡

【河流水系】　绵阳境内有涪江水系、白龙江水系、西河水系。有涪江、虎牙河、夺补河、平通河、通口河、芙蓉溪、安昌河、凯江、梓江、魏城河、弥江、青江、西河等大小河流、溪沟3000余条，河网密度每平方千米1.48千米。涪江为绵阳母亲河，发源于四川松潘县境内岷山雪宝顶北麓。涪江从西北向东南由川西北高山区进入盆地丘陵区，流经平武、江油、绵阳、三台、射洪、遂宁、潼南至重庆市合川区钓鱼城下汇入嘉陵江，全长697千米。

（王　平）

【市徽·市树·市花】　1989年7月15日，绵阳市第一届人民代表大会常务委员会第27次会议，听取市政府秘书长高显齐受市政府委托所做的《关于绵阳市徽图案征集情况的汇报》《市政府初步确定的一号市徽图案的说明》。经过审议，决定用“绵阳”二字拼音字头“MY”，环抱原子核的二条电子运转轨迹、象征科技兴绵所组成的红底、黄字、金边圆形图案为绵阳市徽图案。1989年11月19日，绵阳市第一届人大常委会第29次会议审议通过市政府《关于市树为香樟树、市花为月季花的建议》。之日起，绵阳市市树为香樟树，市花为月季花。

（张永兴）

【人口】　2017年，全市总人口为5368154人，比2016年机械性减少83679人，减少率为15.3‰；总户数2069397户，平均每户2.6人。其中，男性人口2752896人，占总人口的51.28%；女性人口2615258人，占总人口的48.72%。男女性别比为105：100。总人口中城镇人口1790072人，比2016年增加3414人，城镇人口占总人口数的33.3%；乡村人口3578082人，比2016年减少87093人，乡村人口占总人口数的66.7%。全市出生人口62309人，比2016年增加9039人。其中男性31998人，占总出生人口的51.35%；女性30311人，占总出生人口的48.65%。出生男女性别比为106：100；出生率为11.6‰。死亡等户籍注销人口131025人，其中男性70844人，女性60181人，死亡等户籍注销率为24.4‰。出生与死亡等户籍注销相抵，自然减少68716人，自然减少率为12.8‰。迁入人口34463人，其中省内迁入27816人，省外迁入6647人；迁出人口49426人，其中迁往省内36536人，迁往省外12890人。迁入与迁出相抵，机械减少14963人，机械减少率为2.79‰。城区（涪城区、游仙区、安州区、高新技术产业开发区、经开区、科教创业园区、科学城办事处）总人口1732595人，比2016年减少14955人，减少率为8.56‰。其中城镇人口979133人，比2016年减少20353人。绵阳城区出生22487人，死亡等户籍注销44628人，自然减少22141人。迁入25057人，其中省内迁入21240人，省外迁入3817人；迁出17871人，其中迁往省内13343人、迁往省外4528人，机械增长7186人。

（魏　超）

【民族】　2017年，绵阳市有47个民族，少数民族人口17.8万人（城市少数民族人口2万余人），占全市人口的3.3%。全市民族地区面积9082平方千米，占全市面积的45.4%。47个民族是汉族、蒙古族、回族、藏族、维吾尔族、苗族、彝族、壮族、布依族、朝鲜族、满族、侗族、族瑶族、白族、土家族、哈尼族、哈萨克族、傣族、黎族、傈僳族、佤族、畲族、高山族、拉祜族、水族、东乡族、纳西族、景颇族、土族、达斡尔族、仫佬族、羌族、布朗族、撒拉族、毛南族、仡佬族、锡伯族、阿昌族、普米族、怒族、乌孜别克

图16　羌族服饰

族、俄罗斯族、鄂温克族、德昂族、裕固族、京族、赫哲族。北川是全国唯一羌族自治县，平武按照民族县待遇。全市有15个少数民族自治乡，其中：藏族乡9个，羌族乡5个，回族乡1个。分布在平武县、北川羌族自治县、盐亭县。平武有水田羌族自治乡、旧堡羌族自治乡、锁江羌族自治乡、平南羌族自治乡、徐塘羌族自治乡、黄羊关藏族自治乡、虎牙藏族自治乡、土城藏族自治乡、木皮藏族自治乡、木座藏族自治乡、泗耳藏族自治乡、白马藏族自治乡、阔达藏族自治乡13个民族乡；北川有桃龙藏族自治乡；盐亭有大兴回族自治乡。全市有“9+3”学校6所（绵阳财经学校、绵阳农业学校、绵阳水利电力学校、四川幼儿师范高等专科学校、绵阳职业技术学院、盐亭职业技术学校）；民族中学2所（绵阳紫荆民族中学、北川羌族自治县民族中学），普明中学开设富民安康工程甘孜班。2017年，绵阳市被国家民委命名为第三批“少数民族流动人口服务管理示范城市”。

（马　旭）

【方言】 绵阳境内分为两种方言：无入声方言，以绵阳城区方言为代表，包括涪城区（绵阳高新技术产业开发区、绵阳经济技术开发区、绵阳科教创业园区）、游仙区、安州区、科学城、江油市、平武县、北川羌族自治县、梓潼县、三台县等地的城关话，有20个声母、36个韵母、阴阳上去4个调类、1033个音节，与四川方言的代表语音成都话基本相同。入声方言，以盐亭县城关话为代表，包括盐亭各乡镇，及三台县的石安、富顺、塔山等乡镇的方言，有20个声母、38个韵母、阴阳上去入5个调类。（张永兴）

行政区划与历史沿革

【行政区划】 2017年，绵阳市全市辖五县三区一市。五县为三台县、盐亭县、梓潼县、平武县、北川羌族自治县，三区为涪城区、游仙区、安州区，一市为江油市。2017年底，全市有269个乡镇（172个镇、97个乡），23个街道办事处。

涪城区：13个镇、1个乡、11个街道办事处；

游仙区：20个镇、3个乡、6个街道办事处；

安州区：15个镇、3个乡；

江油市：29个镇、10个乡、3个街道办事处；

三台县：49个镇、13个乡、1个街道办事处

盐亭县：14个镇、19个乡（1个民族乡）、2个街道办事处；

梓潼县：13个镇、19个乡；

平武县：9个镇、16个乡（13个民族乡）；

北川羌族自治县：10个镇、13个乡（1个民族乡）。

2017年，省人民政府批复三台县撤销北坝镇，设立北坝街道办事处；双胜乡、里程乡、金鼓乡、菊河乡、建中乡、争胜乡、玉林乡、幸福乡、老马乡撤乡设镇；同时批复撤销凯河镇，设立跃进镇，将原凯河镇8个村和1个社区所属行政区域划归西平镇管辖。（李翔宇）

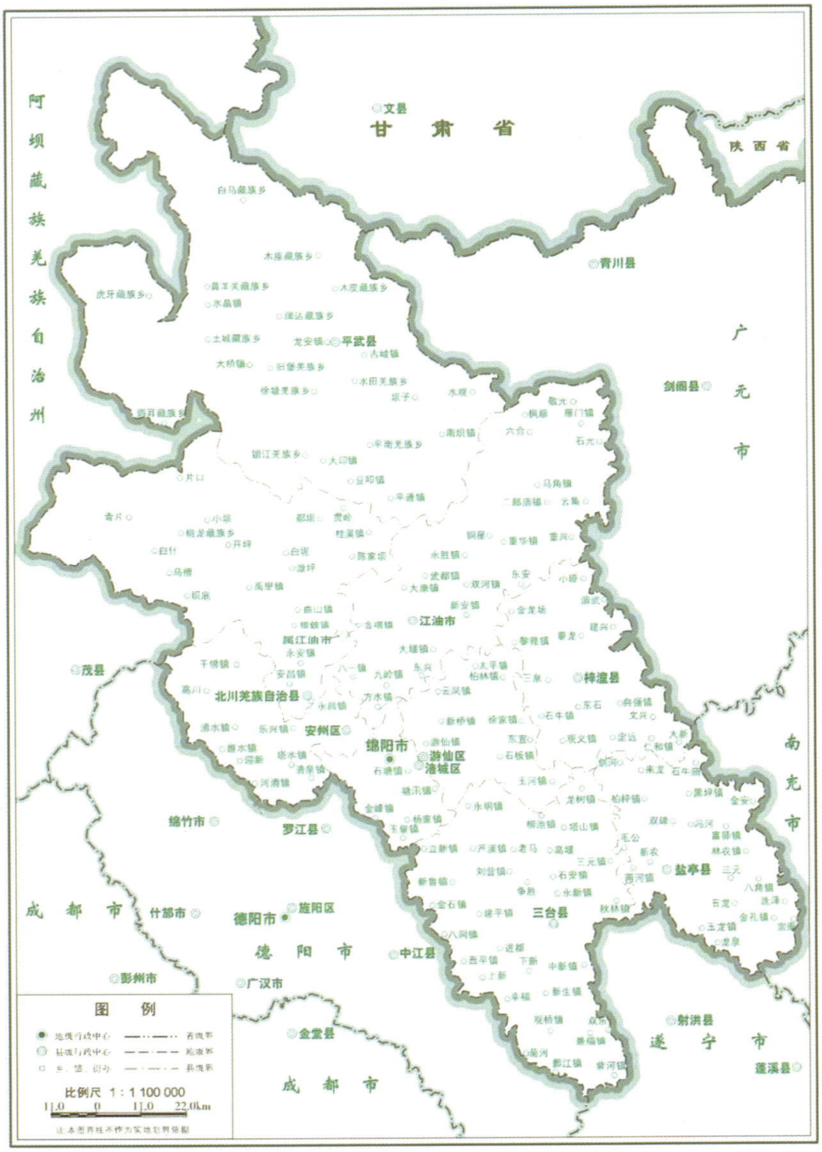

图17　绵阳市行政区划地图

【历史沿革】　绵阳建城有2218年的历史，是四川省历史文化名城。绵阳市境历史上最早的县以上政权建置为汉高祖六年（前201年）建置的广汉郡。广汉郡领有13县，郡治乘乡，乘乡在今梓潼县境。广汉郡在今市境内建置涪县（后改为巴中县、巴西县、绵州本州、绵阳县、涪城区、游仙区）、梓潼县、郪县（今三台县）、刚氐道（今平武县）。汉安帝元初二年（115年），为镇压少数民族反抗，益州刺史部和广汉郡均迁至涪县（今市区），3年后州、郡皆迁出市境。东汉末年，刘备据蜀，建安二十二年（217年）分广汉郡北部地区设梓潼郡（治梓潼县），建兴三年（225年）分广汉郡东部地区设东广汉郡（治雒县，今三台县境）。自此后，市境相沿各代均有州、郡、府等县以上政区建置。两晋和南北朝300余年间，由于战争频繁，政区建置变化较大，市境内先后设置过潼州、新州、龙州等3州；梓潼、巴西、巴西梓潼、潼川（又称潼州、东川）、北阴平、阴平、新巴、江油、新城（后改为昌城）、始平（先名始平僚，后改为涪城、安城）、西宕渠、北宕渠（后改为盐亭）、高渠等13个郡，以及40余个县。从隋代后，政区建置逐渐稳定，形成市境中部以今市区为治地的绵州，东南部以三台县城为治地的梓州——潼川府，西北部以江油、平武两县为中心的龙州——龙安府等3个地方政权建置中心。

1913年，绵阳一名因城市地处绵山之南（一说为绵水之北），按“山南水北”为“阳”的古义，取名绵阳。1935年，川政统一，市境内只有今市区成为四川省第十三行政督察区治地。1949年12月25日，绵阳解放。

中华人民共和国成立后，1950年1月20日，绵阳行政督察专员公署成立，辖绵阳、安县、绵竹、德阳、梓潼、罗江、广汉、什邡、金堂、彰明10个县；1953年3月10日，撤广元专区，划入广元、昭化、剑阁、青川、平武、北川、江油、旺苍8个县，辖18个县；1953年7月4日，广汉、什邡、金堂3个县划出，专区辖15个县；1958年10月18日，并入原遂宁专区遂宁、蓬溪、潼南、中江、三台、射洪、盐亭7个县，辖21个县（此前江油、彰明2个县于1958年9月5日合并）；1959年3月22日，昭化、罗江2个县撤销，分别并入广元县和德阳县，专区辖19个县；1968年7月8日，改专区设地区；1976年2月4日，因分绵阳县筹建绵阳县级市，地区辖19个县、1个市；1977年9月24日，潼南县划出，地区辖18个县、1个市；1978年4月25日，绵阳县并入绵阳市，地区辖17个县、1个市；1983年8月18日，分绵阳地区建德阳市，德阳、绵竹、中江3个县划出，绵阳地区辖14个县、1个市；1985年2月8日，绵阳地区撤销，分别建立绵阳、广元、遂宁3个市。绵阳市辖7个县、1个区（原县级绵阳市改置为市中区）；1988年2月24日江油市建立，绵阳市辖六县一市一区；1992年10月，撤销绵阳市市中区，分设涪城、游仙两区。2002年绵阳市辖涪城、游仙2个区，三台、安县、梓潼、盐亭、北川、平武6个县；2003年7月，撤销北川县，成立北川羌族自治县。2016年5月20日，安县撤县改区，绵阳辖涪城、游仙、安州3个区，三台、梓潼、盐亭、北川、平武5个县，代管江油市和省政府科学城办事处，直辖绵阳高新技术产业开发区、科教创业园区、经济技术开发区（现代农业科技示范区）、仙海水利风景区。　（张永兴）

生态资源

【概况】　绵阳生态资源丰富，辖区面积20248.48平方千米，各类矿产56种。有脊椎动物5纲32目109科791种，有无脊椎动物2门6纲33目241科1257种，其中有国家一级重点保护野生动物大熊猫、金丝猴等18种；有各类植物4469种，其中有国家一级重点保护野生植物珙桐、红豆杉等12种。境内水利资源充沛，有各类河流3000余条。

【国土资源】　2017年，绵阳市面积20248.48平方千米，占全省的4.2%。全市耕地444930.09公顷，园地36976.41公顷，林地1178584.54公顷，草地33610.61公顷，城镇村及工矿用地117209.35公顷，交通运输用地25922.63公顷，水域及水利设施用地71615.43公顷，其他土地116838.80公顷。

【矿产资源】　绵阳已发现矿种有铁、锰、铅锌、钨、金、银、磷、硫、水晶、方解石、石灰石、白云石、膨润土、玻璃用石英砂岩、天然气等56种，矿产地400余处，其中黑色金属73处、有色金属25处、贵金属70处、非金属矿产200余处。已探明储量的有26个矿种，具工业矿床规模的74处。2017年年末，全市有32个矿种得到开发利用。矿产储量在全省占有重要地位的矿种有：平武的锰矿、三台和盐亭的膨润土、江油的铸型用砂与水泥配料用页岩储量居全省第一，江油的玻璃用石英砂岩、冶金用白云岩、全市的天然气总量居第三。以县市区区分，平武的矿产资源以金属矿产为主，主要有金、铁、锰、铅锌矿；其他县市区以非金属矿为主：如江油市的石灰石、硫铁矿，安州区的石灰石、磷块岩，北川的石灰石、硅石、饰面用板岩，三台、盐亭的膨润土，涪城、游仙的砖瓦用页岩、砂石等。天然气在全市有分布广泛，除平武、北川、安州外，均有产出。

2017年，全市探矿权数达151个，勘查矿种12种。开发利用矿产22种，矿山总数近350个，其中大中型矿山60个，水泥用灰岩、玻璃用砂岩、砖用页岩和饰面石材等主要矿产的开采量，均有大幅度增长，原矿总产量约1200万吨，原矿产值约10亿元。2017年延续变更登记49宗，收取采矿权延续（延续变更）价款358万元；市级注销登记18宗、报省国土资源注销登记42宗。

（蒋建波）

【水资源】 绵阳位于四川盆地西北边缘，全市水资源相对丰富，境内有大小河流52条，连同溪、沟共计3000余条，均属嘉陵江水系。2017年，全市平均降水量为957.0毫米，降水总量为193.7亿立方米，与常年平均值219.0亿立方米相比减少25.7%，比2016年相比增长19.1%。实测最大年降水量发生在安州区千佛站，为1614毫米（2016年实测最大年降水量发生在安州区茶坪站，为1439毫米）；实测最小年降水量发生在梓潼县梓潼站，为578.0毫米（2016年实测最小年降水量发生在涪城区丰谷站，为496.5毫米）；降水量等值线变化在500毫米至1500毫米。全市降水量年内分配及地区分布仍不均匀，但总体均较常年偏少。盐亭县、梓潼县二区域比常年减少33.3%、24.4%。

2017年，全市地表水资源量为98.1亿立方米，折合径流深为484.5毫米，比2016年增长24.6%，比常年减少19.5%；全市各县（区）除游仙、北川分别增长20.6%、0.6%，其余均比常年有所减少；其中平武减少7.0%，其余各县区均减少较多，盐亭、梓潼减少幅度最大，分别减少72.6%、53.2%；全市地下水资源量26.36亿立方米，其中与地表水资源不重复量为0.16亿立方米，水资源总量98.3亿立方米（常年为122.9亿立方米，2016年为84.1亿立方米），比常年减少20%，比2016年减少16.9%；全市每平方千米产水量48.5万立方米，2017年全市户籍人口536.82万人，人均水资源量1802立方米，其中平武、北川人均水资源量24024立方米和9381立方米。全市有11座大中型水库，年末蓄水总量4.4601亿立方米，比年初减少0.1672亿立方米。

2017年，全市总供水量为18.92亿立方米，其中地表水占94.0%。总耗水量为9.84亿立方米，总耗水率为52.0%。全市人均用水量391.26立方米，万元地区生产总值（GDP）用水量为91.19立方米，农业亩均用水量245.09立方米，全市工业增加值为681.60亿元，万元工业增加值用水量为41.37立方米。

2017年，绵阳市主要河流，评价河长483千米评价结果：全年期Ⅱ类水域414千米，占评价河长85.7%，Ⅲ类水域69千米，占评价河长14.3%；枯水期Ⅱ类水域318千米，占评价河长的65.8%，Ⅲ类水域148千米，占评价河长的30.7%；Ⅴ类水域17千米，占评价河长的3.5%；丰水期Ⅱ类水域431千米，占评价河长的89.2%，Ⅲ类水域52千米，占评价河长的10.8%。

（王　平）

【水系水文特征】 绵阳境内主要河流涪江发源松潘县雪宝顶，贯穿绵阳市、遂宁市至重庆市合川注入嘉陵江，全长670千米，流域面36400平方千米，在绵阳市境内长约380千米，流域面积约20230千米，市内主要支流有涪江、平通河、通口河、安昌河、凯江、梓江。流域地形西北部高、东南较低，南北地势高差达5132米。上游地处高山峡谷，植被较好、暴雨洪水汇流时间短，具有典型的山溪性河流暴涨暴落的特点。2017年5—9月涪江流域平均降水量588.2毫米，与多年5—9月同期均值比较：绵阳境内降水平均偏多4.4%。

2017年涪江流域各江河最大洪水主要发生在8月，涪江各河段洪水级别上、下游差异较大。超警戒水位有2站：涪江平武站8月26日8点10分洪峰水位864.92毫米，超警戒0.42米；涪江南坝站8月26日10点45分洪峰水位692.07米，超警戒0.07米；其余站点均未发生超警戒超保证洪水。

（呼吁）

【野生动物资源】 2017年，根据调查统计，全市已知有脊椎动物5纲32目109科791种，有无脊椎动物2门6纲33目241科1258种。绵阳是长江上游重要生态屏障区，是全国乃至全球生物多样性保护的重点地区、全国野外大熊猫主要栖息地之一，大熊猫及其栖息地保护管理在四川占有重要地位。绵阳市在野生大熊猫种群数量、大熊猫栖息地面积、大熊猫自然保护区数量和面积均位居全省前列。平武县是“国宝”大熊猫分布最多的县，约占全国野生大熊猫的1/5，有天下大熊猫第一县之称。

图18　武引水库

绵阳市重点保护动物种类一览

表1

等级	数量	动物名称
国家一级保护动物	18	大熊猫、川金丝猴、羚牛、豹、云豹、藏羚、林麝、马麝、斑尾榛鸡、中华秋沙鸭、金雕、玉带海雕、白尾海雕、胡兀鹫、雉鹑、绿尾虹雉、黑颈鹤、蟒
国家二级保护动物	60	小熊猫、亚洲黑熊、马熊、藏原羚、岩羊、鬣羚、水獭、大灵猫、兔狲、猞猁、金猫、黑鸢、雀鹰、松雀鹰、苍鹰、鹰雕、秃鹫、高山兀鹫、燕隼、灰背隼、黄爪隼、血雉、红腹角雉、蓝马鸡、勺鸡、灰鹤、红腹锦鸡、鸳鸯、大鲵、虎纹蛙、中华缺翅虫、中华虎凤蝶、三尾褐凤蝶等60种。省重点保护的野生动物有赤狐、豹猫、毛冠鹿、沟牙鼯鼠、普通鸬鹚、中白鹭、中国林蛙等

图19　平武境内的金丝猴（国家一级保护动物）

【野生植物资源】　2017年，调查统计，全市已知的低等植物有菌类植物亚门和地衣植物亚门的真菌纲、子囊菌纲中的13目、60科、149属、497种，高等植物有苔藓植物门、蕨类植物门、裸子植物门和被子植物门4门中的9纲、66目、260科、1366属、3972种。

按照国务院1999年8月4日批准《国家重点保护野生植物名录》（第一批）。市内有国家一级重点保护野生植物珙桐、红豆杉等12种。有国家二级重点保护野生植物水蕨、中国蕨等38种。　（郭　飞）

绵阳市重点保护野生植物种类一览

表2

等级	数量	动物名称
国家一级保护植物	11	珙桐、光叶珙桐、红豆杉、喜马拉雅红豆杉、南方红豆杉、水杉、银杏、独叶草、苏铁、四川苏铁、攀枝花苏铁
国家二级保护植物	38	水蕨、中国蕨、篦子三尖杉、岷江柏木、油麦吊云杉、四川红杉、大果青扦、梓叶槭、连香树、箭叶大油芒、短芒披碱草、香樟、楠木、野大豆、花榈木、红豆树、峨眉含笑、水青树、喜树、红椿、香果树、崖白菜、紫椴、虫草、松茸等

【农业资源】　2017年，绵阳市乡村户数1371940户，乡村人口数4124655人，其中男2141854人、女1982801人；乡村劳动力资源数2656689人，其中男1418120人、女1238569人；乡村从业人员2435275人，其中男1317530人、女1117745人。

2017年，全市耕地面积33.72万公顷（水田15.11公顷、旱地18.61万公顷），园地4.81万公顷，林地118.77万公顷，395公顷，设施农业地5334公顷。建设高标准农田2.15万公顷，高标准农田面积达到18.32万

图20　北川境内的拱桐（国家一级保护植物）

公顷。农村用电量120990千瓦时；农用化肥施用量（折纯）212136吨。其中氮肥99335吨、磷肥53682吨、钾肥10892吨、复合肥48227吨；农用塑料薄膜使用量9462吨。其中地膜使用量6080吨、地膜覆盖面积952635亩；农用柴油使用量30185吨；农药使用量4802吨。（谢贵强）

气候条件

【概况】 2017年，全市气候正常略偏差，年内光热充足、干旱偏轻，但盛夏暴雨洪涝灾害较重、风灾突出、秋绵雨偏重。年内天气气候条件总体有利于小春和大春作物生长发育，农业生产获得较好收成，但极端高温、大风、冰雹、强降水等天气对供电、旅游、建筑、交通等行业造成一定的不利影响。全市平均气温16.8℃，较常年（下同）偏高0.6℃；平均降水量886.4毫米，偏少8%；平均日照时数1227.5小时，偏多10%。

【温度状况】 2017年，全市平均气温16.8℃，较常年（下同）偏高0.6℃。冬季（1—2月）平均气温7.8℃，偏高1.2℃；春季（3—5月）平均气温16.9℃，正常；夏季（6—8月）平均气温25.9℃，偏高1.0℃；秋季（9—11月）平均气温17.0℃，偏高0.4℃；初冬（12月）平均气温7.0℃，正常。年极端最高气温38.7℃，7月27日出现在盐亭；年极端最低气温-2.4℃，1月13日出现在平武。年内入春时间3月17—22日，入夏时间5月11日—6月16日，入秋时间8月24日—10月3日，入冬时间11月20—23日。全市平均炎热日数62.4天，比2016年多10.7天，平均酷热日数11.8天，比2016年多7.2天。

【降水分布】 2017年，全市平均降水量886.4毫米，偏少8%；其中平武、江油和绵阳偏多1—3成，盐亭、梓潼、北川、安州和三台偏少2—3成。冬季平均降水量28.4毫米，偏多35%；春季平均降水量151.3毫米，正常；夏季平均降水量562.6毫米，正常；秋季平均降水量143.8毫米，

2017年绵阳气象站主要气象资料统计

表3

平均气温(℃)	降水量(毫米)	日照时数(小时)	极端最高气温（℃）	极端最低气温（℃）
16.8	886.4	1227.5	38.7	-2.4

偏少33%；初冬平均降水量0.4毫米，偏少92%。年降水日数117—156天，其中平武、江油、绵阳、盐亭多于年均值，其余县区少于年均值；年暴雨日数1~5天，其中江油5天。

【大暴雨过程】 2017年，全市有7次暴雨天气过程，分别出现在7月5日、7月16—18日、7月21—22日、7月28日、8月7日、8月20—22日和8月26—28日。其中7月5日绵阳中心城区特大暴雨、8月7日江油大暴雨及8月17—29日西北部持续性暴雨造成的灾情较重。

【日照时数】 2017年，全市平均日照时数1227.5小时，偏多10%。冬季平均日照时数98.9小时，偏少19%；春季平均日照时数371.1小时，偏多12%；夏季平均日照时数470.5小时，偏多22%；秋季平均日照时数174.1小时，偏少20%；初冬平均日照时数112.9小时，偏多81%。

【气候评价】 2017年，全市上半年光热充足、干旱较轻，小春生产获得较好收成；下半年7月暴雨、大风、冰雹等强对流天气频发，8月西北部暴雨成灾，但光、温、水等气象条件能够满足大春作物生长发育所需，大春生产也获得较好收成。年内全市极端高温、大风、冰雹、强降水等高影响天气对供电、旅游、建筑、交通等行业的生产和经营造成一定的不利影响。

（蔡元刚　徐卫民）

环境质量

【概况】 2017年，绵阳市全面贯彻落实党中央提出的生态环境保护系列新思想、新要求、新目标和新部署，树立环境保护“红线”意识、“底线”思维、“绿色”理念，坚持“三个确保”，奋力打造“五个环保”。2017年，全市空气质量综合指数在全省排名第10位，空气优良天数295天，达标率81.7%；水环境质量总体保持稳定，主要河流水环境质量达到功能区标准，出境断面和城市饮用水水源地水质达标率100%；生态环境质量稳定，城区区域环境、道路交通噪声质量整体较好，全年未发生重特大环境污染事件和因环境污染引发的群体性事

图21　三江风景区

件。环境管理注重源头严控、过程严管、后果严惩。完善环境网格化监管体系，监管手段逐步向数字化、信息化方向转变。

【环境空气质量】 2017年，绵阳市环境空气的监测采用24小时自动监测的形式，城区共设4个国控环境空气自动监测站点，分别位于富乐山、市人大、高新区和三水厂，城区日均浓度为4个测点平均值，监测项目为二氧化硫（SO_2）、二氧化氮（NO_2）、可吸入颗粒物（PM10）、细颗粒物（PM2.5）、一氧化碳（CO）、臭氧（O_3）。

2017年，绵阳市环境空气中SO_2平均浓度为9微克/立方米，NO_2平均浓度32微克/立方米，CO日均值的第95百分位数为1.4毫克/立方米，O_3日最大8小时滑动平均值的第90百分位数为134微克/立方米，PM10平均浓度71.4微克/立方米，PM2.5平均浓度47.8微克/立方米。参照《环境空气质量标准》（GB3095—2012），绵阳城区2017年环境空气有效监测361天，达标天数为295天，达标比例为81.7%，较2016年上升3.5个百分点。全市市区降水pH均值为5.97，酸雨发生的频率为4.4%。

【地表水环境质量】 2017年，全市境内涪江及其支流水质总体较好，国、省、市控断面Ⅰ~Ⅲ类水质占总体水质比例为100%，较2016年提高16.7%。涪江、梓江、凯江、安昌江、通口河、芙蓉溪年均水质均能达到或优于划定的水域类别要求。

【城市集中饮用水水源地水环境质量】 2017年，绵阳市城区2处市级集中饮用水源地水质状况良好，符合《地表水环境质量标准》（GB3838—2002）相关要求，达标率100%。涪江东方红大桥水源地、高新区三河堰两处市级集中式饮用水水源地已于2017年8月经省政府同意撤销。

【湖库水环境质量】 2017年，鲁班水库全年平均水质为Ⅲ类，但仍不能达到划定的Ⅱ类水域水质类别要求，年均水质呈中营养状态，主要污染物为总磷；其他水库水质均在划定的Ⅱ类及以类别要求。

【功能区环境噪声】 2017年，全市功能区声环境质量监测点位有10个，主要包括有4类，分别是：住宅行政办公区、商业混杂区、工业集中区、主要交通干线两侧。监测结果显示：除4A类交通干线两侧声环境质量超标以外，其他各类功能区的昼间、夜间均能达到相应标准要求。

【区域环境噪声】 2017年，绵阳市城区区域噪声共有238个监测点位，平均等效声级为56.3分贝，质量状况等级为三级（一般），与2016年相比，区域环境噪声等级有所下降。

【道路交通噪声】 2017年，绵阳城区道路交通噪声共布设监测点64个，全年监测1次，测定时段为昼间。监测结果表明：道路交通噪声昼间平均等效声级为69.8分贝，质量状况等级为二级（较好），与2016年相比质量等级无变化。

【核与辐射安全】 2017年，绵阳市做好核与辐射安全监管工作，提高监管和服务效能。全年出动执法人员840余人次、车辆120余辆次，对全市300余家核技术利用单位辐射工作场进行安全检查，检查安全隐患，强化监督检查，提升辐射防护安全水平。规范“辐射安全许可证”管理，全年核发辐射安全许可证23个、延续40个、变更69个，全市核技术利用单位持证率100%。开展野外（室外）使用放射源与射线装置单位辐射安全专项检查和放射源安全检查专项活动，组织10余家核技术利用单位开展辐射事故应急演练，提高应对突发辐射安全事件能力。

（任悍韬）

2017年绵阳市地表水环境质量评价结果统计

表4

河流/湖库名称	断面名称	所在地	控制级别	划定类别	上年度平均水质类别	本年度平均水质类别	主要污染指标/超标倍数
涪江	平武水文站	平武县	国控	Ⅰ	Ⅰ	Ⅰ	—
	凉水井	江油市	市控	Ⅱ	Ⅰ	Ⅰ	—
	福田坝	江油市	国控	Ⅲ	Ⅱ	Ⅱ	—
	李家渡	涪城区	市控	Ⅲ	Ⅱ	Ⅱ	—
	丰谷渡口	涪城区	国控	Ⅲ	Ⅲ	Ⅲ	—
	百顷	三台县	国控	Ⅲ	Ⅲ	Ⅱ	—
通口河	北川通口	北川县	国控	Ⅱ	Ⅱ	Ⅱ	—
凯江	老南桥	三台县	趋势科研	Ⅲ	Ⅳ	Ⅲ	—
梓江	大佛寺渡口	盐亭县	省控	Ⅲ	Ⅱ	Ⅲ	—
	垢家渡	梓潼县	市控	Ⅲ	Ⅲ	Ⅲ	—

续表

河流/湖库名称	断面名称	所在地	控制级别	划定类别	上年度平均水质类别	本年度平均水质类别	主要污染指标/超标倍数
鲁班水库	进水口	三台县	省控	Ⅱ	Ⅳ	Ⅲ	总磷（0.6）
	鲁班岛	三台县	国控	Ⅱ	Ⅳ	Ⅲ	总磷（0.6）
	麻雀湾	三台县	省控	Ⅱ	Ⅲ	Ⅲ	总磷（0.2）
	库尾	三台县	省控	Ⅱ	Ⅲ	Ⅲ	总磷（0.6）
安昌河	板凳桥	北川县	市控	Ⅲ	Ⅱ	Ⅱ	—
	界牌	安州区	市控	Ⅲ	Ⅱ	Ⅱ	—
	饮马桥	涪城区	市控	Ⅲ	Ⅱ	Ⅱ	—
芙蓉溪	仙鱼桥	游仙区	市控	Ⅲ	Ⅲ	Ⅲ	—

2017年绵阳市功能区声环境质量达标情况

表5

功能区类别	1类		2类		3类		4类	
	昼	夜	昼	夜	昼	夜	昼	夜
达标点次	4	4	20	20	8	8	6	0
监测点次	4	4	20	20	8	8	8	8
达标率（%）	100	100	100	100	100	100	75	0

说明：1. 声环境质量评价采用《声环境质量标准》（GB3096—2008）及《环境噪声监测技术规范/城市声环境常规监测》（HJ640—2012）

2. 城市声环境功能区分为4类。1类区：指以居民住宅、医疗卫生、文化教育、科研设计、行政办公为主要功能，需要保持安静的区域。2类区：指以商业金融、集市贸易为主要功能，或者居住、商业、工业混杂，需要维护住宅安静的区域。3类区：指以工业生产、仓储物流为主要功能，需要防止工业噪声对周围环境产生严重影响的区域。4类区：指交通干线两侧一定距离之内，需要防止交通噪声对周围环境产生严重影响的区域

2017年绵阳市城区环境空气质量监测结果

表6

单位：ug/立方米，CO单位为mg/立方米

点位	SO_2（年均值）	NO_2（年均值）	PM10（年均值）	CO（日均值第95百分位数）	O_3（日最大8小时值的第90百分位数）	PM2.5（年均值）	环境空气质量综合指数	有效监测天数	达标天数	达标率（%）
富乐山	8	20	57	1.5	140	41	3.87	354	298	84.2
市人大常委会	9	37	73	1.5	129	49	4.70	356	286	80.3
高新区	10	36	73	1.4	130	52	4.76	350	267	76.3
三水厂	9	33	82	1.4	139	51	4.82	356	276	77.5
城区 *	9	32	71	1.4	134	48	4.51	361	295	81.7

说明：1. 城市环境空气评价执行《环境空气质量标准》（GB3095—2012）

2. 城区大气污染物日均浓度为4个测点平均值，城区环境空气质量综合指数、达标率按城区大气污染物日均浓度值计算。

3. 环境空气质量综合指数是描述城市环境空气质量综合状况的无量纲指数，综合考虑了六项污染物。环境空气质量综合指数越大，表明综合污染程度越重

环境保护

【概况】 2017年，绵阳环境保护围绕改善环境质量为核心，建设幸福美丽绵阳。结合中央、省环保督察，持续打好污染防治“三大战役”，解决影响群众健康和社会稳定的突出环境问题。出台《绵阳市环境污染防治“三大战役”实施方案》《绵阳市生态环境监测网络建设实施方案》；12月26日，绵阳市第七届人民代表大会常务委员会第八次会议上，审议通过《绵阳市水污染防治条例》(简称《条例》)，标志绵阳市首部地方法律诞生。截至12月底，全市创建国家级生态乡镇2个、省级生态区2个、生态乡镇68个。

【环境保护体制改革】 2017年，全市推进落实《绵阳市生态文明体制改革实施方案》《市委全面深化改革领导小组2017年工作要点》，推进完成15项具体改革任务。出台《绵阳市环境污染防治“三大战役”实施方案》《绵阳市生态环境监测网络建设实施方案》，绵阳市首部地方性法律《绵阳市水污染防治条例》通过市人大常委会审议通过。优化完善生态文明差异化考核指标体系，县市区（园区）生态文明考核权重达13%以上；党政领导干部自然资源资产和环境责任审计向乡镇延伸；涪江流域水质超标资金扣缴和生态补偿制度实现覆盖全市全部县市区；企业环境信用评价试点企业增加，试点经验取得良好社会反响。

【城市环境整治】 2017年，全市优化调整产业能源结构，控制全市产能严重过剩和高能耗行业的审批，落实淘汰落后产能工作。开展“散乱污企业”综合整治，完成总量减排项目33个，实施建成区燃煤小锅炉清零行动。加强城市施工环境的扬尘、道路遗撒等管理，全市建筑施工工地安装视频监控系统和颗粒物实时监控系统，推行绿色文明施工管理模式。规范建筑垃圾运输企业以及车辆，不定期开展扬尘专项整治行动，要求运输泥土、沙石、建渣、商混等散体流体的车辆必须采取双层封盖措施，不得沿街抛冒滴漏，增加清扫机械，机械化清扫率达64.43%。

【生态文明创建活动】 2017年，全市继续巩固生态创建成果，在生活污水、垃圾设施建设，生态产业发展，资源无害化处置和循环利用，生态文明机制制度完善等环节加大工作力度。按照创建新标准、新要求，把省级县市区、生态乡镇创建向国家生态文明示范区建设转移，推进生态创建提档升级。截至年底，全市创建有国家级生态乡镇2个、省级生态区2个、生态乡镇68个、生态家园31.22万个。

【环保机构调整】 2017年，市环境保护局核定行政编制23个，在编23人。核定领导职数为一正三副，总工程师1名，纪检组组长、机关党委书记按市委规定配备。设定内设科室9个（办公室、规划与监测管理科、污染物排放总量控制科、环境影响评价科〈行政审批科〉、污染防治科、生态环境保护科、环境应急与信访科、核与辐射安全管理科、法制宣传科），下属事业单位6个(市环境监察执法支队、市环境监测中心站、市辐射环境监测站、市环境保护信息与宣传教育中心〈挂市环境工程评估中心牌子〉、市机动车污染监控及固体废物管理中心、市环境科学研究所)。全市279个乡镇环保机构全部挂牌成立，配备环保兼职工作人员318名。

【环境保护专项资金争取】 2017年，绵阳市获得中央、省、市环境保护专项资金36127.7万元。其中国家级环境保护奖金有国家重点生态功能区转移支付资金14718万元、中央土壤污染防治专项资金1200万元、中央水污染防治专项资金4900万元、中央农村环境整治资金2240万元；获得四川省的省级重点区域（流域）污染防治项目补助资金4000万元、省级环境空气激励约束资金395万元、省级水质量激励资金570万元、省级土壤详查经费350万元、省控环境监测网络例行监测补助资金233万元、省级环境监管能力建设与监管设施运维保障资金172万元、省级2017年第二批环保专项资金1300万元、省级省市县三级环境信息化建设资金1740万元、省级2017年度环保应急机动保障资金200万元、省级2016年度三江流域水生态补偿资金144.8万元、省级2017年度三江流域水生态补偿资金577.9万元、省级2016年度第二批省级环保应急机动保障资金250万元；获得绵阳的市级2016年涪江流域生态补偿资金2560万元、市级排污费资金400万元、市级秸秆禁烧工作经费100万元、市级环保督察专项经费77万元。

【排污费征收】 2017年，全市开展排污费征收工作，落实新的收费标准，拓展新建项目、“三产业”项目排污收费，分离申报、核定、征收环节。截至年底，全市征收306家企业排污费1692.87万元，其中市本级征收73家企业排污费501.13万元。全市稽查排污费67.90万元，征收滞纳金17.26万元。

【环境影响评价】 2017年，全市执行《建设项目环境保护管理条例》和《中华人民共和国环境影响评价法》等有关法律法规，建设项目环评审批严格审批关，在重金属重点防控区、饮用水源保护区等环境容量不足或环境敏感的地区实施严格的准入门槛。对重点项目及民生项目继续开辟“绿色通道”，提前介入，提高审批效率；对高污染、高耗能以及国家宏观调控的产能过剩、重复建设行业的项目从严把关；实行主要污染物总量前置审批。全年市本级审批建设项目152个，总投资836.65亿元，环保投资9.46亿元；完成建设项目竣工验收130个；行政服务中心环保窗口受理行政审批办件463件，提前办件463件，提前办结率达100%。

【大气污染防治】 2017年，全市围绕“减排、压煤、抑尘、治车、控秸”五大工程，采取45条措施，推进成都平原大气污染联防联控。建立绵阳、德阳两地区域环境污染协商制度，签订“绵阳、德阳环境污染防治区域合作框架协议”。建立县市区环境质量排名、约谈机制，对2016年未完成目标任务的5个县市区进行约谈，对未完成2017年半年削减目标的8个县市区进行预警约谈。出台《〈绵阳市大气污染防治行动计划实施方案〉2017年度实施计划》《绵阳市大气环境质量限期达标规划》《重污染天气应急响应预案》。推进大气污染物源解析工作，编制实施《绵阳市今冬明春PM2.5污染防控攻坚行动方案》，大气污染防治实行网格化管理，对“散乱污”企业、砖瓦行业和VOCs挥发性有机物进行全方位整治，完成绵阳城区10家工业企业19台燃煤锅炉整治任务，主城区的大型工业企业完全使用电、天然气等对环境污染小或无污染的清洁能源替代燃煤，实现全市火电、水泥、平板玻璃行业烟气脱硝环保设施全覆盖。开展黄标车限行，发放黄标车提前报废补贴312.58万元，累计淘汰黄标车17377辆。

【水污染防治】 2017年，全市水污染防治以《水污染防治行动计划绵阳市工作方案》为重点，实施仙鹤湖饮用水源搬迁整治、鲁班水库综合整治、木龙河城市黑臭水体消除等工程项目。全面落实河长制，推行“一河一长，一镇一厂”，集中治理安昌河、干河子、凯江等重点污染流域。长江经济带饮用水水源地保护专项执法地级城市饮用水源地16个问题全部整改到位。开展县级以下饮用水源安全达标建设。抓好11个工业园区集中式污水处理设施，对重点行业开展达标排放专项整治；推进乡镇污水处理设施和配套管网建设。实施涪江流域水环境生态补偿和水质超标资金扣缴制度，将实施范围扩大到梓潼县和盐亭县。2017年，全市筹集涪江流域水环境生态补偿和水质超标资金3655.5万元。争取水污染防治资金7270万元。

【土壤污染防治】 2017年，绵阳市实施《土壤污染防治行动计划绵阳市工作方案》，做好土壤环境监测预警、分类管控、治理与修复等工作。确定全市土壤污染重点监管企业111家；启动农用地土壤污染状况详查工作，确定详查点位2385个。开展国家土壤污染防治专项资金项目的申报，争取土壤污染防治专项资金1200万元，实施安州区、江油市5个土壤及重金属污染防治项目建设。落实危险废物规范化管理制度，提升危险废物规范化管理水平，217家工业企业、544家医疗卫生机构依法进行危险废物申报登记。

【秸秆禁烧】 2017年，全市创新秸秆禁烧宣传方式，利用现代信息技术，建立绵阳市秸秆禁烧工作微信群，禁烧巡查督察人员运用软件位置定位和图片共享功能，准确定位火点目的地，方便当地政府快速反应和落实责任追究。利用民航飞行学院航拍照片等手段进行监控，坚持立体和平面相结合的巡查方式，发现焚烧秸秆、落叶和垃圾等行为严肃查处。禁烧期间对发现露天焚烧秸秆现象的12个乡镇和街道办事处各插一面“黄旗”警告，分别依照规定扣该项年度目标考核0.5分，并在全市通报。截至年底，全市秸秆可收集资源量257.48万吨，秸秆利用量246.49万吨，综合利用率95.73%。

【农作物秸秆综合利用】 2017年，绵阳市秸秆产生量为319.89万吨（其中可收集量255.34万吨），年综合利用秸秆244.43万吨，利用率95.73%（按可收集量计算）。其中肥料化利用158.36万吨，占利用总量的64.79%；饲料化利用41.47万吨，占利用率的16.97%；基料化利用5.72万吨，占利用率的2.34%；能源化利用31.63万吨，占利用率的12.94%；原料化利用7.26万吨，占利用率的2.97%。

【环保投资】 2017年，市财政在功能科目“211”节能环保支出安排312.58万元，用于黄标车提前淘汰补贴。支持用于应对气候变化及低碳发展工作资金共计11330.7万元，其中，安排生态保护恢复资金557.89万元，森林生态效益补偿资金151.69万元，林业改革发展资金203.6万元，天然林管护经费41万元，节能与新能源公交车运营补助80.66万元，城市公交燃油补贴600.96万元，老旧汽车报废更新补贴45.7万元，绿色制造系统集成专项2000万元，新能源新材料产业创新发展专项资金1509万元，绿色低碳循环发展专项资金470万元，节能节水工程建设170万元，城市公交车营运和购置补贴1228万元，融资租赁购车费用（公交车）4272.2万元。落实节能税收支持政策。税务系统落实“从事符合条件的环境保护、节能节水项目的所得定期减免企业所得税”“购置用于环境保护、节能节水、安全生产等专用设备的投资额按一定比例实行税额抵免”等支持节能的企业所得税优惠政策，全年企业所得税预缴环节，共计13家企业享受相关企业所得税优惠政策。

【《绵阳市水污染防治条例》出台】 2017年12月26日，绵阳市第七届人民代表大会常务委员会第8次会议上，审议通过《绵阳市水污染防治条例》（简称《条例》），标志绵阳市首部地方法律诞生。《条例》报省人大常务委员会批准后正式实施。《条例》分8章52条。8章分别是：总则、水污染防治规划和设施建设、水污染防治监督管理、水污染防治措施、饮用水水源和其他重要功能水体保护、水环境风险监控预警和应急处置、法律责任、附则。

【纪念2017年世界环境日暨环保世纪行系列宣传活动】 2017年6月5日上午，市委、市人大常委会、市人民政府、市政协主办，绵阳市环境保护委员会办公室、绵阳市环保世纪行组委会承办的绵阳市纪念2017年世界环境日暨环保世纪行系列宣传活动在绵阳铁牛广场举行。活动以“绿水青山就是金山银山”为主题，活动中，环保志愿者向全市市

图22　6月5日，绵阳市纪念“六五”世界环境日宣传活动在铁牛广场举行

民发出倡议，举行文艺演出。部分企业向北川、平武、盐亭等贫困地区捐赠新能源汽车。（任悍韬）

节能减排

【概况】　2017年，绵阳市全社会能耗为1008.69万吨标准煤，较2016年增加29.31万吨标准煤。完成省上下达不超过30万吨标准煤的能耗增量控制目标。单位工业增加值能耗为1.040吨标准煤，单耗降幅为6.71%，超出省下达的目标任务2.71个百分点。单位GDP能耗下降5.61%，超出省下达的目标任务2.61个百分点。2017年，绵阳市第三产业增加值（现价）占地区生产总值比重为45.5%，较2016年占比上升8.7个百分点。以“两新”产业为主导的八大重点产业产值增长14.9%，“两新”产业产值占全市工业比重分别达54%、37.5%，同比提高0.5和1.5个百分点。清洁能源消费比重提高1.25个百分点。城区空气质量优良天数达295天，达标率81.7%、同比提高3.5个百分点。森林覆盖率达53.86%，同比提高0.26个百分点。

【工业节能】　2017年底，全市开展重点用能企业的日常节能监察，组织工业企业能效水平对标工作。以钢铁、煤炭、水泥、电解铝、平板玻璃等行业为重点，对全市19家企业开展重点行业能耗限额专项监察工作。推荐四川长虹电器股份有限公司3个尺寸3个型号LED平板电视、四川长虹空调有限公司4个制冷段4个型号25个子型号转速可控型房间空气调节器申报能效“领跑者”产品。全面推进重点行业错峰生产，完成水泥错峰减产量301万吨，提前完成省上下达的减产300万吨年度目标任务。推进工业绿色制造体系建设工作。截至年底，全市有绿色工厂11家、绿色设计产品3种、绿色园区1家、绿色供应链管理示范企业2家，其中拥有绿色工厂2家、绿色供应链管理示范企业2家，3种绿色设计产品均出自绵阳。

【建筑节能】　2017年，全市贯彻国家和四川省绿色建筑行动实施方案，全面执行绿色建筑标准，全年设计阶段完成绿色建筑137万平方米；新建成绿色建筑105万平方米。新建建筑国家强制性节能标准执行率达100%，新墙材使用率达82%，完成绿色建筑工作任务。加大装配式建筑和绿色建材推广力度，金和集团投资50亿元的装配式建筑产业园项目落户江油市；宏达杭萧钢构和科发远大住工PC构件2个项目入驻三台绿色装配式建筑产业园；中建科技在绵研发制造基地落户涪城区新皂物流园。

【交通节能】　2017年，绵阳市印发《绵阳市交通运输行业2017年节能减排工作要点》，加快淘汰老旧交通运输装备，全面实施营运车辆燃料消耗量准入制度。严格道路运输车辆审验，禁止非节能车型的汽车和高耗油汽车进入道路运输市场，全市辖区内淘汰营运“黄标车”1351辆。推广应用新能源和清洁能源汽车，全市共有插电式混合动力公交车77辆、非插电式混合动力公交车10辆、纯电动公交车54辆。鼓励公共机构、私人和企业使用新能源汽车，有序推进电动汽车充电基础设施建设，全市新建充电桩151个，充电桩总数达到1941个。国省干线公路绿化提升改造完成142.8千米。

【公共机构领域节能】　2017年，全市公共机构能源消耗总量折合标准煤10.48万吨，人均综合能耗114.5tce/人，人均用水量31.04吨/人，单位建筑面积能耗9.27tce/平方米，分别较2016年下降3.52%、3.90%、9.82%，全面完成省上下达的节能目标任务。全市能源消耗统计对象覆盖全市各级公共机构，纳入统计范围的公共机构共3416个（1811个账号）。推进绵阳市火炬大厦合同能源节能改造及服务项目。市财政安排公共机构节能专项资金，其中工作经费60万元、节能改造等其他经费200万元。指导绵阳市中心医院等单位参加节约型公共机构示范单位创建工作，市中级人民法院、第三人民医院、南山双语学校、三台中学、三台县人民医院5家单位评选为省级节约型公共机构示范单位创建单位。制定完善公共机构节水型单位建设标准，开展公共机构节水型单位创建。

【商业和民用领域节能】　2017年，全市按照商务部颁布的《超市节能标准》和《零售业节能降耗技术、产品目录》，大力推广节能技术改造和产品应用，重点推动企业做好照明、空调、电梯及其他耗能设备的节能。倡导绿色消费，鼓励绿色营销。严格节能标准，加强温度监测。

开展"餐饮业环保行动""零售业环保行动"。开展绿色商场创建活动，家福来和万达先后荣获商务部绿色商场创建示范企业。

【重点项目推广应用】 2017年，全市发展非化石能源，科学有序推进水电、风电、光伏建设和前期工作。平武县虎牙水电站（4.8万千瓦）、北川县小坝水电站（4万千瓦）实现投产发电，三台县冬瓜山电航工程（5万千瓦）建设有序开展，全市水电装机达170万千瓦。梓潼马鸣风电场2016年4月7日运行，2016年发电量3503万千瓦时，2017年发电量5667万千瓦时。2017年备案的光伏项目121户，规模882千瓦。绵阳市生活垃圾焚烧发电项目2017年7月投产发电，全年发电量5639.24万千瓦时，上网电量4765.69万千瓦时。绵阳市永兴污水处理厂扩建项目工程、草溪河综合整治工程和安昌河综合整治项目等城镇污水垃圾处理设施和重点流域水污染防治项目进展有序。组织实施燃煤锅炉节能环保提升工程，淘汰10蒸吨及以下燃煤锅炉47台。编制《绵阳市2017年度推动落后产能退出工作实施方案》，圆满完成51户落后产能企业全部淘汰退出任务。

【固定资产投资项目节能审查】 2017年，全市贯彻执行《四川省固定资产投资项目节能审查实施办法》《绵阳市委托投资咨询评估管理暂行办法》，加强组织协调，及时纳入投资项目在线审批监管平台统一管理，实行网上受理、办理、监管和服务，突出强化节能审查的事中事后监管工作。

【节能环保宣传工作】 2017年，全市组织开展节能宣传周和低碳日活动，围绕"节能有我绿色共享"和"工业低碳发展"两个主题，通过广电网络媒体、手机信息、街头设点等方式对节能减排、低碳生活等内容加大宣传力度，普及生态文明理念，展示节能低碳发展行动成就，推广高效节能低碳技术和产品，提升全民节能减排意识，倡导低碳生活方式，弘扬以低碳为荣的社会风尚。 （耿化国）

环保督察

【概况】 2017年8月7日至9月7日，中央第五环境保护督察组驻四川省开展为期1个月的环境保护督察工作。其间，中央督察组通过多种形式对绵阳市进行调研督察。2月8—24日，省环保督察组督察绵阳市工作，重点围绕绵阳市贯彻落实国家、省环境保护决策部署、突出环境问题及处理、落实环境保护党政同责、"一岗双责"等方面情况。

【中央环保督察】 2017年，绵阳市组织召开迎接中央环保督察工作动员大会、省委省政府环保突出问题整改暗访督察意见反馈会、中央环保督察交办群众举报受理件办理工作会和边督边改工作会等各类会议10余次。市委通报全省八大生态环境损害案件，市委、市政府出台《全市自然保护区专项督察突出问题整改实施方案》。市人大常委会审议《绵阳市水污染防治条例》，市人大常委会、市政协听取全市污染防治"三大战役"工作推进情况。市委、市政府主要负责人分别带队到三江大坝塘汛污水处理厂、仙鹤湖饮用水水源保护区、自然保护区等地督导督办环保突出问题整改工作。中央环保督察组驻四川督察期间，转交绵阳市有关环境问题信访案件497个，全部按时办结，办结率100%；信访案件涉及814个环境问题，整改完成652个环境问题，整改完成率80.1%。

【省环保督察整改工作】 2017年，市委、市政府与9个县市区、4个园区、市级相关部门签订《省环保督察反馈问题整改责任书》《化解环境保护类信访案件责任书》，落实党政领导环保责任。在全省率先建立市级负责人带队开展环保综合督察机制，党政主要负责人划片总督察，11个由市级负责人任组长的督察组分赴全市各地全面督察问题整改情况。坚持责任导向，层层签订大气、水环境质量目标及督察反馈问题整改责任书。对木龙河黑臭水体等10个重点问题和其他突出问题，实行市委、市人大常委会、市政府、市政协负责人包案、挂牌督办，26名市级负责人分13个督导组进行全覆盖、无死角检查。坚持结果导向，注重民生民意，出台贯彻落实省环境保护督察组督察反馈意见整改方案，抓好治标与治本相结合，短期整改和长效巩固相结合，突出整改实效，防止反弹回潮。督察期间，省环保督察督导发现的494个突出环境问题（省环保督察现场点位问题、专函问题、信访问题、反馈意见问题及省环保专项督导反馈问题），整改完成444个，整改完成率89.9%。其中现场点位（专函）问题182个，整改完成164个，整改完成率90.1%；信访问题224个，整改完成219个，整改完成率97.8%；反馈意见问题88个，

图23 4月10日，四川省环境督察绵阳市督察意见反馈会召开

整改完成61个，整改完成率69.3%。自然保护区问题整改完成率89.8%。

（任悍韬）

生态审计

【概况】 2017年，绵阳市推进领导干部自然资源资产和环境责任审计作为全市全面深化改革事项，针对自然资源特点和行政管理权限，建立起包含35项指标的约束性评价体系，完成仙海区、科创区自然资源资产和环境责任审计，各县市区局自选一个乡镇开展自然资源资产审计试点。全市审计发现环保各类问题资金26.13亿元，出台《绵阳市推进乡镇生活污水处理设施建设问责暂行办法》等3项制度。

【审计方式创新】 2017年，绵阳运用经济责任审计平台，将领导干部自然资源资产和环境责任审计与经济责任审计、财政预算执行情况审计相结合。通过多个项目同步实施，多维度、多视角地了解当地自然资源资产管理和环境保护力度，以及坚持绿色发展方面的投入力度，更加客观地评价领导干部自然资源资产和环境责任，实现由单一审计向综合审计转变。

【审计方法创新】 2017年，绵阳市在审计实践中探索创新部门专业技术人员渗透到审计人员中、政策执行情况渗透到重点项目推进中、资源环境责任审计事项与经济责任审计事项相互渗透的“三渗透”审计；开展结合经济责任、问题调查与经验总结、项目考察与资金追踪、政策执行与地方发展需要的“四结合”审计；实行统一审计方案、统一审计内容、统一问题定性、统一定责追责、统一审计报告的“五统一”联合审计，构建起“三渗透、四结合、五统一”审计格局。

【生态审计共享机制创新】 2017年，绵阳推动自然资源资产和环境责任审计与监察、巡查、绩效考核等进行工作关联，提高审计综合研判能力；推动自然资源资产和环境责任审计与环保督察结果共享共用，提高审计效率和针对性。同时，对审计查出问题，通过向人大常委会报告、向纪检监察有关部门移送等方式，形成多部门的监督合力，确保自然资源资产和环境责任审计的最大效益。截至年底，该项改革工作按计划完成，形成常态化工作举措，按照《2017年落实台账专项改革方案销账清单》，经专项小组审议结果进行销账。

（张一波）

游仙区：交通畅达　良稻之乡

富乐阁

1992年11月，经国务院批准，撤销绵阳市中区，其辖地以涪江主航道中心线为界分设涪城、游仙两个县级区。游仙区位居涪江以东，治所位于治平路。据晋代葛洪《神仙传》记载，汉代云游天下的仙人李意期曾在这里修炼，后人乃修游仙观以作纪念，游仙得名于此。

游仙自古交通地位优越。古代梓潼、绵州之间的官道有70里在其境内，南栈险尽，陂去平来，是金牛道由北而来入蜀的必经之地。三国时期刘备、唐代玄宗及僖宗，诗人杜甫、罗隐入蜀无不经由此处，留下不少传说、遗迹和诗作，其中最著名的当属涪城会故事及杜甫寓居诗作。据《宋史》记载南宋吴家军守蜀，从略阳往绵阳，依靠驿传，即能做到政令朝出夕达。明代入蜀，弃用金牛道。清康熙二十九年（1690）恢复金牛道，驿道重新过游仙。按照十里一铺的标准，游仙境内设有“六铺一驿”，即宣化铺、魏城驿、铜瓦铺、沉香铺、蔡家铺、抗（秔）香铺、滥泥沟铺，共计70里驿道。今仙人桥以东及朝阳厂厂区与芙蓉小区一带，绵州古驿道驿道遗存犹存，包括“酌中道里碑”、大量驿道石板等。

游仙是古绵州重要的稻米种植区。游仙境内“六铺一驿”，其中有一个非常特别的地名，“抗香铺”，“抗”是“秔”字误读讹传。“秔”同粳，为稻的一种，其叶较窄，色浓绿，耐肥、耐寒，不易倒伏。米近圆形，黏性强。

游仙境内曾设有两个古县，即魏城县、盐泉县。魏城县，北朝西魏废帝二年（553）设立，治今游仙区玉河镇，隶巴西郡。隋炀帝大业十年（614），县治从玉河迁至今游仙区魏城镇。唐代到宋代，魏城县均隶属于绵州。元世祖至元二一年（1283），魏城县撤销，并入绵州本州。魏城县历时730年。唐宋间的魏城，是蜀道重镇。《新唐书·地理志》绵州巴西郡条载有：“魏城，上。北五里有洛水堰，贞观六年引安西水入县，民甚利之。有铁、有盐。”宋人高度重视魏城在交通上的地位，今魏城有南宋通济桥碑。碑文称，“由西蜀道长安、道襄汉，毕出于魏城县”。

盐泉县，唐高祖武德三年（620）分魏城县地置盐泉县，属绵州。其地产盐：“地有盐井，民得采漉，为四方贾售之地”因而取西晋左思《蜀都赋》中“家有盐泉之井”之句而命名。到宋末资源枯竭，元世祖至元二十年（1283），同魏城县一并被拆撤，并入绵州本州。

经济环境

Economic Environment

概　述

【概况】　2017年，全市学习贯彻省委、省政府决策部署和落实市委经济工作会议安排部署，着力稳定经济增长，坚持以项目中心组织经济工作，扩大投资消费；继续开展“项目年”行动，落实《绵阳市2017年项目计划》，实施各类项目1800余个，其中省重点项目40个、市重点项目175个。截至年底，全市地区生产总值全年突破2000亿元，达到2074.75亿元，成为全省首个经济总量突破2000亿元的地级市，同比增长9.1%，自1998年以后增速首次居全省第1。三次产业调整优化为14.1:40.4:45.5。地方一般公共预算收入110.59亿元，同口径增长8.02%。城镇居民人均可支配收入31822元，同比增长8.2%；农村居民人均可支配收入14752元，同比增长9.2%。全市城镇新增就业5.72万人，城镇登记失业率3.7%，控制在4%预期目标以内。居民消费价格指数上涨1.9%，控制在3%的预期目标以内。金融业机构人民币存贷款余额分别为3588.52亿元和1864.71亿元，分别同比增长12.3%和11.6%。

【第一产业发展】　2017年，全市实现第一产业增加值291.66亿元，同比增长4%。培育市级以上龙头企业26家、总数达471家，实现销售收入455亿元。新发展家庭农场426个，总数达2386个、土地经营面积达1.28万公顷。新发展农民合作社505个、总数达3455个，引领带动面达73.3%。建成现代特色效益农业标准化基地0.81万公顷、高标准农田2.15万公顷。建设现代农业万亩示范区76个、产业园区31个、产业基地1508个。实施“沃野绵州”现代生态循环农业工程，无公害农产品产业整体认定面积27.2万公顷，占耕地总面积的97%。

【第二产业发展】　2017年，全市规模以上工业增加值增长10.5%，居全省第4位，是2004年以来最高排位。以“两新”产业为主导的八大重点产业产值增长14.9%，电子信息、汽车、新材料、节能环保、高端装备制造、生物、食品、化工产业分别增长9.9%、30.8%、20.8%、27.6%、26.1%、13.3%、8.4%、18.4%。“两新”产业产值占规模以上工业产值比重分别达到54.1%、37.5%，继续领跑全川。新增规模以上工业企业108家，总数达925家。

▲“两新”产业：指高新技术产业、战略性新兴产业。

【服务业发展】　2017年，全市服务业增加值944.33亿元，同比增长10.8%，增速首次居全省第1位。实施“513”工程，11个重点项目、13户重点企业、6个重点品牌入围四川服务业“三百工程”。建成4个省级现代服务业聚集区。成功创建国家电子商务示范城市，全市实现电子商务交易额2606.1亿元，同比增长29%。举办2017中国（四川）电子商务发展峰会。旅游总收入533.2亿元，同比增长26.4%。新增“新三板”挂牌企业2家，上市挂牌公司总数达32家，全市新增社会融资规模220亿元。

【固定资产投资】　2017年，全市完成固定资产投资1436.54亿元，同比增长13.1%，实现6年以来最高增速。组织2次项目投资流动现场会和4次重大项目集中开工，集中开工项目367个，总投资1164亿元。216个独立省市重点项目投资350.6亿元，投资完成率131.5%。基础设施投资502.1亿元，同比增长27.3%；技改投资454.8亿元，同比增长26.8%。房地产开发投资176.65亿元，同比下降14.1%。商品房销售面积555.85万平方米，同比增长40.8%。完成民间投资772.59亿元，同比增长4%，民间投资占全社会投资比重53.8%。

【社会消费品零售总额突破千亿】　2017年，社会消费品零售总额1112.48亿元，是全省首个总量突破1000亿元的地级市，同比增长12.5%。其中：批发、零售、住宿、餐饮业零售总额分别增长11.5%、12.4%、14.1%、14.3%。组织9000余家企业（品牌）开展促销活动566场次，实现销售金额178亿元。建成村级电商服务网点1580个，培育农村电商经营主体4420家。2017年，全市居民消费价格比2016年同期上涨1.9%，同期全国同比上涨1.6%,全省同比上涨1.4%，绵阳同比上涨1.9%，高于全国0.3个百分点，全省0.5个百分点。

【外贸进出口略有下降】 2017年，全市外贸进出口114.97亿元，同比下降1.4%，比2016年收窄31.3个百分点。新增外贸备案企业90家，累计1039家。新增外商投资企业27家、增资5家，对外投资实际到位资金10329.5万美元。新增对外投资项目6个，对外投资企业总数达53家，投资总额14亿美元，居全省第2位。

四川省2017年百强企业（制造企业）绵阳企业排位情况

表7

序号	企业名称	百强企业排位	百强制造企业排位
1	长虹电子控股集团有限公司	1	—
2	四川九洲电器集团有限责任公司	23	—
3	四川绵阳好圣汽车零部件制造有限公司	54	—
4	中核工业二四建设有限公司	64	—
5	长虹电子控股集团有限公司	—	1
6	四川九洲电器集团有限责任公司	—	13
7	四川绵阳好圣汽车零部件制造有限公司	—	23
8	四川永贵科技有限公司	—	25
9	四川东材科技集团股份有限公司	—	54
10	四川银河化学股份有限公司	—	58
11	四川金发科技发展有限公司	—	61
12	四川兴事发门窗有限责任公司	—	62
13	四川好医生药业集团有限公司	—	68
14	绵阳佳联印染有限责任公司	—	70
15	四川六合锻造股份有限公司	—	73

绵阳市工业生产者出厂价格指数（一）

（以上年为100）

表8

	2016年	2017年
工业品出厂价格指数	95.3	101.2
按轻重工业分	—	—
轻工业	92.1	96.0
以农产品为原料	102.4	102.3
以非农产品为原料	87.7	93.0
重工业	98.9	106.9
采掘工业	102.4	106.1
原料工业	98.5	115.9
加工工业	99.1	105.2

续表

	2016年	2017年
按用途分	—	—
生产资料	99.3	107.4
采　掘	102.4	106.1
原　料	99.3	115.9
加　工	99.3	105.2
生活资料	91.5	95.0
食　品	104.0	100.4
衣　着	96.3	101.5
一般日用品	94.5	99.6
耐用消费品	87.3	92.6

绵阳市工业生产者出厂价格指数（二）

（以上年为100）

表9

	2016年	2017年
按行业分类	—	—
煤炭开采和洗选业	—	—
石油和天然气开采业	—	—
黑色金属矿采选业	—	—
有色金属矿采选业	99.4	113.3
非金属矿采选业	104.6	101.1
其他采矿业	—	
农副食品加工业	104.0	100.5
食品制造业	102.4	100.6
饮料制造业	101.8	99.1
烟草制品业	—	—
纺织业	101.7	110.7
纺织服装、鞋、帽制造业	96.3	101.5
皮革、毛皮、羽毛（绒）及其制品业	—	—
木材加工及木、竹、藤、棕、草制品业	97.3	102.4
家具制造业	101.3	100.7
造纸及纸制品业	100.0	108.9
印刷业和记录媒介的复制	100.2	103.2
文教体育用品制造业	—	—
石油加工、炼焦及核燃料加工业	100.0	—
化学原料及化学制品制造业	98.3	106.6

绵阳市工业品出厂价格指数（三）

（以上年为100）

表10

	2016年	2017年
按行业分类	—	—
医药制造业	94.1	99.9
化学纤维制造业	—	—
橡胶和塑料制品业	98.5	101.8
非金属矿物制品业	98.6	113.1
黑色金属冶炼及压延加工业	96.9	110.2
有色金属冶炼及压延加工业	92.6	105.2
金属制品业	100.5	105.9
通用设备制造业	100.2	104.8
专用设备制造业	102.3	105.7
汽车制造业	100.6	98.9
铁路、船舶、航空航天和其他运输设备制造业	99.9	99.5
电气机械及器材制造业	91.7	98.8
计算机、通信和其他电子设备制造业	88.0	91.7
仪器仪表及文化、办公用机械制造业	100.0	—
工艺品及其他制造业	—	—
废弃资源和废旧材料回收加工业	98.9	128.7
电力、热力的生产和供应业	101.2	100.1
燃气生产和供应业	92.0	100.6
水的生产和供应业	99.4	100.6

绵阳市原材料燃料动力购进价格指数

（以上年为100）

表11

	2016年	2017年
原材料购进价格指数	97.1	106.9
燃料动力类	99.4	105.5
黑色金属材料类	95.6	111.9
#钢　材	97.1	111.1
有色金属材料和电线类	90.1	117.6
化工原料类	95.9	109.0
木材及纸浆类	100.8	106.0
建筑材料及非金属矿类	98.1	99.4
其他工业原材料及半成品类	97.1	105.6
农副产品类	100.6	100.4
纺织原料类	99.1	109.3

（吴　莉）

绵阳市居民消费价格指数

（2017年）

表12

项　目	1—12月（以上年为100）	
	指数	涨跌幅度（%）
居民消费价格指数	101.9	1.9
#非食品价格指数	103.3	3.3
#服务项目价格指数	105.4	5.4
#消费品价格指数	100.1	0.1
一、食品烟酒	99.0	-1.0
粮食	100.7	0.7
豆类	102.7	2.7
食用油	97.4	-2.6
菜	96.3	-3.7
畜肉类	92.2	-7.8
禽肉类	101.2	1.2
水产品	106.9	6.9
蛋类	101.5	1.5
奶类	102.5	2.5
干鲜瓜果类	104.4	4.4
二、衣着	100.1	0.1
三、居住	104.6	4.6
四、生活用品及服务	103.8	3.8
五、交通和通信	101.6	1.6
六、教育文化和娱乐	104.6	4.6
七、医疗保健	103.5	3.5
八、其他用品和服务	103.5	3.5

全省及11个城市居民消费价格指数
（2017年）

表13

全省及部分城市	1–12月（以上年为100）	
	指数	上涨（%）
全　省	101.4	1.4
绵　阳	101.9	1.9
成　都	102.0	2.0
自　贡	101.3	1.3
攀枝花	101.2	1.2
泸　州	101.8	1.8
德　阳	101.0	1.0
广　元	101.6	1.6
内　江	101.7	1.7
乐　山	101.7	1.7
南　充	101.8	1.8
西　昌	101.8	1.8

【八大类商品和服务价格七升一降】 2017年，全市八大类商品和服务价格"七升一降"：居住类价格上涨4.6%，交通和通信类价格上涨1.6%，教育文化和娱乐类价格上涨4.6%,医疗保健类价格上涨3.5%，生活用品及服务类价格上涨3.8%,其他用品和服务类价格上涨3.5%,衣着类价格上涨0.1%。食品烟酒类价格下降1.0%。

【食品价格同比下降】 2017年，全市食品价格下降1.9%，同比持续下跌，拉动居民消费价格总水平下降0.41个百分点。其中猪肉、鲜菜较2016年同期有下降。2017年，全市猪肉价格与上年同比下降12.1%，影响CPI下降0.49个百分点。1月猪肉价格同比上涨7.1%，2月下降3.1%，3月下降7.0%，4月下降12.6%，5月下降18.3%，6月下降22.9%，7月下降21.0%，8月下降18.7%，9月下降16.5%，10月下降13.0%，11月下降7.3%，12月下降8.2%。猪肉价格下降，主要由于2016年生猪价格上涨，养殖户扩大养殖规模，猪源供应充足，导致价格下降。临储政策退出，玉米价格大幅下降，养殖成本降低，也是导致生猪价格下降的原因。

【鸡蛋价格同比上涨】 2017年，全市鸡蛋价格同比上涨1.7%，影响CPI上涨0.01个百分点。1—5月，由于蛋鸡货源充足、养殖成本下降及年初疫情影响，导致鸡蛋价格持续下降。6月以来，因养殖户在跌价时抑制产能及存栏量，加之环保整顿，导致市场供应量减少，鸡蛋价格呈现回升态势，6月同比上涨1.2%，7月上涨6.5%，8月上涨16.3%，9月上涨12.1%，10月上涨12.2%，11月上涨16.1%，12月同比上涨22.2%。

【鲜菜价格同比下降】 2017年，全市鲜菜价格同比下降4.2%，影响CPI下降0.13个百分点。下降主要原因是气温适宜，利于蔬菜生长以及鲜菜种植面积扩增，市场供应量增加。

【服务项目价格同比上涨5.4%】 2017年，全市劳动力工资水平上升，服务项目价格同比上涨5.4%。其中，家政服务价格上涨6.2%；美发价格上涨17.5%；健身活动价格上涨14.4%，学前教育价格上涨16.2%，课外教育价格上涨12.4%。（陈　俐）

规划管理与宏观调控

【概况】 2017年，绵阳市国民经济全面贯彻落实中央、省委、市委经济工作暨金融工作会议等会议精神，根据绵阳市"十三五"规划，围绕市委、市政府确定的工作基调和目标要求，考虑建设国家科技城和西部经济强市的现实需要。科学制订《绵阳市2017年国民经济和社会发展计划执行情况及2018年计划草案的报告》，对全市国民经济社会发展实现有效宏观调控和管理。全年出台各类规划11个，涉及科技城建设、科技创新、工业、农业和农村、公共服务、服务业、生态环境、水利、文化、旅游、综合交通、防震减灾等方面。

2017年度绵阳市出台的专项"十三五"发展规划统计

表14

序号	专项规划名称	牵头单位	发文情况
1	绵阳市"十三五"综合交通发展规划	市发改委	已发文
2	绵阳市"十三五"基本公共服务体系规划	市发改委	已发文
3	绵阳市"十三五"科技创新规划	市科知局	已发文
4	绵阳市"十三五"服务业发展规划	市商务局	已发文
5	绵阳市"十三五"水利发展规划	市水务局	已发文
6	绵阳市"十三五"生态环境保护规划	市环保局	已发文
7	绵阳市"十三五"文化旅游产业发展规划	市文广新局 市旅游局	《文化产业发展规划》已发文 《旅游业发展规划》已印发
8	绵阳科技城"十三五"发展规划	科管委	已发文
9	绵阳市"十三五"工业发展规划	市经信委	已发文
10	绵阳市"十三五"农业和农村经济发展规划	市委农办	已发文
11	绵阳市"十三五"防灾减灾规划	市防震减灾局	修改后按程序上会审议

【国务院批复同意《绵阳科技城"十三五"发展规划》】 2017年4月7日，国务院印发《关于同意绵阳科技城"十三五"发展规划的批复》（国函〔2017〕44号）。批复要求《绵阳科技城"十三五"发展规划》（简称《规划》）实施要高举中国特色社会主义伟大旗帜，全面贯彻中共十八大和十八届三中、四中、五中、六中全会以及全国科技创新大会精神，深入贯彻习近平总书记系列重要讲话精神和治国理政新理念新思想新战略，落实党中央、国务院决策部署，继续坚持科学发展，全面实施创新驱动发展战略和军民融合发展战略，以推进供给侧结构性改革为主线，以深化科技体制机制改革为动力，以深入推进科技领域军民融合为基础，以创新创业人才队伍建设为保障，大力推进简政放权、放管结合、优化服务改革，积极营造大众创业、万众创新的良好氛围，充分激发各类主体创新潜能，着力增强科技创新能力，加快建立军民融合创新体系，推动军民科技基础要素融合，有效提升军民融合创新水平，切实抓好全面创新改革试验，健全完善对外开放合作机制，加快推进产业提质增效和转型升级，汇聚起经济社会发展的强大新动能，主动发现、培育、运用可服务于国防和军队建设的前沿尖端技术，最大限度实现民为军用，努力把绵阳科技城打造成为创新驱动发展的试验田、军民融合创新的排头兵和西部地区发展的增长极。批复要求，四川省要切实加强对《规划》实施的组织领导，加大统筹协调力度，整合多方创新资源，深化体制机制改革，分解细化工作职责，明确时间表和路线图，确保《规划》提出的各项目标、任务和政策措施落实到位。批复指出，绵阳科技城建设部际协调小组各成员单位以及国务院其他有关部门要结合各自工作职能，完善和落实相关政策措施，支持绵阳科技城开展重要改革试点和承担相关任务并加强指导。科技部要发挥好牵头部门作用，会同有关部门加大统筹力度，做好《规划》实施的组织协调、督促检查和跟踪评估，重大问题及时向国务院报告。《规划》有8部分内容：发展基础与形势、指导思想与发展目标、推进军民融合深度发展、提升科技创新能力、推动产业结构优化升级、提升城市服务支撑功能、提高对外开放水平、保障措施。

【《绵阳市2017年国民经济和社会发展计划执行情况及2018年计划草案的报告》制订出台】 2017年，《绵阳市2017年国民经济和社会发展计划执行情况及2018年计划草案的报告》（简称《计划报告》）制订出台全面贯彻落实中央、省委、市委经济工作暨金融工作会议等会议精神，根据绵阳市"十三五"规划，围绕市委市政府确定的工作基调和目标要求，充分考虑建设国家科技城和西部经济强市的现实需要，消化吸纳中央、省《政府工作报告》内容和市级有关部门总结。在《计划报告》编制过程中，市发改委3次广泛征求各地各部门意见，多次与《政府工作报告》进行对接。还首次邀请市级主要经济部门和市人大财经委、市政协经济委召开座谈会，到涪城、三台等地听取有关部门和部分市人大代表的意见。《计划报告》分为三个部分：2017年全市国民经济和社会发展计划执行情况、2018年经济社会发展计划、2018年经济社会发展重点工作。

【2017年国民经济社会展15项目标任务完成情况】 2017年，市七届人大二次会议审查批准的2017年15项主要预期目标中有14项指标完成。实现地区生产总值2074.75亿元，同比增长9.1%，是全省首个经济总量突破2000亿元的地级市，在西部同类城市中的排名由第11位上升至第8位，高于预期目标1.1个百分点，时隔20年重返全省第1位。规模以上工业增加值增长10.5%，与预期目标持平，居全省第4位，是自2004年以来在全省最高排位。完成全社会固定资产投资1436.54亿元、增长13.1%，高于预期目标3.1个百分点，增速全省排名连续4年上升。完成社会消费品零售总额1112.48亿元，是全省首个总量突破1000亿元的地级市；增长12.5%，高于预期目标1个百分点。完成地方一般公共预算收入110.59亿元、同口径增长8.02%，高于预期目标0.02个百分点。实现城镇居民人均可支配收入31822元、增长8.2%，高于预期目标0.1个百分点。实现农村居民人均可支配收入14752元、增长9.2%，高于预期目标0.7个百分点。居民消费价格上涨1.9%，控制在3%的预期目标以内。城镇新增就业人口5.72万人，高于预期目标1.32万人。城镇登记失业率3.7%，控制在4%的预期目标以内。单位GDP能耗下降5.6%，高于预期目标2.6个百分点。单位工业增加值能耗下降6.7%，高于预期目标2.7个百分点。政策生育率99.7%，高于预期目标3.7个百分点。常住人口城镇化率51%，与预期目标持平。实现进出口总额115亿元，低于预期目标8亿元。

（刘哲霖）

2017年绵阳市八大优势产业发展状况（工业生产）

表15

指 标	增 速
	累计±%
工业增加值	10.5
#轻工业	6.5
重工业	12.3
#股份制企业	10.7
工业销售产值（现价）	16.5
#轻工业	10.7
重工业	22.6
#股份制企业	15.1
重点产业产值增速	14.9
电子信息产业	9.9
汽车产业	30.8
新材料产业	20.8
节能环保产业	27.6
高端装备制造产业	26.1
生物产业	13.3
食品产业	8.4
化工产业	18.4

说明：工业增加值增长速度按可比价计算

（刘哲霖）

国有经济

【概况】 2017年，全市完善国资监管、激励约束、授权经营等重要领域和关键环节的改革配套文件，构建深化改革“1+28”政策文件体系，国资国企改革上下贯通的制度主体框架基本形成。8月，市委、市政府批复《四川长虹电子控股集团有限公司授权经营方案》，涵盖企业管理者任职、考核、薪酬，投资、融资、担保、规划、财务管理等多个方面的15项出资人事项全部或部分授权长虹控股；同时制定《九洲集团简化审批和扩大授权事项建议清单》，在投融资管理、战略规划、工资总额审批等方面取消、下放、授权22项监管事项。授权后，出资人对长虹、九洲监管事项实行清单管理，清单之外的事项全部由企业依法自主决策；在华丰开展全省首批国有控股混合所有制企业员工持股试点。长虹改革案例入选《国务院国企改革领导小组地方国企改革100例》，为全市国有企业改革提供样本。2017年，全市国有企业资产总额2315.3亿元；归属母公司所有者权益501.5亿元；营业收入1115.6亿元；比2012年底分别增长64%、59.7%、42.8%；五年来利润总额77.8亿元，上缴税费185.4亿元。

【《绵阳市深化国有企业改革实施方案》出台】 2017年7月20日，市委召开全面深化改革领导小组第17次会议，审议通过《绵阳市深化国有企业改革实施方案》（简称《方案》）；11月2日，市委、市政府印发《绵阳市深化国有企业改革实施方案》（绵委办〔2017〕94号），标志《方案》正式出台，全市深化国资国企改革进入全面落地实施的新阶段。为全市国资国企改革从制定“路线图”阶段全面向“施工图”转化，推动全市深化国资国企改革任务全面完成、做强做优做大国有企业奠定基础。《方案》以2020年为时间节点，明确未来3年深化国资国企改革的总体要求和主要目标，对7个方面37项重点工作任务进行细化，明确各项任务的实现路径、责任单位、完成时限。

【国有企业创新发展】 2017年，全市国有企业生产经营稳步发展。九洲全年出资企业财务费用同比下降16%、管理费用同比下降3%，实现1.5亿元降本增效目标。全年开工交通、城建、科技城集中发展区攻坚项目35个，完成投资30.35亿元；出资企业完成投资65.5亿元，同比增长67%。通过发行可交换公司债券、定向债务融资工具筹措发展资金174亿元，市属出资企业实现融资451.5亿元。组织16家省属国有企业参加投资推介暨集中签约活动。长虹参与设立全国首支军民融合成果转化基金，总规模20亿元，入选国务院第二批双创示范基地。推进“僵尸企业”、长期亏损企业、低质无效资产清理处置，推动企业“三供一业”分离，四川华丰试点国有企业退休人员社会化管理，29家在绵阳国有企业分离移交完成率达86%

▲企业“三供一业”：指供水、供电、供气（供热）及物业管理。

【国有资产监管】 2017年，市国资委组织制定《绵阳市国资委监管企业“十三五”发展规划》。全年产权评估权益价值194.1亿元，评估增值率470.7%。每季召开季度经济运营分析会，了解企业经济运行情况，交叉复核出资企业年度审计报告。建立监事会主席、专职监事工作沟通机制，建立监事会动态报告审核工作制度，构建监事会日常检查工作格局，制定《监事会考核与薪酬管理改革办法》。

民营经济

【概况】 2017年，全市民营经济增加值达1269.53亿元（外商及外商投资），同比增长9.4%，占比61.19%，比目标数58.2%多2.99个百分点，居全省第2位；增速9.4%，较2016年上升两位，居全省第2位。全市固定资产投资1436.54亿元，同比增长13.1%；民间投资772.59亿元，同比增长4%，民间投资占投资比重达53.8%；民营企业入库国税收入64.38亿元，占同期国税收入56.62%。从三次产业发展情况来看，第一产业增加值291.66亿元，同比增长4.0%；第二产业增加值838.76亿元，同比增长9.2%；第三产业增加值944.33亿元，同比增长10.8%，三次产业结构比为14.1∶40.4∶45.5，与2016年相比，第一产业下降1.2个百分点，第二产业下降8.6个百分点，第三产业提高9.8个百分点。

图24　四川富临实业集团有限公司大门

【民营企业发展特点】 2017年，全市各县市区（园区）明确产业发展规划和布局，基础设施、公共服务、信息、物流等方面日趋完善，形成一定规模的特色产业和产业集群。涪城区民营中小企业发挥区位优势，围绕长虹、九洲、新华等企业产业链发展相关产业，形成以长虹、九洲为核心的电子信息产业集群。华晨瑞安、三力公司、富临精工等企业发展汽车零部件等机械制造产业，采用先进加工设备，发展数控加工、精密机械加工，使企业规模、水平、档次提升。江油发展特种冶炼特色工业，形成规模化冶金机械产业集群。上半年，全市12家列入民营企业建立现代企业制度的试点企业有11家符合现代企业制度要求，占全省比重8%；其中台沃农业、经纬达科技、六合锻造、科莱电梯、光友薯业和蜀玉实业等6家企业达到全省示范企业标准，占全省比重11%。

【四川富临实业集团有限公司】 公司创立于1995年，拥有全资、控股公司70余家，2家国家级高新技术企业（野马汽车、富临精工），2家上市公司（富临运业、富临精工）。富临集团是四川省重点培育大企业大集团，位列“2017成都民营企业100强”第10位、“2017成都企业100强”第28位。旗下野马汽车位列“2017成都制造业100强”第35位。2017年，富临集团收入91亿元，上缴税金6.5亿元，其中绵阳地区企业上缴税金2.9亿元。

【四川铁骑力士实业有限公司】 1992年公司创立，是一家集饲料生产、种畜禽繁育与养殖、屠宰分割和食品精深加工为一体的现代农牧集团，在全国建有67家分（子）公司，为农业产业化国家重点龙头企业，获“中国民营企业制造业500强”“四川省大企业大集团”“国家认定企业技术中心”“中国驰名商标”等称号，是中国饲料工业协会、中国畜牧业协会、中国蛋品行业协会等五个国家级行业协会的副会长单位。2017年，公司产值73.06亿元，同比上升10.89%；利税总额3.87亿元，同比上升5.74%。

【四川好医生药业集团】 公司位于安州区，是集科、工、贸为一体，以药业为核心的大型企业集团，是

图25　四川好医生药业集团

"中国医药工业百强""中国中药制药百强"，好医生品牌是"中国驰名商标"。集团业务分布在医药工业、医药商业、医疗服务、医药研发、中药材基地、日化工业六个版块，下属有35家全资子公司，11个GMP工厂，产业分布在四川、云南、山西、辽宁。集团建有国家级企业技术中心1个，省级企业技术中心2个，省级工程技术中心1个，省级重点实验室1个；拥有两家国家级高新技术企业；建立"三州"地区唯一的省级院士(专家)工作站和国家级博士后科研工作站；与国内多所高校科研院所建立产学研平台。2017年，集团销售收入49.21亿元，缴纳税金5亿元。

【四川兴事发集团】　公司位于游仙，集团现有职工2800余人，企业资产总额50亿元，是集门窗、新能源应用、环保建材生产销售、房地产开发、工程建设、装饰装修、农业开发、智能设备、物业服务、资产投资为一体的综合性企业集团。集团拥有四川兴事发门窗有限责任公司等18个全资子公司，并参股绵阳市水岸假日房地产开发有限责任公司(神州·南都项目)、四川立宇投资有限公司(红星美凯龙项目)、中科西奥电梯有限公司等股份企业。2017年，集团产值40亿元，上缴税金1.2亿元。

【绵阳高新区经纬达科技有限公司】　公司位于高新技术开发区，于2002年1月成立，注册资本6000万元，是一家集研发、生产制造、销售为一体的磁电专业现代科技型企业，公司生产网络滤波器、网络变压器、直流转换器网络接口(RJ45)、功率变压器、功率电感、一体成型电感、塑胶件等，公司通信磁性元件涉足PC电脑、网络通信设备交换机、路由器、网络服务器、安防器材、机顶盒、网络播放器、智慧型汽车等高科技领域，直接供货德国总部宝马汽车公司、保时捷汽车公司等客户，是国内首个与日本、美国品牌在汽车应用上竞争并取得成功的企业。2017年，公司产值3.7亿元，销售收入约3.77亿元，缴纳税金286万元。　(王常飞)

个体经济

【概况】　2017年，全市个体工商户达221894户，同比增长12.75%；资金数额151.65亿元，同比增长21.89%。全年新登记个体工商户35191户，同比增长46.53%；资金数额35.07亿元，同比增长43.05%。全年注销个体工商户11335户，同比下降40.29%，个体工商户存活度不断提升。

图26　绵阳高新区经纬达科技有限公司

2017年绵阳市实有个体工商户户数和资金统计

表16

类型	项目	2016年期末实有数	2017年期末实有数	同比增长（%）
个体工商户	户数（户）	196796	221894	12.75
	注册资金（亿元）	124.41	151.65	21.89

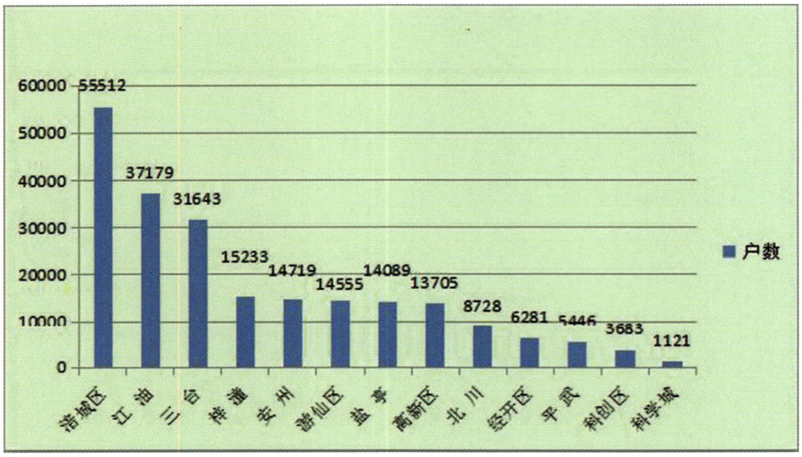

图27　实有个体工商户区域总体分布情况

【个体工商户产业结构】 2017年，全市登记个体工商户中投资增长率前三位分别是：批发和零售业14842户；住宿和餐饮业8635户；交通运输、仓储和邮政业4458户，三者新增数量之和占新增个体工商户总数的79.38%。随着全市鼓励民间资本向战略新兴产业、基础设施建设领域投资政策落实，民间资本投向交通运输、仓储、信息技术服务等领域更加活跃，受益于营商环境的不断改善和电子商务的迅速崛起，交通运输、仓储业持续保持高速增长态势，成为发展潜力最为突出的新兴服务业之一。（姜海涛）

2017年绵阳市个体工商户行业户数和资金分布情况

表17

行业	2017年	
	户数（户）	资金（万元）
农、林、牧、渔业	698	37570
采矿业	7	764
制造业	932	11099
电力、热力、燃气及水生产和供应业	6	264
建筑业	104	1180
批发和零售业	14842	114235
交通运输、仓储和邮政业	4458	49742
住宿和餐饮业	8635	86365
信息传输、软件和信息技术服务业	192	1476
金融业	4	66
房地产业	20	233
租赁和商务服务业	645	9461
科学研究和技术服务业	43	396
水利、环境和公共设施管理业	4	90
居民服务、修理和其他服务业	4231	29675
教育	15	180
卫生和社会工作	135	1350
文化、体育和娱乐业	192	6256
其他	28	314

投资引资

概 述

【概况】 2017年，市委办、市政府办出台《贯彻落实〈中共四川省委、四川省人民政府关于深化投融资体制改革的实施意见〉责任分工》等文件，完善投资体制，规范投资管理，提高投资效益。市政府与省金融工作局、人行成都分行签订《四川省直接债务融资创新发展合作备忘录》，绵投、科发、长虹等企业注册发行各类债券75亿元。市政府印发《应收账款融资服务深化试点工作方案》，全市167家资金提供方、6家核心企业和240家中小企业开通中征平台用户，实现平台融资485笔、82.77亿元。全市20家中小企业申报进入全省"新三板"挂牌重点后备企业名单。全市确立21项改革重点任务，为各类市场主体减负。深化行政审批制度改革，取消行政许可事项21项，市本级保留行政许可事项209项。

【投资项目审批】 2017年，市发改委制订《绵阳市投资项目网上并联审批暨网上备案实施方案（试行）》，落实企业投资自主权。绵阳在全省率先实行投资建设项目从立项到验收全程并联审批，将涉及17个部门63个行权事项统一纳入并联审批窗口"一窗进出"，实行"统一组织、一窗受理、前置后补，同步审批"。市政府法制办等部门印发《绵阳市市级单位行政权力清单目录》、市政务服务管理局等部门印发《绵阳市市级单位行政权力责任清单》，38个市级部门6261项"权力清单"及"责任清单"面向社会公示。开展"减证便民"行动，清理取消村社（区）各类证明事项289项，仅保留13项，系全省保留证明事项最少的市州之一。市政务服务管理局制定《绵阳市政务服务大厅窗口优化调整方案》，实现二手房交易契税全城通办和房屋交易、契税缴纳、不动产登记"一站式" "一条龙"服务。

【政府投资管理改革】 2017年，市委办、市政府办印发《2017年市级领导定点联系重点项目》，确定市委书记、市政府市长等16位市领导定点联系重点项目。市发展改革委出台《关于"六个一"工作机制的实施意见》和《重点项目专员制度》等制度，确定36名项目专员定点联系重点项目。全市对总投资8286.95亿元的3090个项目纳入项目信息管理平台，实行动态管理。引导全市登记备案的16家投资基金及管理机构，为80多家科技企业和军民融合企业投入风险资本23.6亿元。组建50亿元绵阳市县域经济产业发展投资基金。2017年，全市对外发布第二批鼓励社会资本投资重大项目47个、总投资739.49亿元，实施项目16个，投资总额174.96亿元，吸引社会资本(融资) 161.99亿元。 （何 君）

招商引资

【概况】 2017年，全市策划举办招商引资活动11场，参加全省重大活动13场，获取项目信息814条，认定并分配有效项目信息635条、同比增长22.6%，完成全年奋斗目标的105.8%；全市推动在谈重点产业项目636个，完成全年奋斗目标的127.2%；新签约项目469个、拟投资2126.75亿元，同比增长14.4%、22.4%，其中"两新"产业项目249个、拟投资1330.99亿元，占比分别达53.1%、62.6%；全年国内省外履约项目696个，到位资金686.58亿元、同比增长25.53%。全年引进到位国内省外资金431.02亿元，持续稳居居全省第2位。

【重大项目招商】 2017年，全市引进5亿元以上项目90个，拟投资1764.94亿元，占签约总额82.99%，其中，10亿元—30亿元项目32个、30亿元—100亿元项目13个、100亿元以上项目2个。汉能集团投资453亿元建设的移动能源产业园项目、东旭集团投资30亿元建设的第一个省外新能源汽车整车项目、华晨集团投资30亿元建设的南方基地汽车整车项目、新松机器人投资20亿元建设的机器人产业园项目、360公司投资10亿元建设的全国安全服务运营总部项目等一批重特大产业项目相继落户绵阳，开创绵阳招大引强新纪录，对全市乃至全省产业转型特别是节能环保、新能源汽车和网络安全产业发展具有重要的里程碑意义。

【重大投资区域】 2017年，结合市情实际和产业基础，全市优化7个驻外分局的驻点和招商区域，注重围绕产业输出地和类别产业、类别企业聚集区招商。海外分局新建德国、英国、意大利3个驻外战略合作办事处，绵阳驻外战略合作办事处达8个，在西欧地区形成系统完善的海外招商网络，巩固和扩大绵阳在欧洲、北美、东亚和大洋洲的海外招商版图；北京分局紧盯京津冀协同发展时期制造业外迁机遇，突出对中关村下属18个产业园区外迁企业招商；上海分局突出金融、资本、装备制造产业和上海、苏州区域招商；深圳分局突出电子信息产业和深、港、澳等区域招商；重庆分局突出重庆汽车配套、西安军民融合，强化省局和成都项目信息获取、促进；厦门分局突出台湾、武汉区域招商；沈阳分局突出东北汽车项目促进，以及其他分局未覆盖区域的重点项目流动招商。

【招商机制创新】 2017年，全局举办以投融资、国土、规划、税务，以及县市区现场学习等重点内容为主题的视界大讲堂8期，创新开设局机关职工大讲堂22期、读书角4期，评选出月度业务工作、创新工作、团队建设先进科室和分局24个次，在机关科室和驻外分局形成互帮互助、评先争优、奋发向上的良好氛围，全局干部职工能力素质明显提升；研究编制形成《六大两新产业企业投资趋势分析报告》，收录分析187户重点目标企业；梳理全局性创新成果33条和微创成果50余条，并汇编形成《创·投促》，先后建立“内部控制手册”等系列制度规范，整理编印《投资促进工作年度资料汇编》，建成覆盖市投促局机关、各驻外分局的远程会议视频系统和全市投促项目信息管理系统，全市投资促进工作规范、有序、高效开展，步入制度化、科学化、规范化运行轨道。

【招商平台活动】 2017年，全市坚持把投资推广活动作为宣传推介绵阳的重要窗口和对接促进项目的重要方式，策划举办招商引资活动11场，参加全省重大活动13场。2月20日，在成都举行深化战略合作暨四川中油九洲北斗科技能源有限公司项目签约仪式。2月27日，在梓潼县举行第三届海峡两岸文昌文化交流活动台商投资恳谈会。3月7日，在盐亭举行第二届海峡两岸嫘祖文化交流活动暨2017年华夏母亲嫘祖故里祭祖大典。3月21日，到深圳出席中国（绵阳）科技城智能制造及智能终端产业投资推广会。同日，在成都举行绵阳生物医药产业园投资恳谈会暨签约仪式。4月6日，在德国慕尼黑举办中国（绵阳）科技城中德产业园投资推广会。4月10日，在巴黎举办中国（绵阳）科技城法国投资推广会。4月13日，在英国剑桥大学举办中国（绵阳）科技城英国投资推广会。5月18日，绵阳市与汉能控股集团举行签约仪式。7月28日，在绵阳举行赞比亚—绵阳经贸对接会暨绵阳市与琼圭市缔结友好合作关系签约仪式。9月8日，在绵阳举行第五届中国（绵阳）科技城国际科技博览会投资推介会暨集中签约仪式。9月14日，在绵阳举行2017“海科会”海外高新科技人才走进中国（绵阳）科技城投资推介会。9月20日，在绵阳市举行2017中国（四川）电子商务发展峰会举行项目签约仪式。9月21日，在绵阳市召开2017中国（四川）电子商务发展峰会世界互联网川籍精英圆桌会议。9月22日，在绵阳市举行重点招商项目和重点企业“服务绿卡”授卡仪式。11月26日，在绵阳市举办“资本助力军民融合发展”专题投资推介会。

固定资产投资

【概况】 2017年，全市贯彻落实党中央、国务院和省委、省政府促投资、稳增长各项决策部署，开展“项目年”活动，投资增速进一步加快。全年完成全社会固定资产投资1436.54亿元，同比增长13.1%，投资增速继续保持两位数增长。投资总量和增速分别高于全年目标任务（1422亿元、12%）14.54亿元和1.1个百分点。投资总量位居全省第7，与2016年同期持平；投资比重占全省投资的4.5%，比2016年同期提高0.1个百分点；投资增速在全省排名第11位，比2016年同期上升3位，超过全省平均增速2.9个百分点。

【投资结构优化】 2017年，全市从全社会固定资产统计范围来看，固定资产项目投资1225.89亿元，同比增长19.7%，拉动投资15.87%；房地产投资176.65亿元，同比下降14.1%，拉动投资下降2.28%；农户投资34亿元，同比下降15%，拉动投资下降0.47%。从投资构成来看，建筑工程投资961.18亿元，同比增长15.7%；安装工程投资136.48亿元，同比增长9.9%；设备工器具购置投资221.86亿元，同比增长9.7%；其他费用投资117.03亿元，同比增长3.5%。从产业组成来看，第一产业投资62.80亿元，同比增长7.7%，拉动投资0.35%；第二产业投资497.19亿元，同比增长26.8%，拉动投资8.27%；第三产业投资876.55亿元，同比增长7%，拉动投资4.49%。从企业登记注册类型来看，内资企业投资1362.70亿元，同比增长14.6%；港澳台商投资15.22亿元，同比增长49.5%；外商投资16.41亿元，同比下降5.3%；个体经营投资42.20亿元，同比下降21%。从企业控股情况来看，国有控股企业投资643.07亿元，同比增长25.5%；集体控股企业投资9.30亿元，同比下降56%；私人控股企业投资629.26亿元，同比下降0.8%；港澳台商控股企业投资14.81亿元，同比增长40.4%；外商控股企业投资11.50亿元，同比下降2.1%；其他企业投资128.59亿元，同比增长60.8%。

【重点领域投资】 2017年，全市基础设施投资完成502.07亿元，同比增长27.3%，占全市投资比重达34.9%，比2016年同期高3.8个百分点，自2016年以来，连续2年保持20%以上的增长。产业投资完成485.89亿元，同比增长24%，占全市投资比重达33.8%，比2016年同期高3个百分点，自4月以来，连续9个月保持两位数以上增长。工业投资完成493.21亿元，同比增长26.6%，比2016年同期提升16.6个百分点。技改投资完成454.8亿元，同比增长26.8%，比2016年同期提升17.3个百分点。

【县市区（园区）投资】 2017年，全市14个纳入统计的区域中，涪城区、游仙区、安州区、江油市、三台县、梓潼县、盐亭县、平武县、北川县、高新区、仙海区、经开区等12个地区超额完成年度投资目标任务。从投资增速来看，全市共10个地区呈两位数以上增长，其中游仙区、安州区、江油市、三台县、盐亭县、平武县、北川县、高新区等8个地区的增速高于全市平均增速。

【重大项目投资】 2017年，全市施工项目2407个，同比增长18.1%。其中，1亿元及以上项目421个，同比增长22.4%。新开工项目1538个，同比增长7.6%。其中，1亿元及以上新开工项目191个，同比增长22.4%。216个独立省市重点项目，年度计划投资266.59亿元，完成350.58亿元，投资完成率131.51%。其中：41个独立省重点项目，年度计划投资111.74亿元，完成投资181.69亿元，投资完成率162.60%；175个市重点项目，年度计划投资154.85亿元，完成投资168.89亿元，投资完成率109.07%，全市5000万元以上项目完成投资886.75亿元，同比增长34.5%，比2016年同期提升41.3个百分点，九（寨沟）绵（阳）高速、京东方、金能等重大项目为全市项目储备提供支撑。（何　君）

绵阳市2017年省市重点项目明细表（1—12月）

表18　　单位：万元

序号	项目名称	总投资	2017年预计投资	1—12月完成投资	完成率
独立省市重点项目合计（216个）		17016143	2665949	3505775.658	131.50%
独立省重点项目（41项）		11300622	1117400	1816865	162.60%
1	绵阳金能移动能源产业园（一期）	660000	10000	350000	3500.00%
2	野马汽车新能源及传统能源乘用车生产（二期）项目	155000	40000	40000	100.00%
3	华晨瑞安凸轮轴生产项目	66000	10000	11872	118.72%
4	B11项目	4650000	80000	401300	501.63%
5	四川保和富山再生资源产业园–国家“城市矿产”示范基地	498000	30000	30820	102.73%
6	神华天明煤电一体化循环经济产业园项目（一期）	820000	150000	164872	109.91%
7	电子九所军民融合磁性材料产业园项目	51000	10000	12400	124.00%
8	军民两用特种电容器产业化项目	45000	12000	12000	100.00%
9	绵阳六合锻造航空与燃机合金及高端模具钢用锻件锻材技改工程	87759	20000	26578	132.89%
10	绵阳双自返富氧液相氧化与碳化法制备红矾钠产业化技改工程	53433	10000	17800	178.00%
11	中国科技城（绵阳）科技物流产业园	80000	5000	12000	240.00%
12	绵阳科技城创新中心（三期）项目	135000	17500	18600	106.29%
13	李白文化产业项目	370000	50000	61200	122.40%
14	盐亭县50万头生猪养殖基地项目	50000	25000	20000	80.00%
15	长虹空调智能制造项目	51470	25000	25135	100.54%
16	中国科技城（绵阳）游仙军民融合产业园园区创新中心及企业加速器项目	105000	40000	41260	103.15%
17	四川中物军民融合智能制造示范基地项目	100000	10000	10000	100.00%
18	龙华光电聚碳酸酯薄膜新材料产业园	30000	3000	30000	1000.00%
19	中国兵器绵阳智能制造中心项目	50000	10000	2611	26.11%
20	华丰电动汽车连接器生产线项目	5110	2500	2506	100.24%
21	华丰连接器产业基地项目	46180	15000	16180	107.87%
22	动力锂离子电池生产线（二期）扩能项目	10000	2000	2008	100.40%
23	西部冷都冷链物流（二期）项目	70000	10000	15000	150.00%
24	绵阳华夏历史文化科技产业园（一期）	290000	100000	101430	101.43%
25	梓潼50万头生猪产业链项目	40612	10000	10000	100.00%
26	绵阳科技城创新基地项目	123900	30000	24189	80.63%
27	中国科技城（绵阳）游仙军民融合产业园道路及配套设施（一期）项目	195000	50000	52100	104.20%

续表

序号	项目名称	总投资	2017 年预计投资	1—12 月完成投资	完成率
28	四川省武都引水第二期灌区工程	491365	80000	75492	94.37%
29	绵阳科技城集中发展区启动区项目	552064	12000	11520	96.00%
30	绵阳科技城集中发展区综合管廊项目	600000	100000	98000	98.00%
31	游仙区科学城快速通道项目	69500	40000	40000	100.00%
32	三台县五里梁片区道路及配套基础设施（一期）项目	145400	20000	20650	103.25%
33	开茂水库	92365	5000	5000	100.00%
34	沉水水库	42965	10000	7462	74.62%
35	宝成线皂角铺铁路物流基地工程	79000	15000	2000	13.33%
36	北川通用机场	37499	11000	2110	19.18%
37	绵阳市安昌河（高新区段）综合整治项目	47000	9400	5950	63.30%
38	草溪河综合整治工程	130000	10000	8120	81.20%
39	四川汽车职业技术学院新校区	50000	5000	15000	300.00%
40	西科大城市学院主校区	50000	13000	5200	40.00%
41	绵阳朴康社会养老中心	75000	10000	8500	85.00%
市重点项目合计：175 项		5715521	1548549	1688910.658	109.06%
1	西成客专江油北站站前广场及配套设施建设	22150	19000	22146	116.56%
2	S205 线绵阳绕城改线工程（游仙区）	90000	30000	31780	105.93%
3	省道 416 线绵中公路（涪城区）	74500	35000	45000	128.57%
4	S418 线安州区至睢水一级公路建设	91783	45000	45000	100.00%
5	三台县县乡道路建设	65399	20500	20500	100.00%
6	绵遂高速路出口道路提升工程（三台县）	29970	26970	26970	100.00%
7	三台县中涪路（中新镇至射洪涪西）	35775	25775	25775	100.00%
8	北川县省道 S107 线（原 S105 线）绕桂溪场镇段提升工程	7788	2788	2788	100.00%
9	北川县通用机场Ⅰ路建设	3871	3800	3800	100.00%
10	北川县唐家山堰塞湖跨湖大桥新建	11427	3427	3427	100.00%
11	2016 年盐亭县乡道公路改造	6800	1800	1800	100.00%
12	梓潼县文兴乡双凤村至梓潼县城段公路大修工程	9614	7614	17015	223.47%
13	游仙区 G108 线绵阳绕城改线工程一期	112100	10000	10473	104.73%
14	涪城区杨家镇至关帝镇产业环线建设工程	5000	3000	3000	100.00%
15	涪城区中环线丰谷镇至关帝镇建设工程	3000	1000	3000	300.00%
16	富乐大道（游仙区乡村旅游环线）	110000	10000	4000	40.00%

续表

序号	项目名称	总投资	2017年预计投资	1—12月完成投资	完成率
17	安州区成绵复线宝林出口至睢水公路建设	33000	10000	13000	130.00%
18	江油至三台芦溪公路改建工程（江油段）	88078	20000	14500	72.50%
19	北川县S302禹里至茂县界大修工程	11578	11578	11578	100.00%
20	S105北川安昌桑枣界至北川安昌河大桥桥头段大修工程	3474	3474	3474	100.00%
21	省道105永安至香泉段大修工程	5780	5780	5780	100.00%
22	三台县S101线（永新至三元段）改建	17948	17948	17948	100.00%
23	省道S302西线梓潼县城至黎雅镇西安村大修工程	10204	6364	6364	100.00%
24	省道209线仙峰乡至三台龙树界改建工程	70359	12000	12000	100.00%
25	四川省绵阳市盐亭县金孔出口至嫘祖陵景区道路	40000	15000	8010	53.40%
26	盐亭县三星场口渡改公路桥工程	4000	4000	3810	95.25%
27	盐亭县龙顾井渡改公路桥工程	3500	3500	3411	97.46%
28	江油市武都引水工程取水枢纽闸除险加固工程	3955	3795	3650	96.18%
29	高新区安昌河石桥铺景观闸坝蓄水工程	15385	9000	9000	100.00%
30	三台县城北新区防洪排涝工程（引水入城工程）	7500	7000	7000	100.00%
31	盐亭县三道咀水库道路建设	13600	4000	4400	110.00%
32	武都引水第二期灌区工程大宝等4个支渠建设	20863	3017	3017	100.00%
33	武引二期盐亭灌区工程	45153	10000	12000	120.00%
34	涪城区2017年节水型社会建设	1500	1200	1200	100.00%
35	绵阳市安州区草溪河水库工程建设	53400	10000	3330	33.30%
36	北川县安昌镇-永昌镇段防洪堤工程	3557	2000	3000	150.00%
37	梓潼河左岸梓潼县莲枝段堤防工程建设	7600	5000	5000	100.00%
38	梓潼县节水型社会建设重点县项目	1500	1500	1500	100.00%
39	梓潼县马东等3条斗渠建设项目	22000	2000	2500	125.00%
40	武引二期盐亭灌区田间工程	21100	4200	1512	36.00%
41	三台县涪江冬瓜山电航柤纽工程	104122	28000	28050	100.18%
42	平武县虎牙电站工程	45000	2000	8000	400.00%
43	绵阳江油500千伏输变电工程	32897	9000	13705	152.28%
44	平武县平通经响岩至南坝110kV输变电工程	4074	3000	3000	100.00%
45	三台县2016年农网改造升级工程（第一批）	9329	9329	9329	100.00%
46	涪江三桥维修加固	4336	3836	3836	100.00%
47	绵阳燕儿河城镇供水（第二水源）工程	12510	8334	8834	106.00%

续表

序号	项目名称	总投资	2017 年预计投资	1—12 月完成投资	完成率
48	江油市南一环一标段建设	31000	11000	10000	90.91%
49	三台县西平全国示范镇基础设施建设项目	20790	7505	7505	100.00%
50	盐亭县桂花街市政道路工程	11000	7300	8000	109.59%
51	绵阳市元通公园	33294	28000	13816	49.34%
52	绵阳科技城沉抗大道	110000	20000	35642	178.21%
53	滨河南路道路综合改造工程（安昌桥至白衣庵）	50000	40000	360	0.90%
54	城区人行过街设施建设	9000	9000	5000	55.56%
55	城区街头游园绿地提升项目	6500	6500	3600	55.38%
56	人民公园改造提升项目	8000	4000	100	2.50%
57	绵阳荷花大桥工程	58615	23000	0	0.00%
58	绵阳市污水处理厂污泥处置	5177	5100	677	13.27%
59	滨江西路道路综合改造工程（凤凰城至绵江公路）	82000	16400	520	3.17%
60	江油市明月岛公园建设	102830	20000	39500	197.50%
61	三台县城市断头路建设	7773	7773	5000	64.33%
62	绵阳市戒毒所扩建工程	1201	751	808.6575	107.68%
63	梓潼县仁和镇爱国等 9 个村土地整理项目	3527	3327	3327	100.00%
64	游仙区年产 15 万樘智能家居自动生产线建设	55000	6000	6200	103.33%
65	游仙区动力锂离子电池、聚合锂离子电池生产线建设	19000	6000	6060	101.00%
66	游仙区陶瓷电容器和电子变压器生产项目	15000	8000	8105	101.31%
67	安州区中药前处理及配套工程建设	12000	6000	6000	100.00%
68	安州区年产 5 万吨水性纳米及石墨烯高端特种涂料军转民产业化项目	28000	10000	10000	100.00%
69	江油市卓璟光电 LED 灯具及光源产业园建设	50000	10000	10010	100.10%
70	江油市西部裘革国际产业城	29580	5000	6403	128.06%
71	江油市年产 6 万吨中高档玻璃瓶生产线建设	20000	12000	18000	150.00%
72	江油市 5 万吨/年聚甲氧基二甲醚建设项目	100000	10000	63610	636.10%
73	三台县预拌砂浆、混凝土生产线建设	8000	2500	2500	100.00%
74	三台县农副产品加工生产线建设	9000	6150	6150	100.00%
75	三台县年产 4 万吨猪肉罐头生产线（续建 2 万吨）技改	7554	4000	4000	100.00%
76	三台县年产 5 万吨特种纸技改扩能项目	8500	2500	2500	100.00%
77	北川县无人机产业园标准厂房建设	30000	10000	10000	100.00%
78	盐亭县新建中药有效成分提取、纯化生产线项目	8220	2220	2400	108.11%

续表

序号	项目名称	总投资	2017年预计投资	1—12月完成投资	完成率
79	盐亭县年产12万吨膨润土生产线搬迁改造	7660	5300	5300	100.00%
80	梓潼县机动车驾考中心及监测站建设	7000	4000	4300	107.50%
81	梓潼县新建年产2000吨新型苎麻纤维素纤维生产线建设	6800	400	400	100.00%
82	经开区年产2万吨PVB树脂产业化建设项目	19500	3000	3151	105.03%
83	经开区美菱冰箱智能制造（绵阳）	22738	10038	10150	101.12%
84	经开区汽车气门组件生产和销售项目	12000	4000	4028	100.70%
85	涪城区龙门镇农副产品中小工业园建设	5000	2000	5000	250.00%
86	游仙区年产500万套PLC光分路器建设	20000	10000	10240	102.40%
87	游仙区数字视听产品及出口加工基地二期	13000	7000	7340	104.86%
88	梓潼县中药免煎颗粒制造生产线建设	5000	2000	3000	150.00%
89	梓潼县植物天然活性成分提取及保健食品研发生产线建设	3000	1800	3000	166.67%
90	高新区高性能中空纤维膜组件及膜法水处理设备制造	10000	7000	7280	104.00%
91	高新区绵阳野马汽车配套产业园注塑厂	20000	20000	20000	100.00%
92	高新区移动互联网产业园	20000	3000	3500	116.67%
93	高新区京东方第6代AMOLED（柔性）生产线项目220千伏变电站	10000	3000	3200	106.67%
94	经开区军民用火工品勤务保险产业化建设	3800	2000	2261	113.05%
95	经开区危险废物综合利用与治理及润滑油生产	9000	3050	3084	101.11%
96	经开区禾大西普化学扩能3000吨/年壬二酸项目	5800	3000	3052	101.73%
97	经开区果蔬保鲜仓储基地建设	19500	15000	15226	101.51%
98	经开区高频无极灯磁芯项目	6000	4000	4105	102.63%
99	经开区信息安全产业园	25000	6000	6083	101.38%
100	涪城区“放心粮油”产加销体系建设	5000	1600	2000	125.00%
101	涪城区巴蜀庄园建设	15000	2000	8500	425.00%
102	游仙区农业循环经济产业园建设	30500	10000	13929	139.29%
103	江油市黑宝彩谷农村产业融合发展项目	155800	10000	28000	280.00%
104	盐亭县全国新增千亿斤粮食生产能力田间工程建设	15000	2400	2400	100.00%
105	梓潼县新一轮退耕还林建设	4500	1440	1440	100.00%
106	梓潼县国家级种子基地建设	6000	3000	3000	100.00%
107	梓潼县粮油产业园建设	5440	940	940	100.00%
108	梓潼县黎雅镇2016年国家农业综合开发高标准农田建设	1351	751	751	100.00%
109	梓潼县2016年财政现代农业生产发展资金项目（水稻产业）	1676	676	676	100.00%

续表

序号	项目名称	总投资	2017年预计投资	1—12月完成投资	完成率
110	安州区雪宝乳业生态观光农业建设	32000	2000	6860	343.00%
111	梓潼县全国新增1000亿斤粮食生产能力2017年田间工程建设	1500	500	1500	300.00%
112	梓潼县卧龙镇2017年国家农业综合开发高标准农田建设	1120	500	1120	224.00%
113	梓潼县卧龙标准化母牛繁育场及品种改良建设	5000	2000	5000	250.00%
114	梓潼县绿环有机观光农业	8900	3000	5000	166.67%
115	高新区会展中心三期工程	66000	40000	36800	92.00%
116	游仙区立宇国际家居建设综合体	250000	20000	20400	102.00%
117	四川（江油）颐江国际电子商务产业园项目	60000	12000	15000	125.00%
118	盐亭百惠通西部农贸物联港	36000	3000	14700	490.00%
119	梓潼县文昌文化主题酒店建设	3800	800	900	112.50%
120	三台县五鑫农产品交易中心	28000	8500	8500	100.00%
121	仙海橘子功成旅游商业综合体	50000	15000	8100	54.00%
122	游仙区鹤林绿洲乡村旅游基地建设	100000	20000	23000	115.00%
123	三台县“狂欢小镇”乡村旅游扶贫基础设施建设	36000	10000	10020	100.20%
124	梓潼县卧龙千佛岩牛头山生态观光体验乡村旅游建设项目	9500	2000	3000	150.00%
125	北川县九皇山720度高科技体验项目	33000	21000	21000	100.00%
126	江油市中华洞天旅游区建设项目（一期）	62000	10000	18000	180.00%
127	北川县任家坪经石椅山至龙吟寺客运索道	4000	1500	1500	100.00%
128	涪城区欢乐碗水乡文化村	30000	5000	30000	600.00%
129	仙海旅游康养产业园（一期）	30000	12000	0	0.00%
130	外国语学校食礼堂建设	4000	1500	800	53.33%
131	绵阳南山中学双语学校综合楼新建	3400	1200	1900	158.33%
132	游仙职教中心实训基地建设	3000	2000	2460	123.00%
133	游仙区红苹果教育生态产业园	21800	10000	11000	110.00%
134	绵阳市安州区沙汀实验小学建设	5990	2390	2390	100.00%
135	三台县职业教育中心建设	35119	9000	9000	100.00%
136	三台县芦溪初中新建一期项目	4859	3000	3050	101.67%
137	高新区火炬二小迁建和附属幼儿园新建	6300	2000	550	27.50%
138	绵阳市中医院门急诊综合大楼二期工程	11078	3478	3478	100.00%
139	绵阳市儿童医院建设	10000	5000	1900	38.00%
140	绵阳市疾病预防控制中心实验室建设	3500	500	1200	240.00%

续表

序号	项目名称	总投资	2017年预计投资	1—12月完成投资	完成率
141	北川羌族自治县中羌医医院住院大楼	2800	1800	1800	100.00%
142	三台县中医院改扩建	5950	3950	3950	100.00%
143	中国天府健康养老城	50000	10000	10000	100.00%
144	绵阳市游仙区人民医院外科楼建设	5000	3500	3500	100.00%
145	梓潼县中医疗养院建设项目	11000	8000	8000	100.00%
146	四川绵阳四〇四医院第二住院综合大楼建设	14466	5700	0	0.00%
147	福星晚晴园养老项目	68000	20000	20000	100.00%
148	红花园养心谷	28000	10000	10000	100.00%
149	涪城区汉地现代田园养老	35000	2000	2800	140.00%
150	三台县城南片区棚户区改造项目	65228	8000	14780	184.75%
151	三台县立新镇老旧住宅综合整治项目	1600	1400	1400	100.00%
152	绵阳师范学院安居房	22100	2780	2780	100.00%
153	游仙区东兴路8号危旧房棚户区改造	67200	12000	12000	100.00%
154	游仙区桑林坝居民统建安置小区建设	47800	20000	25000	125.00%
155	科创区家园盛景安置房	39700	15000	16933	112.89%
156	梓潼县棚户区改造配套基础设施建设	1110	1060	1300	122.64%
157	三台县潘家坝二期安置房	9800	4000	2035	50.88%
158	三台县东门片区危旧房棚户区改造项目	33000	2000	3400	170.00%
159	三台县耀森路城中村改造项目	11741	6000	2800	46.67%
160	三台县潼川镇大十字社区老旧住宅区综合整治项目	1500	1500	1500	100.00%
161	三台县芦溪镇油坊街、金子山街老旧住宅区综合整治项目	1900	1700	1730	101.76%
162	三台县芦溪水磨河区域危旧房改造项目	11000	5000	4965	99.30%
163	平武县西城门等四片区棚户区改造	56597	1000	20472	2047.20%
164	游仙区七星坝城市生活污水处理厂工程	7457	3321	3821	115.06%
165	安州区凯江污水处理厂建设	15000	6000	6000	100.00%
166	三江湖国家湿地公园建设	7372	1500	1500	100.00%
167	梓潼县梓江流域污染综合治理项目	17000	5300	6000	113.21%
168	涪城区乡镇污水处理设施及配套管网建设	34000	4000	4000	100.00%
169	梓潼县2017年国家水土保持重点建设	1120	1120	1120	100.00%
170	集中发展区工业污水处理厂	20000	2000	850	42.50%
171	绵阳万达城南中央商务区	1000000	150000	181549	121.03%

续表

序号	项目名称	总投资	2017年预计投资	1—12月完成投资	完成率
172	北川县乐天生活广场	10100	6000	6000	100.00%
173	仙海区海地达·海珀澜山	18879	10000	15356	153.56%
174	东辰永兴国际	94100	24100	24100	100.00%
175	文泉·理想城邦	116030	20000	20000	100.00%

2017年绵阳市全社会固定资产投资平衡计划

表19　　单位：亿元

	2017年目标分解预案	
	目标	增速
全　市	1422	12%
涪城区	239	5.4%
游仙区	166	15.5%
安州区	132	15.5%
江油市	211.5	15.5%
三台县	115	12.3%
盐亭县	75.5	12.2%
梓潼县	89.5	12.2%
平武县	43.5	16.6%
北川县	46.5	8.1%
高新区	128	15.4%
经开区	106	12.5%
科创区	41	3.8%
仙海区	23.5	1.5%
科学城	5	12.1%

2017年绵阳市投资主要数据

表20　　单位：万元

指标名称	本年累计	2016年同期	同比速度（%）
一、全社会固定资产投资合计	14365411	12699722	13.1
其中：民间投资	7725907	7428188	4.0
固定资产项目投资	12258863	10243947	19.7
其中：技改投资	4547981	3586231	26.8
“2+4”产业投资	3781389	2866659	31.9
房地产开发投资	1766548	2055775	-14.1

续表

指标名称	本年累计	2016年同期	同比速度（%）
按构成分：1. 建筑工程	9611753	8304081	15.7
2. 安装工程	1364783	1242099	9.9
3. 设备工器具购置	2218611	2022732	9.7
4. 其他费用	1170264	1130810	3.5
按产业分：1. 第一产业	627995	583241	7.7
2. 第二产业	4971875	3921152	26.8
其中：工业投资	4932146	3897152	26.6
3. 第三产业	8765541	8195329	7.0
其中：交通运输	1881393	1499809	25.4
二、本年资金来源小计	14438139	12214871	18.2
其中：国家预算资金	1450006	1440456	0.7
国内贷款	1322302	895254	47.7
债券	560	100	460
利用外资	6046	44714	–86.5
自筹资金	9409202	8268855	13.8
其他资金	2250023	1565492	43.7
三、商品房施工面积（万平方米）	1882.76	1983.76	–5.1
商品房竣工面积（万平方米）	303.15	379.22	–20.1
商品房销售面积（万平方米）	554.85	394.15	40.8

2017年绵阳市各县市区（园区）投资情况

表21 单位：万元

	全社会固定资产投资	工业投资	技改投资	房地产	民间投资	2016年同期	同比速度（%）
全市总计	14365411	4932146	4547981	1766548	7725907	12699722	13.1
#科技城	11375056	4396082	4101243	1575432	6525092	10031845	13.4
涪城辖区	5075971	2072116	2010446	1103352	2872888	4697837	8.0
#涪城区	2393041	706201	612905	379519	1088788	2268532	5.5
高新区	1330819	805097	792920	230760	900547	1109256	20.0
经开区	1061741	528177	528663	332604	789461	941944	12.7
科创区	290370	32641	75958	160469	94092	395033	–26.5
游仙辖区	1977183	620896	552005	137191	1017089	1730101	14.3
#游仙区	1686394	620896	552005	132191	999249	1437145	17.3
仙海区	248018	—	—	5000	17840	231477	7.1

续表

	全社会固定资产投资	工业投资	技改投资	房地产	民间投资	2016 年同期	同比速度（%）
科学城	42771	—	—	—	—	44551	–4.0
安州区	1320287	617276	431578	44656	1021323	1143166	15.5
三台县	1200328	212217	192217	188549	598429	1023890	17.2
盐亭县	771128	176490	184324	83252	354425	673019	14.6
梓潼县	900480	198543	150673	17030	369543	797646	12.9
北川县	488353	179044	177000	27677	294407	430023	13.6
平武县	450714	72893	62149	15162	177219	373032	20.8
江油市	2180967	782671	787589	149679	1020584	1831008	19.1

经济体制改革

【概况】　2017年,全市围绕贯彻落实中央、省、市各项决策部署，发挥市场在资源配置中的决定性作用，开展供给侧结构性改革、加快政府职能转变、深化财税金融体制改革、创新投资促进等重点改革。实施企业登记“全流程、无纸化、零见面”全程电子化；推进企业集群注册、简易注销的登记制度改革、实施“多证合一”改革，为企业经营发展创造良好条件。全年新登记市场主体4.87万户，同比增长34.97%；新增注册资本（金）945.99亿元，同比增长67.38%。全市市场主体达28.97万户，居全省第二位。发布《第二批鼓励社会资本投资重大项目计划》，推出重大项目47个，估算总投资739.49亿元。创新资本合作模式，健全完善PPP工作，全市已实施项目15个，投资174.9亿元，吸引社会资本(融资）139.9亿元。绵阳市生活垃圾焚烧发电项目入选第三批国家级PPP示范项目。全市按PPP程序推进项目16个，总投资144.8亿元，预计吸引社会资本（融资）134.1亿元。

2017年，全市落实税收优惠政策，为企业减税超过60亿元，减少电力用户成本3.32亿元，减少非居民天然气用户成本1.57亿元。设立县域经济产业发展投资基金50亿元，激发县域经济活力。创建“全国质量强市示范城市”，加快补齐质量品牌短板。实施两个“一号工程”，产业产值占全市规模以上工业总产值比重54%、37%；全年电子商务交易额2606.13亿元，同比增长28.94%，全省排名第二。出台社会信用体系建设系列实施意见，编制《绵阳市公共信用信息共享交换平台建设设计方案》，加快推进平台一期建设。

【政府职能转变】　2017年，市政府印发《绵阳市建设服务型政府行动方案》，推进“放管服”改革。通过推进“互联网+政务服务”信息惠民试点，形成“一号申请、一窗受理、一网通办”，规范行政审批事项，动态调整全市权责清单，加强行政权力运行监管，明确3年里完成的43项具体工作，涉及相对集中行政许可权改革、构建数据资源互认共享体系等各个方面。全年，行政事业性收费32项，比2016年减少25项，为企业减负3290万元。政府性基金收费目录清单项目18项，比2016年减少2项，为企业减负2000万元。加快推进相对集中行政许可权改革试点，江油经验做法在全市推广，各县市组建行政审批局，将行政许可权划转行政审批局相对集中行使。推进行政机关与行业协会商会脱钩，第一批脱钩工作基本完成。

【供给侧结构性改革】　2017年，市政府印发《绵阳市2017年推进供给侧结构性改革重点工作方案》，提出年度88项供给侧结构性改革重点工作。全年压减水泥产能345.38万吨，提前3个月完成全年压减水泥产量300万吨的目标任务。截至12月，可供销售商品住房170.78万平方米，较2016年底有效化解291.78万平方米商品住房库存。加快多层次资本市场建设，新增上市挂牌企业2家，总数达到32家，位居全省第二，4家拟上市企业进入全省IPO推进重点企业名单，18家中小企业进入全省“新三板”挂牌重点后备企业名单；绵投、科发、长虹等企业注册发行各类债券75亿元。

【推进商事制度改革】　2017年，全市实施从企业名称预先核准到领取营业执照“全流程、无纸化、零见面”的全程电子化企业登记；推进企业集群注册登记和企业住所登记、企业简易注销登记改革；全面实施“多证合一”改革，实行“二十证合一”，进一步提高便利化服务水平，为企业经营发展创造良好条件，有效激发社会创业热情和创新活力。2017年，全市新登记市场主体4.87万户，同比增长34.97%，新增注册资本（金）945.99亿元，同比增长67.38%。截至12月底，全市市场主体累计28.97万户，居全省第二位。

【民间资本准入放宽】 2017年，市政府印发《关于进一步促进民间投资健康发展的实施意见》，向社会公开发布《第二批鼓励社会资本投资重大项目计划》，推出重大基础设施、民生及社会事业项目47个，估算总投资739.49亿元。创新政府与社会资本合作模式，健全完善全市PPP工作推进长效机制，全市实施项目15个，投资总额174.9亿元，吸引社会资本（融资）139.9亿元。绵阳市生活垃圾焚烧发电项目入选第三批国家级PPP示范项目。截至年底，全市按PPP程序推进项目16个，总投资144.8亿元，吸引社会资本（融资）134.1亿元。

【推动社会信用体系建设】 2017年，市政府印发《关于加快推进社会信用体系建设的实施意见》，制定《绵阳市市场主体信用行为联合奖惩暂行办法》《关于加快推进行政许可和行政处罚等信用信息公示工作的通知》《关于建立全市失信被执行人信用监督、警示和惩戒机制的实施意见》，加快形成社会信用建设制度体系。编制《绵阳市公共信用信息共享交换平台建设设计方案》，加快推进平台一期建设。加强法院、金融、税务、质监等重点领域信用建设，推进部门间信用信息共享。

【投资体制改革】 2017年，市政府印发《关于贯彻落实〈四川省关于深化投融资体制改革的实施意见〉责任分工的通知》，建立完善项目推进机制，按季度开展项目集中开工仪式，倒逼项目储备、包装、落地。制定实施《绵阳市投资项目网上并联审批暨网上备案实施方案（试行）》《关于国家投资工程建设项目招投标改革若干规定》，实现投资项目“一站式”受理、“全流程”服务、全过程监督和信息共享。全面实施投资项目三级联审、两级联动，投资项目在线审批核准备案率达100%。全年固定资产投资完成1436.54亿元，同比增长13.1%。

【财税金融体制改革】 2017年，市政府出台《绵阳市政府性债务管理办法》，加强政府性债务管理，在全省率先研究建立5支政府引导基金，总规模达54.5亿元。制订实施《水资源税改革试点工作方案》，推进资源税改革。共建联合办税服务厅，开展“营改增”全面试点、共设纳税人学堂讲堂、共推“科创·税e贷”金融产品、共搭“税务风险管理”微信平台等措施，推动国地税合作。游仙区被国家税务总局评为“全国百佳国地税合作县级示范区”。推进“农改商”，梓潼、三台、平武、安县4家农村商业银行挂牌，启动涪城、游仙合并筹建城区农商银行。绵阳市商业银行跨区域机构和特色机构建设成效显著，军民融合科技支行挂牌营业，资阳、南充、成都等异地分行获批开业。深化科技与金融结合试点，推出“六大创新管理机制”和“四大创新营销模式”，为571家科技型企业贷款51.5亿元，贷款余额18.21亿元，放大“风险池”资金26倍。持续推进应收账款融资服务试点，全年新增167家金融机构及其分支机构、237家企业加入中征平台，实现平台融资485笔，融资金额82.77亿元。

【创新投资促进】 2017年，全市落实《关于加强项目建设及投资促进工作的意见》，建立重点招商引资项目推进督查督办机制，完善投资促进评价考核机制，提高项目建设和投资促进工作绩效考核分值，有力推动项目建设和投资促进。印发《绵阳市重点招商项目“服务绿卡”管理办法（试行）》，为持卡项目提供投资“七有”精准服务，将优质服务贯穿于项目签约到投产全过程。成功招引京东方、汉能、华强、华晨等一批重大项目落户绵阳，国内省外到位资金全省排名第二。全年，服务业改革发展、国家新型城镇化综合试点、用地制度改革、价格改革等专项改革取得进展。

（胥　挺）

工业产业结构

【概况】 2017年，全市形成以电子信息、汽车、新材料、节能环保、高端装备制造、生物、食品、化工八大重点产业为支撑的现代工业体系，八大产业实现产值2397.3亿元，同比增长14.9%，占全市工业比重达75%。8个重点产业产值增长9.5%，其中：电子信息产业增长9.9%，汽车产业增长30.8%，新材料产业增长20.8%，节能环保产业增长27.6%，高端装备制造产业增长20.8%，生物产业增长13.3%，食品产业增长8.4%，化工产业增长18.4%。2017年全市战略性新兴产业企业252家，占全市工业比重37.5%。截至年底，全市规模以上工业企业主营业务收入2723.2亿元，同比增长18.2%；利润133.3亿元，同比增长19.9%。

【产业布局】 2017年，全市按照《绵阳市工业重点产业及布局方案》和科技城“一核三区多园”规划布局，加强特色产业园区建设，支持在绵国防科研院所和产业龙头企业建设特色产业园，打造光电产业园、长虹智慧制造产业园、九洲空管二次雷达产业园等十大军民融合产业园，特色产业园已达15个。全年产业园区规模以上工业总产值增长17.6%；园区规模以上企业达705家，占全市规模企业的76%；产业集中度达82%，较2016年提高1个百分点。

【产业可持续发展】 2017年，全市工业投资493.21亿元、增长26.6%，技改投资454.8亿元，增长26.8%。总投资465亿元的京东方第6代柔性面板、总投资400多亿元的汉能移动能源产业园等193个重点项目开工建设，宝马王子发动机生产线等73个重点项目竣工投产，旭虹光电曲面显示用盖板玻璃生产线等84个在建项目加快建设，引进工业项目232个，签约金额1307亿元。全市单位工业增加值能耗下降16.56%。

（张晨航）

市场体系

土地市场

【概况】 2017年，全市国有建设用地供应342宗、面积1548.13公顷，成交金额524528.70万元，财政入库449323.04万元（含以往年度应缴未缴入库）。按类型划分，拍卖国有建设用地使用权25宗、面积91.44公顷，成交金额186788.31万元；挂牌国有建设用地使用权129宗、面积641.14公顷，成交金额298140.22万元；划拨土地188宗815.55公顷，划拨成本39600.17万元。按行政区域划分，市本级70宗305.89公顷，成交金额179986.83万元；江油市29宗206.15公顷，成交金额117493.35万元，财政入库188045.54万元；三台县79宗612.2公顷，成交金额110583万元，财政入库97025万元；安州区108宗292.57公顷，成交金额57549.3535万元，财政入库64021.2236万元；盐亭县11宗15.05公顷，成交金额11182.57万元，财政入库51738.647万元；梓潼县8宗19.62公顷，成交金额18462.2131万元，财政入库8592.6192万元；北川县21宗83.81公顷，成交金额28828.8264万元，当年财政入库32370.7088万元；平武县16宗12.83公顷，成交金额0万元，财政入库7529.90万元（划拨转出让和改变使用条件收取的土地出让金）。

房产市场

【概况】 2017年，全市商品房价格总体增长。商品房销售均价4784元/平方米，同比增长9.5%；商品住房销售均价4607元/平方米，同比增长14.92%。城区商品房销售均价5438元/平方米，同比增长9.08%；商品住房销售均价5415元/平方米，同比增长15.62%。

【九洲·又一城】 九洲·又一城位于高新区绵兴东路南侧，分三期开发完成。一期建筑面积17万余平方米，其中住宅建筑面积10万余平方米，共1311户，商业建筑面积1.5万余平方米，设计地下车位1253个。二期建筑面积19万余平方米，其中住宅建筑面积13万余平方米，共1296户，商业建筑面积1.6万余平方米，设计停车位947个。

【文泉·理想城邦】 文泉·理想城邦是集公园华宅、风情商业、星级酒店为一体的多业态社区综合体。总投资额约12.5亿元，用地面积约12公顷，建筑面积近38万平方米，住宅总户数2500余户。

【三江·国际丽城二期阅世集】 三江·国际丽城二期阅世集处于三江汇流之处。规划总户数1336户，总建筑面积281931平方米，其中地上建筑面积221837平方米（住宅建筑面积173412平方米，商业建筑面积14928平方米，酒店建筑面积31245平方米，垃圾站20平方米，社区用房260平方米，架空层1408平方米。

【神州·南都三期】 神州·南都位于经开区绵州大道中段1号，项目总占地16.47万平方米，总建筑面积约为70万平方米，A地块一、二期总建筑面积38万余平方米，容积率3.45，绿地率30%，住宅总户数2342套，地下停车位3143个。三期总建筑面积15.6万平方米，其中住宅建筑面积11.94万平方米，共1184户，商业建筑面积2.84万平方米，设计机动停车位1048个。

【长兴·星城二期】 长兴·星城项目由四川辰兴房地产发展有限公司与四川长兴实业（集团）有限公司联合进行开发，集居住、休闲、饮食、娱乐、购物为一体。项目地块位于科创园区核心地段，东临10.26公顷人工湖公园，北面科创园区孵化中心，西接绵阳科技创新中心。

【东辰·永兴国际】 东辰·永兴国际地处绵阳市高新区永兴片区。占地面积约8.27万平方方米，总建筑面积约36万平方米，东辰集团斥资15亿元，是绵阳城西集居然之家一站式家居购物卖场、时尚百货、洲际集团智选假日酒店、金逸影院、联华超市、星级KTV、电玩、特色商业街区、幼儿园及高档住宅为一体的城市综合体。

【兴发·龙溪谷】 兴发·龙溪谷位于绵阳游仙区芙蓉溪畔，项目占地约17.33万平方米，项目容积率低至1.5，建设规模30万平方米，总投资达11亿元，小区预计入住人口5500余人。2017年，兴发·龙溪谷A区住宅售罄，并实现交房。

【长虹·天樾】 长虹天樾是四川长虹置业有限公司在高新区开发的高品质楼盘，总占地约10.67万平方米，总建筑面积约32万平方米，容积率仅为2.2%，绿地率高达35%，规划居住总户数1900余户。项目业态包含花园洋房、别墅和电梯高层，共分为三期开发，北面电梯高层呈围合式布局，为项目的一期和三期，南北楼间距最宽约70米，纵深约300米。

【樊华似锦四期】 樊华似锦四期是樊华似锦项目集中地块开发的收官之作。总建筑面积约19万平方米，由创新住宅体系和创新商业体系两大板块构成。住宅为90—128平方米改善户型，首创多能卫生间，提升居家品质。商业包含石桥新城城市综合体和运动商业。

【树高·威尼斯城】 树高·威尼斯城二期位于绵阳经开区涪滨路北段5号，占地面积12万平方米，建筑面积33万平方米，建筑形态包括瞰江高层、退台花园洋房、精致商业街区。首创绵阳地区豪华双入户五星级大堂，9米宽景观阳台，蝶形建筑设计，保证85%以上的户型正临江，7万平方米景观，秉承浪漫欧陆园林设计精髓。容积率占2.75%，绿化率占35.1%。

中介市场

【概况】 2017年，绵阳市政务服务管理局同中介行业主管部门加强联系，对中介违法违规行为予以查处，并公开曝光，以此优化绵阳投资软环境，保护投资者和消费者合法权益，提升全市政务服务环境，全年处理投诉、咨询46件。5月，对涉及行政审批的中介服务项目包括评估、测绘、工程咨询、土地估价、水土保持方案、勘察设计、审图等7大类18小类抽取69个样本进行摸底调研，掌握存在的问题，提出工作意见。

截至年底，全市中介机构涉及工程造价咨询、建设监理、勘察设计及施工图审查、招标代理机构、工程质量检测、房地产经纪、货运代理、环境评价、水利电力勘测设计、工程咨询、资产评估、清算服务、会计师事务所、代理记账、安全评估、拍卖、二手车鉴定、职业介绍、劳务服务、房地产测绘、房地产评估、土地评估、消防电气检测、消防安全检测、工商代理、婚姻介绍、咨询公司、商务代理、商标代理等。

【行政审批中介服务抽样调查】 2017年5月，市政务服务管理局对涉及行政审批的中介服务项目包括评估、测绘、工程咨询、土地估价、水土保持方案、勘察设计、审图等7大类18小类抽取69个样本进行摸底调研。通过此次摸底调研，掌握涉及行政审批中介服务存在的问题，并结合全市实际提出工作意见。

【中介机构信用信息档案管理】 2017年，市政务服务管理局会同各中介机构行业主管部门对绵阳市中介机构信息查询平台进行完善、更新，平台将中介机构的名称、资质资格、法定代表人、服务范围等信息在线公开，使中介机构信息公开透明，公众查询高效快捷。全年，平台有涉及工程咨询、环评、房地产评估等30类940家中介机构，从业人员1万多人。（盖　丹）

安州廊桥

安州区：古冉駹地　军事要冲

先秦时，今安州区境为古羌人建立的冉駹国领地，汉武帝元封六年（公元前105年），才纳入中原王朝的版图。三国蜀汉时期，为涪县（今绵阳）辖地。

安州区境内设县始于东晋。东晋穆帝永和三年（347年），境内侨置益昌、晋兴、西充国三县，隶属于巴西郡。益昌县治地在今花荄镇联丰村观斗山。晋兴县治地在今永安镇向阳村，西充国县治地在今沸水镇场镇。东晋义熙九年（413年），又在今塔水镇神泉村设置西浦县，属梓潼郡管辖。东晋时，境内坐拥四处县级治所。南朝以后，县级建置撤并略有变化。

至隋朝开皇三年（583年），有金山、神泉二县，均属绵州所辖。唐高祖武德三年（620年），为加强西北边疆防务，在今永安镇向阳村新置龙安县，这是安州区历史上第一次出现“安”字，“龙安”后来也成为安州区的代称。至唐高宗永淳元年（682年），在益昌县故城新置西昌县，塔水镇的神泉县仍存。大唐盛世时代，境内有龙安、西昌、神泉三县，均为绵州辖地。

北宋熙宁五年（1072年），西昌县撤销，并入龙安县，至此境内有龙安、神泉两县，均隶绵州。政和七年（1117年），为加强川西北防务，割绵州的神泉、龙安二县，与茂州的石泉县合并设置石泉军，隶属成都府路管辖，治地在今北川县治城镇。南宋宝祐三年（1255年），石泉军由治城镇迁至龙安县城，即今永安镇向阳村。从此，境内才有了比县高一级别的行政机构。

元中统五年（1264年），石泉军升格为州，取原龙安县之名的“安”字叫“安州”，治地仍在今永安镇向阳村。同时撤销龙安、神泉二县，其地域由州直辖，并管辖石泉县（今北川县）。安州属成都府路直辖。安州之名正由此而来，并保持了110年。到明洪武七年（1374年），又“降州为县，始称安县”。县城由安州故城迁至安昌镇。1949年12月25日，安县解放。2000年8月4日，国务院批准安县县治由安昌镇迁至花荄镇。2016年4月23日，国务院批准撤销安县，设立安州区，冶地花荄镇。安县这一名称从明朝起至今，共存641年。

概 述

【概况】 2017年4月7日，国务院正式批复《绵阳科技城“十三五”发展规划》，明确科技城发展定位为“创新驱动发展的试验田、军民融合创新的排头兵和西部地区发展的增长极”，成为指导未来科技城发展的纲领性文件。市委、市政府印发《绵阳科技城“十三五”发展规划任务分解方案》，围绕工作任务，明确分工、落实责任，有序推进70项工作任务。3月27日，省委副书记、省长尹力在成都主持召开四川省建设绵阳科技城领导小组第18次会议。9月，绵阳科技城建设部际协调小组第13次会议在绵阳召开，中共中央政治局委员、国务院副总理刘延东出席会议并讲话；第五届中国（绵阳）科技城国际科技博览会、中国（四川）电子商务发展峰会等重大活动在绵阳举行。绵阳“军民大型国防科研仪器设备整合共享”“应收账款为质押的融资服务”2项全面创新改革经验成果作为国家13项改革经验成果向全国推广；19项经验成果入选四川省两批创新改革经验成果（首批11项、第2批8项）。截至年底，科技城范围内地区生产总值（GDP）1476.88亿元，同比增长9.9%；第二产业增加值746.8亿元，同比增长9.1%，规模以上工业增加值增长10.5%；第三产业增加值730.08亿元，同比增长10.9%；全社会固定资产投资总额达1137.51亿元，同比增长13.4%；社会消费品零售总额达833.78亿元，同比增长12.7%。

国家军民融合服务机构绵阳3家入选，位居全国第2。九洲空管二次雷达等军民融合专业园区入驻企业186家，完成投资133.66亿元。开展第二批军民融合企业认定，新增认定军民融合企业85家，军民融合企业累计321家，军民融合企业产值突破1500亿元，同比增长11%，占全市工业总产值50%。科技城范围内园区实现规模以上工业总产值2656.6亿元，同比增长17.6%，占全市规模以上工业总产值的86.9%，产业集中度82%。

【四川省建设绵阳科技城领导小组第18次会议】 2017年3月27日，省委副书记、省长尹力在成都主持召开四川省建设绵阳科技城领导小组第18次会议。会议贯彻落实总书记习近平参加十二届全国人大五次会议四川代表团审议时发表的重要讲话精神和全国“两会”精神，安排部署2017年绵阳科技城建设重点工作。会议肯定2016年绵阳科技城建设在创新成果转化、产业培育、人才开发、开放合作和金融服务等方面取得的新进展、新突破，审议《2017年绵阳科技城建设重点工作安排》《绵阳科技城建设部际协调小组第13次会议建议方案》和《第五届中国（绵阳）科技城国际科技博览会总体方案》。省政府副省长刘捷，四川省建设绵阳科技城领导小组成员单位负责人，绵阳市委、市政府负责人出席会议。

【绵阳科技城部际协调小组第13次会议】 2017年9月16日，绵阳科技城建设部际协调小组第13次会议在绵阳举行，中共中央政治局委员、国务院副总理刘延东出席会议并讲话。会议由全国政协副主席、科技部部长、中国科协主席万钢主持。国务院副秘书长江小涓出席会议。省委副书记、省长、省建设绵阳科技城领导小组组长尹力作四川省推进建设绵阳科技城工作汇报。科技部副部长李萌代表部际协调小组汇报部际协调小组支持绵阳科技城建设情况、下一步工作主要考虑和建议。绵阳市委书记、绵阳科技城党工委书记彭宇行作绵阳科技城建设工作汇报。财政部副部长余蔚平、教育部副部长孙尧，民政部党组成员、社会组织管理局局长詹成付，国土资源部副部长王广华，商务部党组成员、部长助理李成钢，国家卫计委副主任曾益新，中国人民银行党委委员、行长助理刘国强，国务院国资委党委委员、总会计师沈莹，海关总署副署长李国、中国科学院副院长张亚平、中国证监会副主席姜洋、国防科工局副局长吴艳华、国家发改委副秘书长周晓飞、工业和信息化部科技司副司长王卫明、住房城乡建设部建筑节能与科技司副司长郭理桥、国家旅游局规划发展司副司长郭长增、军委装备发展部科研订购局副局长张林等国家部委相关负责人，就绵阳科技城请求支持事项作发言，对科技城建设提出建议。省政府副省长、省政协副主席、省建设绵阳科技城领导小组副组长刘捷，省政府秘书长、省科建办主任唐利民出席会议。市委副书记、市长、绵阳科技城管委会主任、省科建办副主任刘超，市人大常委会主任马华、市政协主席张锦明，省政协秘书长王建军，省委副秘书长、办公厅主任张为人，四川省建设绵阳科技城领导小组成员单位负责人，绵阳市委、市人大常委会、市人民政府、市政协、中国（绵阳）科技城党工委和管委会负责人等参加会议。

【2017中国（四川）电子商务发展峰会】 2017年9月21—22日，四川省人民政府、中国互联网协会支持，省商务厅和绵阳市人民政府共同主办，以“智能互联·融合创新”为主题的2017中国（四川）电子商务发展峰会在中国（绵阳）科技城国际会展中心举行。21日上午，举行2017中国（四川）电子商务发展峰会开幕式暨领袖峰会，省委副书记、省长尹力出席峰会并致辞，四川省人民政府秘书长唐利民主持峰会开幕式。商务部电商司司长骞芳丽、四川省商务厅厅长刘欣分别出席开幕式并致辞，绵阳市委书记彭宇行致欢迎词。全国政协副主席、农工党中央常务副主席刘晓峰宣布开幕。本届峰会突出关注人工智能、云计算、新零售、大数据等热点领域，格力电器董事长董明珠、顺丰速运（集团）总裁王卫、摩拜单车创始人胡玮炜、奇虎360创始人兼360企业安全集团董事长齐向东、泸州老窖集团董事长张良、丝路金融有限公司CEO李山等知名嘉宾齐聚一堂，共话全国乃至全球电子商务未来发展趋势。京东、顺丰、摩拜单车等多家企业与四川省和绵阳市签订战略合作协议，将共识转化为成果。

图28 2017四川县域电子商务评选十佳县颁奖典礼在电商发展峰会上举行

【绵阳京东方第6代AMOLED（柔性）生产线项目】 项目位于绵阳市高新区科发大道中段198号，绵阳京东方光电科技有限公司投资建设。2016年10月28日，绵阳市人民政府与京东方集团正式签约投资465亿元的京东方第6代AMOLED（柔性）生产线项目，该工程是四川省有史以来最大的单体工业投资项目之一，同时也是国内最先进的柔性OLED面板生产线之一。项目占地面积80公顷，设计产能达到48000片/月，柔性AMOLED面板产品主要用于高端智能手机及新型移动显示产品。项目2016年12月开工建设，计划2019年正式投产。截至2017年底，项目完成阵列厂房（Array）、蒸镀厂房（OLED）、触控/功能集成厂房（TSP/FLI）、切割/模组厂房（EAC/Module）等主体工程，购置设备1018台（套），并配套建设综合动力站、废水处理站、化学品库（甲类、乙类各1个）、化学品车间（CCSS）、特气库、硅烷站、成品仓库、资源回收站、办公楼（利用已建成的园区孵化大楼及公共服务平台改造）等公辅、办公设施。

（张永兴）

科技城集中发展区

【概况】 科技城集中发展区位于绵阳主城区西北方向，西接安州、北靠江油、南连德阳罗江，处于“三轴”交汇点。规划面积281平方千米，建设用地100平方千米。集中发展区坚持以军民融合为主线，以创新驱动为动力，以开放合作为路径，全力打造“六大产业集群”，超前布局高新技术和战略性新兴产业，大力发展现代服务业，构建“141”产业体系，形成“一体两翼两轴五心”的整体空间格局。建设中的集中发展区核心区，距绵阳老城区12千米，是集科研创新、商业商务、文化体育、国际交流于一体的绵阳城市新中心。2017年，5平方千米核心启动区基本建成，30平方千米核心示范区正在形成。3月，市规委会审议并通过《集中发展区核心区控制性详细规划》；4月，国务院正式批复《绵阳科技城“十三五”发展规划》，明确努力把绵阳科技城打造成为创新驱动发展的试验田、军民融合创新的排头兵和西部地区发展的增长极。全年科技城集中发展区基础设施计划实施项目52个，计划完成投资101.73亿元，实际完成投资102.12亿元，占年度投资计划的100.39%。

图29 位于科技城集中发展区的绵阳城市新中心效果示意图

推动实施重点产业项目67个，计划完成投资82.11亿元，实际完成投资106.37亿元，占年度投资计划的129.55%。京东方项目80万平方米厂房提前实现封顶，新晨动力王子发动机下线投产，电子九所磁性材料产业园项目、湖山电器数字视听产品及出口加工基地二期等项目加快建设。

【科技城集中发展区建设领导小组第三次会议召开】 2017年1月12日，市委副书记、市长、科技城集中发展区建设领导小组组长刘超主持召开科技城集中发展区建设领导小组第三次会议，听取2016年工作推进情况，审议2017年建设计划，安排部署当前及今后一个时期集中发展区建设工作。会议要求，要认真贯彻落实市委、市政府工作部署，全力推进基础设施建设、产业项目引进等重点工作，以项目大攻坚推动建设大提速，确保2017年5平方千米启动区全面建成，30平方千米核心区主体框架基本形成。市领导颜超、元方、孙福全、罗宗志，高新区管委会主任董泓，市政府秘书长谭岗参加会议。

【科技城集中发展区重大基础设施建设项目暨绵阳市2017年第二季度111个重大项目集中开工仪式】 2017年5月15日，科技城集中发展区重大基础设施建设项目暨绵阳市2017年第二季度111个重大项目集中开工仪式在科技城创新中心举行。市委书记彭宇行，市委副书记、市长刘超，市人大常委会主任马华，市政协主席张锦明，市委常委、常务副市长颜超，市委常委、科技城党工委副书记、管委会常务副主任、市国资委党委书记元方，副市长赵迎春，高新区管委会主任董泓，市委秘书长邹若力，市政府秘书长谭岗，中国五冶集团公司副总经理谭兴山出席开工仪式。此次重大项目集中开工，计划开工项目111个，比2016年同期增长79%，总投资337亿元，为2016年同期的4倍。其中省、市重点项目16个。基础设施项目48个，总投资159亿元（科技城集中发展区基础设施项目12个、总投资126亿元，涉及4条综合管廊33.6千米、骨架路网48.8千米、草溪河综合整治等重点建设项目），产业项目47个，总投资131亿元。

【科技城集中发展区核心区综合管廊及市政道路项目举行签约仪式】 2017年11月3日，科技城集中发展区核心区综合管廊及市政道路项目签约仪式举行。市委副书记、市长刘超出席仪式并致辞。该项目总合同额81.27亿元，是当前国内最大规模的装配式综合管廊项目，包括四条装配式地下综合管廊、两座综合管廊监控中心及附属市政道路工程，其中道路总长32.02千米，仅装配式综合管廊就长达33.65千米。该项目采用DBFOT（设计—建设—融资—运营—移交）合作模式，由科技城管委会作为项目实施机构；科发集团作为政府出资代表与中建股份组成中建科发管廊公司，对项目公司的运行及日常管理履行股东权益；中建科技有限公司代表中建股份，统筹负责项目实施。

图30 科技城集中发展区核心区综合管廊及市政道路项目举行签约仪式

【科技城集中发展区建设领导小组第四次会议召开】 2017年11月23日，市委副书记、市长、科技城集中发展区建设领导小组组长刘超主持召开科技城集中发展区建设领导小组第四次会议，听取科技城集中发展区建设情况汇报，审议《关于增补科技城集中发展区建设领导小组组成人员及成立专项工作组的建议方案》，研究2018年建设项目计划，安排部署下阶段工作。市领导颜超、元方、经大忠、孙福全、罗蒙，高新区管委会主任董泓，市政府秘书长谭岗参加会议。

军民融合发展

【概况】 2017年，绵阳按照党中央、国务院和四川省委、省政府决策部署，聚焦创新驱动、军民融合，坚持以全创改革引领军民融合发展，全面落实《绵阳科技城“十三五”发展规划》，把绵阳科技城打造成为创新驱动发展的试验田、军民融合创新的排头兵和西部地区发展的增长极，初步走出一条内陆城市国防军工与地方经济深度融合的发展路子。全年实现军民融合企业总产值1530亿元，占工业总产值的50%。

图31 位于西南科技大学的四川军民融合研究院大楼

2017年绵阳市军民融合企业认定名单

表22

序号	企业名称	所属行业	所在区域	军民融合重点产品
1	绵阳市金久电气有限公司	装备制造	涪城区	节能环保变压器和特种变压器设备及配套产品
2	绵阳春意燃气安全设备有限公司	装备制造	涪城区	可燃气体检测探测器、工业与家用安全防护控制系统
3	四川华科恒达科技有限公司	装备制造	涪城区	飞机移动式系统气密检测设备、特种洗消设备、钢厂设备、防护防化及其他自动化定制设备
4	绵阳市新为创扶科技有限公司	电子信息	涪城区	电力金具报箍、光纤跳线、军用级别光缆
5	四川华信智创科技有限公司	电子信息	涪城区	温湿度传感器、力学传感器、飞机移动式系统气密检测装置电控部分
6	绵阳元鼎科技有限公司	生产性服务业	涪城区	数值计算信息管理系统
7	绵阳鼎甲国桑科技有限公司	电子信息	涪城区	安全增强容灾备份及运维级容灾备份软硬件
8	四川龙华光电薄膜股份有限公司	新材料	涪城区	高端聚碳酸酯薄膜/片材、PMMA结构设计及产品开发、显示面板、背光模组、PS扩散板、PMMA亚克力板
9	绵阳捷智科技股份有限公司	电子信息	涪城区	TFT-LCM背光及模组、低功耗智能LED平板灯、新型显示光学材料
10	四川经曼光电科技有限公司	装备制造	涪城区	激光类光机电智能设备、精密物理靶
11	绵阳市信安联软件评测有限公司	生产性服务业	涪城区	军民融合共享测试云平台
12	绵阳聚强极风科技有限公司	电子信息	涪城区	特种光源、风洞试验配套系统、防热瓦地面测试图像分析
13	四川隆盛科发实业有限公司	装备制造	涪城区	汽车发动机/变速器橡胶减振器、发动机/变速器液压悬置、橡胶密封件、橡胶制品
14	绵阳涪瑞成节能科技有限公司	节能环保	涪城区	保温节能材料、建筑节能材料
15	绵阳市瑞丰机电制造有限公司	装备制造	涪城区	发动机和核电中小型叶片、炮长箱体和锻模

续表

序号	企业名称	所属行业	所在区域	军民融合重点产品
16	绵阳市久华机电科技有限公司	电子信息	游仙区	光学元件、纹影仪、环抛机及配套设备
17	绵阳天胜机电有限公司	装备制造	游仙区	动量靶板测试装置、防锈铝单层靶碰撞实验装置、双雷管爆炸开关电极及其组件
18	绵阳嘉泰智能制造有限公司	装备制造	游仙区	工业自动控制系统装置、精密电极压铸和焊接件
19	绵阳飞腾精密机械科技有限公司	装备制造	游仙区	舵机直属件、爆破阀用驱动装置
20	四川中物节能环保设备有限公司	节能环保	游仙区	节能环保设备、军工科研生产非标设备、中国工程物理研究院各研究所试验设备
21	中科西奥电梯有限公司	装备制造	游仙区	激光切割及激光焊接智能装备、电梯产品
22	绵阳云燕航空科技有限公司	航空与燃机	游仙区	大疆“悟”INSPIRE 2 航拍无人机、电力巡检无人机
23	绵阳市游仙区宏盛金属配件厂	装备制造	游仙区	高效矿用风机叶片、锑锡铅棒
24	四川省嘉联重型机械制造有限公司	装备制造	游仙区	导流盆、铁铸件主轴座
25	绵阳鑫光光电科技有限公司	电子信息	游仙区	光电系列元器件及产品
26	四川开元创亿生物科技有限责任公司	新材料	游仙区	军需产品的塑料膜制品、工程塑料部件、可降解塑料制品
27	绵阳沃升节能科技有限公司	节能环保	游仙区	新型金属装饰保温板、金属复合板
28	绵阳市盛宇新材料有限公司	新材料	游仙区	PPS、绝缘导热材料、电磁屏蔽材料
29	绵阳市振华科技有限公司	节能环保	游仙区	污水系列产品及危害垃圾分类处理设备
30	四川九洲环保科技有限责任公司	节能环保	经开区	特种润滑油、危险废物无害化处理装置
31	四川德鑫源机器人有限公司	装备制造	经开区	离心机摄像支架、盖章机器人
32	四川国安启祥科技有限公司	生产性服务业	经开区	国家军民融合大数据产业集群
33	四川金润昌科技有限公司	装备制造	经开区	航空箱、机械模具
34	四川宝天智控系统有限公司	航空与燃机	经开区	无人机数据链路及接口、单兵作战巡飞弹
35	绵阳六合机械制造有限公司	装备制造	经开区	汽车发动机精密配件
36	四川峻豪电子科技有限公司	电子信息	经开区	贴片式铝电解电容器
37	四川旭虹光电科技有限公司	新材料	经开区	军用直升飞机透明防护玻璃
38	绵阳市鑫科源环保科技有限公司	节能环保	经开区	危险废弃物处置装置
39	绵阳富莱特航空科技有限公司	航空与燃机	高新区	BD-10 中高空高速无人机
40	四川聚强创新科技有限公司	电子信息	高新区	微波器件及组件、高精密仪器、天线
41	绵阳瑞洋科技开发有限公司	装备制造	高新区	高精度非标件、轴类、套类、箱体类零配件
42	四川福德机器人股份有限公司	智能制造	高新区	军用特种机器人、军民两用智能装备
43	绵阳市宏扬科技有限公司	新材料	高新区	加速器用铁氧体材料
44	绵阳紫阳科技开发有限公司	装备制造	高新区	常规武器系统的机械零部件
45	四川九洲光电子技术有限公司	电子信息	高新区	军用多模光纤光通信模块

续表

序号	企业名称	所属行业	所在区域	军民融合重点产品
46	绵阳钢猫科技有限公司	新材料	高新区	精密模具、特殊钢材料
47	绵阳市欧讯信息产业有限公司	电子信息	高新区	对数周期天线、多馈多模短波天线、超短波天线
48	绵阳高新区科光宏盛线缆有限责任公司	电子信息	高新区	线束线缆、电子零部件产品
49	四川豪斯特电子技术有限责任公司	电子信息	高新区	无人机、无人机反制系统、智能终端
50	绵阳莫仕科技有限公司	电子信息	高新区	系统仿真、集成测控、便携测控设备、机电一体化
51	四川安能能源技术有限公司	电子信息	高新区	恒流源控制柜、野外应急广播系统、数据控制机箱、塔放式基站、服务器控制柜
52	四川德维微纳科技有限公司	装备制造	高新区	高效节能分级式冲击磨、超微粉碎设备
53	绵阳市兴和模具有限公司	装备制造	高新区	塑料模具、铁装宝盒、落料模成型模切边模
54	四川虹杰高科技有限公司	新材料	高新区	碳纤维防弹头盔、防弹衣、防弹挡板
55	绵阳市有芯电子有限公司	生产性服务业	高新区	有芯电子元器件电商平台
56	绵阳信元达科技有限公司	装备制造	科创区	ADS-B 接收机、雷达检校飞仪、雷达目标指示仪、无人机 TCAS 系统
57	四川元易云科技有限公司	生产性服务业	科创区	CAE 云计算仿真平台、高精度的结构力学分析软件
58	绵阳市长力科技有限公司	装备制造	科创区	航空发动机受感部探针、航空航天领域非标试验件、发动机火焰筒、旋流器
59	四川海恩瑞捷测控技术有限公司	装备制造	科创区	纹影成像系统分幅成像系统长焦、短景深光学系统高速动态干涉测量系统、窗口外密度变化时间特性测量系统
60	四川九洲北斗导航与位置服务有限公司	电子信息	科创区	北斗形变监测卫星接收机、北斗高精度车载终端、汽车行驶记录仪、北斗手持机、北斗高精度基准站
61	四川中科融创科技有限公司	生产性服务业	科创区	军民融合科技服务
62	四川艾客思科技有限责任公司	电子信息	科创区	电源控制系统软件、多媒体信息管理发布系统
63	绵阳市星宇电子技术有限公司	电子信息	科创区	军民用机场低空探测识别和警示反制系统、维护公共安全用非致命性大功率声波驱散装置、哨位安防预警系统
64	四川九州电子科技股份有限公司	电子信息	科创区	应急广播系统、卫星接收系统
65	绵阳乾龙科技有限公司	电子信息	科创区	霍尔传感器、压力传感器、电感式传感器、连接器
66	四川科瑞软件有限责任公司	生产性服务业	科创区	软件测试、电子交互手册、电子技术手册
67	绵阳赛恩新能源科技有限公司	装备制造	科创区	高品质低干扰永磁同步发电机、安全电源柴油发电机组、雷达用新型永磁同步驱动电机
68	四川红色北斗科技有限公司	电子信息	科创区	北斗/GPS 车辆监控管理及调度系统、北斗数据传输系统、基于北斗应用的政务系统
69	江油市长祥特殊钢制造有限公司	装备制造	江油市	低合金结构钢、不锈钢
70	四川汇通能源装备制造股份有限公司	装备制造	江油市	核电厂工艺管道支吊架、标件和非标件紧固件、锻材

续表

序号	企业名称	所属行业	所在区域	军民融合重点产品
71	四川省江油润生石墨毡有限公司	新材料	江油市	储能碳材料、高温真空炉用热场碳材料
72	四川省卓辰精密机械制造有限公司	装备制造	江油市	钢板、电液阀、液压阀、机电设备
73	四川省洪发车辆配件有限公司	装备制造	安州区	军用装甲车配件、阀门、重型拖车配件
74	四川银河星源科技有限公司	电子信息	安州区	太阳能光伏用低温导电银浆
75	四川绵阳海天电子科技有限公司	电子信息	安州区	精密塑胶模具及配件、塑胶零件
76	四川科翔科技有限公司	电子信息	科学城	工业仿真三维动画
77	四川碧朗科技有限公司	电子信息	科学城	水质在线监测分析仪、掺硼金钢石薄膜电极片
78	四川省科学城控电科技有限公司	电子信息	科学城	便携式加固计算机系统、数据采集板卡
79	绵阳市恒通机电设备有限公司	装备制造	科学城	精密机械加工和电子产品
80	绵阳科技城工创科技有限公司	生产性服务业	科学城	科技创新成果发布、军工“四证”办理服务、技术咨询服务
81	四川九高科技有限公司	装备制造	科学城	拉曼激光气体在线快速检测仪
82	四川华卫生物智能科技有限公司	装备制造	科学城	移动周界及智能不干胶、激光器支撑结构、智能壁挂隔离带
83	四川旌致科技有限公司	装备制造	科学城	神光-Ⅲ主机装置光传输系统、激光器支撑结构
84	四川西部动力机器人科技有限公司	智能制造	西科大	自动化设备、机器人
85	四川纵横无人机技术有限公司	航空与燃机	北川县	大鹏系列无人机，CW-20无人机及飞控系统

【国防建设保障服务】 2017年3月，中国工程物理研究院某重大装置项目经中央军委批准落地绵阳，9月正式开工建设，征地拆迁工作全面完成，水、电、气、通信等配套基础设施建设加快推进，职工及家属住房、就医、就业、就学、社保、安保等综合服务保障有力。中国空气动力研究与发展中心等重大项目经国家批准正式立项后，相关工作按计划进度推进。中国航发四川燃气涡轮研究院绵阳航空发动机试验基地异地重建基本建成，承担国防军工多个重点型号航空发动机整机及零部件科研试验，航空发动机研保能力建设加快实施，四川省燃气轮机燃烧工程技术研究中心组建，2月国防科工局授予涡轮院“军工能力建设先进单位”。

【军民科技协同创新】 2017年，绵阳科技城推动军地资源整合和双向互动，培育和打造一批共通共用、共建共享的军民融合科技创新示范平台，促进军民科技协同创新、联合攻关和转化应用。国家军民两用技术交易中心加快建设，技术合同成交额累计达10.9亿元，并成立河北分中心。建立全国首家军民两用技术再研发中心，推动长虹集团组建国内首个电子信息军民融合创新实验室，北斗开放实验室西南地区首个分实验室落地绵阳，与航天科工共建航天军民融合成果转化基地（四川），四川省首个中央军工集团智能制造技术中心布局五八所，建成大数据产业研究院。中物技术等3家机构入选工信部“军民融合科技服务机构推荐名录”，数量仅次于北京。建成孵化器58个，总面积110万平方米。中国空气动力研究与发展中心向全国开放24座研究型设备，发布一批技术成果，实现跨军民、跨行业、跨地区的开放共享。建成全国首家军民融合大型科学仪器共享平台，整合全国、全省百家单位、3900余台套仪器设施，为近千家企业提供服务3000余次，中央电视台新闻联播以《体制破冰，促进军民融合产业发展》为题进行专题报道。组建科技城军民融合磁性材料标准创新中心，推出首个军民通用标准——《永磁体磁偏角亥姆霍兹线圈法测量方法》。

【军民融合产业发展】 2017年，绵阳科技城着力打通军转民、民参军渠道，军民融合企业群体更加壮大，军民融合产业载体更加坚实。持续开展军民融合企业认定工作，85家企业通过认定，全市军民融合企业总数达321家。支持民营企业通过技术、产品、服务、股权等重点途径参与国防军工生产领域，飞腾精密等5家企业与中国航发四川燃气涡轮研究院签订配套协议，全市民参军企业达193家。全国首创军民融合企业统计报表制度，实现军民融合企业统计工作标准化、制度化。实施“梧桐”计划，加快培育和打造十大军民融合产业园，全年聚集企业186家，完成投资133.66亿元，实现产值391.6亿元，九洲空管二次雷达产业园、中物院化工新材料产业园基本建成，光电产业园等8个产业园正在建设中。总投资465亿元的京东方6代生产线和453亿元的汉能移动能源等特大项目相继落地。国家核医学基地已选址并启动建设，北斗卫星导航产业区域综合示范项目通过竣工验收。六合锻造航空与燃机合金及高端模具锻件锻材等150个总投资480余亿元的军民融合产业化项目稳步建设。

【军民融合生态环境建设】 2017年，科技城强化军民融合人才支撑，新增“两院”院士3名，中国国际人才市场国家科技城（绵阳）分市场正式对外运营，举办“英才风华·辉映绵州——2017中国（绵阳）科技城人才之夜”活动，四川省军民融合战略研究中心获教育厅批准设立，成立四川省唯一以军民融合为特色研究方向的“军民融合发展研究智库”，办好四川省军民融合研究院、“两弹一星”干部学院、西科大国防科技学院、四川省军民融合产业高技能人才培训基地，年培养军民融合人才近4万人。组建全国首家军民融合保险支公司、首家军民融合科技支行、首家军民融合担保公司等金融专业机构，打造“军工贷”“军融宝”等系列金融创新产品，军民融合贷款余额超过200亿元，为军民融合企业提供风险保障超过1000亿元。成立天府（四川）联合股权交易中心军民融合绵阳分中心，牵头打造全省“新四板”市场“军民融合板”。举办第五届中国（绵阳）科技城国际科技博览会，连续四年蝉联“中国十佳品牌展会”，连续举办6届中国创新创业大赛军转民大赛。

高新技术产业

【概况】 2017年，科技城实施“十三五”科技创新规划，营造创新环境，完善创新激励机制，加大科技投入，鼓励企业依靠创新驱动发展，推动企业成为创新决策的主体、研发投入主体、创新活动主体和成果应用主体。实施高新技术企业倍增计划，组织企业参加高新技术企业认定，引导和支持科技型企业按照高新技术企业标准推进企业建设。2017年，高新技术产值达1701.37亿元，占工业总产值的54.1%，新认定高新技术企业85家（重新认定企业32家），全市有效高新技术企业239家。 （任雅婷）

2017年绵阳市销售收入1亿元以上的高新技术企业

表23

序号	高新技术企业	序号	高新技术企业
1	四川长虹空调有限公司	17	四川绵阳三力股份有限公司
2	四川九洲电器集团有限责任公司	18	绵阳市中邦节能玻璃有限公司
3	绵阳新晨动力机械有限公司	19	四川永贵科技有限公司
4	四川长虹模塑科技有限公司	20	四川六合锻造股份有限公司
5	攀钢集团江油长城特殊钢有限公司	21	绵阳佳联印染有限责任公司
6	利尔化学股份有限公司	22	四川九州光电子技术有限公司
7	四川省银河化学股份有限公司	23	四川东材科技集团股份有限公司
8	四川金发科技发展有限公司	24	四川长虹电源有限责任公司
9	绵阳富临精工机械股份有限公司	25	四川华丰企业集团有限公司
10	四川长虹网络科技有限责任公司	26	绵阳高新区恒奥电子科技有限公司
11	四川九州电子科技股份有限公司	27	四川旭虹光电科技有限公司
12	四川长虹技佳精工有限公司	28	四川长虹教育科技有限公司
13	四川东方绝缘材料股份有限公司	29	四川九洲线缆有限责任公司
14	四川皇龙智能破碎技术股份有限公司	30	绵阳启明星电力设备有限公司
15	绵阳华瑞汽车有限公司	31	四川安和精密电子电器有限公司
16	四川长虹新能源科技股份有限公司	32	四川九洲空管科技有限责任公司

续表

序号	高新技术企业		
33	绵阳高新区经纬达科技有限公司	51	雅化集团绵阳实业有限公司
34	四川台沃农业科技股份有限公司	52	绵阳高新区鸿强科技有限公司
35	绵阳美能材料科技有限公司	53	绵阳西磁磁电有限公司
36	四川湖山电器有限责任公司	54	四川长虹通信科技有限公司
37	四川圣迪乐村生态食品股份有限公司	55	四川瑞可达连接系统有限公司
38	际华三五三六实业有限公司	56	四川海格恒通专网科技有限公司
39	四川科莱电梯股份有限公司	57	绵阳宁瑞电子有限公司
40	四川利尔作物科学有限公司	58	绵阳开元磁性材料有限公司
41	绵阳佳禧印染有限责任公司	59	四川长虹智能制造技术有限公司
42	绵阳市建诚电子有限公司	60	四川灵通电讯有限公司
43	绵阳华晨瑞安汽车零部件有限公司	61	四川江虹线缆制造有限公司
44	四川龙华光电薄膜股份有限公司	62	绵阳市维博电子有限责任公司
45	四川九洲光电科技股份有限公司	63	四川超声印制板有限公司
46	中国重汽集团绵阳专用汽车有限公司	64	四川长虹电子系统有限公司
47	四川佳运油气技术服务有限公司	65	四川同舟化工科技有限公司
48	四川光友薯业有限公司	66	四川虹信软件股份有限公司
49	四川好医生药业集团有限公司	67	四川华拓光通信股份有限公司
50	四川久远智能监控有限责任公司		

2017年绵阳市国家级和省级工程技术研究中心

表24

序号	国家级工程技术研究中心		
1	国家烟气脱硫工程技术研究中心	2	国家城市污水处理及资源化工程技术研究中心
3	国家核技术工业应用工程技术研究中心	4	国家绝缘材料工程技术研究中心
5	国家空管监视与通信系统工程技术研究中心		
序号	省级工程技术研究中心		
1	四川省核技术应用工程技术研究中心	2	四川省磁性材料工程技术研究中心
3	四川省新型绝缘材料工程技术研究中心	4	四川省马铃薯工程技术研究中心
5	四川省机床数控工程技术研究中心	6	四川省风能工程技术研究中心
7	四川省生物质资源利用与改性工程技术研究中心	8	四川省空中交通管制系统工程技术研究中心
9	四川省功能杂环化合物工程技术研究中心	10	四川省家电产品绿色制造工程技术研究中心
11	四川省氢同位素工程技术研究中心	12	四川省杂交水稻商业化制种工程技术研究中心
13	四川省数字内容保护工程技术研究中心	14	四川省水处理及资源化工程技术研究中心
15	四川省燃气轮机燃烧工程技术研究中心	16	四川省精密超精密加工工程技术研究中心

科技型中小企业

【概况】 2017年，绵阳科技城实施“涌泉计划”和工业企业“领航计划”，立足科技型中小企业生命周期管理，根据企业发展的不同规模和不同阶段需求，给予差异化的政策扶持和重点培育，实施提质增效工程，全市科技型中小企业发展呈现裂变式增长态势，总量保持在1万家以上，新增上千规模入统企业78家，科技城高新技术企业达到239家。

【科技型中小企业培育平台】 2017年，科技城按照“专业化、市场化、国际化”的发展理念，围绕“众创空间（星创天地）+专业孵化器+特色孵化器+特色园区”链条，结合各地发展特色和主要产业推进创新创业平台建设。全市有各类孵化平台58家，孵化总面积110万平方米，入驻孵化企业和服务机构3500余家。2017年，绵阳市游仙经济开发区（游仙孵化中心）创业示范基地、西南科技大学国家大学科技园创业示范基地入选国家第三批小微企业“双创”示范基地；西南科技大学国家大学科技园、四川雄邦企业孵化管理股份有限公司、绵阳市科创孵化器管理有限责任公司3家企业被评为省级第六批小企业创业示范基地。

【科技型中小企业创新发展平台】 2017年，科技城依托在绵阳的科研院所、高校、企业对接清华大学、同济大学等知名高校，搭建产学研用合作平台，建成清华大学人力资源服务外包平台、北京交通大学下一代互联网互联设备国家工程实验室西南中心等国、省重点实验室25个，建成国、省工程技术研究中心19个，省级以上工程研究中心（工程实验室）15个，国、省、市企业技术中心141个。

【人才服务保障】 2017年，科技城统筹抓好人才发展体制机制改革和“系统推进全创试验军民深度融合人才开发体系”建设。形成以《绵阳市人才发展“十三五”规划》为核心的“1+6”人才发展规划体系。资助人才和团队147名（个），发放人才资助资金4555万元，强化绵阳对各类人才的吸引力，增强科技城创新创业软实力。全年引进各类人才18452人，其中博士310人、硕士2139人、本科15906人、海外人才97人、柔性引进5名院士专家。

【财政金融服务保障】 2017年，科技城成立科技支行，设立7000万元的科技型中小企业贷款风险池，创新推出“科创·税e贷”“高新技术企业贷”“军工供应链贷”等近50种科技金融产品。全市科技型企业贷款余额257.2亿元，较年初增加17.5亿元，贷款企业1625家，专利权质押贷款累计3.56亿元。（李芝军）

2017年绵阳市科技型中小企业成长为规模企业名单

表25

序号	企业名称	所属行业
1	绵阳市祥发包装有限公司	规模以上工业
2	宏源地能热泵科技有限公司	规模以上工业
3	绵阳市晋溢科技有限公司	规模以上工业
4	绵阳市思泰电子科技有限公司	规模以上工业
5	绵阳市华宏机械电子技术有限公司	规模以上工业
6	绵阳天阳建材加工有限公司	规模以上工业
7	绵阳和润电子仪器有限责任公司	规模以上工业
8	四川远林达机电科技有限公司	规模以上工业
9	四川浩东食品科技有限公司	规模以上工业
10	四川开元创亿生物科技有限责任公司	规模以上工业
11	四川蓝狮科技有限公司	规模以上工业
12	绵阳市久华机电科技有限公司	规模以上工业
13	四川荣丰电子有限公司	规模以上工业
14	四川绿能酒业有限责任公司	规模以上工业
15	四川腾达电梯制造有限公司	规模以上工业
16	绵阳广丰电子有限公司	规模以上工业

续表

序号	企业名称	所属行业
17	绵阳杨肥肠食品科技有限公司	规模以上工业
18	四川普兰特电源制造有限公司	规模以上工业
19	四川兴盛源药业有限公司	规模以上工业
20	江油市亿豪五金制品有限公司	规模以上工业
21	江油市金豪特种玻璃制造有限公司	规模以上工业
22	四川省明君金属制品有限责任公司	规模以上工业
23	四川省江油市丰宇塑编有限责任公司	规模以上工业
24	江油殷田电子科技有限公司	规模以上工业
25	江油市四隆矿业有限公司	规模以上工业
26	四川泰铸耐磨材料有限公司	规模以上工业
27	四川省安县嶒熊木业有限公司	规模以上工业
28	四川天濛药业有限公司	规模以上工业
29	四川圣凯利电气设备有限公司	规模以上工业
30	绵阳佳仕达机电设备制造有限公司	规模以上工业
31	安县新广鑫粮油机械制造有限公司	规模以上工业
32	绵阳鑫泰水泥制品有限公司	规模以上工业
33	四川爱联科技有限公司	规模以上工业
34	四川成州量具制造有限公司	规模以上工业
35	三台县曹氏酱腌菜生产销售有限责任公司	规模以上工业
36	四川省三台县大予膨润土矿业有限公司	规模以上工业
37	绵阳市尚姿鞋业有限公司	规模以上工业
38	四川代代为本农业科技有限公司	规模以上工业
39	四川桉邦环保设备制造有限公司	规模以上工业
40	四川省三台蜀龙泵业有限责任公司	规模以上工业
41	四川省三台县富贵科技实业有限公司	规模以上工业
42	绵阳天鸿生物科技有限公司	规模以上工业
43	绵阳迪奥药业有限公司	规模以上工业
44	四川群琪科技有限公司	规模以上工业
45	中广核绵阳梓潼风力发电有限公司	规模以上工业
46	四川省田宝生物科技有限公司	规模以上工业
47	四川天强玻璃有限公司	规模以上工业
48	四川清川科技有限公司	规模以上工业

续表

序号	企业名称	所属行业
49	四川泰坦豪特新能源汽车有限公司	规模以上工业
50	北川羌族自治县建诚林产开发有限公司	规模以上工业
51	奥图（北川）环境科技设备有限公司	规模以上工业
52	北川瑞辉科技有限公司	规模以上工业
53	北川马槽酒业有限公司	规模以上工业
54	绵阳市军豪科技开发有限公司	规模以上工业
55	四川福百弘中药科技有限公司	规模以上工业
56	四川西结微波科技发展有限责任公司	规模以上工业
57	四川安能能源技术有限公司	规模以上工业
58	四川创力电气有限公司	规模以上工业
59	绵阳伟成科技有限公司	规模以上工业
60	绵阳同成智能装备股份有限公司	规模以上工业
61	四川精上缝纫机有限公司	规模以上工业
62	四川仁智新材料科技有限责任公司	规模以上工业
63	四川瑞可达连接系统有限公司	规模以上工业
64	绵阳德坤机械有限公司	规模以上工业
65	绵阳市永庆机械有限公司	规模以上工业
66	四川美丰梅塞尔气体产品有限公司	规模以上工业
67	四川伴农动保生物技术有限公司	规模以上工业
68	绵阳大北农农牧科技有限公司	规模以上工业
69	绵阳市凌峰机械制造有限责任公司	规模以上工业
70	绵阳春蓉食品有限公司	规模以上工业
71	绵阳市耐特电子实业有限责任公司	规模以上工业
72	四川奇石缘科技股份有限公司	规模以上工业
73	绵阳流能粉体设备有限公司	规模以上工业
74	四川光发科技有限公司	规模以上工业
75	四川帝威能源技术有限公司	规模以上工业
76	四川九洲北斗导航与位置服务有限公司	规模以上服务业
77	四川科瑞软件有限责任公司	规模以上服务业
78	长美科技有限公司	规模以上工业

科技城人才工作

【概况】 2017年，科技城创新人才发展体制机制，总结推广“大型军民融合国有企业人员自评价机制”“省部共建军民融合专业人才培养基地”等重要经验，推进军地人才深度融合。出台6个人才队伍专项规划、扩大人事自主权、激励专业技术人才扎根基层等政策，绵阳被国家列入科技人才激励计划两个试点地区之一。向上争取设立新一轮科技人才发展专项资金和省级创建创新驱动发展人才示范区。实施“军民人才深度融合四大计划、科技创业领军计划、脱贫攻坚人才行动”等重大人才工程，共资助147个人才（团队、项目）4856万元。开展人才工作服务脱贫攻坚“三大行动”和第二批文化领军人才资助工程。全年引进高校毕业生28521名，其中博士310名、硕士2139名；柔性引进院士5名、外国专家100名。建成运营全省唯一的国际人才综合市场——中国国际人才市场国家科技城（绵阳）分市场。与中国航天科技集团共同组建绵阳科技城军民融合人力资源服务有限公司，全国首个军民融合人才交流服务平台、军民融合人力资源服务产业园落地绵阳。开展“科博会”人才交流与成果展示、“海外高新科技人才走进中国（绵阳）科技城推介会”等高端人才交流活动，成功对接人才项目92项，引进海归人才97名。与国防科技大学建立高层次人才互访合作对接机制，开展清华大学、武汉大学研究生社会实践活动。在全省率先出台市委领导联系高层次人才文件，推行重大项目引进人才“一对一”咨询服务机制，实现高层次人才联系服务工作制度化安排。举办“2017中国（绵阳）科技城人才之夜”，以城市名义致敬和激励人才。协助做好中物院某重大装置科研骨干职工家属安置工作，解决高层次人才后顾之忧。启动建设绵阳市高端人才服务中心和“200名人才专项事业编制保障工程”，培训军民融合企业家157人次。开展“绵州友谊奖”、院士“专家”工作站备案、拔尖人才和文化领军人才的选拔。

图32 位于科技城创新中心的国际人才市场国家科技城（绵阳）分市场

【2017中国（绵阳）科技城人才之夜颁奖晚会】 2017年7月5日晚，2017中国（绵阳）科技城人才之夜颁奖晚会在九洲体育馆举行。中国工程院院士、总参五七所高级工程师陈鲸，中国工程院院士、电子科技大学校长、九洲集团院士专家工作站入站院士李言荣，中国科学院院士、中国工程物理研究院研究生院院长孙昌璞，省政府副秘书长、办公厅主任蔡竞出席晚会。市委书记、科技城党工委书记彭宇行致辞，市委副书记、市长、科技城管委会主任刘超发布《绵阳科技人才发展专项资金绩效评价报告（2013—2015）》。中国工程物理研究院党委副书记张光军、中国空气动力研究与发展中心副总工程师于昆龙、市人大常委会主任马华、市政协主席张锦明、市委副书记付康出席晚会。中央电视台主持人白岩松主持晚会。晚会上，绵阳市为重大产业高层次团队和人才，军民融合高层次团队和人才，大众创业、万众创新团队和人才，脱贫攻坚和社会事业优秀团队和人才共667名人才代表颁奖。举办“英才风华·辉映绵州——2017中国(绵阳）科技城人才之夜”，彰显绵阳吸引人才、培育人才、宣传人才的良好环境，树立全社会尊重知识、尊重人才、尊重创造的鲜明导向，让更多人才在绵阳创新创业，共同把绵阳打造成为西部更具竞争力的创新之城、活力之城、希望之城。

【中国军民融合人才交流服务平台建设启动】 2017年9月6日下午，全国首个军民融合专业化人才交流服务平台——中国军民融合人才交流服务平台在绵阳建设启动。国家国防科技工业局副局长吴艳华、市委书记彭宇行、人力资源和社会保障部规划财务司司长王克良，省委组织部副部长、省人力资源和社会保障厅党组书记、厅长戴允康，市委副书记、市长刘超，中国航天科技国际交流中心主任邓宁丰，中国航天科技集团公司董事会秘书、总法律顾问齐国生出席启动仪式。启动仪式上发布《中国军民融合人才交流服务平台建设规划》；与会人员观看绵阳市推动全面创新改革试验人才开发体系建设专题片；启动仪式后，邓宁丰、北京军民产融服务协会秘书长黄云艳，分别作“军民融合背景下人力资源管理体系与环境的营造”“军民融合高端人才的引进与激励”主报告。副市长蒋丽英主持启动仪式。国家部委、省市相关负责人，以及200余家军民融合企业、高新技术企业相关负责人参加活动。（梁　睿）

第五届中国（绵阳）科技城国际科技博览会

【概况】 2017年9月7—9日，科技部、四川省人民政府主办，科技部火炬中心、省科技厅、省经信委、省商务厅、省投资促进局、省人社厅、省国防科工办、省外侨办、省侨联、省知识产权局、省博览事务局、省贸促会、绵阳市人民政府、中国（绵阳）科技城管委会承办，以“军民融合·科技创新·开放合作”为主题的第五届中国（绵阳）科技城国际科技博览会在中国（绵阳）科技城国际会展中心举行。中共中央政治局常委、国务院总理李克强，以色列总理内塔尼亚胡分别致贺信，对第五届中国（绵阳）科技城国际科技博览会开幕表示祝贺。全国政协副主席、民革中央常务副主席齐续春出席开幕式。省委书记王东明，科技部副部长李萌，本届科博会主宾国代表以色列驻成都总领事馆总领事蓝天铭分别致辞。科博会展场面积3.9万平方米，设军民融合馆、国际馆和港澳台馆、高新技术产业馆、区域合作与人才馆等4个室内场馆，以及大型装备设备室外展区。同期举办国际军民融合创新发展论坛、科技成果发布与交易、科技人才交流与成果展示、科博会投资推介暨集中签约仪式、主题日活动、采购商大会、中国创新创业大赛军转民大赛等36项系列活动。来自44个国家和地区的世界500强、国内外知名企业，国家重点科研院所、高等院校在内的754家单位参展，展陈项目3065项、展品10019件；参会嘉宾近万人，观众超过40万人次。签约产业投资、成果交易、产品采购、投融资、四大经济区等各类项目665个、金额1114亿元；大会展示国家深入实施创新驱动、军民融合发展战略的巨大成就，全面展示国家科技城建设和全面创新改革试验的丰硕成果。

图33 第五届中国（绵阳）科技城国际科技博览会

【中国—以色列（四川）经贸创新合作大会举行】 2017年9月7日，中国（绵阳）科技城国际科技博览会主宾国活动之一的中国—以色列（四川）经贸创新合作大会在绵阳举行。省政府副省长朱鹤新，以色列驻成都总领事馆总领事蓝天铭，商务部外贸发展局局长孙成海，省政府副秘书长赵卫平，省商务厅厅长刘欣，省投资促进局局长陈光浩，市委副书记、市长刘超，商务部西亚非洲司商务参赞周兆明出席大会；以色列驻成都总领馆参赞、以色列参展企业代表，中国相关部门负责人和企业代表等500余人参加大会。大会上，四川省与以色列共同发布《加强四川省与以色列创新经贸合作中国（绵阳）科技城行动计划》，明确未来在电子信息、人工智能、新能源汽车、航空、智能制造、新材料、生物医药、水处理、现代农业、清洁能源十大重点领域加强合作；以色列Giza公司、洪泰基金合伙人、以色列魏茨曼科学研究院耶达技术转移中心、以色列康帕思集团、四川长虹电器股份有限公司等中以企业单位围绕经贸创新合作进行演讲。

【2017军民融合知识产权金融高峰论坛举行】 2017年9月8日，中国（绵阳）科技城管理委员会、绵阳市

图34 9月8日，2017中国军民融合知识产权金融高峰论坛在绵阳举行

科学技术和知识产权局、绵阳市人民政府金融办公室、汇桔集团主办，知商金融、汇桔网承办，以“知识产权金融助推军民融合大发展”为主题，作为中国（绵阳）科技城国际科技博览会特色活动之一的2017军民融合知识产权金融高峰论坛在绵阳举行。来自全国各地的近百余家金融机构、企业代表600余人，一起探讨知识产权及金融是如何助力军民融合大发展。四川省知识产权局局长谢商华、四川省金融工作局副局长王琳、汇桔集团董事长谢旭辉等做主题发言。论坛上，各与会代表围绕军民融合的顶层制度设计和实际操作的讨论，为现场企业解决技术转移、知识产权运营与融资出谋划策，助推绵阳军民融合与知识产权金融工作的纵深发展，服务好实体经济的创新发展，为国家深入实施军民融合重大发展战略探索积累出更多更好的经验，做出最佳示范。（杨　玲）

园区建设

【概况】 2017年，绵阳科技城建设贯彻落实国务院《关于绵阳科技城“十三五”发展规划的批复》，围绕科技城建设发展目标，构建“一核三区多园”的发展格局，以建设特色产业园区为支撑的科技城各类产业园基本形式。截至年底，科技城内有2个国家级园区，即国家高新技术产业开发区、绵阳经济技术开发区（绵阳现代农业科技示范区），省级园区11个，即绵阳科教创业园区、金家林总部试验区、游仙经济开发区、安州工业园、江油工业园、三台工业园、盐亭工业园、梓潼经济开发区、北川经济开发区、仙海水利风景区。

【绵阳国家高新技术产业开发区】 1992年，国务院批准国家级高新技术产业开发区，位于科技城核心，辖区面积105平方千米，总人口30万人。是国家知识产权试点园区、全国科技服务体系试点园区、全国“十佳电子商务园区”、省重点培育的2000亿元园区。园区基本形成以高新技术产业、战略性新兴产业为核心的现代化工业和以“互联网+”为龙头的现代服务业，以京东方、长虹、维谛等为代表的电子信息产业，以中国重汽、新晨动力、川汽新能源等为代表的汽车产业，以金发科技、西磁磁电等为代表的新材料产业，以大龙网、长虹智易家、光彩国际为代表的电子商务产业。2017年，高新区实现地区生产总值310.9亿元，增速达9.9%；实现全区规模以上工业总产值1125.37亿元；区属规模以上工业增加值增速11.2%；完成固定资产投资133.09亿元，同比增长20%；完成社会消费零售额140.9亿元，同比增长14.2%；完成地方公共财政收入11.23亿元，同比增长10.46%，全区综合总量实现高基数上的较快增长，经济总量占到科技城的40%。

2017年，高新区打造“税鑫融财税资综合服务平台”“军民融合知识产权运营服务平台”“科技金融创新运营服务平台”，支持企业使用“园保贷”“应急转贷”等资金项目，全区79家主导产业实现产值846.9亿元，同比增长12.1%，全年产值超1亿元以上企业达45家、产值超4亿元以上企业达21家，新增规模以上企业15家。实现“两新”产业产值857.7亿元，同比增长11.8%；新增军民融合企业17家，新增省级企业技术中心2家。共申请专利2056件，获得授权专利928件，技术合同成交6014万元。新增科技型中小企业344家，培育规模以上科技型中小企业8家，组织申报高新技术企业16家，全区高新技术产业总产值完成935亿元。

2017年，高新区在全国国家级产业园区持续发展竞争力综合排名百强榜的第77位。（李虹雨）

【绵阳经济技术开发区】 2000年8月成立，2012年2月与绵阳科技城现代农业科技示范区整合，2012年10月经国务院批准升级为国家级经济技术开发区，是中国（绵阳）科技城“一城三区”发展战略的核心区，省优秀工业园区、省新型工业示范基地、省“51025”重点产业园区、省生态工业园区建设试点园区。辖区面积70平方千米，城市规划面积50平方千米，实有人口15万人。

2017年，辖区实现地区生产总值238.0亿元，同比增长12.7%；工业总产值765.3亿元，同比增长6.2%；财政收入25.5亿元，同比增长20.4%；社会消费品零售总额43.44亿元，增长率11.2%；服务业增加值增长12.5%。全年签约项目65个（5亿元以上项目4个），签约金额73.08亿元，到位外资2200万美元。

2017年，经开区有各类企业3631家，规模以上工业企业97家；获省著名商标企业12家、市知名商标企业17个，拥有省名牌产品7个。上市企业或上市企业分公司14家，年纳税50万元以上企业189家。实施并入库工业技改项目60个，总投资90.1亿元，入库投资50.5亿元。区属国有平台通过主体信用AA评级评定，与广发银行、天津银行、华融赣南等8家银行及机构达成融资合作，实现融资14.91亿元。建筑面积2.85万平方米的生产力促进中心回购完成交接，万声绵阳职场呼叫中心、绵阳领行电商产业园等入驻。累计建成科技企业孵化器6个，其中省级2个、市级1个，国家级众创空间1个、市级2个，总面积17.65万平方米，在孵企业165家，新认定科技型中小企业281家，培育规模以上科技型中小企业8家，专利申请完成1200件，专利授权433件，专利技术项目转化产值22.64亿元。培育高新技术企业10家，实现高新技术产业产值41.73亿元。引进落地电商企业30余家，实现电子商务交易规模4.26亿元。

经开区在2017年度商务部对全国国家级经济技术开发区考核中，进入国家级经开区排名前30名的第29名，进入科技创新前10名的第9名。（马敬明）

【绵阳科教创业园区】 2001年8月成立，位于绵阳城区以北的园艺山片区，科技城核心区之一。是市委、市政府根据党中央、国务院关于建设绵阳科技城的决定而建立的创新创业基地。2006年1月，园区通过国家发改委的审核，批准园区为绵阳工业园区，成为四川省级开发区。园区面积13平方千米，人口约14万人。是国家军转民科技园，国家级科技企业孵化器、国家科技创新创业基地、四川省电子商务示范基地、四川省现代服务业科技服务集聚区、四川省大学生创业示范园、四川省知识产权试点园区。2017年，园区实现地区生产总值67.07亿元，同比增长11%；园区完成一般公共预算收入6.01亿元，同比增长9%；出台《科创区支持工业发展若干政策申报指南》，设立每年投入2000万元的工业发展专项资金，完成全社会固定资产投资29.04亿元，其中工业投资3.26亿元、技改投资7.60亿元、民间投资9.41亿元、其他投资8.77亿元。包括“基于北斗卫星通信技术的船舶通信设备研发及产业化项目”“面向电双向网的可管可控安全智能终端产业化项目”等13个在统工业投资项目，计划总投资9.25亿元，全年完成投资3.26亿元；技改项目26个，计划总投资40.67亿元，全年完成投资7.60亿元。 （李 安）

【绵阳仙海水利风景区】 2003年6月成立，面积75平方千米，总人口2.3万人。2017年，全区实现地区生产总值8.12亿元，同比增长8%；实现服务业增加值5.35亿元，增长率10.8%；完成固定资产投资24.8亿元，同比增长7.15%；实现社会消费品零售额5.15亿元，增速12.5%；地方公共财政收入8500万元，同口径增长9.25%；到位内资11.3亿元；农民人均纯收入达到17986元，同比增长12%；城镇居民可支配收入达到33040元，同比增长12.5%。景区通过省标评委专家组对创建国家级旅游度假区工作的技术评估，纳入省旅发委、市旅游局“十三五”期间重点指导创建单位。全年签约项目合同3个，其中与中建国际工程有限公司签订总投资约18亿元文化旅游基础设施打捆项目、与岭南园林签订1.8亿元环湖整体提升项目等，全区固定资产投资项目库内21个，其中续建项目9个。计划总投资20.8亿元，年度计划投资5.7亿元。全年举办“2017年绵阳旅游发展大会暨中国（仙海）首届湖泊旅游发展高峰论坛、第六届绵阳（仙海）端午文化旅游节、2017绵阳仙海湖铁人三项挑战赛。截至年底，景区实现旅游收入3.48亿元，同比增长30%，接待游客近200万人次。 （吉 敏）

【西南科技大学科技园】 2017年，大学科技园推进“国家技术转移示范机构”建设，依托国家技术转移示范机构、四川省军民两用技术转移和产业孵化中心两个平台，依靠学校成果转化激励政策，促进大学科技园园区成果转化，推动产学研深度融合发展。完善“中国（绵阳）科技城高校科技成果转化平台”等平台建设，完成园区82项成果信息入库，成功转化“MYWD-02分子振动暗红外纳米热棒温度场监测及控制系统V1.1”“人-机-环境共融的熊猫智能机器人”“无线电测向+”“科技体育实训系统”等43项科技成果。通过科技部“国家技术转移示范机构”评价考核。9月，被工信部认定为“国家小微型企业创新示范基地”。大学科技园依托现有平台，新增入孵企业22家，孵化出园企业10家，在孵企业总数逾100家。入孵企业申报获各类纵横向项目立项58项，立项经费1169万元。新增自主知识产权34项。新增投融资2411万元。11月，“国家级科技企业孵化器”被科技部考核评价为“优秀”(A类)，成为全省唯一获优的大学科技园。组织学生申报教育部“国家大学生创新创业训练计划”立项11项，四川省科技厅“四川省科技创新苗子工程”立项10项。被省人社厅认定为“省级大学生创新创业园区”。

2017年，科技园推进“军民融合发展研究智库”建设，园区新增军民融合企业4家，有军民融合企业16家。3月，大学科技园入选全国首批“军民融合科技服务机构推荐名录”。“高分辨率对地观测系统四川数据与应用中心绵阳分中心”获省国防科工办函复同意设立。“四川军民融合战略研究中心”获批为“四川省高校哲学社会科学重点研究基地”。联合中国工程物理研究院组建“军民融合发展研究智库”获批为四川首批新型智库。 （唐继平）

【绵阳出口加工区】 2005年6月3日，绵阳出口加工区经国务院批准设立。按照“统一规划、分期开发”的原则，2007年11月1日，出口加工区一期经国家九部委验收通过，实行封关运作的特殊监管区，享受国家级出口加工区的各项优惠政策，是四川唯一的国家级出口加工区。2016年9月，绵阳市人民政府按照海关总署要求对批准未建设验收土地面积进行整改，申请核减绵阳出口加工区未封关验收土地面积0.41平方千米。2017年1月，绵阳高新区整合资源将电子商务产业发展工作交由绵阳出口加工区负责，绵阳出口加工区管委会围绕“一核四区多点”的布局推进电子商务工作。12月15日，经国务院办公厅国办函〔2017〕146号文件同意绵阳出口加工区核减规划面积，核减后剩余0.14平方千米，范围为：北临安昌河、西临石桥铺大桥、南至石桥铺大道、东临尚高国际创意联邦地块。为落实国家创新驱动发展战略，融入“一带一路”倡议和“长江经济带”建设，推动中国（绵阳）科技城实现突破性发展，绵阳市按照国务院《关于促进海关特殊监管区域科学发展的指导意见》文件规定，整合绵阳出口加工区资源设立绵阳综合保税区。

2017年，绵阳出口加工区累计投入5亿余元，建成道路、隔离围网、检验检疫平台、海关监控系统“全域通”系统和海关报关辅助管理平台、永久性关卡等基础设施。跨境电商产业园投资5亿元，规划建筑面积20万平方米，建成6万平方米，建设5.3万平方米电商区。全年全区完成工业总产值13.44亿元，同比增长7.43%；完成投资1.14亿元，同比增长128%。其中基础设施建设0.33亿元；技术改造0.81亿元，同比增长62%；实现进出口额为3.84亿美元，出口2.21亿美元。实现网络交易规模559亿元，同比增长43.3%；网络零售额10.5亿元，名优特产品线上交易额62.4亿元。新增电商企业127家，其中新增跨境电商企业37家，累计引进电商企业334家。

（邓晓丽）

【金家林总部试验区】 2010年4月成立，规划面积24.5平方千米。试验区位于绵阳市主城区中部偏西,与高新区、安洲区交汇，是绵阳承载成德绵一体化发展的重要区域。先后获“国家级科技企业孵化器”“省级科技孵化器”“省级大学生创新创业园区”“省级信息安全产业基地”等。

2017年，试验区建设产业项目24个。大地保险西南呼叫中心建成投用。智能终端产业园、西部冷都二期等项目开工建设。总部城、永贵科技二期、军民融合产业园、西科大国家大学科技园等项目按计划推进。核医学中心项目完成交地，华康能仁项目前期工作完成。全年洽谈项目97个，签约项目37个，在谈项目35个。引进国科、成绵乐、科信鸿、中建科发管廊等企业入驻；签约360集团全国安服总部、四川省军民融合研究院、手机智能终端企业群、板载光子服务器等项目；引进中科招商基金、中资国本基金、富海长虹基金、北京盈科律师事务所、七洲餐饮等项目。涪城区创新科技城集中发展区（涪城区属范围）基础设施建设模式，策划包装6个大项、64个小项、总投资134亿元的基础设施项目，采取PPP、EPC+融资建设、委托代建等方式，全部落实建设主体和资金来源，完成基础设施投资超过40亿元。中国五冶承建的投资21亿元道路及居民安置点PPP项目全面开工建设；中建二局承建的投资39.79亿元综合管廊及道路项目全面开工建设；中铁十八局承建的投资25.87亿元核心区东片区道路项目、投资18.6亿元核心区西片区道路项目已有12条道路完成清表；中铁十八局承建的投资27.88亿元青义和龙门片区道路项目前期准备工作进展顺利；科发集团承建的投资1.45亿元安昌河综合整治项目加快前期工作。5月15日，科技城集中发展区重点基础设施暨绵阳市第二季度111个重大项目集中开工仪式在金家林试验区高铁大道开工现场举行，项目总投资337亿元。9月7日下午，第五届中国（绵阳）科技城国际科技博览会创新驱动信息安全产业发展高峰论坛在科技城软件产业园举行。12月13日，绵阳市台办向金家林试验区授牌“绵阳市海峡两岸青年创新创业基地”。12月17日下午，绵阳福建商会与金家林总部经济实验区签订战略合作协议。科技城软件产业园2017年实现软件产业销售收入17.28亿元。总部城项目规划459.07公顷，首期启动建设183.07公顷，总投资65亿元；科技城核医学中心项目计划总投资23亿元，占地28公顷，建设的总建筑面积约16万平方米。

（王旭久）

图35 金家林总部试验区

【绵阳游仙经济开发区】 2010年5月，四川绵阳游仙经济开发区经绵阳市政府批复设立，2013年4月被省政府批准为省级开发区。2017年，园区按照区委、区政府确定的“两园一基地”格局进行开发建设。园区核心区域面积为5.47平方千米，辐射区域面积21.16平方千米，近期规划面积为36.88平方千米，远期规划面积为50平方千米。南区（节能环保产业园）重点发展节能环保、新材料、光电信息产业，北区（军民融合产业园）重点发展军民融合、高端装备制造产业，东区（农副产品精深加工基地）重点发展加工制造业。全年园区实现主营收入530亿元，占年度目标任务的105%，同比增长17.5%；实现税收入库5.15亿元，占年度目标任务的105%，同比增长5.1%；实现固定资产投资121.9亿元，占年度目标任务的101.5%，同比增长24.6%；实现规模工业总产值437亿元，占年度目标任务的108.4%，同比增长21.4%；实现工业（技改）投资58.4亿元，占年度目标任务的106%，同比增长15.9%；实现招商引资到位资金50.2亿元，占年度目标任务的109%，同比增长13.4%。

（刘　刚）

【绵阳安州工业园区】 位于安州城区以南，是省级工业开发区、省“51025”重点产业园区、省知识产权试点园区，纳入绵阳国家科技城集中发展区规划建设。《四川绵阳汽车产业园发展战略规划（2017—2025年）》获市政府常务会审议通过。修改完善的规划已经市政府正式批准实施。全年完成安州区2017年第一季度重点项目、2017年四川省重大产业项目集中开工绵阳市分会场、2017年四川省第四季度重大项目集中开工绵阳分会场暨绵阳新华内燃机股份有限公司30万套发动机关键零部件项目、天雄药业年产1.5万吨中药配方颗粒项目、绵阳麦思威尔年产5万吨高端特种涂料项目开工仪式等重大活动。华晨集团25万辆整车项目、东旭集团新能源整车项目签约，长虹“双创”产业园项目有序推进；四川爱联、天濠药业、国药控股等7个项目正式投产运营。2017年，园区有110家规模以上企业，工业总产值实现262.05亿元，同比增长25.05%；规模企业利润实现13.68亿元，同比增长31.67%。其中，核心区55家规模以上企业工业总产值实现128.33亿元，同比增长32.18%；利润实现7.09亿元，同比增长42.37%；新增规模企业8家。

（赵德银）

【江油工业园】 江油工业园区位于江油城区东南，规划面积28.02平方千米，是一个以高端金属材料、高端装备制造、电子信息与光电、生物医药与食品为主要产业的新型工业园区，省级高新技术产业园区、四川省新型工业化产业示范基地、重点产业园区、新型工业化产业示范基地、知识产权试点园区、“园保贷”试点园区。2017年，园区释放“三去一降一补”和“放管服”政策优势，统筹做好稳增长、促发展、调结构、强机制、防风险工作。全年实现规模工业总产值441.4亿元，同比增长23.3%；营业收入422.7亿元，同比增长24.3%；税收收入3.82亿元，同比增长16.9%；完成固定资产投资71.6亿元，新增规模企业16家，规模以上工业企业达160家，其中引进高新技术项目7个，战略新兴产业项目8个，新培育高新技术企业7家。引进艾格瑞特、森邦汽车等10余家模具企业，投资近15亿元；完成3万平方米的园区科技孵化及创新创业中心建设。全年签约项目24个，其中直接协议投资项目19个，协议总投资142.15亿元。艾格瑞特汽车精密模具制造基地项目、长祥万吨模具钢超市项目等16个项目竣工验收，推进六合锻造航空与燃机合金项目、东方玻璃12万吨中高档玻璃屏项目等20个在建项目。截至年底，园区有院士（专家）工作站2个，博士、硕士工作站2个；国家级检验检测中心1个、省级工程技术研究中心1个，省级企业技术中心5个、市级企业技术中心10个，建有科技创新孵化平台3个，总面积达1.42万平方米；历年累计专利申请1317件，获得专利授权944件，拥有中国驰名商标1个、四川省著名商标6个、绵阳市知名商标5个、中国地理标志保护产品1个、名牌产品13个。

（谢小东）

【三台工业园】 2017年，三台工业园区贯彻“11331”发展战略，坚持“工业强县”战略，深入实施综合改革。明确“一园两区多组团”的发展空间，按照全县工业“2+1”主导产业发展定位，打造梓州产城新区机械电子及新材料专业园区、芦溪工业区食品医药大健康专业园区、刘营工业组团装配式建材专业园区、青东坝工业组团鞋服专业园区。园区实行每个项目1名联络员，同时组建招商引资、供地报建、建设秩序、要素保障、企业运行、标准厂房6个服务团队，形成“1+6”服务体系。保障25家入园企业开工建设，县政府授权办理前期建设手续17项，推动行政审批前移，基本实现项目前期手续园区受理、园区办结，办理各类项目建设手续40余个，协调解决各类遗留问题20余件。围绕农业“3+2”、工业“2+1”主导产业发展方向，组建专业招商团队，开展重点招商20余次，跟踪洽谈项目60多个，签约入驻项目29个，总投资47.52亿元。拓展园区土地、标准厂房、基础设施等资产，增强工投公司投融资能力，拓展工投公司经营范围。以工投公司为载体，启动组建基础设施建设基金、重点产业发展基金和麦冬产业发展基金。采用BOT、BLT、EPC等多种方式，吸引民间资本和社会资金合作共建园区。2017年底，工投公司总资产达11.87亿元，实现资产租赁收入160万元。完成项目融资7亿元，到位融借现金2.05亿元，启动园区项目收益债发行工作。

截至年底，园区新增规模以上企业7家累计达到64家，实现工业总产值72.38亿元，同比增长22.91%；固定资产投资7.37亿元，同比增长181%；工业投资14.45亿元，同比增长34.1%；技改投资13.87亿元，同比增长31.5%；高新技术产业总产值实现22.62亿元，同比增长27.77%；实现税收2.3亿元。

（冉进财）

【盐亭经济开发区】 2014年，四川盐亭经济开发区经省人民政府批准设立的省级开发区，是绵阳科技城（盐亭）生物技术产业园，位于盐亭县城区东南部，毗邻盐亭县城新区，规划面积14.36平方千米，建成区面积10平方千米，辖7个社区，总人口约1.5万人。2017年实现工业总产值15.54亿元，同比增长24.7%，其中规模以上工业总产值10.79亿元；营业收入实现14.38亿元，其中工业企业营业收入15.5亿元（规模以上工业企业营业收入9.69亿元），同比增长19.2%；完成税收总额2217万元，增速为13.9%；入驻工业企业总数达到48家（规模以上企业18家），产业集中度达到83.2%。全年园区新型建材产业实现产值约3.4亿元，生物医药产业实现产值约1.8亿元。建丰林业生产线改造项目完工，盐亭盈基生物质发电项目加速建设，梓江左岸月园段堤防建设工程项目竣工。

（董晶晶）

【梓潼经济开发区】 2002年4月30日，梓潼县经济技术产业园区成立；2014年7月10日，四川省人民政府批准同意设立四川梓潼经济开发区。开发区包括文昌镇青龙工业集中区、长卿圣迪乐村和宏仁乡的华信铁合金项目发展区域，控制面积10.5平方千米，总人口12767人。2017年，经开区现有各类工业企业79家，其中规模企业34家，规模企业实现产值118.99亿元，同比增长16.02%；实现营业收入106.1亿元，同比增长5.97%；实现利润2.26亿元，同比增长5.4%。以上三项指标分别占全县工业企业的94.27%、94.19%和95.9%。其中：食品产业实现产值64.34亿元，同比增长1%；轻纺产业实现产值16.73亿元，同比增长10.5%；电子机械产业实现产值2.19亿元，同比增长24.43%，主导产业集中度达到78%以上。园区完成营业收入增速7%和园区产业集中度70%目标任务；完成固定资产投资4.92亿元目标；完成竣工工业项目5个（健腾生物、睿意达服装厂、梓伯林家具厂、葛根精深加工项目、国药集团川北医疗器械物流中心）；完成招商引资国内省外到位资金12.55亿元以及引进1亿元以上项目6个（中基国能天然气分布式能源项目1.9亿元、凯瑞药业生物制剂IL—12/FC融合蛋白和体外诊断生物原液研发生产项目3亿元，汇智公司生物医药产业园标准厂房及孵化大楼项目1亿元等）。

经开区累计投入基础设施建设资金7.5亿元，建成面积2.54平方千米，建成率达60%以上。总投资1亿元的5万平方米绵阳生物医药产业园标准化厂房及孵化中心的建设进展顺利，5幢标准化厂房主体基本完工，孵化楼正开工建设。投资1.5亿元日处理1.9万吨的工业污水处理厂，完成项目前期工作。投资4000余万元的城镇生活污水处理厂技改扩能项目建成，12月26日建成并投入使用。园区是科技城重要组成部分，培育一康生物制药、信得华西、合力植化、金辉生物等一批生物医药支柱性企业，其中原料药加工企业5家，成品药生产企业5家。2017年，实现总产值8.48亿元，实现营业收入8.19亿元。园区计划培育亿元以上产值的药品骨干龙头企业1家，招商引进生物制药项目5个。（颜　友）

【北川经济开发区】 2017年，四川北川经济开发区根据市委、市政府整体布局，重点建设山东产业园、通航产业园、香泉新材料产业园、永安智慧家居产业园。以北川“双创”谷为平台，促进科技成果转化和产业化。北川通用航空机场被省人民政府列入《四川省“十三五”规划》《四川省通用机场布局规划（2016—2030年）》和《成都平原经济交通规划》，被国家发改委、国家体育局、国家旅游局、国家民航局列为四川省唯一全国首批的国家级航空飞行营地示范工程。

园区全年完成工业总产值14.68亿元，同比增长13.53%；规模以上企业完成工业总产值12.55亿元，同比增长22.44%，规模以上工业总产值占全县规模以上工业总产值的40.7%。全年新增规模企业4家，累计规模以上企业20家；新增军民融合企业1家，军民融合企业家数累计5家，新增国家高新技术企业1家，高新技术企业家数达到3家。入园企业80家（孵化企业）。园区总投资500万元以上的重点项目44个，年内完工项目34个，在建项目10个，完成固定资产投资17.46亿元。跟踪招商项目40余个，签约项目17个，合同金额15.7亿元，其中签订正式投资协议项目14个，合同金额9.7亿元，框架协议项目3个，协议投资6亿元。（谢雁萍）

【河北·平武工业园】 园区位于科技城集中发展区核心区内，是平武县的一块“飞地”。2017年，园区营业收入增速达到144%，完成市委、市政府下达营业收入增速12%目标的120%；产业集中度为80%，完成市上下达产业集中度78%目标的102%。高新技术产业总值达2.1亿元，培育高新技术企业1家，包装推出项目12个。园区基础设施建设项目有3个，分别为2号路、4号路及草溪河上游综合整治工程。科技城集中发展区启动区2号路全面完成建设，完成投资约930万元；科技城集中发展区启动区4号路全面完成建设，完成投资约4612万元；草溪河上游综合整治工程完成项目前期工作，主体工程完成30%，完成投资估算约5400万元。天津力神西南基地项目建设推进，该项目一期PACK生产线建成投产；基地建设送中电科集团待审批立项，项目平设计完成。收集整理国内70家优质新能源相关企业信息，建立新能源项目跟进台账。园区完成企业总产值8亿元，同比增长44%，其中规模以上企业产值5亿元，同比增长208%，实现产业集中度80%。协助园区企业申报各级各类补助项目116个，到位补助省市资金871万元，其中经信口11个项目701万元，科技口5个项目170万元。园区企业申报各类专利81个，获得发明专利21个，专利授权78个；争取到省、市科技补助项目5个补助资金170万元，新增国家高新技术企业1家，新增科技型中小企业2个。全年累计完成固定资产投资3亿元，累计实现综合性税收2433.49万元（地税753.2万元、国税1680.29万元），实现非税收入1.1亿元。

完成招商引资新进企业3家，实现省外到位资金5亿元，引进企业总数41家（入驻标准化厂房11家），其中建成投产企业30家（入驻标准化厂房11家）。（顾　林）

中国共产党绵阳市委员会

The Mianyang Municipal Committee of CPC

概　述

【概况】　2017年，中国共产党绵阳市委员会（简称“市委”）坚持以习近平新时代中国特色社会主义思想为指导，学习贯彻中央大政方针和省委、省政府决策部署，践行新发展理念，团结带领全市各族人民，统筹推进“五位一体”总体布局，协调推进“四个全面”战略布局，统筹抓好稳增长、促改革、调结构、惠民生、防风险各项工作，全市呈现出经济健康发展、民生不断改善、社会和谐稳定、干群奋发有为的良好局面。全年地区生产总值突破2000亿元大关，达2074.75亿元，同比增长9.1%，增速时隔近20年重返全省第1；规模以上工业增加值增长10.5%；全社会固定资产投资1436.54亿元，同比增长13.1%；社会消费品零售总额突破千亿大关，达到1112.48亿元，同比增长12.5%，成为西部第三个、全省第一个迈上千亿元台阶的地级市；地方一般公共预算收入110.59亿元、同口径增长8.02%；城镇居民和农村居民人均可支配收入分别达31822元、14752元，同比增长8.2%、9.2%，主要经济指标完成年度目标任务。

【国家科技城建设】　2017年，市委坚持以全面创新改革引领军民融合深度发展，全面贯彻国家创新驱动、军民融合发展战略。承办绵阳科技城建设部际协调小组第13次会议，国务院副总理刘延东对《探索中国特色军民融合创新驱动发展路径实现“新突破”、研发重大国防科技创新成果做出“新贡献”、创新成果应用推动产业发展迈出“新步伐”、打造科技创新体系培育发展”新动能’》的做法给予肯定，绵阳军民融合发展经验被中央电视台综合频道《新闻联播》和军事农业频道《强军》专题报道。国务院审议通过向全国推广的第一批13条全创经验，四川有8条，绵阳有2条。2017年，全市初步形成36条经验做法，其中上报国家9条、入选全省第二批复制推广经验清单7条，经验数量位居全省第一。全年新增军民融合企业85家，总数达到321家。军民融合产值1530亿元，同比增长11.7%。编制完成科技城集中发展区的总体规划、核心区城市设计及详细规划、产业南翼北翼的部分片区详细规划。截至年底，科技城集中发展区累计完成基础设施建设投资近130亿元，入驻京东方等重大产业项目67个，构建起“四横四纵”核心骨架，30平方千米核心区加快建设。

【现代化产业发展】　2017年，全市坚持把发展经济的着力重点放在实体经济上，狠抓高端产业和产业高端，加快建设西部先进制造强市、现代服务业强市、现代农业强市，三次产业结构由15.3：49：35.7调整为14.1：40.4：45.5，第三产业比重提高9.8个百分点。全年新增50亿元以上企业1家、10亿元企业5家，新增规模以上工业企业108家。全年高新技术产业和战略性新兴产业产值占规模以上工业总产值的比重分别达54%、37.5%。全年实现网络交易额2606.13亿元，稳居全省第2。全年实现服务业增加值944.33亿元，同比增长10.8%，增速居全省第1。在全省率先出台推进现代生态循环农业发展的意见，建成现代特色效益农业标准化基地8087公顷，新型农业经营主体达1.7万个，建成幸福美丽新村1847个，现代生态循环农业产值占农业总产值比重达56%。截至年底，绵阳市获批国家电子商务示范城市、2017年度中国十佳品牌会展城市。

【全面深化改革】　2017年，全市坚持以改革破解发展难题，以开放拓展发展空间，加快建设西部内陆改革开放新高地。316项年度改革任务基本完成，74项国家、省改革试点销账48项。市委深改组召开会议5次，审议改革方案48个，累计出台改革方案230余个，开展集中督察评估144个改革方案和80个改革试点。2项改革入选“2016四川十大改革转型发展案例”，2人入选“2016四川十大科技创新改革人物”，4项改革入选全省改革助推脱贫典型案例集。

【脱贫攻坚工作】 2017年，全市坚持把脱贫攻坚作为“头等大事”，聚焦“两不愁、三保障”“四个好”目标，出台《全面决战决胜脱贫攻坚46条硬措施》。全面落实“9+3”免费教育、“十免四补助”医疗救助等政策，全年减免各类学费3105万元，惠及2.18万学生，支出医疗救助资金2.7亿元。新培育贫困地区农民合作社247个、家庭农场135个，产业扶贫带动17679人脱贫。实施易地扶贫搬迁2263人，816套住房建设任务全面完成并全部入住。市县两级全年投入财政专项扶贫资金1.52亿元，较2016年同口径增长55.3%。北川羌族自治县脱贫摘帽通过市级初审，接受省级验收，全市退出贫困村176个、脱贫31866人，超额完成省定目标任务347人，贫困发生率下降至1.14%。北川、江油、盐亭被评为全省脱贫攻坚先进县。绵阳市创新社会组织扶贫和“互联网+精准扶贫代理记账”2项改革经验得到国务院副总理汪洋批示，盐亭“2+5+N”现代农业社会化服务模式得到省委书记王东明批示并在全省推广，“1+5”生态循环产业扶贫模式被评为四川十大改革转型发展典型案例。

【民生保障改善】 2017年，全市做好“十项民生工程”，办好20件民生实事，出台公共租赁住房租赁补贴政策，完成1067套住房适老化改造，城乡居民养老保险覆盖率达到99.74%，高考本科硬上线率和本科硬上线率万人比连续17年蝉联全省“双第一”，成功蝉联全国文明城市，获评“六五”普法、“全国法治宣传教育先进城市”，2017年上半年全市平安建设群众满意度测评名列全省第一。

【生态文明建设】 2017年，全市坚持走生态优先、绿色发展之路，发展绿色低碳循环经济，全市节能环保规模以上企业达到38家，年产值突破240亿元。弘扬绿色低碳文化，实施“大规模绿化绵州”行动，全面推行河长制，创新设立河道警长制，环保改革创新、企业环境信用评价等方面走在全省前列。坚持“挂图作战、跑表计时、到点验收、挂号销号”，高标准、高质量、高效率推进中央、省环保督察反馈问题整改，持续打好污染防治“三大战役”。推进新型城镇化综合试点和智慧城市、海绵城市试点，实施“美丽绵阳”工程，全市森林覆盖率、建成区绿化覆盖率分别达53.86%、39.2%，城市集中式饮用水水源地水质达标率保持100%，空气质量优良天数居全省前列，市区PM10同比下降8.3%，PM2.5同比下降2.8%。

【全面从严治党】 2017年，市委坚持把抓好党建作为最大政绩，全面贯彻新时代党的建设总要求，履行管党治党政治责任，严肃党内政治生活、严明党规党纪，推进反腐败斗争，推动管党治党从“宽松软”向“严实硬”纵深发展。全年召开市委常委会34次，集体研究重大事项209个。推进“两学一做”学习教育常态化制度化，落实党委（党组）中心组学习制度，分层分类抓好党员干部教育培训，全年召开市委中心组学习会21次。开展“旗帜鲜明讲政治”系列教育，举办读书班、主体班培训各级干部44857人次。开展覆盖全市31万党员的“纪律教育学习月”活动，贯彻中央八项规定精神。开展“为官不为”、三项整改“回头看”等专项整治，严防“四风”问题反弹回潮。

【2016四川十大“改革案例”暨“创新人物”颁奖晚会在绵阳举行】 2017年1月24日晚，人民网、四川省全面创新改革试验工作领导小组办公室、中共四川省委全面深化改革领导小组办公室共同主办的“2016四川十大改革转型发展案例暨十大科技创新改革人物”颁奖晚会在绵阳市绵州大剧院举行。受省委书记王东明、省长尹力的委托，省委常委、省人大常委会副主任黄新初出席晚会并讲话，并与四川省人大常委会副主任李向志，副省长杨兴平，省政协副主席陈放，中国人民解放军63820部队副司令员杨炯，中国工程院院士孙承纬、陈鲸、王玉忠一起为获奖代表颁奖。绵阳市委书记彭宇行、人民网副总编辑罗华先后致辞。颁奖晚会是中共绵阳市委、绵阳市人民政府承办，人民网四川频道、绵阳市全创办、绵阳市委改革办、绵阳市委宣传部具体执行，人民网四川频道全程实时视频直播。

【中国共产党绵阳市代表会议】 2017年4月26日，中国共产党绵阳市代表会议在市委党校召开。会议选举产生绵阳市出席四川省第十一次党代会代表36名。市委书记彭宇行主持会议。本次会议应到代表296人，实到代表268人，符合规定人数。此次中国共产党绵阳市代表会议的主要任务是选举绵阳市出席省第十一次党代会代表。市委常委、组织部部长岳勇对绵阳市出席省第十一次党代会代表候选人预备人选作说明。会议酝酿通过绵阳市出席四川省第十一次党代会代表候选人预备人选名单，审议通过《中国共产党绵阳市代表会议选举办法》。提交代表会议酝酿、选举的代表候选人预备人选名单，是按照省委要求，经过层层推荐遴选、考察和公示，市委全会投票确定，并报省委同意的。选举产生的王铭晖等36名出席四川省第十一次党代会的代表中，既有市、县（区）负责人，也有工业、农业、科技、政法、教育、宣传、卫生和社会管理等行业一线的党员，符合省委有关要求和全市实际。会议期间，与会代表还集中观看警示教育片《镜鉴》《警钟》。各县市区、园区、市直部门、群团组织、部分企事业单位、部分乡镇（街道）、县级部门党员主要负责人中的市第七次党代会代表，以及各条战线的优秀基层党员代表出席会议。 （曹哩笠）

重要决策与部署

【概况】 2017年，市委重要决策和部署以习近平新时代中国特色社会主义思想为指导，学习贯彻中央大政方针和省委决策部署，践行新发展理念，统筹推进“五位一体”总体布局，协调推进“四个全面”战略布局，统筹抓好稳增长、促改革、调结构、惠民生、防风险各项工作，加快推进国家科技城建设和幸福美丽绵阳建设。全年市委对全市经济工作、科技城建设、全面深化改革、依法治市、环境保护、脱贫攻坚、九寨沟地震抢险救灾、文明城市建设、党的建设等工作做出决策和部署。

【经济工作部署】 2017年1月4日，市委召开全市经济工作会议，会议全面落实中央、省委经济工作会议和市第七次党代会精神，总结2016年经济工作，分析当前经济形势，安排部署2017年经济工作。1月5日，召开全市县域经济发展工作大会，分析全市县域经济发展现状、取得的成绩和存在问题，安排部署当前和今后一个时期全市县域经济发展工作；召开绵阳市经济社会发展情况通报会，向市级机关单位副厅级以上离退休干部和企业副厅级离退休人员代表通报全市2016年经济社会发展情况。2月3日，召开2017年“项目年”工作会议，推动“项目年”工作落实。10月30日，召开全市第四季度经济运行调度会，会议强调要全市干部群众要学习贯彻党的十九大精神，聚焦经济建设这个中心，切实提高思想认识、加强组织领导、强化工作举措、压实工作责任，做到思想认识到位、责任落实到位、政策执行到位、宣传引导到位、激励奖惩到位，凝聚起抓好经济工作的思想共识和强大合力，以奋发有为的精神状态、精准有效的对策措施、严细深实的工作作风，做好各项经济工作，确保完成全年目标任务。12月14—15日，全市项目投资工作现场会召开，会议对全市项目投资工作进行大检阅、大盘点。

【科技城建设部署】 2017年，科技城建设以贯彻习近平总书记到四川视察时的重要讲话精神，特别是对绵阳科技城建设作出的重要指示。落实绵阳科技城建设部际协调小组第13次会议精神和四川省建设绵阳科技城领导小组第18次会议精神，围绕“一核三区多园”战略布局，加快科技城集中发展区建设。1月12日，科技城集中发展区建设领导小组第3次会议召开。会议听取2016年工作推进情况，审议2017年建设计划，安排部署当前及今后一个时期集中发展区建设工作。3月27日，省委副书记、省长尹力在成都主持召开四川省建设绵阳科技城负责人小组第18次会议，安排部署2017年绵阳科技城建设重点工作。9月16日，绵阳科技城建设部际协调小组第13次会议在绵阳召开，中共中央政治局委员、国务院副总理刘延东出席会议并讲话，强调要深入学习贯彻习近平总书记系列重要讲话精神，特别是关于科技创新的理念要求，贯彻落实党中央、国务院决策部署，牢记国家使命，拓展全球视野，探索军民融合创新驱动发展的新路径，推动绵阳科技城建设不断取得新的重大突破，为建设创新型国家和世界科技强国做出更大贡献。全国政协副主席、科技部部长、中国科协主席万钢主持会议。国务院副秘书长江小涓出席会议。省委副书记、省长、省建设绵阳科技城领导小组组长尹力做四川省推进建设绵阳科技城工作汇报。

图 36　3月22日，绵阳市召开2017年脱贫攻坚大会召开

【脱贫攻坚工作部署】 2017年3月22日，市委召开全市脱贫攻坚大会，大会学习贯彻中央和省委、省政府关于脱贫攻坚的决策部署，总结2016年全市脱贫攻坚工作，部署2017年工作任务，动员全市上下再鼓干劲、再接再厉，坚决打赢2017年脱贫攻坚战。市委书记、市脱贫攻坚领导小组组长彭宇行出席并讲话，强调决战决胜脱贫攻坚时间紧、任务重，要百倍用心、千倍用力，撸起袖子加油干，扑下身子抓落实，确保2017年脱贫攻坚再战告捷。市人大常委会主任马华、市政协主席张锦明出席会议。市委副书记、市脱贫攻坚领导小组副组长付康对脱贫攻坚工作作总结部署。副市长、市脱贫攻坚领导小组副组长经大忠代表市委、市政府下达2017年县市区脱贫攻坚工作目标责任。北川羌族自治县、三台县、市交通运输局、市农业局、人行绵阳支行等单位负责人和三台县光辉镇新河村党支部第一书记丁艺，分别做交流发言。

【全面深化改革工作部署】 2017年3月20日，市委召开全面深化改革领导小组第15次会议，传达学习中央、省深改领导小组会议精神，听取有关改革推进情况汇报，审议改革方案及文件。3月29日，绵阳市全面创新改革试验工作领导小组2017年第1次会议召开，会议听取绵阳市全面创新改革试验2016年工作开展情况及2017年工作思路，审议《绵阳市各系统推进全面创新改革试验2017年工作计划（送审稿）》，“五大体系”领导小组工作开展情况和2017

年工作思路。4月1日，市委召开全市全面深化改期工作会议。会议总结2016年全市深化改革工作，传达2017年全省改革工作推进会主要精神，安排部署2017年相关工作。5月22日，市委全面深化改革领导小组第16次会议召开，会议传达学习中央全面深化改革领导小组第33次、34次会议精神和省委全面深化改革领导小组第20次会议精神。听取改革推进落实情况汇报，审议改革方案和文件。10月17日，市委全面深化改革领导小组第17次会议召开，会议听取改革推进落实情况汇报，审议改革方案和文件。11月20日和24日，分别召开市深化国家监察体系改革试点工作小组第1次、第2次会议，学习十九届中央全面深化改革领导小组第一次会议精神和省委全面深化改革领导小组第25次、第26次会议精神，审议专项改革方案和文件，总结前期工作和安排部署后续改革试点工作。

【环境保护工作部署】 2017年5月18日，绵阳市环境保护大会召开。会议学习贯彻总书记习近平系列重要讲话精神，特别是关于生态文明建设和环境保护的战略思想，全面贯彻落实四川省环境保护大会和省委书记王东明讲话精神，动员全市上下投身加强生态文明建设和环境保护的伟大事业，坚定不移地走生态优先、绿色发展之路，加快建设幸福美丽绵阳。8月4日，绵阳市迎接中央环保督察工作动员大会召开，通报省环保督察反馈问题整改情况，迎接检查工作准备情况和省委、省政府环保暗访督查反馈情况，结合反馈问题情况，安排部署整改落实。

【党的建设工作部署】 2017年1月25日，市委常委班子2016年度民主生活会召开，班子成员作个人对照检查发言，开展批评与自我批评。2月6日，市纪委七届二次全会第一次会议召开，会议总结2016年度全市党风廉政建设和反腐败工作，安排部署2017年工作；8日，全市国有企业党的建设工作召开，安排部署全市国有企业党的建设工作。4月17日，市委七届四次全体会议召开，审议通过《关于召开中国共产党绵阳市代表会议的决议》，26日中共绵阳市代表会议召开，选举绵阳市出席四川省第十一次党代会代表。5月16日，绵阳市基层党建“3+2”书记项目工作会召开，启动全市基层党建“3+2”书记项目工作，对基层党建“规范化强基”“示范性带动”“智慧型扬帆”三大工程，经常在联系服务群众中教育引导群众，提高群众组织化程度两项工作进行安排部署。6月1日，绵阳市召开传达贯彻省第十一次党代会精神大会。传达省第十一次党代会、省长尹力参加绵阳代表团审议时讲话和省委、省纪委十一届一次全会有关精神。6月27日，全市推进“两学一做”学习教育常态化制度化工作会议召开。会议对全市推进“两学一做”学习教育常态化制度化工作作出安排部署。8月24日，市委巡察工作领导小组2017年第二次会议召开，听取相关工作报告，审议有关文件，安排部署巡察工作。10月18日，中国共产党第十九次全国代表大会在北京召开，全市各级党组织组织干部群众进行收看，28日市委召开绵阳市传达学习党的十九大精神大会，安排部署学习宣传贯彻党的十九大精神相关工作，市委召开中心组专题学习会、全市机关党的建设工作会议，学习贯彻党的十九大精神。

【文明城市建设部署】 2017年3月16日，全市精神文明建设总结表扬暨文明城市建设工作会召开。会议由市委副书记、市长刘超主持。会上，市委副书记付康宣读2016年绵阳市精神文明建设暨文明城市建设工作受到中央、省、市表彰（表扬）的情况通报。并为受到市委、市政府、市文明委表彰的先进单位和文明家庭代表颁奖。市委常委、宣传部部长、市文明委副主任张学民总结2016年全市精神文明建设和文明城市建设工作，安排部署2017年工作。7月25日，市委召开绵阳市文明城市建设工作推进会，安排部署文明城市建设工作。年底，绵阳通过中央文明委验收，蝉联“全国文明城市”。

【依法治市工作部署】 2017年4月19日，绵阳市召开加强依法治市维护社会和谐稳定工作推进会召开，传达全省加强依法治省维护社会和谐稳定工作推进会议精神，涪城、三台、市依法治市办、市信访局、市公安局等区县和部门相关负责人做交流发言。5月12日，绵阳市依法治市暨科技城法治示范区建设工作推进会议召开，贯彻落实省、市依法治理领导小组会议、加强依法治理维护社会和谐稳定工作推进会议精神，总结和交流2016年以来的依法治市工作，安排部署下一步工作。10月12日，全市依法治市工作推进会召开，通报全市依法治市工作情况；市委政法委、市环保局、游仙区、江油市、三台县北坝镇、北川羌族自治县小坝镇分别做大会发言。

【九寨沟地震抢险救灾部署】 2017年8月8日21时19分46秒，阿坝藏族羌族自治州九寨沟县发生7.0级地震，绵阳境内震感强烈。地震发生后，市委、市政府紧急启动地震应急方案，绵阳市成立“8·8”九寨沟地震抗震救灾应急领导小组，市委书记彭宇行，市委副书记、市长刘超任组长，并及时安排部署绵阳境内的抢险救灾工作。并组织市防震减灾、绵阳市卫计委、武警绵阳消防支队、绵阳市公安局、绵阳市中心医院等单位连夜赶往九寨沟地震灾区参加抢险救灾工作。8月9日，市委书记、绵阳市“8·8”九寨沟地震抗震救灾应急领导小组组长彭宇行在江油市公安局指挥中心，主持召开九寨沟地震抢险救援工作紧急会议，传达贯彻总书记习近平、总理李克强重要指示批示，以及省委书记王东明，省委副书记、省长尹力指示精神，研究部署道路保通保畅、人员转移安置等工作。（曹喱笠）

2017年中共绵阳市委重大党务活动一览

表26

会议名称	会议主要内容	时间	参会人员
党外人士座谈会	通报2016年全市经济社会发展情况，介绍2017年全市经济工作总体考虑	1月3日	市委、市政府、市政协主要负责人，市委、市政府分管负责人，有关市级部门主要负责人等
全市年轻干部座谈会	年轻干部代表交流发言	1月4日	市委主要负责人、分管负责人，各县市区委组织部部长，有关年轻干部等
市委经济工作会议	书面传达中央经济工作会议、省委经济工作会议精神，总结全市2016年经济工作，分析当前经济形势，安排部署2017年经济工作	1月4日	市四套班子负责人、市中级人民法院院长、市检察院检察长、市决咨委主任、市长助理，四套班子秘书长、副秘书长，各县市区（园区）党政主要负责人，市级部门主要负责人等
全市县域经济发展工作大会	深刻分析全市县域经济发展现状、取得的成效和存在的问题，安排部署当前和今后一个时期全市县域经济发展工作	1月5日	市四套班子负责人、市中级人民法院院长、市检察院检察长、市长助理，四套班子秘书长、副秘书长，各县市区（园区）党政主要负责人，市级部门主要负责人等
绵阳市经济社会发展情况通报会	向市级机关事业单位副地厅级以上离退休干部和企业副厅级以上离退休人员代表，通报全市2016年经济社会发展相关情况	1月5日	市委书记，市委、市人大、市政府、市政协有关负责人，市级机关事业单位副地厅级以上离退休干部等
全市党委秘书长办公室主任会议	传达上级会议精神，对全市党委办公室系统培训	1月17日	市委副书记，市委秘书长、副秘书长，各县市区委、各园区党工委分管负责人、办公室主任，市级各部门办公室主任等
2016四川十大改革转型发展案例暨十大科技创新改革任务颁奖晚会	寻找在全面深化改革实践中，具有四川特色、可供复制推广的转型发展案例，以及在科技创新创业领域中作出突出贡献的科技创新改革人物	1月24日	省委常委黄新初，省人大、省政府、省政协负责人，人民日报人民网负责人，人民日报社四川分社负责人，省政府分管副秘书长，省级有关部门，成都市、德阳市、攀枝花市、雅安市市长，凉山州州长，天府新区管委会负责人，市四套班子负责人，市（州）改革办或者全创办负责人等
中共绵阳市委常委班子2016年度民主生活会	市人大常委会主任、市政协主席对班子对照检查情况进行发言，市委常委班子成员依次作个人对照检查发言，开展批评	1月25日	省政府主要负责人，省委组织部有关负责人，市委常委，市人大常委会主任，市政协主席等
中共绵阳市委七届三次全体会议	讨论通过绵阳市出席党的十九大代表候选人推荐人选建议名单	2月6日	市委委员、候补委员
市纪委七届二次全会第一次大会	学习贯彻十八届中央纪委七次全会、省纪委十届六次全会精神,总结2016年全市党风廉政建设和反腐败工作，安排部署2017年工作	2月6日	市四套班子负责人，市中级人民法院院长，市检察院检察长，市长助理，市委、市人大、市政府、市政协秘书长，市委、市政府副秘书长，各园区党工委书记、管委会主任等
全市国有企业党的建设工作会议	传达上级会议精神，安排部署全市国有企业党的建设工作	2月8日	市委、市政府主要负责人和有关负责人，县市区党委或政府主要负责人等
绵阳市文明委扩大会议	通报2016年工作，安排部署2017年工作，审议《绵阳市2017年精神文明建设工作要点》和《绵阳市2017年精神文明建设工作主要事项清单》	2月20日	市文明委第一主任、主任、常务副主任、副主任、专职副主任以及成员单位主要负责人，市委、市政府秘书长、联系副秘书长，市人大、市政协联系副秘书长，各区、园区、科学城办事处文明委主要负责人，市级有关部门主要负责人等
绵阳市精神文明建设总结表扬暨文明城市建设工作会议	全面总结2016年精神文明建设暨文明城市建设工作，安排部署2017年工作	3月16日	市委常委，市人大常委会主任，绵阳军分区政委，市人大常委会、市政府、市政协有关负责人，市委、市人大常委会、市政府、市政协秘书长，市委、市政府有关副秘书长，各县市区、园区、科学城办事处党（工）委或政府（管委会、办事处）主要负责人、分管负责人等

续表

会议名称	会议主要内容	时间	参会人员
市委全面深化改革负责人小组第十五次会议	传达学习上级深改领导小组有关会议精神，听取有关改革推进落实情况汇报，审议有关改革方案及文件	3月20日	市委全面深化改革负责人小组组长、副组长、成员，市委、市政府秘书长、办公室主任，各专项小组办公室主任等
绵阳市科技创新大会	深入学习贯彻习近平总书记关于科技创新的系列重要讲话精神，落实国省科技创新工作会议重要部署，系统总结2016年全市科技创新工作，分析当前科技创新形势，认真谋划和安排部署2017年科技创新工作	3月21日	市委、市人大常委会、市政府、市政协主要负责人，市委副书记、市委、市政府有关负责人，绵阳军分区政委，各县市区、园区、科学城办事处党（工）委或政府（管委会、办事处）主要负责人，市级有关部门主要负责人等
全覆盖谈心谈话会	市委书记开展以“新班子展示新形象，新一年再创新业绩”为主题的全覆盖谈心谈话	3月21日	各县（市、区）委书记、县（市、区）长，各园区党工委书记、管委会主任，市级部门、市属高校、科研院所、国有企业主要负责人等
绵阳市2017年脱贫攻坚大会	贯彻落实中央、省委关于坚定不移打赢脱贫攻坚战要求，总结回顾过去一年全市脱贫攻坚取得的成效，安排部署2017年脱贫攻坚工作	3月22日	市委常委，市人大常委会主任，市政协主席，市人大常委会副主任、市政府副市长、市政协副主席，市中级人民法院院长，市检察院检察长，市决咨委主任，市长助理，市级各部门主要负责人，各县市区党委或政府主要负责人，政府分管负责人等
2017年中央一号文件宣讲电视电话会议	国家发改委副主任、党组成员张勇宣讲中央一号文件	3月28日	市委常委，市人大常委会主任，市政协主席，市人大常委会副主任、市政府副市长、市政协副主席，市中级人民法院院长，市检察院检察长，市委、市人大、市政府、市政协秘书长，副秘书长，市级各部门主要负责人等
绵阳市全面创新改革试验工作负责人小组2017年第一次会议	听取绵阳市全面创新改革试验2016年工作开展情况及2017年工作思路，审议《绵阳市系统推进全面创新改革试验2017年工作计划（送审稿）》，“五大体系”负责人汇报2016年工作开展情况和2017年工作思路	3月29日	市全面创新改革试验工作负责人小组组长、副组长、成员、成员单位主要负责人等
绵阳军分区党委十七届十次全体（扩大）会议	传达贯彻军委扩大会议和西部战区、军委国防动员部、省军区党委扩大会议精神，总结军分区2016年工作，安排部署2017年任务	3月29日	市委书记，绵阳军分区党委委员
中共绵阳市委七届四次全体会议	投票确定绵阳市出席省第十一次党代会代表候选人预备人选，审议通过《关于召开中国共产党绵阳市代表会议的决议》	4月17日	市委委员、候补委员
中国共产党绵阳市代表会议	选举绵阳市出席四川省第十一次党代会代表	4月26日	市级党员负责人干部；部分市第七次党代会代表
市委巡察工作领导小组会议	听取七届市委第一轮巡察工作情况汇报，研究六届市委第一轮巡察单位整改有关情况，审议巡查工作制度	5月16日	市委巡察工作领导小组全体成员、各巡察组组长、副组长、聘任副组长，巡察办聘任副主任等
绵阳市基层党建“3+2”书记项目工作会议	启动全市基层党建“3+2”书记项目工作，对基层党建“规范化强基”、“示范性带动”、“智慧型扬帆”三大工程，以及在联系服务群众中教育引导群众、提高群众组织化程度两项工作进行安排部署	5月16日	市委主要负责人、有关负责人，市委秘书长、有关副秘书长，各县市区委书记、组织部部长、分管副部长，各园区党工委书记、党群工作部部长等
绵阳市环境保护大会	对近年来全省环境保护工作进行总结，分析形势，对当前及今后一个时期全省环境保护工作和生态文明建设进行全面部署	5月18日	市四套班子主要负责人，有关负责人，市委、市政府秘书长，有关秘书长，市环境督查工作负责人小组和市大气、水、土壤污染防治“三大战役”负责人小组成员单位主要负责人等

续表

会议名称	会议主要内容	时间	参会人员
市委全面深化改革负责人小组第十六次会议	传达学习中央全面深化改革领导小组第三十三次、三十四次会议精神和省委全面深化改革领导小组第二十次会议精神，听取改革推进落实情况汇报，审议改革方案和文件	5月22日	市委全面深化改革负责人小组组长、副组长、成员，市委、市政府秘书长、办公室主任，各专项小组办公室主任等
中国共产党四川省第十一次代表大会绵阳代表团会议	参加中国共产党四川省第十一次全体会议和代表团会议	5月22日至27日	省第十一次党代会代表
绵阳市传达贯彻省第十一次党代会精神大会	传达贯彻省第十一次党代会精神	6月1日	市四套班子副秘书长以上负责人，法检两长，各县市区（园区）党委主要负责人，市直各部门主要负责人，部分科研院所、高等院校、国有大型企业主要负责人，部分离退休老人代表等
绵阳市质量发展大会	贯彻党中央、国务院关于质量强国战略的系列部署，传达贯彻四川省质量发展大会精神，总结全市质量发展工作	6月2日	市委、市政府主要负责人和有关负责人，市委、市政府秘书长，有关副秘书长，绵阳市质量强市工作负责人小组成员单位主要负责人，市级有关部门主要负责人，各园区党工委或管委会主要负责人等
全市深化负责人班子思想政治建设工作推进会暨县级党政主要领导干部读书班开班式	贯彻落实习近平总书记系列重要讲话、党的十八届六中全会及省第十一次党代会精神，对深化领导班子思想政治建设、把全面从严治党引向深入相关工作进行部署；紧密结合工作实际，抓住关键领域、突出重点问题，邀请市委主要负责人和权威专家作专题报告，深入开展学习研讨，引导干部聚焦发力，增强发展内生动力	6月19日	市四套班子负责人，市中级人民法院院长、市检察院检察长，高新区党政主要负责人，市委、市人大常委会、市政府、市政协秘书长，市委市政府副秘书长。各县市区党委和政府主要负责人，各园区党工委和管委会主要负责人，市级各部门主要负责人等
省委宣讲团省第十一次党代会精神宣讲报告会暨市委中心组（扩大）学习会议	听取省委宣讲团成员、省委农工委常务副主任杨秀彬作省第十一次党代会精神宣讲报告	6月20日	市四套班子副秘书长以上负责人，市中级人民法院院长，市检察院检察长，县级党政主要负责人干部读书班全体学员，市级各部门主要负责人，干部职工代表、教师代表等
绵阳军分区宣布命令大会	省军区司令员姜永申宣布命令，有关负责人发言	6月27日	省军区司令员，市委主要负责人，市委、市政府分管负责人，绵阳军分区负责人等
绵阳市庆祝建党96周年暨市直机关党支部工作法优秀案例展示活动	认真贯彻市委“3+2”书记项目工作会议精神，围绕“服务中心、建设队伍”的根本任务，扎实推进市直机关基层组织规范化建设年活动	6月29日	市四套班子主要负责人，有关负责人，市委、市人大常委会、市政府、市政协秘书长，有关副秘书长，市级部门主要负责人，各县市区委组织部部长，各园区党群工作部部长等
市委专题报告会	听取全国政协文史和学习委员会副主任、国家宗教事务局原局长叶小文作专题报告	6月30日	市四套班子主要负责人，法检两长，市委、市人大、市政府、市政协秘书长，副秘书长，市级各部门负责人等
从“三线”建设到军民融合发展专家论坛	总结、分析三线建设经验与军民融合的发展历程、成就，探索三线建设与军民融合发展的特点规律，紧密结合目前绵阳科技创新、军民融合发展与科技城建设的现实实际，为科技城军民融合、产业发展积极献计献策，提供智力支撑	7月18日	中央部门负责人，国家级专家，厅级负责人，市委、市政府主要负责人，市委有关负责人，市级有关部门主要负责人等
绵阳市文明城市建设工作推进会议	安排部署文明城市建设工作	7月25日	市委常委，市人大常委会主任，市政协主席，绵阳军分区司令员，市人大常委会、市政府、市政协有关负责人，市委、市人大常委会、市政府、市政协秘书长，市委、市政府有关副秘书长，各县市区、科学城办事处党委主要负责人、宣传部部长、文明办主任，各园区党工委主要负责人、文明办主任，市级各部门主要负责人等

续表

会议名称	会议主要内容	时间	参会人员
绵阳市庆祝中国人民解放军建军 90 周年大会	巩固军政军民团结大好局面，颂扬人民军队 90 年光辉历程和优良传统，激发广大军民爱国拥军、爱民奉献、积极投身强国强军实践的政治热情	7 月 31 日	市四套班子主要负责人，市委、市政府有关负责人，军分区司令员、政委等
市委传达学习重要会议精神专题会	学习贯彻习近平总书记在省部级主要负责人干部专题研讨班上的重要讲话精神	7 月 31 日	市四套班子负责人，市中级人民法院院长、市检察院检察长，市四套班子秘书长、副秘书长，市级部门主要负责人等
绵阳市迎接中央环保督察工作动员大会	通报省环保督察反馈问题整改情况、绵阳市迎检工作准备情况和省委省政府环保暗访督查组反馈意见	8 月 4 日	市委、市政府主要负责人，市委、市人大常委会、市政府、市政协有关负责人，市委、市政府秘书长，市委、市人大常委会、市政府、市政协联系副秘书长，绵阳市迎接中央环保督察 8 个工作组组长、副组长，各县市区、各园区党委（党工委）或政府（管委会）主要负责人，政府（管委会）分管负责人，环保局局长，市级相关部门主要负责人等
紧急工作会议	安排部署“8·8”九寨沟地震抗震救灾应急救援工作	8 月 9 日	市委、市政府主要负责人、有关负责人，军分区司令员，有关县市区党委或政府主要负责人，市直有关部门主要负责人等
绵阳市卫生与健康大会	贯彻落实全国、全省卫生与健康大会精神，全面总结全市卫生与健康事业发展工作，安排部署新时期健康绵阳建设工作	8 月 18 日	市四套班子主要负责人，市委、市政府分管负责人，市委、市政府秘书长，有关副秘书长，市级有关部门主要负责人等
市委巡察工作领导小组 2017 年第二次会议	听取工作报告，审议有关文件，安排部署工作	8 月 24 日	市委巡察工作领导小组全体成员、各巡察组组长、副组长、聘任副组长，巡察办聘任副主任等
绵阳科技城建设部际协调小组第十三次会议	研究科技城建设工作	9 月 16 日	国务院副总理刘延东，部级协调成员单位负责人，省建设科技城领导小组成员单位，市委、市政府主要负责人，有关单位负责人等
2017 绵阳市烈士公祭活动	公祭烈士	9 月 30 日	市委常委，市人大常委会主任，市政协主席，市政府副市长，市委、市人大常委会、市政府、市政协秘书长，市委、市政府联系副秘书长，驻绵部队官兵，各界代表等
全市依法治市工作推进会	认真贯彻落实全省依法治省工作推进会精神，总结前期工作推进情况，安排部署后续工作	10 月 12 日	市依法治市负责人小组组长、副组长，市依法治市办副主任和各专项小组办公室主任，科技城管委会专职副主任，各县市区委书记、各园区党工委书记、分管依法治理工作的党委（党工委）副书记、依法治理办主任，科学城办事处党委分管负责人，市级有关部门主要负责人等
市委全面深化改革领导小组第十八次会议	传达学习上级深改领导小组有关会议精神，听取有关改革推进落实情况汇报，审议有关改革方案及文件	10 月 17 日	市委全面深化改革领导小组组长、副组长、成员，市委、市政府秘书长，各专项小组办公室主任等
集中收看习近平总书记在中国共产党第十九次全国代表大会上的报告电视直播	收看习近平总书记在中国共产党第十九次全国代表大会上的报告	10 月 18 日	全市领导干部
2017 年第十九次市委中心组学习会	省环境保护厅党组书记、厅长于会文作环境保护专题讲座	10 月 24 日	市委、市人大常委会、市政府、市政协负责人，市中级人民法院院长、市检察院检察长，市委、市人大常委会、市政府、市政协秘书长，副秘书长，各县（市、区）党委、各园区党工委主要负责人，市级各部门主要负责人，市环保局党组成员，各县（市、区）环保局、各园区环保部门主要负责人等

续表

会议名称	会议主要内容	时间	参会人员
绵阳市传达学习中共十九大精神大会	安排部署学习宣传贯彻中共十九大精神相关工作	10月28日	市委常委，市人大常委会主任，市政协主席，绵阳军分区司令员、政委，市人大常委会副主任、市政府副市长、市政协副主席，市中级人民法院院长、市检察院检察长，市长助理，市委、市人大常委会、市政府、市政协秘书长，副秘书长，各县（市、区）党委、各园区党工委主要负责人等
市委中心组专题学习中共十九大精神会议	集中学习中共十九大精神	11月1日	市委中心组成员，不是市委中心组成员的市人大常委会党员副主任，市政协党员副主席，市中级人民法院院长，市检察院检察长，党员市长助理，市委、市人大常委会、市政府、市政协秘书长，市委副秘书长等
学习贯彻中共十九大精神中央宣讲团报告会(电视电话会议)	中央宣讲团宣讲中共十九大精神	11月8日	市委常委，市人大常委会主任、市政协主席，市人大常委会副主任、市政府副市长、市政协副主席，市中级人民法院院长、市检察院检察长，市长助理，市委、市人大常委会、市政府、市政协秘书长，各县（市、区）党委书记、各园区党工委书记，市直各部门主要负责人等
全市机关党的建设工作会议	深入学习贯彻中共十九大精神，进一步推动落实省委《关于进一步加强和改进机关党的建设的意见》、市委《关于进一步加强和改进机关党的建设的实施意见》和全省机关党的建设工作会议各项要求，交流机关党建工作经验和做法，研究部署今后一段时期全市机关党的建设工作	11月14日	市委有关负责人，有关副秘书长，市委党建负责人小组成员，市级部门机关党组织书记，各县市区党委组织部部长等
传达中央重要文件会议	刘超人传达中央重要文件	11月15日	市委常委，市人大常委会主任、市政协主席，市人大常委会副主任、市政府副市长、市政协副主席，市中级人民法院院长、市检察院检察长，市长助理，市委、市人大常委会、市政府、市政协秘书长，各县（市、区）党委书记、各园区党工委书记，市直各部门主要负责人等
市深化国家监察体制改革试点工作小组第一次会议	传达学习十九届中央全面深化改革领导小组第一次会议精神和省委全面深化改革领导小组第二十五次、第二十六次会议精神，审议专项改革方案和文件	11月20日	市深化国家监察体制改革试点工作小组成员等
学习贯彻中共十九大精神省委宣讲团报告会	学习贯彻中共十九大精神	11月21日	市委常委，市人大常委会主任、市政协主席，市人大常委会副主任、市政府副市长、市政协副主席，市中级人民法院院长、市检察院检察长，市长助理，市委、市人大常委会、市政府、市政协秘书长，各县（市、区）党委书记、各园区党工委书记，市级各部门主要负责人等
市深化国家监察体制改革试点工作小组第二次会议	总结前期工作，安排部署后续改革试点工作	11月24日	市深化国家监察体制改革试点工作小组成员等
讨论省委重要文件会议	学习省委重要文件征求意见稿，讨论发言	11月28日	市委常委，市人大常委会主任，市政协主席，市人大常委会党员副主任，市政府党员副市长，市政协党员副主席，市中级人民法院院长，市检察院检察长；市委、市人大常委会、市政府、市政协秘书长；在绵省十一次党代会代表等
2017年度市委党的群团工作会议	听取群团工作汇报，研究群团工作	12月13日	市委、市人大、市政府、市政协有关负责人，市级有关部门负责人，市群团部门
市委巡察工作领导小组2017年第三次会议	听取巡察工作汇报，审议有关文件	12月21日	市委巡察工作领导小组成员，各组组长、副组长、聘任副组长等

（曹哩笠）

市委办工作

【概况】 市委办设有9个处室和机关党办，9个处室为综合室、市委常委办、离退休工作处、法规与秘书处、会务处、信息处、人事处、法治指导处、市委总值班室。2017年，市委办围绕中心、服务大局，切实履行抓落实基本职能，推动中央大政方针和省委、市委决策部署落地落实。实施能力提升、干部成长、干部关爱、廉洁修身“四大工程”，推进政治机关、执行机关、协调机关、督查机关、服务机关“五大机关”建设。结合“双报到”“走基层”、结对帮扶，组织干部职工深入联系村、社区和所在小区，开展“接力朗读党的十九大报告”“微党课”等宣讲活动80余次，编印130余万字的《喜迎党的十九大学习资料汇编》《党的十九大系列学习资料汇编》。开展“绵阳发展形势分析”“完善社会主义民主政治制度”“全面推进依法治市，深化法治绵阳建设”重大课题研究，制订《贯彻落实省委十一届二次全会重大部署责任分工方案》。

【脱贫攻坚工作】 2017年，市委办出台《全面决战决胜脱贫攻坚46条硬措施》《贯彻落实省市脱贫攻坚总结推进会重要部署责任清单》等文件。做好北川脱贫攻坚服务保障和禹里镇三坪村对口联系帮扶工作，牵头组织20余个市级部门开展脱贫攻坚专项督导、第三轮脱贫攻坚全覆盖督导以及2017年贫困村退出验收等工作。2017年三坪村贫困家全部脱贫，市委办被省委、省政府表扬为脱贫攻坚“五个一”驻村帮扶先进集体。

【科技城法治示范区创建】 2017年，市委办建立完善“2+5+7”工作机制，落实“清单制+责任制+督考制”，制定《科技城法治示范区创建工作任务清单》，科技城承接国家重大科技专项数量位居全国前列。牵头制定《关于加强社会主义协商民主建设的实施意见》，完善市委常委会议事规则，助推市委决策科学化、民主化、法治化。出台《绵阳市党政主要负责人履行推进法治建设第一责任人职责实施办法》，把“关键少数”履行法治职责情况纳入依法治市目标考核体系，确保法治建设与经济社会发展同部署、同推进、同督促、同考核、同奖惩。

【全面深化改革服务】 2017年，市委办严把改革方案制定关，建立改革类文件办理“直通车”制度，对文件起草、征求意见、提请审议进行全过程跟踪管理，市级层面出台的246个改革方案，均做到规定动作实、自选动作亮。精准督察关，牵头起草改革督察办法，建立督察结果四级提醒制度，先后发出督察提示函164件。把改革绩效考核单位划分为五个类别，分别制定考核标准，确保考核结果真实可靠、人人服气。

【机关党建工作】 2017年，市委办出台《关于坚决维护党中央集中统一负责人的规定》，对全市各级党组织和党员干部自觉在思想上政治上行动上同以习近平总书记为核心的党中央保持高度一致作出制度规范。落实中央、省委关于作风建设的新部署新要求，印发《市委、市政府七项规定实施细则》，对改进调查研究、联系指导基层、精简会议活动、精简文件简报等作出规范、细化和完善。抓办公室自身建设，创新开展能力提升、干部成长、干部关爱、廉洁修身“四大工程”，全年分3批组织干部职工到清华大学、复旦大学、浙江大学学习。推进基层党建“3+2”书记项目，开展“纪律教育学习月”活动，打造忠诚干净担当的党建队伍。

【服务保障】 2017年，市委办围绕全市改革发展大局，建立重点课题研究协作机制，聚焦全创试验、军民融合、现代经济体系建设等重点工作开展调查研究，为市委科学决策提供具有前瞻性、操作性的意见建议。全年起草市委负责人讲话、工作汇报等重要文稿556篇。出台改进公文处理、精简文件简报30条措施，严格归口审核，强化过程管控，提升办文质效。印发《关于加强党内法规制度建设的实施意见》，严把文件质量关，谋篇深思熟虑、行文字斟句酌、提法反复推敲、数据仔细核对，上报省委备案的76件文件全部通过审查，报备及时率、合法合规率均为100%。定期召开四套班子秘书长联席会议，研究协调重要工作日程和重点工作安排。做好公务活动和调研服务，联络协调29人次国家、部省负责人参加第五届科博会、电商峰会等重大活动，联系协调省负责人到绵阳调研活动15次，组织协调市委主要负责人调研、外出学习考察等活动186次。制定《市委会议活动质量内控清单》《责任单位会议活动质量检查清单》，推行“沟通协调——渠道申报——审核审批——统筹实施”工作法，主办、承办大型会议活动101次，筹办各类专题会、工作会、座谈会等会议108次。制定和执行接待标准，构建“大接待”信息平台，编制《中国科技城》《大美绵阳》宣传手册。

【督查督导】 2017年，市委办坚持明察与暗访、督查与调研、跟踪与回访、督查情况与结果运用“四个相结合”，创新督查方式，实行卡片式建档、链条式传导、钉子式督办、销号式结账。结合中央、省委、市委重要会议、重要文件抓督查督办，列出清单、挂图督办，开展党内规范性文件执行情况专项督查，推动决策部署在基层落实。省委、市委重要批示指示抓督查督办，建立工作台账、明确承办单位、办结时限、跟踪催办，及时向省委、市委报告落实情况，全年处理市委负责人批示件320件。开展全创试验、两个“一号工程”等专项督查158次。

【信息工作】 2017年，市委坚持选好点子、踩好拍子，狠抓源头信息、首创信息和精品信息，创办《工作情况交流》《绵阳要情》，建立选题收集、条目筛选和讨论会商机制，加强重点专题策划和信息资源储备，推出一批有深度、有力度、有权威的信息产品。全年编报各类信息2.3万余篇，完成省委办公厅下达年度目标任务171%，完成率全省第一、总分数全省第二，两篇专报获中央政治局常委批示。组建市委总值班室，制发《关于进一步加强和规范突发事件信息报送工作的通知》，执行24小时值班和负责人带班制度，坚持“电话半小时”“书面一小时”，实现紧急信息“第一手情况”“第一道研判”和“第一时间报送”。

【后勤保障服务】 2017年，市委办围绕“保运行、保大事、保急事”，完善后勤保障体系，加强“三公”经费管理、财务内控管理、公务车辆使用管理、办公用房管理，切实为办公室有效服务市委、服务全市工作大局提供有效的必要支撑。注重从思想上政治上生活上关爱干部职工，为干部职工排忧解难、加油助力。全年走访慰问老同志200余人次，慰问机关困难党员、退休老党员12人次，看望生病干部职工、退休人员15人次。 （曹哩笠）

组织与党建

【概况】 2017年，全市组织系统贯彻党的十九大、省委十一届二次全会和市委七届二次全会精神，落实全面从严治党要求，增强“四个意识”，坚持在服务大局中找准政治站位，在聚焦主业中履行职能职责，在稳中求进中主动作为，突出问题导向，强化责任担当，为加快建设国家科技城和西部现代化强市创造良好的政治生态环境，提供有力的组织保障和人才支撑。2017年，全市有党组织13090个（党委755个、党总支831个、党支部11504个），乡镇277个、行政村3259个；街道16个、社区542个；国有企业45家、非公有制经济企业4063家、社会组织3356个。有党员308139人，其中女党员占22.9%、少数民族党员占4.1%、大专及以上学力党员占37.5%。

全市有公务员20341人，参公人员4465人，事业人员63543人。有在职县级以上领导干部2099人，其中正厅级4人、副厅级55人、正县级435人、副县级1605人。有科级干部13788人，其中正科级5973人、副科级7815人。

全市人才总量73万人，其中党政人才2.4万人、企业经营管理人才4.5万人、专业技术人才23.2万人、技能人才31.75万人、农村实用人才10.6万人、社会工作人才0.2万人。有中国科学院、中国工程院院士26人，国家“百千万人才工程”3人，享受国务院政府特殊津贴专家858人，国家“千人计划”“万人计划”项目入选者54人，省优专家100人，省“千人计划”项目入选者41人，省学术和技术带头人（后备人选）270人，市级拔尖人才300人，具有高级专业技术职称25050人。

【换届后领导班子思想政治建设】 2017年，全市把思想政治建设作为换届后领导班子建设第一任务，学习宣传贯彻党的十九大精神和省第十一次党代会精神，着眼有形化具体化，找准路径、抓实载体，推动领导班子整体战斗力提升。抓牢修身行动。突出党政“一把手”、重点领域和关键岗位领导干部、新进班子成员等重点群体，开展“旗帜鲜明讲政治”系列教育，召开全市深化领导班子思想政治建设工作推进会，启动党的十九大精神系列教育培训工作，教育引导党员干部做入脑入心、真信真用的表率。紧扣抗震救灾、“两弹一星”精神和兰辉先进事迹，建设北川“5·12”地震纪念馆、川北监狱、千佛山战役陈列馆等一批教学基地，挂牌成立绵阳“两弹一星”干部培训学院，开发《“三线”建设对绵阳的影响与启示》等一批本土课程和案例，分层分类开展党性教育。对照《关于新形势下党内政治生活的若干准则》《中国共产党廉洁自律准则》《中国共产党党内监督条例》等和省委、市委有关决定，把领导班子思想政治建设分解成3个方面10项任务，项目化管理、清单式推进。出台三会一课“六有两公开”“7+X”主题党日活动、民主生活会“六叫停”、机关党建“五表率、两突破”规范化清单、双重组织生活会“四查四制双纪实”等规范化操作办法，推动党的组织生活制度规范化、严肃化。

【干部队伍建设】 2017年，全市针对换届后干部队伍的新特点和新需要，推动优秀干部资源向发展主干线聚集。加强日常分析研判，从2017年起，每年分上、下半年对市管领导班子开展2轮全覆盖日常综合分析研判，围绕“忠诚、干净、担当”科学设置评价指标，开展正反双向测评，与个别座谈、上级评价等相互印证，全面掌握领导班子运

图37 2月8日，全市国有企业党的建设工作会议召开

行情况和领导干部履职情况。结合全市重点工作和县市区领导班子功能结构模型，由对应分工的6位副市长领衔、相关业务部门主要负责人授课，组织开展岗位适应性培训，培训各县市区政府领导班子成员及政府组成部门主要负责人741人次。围绕推进供给侧结构性改革、脱贫攻坚、全创试验、绿色发展、党的建设等开展专题培训，实现干部培训与专业化能力提升精准对接。开展选人用人专项检查，重点对2015年以来各地各部门162批次1223名干部选任全过程、691份干部档案进行全面清查，对发现的156个问题全市通报，杜绝干部选拔任用中的不规范不负责等行为。贯彻个人有关事项报告“两项法规”，刚性落实“凡提必核”要求，全年查核323人，给予批评教育、责令做出检查24人。

【干部日常综合分析研判】 2017年，全市分上下半年对班子运行情况开展两轮综合分析研判，对标事业、岗位要求等进行探照检视，不断优化整体功能。按县市区、园区、市级部门领导班子3大类，分别设置11项领导班子正反双向测评指标；围绕“忠诚、干净、担当”要求设置30项班子成员正反评价指标；按班子推荐表现较好和至少1名人岗相适度不高的班子成员，构建覆盖班子、囊括成员、突出优劣的“健康标准”。系统收集整理纪检监察、审计、信访等信息比较分析，通过“外围信息”描轮廓；组成研判组深入各单位开展正反双向民主测评、面对面谈心谈话、实地走访、征求上级单位和负责人意见，把“听其言”和“观其行”结合起来，通过“深度透视”画出细节表现；对座谈中的“话中话”“半截话”和测评有“反响指标”反映的，通过深入走访、查阅资料等形式进行“延伸印证”。采取召开党委（党组）会、民主生活会等形式反馈研判情况，把研判结果作为评先选优、选拔任用、职级晋升、储备培养的重要依据。2017年，提拔重用24名表现优秀的干部，146名县级干部优先晋升职级，约谈111名履职能力较弱、人岗相适度不高的负责人干部，并根据研判结果和班子建设实际，对两轮研判中履职能力较弱、人岗相适度不高的领导干部进行轮岗，全面提升干部干事创业的精气神。

【基层党建“3+2”书记项目实施】 2017年，全市启动实施以基层党建规范化强基、示范性带动、智慧型扬帆“三大工程”，探索在联系服务群众中教育引导群众、提高群众组织化程度“两项工作”为主要内容的基层党建“3+2”书记项目，推动基层党建全面进步。实施规范化强基工程，按照7大领域基层党建规范化、党的组织生活规范化和基础性根本性工作规范化建设思路，对基层党建日常工作进行系统性梳理，做出规范化建设制度性安排，明确建设标准、完成时间、工作流程等要求。实施示范性带动工程，推进基层党建7大领域规范化建设、先进模范人物、党员先锋行为、成线连片集群集约典型“四大示范行动”，遴选出926个基础好、可塑性强的示范点，培育挖掘一批群众身边的榜样群体。实施智慧型扬帆工程，运用好“智慧党建+北斗运用”融合技术，建立“绵州先锋”微信公众号、远程教育IPTV、党建视频网络“三大平台”，搭建网上党建办公、信息互通平台，实现一点到支部、一点到党员。探索在联系服务群众中教育引导群众的措施办法，围绕“在民生政策落实中激励群众、在致富技能提升中鼓舞群众、在学法用法实践中引导群众、在权利义务对等中影响群众、在先进文化传播中涵养群众”，探索出台17条教育引导群众具体举措。加大党建促脱贫攻坚力度，优选2000多名干部下沉到脱贫攻坚一线，推进党员精准扶贫示范工程，市县两级匹配补助资金520万元，吸引撬动社会资金0.76亿元，带动1.5万人脱贫。探索提高群众组织化程度的措施办法，引导群众根据产业链、利益链、个性需求等，培育以党员、农村新乡贤等为主体的各类骨干，组建经济组织、社会组织，推进党的组织和工作全覆盖，把广大群众有序的组织起来，构建党领导下的基层治理体系。

【西部人才强市建设】 2017年，全市创新人才发展体制机制，总结推广“大型军民融合国有企业人员自评价机制”“省部共建军民融合专业人才培养基地”等重要经验，推进军地人才深度融合。出台6个人才队伍专项规划、扩大人事自主权、激励专业技术人才扎根基层等政策，绵阳被国家列入科技人才激励计划两个试点地区之一。向上争取设立新一轮科技人才发展专项资金和省级创建创新驱动发展人才示范区。实施“军民人才深度融合四大计划、科技创业领军计划、脱贫攻坚人才行动”等重大人才工程，共资助147

图38　5月16日，绵阳市基层党建“3+2”书记项目工作会议召开

个人才（团队、项目）4856万元。开展人才工作服务脱贫攻坚“三大行动”和第二批文化领军人才资助工程。全年引进高校毕业生28521名，其中博士310名、硕士2139名；柔性引进院士5名、外国专家100名。建成运营全省唯一的国际人才综合市场——中国国际人才市场国家科技城（绵阳）分市场。与中国航天科技集团共同组建绵阳科技城军民融合人力资源服务有限公司，全国首个军民融合人才交流服务平台、军民融合人力资源服务产业园落地绵阳。开展“科博会”人才交流与成果展示、“海外高新科技人才走进中国（绵阳）科技城推介会”等高端人才交流活动，成功对接人才项目92项，引进海归人才97名。与国防科技大学建立高层次人才互访合作对接机制，开展清华大学、武汉大学研究生社会实践活动。在全省率先出台市委负责人联系高层次人才文件，推行重大项目引进人才“一对一”咨询服务机制，实现高层次人才联系服务工作制度化安排。举办“2017中国（绵阳）科技城人才之夜”，以城市名义致敬和激励人才。协助做好中物院某重大装置科研骨干职工家属安置工作，解决高层次人才后顾之忧。启动建设绵阳市高端人才服务中心和“200名人才专项事业编制保障工程”，培训军民融合企业家157人次。开展“绵州友谊奖”、院士“专家”工作站备案、拔尖人才和文化领军人才选拔。

【“两学一做”学习教育常态化制度化】 2017年，全市按照全覆盖、常态化、重创新、求实效工作要求，探索出台16项规范化制度化办法，以制度的落实推进学习教育融入日常、抓在经常。安排部署，层层召开常委会、中心组学习会、支部大会等传达学习习近平总书记重要指示精神，中央、省委座谈会精神。制发《实施方案》，对党章党规和系列讲话提出“三学三增强”“五学五提升”要求，基层党组织每月至少利用1天组织党员集中学习。明确领导干部带头开展学习教育“六个一”要求，发挥领导班子领学促学作用。突出问题导向，整改民主生活会查摆问题，分别制定问题、责任、整改“三张清单”，限期整改到位。制定“三评一定”年度民主评议党员、“四定三谈两帮带”不合格党员处置办法，拓展三项整改“回头看”，统筹解决新老问题，明确74项“回头看”重点任务，定期开展自查自纠、随机抽查、集中督导。健全长效机制，制定严肃党费收管用五项措施、党代表资格年审制、“四个重点”领域发展党员全程预警、党员档案“六有”管理、组织关系转接“五清晰一谈话”等制度规范，推动形成党员教育管理常态化制度化机制。

▲“五清晰一说话”：指党员组织关系转接后党员身份清晰、党组织转入地清晰、党费缴纳信息清晰、介绍信有效期清晰、转接权限清晰，接收单位党组织负责人对新转入党员谈话。

【“两弹一星”干部学院挂牌成立】 2017年7月20日，中共绵阳市委、中国工程物理研究院、中国航天科技国际交流中心主办，中共绵阳市委组织部、中共绵阳市委宣传部、中共绵阳市委党校、中共梓潼县委承办，中国航发涡轮院、西南科技大学、绵阳师范学院、绵阳市委党史研究室、绵阳市社科联协办的“两弹一星”干部学院在梓潼“两弹”城挂牌成立，以传承弘扬“两弹一星”精神，推动军民融合深入实施。中国“两弹一星”历史研究会，省委组织部、省委党校、省社科联和四川省第八期递进培养班学术技术高端人才班部分学员，以及市县相关负责人出席挂牌仪式。

绵阳市“两弹一星”干部学院是一所互动性、开放式、网络化的培训学院，主要针对党政干部、军队干部、专业技术人员、企业经营管理者以及各类院校和科研院所开展开放式教育培训。学院以中国工程物理研究院院部旧址梓潼“两弹”城为主承载地，占地约24公顷，可同时容纳1000余人参训。学院师资力量主要由外聘客座教授、党校教师、优秀讲解员和“两弹”亲历者四部分组成。学院课程包含“两弹一星”精神教育、军民融合发展教育、国防爱国教育、创新创业教育四大培训模块，包含理论教学、影视教学、现场教学、体验教学、拓展训练五种教学方式。

【“绵州先锋”智慧党建平台上线】 2017年6月29日，市委组织主办，作为绵阳“互联网+党建”跨上新台阶的标志——“绵州先锋”智慧党建平台正式启动。市委常委、组织部部长岳勇介绍相关情况，并宣布启动。市人大常委会党组副书记、副主任陈兴春，市政协党组副书记、副主席李敦双出席启动仪式。“绵州先锋”智慧党建平台，是在主动融入北斗应用技术，借助军民融合优势的基础上，打造的“智慧党建+北斗应用”一体化党建云平台，通过智慧党建融入北斗应用，用北斗技术拓展智慧党建的手段，实现组织全覆盖、党员全覆盖、教育全覆盖、服务全覆盖。平台通过应用北斗系统的高精度定位、导航功能，以及应急卫星通信功能，将全市基层党组织分布图接入平台，不仅构建起形象直观的党建电子地图，当遇到自然灾害时，还能准确定位，第一时间了解灾情。此外，在助推特色农产品销售、乡村旅游，服务脱贫攻坚等方面，展现较强的综合服务功能。平台定期推送党建信息，开展党务工作服务，实施网上党内救助，实现对全市所有党组织和党员动态实时管理、党建任务线上线下同步办理、教育培训资源多渠道推送等。同时引入“健康中国”理念，推广健康生活知识，开通专家在线咨询，让党员群众在平台使用中感受到党组织的人性化关怀。

【2017中国（绵阳）科技城人才之夜颁奖晚会】 2017年7月5日晚，2017中国（绵阳）科技城人才之夜颁奖晚会在九洲体育馆举行。中国

工程院院士、中国人民解放军总参五七所高级工程师陈鲸，中国工程院院士、电子科技大学校长、九洲集团院士专家工作站入站院士李言荣，中国科学院院士、中国工程物理研究院研究生院院长孙昌璞，省政府副秘书长、办公厅主任蔡竞出席晚会。市委书记、科技城党工委书记彭宇行致辞，市委副书记、市长、科技城管委会主任刘超发布《绵阳科技人才发展专项资金绩效评价报告（2013—2015）》。中国工程物理研究院党委副书记张光军、中国空气动力研究与发展中心副总工程师于昆龙、市人大常委会主任马华、市政协主席张锦明、市委副书记付康出席晚会。中央电视台著名主持人白岩松主持晚会。晚会上，绵阳市为重大产业高层次团队和人才，军民融合高层次团队和人才，大众创业、万众创新团队和人才，脱贫攻坚和社会事业优秀团队和人才667名人才代表颁奖。“英才风华·辉映绵州——2017中国（绵阳）科技城人才之夜”的举办，彰显绵阳吸引人才、培育人才、宣传人才的良好环境，树立全社会尊重知识、尊重人才、尊重创造的鲜明导向，让更多人才在绵阳创新创业，共同把绵阳打造成为西部更具竞争力的创新之城、活力之城、希望之城。

（梁　睿）

宣　传

【概况】　2017年，全市宣传思想文化战线把握学习宣传贯彻中共十九大和省第十一次党代会精神为主线，增强理论宣传教育说服力感染力，增强主流意识形态吸引力凝聚力，增强新闻舆论传播力引导力，增强社会主义核心价值观感召力引领力，增强优秀传统文化生命力影响力，增强文化发展创新力竞争力，全面落实意识形态工作责任制，为绵阳科技城科学发展、加快发展提供有力思想舆论保证和良好精神文化条件。

【理论工作】　2017年，市委印发《2017年全市党委（党组）中心组学习意见》，明确中心组学习的重点和内容，并提出学习的目标要求及安排。邀请中国纪检监察学院副教授贺夏蓉、全国政协文史和学习委员会副主任叶小文等知名专家到会做辅导，全年组织集中学习21次。围绕中共十九大和省第十一次党代会开展宣讲活动，全年各级各类宣讲活动达4000余场次。在全市做好《全面深化改革热点面对面》《习近平谈治国理政（第二卷）》等学习用书发行使用工作。举办全国“四个自信”与21世纪中国马克思主义创新发展学术论坛、“从‘三线’建设到军民融合发展”专家论坛、王右木诞辰130周年学术研讨会等各类理论研讨活动。继续抓好与西南科技大学和绵阳师范学院共建马克思主义学院。

【新闻宣传】　2017年，市委宣传部组织全市主流新闻媒体以学习贯彻习近平新时代中国特色社会主义思想为主线，围绕学习宣传中共十九大和省第十一次党代会精神，对市委、市政府各项中心工作进行全面、系统、深入的新闻宣传。先后策划推出中共十九大、省第十一次党代会、中央环保督察、脱贫攻坚等系列重大新闻报道28期3800余篇。组织市级主流媒体开设“正风肃纪曝光台”等专栏，围绕市委、市政府中心工作和群众关注的热点难点问题，组织系列舆论引导和舆论监督。落实新闻通气会制度，不定期召开媒体负责人座谈会，严明宣传纪律，牢牢把握正确新闻舆论导向。开展“走转改”和“三项学习”教育活动，组织中央、省驻绵媒体、市级新闻媒体、网络媒体共计13家新闻单位记者进行为期2周的“新闻媒体记者走基层”集中采访活动。组织全市新闻工作者开展马克思主义新闻观专题培训。全面完成2018年度党报党刊征订。

【社会宣传】　2017年，市委宣传部制订出台《关于进一步把社会主义核心价值观融入法治建设的实施方案》，切实把社会主义核心价值观融入全市法治建设。开展“身边雷锋时代榜样”系列评选活动，谭昌志被中宣部评为“第三届全国岗位学雷锋标兵”，6个集体、9名个人分别被评为四川省“岗位学雷锋先进集体”“岗位学雷锋敬业标兵”。推进社会主义核心价值观综合示范县（市、区）、示范点建设，西山公园打造成为社会主义核心价值观主题公园，推进江油市社会主义核心价值观示范县建设，7月，全省社会主义核心价值观建设现场会在江油市召开。会同市纪委、市文明办联合开展“绵州好家规”征集评选活动，并参加首届“天府好家规”评选活动，九洲集团周永秀家庭家规被评为十佳“天府好家规”。持续开展爱国主义宣传教育，举办全民族抗战爆发80周年、人民解放军建军90周年等系列纪念活动和“砥砺奋进的五年”群众性主题宣传教育活动，通过省委宣传部对全市12个省级爱国主义教育基地的现场测评。

【文艺工作】　2017年，市委出台《关于繁荣发展社会主义文艺的实施意见》。做好四川省首批历史名人文化传承工程、第二批绵阳文化领军人才（团队）评选工作，李白、大禹入首批四川省历史名人，21个团队和个人评为文化领军人才（团队）。先后举办“2016四川十大改革转型发展案例暨十大科技创新改革人物”颁奖晚会、2017年中国科技城（绵阳）绵州英才之夜和第二届“李白诗歌奖”。协助市纪委立足绵阳本土文化资源，拍摄7部《家规家风系列》专题片，并在绵阳电视台播放。相继组团参加中德建交45周年文化交流、央视戏剧小品大赛、全国群众文艺“群星奖”决赛等20余项国内外重大文艺赛事和交流活动。引进《我是川军》《梁祝》等11部国内外优秀文艺作品到绵阳交流。打造绵州讲坛、迎春诗会、绵州大舞台惠民演出季等40余项品牌群众文化活动，开展送文化下乡、广场文艺展演等群众文化活动500余场。电影《换个活法》获四川省第14届“五个一工程”奖，36件广播电视作品获“四川省2015—2016年度广播电视节目”奖。

【文化产业发展】 2017年，全市持续推进文化体制改革，发挥市文化改革和发展领导小组办公室的职能作用，落实2017年文化体制改革任务，牵头完成制订《绵阳市加强文化领域行业组织建设实施方案》等改革方案12个，并在全省市州中首先成立市属国有文化资产监督管理委员会。整合市级文化产业资金544万元支持文化产业发展、文化和科技融合、文艺项目扶持等3类30个项目。争取到2017年度中央文化产业发展专项资金185万元，推进126文化创意园基础设施建设。启动全市“三上”文化企业核查认定工作，截至第3季度，规模以上文化企业法人单位98个，较2016年同期新增18个，数量居全省第三，营业收入628.14亿元，居全省第二。组织协调绵阳本地文化企业参展第十三届深圳文博会、第九届南京文交会、第二届敦煌文博会等大型国际国内展会，合计16家企业参展，150余人次参观学习。制订印发《绵阳市落实四川省“千村文化扶贫行动”的实施方案》，2017年北川羌族自治县、平武县355个行政村（社区）接受中宣部下达绵阳市村（社区）综合文化服务中心示范工程专项经费共计2840万元，专项用于支持建设村（社区）综合文化服务中心。平武县木座藏族乡民族村、北川羌族自治县紫霞村等7个退出贫困村入选四川省2017年“文化扶贫示范村”。争取省级专项资金20万元，完成安州区4个幸福美丽新村文化院坝建设工作。

【对外宣传】 2017年，全市组织策划军民融合、全创改革、电子商务、扶贫攻坚、招商引资、幸福民生等六大主题宣传，展示绵阳良好形象。依托科博会、电商峰会、西博会等27项重大活动，同时在中共十九大、全国“两会”、省党代会、省“两会”“8·8”九寨沟地震救援等重要时间节点，联系协调对接中央、省级各类媒体，多角度、多形式宣传报道绵阳。全年组织邀请新华社、人民日报社、中央电视台、四川日报社等中央、省级主流媒体、重点网络媒体、港澳及海外媒体53批次、510余家次，1200余人次到绵阳采访报道，实现传统媒体、新兴媒体融合互动的立体式外宣格局。加强城市形象宣传，在中央电视台《新闻30分》和四川卫视投放城市形象宣传广告，面向全国、全省推广绵阳城市形象。建立健全新闻发布制度，完善新闻发言人队伍，对全市70余个部门和单位的120余名新闻发言人和外宣干部进行系统培训。围绕全市中心工作举行各类新闻发布会21场，50多个部门的负责人发布新闻，回应社会关切。

【网络宣传】 2017年，全市围绕市委、市政府中心工作，组织辖区网站进行全方位宣传，各网站发稿量均在1万条以上。中共十九大召开前后，组织辖区10余家网站在首页开设专题专栏，推送报道2万余篇，评论性文章1000余篇，策划“党的十九大精神网络知识竞赛活动”，浏览量89493人次，7619人参与答题。全面加强《中华人民共和国网络安全法》宣传，组织集中宣传日活动，25家单位搭设展板27个，在江油、涪城、安州举办3场宣传示范活动，展出展板500余个，发放各类资料6万余份。组织策划“走基层·看亮点”“与脱贫达人面对面”等15组重大网络宣传视频，制作推出“直播绵阳”等11个新媒体产品。印发《绵阳市网络扶贫行动计划》，11月21日在安州区召开绵阳市网络扶贫现场推进会，网络扶贫工作得到省网信办高度肯定。书记、市长信箱信件转办规范有序，信箱点击率187万余次，全年收到投诉类信件6101件、求助类信件1523件，均100%回复。报送社会舆情信息1万余条，撰写约稿17篇，33条被中宣部采用，231条被省委宣传部采用。充实调整206名骨干网评员，组织撰写网评文章1万余篇，被人民网等300余家网站以及100余家传统媒体刊发转载。

（文泽浩）

市委巡察

【概况】 2017年，市委巡察办聚焦“三大问题”，突出严肃党内政治生活、净化党内政治生态，紧盯“两个责任”，抓住关键少数开展常规巡察。完成六届市委首轮巡察4个单位整改后续工作，开展常规巡察3轮，开展“回头看”1次。巡察市委工作部门、市政府部门、市管国有企业事业单位35个，发现党的领导、党的建设、全面从严治党方面的问题507个，发现并移交问题线索72件。市委书记主持召开巡察工作领导小组会议3次、市委常委会1次、书记专题会2次。完成中央第八巡视组到绵阳对中物院开展为期两个月专项巡视的服务保障工作。

【开展三轮市委常规巡察】 2017年，市委做好准备环节，制订七届市委一二三轮巡察对象方案和工作建议方案，组织召开巡察动员会3次。抽调105名业务骨干组建巡察队伍，分3批次从纪检监察、组织系统、党代表中选聘16名工作经验丰

中共绵阳市委巡察工作负责人小组办公室人员

表27

部　门	职　务	姓　名
市委巡察办	市委巡察工作负责人小组成员巡察办主任	廖华雄
	副主任	李　波
	综合科科长	罗　春
	综合科工作人员	李　昭

中共绵阳市委巡察组工作人员

表28

部　门	职　务	姓　名
市委第一巡察组	组　长	彭　凯
	副组长	胡小莉
	工作人员	牟俊宇
市委第二巡察组	组　长	邹德刚
	副组长	王　宏
	工作人员	袁　垚
市委第三巡察组	组　长	赵　肆
	副组长	赵尘宇
	工作人员	侯焱馨
市委第四巡察组	组　长	万学模
	副组长	赵跃淋
	工作人员	罗　媛

富的副县级领导干部担任市委巡察办（组）聘任副主任（副组长），以“一托二”“一托三”等方式开展3轮26个单位常规巡察。巡察期间，发放民主测评表和调查问卷2763份，开展谈话1511人次，调阅相关工作资料9265卷（册），受理群众来电来信来访和网络举报195余件。同时，对被巡察单位开展整改情况交叉检查，通过“对账、会审、督办、销账”的工作模式，倒逼问题整改。2017年绵阳市巡察工作得到省委巡视办高度评价，8月29日在全省市（州）巡察办主任座谈会上做经验交流发言。

【巡察方式创新】　2017年，全市优化制度体系，健全与纪检监察、组织部门和相关职能部门的协作配合机制，形成巡察监督合力。创新开展市委负责人对被巡察单位主要负责人进行巡察约谈工作，4名市委负责人分别对21个被巡察单位主要负责人进行巡察约谈。制订约谈方案、提纲56份，列出问题清单258条，明确整改措施843个；被约谈单位党组（党委）建章立制165项，对巡察组移交的问题线索立案10件，党纪政纪处分8人，调整岗位1人，推动全面从严治党向纵深发展。

【巡察专业队伍建设】　2017年，全市选强配齐市委巡察机构人员，巡察办、巡察组人员基本配齐，机构人事逐步健全。从纪检、组织、审计、财政等单位抽调人员230余人建立绵阳市巡察人员库，制定管理办法。邀请省委巡视办、省委党校、市纪委、市委组织部等8名专家负责进行业务培训，通过“三会一课”、读书分享会、“两学一做”教育活动等方式学习党的十九大、党章党纪党规、“两准则四条例”、省十一次党代会精神等100余次，促进抽调巡察的干部与巡察办、巡察组人员理论知识与业务水平提升。

【县市区巡察工作】　2017年，市委巡察办对9个县市区开展调研走访，推动各县市区完善巡察机构、人员、制度等工作，指导各县市区采取“延伸式”、横向“一托N”、纵向“巡1并1”等办法实现市、县两级巡察同频共振。9个县市区共组建38个巡察组，核定行政编制115名，为市县巡察有序开展提供组织保障。开展巡察30轮，发现党的领导、党的建设、全面从严治党方面存在的问题1144个，向县市区委提交专题报告75份，向被巡察党组织提出整改意见836个，向相关职能部门提出意见建议225条，移交党员干部问题线索224件，党政纪处分68人。（陈小琴）

统一战线工作

【概况】　2017年，市委常委会专题研究统战工作6次，市县两级党委担负起主体责任，加强和改善对统战工作的领导，各县市区党委常委会至少专题研究统战工作2次，把强化统战工作落在实处。市委主要负责人及班子成员带头参加统一战线重要会议活动；带头与党外人士结对联系，与党外朋友广泛深入联谊交友。市宗教工作联席会议升格为市委宗教工作联席会议，调整充实联席会议成员单位。召开党外人士情况通报会暨学习贯彻党的十九大精神座谈会，组织全市统一战线各领域代表人士，学习习近平新时代中国特色社会主义思想，武装头脑、凝聚共识、汇聚力量，引导广大统一战线成员自觉向党中央看齐、向习近平总书记看齐、向党的理论和路线方针政策看齐、向党中央决策部署看齐，坚决维护以习近平总书记为核心的党中央权威和集中统一领导。指导民主党派开展坚持和发展中国特色社会主义学习实践活动和“不忘合作初心、继续携手前进”专题教育，深化非公有制经济人士理想信念教育实践活动，在新的社会阶层人士中开展坚持和发展中国特色社会主义学习实践活动，全市统一战线凝聚思想共识，增进情感认同。召开全市统战部部长会议，会上传达学习全国、全省统战部长会议精神。接待台北、高雄基层代表参访团，“四川·台湾产业合作推介会”台商考察团等到绵阳交流考察31批次945人。举办第三届海峡两岸文昌文化交流活动、2017（丁酉）

年华夏母亲嫘祖故里祭祖大典暨盐亭嫘祖文化旅游活动周活动和第四届海峡两岸哪吒民俗文化交流活动，吸引海峡两岸政界、学界代表2000余人参加活动。4月，中共中央台办、国务院台办批准，绵阳市北川羌族自治县地震遗址保护区为海峡两岸交流基地，9月3日正式挂牌。

【服务国家科技城建设】 2017年，市统战部引导民主党派围绕绵阳经济社会发展，参政议政，通过省市“两会”“直通车”等平台提交议案提案、调研报告和建议意见410余件，其中九三学社绵阳市委“关于提升绵阳港三江湖码头文化品质的建议”“关于加速推进绵阳综合保税区申建工作的建议”和民建绵阳市委“关于启动木龙河黑臭水体综合整治的建议”等3篇“直通车”建议以及各民主党派对脱贫攻坚工作意见建议得到市委主要负责人肯定性批示。支持民主党派作用发挥，全国政协副主席齐续春、刘晓峰分别到绵阳参加科博会和中国（四川）电子商务发展峰会，民建中央副主席宋海、九三学社中央常务副主席邵鸿等到绵阳开展调研10余次。

【民主党派参政议政】 2017年，市委制定《2017年度政党协商（会议协商）计划》。组织各民主党派围绕市委全会报告、政府工作报告、脱贫攻坚等开展会议协商7次、约谈协商3次、书面协商2次。协助市政府出台在政府工作中进一步加强同民主党派、工商联和无党派人士联系的文件，实现8位市政府负责人、22个市政府部门与民主党派对口联系全覆盖。支持7个民主党派市级组织对口9个县市区开展脱贫攻坚民主监督工作，出台《实施方案》并编印《民主监督工作手册》，民主监督覆盖9个县市区、23个乡镇、110个村，走访1300余家，收到反馈意见建议147条，提交调研报告13篇。推进“一党派一品牌、一合作一特色”社会服务创新，引导民主党派围绕群众关心关注的方面，开展义诊咨询、捐资助学、扶贫帮困等各类爱心公益活动和同心实践活动20余次，协调争取项目资金及捐赠资金物资近4亿元。九三学社中央授牌梓潼“两弹”城为“九三学社全国传统教育基地”。

【非公有制经济发展】 2017年，全市加强非公有制经济人士理想信念教育，组织学习党的十九大精神和省第十一次党代会精神。组织民营企业家参加全国年轻一代民营企业家理想信念报告会电视电话会，组织三批青年企业家参加中央统战部、全国工商联教育培训活动。构建“亲”“清”新型政商关系，由市政协牵头，市委统战部、相关民主党派、市工商联参与，组织开展全市民营经济发展环境大调研，形成《关于我市民营经济发展环境的调研报告》。同时，配合省工商联换届，指导县市区工商联完成换届工作。

【党外人士统战工作】 2017年，全市组织召开全市党外知识分子统战工作座谈会。在全市党外知识分子中组织开展“践行社会主义核心价值观主题活动”等系列实践活动，引导党外知识分子坚定“四个自信”，立足本职，建功立业。绵阳市党外知识分子工作经验在全省党外知识分子统战工作座谈会上做交流发言。市委印发《关于加强新的社会阶层人士统战工作的实施意见》。开展新的社会阶层人士统战工作示范点建设，绵阳科技城“同心”新媒体孵化园被省委统战部确定为全省首批新的社会阶层人士统战工作示范基地。组织开展绵阳市“新的社会阶层人士‘同心’献礼党的十九大”主题活动，引导新的社会阶层人士以多种形式向党的十九大献礼。九寨沟地震发生后，绵阳市新媒体人士通过微博等各种途径发声，及时发布转载权威准确灾情消息，引导群众理性看待，呼吁广大群众冷静对待，不盲目开展自发式救援行动，不信谣不传谣，消除不安情绪，维护社会稳定。仅两天时间，通过微博发布消息150余条，累计转载3000余次，阅读量800余万次，视频点击量200余万次。

【民族与宗教工作】 2017年，全市贯彻中央、省委、市委民族工作会议精神，全面落实《关于加强市县两级民族宗教工作力量的通知》要求，增加民族宗教工作队伍力量，市委统战部新增设民宗科，增加行政编制2个、正科级负责人职数1个。绵阳市获全国第三批“少数民族流动人口服务管理示范城市”。贯彻党的宗教工作方针和全国、全省宗教工作会议精神，引寻宗教界加强自身建设，依法加强和创新宗教事务管理，指导宗教团体完成换届工作。开展和谐寺观教堂创建，全市全年创建和谐寺观教堂56个；开展教风整治年活动，以“三清一建”工作为载体，贯穿教风整治活动始终，集中清理宗教教职人员身份，清理宗教活动场所教产，清理宗教场所财务状况。

【党外代表人士队伍建设】 2017年，全市创新开展党外人士教育培养工作，在浙江大学举办绵阳市第一期党外干部能力素质提升班，在延安举办第二期党外干部理想信念教育培训班，党外干部理想信念更加坚定。全年组织配合开展21期培训教育活动，累计培训党外干部158人。组织市委统战部机关干部到9个县市区开展贯彻落实《统战工作条例》情况督查，督促做好党外代表人士配备工作，确保党内法规落到实处，通过市委组织部、市委统战部、法院、检察院、编办密切配合，绵阳市本级、9个县市区法院、检察院领导班子中均配备1名以上党外干部。

【“海峡两岸交流基地”授牌仪式在北川举行】 2017年4月，经中共中央台办、国务院台办批准，绵阳市北川地震遗址保护区新设为“海峡两岸交流基地”。9月3日上午，基地授牌仪式在北川羌族自治县新县城禹王广场举行。国台办交流局局长黄文涛，台湾海峡两岸经贸文化交流协会副会长高孔廉，四川省台办主任周敏谦、副主任赵宇，绵阳市

图39 “海峡两岸交流基地”授牌仪式在北川举行

委常委、宣传部部长张学民，市政协副主席李京平，市政府副秘书长严俊等出席授牌仪式。高孔廉率领的台湾东吴大学等15所台湾高校师生代表参访团，以及台湾中华工商业联合会主席、中国国民党“中央委员”李玉文率领的台湾社团精英参访团一行170余名台湾嘉宾参加授牌仪式。

精神文明建设

【概况】 2017年，市委办、市政府办印发《绵阳市2017年精神文明建设工作要点》，市委常委会2次、市政府常务会1次、市文明委扩大会1次专题研究精神文明建设工作，市委、市政府召开精神文明建设总结表扬暨工作会，党委对精神文明建设的主体责任和党委主要领导第一责任人职责全面落实。发挥文明委统筹协调作用，调整完善文明委组成人员及工作职责，召开专项工作会8次，组织专项检查督查3次，形成各成员单位分工负责抓精神文明建设合力。各级文明委加强工作规范管理，完善制度机制，加强有效监督，严格纪律要求，堵塞风险漏洞，精神文明战线守党纪、党规的意识更加增强，对党忠诚、个人干净、敢于担当的良好形象全面树立。

【文明城市建设】 2017年，全市围绕《全国文明城市测评体系》《全国未成年人思想道德建设工作测评体系》指标和中央文明委、文明办安排布置的重点工作任务，各项基础工作扎实推进。召开精神文明建设总结表扬暨文明城市建设工作会议、文明城市建设工作推进会等专题会议7次，开展市级负责人带队检查督查文明城市建设工作1次，模拟测评2次，专项督查7次。8月31日，承办四川省全国文明城市创建工作现场推进会；11月，绵阳市通过第五届全国文明城市测评，继续保持“全国文明城市”，实现“三连冠”；江油市继续保持“全国文明城市”提名城市，三台县继续保持“四川省文明城市示范城市”，平武县建成“四川省文明城市示范城市”，北川羌族自治县、盐亭县、梓潼县建成“四川省文明城市”。

【农村精神文明建设】 2017年。全市贯彻落实全国推动移风易俗、树立文明乡风会议精神，开展文明村镇创评活动，开展“星级文明家”、好公婆、好媳妇、好邻里等评选活动，拓展“四好村”创建活动，推进农村道德评议堂、志愿服务站点、道德文化墙、农村精神文明建设宣传专栏、文化广场建设，文明村镇建设再上台阶。加强北川全国农村精神文明建设工作示范县建设，辐射带动全市农村精神文明建设工作实现新跨越。全市推报的北川羌族自治县节目《瓦尔俄足》在“爱我国家·圆梦中华—我们的节日·端午”全国文明村镇文艺展演活动展演。2017年，召开全市农村精神文明建设暨“四好村”创建工作推进会，新建成4个全国文明村镇、6个省级文明村镇、61个市级文明村镇，10个农村精神文明建设示范点和20个“新家园新生活新风尚”示范点，推荐上报135个省级“四好村”。

▲“四好村”：指住上好房子、过上好日子、养成好习惯、形成好风气。

【未成年人思想道德建设】 2017年，全市开展清明“祭英烈”“学习和争做美德少年”“童心向党”歌咏和网上展播活动活动，评选表扬10名“绵阳市十佳美德少年”、30名“绵阳市美德少年”。三台中学获全国文明校园、48所四川省文明校园、65所市级文明校园。经典诵读活动在中小学校参与率达100%。举办绵阳市第八届中华经典诵读优秀节目展演，绵阳市推荐的节目《踏古吟》《禹训》入选第六届四川省中华经典诵读会。举办首届中国（绵阳）科技城国际儿童戏剧展暨童博会和全市学校武术评比展演活动。开展优秀童谣征集活动，评选出优秀作品48首。2017年度5个中央彩票基金支持乡村学校少年宫项目全部建成并投入使用；评选示范学校少年宫7所，特色学校少年宫10所。常态开展校园周边环境整治。高新区火炬一校获全国未成年人思想道德建设工作先进单位，三台县、江油市获第二届四川省未成年人思想道德建设工作先进县（市），市委宣传部等6个单位荣获第四届四川省未成年人思想道德建设工作先进单位。

【道德教育实践活动】 2017年，全市开展诚信创建活动，协同落实守信联合激励、失信联合惩戒机制和典型失信案件曝光工作规则等，逐步形成不愿失信、不能失信、不敢失信的社会环境。开展道德典型评选表扬和学习宣传活动，2016年度“道德的力量—德耀绵州”颁奖典礼举办，2017年度“感动绵阳十大人物”“十大最美绵阳人”评选进行，开展道德模范基层宣讲20余场次，关爱礼遇道德模范30人，召开道德典型学习宣传座谈会。推荐身边好人评议活动，敬业奉献游洪建、见义勇为李见廷、孝老爱亲秦秀、李敦锋4位候选人获第五届“四川省道德模范”，20人获“四川好人榜”，1人获“中国好人榜”。开展文明家庭评选活动，王晓红等4家家庭被评为首届四川省文明家庭，何珍等50家家庭被评为首届绵阳市文明家庭。

【网络文明建设】 2017年，全市执行内容审查、信息发布、队伍建设、人员准入等方面管理规定，实施网德工程，网站主体责任全面落实。推动各级各类在绵网站开展扶贫济困、扶老助残、慈善捐助、救灾助学、义务献血、环保宣传等网络公益活动，利用微信、微博、客户端等新媒体，把文明旅游、文明交通、文明餐桌等宣传融入网民日常生活中。参与中央、省文明办组织的重大网络宣传活动，结合落实重点工作配合搞好网络宣传。 （王一鸿）

目标督查

【概况】 2017年，全市目标督查工作坚持围绕中心、服务大局，创新思路举措，修订完善年度综合考评体系，提升督查督办工作实效，推动市委、市政府重要决策部署的贯彻落实和目标任务的全面完成，受到省委、省政府督查室的充分肯定，并在国务院办公厅督查室的培训会上做经验交流。

【目标绩效体系修订与任务下达】 2017年，全市围绕推动发展，强化目标绩效管理，鲜明工作导向，完善考评体系。修订形成包括县域经济发展、其他经济发展、民生改善、生态文明、社会治理、党务政务和重点工作的“6+1”年度综合考评体系。对县市区、园区继续分类核定指标权重，实施差异化考核。首次设立县域经济发展考核版块，考核指标由总量指标、主要指标、重要指标三部分构成。同时，打破以往每年年中才分解下达年度目标任务的常规模式，根据经济发展形势和工作预期，3月后对主要经济指标任务进行预下达，待省目标下达后及时进行修订调整，做到省市目标无缝对接，目标早明确、任务早下达、工作早启动。

【目标绩效管理】 2017年，全市围绕目标任务完成，采取定期与不定期等检查方式，对各责任单位目标执行情况进行考核监测并通报进度。针对滞后指标，一方面“点对点”发出预警通知；另一方面，会同市级监控部门及时会商研究，提出有针对性的解决办法和措施。先后针对“开门红”指标、主要经济指标季度执行情况等开展专项督查7次，并于11月下旬，以督查通报的形式对全年目标完成情况进行预警提醒。强化结果运用。围绕激发干事创业正能量，坚持奖惩并举，将考评结果作为市委、市政府兑现目标奖励的基本依据，作为组织部门对各县市区、园区、市直部门及市管企业负责人班子和负责人干部工作实绩评价的重要标准。年度目标绩效考核排名同类别最后一位的单位主要负责人，年度考核不能评定为“优秀等次”；连续两年按类别排名最后一位的单位，要向市委、市政府写出书面报告，单位主要负责人，由纪检监察机关、组织部门进行问责。根据目标绩效综合考评结果，全市11个单位和部门被市委主要负责人集体约谈。

【督查督办】 2017年，全市围绕经济发展、环境保护、脱贫攻坚、社会民生、信访维稳等市委、市政府中心工作和热点难点问题解决开展专项督查158件次，向55个单位发出督办通知，形成督查专（通）报130期。完成省委、省政府督查室交办的督查任务，对党的十九大精神、省第十一次党代会精神、省委十一届二次全会精神和中央八项规定、省委省政府十项规定的贯彻落实、全面创新改革试验推进和重大舆情核查等23项任务形成督查专报。提升抓落实的本领，举办全市目标督查（民生）系统干部能力提升高校（复旦大学）研修班。做好中央环保督察反馈问题督办，市委书记、市长等领导到一线督办问题整改，在市目督办设立问题督办组集中办公区，在持续一个半月的时间中，承接完成反馈问题的督办工作，其中现场督办149件、派出实地核查人员551人次。创新督查方式，上线运行绵阳市督查督办信息管理平台，开展调研督查，针对京东方等重点建设项目建材供应问题，组织人员赴项目施工现场和建材市场走访了解行情、价格变化趋势和存在的问题，在此基础上形成的督查调研报告，为市领导解决建材供应难问题提供参考。推动建议提案办理，修订出台《绵阳市办理人大代表建议和政协提案工作办法》和《办理建议提案考评实施细则》，创新开展《对话·提案去哪儿了》电视直播活动，督促完成325件代表建议和713件政协提案的按时办理回复，满意率达94.6%，没有不满意件。 （陈胤科）

政策研究

【概况】 2017年，市委政研室形成重要文稿112篇，约80余万字。其中，代市委、市政府和市委全面深化改革领导小组起草文件10个，撰写市委领导讲话材料74篇、汇报材料10篇，完成调研报告14篇；编印市委机关刊物《绵阳改革与发展》12期、《情况参考》8期、《改革专报》49期、《改革动态》73期。

【重要文稿起草】 2017年，市委政研室完成市委重要文件起草任务。起草完成《关于印发〈绵阳市调研工作联席会议制度〉的通知》（绵委办发〔2017〕11号）、《关于印发〈绵阳市学习贯彻党的十九大精神重大课题研究方案〉的通知》（绵委办发〔2017〕35号）、《中共绵阳市委办公室关于全面贯彻习近平总书记改革认识论方法论进一步完善改革推进机制的实施意见》（绵委办发〔2017〕39号）、《关于印发〈全面深化改革负责人小组2017年工作要点〉的通知》（绵委办〔2017〕32号）、《关于建立市级领导基层调研联系点制度的通知》（绵委办〔2017〕57号）、《绵阳市全面深化改革落实问责办法（试行）》（绵委改〔2017〕4号）《绵阳市全面深化改革第三方评估实施办法》（绵委改〔2017〕5号）等7个市委重要文件。选派3人到市委办综合室从事市委主要领导文稿服务工作，全年起草完成《在全市国有企业党的建设工作会议上的讲话》《在全市县域经济发展工作广播电视大会上的讲话》《在市委党校2017年春季主体班上的辅导报告》等各类文稿84篇。完成《深入推进农业供给侧结构性改革 加快培育农业农村发展新动能》《向改革要动力向开放要活力 加快建设西部内陆改革开放新高地》《抢抓全面创新改革试验历史性机遇 争当国家军民融合深度发展排头兵》《坚定不移深化国资国企改革 理直气壮做强做优做大绵阳国有企业》等重要文章，分别在中央政研室《学习与研究》、省委政研室《学习与调研》和《调查与决策》等刊物刊发。

【督察评估改革事项】 2017年，市委政研室履行市委改革办职能，坚持重点抓、抓重点，推动全市改革工作有效落实。建立改革落实台账和市负责人直抓方案落实、市委重大改革任务等6张清单，对改革任务实行“项目化”管理。《改革实施规划》中确定的196项改革任务，基本完成167项、占总任务的85.2%；年度280项改革台账任务，完成275项，完成率达98.2%。在全省率先出台《全面深化改革督察办法》，建立分级督察体系，实行四级提醒制度，成立改革督察科室，印发《督查通报》《督办函》等150余份。把124个改革考核单位划分为五个类别，分别制定考核标准，增强考核针对性。按照“五个一”要求，组织三次集中督察评估，对出台半年以上的144个专项改革方案、2017年需完成的48个国省改革试点实现督察评估全覆盖。制定出台《市委2017年全面深化改革工作要点》《工作台账》和《改革落实台账》，为全年深化改革工作“挂图作战”提供遵循；筹备召开市委深改组会议5次，审核把关专项改革方案48个，省上年度考核的39个改革方案实现全面对接；对出台半年以上的144个专项改革方案、2017年需完成的48个国省改革试点进行全面督察评估，完成124个部门的改革工作绩效考核。同时，还牵头筹备市委主要负责人推进专项改革方案落实专题会议2次，省委全面深化改革督导汇报会2次，省群团改革工作督查调研座谈会1次，2016年四川十大改革转型发展案例暨十大科技创新改革人物颁奖晚会等重要会议和重大活动。对接落实省专项改革方案，39个纳入2017年度省考核的改革方案全部实现对接。把省重大改革部署纳入市委重大改革任务清单予以重点推进，全面承接全创改革试验“9张清单”。推出优化政务服务、创新军民融合金融服务等40项自主改革；遴选27项特色改革事项，发布首批6条改革推广经验。完善改革试点退出和调整机制，强化改革试点经验总结，74项国省改革试点有效推进，其中，完成48项、按计划推进26项。发现、挖掘、培育各具特色绵阳改革典型经验，科技城军民融合发展、创新社会组织扶贫、“互联网+精准扶贫代理记账”3项改革做法分别得到国务院副总理张高丽、汪洋的批示；盐亭县“2+5+N”现代农业社会化服务模式得到省委负责人肯定并在全省推广；游仙区“互联网+智慧医疗”成功做法得到国家卫计委肯定；军民深度融合发展经验在《新闻联播》专题报道；生态循环产业扶贫经验等4个案例入选全省改革助推脱贫攻坚典型案例；涪城区、三台县两项改革获2017年四川农业供给侧结构性改革十大案例。

【开展重大问题研究】 2017年，政研室履行市重大课题研究领导小组办公室职能职责，牵头开展“绵阳发展目标研究”和“绵阳发展方略研究”两个子课题研究工作。围绕科技城建设，调研形成《科技创新先行先试政策研究——绵阳科技城享受中关村政策落地实施相关问题及推进建议》。围绕产业园区发展，调研形成《创新引领未来 开放推动发展 着力打造区域经济发展的强大引擎——赴北京、西安、武汉、重庆学习考察开发园区建设情况报告》，在《情况参考》第2期刊发。学习了解台湾农业农村发展经验，调研形成《“精致”与“休闲”铸就台湾农业农村融合发展——台湾农业农村发展参访交流报告》，在《情况参考》第3期刊发。围绕小城镇建设，调研形成《始终聚焦产业 坚持融合发展 加快推进绵阳特色小镇建设》，在《情况参考》第5期刊发。围绕民营经济发展，调研形成《对标先进找差距 聚力攻坚补短板 奋力推动我市民营经济发展实现新突破——赴无锡、泉州、绍兴学习考察民营经济发展情况报告》，在《情况参考》第6期刊发。围绕“进一步优化调整市与区、园区事权划分”，调研形成《进一步优化调整细化市与区、园区事权划分方案》；围绕未成年人保护工作，调研形成《绵阳市未成年人保护工作的实践与建议》。

【改革专题调研】 2017年，市政研室围绕全面深化改革推进落实，调研形成《关于赴眉山、乐山、自贡、遂宁学习考察全面深化改革推进落实情况的报告》，在《情况参考》第1期刊发；《关于赴廊坊、石家庄、武汉、长沙学习考察全面深化改革推进落实情况的报告》，在《情况参考》第7期刊发。围绕新型智库建设，调研形成《绵阳市智库型机构情况的调查报告》，在《情况参考》第4期刊发。围绕全创改革试验，调研形成《构建全链条金融服务体系为全创试验注入源源不断的"金融血液"》，在省委政研室刊物《调查与决策》第5期刊发。围绕水利改革，调研形成《大型水利工程管理单位体制改革调研报告——以武都引水工程管理单位为例》，在《情况参考》第8期刊发。围绕优化考评机制改革，调研形成《安州区探索负责人干部差异化考评机制激发干事创业活力的调研报告》。

【决策建议】 2017年，市政研室向市委提交加快开发园区建设、民营经济发展、推进改革落实、特色小镇建设等6项决策建议。其中，《关于赴廊坊、石家庄、武汉、长沙学习考察全面深化改革推进落实情况的报告》提出的意见建议被采纳，转化为《绵阳市全面深化改革落实问责办法（试行）》《绵阳市全面深化改革第三方评估实施办法（试行）》两个文件，建立特色改革事项台账的建议已转化成工作成果。

市直机关工委

【概况】 2017年，市直机关工委印发《2017年市直机关纪检工作要点》《关于在市直机关开展"五好党支部"创建活动的实施方案》《关于进一步加强和改进机关党的建设的实施意见》《2017年度全市机关党建述职评议考核工作方案》等文件，推动"三会一课"、领导干部双重组织生活、基层党建"3+2"书记项目等党务工作基本制度的常态化和制度化。调整党组织设置3个，指导25个机关基层党组织完成换届。培训发展对象70名，按程序和标准审批发展党员44名，组织慰问特殊困难党员、重病党员、老党员187名，发放慰问金13.54万元。加强党费的收缴、管理、使用工作。组织111名市党代表视察调研，向省直机关工委推荐机关党建研究人才2名。审议查处违纪党员3名，任免党务干部12名，13名违纪党员受到处理。市直机关工委省直机关工委利用整合省市媒体和工委"一报一刊一网两群"平台，宣传机关党建工作600余条次，被省直机关工委表扬为2017年度全省机关信息宣传工作先进单位。指导3个基层团组织换届选举，评选推荐市级"三八红旗集体"2个，"三八红旗手"6名。

【机关党的建设】 2017年，市直机关工委组织开展党支部书记示范培训、浙江大学党务干部素质能力提升培训、党建相关业务工作培训7期，2000余人次党务干部参训。围绕"两学一做"学习教育的常态化制度化，丰富学习载体，创新学习方法。以"周五开讲""科长讲坛"、大讲堂、微党课等方式，加强对党员的教育培训，"市直机关党员学习大讲堂"举办14期，授课者包括教授6人及各领域专家学者6人，3000余名党员干部接受党的理论知识、党建业务知识、国学知识等方面的辅导。市直机关组织党员干部参加合唱团、文学社、摄影书画社、体育比赛，活跃机关文化生活。组织参加省直机关工委"青春闪耀扶贫路——我的驻村故事"第二季主题演讲比赛获二等奖，参加四川省机关公文写作技能大赛获单项奖，撰写研讨文章154篇，优秀文章38篇，理论研究水平明显提升。全年在窗口服务行业开展"三亮三比三评"活动，评选表扬市级部门落实机关党建工作责任制先进单位9个、党建工作先进集体9个；优秀党支部74个，优秀党支部书记73名。

▲"三亮三比三评"：三亮即亮身份、亮承诺、亮标准；三比即比技能、比业绩、比作风；三评即自评、群众评、负责人评。

【机关驻村帮扶"百日攻坚"活动】 2017年，市直机关工委强化制度建设，推进片区联系、落实工作季报，发挥联合党组织在脱贫攻坚中的作用，强化工作宣传，发布各类信息700余条次，评选表扬30个"双争"活动先进集体，70名先进个人，推荐省、市表扬脱贫攻坚"五个一"驻村帮扶先进集体46个、优秀驻村干部13名。开展机关驻村帮扶"百日攻坚"，为机关驻村帮扶工作人员开展3轮专题培训。实施督查暗访，发现问题137个，通报帮扶工作开展不力的单位28个、个人18名。

【新一轮千名干部进社区活动】 2017年，全市启动新一轮千名干部进社区帮助工作，110个市级部门帮助110个社区，以千名党员志愿服务+百个部门结对服务+10支服务分队流动服务为载体开展工作。结对双方系统梳理需求，建立需求清单，确保"精准点穴"。针对低保、空巢老人、残障人士、留守儿童等困难群体，实施点对点、个性化、订单式服务。开展流动服务136次，覆盖社区74个。建立完善党建工作制度63项、联合开展活动26场；为群众办实事1720件次；建设党员活动室12间、打造特色文化长廊8个，设立"小微服务"项目126个；开展"道德讲堂""家风家训家规"学习54场、文明知识学习宣传47场、开展"我为社区献本书"活动，捐赠书籍23000册。

【《关于进一步加强和改进机关党的建设的实施意见》出台】 2017年9月20日，市委七届第31次常委会审议通过《关于进一步加强和改进机关党的建设的实施意见》（简称《实施意见》）。《实施意见》有五个部分。第一部分为"准确定位，把握机关党的建设总体要求"，明确加强和改进机关党的建设的工作目标、任务和总体要求；第二部分为"凝心聚力，深化机关思想政治建设"，围绕深入学习贯彻习近平总书记系列重要讲话精神、推进"两学一做"学习教育常态化制度化、持续深入开展"四项教育"和加强机关文化建设等，提出明确要求；第三部分为"固本强基，加强机关组织建设"，对严格党的组织生活、扎实开展机关党支部规范化建设、深化"共产党员示范行动"、健全民主监督制度和选优配强机关党务干部等内容提出了明确要求；第四部分为"为民务实，推进机关作风和反腐倡廉建设”，明确深化机关联系服务群众工作、发挥机关助推脱贫攻坚重要作用、加强机关党风廉政建设等工作重点和工作要求；第五部分为“落实责任，强化机关党建组织负责人”，强调要加强对机关党建工作的负责人，完善机关党建责任体系，健全机关党建考评和督查制度，加大机关党建工作保障力度，加强机关党建理论研究和宣传工作等重点内容。

【《机关党建工作考核评分细则》出台】 2017年8月28日，市直机关工委编制印发《2017年市直机关党建工作考核评分细则》和《2017年县市区机关党建工作考核评分细则》（简称《评分细则》）。《评分细则》包含思想建设、组织建设、作风和反腐倡廉建设、制度建设、联系服务群众工作、党组（党委）指导、信息工作等7个项目35条考核内容。《评分细则》中包含思想建设、组织建设、作风和反腐倡廉建设、制度建设、联系服务群众工作、组织领导、信息工作、其他工作等8个项目31条考核内容。《评分细则》的发布，促进全面从严治党的要求在机关的落实，推动机关党建工作任务的完成，提高全市机关党建工作的整体水平。 （冯向光）

群众工作与信访

【概况】 2017年，全市信访工作以习近平总书记系列重要讲话精神为指导，贯彻落实中央、省、市关于信访工作的系列重大决策部署，开展“信访工作责任制推动落实年”活动，持续推进信访工作制度改革和信访法治化建设，努力构建“阳光信访”“责任信访”“法治信访”“开放信访”“和谐信访”。全年受理群众来访总量1926批11486人次，同比批次下降10.3%，人次上升16.9%；办理群众来信3043件，同比上升53.9%，其中，办理群众给市委书记书信368件、给市长书信869件；受理网上信访1606件次。全年未发生信访恶性事件。截至年底，市群工局获“全国信访系统先进集体”，绵阳市信访工作获全省绩效考核一等奖，全省综合排名第三，全市4名信访干部获国家信访局“从事信访工作25年”荣誉证书。全市74个集体230名信访干部受到绵阳市委、市政府通报表扬。连续三年（2015—2017年）被人民日报社人民网评为“网民留言办理先进单位”。

图40 2015—2017年被人民日报社人民网评为“网民留言办理先进单位”

【领导接访制度】 2017年，绵阳市结合2017年度重要时段重点工作，对市级领导接访提出合理建议，推动市级领导干部定期接待群众来访形成常态。市委、市政府领导采取每周三定期接访与随机接访、重要敏感时段重点约访及每日接访相结合的方式接待来访群众。市人大常委会、市政协领导每周三在本机关同步接待信访群众。2017年，市级负责人接访66次，接访群众129批1272人次。其中，3月22日，市委书记彭宇行接访。7月5日市委副书记、市长刘超接访。

【开展联合接访】 2017年，全市以市联合接访大厅为依托，热情接待信访群众，及时化解群众诉求。通过市委组织部2017年“百人计划”，选派4个县区、6个市级部门的9名干部入驻联合接访大厅，提高信访工作实效，降低群众信访成本。在中共十九大、省十一次党代会、科博会等重要会议、重大活动期间坚持节假日开门接访，明确专人值守。

【信访信息化建设】 2017年，全市推进“互联网+信访”，推进全市信访信息系统的深度应用。全市建成“视频接访（会议）系统、网络受理平台、手机微信访”三位一体的信访信息化平台，变信访受理从“面对面”到“键对键”，群众通过互联网反映诉求越发便捷。全年全市办理国家信访局、省信访局转送件683件、交办件116件；办理省委书记网上信箱信访件82件，省长网上信箱信访件302件，省委书记、省长网上信箱来信按期回复率100%；人民网网民给省委书记网络留言196件次、给省长网络留言46件次，按期回复率100%；全市受理网上投诉信访总量同比2016年增加47%。把手机微信访作为推进“互联网+信访”的重要载体和拓宽群众诉求渠道的重要举措，落实专项资金升级服务器，安排专人负责“绵阳信访”微信公众号的事项受理和运营。2017年，“微信访”平台受理信访事项53件，化解47件。

【信访法治化建设】 2017年，全市以“七五普法”“法律七进”“法治周周行”等为主要载体，开展信访法治宣传活动。6月20日，在绵阳市铁牛广场举行20家单位共同参与的信访法治联合宣传活动，各县市区、园区同步开展宣传。全市累计发放宣传资料3.3万余份。打造信访“法治长廊”，在火炬广场设置展板40块。把涉法涉诉信访事项导入司法程序办理。发挥市联合接访大厅涉法涉诉和法律服务窗口功效，引导信访群众通过法律渠道解决问题。2017年，公安、法院接访窗口累计接待涉法涉诉信访176件，其中纳入公安部门处理49件67人次。，组织市信访联席会议成员单位对本部门本领域信访事项开展分类梳理，绵阳市有环保、国土等部门出台信访问题分类处理清单。对接司法机关做好证据固定收集等工作。全年，全市依法处理在信访活动中涉嫌违法人员46人。

【信访积案化解】 2017年，全市集中梳理信访积案难案，落实领导包案责任，把行政资源集中用于解决重大疑难复杂信访问题。按照省信访联席会议统一部署，采取“四查四看”办法，对2016年信访积案办理情况开展“回头看”，确保已化解信访积案不反弹。4月，市委、市政府出台市级领导包案文件，明确37名市级领导各包案化解1件信访积案。7月起，开展为期3个月的突出信访问题化解“百日攻坚战”，市级主要领导带队开展分片督导，全力推动化解。注重机制创新，建立“五个一”积案化解工作机制，通过统筹律师、调解员等专业力量，推动信访积案依法妥善化解，2017年，省信访联席办交办信访积案153件、市信访联席办自行排查梳理信访突出问题60件全部办结。37件市级领导包案信访件全部办结，办结率100%。

▲“五个一”：一件信访积案、一套化解方案、一名包案领导、一名律师、一名调解员。

【信访督查督办】 2017年，市委群工局印发《2017年信访实地督查工作方案》，把重大信访事项和疑难信访积案列入市委、市政府督查范围。由市信访联席办牵头，会同市纪委、市委维稳办、市目督办及市级相关部门组成联合督查组，对重要敏感时段、重要信访事项开展统筹实地督查，全年全市开展实地督查2次，推动解决一批信访疑难问题。先后开展退役士兵安置与权益保障专项督查，“一带一路”倡议国际合作高峰论坛，省第十一次党代会、党的十九大期间等重点督查，以市信访联席办名义发出督办通知7份，对进度滞后、推动较慢的地区开展重点约谈3次，推动特殊疑难信访问题依法及时就地解决。

【信访工作责任制落实】 2017年，全市实行信访工作目标管理制度，市、县、乡层层签订“信访工作责任书”。把信访考核指标逐一分解到县市区、园区，实行量化考核，构建科学的信访考评体系。建立每月通报制度，对因办理不规范导致问题较多的地区进行点对点提醒，全市信访基础业务办理质量逐步提升。逗硬执行《四川省信访工作责任制实施细则》，严格履行信访工作约谈、责任倒查职责，对信访工作责任落实不到位、进京到非接待场所走访和越级走访超标、信访积案化解不力、基础工作明显滞后的予以追责问责。截至年底，2名县级党政主要领导被约谈，9个单位（部门）做书面检查，2名正科级干部被免职，8人被诫勉，9人被批评教育、谈话提醒，3人被党纪立案审查。

【全市信访工作会议】 2017年2月27日，全市信访工作会议召开。市委常委、副市长颜超出席会议并讲话，市委常委、政法委书记夏凤俭主持会议。市政府秘书长谭岗，市委副秘书长、群工局局长陈兴刚，市纪委副书记、监察局局长任斌，市政府副秘书长陈松柏出席会议。会议传达学习中央、省、市负责人对信访工作的批示内容，通报2016年度信访工作先进集体和先进个人表扬决定，通报2016年度全市信访工作情况，涪城区、江油市、三台县、市司法局、市国资委在会上做工作交流发言。市委、市政府领导同各县市区党委（园区党工委）、政府（管委会）签订“信访工作目标责任书”。会议指出，2016年全市信访工作围绕绵阳工作大局，推进信访制度改革，狠抓“无进京非正常上访、无进京越级上访、无到省集访”活动创建，提升信访基础业务水平，依法规范信访秩序，全市信访总量持续下降。会议对全国“两会”期间信访工作进行安排部署。

【全市信访维稳工作会议】 2017年9月14日，全市信访维稳工作会议召开。市委书记彭宇行出席并讲话，市委常委、副市长颜超主持会议，市委常委、政法委书记夏凤俭，市人大常委会副主任陈兴春，副市长、市公安局局长王明华，市政协副主席李京平，市中级人民法院院长马泽波，市人民检察院检察长吴长福，高新区管委会主任董泓，市委秘书长邹若力、市政府秘书长谭岗参加会议。会议学习贯彻习近平总书记关于信访工作的重要指示和第八次全国信访工作会议精神，省委主要负责人对信访工作的重要批示精神，宣读市委、市政府表扬全市信访维稳工作先进集体和先进个人的通报，为先进集体和先进个人代表颁奖，江油市，三台县，市公安局，市交通运输局，涪城区城郊乡做大会交流发言。11月27日，全市信访维稳工作会议召开。会议学习省政府、市委、市政府负责人对信访维稳工作的批示，通报党的十九大期间全市信访维稳工作先进集体和先进个人名单，市交通运输局、市扶贫移民局、市人力资源社会保障局在会上做交流发言。会议要求，各级各部门以党的十九大精神引领信访维稳工作切实提升风险预警预测预防能力，推进“六大专项整治”，一以贯之地抓好信访维稳工作各项任务，做好年末岁尾、元旦春节期间信访工作。

▲“六大专项整治”：指对“瀑电”移民涉稳问题、非法集资利益受损人员不稳定因素、民工工资兑付涉稳风险、房地产领域涉稳问题、环保领域涉稳问题、出租车行业涉稳风险六项突出问题开展集中整治。

【全市维护社会和谐稳定工作会议】 2017年9月25日，全市维护社会和谐稳定工作会议召开。市委副书记、市长刘超出席会议并讲话。市委常委、副市长颜超主持会议，副市长、市公安局局长王明华出席会议。会议通报全市维护社会和谐稳定有关情况，传达中央、省有关会议精神，安排部署当前和今后一个时期维护社会和谐稳定工作。会议要求，各级各部门要贯彻习近平总书记系列重要讲话精神特别是对维护社会和谐稳定的重要指示精神，落实中央和省委、省政府关于维护社会和谐稳定的各项部署要求，坚持发展是硬道理、稳定也是硬道理，抓发展、抓稳定两手都要硬。

【第三方评估机构成立】 2017年8月24日，绵阳市民政局批准登记发证，绵阳睿桥信访事项评估中心正式成立。该中心性质为民办非企业单位，业务主管单位为绵阳市人民政府信访局，主要借助专业律师事务所平台，依托绵阳市“不满意信访事项第三方评价”专家库成员，对疑难信访事项处理结果的合法性、合理性进行评估，并开展不满意信访事项第三方评价，推动疑难信访事项息诉息访。

（魏俊杰）

2017年各县市区、园区人民来访接待室一览

表29

单　位	地　址	联系电话
市委、市政府人民来访接待室	绵阳市高新区火炬北路23号	0816-2539705
涪城区委、区政府	绵阳市涪城区文庙街10号	0816-2268757
游仙区委、区政府	绵阳市游仙区一环路东段139号	0816-2282600
安州区委、区政府	绵阳市安州区花荄镇银河大道10号	0816-4336050
江油市委、市政府	江油市中坝镇诗仙路将军巷29号	0816-3225352
三台县委、县政府	三台县北坝镇梓州干道16号	0816-5333661
梓潼县委、县政府	梓潼县城北集中行政办公区3号楼1楼	0816-8215922
盐亭县委、县政府	盐亭县云溪镇梓江路1号	0816-7225756
平武县委、县政府	平武县龙安镇东皋湾行政新区人社局B栋1楼	0816-8822703
北川羌族自治县委、县政府	北川羌族自治县永昌镇云盘北路19号	0816-4821229
四川省科学城办事处	绵阳市游仙区绵山路64号	0816-2483131
高新区党工委、管委会	绵阳市高新区绵兴东路167号	0816-2542944
科创园区党工委、管委会	绵阳市科创园区园艺街37号	0816-6334880
经开区党工委、管委会	绵阳市经开区三江大道39号	0816-2841114
仙海区党工委、管委会	绵阳市仙海水利风景区仙山路32号	0816-2760120

保密工作

【概况】 2017年，全市落实中央保密委、省保密委和市委、市政府的各项工作部署，把贯彻落实《中共中央关于加强和改进保密工作的意见》《中共四川省委关于加强和改进保密工作的实施意见》和《省委办省政府办关于印发“十三五”时期保密事业发展规划》作为工作的总基调，在调研和书面征求意见建议的基础上，市委印发《中共绵阳市委关于加强和改进保密工作的实施意见》，市委办公室、市政府办公室印发《绵阳市“十三五”时期保密事业发展规划》；市委保密委员会印发《“十三五”时期绵阳市保密科技工作实施意见》。各县市区（园区）结合实际相继出台贯彻落实措施。

【保密法制宣传教育】 2017年，全市以落实《绵阳市“七五”保密法治宣传教育规划》为抓手，各地各部门把保密法治学习教育纳入党委（党组）理论中心组学习内容，纳入各级党校教学内容和县处级以上干部法律知识考核内容。按照省保密委的统一部署，组织召开全市省管干部保密教育轮训会，近100人观看窃密泄密攻防技术演示和《胜利之盾》文献纪录片。抓住重点区域、重点对象有的放矢开展宣传教育，制作《最新窃密泄密案例》《身边的泄密隐患》等宣传展板在市委、市政府办公楼展出。派出师资力量为部分市直机关和军工单位培训授课。“绵阳保密在线”微信公众号正式开通。指导涪城区完成全省首部保密题材微电影——《“密”在身边》拍摄工作。“绵阳市保密教育基地”年底在梓潼“两弹”城挂牌

成立。

【定密涉密管理】 2017年，市保密局举办定密管理工作培训班，对机关、单位在定密管理工作中出现的问题进行指导服务，对新增定密授权单位和新增定密责任人进行备案。指导各地各部门全面开展涉密人员分类管理工作，对申请军工资质的单位开展涉密人员管理专题培训，为新申请保密资质单位的涉密人员办理上岗资格证。对新增、更新、撤销的涉密人员进行核查统计。完成对市检察院、市纪委、市委组织部涉密信息系统现场审查工作。开展涉密网络和专用信息设备调查摸底统计工作，为做好涉密领域实施国产化替代工程打下基础。

【保密监管检查】 2017年，全市加强保密监管平台运行维护及违规查处力度，对违规单位下达整改通知书，对违规直接责任人及分管人员进行严肃处理。开展机关、单位互联网门户网站、保密工作自查自评专项督查工作，推动保密自查自评工作规范化、常态化。加强国家教育考试安全保密工作，确保试卷安全保密、万无一失。创新监管手段，自主研发“绵阳市军工单位保密管理系统”并部署安装到所有军工单位，实现全覆盖监管。

【保密服务保障工作】 2017年，全市做好市党代会保密服务保障工作，开展会议场所保密安全检测，对工作人员进行保密教育培训并签订保密承诺书，保障市党代会安全召开。做好中国（绵阳）科技城建设部际协调小组第13次会议保密服务保障。助力军民融合发展，为民营企业进入军工领域提供咨询和保密业务指导。组织全市军工单位围绕构建军民融合创新转化体系等课题进行专题研讨交流。 （郭红琼）

机构编制

【概况】 2017年，市委编办围绕全市中心大局，主动跟进全面创新改革试验、供给侧结构性改革、县域经济发展、园区体制机制创新、项目投资、脱贫攻坚和全面加强党的建设等重大任务，全年办理市委、市政府和市委编委负责人批示事项62件次，办公会议审议议题109项，提请编委会审定议题48项并落实，办理各类商办件400余件，动态调整使用人员编制753名，加强200余个机关事业单位的工作力量，为全市经济社会发展提供体制机制和机构编制保障。年底，市委编办获全省机构编制最佳工作奖。

【综合行政执法体制改革】 2017年6月，市委编办牵头推进城管执法体制改革改进城市管理工作，整合执法权限，下移执法机构，下沉执法队伍，创新城市管理方式，代市委、市政府拟制《深入推进城市执法体制改革改进城市管理工作的实施方案》。同时，在安全生产、文化、公共卫生领域探索“执法层级二合一、执法队伍多个一、执法范围全覆盖”模式的综合执法体制改革。

【纪检派驻体制改革】 2017年12月，市委编办配合市纪委完成派驻机构职能配置、机构设置和编制分配，撤销原市直部门派驻（内设）纪检监察机构102家、收回纪检监察编制117名，设置派驻纪检组20家，综合监督84家部门（单位），实现监督全覆盖。按照国家监察体制改革工作要求，坚持机构不增、编制不增、领导职数不增的“三不增”原则，推进监察体制改革。

【政府职能转变】 2017年，市委编办牵头完成本轮政府职能转变和政府机构改革的第三年工作任务，基本形成权界清晰、分工合理、权责一致、运转高效、法治保障的市政府机构职能体系；基本形成机构编制、组织、人力资源社会保障、财政等部门间信息共享、有效对接、综合协调的运行机制。9月，市委编办全程参与全市优化政务服务环境专题调研，起草调研报告并参与拟订《绵阳市服务型政府建设行动方案》（绵府办函〔2017〕131号），按要求推进服务型政府建设工作。至年底，市级相关部门涉及政府职能转变的6项年度任务全部完成。

【相对集中行政许可权改革试点】 2017年10月，四川省人民政府印发《关于成都市锦江区等地相对集中行政许可权改革试点方案的批复》（川府函〔2017〕189号），原则同意绵阳市涪城区、游仙区、安州区、梓潼县、平武县、北川羌族自治县、三台县、盐亭县相对集中行政许可权改革试点方案。12月，8个县市区行政审批局均成立并运行，集中划转行政许可事项1126项。

【行政审批制度改革体制调整】 2017年10月，全市参照中央和省上的做法，市本级调整理顺行政审批制度改革体制机制，审改工作牵头单位由市政府法制办调整为市委编办，在市委编办加挂市深化行政审批制度改革领导小组办公室的牌子，具体承担指导、协调、监督并推进全市深化行政审批制度改革工作的职责，并设置行政体制改革科，增加工作力量专门负责审改工作，并相应设置9个县市区的审改办，核定副主任负责人职数，理顺改革管理体制。

【政务服务一体化平台建设】 2017年12月，市委编办组织专门人员开展各部门行政权力认领录入的审核工作，完成审核并公布行政许可权力事项742项，其他行政权力事项4085项，确保平台及时公开运行，加快推动全市“互联网+政务服务”工作进程。

【产业园区管理机制】 2017年1月，市委编委为高新区党工委（管委会）核增内设机构3个，其中行政编制12名、正处级领导职数1名、副处级领导职数3名、正科级领导职数4名。12月，中央编办到绵阳调研军民融合体制机制建设，听取绵阳市构建军民融合发展推进新体制和军民融合发展新机制等相关情况，对近年来科技城建设取得的成绩表示肯定。

【人民团体机构改革】 2017年，市委编办与市总工会、团市委、市妇联、市侨联和市科协等群团对接相关改革事项，推动出台《中共绵阳市委办公室关于印发市总工会、团市委、市妇联、市侨联、市科协系统等5个改革方案的通知》（绵委办〔2017〕88号），跟进群团改革相关机构编制事项。

【事业单位分类改革】 2017年，市委编办推进生产经营类事业单位改革，对市、县两级8家生产经营类事业单位的情况进行全面摸底和梳理，指导完成改革5家，完成率62.5%。

【机构编制管理】 2017年6月，市委编办印发《县市区事业单位机构编制管理办法（试行）》（绵编办发〔2017〕52号），对县市区事业单位个数以2016年年底统计数为基数、事业编制数以2012年年底统计数为基数进行总量控制，规范新设事业机构、机构名称、隶属关系、机构类别、领导职级、职能职责、内设机构、人员编制、领导职数等机构编制要素，明确审批权限，提升县市区事业机构编制配置效益。7月，印发《关于印发〈绵阳市机构编制申请事项评估办法（试行）〉的通知》（绵编办发〔2017〕57号），明确评估范围、评估方式、评估内容、评估程序和纪律要求，建立事前沟通、部门自评、编办审核（复评）、异议申诉、结果确定五步工作流程，通过评估职责任务、岗位设置、岗位工作量、人岗匹配相适度、工作流程优化程度等，建立“以事定岗、以岗定编”的评估机制，把评估结果作为调整机构编制事项的重要依据。

【机构编制监督检查】 2017年，市委编办把机构编制法规纪律列入党校、行政学院主体班教学内容，列入地方党委、部门党组（委）理论中心组、政府常务会学习和领导干部学法用法内容，纳入机构编制工作目标进行考核。6月，印发《关于进一步加强和规范机构编制审计工作的实施意见》，把机构编制管理情况纳入党政机关及事业单位审计工作内容，加强机构编制监督检查工作。12月，先后严肃查处多起机构编制违规事项，部分违纪违规事项和单位移送市纪委（监委）处理，并在全市通报，限期责令整改。

【事业单位登记管理】 2017年3月，市委编办如期完成市、县两级3889家（市本级308家）事业单位法人的2016年度报告公示工作，完成率达100%。12月，全面完成机关、群团和事业单位统一社会信用代码赋码颁换证工作，颁换证书4800余份，换发率达100%，其中市本级完成事业单位换码359个，机关、群团赋码108个。全年市本级办理事业单位法人设立登记17家、核准注销登记24家、核准变更登记146家，发布登记公告12期。 （瞿　相）

党史研究

【概况】 2017年，全市党史工作贯彻落实中央提出的“一突出，两跟进”原则，以“资政创新、宣教育人、存史述史”为着力点，统筹党史资料征集、编写、研究、宣传教育各项工作，不断扩大党史工作影响面。出台《关于加强全市党史工作的实施意见》，举办从“三线”建设到军民融合发展专家论坛和王右木130周年诞辰学术研讨会，编纂出版《执政实录（2017）》等党史成果。年底，绵阳市党史工作在全省党史系统年度考评中名列第一。

【资政专题研究】 2017年，市委党史研究室完成《绵阳“三线”建设与科技城建设历程的考察与探析》《关于提升、完善市南山烈士陵园宣传教育功能的建议》《绵阳工业五十年发展历史的考察报告》《红军长征胜利对当前从严治党的历史启示》《从党史中汲取组织建设营养》《绵阳红色文化发掘保护利用对策研究》《党的十八以来绵阳市委执政历程回顾与成就》等资政成果。完成中央党史研究室下达的全国改革开放实录子课题《绵阳军转民科技兴市》《绵阳军民融合发展历程及经验启示》。这批资政成果，为全市当前改革发展、科技城建设提供有益的借鉴。

【党史宣传教育】 2017年，市委党史研究室印发《关于深入开展党史“七进”活动的通知》（绵委史组办发〔2017〕7号），统筹安排“十三五”期间在党史“七进”活动；确定市委党校、市检察院、科创园区博雅学校、涪城区迎宾社区、游仙区东宣乡飞龙村等7个首批党史“七进”示范点，建设一批党史文化长廊。全市各地举办赠书促学、党史宣讲、党史知识竞赛等主题活动37次，举办《从三线建设到军民融合发展》《辉煌之路——党的一大到十九大》图片展，参观人数达3.8万人次；中共绵阳历史展览馆接待100余批8000余人次参观。编印党史宣传教育读本《邹风平》《刘景素》和《红旗漫卷——红四方面军长征在绵阳》《绵阳“大三线”建设印记》图集，拍摄制作《初心——绵阳红色历史的脚印》《从“三线”建设到军民融合发展》党史宣传教育专题片，免费发送基层组织观看学习。编印《党史简讯》12期，在《绵阳日报》等刊发稿件20余篇；在绵阳电视台播放党史宣传活动新闻和专题报道8次；对绵阳党史网进行改版升级，并做好网站党史信息工作，分别在中央党史网站刊登信息12条，省委党史网站刊登信息120余条，《四川党史工作通讯》刊登信息18条，本级网站刊登信息300余条。

【党史编辑】 2017年，市委党史研究室编辑出版《中国共产党绵阳执政实录（2016卷）》《绵阳军转民科技兴市》《绵阳检察工作史》；征集《中国共产党绵阳地方大事记（2007—2016）》资料180万字；完成《中共绵阳历史大事记（2017年）》的编写；征集重要党史资料300万余字，图片1000余幅；启动《我所亲历的四川改革开放重大事件》口述史访谈。

【从“三线”建设到军民融合发展专家论坛在绵阳举行】 2017年7月17—19日，四川省委党史研究室、中共绵阳市委、绵阳市人民政府主办，市委组织部、市委宣传部、市委党研室、市经信委、市社科联承

图41　11月11日，王右木130周年诞辰学术研讨会在江油举行

办，以“汇聚‘三线’建设智慧、推动军民融合发展”为主题，从“三线”建设到军民融合发展专家论坛在绵阳举行。来自国内12个省（直辖市）、28个市（州）、66个单位、8家新闻机构，120余专家和专业人士参会。论坛期间，与会专家以及论文作者围绕“三线”建设经验与军民融合发展历程、成就，探索“三线”建设与军民融合发展的特点规律等内容进行主题发言。同时，与会人员到科技城创新中心、高新区电商产业园参观交流。论坛征集论文122篇，形成《“从‘三线’建设到军民融合发展”专家论坛论文集》《关于“从‘三线’建设到军民融合发展”专家论坛研讨成果的报告》等理论成果。

【王右木130周年诞辰学术研讨会】 2017年11月11日—12日，市委组织部、市委宣传部、市委党研室、江油市委联合主办，以“传承先烈风范，建设伟大工程”为主题的纪念王右木130周年诞辰学术研讨会在江油举行。来自北京、重庆、成都等全国各地120余名代表参会。研讨会期间，举办《思想的力量——马克思主义在四川的传播与发展》《马克思主义中国化最新成果展》在王右木纪念馆展出。研讨会收到来自全国各地的论文60余篇，并汇编成册。在王右木130周年诞辰前夕，70万字的《王右木》一书由光明日报出版社出版发行。

【《关于加强全市党史工作的实施意见》出台】 2017年12月4日，市委召开常委会对贯彻落实省委《关于加强地方党史工作的实施意见》进行传达学习。12月21日，市委制定印发《关于加强全市党史工作的实施意见》（简称《实施意见》）。《实施意见》分四个部分：要求各级党委切实把全市党史工作摆上党委工作的重要位置，明确职能定位，发挥党史工作的重要作用，加强地方党史工作机构建设和队伍建设，完善地方党史工作保障机制。

（吴　锋）

老干部工作

【概况】 2017年，市委书记彭宇行，市委副书记、市长刘超先后看望慰问周裕德、赵文定、冯崇泰、杨海清、廖世孔、杨步润、左代富等离退休老干部，向他们致以新春问候和美好祝福，感谢他们一年来对全市工作的支持和帮助。春节前夕，市委老干部局代表市委、市政府对市直机关事业单位离休干部、厅级退休干部、离休干部无工作遗孀及县级及以上生病住院的离退休干部进行走访慰问，慰问人数达520人次，送去慰问金55.9万元。1月6日，市委书记彭宇行向全市100余名离退休干部代表通报2016年全市经济社会发展情况和2017年主要工作安排。2月9日，市委副书记、市长刘超主持召开座谈会，听取离退休老干部代表对市政府工作和《政府工作报告（征求意见稿）》的意见建议，与老干部代表进行交流，回应当前热点话题。3月，聘请1名资深律师担任老干部工作法律顾问，为老干部提供法律咨询和法律援助,全年提供咨询30余次。3月30日，组织市级机关事业单位地厅级离退休干部近200人到涪城区永贵科技公司、安州塔九路建设现场、京东方项目建设现场、高新区产业园和统建房、小枧生态湿地公园、绵阳市博物馆参观考察。5月，邀请三医院主任医师张中念、消防支队上士李鹏为全市200多名离退休干部做健康和消防讲座。6月，走访慰问易地安置在上海、天津、浙江等地的离休干部。7月27日，市委副书记、市长刘超向全市100余名离退休干部代表通报上半年经济社会发展情况，现场听取廖明鼎、钱鹏霄、余光银等老干部

图42　7月27日，绵阳市经济社会发展情况通报会召开

代表的意见建议；会后，由市政府研究室专门向市直各部门发函，认领老干部的意见建议，征求对老干部建议和诉求的意见，要求结合部门工作职能，提出相关问题的解决办法。8月底9月初，组织89名机关事业单位地厅级离退休干部（省委组织部批准享受副厅待遇的退休干部），分两批次赴峨眉山市秀湖度假山庄（四川老干部疗养院）和绵州温泉酒店开展健康休养活动。10月，为市直单位退休干部294人解决门诊医疗经费104.27万元。11月，市委组织部、老干部局、财政局、人社局联合发文，提高生活长期不能自理离休干部护理费。全年，通过医院“绿色通道”为老干部提供医疗服务100人次，医疗咨询150人次，联系解决住院20人次，对全市348名特殊困难离退休干部和离休干部遗孀给予帮扶，发放帮扶资金82.8万元。

【开展“畅谈新变化展望新未来”系列活动】 2017年2月至7月，各级老干部工作部门开展“畅谈新变化·展望新未来”活动，收集、整理老干部点赞十八大成就、“五位一体”和“四个全面”建设方面的重要意见建议120余条。投资6万余元组织音乐界人士为老干部和老干部工作者创作的《正能量之歌》《不忘初心跟党走》谱曲、制作音乐电视，并在全市离退休党组织和老干部群体中大力推广，唱响爱党爱国爱社会主义的时代主旋律。在“喜迎十九大、永远跟党走”文体展演活动中，14支展演队伍唱响“喜迎十九大永远跟党走”的绵阳好声音。2月至9月，开展“喜看绵阳五年新变化”主题征文活动，征集文稿108篇，罗昌文、蒋仕钧等9人获全省“喜看四川新变化”主题征文一、二、三等奖和优秀奖，市委老干部局获组织奖，在21个地（市、州）中位居前列。10月，全市各级老干部工作部门组织“喜迎十九大欢度重阳节”活动，展示老人风采。全年，动员引导离退休干部发挥发挥威望优势、经验优势、政治优势和长辈优势，助理脱贫攻坚，关爱困难群众，传递温暖，全市离退休干部有9人结对牵手村党支部书记、第一书记，有58人次担任农民夜校授课老师，听众7190人次，结对帮扶困难群众374人，留守儿童462人，为脱贫攻坚建言献策254条，为贫困家捐资115.2万元，捐物价值14.06万元。

【老干部工作队伍建设】 2017年，全市老干部工作部门不断加强自身建设，适应老干部工作转型发展，提升服务水平。各级老干部工作部门探索老干部工作进社区，涪城铁牛街社区、迎宾路社区和平武报恩寺社区试点成功。5月，在市委党校举办离退休党组织“呼应新期待·唱响正能量”主题培训班，邀请省委老干部局副局长罗卡和市委常委、组织部部长岳勇授课，绵阳市女摄影家协会主席袁晓英作摄影知识和技能专题讲座，全市150名老干部工作者和离退休党组织负责人参加学习培训。6月、7月，老干部局成立调研督导组，到9个县市区和32个市级单位，对市本级离退休干部党建工作情况进行专题调研，形成离退休干部党组织建设工作经费列入财政预算的方案，示范带动全市加强规范离退休干部党组织建设工作。11月28日，绵阳市、三台县老干部学习活动阵地通过省委老干部局检查验收，达到示范单位标准。

（罗　莉）

干部培训

【概况】 2017年，中共绵阳市委党校贯彻落实《中国共产党党校工作条例》《干部教育培训工作条例》和《2010—2020年干部教育培训改革纲要》，结合新时期干部培训特点和经济社会发展形势，聚焦主业主课，提升培训质量，全年举办各类干部培训班次14期，培训干部2600人次。其中包括科级领导干部干部进修班、乡镇（街道）领导干部进修班、党外中青年领导干部进修班、中青年领导干部培训班、县级领导干部进修班、少数民族干部进修班、2017年换届后领导干部专业化适应性专题轮训班、全市新任街道（社区）党组织书记重点培训班、县级党政主要领导读书班、四川省2017届选调生岗前培训班、递进班（中青班）高校学习阶段培训和社会实践阶段调研组织、全市党校系统学习党的十九大精神师资培训班等。创新培训内容，针对不同层次、不同类别干部特点，充实完善教学布局和课程体系，在原有教学模块基础上，加大主课设置分量，党的理论教育和党性教育占总课时的80%，其中党性教育达到总课时的25%以上。突出党的十八大历次全会、习近平总书记系列重要讲话精神和治国理政新理念新思想新战略以及省委市委重大决策部署，重点围绕“四个全面”“五大发展理念”和加快国家科技城建设等方面安排学习内容。承接10个部门（地区）的对外培训13期（次）900余人受训。承接教育影片观看和绵阳历史展览馆参观教育以及各类会议100余场次，参与人数2万余人。组织并参与市级部门、县市区、乡镇（街道、社区）、企业进行党的十八大历史全会、党的十九大及习近平总书记系列重要讲话精神等各类宣讲260余场次，听课人数达2万余人次。

【中青年领导干部培训班】 2017年3月1日至4月28日，市委党校举办第42期中青年领导干部培训班；8月30日—10月30日，举办第43期中青年领导干部培训班暨全市第五期递进培养计划党校理论培训班。学制均为2个月。培训对象为县市区（园区）、市级部门副县级后备干部，培训人数共计76人。培训内容重点突出思想建党、党性锻炼专题，着重强化中青年领导干部的理想信念、责任担当和为民情怀。

【科级领导干部进修班】 2017年3月1日至31日，市委党校举办第46期科级领导干部进修班，学制1个月。培训对象为县市区（园区）、市级部门正科级领导干部，培训人数共计38人。培训内容重点突出经济发展新常态、作风建设、从严治党专题，强化党性修养和素质能力培养。

【乡镇（街道）领导干部进修班】 2017年3月1至31日，市委党校举办第47期乡镇（街道）领导干部进修班；8月30日至9月30日，举办第48期乡镇（街道）领导干部进修班。学制均为1个月。培训对象为乡镇（街道）党（工）委书记或乡镇长（办事处主任），培训人数共计80人。培训内容重点突出基层治理专题，强化乡镇（街道）领导干部理论素养和依法行政能力。

【党外中青年领导干部进修班】 2017年3月1日至31日，市委党校举办第12期党外中青年领导干部进修班，学制1个月。培训对象为党外优秀青年后备干部，培训人数共计40人。培训内容重点突出“四个能力”提升专题，强化党外中青年干部政治把握、参政议政、组织协调和合作共事能力。

【换届后领导干部专业化适应性专题轮训班】 2017年4月6日至5月18日，市委党校举办2017年换届后领导干部专业化适应性专题轮训班，共6期，每期2天。培训对象为各县市区的副县市区长、县级部门主要领导以及市级部门副县级以上领导干部，培训人数共计800人次。培训立足县市区政府领导班子功能结构模型，开设“政府常务工作”“工业工作类”“农业工作类”“城建规划类”“商务工作类”以及“文教卫生类”等六大系列培训班，开展精准化、适应性培训，帮助新任职领导干部熟悉新的工作岗位和工作领域，缩短适应期、打开工作局面,使每一名班子成员都成为推动县域经济“振兴计划”的行家里手，建设一支明职责、懂业务、抓落实的专业化干部队伍。

【新任街道（社区）党组织书记重点培训班】 2017年6月13日至16日，市委党校举办1期全市新任街道（社区）党组织书记重点培训班，学制4天。培训对象为各县市区组织部部长、分管副部长、相关科室领导以及各园区党工委分管负责人、党群工作部部长和相关科室负责人、全市街道书记、各县市区推荐乡镇书记、社区书记代表、小区书记代表，培训人数共计150人。培训内容围绕贯彻落实从严治党要求，增强新任街道、社区党组织书记“四个意识”，提高履职能力和群众工作能力，并总结推广小区党建工作经验，指导各县（市区）加快相关工作纵深推进，重点突出城镇社区党建工作、基层治理新形势要求、如何发挥好领导核心作用开展社区各项工作、社工师培训相关内容、城市治理相关政策和规范性文件、处理基层矛盾纠纷的经验方法、从严治党最新要求开展党风廉洁教育。

【县级党政主要领导干部读书班】 2017年6月20日至23日，市委组织部主办，市委党校承办县级党政主要领导干部读书班在党校举行，学制4天。培训对象为全市县级党政主要领导干部，培训人数共计158人。培训内容着眼于领会把握中共十八届六中全会及省第十一次党代会提出的系列新理念新部署新要求，紧密结合工作实际，抓住关键领域，突出重点问题，采取“领导报告+专题讲座+研讨交流”的方式，深入开展学习研讨。

【选调生岗前培训班】 2017年7月16日至28日，市委党校承办四川省2017届选调生岗前培训班共2期。培训对象为四川省2017届选调生，培训人数共计1000人。培训内容包括省第十一次党代会精神、基层群众工作方法、公文写作与机关工作流程和“治蜀兴川方略”“五大发展理念”“脱贫攻坚”等专题，进行岗前相关基础知识培训，为选调生尽快融入基层干部队伍和新的工作岗位奠定基础。

【少数民族干部进修班】 2017年8月30日至9月30日，市委党校和市民宗局承办第13期少数民族干部进修班在市委党校举行，学制1个月。培训对象为少数民族干部，培训人数共计38人。培训内容重点突出“五史合一”“五大建设”和红色革命传统专题，强化政治共识、文化认同和合作共事能力培养。

【县级领导干部进修班】 2017年8月30日至9月30日，市委组织部主办的第43期县级领导干部进修班在市委党校举行，学制1个月。培训对象为副县级领导干部，培训人数共计40人。培训内容围绕加强换届后领导干部思想政治建设和基本能力建设，重点突出思想理论武装、从严治党专题，强化政治意识、大局意识、核心意识、看齐意识，增强推动科技城发展能力。 （蒋元科）

图43 少数民族班学员参观“两弹”城

绵阳市人民代表大会

Mianyang Municipal People's Congress

概　述

【概况】　2017年，市人大常委会以习近平新时代中国特色社会主义思想为指导，学习贯彻党的十九大精神，紧扣中央和省委市委重大决策部署，依法履行宪法和法律赋予的立法、监督、重大事项决定和选举任免职权，组织筹备召开市七届人大二次会议，召开7次常委会会议，听取和审议市“一府两院”工作报告32项，提出审议意见31项，开展专题询问2次，依法作出决议决定6个，选举任免国家机关工作人员76人次，组织宪法宣誓43人次。

绵阳市第七届人大常委会组成人员名单（39人）

主　任：马　华

副主任：陈兴春　黄正良　董晓彬　代顺兴　李川萍　李作虎

秘书长：王昭洪

委　员：（按姓氏笔画排序）

王　涛　白荣其　冯　钢
朱　林　刘　伟　刘加勇
刘春涛　安忠瑶　杜林平
李　晖　杨增辉　肖清华
时义清　吴　蕾　何　充
何光明　何国洪　张　彬
张周凯　季代双　敖　荧
袁玉国　高　峰　高维志
郭　平　凌　云　黄　梅
黄亚春　梁　建　蒋淑梅
覃天国

【立法工作】　2017年，市人大常委会依法行使地方立法权。1月4日，市七届人大常委会主任会议第3次会议审议通过《绵阳市人大常委会2017年立法计划》。3月2日，市人大常委会召开《绵阳市城镇水污染防治条例》立法工作推进会。8月29日，市人大常委会主任马华主持召开市七届人大常委会第六次会议审议《绵阳市水污染防治条例（草案）》。10月25日，市七届人大常委会第七次会听取和审议市人大法制委关于《绵阳市水污染防治条例（草案）》修改情况的汇报。12月26日，市七届人大常委会第八次会议审议并通过了《绵阳市水污染防治条例》，并提请省人大常委会批准。

【制度建设】　2017年，市人大常委会继续加强制度建设，提升依法履职科学化水平。健全常委会的组织制度和工作制度，4月27日，市七届人大常委会第四次会议审议并通过《绵阳市人大常委会关于进一步提高常委会会议质量的意见》，完善组成人员履职通报制度，严肃常委会会议纪律，提高常委会会议的议事效能和质量。　（刘治林）

重要会议

【概况】　2017年3月，绵阳市第七届人民代表大会第二次会议召开，会议通过关于绵阳市人民政府工作报告的决议、关于绵阳市第七届人大常委会工作报告的决议、关于绵阳市中级人民法院工作报告的决议、关于绵阳市人民检察院工作报告的决议、绵阳市2016年国民经济和社会发展计划执行情况及2017年的计划决议、绵阳市2016年财政预算执行情况和2017年财政预算的决议。全年召开绵阳市第七届人大常委会会议7次（第二次会议至第八次会议）。审议通过养老、生态农业、公共文化建设、全面创新改革、环境建设、交通建设等事项，通过人大常委会各委室负责人、市政府及所属部门负责人、绵阳市检察院、绵阳市中级人民法院等人事任免。

【市七届人大二次会议】　2017年3月14—16日举行。3月14日上午，大会在八一影剧院开幕，应到代表442人，实到代表415人；大会主席团常务主席、执行主席彭宇行主持开幕大会；刘超作市人民政府工作报告。3月15日上午，大会召开第二次全体会议，大会应到代表442人，实到代表377人；大会主席团常务主席、执行主席彭宇行主持会议；马华作市

图 44　3 月 14 日，绵阳市第七届人民代表大会第二次会议召开

人大常委会工作报告，马泽波作市中级人民法院工作报告，吴长福作市人民检察院工作报告。3月16日上午，大会召开第三次全体（闭幕）会议，应到代表442人，实到代表398人；大会主席团常务主席、执行主席马华主持会议。会议通过关于绵阳市人民政府工作报告的决议、关于绵阳市第七届人大常委会工作报告的决议、关于绵阳市中级人民法院工作报告的决议、关于绵阳市人民检察院工作报告的决议、绵阳市2016年国民经济和社会发展计划执行情况及2017年的计划决议、绵阳市2016年财政预算执行情况和2017年财政预算的决议。

【市七届人大常委会第2次会议】　2017年1月6日召开，会议由市人大常委会主任马华主持。市人大常委会副主任陈兴春、黄正良、董晓彬、代顺兴、李川萍、李作虎，市人大常委会秘书长王昭洪出席。市人民政府副市长孙福全、市中级人民法院院长马泽波、市人民检察院检察长吴长福列席。会议听取和审议市人民政府关于全市社区戒毒社区康复工作的报告；听取和审议市人民政府关于贯彻实施《中华人民共和国科技进步法》情况的报告；通过有关人事任免。

【市七届人大常委会第3次会议】　2017年2月24日召开，会议由市人大常委会主任马华主持。市人大常委会副主任陈兴春、黄正良、董晓彬、代顺兴、李川萍、李作虎，秘书长王昭洪出席。市人民政府副市长蒋丽英、罗蒙，市人民检察院检察长吴长福，市中级人民法院有关负责人，5名市人大代表列席。会议通过市七届人大二次会议方案和有关建议名单；讨论通过市人大常委会工作报告（草案），并决定提交市七届人大二次会议审查；审议通过关于个别代表的代表资格的报告、关于个别省人大代表辞职的决定；听取和审议市人民政府关于全市养老基金使用和管理情况的报告；听取市人民政府关于绵阳城市备用水源建设推进情况的报告；听取高新区和科学城法、检两院和小枧地区人民检察院2016年工作情况报告。会议决定，绵阳市第七届人民代表大会第二次会议于3月14日至16日召开；决定任命杨学宁为市人民政府副市长。

【市七届人大常委会第4次会议】　2017年4月27日召开，会议由市人大常委会主任马华主持。市人大常委会副主任陈兴春、黄正良、董晓彬、代顺兴、李作虎，秘书长王昭洪出席。市人民政府副市长颜超、蒋丽英、罗蒙，市中级人民法院院长马泽波、市人民检察院检察长吴长福，以及4名市人大代表列席。3名公民旁听。会议举行《中华人民共和国环境保护法》专题辅导学习。会议听取和审议市人民政府关于市七届人大一次会议期间代表建议、批评和意见办理情况的报告，以及关于绵阳市公共文化建设情况的报告；听取市人民政府关于办理市六届人大常委会第41次会议《关于全市农村公路建设审议意见》情况的报告，并作满意度测评；审议并通过《绵阳市人大常委会关于进一步提高常委会会议质量的意见》；听取市人民政府关于绵阳市发展生态循环农业情况的报告、关于绵阳市贯彻实施无障碍环境建设条例情况的报告；听取市中级人民法院关于全市法院司法改革情况的报告；通过有关人事任免事项。

【市七届人大常委会第5次会议】　2017年6月26日召开。会议由市人大常委会主任马华主持。市人大常委会副主任陈兴春、黄正良、董晓彬、代顺兴、李川萍、李作虎，秘书长王昭洪出席。市人民政府副市长蒋丽英、罗宗志，市中级人民法院院长

图 45　6 月 26 日，市七届人大常委会第 5 次会议召开

马泽波、市人民检察院检察长吴长福，以及5名市人大代表列席。3名公民旁听。会议听取和审议市人民政府关于清除南河体育中心非体项目情况的报告，并进行专题询问；听取和审议市人民政府关于《中华人民共和国人民调解法》贯彻执行情况的报告，以及市人民政府关于大中型水利水电工程移民安置情况的报告；听取市人民政府关于推进全面创新改革试验工作情况的报告、市人民政府关于办理市六届人大常委会第44次会议《关于延期整治城区污水排放突出问题审议意见》情况的报告、市人民政府关于绵阳市2016年度国有资产管理运营情况的报告、市人民政府关于绵阳市贯彻实施《中华人民共和国环境保护法》情况的报告；听取市人民政府关于《四川绵阳国家农业科技园区总体规划（2016—2018年）》情况的报告，并作相应决议；通过有关人事任免事项。会议对《中华人民共和国体育法》进行专题辅导学习。

【市七届人大常委会第6次会议】 2017年8月29日召开。会议由市人大常委会主任马华主持。市人大常委会副主任陈兴春、黄正良、董晓彬、代顺兴、李川萍、李作虎，秘书长王昭洪出席。市人民政府副市长颜超、王明华、罗蒙，市人民检察院检察长吴长福、市中级人民法院有关负责人，以及5名市人大代表列席。会议审议《绵阳市水污染防治条例（草案）》；听取和审议市人民政府关于《绵阳市城市总体规划（2010—2020）》实施评估情况的报告、2017年1月至6月国民经济和社会发展计划执行情况的报告、2017年1月至6月预算执行情况的报告、2016年市级预算执行和其他财政收支的审计工作报告、2016年市级财政决算（草案）的报告，审查批准2016年市级财政决算；听取市人民政府关于办理市七届人大常委会第二次会议《关于全市社区戒毒社区康复工作审议意见》情况的报告，并作满意度测评；听取市人民政府关于科技城法治示范区建设情况的报告；审议并通过绵阳市第七届人大常委会代表资格审查委员会关于个别代表的代表资格的报告；通过有关人事任免事项。

【市七届人大常委会第7次会议】 2017年10月25日召开。会议由市人大常委会主任马华主持。市人大常委会副主任陈兴春、黄正良、代顺兴、李川萍、李作虎，秘书长王昭洪出席。市人民政府副市长颜超、赵迎春、罗蒙，市中级人民法院院长马泽波，市人民检察院检察长吴长福，以及3名市人大代表列席。3名公民旁听。会议听取和审议市人民政府关于市七届人大二次会议期间代表建议、批评和意见办理情况的报告，并对代表建议重点督办件的办理情况进行满意度测评；听取和审议市人大常委会执法检查组关于检查《四川省农村扶贫开发条例》实施情况的报告、市人大法制委关于《绵阳市水污染防治条例（草案）》修改情况的汇报、市人民政府关于执行市六届人大二次会议《关于加快推进畅通绵阳建设的决议》情况的报告；听取市人民政府关于贯彻执行《中华人民共和国台湾同胞投资保护法》及实施细则和全市对台工作开展情况的报告、市人民政府关于全市儿童医疗改革与发展情况的报告；通过有关人事任免事项。

图 46 10 月 25 日，市七届人大常委会第 7 次会议举行宪法宣誓仪式

【市七届人大常委会第8次会议】 2017年12月26日召开。会议由市人大常委会主任马华主持。市人大常委会副主任陈兴春、董晓彬、代顺兴、李川萍、李作虎，秘书长王昭洪出席。市人民政府副市长颜超、王明华、赵迎春，市人民检察院检察长吴长福、市中级人民法院有关负责人及3名市人大代表列席。3名公民旁听。会议听取8名市政府组成部门主要负责人述职报告，并作满意度测评；作出关于召开绵阳市第七届人民代表大会第三次会议的决定，审定市七届人大三次会议方案，表决通过有关建议名单和选举办法草案，并决定提交市七届人大三次会议审议；表决通过市人大常委会关于绵阳市监察委员会副主任、委员任免及主任、副主任、委员宪法宣誓有关事项的决定；审议并通过市七届人大常委会代表资格审查委员会关于个别代表的代表资格的报告；审议并通过《绵阳市水污染防治条例》；听取和审议市人民政府关于2016年市级预算执行和其他财政收支审计查出问题整改情况的报告，并进行专题询问；听取和审议市人民政府关于2017年财政预算调整情况的报告，并作出决议；听取和审议市人民检察院关于全市检察机关刑事执行检察工作情况的报告；听取市人民政府关于全市第十届村（居）委会换届工作情况的报告、关于《绵阳市城市市容和环境卫生管理条例》贯彻执行情况的报告（书面）；通过有关人事任免事项。会议决定，绵阳市第七届人民代表大会第三次会

议于2018年1月2日至4日召开。

（刘治林）

监督工作

【概况】 2017年，市人大常委会坚持把“一府两院”执行市委决策部署、依法全面履行职能、依法执法和公正司法等情况作为监督工作的重点，综合运用视察调研、会议审议、专题询问等监督方式，加大推进国家科技城建设、部门预算、城市建设管理、环境保护、脱贫攻坚、国有资产管理、“三农”工作、公共文化建设、儿童医疗改革与发展、宗教工作等方面工作的监督力度，推动市委重大决策部署落实和群众普遍关心的热点、难点问题的解决。

【国家科技城建设监督】 2017年，市人大常委会围绕推动国家科技城建设，为助推科技城建设实现“创新驱动发展试验田、军民融合创新排头兵和西部地区发展增长极”的发展目标，市人大常委会主任马华，副主任陈兴春、黄正良、董晓彬、代顺兴、李川萍、李作虎先后多次带领常委会组成人员和市人大代表到科技城集中发展区、各县市区的产业园区、京东方等重大项目工地和部分在绵科研院所，就聚焦加快推进科技城集中发展区重大产业项目和基础设施建设等方面进行视察调研，提出聚焦军民深度融合发展，突出创新驱动，加快推进科技城集中发展区重大产业项目和基础设施建设等意见建议。为更好地服务于国家科技城建设，示范引领和辐射带动绵阳及川西北地区农业科技水平整体提升。6月26日，市七届人大常委会第5次会议批准《四川绵阳国家农业科技园区总体规划（2016—2018)》；12月13日，组织部分市人大代表专题听取科技城新区规划情况汇报。

【脱贫攻坚监督】 2017年，市人大常委会始终把推进脱贫攻坚作为头等大事，依法推进全市农村扶贫开发工作，首次开展《四川省农村扶贫开发条例》执法检查。9月5日，召开《四川省农村扶贫开发条例》执法检查动员会；9月12日至22日，市人大常委会领导分别带队到7个县市区就条例执行情况开展执法检查，以明察暗访等方式听取基层意见建议，全面掌握具体情况，点对点反馈问题，切实助力脱贫攻坚。持续开展“脱贫攻坚——人大代表再行动”活动，组织动员1.6万余名全市各级人大代表投入到脱贫攻坚工作中，为困难群众办了一批好事、实事。先后视察调研大中型水利水电工程建设、农村公路建设、生态循环农业发展、新农村示范片建设，听取和审议专项工作报告，对落实农村公路建设审议意见情况进行满意度测评。6月15日，市人大常委会主任马华、副主任李作虎到北川开茂水库，平武响岩镇、武都水库库区、八角庙移民安置点、清水村等地，实地察看水库、库区旅游规划、移民发展产业、库区移民安置情况等情况，对库区基础设施建设和产业发展进行调研。

【环境保护监督】 2017年，市人大常委会围绕中央和省市关于做好中央环保督察问题整改落实工作的有关要求，发挥人大监督职能，助推环保督察反馈问题的整改落实。市人大常委会领导多次到木龙河、南湖公园、翥鹤堰等环境问题突出的地方，明察暗访，视察调研，及时提出整改要求，并督促整改落实。2月28日，市人大常委会副主任李作虎带领部分市人大常委会组成人员、市人大代表先后到翥鹤堰流域污水整治项目涪城段、经开区5号公路污水管网项目等施工现场，视察城区污水排放整治工程推进情况，督促工作进度，听取有关汇报；4月27日，市七届人大常委会第四次会议就《中华人民共和国环境保护法》进行专题辅导学习；6月19日，市人大常委会副主任李作虎再次带领调研组对涪城区、经开区污水管网建设情况、翥鹤堰污水排放问题整治情况进行调研；6月26日，市七届人大常委会第5次会议听取市人民政府关于办理市六届人大常委会第44次会议《关于延期整治城区污水排放突出问题审议意见》情况的报告和关于绵阳市贯彻实施《中华人民共和国环境保护法》情况的报告；7月26日，组织人员实地察看木龙河、南湖公园环境整治情况；9月5日，市人大常委会主任马华带领市环保局等部门有关负责人到江油市，现场督办中央环保督察组交办问题整改工作；11月28日，组织部分常委会组成人员和市人大代表对园林绿地建设、南河湿地、小枧生态公园等地开展专题视察调研，听取关于创建国家森林城市工作的汇报。

【财经监督】 2017年，市人大常委会针对经济下行压力增大的客观形势，加强经济运行分析，围绕工作重点，通过专题调研、视察、会议审议等方式监督经济运行，形成经济社会发展的审议意见，促进全市经济的持续健康发展。2月至4月，市人大常委会主任马华先后带队到三台县、涪城区、游仙区、仙海区、科创区调研视察经济社会发展情况；3月1日至3日，组织部分市人大代表、财经咨询专家和计划预算联络员对计划、预算报告进行初审；7月26日，市人大常委会副主任代顺兴带领部分市人大常委会组成人员对市七届人大二次会议关于计划报告审议意见落实情况和半年主要目标完成情况进行集中视察；8月29日，市七届人大常委会第6次会议听取和审议2017年1月至6月国民经济和社会发展计划执行情况报告、2017年1月至6月预算执行情况报告、2016年市级预算执行和其他财政收支的审计工作报告、2016年市级财政决算（草案）报告，审查批准2016年市级财政决算；10月12日，市人大常委会主任马华到高新区就重大项目推进、基础设施建设和跨境电商发展等情况进行调研；12月7日、13日，马华先后到盐亭县、三台县，就经济社会发展情况进行调研；12月26日，市七届人大常委会第八次会议听取和审议2016年市级预算执行和其他财政收支审计查出问题整改情况报告，并进行专题询问，听取和审议2017年财政预算调整情况报告，批准预算调整方案。加强国有资产管理监督的做法和经验，受到全国人大有关专门委员会的重视和肯定。

【城市管理监督】 2017年，市人大常委会多次开展城市建设管理视察调研。4月27日，市七届人大常委会第四次会议听取市人民政府关于绵阳市贯彻实施无障碍环境建设条例情况的报告；9月19日，市人大常委会副主任李作虎带领部分常委会组成人员视察城市交通拥堵治理工作；10月25日，市七届人大常委会第七次会议听取和审议市人民政府关于执行市六届人大二次会议《关于加快推进畅通绵阳建设的决议》情况的报告；为优化城市总体功能，11月7日，组织市人大常委会部分组成人员及部分市人大代表，对绵阳市海绵城市、综合管廊及园林绿地建设情况进行视察；《绵阳市城市市容和环境卫生管理条例》是全市第一部地方性实体法规，11月22日，市人大常委会对全市贯彻实施《绵阳市城市市容和环境卫生管理条例》情况进行专题视察；12月26日，市七届人大常委会第八次会议听取市人民政府关于《绵阳市城市市容和环境卫生管理条例》贯彻执行情况的报告，督促市政府及其相关部门在适用范围、配套体系、保障机制等方面再作部署、再添措施，更好地推动条例贯彻执行。

【社会事业监督】 2017年5月24—25日，市人大常委会副主任李川萍带队到三台县、游仙区、梓潼县部分宗教场所，对《宗教事务条例》《四川省宗教事务条例》贯彻落实情况进行调研。6月26日，市七届人大常委会第五次会议，审议市人民政府关于清除南河体育中心非体项目情况的报告并进行专题询问，推动南河体育中心非体项目清除工作。9月1日，组织人员到涪城区就《宗教事务条例》贯彻执行情况进行调研。9月21—22日，市人大常委会对全市贯彻实施《中华人民共和国台湾同胞投资保护法》情况进行调研。市人大常委会先后听取和审议全市公共文化建设、儿童医疗改革与发展、落实台湾同胞投资保护法及实施细则等工作情况报告。为促进民族地区发展进步，市人大常委会对平武白马古寨保护和民俗文化传承发展开展专题调研并提出意见建议。

【创新监督】 2017年，市人大常委会为强化对权力运行的监督，促进严格执法、依法行政，创新开展对市发改委、经信委、科知局、财政局、环保局、住建局、交通运输局、政务服务管理局8个市政府组成部门主要负责人的述职测评工作。7月5日，市人大常委会召开述职测评工作动员会，对市人大常委会2017年开展的述职测评工作进行动员和部署。12月26日召开的市第七届人大常委会第八次会议听取市人大常委会任命的上述8位市政府工作部门主要负责人的述职报告，并进行满意度测评。 （刘治林）

代表工作

【概况】 2017年，市人大常委会重视并不断改进代表工作，创新工作载体形式，探索联系代表和服务群众的长效机制，加强和改进代表履职服务保障工作，激发代表履职热情，提高代表工作水平。

【履职能力建设】 2017年，市人大常委会组织80余名市人大代表列席会议、参加对“一府两院”的监督活动，扩大代表对人大常委会工作参与度。组织70余名省市人大代表参加履职培训和专题学习。集中报道20位人大代表履职先进事迹。2月10日，召开全市人大代表履职平台建设现场观摩会，推进代表履职平台建设；10月17日，召开在绵省人大代表履职经验交流会，提升全市人大代表工作整体水平。

【代表履职服务】 2017年，市人大常委会开展常委会组成人员联系代表、代表联系群众的“双联”活动，推动“双联”工作常态化、制度化。搭建履职服务平台，组织代表开展专题视察调研，撰写“城区棚户区、旧城改造推进情况”等调研报告11篇，为政府决策提供参考；推进“人大代表之家”等平台建设，全市277个乡镇全部建立了“人大代表之家”，为人大代表闭会期间学习交流、联系选民、服务群众等提供服务。

【督办代表建议】 2017年3月，市人大常委会在市七届人大二次会议期间收到代表提出建议、批评和意见226件，并进行归纳、整理、分类后转交市人民政府有关部门办理。探索代表建议办理方式，创新办理工作评价机制，建立代表建议网上办理系统，实施代表建议办理工作评议及满意度测评，坚持代表建议重点督办制度，推动办理工作从重“满意率”向重“落实率”转变。

【基层人大工作】 2017年，市人大常委会以拓展“自身建设标准化、履职行为规范化、代表活动经常化”为重点，通过召开全市人大代表工作推进会、全市乡镇人大主席培训会、全市人大代表履职宣传工作座谈会等会议，研究提出加强和改进县乡人大工作的思路对策。积极指导全市277个乡镇全面建成“人大代表之家”活动阵地，各县市区人大常委会和乡镇人大主席团因地制宜依托“人大代表之家”开展形式多样、富有成效的代表小组活动。健全代表履职体制机制，指导安州区塔水镇开展镇人大代表履职机制试点、游仙区制定出台县级人大代表的履职机制、三台县对市人大代表开展述职测评等工作。 （刘治林）

选举任免

【概况】 2017年，市人大常委会坚持党管干部原则和人大依法任免有机统一，全年共任免国家机关工作人员76人次。

【市人民政府人员任免】 2017年2月24日，市第七届人大常委会第三次会议决定任命杨学宁为绵阳市人民政府副市长。2017年6月26日市第七届人大常委会第5次会议决定任命谭莉为绵阳市旅游发展委员会主任，免去谭莉的绵阳市旅游局局长职务。

【市人大常委会人员任免】 2017年6月26日，市第七届人大常委会第5次会议任命姜南为绵阳市人大常委会法制工作委员会副主任。8月29日，市第七届人大常委会第6次会议任命黄庆为绵阳市人大常委会人事代表工作委员会副主任。12月26日市第七届人大常委会第8次会议任命张鹏为绵阳市人大常委会副秘书长，胡蓉为绵阳市人大常委会法制工作委员会主任，何国洪为绵阳市人大常委会民族宗教外事侨务工作委员会主任。免去胡蓉的绵阳市人大常委会副秘书长职务，何国洪的绵阳市人大常委会法制工作委员会主任职务，何力的绵阳市人大常委会民族宗教外事侨务工作委员会主任职务，张鹏的绵阳市人大常委会财政经济工作委员会副主任职务。

【市“两院”人员任免】 2017年1月6日，市第七届人大常委会第2次会议任命王小勇为绵阳市中级人民法院副院长、审判委员会委员、审判员，邱倩、马翰霖、严皓月、钟明宪为绵阳市中级人民法院审判员，袁福林为绵阳高新技术产业开发区人民法院审判委员会委员、刑事审判庭庭长，高旭为绵阳高新技术产业开发区人民法院审判委员会委员、立案庭庭长，李美俊为绵阳高新技术产业开发区人民法院民事审判庭副庭长，桂霞为绵阳高新技术产业开发区人民法院执行庭副庭长，冯凤琼为绵阳高新技术产业开发区人民法院审判员。免去高艳辉的绵阳市中级人民法院副院长、审判委员会委员、审判员职务，杨光辉、蔡利军、赵毅、于定国、蒋玉龙的绵阳市中级人民法院审判员职务，杨兆荣的绵阳高新技术产业开发区人民法院审判委员会委员、审判员职务，彭宗诚的绵阳高新技术产业开发区人民法院刑事审判庭庭长职务。任命高艳辉为绵阳市人民检察院副检察长、检察委员会委员、检察员，李成、杨育正为绵阳市人民检察院检察委员会委员、检察员，张洪明为绵阳市小枧地区人民检察院检察长。免去王小勇的绵阳市人民检察院副检察长、检察委员会委员、检察员职务，张洪明的绵阳市人民检察院检察委员会委员、检察员职务。4月27日，市第七届人大常委会第4次会议任命李李为绵阳市中级人民法院审判委员会委员、立案庭庭长，陈幽为绵阳市中级人民法院审判委员会委员、行政审判庭庭长，张建国为绵阳市中级人民法院审判委员会委员、少年审判庭庭长，严明为绵阳市中级人民法院审判委员会委员，何正玲为绵阳市中级人民法院审判委员会委员，阎晓秋为绵阳市中级人民法院刑事审判第二庭庭长，周琳堤为绵阳市中级人民法院民事审判第二庭庭长，周冬青为绵阳市中级人民法院刑事审判第一庭庭长，高峰为绵阳市中级人民法院审判委员会委员、执行庭庭长，傅文忠为绵阳市中级人民法院少年审判庭副庭长，夏春梅为绵阳市中级人民法院行政审判庭副庭长，谭红为绵阳市中级人民法院立案庭副庭长，孟娟为绵阳市中级人民法院刑事审判第二庭副庭长。免去李李的绵阳市中级人民法院行政审判庭副庭长职务，陈幽的绵阳市中级人民法院知识产权审判庭副庭长职务，张建国的绵阳市中级人民法院审判监督庭副庭长职务，阎晓秋的绵阳市中级人民法院刑事审判第一庭庭长职务，周琳堤的绵阳市中级人民法院行政审判庭庭长职务，周冬青的绵阳市中级人民法院少年审判庭庭长职务，傅文忠的绵阳市中级人民法院刑事审判第一庭副庭长职务，夏春梅的绵阳市中级人民法院民事审判第一庭副庭长职务，谭红的绵阳市中级人民法院刑事审判第二庭副庭长职务，孟娟的绵阳市中级人民法院刑事审判第一庭副庭长职务，兰帮海的绵阳市中级人民法院审判委员会委员、审判员职务。免去曹伟的绵阳市人民检察院检察员职务。10月25日，市第七届人大常委会第7次会议任命董小萍为绵阳市中级人民法院刑事审判第一庭副庭长，刘雨林为绵阳市中级人民法院知识产权审判庭副庭长，吴莹迪为绵阳市中级人民法院审判监督庭副庭长，殷亚男为绵阳市中级人民法院立案庭副庭长，刘立冬为绵阳市中级人民法院立案庭副庭长，向茜为绵阳市中级人民法院行政审判庭副庭长。免去李英的绵阳市中级人民法院审判员职务，蒋敏的绵阳市中级人民法院审判员职务，吴君的绵阳市中级人民法院审判员职务，罗永川的绵阳市中级人民法院审判员职务，赵才明的绵阳市中级人民法院知识产权审判庭副庭长、审判员职务。12月26日，市第七届人大常委会第8次会议任命陈洪刚为绵阳市人民检察院检察委员会委员，肖伟为绵阳市人民检察院检察委员会委员，罗华为绵阳市人民检察院检察委员会委员。

（刘治林）

概　述

【概况】　2017年，全市学习贯彻习近平新时代中国特色社会主义思想和中共十九大精神，把握稳中求进工作总基调，坚持科学发展、加快发展工作取向，统筹抓好稳增长、促改革、调结构、惠民生、防风险各项工作，经济社会发展取得显著成效。全市全年实现地区生产总值2074.75亿元，同比增长9.1%，成为全省首个经济总量突破2000亿的地级市。在西部同类城市中的排名由第11位上升至第8位；增速居全省第1位，是自1999年以来在全省最高排位。地方一般公共预算收入110.59亿元，同口径增长8.02%，城乡居民人均可支配收入分别达31822元、14752元，同比增长8.2%、9.2%。

【经济运行情况】　2017年，全市三次产业结构优化为14.1∶40.4∶45.5。第一产业实现增加值291.66亿元，同比增长4%。建成现代特色效益农业标准化基地8066.67公顷，现代农业产业园区31个，申报“三品一标”农产品243个。规模以上工业增加值增长10.5%，居全省第4位，是自2004年以来在全省最高排位。新增50亿元以上企业2家、10亿元以上企业7家、4亿元以上企业17家。“两新”产业产值占规模以上工业总产值比重分别达54.1%、37.5%，分别提高0.6和1.5个百分点。服务业增加值增长10.8%，是自建市以来首次排名全省第1位。服务业对经济增长贡献率50.1%，拉动经济增长4.6个百分点。地方一般公共预算收入中税收占比提高1.15个百分点。主导或参与制修订国家和行业标准10项，新增商标注册1800件。

【投资消费情况】　2017年，全市完成全社会固定资产投资1436.54亿元，同比增长13.1%，增速全省排名连续四年上升。216个省市重点项目完成投资350.6亿元，投资完成率131.5%。在保持投资强度的同时不断优化投资结构，工业投资增长26.6%，技改投资增长26.8%。社会消费品零售总额突破千亿元大关，达1112.48亿元，同比增长12.5%。最终消费对经济增长贡献率达到52.4%。

【全面创新改革试验】　2017年，全市完成147项年度改革任务。建立国内首个“电子信息军民融合创新实验室”、全省首家军民两用技术再研发中心等创新平台。成立国内首家军民融合科技支行。推动中国兵器装备集团自动化研究所转制改企和混合所有制改革取得实质进展。持续开展军民融合企业认定，新增军民融合企业85家，总数达到321家。军民融合企业产值1530亿元，占规模以上工业总产值比重超过50%。

【科技城建设】　2017年，国务院批复《绵阳科技城“十三五”发展规划》。全国首批推广的13条全面创新改革试验经验绵阳贡献2条，全省首批推广的21条经验中涉及绵阳11条。科技创新综合水平指数达70.64%，科技对经济增长贡献率达58%。中物院某重大装置等一批国家重大科技专项落地绵阳并加快实施。科技城集中发展区建设加快推进，科技城大道河边段等项目竣工投入使用，5平方千米启动区基本建成；安昌河综合整治、地下综合管廊等项目顺利推进，30平方千米核心区主体框架加快形成。京东方柔性面板生产线、中电科磁性材料产业园等重大产业项目加快建设。累计认定科技型中小企业超过1万家。全市专利申请量10889件，专利授权量4749件，万人发明专利拥有量达8.54件。

【重点领域改革】　2017年，全市280项年度改革任务基本完成，10余项改革经验做法得到中央领导和国家部委肯定。推进“三去一降一补”，压减水泥产量345.4万吨。减免企业各类税费62.82亿元。为63家企业办理应急转贷资金4.94亿元，降低融资成本2500万元；推动银行向62家企业发放贷款4.06亿元。新登记市场主体4.87万家，其中企业1.26万家。推进农村集体产权制度改革试点。推进国资国企改革，推动长虹授权经营改革，在四川华丰开展全省首批国有控股混合所有制企业员工持股试点。文化教育、医疗卫生、投融资等领域改革取得明显成效。

【开放合作】 2017年，绵阳市经省认定的国内省外到位资金431亿元，继续居全省第2位。举办第五届科博会、中国（四川）电商发展峰会。引进汉能、华晨、东旭、360集团等47个10亿元以上重大产业项目。新增国际友城和国际友好合作城市5个、总数达25个。南郊机场年旅客吞吐量达354.3万人次，同比增长63.1%。实现外贸进出口总额115亿元。对外投资总量居全省第2位。

【城乡统筹建设】 2017年，绵阳中心城区新增建成区面积10.4平方千米，新增常住人口5.3万人，达149.5平方千米，138.1万人。城市绿地率提高0.5个百分点，达36.7%。新建幸福美丽新村466个。全市常住人口城镇化率、家籍人口城镇化率提高1.5和1.3个百分点，分别达51%、34.1%。县域地区生产总值占全市比重达78.1%、同比提高0.4个百分点。9个县市区在全省类区县排名稳中有升。

【基础设施建设】 2017年，绵阳市境内的西（安）成（都）高铁正式通车，绵（阳）西（充）高速路基工程基本完工，九（寨沟）绵（阳）高速全线启动建设，广（元）平（武）高速开工建设，全市在建高速公路总里程达301千米。实施省道205改线等国省干线公路新建改建项目19个、321千米，完成省道101线等国省干线公路大中修工程7个、155千米。建设县乡道392千米、村道1266千米。升级改造278个村农村电网。新增天然气管网用户1.3万户。新建4G基站超过3000个。

【脱贫攻坚】 2017年，北川羌族自治县贫困县摘帽通过省级验收，全市有176个贫困村退出、31866名贫困人口脱贫，贫困发生率下降到1.14%。全市投入36.1亿元，实施扶贫专项23个。发展特色种养殖、农产品加工、乡村旅游、农村电子商务等产业，带动贫困人口人均增收1275元。完成易地扶贫搬迁2263人。支出医疗救助资金3.2亿元。丘区脱贫攻坚示范区建设取得阶段性成效。对口协作帮扶红原、壤塘、布拖、昭觉4个深度贫困县工作走在全省前列。

【民生和社会事业】 2017年，全市投入资金80.56亿元，实施十项民生工程，办好20件民生实事。城镇新增就业5.72万人，城镇登记失业率控制在3.7%。城乡居民基本养老保险覆盖率达99.74%。完成城镇危旧房棚家区改造4354套、农村危房改造5263户。“义务教育薄弱学校改造计划”覆盖学校新增78所。发放低保资金6.35亿元。基层医疗卫生机构规范化建设达标率73%。全面取消公立医院药品加成，为患者减轻药费负担2.85亿元。新增养老机构床位2000张。完成治堵缓堵项目35个，交通拥堵问题得到初步缓解。中心城区新建成农贸市场5个，新增公共停车位1324个，新建改建公厕43座。成功蝉联全国文明城市，北川地震遗址保护区成为全省第二家国家级海峡两岸交流基地，《卓玛卓玛》等10项文化作品获国家奖励。

【生态文明建设】 2017年，全市单位地区生产总值能耗下降5.6%。清洁能源消费比重同比提高1.25个百分点。城区空气质量优良天数达到295天，达标率81.7%，同比提高3.5个百分点。县级及以上城市集中式饮用水水源地、涪江绵阳段流域断面水质达标率均达到100%。土壤环境质量总体稳定。森林覆盖率达到53.86%、同比提高0.26个百分点。中央环保督察组交办的信访案件全部按时办结。

【社会治理】 2017年，全市各类生产安全事故起数、死亡人数、受伤人数同比分别下降19.5%、19.4%、20.5%，未发生重特大生产安全事故。全市有效接警数下降9.3%，刑事立案数下降25.8%，破案数上升14.9%，平安建设群众满意度居全省第1位。食品安全总体状况满意度连续四年保持全省第1位。成功化解汉龙资产处置、波鸿信贷违约等重大金融风险。完成“8·8”九寨沟地震抗震救灾交通保障、游客疏散和医疗救援任务。 （吴洋静秋）

重大政务活动

【概况】 2017年，市政府分别召开市政府七届一次、二次全体会议，讨论修改《政府工作报告》等相关事项，安排部署全年主要工作。全年召开市政府常务会议27次（七届政府第8次至34次）。

【市政府七届一次全体会议】 2017年3月3日召开，刘超主持，颜超、王明华、经大忠、孙福全、韩圣健、蒋丽英、赵迎春、罗蒙、谭岗等出席会议；市政府副秘书长和所属部门负责人参加会议。会议总结2016年工作，安排部署2017年工作；审议《政府工作报告（送审稿）》《关于绵阳市2016年国民经济和社会发展计划执行情况及2017年计划草案的报告（送审稿）》《关于绵阳市2016年财政预算执行情况和2017年财政预算草案的报告（送审稿）》。

【市政府七届二次全体会议】 2017年8月3日召开，刘超主持，颜超、杨学宁、王明华、经大忠、孙福全、韩圣健、蒋丽英、罗宗志、赵迎春、罗蒙、谭岗等出席会议；市政府副秘书长和所属部门负责人参加会议。会议总结2017年上半年工作，安排部署2017年下半年工作。

【市政府第8次常务会议】 2017年1月6日召开，刘超主持，颜超、王明华、经大忠、韩圣健、蒋丽英、罗宗志、赵迎春、罗蒙、文剑、谭岗等出席会议。会议学习贯彻党政主要负责人履行推进法治建设第一责任人职责规定、《四川省健全落实社会治安综合治理领导责任制实施办法》；会议传达贯彻四川省“六五”普法总结暨“七五”普法启动电视电话会议精神、全省大气、水、土壤污染防治“三大战役”和省环境保护督察工作领导小组会议精神、市委经济工作会议和全市县域经济发展工作大会精神；会议通过《绵阳市重污染天气应急预案（修订）》《绵阳市推进“互联网+政务服务”开展信息惠民试点实施方案》《关于全面治理拖欠农民工工资问题的实施意见》《绵阳市“十三五”质量发展规划（2016—2020年）》《绵阳市特色产业园区（军民融合产业园）认定管理办法（试行）》《绵阳市十大军民融合产业园培育“梧桐计划”》《关于深化市属国有企业负责人薪酬制度改革的实施意见》、市产品质量监督检验所牵头组建绵阳市电子电器检测有限公司有关事宜。

【市政府第9次常务会议】 2017年1月24日召开，刘超主持，颜超、经大忠、孙福全、蒋丽英、罗宗志、罗蒙、文剑、谭岗等出席会议。会议传达贯彻省“两会”精神、全国全省安全生产电视电话会议和国务院安委会安全生产巡查意见反馈会议精神；会议集中学习《中共中央国务院关于推进安全生产领域改革发展的意见》、学习《四川省党风廉洁建设党委主体责任追究办法（试行）》、学习贯彻新修订的《环境影响评价法》；会议通过《绵阳市2017年项目计划》《绵阳市2017年市重点项目名单》等文件，以及华瑞汽车生产基地搬迁、改造扩能并新建形成年产25万辆整车生产能力项目协议有关事宜，审议人事事项。

【市政府第10次常务会议】 2017年2月10日召开，刘超主持，颜超、杨学宁、王明华、孙福全、韩圣健、蒋丽英、赵迎春、罗蒙、谭岗等出席会议。会议传达全国全省住房城乡建设工作会议、全省推进质量强省工作会议、全省宗教工作会议精神；会议传达贯彻全省工业和信息化工作会议精神、全省交通运输工作会议精神；会议通过《绵阳市现代农业重点产业及主导产品布局方案》《绵阳市“十三五”文化产业发展规划》《四川绵阳国家农业科技园区总体规划（2016—2018年）》、九洲集团参与组建四川军民融合基金有关事宜、科发集团参与设立国兴人寿保险公司有关事宜、绵阳市第14批市级企业技术中心名单有关事宜、2016年绵阳市涪江流域水环境生态补偿专项资金结算上解和分配补偿金额的有关事宜、绵阳市人民政府《关于表扬2016年全市全社会固定资产投资和项目管理工作先进单位的通报》和《2016年全市全社会固定资产投资工作先进单位项目前期工作经费补助方案》、2016年第一批特种专业技术用车和执法执勤车购置有关事宜、2016年第八批预算项目资金。

【市政府第11次常务会议】 2017年2月16日召开，刘超主持，颜超、杨学宁、王明华、经大忠、孙福全、韩圣健、罗宗志、赵迎春、罗蒙、谭岗等出席会议。会议学习贯彻《中华人民共和国环境保护法》；会议审议《政府工作报告（送审稿）》；会议通过《大规模绿化绵州总体规划（2016—2020年）》《绵阳市会展业发展“十三五”规划》《绵阳市服务业发展“十三五”规划》《绵阳市电子商务发展“十三五”规划》《绵阳市现代物流业发展规划（2016—2020年）》《绵阳市“十三五”消防事业发展规划》《绵阳市深化出租汽车行业改革实施方案》《绵阳市人民政府办公室关于规范公安机关警务辅助人员管理工作的实施意见》和《关于成立绵阳市规范警务辅助人员管理工作领导小组的通知》、市级部门预算结转结余资金清理有关事宜。

【市政府第12次常务会议】 2017年3月2日召开，刘超主持，颜超、王明华、经大忠、孙福全、蒋丽英、罗蒙、文剑、谭岗等出席会议。会议通过《关于深化农业供给侧结构性改革加快培育农业农村发展新动能的意见》《绵阳市“十三五”生态环境建设规划》《关于实施全面两孩政策改革完善计划生育服务管理的意见》《关于坚持和完善计划生育目标管理责任制的实施意见》《绵阳市科技服务业发展规划（2016—2020年）》《关于绵阳市2016年国民经济和社会发展计划执行情况及2017年计划草案的报告（送审稿）》《关于绵阳市2016年财政预算执行情况和2017年财政预算草案的报告（送审稿）》《绵阳市贯彻落实〈关于全面推行河长制的意见〉实施方案》和成立绵阳市全面落实河长制工作领导小组并设立总河长及其办公室有关事宜、《绵阳市特色工业园区认定管理办法（试行）》、第七届绵阳市科技杰出贡献奖拟奖人选有关事宜、2016年度绵阳市科学技术进步奖拟奖项目有关事宜、2017年财政收支预算有关事宜。

【市政府第13次常务会议】 2017年3月10日召开，刘超主持，颜超、王明华、经大忠、孙福全、韩圣健、赵迎春、罗蒙、张胜、谭岗等出席会议。会议传达贯彻全省人力资源和社会保障工作会议精神；会议通过《绵阳市2017年“互联网+”重点工作方案》《绵阳市法治宣传教育第七个五年规划（2016—2020年）》《绵阳市地下综合管廊建设管理暂行办法》《绵阳市海绵城市建设管理暂行办法》《绵阳市地下空间开发利用管理办法》《绵阳市黑臭水体整治方案》和《绵阳市轻度污染水体整治方案》《关于表扬2016年度全市政务服务工作先进单位的通报》、2016年市级智慧城市建设项目及资金安排有关事宜。

【市政府第14次常务会议】 2017年3月24日召开，刘超主持，颜超、王明华、经大忠、蒋丽英、罗宗志、赵迎春、罗蒙、文剑、谭岗等出席会议。会议学习贯彻全国“两会”精神，传达贯彻国务院第五次廉政工作会议精神；会议审议《政府工作报告》2017年重点工作责任分工；会议通过《绵阳市工业“十三五”发展规划》《四川绵阳汽车产业园发展战略规划（2016—2025年）》，审议人事事项。

【市政府第15次常务会议】 2017年4月14日召开，刘超主持，颜超、王明华、孙福全、罗宗志、赵迎春、罗蒙、张胜、谭岗等出席会议。会议传达贯彻全省质量发展大会精神、全省优秀农民工暨返乡创业先进集体和个人表彰大会精神；会议通过《绵阳市对口帮扶阿坝州红原县规划（2017—2021年）》《绵阳市对口帮扶阿坝州壤塘县规划（2017—2021年）》《绵阳市“十三五”防震减灾规划》《县（区）相对集中行政许可权改革试点工作方案》《绵阳市县域经济产业发展投资基金投资管理办法》《绵阳市招商引资和工业技改扩能重点项目建设用地周转资金使用管理办法》《2017年县市区县域经济发展考核指标体系》《绵阳市县域经济发展考核办法（试行）》《绵阳市中心城区污水处理收费标准调整方案》《绵阳市完善中心城区居民用水阶梯价格制度方案》，审议人事事项。

【市政府第16次常务会议】 2017年4月25日召开，刘超主持，颜超、王明华、经大忠、孙福全、蒋丽英、赵迎春、谭岗等出席会议。会议传达贯彻尹力省长在绵调研指示精神、传达学习全省深化领导班子思想政治建设工作推进会暨市厅级主要领导干部读书班精神、《国务院关于绵阳科技城“十三五”发展规划的批复》精神、学习省委办省政府办《巩固提升首战成效扎实抓好今年脱贫攻坚工作的通知（川委办发电〔2017〕10号）》，传达贯彻全省脱贫攻坚总结推进会精神；会议通报历史遗留问题梳理情况；会议通过《绵阳市环境污染防治“三大战役”实施方案》《绵阳城市公共交通票价结构性调整方案》《绵阳城市公交主营亏损分担方案》。

【市政府第17次常务会议】 2017年5月4日召开，刘超主持，颜超、杨学宁、王明华、孙福全、韩圣健、赵迎春、罗蒙、谭岗等出席会议。会议学习国务院法制办《征地类行政复议案件证据提交形式要求》《中共四川省纪委六起党内问责典型案例的通报》；会议通过《绵阳市招商项目“服务绿卡”管理办法（试行）》和《绵阳市企业“服务绿卡”管理办法（试行）》《绵阳市整治黑臭水体和轻度污染水体实施方案》《四川绵阳国家农业科技园区总体规划（2016—2018年）》《绵阳市全民科学素质行动计划纲要实施方案（2016–2020年）》。

【市政府第18次常务会议】 2017年5月16日召开，刘超主持，颜超、杨学宁、王明华、蒋丽英、罗宗志、赵迎春、罗蒙、文剑、谭岗等出席会议。会议传达贯彻王东明书记来绵调研有关指示和成都平原经济区座谈会精神、尹力省长来绵开展脱贫攻坚专项督导有关指示和2017年脱贫摘帽座谈会精神、四川省制造强省建设领导小组2017年第一次会议精神；会议通过《绵阳市深化医药卫生体制综合改革试点方案》《关于促进社会办医加快发展的实施意见》《绵阳市贯彻落实省环境保护督察组督察反馈意见整改方案》《绵阳市人民政府关于推进特色小镇培育工作的实施意见》《绵阳市应收账款融资服务深化试点工作方案》《绵阳市餐厨废弃物资源化利用和无害化处理项目PPP模式实施方案》《2017年市级民生工程项目》《绵阳市人民政府与汉能移动能源控股有限公司战略合作协议》《绵阳市建设工程质量检测中心人员安置、资产处置及业务工作承接实施方案》，审议人事事项。

【市政府第19次常务会议】 2017年5月31日召开，刘超主持，颜超、王明华、经大忠、孙福全、韩圣健、罗宗志、赵迎春、罗蒙、谭岗等出席会议。会议传达贯彻省第十一次党代会、省委十一届一次全会精神；会议通过《绵阳市“十三五”农业农村经济发展规划》《关于加快推进残疾人小康进程的实施意见》《绵阳市政府购买棚家区改造服务管理办法（暂行）》、绵阳城区公共租赁住房租赁补贴发放有关事宜、撤销绵阳市涪江东方红大桥水源地和高新区水厂三河堰水源地保护区有关事宜、协议出让游仙区小枧沟镇一宗国有建设用地使用权给绵投控股有关事宜、向绵阳仙海航泽实业有限公司划拨一宗国有建设用地使用权有关事宜、2017年第一批预算项目资金，审议人事事项。

【市政府第20次常务会议】 2017年6月15日召开，刘超主持，颜超、杨学宁、孙福全、蒋丽英、赵迎春、谭岗等出席会议。会议传达学习宣传贯彻省第十一次党代会精神抓好当前有关工作专项督导动员培训会议精神、传达贯彻全省国资国企改革经验交流暨工作推进会精神、全省川烟培育暨现代烟草农业发展总结表扬电视电话会议精神；会议通过《绵阳市安全生产“十三五”规划》、深入实施涪江流域水环境生态补偿和水质超标资金扣缴制度有关事宜、四川华丰企业集团有限公司4宗工业用地改变用途事宜、向中科绵投环境服务有限公司划拨一宗国有建设用地使用权事宜、向绵阳市小枧地区人民检察院划拨一宗国有建设用地使用权事宜、向游仙区人民法院划拨一宗国有建设用地使用权事宜、向绵阳市气象局划拨一宗国有建设用地使用权事宜、《绵阳市办理人大代表建议和政协提案工作办法》。

【市政府第21次常务会议】 2017年6月27日召开，刘超主持，王明华、经大忠、韩圣健、罗宗志、赵迎春、谭岗等出席会议。会议传达贯彻尹力省长来绵开展宣传贯彻省第十一次党代会精神抓好当前有关工作专项督导指示精神，学习贯彻省委办、省政府办《关于进一步做好防汛减灾工作的紧急通知》；会议通过《2016年市属国有企业负责人基本年薪基数认定方案》《绵阳市黄标车淘汰治理工作实施方案》，审议人事事项。

【市政府第22次常务会议】 2017年7月6日召开，刘超主持，时义清、王明华、经大忠、孙福全、韩圣健、蒋丽英、罗宗志、罗蒙、谭岗等出席会议。会前观看警示教育片：《被围猎的权力》，会议通过《〈绵阳科技城“十三五”发展规划〉任务分解方案》《土壤污染防治行动计划绵阳市工作方案》《关于加快推进“健康绵阳”建设的实施意见》《“健康绵阳2030”规划纲要》《绵阳市2017年推进供给侧结构性改革重点工作方案》《绵阳市事业单位政府购买服务改革工作实施方案》《绵阳市盐业监管体制改革方案》。

【市政府第23次常务会议】 2017年7月12日召开，刘超主持，时义清、颜超、杨学宁、王明华、韩圣健、赵迎春、罗蒙、张胜、谭岗等出席会议。会议学习贯彻习近平总书记在中共中央政治局第四十一次集体学习会上的重要讲话；会议通过绵阳市首批重点企业和重点招商项目“服务绿卡”发放名单、《绵阳市足球改革发展实施意见》《关于进一步促进民间投资健康发展的实施意见》《关于进一步支持建筑业加快发展的意见》《关于加强司法行政基层基础工作的实施意见》、王永昭等2人记二等功有关事宜，审议人事事项。

【市政府第24次常务会议】 2017年7月25日召开，刘超主持，颜超、时义清、王明华、经大忠、罗宗志、赵迎春、罗蒙、谭岗等出席会议。会议传达贯彻全省环境保护工作培训会精神；会议听取绵阳市文明城市建设工作情况汇报；会议通过《绵阳市建设“高清绵阳智慧广电”专项改革实施意见》《绵阳市自然灾害救助应急预案》《关于支持快递业健康快速发展的实施意见》、绵阳城区拟命名道路桥梁名称有关事宜、向绵阳市游仙区人民医院划拨一宗国有建设用地使用权有关事宜、向绵阳市中医医院划拨一宗国有建设用地使用权有关事宜、《绵阳市企业住所（经营场所）登记管理办法》、调整城乡最低生活保障标准有关事宜2017年第二批预算项目资金，审议人事事项。

【市政府第25次常务会议】 2017年8月14日召开，刘超主持，颜超、杨学宁、时义清、王明华、蒋丽英、罗宗志张胜、文剑、谭岗等出席会议。会议学习《中共四川省纪委关于八起生态环境保护领域责任追究典型案例的通报》；会议听取“8·8”九寨沟县地震救援保障服务工作汇报、全市环保督察督导发现问题整改情况汇报；会议通过《绵阳市水污染防治条例（草案）》《绵阳市自然保护区专项督察突出问题整改工作方案》《绵阳市“十三五”金融业发展规划》《绵阳市城乡居民住宅地震巨灾保险实施方案》、长虹控股在绵产业布局并实施战略搬迁有关事宜、二环路石马立交南侧增设立交通道有关事宜、向绵阳市游仙区人民法院划拨一宗国有建设用地使用权有关事宜、第五届科博会专项经费预算收支控制数有关事宜、《绵阳市深化国有企业改革实施方案》，审议人事事项。

【市政府第26次常务会议】 2017年8月30日召开，刘超主持，颜超、杨学宁、王明华、韩圣健、蒋丽英、罗蒙、谭岗等出席会议。会前，与会人员观看警示教育片《迟来的忏悔（三）——一名国土局长的沉沦之路》；会议传达贯彻尹力省长到绵阳督导环境保护等工作指示精神；会议听取全市社会治安综合治理工作情况汇报；会议通过《绵阳市建设服务型政府行动方案》《绵阳市加强和改进行政应诉工作实施办法》《绵阳市保留的村（社区）证明事项清单》《绵阳市取消的村（社区）证明事项清单》《绵阳市城乡居民基本医疗保险暂行办法》《绵阳市国家投资工程建设项目招标投标办法（试行）》、绵阳城区桥梁监测监控系统建设有关事宜、2017年第一批教育费附加和地方教育附加安排方案、2017年第三批预算项目资金，审议人事事项。

【市政府第27次常务会议】 2017年9月13日召开，刘超主持，颜超、时义清、王明华、经大忠、孙福全、韩圣健、罗宗志、罗蒙、谭岗等出席会议。会议传达贯彻全省脱贫攻坚全覆盖督导和信访维稳专项督查培训动员电视电话会议精神、全省新型城镇化建设经验交流暨工作推进会精神、全省环保督察工作推进会精神；会议通报中央环境保护督察组转交全市举报受理件办理情况；会议通过向绵阳市中心医院划拨一宗国有建设用地使用权有关事宜、科发集团注册发行债权融资计划有关事宜、科发集团注册发行超短期融资券有关事宜、清理盘活市级部门财政存量资金有关事宜，审议人事事项。

【市政府第28次常务会议】 2017年9月19日召开，刘超主持，颜超、杨学宁、王明华、孙福全、韩圣健、蒋丽英、罗宗志、文剑、谭岗等出席会议。会议传达贯彻全国易地扶贫搬迁现场会议精神、绵阳科技城建设部际协调小组第十三次会议精神、尹力省长到绵阳开展脱贫攻坚等专项督导有关指示精神；会议通过《绵阳市现代农业六大重点产业发展规划（2017—2020年）》《绵阳市现代农业十大主导产品行动方案（2017—2020年）》、市公安局申请更换特种执法执勤用车有关事宜、2017年第四批预算项目资金。

【市政府第29次常务会议】 2017年10月19日召开，刘超主持，颜超、王明华、经大忠、孙福全、蒋丽英、罗蒙、文剑、谭岗等出席会议。学习贯彻《中华人民共和国中小企业促进法》、传达贯彻全省2017年四季度工业工作专题座谈会议精神；会议通过《关于进一步创新机制引导鼓励社会力量积极参与脱贫攻坚的实施意见》《关于加强城市规划建设管理工作的实施意见》《绵阳市大气环境限期达标规划（2017—2020）》《绵阳市中小企业“住房公积金信用贷”实施方案》《绵阳市促进足球中长期发展和足球场地设施建设实施方案（2016—2050年）》、2017年军民融合企业认定授牌有关事宜、清理市级部门预算结转结余资金有关事宜。

【市政府第30次常务会议】 2017年11月2日召开，刘超主持，颜超、经大忠、孙福全、赵迎春、张胜、文剑、谭岗等出席会议。会议传达学习中国共产党第十九次全国代表大会和省、市传达学习党的十九大精神有关会议精神；会议通过《绵阳市服务业主要产业年度行动方案（2017—2018年）》并听取全市八大重点服务业统计工作情况汇报、《绵阳市健全生态保护补偿机制实施方案》《绵阳市人民政府与东旭集团有限公司战略合作协议》《中国（绵阳）科技城核医学中心PPP项目实施方案》《2017年度福利彩票公益金第一批分配方案》《绵阳市市级预算稳定调节基金管理暂行办法》、审议2017年第五批预算项目资金。

【市政府第31次常务会议】 2017年11月22日召开，刘超主持，颜超、杨学宁、王明华、孙福全、蒋丽英、罗宗志、赵迎春、罗蒙、谭岗等出席会议。会议学习贯彻《行政规范性文件认定参考意见》；会议通过《绵阳市重污染天气应急预案》《关于进一步扩大开放促进投资若干政策措施的意见》《绵阳市2018年省重点项目建议名单》《第二批鼓励社会资本投资重大项目计划》《2017年市级国有资本经营预算支出方案》《绵阳市市级2017年地方政府债务限额和市本级新增债券资金安排方案》。

【市政府第32次常务会议】 2017年12月5日召开，刘超主持，杨学宁、王明华、韩圣健、蒋丽英、罗宗志、赵迎春、罗蒙、谭岗等出席会议。会议学习贯彻《消防安全责任制实施办法》；会议通过《关于加快推进智慧医疗建设的实施意见》《绵阳市城乡垃圾处理设施建设三年推进方案》《绵阳市城镇污水处理设施建设三年推进方案》《关于促进普通国省道建管养运协调发展的实施意见》、2017年度宝林村等176个贫困村退出有关事宜、绵阳市第二届政府质量奖拟授奖企业名单有关事宜《绵阳市市属国有企业负责人经营业绩考核暂行办法》、第二届“绵州友谊奖”拟表彰对象名单有关事宜、《2017年第一批特种专业技术用车和一般公务用车购置（更新）建议方案》、审议2017年第六批预算项目资金。

【市政府第33次常务会议】 2017年12月21日召开，刘超主持，颜超、王明华、经大忠、孙福全、韩圣健、蒋丽英、赵迎春、罗蒙、谭岗等出席会议。会议学习贯彻习近平总书记关于进一步纠正“四风”、加强作风建设重要批示精神、书面传达省委十一届二次全体会议、全省深度贫困地区脱贫攻坚推进电视电话会议、全省农田水利基本建设现场会议精神；会议通过《关于深入推进城市执法体制改革改进城市管理工作的实施方案》《关于加快推进社会信用体系建设的实施意见》《绵阳市农村集体资产股份合作制改革试点方案》《2017年涪江流域水环境生态补偿资金分配方案》《绵阳市城镇职工基本医疗保险办法》《2017年第二批教育费附加和地方教育附加安排方案》《二级公路锁定债务上级补助资金使用方案》、2017年急需列支的信息化项目及资金安排有关事宜、执行2017年度绵阳市科技计划项目及资金安排有关事宜，审议人事事项。

【市政府第34次常务会议】 2017年12月25日召开，刘超主持，颜超、杨学宁、时义清、王明华、经大忠、韩圣健、蒋丽英、罗宗志、赵迎春、罗蒙、谭岗等出席会议。会议传达全省畜牧业转型升级绿色发展暨畜禽养殖废弃物资源化利用现场推进会精神；会议通过《关于做好当前和今后一段时期就业创业工作的实施意见》《绵阳市深化医药卫生体制改革规划（2017—2020年）》《关于巩固完善分级诊疗制度建设推进医疗联合体发展的实施意见》《绵阳市市政道路建设技术导则》《绵阳市雨污水泵站建设工程PPP项目实施方案》《东西第二干道工程PPP项目实施方案》《创业大道南延线及三汇立交至绵吴路口改造工程PPP项目实施方案》《绵阳市污水处理厂污泥处置PPP项目实施方案》、梓潼县文兴乡等5个乡撤乡设镇有关事宜、《关于改革和完善全市国有资产管理体制的实施意见》《关于加强和改进企业国有资产监督防止国有资产流失的实施意见》《2017年绵阳市工业发展专项资金安排方案》、四川九洲电器集团有限责任公司注册发行不超过15亿元中期票据有关事宜。 （陈虹宇）

政府办工作

【概况】 2017年，市政府办公室办理请示件2700余件、其他公文1800余件，发出各类文件805件。切实减少发文数量，对无政策依据的、可发可不发的公文一律不发，能合并发文的合并发文，以市政府和政府办名义制发的各类文件数量（扣除环保督察因素）同比下降8.3%，实现公文发文数量下降。优化云办公平台功能，2017年在云平台上累计处理公文7500余件，其中收文4500余份、发文2700余份，提升公文处理质效。2017年，共采编各县市区、园区和市级部门信息2600余条，编发《政务要情》142期、《要情专报》12期，获得市政府领导批示5条。上报省政府办公厅信息800余条（其中16条被省上转报国办），被国办采用3条，被省政府办公厅采用165条，获得省政府领导批示3条，全年累计得分580分、居全省第2名。

【会务活动保障】 2017年，市府办细化量化会务办理会前、会中、会后各工作节点，坚持高标准、严要求、重落实，提升会务组织严谨性、会务筹备规范性和会务办理实效性，全年协助办好第五届中国（绵阳）科技城国际科技博览会、科技城建设部际协调小组第13次会议，承办2017中国（四川）电子商务发展峰会等大型会议活动，协助做好省委副书记、省长尹力等省委、省人大常委会、省政府、省政协负责人到绵阳调研座谈、联系帮扶等重大活动18次，举办市政府常务会议27次、政府系统全市性大型会议62次，组织市政府领导政务调研活动1067次。

【开展督查督办】 2017年，市府办完成国务院、省政府到绵阳专项督查3批次，承接上级交办督查专项任务20余件次，编发督查专（通）报130期份，获得市委、市政府领导批示36件次。建好用好政务督查督办信息化工作平台，对重要事项进行全程跟踪督查，累计通过平台办理督办事项994件，办结率99.2%。督促完成人大代表建议325件、满意率100%，督促完成政协委员提案713件、满意率100%。组织开展重点项目督查96件次，促进省、市重点项目和城建、交通、集中发展区建设“三大攻坚行动”等领域重点工程实施。对全年确定的十项民生工程和139件民生实事，执行督办制度，准确掌握进展情况。

【政务调研】 2017年，市府办围绕市委、市政府中心工作，开展调查研究，全年牵头形成调研成果13项。牵头组织民营经济发展、服务型政府建设、军民融合发展等专题调研，形成《优化提升政务服务环境调研报告》《关于推动民营经济加快发展的意见》《加快建设国家创新驱动先行市和军民融合示范市》《绵阳推动军民融合深度发展路径研究》等调研报告，提出推进简政放权、推进“互联网+政务服务”、推进政务服务标准化、强化政务服务支撑、激发民间投资热情、建立军地院地联席会议制度等具体对策措施。

【应急管理能力提升】 2017年，市府办完成“8·8”九寨沟7.0级地震和“9·30”青川5.4级地震应急值守、信息汇总和综合协调等任务。清查修编市级专项应急预案21个、重点行业领域预案492个。健全完善监测预警体系和联动机制，全年发布预警632期、预警信号77期，决策短信985次、713284人次。开展防汛减灾水域救援暨通信指挥、危化品泄漏事故、高速公路直升机救援以及反恐防暴、食品安全、人民防空、校园安全等重要应急演练123次、参演33795人次。加强值班值守工作专项督查，电话抽查24批、520余次。

【政务公开】 2017年，市府办通过“绵阳市电子政务信息管理发布系统”和“省政府信息公开目录管理系统”发布国省要闻1572条、重要公告143条、市政府文件制发772件（公开625件）、重点政策解读信息200余条、市政府公报24期，在政府门户网发布重要政策文件解读文章126篇。市政府英文网站加载译文信息343条。向省政府网站报送信息1050条，省政府网站采用200余条。全市各级各部门共受理依申请政府信息公开456件，办结申请数456件。“绵阳政事”微信、微博发布政务资讯、服务信息3848条。

【重点工作统筹】 2017年，市政府口岸办申报8个现代物流服务体系项目，总投资1.3亿元，争取省级项目资金1400万元。“12345”市长热线综合服务平台整合20余个市级部门热线，实行“统一受理，分类办理”，初步构建起全市热线资源集约、信息共享，覆盖全域、协调有序的政府热线服务体系，24小时全天候受理群众来电来信。全年累计受理群众各类来电20.37万件，市长信箱受理群众来信4700余件，所有诉求均得到落实，办结率为100%，群众满意率95%以上。 （邓 涛）

人事工作

【概况】 2017年，全市公开考录公务员（参公人员）570人。完成公务员初任培训857人、公务员全员培训20500人。承办市政府任免事项13次83人，提请市人大常委会任免1次1人，审核、办理市级机关、参公单位163批287名科级及以下干部职务任免备案；审核、办理全市公务员（参公人员）登记154批536人；指导11个市级部门、4个县市区公开遴选，选调科级以下工作人员相关工作；执行参公到公务员全流通政策，解决到参公到公务员身份转变问题，全年流动23批102人。做好向国家审核推荐6个先进集体、15名先进个人表彰对象；向省审核推荐29个先进集体、86名先进个人表彰对象；审批44个单位87人连续三年考核为优秀记三等功；对39个单位上报的请市委、市政府通报表扬工作方案进行审核。

【事业单位人事管理】 2017年，全市核准和调整455个事业单位岗位设置方案，完成岗位聘用备案1300余人次，16名专业技术人员聘用到专业技术三级岗位。公开考试招聘事业单位工作人员902人，直接考核招聘事业单位工作人员862人。根据事业发展所需，在全省率先出台《绵阳市扩大高等学校科研院所医疗卫生机构人事自主权十条政策》，激发高校、科研院所和医疗卫生机构人才活力。出台《绵阳市关于加强基层专业技术人才队伍建设的实施意见》，引导优秀人才服务基层，助力精准扶贫、精准脱贫；出台《关于进一步加强全市事业单位聘用合同管理的通知》，提高全市事业单位聘用合同管理水平。

【军队转业干部安置】 2017年，全市接收军队转业干部278名，其中计划分配151名（正团职6名、副团职26名、营职74名、连职16名、技术干部29名）、自主择业127名，接收随调家属1名，安置人数为全省第二。深化军转安置改革，推进“阳光安置”和向基层倾斜，坚持“五公开”，即安置办法公开、成绩排序公开、安置单位公开、选岗过程公开、选岗结果公开，纪检监察全程监督。采取六项具体举措并得到省军转办和各部队点赞。落实中央“四个放宽”政策，在艰苦边远地区、特殊岗位服役满10年和涉及军改撤降并改移的全部纳入绵阳主城区安置。对担任正团职领导职务5年以上的仍然安排担任市级部门副县级领导职务，其他安置相应的非领导职务或保留相应职级待遇，鼓励接收单位安排到空缺的科级领导岗位，确保安置质量不降低。提高市级单位和政法部门安置比例，市级单位安置比例由40%提高到50%，实际安置后达60%以上；同时，按照国家提高政法部门接收比例的要求，市级机关、政法系统、事业单位安置比例由3:4:3调整为3：5：2，全年全市安置政法部门比例达36%。按照市委审定的安置原则和计划执行，经引导符合绵阳主城区安置条件的10人主动申请到其他县市区安置。停止全市原对城区挂靠家或在绵阳城区有家但配偶在县市有正式工作的仍回原县市安置等规定，按中央、省政策规定执行。推进军转干部进高校培训试点工作，探索军转干部转型适应地方工作的专项培训“绵阳模式”。

【自主择业军队转业干部管理服务】2017年，全市对自主择业军转干部管理服务，按照“个人自愿、按需培训、依托社会、政府协助”的原则开展教育培训，落实各项就业创业培训扶持政策。做好退役金发放、医疗保障等工作，建设运行全国自主择业信息平台，对703名存量和123名增量自主择业军转干部的信息进行采集，完成全市703名自主择业军转干部年度登记工作。

【企业军转干部解困工作】 2017年，全市落实各项解困政策，按时完成3385名退休人员、580余名在岗（公益性岗位再就业）和失业人员生活困难补贴的调整兑现。同时，全面落实全市部分企业军转干部个案救助政策调整方案，加大住院医疗（死亡）救助、特殊困难救助等地方个案救助力度。

【工资福利审核】 2017年，全市审核300余个单位1.54万人的机关单位人员一次性年终奖、晋级晋档和事业单位人员的正常增加薪级。办理人员新增、调入、调出、减少业务1448人次，岗位职务变动调整工资业务2260人次，核定121人死亡待遇、396人退休待遇。审核300余个市级单位1.2万人住房补贴，审批80余人的退休费比例提高。完成100余个单位186人的工龄、300余个单位1200余人的视同缴费年限连续工龄认定工作。集中办理121名员额法官、检察官套改后的工资兑现，120名政法工作人员、政法委机关工资津贴的兑现，1263名警察执勤岗位津贴和法定工作日加班补贴的工资调整。为118名科级以下困难退休人员发放慰问费19.6万元。完成公立医院薪酬制度改革试点任务，出台《绵阳市公立医院薪酬制度改革试点工作实施办法》《绵阳市市属公立医院薪酬总额核定办法（试行）》等改革办法，对市本级5家公立医院薪酬总额的进行核定。 （赵梓宇）

民政工作

【概况】 2017年，全市民政工作贯穿“民政为民、民政爱民”工作理念，深化“五个民政”工作路径，夯实“托底、服务、促发展”民政功能，突出四类群体四大保障（困难群体救助有保障、特殊群体福利有保障、优抚群体政策有保障、公共服务基础有保障）。在脱贫攻坚、养老、社区建设、社会组织建设、地名普查、基层基础等方面形成绵阳民政工作亮点。完成民政部第26组基层民政工作蹲点调研，民政部党组成员、社管局局长詹成付到绵阳调研，全国老龄办副主任朱耀垠到绵阳调研工作。承办全省第二次全国地名普查验收暨成果转化工作培训会议、全省城乡社区服务体系建设推进会议、四川省绵阳市农村养老服务体系建设试点启动会议。业务工作在全省社区建设、居家养老、社会组织参与脱贫、地名普查4个专项会议上做经验交流发言。老龄工作大格局、农村养老服务体系建设、居家养老服务工作被省民政厅确定为全省3个创新试点。优抚安置、社区建设、养老服务作为《绵阳日报》3个专版专刊宣传报道。全年，全市民政工作获省民政厅、市委、市政府表扬的绩效管理、脱贫攻坚、信访维稳、法治、信息工作等奖项20余项。

【困难群众生活保障工作协调机制健全】 2017年，全市发挥社会救助制度的合力，落实低保、扶贫“两线合一”。坚持把精准扶贫作为第一民生工程，抓“合一、兜底、补差”三个关键。编制《绵阳市2017年社会保障脱贫专项实施方案》和《关于做好农村最低生活保障制度与扶贫开发政策有效衔接具体措施的通知》，建立低保兜底月报制度。

【防灾减灾救灾能力提高】 2017年，全市先后遭受洪涝、风雹、地震等自然灾害28起，造成73.66万人次不同程度受灾，直接经济损失30.99亿元。坚持“以防为主、防抗救”相结合的方针，调整以分管副市长为主任的新一届绵阳市减灾委员会，完善《绵阳市自然灾害救助应急预案》，做好受灾群众冬春救助工作，应对“8·8”九寨沟地震、“9·30”青川地震、“6·24”茂县特大山体滑坡灾害等重大自然灾害。组织开展全市四级综合减灾救灾应急指挥体系集中演练。继续加大防灾减灾宣传教育、灾害信息员培训和救灾物资储备工作力度。

【社会化服务养老体系建设】 2017年，全市全面放开养老服务市场，以项目化、产业化思维推进养老服务业“放管服”改革，加快构建多层次、多样化社会养老服务体系。被省民政厅确定为全省老龄工作大格局试点、全省农村养老服务体系建设试点、全省居家养老服务工作试点。把养老服务业项目储备工作作为推动民政工作的重要抓手，确定61个重点养老项目，计划总投资129.745亿元，其中4.8亿元以上项目11个。在全市范围内开展养老院服务质量建设专项行动，对全市253个养老机构服务质量的运营管理、生活服务、健康服务、社会工作服务、安全管理等五个方面进行检查，推进养老院服务质量大转变。

【基层社会治理】 2017年，全市基层治理抓住“三治协同共创和谐”举措，以创新激发联动效应，以联动提升社会治理和服务水平，形成多元共治的基层社会治理良好局面。重视干部队伍建设，指导村（社区）换届选举工作，督促各地在选举各个环节中严格执行国家相关法律法规，全市第十届村（居）委会换届选举工作全面完成，3257个村、549个社区依法选举产生新一届村（居）民委员会，选举一次性成功率达98.24%。建成总面积1573平方米的绵阳市社会组织孵化中心，有12家公益组织和25家农业社会组织入驻孵化中心，孵化中心规模位居全省前列。结合绵阳实际，制定《绵阳市“十三五”时期社会工作专业人才队伍建设规划》。同时，全面推广全国志愿服务信息系统使用，对市直民政系统志愿服务队和志愿者信息进行更新。

【农村留守儿童关爱保护工作】 2017年2月，市政府出台《关于进一步加强农村留守儿童关爱保护工作的实施意见》，维护妇女儿童合法权益，为全市全面推进农村留守儿童关爱保护奠定基础。为全市4.8万余名农村留守儿童建立翔实的工作台账，全市建有妇女儿童维权站282个，救助中心14个，妇女法律援助站10个。开通并整合“12338”妇女儿童维权热线，做好家庭矛盾调解工作。

【区划地名成果转化】 2017年，市地名办在调研的基础上形成《关于我市城市道路命名情况的调研报告》，制订《加强和改善绵阳区划地名管理工作的推进方案》。邀请省级部门、有关专家对《绵阳城市地名总体规划（2017—2020年）》进行评定。截至年底，《绵阳城市地名总体规划》拟规划地名专名600余个。

（李翔宇）

外事活动

【概况】 2017年，绵阳市加大对外开放，先后有俄罗斯、英国、捷克、以色列、赞比亚、加拿大、日本、匈牙利等国家的州、市代表团到绵阳考察交流；有美国、加拿大、以色列等10余个国家驻中国总领事馆总领事、领事馆领事到绵阳考察交流，参加中国（绵阳）科技城国际科技博览会、中国（四川）电子商务发展峰会等活动。市人大常委会主任马华、市政府副市长经大忠分别率绵阳市党政代表团到匈牙利和美国进行考察交流、招商引资、科技城推介活动。截至年底，绵阳市分别于赞比亚琼圭市、英国诺丁汉市、匈牙利陶陶巴奥市、美国库比蒂诺市建立友好合作城市；江油市与荷兰法肯堡市、德国索林根市、西班牙塔兰孔市建立友好合作城市；绵阳市及市县累计建立友好城市、友好合作城市31个。

绵阳市国际友城和友好合作城市一览

表30

序号	国名与城市名	时间
友好城市（经过外交部和全国友协审批）		
1	日本庄原市	1990 年 9 月 22 日
2	俄罗斯奥布宁斯克市	2017 年 6 月 6 日
友好合作城市		
2	俄罗斯新西伯利亚市	1992 年 8 月
3	美国明尼苏达州阿诺卡市	1994 年 8 月
4	俄罗斯普斯科夫市	1994 年 12 月 23 日
5	美国罗斯威尔市	1995 年 9 月 18 日
6	以色列约克兰市	1996 年 6 月 13 日
7	法国亚眠市	1997 年 9 月
8	匈牙利克奇克梅特市	1998 年 8 月
9	刚果（布）恩卡伊市	1998 年 9 月 30 日
10	澳大利亚阿得雷德市	1999 年 7 月 20 日
11	美国奥克兰市	1999 年 10 月 18 日
12	南非艾古鲁籁尼市	2001 年 4 月 29 日
13	俄罗斯奥布宁斯克市	2001 年 9 月 13 日
14	澳大利亚悉尼宝活市	2003 年 8 月 16 日

续表

序号	国名与城市名	时间
15	南非高顿省瑟迪邦市	2005年4月11日
16	美国华盛顿州塔科马市	2006年4月2日
17	捷克宁布尔克市	2007年9月18日
18	新西兰内皮尔市	2008年7月22日
19	新西兰黑斯廷市	2008年7月22日
20	美国蒙罗维亚市	2014年9月26日
21	韩国昌原市	2016年5月26日
22	赞比亚琼圭市	2017年7月27日
23	英国诺丁汉市	2017年9月12日
24	匈牙利陶陶巴奥市	2017年9月26日
25	美国库比蒂诺市	2017年11月27日
26	澳大利亚凯西市	2018年4月8日

绵阳所辖县市区国际友好合作城市

	县市区	国别与市名	结好日期
1	江油市	美国华盛顿州塔科马市大学城	2006年12月
2	江油市	荷兰法肯堡市	2017年2月24日
3	江油市	德国索林根市	2017年6月6日
4	江油市	西班牙塔兰孔市	2017年6月
5	北川羌族自治县	南非纳塔尔省乌伦迪市	2013年5月21日

【刘超会见捷克中捷克州州长耶尔马诺娃一行】 2017年3月24日，捷克中捷克州州长耶尔马诺娃一行7人到绵阳访问。耶尔马诺娃一行参观长虹、绵阳科技城创新中心。市委副书记、市长刘超在绵阳会见捷克共和国中捷克州州长耶尔马诺娃一行，市委副书记付康参加会见。刘超代表市委、市政府向耶尔马诺娃一行到绵阳考察表示欢迎，希望双方抢抓“一带一路”倡议建设机遇，巩固现有良好合作基础，促进双方企业加强沟通对接，争取相互布局更多重大项目；进一步扩大合作领域、提升合作层次、丰富合作内容，在教育、科技、文化、旅游等领域开展更多务实合作；进一步深化绵阳市与宁布尔克市友好合作关系，支持带动更多中捷克州城市与绵阳建立国际友城。耶尔马诺娃表示，中捷克州十分珍视与绵阳的友好合作关系，进一步加强与绵阳沟通交流，开展更为密切的交流往来和务实合作，努力寻求更多合作机会，推动双方合作不断取得新成果，实现互利共赢、共同发展。长虹集团董事长赵勇，副市长赵迎春，捷克共和国驻成都总领事馆总领事史诺参加会见。

【刘超会见以色列驻成都总领事馆总领事蓝天铭一行】 2017年7月11日，市委副书记、市长刘超会见到绵阳对接第五届中国（绵阳）科技城国际科技博览会主宾国活动有关事宜的以色列驻成都总领事馆总领事蓝天铭一行。会见中，刘超表示，绵阳与以色列友好交往源远流长，交流合作硕果累累，特别是在中以两国建立创新全面伙伴关系大背景下，双方深化沟通交流的愿望日益强烈、开展务实合作的空间更为广阔。衷心希望双方在现有良好合作基础上，充分发挥各自优势，进一步加强现代农业、医疗卫生、清洁能源等领域合作，拓展双方合作深度和广度，打造务实开展创新合作、更好实现优势互补的成功典范；充分发挥企业、院所作用，设立科技成果转化基金，积极搭建承接载体，共同建设产业园区，推动更多以色列科技创新成果来绵孵化、转化、产业化；切实加强人员交流往来，推动绵阳与以色列重点城市建立国际友好合作城市关系，增进人民之间的相互了解和传统友谊。热忱期待通过双方的共同努力，高水平、高质量办好第五届科博会主宾国各项活动，把科博会办成更加精彩的国际博览盛会。蓝天铭对第五届科博会邀请以色列作为主宾国表示感谢。他说，以色列驻成都总领事馆将充分发挥桥梁纽带作用，做好主宾国各项工作，全力参与和支持办好第五届科博会；进一步宣传绵阳、推介绵阳，介绍更多以色列企业到绵阳寻求合作机会，推动双方合作不断取得新的成果。

【赞比亚—绵阳经贸对接会暨绵阳市与琼圭市缔结友好合作关系签约仪式在绵阳举行】 2017年7月28日，赞比亚—绵阳经贸对接会暨绵阳市与琼圭市缔结友好合作关系签约仪式在绵举行。赞比亚副总统伊农格·维纳，赞比亚驻华大使温妮·奇贝萨孔达出席并讲话，市委副书记、市长刘超出席并致辞。中国驻毛里求斯原大使高玉琛出席对接会和签约仪式。签约仪式上，刘超与琼圭市市长杰弗里·楚姆布伟共同签订《建立友好合作关系备忘录》。副市长韩圣健做投资环境推介。赞比亚卢萨卡省省长、赞比亚发展署投资处处长、赞比亚旅游局首席执行官分别做投资推介，中赞企业及政府代表现场进行对接交流。副市长赵迎春主持会议。省外事侨务办副主任沈超，高新区管委会主任董泓，市政府秘书长谭岗参加会议。27—28日，赞比亚政要代表团先后参观科技城建设成就展馆、长虹网络科技有限责任公司。

【加拿大加中议会协会代表团到绵阳考察】 2017年8月20日，应全国人大中加议会协会邀请，在成都参加中加议会定期交流机制第21次会议的加拿大加中议会协会代表团戴伊参议员、谭耕众议员一行到绵阳参观考察，全国人大外事委员会国际交流室副主任程志强，全国人大外事委员会办公室副主任袁国平，中国驻加拿大使馆参赞杨帆，市人大常委会党组副书记、副主任陈兴春等陪同参观考察。代表团一行到长虹集团、波鸿集团好圣汽车零部件制造公司及北川羌族民俗文化博物馆进行参观考察。

【绵阳市与诺丁汉市签署《诺丁汉—绵阳友好合作框架协议》】 2017年9月12日，市委副书记、市长刘超在绵阳会见英国诺丁汉市政厅行政长官柯睿恩一行。会见结束后，绵阳市与诺丁汉市签署《诺丁汉—绵阳友好合作框架协议》。根据协议，双方在经济、贸易、科技、文化、教育、旅游等方面开展多种形式的交流与合作，促进双方城市的共同繁荣发展。英国驻重庆总领事馆副总领事安仕得，市委常委、副市长元方，副市长孙福全，市政府秘书长谭岗参加会见和签约仪式。同日，诺丁汉—绵阳经贸推介会在绵阳举行。诺丁汉市政厅行政长官柯睿恩重点介绍创意、数码、生命科学、环保低碳等领域产业发展情况，希望与绵阳加强沟通交流，强化贸易投资和科技领域合作，推动贸易投资与科技合作关系迈上新台阶。副市长孙福全介绍绵阳的区位优势、产业基础和投资环境，期待与诺丁汉市在高端制造、科技创新、文创教育等领域加强合作，实现优势互补、共赢发展。

【马华率绵阳市代表团考察匈牙利陶陶巴尼奥市】 2017年9月26日，绵阳市人大常委会主任马华率绵阳市代表团访问匈牙利陶陶巴尼奥市。马华主任一行与陶陶巴尼奥市市长施密特·卡斯巴以及其他相关政府官员进行座谈。会谈结束后，绵阳市与陶陶巴尼奥市签署《绵阳市与陶陶巴尼奥市建立友好城市关系的合作意向协议》。根据协议，双方在科学、文化、经济、旅游等方面开展多种形式的交流与合作，促进双方城市的共同繁荣发展。此次签约标志绵阳市的国际友好及友好合作城市达24个。

【经大忠率绵阳市代表团考察美国库比蒂诺市】 2017年11月27日，绵阳市人民政府副市长经大忠率绵阳市代表团考察美国硅谷核心城市——库比蒂诺市。经大忠一行与库比蒂诺市议员（前市长）张昭富以及其他市政官员进行座谈。会谈结束后，绵阳市与库比蒂诺市签署《绵阳市与库比蒂诺市建立友好合作关系备忘录》。根据备忘录，双方在科技、经贸、农业、教育、旅游等方面开展多种形式的交流与合作，促进双方城市的共同繁荣发展。至此，绵阳市的国际友城及友好合作城市达25个。

（谢　铭）

涉台事务

【概况】 2017年，绵阳市台办围绕“两园区、两平台、三活动、三基地”工作格局。向国务院台湾事务办公室申报并举办“第三届海峡两岸文昌文化交流活动”“第二届华夏母亲嫘祖故里祭祖大典”“第四届两岸哪吒民俗文化交流活动”等文化交流活动。经中共中央台办、国务院台办批准，北川羌族自治县地震遗址保护区新设为全国“海峡两岸交流基地”，该基地成为全省自2012年来获批的第二个“海峡两岸交流基地”。全年新落户绵阳元硕科技、四川莅兴农业、阿霸李食品、四川烧冰工坊食品等台资企业4家，投资金额4250万元，现有台资企业增资扩股1800万元。全市有台资企业117家，总投资36亿元，年产值及销售收入达60亿元，解决从业人员6000余人。全年累计接待台湾到绵阳参观交流31批次945余人。在《台湾导报》累计刊发宣传专版12个，文稿30篇。邀请台湾东森电视赴盐亭县拍摄《嫘祖故里盐亭》专题宣传片，邀请《人民日报》海外版及台湾联合报系作“海峡两岸交流基地”专题宣传；邀请台湾东森电视、TVBS、旺旺中时传媒、联合报系、《台湾导报》等深度宣传绵阳市3大品牌交流活动，累计发稿35篇（条）。截至年底，绵阳市台办、梓潼县台办、北川羌族自治县台办被

图47　文昌祭祀活动

省委台办、省人社厅评为2015—2017年度“全省对台工作先进集体”，市台办副主任贺俊、市台办经济交流科科长郑勤、江油市台办主任喻大富被省委台办、省人社厅评为2015—2017年度“全省对台工作先进个人”。

【第三届海峡两岸文昌文化交流活动在梓潼举行】 2017年2月28日，国务院台办交流局指导，四川省台办和绵阳市人民政府主办，四川省文化厅支持，绵阳市台办和梓潼县人民政府承办的第三届海峡两岸文昌文化交流活动在梓潼举行。活动内容包括文昌祭祀、文昌文化研讨会、文昌出巡和非物质文化遗产展演活动等环节，重点突出文昌文化与华人寻根文化相融合、文昌文化与绵阳梓潼人文文化相映照、文昌文化影响力向经贸合作推动力相拓展。上午，第三届海峡两岸文昌文化交流活动在梓潼开幕，国务院台湾事务办公室副主任龙明彪、四川省副省长朱鹤新出席开幕式和祭祀大典。吸引海峡两岸等地500多名嘉宾参加。活动当天接待游客5万余人次。

【2017（丁酉）年华夏母亲嫘祖故里祭祖大典在盐亭县举行】 2017年3月7日，国务院台办批准，中华炎黄文化研究会、四川省人民政府台办、四川省妇女联合会、四川省归国华侨联合会、绵阳市人民政府联合主办，盐亭县人民政府承办的“2017（丁酉）年华夏母亲嫘祖故里祭祖大典”在盐亭县嫘祖陵祭祀广场举行。四川省归国华侨联合会主席、党组书记刘以勤，中共绵阳市委书记彭宇行，中共绵阳市委副书记、市长刘超，四川省人民政府台湾事务办公室副主任赵宇，中国国民党中央常务委员会委员侯彩凤、厉耿桂芳、谢坤宏，市人大常委会主任马华，市政协主席张锦明，中共绵阳市委副书记付康等出席活动。祭祖典礼由击鼓鸣炮、敬献花篮、净手上香、敬献贡品、恭读祭文、行施拜礼、乐舞告祭、高唱颂歌、祈福中华共九项议程组成。上午9时50分，2017（丁酉）年华夏母亲嫘祖故里祭祖大典正式开始。鼓鸣炮后，文化艺术界代表、港澳台同胞代表、海外华人华侨代表、企业家代表等先后向华夏母亲嫘祖敬献花篮，奉上祭祀先祖的清香。祭文诵毕，前来参加祭祖大典的全体人员向华夏母亲嫘祖三鞠躬。乐舞告祭中，歌唱家于文华现场演唱《中华母亲》。随后，来自当地的1200名学生放飞手中的气球，祈福中华。

图48　嫘祖祭祖典礼

【北川地震遗址保护区获批国台办“海峡两岸交流基地”】 2017年5月10日上午，国务院台湾事务办公室举行例行新闻发布会宣布：中共中央台办、国务院台办批准新设立北川羌族自治县地震遗址保护区为“海峡两岸交流基地”。该基地是国台办2017年批准设立的6家“海峡两岸交流基地”之一，也是自2012年来四川省获批的第二个“海峡两岸交流基地”。

【第四届海峡两岸哪吒民俗文化交流活动在江油市举行】 2017年5月14日上午，国务院台办批准，四川省人民政府台湾事务办公室指导支持，江油市人民政府、绵阳市人民政府台湾事务办公室共同主办的第四届海峡两岸哪吒民俗文化交流活动在江油举行。来自全国各地专家学者和新加坡、马来西亚、泰国等国家的宫观代表、哪吒信众300余人参加活动。交流活动中，举办两岸哪吒民俗文化交流研讨会，两岸与会嘉宾、专家学者汇聚一堂，就哪吒文化的丰富内容、哪吒信仰的起源、发展等问题展开的研讨和交流。期间，举行经贸交流、两岸书法笔会等活动。

【第26届两岸珠算心算通信比赛在绵阳市举办】 2017年5月25日，由台湾省商业会、中华珠算心算协会主办的“ISO 9001珠算心算能力鉴定暨第26届两岸珠算心算通信比赛”在绵阳市少年宫成功举行。活动邀请全市各地小学及幼儿园183名珠算心算学员和爱好者参加比赛。通过为期半天的角逐，共评选出各类优胜奖30名。

【台北市基层代表参访团到绵阳考察交流】 2017年6月22—23日，台北市议员秦慧珠率“台北市基层代表参访团”一行40人，到绵阳的梓潼、江油和北川“海峡两岸交流基地”考察交流，走进文昌故里梓潼、李白出生地江油感受中华传统文化魅力，体验新农村建设发展成就，考察北川老县城地震遗址、缅怀遇难同胞、感受灾后恢复重建伟大成就。

图49　绵阳市海峡两岸青年创新创业基地授牌仪式

【绵阳市海峡两岸青年创新创业基地成立】 2017年12月13日，绵阳涪城区金家林总部经济试验区授牌“绵阳市海峡两岸青年创新创业基地”仪式在金家林软件产业园举行。绵阳市台办主任陈福林为基地授牌，区委副书记顾建、金家林总部经济试验区管委会副主任邓先义参加活动并揭牌，来自涪城区优秀创新创业青年代表和在涪城创业的台商台青等20多人参加活动。活动中，与会人员参加主题为“逃离创业黑洞”的创业沙龙活动，参观海峡两岸青年创新创业基地。基地成为引商、引资、引智、引才的重要平台，成为两岸青年创新创业、实习就业、孵化兴业的重要平台。　（王应明）

政务服务

【概况】 2017年，全市政务服务以“互联网+政务服务”为引领，以推进服务型政府建设为抓手，深化“放管服”改革，优化服务流程，创新服务方式，提高政务服务质量和效率，精简各类审批事项，优化办事流程，增强部门公信力和执行力。全年，累计受理行政审批事项201718件，办结201327件，收取税费约4亿元。

【行政审批制度改革】 2017年10月，绵阳市改革方案经省政府审核通过，各县区于年内全面完成行政审批局组建，成为全省三个所有县区均成立行政审批局的市州之一；动态调整行政许可项目，取消行政许可事项21项，市本级保留行政许可事项209项。开展“减证便民”行动，清理取消村社（区）各类证明事项289项，仅保留13项，系全省保留证明事项最少的市州之一。制订《绵阳市政务服务大厅窗口优化调整方案》，协调房产交易涉税事项重新进驻市政务服务大厅，实现二手房交易契税全城通办和房屋交易、契税缴纳、不动产登记“一站式”“一条龙”服务。推进“双随机一公开”，清理公布市本级随机抽查事项清单222项，全年累计抽查执法人员16万次，检查企业10万次，处罚款2651万元。

【政务服务体系建立】 2017年4月，国家统计局绵阳调查队进行的民意调查显示，群众对全市政务服务“满意”和“比较满意”的达91.2%。自2015年起全市在全省率先开展行政审批“一窗制”工作，实行投资建设项目并联审批，施工前阶段较承诺时限平均提速81%，竣工验收较承诺时平均提速78%，全年为386个投资建设项目开展并联审批2227件；10个部门24项政务服务事项统一纳入综合窗口委托办理，全年受理办结85件，较法定时限提速88%。全省率先实行延时服务，市县两级政务服务中心223个窗口在星期六（法定节假日除外）提供505项可受理政务服务事项，乡、村两级便民服务中心（室）提供可预约服务，国务院、省政府网站予以报道；在全省率先推行“服务绿卡”，为96个持卡重点企业和重点项目提供精准服务，开辟“绿色通道”，全年为51个项目提供绿色通道服务106次，办件提速54%；市住建窗口推出“房屋交易只跑一次”便民举措，高新区人社局开展“最多跑一次群众最满意”活动，活动经验被省政务服务中心第13期简报印发推广。

【“互联网+”政务服务】 2017年，省政府办确定绵阳市为三个全省一体化首批试点城市之一。12月1日，平台正式开通上线，市本级公布6125项行政权力和433项公共服务事项，152项政务服务事项实现全程网办，全市在省政府办公厅25次通报中均位列全省前三；推进办事材料和证照证明目录化、标准化、电子化，对全市16178项政务服务事项涉及制证环节的证照名称、颁证单位等15项基本要素进行梳理，29个市级部门共梳理各类证照、批文、材料265个，全年建成电子证照模板221个，制作录入电子证照182个，发出全省各市州首张电子证照。

【行政权力网上规范化建设】 2017年，全市以规范和约束公权力为重点，加大监督力度，做到有权必有责、用权受监督、违法必追究。推进行政权力网上公开规范运行。截至年底，全市行政权力依法规范公开运行工作上网运行办件212万余件，较2016年增长13倍，全年累计排名从2016年第9名跃升至全省第三。

（盖　丹）

机关事务管理

【概况】 2017年，绵阳市机关事务管理局以“重点工作创新年、工作制度规范年、干部能力提升年”为载体，以实现“全省领先、西部一流”为总目标，加强服务型部门建设。2017年，经市编委批准，市机关事务管理局增设资产管理科和公共机构节能科，后勤服务科与安全保卫科整合，设后勤管理科，挂“安全保卫科”牌子。3月，召开全市机关事务系统工作会议，传达全省机关事务管理工作会精神，市委常委、常务副市长颜超出席会议并讲话。4月，承办全省机关事务管理工作业务培训会（第二片区），成都、绵阳、德阳、遂宁、阿坝5个市（州）机关事务管理部门200余人参训。年底，市机关事务管理局被四川省机关事务管理局评为“四川省机关事务管理工作先进集体”。

【《绵阳市机关事务工作“十三五”规划》出台】 2017年5月3日，市政府办公室印发《绵阳市机关事务工作“十三五”规划》（简称《规划》），《规划》由“十二五”时期工作、“十三五”总体要求、探索创新工作、重点推进工作、加强自身建设5个部分组成，是全市第一个机关事务工作五年规划。

【机关事务管理标准化建设】 2017年，市机关事务管理局围绕市委、市政府关于优化政务环境、建设服务型部门的工作要求，推进标准化建设。制定《绵阳市机关事务工作标准化手册》，从机关事务工作政策依据、岗位职责、制度规范、流程标准、监督评价等6个层面进行梳理，涵盖9大板块、45个大项、93个专项，并在全国机关事务标准化工作现场会进行展示交流。开展绵阳市区域性地方标准项目制定工作，以“公共机构合同能源管理与服务规范”等5项规范为依托，申报区域性地方标准项目，填补机关事务管理行业区域性地方标准空白。开展四川省公共服务业标准化试点，创建以“服务通用标准、服务保障标准、服务提供标准”为支撑的省级机关事务标准体系，规范全市机关事务工作运行。

【园艺新区项目建设】 2017年，市机关事务管理局梳理汇总园艺新区项目进展情况，包括项目投资超概、拆迁遗留事项工程推进、手续报批等问题，为市委、市政府领导决策提供参考。协调相关部门解决园艺新区办公用房分配、装修、食堂布局、资产划转和工程建设中存在的具体问题。牵头完成园艺新区智慧食堂、节能监管平台、智能门禁系统、会议系统等信息化系统的设计、评审和招标工作。

【国有资产管理】 2017年，市机关事务管理局与市财政局联合出台《绵阳市级政府公物仓管理暂行办法》，创建公物仓国有资产管理模式，推进市级国有资产共享公用、集约管理、降本增效。规范对办公用房的日常监管，制订办公用房明察暗访工作方案，成立工作小组，开展办公用房督查。执行办公用房维修立项审核制度，市级单位办公用房维修严格履行申报、现场查看、核实、立项等程序。按照“廉洁搬迁、节俭搬迁”的原则，对市委统战部、市委巡察办等14家单位办公用房进行综合调剂。

【公务用车管理】 2017年，按照省、市公务用车制度改革和《政府采购法》有关规定，市机关事务管理局出台《绵阳市市级单位公务用车“三定点”管理暂行办法》，完成市级机关公务用车加油、保险和维修定点企业公开采购。制发《绵阳市党政机关公务用车更新流程》，严把新购公务用车车型、排量关口，规范购置流程。完成市级机关公务用车制度改革取消车辆处置工作，通过5次网络或现场拍卖，拍卖成交市级机关和垂直管理部门车辆336辆，成交金额643.76万元。建设绵阳市公务用车信息管理平台，基于北斗导航定位的车辆信息管理平台10月投入试运行，全市1000余台公务用车全部安装车载终端设备，公务用车信息化管理在全省率先实现全覆盖。2017年，提供公务出车2000余次，行程60余万千米，保障科博会、电商峰会、部际协调小组会和“人才之夜”颁奖晚会等重大会议（活动）。

【公共机构节能】 2017年3月，机关事务管理局与市发展改革委联合印发《绵阳市公共机构节约能源资源“十三五”规划》，从“十三五”时期总体要求、主要目标、发展理念及思路，开展绿色行动，实施重点工程，完善保障措施等方面进行安排部署。把县市区政府公共机构节能工作纳入市级目标绩效考核。合同能源管理试点成效显著，仅电费一项，市委、市政府集中办公区节电30万千瓦时，节约电费25万余元，8年合同期内，可节约财政资金300余万元，该项工作被中直机关事务管理局肯定和推广。6月，以“节能有我绿色共享”为主题，牵头组织开展“全市公共机构节能宣传周”活动，利用手机短信平台、LED显示屏、全市各路线公交车、微信公众号向全市机关干部职工和广大群众发送节能公益短信20余万条、播放节能视频3万余次。推进节约型公共机构示范单位创建，成功申报5家国家级和5家省级节约型公共机构示范创建单位。11月，市委、市政府、市中级人民法院、市检察院集中办公区内31家单位通过市级节水型单位复核验收。

【会务管理】 2017年，机关事务管理局改进会前、会中、会后跟踪服务和管理，节省会议开支，会议满意度达到98%。全年保障以市委常委会、市政府常务会、电视电话会为代表的日常会议2642批次，以党代会、团拜会、中心组学习会为代表的一类会议400余批次。

【后勤管理服务】 2017年，机关事务管理局完善食品安全监督管理体系，市委、市政府机关食堂通过高新区食品药品监督管理局食品安全检查，通过食品安全管理等级A级评定。实施市委、市政府集中办公区周边道路及环境综合改造工程，提升办公环境，解决干部职工停车难问题。把县市区和市级部门非正常上访处置纳入市级目标绩效考核，配合有关部门做好非正常上访、突发事件稳控工作，全年接待非正常上访368批7378人。修订完善《绵阳市外地来绵工作领导干部周转住房服务管理暂行办法》，确立分工合理、标准统一、运转高效的周转房管理体系。 （廖 虎）

地方志工作

【概况】 2017年，全市地方志系统贯彻落实《全国地方志事业发展规划纲要（2015—2020年）》和省、市地方志事业“十三五”发展规划，加强机构和队伍建设，推进《汶川特大地震绵阳抗震救灾志》终审验收、组织编纂《四川省乡镇简志》绵阳卷暨《绵阳市乡镇简志》、创办《中国（绵阳）科技城年鉴》、成立绵阳市地方史志学会等工作。在全省市州地方志工作综合考评中，绵阳市获第3名，被省志办评为“成效突出单位”。

【依法治志专项督促检查】 2017年，全市地方志系统围绕市委、市政府决策部署，贯彻落实《绵阳市地方志事业“十三五”发展规划》（简称《规划》），推进依法治志，取得明显效果。年内，市方志办对各县市区贯彻落实《规划》情况进行专项检查，重点检查各县市区政府出台地方志事业“十三五”规划或贯彻落实市级规划实施意见、落实“一纳入、八到位”要求、“两全”目标推进、信息宣传及方志馆建设推进等情况，并形成专题报告呈报市政府。按照市政府分管领导批示，市方志办向各县市区政府通报检查情况。通过检查、通报和跟踪督办，推动《规划》在各县市区的落地落实。截至10月底，全市9个县市区政府全部出台本地地方志事业“十三五”发展规划或贯彻落实市级《规划》实施意见。

▲“两全”目标：指第二轮修志全面完成，县市区年鉴编纂一年一鉴，公开出版。

【第二轮修志任务基本完成】 2017年7月，《盐亭县志（1986--2007）》正式出版；二轮修志滞后的平武、北川加快工作进度推进编纂出版工作，至年底，《北川羌族自治县志（1988—2007）》作为四川省唯一一部被列“‘十三五’国家重点出版物出版规划项目”出版，《平武县志（1991—2005）》获市政府批准出版。截至年底，全市二轮修志规划的11部志书，出版10部。

【抗震救灾志出版工作】 2017年，游仙、平武抗震救灾志正式出版，全市9个县市区抗震救灾志全部出版。《汶川特大地震绵阳抗震救灾志》通过市政府组织的终审验收并完成出版采购，进入出版社三审三校阶段。

【《四川省乡镇简志》绵阳卷暨《绵阳市乡镇简志》编纂完成】 2017年9月，市方志办承编的《四川省乡镇简志》绵阳卷暨《绵阳市乡镇简志》编纂完成，并报省志办终审。《绵阳市乡镇简志》上限1949年（建置沿革等个别事项上溯至成立），下限2015年12月，以县市区（园区管辖乡镇归入所在县市区）为记述单元，以全市377个乡镇、13个街道为记述对象，采用条目体结构，从位置境域、建置沿革、名称由来、环境资源、人口构成、经济发展、社会变迁、名胜古迹、人物等方面，客观记述每个乡镇、街道的自然及社会的历史与现状，特别突出名称由来、知名人物、名胜古迹、特产、非物质文化遗产、特色产业等彰显乡镇特色的内容。全志约53万字，800余幅照片。

【《中国（绵阳）科技城年鉴》创刊】 2017年，绵阳市为全面、系统地记录和反映加快建设国家科技城的重大部署、重大举措、重要成果和典型经验，市委、市政府决定从2017年创办《中国（绵阳）科技城年鉴》，一年一鉴，公开出版；市委、市政府成立中国（绵阳）科技城年鉴编纂委员会，编纂委员会设办公室在市方志办。市方志办在研究并广泛征求各地、各有关部门和单位意见的基础上，制订《中国（绵阳）科技城年鉴（2017）》的编纂纲目，并正式启动该年鉴的编纂工作。至年底，《中国（绵阳）科技城年鉴》创刊号暨2017年卷编纂工作完成。该年鉴全面记述2016年绵阳市深入落实国家全面创新改革试验和军民融合发展战略，加快建设国家科技城的新部署、新举措和新成果，展现中国（绵阳）科技城发展新面貌。全书设图片专辑、特载、大事记、综述、组织机构、全面创新改革试验、研发创新平台、产业园区、创新创业、科技成果转化和知识产权保护、开放合作、人才建设、金融服务、附录等14个类目，约50余万字，250余幅图片。

【年鉴编纂工作】 2017年，市方志办继续做好《绵阳年鉴》编纂出版工作。至年底，《绵阳年鉴(2017)》编纂工作完成，全书约110万字，图片350余幅。组织召开《梓潼年鉴》2017年卷评议会，采取集中评议一部县级年鉴的方式，指导县市区年鉴提档升级。开展市属工业园区年鉴工作，全市首部园区综合年鉴《绵阳经济技术开发区年鉴(2016)》出版，《绵阳高新区年鉴(2017)》启动编纂工作。出台《绵阳市地方综合年鉴编纂出版规范》，从编纂工作组织、编纂行文规范和印刷出版要求等方面，对全市综合年鉴编纂与出版进行统一规范。截至年底，三台、梓潼、安州、江油的2017年卷出版发行；涪城完成编纂工作；北川、游仙、盐亭、平武完成编辑工作。

【《绵阳建市三十周年大事记（1985—2015)》出版】 2017年7月，市方志办组织编纂的《绵阳建市三十周年大事记（1985—2015)》公开出版发行。该书约25万字，收录大事记1400余条，图片100余幅；记述时限自1985年绵阳撤地建市起，至2015年12月31日，按历史年代和时间顺序编写，同时结合纪事本末体，对一些重大事件采用集中编写的方法，以保持事件的完整性。根据“详近略远”“详特略同”的原则，该书重点收录2000年以后（特别是2008年汶川特大地震抗震救灾及灾后恢复重建期间）的大事、要事、特事、新事，具有较高的历史参考价值。

【方志文化普及读物编纂】 2017年，市方志办编辑出版《绵阳市情》2017年卷；完成《民国绵阳县地籍图集(1942—1943)》的整理工作；与市委党校合作，编写绵阳市情及历史文化普及读物《绵阳读本》，被市委组织部确定为干部培训教材；承担市政协文史资料普及读物编写工作，完成《绵阳地理概述》之《绵阳名山》《绵阳民俗文化》之《绵阳少数民族节庆习俗》的编写工作。游仙区编辑《游仙史话》和《以史为鉴反腐倡廉》系列廉政史料集。安州区启动《红军在安州》编纂工作。平武县完成《四川羌族通志·平武卷》；县志办干部曾维益、李瑞平编著出版《烟云过眼录》《白马人之书》等地情文化书籍。北川完成《北川羌族志》初稿编纂和部分总纂工作。

【地方史志理论研究】 2017年，市方志办牵头成立绵阳市地方史志学会，召开学会理事会大会和绵阳历史文化宣传座谈会，围绕绵阳地方史志文化资源的挖掘整合与传统媒体的融合宣传，征集地方史志专家和新闻媒体的意见建议。牵头组织四川省地方志工作重点课题《地方志与地方史兼容发展问题》研究，负责制订课题方案，组织课题组成员赴山东济南、东营学习考察，全市9个县市区，采取市、县联动的方式开展研究，在江油市举办课题专题研讨会，汇总各成员单位研究成果，形成课题研究报告，完成课题研究工作。

【参与地方文化建设】 2017年，市方志办参加绵阳“三线”建设遗址保护、越王楼历史文化街区专家论证会、绵阳城市街道命名等专题调研、研讨、协商工作，有关建议受到市政协主席张锦明，市委常委、常务副市长颜超的肯定；协助市纪委拍摄传承家规家风系列专题片，参加方案论证和脚本审定，提供大量历史资料和采访线索，播放后社会反响热烈，受到市纪委宣传部的好评。涪城区志办开展“欧阳修出生地文化”研究。安州区志办完成《安州区红色历史文化资源保护和开发利用情况专题调研报告》。盐亭县、江油市志办分别配合中央电视台完成《中国影像方志》盐亭篇、江油篇拍摄工作。北川志办参与“兰辉学院”建设；纠正“四川十大名人——大禹”出生地谬误；帮助“马槽玉米酒”申请国家地理标志产品保护入志记载问题。

【开展方志文化宣传活动】 2017年，全市地方志系统开展方志文化进高校、进社区、进乡村、进机关等活动。与绵阳师范学院开展“方志文化进高校”活动，赠送绵阳史志书籍近百套，并建立校地合作关系；与绵阳高新区飞云社区开展“方志文化进社区活动，”为社区书屋赠书200余册；深化与涪城区红星社区书屋的合作共建活动，社区书屋开设“绵阳地方志”专柜。全市地方志系统向省志办及绵阳市委办、市府办报送信息共计50余条，“四川省地方志”官网头条采用15条。“绵阳地情网”发布各类工作动态、地情信息80余条，编发《地方志工作简报》8期。加强与绵阳日报社等媒体的合作，采用地方志工作新闻信息20余篇。三台县方志办开办三台地情网，开通微信公众平台、官方微博，方志文化宣传与服务有声有色。江油市方志办开通“史志江油”微信公众平台，制作发送信息70多期，平台总用家数达260多人。安州、梓潼、盐亭、北川等县市区方志办依托当地党委、政府门家网站，全面系统地介绍县情区情及地方史志文化。

【市县两级方志馆建设】 2017年，市方志办向市委、市政府建言献策，建议将市方志馆建设项目纳入绵阳城市文化艺术中心项目统一规划和建设；争取市政协领导的关注和支持，把绵阳方志馆项目写进市政协关于加快推进绵阳城市文化艺术中心建设的大会发言材料，引起市委、市政府领导的极大关注和社会各界的响应。同时协助市文广新局做好方志馆建设政策依据、功能布局方案等论证工作。全市9个县市区将方志馆建设全部纳入本地规划，涪城区、三台县、梓潼县进入规划选址阶段，游仙区、江油市确定把方志馆纳入本地文化中心项目统一规划和建设。（郭　徽）

档案管理

【概况】　2017年，市档案局贯彻落实中央、省、市决策部署和国家、省的档案工作要求，做好脱贫攻坚档案、经济科技档案、档案法治建设和档案的接收与管理工作。建立完善干部能力培养和动力激发机制，全市档案部门送省培训60多人次，举办业务培训23期，培训1700多人。组织开展档案学会学术征文和年会活动。开展四川省档案人才“283”工程推荐工作，全市5人首批评为四川省档案高级人才，5人评为四川省档案优秀人才。市档案局被省档案局评为目标管理先进单位、法制工作先进单位、精准扶贫档案工作先进单位、档案编研工作先进单位和优秀案例组织奖。

【脱贫攻坚档案工作】　2017年，市档案局印发《绵阳市脱贫攻坚档案资料规范化管理示范点（乡镇和村）建设工作方案》，组织开展14批次现场指导和检查，推动三台、梓潼、江油、安州全域展开脱贫攻坚档案工作。全市7个担负脱贫攻坚任务的县市均完成1个以上的示范乡（镇）和示范村建设。

【法治档案建设】　201年，全市档案系统持续深化法治机关建设，举办法律讲堂、法治专题学术报告以及“12·4”法制宣教等活动，刊发《做好档案工作服务绵阳建设》专稿，牵头承办“绵阳地方法治建设的理论与实践”主题活动。全市执法检查750个单位，初步实现行政权力事项和运行流程图向社会和公众公布并上网运行和办理，市县档案部门完成各类行政权力公开运行平台录入1028条。

图50　“6·9”国际档案日主题展在市人民公园展出

【经济科技档案工作】　2017年，全市开展“项目档案工作提升”行动，梳理、指导省、市国家重点建设项目100余个，提出加强建设项目档案工作12条措施，重点建设项目档案建档率、登记率达100%，指导率、验收率达90%以上。培训指导59家企事业单位规范开展档案工作，九洲、长虹等6个单位的经科档案开发利用项目获省优秀案例奖。

【档案接收利用】　2017年，全市抓好档案接收工作，市县国家综合档案馆接收档案32478卷、340780件。市档案馆制发《民生档案异地查档跨馆服务实施细则》，开展一站式利用服务。市县国家档案馆接待利用53500人次、65300卷（件）次，其中异地查档跨馆利用424人次、769（卷）次。

【档案安全保障】　2017年，全市开展档案安全专项检查、执法巡查，《档案数字化外包安全管理规范》等规定得到有效落实。市县国家档案馆全部开展重要档案异质异地备份工作，市档案馆累计备份重要电子文档数据4230G。确保档案安全保密零事故。

【数字档案馆室建设】　2017年，全市10个国家综合档案馆全面启动实施数字档案馆建设，年内新增数字化成果1944.4万页（幅），累计达9000万页（幅）。推进市政府办、长虹集团、九洲集团等数字档案室建设试点工作。完成全市干部档案、市中心医院70万件病历档案数字化和网络化管理利用。启动实施全市法院、公安系统、市社保和不动产登记等单位业务文书数字化与档案信息一体化管理利用。

【档案宣传文化建设】　2017年，市县档案部门开发档案文化产品11部，约200万字，其中市档案局完成档案编研成果50万余字。《清代盐亭县王大坤分关系列契约》《清代江油县蹇氏父子科举考试答卷》入选四川省首批档案文献遗产名录。全市的档案馆爱教基地推出展览展示活动31个，接待参观2.6万余人次。开展“6·9”国际档案日宣传活动，举办“档案—我们共同的记忆”主题展，深入文化广场、社区、学校开展档案咨询活动，全市接受咨询服务3万余人次。（肖　雪）

公共资源交易

【概况】　2017年，全市规范公共资源交易服务，在打造“公正、规范、高效、廉洁”服务平台上迈出新步伐。在形成的三大类189项标准基础上，修订区域性地方标准3项，新增服务提供标准3项，持续改进并优化公共资源交易标准化框架体系。截至年底，公共资源交易服务平台累计受理项目1404个，成交金额267.6232亿元，节约资金4.9117亿元。其中，工程建设类受理项目586个，受理金额245.58亿元，成交项目502个，成交控制价约224.53亿元，成交金额约220.21亿元，节约金额约4.32亿元。政府采购类受理项目（网上竞价项目）610个，受理金额约7.53亿元，成交项目440个，成交控制价约3.85亿元，成交金额约3.49亿元，节约率约9.6%。国土出让市本级成交土地约48宗，成交价约15.17亿元，溢价率约6.24%；受理县市区土地出让公告26个涉及土地75宗。受理资产交易项目3个，成交价195.58万元，溢价率43.43%。

【政府采购基本实现全流程电子化】2017年，政府采购电子化系统建设持续深入推进，4月系统正式上线。采购人申报采购计划、财政部门审批、委托协议签订、采购文件编制等功能实现在线完成，中标（成交）供应商确定、结果公告、合同备案等实现在线办理，节省人力及运行成本，为政府采购各方当事人提供更加高效、便捷的服务。6月，全市首个政府采购电子化公开招标项目在中心顺利完成开评标，标志着绵阳政府采购全流程电子化实现新跨越。

（盖　丹）

接待工作

【概况】　2017年，全市完成各类接待任务445批19315人次。党和国家领导人接待任务8批次；外国政要绵接待任务1批次，7月27—28日，赞比亚副总统率代表团一行到绵阳访问；国家部委及其他省份负责人到绵阳接待任务86批次；省委、省人大常委会、省政府、省政协负责人到绵阳接待任务27批次；大型活动接待任务17批次。

【党和国家领导人接待】　2017年，全市完成党和国家领导人接待任务8批次。4月1日，全国政协副主席刘晓峰一行到绵阳调研；5月10—11日，全国政协副主席杜青林一行到绵阳调研；5月16—17日，全国政协原副主席、民盟中央原第一副主席张梅颖一行到绵阳调研；9月6—7日，全国政协副主席、民革中央常务副主席齐续春一行到绵阳出席第五届中国（绵阳）科技城国际科技博览会；9月15—16日，中共中央政治局委员、国务院副总理刘延东一行到绵阳出席绵阳科技城建设部际协调小组第13次会议；9月15—16日，全国政协副主席，致公党中央主席，科学技术部部长万钢一行到绵阳出席绵阳科技城建设部际协调小组第13次会议；9月20—21日，全国政协副主席刘晓峰一行到绵阳出席中国（四川）电子商务发展峰会；11月8—9日；中共中央政治局委员、国务院副总理马凯一行到绵阳调研。

【国家部委及其他省份领导接待】　2017年，全市接待国家部委及其他省份负责人到绵阳86批次。2月7日，商务部部长高虎城一行到绵阳调研；5月10—11日，中央纪委驻科技部纪检组组长、科技部党组成员王宾宜一行到绵阳调研；6月8—10日，中央财办副主任蒲淳一行到绵阳调研；8月23—24日，环保部党组成员、副部长、国家核安全局局长、中央环境保护督查组副组长刘华一行到绵阳调研等。

【省级领导接待】　2017年，全市接待省委、省人大常委会、省政府、省政协等负责人到绵阳27批次。省委书记、省人大常委会主任王东明3次到绵阳调研；省委副书记、省长尹力9次到绵阳调研；省委常委、省人大常委会副主任黄新初2次到绵阳调研；省人大常委会党组书记、副主任陈光志一行到绵阳调研；省人大常委会党组副书记、副主任黄彦蓉2次到绵阳调研；省人大常委会副主任彭渝一行到绵阳调研；省政协副主席、省工商联主席陈放4次到绵阳调研；全国政协常委、省政协副主席、民盟四川省委主委赵振铣到绵阳调研；省政协党组副书记、副主席高烽到绵阳调研；省政协副主席、党组副书记、省总工会主席李登菊到绵阳调研等。

【大型活动接待】　2017年，全市大型活动接待任务17批次。1月25日，2016四川十大改革转型发展案例暨十大科技创新改革人物颁奖晚会；2月27—28日，第三届海峡两岸文昌文化交流活动；3月5日，第二届海峡两岸嫘祖文化交流活动暨2017（丁酉）年华夏母亲嫘祖故里祭祖大典；7月5日，“英才风华·辉映绵州—2017中国（绵阳）科技城人才之夜”；7月17—19日，“从‘三线’建设到军民融合发展”专家论坛；7月25—26日，四川产业发展投资引导基金市州行（绵阳站）—军民融合专题活动；9月6—8日，第五届中国（绵阳）科技城国际科技博览会；9月15—16日，中国（绵阳）科技城建设部际协调小组第13次会议；9月21—23日，2017中国（四川）电子商务发展大会等。（艾小庄）

概述

【概况】 2017年，市政协邀请全国政协副主席齐续春、刘晓峰到绵阳出席第五届科博会、电商峰会，开展“优化发展环境，促进民营经济健康发展”、“三线”建设遗址的保护与规划、提案办理协商等各类协商活动11项，其中全会协商1次、专题议政性常委会议协商2次、专题协商3次、对口协商1次、界别协商2次，组织民主党派、工商联投身助推全创改革试验、开展“我为扶贫攻坚做件事”等重要活动。助推全面创新改革试验工作，全市各级政协委员3923人次参与全创，牵头各类全创项目74个，撰写大会发言、提案、社情民意信息976条。

【齐续春出席科博会】 2017年9月7日，全国政协副主席、民革中央常务副主席齐续春出席“第五届中国（绵阳）科技城国际科技博览会”并宣布开幕，参观科博会展厅。在绵阳期间，齐续春还接见民革绵阳市委班子成员。

【刘晓峰出席电商峰会】 2017年9月21日，全国政协副主席、农工党中央常务副主席刘晓峰出席2017中国（四川）电子商务发展峰会并宣布开幕。同日，刘晓峰出席中国初级卫生保健基金会对江油市区域卫生发展精准扶贫项目捐赠仪式，共捐赠价值6093.72万元的医疗设备。在绵阳期间，刘晓峰还接见农工民主党绵阳市委班子成员。

【专题协商“积极推进农村产权制度改革”】 2017年10月19日，市政协召开“积极推进农村集体产权制度改革”专题协商会议，委员就壮大集体经济、保障工作经费、发展集体经济组织等进行专题发言和小组讨论，并提出意见建议。

【专题协商“‘三线’建设遗址的保护与规划”】 2017年7月11日，市政协召开“三线”建设遗址保护与规划专题协商会议。市政府通报全市“三线”建设遗址保护利用总体情况，市政协文化和文史委做“三线”建设遗址保护与规划调研情况报告，参会委员围绕全市“三线”建设遗址的保护与规划提出意见建议。

【专题监督性协商“绵阳城区轨道交通规划建设推进情况”】 2017年11月22日，市政协首次开展民主监督专题协商座谈会，就“绵阳城市轨道交通规划建设情况”开展专题监督性协商，与会政协委员围绕绵阳规划建设轨道交通的科学性、实用性、针对性，加强统筹规划，做好顶层设计，充分发挥公共交通整体作用，做好配套设施建设等提出意见建议。

【对口协商“加强信息化建设，推进社会保障公共服务体系建设”】 2017年7—11月，市政协副主席李京平带领部分委员，深入涪城区、高新区、北川县、三台县开展专题调研，并赴自贡、乐山、眉山和柳州、

图51　市政协“三线”建设遗址保护与规划专题协商会议召开

图52　市政协《绵阳市水污染防治条例（草案）》立法协商会议召开

南宁、海口考察，就加强社会保险信息化体系建设提出意见建议。

【界别协商“加强职业教育，为科技城建设提供技能人才支撑”】 2017年11月28日，市政协“加强职业教育，为科技城建设提供技能人才支撑”界别协商会议召开。科技界、教育界委员围绕加强职业教育质量体系建设、强化“双师型”教师队伍建设、加强职业教育“工学结合”培养模式、强化示范学校引领作用、促进职业教育与地方经济协同发展等方面与市级相关部门交流协商、建言献策。

【界别协商《绵阳市水污染防治条例（草案）》】 2017年8月22日，市政协“《绵阳市水污染防治条例（草案）》”界别协商会议召开。市环保局作《绵阳市水污染防治条例（草案）》起草说明。参会的市政协委员、专家、市民代表围绕《绵阳市水污染防治条例（草案）》中关于水污染防治的规划建议和监督管理、饮用水水源和其他重要功能水体保护、水环境风险监控预警和应急处置等提出意见建议。

【全市政协系统助推脱贫攻坚现场推进会议】 2017年7月13日上午在三台县召开。会议总结2016年以来全市政协系统“我为扶贫攻坚做件事”活动取得的成效，学习考察先进典型现场，安排部署下阶段深化“我为扶贫攻坚做件事”活动相关工作。

【全市政协系统助推全面创新改革试验工作会议】 2017年3月3日召开。会议宣读《绵阳市政协办公室关于成立助推全面创新改革试验工作领导小组的通知》，传达省政协“助推全面创新改革试验工作”座谈会议精神和市委常委会议关于“贯彻省全面创新改革试验工作领导小组暨省军民融合发展推进领导小组第四次会议”精神，安排部署全市政协系统2017年助推全面创新改革试验工作。

【市人民政府与市政协2017年第一次工作联席会】 2017年8月15日召开。市长刘超主持会议，市政协主席张锦明出席会议。市委常委、副市长颜超通报2017年上半年全市经济社会发展情况；副市长罗宗志通报2016年以来全市招商引资情况；副市长罗蒙通报全市“三大攻坚行动”推进情况；市环境保护局汇报全市大气、水、土壤污染防治“三大战役”工作推进情况；市城乡规划局汇报科技城集中发展区规划情况；市政协主席会议成员就相关工作提出意见建议。市领导杨学宁、王明华、经大忠、蒋丽英、李敦双、沈其霖、钟正军、胡安虎、郭兴林、田荣华，市政府秘书长谭岗，市政协秘书长赵黎参加。

【民主党派走进游仙活动】 2017年，市政协组织引导市级各民主党派集中参与助推游仙区经济社会发展活动，全年开展义诊咨询、捐资助学、扶贫帮困等各类爱心公益活动和同心实践活动20余次，协调争取项目资金及捐赠资金物质近2000万元，捐赠资金物资41万元，惠及群众2000人次。

【绵阳科技城“同心”新媒体孵化园建设】 中国科技城“同心”孵化器由市委统战部、市级各民主党派、

图53　市人民政府与市政协2017年第一次工作联系会召开

市工商联与科创区共同建设，四川神州同心孵化器管理公司负责运营管理。绵阳科技城“同心”新媒体孵化园主要由科技城创新中心二期2号楼、6号楼及上马新村电商产业园组成，占地3.2万平方米。2017年，“同心”新媒体孵化园入驻包括新一代显示技术、3D打印、大数据、无人机等新兴战略性企业320家，被省委统战部授牌为首批新的社会阶层人士统战工作示范基地。截至年底，招引企业46家，注册落地35家。

【留学报国绵阳基地建设】 “欧美同学会·中国留学人员联谊会留学报国绵阳基地”（简称“留学报国绵阳基地”）”于2016年10月成立。至2017年年底，对入驻企业制定一套完整的服务机制，建立专人跟踪服务制度和创业导师服务体系，实行全程无缝对接服务，累计吸引来自世界各地的近百位留学人员创业。

【海科会之中国（绵阳）科技城专场活动】 2017年9月14日，2017“海科会”海外高新科技人才走进中国（绵阳）科技城投资推介会在绵阳举行，签订正式投资项目协议47个，签约金额60.7亿元；签订意向投资项目协议35个，签约金额15亿元。新西兰皇家科学院院士高唯、法国总理府战略与展望总署高级顾问倪金城，以及来自美国、英国、法国、荷兰等8个国家的32名海外高新科技人才出席推介会。

【开展“我为扶贫攻坚做件事”活动】 2017年，市政协将“我为扶贫攻坚献计出力”活动更名为“我为扶贫攻坚做件事”活动，成立市政协“我为扶贫攻坚做件事”活动领导小组及办公室。印发《关于进一步深化“我为扶贫攻坚做件事”活动有关工作的通知》，开展“我为扶贫攻坚做件事”活动。截至12月20日，全市政协系统联系帮扶贫困村819个次、结对帮扶贫困户4442户，市、县政协委员、政协干部累计做好事实事4989件，个人（民营企业）捐助资金5.3亿元，帮助协调各类资金92.3亿元，受益群众达732.5万人次。

图54 全市政协系统深化“我为扶贫攻坚做件事”活动现场推进会召开

【委员培训工作】 2017年，市政协组织市、县政协委员、机关干部参加全国政协、省政协培训以及自主开展赴高校专题培训12期次，其中在全国政协培训中心、浙江大学自办（委托）综合培训班4期，在中国人民大学、厦门大学举办专题培训班2期。全年参加系统培训368人次，其中市政协委员197人，占七届市政协委员的45%。

【信息宣传工作】 2017年，市政协在全国媒体发稿1篇，省级报刊发稿27篇。其中《绵阳市政协建言“三线”建设遗址保护与规划》被《人民政协报》刊发报道，《绵阳市政协“五要评分法”助力新河村脱贫攻坚》先后被《四川日报》《四川政协报》专题报道，《绵阳政协助推“全创”工作经验》、“提案去哪儿”媒体现场直播情况被《四川政协报》头版头条报道。“绵阳政协”微信公众号推出“脱贫攻坚中的政协人”“助推全创、政协在行动”“学习贯彻中共十九大”等专栏，开设“绵阳人最关注的年度提案”评选投票栏目，全年发布微信信息265期，共计795条，阅读量达20万余次，粉丝数达2.8万人。

【《绵阳市在外知名人士通讯录》第一辑编辑】 2017年，中共绵阳市委委托，市政协主席张锦明牵头，副主席李京平组织市政协社会法制和台侨民宗委编印《绵阳市在外知名人士通讯录》第一辑，收录在国内外（含港澳台地区）各领域具有相当影响力的绵阳籍、在绵阳学习以及在绵阳工作过的知名人士275位。

【《绵阳市历史文化名人读本系列之〈欧阳修的城市印迹〉》编辑】 2017年7月，市政协文化和文史资料委员会牵头成立“绵阳市历史文化名人读本系列”编委会，由绵阳师范学院四川李白文化研究中心承担编校工作。《欧阳修的城市印记》是该系列的第一期，全书分引子、水韵绵州、书香随州、花客洛阳、风流夷陵、酒歌滁州、柳影扬州、政声开封、湖居颍州、烟雨新郑等部分，全景再现欧阳修极具传奇的一生。

【《绵阳地理概述读本系列之〈绵阳名山（上下）〉》出版】 2017年10月，市政协文化和文史资料委员会牵头成立“绵阳地理概述读本系列”编委会，绵阳市地方志办公室负责编辑。《绵阳名山（上下）》专辑是该系列的第一期，全书分别对龙门山脉、岷山山脉、摩天岭山脉、千佛山、罗浮山、窦圌山、匡山、老君山、七曲山、长卿山等绵阳名山的基本情况、历史人文、民间传说等，以通俗易懂的语言、图文并茂的形式进行系统介绍。

【《绵阳地名故事之〈绵阳城区记忆〉》编辑】 2017年10月，市政协文化和文史资料委员会牵头，市档案局担纲编辑《绵阳地名故事》之《绵阳城区记忆》。全书分街巷道路、桥梁古韵、历史遗迹、园林盛景、亭苑楼阁和附录六个部分，勾勒绵阳城区的重要地名坐标。

【《平武白马藏族文化》编辑】 2017年11月，市政协文化和文史资料委员会与市社科联聚合市内社科资源合力编撰。全书分历史概况、风俗习惯、宗教信仰、文化艺术四个部分，全面记述白马藏族的文化渊源和历史传承。

【市政协机关工作机构】 2017年，市政协下设9个正县级工作机构：办公室、研究室和7个专门委员会。7个专门委员会为：提案委员会、经济委员会、城乡建设和资源环境委员会、教科体卫委员会、文化和文史资料委员会、社会法制和台侨民宗委员会、委员工作和地方政协联络委员会。专委会下设4个正科级办事机构：专委会一处、专委会二处、专委会三处、专委会四处，接受专委会和办公室的双重管理。办公室下设离退休工作处（副县级机构），以及4个正科级机构：秘书处、信息宣传处、人事处（与机关党委办公室合署办公）、行政处。研究室下设正科级机构：理论调研处，接受研究室和办公室的双重管理。市政协机关设机关党委，为副县级。2017年12月，撤销市纪委派驻市政协机关纪检员（副县级）；改设市纪委派驻市政协机关纪检组（副县级）。

（汤　鹏　黄国旗）

政协绵阳市第七届委员会第二次会议

【概况】 2017年3月13—15日在绵阳举行。会议听取并赞同市长刘超作的市人民政府工作报告，赞同市中级人民法院工作报告、市人民检察院工作报告、市计划、财政2016年执行情况及2017年计划、财政预算草案的报告。会议审议批准张锦明代表市政协第七届常务委员会所作的工作报告，审议批准钟正军代表市政协第七届常务委员会所作的提案工作情况的报告。中共绵阳市委书记彭宇行作重要讲话。

【政协七届第二次会议第1次全体会议】 2017年3月13日上午在中共绵阳市委党校召开，应到委员440人，实到委员433人，符合法定人数，李敦双主持会议。审议通过政协绵阳市第七届委员会第二次会议议程；审议通过政协绵阳市第七届委员会第二次会议秘书长、副秘书长建议名单；听取张锦明作政协绵阳市第七届委员会常务委员会工作报告；听取钟正军作政协绵阳市第七届委员会常务委员会关于七届一次会议以来提案工作情况的报告；沈其霖、王小平、赵坤军、胡科、谢从玉、勾承建、王禾等7名委员代表相关界别作大会发言（本次会议共收到发言材料55篇），就推进全市精准脱贫、军民融合深度发展、县域经济发展、推动绵阳全面创新改革试验等问题建言献策。

【政协七届第二次会议第2次全体会议】 2017年3月13日下午召开，李京平主持会议，听取马泽波作市中级人民法院工作报告、吴长福作市人民检察院工作报告。

【政协七届第二次会议第3次全体会议】 2017年3月15日召开，应到委员442人，实到委员426人，符合法定人数，李敦双主持会议。通过《中国人民政治协商会议绵阳市第七届委员会第二次会议决议》《中国人民政治协商会议绵阳市第七届委员会第二次会议提案审查情况报告》。中共绵阳市委书记彭宇行作重要讲话，市政协主席张锦明出席会议并讲话。

七届市政协常委名单
（至2017年12月，67名，按姓氏笔画排序）

马培松　王　东　王　伟
王　评　王小平　王小勇
王久华（女，羌族）　王永高
王国春　文　实　邓建忠
邓裕炜　冯小涓（女）　任小军
刘平安　刘绍英（女）　刘树清
汤云春　阮期平　李　平
李　军　杨邦琼（女）　杨朝晖
肖永富　肖兴亮　吴　坤
何中先　何显兵　余金龙
张有贵　张晓丰　张恩阳（回族）
陈　刚　陈廷方　陈清太
欧阳普卿（女）　尚传英（女）
易显云　罗太平　郑金贵
郑学锋　孟祥柱　赵　奎

图55　政协绵阳市第七届委员会第二次会议召开

尚金玲（女）	姜　曦	贺　勋
贺强华（女）	袁　蓉（女）	
聂　丹（女）	夏　愉（女）	
徐汝金	卿官亮	高艳辉（女）
唐建华	黄加伦	黄国平
曹约翰	龚珍旭	康　宁
敬友忠	蒋正强	释常明
谢从玉	雷文勇	廖玉平
嘎拉茶（女，藏族）	樊　军	

（汤　鹏　黄国旗）

常委会与主席会

【概况】　2017年，市政协七届常委会召开6次、主席会议召开9次。传达学习中国共产党第十九次全国代表大会精神、省政协十一届第二十次常委会议精神，听取市政府相关专题工作报告，审议通过《绵阳市政协优秀政协委员评选表扬办法（试行）》等事项，协商讨论《政府工作报告（征求意见稿）》等内容，研究有关事项。

【市政协七届第4次常委会】　2017年6月26日召开。会议围绕“优化发展环境，促进民营经济健康发展”开展专题协商，委员们就完善政策措施、优化金融环境、优化行政审批、健全工作机制、强化政策落实等进行专题发言和小组讨论，提出有针对性的意见建议。会议还审议通过《绵阳市政协优秀政协委员评选表扬办法（试行）》及有关人事事项。

【市政协七届第5次常委会】　2017年9月5日召开。会议围绕“建设军民融合科技协同创新体系，推进全面创新改革试验”开展专题协商。委员们围绕理顺“政府部门之间”“在绵各类科研院所之间”“企业之间”的协同关系、建立“产学研之间”“军民之间”“产业之间”的协同创新机制等提出有针对性的意见建议。会议还协商通过有关人事事项。

【市政协七届第6次常委会】　2017年11月20日召开。会议传达学习中国共产党第十九次全国代表大会精神、省政协十一届第二十次常委会议精神，审议通过《政协绵阳市第七届委员会常务委员会关于认真学习贯彻中国共产党第十九次全国代表大会精神的决议》，部分参会常委分别代表相关界别就学习贯彻落实中共十九大精神进行专题发言。

【市政协七届第7次常委会】　2017年12月25日召开。会议听取市委统战部作的市政协委员调整说明，以及市政协办作的相关人事事项说明。协商通过市政协委员调整事宜，审议通过有关人事任免事项。

【市政协七届第4次主席会】　2017年2月8日召开。会议学习贯彻十八届中央纪委七次全会、省纪委十届六次全会、市纪委七届二次全会精神和省政协十一届五次会议精神，研究市政协七届一次会议重点提案督办事宜，审议市政协提案办理协商办法，研究市政协七届二次常委会议筹备事项及主要议程等。会议决定，市政协七届第二次常委会议于2月下旬召开。

【市政协七届第5次主席会】　2017年2月21日召开。审议通过市政协七届二次会议相关报告、会议议程等事宜，同意提交市政协七届二次常委会审议决定。

【市政协七届第6次主席会】　2017年3月9日召开。审议《绵阳市2017年度协商计划（审议稿）》《市政协2017年工作要点（审议稿）》，研究市政协七届二次会议大会及联组发言相关事宜。

【市政协七届第8次主席会】　2017年6月14日召开。研究市政协七届第四次常委会议筹备事项、市政协年度工作评先评优事宜，审议通过公民旁听市政协七届第四次常委会议事宜、《绵阳市政协优秀政协委员评选表扬办法（试行）》（审议稿），协商七届市政协委员调整事宜，通过有关人事事项。会议决定，市政协七届第四次常委会议于6月下旬召开。

【市政协七届第11次主席会】　2017年11月13日召开。审议市政协七届第六次常委会议建议方案、《政协绵阳市第七届委员会常务委员会关于认真学习贯彻中国共产党第十九次全国代表大会精神的决议（草案）》等。会议决定，市政协七届第六次常委会议于11月20日召开。

【市政协七届第12次主席会】　2017年12月13日召开。学习贯彻省委十一届二次全会精神、《中共四川省委办公厅关于印发〈关于加强和改进人民政协民主监督工作的实施意见〉》《中共绵阳市委关于加强社会主义协商民主建设的实施意见》精神，审议市政协七届第七次常委会议建议方案，协商市政协委员调整事宜，研究有关人事事项。会议决定，市政协七届第七次常委会议于12月下旬召开。（汤　鹏　黄国旗）

图56　政协绵阳市第七届委员会常务委员会第四次会议召开

提案工作

【概况】 2017年，市政协七届二次会议期间和会后共收到提案332件。其中委员个人或联名提案281件，市级各民主党派、专门委员会集体提案51件，参与提案的委员452人次。经审查，立案266件，立案率80.12%，转作意见66件，占19.88%。立案交办的266件提案办复率100%，作为意见参考的66件建议也全部收到书面回复。立案提案中，A类提案回复149件，占56.02%；B类提案回复107件，占40.23%，C类提案回复10件，占3.75%。

【重点提案办理协商】 2017年，市政协通过绵阳媒体《关注2017年提案》《政协提案回眸与关注》《政协提案追踪》《督办重点提案 凝心聚智促发展》等专栏，对市政协七届二次会议提案办理协商，提案办理效果及社会反响进行公开，有步骤分阶段对10件市政协主席会议成员和57件市政府领导牵头督办重点提案进行办理协商并作跟踪报道。

【对话·提案去哪儿了】 2017年6月、12月分两期，市政协在绵阳电视台新闻频道黄金时段，以《对话·提案去哪儿了》为题，对8件提案进行公开评议，由市政协委员、媒体代表、市民网民代表、有关单位负责人组成评议团，现场评议并公布结果。绵阳电视台、绵阳人民广播电台、迈尚网、新闻网及绵阳广播电视台官方手机客户端《直播绵阳》同步直播。

【关于加强绵阳市工业遗产保护与利用工作的建议】 2017年，该建议是市政协七届二次会议第208号提案，由市政协委员阮期平、王小平、王小勇、胡进耀联名提出。建议：加强组织领导、创析体制机制、深入开展调研、强化保护措施；加强政策引导，形成工作合力，制定专项规划，推进保护利用。

【关于改进绵阳市不动产登记（抵押）办理工作的建议】 2017年，该建议是市政协七届二次会议第292号提案，由市政协委员杨剑等联名提出。建议：还未完成产权证变更的可由房管局通过审核后，为银行出具有效证明，不耽误企业融资时间，贷款发放后，相关主管部门在不变更权属人及他项权利前提下再办理相关换证手续；设置一个银行金融机构可以共享的网络查询平台；简化程序流程，尽量由一个部门完成，避免因协调问题而出现拖延；由于不动产登记职能已由房管局划转国土局，建议将原从事此项工作人员连人带编转入国土局。

【关于大力整治绵阳市非法办学机构的建议】 2017年，该建议是市政协七届二次会议第245号提案，由市政协委员唐瑞提出。建议：开展全面清理整顿工作，由各县、区政府牵头出台整治方案，财政落实专项经费，由公安部门牵头，教育、市场监管、城管、消防等部门参与；教育部门要加强公办学校、教师管理；公安部门从维护公共安全角度考虑，进行依法查处，并予以坚决取缔；消防、住建、安监、市场监管、民政等部门通力配合，各司其职；充分运用媒体宣传，广泛动员社会参与监督。

【关于推进“互联网+”融合创新发展的建议】 2017年，该建议是市政协七届二次会议第13号提案，由市政协教科体卫委提出。建议：规划建立互联网产业园区，在现有的专项资金当中切块支持互联网企业发展；充分利用互联网协会等社会团体的社会服务功能。

【关于进一步加强脱贫攻坚工作的建议】 2017年，该建议是市政协七届二次会议第273号提案，由农工党绵阳市委提出。建议：对扶贫对象严格甄别，动态管理；扶贫范围要点面结合，不留死角；扶贫方式求精准，政府到位不越位，扶贫扶志又扶智，经济精神双脱贫；靠产业支撑脱贫，以龙头引领发展，反对一切形式主义，建立评估跟踪机制。

【关于绵阳市特色小镇建设应进行产业规划的建议】 2017年，该建议是市政协七届二次会议第3号提案，由民进绵阳市委提出。建议：小镇产业规划要突出“特和强”，小镇建设必须是“特色为主——小镇产业必须依托国家产业战略；小镇产业应聘请产业专家规划。

【关于缓解城区交通拥堵的建议】 2017年，该建议是市政协七届二次会议第107号提案，由市政协委员徐光荣、张晓丰、任勇、吴守澍提出。建议：合理规划城市布局；加快交通基础设施建设，发展主体交通枢纽，推进轨道交通建设，加快人行天桥建设，合理开展交通管理和跨江交通治理；加快城区停车场建设，引导单位、小区停车位对外开放，发展主体停车场，合理规划路面停车位，针对不同区域、时段、类型提高市中心停车收费标准，以价格杠杆调节停车需求，促进停车资源高效运作。

【关于加快城区专业市场外迁缓解交通堵塞的建议】 2017年，该建议是市政协七届二次会议第59号提案，由民革绵阳市委提出。建议：成立联合工作组，制定外迁工作计划；外迁工作由涪城区政府牵头，工作组成员单位配合；按影响程度大小，首先外迁剑南批发市场，完成后外迁陶瓷市场，以此类推，对原业主落实在原址实施旧城改造的相关政策，以便于他们配合市场外迁。

【关于进一步规范二手车市场的建议】 2017年，该建议是市政协七届二次会议第63号提案，由致公党绵阳市工委提出。建议：统筹规划，加快做好二手车交易市场建设工作；执行行业标准，严把市场准入关；查处违规行为，净化市场环境；明确部门职责，理清监管思路。

【关于治理全市生活用水隐患的建议】 2017年，该建议是市政协七届二次会议第94号提案，由市政协委员姜曦提出。建议：完善雨污管网的规划建设，从源头上杜绝全市群众的饮用水安全隐患；加大取水口管护力度，有效保护取水口的生态环境；加大河道环境治理，有效保障沿线群众饮用水安全；加大经费保障，对取水口周边乡镇和污水处理企业适当补贴，鼓励乡镇完善支网建设和污水处理厂的技术设备更新，切实提取水口的雨污收集和处理能力。（汤　鹏　黄国旗）

反映社情民意信息工作

【概况】 2017年，市政协发挥社情民意直通车作用，收集各类社情民意信息211条，编报优化医保报账流程、投放免费旅游手绘地图等社情民意信息30期。及时配套出台检察机关社区矫正监督工作办法等建议被省政协采用，在滨江广场下穿墙面景点3D画增设简介铭牌等建议被市政府领导签批。

【关于对校外托管机构进行规范化管理的建议】 2017年，农工党绵阳市委游晓菊反映，近年来，各种校外托管机构大多存在监管缺失、条件较差、托管质量难以保证等日益突显的问题。建议：出台相关法规，加强监管力度；明确监管机构及责任，托管机构的准入门槛、审批程序、收费标准、场地设施设备、从业人员资质、食品卫生及日常安全管理、入托维权管理等规定；净化托管市场，取缔非法托管。整合社会资源，满足市场需求，解决双职工家庭学生中午、下午放学后无处可去的问题。

【配套出台检察机关社区矫正监督工作办法】 2017年，民革绵阳市委委员张光明反映，检察机关作为刑罚执行的监督机关，在开展社区矫正监督工作中缺乏具体的操作细则。建议：配套出台检察机关社区矫正监督工作办法，细化社区矫正检察监督内容，明确监督范围，将拟适用社区矫正调查评估明确纳入检察监督范畴；将社区矫正检察操作方式具体化、规范化，细化从交付执行到解除矫正、终止执行全环节监督内容；构建监督一体化工作机制，通过检察机关统一业务应用系统，相互告知交付执行、居住地变更、社矫人员接受治安处罚等18类信息；建立社区矫正法律监督责任追究和绩效考核机制，列出社区矫正检察权力清单。设立派驻社区矫正机构检察室或者检察官办公室，保障社区矫正法律监督人员编制，在司法责任制改革和员额制改革中，为社区矫正检察设置适当的员额。

【关于将滨江广场下穿墙面景点3D画增设简介铭牌的建议】 2017年，九三学社绵阳市委李平反映，充分利用滨江广场下穿墙面增添20个画位实施3D画创作，但美中不足的是，景点3D画没有文字简介，一些市民和外地游客不知道展示的是哪个景区，自然就没有要到景区游览的欲望。建议：有关部门在景点画旁边的适当位置，统一规划布局，增设景点简介铭牌，图文并茂地推介绵阳风景名胜。

【关于编制投放免费旅游手绘地图的建议】 2017年，民革绵阳市委吕磊反映，旅游手绘地图已成为成都、厦门、杭州等热门旅游城市的标配，而作为中国优秀旅游城市的绵阳迄今为止尚无一份为游客所青睐的旅游手绘地图。建议：尽快绵阳编制旅游手绘地图，按照各类不同的旅游主题编制绵阳旅游系列手绘地图；在景点、机场、火车站、汽车站、酒店、旅行社等游客聚集地和各类城市推介活动地免费投放旅游手绘地图及其电子版二维码；以植入广告方式解决编印发行的部分费用。（汤　鹏　黄国旗）

重点课题研究

【概况】 2017年，市政协共承担市委委托的《跃进路历史文化街区保护与利用研究》《更好发挥人民政协在发展社会主义协商民主中作用研究》等重点课题2个，课题研究采用一线调研座谈与学习相关资料相结合，具有较强的时效性和一定的创新性，为市委市政府开展相关工作提供重要的决策参考。

【跃进路历史文化街区保护与利用研究】 2017年，市政协主席张锦明牵头的市委年度重点调研课题，市政协研究室主研，历时半年形成1.7万余字的《绵阳跃进路历史文化街区保护与利用研究课题报告》。报告以历史街区护与利用的基本理论为引子，深入剖析跃进路历史文化街区的独特价值，科学分析街区保护和利用现状，系统提出跃进路历史文化街区保护与利用的对策建议，为市委市政府科学决策提供重要参考。

【更好发挥人民政协在发展社会主义协商民主中作用研究】 2017年，市政协主席张锦明牵头，市委落实中共十九大精神的重大课题之一，市政协研究室主研，历时3个月形成1.5万字《更好发挥人民政协在发展社会主义协商民主中作用研究》，报告梳理市政协作用发挥的历史脉络，准确把握市政协作用发挥现状，分析制约政协作用发挥的困难与问题，提出更好发挥人民政协在发展社会主义协商民主中作用、助推绵阳建设西部现代化强市的思路与举措，为决策提供重要参考，填补市政协协商民主研究空白。

（汤　鹏　黄国旗）

调研与视察

【概况】 2017年，市政协组织委员开展武引二期建设、农村电子商务、互联网产业发展等各类调研视察活动33次，形成《关于推进农村集体产权制度改革的调研报告》《关于绵阳城北片区义务教育阶段校点规划布局情况的视察报告》《关于我市宗教机构人员队伍建设情况的视察报告》等成果报告20篇上报市委、市政府。

【农村电子商务发展调研】 2017年2月15日，市政协副主席胡安虎带领部分经济、农业界政协委员到云端三台“363”电子商务平台等调研农

图57　市政协对越王楼历史文化街区开展实地调研

村电子商务发展情况，对进一步推广农业信息资源、完善网络物流体系、提供更优质便捷的电商服务提出意见建议。

【绵阳城市道路命名情况调研】 2017年3月至5月，市政协副主席沈其霖带领部分委员到德阳市、成都天府新区、长春市、天津市等地学习道路命名工作，实地调研绵阳城区道路命名工作，形成《关于我市城市道路命名情况的调研报告》。

【越王楼历史文化街区规划建设与开发利用情况调研】 2017年1月，市政协城环委组织部分委员对碧水寺—越王楼历史文化街区开展实地调研，形成《关于碧水寺—越王楼历史文化街区规划建设与开发利用情况的调研报告》。

【武引二期工程（灌区）建设情况调研】 2017年3月，市政协城环委组织部分委员调研武引二期灌区工程西梓干渠七标段渡槽施工现场建设情况，就扎实推进工程建设提出意见建议。

【发挥军民融合研究院智库作用调研】 2017年6月13日，市政协副秘书长陈刚带领部分委员前往四川省军民融合研究院开展专题调研，委员们提出理顺管理关系，明确功能定位、立足地方需求发挥作用、促进院地协同创新发展等意见建议。

【互联网产业发展情况调研】 2017年3月9日，市政协副秘书长陈刚带领部分委员调研中国（绵阳）科技城国际电子商务产业园，先后深入合投科技、淘房科技、掌上绵阳、微电影协会、华创科技等企业深入交流，委员们提出优先发展平台企业、培育新兴消费需求、加快互联网人才队伍建设、营造互联网经济文化氛围的建议。

【调研基层文化阵地建设】 2017年9月至11月，市政协副主席田荣华带领部分委员赴全市52个镇村、社区的基层文化阵地开展摸底调研，调研成果将运用于《实施乡村振兴战略，大力推进乡风文明建设》专题议政性常委会议。

【城区义务教育学校规划建设情况调研】 2017年11月16日，市政协委联委组织部分委员到涪城区、经开区调研城区义务教育学校规划建设及教育费附加征收使用情况，就绵阳主城区义务教育基础设施投入、学校布局、城区教育费附加和地方教育附加征收使用等方面提出意见建议。

【宗教机构人员队伍建设视察】 2017年7月，市政协副主席李京平带领部分委员深入游仙区、江油市、北川县专题视察。召开专题座谈会，听取市委组织部、市委统战部、市委编办、市民宗局、市财政、市人社局等部门情况汇报，委员们围绕加强宗教机构人员队伍建设提出意见建议。

【军民融合产业园发展情况视察】 2017年12月7日，市政协党组副书记、副主席李敦双带领部分委员视察利尔化学、日普精化、禾大西普、海立电器等军民融合企业发展情况，委员们提出市委、市政府要在政策支持、环境优化、空间拓展等层面加大支持力度，经开区要从优化服务、环境打造、招商引资等方面推动以中物院化工新材料产业园为代表的军民融合产业园加快发展、做大做强。

【全市重点项目推进情况视察】 2017年12月7日，市政协副主席胡安虎带领部分经济界委员专项视察龙华光电聚碳酸酯薄膜新材料产业园项目、四川汽车职业技术学院新校区项目、中国科技城（绵阳）科技物流产业园项目、野马汽车新能源及传统能源乘用车生产（二期）项目、安州区汽车产业园项目、绵阳科技城创新基地建设等6个重点项目建设情况，就保障项目用地、提供更多个性化服务、发挥项目作用等提出有针对性的意见建议。

【学校食堂食品安全工作视察】 2017年2月17日，市政协委联委组织部分委员视察游仙区魏城小学、涪城区青义小学、绵阳中学实验学校等校办食堂，针对学校食堂食品安全存在的问题和相关工作提出意见建议。

（汤　鹏　黄国旗）

纪律检查与行政监察

Discipline Inspection and Administrative Supervision

概　述

【概况】 2017年，绵阳市纪委、监察局学习贯彻习近平新时代中国特色社会主义思想，落实中央、省委、市委工作部署，担当全面从严治党政治责任，聚焦监督执纪问责，严明党的纪律规矩，持之以恒改进作风，旗帜鲜明惩治腐败，推进国家监察体制改革，巩固发展绵阳风清气正的良好政治生态。印发《2017年党风廉政建设和反腐败工作安排意见》及《任务分工》。召开中共绵阳市纪委第七届二次全体会议，把全面从严治党推向纵深。贯彻落实新修订的《巡视工作条例》，创新探索“巡察约谈全覆盖”监督新模式。召开全市治理“微腐败”现场会，出台《正风肃纪常态化监督检查实施办法》。严肃查处腐败和违法违纪行为，全市谈话函询或要求在民主生活会上作出说明1817人，党纪轻处分或组织调整1209人，党纪重处分或重大职务调整159人，严重违纪涉嫌违法立案审查155人。

【中共绵阳市纪委第七届二次全体会议召开】 2017年2月6日，中国共产党绵阳市第七届纪律检查委员会第二次全体会议在绵阳召开，出席会议的市纪委委员35人，列席312人。

市委书记彭宇行出席会议并作重要讲话。市委常委，市人大常委会、市人民政府、市政协负责人，市人民检察院检察长出席会议，有关方面负责人参加会议。全会由市纪委常委会主持。全会传达学习十八届中央纪委第七次全会、省纪委十届六次全会精神，回顾总结2016年全市党风廉政建设和反腐败工作，研究部署2017年工作任务。审议通过马骏代表市纪委常委会所作的《以深入推进全面从严治党的实际成效，为开创国家科技城和幸福美丽绵阳建设新局面做出新的贡献》工作报告。

图58　2月6日，市第七届纪律检查委员会第二次全体会议召开

【纪检监察体制改革】 2017年，绵阳市成立全市深化国家监察体制改革试点工作小组，先后召开市委书记专题会、市委常委会、3次工作小组会议、2次工作小组办公室会研究部署改革试点工作。制订《绵阳市深化国家监察体制改革试点的实施方案》及相关工作方案，落实转隶工作、人员转隶、干部考察、机构编制（职数）、监委领导班子配备、干部混合配置建议、转隶人员报到

资料链接：

市纪委向市直部门综合派驻纪检组（20个）是市委办纪检组、市政府办纪检组、市人大机关纪检组、市政协机关纪检组、市委组织部纪检组、市委宣传部纪检组、市委统战部纪检组、市委政法委纪检组、市农业局纪检组、市发改委纪检组、市经信委纪检组、市交通局纪检组、市国资委纪检组、市环保局纪检组、市教体局纪检组、市卫计委纪检组、市司法局纪检组、市中院纪检组、市检察院纪检组、市公安局纪检组。

等工作，开展2轮44人次涉改人员个别谈心谈话。市纪委向市直部门综合派驻纪检组20个，核定编制100名，负责监督85家市直部门，完成市县监察委员会挂牌组建工作。

【纪检监察干部监督】 2017年，市纪委坚持“刀刃向内”“打铁还需自身硬”要求，遵守“六项纪律”、执行中央八项规定精神、运用监督执纪权等方面的问题，开展批评和自我批评。市纪委常委会全年研究纪检监察干部监督工作9次，印发《绵阳市纪检监察系统第一轮内部巡察工作方案》，组建巡察组座谈159人次，查阅资料433份。健全纪检监察干部监督管理工作机制，为9个县市区纪委分别增加1名干部监督编制。全市查处违纪违法纪检监察干部16件16人。

【开展“学先进、提质效、创业绩”活动】 2017年，全市落实省纪委关于“认真开展干部队伍建设工作主题教育活动”和“深入开展向许大勇等先进典型学习活动”等要求，注重以学促改，倡导善学善思作风，集中学习党的十九大精神、先进典型事迹、家规家风系列专题片、各部门相关业务知识等共计48项内容。针对“慢、拖、粗、懒、僵、推、浮、滑、混、散”等机关作风问题，查找个人问题事例865个，部门问题事例179个。同时，提出整改措施，建立工作流程图，增强责任意识，提升工作质效。

【开展“纪律教育学习月”活动】 2017年6月1—30日，全市开展为期1个月的“学党章强党性、讲规矩守纪律”主题活动，开展党性宗旨教育、党规党纪教育、优良作风教育，唤醒党员干部党章党规党纪意识。活动期间，全市举办党章党纪党规知识竞赛40余场次，开展廉政辅导报告410余场次，开展专题学习讨论400余场次，党员干部撰写学习心得体会5200余篇，23万余名党员干部参加并通过“党章党规党纪知识测试”。

【《正风肃纪常态化监督检查实施办法》出台】 2017年9月30日，中共绵阳市委办公室、绵阳市人民政府办公室印发《正风肃纪常态化监督检查实施办法》（简称《实施办法》）。《实施办法》由总则、监督检查内容和方式、监督检查职责、责任追究和结果运用、组织领导和工作纪律、附则等六个部分组成。《实施办法》明确了构建“三位一体”的责任监督体系，明确监督检查五个方面的内容，明确监督检查的七种方式，划分党组织、纪检监察机关、相关职能部门的责任，明确监督检查发现问题的三类处置方式，明确组织领导和工作纪律。《实施办法》旨在通过对正风肃纪监督检查的内容、方式、职能职责、结果运用等从制度层面予以规范，督促各级党委、纪委和职能部门落实作风建设责任，主动作为，常态、长效深化正风肃纪，推动作风建设不断走向深入。（蔡　进）

图59　10月30日，市纪委、监察局召开委局机关“学先进、提质效、创业绩”活动动员会

重要会议

【概况】 2017年2月6日，市纪委七届二次全体会议召开。会议回顾总结2016年全市党风廉政建设和反腐败工作，研究部署2017年工作任务；8月15日，市纪委迎接中央环境保护督察工作领导小组会议召开，研究部署中央环保督察组交办信访件的督查督办和追责问责工作；8月22日，市纪委脱贫攻坚专题工作会召开，传达学习习近平总书记在深度贫困地区脱贫攻坚座谈会上的重要讲话、四川省脱贫攻坚领导小组第十五次会议、全省深度贫困县脱贫攻坚工作会议、市脱贫攻坚领导小组2017年第二次会议精神，研究贯彻落实措施。并先后召开第一轮内部巡察工作动员会、全市纪检监察工作推进会等重要会议，研究部署相关工作。

【迎接中央环境保护督察工作领导小组会议】 2017年8月15日，市纪委召开迎接中央环境保护督察工作领导小组会议，市委常委、市纪委书记马骏出席会议并讲话。会议指出，环保督察是习近平总书记亲自研究部署、亲自安排推动、亲自督促落实的重大决策，全市各级纪检检察机关要充分认识做好迎接中央环保督察工作的重大意义，立足监督执纪问责，督促各级各部门履责尽职，抓好追责问责工作。

【脱贫攻坚专题工作会】 2017年8月22日召开。市委常委、市纪委书记马骏主持会议并作重要讲话。会议强调，脱贫攻坚是党中央、国务院作出的重大决策部署，也是当前的重要政治任务。全市各级纪检监察机关要组织学习有关会议精神，把思想和行动统一到中央、省、市

图60　9月27日，全市纪检监察工作推进会召开

部署安排上来。要强化扶贫领域监督执纪问责，结合正在开展的不正之风和腐败问题整治，落实《正风肃纪常态化监督检查办法》，开展专项治理，严肃查处优亲厚友、贪污侵占、数字扶贫、虚假整改等行为。要执行《“一案双查”实施办法》，对不作为、慢作为、工作开展不力的严格问责追究。

【第一轮内部巡察工作动员会】　2017年8月29日，全市纪检监察系统第一轮内部巡察工作动员会召开。市委常委、市纪委书记马骏出席会议并讲话，市纪委副书记、监察局局长任斌主持会议，市纪委副书记王友富对本轮系统内部巡察工作进行安排部署。会议强调，内部巡察是对纪检监察机关的政治“体检”，要始终坚持问题导向查找和整改问题，达到纯洁和加强队伍建设的目的；内部巡察是政治巡察，要以“四个意识”“六大纪律”为标尺，查找政治偏差，及时纠偏正向；要聚焦被巡察单位落实中央、省、市纪委决策部署情况、监督执纪规则执行落实情况、履行监督责任情况；把巡察结果纳入全市各级纪检监察机关年度考核，同时作为对纪检监察干部考核评价、选拔任用、奖励惩处的重要依据。

【全市纪检监察工作推进会】　2017年9月27日召开。会议通报群众身边的不正之风和腐败问题专项整治工作情况，安排部署近期纪检监察重大工作及廉洁过节工作。会议强调，推进群众身边的不正之风和腐败问题专项整治，是中央、省、市部署的重大政治任务，必须持之以恒地深入抓下去。要坚持问题导向，严肃查处脱贫攻坚、生态环保、强农惠农等领域的“微腐败”，对套取资金、利益输送、不作为慢作为等问题，发现一起、查处一起、通报一起。推动整治成果向制度成果转变，提高群众的获得感。对承担“8·8”九寨沟地震灾后恢复重建的地方，要及时前移关口，加强对重建工作的监督检查，确保廉洁重建、阳光重建，推动纪律建设持续发力、久久为功。市纪委监察局领导班子成员，各县市区（园区）纪（工）委书记、副书记，市纪委机关各室（部）负责人参加会议。　（蔡　进）

党风廉政建设

【概况】　2017年，市委常委会28次专题研究党风廉政建设和反腐败工作，自觉担当全面从严治党政治责任，聚焦监督执纪问责，严明党的纪律规矩。市纪委常态开展监督检查，构建党委、纪委、职能部门“三位一体”责任监督体系。探索“纪检+群众+舆论”一体式监督新模式，开办“阳光问廉”电视栏目现场监督问责。实行责任清单备案制，完善党风廉政建设履责情况定期汇报制度。推进述责述廉全覆盖，试点开展县（市区）党委政府班子成员向同级纪委全会述责述廉。

【主体责任体系建设】　2017年，市纪委印发《2017年党风廉政建设和反腐败工作任务分工》，细化分解成5大项、28小项，明确责任单位、责任人、工作进度和目标。按照县市区（园区）、部门、国企、学校、医院等5类单位，以及党（纪检）组织、主要负责人、班子成员等3类履责主体，分层分类制作责任清单。市委市政府主要领导与责任对象签订主体责任书。全市各级党组织层层跟进、层层落实，形成认识到位、责任到人的主体责任落实体系。

【问责约谈追究机制】　2017年，全市严格执行《问责条例》和省委《主体责任追究办法》，修订市“一

图61　8月8日，市委书记约谈相关单位负责人

案双查”《实施办法》，以强有力的问责倒逼履责。专题约谈2016年度全市责任制考核排名靠后的8个单位党组织主要负责人。全市共问责追究党组织15个，党员领导干部62人，其中县级干部7名。

【党内监督制度】 2017年，市纪委派出5个检查组，对各级党组织执行党内政治生活规定情况、贯彻落实中央省市重要会议精神及重大决策部署情况进行重点检查，督促整改问题50余个。建立党员领导干部任前党纪党规廉政考试制度，将党纪党规知识学习作为县级领导干部提拔的前置条件。制定谈话提醒《实施方案》，在市一级开展提醒谈话工作，督促各级各部门自觉落实“四种形态”，达到“严管就是厚爱”的政治效果。全市各级纪检机关函询谈话、红脸出汗1817人，占比54%，同比增长52%。

【纪检监察干部问题督查】 2017年，市纪委为9个县级纪委各增1名编制，专职从事干部监督。专职人员日常负责本地情况搜集、动态监测等干部监督基础性工作，同时接受市纪委安排，参与执纪审查、监督检查等专项工作任务。

2017年，市纪委根据“线索”和“查办”两个关键环节，建章立制，着力破解县乡纪检监察干部“低头不见抬头见”、监督执纪“抹不开情面”的问题。凡涉及纪检监察干部的问题线索，市纪委干监室建立台账，实行专项督办、派员督办或提级办理；对重要线索实行属地回避，随机从其他县市区干部监督专职人员中进行抽调，“一案一派一组合”。换届以来，全市受理纪检监察干部问题线索35件，初核27件，函询8件，立案10件，结案9件，给予党政纪处分6人。

2017年，针对全市纪检监察机关监督责任履行不够、系统内两个责任落实不力等问题，贯彻落实《四川省党风廉政建设纪委监督责任追究办法》，明确对监督责任的追究由干部监督室启动。换届以来，市纪委问责纪检监察干部11名，对1名县纪委书记予以通报批评。

（蔡　进）

惩治与预防

【概况】 2017年，全市惩治腐败力度不减、节奏不变，坚决减存量、遏增量，始终保持高压态势，释放出越往后执纪越严的强烈信号。贯彻执行《监督执纪工作规则》，开展执纪审查自查自纠，进一步严明审查纪律、规范审查行为。推广“全员办案+三级办信+片区审理”创新做法，推行县纪委书记一线办案制度，集中查办重点案件，提高基层纪委案件突破能力和执纪审查质量。完善主责部门与纪检监察机关定期移送线索、定期报送信息、定期研判分析三项工作制度，健全问题线索函告监督机制，持续强化跟踪问效。

2017年，全市各级纪检监察机关受理信访举报1653件次，其中检举控告类1447件次，处置问题线索3341件、增长48.4%，立案1590件、增长87.7%，处分1514人，其中县级干部27人，各级“一把手”128人。通报典型案件175件、曝光187件。查处的市国土资源局原局长陈立一案，涉案金额5000多万元，是绵阳建市以来涉案金额最大的案件。

【“四风”问题违纪查处】 2017年，全市开展“三项整改”回头看，着力在重要时间节点和突出问题，从严执纪监督问责。制定《绵阳市正风肃纪常态化监督检查实施办法》，明确监督检查的5项内容和7种方式，划分出21个部门的36项监管职责，规定监督检查发现问题的3类处置方式，对正风肃纪监督检查进行全面规范。市县两级开展专项检查71次，督促整改问题850余个。完善党风政风监督例会制度和正风肃纪联席会议制度，实行正风肃纪“季报告年通报”，每半年进行分析汇总并公开通报。印发《工作通报》2期，公开通报8个方面的20项具体问题。对滥发津贴补贴、违规收送红包礼金、违规操办婚丧喜庆事宜、公款吃喝旅游等方面违规违纪行为，全市查处违反中央八项规定精神案件38件43人，党政纪处分38人。

【“微腐败”专项治理】 2017年，全市落实省纪委安排部署，从重点范围、重点领域、重点问题入手，严肃查处基层“微腐败问题”，推动全面从严治党向基层延伸。召开全市整治群众身边的不正之风和腐败问题现场推进会，聚焦资金“五三三”、权力“贪占乱”、作风“宽松软”，重拳出击治“蝇贪”。市县两级开展监督检查61次，督促整改“微腐败”问题587个。按照“查项目必查真假，查资金必查贪占，查帮扶必查作风”的思路，集中开展两轮扶贫领域“3+X”突出问题专项整治，督促整改问题320个，立案审查扶贫领域案件140件，处理党员干部112人，通报曝光34件，移送司法机关4人。推出2期以治理“微腐败”为主题的“阳光问廉”专题节目，曝光问题10个，问责党员干部49人。

【党员干部经常性教育管理监督】 2017年，全市规范谈话提醒、谈话函询工作，强化对党员干部经常性教育管理监督，实现“严管就是厚爱”的政治效果和社会效果。全市谈话函询或要求在民主生活会上作出说明1817人，党纪轻处分或组织调整1209人，党纪重处分或重大职务调整159人，严重违纪涉嫌违法立案审查155人，分别占“四种形态”的54%、36%、5%、5%。

▲“四种形态”：即党内关系要正常化，批评和自我批评要经常开展，让咬耳扯袖、红脸出汗成为常态；党纪轻处分和组织处理要成为大多数；对严重违纪的重处分、做出重大职务调整应当是少数；而严重违纪涉嫌违法立案审查的只能是极其少数。

【廉政文化宣传教育】 2017年，全市挖掘本土优秀传统文化，拍摄家规家风系列专题片，《华夏母亲——嫘祖》《千秋济世心——岐伯》《天下为公——禹训》《质本清廉苍

生志 欲许明时家国心——李白》《清贫太守——文同》《厚植家风之根 儒行忠节传世——文昌文化》《一生家国梦 拳拳赤子心——“两弹”精神》等七部专题片在中央纪委网站“清廉中国——微视频展播”栏目及手机APP平台连续刊载。组织3万余名党员干部到川北监狱、绵阳监狱接受现场警示教育。编印警示教育教材《忏悔实录Ⅱ》，拍摄制作《迟来的忏悔Ⅲ——一名国土局长的沉沦之路》警示教育片，浓厚崇廉尚廉氛围，全市党员干部撰写心得体会3000余份。改版市纪委“科技城廉政网”，加强“廉洁绵阳”微信、微博建设，“廉洁绵阳”微信公众号有3.5万余人关注。

【廉政风险防控体系建设】 2017年，绵阳市完成2013—2017年惩治和预防腐败体系总结评估，排查廉政风险点21961个，对江油市、市水务局等6个单位启动一级廉政风险岗位抽查审计。召开国有企业党风廉政警示教育大会，开展案件专题民主生活会，推动国有企业廉政风险防控机制建设。交通运输、国土资源、民政等系统开展系统化防治腐败工作，修订规范性规章制度37个、新建23个。推进行政权力依法规范公开运行工作，开展专项督查50次，函询20次，约谈3个单位负责人。

（蔡　进）

市县党委巡察

【概况】 2017年，绵阳巡察工作始终坚持以习近平总书记系列重要讲话为思想武器，围绕中共十八大、十九大精神、省第十一次党代会和市第七次党代会精神，贯彻执行中央、省委和市委关于巡视巡察工作的决策部署，以“四个意识”为政治标杆、以党章党规党纪为尺子，聚焦“三大问题”“六大纪律”，突出问题导向，查找政治偏差。全年完成市委3轮常规巡察，被巡察单位35个；9个县市区开展巡察29轮，被巡察单位615个。

【市级单位巡察】 2017年，市委对市级单位巡察坚持牢守政治巡察的定位，紧盯党的领导弱化、党的建设缺失、全面从严治党不力“三大问题”，采取“一对一”“一托二”“一托三”等模式，完成市委3轮常规巡察、1次“回头看”，巡察市林业局等市直行政单位、市属企事业单位35个，发现被巡察单位在党的领导、党的建设、全面从严治党、党风廉政建设和反腐败工作等方面存在的问题496个，移交问题线索72件，推动完善制度机制393项。

【县级单位巡察】 2017年，市纪委加强对各县市区巡察工作的统筹和指导，形成市县联动、同频共振的巡察立体监督格局。9个县市区开展巡察29轮，被巡察县级部门、国有企事业单位和乡镇、村（社区）615个，发现问题1057个，反馈意见679条，提出工作建议201条，移交问题线索192件。

【巡察工作机制完善】 2017年，全市创新探索“巡察约谈全覆盖”监督新模式，市委书记带头，市委领导分组巡察约谈21个被巡察党组织主要负责人，有效督促问题整改落实到位。健全巡察人员管理办法，选聘副县级领导干部担任市委巡察组副组长，从纪检、组织、审计、财政等单位抽调105名业务骨干，选优配强巡察队伍。

（蔡　进）

民主党派·工商联

民革绵阳市委

【概况】 2017年，民革绵阳市委辖9个基层组织（3个总支、6个直属支部）、8个专门工作委员会、1个民革企业家联谊会，有党员317人。市委会机关设两个科室。郭兴林任民革绵阳市委主委。64人次担任省、市、县等各级人大代表、政协委员。邀请全国政协副主席、民革中央常务副主席齐续春到绵阳出席第五届中国（绵阳）科技城国际科技博览会开幕式。助推全创工作被中央级媒体《团结报》在头版头条以《“绵阳经验”的背后——民革四川绵阳市委会助推全面创新改革试验工作》为题做长篇报道。向民革省委和民革中央、省市“两会”提交《关于加大对绵阳全面创新支持力度的建议》等9篇提案建议；《关于将绵遂内铁路与成兰铁路连接线尽快纳入国家铁路网规划的建议》获全国政协副秘书长、民革中央副主席刘家强批示。举行民革绵阳市委成立三十周年纪念大会，完成民革绵阳市委第二届企业家联谊会换届工作。围绕对口盐亭县脱贫攻坚民主监督工作，组建市委脱贫攻坚民主监督专家库，向盐亭县提出整合涉农项目资源等工作建议。选派绵阳农校的技术专家深入贫困村结对开展“一对一”技术扶贫行动。11月20日，民革全国组织建设社会服务参政议政工作表彰会上，民革绵阳市委副主委、江油市人大常委会副主任贺勋获“民革全国参政议政工作先进个人”，民革绵阳市委委员、绵阳天泰实业集团公司董事长谢从玉获“民革全国社会服务工作先进个人”。

【齐续春到绵阳考察】 2017年9月7—9日，科技部、四川省人民政府主办，以“军民融合·科技创新·开放合作”为主题的第五届中国（绵阳）科技城国际科技博览会在绵阳举行。7日，在第五届科博会开幕式上，全国政协副主席、民革中央常务副主席齐续春出席开幕式并宣布第五届中国（绵阳）科技城国际科技博览会正式开幕。开幕式前，齐续春等参加开幕式的国内外嘉宾前往科技城会展中心，参观考察军民融合馆、高新技术产业馆、区域合作暨科技人才馆等展馆，详细了解参展的科研成果和转化应用情况。在中科院展区，听取“墨子”号量子卫星地面望远镜、高精度三维扫描仪、深海侧扫声呐等参展项目介绍。在绵阳期间，会见民革绵阳市委班子成员，听取民革绵阳市委情况汇报。

【民革绵阳市委成立30周年纪念大会召开】 2017年11月23日，民革绵阳市委成立30周年纪念大会召开。大会回顾民革绵阳市委30年的成长历程，展望未来发展方向。民革四川省委主委、省金融工作局局长欧阳泽华，市委常委、统战部部长、市总工会主席李亚莲，市政协副主

图62　11月23日，民革绵阳市委成立30周年纪念大会召开

席李敦双出席会议并讲话。农工党绵阳市委主委、市政协副主席沈其霖代表市级各民主党派、工商联致贺词。民革绵阳市委主委、市政协副主席郭兴林出席并讲话。民革绵阳市委各基层组织负责人、社会各界代表等100余人参加。会上，与会人员观看《风雨同舟三十年》纪念短片及绵阳民革党员编导表演的文艺节目。

民盟绵阳市委

【概况】 民盟绵阳市委成立于1985年10月，其前身为1981年7月成立的民盟绵阳市委县级组织。2017年，全市有盟员1083人（新发展盟员74人），其中高教界占24.1%，基础教育界占38.6%，文化出版传媒界占4.3%，科学技术医疗卫生界占13.1%。有1个县级委员会、2个基层委员会、4个总支、11个支部、18个直属组织。盟员中有省人大代表1人，省政协委员2人；市人大代表12人，市政协委员25人；县市区人大代表17人，政协委员58人，各级特邀员140余人次；盟员中有县人大常委会副主任1人，区县政协副主席2人。民盟绵阳市委历届主委为颜绍智、邹致远、刘道帜、艾尚林，现任主委勾永阶。2017年，民盟市委提出的《以互联网思维推动中国科技城建设——建设全国著名的信息“云中心”》建议得到市委、常委副市长元方的批示，社情民意信息被省政协专报采用1条、省政协采用1条、被省委统战部采用4条、被民盟省委采用6条。朱祥君撰写的《强化行政监察的法律困境及对策》论文获民盟中央“民盟法治论坛”优秀论文奖，何大旭获农业部2014—2016年度全国农牧渔业丰收奖农业技术推广一等奖，胡进耀获四川省科技进步二等奖，胡进耀和王小林荣获四川同心·服务团先进个人，李亚萍获2017“肖邦纪念奖”香港国际公开赛优秀钢琴导师奖，刘英在全国大学生英语竞赛（NECCS）中获“一等奖”指导老师。

【何大旭获全国农牧渔业丰收奖农业技术推广一等奖】 2016年12月，农业部印发《农业部关于2014—2016年度全国农牧渔业丰收奖情况的通报》（农科教发〔2016〕8号），三台县农业技术推广站何大旭作为《川油系列油菜新品种丰产优质高效栽培技术集成与推广》项目第9完成人，因成绩突出，被农业部授予全国农牧渔业丰收奖农业技术推广成果奖一等奖。何大旭，男，1964年12月出生，三台县农业技术推广站高级农艺师。2007年1月至2015年12月，何大旭在三台县农业技术推广站参加《川油系列油菜新品种丰产优质高效栽培技术集成与推广》项目的推广与应用。

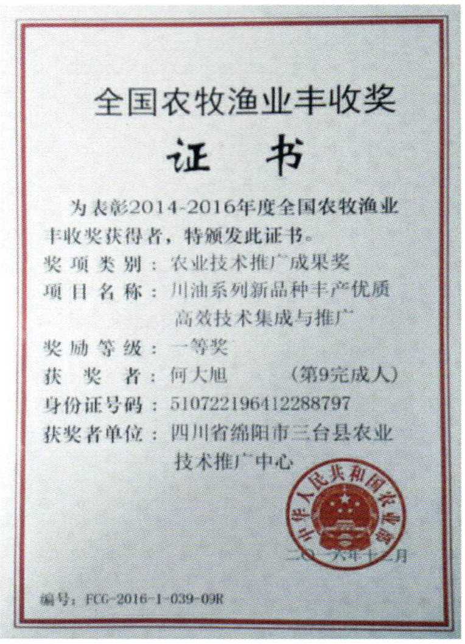
全国农牧渔业丰收奖
证 书
为表彰2014-2016年度全国农牧渔业丰收奖获得者，特颁发此证书。
奖项类别：农业技术推广成果奖
项目名称：川油系列新品种丰产优质高效技术集成与推广
奖励等级：一等奖
获 奖 者：何大旭 （第9完成人）
身份证号码：510722196412288797
获奖者单位：四川省绵阳市三台县农业技术推广中心
编号：FCG-2016-1-039-09R

图63 何大旭获奖证书

【胡进耀获四川省科技进步二等奖】 2017年，四川省科技技术奖励工作办公室根据《四川省科学技术奖励办法实施细则》的规定，通过申报、推荐、评选等方式，评选出四川省科学技术杰出贡献奖等奖项。绵阳市民盟副主委、绵阳师范学院创新学院副院长胡进耀主持的《中国特有珍稀濒危植物栱桐种群重建技术研究》项目获四川省科技进步二等奖。胡进耀，1978年9月出生，浙江兰溪人。绵阳师范学院创新学院副院长，市政协委员，民盟四川省委委员、绵阳市委副主委，四川省灾后重建服务团专家，四川省生态学会常务理事和副秘书长，中国油用牡丹推广服务中心专家，北川羌族自治县林业产业发展顾问团顾问，绵阳市商务协会副会长等。主持、主研国家自然科学基金面上项目，国家科技支撑计划项目，四川省林业科技先导项目等。 （刘骅鑫）

民建绵阳市委

【概况】 2017年，民建绵阳市委辖14个基层组织，有会员630人，发展新会员37人。民建市委会员平均年龄52.17岁；经济界会员409人，占69%；大专以上学历74.7%，具有中、高级技术职称的占45%。会员中有民建省委副主委1人、省委委员3人；省级人大代表和政协委员2人；市人大代表和政协委员29人；县级人大代表和政协委员52人；担任市委、市政府、市政协及各级有关部门特邀特约人员23名。向省级“两会”提交建议、提案3件，向市级“两会”提交建议、提案19件。向民建四川省委和中共绵阳市委、市政府、市政协等有关部门报送社情民意70件。

2017年，民建绵阳市委被民建四川省委表彰为会务工作、组织工作、宣传工作、参政议政工作、机关工作、社会服务工作、反映社情民意工作和对外宣传工作先进单位。

【信息宣传工作】 2017年，民建市委把网站、会刊、微信公众号3个平台建设作为信息宣传的工作重点。网站有八个主要板块，做到信息动态更新，各个板块累计发布各类信息182条；编辑会刊《绵阳民讯》两期，整理收录稿件240余件，校对编辑文字近10万字，整理学习贯彻中共十九大精神、“走进游仙”、助力脱贫攻坚、“两会”参政议政等重要工作和活动；微信公众号推送信息56条，累计点击量24046次。在《人民政协报》《团结报》《四川政协报》等主流外宣媒体刊登会务工作宣传稿件200余件次；其中《人民政协报》刊登报道2篇，《团结报》刊登报道10篇，《四川政协报》刊登报道16篇。开展以“喜迎十九大·同心绘新篇”“不忘合作初心·继续携手前进”主题活动，组织报送征文37篇，其中陈德华撰写的《把握伟大时代的不变与求变》获民建中央和民建省委表彰，何国洪撰写的《我把民建比母亲》、商贸总支宋小燕撰写的《写给好友“初心”的信》、市委会机关雍定鸿撰写的《承继传统　薪火相传　在“四个全面”的伟大历程中砥砺前行》获民建四川省委表彰，民建市委获优秀组织奖。

【参政议政工作】　2017年，民建市委在省“两会”期间，报送《关于循序渐进推进特色小镇建设的建议》等各类提案、建议5篇，其中《关于绵阳市全面创新改革实验工作开展情况的调研报告》入选成果集。市“两会”期间，提交《关于稳妥推进PPP模式的建议》等集体提案10个，《关于促进绵阳市非公有制经济发展的建议》等3篇作为大会联组发言；民建界别人大代表、政协委员共提交建议、个人提案、社情民意信息19篇，反映的“全面创新改革驱动”等多条社情民意信息被采纳。其中作为成果报送的《关于弥补参保职工因地震灭失原始档案材料的建议》《对关于人民法院建立保全财产信息检索库的建议》《关于绵阳科技城军民融合深度发展问题研究报告》等3篇被四川省政协采纳。

【社情民意调研和社会服务】　2017年，民建市委围绕全市热点难点重点问题，收集撰写、报送各类社情民意信息70余篇，被中央统战部、民建中央、省委统战部、省政协、民建省委采用12篇。其中《关于启动木龙河黑臭水体综合治理的建议》得到市委书记批示，专门召开推进会推进此项工作开展。继“建武合作”“建江合作”等绵阳民建社会服务品牌后，4月启动“走进游仙”活动，拓展社会服务范围。据统计，全年以“走进游仙”为契机，引进资金3870万元。其中川富农夫食品有限公司引进资金1150万元；嘉泰工业设计引进资金1000万元；软衣房引资700余万元。

【脱贫攻坚服务】　2017年，民建市委结合紧密联系经济界的自身优势，以支农扶贫为重点，投入扶贫资金814.43万元。4月，江油发动会员先后捐资24万元和80万元，分别用于修建布拖县乐安乡补莫村幼儿园和江油市新春乡“宏安桥”；6月，为对口帮扶平武县莫鱼沟村脱贫攻坚捐款3万元。9月，游仙区“金秋助学”现场捐助24名困难中小学生；12月，向平武县虎牙贫困学生捐赠110套羽绒服，价值3万余元。任明辉为江油枫顺乡枫橡村先后捐款40万元用作扶贫专项资金，同时出资10万元为该村贫困家庭改善居住环境。周辉捐资30万元用于六合乡精准脱贫工作。汤艳所属企业出资35万元在平武县9个村建立中蜂产业园，投放蜂群500箱，免费技术指导。郭艳彬帮助农业企业建设避雨大棚，投入资金300万元抵作贫困人员入股10%，年底分红10%。蒲俊帆捐款30万元用于游仙区贫困精神病人住院医疗费自付部分的补偿；孟光等组织助学捐款近25万元；麟音艺术培训先后向北川陈家坝小学、北川香泉小学“乐之梦”儿童乐队投入师资、捐赠器材20.92万元。　（蒲莉萍）

民进绵阳市委

【概况】　2017年，民进绵阳市委有会员1046人，基层组织76个（基层委员会4个、总支4个、支部68个），成立建工四支部、科创园区支部、金融行业支部、高新区支部，吸收新会员50名。全市民进会员有市人大代表11名（常委1名），市政协委员29名（市政协副主席1人、常委6名），县市区人大代表13名（常委6名）、政协委员68名（市政协副主席1人、常委22名）。51名会员在行政单位担任副科级以上职务，其中副科级干部23人、正科级干部17人、县处级以上干部11人。参与全市重大事项的协商30余人次，参加市委、市政府、市政协和市委统战部召开的民主协商会、情况通报会、建言献策座谈会等50余人次，参加省、市、县市区参政议政调研、视察等活动120余人次。提出意见和建议80余条，提交市政协《关于加强我市科技创新发展的建议》《关于我市加快“众创示范区”建设的建议》《推行公交成本规制　推动公交健康发展》等集体提案13件，2件被列为主席督办提案。全年报送信息、社情民意、调研报告等36篇（条）。民进绵阳市委获民进中央表彰为“民进全国机关建设先进集体”，获民进省委“综合工作先进单位”等奖励11项。

【关于发展品质农业的对策及建议】　2017年，民进市委调研组联合游仙区基层委员会共同申请的民进省委课题《关于发展品质农业的对策及建议》被民进省委采用作为中共四川省委召开推进农业供给侧结构性改革调研协商座谈会发言稿，并通过“直通车”报送中共四川省委、四川省人民政府，获中共四川省委书记王东明、省委常委李静批示。调研报告建议：实施品牌发展战略、探索最优发展模式、坚持产业融合发展、强化质量安全监管、建设农资溯源体系等五点措施推动全省农业供给侧结构性改革，引导从事农业的企业、合作社、家庭农场，转变思维，树立品质与品牌意识，促进农产品差异化发展，创造出更大的经济效益和农业改革新风貌，不断满足农业转型、农业提质、农民致富增收的良好愿景。　（柳兰茹）

农工党绵阳市委

【概况】　2017年，农工党绵阳市委召开主委会、全委扩大会、机关学习会等会议学习、传达中共十九大精神。举办“风雨同舟、砥砺前行——社会主义核心价值观”主题艺术展，200余名党员群众参观展出；举办“不忘合作初心，继续携手前行”专题培训会，对100余名骨干党员和新党员进行党史培训；组织基层组织负责人和机关专干赴广元苍溪红军渡、巴中川陕革命老区将帅碑林等爱国主义教育基地开展“不忘合作初心，重走先辈道路”主题教育活动。市人民医院一、二支部等基层组织开展主题教育活动。游晓菊的心得体会文章获农工党中央“百场主题宣讲感想”征文活动三等奖。《农工党绵阳市委全面加强自身建设的思考与实践》等3篇理论文章在《前进论坛》等重要媒体发表。全年在省级以上公开媒体发表稿件245篇次，其中被省级以上媒体采用11篇，简讯被省级以上媒体采用234篇。《初心始终不渝　同心追梦前行》等被《前进论坛》《四川统一战线》《团结报》等媒体刊登，《摘除愁眉露笑颜　健康扶贫成效显》被农工党中央评为“好文章”奖。编印《绵阳农工》杂志、简报2期；全年网站登载稿件284篇；开通农工党市委微信公众号，全年发布稿件125篇。全年发展党员35名，平均年龄36.2岁，发展比例5.2%，党员总数达到705人。新党员中，中高级职称14名，本科以上学历24名。游仙区基层委员会、前进支部、开元支部、江油长钢支部相继完成届中调整工作，经开区支部升格为支部委员会。全年有90余人次受中央、省级等各级各部门表彰。副主委黄国平主研科研项目获教育部科技进步二等奖，何艳荣获中国健康科普大赛优秀奖，马晓晖获智慧医药服务和智慧医药物流最佳实践奖，王好杰获全国工商业药商会特别贡献奖，刘晓春获“健康中国”摄影大赛优秀奖，李珣的《一种电池管理系统的电流采集算法》获国家专利，陈京来、李崇进等主编参编《西医外科学》《整形美容综合治疗学》等教材书籍10余部。蔡波、王涛等40余人的70余篇论文被各级学术期刊、杂志。

【参政议政调查研究】　2017年，农工党市委配合农工党中央、省委开展“健康扶贫入户跟踪调查”“系统推进全面创新改革试验”“家庭医生签约”等专题调研5次；联合各专委会、基层委员会开展“电动汽车产业发展”“社区矫正”等专题调研10次，形成调研报告10篇，其中《关于进一步加强脱贫攻坚工作的建议》等6篇被农工党省委采用。省、市“两会”期间，提交省政协提案7篇，市政协集体提案6篇、个人提案31篇，市人大建议7篇。主委沈其霖的市政协大会发言《当前脱贫攻坚面临的问题及其对策建议》转化的集体提案被市政协列为主席督办重点提案。参与市政协重点提案《关于全面推进食品追溯体系建设的建议》《关于进一步加强脱贫攻坚工作的建议》的督办工作。在市政协和电视台联合举办的《对话·提案去哪了》大型直播节目中，市委会3件提案作为市政协优秀提案进行公开评议。在市政协与绵阳日报社联合举办的“绵阳人最关注的年度提案”评选活动中，农工党绵阳市委6件提案入选候选优秀提案。围绕全市发展大局建言献策，提出“文旅兴市”“轨道交通建设”“推动新时代协商民主发展”等建议。开展对三台县脱贫攻坚的民主监督工作，党员参加各类民主监督活动40人次。

【社情民意调研与服务】　2017年，农工党市委向各级媒体报送社情民意信息63条，《关于脱贫攻坚的系列建议》等4条被农工党中央采用，《关于将〈中华人民共和国药典〉中药品储存温度条件进行调整的建议》被省政协采用，《改进政协会议方式的建议》等2条被省委统战部采用，《制定民用犬只管理条例的建议》等11条被农工党省委采用，《关于对校外托管机构进行规范化管理的建议》等7条被市政协采用。先后组织党员专家80余名赴江油、游仙等地开展“三下乡”“中国环境与健康宣传周”“国际科学与和平周”等社会服务活动。持续帮扶八一镇前进卫生院，服务群众2000余人，发放各类宣传资料3000余份。联合游仙区司法局开展社区矫正志愿服务活动，与游仙区司法局签订志愿服务框架协议，副主委黄国平为150余名社区矫正服刑人员做心理辅导；主委沈其霖为游仙区各级医疗机构及中医从业人员等100余人作“中医传统文化培训”主题讲座，在游仙镇开展大型义诊咨询活动2次，服务群众近千人。争取中国初级卫生保健基金会对江油市区域卫生发展精准扶贫项目，向江油市基层卫生院捐赠医疗设备755台价值6093.27万元，向绵阳市特教学校捐赠冬季校服价值10.24万元。

【第29届“国际科学与和平周”义诊咨询活动】　2017年11月13日上午，农工党绵阳市委走进游仙镇百乐汇广场,开展第二十九届“国际科学与和平周”义诊咨询活动。市政协副主席、农工党绵阳市委主委、市中医医院副院长沈其霖带领来自绵阳四〇四医院的内科、外科、中医科、耳鼻喉科、消化科、疼痛科等方面的近20名医疗专家为现场群众问诊把脉、测量血压，来自党员企业百姓源大药房的志愿者向群众赠送感冒冲剂等家庭常备药品，并讲解冬季保健养身知识。活动由农工党游仙区基层委员会、四〇四医院支部、中西药支部承办，得到中共游仙区委统战部、游仙镇人民政府的支持。活动服务群众600多人，发放各类药品和健康宣传资料1000余份，发放药品3箱。

【中国初级卫生保健基金会对江油市区域卫生发展精准扶贫项目捐赠仪式】　2017年9月21日，中国初级卫生保健基金会对江油市区域卫生发展精准扶贫项目捐赠仪式在绵阳举行。全国政协副主席、农工党中央常务副主席刘晓峰，中国初级卫生保健基金会秘书长周庆年，四川省

图64　9月21日，中国初级卫生保健基金会对江油市区域卫生发展精准扶贫项目捐赠仪式在绵阳举行

委统战部常务副部长刘坪，农工党四川省委驻会副主委夏华祥等出席捐赠仪式。绵阳市政协主席张锦明主持捐赠仪式。捐赠涉及江油市40个乡镇（中心）卫生院，捐赠医疗设备总价值达6093.27万元。中国初级卫生保健基金会副秘书长李宝金，中国初级卫生保健基金会智慧与健康产业发展公益基金管委会项目执行副主任梁宏伟，农工党四川省委社会服务处处长汪治泉，中共江油市委、市政府、市政协相关负责人和受捐赠卫生院代表等100余人参加仪式。

【农工党绵阳市企业家联谊会成立】2017年4月27日，中国农工民主党绵阳市企业家联谊会成立大会在绵州酒店召开。中共市委常委、市委统战部部长李亚莲，市政协副主席、党组副书记李敦双，市政协副主席、农工党绵阳市委主委沈其霖出席会议并讲话。市政协副主席、民革绵阳市委主委郭兴林，市政协副主席、致公党绵阳市工委主委田荣华，中共市委统战部常务副部长袁蓉等出席会议。会议审议通过《农工党绵阳市企业家联谊会章程》《会费管理办法》等，选举产生第一届理事会成员及会长、副会长、秘书长，任命副秘书长，并进行分工。市政协副主席、农工党绵阳市委主委沈其霖向当选企业家联谊会会长授印、授牌。当选企业家联谊会会长刘思杞向大会作表态性发言。市政协等党政机关、金融、企业代表，农工党绵阳市委基层组织负责人代表、农二党绵阳市委机关干部参加会议。（王　隽）

图65　4月27日，中国农工民主党绵阳市企业家联谊会成立大会召开

致公党绵阳市工委

【概况】　2017年，致公党绵阳市工委有2个基层委员会、11个支部、5个专委会，党员185名。有省人大代表1名，省政协委员1名，市人大常委1名，市人大代表3名，市政协常委5名，市政协委员7名。有机关事业单位副厅级干部1名；实职正处级干部2名，其中市级部门正职1名，实职副处级干部4名；实职科级干部20名，其中实职正科级干部6名。具有高级职称的党员48名。具有侨海关系的党员133名，占71.89%。1名党员被提拔任用为西南科技大学计算机科学与技术学院院长；2名党员被提拔为正科级实职领导干部；推选10名党员代表参加致公党四川省第七次代表大会；开展以“如何正确履职及党员权利义务”为题的专题培训；推荐14名党员干部参加市、县区两级政协和统战部门组织的各类学习培训。全年，致公党绵阳市工委被致公党中央授予“致公党社会服务工作先进集体”，被致公党四川省委授予“先进集体”;致公党游仙区基层委员会被致公党中央评选为“中国特色社会主义学习实践活动先进集体”,党员腾华、宋汶祥分别被致公党中央评为“中国特色社会主义学习实践活动先进个人”“致公党社会服务工作先进个人”。

【参政议政专题调研和建议】　2017年，致公党绵阳工委提供参政议政信息100余条，《关于推进人民调解职业化发展的建议》被致公党四川省委作为省政协大会集体提案，该建议主要从人民调解工作职业化是适应社会治理模式创新、人民调解制度自身发展、适应社会转型等方面入手，以绵阳游仙区为例调研当前人民调解工作的机构网络、工作机制、化解矛盾等三要方面，分析主要存在思想认识、队伍整体素质、经费保障等方面的问题，建议通过加强人民调解员职业保障、畅通专职人民调解员准入渠道、完善人民调解职业化管理制度等方面加以解决。5件提案被工委作为市政协大会集体提案，人大代表和政协委员个人或联名提交议案、提案、建议58件，《关于老年公交免费卡实行免费时间段制度的建议》被列为市人大常委会主任重点督办件；《关于行政机关在行政执法和行政诉讼中的应对法律风险的建议》和《对我市集体土地征收和供地工作的几点建议》作为市政协七届二次会议的联组发言；4件提案被市政协选为参加“绵阳人最关注的年度提案”网络评选，占总参评提案总数的11.11%；1件议案被江油市人大十八届二次会议立案；通过“直通车”制度上报中共绵阳市委的《关于优化部分民主党派领导干部考察任用程序的建议》；上报社情民意信息14篇，《建议“两高”对暴力索取高利贷的司法认定作出新的司法解释》，被中央统战部《零讯》采用；《基于西部大开发政策背景下推动高新技术企业发展的建议》被致公党中央采用；《切实发挥三大平台作用、推动全面创新改革试验实现新突破》作为市政协专题议政常委会议上大会发言；向致公党四川省委申报课题12件。

【开展“民主党派走进游仙”活动】 2017年11月，工委在市委统战部组织下开展“民主党派走游仙”活动，组织委党员到游仙走访调研，形成《芙蓉溪流域产业发展和水利工程设施建设情况专题调研报告》，作为游仙区政协议政性常委会研讨内容；对游仙加快旅游环线建设、朝阳厂片区改造建设开发等方面提出可操作的意见建议；针对如何推动游仙绿色生态发展、加大涪江左岸景观打造和做好城市组团式多中心打造提出可操作的意见建议；监督并验收游仙区观太镇北京致公爱心小学直饮水系统工程和“合作教育”文化墙建设工程；赴游仙区刘家镇、石板镇、魏城镇青林村等开展扶贫帮困、慰问留守儿童等社会服务工作。

【社会服务与产业脱贫】 2017年，致公党绵阳工委与绵阳社区大学在平武县水晶镇，共同成立全市首个农村社区学习教育中心，开展以“乡村生态旅游”为主题的送教活动，给全镇各村的干部与村民代表共60人进行“乡村生态旅游”专题培训。联合致公党省直工委在平武县阔达藏族乡中心小学共同发起“健康四川　平武藏乡行”活动，发放价值5万余元的爱心健康包，并对159名小学生开展卫生知识培训；为平武县莫鱼沟村捐赠“同心”产业园扶持资金3万元；多次赴平武县高村乡民主村培训社区发展基金管理和使用。持续开展绵泸合作，赴泸州市纳溪区天仙镇牟观村慰问高龄老人和困难群众10户，发放价值5000余元慰问品；推荐平武县民主村干部和村民代表参加致泸合作“十百千”工程培训班。开展“8·8”九寨沟地震救灾帮扶，组织党员参与游客疏导工作，转移车辆80余辆，疏导游客1000余人。

【全省首个“为侨法律服务站”成立】 2017年，致公党绵阳工委发挥界别特色，结合党员工作，与绵阳市外侨办、绵阳市侨联等“五侨”部门联系，在推进“一带一路”倡议的背景下，拓宽为侨服务渠道。根据《关于建立为侨法律服务体系的实施方案》，8月在四川睿桥律师事务所设立全市首个“为侨法律服务站”。“为侨法律服务站”的成立为归侨侨眷和海外侨胞提供新的权益救济渠道，为归侨侨眷、华侨华人和港澳同胞及“一带一路”倡议建设项目中走出去、请进来的侨资（侨属）有关投资人各方、海归创业者提供专业法律咨询。

【残疾困难群众帮扶】 2017年，工委指导一凡助学促进会与市残联签订战略合作协议，联合对158户困难残疾人开展创（就）业帮扶活动；筹集治疗费用10万余元，帮助因火灾导致一级伤残的14岁遂宁少年恢复部分肢体功能。涪城区基层委员会组织党员为杨家小学左手残疾学生刘佳怡募集6万余元矫正手术费；游仙区基层委员会发动党员向西充县、昭觉县捐款12万元用于扶贫帮困；机关支部与企业家联谊会为因病致困的学生捐款捐物3万余元；高新支部整合资源帮扶石桥铺残疾村民鲜伟，协调四川聚商易田电子商务公司为其减免开网店费用约3万元，支持其在家创业；江油支部采用“以购代捐”的扶贫方式，发动党员和群众认购贫困户4万余元的农产品。

【对外交流和经济产业发展调研】 2017年，工委选派党员参加致公党四川省委代表团赴法国、意大利和德国交流访问；与致公党天津市河北区委签订精准扶贫结对帮扶协议；与致公党湖南省株洲市委进行交流；对接致公党海口市委到绵阳作“民俗文化产业发展”调研；致公党绵阳市企业家联谊会开展“走进致公党员企业”系列活动；协助市外侨办做好省人大外侨委赴绵阳市开展华侨权益保护情况专题调研；与市侨联在市政协七届二次大会上联合上报《关于改进我市农村低保执行的建议》的集体提案；与市民政局就南山流芳公墓影响南山公园事宜开展联合调研；与市财政局就市政协七届二次大会集体提案《创新财政支持方式，推动我市军民融合产业加快发展》进行座谈协商。

（章文超）

九三学社绵阳市委

【概况】 2017年，九三学社绵阳市委召开纪念九三学社创建72周年暨“不忘合作初心，继续携手前进”专题教育活动座谈会，组织市委委员、基层组织负责人到重庆中国民主党派历史陈列馆、九三学社成立旧址纪念碑开展专题活动。九三学社中央常务副主席邵鸿一行出席在梓潼“两弹”城举行的“九三学社全国传统教育基地”授牌仪式。制定完善

《九三学社绵阳市委新社员发展管理办法（试行）》，规范入社程序和考核培养方式；12月11日，绵阳经济技术开发区支社成立，成立青年工作委员会并举办首届青年论坛。《关于提升绵阳港三江湖码头文化品质的建议》等3篇直通车建议得到绵阳市委、市政府的重视并予以实施。征集并遴选《军民融合科技协同体系研究》等6个调研课题作为社市委重点调研课题。成立脱贫攻坚民主监督工作领导小组，制定社市委脱贫攻坚民主监督实施方案和工作手册，组建社市委脱贫攻坚民主监督专家库（40人）。召开九绵科技合作创新试验基地建设发展研讨会，为基地建设发展出谋划策，全年基地招引入驻科技型中小企业35家，累计达103家。参加九三学社中央第十二届“九三论坛”，组织绵阳麦迪克、西南科技大学微结构光导天线团队等7家九绵科技合作企业或项目参加四川省“九地合作”成果展览；开展医疗专家走进游仙新桥镇惠民义诊活动。全年在省、市、县“两会”上共提交提案、建议80余件，向社省委报参政议政信息9条，向市政协、市委统战部报送社情民意信息30余件，向市委统战部报送党外人士意见建议7条。截至年底，九三学社绵阳市委有20个支社、2个基层委员会，451名社员。发展新社员9人，其中高级职称3名，平均年龄37岁。社市委被社省委评为“2017年参政议政工作先进集体”“2017年机关建设先进集体”“2017年新闻宣传工作先进集体”“2017年信息工作先进集体三等奖”，被市政协评为“助推全面创新改革试验工作先进单位”“反映社情民意信息工作先进集体”，社市委主委尚丽平获社中央“坚持和发展中国特色社会主义学习实践活动全国先进个人”，社市委委员李平被社中央评为2013—2017年度参政议政工作先进个人。22名社员和4个基层组织获社省委表彰；梓潼“两弹”城被批准为“九三学社全国传统教育基地”。

【九绵科技合作创新试验基地】 2015年1月，九绵科技合作创新试验基地在绵阳科技城创新中心成立。基地有办公场地1300平方米，提供企业入驻的办公室24间、入驻席位52个、会议室1个、培训教室1个。2017年基地招引入驻科技型中小企业35家，共计入驻科技型中小企业103家，其中拥有独立知识产权和发明专利11个，涉及科技服务、电子信息、生物化工、新能源新材料等领域。其中，正鸿泰精密电子、埕禧循环农业、广丰机电、泰佳机电、尚品鑫睿等企业发展迅速，均已投入生产，产品已进入市场。2017年，基地招引企业营业收入1500余万元，税收60余万元。

【九绵科技合作创新试验基地建设发展研讨会】 2017年5月8日，九绵科技合作创新试验基地建设发展研讨会在九绵科技合作创新试验基地召开。会议由九三学社绵阳市委副主委余金龙主持。绵阳九三企业家联谊会成员企业负责人、各基层委（支社）负责人、部分特邀社员以及社市委机关工作人员参加会议。会上，社市委社会服务部部长、四川九绵科技孵化器管理有限公司董事长吴守澍介绍九绵科技合作创新试验基地建设发展情况。参会的绵阳九三企业家、各基层委（支社）负责人就加强九绵科技合作创新试验基地建设发展提出建议。会议传达社市委七届二十次主委会议精神，并就经开区支社筹建、青委会筹建、民主党派走进游仙和脱贫攻坚民主监督等相关工作进行通报和安排。

【医疗专家走进游仙区新桥镇活动】 2017年11月10日，九三学社绵阳市委组织医疗卫生方面的专家到游仙区新桥镇开展惠民义诊活动。涪城支社和医卫支社的医疗专家在新桥镇卫生院对面开展义诊、咨询等活动，为100余名当地群众提供免费的检查诊断，并提出合理的医疗及保健建议。社市委机关人员、游仙支社社员会同新桥镇卫生院工作人员发放健康宣传手册、保健急救手册等资料200余份。本次活动结合第二十九届“国际科学与和平周”，旨在学习贯彻中共十九大精神，把“九三学社走进游仙活动”落到实处。

【关于提升绵阳港三江湖码头文化品质的建议】 2017年2月22日，九三学社绵阳市委委员、绵阳市社会保险事业管理局养老待遇审核支付科李平调研形成《关于提升绵阳港三江湖码头文化品质的建议》，经社市委领导研究审定，通过“直通车”渠道报送中共绵阳市委。2月24日，该建议得到中共绵阳市委书记彭宇行的肯定和签批，并要求认真研究尽可能采纳。3月9日，市人民政府副市长罗蒙召集九三学社绵阳市委、市住建局、市城管局、市旅发委、市文广新局、绵投集团等部门召开座谈会，对该建议进行专题研究，并要求相关部门通力配合协作，提出提升绵阳港三江湖码头文化品质建议实施方案，与九三学社绵阳市委加强沟通协商，促进九三学社绵阳市委的建议得到落实。

【军民融合发展调研】 2017年，九三学社绵阳市委重视全面创新改革试验工作，并承担市政协“建设军民融合科技协同创新体系，推进全面创新改革试验”专题协商的“军民融合政策体系协同问题研究”子报告。社市委成立课题组，先后赴国家军民两用技术交易中心、四川省军民融合大型科学仪器共享平台、市科知局、市经信委等单位调研，并结合“民主党派走进游仙”活动，赴游仙军民融合产业园、游仙区工信局、军民融合发展局等部门就军民融合发展情况进行专题调研并座谈，形成《完善军民融合政策　促进科技协同创新》。在市政协七届第五次常委会上，九三学社绵阳市委专职副主委王永高代表九三学社绵阳市委作题为《完善军民融合政策促进科技协同创新》。（范　力）

绵阳工商业联合会

【概况】 2017年，在全市非公有制经济人士中开展以“坚定信心、守法诚信”为重点的理想信念教育实践活动；实施企业家素质提升工程，举办如“新三板共振市值管理论坛”等各类培训6次；推动民营企业“走出去”战略，组织民营企业负责人及县市区工商联负责人赴广东开展以“学经验，促转型”为主题的参观考察；与市精神文明建设办公室等部门联合主办“宜家美杯·感谢有你，绵阳最美服务之星”评选活动，全市上百家企业参加活动。参与到市政府、市政协、市决策咨询委员会相关调研课题组，赴珠江三角洲、长江三角洲等地学习考察，组织民营企业对行政职能部门进行满意度测评，起草绵阳市民营经济发展历程、存在问题及建议等近10篇；落实全国工商联关于加强民营企业调查点工作的相关部署，探索建设“网上工商联”，全市有70家民营企业纳入调查点。收集非公有制经济人士对市委、市政府召开的重要会议、出台文件的反响和建议，引导非公有制企业家参政议政；制订印发《关于进一步规范参政议政文稿征集工作的通知》，规范市工商联参政议政委员会委员企业工作职责和任务目标，向省工商联报送党外人士意见建议和社情民意23篇、调研成果5篇。截至年底，绵阳市工商联名誉主席2人，主席（会长）1人，执委117人，常委58人，副主席26人，副会长16人，秘书长1人。全市组建行业商会、异地商会74个，乡镇、街道及其他商会43个，全市会员总数达13485个。成立绵阳市南充商会等6个直属商（协）会，涪城区工商联、江油市工商联、三台县工商联、游仙区工商联、北川羌族自治县工商联被表彰为“2017年全国‘五好’县级工商联”。

图66 11月6—7日，四川省推进军民融合发展暨政策宣贯（川北片区）培训会在绵阳举行

【民营企业参与军民融合】 2017年，绵阳市开展全国工商联举办的“第七次民营企业军民两用高新技术及产品研发生产情况专项调查”，华拓光通信股份有限公司入选《军民两用高新技术及产品推荐目录》；承办四川省军民融合发展暨政策宣贯（川北片区）培训会；组织5家“民参军”企业在省工商联第十一次代表大会上举行“绵阳造”军民融合产品展；参加第五届中国（绵阳）科技城国际科技博览会；带领10家企业参加科博会投资推介会集中签约仪式，组织7家企业参加“中国—以色列”企业对接活动。

【搭建经贸合作平台】 2017年，绵阳市工商联与万达集团网科公司举办“2017年上海国际商业年会——四川绵阳推介会”；协调做好省政府参事调研组赴六合锻造等企业参观考察工作；带领梓州实业到眉山、雅安等地考察藤椒产业发展，促推民企转型升级；帮助科源科技、亚辰电气、华卫安防协调有关工作；组织绵阳福建商会一行到三台县考察项目，并召开项目推介会；组织绵阳企业中层干部核心技能提升培训班70多名学员到东方电气、富临精工、雪宝乳业等参观考察；组织200多家企业和商会参加绵阳科技成果暨农业投资促进会；参与省工商联财税金融服务中心“双创千企计划”工作，为企业提供融资服务。开展集中走访慰问优秀人才活动，走访慰问4名在绵阳和在外发展的绵阳籍优秀民营企业家；组织富临、波鸿、岷山等企业赴港澳参加“四川人才活动周”活动；组织15家企业开展“十三五”企业经营管理人才规划问卷；组织开展“就等你来”大学生专场求职活动；联合举办以“促进供需精准对接，助力创新驱动发展”为主题的2017年“民营企业招聘周”专场招聘会。

【“百企帮百村”精准扶贫行动】 2017年，绵阳市县467家民营企业（商会）与445个贫困村结成帮扶对子，企业实施项目数达632个，企业投入总金额5.36亿元，受帮扶贫困人数达10万多人。选树典型，示范引领，坚持抓好“百企帮百村”示范村建设，推选梓州农业科技公司、平武康昕生态农业科技公司被全国工商联和国家农业开发银行授予金融支持“万企帮万村精准扶贫行动试点企业”，梓州农业、绵阳市工商联等22家优秀民营企业、单位和个人被评为四川省“万企帮万村”先进；促推政策性金融支持“百企帮百村”精准扶贫行动，与市农业发展银行签订《政策性金融支持“万企帮万村”精准扶贫行动战略合作协议（绵阳）》，依据全国“万企帮万村”台账管理系统帮扶数据，向省工商联推荐全市扶贫成效突出的民营企业，3家民营企业被授予“万企帮万村”精准扶贫行动金融试点企业，6家企业纳入农发行政策性支持企业名录库；突出因企施策，确保扶贫行动效果不挂空，根据企业实际，引导有意愿、有能力的企业在精准扶贫行动中实现转型升级，同时惠及贫困群众增收脱贫。

【实施贫困地区对口帮扶】 2017年，市工商联组织涪城区、江油市、游仙区工商联和民营企业赴凉山彝族自治州昭觉县、布拖县以及阿坝藏族羌族自治州壤塘县、红原县开展帮扶工作，慰问贫困藏族、彝族群众，实施产业帮扶。市工商联（总商会）班子成员企业对口援县彝族中学公益捐赠241万元；为昭觉县支尔莫乡乡村幼儿园建设捐资100万元；为布拖县安乡日朵村幼儿园捐资10万元。市工商联机关为联系贫困村提供10万元用于贫困户“三建五改”，协调捐资10万元用于林下蛋鸡养殖项目，支持该村产业脱贫。

【四川省推进军民融合发展暨政策宣贯（川北片区）培训会在绵阳召开】 2017年11月6—7日，四川省国防科工办、四川省工商联主办，绵阳市工商联承办的四川省推进军民融合发展暨政策宣贯（川北片区）培训会在绵阳召开。省政协副主席、省工商联主席陈放，省军民融合办专职副主任、省国防科工办副主任施遐出席会议并讲话，市委副书记、市长刘超陪同参观考察，市人民政府副市长赵迎春出席并致辞。会议由省工商联党组成员、副主席袁明主持。会议期间，陈放、刘超与来自川北片区的代表参观科技城成就展览馆、国家军民两用技术交易中心、永贵科技有限责任公司，实地了解绵阳军民融合发展情况。培训会上，专家为企业解析《武器装备科研生产许可管理政策》《军工保密资格认定政策》《四川省军民产业发展专项资金政策》，详细解读民营企业参与国防建设的主要路径和民企“参军”四证申请流程，部分参会企业与专家进行现场沟通交流。川北片区市（州）工商联分管领导及经济科负责人以及川北片区市（州）民营企业参会代表等120余人参加培训会。

【绵阳首届企业文化节颁奖典礼举行】 2017年10月20日下午，中共绵阳市委宣传部、市委统战部指导，绵阳市工商联、绵阳市社科联、绵阳市演讲与品牌传播行业协会联合主办的“四川农信杯·绵阳首届企业文化节颁奖盛典暨中国企业转型升级百城万企公益大巡讲”活动在绵州大剧院举行。市工商联、市社科联、省联社绵阳办事处等有关部门负责人出席，来自绵阳各商（协）会和长虹集团、富临集团、科伦医贸、艾潇集团、铁骑力士集团、家乐福公司等企业代表500余人参加活动。颁奖典礼上，受邀嘉宾王克作“中国企业转型升级百城万企公益大巡讲活动”报告。“四川农信杯·绵阳首届企业文化节”系列活动是全市非公有制企业理想信念教育活动的组成部分。以“团结、共赢、成长、超越”为主题。从6月起开始，历时5个月，先后举办“商界领袖文化高峰论坛”“大品牌营销策划TOP联盟高峰论坛”“企业原创音乐及企业宣传片大赛”“企业品牌故事演讲大赛”等系列专场活动，参与企业800余家，对全市企业文化建设和企业转型升级起到推动作用。

（黄　莉　吴秀娟）

图67　10月20日，绵阳首届企业文化节颁奖典礼举行

人民团体

People's Organizations

市总工会

【概况】 2017年，全市总工会结合科技城建设，围绕“十三五”重点工程、重点区域、重点行业创新开展劳动竞赛。先后举办科技城重点工程、金融精准扶贫等竞赛活动。其中科技城重点工程竞赛活动，涉及4个县市区，参赛项目1000多个，总投资2000多亿元。组队参加2017年成德绵+攀西高技能人才交流赛，取得2个一等奖、3个二等奖的优异成绩。加强与市级部门配合举行各类技能大赛6次，10万余名职工参加比赛。举办2017年职工创新创业推进暨招聘求职洽谈会、2017年四川省“金秋助学”活动启动仪式暨“扬帆起航，追逐梦想”主题夏令营活动；四川省工会会员服务卡发放暨普惠性服务在绵阳启动，全市采集实名制会员信息131万余人，排名全省第1位。办理工会会员服务卡124632张，排名全省第1位。有中石油、长虹等104家企业签约，服务内容涵盖商超、金融等7大行业。全年举办各类招聘会18场，提供免费就业服务36392人次，帮助5107人实现成功就业。印发《绵阳市工会改革专项方案清单》，包含31项具体改革内容，明确改革的具体任务，出台专项改革方案22项。筹集资金1100万元，资助学生5520人。截至年底，全市工会组织14902个，其中机关工会942个、企业工会7503个。工会会员1365004人，其中机关工会会员50227人、企业工会会员513041人。事业工会1518个，事业工会会员121541人。

图68 4月27日，绵阳市庆祝“五一”国际劳动节暨表扬先进颁奖大会召开

【创业帮扶工作】 2017年，绵阳市建立全省首家职工创新创业中心（简称“双创中心”），为企业创新创造、职工创新创业提供一站式的扶持、指导、孵化和投资服务。双创中心先后投资孵化服务企业500家，其中工会直接扶持138家；入驻中心的科技型中小企业258家，占孵化企业的53%；解决就业岗位2000多个，30家企业实现产业化，四川福德机器人股份有限公司成功在“新三板”挂牌上市；依托中心开展创业项目帮扶，为2302个创业项目发放729.3万元创业贴息补助和创业补助金，带动就业1.5万余人。

【解困扶贫工作】 2017年，市总工会制定城镇职工帮扶解困工作方案，精准掌握困难职工基本情况，建档立卡，做到一户一档案、一户一计划、一户一措施，精准脱困。开展送温暖、送清凉活动，筹集慰问款物1000余万元，走访慰问企业（工地）904个，慰问职工（农民工）99158人。为1582名困难职工、环卫职工、绿化工人提供健康体检。开展全市工会系统助力脱贫攻坚工作，实施创业就业扶持、志愿服务活动等七大行动。市、县两级工会开展志愿服务活动10余次，走访贫困村60余个；举办扶贫专场招聘会13次，提供用工岗位29116个；开展各类慰问活动56次，慰问农民工8574人。

图69　2月17日，绵阳市创新创业促进就业暨招聘求职洽谈会在五一广场举行

全年市县两级工会协调争取各类帮扶资金675万余元，帮助成立产业发展合作社16个，协调新建基础设施项目55个。

【农民工权益维护】　2017年，全市工会贯彻落实《绵阳市创新企事业单位民主管理制度改革方案》，在全省首次建立二级职代会制度。建立工资集体协商三方会谈机制和企业工资履约信誉评价标准，全市工资集体协议签订率连续五年均达99%以上。整合维权工作资源，通过多部门联动，开展劳务派遣、劳动用工和社会保险法律法规、拖欠职工工资等专项检查，及时调处职工维权案件，成功帮助5493名职工（农民工）追讨欠薪等费用共计8129.79万元。

【2017年职工创新创业推进暨招聘求职洽谈会举行】　2017年2月17日，市总工会、市人社局、团市委等部门举办的绵阳市2017年职工创新创业推进暨招聘求职洽谈会在五一广场开幕。省总工会巡视员、女工委主任纪小玲，绵阳市委常委、统战部部长、总工会主席李亚莲，市人大副主任李川萍，市政协副主席李京平等出席启动仪式。本次招聘会，吸引涉及军民融合产业、战略新兴产业、现代服务业、科技型等各类企业326家参加现场招聘，为各类求职人员提供电子信息、汽车制造、高端制造、生物、环保、新能源、金融保险、管理等岗位15464个。现场参与求职洽谈的城镇下岗职工、农民工、高校毕业生等各类求职者2万余人，有8299人次进行现场求职洽谈，有5148人与用工单位达成用工意向性登记。

【四川省工会会员服务卡发放暨普惠性服务启动仪式】　2017年7月28日上午，四川省总工会、邮政集团四川省分公司、邮储银行四川省分行主办，绵阳市总工会、邮政集团绵阳市分、邮储银行绵阳市分行承办的四川省工会会员服务卡发放暨普惠性服务启动仪式在绵阳举行。省政协副主席、党组副书记，省总工会主席李登菊出席仪式并作讲话；省总工会党组书记、副主席胥纯主持启动仪式。市级有关部门、单位负责人，全市职工代表、普惠服务工作人员和商家代表参加活动。启动仪式上，与会人员观看邮储银行“掌上川工”手机APP功能和使用方法现场演示。省市领导李登菊、彭宇行、任远明、付康、李亚莲、邹若力和邮政集团四川省分公司党组成员、副总经理、工会主席万立，邮储银行四川省分行党委委员、副行长邹青春等为职工会员代表发放首批会员服务卡，并启动四川省工会会员普惠性服务活动。启动仪式结束后，李登菊、彭宇行等与会领导和嘉宾到普惠服务区现场听取绵阳市普惠性服务工作汇报，了解察看“互联网+工会”普惠服务和工会、邮政公司、商家普惠服务项目展示。随后，李登菊一行到九洲集团看望慰问高温天气下坚守岗位的一线职工，为他们送去防暑降温物品，到何锡勇创新工作室、九洲技师学院等地了解绵阳市工会工作开展情况。

【2017年四川省“金秋助学”活动启动仪式暨“扬帆起航，追逐梦想”主题夏令营活动在绵阳举行】　2017年8月11日，四川省总工会主办，绵阳市总工会承办的四川省工会“金秋助学”启动仪式暨主题夏令营活动在绵阳举行。省总工会党组书记、副主席胥纯，省总工会党组成员、副主席任远明、李茂林，绵阳市委常委、市委统战部部长、市总工会

图70　8月11日，四川省工会“金秋助学”启动仪式在绵阳举行

主席李亚莲，市人大常委会副主任李川萍，副市长孙福全，市政协副主席钟正军，四川省困难职工帮扶基金会理事长邹游，市总工会党组书记、常务副主席彭时荣参加启动仪式。省、市爱心单位代表、市级“金秋助学”活动相关单位的负责人、100名受助学生代表等参加仪式。李亚莲在启动仪式上致辞。启动仪式上，省、市相关领导还向四川省困难职工帮扶基金会绵阳工作站以及四川省工会“金秋助学”活动爱心单位授牌，并为受助学生代表发放助学金。（肖　江）

共青团绵阳市委

【概况】 2017年，团市委实施“青字号”扶贫系列行动，引导社会力量参与帮扶，建立市青联界别对口帮扶北川羌族自治县退出贫困村工作机制，结对帮扶贫困村7个，实施援助彝族、藏族项目，联系九洲集团、中航安盟保险等捐赠物资13万元，帮助红原、壤塘扶贫建设；定期关爱在绵阳的昭觉班、布拖班彝族学生，与学生交心谈心，并赠送学习生活物资3000余元。结对帮扶梓潼县大新乡曙光村，争取团省委“童伴之家”试点项目到该村，匹配帮扶物资7万余元；定期开展“情暖童心·流动少年宫”活动，每月走入大新乡小学，让贫困儿童享有特长培训，感受社会关爱。11月，团市委脱贫攻坚工作经验在省青联常委会和市网络扶贫工作会上进行交流。实施青年创业小额贴息贷款项目，发放贷款1200万元。“志愿四川”服务平台运用推广，全市注册志愿者17.8万余人。新建非公有制企业团组织67个，社会组织团组织11个。

【青年创新创业】 2017年，团市委确立“市级引导、县市区参与、共建共享”的专项资金设立原则，全市青创扶持资金池达3400万元，推动青年创新创业工作常态化持续化健康发展。争取市财政追加SYE专项资金150万元，提供免息免担保免抵押贷款和“一对一”导师辅导，全年扶持项目57个，发放创业扶持资金459万元，创造就业岗位100余个。实施青年创业小额贴息贷款项目，发放贷款1200万元，有效带动青年就业创业。

【志愿者服务】 2017年，团市委发挥主管社会组织效能，加强“志愿四川”服务平台运用推广，全市注册志愿者17.8万余人，开展赛会服务、交通劝导、亲情陪伴、留守关爱、品质助学等专项活动。招募西部计划志愿者36人，安排到基层一线，助力脱贫攻坚。推进依法治市工作，通过“12·4”国家宪法日、“法律进基层”等集中宣传，引导青少年知法、懂法、守法。5月，《中国青年报》报道绵阳市社工、志愿者参与社会治理相关工作。开展“逐梦计划”，在全市各级机关、企业、科研院所、社会服务机构等募集实习岗位1546个，为大学生提供社会实践和职业体验机会；与西蜀网合作开发“青春之约”婚恋交友平台，举办“全城热恋走进长虹”“只对你来电”等大型交友活动，直接受益青年600余人；挂牌建设“共青团影院”，作为青少年汇聚、思想引领、关爱保护的一线阵地；建立全市首个“宫校共建”青少年创客空间，推动青少年从小学习创造。推行“团干部+社工+青年志愿者”工作机制，事务社工队伍300余人。

【未成年人教育服务】 2017年，团市委项目化运作留守儿童之家160个，开展心理维护、法律援助、课外课堂等志愿服务活动，为未成年人营造健康成长环境。对“事实孤儿”实施关爱救助，组织开展“木林森成长计划”等帮扶活动，联合成立“事实孤儿”课题调研组，从学习、生活、心理、社会支持等维度形成调研报告，为党委、政府决策提供参考。引导社会力量建设“阳光成长驿站”，通过法律知识教育、体验式夏令营等活动，提升青少年预防犯罪意识，实现青少年群体预防犯罪工作向制度化、专业化发展。

【青少年服务】 2017年，团市委建立日常联系机制，持续开展共青团与人大代表、政协委员“面对面”活动，青少年利益诉求渠道有效畅通。整合“12355”青少年综合服务中心职能，主动介入个案，提供法律咨询、助学帮困、心理援助等“一站式”服务500余人次，维护青少年合法权益。落实“驻校蹲班”工作，按照“1+100”联系青年模式，各级团干部联系青年3.3万余人，开展线下活动1400余场。建立市青联委员之家，开展青联委员交流活动10余场次；通过转型升级和整合开放，累计建成“青年之家”青少年综合服务平台174个，开展活动700余场次。（刘峰华）

绵阳市妇女联合会

【概况】 2017年，市妇联争取省妇联两个100万元项目资金、市级30万元财政资金，打造江油市李白诗意绣、涪城区杨家绣房等5个省级和市级妇女居家灵活就业基地，推荐4家单位申报全国巾帼农业示范基地。组织参与“春风送岗位”等专场招聘会23场，争取省妇联“巾帼脱贫行动千人培训计划”资金6.6万元，市级培训资金10万元，开展种植、养殖、手工编织、电子商务、家政等培训80期，培训6800余人次。通过项目争取、技能培训、就业基地打造，帮助1.2万余名妇女实现就业创业。举行2017年度绵阳市最美家庭评选活动，2个家庭获全国最美家庭、3个家庭入选四川省最美家庭。举办“做廉政贤内助，建幸福好家庭”专题党课，举办“孝爱亲和廉”“女童健康”等家庭教育讲座1156场。获评省级三八红旗集体2个、标兵1名、红旗手4名，评选市级三八红旗集体50个、三八红旗手80名。

【巾帼脱贫工作】 2017年，市妇联争创省级巾帼脱贫示范（电商）基地，支持北川羌族自治县阿朵姑娘建设农村电商平台。继续实施安康家园、春蕾女童关爱，为87名大学生发放助学金49.66万元。到红原、壤塘开展对口援建，送去15万元资金和物资。春节、“六一”期间慰问270名贫困母亲、困难儿童，慰问资金11.5万元。争取诗丽堂集团110万元在盐亭捐建春蕾小学，金秋助学资助61名贫困女大学生12.2万元。争取全国、省级“贫困母亲两癌救助专项基金”180万元，救助180名“两癌”妇女。协调项目资金230余万元，帮助江油市新安镇黄土村实现脱贫，市妇联驻村人员被全国妇联表彰为全国巾帼建功标兵，被省委、省政府表扬为全省脱贫攻坚“五个一”驻村帮扶先进个人。开展“巾帼文明岗”创建活动，促进“巾帼文明岗”进行业、进社区、进村镇。争创全国巾帼文明岗4个、省级巾帼文明岗4个；市图书馆读者部等54个单位、岗位被评为市“巾帼文明岗”。

【家庭教育学校建设】 2017年，绵阳市承办中国·绵阳首届未成年人心理健康服务高峰论坛暨档案建立启动仪式，成立市家庭教育学校（总校），在江油永丰社区开展家长夜校试点工作，出台《关于建立家庭教育学校的指导意见》《绵阳市关于指导推进家庭教育的五年规划（2016—2020年）》等。各县市区参照市上模式，相继成立家庭教育学校分校，各中小学学校（幼儿园）、社区均成立家庭教育学校，建成家长学校1164个、文化站277个、农村书屋2816个、妇女儿童之家564个。

【最美家族评选活动】 2017年，绵阳市贯彻落实习近平总书记“注重家风、注重家教、注重家庭”要求，全市各地文明办、妇联通力合作，联合各级机关工委、工会、绵阳军分区、武警部队、媒体等各方力量，开展家庭文明建设工作，切实推进核心价值观进家庭，吸引全市广大群众和家庭参与，在全社会弘扬夫妻恩爱、尊老爱幼、科学教子、勤俭持家、廉洁文明、邻里互助的家庭美德和文明家风。年初，绵阳市精神文明建设办公室、绵阳市妇女联合会主办的绵阳市2017年最美家族评选活动在年初启动，通过层层申请、网络投票，组委会审核等方式，评选出绿色洁美家庭10户、扶贫助困家庭10户、亲善教子家庭10户、勤俭自强家庭10户、孝爱和乐家庭10户、清廉敬业家庭10户、2017年度绵阳市最美家庭17户。

【开展家风家教教育】 2017年，市妇联建立2个家风家教微课堂（总群），9个县市区均建立家风家教微课堂，定期开展母亲课堂、健康教育知识分享等线上线下家教讲座。承办省妇联第八期“幸福使者·母亲课堂”骨干讲师培训，10名绵阳市参训学员均荣获四川省优秀母亲课堂骨干讲师。争取市财政40万元幸福家庭建设经费，培训“幸福使者·母亲课堂”骨干讲师157名，举办家庭教育公益讲座500场，目标任务完成率500%。涪城区成立示范母亲讲堂，联手家瑞教育在铁牛街社区试点建设幸福妈妈学院。举办“政府部门工作中的社会性别意识”“构建幸福家庭”等专题讲座，开展“母亲艺术”拼布女红展，举行“巾帼心向党　喜迎十九大”三八节纪念等活动，彰显女性之爱、女性之艺，凝聚女性智慧，展示女性魅力。

【开展“书香绵州”系列阅读活动】 2017年，全市开展女性阅读、亲子阅读，培养崇尚读书、自觉读书的良好习惯和崭新风气，打造“书香绵州”。举办绵阳市首届亲子阅读节，开展“亲子共读，同沐书香”“书香女人　悦读越美丽”等主题活动。针对女干部、社会组织负责人、家长等不同群体，开展好书分享等活动5场。依托电脑端和手机端一体打造女性享学吧互联网学习新平台，形成“互联网+女性成才”特色模式，联合绵阳电大实施“精彩人生·女性终身学习计划”全国项目试点；发动3049人注册“女性享学吧”APP；开展女性学习需求调研，建立31人组成的导师队伍，线上线下活动同步推进。

【巾帼志愿者队伍建设】 2017年，市妇联争取市财政巾帼志愿服务项目资金20万元，在西南科技大学马克思主义学院、四川中医药高等专科学校建立巾帼志愿者服务基地。联合绵阳市广播电视大学举办千人广场舞展示，43支广场舞团队近千名爱好者参加，活动现场为巾帼文明健身队授旗，支持各年龄段女性开展志愿活动。新增网上注册巾帼志愿者3500余名，开展20余次巾帼护童、助老、环保等活动，“8·8”九寨沟地震巾帼志愿服务活动信息被全国妇联微信公众号报道。

【巾帼维权工作】 2017年，绵阳市出台《绵阳市反家庭暴力多部门联动合作机制工作规程》；增补市委编办、市国资委、市经信委、市关工委和市扶贫移民局为市政府妇儿工委成员单位，壮大妇女儿童工作力量。建立健全全市妇女儿童维权机构站点数据库，市县乡村四级维权站点实现信息互联互通，全市建妇女儿童维权站232个，救助（庇护）中心14个，妇女法律援助站10个；发挥市本级、涪城、游仙、安州等5个全省维权示范点作用，为800余名妇女提供维权服务，受理27件“中国妇女法律援助行动”项目案件，挽回和避免损失近百万元。从法律维权扩大到救助维权，实施“关爱女性健康保障计划”。全市14万名女性购买关爱女性保险，从2016年的190万元，增加到1103万元，增幅居全省第一，141名妇女获理赔725万元，赔付率超过65%以上。

【妇联基层组织建设】 2017年，全市推进村（社区）妇代会改建妇联工作，全市村（社区）妇代会改建妇联全面完成，新增村（社区）妇联执委3.6万余名，新当选村（社区）妇联主席均进入村“两委”班子。乡镇妇联组织区域化建设改革工作有条不紊，264个乡镇完成乡镇妇联组织区域化建设改革，新增乡镇妇联执委5900余人，初步实现“上面千条线、下面一张网、身边一个家”的基层妇联组织建设新格局。9个县区完成换届选举，高新区、经开区、科创区、仙海区妇工委改建妇联，吸纳热爱妇女工作、群众威信高的优秀女性到基层妇联工作队伍，实现妇女群众工作妇女群众做。9月，全国妇联党组书记、副主席宋秀岩到绵阳调研妇女工作时，对此项工作予以充分肯定。

【"网上妇女之家"建设】 2017年，全市推进"网上妇女之家"建设，"妇联通"实现四级妇联干部全覆盖，4591名妇联干部注册，使用率、激活率跃居全省第2。6个县市区妇联开通微信公众号，"绵阳新女性"推送412篇图文信息，组织两次大型互动参与活动，微信公众号粉丝突破2万人，联系覆盖妇女群众和妇联干部超过10万人次，阅读量持续排名全省前三，连续数月位居全国50强。举办全市网络与新媒体工作培训班，对全市妇联系统干部进行轮训，组建由200人组成的网宣、网评员队伍，在重大时事和社会热点事件中主动发声，不断提升妇联干部网络与新媒体工作素养，在省妇联组织的"我为娘家点个赞"活动中获优秀组织奖。 （罗 芳）

绵阳市科学技术协会

【概况】 2017年，全市按照《绵阳市全民科学素质行动计划纲要实施方案（2016—2020）》要求，制定印发《绵阳市全民科学素质工作2017年工作要点》，召开全市工作会，推动全年各项任务目标的落地落实。开展"十三五"期间公民科学素质建设工作，委托中国科普研究所开展全市公民科学素质调查测评，绵阳市测评值为7.3%，位居全省第2。截至年底，全市有县市区科协9个，市级自然科学、技术科学学会（协会、研究会）43个，会员3万余人，高校科协3个。农村专业技术协会463个，会员及带动农户达8.83万户。

【科普信息化建设】 2017年，市科协采取典型示范方式推进全市科普e站建设，全年建成科普e站20余个，推动科普中国在乡村、社区、学校的落地。实施"互联网+科普"行动，依托科普中国服务云、科普中国V视快递等方式，推进科普信息在企业、农村、机关、街道等广泛应用。拓宽科协工作宣传渠道，2017年创建"绵阳市科学技术协会"微信公众号，半年推送各类信息160余条。继续加强与绵阳日报社合作，借助媒体资源，构建声、像、图、文多方位、立体式传播，全年《绵州科普》户外多媒体宣传栏刊载图文资讯386条，制作发布视频168条，播放科普视频320小时，绵阳新闻网、蜀龙网发布科协资讯146条。

【群众性科普活动】 2017年，市科协开展"科技之春"科普宣传月、科技活动周等群众性科普活动，打造"全民科普日""科普迎新春"等科普品牌活动，以专家咨询、科普讲座、名医义诊、科普展览、科普文艺等方式普及科学知识。全年开展科普进社区40余次、开展科普讲座20期，制作科普展板150余块、展品300余件，发放科普宣传资料和反邪教知识手册11万余份，接待义诊群众3万人次，接受群众各类咨询近8000人次，市科协被中科协表彰为"2017年全国科普日活动优秀组织单位"。

【青少年科技教育】 2017年，市科协精心组织全市优秀作品，参加国、省青少年科技创新大赛，获省赛一等奖10项、二等奖24项、三等奖25项，获国赛二等奖1项、三等奖3项，其中东辰国际学校被评为"全国十佳科技创新学校"；在三台、梓潼等县举办中、小学科技辅导员培训班，培训青少年科技辅导员300余人；全市筛选品学兼优的中学生30名，前往北京、重庆等地参加高校夏令营；5月20日，承办第十五届四川省青少年机器人创新大赛，被省科协、省教育厅表彰为"第十五届四川省青少年机器人创新实践活动优秀组织单位"；12月2日，举办绵阳市第二届青少年机器人创新大赛，全市1400余名青少年参赛。

【院士（专家）工作站建设】 2017年，市科协以服务院士（专家）工作站为重点，搭建企业与院士、专家合作的桥梁，共引进院士9人，高端人才50余人，建设国家级院士（专家）工作示范站1家（全省仅有4家）。开展第四批市级院士（专家）工作站申报、考察等工作，创新建站管理考评方式，确定17家企事业单位列入第四批市级院士（专家）工作站备案名单，院士（专家）工作站备案机制获得省科协肯定，被省科协表彰为"院士（专家）工作站建设工作先进单位"。

【专利信息资源库建设】 2017年，市科协加大专利信息库的推广应用，全年成功举办3期科技信息推送和专利信息资源库推广应用培训会，培训200余人，新增科技信息应用企业83家，达216家。遴选重点优质企业15家，定期邀请专家赴企业进行对接服务，帮助企业切实解决技术发展难题。支持市金属学会开展"科技专家企业行、厂会协作谋发展"品牌活动，帮助7家钢铁企业解决9项生产技术难题，创收2350余万元，降低生产成本900余万元。

【学术理论研究和交流】 2017年1月，市科协组织实施，召开绵阳市第三届学术大会，评选优秀科技论文94篇。协助市委组织部筹备"英才风华·辉映绵州"——2017中国（绵阳）科技城重大人才项目颁奖晚会，邀请李言荣院士、陈鲸院士出席并颁奖。协助市委党史办开展"三线建设与军民融合发展"专家论坛。支持市医学会、市中医药学会开展新生儿先天心脏病筛查、治疗及管理国际研讨会。面向市级学（协）会及科技工作者广泛征集科研论文，搜集科技成果，先后为"第35届中西南学会学研究年会""四川省科协年会"等活动收集整理推荐论文成果近30项。

【实施"基层科普行动计划"】 2017年，市科协坚持为全国文明城市建设和为科技扶贫服务的原则，加强项目库建设，指导各县市区开展科普惠农、社区益民的基层科普项目征集报送工作。2017年上报国家级、

图71　9月21日，绵阳市在举行江油市"全国科普日暨大众创业万众创新活动周"活动

省级基层科普行动计划项目23项，获国、省专项奖补资金400余万元。开展"科技扶贫乡村行"活动，按照"选定一个区域、培训一项技术、做强一项产业、致富一方百姓"的思路，以农村专业技术协会为抓手，以农民夜校为平台，开展农村实用技术培训，全年举办培训班400余场次，受益群众5万余人次，完成农村劳动力培训6.2万人次，完成青年劳动者技能培训2.3万人次，开展技能培训500余场次，培训农民群众超过2万人次。

【科技扶贫与农业创业】　2017年，市科协召开科技扶贫工作现场会、推进会等方式，动员引导全市农技协和农村科普示范基地，把技术、资金、产业引入贫困乡村，切实开展技术扶贫、产业扶贫、智力扶贫。其中三台前锋生态农业产业技术协会走入三台综改区的两个贫困村开展帮扶，以"土地+劳动力"的入股方式，量化股权，走出一条"协会+农户+产业"的脱贫致富路，帮助150户贫困户实现脱贫摘帽。9月26日，举办以"走创新创业之路、为脱贫奔康提速"为主题的绵阳市第二届农村乡土人才创新创业大赛，发现一批农村创新创业典型，培育一批现代新型农民，推荐8名乡村人才参加四川省第二届农村乡土人才创新创业大赛，获金奖2人、银奖2人、铜奖4人，取得8人参赛全部获奖的佳绩。（王大超）

绵阳市归国华侨侨眷联合会

【概况】　2017年，市侨联围绕全市中心工作，团结全市归侨侨眷，联系广大海外侨胞，在对外开放、引资引智、文化交流等方面发挥作用。9月，市委办出台《关于印发市总工会、团市委、市妇联、市侨联、市科协系统等5个改革方案的通知》（绵委办〔2017〕88号）文件。融入"科博会""海科会"，开展"2017侨智精英科博行活动"，举办"2017海科会之海外高新科技人才走进中国（绵阳）科技城活动"；邀请10余个国家和地区的侨界代表参加"2017（丁酉）年华夏母亲嫘祖故里祭祖大典"；盐亭县城东路社区被国侨办评为"全国为侨服务示范单位"；在"四川睿侨律师事务所"成立"为侨法律服务站"，依法维护侨胞权益。全年接待知名华商、海外高层次人才、社团12批200余人次。全年争取各类公益慈善项目资金144万元。帮助游仙区落实中国华侨公益基金会捐赠医疗设备总价值96万元。为三台县人民医院争取价值30万元"侨爱工程—送温暖远程医疗站"；为帮扶村争取侨爱扶贫产业蛋鸽养殖9万元，帮助梓潼县争取新加坡天府会爱心捐助9万元资助贫困学生。至年底，绵阳市外侨办获全省外事侨务系统先进集体，盐亭县外侨办主任王庆雍荣获外事侨务系统先进个人。

【开展系列侨务活动】　2017年，绵阳市争取到中国侨联为第五届科博会支持单位、四川省侨联为承办单位，组织开展"2017侨智精英科博行活动"，中国侨联副秘书长、经济科技部部长赵红英、省侨联主席刘以勤率电子信息、生物医药、微波技术等领域的30余名海内外顶尖专家出席科博会，并赴北川中学开展以"侨爱与智慧同行感恩与幸福同在"为主题的座谈会。举办"2017海科会之海外高新科技人才走进中国（绵阳）科技城活动"，邀请包括新西兰皇家科学院院士高唯在内的来自美国、法国、英国等8个国家42名海内外专家到绵阳参加活动，并举办海外高新科技人才路演活动，签署项目共82个，签约金额75.7亿元，10名海外人才与绵阳市用人单位签订合作协议。荷兰华侨华人中国留学生赈济中国四川大地震委员会一行20人到绵阳考察，该侨团捐赠253万元修建4间电教室，为灾后北川中学恢复教学做出贡献。邀请欧华联会30余人到绵阳参观考察、开展经贸、文化交流活动，促成与四川文化艺术学院进行深入交流合作。邀请来自10余个国家和地区的侨界代表参加"2017（丁酉）年华夏母亲嫘祖故里祭祖大典"。

【侨务服务工作】　2017年，全市完善侨法律服务体系建设，在"四川睿侨律师事务所"成立全市"为侨法律服务站"。推荐盐亭县城东路社区和风池街社区创建"全国为侨服务示范单位"，城东路社区被国侨办评为"全国为侨服务示范单位"。配合省人大常委会到绵阳开展华侨权益保护工作立法调研；支持侨资企业四川绵阳北青数据有限公司在科创区注册，并与长虹大数据公司、九洲集团等联合发起成立中国科技城大数据产业研究院。

【2017海科会之绵阳专场活动】 2017年9月13—15日，中国侨联支持，省侨办主办，市侨联承办的"2017海科会之绵阳专场活动"在绵阳会展中心举行。邀请新西兰皇家科学院院士高唯在内的新西兰、美国、法国、澳大利亚、英国等8个国家有关人工智能、电子信息、生物医药等领域的42名海内外专家和院士参加2017海外高新科技人才走进中国（绵阳）科技城推介会及海外高新科技人才路演活动。活动签署项目82个，签约金额75.7亿元，同比增长35.1%。绵阳市委书记彭宇行会见出席活动的海内外专家，并在推介会上致辞。 （孙东立）

市文学艺术界联合会

【概况】 2017年，全市坚持德才标准选配好各协会主席团班子，进行协会换届工作。建立知名文艺家、中青年文艺骨干档案，建立文艺人才库。团结各类文艺人才，全市各协会有会员4766人，其中国家级会员238人、省级会员1316人。开展精品文艺创作，全年有120余件作品在国家级赛事中展出，获国内外奖项23个，省级奖项42个。开展"写画唱演拍"绵阳活动，推出系列写绵阳、画绵阳、唱绵阳、演绵阳、拍绵阳作品。举办第二届"李白诗歌奖"评奖颁奖系列活动，开展"深入生活 扎根人民"文艺惠民活动。

【主旋律精品文艺创作】 2017年，全市围绕省"历史文化名人工程"组织精品创作；支持以李白故事为蓝本的川剧《诗酒太白》创作，该剧入选2016年度国家艺术基金大型舞台剧和作品创作支持项目。围绕脱贫攻坚出版报告文学《羌山追梦记》。邀请著名作家马平到游仙实地考察脱贫攻坚工作，创作中篇小说《高腔》在《人民文学》发表，并改编为话剧在全国上演，展示新时期扶贫干部的形象。围绕重要的文艺展赛，创作出小说《温暖的手铐》（梁斌小说奖）、国画《高原》（第二届中国画水墨大展入展）、歌曲《科技之梦》（入选全国科普征歌）、群舞《白马女人歌》（入选省舞蹈新作比赛决赛）、雕刻作品《福寿双全》（中国民间艺术博览会金奖）等文艺精品，支持绵阳文旅集团投资拍摄电视连续剧《向天》。全年有120余件作品在国家级赛事中展出，获国内外奖项23个、省级奖项42个。

【开展"写画唱演拍"绵阳活动】 2017年，全市开展"写画唱演拍"绵阳系列活动。"写绵阳"有《羌山追梦记》等本土原创报告文学3部、《剑南传奇》等小说12部、《白马人之书》等散文集3部。"画绵阳"有《羌乡咂酒》等32幅反映绵阳羌族风情的美术作品。"唱绵阳"推出《十二万花开》等4首具有绵阳符号的歌曲。"演绵阳"推出《乡村喜事》等2部反映绵阳脱贫攻坚事业的音乐小品、《斗魂之熊孩子》等2部绵阳本地出品的商业电影。"拍绵阳"聚焦绵阳本土风物人情，先后组织全国各地文艺名家开展"剑门蜀道梓潼行""文昌文化推介""名家走游仙""嫘祖文化节"及"诗意梓州 美丽三台"摄影大赛等活动；开展"再造绵阳""5·12"十周年摄影作品展出；推荐《军民融合生产线》等10幅摄影作品在四川美术馆"治蜀兴川5年跨越中的四川"摄影展展出；出版《梦回涪城寄乡愁》等3部大型摄影集。

【文艺研讨活动】 2017年，市文联召开全市文艺研讨会，对全市文艺现状进行剖析，筹划命名绵阳地区版画、书法、文学等文艺创作群体，提高本土文艺影响力；协调省作协为绵阳作家阿贝尔长篇小说《飞地》召开研讨会，组织省内外文艺家举行文学随笔《羌山追梦记》《隔了河的会见》等3场作品研讨会。举行《剑南文学》创刊40周年座谈会暨优秀作品颁奖，组织"山林之间"涂万春书画展等个人文艺作品展览8场、"水墨涪城"名家书画作品邀请展等集体作品展览6场。

【第二届"李白诗歌奖"系列活动】 2017年，绵阳市举行第二届"李白诗歌奖"评奖活动，面向海内外华人征集参赛作品1000余件，邀请谢冕等13名资深评论家进行评审，评选出"李白诗歌奖"作品6件。5月31日，在"李白出生地"江油市举行颁奖典礼，中国作协副主席白庚胜、国内外30名著名诗人、嘉宾出席颁奖典礼。中央电视台中文国际频道（CCTV-4）、四川省电视台、绵阳市电视台、《绵阳日报》《绵阳晚报》、新浪网、大成网等媒体报道典礼。组织著名诗人观越王楼、三江夜景，到江油、北川等地开展采风创作；组织获奖诗人开展诗歌校园行，创作并发表30余首反映绵阳的优秀诗歌。

【开展"深入生活 扎根人民"文艺惠民活动】 2017年，全市为贯彻落实习近平总书记在文艺工作座谈会的重要讲话精神，市文联把主题实践活动作任务来抓。承办省"文学扶贫·万千百十"网络作家平武行创作采风。组织文艺家到绵阳部分县市区红军遗址、脱贫攻坚第一线进行创作采风活动，创作一批速写美术作品在《剑南文学》发表。到北川擂鼓镇举行迎接"十九大"文艺惠民演出。组织对扶贫村进行文化风貌打造，编写新时代扶贫歌谣、谱写扶贫歌曲《在幸福的大道上》。承办省委宣传部、省音协举办的"春熙放歌"（三台）、"金钟奖"获奖者演出晚会（江油）等活动，举办中国名家书画展、新年音乐会、舞蹈大赛、戏剧小品王大赛等演出赛事活动；协助中国文联到中物院、空气动力发展中心慰问演出活动。组织协会开展结对帮扶，组织文艺团队到绵阳消防支队、川北监狱、游仙区旦家庙村、涪城区关帝镇开展活动；书协"进万家"走进绵阳实验小学、民间文艺进校园、戏剧进校园、诗词进校园等活动。

（曾 维）

市红十字会

【概况】 2017年，绵阳市红十字系统做好博爱送万家、“天使阳光”和“小天使”等常规救助项目，探索新的“救助”模式，通过向上级红会和本级财政争取、社会筹资、部门联合筹资和网络求助等方式募集救助资金，在助学、助困、大病救助和对口援助等方面开展“救助”工作，全年投入各类救助资金达294.67万元，其中博爱送万家活动投入资金39.81万元，“小天使”和“天使阳光”项目争取到救助资金121万元，募集助学资金达91.22万元，其他各类人道救助资金42.64万元，惠及群众达4700余人。5月，市红会组织召开绵阳市红十字会五届二次理事会，会议向各理事报告2016年全市红会系统工作情况及财务收支情况，选举产生绵阳市红十字会新一任会长。

【救灾备灾】 2017年5月，市红会出台《绵阳市红十字会备灾仓库管理办法（试行）》，对各区县红会备灾库房及库存物资进行摸底，掌握全市红会物资库存情况；对库存物资进行分类规范管理。以博爱家园项目为载体，在游仙区、三台县等项目点开展防灾自救知识培训及防水灾、防火灾等应急演练。在茂县泥石流、九寨沟县地震等灾情发生时，全市红会系统为灾区募集资金达89.99万元；绵阳市“7·4”洪灾发生后，向上级红会争取救助资金物资，为游仙、涪城及江油等县市区争取45.79万元的救灾物资。

【应急救护培训】 2017年，市红会推进应急救护培训工作，全市各级红会开展应急救护普及培训97场次，共计培训15148人；开展急救员培训20场次，共计培训持证急救员1094人；组织安全社区建设单位相关人员参加省红会师资培训1期，共培训急救师资28名。

【“三献”工作开展】 2017年，全市加强宣传助推“三献”工作，开展“三献”宣传活动10余次，全市红会参与无偿献血活动采集血液达3947450毫升，采集造干血样1985份，实现再动员9例，采集志愿者高分辨血样5例；其中平武县造干捐献志愿者王明钢与广东一白血病患者高配成功。开展组织遗体器官捐献登记、见证等工作。全年登记92人，实现遗体捐献见证9例，眼角膜捐献见证14例。

▲“三献”：献血液、献造血干细胞、献人体器官组织。

【筹资工作】 2017年，全市红会系统在筹资能力建设上相互学习借鉴，齐心协力，使筹资工作在绵阳逐渐回暖。组织各区县红会开展公益性社会组织税前扣除资格申报工作，市本级、安州区等3家单位取得公益性捐赠税前扣除资格，为促进爱心企业捐赠“抵扣税”提供有利条件。2017年，全市募集各类资金达647.29万元（不含救灾募集资金）。

【“博爱家园”项目建设】 2017年，接受新加坡红会和中国红十字会总会（简称“总会”）对新加坡“博爱家园”项目执行情况的检查；接受总会对日本援建游仙博爱医院项目检查；召开香港“博爱家园”项目推进会，完成香港红会高管对香港项目的回访。继续推进香港项目工作，做好香港红十字会援助游仙、盐亭“博爱家园—社区为本减灾项目”，3月召开项目协调会，5月召开中期评估会。 （王　旭）

法　治

Rule of Law

概　述

【概况】　2017年，全市认真贯彻落实中央全面依法治国、省委全面依法治省战略部署，以中国（绵阳）科技城法治示范区创建为引领带动，建立完善“2+5+7”工作机制，推行“清单制+责任制+督考制”，围绕服务绵阳科学发展、加快发展中心大局，认真履行统筹协调和系统推进职责，强化法治责任落实，用制度机制提升法治能力，聚焦重点领域和重点工作狠抓落实，全社会办事依法、遇事找法、解决问题用法、化解矛盾靠法的法治良序加速形成，基层治理体系和治理能力现代化建设迈上新的征程，法治建设保障支撑经济社会发展能力得到进一步提升。全市在依法治省2017年度考核中排名第五位。

【市依法治市领导小组会议】　2017年3月28日，市依法治市领导小组会议召开。市委书记、市依法治市领导小组组长彭宇行主持会议并讲话。市委副书记、市长、市依法治市领导小组组长刘超，市政协主席张锦明，市委副书记、市依法治市领导小组常务副组长付康出席会议。会议传达学习2月27日省依法治省领导小组第六次会议精神，听取依法治市工作情况汇报；审议《关于进一步调整充实绵阳市依法治市领导小组及办事机构组成人员的通知》以及《法治绵阳建设2017年工作要点》，要求市依法治市办根据会议审议意见，抓紧修改完善文件，按程序报批后组织实施。市依法治市领导小组副组长、办公室主任、成员以及相关工作牵头单位负责人参加会议。

【地方立法】　2017年3月1日，全市首部地方实体法规——《绵阳市城市市容和环境卫生管理条例》正式施行。开展《物业管理条例》《历史文化街区保护条例》立法调研和《绵阳市水污染防治条例》立法工作。市七届人大常委会第七次会议对《绵阳市水污染防治条例（草案）》（简称《条例（草案）》）进行第二次审议，修改完善后的《条例（草案）》已提请省人大常委会法工委审查。

【法治政府建设】　2017年，全市把依法行政作为依法治市的中心环节，先后召开全市推进服务型政府建设大会、推进行政权力依法规范公开运行工作电视电话会议、一体化政务服务平台建设推进工作会。9月12日，市政府办公室出台《绵阳市建设服务型政府行动方案》，拟定9个方面43项重点任务，逐一落实牵头及责任单位。清理公布市级单位行政权力清单目录、市级单位行政权力责任清单，对应取消、调整市本级行政许可20项，取消前置条件276项，市本级行政许可项目调整到210项。取消村(社区)证明事项289项，保留村(社区)证明事项13项，成为全省保留村（社区）证明事项最少的市(州)。推进投资审批改革，在全省率先推行投资建设项目全程并联审批，项目审批时限在法定时限基础上平均提速70%以上，竣工验收实际办理时间在承诺时间基础上平均提速63.9%。在全省率先建立重

资料链接：“2+5+7”工作模式：2017年，绵阳市依法治市领导小组会议明确，要以“2+5+7”工作机制推进依法治市工作迈上新的更高台阶，为加快建设国家科技城和幸福美丽绵阳提供更加有力的法治保障。“2”即双组长制，由市委书记、市长担任市依法治市领导小组组长，市人大常委会、市政协主要领导履行主体责任，并由市委专职副书记担任领导小组常务副组长，牵头负责推进依法治市工作。“5”即依法执政、地方立法、依法行政、公正司法、社会法治5个专项小组，每个专项小组均由1名市领导担任组长，专项小组办公室设在承担专项小组主要职能职责的市委办、市人大办、市政府办和市委政法委。“7”即依法治市目标绩效考核指标体系内依法执政、地方立法、依法行政、依法治理、公正司法、法治示范区建设、推进落实七大板块工作。根据新的形势要求，绵阳市依法治市领导小组《工作规则》《成员单位工作职责》《办公室工作细则》《专项小组及办公室工作规则》随之推出，7大板块之下，25个大项、124个小项工作同时纳入目标绩效考核指标体系。

点招商项目和重点企业“服务绿卡”制度，绵阳京东方等41个项目成为首批“服务绿卡”重点招商项目，四川国豪种业等55家企业成为首批“服务绿卡”重点企业。将江油市行政审批局全国试点经验向其他8个县区推广，10月省政府正式批复绵阳市《县（区）相对集中行政许可权改革试点工作方案》。

【公正司法】　2017年，全市与司法体制改革相关的10项民主法制领域改革和16项社会体制改革有序推进。市委政法委调整执行工作联席会议制度领导小组，牵头推进《进一步深化司法体制和社会体制改革实施方案》实施。市法院完成员额制改革任务，与11家基层法院签署解决执行难“工作责任书”“目标管理责任书”。省高院院长王海萍对绵阳市试点推行网格化执行工作的经验做法作出批示，要求全省法院推广。市检察院完成员额制改革任务，成立四川首个生态环境资源案件检验专家委员会。市政府法制办牵头形成《加强和改进行政应诉工作的实施意见》，制定《绵阳市行政应诉案件收集、提交证据办法》。市司法局制定出台《关于深化律师制度改革实施意见》。8月，全省法学会系统培训暨基层法学会“实体化实战化”建设推进会在绵阳召开。江油市公安局被公安部表彰为“全国优秀公安局”；北川县公安局获得全国公安机关改革创新大赛银奖；安州区花荄镇派出所被评为全国优秀公安基层单位。

【普法宣传】　2017年，全市按照《绵阳市2017年法治宣传教育工作要点》，实行“谁执法谁普法、谁主管谁普法、谁服务谁普法”责任制，有序开展“1+10”主题活动，发放各类宣传资料150余万份、普法读本6.2万余册、法治大礼包1.3万余套，播放法治微电影140余场次，演出法治文艺节目154场次，提供现场法律服务800余件，群众法治知晓率、参与率提升。运用“互联网+”理念，建立“三微两网一端”微普法联盟，创新新时代微普法模式。健全“普法责任清单”和“权力边界清单”制度，制定并推进《绵阳市“法律七进”检查内容及考核指导标准》，打造每一“进”示范点，纳入年度1分目标绩效考核。6月14日，市委、市政府在市委五楼多功能会议室组织召开“六五”普法总结表扬暨“七五”普法启动电视电话会议，表扬“六五”普法先进集体和先进个人443名，安排部署“七五”普法工作，各县市区在14个分会场同步组织召开。

【社会治安综合治理】　2017年，绵阳市连续第10年被省委、省政府评定为社会治安综合治理工作优秀市，连续4年群众安全感满意度测评位居全省前两位，当年测评跃居全省第一。4月，全省矛盾纠纷多元化解创新工作推进会在绵阳召开，绵阳市、江油市、游仙区经验在全省推广。7月，市信访局被党中央、国务院表彰为“全国信访系统先进集体”。涪城区被中央防邪办授予全国第二批创建无邪教示范区（市、县），梓潼县和涪城区被省委防邪领导小组命名为“四川省无邪教创建示范县（市、区）”。全国“七五”普法联系点（绵阳市、涪城区）建设有序推进，涌现出“法治绵阳”“法小涪”“法小仙”等普法宣教和法治服务优质品牌，中国科技城（绵阳）法治微电影大赛成为法治微电影界的“奥斯卡”。市财政局被财政部确定为全国财政系统法治财政建设示范点建设单位。游仙区柏林天主教堂、三台县铜川堂牧师饶建华分别被中央统战部、国家宗教局表彰为“全国和谐寺观教堂创建”先进集体和先进个人。市城管执法局创新推进“法治示范广场”创建，建成法治示范广场36个。

【科技城法治示范区建设】　2017年，全市把法治建设任务融入科技城创新转化、产业培育、人才开发、开放合作、金融服务“五大体系”建设，保障科技城发展的法治环境、政务环境、社会环境。在四川向全国推广的8条全创试验经验中，绵阳贡献“在绵国防科研设施资源共享”和“应收账款融资服务”2条；全省首批推广的21条经验中，11条涉及绵阳。建成中国（绵阳）科技城军民融合知识产权运营平台和中国（四川）知识产权维权援助中国科技城（绵阳）军民融合分中心。绵阳市获批创建全国版权示范城市。绵阳高新区成为四川省第三个“国家知识产权试点园区”。建成运营全国唯一的国家军民两用技术交易中心。在全国率先开展应收账款融资服务试点，实现融资金额28.5亿元，受到李克强总理肯定。建立全国首个财税资综合智能服务平台—“税鑫融”财税资综合服务平台，制定出台《绵阳市中小企业“住房公积金信用贷”实施方案》。

（贾元兵　刘明川）

图72　10月，全市依法治市工作推进会召开

政法工作

【概况】 2017年，全市政法机关学习贯彻习近平新时代中国特色社会主义思想，按照中央、省委、市委政法工作会议部署要求，推进平安绵阳、法治绵阳和政法队伍建设，为国家科技城建设提供政法保障。成立市领导任组长的涉军、涉移民、涉房等10个工作领导小组，开展较活跃重点群体化解稳控工作。对涉稳重点群体和重点人员，建立工作台账，对重点群体和人员落实包案领导、工作开展专班、化解稳控措施。化解突出信访涉稳问题，防范涉稳事件发生。建立“大维稳”工作机制，实现专业情报部门和维稳成员单位之间互通互享、市县级部门互通互联，确保信息畅通。完善《绵阳市处置大规模群体性事件预案》《绵阳市处置暴力恐怖事件预案》等应急处突机制，提升应对复杂局面和处置突发事件能力。

【平安绵阳建设】 2017年，全市政法机关从解决社会治安综合治理的源头性、基础性问题着手，增强人民群众的安全感和满意度，平安建设群众满意度综合测评名列全省第一。推动矛盾纠纷多元化解创新发展，成功调解案事件3万余件，调解成功率达99%。市综治中心通过租赁购买服务方式实现联网运行，游仙、江油两个试点县全面完成乡镇（街道），村（社区）综治中心试点建设任务。完成953个村“雪亮工程”建设，达省下达目标任务的238%，协助破获各类案件800余件。探索推广网格员协助消防、禁毒、社区矫正、铁路护路工作模式，为群众办理各类事项35万余件，村（社区）月、周活跃度长期处于全省前列。科技护路经验在全省及全国会上推广。有效接警下降4.51%，刑事立案下降26.2%，破案上升13.2%，打击上升36.8%，交通事故下降2.09%，火灾事故下降38.46%，连续24年未发生重特大及群死群伤事故。

【司法体制改革】 2017年，全市司法体制改革作为法治绵阳建设的重要方面，向纵深推进。首批法官、检察官员额制改革完成，入额法官、检察官宣誓就职。全市法检系统人员划分为法官检察官、司法辅助人员、司法行政人员三大类，按照“三类人员、两种待遇”要求，完成职级套改。刑事庭审实质化改革推进，通过庭审实质化审理案件183件，审判质效维持在较高水平。率先在全省中级人民法院推行案件繁简分流，通过速裁程序审结案件691件。深化刑事诉讼涉案财物处置工作，推进保管场所建设规范化，实现涉案财物信息网上录入流转，确保涉案财物按规定入库。全市建立30家机构和单位联网的“点对点”查控系统；建立基层司法协执网络，形成解决“执行难”工作合力。推进“两法衔接”信息共享平台应用，建立联席会议、联合执法、刑事案件信息共享机制。严格执行证据公示、庭前会议、非法证据排除等制度，有效排除非法证据。公安机关加强街面巡逻勤务机制改革，报警量同比下降13%，街面“两抢两盗”同比下降55.45%；完善刑事案件统勘制度，刑事案件现勘率100%。司法行政机关推进律师制度改革，在市级部门和企业推进公职、公司律师改革；推进司法鉴定管理体制改革，建立司法鉴定重大事项应急联动交换机制。

【政法队伍建设】 2017年，全市政法机关围绕中共十九大精神学习落实全面从严治党要求，依托“全市政法系统纪律作风集中教育整顿活动”“纪律教育学习月”，集中整治队伍管理不严、执法不公不廉、滥用司法执法权、监督管理不力等九类问题，发现整改一批突出问题，查处一批违法干警，政法队伍和机关风气明显好转。坚持“走出去”“引进来”，邀请专家和宣讲团到政法机关宣讲指导；组织新任政法领导干部、优秀干警、年轻骨干到中国政法大学、西南政法大学、浙江大学等院校培训学习，参加市“百人计划”双向交流挂职等，提升政法干警能力水平。加大先进集体、先进个人、行业标兵评选表彰力度，对受到省级以上表彰的优秀干警，全部给予记功评奖、提拔使用。

（范奕诚）

法治政府建设

【概况】 2017年，市政府以中共十九大精神和习近平新时代中国特色社会主义思想为指导，政府各项工作纳入法制轨道，推进依法行政。经省政府批复同意，全市在所有县市区全面相对集中行政许可权，在全省率先实现县级行政许可相对集中全域覆盖，推动行政审批由以部门为中心向以行政相对人为中心转变。市政府开展《绵阳违法建设治理条例》立法调研，向社会公开征集2018年度立法项目建议和意见，依法编制2018年立法计划建议。市委、市政府聘请15名法学专家、法律事务工作者为法律顾问，组建法律顾问团，发挥法律顾问作用。各县市区政府法律顾问聘请率达100%，市、县两级行政执法部门及其所属事业单位法律顾问聘请率达90%。

【服务型政府建设】 2017年，市政府制订《绵阳市建设服务型政府行动方案》，从推进简政放权等9个方面提出43项具体措施，打造政务“软环境”，提升发展“硬实力”。实行权责清单制度，动态调整权责清单，38个市级部门6261项权责清单面向社会公示。推进行政审批制度改革，做好下放行政审批事项的衔接落实，清理取消行政审批前置条件276项，取消调整行政许可事项21项，市级部门保留行政许可事项209项。取消村（社区）证明事项289项，仅保留村（社区）证明事项13项，成为全省保留村（社区）证明事项最少的市（州）。推进收费清理，公布收费目录清单，取消和停征行政事业性收费21项，取消政府性基金2项，市本级涉企行政事业性收费实现“零收费”。实行行政审批“三集中三到位”“一窗制”“并联审批”，政务服务实体大厅延时服务，项目审批平均提速70%以上，2017年度行政审批和公共服务评议率82.55%、满意率达100%。全市行政权力依法规范公开运行平台办件量200万条，居全省前三位。

【商事制度改革】　2017年，市政府以“互联网+”和大数据技术为手段，推进证照登记制度改革，实施企业简易注销登记改革和全程电子化登记，开展企业集群注册登记试点，出台《绵阳市企业住所（经营场所）登记管理办法》，以“减证”推动“简政”。至年底，全市市场主体共有28.7万户，同比增长12.94%，市场主体总量居全省第2位。

【一体化政务服务平台建设】　2017年，绵阳作为全省首批一体化政务服务平台试点城市，在全省率先完成市、县两级实施清单认领、完善、审核、发布工作，市本级6125项行政权力事项、433项公共服务事项、152项政务服务事项实现全程网办，在省政府办公厅25次通报中均位列全省前三。推进办事材料和证照证明目录化、标准化、电子化，29个市级部门共梳理各类证照、批文、材料265个，建成电子证照模板221个，制作录入电子证照182个，发出全省各市州首张电子证照。

【规范性文件备案审查和清理】　2017年，市政府制定《绵阳市重点招商项目“服务绿卡”管理办法（试行）》《绵阳市重点企业“服务绿卡”管理办法（试行）》等7个规范性文件。对各地报备的19件规范性文件统一登记、编号并在网上公布，规范性文件报备率、审查率均达100%。全年清理市政府文件752件，拟修改57件，废止119件，失效350件，继续有效226件；市级部门清理文件6172件，县级政府清理文件7429件，县级部门清理文件3702件，乡镇政府清理文件1447件。开展“放管服”改革涉及的规范性文件专项清理，市政府及部门废止规范性文件21件，修改9件；县级政府及部门废止规范性文件30件，修改24件。开展涉及生态文明建设和环境保护的规范性文件专项清理，废止104件，修订12件。

【执法规范化建设】　2017年，市政府在安全生产、公共卫生、文化等领域推进综合行政执法体制改革试点，清理取消市辖区7支行政执法队伍，在市级统一设置执法机构，向区、园区和54个乡镇（街道）派出执法机构，解决市区执法“死角”。加强行政执法监督检查，印发《绵阳市行政执法案卷评查规则及标准》，对2017年度行政执法案卷组织开展评议、检查和监督，评查行政处罚案卷168463件、行政许可案卷17200件、行政强制案卷3235件。严格行政执法人员资质管理。全市2700余名行政执法人员参加公共法律知识集中统一考试，换发执法证件1980个。对全市行政执法证件进行年度审验，审验合格行政执法证件3385个、委托行政执法证258个，注销行政执法证961个、委托执法证174个。

【“两法衔接”工作】　2017年，全市深化“两法衔接”，建立绵阳市行政执法与刑事司法衔接工作领导小组，召开“两法衔接”工作推进会，制订《绵阳市生态环境资源案件专家检验报告和专家证人意见工作办法（试行）》，聘任生态环境资源案件检验专家成立省内首个生态环境资源案件检验专家委员会，强化生态环境保护。387家行政执法单位登录接入“两法衔接”信息共享平台，向公安机关移送案件97件，其中检察机关建议移送32件，公安机关立案69件，“两法衔接”案件网上办理工作格局初步形成。

【社会矛盾纠纷化解】　2017年，市政府坚持“以人为本”，依法开展行政复议、行政应诉和行政调解工作。落实行政复议委员会制度，吸收法学专家和律师参与行政复议案件审理，注重运用和解、调解等方式化解行政争议，推行说理式行政复议决定书制作，开展行政复议案卷评查工作。收到行政复议申请50件，受理38件，告知通过信访等其他方式维权9件，不予受理3件；办结30件，其中维持11件、驳回14件、撤销2件、依法终止3件、综合纠错率17%。市政府出台《绵阳市加强和改进行政应诉工作实施办法》《绵阳市行政应诉案件收集、提供证据办法》，完善行政应诉工作程序，规范证据的收集、管理和举示。建立行政应诉与行政审判工作联席会议制度，形成常态化的司法与行政良性互动关系。办理行政诉讼案件27件，其中一审16件、二审11件，审结22件。梳理市级行政部门开展行政调解工作的法律依据，健全行政调解制度，完善行政调解机制，规范行政调解程序，行政纠纷在进入司法程序之前得到化解。（安德志）

社会治安综合治理

【概况】　2017年，全市政法机关着眼于维护国家科技城政治战略安全，聚焦提升社会治理体系和治理能力的现代化水平，开展基层平安创建活动，解决基层社会治安综合治理具体问题。推进平安绵阳建设，建立健全立体化、信息化的社会治安防控体系，提高动态条件下对社会治安局势的控制力，为中共十九大和省第十一次党代会胜利召开营造安全稳定的社会环境。市综治委印发《关于进一步完善矛盾纠纷多元化解机制的实施意见》等文件，把深化矛盾纠纷多元化解工作纳入综治领导责任制目标考核，推动矛盾纠纷“大调解”向多元化解迈进；印发《绵阳市完善矛盾纠纷多元化解机制工作责任分工方案》《关于构建矛盾纠纷协调联动化解机制的工作意见》《关于加强司法调解与人民调解衔接工作的实施意见》等文件，汇聚多元化解条块、部门（单位）力量，合力解决重大疑难复杂矛盾纠纷，形成多元参与矛盾纠纷化解工作模式。深入推进综治中心规范化建设，借鉴先进地区经验，在游仙、江油两地推行县、乡、村三级综治中心规范化建设试点，建设完成乡镇（街道）综治中心36个，村（社区）综治中心413个，推进实施中乡镇（街道）综治中心31个，村（社区）综治中心50个。2017年，全市平安建设满意度测评位居全省第一。

【矛盾纠纷排查化解】 2017年，绵阳市财政追加20万元矛盾纠纷专项工作经费，市综治委印发《关于认真开展矛盾纠纷排查化解工作的通知》《关于重点督导化解当前涉稳风险较高的矛盾纠纷的紧急通知》《关于切实做好科博会、十九大期间社会治安防控、矛盾纠纷排查化解相关工作的通知》等文件，实行市、县、乡、村四级联动，落实“一案一策”和“五个一”（即一名领导、一个工作专班、一揽化解方案、一套稳控措施、一抓到底）工作要求，对梳理排查出的矛盾纠纷突出问题开展“大排查、大化解、大联动、大治理、大督导”，做到底数清、情况明、控得住、不出事。截至年底，全市各类调解组织受理矛盾纠纷29524件，成功调解29228件，调解成功率99%；排查纠纷7645件，预防纠纷6335件，防止民间纠纷引起自杀和民转刑案件224件，群体性上访和械斗事件400件；省级挂牌的7件高风险矛盾纠纷均落实化解稳控责任，已化解1件；市级挂牌的47件均落实稳控措施，其中6件已化解；37个市级领导包案的疑难信访案件已化解7件。

【“雪亮工程”建设】 2017年，市综治委将“雪亮工程”作为公共安全的骨干工程、社会治理的基础工程、造福群众的民生工程，纳入社会发展总体规划，实施动态管理。4月，市综治委抽调各地综治办组成13个检查组，对全市“雪亮工程”建设情况进行检查验收，推动“雪亮工程”建设。市综治委在省要求的400个村建设任务基础上，向县市区（园区）下达687个村的建设任务，明确建设标准、时间节点。累计投入建设资金6500余万元，建成1237个村。“雪亮工程”实施以来，提供破案线索2000余条，协助破获各类案件800余件，为“平安绵阳”建设提供有力的技防支撑。

【网格化服务管理】 2017年，各级综治委加强资源整合和部门协作，健全县级网格化监管中心运行体制，加强网格员队伍建设。江油市按照公安协警待遇落实县级网格化监管中心12个工作人员编制并招录专职网格员48人，游仙区增配专职网格员84人。全市共划分4193个网格，配备专兼职网格员4286名。2017年，全市表扬优秀网格员400余人。市综治办、市公安局联合印发《关于组织网格员协助开展消防工作的通知》（绵综治办〔2017〕43号），将高层建筑消防安全纳入网格化服务管理工作重要内容；会同市禁毒委联合印发《关于进一步加强吸毒人员网格化服务管理工作的实施意见》，实现对吸毒人员的网格化管控。全市网格员为群众办理各类事项35万余件；网格员协助职能部门开展流动人口服务管理、特殊人群管理和发现治安隐患的能力加强；全市账户活跃度稳步提升，村（社区）月、周活跃度处于全省前列。

【寄递物流常态化监管】 2017年3月，市委、市政府召开全市寄递物流清理整顿工作会议，健全制度、完善机制、落实责任。各地抓寄递物流“三个100%”制度落实，推广使用“寄递e通”，提升县级邮政监管能力，完善长效机制建设，清理整顿工作向安全管理常态化转变。全市组织专项督查、联合督查、暗访督查50余次，抽查550余次，纠治问题140余个，约谈快递企业54家，下发责令整改通知书41份，对22家违法违规寄递企业进行坚决查处，行政处罚金额38.55万元。

【社会管控能力建设】 2017年，市综治委开展“创平安、迎盛会”专项行动，推广涪城区“综治警务”模式，加大“打、防、管、控”，有效防范化解管控公共安全风险。8月，全市打击和防范非法集资专项整治行动视频会议召开，部署四大专项行动，确保金融领域安全稳定。打击突出违法犯罪，开展打黑除恶专项斗争，加大对“村霸”和宗族恶势力的打击整治力度，依法打击涉医违法犯罪，打击涉枪涉爆、盗抢骗、校园暴力、拐卖妇女儿童等违法犯罪，维护群众生命财产安全。1—10月，全市立刑事案件11275件，破3764件；受理治安案件11560件，查处8329件，净化社会环境，确保全市社会治安大局平稳。

【重点人员管控】 2017年，市综治委把外国人管理纳入综治目标考核，对境外非政府组织、宗教传教组织实施多部门动态监管。严格执行《四川省流动人口信息登记办法》，完善流动人口出租房业主信息社会化采集体系。以信息手段对社区服刑人员、刑满释放人员的日常监管，运用“三网合一”系统进行定位。8月，全省社区矫正中心规范化信息化建设推进会在北川羌族自治县召开，绵阳经验在全省予以推广。召开进一步加强严重精神障碍患者服务管理工作推进会，印发实施方案，落实“以奖代补”政策，建立每月信息交换制度，加强督导检查，推动严重精神障碍患者筛查、治疗、管理、救助全面覆盖。累计登记录入系统22733例，管理率93.29%。加强对可能报复社会人员、涉邪教人员、吸毒人员、涉暴恐人员等特殊群体的管理，建立分级分类落实动态管控措施，健全政府、家庭、社会三位一体关怀帮扶体系，有针对性地落实教育、矫治、管理及管控措施，严防发生重大恶性刑事案件和个人极端暴力犯罪。（范奕诚）

公 安

【概况】 2017年，全市立案各类刑事案件15201件，同比下降25.8%；破获各类刑事案件5119件，其中公安部挂牌督办案件1件、省公安厅挂牌督办案件9件，挂牌督办案件破案率达100%。提请逮捕1659人，移送起诉4009人，同比上升9.8%；破获毒品案件412件，缴获各类毒品12.54千克；全市立案经济犯罪案件208起，涉案金额15.4亿元，破获经济案件168起，抓获犯罪嫌疑人425人，挽回经济损失1.36余亿元；全市抓获各类上网逃犯702人，其中抓获历年逃犯152人、故意杀人逃犯6人、外省逃犯218人、省内外地逃犯96人。2017年，绵阳市公安局获全省公安工作目标绩效考核一等奖，被省公安厅记集体二等功。1个县级公安局、1个基层派出所分别获全国优秀公安局、全国优秀公安基层单位，3名民警被评为全国优秀人民警察。

【重大活动维稳工作】 2017年，绵阳公安系统把握社会稳定、平安建设、队伍稳定“三条底线”，完成“6·24”茂县山体滑坡、“8·8”九寨沟地震抢险救灾，完成中共十九大、省第十一次党代会、第五届中国（绵阳）科技城国际科技博览会、中国（四川）电子商务发展峰会等重大活动安保维稳工作，实现“三个不发生”和“六个零”工作目标。市公安局被省委政法委和省人力资源和社会保障厅评为“四川省2012至2016年度维护稳定工作先进集体”。

【开展集中打击“盗抢骗”专项行动】 2017年，全市“110”有效接警数同比下降9.3%，刑事案件立案数同比下降25.8%、刑事案件破案数同比上升14.9%、破案率上升11.9个百分点。在全国公安机关开展的集中打击“盗抢骗”专项行动中，被省公安厅表彰为成绩特别突出的公安局。强化交通、消防、民爆等领域安全监管，一般以上交通事故相比前三年平均数下降15%；连续24年未发生重特大及群死群伤火灾事故；实现民爆物品“不流失、不炸响、不燃烧”的目标要求。

【公安队伍建设】 2017年，市公安局组织集中宣讲15场，学习宣传贯彻中共十九大精神。坚持“两学一做”学习教育常态化制度化，开展“关键少数”专题教育和纪律作风集中教育整顿活动，推进基层党建“3+2”书记项目；针对抢险救灾及重要活动安保维稳等重大任务，市公安局及时启动战时战地思想政治工作，组织政工干部“上一线”50余次，开展战时表彰4次，80余人次受到表彰，1个集体2名个人受到省委、省政府表彰。开展“轮训轮值、战训合一”工作，市县两级公安机关举办各类培训班232期，参训民警达5505人次。出台《规范警务辅助人员管理工作的实施意见》，推进辅警制度改革。印发《绵阳市深化公安执法规范化建设实施方案》，推进执法规范化建设。落实党风廉政建设“两个责任”，做实责任清单，强化问责追究。2017年，市局纪检监察部门接受各级信访举报件比2016年下降27%。

图73　5月9日，绵阳公安交警在九寨地震灾区抢险救灾

【公安基层建设改革创新】 2017年，市公安局推进“情指动”一体化实战型指挥体系建设，在市、县两级公安机关建立以指挥中心为龙头的指挥调度、110接处警、情报分析、视频应用一体化的警务运行机制，创新实战指挥“主动实战”“服务支撑”“预警服务”三大模式，实现情报分析研判、视频产品应用、行动落地处置与指挥调度无缝衔接。全市“天幕工程”建设取得阶段性成效，经验在全省公安局处长座谈会上得到高度评价。全市巡特警一线警力占比上升为92.3%；固化城区巡逻防控、维稳处突、反恐防暴三支队伍，巡特警队伍正规化、专业化、职业化水平大幅提升。

【派出所规范化建设】 2017年，全市运行派出所由215个缩减至175个，12个县分局无5人以下派出所运行。专职警务室由75个增至239个，除科学城分局外，其他县分局均落实“城市社区1+2+N、农村社区1+1+N”民警、辅警和其他协管力量配备要求。“综治警务”模式在全市、全省推广。全市84%的派出所完成人民调解员驻所，全市公安派出所受理、调处纠纷5076件，调解成功4953件，成功率达97.6%。

【现场勘查制度落实】 2017年，全市配备刑事技术人员155名，建成全国示范技术室1个、一级技术室3个、二级技术室3个、三级技术室3个、全国公安机关重点司法鉴定专业实验室1个、全国二级DNA实验室1个。实行“一长四必”工作模式，刑事案件现场勘查率、“盗抢骗”案件现场勘查率均达100%。

▲“一长四必”工作模式，即公安局局长对现场勘查工作负总责，做到现场必勘、信息必采、信息必录、信息必比。

【打黑除恶工作】 2017年，全市公安刑侦部门主动进攻，抓住线索排查和专案侦查两个环节，打早、打小，维护社会秩序稳定，确保各级政权组织健康发展。公安部门重拳打掉插手重点工程、染指砂石、基建、矿藏等项目，利用宗族、帮派势力和暴力手段操纵基层政权选举、把持基层政权组织、插手集体经济的黑恶势力团伙11个，经一审判决九类涉恶犯罪嫌疑人450人，摧毁多次在涪城区石塘镇、御营片区聚众斗殴、寻衅滋事、抢劫等犯罪活动，危害地方百姓的李某恶势力团伙。

【保护妇女儿童合法权益】 2017年，市公安局落实打拐工作“一长三包”责任制，快侦快破涉拐现行案件。在侦办公安部挂牌督办“639”操纵聋哑人扒窃团伙案件起诉相关犯罪嫌疑人的同时，各级公安机关利用现代信息化手段开展查询比对，提升打拐工作的社会效果，通过DNA比对，帮助7个历年被拐儿童家庭骨肉团聚，通过“钉钉”软件的“儿童失踪紧急发布平台”找回25名走失儿童，降低儿童被拐或受到其他伤害的概率，全年组织防拐打拐宣传活动26次，参与省公安厅组织的七地市认亲活动，受到省公安厅的专项通报表扬。

▲“一长三包制”：“一长”即县市区公安机关主要领导或主管领导要担任专案组长；“三包”即专案组长要对案件侦办、查找解救被拐卖人员、安抚被害人家庭工作全程负责到底。

【整治风险型经济犯罪】 2017年，市公安局针对非法集资、传销等风险型经济犯罪较为突出的现状，以“云端2017”专项行动为抓手，多地区、多警种、多部门协同作战开展集中整治。全年立案侦办非法集资案件13起，涉案金额9.18亿余元；侦查终结并移送审查起诉案件27起、嫌疑人106名。侦破松心惠电子商务有限公司王某等人涉嫌非法吸收公众存款1.18亿元案，该案涉及河南、辽宁、新疆等20多个省市投资群众4000余人；破获青岛海能海洋生物技术有限公司绵阳分公司何某等人非法吸收公众存款8.18亿元案，移送审查起诉犯罪嫌疑人11名，挽回经济损失4000余万元。在整治传销违法犯罪中，全市公安机关加强与工商、街道、社区等部门和基层组织的配合，以基层派出所为依托，开展线索摸排和宣传教育，坚持“破串案、打团伙、捣窝点”的思路，将集中清查与案件侦办结合，保持对该类犯罪的高压态势。全年破获传销违法犯罪案件56起，捣毁传销窝点100余个，移送审查起诉犯罪嫌疑人195名，教育遣返参与人员数千名。在推进“云端2017”专项行动中，全市公安机关按照公安部经侦局统一部署，开展线索研判、核查和打击工作，摸排上报虚开发票、非法集资、妨害信用卡管理等监测线索9条，部经侦局发起全国研判集群战役线索2条，发起全国部署应用打击线索1条；全市公安经侦部门通过云端系统核查部经侦局下发的研判集群线索100余条，成功侦破一批案件。其中北川公安局摸排的一条涉及多家企业虚开增值税专用发票线索被公安部经侦局发起全国研判核查和部署应用打击；梓潼公安局经研判拓展，侦破张某涉嫌组织、领导传销案，并通过“云端”系统发起全省协查取证；江油、游仙、涪城等地侦办一批虚开发票、非法经营、妨害信用卡管理等案件，打击处理一批犯罪嫌疑人。

【南郊机场净空区域安全保护】 2017年，市公安局会同绵阳民航管理局通过印发通告、做客绵阳“103.3”交通频道、召开南郊机场净空区域安全保护工作新闻通气会等形式，对有关机场净空区域的相关法律法规、范围界定和绵阳主城区涉及的区域等进行宣传，对查处的“黑飞”案件进行宣传报道，营造良好的打击整治氛围；在南郊机场净空区域涉及地实行网格布警；把无人驾驶航空器作为重点物品纳入管理，摸清辖区涉及无人驾驶航空器的基础信息。

【执法规范化建设】 2017年，市公安局以“五项执法改革”为切入点推进执法规范化建设，连续8年获全省公安机关执法质量和执法规范化建设“双优”单位并位列地级市前列。以跨部门中心建设为切入点深化财物管理改革。在条件成熟的三台、江油、涪城、北川、安县、梓潼6个县级公安局推进跨部门涉案财物保管中心建设，覆盖全市50%的县级公安局和85%的案件量。

【受案立案改革】 2017年，全市推行以“教（指）导员分管法制工作、法制员履行案管员职责”为主要内容的基层所队受案立案制度改革，全市各执法办案单位、派出所、社区警务室在醒目位置加挂“案管投诉告知牌”，切实解决群众“告状无门”、律师“投诉无门”突出问题。制订《关于全面实施执法全过程记录制度的通知》，全面实施执法全过程记录制度；全市投入1780万元，购置执法记录仪3560台，一线执法民警执法记录仪配备率超过100%，有效警情视频取证率达100%。

【起诉案件质量提升】 2017年，全市推行“两统一”机制微改革，重新构建重大疑难案件诉前会商制；案件实质性合议制度被省厅推广；全市无犯罪事实和因证据不足不诉案件从2015年的81人下降到16人，不诉率从2015年的2.4%下降到0.4%，起诉案件质量实现跨越式飞跃。以执法场所升级改造为切入点深化执法管理机制。全市公安机关150个执法办案场所，全部实地验收并发放执法场所验收合格证，升级改造率达100%。全市公安机关执法场所连续6年确保绝对安全，讯问犯罪嫌疑人全程录音录像率达100%，办案区时间管理达到背景、台账、笔录“三个完全一致”。

【行政权力清单制度】 2017年，市公安局经报市政府审核，共清理1105项行政权力（其中行政许可16项、行政处罚970项、行政强制24项、行政确认4项、行政检查55项、行政奖励13项、其他行政权力23

项），并在互联网上对行政权力责任情况进行公布，做到清单之外无权力。在推进行政权力依法规范公开运行工作中，市公安局成功研发行权平台数据自动导入软件，实现数据的自动导入，在全市公安机关推广使用。2017年，市公安局行政权力事项录入量排名市级机关第一。

（吴昊天 刘 凯）

检 察

【概况】 2017年，全市检察机关共批准、决定逮捕刑事案件1257件1643人，提起公诉2746件3878人。立案查办职务犯罪案件134件165人，创历史新高。监督公安机关立案62件，监督公安机关撤案22件，监督纠正刑罚执行和监管活动违法193件。办理不服法院生效民事行政判决案件117件，办理不服法院生效民事行政判决案件117件，提出民事行政再审检察建议12件，提出民事行政执行监督意见42件，提出行政违法行为监督意见52件。办理公益诉讼诉前程序案件24件。受理各类来信来访1682件，依法办理民事行政申诉案件332件，受理各类刑事申诉案件38件，立案复查36件。根据国家监察体制改革试点工作要求，配合市纪委做好职能、机构、编制划转和人员转隶工作，全市编制划转169个，实际转隶139人。全市检察机关63个集体、51名个人获地市级以上表彰，江油市检察院被授予"全国文明单位"，全市检察机关涌现出全国检察业务专家及全省优秀公诉人、"十大最美绵阳人"等典型。

图74 绵阳市人民检察院党组成员与转隶到监察委人员合影

【打击刑事犯罪】 2017年，市检察院严厉打击危害社会稳定的犯罪。批准、决定逮捕刑事案件1257件1643人，提起公诉2746件3878人，其中批准逮捕毒品犯罪案件218件259人，起诉318件409人；批准逮捕故意杀人、抢劫、绑架、强奸等严重暴力犯罪案件84件96人，提起公诉98件125人。办理的"6·21"特大煤矿杀人骗赔案，作为典型案件，在全省检察机关命案公诉工作座谈会上进行介绍。批准逮捕集资诈骗、非法吸收公众存款、领导传销等涉众型经济犯罪案件45件76人，起诉108件207人。牵头推进全市"两法衔接"信息共享平台应用，督促行政执法机关移送涉嫌犯罪案件67件，同比上升23%，侦查机关立案37件，其经验做法被最高人民检察院转发推广。

【惩治和预防职务犯罪】 2017年，市检察院立案查办职务犯罪案件134件165人，同比上升65%和47%。其中大案114件，县处级以上要案8人，厅级干部2人，挽回经济损失4.5亿元，占全省检察机关挽回损失的49%。涉嫌贪污1430万元、携款潜逃13年的两名逃犯缉捕归案。立案查办电子化招投标领域职务犯罪37件39人，涉及国家投资的重大基础设施工程项目100余项，涉案犯罪金额9000万元。聚焦脱贫攻，规范扶贫项目、资金的管理，推行互联网+预防职务犯罪工作模式，实现对全市扶贫移民资金和扶贫项目进行动态实时监督。截至转隶前已有42254户安装手机APP，安装监管后台154个。

【强化监督职能】 2017年，市检察院监督公安机关立案62件，其中判处有期徒刑以上刑罚46人；监督公安机关撤案22件；纠正漏捕20人，其中判处3年以上有期徒刑13人；纠正漏诉182人，同比上升73%；对侦查活动和刑事审判中的违法情形提出纠正意见169件。对认为确有错误的刑事裁判提出抗诉26件，同比上升37%；抗诉改变原审裁判率95%，同比上升28%。监督纠正刑罚执行和监管活动违法193件，对不需要继续羁押的121名犯罪嫌疑人建议办案机关予以释放或变更强制措施，监督纠正社区矫正各执法环节违法238件，监督纠正减刑、假释、暂予监外执行不当89人；强化科技支撑作用，全市各派驻看守所检察室、监狱检察室与监管场所全部实现信息联网、监控联网；市检察院建立刑事执行检察监督指挥中心，实现对监管执法活动的动态监督、远程监督，市检察院、江油市检察院驻看守所检察室被评定为第五届全国检察机关派驻监管场所一级规范化检察室。办理不服法院生效民事行政判决案件117件，提请抗诉民事行政案件9件，提出抗诉3件；提出民事行政再审检察建议12件，法院采纳9件；提出民事行政执行监督意见42件，采纳33件；提出行政违法行为监督意见52件，采纳52件。游仙区检察院办理的一起借款合同纠纷执行检察建议案被最高人民检察院评为全国基层检察院民事行政诉讼监督优秀案件。

【全面开展公益诉讼】 2017年，市检察院在全省率先成立公益诉讼协调组织，主动与行政机关和其他公益保护主体加强协调沟通，在线索摸排、调查取证、法律政策理解与适用等方面加强配合，在信息共享、技术咨询等方面加强协作，办理公益诉讼诉前程序案件24件。贯彻落实最高人民检察院、省检察院关于打击破坏环境资源和危害食品药品安全违法犯罪专项活动安排部署，建议行政执法机关移送该类犯罪案件45件48人，监督公安机关立案36件38人，提起公诉29件31人。在全省率先推行生态环境资源案件由聘请的专家出具检验报告和专家证人出庭出具意见工作机制，有效解决案件办理中鉴定难的问题。批准逮捕破坏环境资源案件7件10人，提起公诉53件85人，工作经验在全省检察长工作会议上做交流。

【加强未成年人司法保护】 2017年，市检察院打造人性化办案工作区，开展分案起诉、犯罪记录封存、合适成年人到场、观护帮教等工作，不批准逮捕未成年人30人，诉前非羁押率达81%，附条件考验期满后不起诉未成年人14名，牵头共建青少年法制教育基地7个，开展“法治进校园”巡讲活动，与异地检察机关联手开展观护帮教工作，向社会公开发布《绵阳市未成年人检察工作白皮书》。涪城“心港湾”等5个未检团队活跃于学校、街道、社区，开展未成年人犯罪预防。

【化解矛盾纠纷与司法救助】 2017年，市检察院共受理各类来信来访1682件，依法办理民事行政申诉案件332件，受理各类刑事申诉案件38件，立案复查36件。有5个检察院获全国检察机关文明接待示范窗口或文明接待室。对犯罪情节轻微、证据不足和不构成犯罪的案件，依法不起诉149件244人，办理刑事和解案件60件。加强司法救助与社会救助、法律援助、精准扶贫的无缝对接，对57名救助对象依法发放救助金45.2万元。

【执法监督】 2017年，市检察院先后向市人大常委会专题报告2017年1—9月检察工作情况、刑事执行检察工作情况和落实审议意见情况。建立分级包片联络代表责任制、代表联络微信群，加强与人大代表、政协委员、人民监督员、特约检察员的联系。邀请人大代表、政协委员视察检察工作，参与专项检查，观摩案件庭审。公开执法办案信息，以检察门户网站、微信、微博、手机客户端等新媒体为平台，公开案件信息、重要案件信息387条，公开法律文书2335份。

【推进检察院体制改革】 2017年，市检察院改变审批办案模式，赋予员额检察官在职权范围内独立对案件做出决定的权力，明确相应司法责任，确保放权不放任、有权不任性。员额检察官独立做出处理决定的案件6088件，报请检委会决定数仅349件，员额检察官独立做出处理决定的案件数占比达95%，检委会讨论决定的案件同比下降54%。根据办案数量、质量、难易程度，以办案量为重要依据，采取量化打分的方式考核员额检察官的工作情况。配合纪委做好职能、机构、编制划转和人员转隶工作，编制划转169个，其中市检察院34个；实际转隶139人，其中市检察院32人。抓好过渡期工作衔接，做好案件线索和涉案款物清理以及在侦案件、纪委移送案件的办理工作。清理积存线索，按规定移送和归档。依法处理涉案款物。执行法定证据标准，落实省检察院关于命案和重大毒品案件提前介入的规定，强化诉前主导地位，提高案件侦查质量。坚持案件繁简分流的工作机制，全市检察机关10天内审结提起公诉案件277件。执行非法证据排除规则，防止案件带病起诉，全市检察机关退回补充侦查1029件，申请四类人员出庭作证55件，其中证人、鉴定人、有专门知识的人出庭29件，同比上升53%。市检察院在全省检察机关司法体制改革背景下公诉工作座谈会上做经验介绍。市检察院、江油市检察院作为全国、全省智慧公诉试点院，谋划部署、组织实施，先行试点远程提审、远程出庭、远程送达、智能语音和出庭一体化平台建设。

（石婷婷）

全市各级检察机关举报电话号码

表31

绵阳市人民检察院	举报电话	绵阳市人民检察院	举报电话	绵阳市人民检察院	举报电话
绵阳市涪城区人民检察院	2212000	绵阳市游仙区人民检察院	2282000	绵阳市安州区人民检察院	4332000
江油市人民检察院	3362000	三台县人民检察院	5222000	盐亭县人民检察院	7123620
梓潼县人民检察院	8212000	平武县人民检察院	5390983	北川县人民检察院	4822745
绵阳市高新区人民检察院	2190180	绵阳市科学城人民检察院	2483112	绵阳市小枧地区人民检察院	2347873

法院

【概况】 2017年，全市法院完成员额法官遴选工作，完成庭审实质化、司法责任制改革，建立“智慧执法”大平台，印发《关于加强立案、审判与执行工作协调配合的若干意见（试行）》，继续推进固定资产射频管理系统试点工作。全市法院受理各类案件68958件，办结66234件，结案率96.1%，其中市中院受理7598件，办结7384件。全市法院审结刑事案件4545件，判处犯罪分子2514人；审结民商事案件37709件；审结行政案件746件，审查非诉行政执行案件103件；执结案件22579件，执行到位标的额13.9亿元，案件结收比均居全省法院首位。

【司法责任制改革】 2017年，全市法院完成员额法官遴选工作，建立员额法官动态管理、绩效考核和权益保障机制，全市345名员额法官人均结案191件，审判队伍专业化程度提升。探索内设机构改革，按照扁平化管理与专业化建设相结合的原则，整合原有内设机构，减少管理层级，同时组建以员额法官为主体的审判团队，一线办案力量得到充实。落实司法责任制，明确各类司法人员权责，建立院、庭长办案常态化机制。完善专业法官会议制度，构建全流程监控、全过程留痕的院、庭长审判监督管理机制，确保审判权依法严格行使，把“让审理者裁判、由裁判者负责”的改革要求落到实处。全市法院院、庭长结案21783件，占案件总数的33.1%；法官人均结案数同比增长116.8%。

【庭审实质化改革】 2017年，市中院与公安、检察院、司法局等部门建立横向协作机制，发挥庭前会议功能，完善非法证据排除规则，健全“四类人员”出庭制度，强化律师权利保障，坚持重大案件多媒体示证。实现诉讼证据出示在法庭，案件事实查明在法庭，诉辩意见发表在法庭，裁判结果形成在法庭。发挥庭审在查明事实、认定证据、保护诉权、公正裁判中的决定性作用。全年通过庭审实质化审理案件257件，当庭宣判率30.2%，服判息诉率93.6%，审判质效持续维持在较高水平。

【“智慧执行”大平台建设】 2017年3月，市中院坚持共享、共建、共治综合执行理念，以江油法院为试点单位，创新推出智能手机为载体，集移动执行、阳光执行及网格协助执行系统三位一体的“智慧执行”平台，充分借助现代信息技术手段，整合综治网格员资源，建立“执行+网格”工作模式，走出一条“专业化+社会化+智能化”执行新路径。10月，省高院党组书记、院长王海萍到绵阳法院调研“智慧执行”工作，高度评价“智慧执行”取得的成绩，认为该创新模式从社会治理和社会诚信建设的高度，拓展执行工作大格局，形成执行工作与社会综合治理、诚信社会建设的良性互动，为全省法院打赢“执行难”攻坚战贡献“绵阳经验”，并要求在全省法院广泛推广。

【固定资产射频管理系统试点工作】 2017年，市中院作为全省法院首家试点固定资产射频系统管理的法院，利用PDA的RFID技术对固定资产进行标识、固化，标记每件资产的使用部门、责任人、型号等信息，确保资产与系统信息匹配无误，实现资产盘点批量化、管理规范化，为实现省级以下法院人、财、物的统管工作夯实基础。截至年底，市中院完成对4500余件固定资产的静态管理与动态管理，并配合系统开发公司完善、优化射频标签资产管理模块，为全省法院固定资产规范化、信息化、常态化管理工作积累经验。

【民事诉讼律师调查令机制】 2017年，市中院为进一步支持律师依法调查取证工作，保障和提高当事人收集证据能力，缩短诉讼周期，实现司法资源的优化配置，市中院出台《民事诉讼律师调查令实施办法》，为律师在民事诉讼中因客观原因无法取证时，签发具有法律效力的律师调查令，用于调查收集当事人银行账号、档案材料、权利凭证、房产信息等线索和证据。截至年底，市中院签发律师调查令25次，查询到财产线索19条，有效地缓解法院案多人少矛盾。

【基层司法协助工作】 2017年，市中院创新全市司法协助工作，市政法委出台《关于在全市建立基层协助人民法院司法工作网络的实施意见（试行）》。以各县市区党委政法委、园区政法工作领导小组（综合办）为司法协助成员单位，创新全市社会治理体系，提升综合治理能力，延伸基层司法协助工作职能，充实壮大司法协助力量，利用基层组织在所负责的片区内“人缘广、地域熟、社情熟、民情熟、信息灵”的特点，发挥其与群众联系紧密，熟悉居（村）民近况及历史背景、财产状况、流动情况等优势，助力破解人民法院审判、执行工作中面临的案多人少突出矛盾，突破被执行人难找、财产线索难寻及逃避、规避执行行为等困境，全面提升查人找物、法律文书送达、案件审执工作的质效，依法维护和实现权利人的合法利益，切实推动全市解决执行难。

【库藏档案数字化】 2017年，市中院为进一步推进档案工作的信息化和规范化建设，更好地服务审判工作，为当事人提供便利，市、县两级法院按照最高院、省高院统一部署，全面推进电子诉讼档案数字迁移和历史库存档案数字化处理工作，确保档案信息化和信息化整体建设同步规划、同步发展。2017年，市中院及辖区10个基层法院共扫描库藏档案775083卷33066603页，除涪城、三台两个法院外，均已完成1950年至2017年的库藏档案数字化工作。

【民事案件先调机制】 2017年，全市法院启用和优化案件先调信息化平台，对当事人同意先调的案件，统一用“民先调”字号登记，预设先调解时限为30天，未调解成功的案件，系统自动转送立案程序。起诉人在收到先行调解通知书和权利义务告知书后，可在先调平台提供的调解员名册中自行选择纠纷调解员；调解员按照先调平台操作规程录入调解信息，并接受速裁法官的实时指导，实现调解过程全程留痕，全市法院先行调解案件3455件。

【二审民商事案件繁简分流改革】 2017年，市中院组建二审民商事速裁组，以“案由+要素”的甄别模式，采取电脑和人为筛选项结合的方式，对二审民商事案件进行诉前分流，同时以立案分流和速裁组分流作为最终关口，构建多层分流体系，甄选简单二审民商事案件。通过完善庭前准备制度，灵活开庭时间，推行“要素式”庭审实现多案同审、多案连审的高效庭审模式，创新“要素式”“令状式”“表格式”二审民商事案件裁判文书样式，提升审判效率。全年，速裁组审结二审民事案件808件，结案率100%，平均审理时间7.07天，当庭裁判率59.36%，法官人均结案269件，平均庭审缩短至1个小时内。

（罗　丽）

司法行政

【概况】　2017年，全市司法系统以争创全国一流、全省领先为目标，推进司法所规范化建设和信息化建设，打造法律援助、法治宣传、公共法律服务三大品牌，突出队伍建设、服务中心、基层基础、司法改革四项重点，聚焦重点领域和关键改革环节，以问题和需求为导向，在服务重大工程项目、军民融合、脱贫攻坚、化解社会矛盾和提升法律服务能力等方面取得成效，实现历史性突破。绵阳市司法局获全国司法行政系统先进集体等部、省、市级表彰43项，司法所规范化建设、人民调解、信息化建设、信息宣传等工作经验在全省推广，全省社区矫正中心建设工作会在绵阳召开，绵阳作为全国三个地级市代表之一在司法部公共法律服务平台建设座谈会上做交流发言，绵阳司法行政工作在全省司法行政系统年度绩效考评中首次以总分第一名的成绩获2017年度绩效考评特等奖。

【法治宣传教育】　2017年，全市贯彻落实中央、省、市“七五”普法规划，“绵阳经验”和“涪城经验”，分别成为全国“七五”普法地市级、县区级特色亮点。推进国家机关“谁执法谁普法”责任制，开展“1+10”“法治周周行”主题活动，履行普法主体责任，分类指导各部门每周应当宣传的普法内容和开展的时间节点，组织广大干部走出机关、走上街头、走进乡村（社区）宣传党的政策、部门法律法规和党规党纪制度，帮助群众释惑解困，推动普治并举工作制度化、常态化发展。持续开展法治示范创建，大力推进法治文化建设，全市132个村社被命名为市级法治示范村（社区），依法治校示范校复检活动，110所学校在依法治校复检中全部合格，33个小区被命名为“法治示范小区”，20个寺观挂牌命名为“和谐寺观教堂”等。

【人民调解工作】　2017年，全市采取集中培训、分批轮训、巡回授课等形式，组织全市人民调解暨基层工作信息化培训，人民调解员培训率达100%，巩固换届之后的基层人民调解组织得以巩固。拓展行业性专业性人民调解组织，加强人民调解与行政调解、司法调解对接互联。会同市公安局起草《关于进一步建立完善人民调解与治安调解衔接联动机制的实施意见》，在公调、诉调、访援调衔接工作上取得突破。全市128个人民调解工作室（调委会）调解处纠纷4635件，行业性专业性人民调解组织调解纠纷16267余件，其中，市本级调解交通事故纠纷9997件、医疗纠纷45件。全市人民调解组织主动排查矛盾纠纷8390件，预防纠纷6881件。“三案”攻坚活动成功调处各类疑难复杂纠纷1593件。

【社区矫正和安置帮教】　2017年，全市推进社区矫正中心建设，社区矫正执行档案工作建档率达100%；推进社区矫正队伍建设，采取政府购买服务的方式，落实《关于组织社会力量参与社区矫正工作的实施意见》，按社工与社区服刑人员1∶10的比例招聘专职社工136人，推进“4+X”矫正小组建设；全市信息管理系统运行实现“三网合一”，在册社区服刑人员2690余人；全年接收社区服刑人员1709余人、解除矫正1781人，重新犯罪率控制在0.2%以内。做好安置帮教，接收刑释解教人员2351人，安置刑释人员2350人，安置率99%，帮教2348人，帮教率98%；全市列管刑释解教人员13604人，重新犯罪控制在2%以内。

【律师工作】　2017年，全市编制完成《绵阳市律师行业领军人才培养规划（2017—2020年）》，出台《绵阳市律师队伍人才“十三五”规划》，加强名所、名律师的培养打造，建立“法律服务人才库”，着力建设高端法律服务队伍，确定37名律师参与市级领导包案案件的专项化解；深度介入九环线、H1H2、PPP等重大工程项目；全力推进涉法涉诉信访案件化解，落实《绵阳市律师参与化解和代理涉法涉诉信访案件若干规定》。主动服务重大工程项目，在涪城、平武、江油实施专项法律政策评估、专项民情调查、专项法治宣传、专项法律服务、专项矛盾纠纷化解等“一条龙”式法律服务工作机制试点，协调组织市发改委、市经信委、市交通局、市投促局、市国土资源局等10余个部门联合成立重大项目服务领导机构，出台《司法行政服务重大工程项目建设的实施意见》，为“绵九高速”“京东方”“H1H2”“游仙军民融合产业园”等20余个重大项目实施提供法律服务。服务军民融合，首次提出建立军民融合法律服务中心，建立集军民融合法律理论研究、法律咨询、法律实务服务、网上法律服务于一体的专业团队，提供全方位法律服务，弥补军民融合法律服务理论研究不足。

【公证办理】　2017年，全市探索新型公证服务领域和服务方式，通过推行法院与司法局“诉讼+公证”的“社会分工和专业化”的跨界工作模式，拓展公证服务绵阳社会发展新业务。实施全市公证机构规范化建设，推进公证执业规范化、标准化、信息化建设和推进公证机构规范化建设，提升公证服务质量和服务水平。以试行公证网上办理为重点，加大公证质量管控，健全完善统一的公证质量、办证程序规章制度，加强公证质量检查。全市公证行业办理继承、赠予、委托、土地（林地）流转、保全证据、现场监督以及抵押、担保等各类公证业务30886件，其中民事公证22358件、经济公证4165件、涉外公证4363件，为特殊群众办理预约上门公证325件，减免费用20万余元。

【司法鉴定】 2017年，全市组织鉴定机构参加能力验证活动，7家“三大类”司法鉴定机构全部参加能力验证活动，增强鉴定质量的可信度。推动认证认可工作，加强鉴定机构的质量建设和质量管理。协同市质检局组织“三大类”鉴定机构培训学习认证认可相关文件要求和外地先进工作经验，引导和督促鉴定机构积极开展司法鉴定认证认可复评审工作。组织开展鉴定文书质量检查活动，提升鉴定人的执业能力和水平。完善与市中级人民法院交流协作机制：建立联席会议制度；定期通报鉴定机构和鉴定人的审核登记、名册公告、资质认定、质量评估、诚信评估、鉴定人出庭、行政处罚等情况；修订《绵阳市司法鉴定人出庭管理规范（试行）》；建立司法鉴定重大事项应急联动交换机制，做好司法鉴定重大事件的预防处置工作及司法鉴定执业活动投诉处理相关工作。

【基层法律服务】 2017年，全市发挥基层法律服务的优势，结合“法律七进”“普法进万家”“普遍建立法律顾问制度”“司法行政服务重大工程项目建设”等工作，引导基层法律服务工作者参与法律援助、法制宣传、矛盾纠纷化解。全年全市基层法律服务工作者为政府、村居、企事业单位、人民团体担任常年法律顾问1895家，调解经济、民事纠纷3979件，办理“两代”业务7964件，办理农民工、征地、土地承包事项5238件，办理法律援助案件2100件，解答法律咨询6.5万余人次。

【外来企业投诉与服务】 2017年，全市完善外来企业投诉机制，加强成员单位、企业商会资源共享、协作联动机制建设。推进“法治护商绵州行、情系企业心连心”专项法律服务活动。推进外来企业投诉服务文书档案规范管理，加大投诉案件督查力度，实施全案跟踪制度，确保投诉及时、快速、有效办理，促进绵阳招商留商环境的提升。全市外来企业投诉服务部门共计调处涉企纠纷92件，受理投诉案件14件；走访外来企业、商会1789家，问卷调查外来企业2571家，为外来企业开展“法律体检”165次，开展服务工业和经济园区专项法律服务22件次；为外来企业挽回经济损失1710.5万元。

【法律援助服务】 2017年，全市建立市公共法律服务中心1个、县市区公共法律服务中心12个、镇乡（街道）公共法律服务工作站145个、村居（社区）公共法律服务工作室748个，推进四级公共法律服务实体平台建设。借力法律援助城际协作机制，推进绵阳籍省外务工人员权益维护。发挥“援调读”三衔接机制和七部门联动机制作用，参与重大、疑难、跨地区复杂案件和特殊群体重点案件的办理，开展年度农民工讨薪专项活动，对重点扶贫单位法律援助工作的保障、培训、指导和支持。推行受理大厅人员专业化、工作制度化、服务便民化“三化”建设，执行《四川省法律援助程序细则》，在法律援助窗口推行“一站式”“三亮”服务、四个热情的“134”服务模式。全年提供法律援助服务47586人次，受理法律援助案件4727件，办理法律援助事项33524件，新建28个乡镇（街道）规范化法律援助工作站，超额完成省、市下达的法律援助民生工程目标任务，通过法律援助帮助困难群众挽回或避免经济损失1.24亿余元。

（梁舒程）

2017年绵阳市司法鉴定机构

表32

序号	机 构	地 址	负责人	电 话
1	四川西科大司法鉴定中心	绵阳市涪城区安昌路33号一期5楼B区	陈洪明	0816-2263103
2	绵阳维益司法鉴定中心	绵阳市南河路28号	王新利	0816-2267040
3	四川梓州司法鉴定所	绵阳市三台县梓州国际公寓2期A栋14楼5号	林 春	0816-5222142
4	绵阳鼎立司法鉴定所	绵阳市江油市文风街30号	钟世华	0816-3367251
5	四川三益法医学司法鉴定所	绵阳市剑南路东段190号	黄国平	0816-2274393
6	四川民生法医学司法鉴定所	绵阳市红星路96号	田志明	0816-2216266
7	四川顺洁机动车司法鉴定所	绵阳市涪城区文武中路69号	郭晓斌	0816-2538790
8	四川兴瑞司法鉴定所	四川省绵阳市临园西路31号	许心直	0816-2365981

2017年绵阳市公证机构

表33

序号	机　构	地　址	负责人	办公电话
1	绵阳市绵州公证处	绵阳市涪城路11号明珠大厦	游　英	0816–2233035
2	绵阳市国证公证处	涪城区临园路东段41号绵阳商场6楼	张启贵	0816–2215457
3	绵阳市众信公证处	涪城区红星街64号	蒲　英	0816–2222410
4	绵阳市科诚公证处	游仙区绵山路64号八区望江商城二楼	刘微涛	0816–2480149
5	三台县公证处	三台县北坝镇梓州干道三台县司法局大楼2楼	陈翔智	0816–5223447
6	北川羌族自治县公证处	北川羌族自治县永昌镇羊角路3号	李德安	0816–4823512
7	平武县公证处	平武县司法局一楼	郑泽太	0816–8823912
8	梓潼县公证处	梓潼县城北新区4号楼4楼	黄　焱	0816–8217941
9	盐亭县公证处	盐亭县云溪镇弥江路下段71号	汪永红	0816–7327518
10	江油市公证处	江油市涪江三桥党政综合办公楼一楼	王　艳	0816–3226028
11	绵阳市安州公证处	安州区司法局一楼	白德珍	0816–24369871

绵阳市法律援助机构

表34

序号	机　构	地　址	负责人	办公电话
1	绵阳市法律援助中心	绵阳市南河路28号	胡小君	0816–2268104
2	四川省涪城区法律援助中心	绵阳市涪城区高平路2号	李祖勇	0816–2211148
3	四川省游仙区法律援助中心	绵阳市游仙区经济开发区南区东山大道南段6号	王　婧	0816–5037063
4	四川省安州区法律援助中心	绵阳市安州区花荄镇文卫路	翟明澜	0816–4337906
5	四川省江油市法律援助中心	绵阳市江油市党政综合办公楼一楼左侧	许寿艳	0816–3369105
6	四川省梓潼县法律援助中心	绵阳市梓潼县文昌镇城北新区四号办公楼一楼	白林安	0816–8218148
7	四川省三台县法律援助中心	绵阳市三台县梓州干道政务服务中心五楼	贾　烨	0816–5225736
8	四川省盐亭县法律援助中心	绵阳市盐亭县文旅大楼一楼	李太平	0816–7122148
9	四川省平武县法律援助中心	绵阳市平武县龙安镇汇口新区下街21号	聂　婧	0816–8812348
10	四川省北川羌族自治县法律援助中心	绵阳市北川县永昌镇云盘北路26号司法局一楼	张小红	0816–4824348
11	绵阳市高新技术产业开发区法律援助中心	绵阳市绵兴东路167号高新技术产业开发区温州商贸广场	王银芬	0816–2989585
12	四川省人民政府科学城办事处司法局法律援助中心	绵阳市绵山路64号科学城办事处4楼	张良飞	0816–2480148

2017年绵阳律师事务所机构

表35

序号	机 构	地 址	负责人	办公电话
1	四川睿桥律师事务所	绵阳市临园路东段68号富临大都会一期B区七幢写字楼三单元十八楼	任小军	0816-2216165
2	四川博思律师事务所	绵阳市一环路南段212号名仕苑2-1-301	胥 彬	0816-2265109
3	四川川北律师事务所	绵阳市盐亭县云溪镇指南新区人民银行正对面三楼	何竞东	0816-7227008
4	四川川飞律师事务所	绵阳市安昌路18号	陈东恒	0816-2221848
5	四川春雷律师事务所	绵阳市涪城区临园路东段49-51号	顾仕义	0816-2229483
6	四川翠云律师事务所	绵阳市梓潼县文昌镇金牛路125号	曹 桅	0816-8220148
7	四川道融民舟律师事务所	绵阳市临园路东段54号临园商务大厦十楼	姚 建	0816-2236625
8	四川法丛律师事务所	绵阳市科创园区玉泉南路15号田森.奥林春天三期1幢7层1-4号、11-16号	杨仲先	0816-2231287
9	四川真道律师事务所	绵阳市游仙区沈家坝上街8号天浩富乐银座1栋1单元703	梁普林	0816-2297266
10	四川蜀华律师事务所	绵阳市三台县县城梓州国际二期	王芝茂	0816-5338923
11	四川仁聚律师事务所	绵阳市涪城区金家林下街36号	敖 岗	0816-7017350
12	四川风行律师事务所	绵阳市涪城区红星街84号	唐 敏	0816-2240581
13	四川规则律师事务所	绵阳市三台县潼川镇学涪街滨江半岛二期A区	高大勇	0816-5220200
14	四川浩鼎律师事务所	绵阳市剑南路西段336号28幢2-102室	龚 林	0816-2388556
15	四川弘风律师事务所	绵阳市翠花街58号	王福礼	0816-2225389
16	四川经义律师事务所	绵阳市梓潼县文昌镇中和街中段196号	罗桂林	0816-8325078
17	四川久太律师事务所	绵阳市南河体育中心旁健安街3号涪城区卫生局大楼11层	陈 诚	0816-2796718
18	四川科大律师事务所	绵阳市涪城区一环路南段223号	颜世勇	0816-2228039
19	四川科通律师事务所	绵阳市临园路中段84号三力大厦11楼	段俊强	0816-2242666
20	四川联衡律师事务所	绵阳市临园路东段78号福星楼F-4-2	谭方文	0816-2319903
21	四川林志（绵阳）律师事务所	绵阳市涪城区长虹大道中段128号怡海明珠大厦B栋601	李仕勇	0816-2301388
22	四川临龙律师事务所	绵阳市科创园区剑南路西段323号乐荟城写字楼六楼21-26号	母正平	0816-6333148
23	四川龙洲律师事务所	绵阳市平武县龙安镇红星街171号	严 之	0816-8827238
24	四川宁隆律师事务所	绵阳市科教创业园区玉泉北街70号9幢2层6号	杜荣峰	0816-2201951
25	四川平戈律师事务所	绵阳市科创园区华润中央公园4期14栋3-2号	周华明	0816-2227295
26	四川擎剑律师事务所	绵阳市三台县北坝镇明台路20号组织部底门面	周天光	0816-5337585
27	四川锐泰律师事务所	绵阳市涪城区红星街96号	蒋良云	0816-2345335
28	四川升博律师事务所	绵阳市安县花荄镇文胜路帝豪金城2号楼1-20	程 蟒	0816-4366658
29	四川石泉律师事务所	绵阳市北川羌族自治县永昌镇云盘北路26号	代国章	0816-4824545

续表

序号	机　构	地　址	负责人	办公电话
30	四川守信律师事务所	绵阳市涪城区勇拓洋楼四楼	李嘉祥	0816-2245658
31	四川蜀仁律师事务所	绵阳市涪城区红星街 60 号	王定伦	0816-2223826
32	四川蜀兴律师事务所	绵阳市涪城区安昌路 18 号 B 座 14 楼 13 号	梁　东	0816-2229656
33	四川太白律师事务所	江油市银河干道城馨印象商住楼四楼	李远能	0816—3260167
34	四川天府风律师事务所	绵阳市翠花街 51 号光明华都 15 楼 9、10 号	陈忠敏	0816-2220815
35	四川天启律师事务所	绵阳市长虹大道南段 80-9 号	张家红	0816-2263435
36	四川西华律师事务所	绵阳市安州区校园路 77 号二楼	唐德清	0816-4368782
37	四川张元律师事务所	江油市涪江路中段 143 号	张　元	0816-3260168
38	四川智禾田律师事务所	绵阳市涪城区万达广场 SOHO 二单元 13 楼 1-6 号	李青松	0816-2732200
39	四川众城律师事务所	绵阳市涪城区警钟街 2 号滨江大厦 13 楼 B 座	罗太平	0816-2243913
40	四川子云律师事务所	绵阳市涪城区安昌路 18 号 A 座 16 楼 13-15 号	王凯	0816-2240868
41	四川鼎天律师事务所	绵阳市江油市纪念碑街中段 437 号中华御景花园一号楼 3 层	张　勇	0816-3229178
42	四川万法律师事务所	绵阳市临园路东段 54 号临园商务大厦 20 楼 A 座	杨万华	0816-2237788
43	四川鹏道律师事务所	绵阳市涪城区御中路 66 号毅德商贸城 1 区 45 幢 2 号	李雨嘉	0816-2782285
44	北京盈科（绵阳）律师事务所	绵阳市涪城区绵安路 35 号	肖　菊	0816-5085048
45	四川齐飞律师事务所	绵阳市涪城区体运村路 3 号	蒲鹏生	0816-2228515
46	四川巨帆律师事务所	绵阳市高新区火炬北街 33 号领航中心 8 楼	罗少金	0816-2915188
47	四川尊联律师事务所	四川省绵阳市涪城区临园路东段 49 号时代大厦 5 楼	陈华	0816-2782688

惩罚与矫正

【概况】　2017年，川北监狱坚持“法教明纪、文教树人、技教立身、社教固效、情教暖心、心教固本”的“六教”特色教育格局。推进改造理念现代化，开展“底线安全观向治本安全观转变”理念讨论2期、讲座1期，组织民警学习交流100余人次。推进管理常态化，强化惩罚改造，通过个别教育考核和改造质量评估推动落实“教育日”和课堂化工作；出监监区运行新模式运行良好，教育改造专网、短信平台得到完善。推进队伍专业化，组织开展“四知道”比武、典型个案收集及个别教育经验交流；围绕“一月一主题”开展集体教育技能比武活动。推进改造差别化，开展法治教育、悔罪教育、亲情教育、心理矫治和社会帮教，组织观看党的十九大开幕式、传统佳节、法律援助等活动，罪犯转化案例《布娃娃》获得全省监狱系统“十大教转事例”称号。利用来狱开展警示教育的社会各界专门力量，吸收本地高校专业人才，建立专业化的社会化教育队伍，拓展社会资源参与罪犯改造的深度，夯实社会化教育改造效果。强化服刑人员认罪悔罪教育，开展亲情帮教活动4场，服刑人员接受亲情帮教75人次，服刑人员离监探亲3人次；服刑人员接受社会帮教1.2万余人次；开展警示教育66批次，服刑人员现身说法15人次，服刑人员接受警示教育6800余人次；举办法律讲座和集体法律援助活动5批次，开展个体法律咨询和法律援助69件次。

▲资料链接：2017年5月初，司法部根据习近平总书记2014年4月15日中央国家安全委员会第一次会议讲话精神，提出“治本安全观”理念，其核心要义是坚持以改造罪犯为中心，看好、管好和改造好罪犯。看好、管好罪犯，是维护监狱安全稳定；改造好罪犯就是要确保罪犯刑满释放后成为守法公民，确保社会安全。

【罪犯出监和职业技能教育】　2017年，川北监狱与地方人力资源和社会保障部门衔接，研究将罪犯职业技能培训纳入地方职业技能培训总体规划；与工、青、妇、民进机关等社会团体、慈善机构对接，拓宽社会帮教渠道；依托制衣及电子等实训基地，借用地方职业技能培训院校资源，对即将刑满释放罪犯开展出监教育。根据市场就业需求和罪犯就业意愿，对170名罪犯开展缝纫职业技能培训，对近500名罪犯开展管乐舞蹈培训。

【监区文化建设】 2017年，川北监狱坚持“环境改造人，环境塑造人”理念，通过举办“第五届体育活动月”“送文化进高墙”“读书日”等活动，丰富服刑人员改造生活。以管弦队、腰鼓队、秧歌队、太极队、舞蹈队、健身操队等监区文化才艺活动为基础，丰富文艺创作、老病残文化活动、国学经史合参等内容和形式，“一监区一特色”的文化建设模式初步形成。

【罪犯心理矫治】 2017年，川北监狱规范工作流程，开展罪犯危险度评估数据统计分析，修正评估标准，新入监罪犯危险度评估和临释罪犯改造质量评估面达100%，实现“精准评定，靶向甄危、按等施策、管教有格”。开展罪犯心理健康教育和矫治工作，针对罪犯普遍存在的问题，制作罪犯心理健康宣传专栏8期，举办“如何控制情绪”的专题讲座18期；培训罪犯心理互助员6期；开展罪犯个体心理咨询383人次，开展罪犯团体心理辅导4期800余人次，有效化解罪犯心理冲突。主动介入开展罪犯心理危机干预，干预有效率达100%。完善“监狱+社会”内省矫正工作模式，开展“内省矫正”试点工作6期，完成司法部“内省矫正”复制试点工作任务；以个人命名的三星级“罗坤心理工作室”通过省监狱管理局现场验收。

【教育改造理论研究】 2017年，川北监狱围绕“底线安全观向治本安全观转变”，组织监区领导、教育干事、直管民警进行改造理念大讨论。邀请西科大法学院、绵阳师院、德阳警院等高校教育教学专家教授来狱考察、调研、指导，开展《罪犯矫正科学化的思考与展望》《现代教学理念与教育技术》《教学案例分析与技能训练》等讲座9期，组建“运用MCD模式开展新入监罪犯危险度评估的实践探究”“涉毒罪犯管理对策及再社会化路径初探”等课题组5个。先后组织教育改造民警到省内教育改造先进单位及广东、山东、江苏等省外先进监狱参观学习近100余人次。

【公正执法】 2017年，川北监狱依法履行职能，落实“七五”普法规划，邀请法律顾问、检察官开展法制讲座、法律进监区活动。组织“16司法解释”宣讲暨刑罚执行业务专题培训会，专题讨论“16司法解释”的司法理念出现的新情况、新问题；2月27日，会同绵阳监狱与绵阳市中级人民法院、绵阳市小枧地区人民检察院召开刑事奖励工作联席会。严格法定程序，开展罪犯悔改表现评定工作，加强监督公示，全年依法办理减刑案件695件，假释案件3件，处理罪犯申诉、控告、检举等信件25件次，无一差错。依法保障罪犯权益，完善“收押中心”建设，相关工作在省监狱管理局刑罚执行业务工作会上作经验交流；建成全系统第二家“三精”食堂授牌单位和首家“全民健康生活方式.健康食堂”单位，成为全系统“部颁标准医院”首批达标单位，监狱被省监狱管理局评为2017年生卫工作先进单位。全年协助地方党政机关和企事业单位开展警示教育66批次5400人次。

▲“16司法解释”，即《最高人民法院关于办理减刑、假释案件具体应用法律的规定》，2016年9月19日由最高人民法院审判委员会第1693次会议通过，自2017年1月1日起施行。

（王　波）

仲　裁

【概况】 2017年，绵阳仲裁委员会完成换届工作，召开建设工程造价座谈会，举办专业人才培训，开展对外学习交流活动。全年仲裁委受理各类民商事仲裁案件1051件，同比增长117.60%；涉案标的额8.74亿元，平均标的额为83.16万元。全年审结案件949件，包括建设工程监理合同、建设工程勘察合同、教育培训合同等新类型纠纷案件自动履行率保持在90%以上。

【建设工程造价鉴定座谈会】 2017年初，绵阳仲裁委员会通过审查申报入册资料、实地考察办公现场，决定四川勤德建设工程造价咨询有限责任公司、四川伟业建设监理有限公司、四川省卓正工程咨询有限公司、绵阳子贡工程造价咨询有限责任公司、四川永衡工程造价咨询事务所有限责任公司、四川广信工程造价咨询事务所有限责任公司等6家社会中介机构为仲裁案件指定工程造价鉴定委托机构，进入绵阳仲裁委员会建设工程造价鉴定库。1月10日，绵阳仲裁委员会召开建设工程造价鉴定座谈会，入库的6家建设工程造价鉴定机构参加会议。会议就建设工程纠纷案件鉴定工作中出现的突出问题、绵阳仲裁委员会工程造价鉴定程序，提高工程造价鉴定的质量和效率进行讨论，为仲裁庭和鉴定机构形成沟通机制，畅通沟通渠道，遵循程序规定，推进鉴定程序，缩短案件审理期限提供方法和建议。

【仲裁委员会换届】 2017年2月13日，绵阳仲裁委员会通过多种平台面向全社会公开发送《绵阳仲裁委员会关于选聘第四届绵阳仲裁委员会仲裁员的公告》，开展第四届仲裁员选聘。至申报材料提交期限届满，收到仲裁员申请表214份。通过第三方信息协助，综合仲裁员队伍职业结构，考评申报人员的职业道德、专业素养及个人修养，确定拟聘任的仲裁员名单。9月18日，市政府印发《关于聘任颜超等同志为绵阳仲裁委员会第四届委员会组成人员的通知》，聘任市委常委、常务副市长颜超为主任，聘任市政府副秘书长、法制办主任赵开年，四川省社会科学重点研究基地纠纷解决与司法改革研究中心主任左卫民，市住房和城乡建设局副局长刘波，绵阳仲裁委员会秘书处秘书长黄钦俊为副主任，相关单位、行业负责人刘伟、奉光明、徐强、何立俊、淳道松、姜林、杨育正、龚如涛、张勇、任小军、王华明为委员。新一届仲裁委员会委员来自工商、金融、司法、律师等行业，具有丰富的从业资历、复合型教育及从业背景。

【仲裁员培训交流】 2017年10月14—15日，绵阳仲裁委员会举办第四届拟聘仲裁员培训大会，邀请国内仲裁界的知名专家学者针对仲裁理论、仲裁实务、仲裁员的职业道德进行集中培训。经培训考核，宋连斌等161名涉及法律、经济贸易等领域的专家、教授、学者、高级经济师、高级会计师、高级工程师、律师、退休高级法官和具有丰富仲裁、经济管理等工作经验的人士被聘为第四届绵阳仲裁委员会仲裁员。12月17日起，绵阳仲裁委员正式启用第四届仲裁员名册。邀请成都、遂宁、北海、德阳、沈阳等地仲裁机构到绵阳进行仲裁交流研讨，建立交流沟通机制。参加全国仲裁“两化”试点工作座谈会、中国金融仲裁联盟、中国中等城市仲裁发展研究专业委员会高峰论坛、大中华仲裁论坛、仲裁年会、仲裁机构业务骨干研修等全国仲裁会议及活动。

【优化办案系统】 2017年，绵阳仲裁委员会优化办案系统，新增EMS邮件打印功能、电子印章功能、当事人及代理人自动短信功能，以适应案件数量不断增长的现状。9月1日，绵阳仲裁委员会正式启用阿里钉钉协同办公软件，机构管理的考勤，公告通知，会议预约、签到，任务管理，出差、公务外出、设备维修、设备采购、用车、仲裁案件收退费审批等管理环节均实现随时随地审批和管理。 （王萝倩）

江油市：李白出生地　华夏诗之城

今天的江油市，由历史上的江油、彰明两县合并而来，素有九寨门户、蜀道咽喉、李白出生地、华夏诗之城等美称。境内最早政区设置可追溯自东汉光武帝建武元年（25年）在今雁门镇（一说小溪坝阴平村）设置的德阳县。东汉建安二十四年（219年），取得西川、自领益州牧的刘备，为防备曹魏军事进攻而在今平武县南坝镇设置“江由戍”。据《蜀中名胜记》解释，“江由”意为“江水所由矣”。“由”“油”同音，自东晋《华阳国志》作“江油”后，后世逐渐将“江由”写作“江油”。在设置江油关两百多年之后，北魏宣武帝正始二年（505年），即梁武帝天监四年，宣武帝任命时为汉中太守的梁朝降将平南将军、豫州刺史夏侯道率兵入蜀，占据梁州十四郡地，于今平武县南坝设置江油郡、县。南宋理宗宝祐六年（1258年），因蒙古军队南侵，江油县治随龙州迁至雍村（即今江油市大康镇旧县坝）。元世祖至元二十二年（1285年），江油县城毁于兵燹。元顺帝至正二十三年（1363年）复置江油县于今武都镇，隶属剑州。明世宗嘉靖四十五年（1566年）改隶龙安府，成为龙属四县之一。自清代中期之后，因龙安知府常驻江油县城武都，武都实际取代平武县龙安镇成为龙安府的政治中心。

彰明地处四川第二大平原江彰平原的腹地，虽属川西小县，但远较江油地势平坦、经济富庶，更因李白诞生于兹而名声远播。江、县合并前的彰明，初名汉昌，晋武帝泰始年间（265—274年）自白沙戍（今湖南省湘阴县北）侨置于今江油市青莲镇。南北朝梁大同四年（538年）至西魏废帝元年（552年）迁治于今彰明镇北江村桥院寺一带。西魏废帝二年（553年）改为昌隆县，迁治于孟津里（今彰明镇）。唐先天元年（712年）避玄宗皇帝名讳而改为昌明，五代后唐庄宗同光元年（923年）改为彰明。其后经宋、元、明、清，屡有兴废变革。民国时期，江油、彰明两县都先后隶属西川道、四川省第十四行政督察区。“彰明”县名一直沿用至1958年与江油县合并为止。

1949年12月22、23日，江油、彰明先后解放。1951年5月，江油县城从武都迁至中坝镇。1958年9月，江油、彰明两县合并为江彰县。次年4月，更名为江油县；1988年，江油撤县撤销，设立江油市（县级），由绵阳市直管。至此，江油光大而彰明渐渐隐没。

江油关

绵阳军分区

【概况】 2017年，绵阳军分区着眼政治之年、改革之年、大事之年、喜事之年的特殊要求，贯彻党中央、中央军委和习主席决策部署，执行省军区党委和绵阳市委决策指示。召开第十八次党代会，举产生军分区新一届党委和纪委；组织开展“两项重大教育”，加强部队官兵思想政治建设；落实以训为战要求，抓好部队实战化训练，参与地方抢险救灾任务和重大活动安保工作。

【思想政治建设】 2017年，军分区以迎接和学习贯彻中共十九大为主线，制定学习贯彻“十条措施”，开展研读原文原著、重温入党誓词、“每周一课”和应知应会大抽考等系列活动，理论骨干走进基层武装部和扶贫帮困村寨宣讲60多次，持续兴起学习宣传贯彻热潮。区分三个阶段、贯穿全年组织开展“两项重大教育”，召开“两项重大教育”推进会，确保教育全程不松懈、不松劲，取得扎实成效。规范和落实党委中心组学习、领导干部宣讲辅导等制度，全年集体学习32次，理论辅导20余场次，着力打牢部队思想政治基础。学习贯彻新修订的《中国共产党章程》《中国共产党党内监督条例》《中国共产党廉洁自律准则》，严肃党内政治生活，两级党委班子围绕“三对照三查纠”召开民主生活会，组织开展“不忘初心，走好人生路”主题党日和党员承诺践诺活动，查纠“四风”特别是形式主义、官僚主义的新表现，对照“微腐败”和不正之风70个问题清单，重点查找廉洁征兵、对外交往、经费管理等方面的问题。坚持从“关键少数”带头做起，班子成员在廉洁征兵、廉洁过节、廉洁用权等方面作出承诺，从严从细落实“禁酒令”等制度规定。

【应急应战能力建设】 2017年，军分区落实党委议训制度，每季度研究军事训练问题。规范战备秩序，修订完善各类应急应战方案预案。抓好实战化军事训练，出动民兵6453人次完成人防演习、防汛减灾演练、“8·8”九寨沟抗震救灾、新大纲试训论证等任务，平武“2·16”森林灭火、江油音乐喷泉灯光秀、盐亭嫘祖祭祀、安州区睢水踩桥等系列安保执勤活动。指导完成全市86591名学生军训，年度军事普考率93.8%。深化征兵工作改革，制定加强和改进征兵工作“六条措施”，组派军地工作组3次开展监督检查，严格落实“五率”标准，抓好新兵役前训练。

【部队正规化管理】 2017年，军分区突出“两个经常性”工作，狠抓“四个秩序”，定期分析部队管理形势，开展“学法规、用法规、守法规”“条令学习月”等活动，规范

图75　7月，绵阳军分区组织民兵防汛演练

领导联系帮建基层、机关干部蹲点调研等工作，基层建设更加规范有序。开展枪弹专项清查整治、安全隐患大排查和“百日安全活动”，大力强化安全防范意识，进行5个波次全员全域覆盖检查，查纠整改安全隐患70多个。

【综合保障能力建设】 2017年，军分区4次组织后勤业务规范化集训。稳妥推进全面停止有偿服务工作，51个项目已经关停46个。组织开展经济适用住房、办公用房、公寓房等清理清查，整改办公用房4套，调整公寓住房2套。强化民兵武器仓库规范化建设，调整存储规模和布局，升级改造安防系统和配套设施。

【军民共建工作】 2017年，军分区先后4次赴军委机关汇报协调军民融合事宜，推动全军武器装备采购网查询点落户绵阳，2次组织军地有关部门赴广州、海南考察军民融合企业。协助做好第五届科博会保障工作，承办科博会国际军民融合创新发展论坛，邀请20多个军方单位参会，协调10大军工集团参展，做好科技城建设第13次部际协调会相关工作。协调地方政府做好驻绵部队278名军转干部安置、8名军人子女入学入托优待。以第17个“全民国防教育日”系列活动为契机，组织知识竞赛、举办宣传巡展、展映展播影片，增强全民国防观念。3次赴平武县虎丰村现场指导，提供资金15万元帮助发展生猪养殖项目。为三台县鲁班镇协调资金24万元兴修水利，帮助贫困村、贫困户脱贫。

【推进调整改革任务落实】 2017年，军分区贯彻调整改革部署，坚持党委统一领导、精心筹划实施、严明各项纪律，大抓改革教育，完成军分区机构调整，完成两家休干机构接收代管。配合省军区实施老干部服务保障体制调整改革，做好按新体制规范运行工作，及时建立健全各级党组织，制定出台周计划报告、“三办”错情通报、战备值班、车辆使用、常态督导检查等规章制度，推动各项工作接续推进、有序运转。

【宣布命令大会召开】 2017年6月27日，军分区召开宣布命令大会，省军区司令员姜永申，市委书记、军分区党委第一书记彭宇行，市委副书记、市长、国动委主任刘超，市委常委、组织部部长岳勇，副市长、公安局局长王明华，军分区领导及各县市区人武部党委第一书记、国动委主任及各团级单位主官、全体机关干部合计60人参会。会上，省军区司令员姜永申宣布军委国防动员部命令：绵阳军分区参谋长时义清任绵阳军分区司令员，陆军政治工作部宣传局副局长汪泽元任绵阳军分区政治委员，绵阳军分区副司令员徐进渝任绵阳军分区副司令员。并宣布绵阳军分区原政治委员唐炼的退休命令。

【“8·8”九寨沟抗震救灾】 2017年8月8日21时20分，九寨沟县发生7.0级地震。8月9日凌晨，军分区根据省军区命令，副司令员徐进渝率军分区前指和平武县民兵应急分队携带大型工程机械紧急驰援灾区，主要完成疏散游客、维护灾区秩序任务。8月9—11日，涪城区、江油市和平武县出动民兵642人次，分别执行维持平政汽车站秩序、境内九环线道路保通和维持平武县城秩序任务，做好西部战区抗震救灾指挥组回撤相关保障工作，受到西部战区、省军区、省委、省政府及人民群众的好评。

【军分区第十八次党代会召开】 2017年10月12日，军分区召开第十八次党代表大会，省军区党委向大会发来贺电，中共绵阳市委副书记、市长刘超出席开幕式并致词。大会选举产生军分区第十八届党的委员会和纪律检查委员会，总结过去六年军分区建设取得的主要成绩和重要经验，谋划未来五年的建设发展蓝图，提出建设“两个全面”一流军分区的奋斗目标，研究明确“五个更加注重”的总体工作思路，制定建成一流军分区的“五大主要标志”，重点布局“十个方面”的主要任务，推动军分区建设发展高点开局、高点起步。

绵阳军分区政治委员汪泽元代表中共绵阳军分区第十七届委员会作工作报告。绵阳军分区司令员时义清主持会议并宣读省军区党委贺电，副司令员徐进渝、戴胜龙和48名党代会代表参加大会。 （杨　刚）

武警绵阳市消防支队

【概况】 2017年，支队树立“敏锐研判、主动预防、实力应对”的工作理念，紧盯“四川领先、全国一流”的战略目标，按照“夯基础、重落实、转作风、见成效”的工作思路，科学谋划，周密部署，广大官兵连续作战、忠诚履职，确保全市火灾形势和部队内部“两个稳

图76　绵阳军分区动员集结民兵应急队伍前往九寨沟抢险救灾

定”，为全市经济社会发展创造良好的消防安全环境。全年全市消防部队接处警4729起，其中火警2321起、抢险救援1161起、社会救助1247起，抢救遇险群众1432人，疏散被困人员2471人，抢救财产价值近亿元。支队先后被省委、省政府表彰为“8·8”九寨沟地震抗震救灾先进集体，被省政府评为“冬春火灾防控工作优秀”，被公安部消防局表彰为“安全工作先进单位”，被省消防总队评为“工作目标考评先进支队”“执法质量考评先进单位”，支队主官被表彰为“优秀军事主官”和“优秀政治主官”，在省公安厅、省消防总队党委表彰的年度十个奖项中有八项排名第一。

【部队正规化建设】 2017年，支队用《谋事创业“七项原则”》校准方向，确立“四川领先、全国一流”的战略目标。探索实践“五联五同”一体化管理，工作经验在全省公安现役政治工作例会上交流发言，《人民公安报》进行宣传报道，并成为全省消防部队学习模板。开创“五先问五后谈”交谈心工作法，政治建警主旋律更加响亮。建设4个思想政治教育基地与支队队史馆、基层荣誉室，9个现役中队全部建成红门影院，火炬街特勤中队成为全省唯一获评“全国青年文明号”的消防部队代表，开通纪检微信公众平台，文化育警主阵地更加巩固。坚持按纲建队、从严治警，纵深推进部队正规化达标创建工作，正规化建设达标率100%。规范工作秩序经验在全省消防部队正规化建设推进会上交流发言。

【应急管理与抢险救灾】 2017年，支队提请市、县两级挂牌督办重大火灾隐患20起，先后开出4张超20万元巨额“罚单”，办理罚款额度在3万元以上的案件92起。推行高层建筑动态分级管理，创新建立“专员制”。建筑消防设施物联网远程监控平台建成投用。高标准打造全省示范执法实践基地，执法规范化建设经验在全省交流发言。全市289个乡镇街道全部纳入基层综合服务管理平台，承办全市防汛减灾水域演练、危化品泄漏事故处置、高层建筑火灾扑救、高速公路直升机应急救援等四起大型演练，操场与战场的距离大幅拉近，实战化练兵成果经受住“6·24”茂县山体高位垮塌、“8·8”九寨沟7.0级地震、“10·25”白马隧道垮塌等灾害事故的检验。

【后勤保障能力提升】 2017年，全市消防部队经费总量连续两年突破亿元大关，1.11亿元精准投入消防事业，投向投量规范合理，财务会审连续五年获评全省先进。9辆特种消防车、2000余件（套）优势装备列装部队，装备结构实现革命性重塑。遂行保障能力在川北片区实战会操和重大战斗任务中显著增强，战勤保障大队成为全省首个被省公安厅记功的战勤保障队伍。建成全省首个支队级心理健康缓释中心，战时随机、平时定期的心理服务延伸到最前沿。官兵健康体检率、建档率均达100%。

【“6·30”绵江快速通道液态天然气罐车泄漏处置】 2017年6月30日13时03分，绵阳市涪城区绵江快速通道龙门镇往江油方向5千米处发生一起载有约21吨的液态天然气罐车（LNG）起火事故。支队接到报警后，先后调集4个中队，8辆消防车、41名消防官兵赶赴现场处置。经过全体官兵的艰苦奋战，18时01分，火灾被成功处置，未造成人员伤亡。

【“8·8”九寨沟地震救援】 2017年8月8日21时19分，四川省阿坝藏族羌族自治州九寨沟县（北纬33.2度、东经103.82度）发生7.0级地震，震源深度约20千米。地震发生后，支队迅速集结重型搜救队等83名消防官兵，出动指挥车、抢险救援车、医疗救护车等13辆消防救援车，2条搜救犬及相应救援物质装备连夜奔赴九寨沟驰援。整个战斗持续9个昼夜，出色地完成黑河塘至九寨沟沟口沿线1300余名群众转移、上四寨中巴车打捞救援、全省消防部队1100余名赴灾区救援官兵的途中和救援现场应急保障任务。

【“10·25”白马隧道垮塌救援】 2017年10月25日00时10分，位于绵阳市平武县白马藏族乡亚者造祖村的九（寨沟）绵（阳）高速白马隧道C2合同段，在隧道左洞加宽段初期支护加固处理时，因极端自然条件及不良地质导致部分段落拱顶突然发生坍塌事故，4名作业人员失联。支队接到警情后，迅速启动应急救援预案，先后组织平武大、中队2辆消防车、特勤中队2辆消防车、2只搜救犬及生命探测仪等相关救援器材装备，共计30名官兵赶赴现场参与救援。消防官兵连续战斗近180多个小时，为救援工作争取时间。

图77 白马隧道垮塌救援现场

图78　2017年防汛减灾水域救援暨通信指挥综合应急演练

【军地联合防汛减灾水域救援演练】 2017年7月17日上午，市委、市政府举行“2017年防汛减灾水域救援暨通信指挥综合应急演练”。市委书记彭宇行、市长刘超，市委副书记付康，市委常委、常务副市长颜超，市委常委、政法委书记夏凤俭，副市长王明华、经大忠、罗蒙等市委、市政府领导和县市区、园区主要负责人现场观演。总队委派副参谋长董绍棠到绵阳指导演练工作，并现场对整个演练进行专业点评。演练立足绵阳实际，模拟设置水域船只相撞、水域污染、人员车辆落水、暴雨引发城市内涝和人员被困等4个事故场景，围绕实战设定水域交通安全事故处置、水域溢油事故处置、水下搜救打捞、孤岛救援、城市内涝排险能力展示等5个科目，检验各救援力量快速响应、联勤联动、高效处置的实战能力。调集军分区、消防、武警、武警交通、预高师三团等5支军队救援力量和海事、环保、住建、巡特警、交警等13支地方救援队伍，参演人数达350余人。支队作为演练的主要筹备单位和主力参演队伍，承担演练指挥、现场导调、方案制定、脚本编写等关键任务，派出11支抗洪抢险分队，共97名官兵、11艘舟艇、24辆车辆，承演全部5个演练科目。集中展示水下搜救打捞、舟艇灭火、水面遇险人员救助、水域污染处理等9项水域救援技术和消防远程供水系统、进口灭火机器人、大功率拖车炮、遥控移动炮等高精尖装备运用于城市内涝排险的创新成果，遂行检验政工鼓动、战勤保障等能力。

（胡　攀）

人民防空

【概况】 2017年，北川、江油在全省率先出台县级人防改革发展实施方案；市国动委印发实施《人民防空建设发展“十三五”规划》，为全市人民防空建设和改革发展提供根本遵循和法制保障；完成中央空调系统、UPS电源等市人防基本设施的升级改造，建成以安防设施为核心的区域监控系统；举办全市防空警报器建设管理现场会；启动市人防大型机动指挥所项目建设，委托第三方完成项目建议书编制并报送审批。全年新增（采购）防空警报器164台（移动133台），向地质灾害频发区域、重点乡镇、风景区域延伸。审批人防工程开工12万平方米，竣工近3万平方米，收缴易地建设费1.2亿余元；开展城区人防工程数质量和管理现状普查，依法对中大财富广场、家园盛景等项目违法问题调查处理；完成4件市长热线、群众信访案件的协调处理工作；完成跃进路历史文化街区保护人防工程开发利用规划工作；举办全市人防工程审批与建设管理培训会议；完成市级一体化政务服务平台的认领，开展市级人防权力运行事项清理，人防政务服务窗口办理事项完结率100%，满意率100%。市人防办《绵阳人防军民深度融合发展的探索研究》课题荣获2017年全省人防系统调研成果一等奖，市人防办以现场主体教育活动、经验交流会、人防网络知识竞赛、人防知识专题讲座等多种形式，开展人防宣传教育，连续三年被《中国人民防空》杂志社评为“2017年度通讯报道先进单位”。

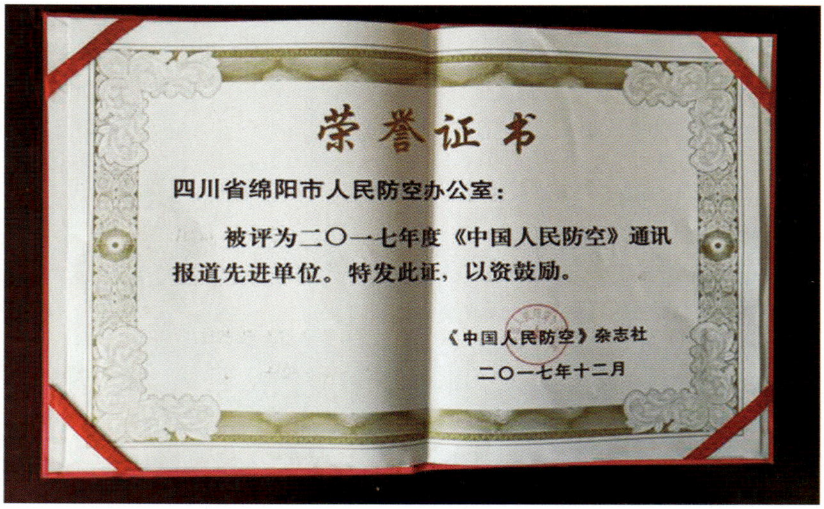

图79　市人防办被评为2017年度《中国人民防空》通讯报道先进单位

【人防应急演练】 2017年4月17—21日，率安州区、江油市、平武县人防应急通信分队，沿遂宁、南充、宜宾、乐山、眉山、成都6个市进行远程机动通信训练。7月17日，参加在三江大坝举行的绵阳市2017年防汛减灾水域救援暨通讯指挥综合应急演练。12月6日，四川省人民防空综合性演习分演习在绵阳举行。

【人民防空综合性演习举行】 2017年12月6日，绵阳市人民防空综合性演习正式拉开大幕。此次演习是四川省“蜀盾—2017”人民防空综合性演习的重要节点和组成部分，绵阳作为分演习场承担室内网上推演作业、人员疏散掩蔽、城市管控行动等三项任务。演习筹备历时半年，成立以绵阳市政府副市长罗蒙为指挥长，绵阳军分区、市公安局、市人防办、市应急办领导为副指挥长的绵阳市人民防空综合性演习指挥部，下设办公室及编导组等6个专业组。参演人员达800余人，动用车辆装备80余辆（套）。绵阳人防系统承担人防首长机关室内网上作业和人员疏散掩蔽、城市管控等行动任务。绵阳市人民政府、绵阳军分区有关领导莅临现场开展组织指挥，绵阳市公安局、应急办、卫计委，涪城区人武部、科园社区，各县市区、科学城人防办等部门（单位）参加演习，绵阳广播电视台、绵阳日报社等媒体全程跟踪报道。上午10时整，在全省人防演习指挥部统一部署下，绵阳演习指挥部按照推演方案，有条不紊地推进演习各项流程实施，逐个进行形势研判、定下决心、展开行动。在绵阳军分区副司令员戴胜龙指挥长一条条命令发布之后，各副指挥长、部门指挥员即刻展开当前防空形势研讨、社民情分析、舆情发布、防空作战准备等，环节紧紧相扣，科目层层推进，保证网上各项推演任务的实施。（王发平）

图80 人防应急演练时市民疏散前的动员阶段

农村与农业

Village and Agriculture

概 述

【概况】 2017年，全市围绕农业增效、农民增收、农村增绿，推进农业农村经济持续发展，推进农业供给侧结构性改革，在全省率先出台推进现代生态循环农业发展的意见，制定现代农业重点产业、主导产品及空间布局方案，聚焦6大重点产业和10大主导产品建基地、创品牌、搞加工，建成现代特色效益农业标准化基地8086.67公顷，新型农业经营主体达1.7万个，建成幸福美丽新村1847个，现代生态循环农业产值占农业总产值比重达56%。全年第一产业增加值实现291亿元，同比增长4%；农村居民人均可支配收入达14752元，同比增长9.2%；全市粮食总产量227.29万吨，增加2.48万吨，同比增长1.1%，粮食总产实现"九连增"。全年承接国家、省在绵阳召开农业农村工作现场会6次，两次在省委、省政府召开的全省农村改革经验交流及推进会和农村工作会上作经验交流。

【农业产业经济发展】 2017年，全市以"做大规模、做优品质、做响品牌"为目标，围绕粮油、畜禽水产、中药材、林果、蔬菜、休闲农业六大重点产业，重点打造优质生猪、涪城麦冬、优质禽蛋、优质魔芋、平武天麻等十大主导产品，完成六大重点产业规划和十大主导产品分项行动方案，制定重点产业和主导产品扶持管理办法，引导"涪城麦冬""三台藤椒"等农产品做成百亿产业。坚持政策引导、资金扶持与协调服务的原则，加快农业新型经营主体培育，累计发展家庭农场2386家，农民合作社3455家，专业大户达11840户。新增市级龙头企业26家，总数达471家，实现销售收入440亿元；农民合作社国家级示范社29家，省级示范社129家，市级示范社190家；家庭农场省级示范场54家，市级示范场107家，培育新型职业农民8758人，认定4296人。全年招商引资签约项目71个，总投资230.9亿元，正大公司入驻江油。

【生态农业示范工程】 2017年，全市实施"沃野绵州"现代生态循环农业工程，启动实施24个循环农业示范点，总结出"家庭微循环、园场小循环、园区中循环、区域大循环"4种"效益驱动型"模式和"1+N"种养结合、稻鸭鱼共生共育、林经循环综合利用等"生态驱动型"模式，从不同层面破解农牧业发展中的瓶颈，增加绿色优质农产品供给，全市农作物绿色防控覆盖率达27.8%，专业化统防统治覆盖率达44.5%，创建的经验得到国家和省上认可和推广。三台县成为全国首批"畜禽养殖粪污资源化利用整县推进试点县"。

【都市现代农业发展】 2017年，全市推进休闲农业、乡村旅游、森林康养、农村电商等新产业新业态发展。以"畅游美丽绵阳，乐享幸福生活"为主题，推出安州"花城果乡""幸福七里"，江油"果语花溪""百合爱情"，游仙"富乐花乡""东林牧歌"等30多个乡村旅游景区，接待游客600万人次以上，成为都市休闲体验的"热点"。以建成绵阳森林城市为抓手，打造"天府四川、康养绵州"森林康养品牌，发展市级森林康养示范基地10个，省级森林康养基地7个，国家级森林康养基地3家，林业生态产业收入30亿元以上；以电商进农村为载体，推动农村电商发展，村级电商服务店达1580家（村淘），电商经营主体到4420家，农产品网络交易额达31.4亿元，农民人均增收350元以上。游仙区、盐亭县省级农民增收新产业新业态400万元项目资金使用规范，三台县、江油市省级农民增收新业态新产业示范县通过省上验收。

【幸福美丽新村建设】 2017年，全市幸福美丽新村建设，突出"新村建设与脱贫攻坚、整村推进与重点突破、新建改造与文化保护"三个结合，开展"四好村"创建活动。推进北川、平武、梓潼3个省级幸福美丽新村示范县和扶贫新村项目建设，整合资金25.9亿元，建成幸福美丽新村466个，完成省下达目标任务的116.5%，累计建成2012个，占行政村总数的61.7%；实施扶贫新村建设192个，完成目标任务的109%；培育命名市级“四好村”521个，创建省级“四好村”117个。农村基础设施得到明显改善，全市幸福美丽新村建设区域内实现100%的乡镇、村通油路和水泥路，100%的社通公路；完成农村环境整治村落92个；农村卫生厕所普及率达81.04%。江油市新安农业公园被评为“中国农业公园”创建单位，北川县桅杆村获“中国美丽休闲乡村”，涪城区被列为首批省级田园综合体建设试验区。

【现代农业产业布局】　2017年，全市为加快现代农业产业发展，绵阳市人民政府第28次常务会议审议通过《绵阳市现代农业六大重点产业发展规划》《绵阳市现代农业十大主导产品行动方案》（简称《发展规划》《行动方案》）。11月7日，市政府办印发《发展规划》《行动方案》。六大产业是粮油产业、蔬菜产业、中药材产业、林果产业、畜牧水产产业、休闲农业产业。十大主导产品为优质生猪、优质禽蛋、涪城麦冬、优质蜜柚、优质魔芋、优质天麻、优质水稻种子、优质藤椒、优质核桃、优质厚朴。

（包雪梅）

幸福美丽新村建设

【概况】　2017年，全市按照以“四个好”为目标建设幸福美丽新村，坚持新村建设与脱贫攻坚相结合，整村推进与重点突破相结合，新建、改造与保护相结合，统筹城乡发展，实施“五大行动”，加快推进幸福美丽新村建设。把以“四个好”为目标的幸福美丽新村建设内容写入《绵阳市“十三五”农业农村经济发展规划》，制定《全市幸福美丽新村建设规划（2017—2020）》，建设涪城杨关产业带、游仙富乐花乡、安州花城果乡、江油方水白玉果乡、新安农业公园、北川石椅羌寨等一批幸福美丽新村建设示范区。坚持新村建设与脱贫攻坚统筹推进，制定《绵阳市“四好村”建设扶贫专项2017年工作计划》，作为全市脱贫攻坚23个专项计划之一。截至年底，全市建成幸福美丽新村466个，累计建成2012个，占行政村总数的61.7%。全年培育命名市级“四好村”521个，推荐申报省级“四好村”135个。

▲“四个好”：指住上好房子，过上好日子，养成好习惯，形成好风气。

【农村住房建设】　2017年，全市农村住房建设围绕耕读文明、田园风光、地域特色、乡村情趣、民俗风情的理念，本着“先规划、后建设、有特色”的原则，印发《农村居民建房设计图集》和《农村居民建房技术导则》，召开全市农村居民建房设计图集工作推进会议，落实500万元农村居民住房建设图集使用奖补资金，举办新村农房建设专题培训，实施以新建、改造和保护为基本形式的农村居民住房建设工程。三台县率先启动农村土坯房改建战，出台《三台县农村土坯房改建实施意见（试行）》，力争用4年时间完成全县农村土坯房改建目标。

【新村现代农业产业发展】　2017年，市委农办制订《绵阳市现代农业重点产业、主导产品及空间布局方案》，扩大六大重点产业和十大主导产品生产规模，实施“区域品牌+企业品牌”双品牌战略，形成产业区域特色和优势，促进结构调整和集群发展。截至年底，全市建成现代农业产业基地155个13.67万公顷，认证“三品一标”523个，认定无公害农产品面积27.2公顷；休闲、康养、农旅结合等农业经营主体达1427家，营业收入21.48亿元，电商经营主体达4130家，农产品网络交易额达22.7亿元。

【新村公共服务设施建设】　2017年，全市通过集合村级组织活动场所和农村警务、计生卫生、农技防疫、便民代办、农家超市、农家书屋等设施建设，提高乡村的社会化公共服务水平。全市幸福美丽新村建设区域内实现100%的乡镇、村通油路、水泥路，100%的社通公路；完成农村环境整治村落92个；农村卫生厕所普及率达81.04%。建成乡镇综合文化站277个、村文化中心3257个、农家（社区）书屋3801个，建成投运乡镇污水处理站近百个。北川安昌镇、游仙同福村、三台柑子园村、北川盖头村获第五届全国文明村镇，累计建成2个国家生态乡镇、16个全国文明村镇、110个省级生态文明村镇和省级生态乡镇。

（包雪梅）

农业产业化经营

【概况】　2017年，全市贯彻中央和省委一号文件精神，推进农业产业化经营和农业供给侧结构性改革，以“做大规模、做优品质、做响品牌”为目标，以农业绿色发展为方向，以市场需求为导向，优化农业产业体系、生产体系、经营体系。全市市级以上农业产业化龙头企业发展到471家，其中国家级龙头企业3家、省级重点龙头企业42家，市级以上龙头企业实现农产品加工经营销售收入458亿元，同比增长8.1%，民创商品收入185亿元。农户务工报酬11.52亿元，二次返利1.2亿元，带动农户99.56万户；农民合作社达到3455个，入社成员37万户，带动农户88万户，引领带动面达73.3%；家庭农场达2386家，经营面积8333.34公顷。市委、市政府实行市级财政支农资金整合，整合全市农业产业发展资金10147万元。安排扶贫资金4620万元，市级农业综合开发资金2700万元，农业基础设施建设520万元，农业民生保障专项资金18087万元，农业产业化资金500万元。

【产业基地规模化建设】　2017年，全市围绕“高效、规范、绿色、安全”目标，整合涉农项目，发展麦冬、蔬菜、蜜柚、花卉等现代经作产业标准化基地，形成梓潼龙口村蜜柚、游仙街子镇兰花公园、涪城杨家镇蚕桑、北川擂鼓盖头村苔子茶等一大批区域优势产业基地。全市累计建成76个现代农业万亩示范区(其中蔬菜36个、水果19个、中药材10个、蚕桑7个、茶叶2个、花卉1个、油菜1个);发展优质生猪小区130个,年出栏400万头,总产量42万吨,发展现代林业产业16万公顷,总产值达151亿元。全市初步建成四川省江油市国家现代农业示范区、涪城区杨关现代农业综合园区、四川绵阳国家农业科技园区等国、省级现代农业产业园区6个。

【农村转型升级发展】 2017年,全市按照延伸产业链,提升价值链的思路,实施一、二、三产业融合发展战略,休闲农业、乡村旅游、农村电商呈井喷式发展,创意农业、民宿经济、森林康养蓬勃兴起,农民工、大学生甚至"海归"等返乡创业正逐步成为热潮,城乡劳动力互换成为新趋势,"两新、双创"成为农村发展新的增长点和动力源,促进农业转型升级,农民持续增收。截至年底,全市发展休闲、康养、农旅结合等农业经营主体达1427家,营业收入达21.48亿元。培育农村电商经营主体3420个,本地农产品网上交易额达12.9亿元。截至年底,全市新增市级重点龙头企业26家,市级以上龙头企业农产品加工经营销售收入过1亿元以上的龙头企业73家,2亿元以上的龙头企业44家,5亿元以上的龙头企业16家,10亿元以上的龙头企业4家,20亿元以上的龙头企业3家,50亿元以上3家。

【农产品品牌战略】 2017年,全市实施"区域品牌+企业品牌"双品牌战略,集中打造绵阳"沃野绵州"农产品集体品牌,鼓励和支持新型农业经营主体进行"三品一标""三名商标""名牌产品""中华老字号"等各类农业品牌的申报认定,支持企业打造具有鲜明地域特色的优势农产品品牌,提升农产品品牌影响力,铸造绵阳特色农产品的"金质名片"。截至年底,全市获"三品一标"总数511个,其中无公害农产品185个、无公害畜产品33个、无公害水产品90个、绿色食品103个、有机食品83个、地理标志农产品17个。全市认定无公害农产品产业整体认定面积27.2万公顷,占耕地总面积的97%,无公害水产品1.19万公顷。

【农村产业招商引资】 2017年,全市实施"两化"互动和城乡统筹、创新驱动、开放合作、文化引领、民生优先、绿色低碳"六大发展战略",突出"四大行动",加强农业对外开放交流合作。全市包装储备各类农业项目5355个,项目总投资金额达2292.57亿元,其中:县级项目490个,项目总投资金额达1820.87亿元;镇乡项目270个,项目总投资金额达337.9亿元;村级项目1980个,项目总投资金额达133.8亿元。全市招商引资签约项目71个,项目总投资达230.9亿元,其中:在绵阳农业科技成果发布暨农业投资促进会,现场集中签约15个,签约金额92.84亿元,完成村企对接协议项目132个,总投资61亿元,与6家省科研院校签订院地战略合作协议,发布农业科技成果119个。在第五届农博会现场签约4个,总投资26亿元,与省内外10多家企业采购贸易洽谈项目21个,签约总额2.37亿元,特色农产品线上线下现场销售286万元。

(包雪梅)

农村综合改革试验区

【概况】 2017年,绵阳市农村综合改革发展试验区(绵阳市丘区农村脱贫攻坚示范区)围绕"脱贫攻坚示范区、农村改革先行区、基层党建样板区"总体目标,坚持深化农业农村改革与农业供给侧结构性改革,在三台县11个镇乡13个试点村(综改区9个,带动县内其他村4个),开展以"资源变资产、资金变股金、农民变股东"为主要内容"三变"改革,43个股份合作社完成合作社章程讨论、理事会成员选举及股份合作社注册登记等工作。对集体土地、林地、塘库堰等资源进行清产核资、评估认定、入股农业企业、种养专合作社等经营主体。其中土地股份合作社入社农户4053户,入股土地面积1000余公顷,发展藤椒、柑橘、康养等新产业万余亩,带动2756名贫困群众脱贫;11个劳务合作社吸纳闲散劳动力1340名人,通过就地承包种植业(采摘、管理)劳务、农田水利项目建设劳务,实现收入420余万元。引导农民以土地、资金、技术等入股村集体股份合作社,由村集体与新型经营主体合作,发展适度规模经营,优化利益联结,形成联产联业、联股联心、利益共享、风险分担的股份合作机制。

【特色农业产业集群发展】 2017年,结合综改区集中优势资源推进藤椒、柑橘两大产业集聚发展,推进生态养殖、木本油料和优质蔬菜三大特色产业提质增效,构建"2+3"现代农业产业体系。双乐乡130余公顷甜橙基地全面建成,林下套种花生、蔬菜60余公顷。中涪路沿线藤椒产业带初见成效,新发展藤椒面积860余公顷。红灯桥村、龙台寺村、半边街村3个金鸡代养场正式投产,销售成品鸡35万只,白鹤湾、廖昌沟等3个代养场新建育雏室14个、大鸡棚10个。建成王家堰村泥鳅孵化中心,新发展稻鳅基地30公顷,新建成露地蔬菜基地50余公顷,连片发展莲藕种植67公顷。"红花园·养心谷"项目完成客栈建设和辣椒加工厂厂房建设,举办"九龙山·牡丹谷文化旅游推介会",完成绵阳市稻鳅香食品贸易有限责任公司工商注册,奕川香米、泥鳅片、泥鳅酱等系列产品上市销售。

【基础设施建设】 2017年,综合试验区中涪路建设除中新场镇800米路段正在施工外,其余主体工程全部完成,乐加至涪西段沥青混凝土面层全部完工。完成11千米建双路进行水泥混凝土路面施工。景(福)宝(泉)建(中)11千米乡镇道路启动建设。产油大县奖励项目全面完工,千亿斤粮食项目加快建设。

图81　九龙山·牡丹谷文化旅游推介会召开

土地整理和增减挂钩试点项目，完成格田整理20公顷，田间道路900米，蓄水池3口，推进田间基础施工和新村聚居点规划建设。在中涪路入口、沿线节点及牡丹产业园区、稻香渔村、甜橙基地等重点产业园区，建设综改区展陈中心、会展中心及文化广场，配套建设艺术小品、观光栈道、景观彩绘、农耕文化等旅游设施。

【九龙山·牡丹谷文化旅游推介会】2017年3月31日，绵阳市农村综合改革试验区主办的九龙山·牡丹谷文化旅游推介会在景福镇鲜家嘴村举行。活动期间，举行文化旅游推介会，特色农产品展示，文艺节目表演等活动，吸引近万人游客参加。九龙山·牡丹谷项目是绵阳市综改区首批集中签约的招商引资项目之一，该项目在景福镇和紫河镇建成2个近70公顷的油牡丹种植基地和1个观赏牡丹示范园，有油用牡丹、药用牡丹和观赏牡丹20余个品种。通过建设以产业、深加工、仓储物流、乡村旅游、文化交流为一体的特色牡丹小镇，采用“公司+合作社+农户”的模式，推广油牡丹种植。

（冉进财）

种植业

主粮作物种植

【概况】　2017年，全市农作物种植面积66.88万公顷，较2016年增加0.43万公顷，同比增长0.65%。粮油作物播种面积56.39万公顷，较2016年增加0.25万公顷，同比增长0.45%。其中粮食作物种植面积42.22万公顷，较2016年增加0.18万公顷，同比增长0.43%；总产量223.75万吨，较2016年增加3.54万吨，同比增长0.16%。主要粮食作物有：稻谷101.63万吨、小麦44.2万吨、玉米55.54万吨、薯类（红薯、马铃薯）17.5万吨。油料作物种植面积14.17万公顷，较2016年增加0.07万公顷，同比增长0.5%；总产量37.01万吨，较2016年增加0.62万吨，同比增长1.7%。其中：油菜籽面积11.31万公顷，较2016年增加0.05万公顷，同比增长0.44%；总产量27.6万吨，较2016年增加0.49万吨，同比增长1.81%。花生2.83万公顷，较2016年增加0.02万公顷，同比增长0.71%；总产量9.38万吨，较2016年增加0.13万公顷，同比增长1.4%。全市都江堰灌区的三台县、涪城区、安州区开展9.8万公顷的“粮食生产功能区和重要农产品生产保护区”。全市有四川光友薯业有限公司、绵阳仙特米业有限公司、四川金鼓食品有限责任公司、绵阳市益昌薯类种植专业合作社、四川省平武县绿野科技开发有限公司5家企业承担马铃薯主食化开发试点项目，项目财政补助资金300万元。全市核实耕地地力保护补贴面积25.71万公顷，通过农户“一折通”兑现资金44527.79万元。

【稻谷种植】　2017年，全市稻谷种植面积12.29万公顷，产量101.63万吨，其中：涪城稻谷种植面积0.53万公顷，产量4.28万吨；游仙稻谷种植面积1.5万公顷，产量12.79万吨；三台稻谷种植面积3.02万公顷，产量25.81万吨；盐亭稻谷种植面积1.3万公顷，产量10.66万吨；安州区稻谷种植面积2.12万公顷，产量17.69万吨；梓潼稻谷种植面积1.33万公顷，产量10.83万吨；北川稻谷种植面积0.08万公顷，产量0.65万吨；平武稻谷种植面积0.06万公顷，产量0.36万吨；江油稻谷种植面积2.36万公顷，产量18.57万吨。全市水稻制种基地面积1.06万公顷，产量3.16万吨，其中：梓潼水稻制种面积0.32万公顷，产量0.95万吨；江油水稻制种面积0.22万公顷，产量0.67万吨；安州水稻制种面积0.25万公顷，产量0.76万吨；游仙水稻制种面积0.17万公顷，产量0.5万吨；三台水稻制种面积0.09万公顷，产量0.26万吨；涪城水稻制种面积0.01万公顷，产量0.03万吨。

【玉米种植】　2017年，全市玉米种植面积11.7万公顷，产量55.53万吨。其中：涪城玉米种植面积0.31万公顷，产量1.78万吨；游仙玉米种植面积0.63万公顷，产量3.48万吨；三台玉米种植面积3.97万公顷，产量22万吨；盐亭玉米种植面积1.87万公顷，产量9.1万吨；安州玉米种植面积0.59万公顷，产量2.84万吨；梓潼玉米种植面积0.97万公顷，产量4.47万吨；北川玉米种植面积0.74万公顷，产量2.49万吨；

平武玉米种植面积1.67万公顷，产量4.53万吨；江油玉米种植面积0.95万公顷，产量4.84万吨。

【小麦种植】 2017年，全市小麦种植面积10.21万公顷，产量44.2万吨。其中：涪城小麦种植面积0.35万公顷，产量1.52万吨；游仙小麦种植面积0.88万公顷，产量3.98万吨；三台小麦种植面积3.46万公顷，产量15.67万吨；盐亭小麦种植面积1.9万公顷，产量8.42万吨；安州区小麦种植面积0.81万公顷，产量3.54万吨；梓潼小麦种植面积1.33万公顷，产量5.47万吨；北川小麦种植面积0.01万公顷，产量0.04万吨；平武小麦种植面积0.3万公顷，产量0.31万吨；江油小麦种植面积1.17万公顷，产量5.25万吨。

【油菜籽种植】 2017年，全市油菜籽种植面积11.3万公顷，产量27.6万吨。其中：涪城油菜籽种植面积0.57万公顷，产量1.56万吨；游仙油菜籽种植面积1.17万公顷，产量2.84万吨；三台油菜籽种植面积2.94万公顷，产量8.03万吨；盐亭油菜籽种植面积1.03万公顷，产量2.21万吨；安州区油菜籽种植面积1.56万公顷，产量3.92万吨；梓潼油菜籽种植面积1.39万公顷，产量3.64万吨；北川油菜籽种植面积0.4万公顷，产量0.64万吨；平武油菜籽种植面积0.6万公顷，产量0.52万吨；江油油菜籽种植面积1.64万公顷，产量4.24万吨。

【“蜀好湃”牌香米获金奖】 2017年8月18—21日在包头市举办的全国“第十八届中国绿色食品博览会”上，绵阳市选送的绵阳谷雨绿色农产品专业合作社联合社“蜀好湃”牌香米获金奖。2017年第十八届中国绿色食品博览会由中国绿色食品

图82 “蜀好湃”牌香米与获奖证书

发展中心、内蒙古自治区农牧业厅、包头市人民政府主办，内蒙古自治区绿色食品发展中心、包头市农牧局于8月18日在包头市国际会展中心隆重举办，吸引来自全国各省市区1700多家的绿色农畜产品企业以及牛羊肉生产加工企业参展，有来自俄罗斯、韩国、巴基斯坦、马来西亚等15个“一带一路”倡议沿线国家120家外企参展，总计参会人员达1.3万余人。绵阳市有2个展位，13个产品参展，绵阳谷雨绿色农产品专业合作社联合社“蜀好湃”牌香米受到与会领导、专家客商的关注与好评，其产品荣获“第十八届中国绿色食品博览会金奖”。绵阳“蜀好湃”牌香米是在水清、土净、空气清新的环境中，利用生态学原理培育出的优质稻谷加工而成，加工的过程中，保留稻米的米糠层和胚芽部分，含丰富维生素B群及γ-氨基丁酸，原汁原味，色泽微黄，清新酥软。（谢贵强）

经济作物种植

【概况】 2017年，全市蔬菜（食用菌）种植面积7.60万公顷、总产211.3万吨。园林水果种植面积2.91万公顷、总产26.2万吨。花卉种植面积0.04万公顷，年产鲜切花3.61亿枝。茶叶种植面积1.34万公顷、总产0.35万吨。游仙区新建冷藏库30座，总净容积1850吨，烘干房4座，极大地提高水果、蔬菜、花卉、中药材等经作产品初加工能力。三台县新建蔬菜加工设施设备3套台，冷冻冷藏设备设施1座，10个蔬菜贮藏盐渍窖。

【蔬菜种植】 2017年，全市蔬菜（食用菌）种植面积7.60万公顷、总产211.3万吨。绵阳市游仙区建成现代标准化产业基地1000公顷，该区还被农业部授予“国家区域性蔬菜良种繁育基地”；三台县建成“快菜”“一口茄”“黄秋葵”“大蒜”等特色蔬菜基地1400公顷和种养循环蔬菜基地800公顷；盐亭县建立67公顷有机蔬菜生产基地；江油市瓜类蔬菜错时双断根育苗技术成功产业化。

2017年绵阳蔬菜生产情况

表36　　单位：公顷、吨

类别	绵阳	涪城	游仙	三台	盐亭	安州	梓潼	北川	平武	江油
面积	76025	11651	6832	16060	6285	6246	6672	5386	3094	13799
产量	2112752	373533	202513	448628	159693	189740	197689	79556	38101	423299

【水果种植】 2017年，全市水果种植面积2.98万公顷、总产28.98万吨。三台县建成枇杷、优质桃、红橘等特色水果基地1333.3公顷。盐亭建成666.67公顷柑橘生产基地。

2017年绵阳水果生产情况

表37 单位：公顷、吨

类别	绵阳	涪城	游仙	三台	盐亭	安州	梓潼	北川	平武	江油
面积	29778	2433	2459	6836	2455	1002	6201	1627	1655	5110
产量	289842	18897	23990	77887	31110	22319	51719	5493	2949	55478

【花卉茶叶种植】 2017年，全市花卉种植面积0.04万公顷，年产鲜切花3.61亿枝。盐亭县建成100公顷百合种植产业园。茶叶种植面积1.34万公顷，总产0.35万吨。北川苔子茶入选《2017年度全国名特优新农产品目录》。

2017年绵阳花卉种植情况

表38 单位：公顷

类别	绵阳	涪城	游仙	三台	盐亭	安州	梓潼	北川	平武	江油
面积	383	97	22	16	111	4	27	—	—	106

2017年绵阳茶叶生产情况

表39 单位：公顷、吨

类别	绵阳	涪城	游仙	三台	盐亭	安州	梓潼	北川	平武	江油
面积	13371	—	—	—	—	310	—	3890	8976	195
产量	3453	—	—	—	—	379	—	820	2208	46

【产业基地建设】 2017年，绵阳市发布《绵阳市现代农业六大重点产业规划》《绵阳市现代农业十大主导产品行动方案》。游仙区建成现代标准化产业基地1000公顷，被农业部授予“国家区域性蔬菜良种繁育基地”。北川苔子茶入选《2017年度全国名特优新农产品目录》。三台县麦冬种植面积突破3333公顷，建立670公顷ERP追溯管理体系，完成麦冬大健康产业和麦冬特色小镇规划，成功创建国家级出口麦冬质量安全示范区；建成“快菜”“一口茄”“黄秋葵”“大蒜”等特色蔬菜基地1400公顷和种养循环蔬菜基地800公顷；建成枇杷、桃子、红橘等特色水果基地1333.34公顷。盐亭县建立66.7公顷有机蔬菜生产基地、100公顷百合种植产业园、66.7公顷柑橘生产基地。江油市瓜类蔬菜错时双断根育苗技术成功产业化。

【农产品品牌建设】 2017年，游仙区“果老源”青梅、猕猴桃、白枇杷获有机转换认证；“经科”羊肚菌，“国春”芦笋进入欧洲市场。江油市的黄瓜、辣椒、结球甘蓝、花椰菜等蔬菜获无公害产品认证4个，绿色食品认证22个；“江油百合”获蔬菜地理标志产品认证。北川通过“五统一”（统一北川茶叶地方标准，统一生产技术规程，统一包装标识，统一市场营销行为，统一品牌打造），共创“北川茶叶”区域公共品牌；首届古羌茶艺手工制茶技能大赛成功举办。盐亭县的骏果桃、梦圆桃、嫘乡蜜柚、“蜀客农创”草莓和红心火龙果、“马天文”普香莲藕获绿色食品认证。

（谢贵强）

中药材种植

【概况】 2017年，全市中药材种植面积9266.67公顷，比2016年增加866.67公顷，同比增长达10.31%，种植中药材种类达53种，种植面积较大的品种有麦冬、大黄、黄连、木香、桔梗、附子、天麻、重楼等；总产量为3.19万吨，比2016年增长0.19万吨，同比增长达6.33%。重点在三台、平武、江油、安州、北川等县市区建设麦冬、天麻、附子、黄连、木香、桔梗、葛根、鱼腥草、重楼、大黄等中药材加工优质原料基地，建成麦冬、天麻、附子等9个中药材GAP基地，总面积达3333.34公顷，形成中药材产业带。拥有“涪城麦冬”“平武天麻”“江油附子”“平武厚朴”“梓潼桔梗”5大地理标志产品。培育扶持太极集团四川绵阳制药有限公司、四川绵阳一康制药有限公司、太极集团四川天诚制药有限公司等27家市级农业产业化重点龙头企业，销售收入突破20亿元。

【涪城麦冬种植】 绵阳市“涪城麦冬”主要分布在三台县涪江流域两岸花园镇、永明镇、芦溪镇、刘营镇、灵兴镇、里程乡、老马乡、新德镇、争胜乡9个镇乡，辐射带动区域包括建设镇、中太镇、百顷镇、光辉镇4个镇乡，共涉及118个村。

2017年，全市麦冬种植面积3400公顷，比2016年增加600公顷，总产量1.13万吨，比2016年增加0.11万吨，总产值9.24亿元，比2016年增加4.74亿元。建成麦冬标准化生产基地2666.67公顷，其中核心示范片800公顷；推广“药—粮—菜”“药—高架菜”复合种植模式4.3万亩2866.67公顷；开展绿色防控技术2666.67公顷；开展“种养循环”“三沼还田”技术800公顷；发展“公司+专业合作社+农户”的有机麦冬生产基地226.67公顷。三台县是“涪城麦冬”主要产区，产量占全国麦冬总产量的70%，出口量占全国的80%，是全国最大的麦冬种植基地、交易集散地、科研精深加工聚集地。

【平武天麻种植】 绵阳市天麻产业布局在平武县境内25个乡镇，重点布局在龙安、水晶、阔达、高村、水田、徐塘、土城、旧堡、泗耳、坝子、大桥、平通、大印、古城、豆叩等15个乡镇。2013年“平武天麻”获得国家地理标志产品保护，平武县天麻种植区域是我国在产规模最大的GAP生产基地。2017年，全市重点在平武县龙安、古城等乡镇建设天麻规范化种植示范基地，通过天麻种植“源头工程”和提升基地规模化、标准化、集约化水平等措施，全市天麻林下种植面积已达2133.34公顷，比2016年增加1133.34公顷，鲜品产量达0.38万吨，比2016年增加0.02万吨，干品产量约960吨，实现综合产值3.84亿元，与2016年相比增加0.84亿元。

【江油附子种植】 江油附子是全国40种名贵中药材之一，是唯一一种列入国家重点基础研究发展规划“973”项目的道地药材。2006年，江油附子获国家地理标志产品保护。作为绵阳市独具特色的中药材，江油附子加工制成的附片，质地优良，片大而匀，半透明状，呈冰糖色，油润而光泽、酥脆，远销俄罗斯、美国、英国、日本、澳大利亚、东南亚等许多国家。2017年，江油附子主要分布在江油市太平、三合、彰明、西屏、武都等5个乡镇，重点建设附子生产基地，种植面积达331.73公顷，产量达3185吨，实现产值0.39亿元。

【梓潼桔梗种植】 绵阳市桔梗主要分布在梓潼县马迎、大新、文昌、演武、任和、许州等6个乡镇和盐亭县安家、茶亭、柏梓、冯河等4个乡镇，2015年，梓潼桔梗获国家地理标志产品保护。梓潼重点建设桔梗生产基地，主要依托“中药材协会+基地+专业合作社+农户”的产业化经营模式，提升基地的规模化、集约化水平，在全县16个乡镇种植桔梗，2017年“梓潼桔梗”种植面积213.33公顷，产量达0.62万吨，实现综合产值1.55亿元。全市桔梗种植面积达453.33公顷，产量达1.2万吨。

【中药材标准化建设】 2017年，全市坚持以“标准建设、成片推进、产村相融、农旅结合”的发展理念，开展基础设施建设，推进中药材标准化建设。编制完善中药材产业发展规划，制定发布国家地理标志保护产品国家标准，实现育种、栽培等全环节规范化标准操作。全年在三台县、江油市、安州区建成中药材现代经作产业融合园3个，面积达4000公顷，主要种植麦冬、附子、重楼、黄连等中药材。

【特色中药材产业发展】 2017年，市委、市政府把中药材产业列入现代农业六大重大产业之一，优质麦冬和优质天麻列入绵阳市现代农业十大主导产品，明确“涪城麦冬”“平武天麻”等区域特色产业的思路和做法。梳理13项支持三台县麦冬大健康产业发展工作清单，开展麦冬种植技术规程的修改制订，推广药—粮菜、药—高架菜等复合种植模式和麦冬现代农业社会化服务超市建设，争取部、省有关项目，推进永明—花园“万亩麦冬标准化种植示范片”建设。全年涪城麦冬种植面积3400公顷，总产量1.13万吨，产量占全国70%以上，出口量占全国80%以上，总产值9.24亿元。支持平武县利用其独有的种质资源优势，通过订单种植、技术指导、保底收购等措施发展林下天麻种植基地。引进或培育天麻精深加工龙头企业四川铭德农业开发有限公司和四川泰灵科技有限公司，延伸天麻产品产业链，推进产业化，提升“平武天麻”品牌价值。全年平武县发展林下天麻栽培面积2133.33公顷，产量达0.38万吨，实现综合产值3.84亿元。

【中药材生产组织模式创新】 2017年，绵阳市推进麦冬特色小镇和平武古城天麻食药同源特色小镇建设，形成“产养游”一体化的发展模式，推动中药材产业农文旅融合发展；采取“公司+合作社+基地+农户”的中药材生产组织模式，与农户签订订单生产协议并保底收购，带动50余个中药材种植专合社，40万农户常年种植中药材，实现户均增收达1万元；探索出“麦冬/玉米/大蒜”“麦冬/玉米/玉米（秋）”“麦冬/玉米/蔬菜（露地）”“麦冬/蔬菜（高架）”四种高效复合型种植模式，实现亩均增收0.3万元以上；建成国家农业科技园区（三台）麦冬大健康产业园，促进中药材产业提质增效。

（谢贵强）

蚕桑业

【概况】 2017年，全市桑园面积1.38万公顷。全市养蚕发种22.21万张，比2016年增加1.26万张，同比增长6.0%；生产蚕茧837.9万千克，比2016年增加76.5万千克，同比增长10%；栽桑养蚕主要区域是游仙区、涪城区、三台县、梓潼县、盐亭县；蚕农茧款收入3.91亿元，比2016年增加1.07亿元，同比增长37.8%。通过蚕桑资源综合利用，蚕桑综合产值4.84亿元，比2016年增加1.11亿元，同比增长29.76%。《“三新三化”模式推动传统蚕桑产业焕发生机》入选“2017四川十大农业供给侧结构性改革案例”。全国优质茧丝生产科技成果推广大会和全国雄蚕品种示范推广与技术研讨会在绵阳召开。

【蚕业科技推广与技术服务】 2017年，市农业局举办全市蚕桑生产新品种新技术培训班，提高蚕农养蚕技术水平，提升蚕种检疫检验能力，促进蚕业规模经营。示范推广“无核大十”“嘉陵30号”“强桑1号”“秋华×平30”“川山×蜀水”等桑蚕新品种，提高蚕茧质量、蚕桑综合效益。对涪城区、游仙区分别实施的2016年、2015年省蚕桑产业发展项目进行验收。对农民消毒防病的技术指导，做好大面积蚕病的动态监控，确保全年没有出现大面积暴发蚕病减产减收。对接西南大学在涪城区、游仙区分别建立蚕桑院士工作站和蚕桑博士工作站，为产业发展提供技术依托。

【蚕桑资源综合利用】 2017年3月7日（农历二月初十）“先蚕节”，盐亭县举办华夏母亲嫘祖故里祭祖大典，成功试制“嫘桑缘”牌桑叶茶，建成集采摘体验、休闲娱乐为一体的“现代高效蚕桑产业园”3个；涪城区在“千鹤桑田·天虹园”开展养蚕制丝亲子体验、教学实习、蜀绣技术培训等活动，游仙区举办首届“丝意蚕乡”文化旅游节，丰富市民生活。涪城区、游仙区成功开发“桑蚕鲜活蛹虫草”投放市场。涪城区“桑之玉”桑枝食用菌、桑果干、桑果酱，“七彩之虹”蚕丝被、丝绸围巾、丝绸饰品等深受消费者欢迎。绵阳市蚕种站是全省通过“双认证”的5个市州蚕种质检机构之一。2017年对绵阳市及省属三台蚕种场生产的桑蚕一代杂交种进行全面检验检疫，合格率100%。

【《“三新三化”模式推动传统蚕桑产业焕发生机》入选“2017四川十大农业供给侧结构性改革案例”】 2017年，四川省委、省政府领导同意，四川省委改革办指导，人民网、四川省农业厅联合主办，中国邮储银行四川省分行协办的“寻找2017四川十大农业供给侧结构性改革案例暨十大农业供给侧结构性改革人物”全媒体宣传推广活动，历经组织推荐、初审发布、网络投票和专家评审环节，涪城区报送的《“三新三化”模式推动传统蚕桑产业焕发生机》在21个市州40个候选“案例”中脱颖而出正式当选。

【全国优质茧丝生产科技成果推广大会在绵阳召开】 2017年5月24—25日，全国优质茧丝生产科技成果推广大会在绵阳市涪城区召开，来自全国16个省市区的300余名代表参加会议。会议由中国农科院蚕业研究所副所长李龙主持。绵阳市政府副秘书长魏勇致辞，商务部国家茧丝绸协调办公室张静，西南大学教授、首席科学家鲁成，四川省蚕业管理总站站长杨彪等专家出席并讲话。与会代表参观了涪城区金峰镇万担精品蚕茧生产基地、金峰镇八庙子蚕桑农场、涪城区关帝镇龙坝村千亩现代蚕桑产业示范村、天虹蚕工场、丰谷制丝厂。会上，天虹丝绸公司介绍涪城茧丝绸产业发展情况。来自江苏、浙江、四川的代表就蚕业家庭农场模式、超6A级生丝生产技术、优质茧丝生产技术、雄蚕品种选育与应用、现代蚕桑机具研究与应用作大会交流发言。

【“四川盐亭嫘祖蚕桑生产系统”入选中国重要农业文化遗产】 2017年6月28日，农业部印发《关于公布第四批中国重要农业文化遗产名单的通知》，“四川盐亭嫘祖蚕桑生产系统”被农业部认定为第四批中国重要农业文化遗产。盐亭县委、县政府高度重视“四川盐亭嫘祖蚕桑生产系统”申报中国重要农业文化遗产工作。盐亭县农牧局按照《农业部办公厅关于开展第四批中国重要农业文化遗产发掘工作的通知》（农办加〔2016〕13号）要求，开展中国重要农业文化遗产发掘工作，申报“四川盐亭嫘祖蚕桑生产系统”、通过四川省农业厅审核上报、农业部组织专家评审、网上公示等程序，“四川盐亭嫘祖蚕桑生产系统”被农业部认定为第四批中国重要农业文化遗产。

【全国雄蚕品种示范推广与技术研讨会在绵阳召开】 2017年5月22—23日，全国雄蚕品种示范推广与技术研讨会在绵阳市召开。与会代表参观了涪城区金峰镇万担精品蚕茧生产基地、金峰镇八庙子蚕桑农场、涪城区关帝镇龙坝村千亩现代蚕桑产业示范村、天虹蚕工场、丰谷制丝厂。会上，四川省蚕业管理总站副站长吴钢致辞，绵阳市农业局副局长严元宝介绍全市蚕桑产业发展情况，绵阳天虹丝绸公司、浙江省农科院蚕业研究所、杭州市蚕桑技术推广总站等20多个蚕业科研院所、丝绸企业、蚕种生产单位代表介绍雄蚕品种选育与示范推广经验，对存在的技术问题进行探讨，提出进一步整合资源，开发雄蚕品种，打造中国优质茧丝品牌。

【首届“丝意蚕乡”文化旅游节】 2017年7月27—29日，游仙区首届“丝意蚕乡”文化旅游节在白蝉镇龙荷谷举行。首届“丝意蚕乡”文化旅游节上，举办蚕桑文化会演、体验全桑宴、参观蚕桑文化馆、趣味竞技等活动。举行情景舞蹈《蚕》、大型舞蹈《春蚕吐丝》《丝路霓裳》等文艺表演。吸引各地游客体验全桑宴，共享蚕桑盛会。活动期间，游仙区政府与西南大学签订校地共建蚕桑研究博士工作站协议并授牌。白蝉镇人民政府与四川桑果白兰地有限责任公司签约，开发蚕桑产业链条，发展果桑产业，打造桑果酒、汁、茶、菌等白蝉特色产品。

（谢贵强）

林 业

【概况】 2017年，全市完成营造林3.66万公顷，同比增长66.6%；森林总面积达109.08万公顷，同比增加5433公顷；森林总蓄积达8811.07万立方米，同比增加155.6万立方米；森林覆盖率达53.86%，同比增加0.26个百分点；实现林业总产值189.7亿元，同比增长13%；实现林业有害生物无公害防治率达98%，成灾率低于3‰；森林火灾受害率低于0.1‰，涉林案件综合查处率99.55%，连续

29年未发生重特大森林火灾。全年，绵阳市森林公安局“10·10”非法收购、运输、出售珍贵濒危野生动物专案组被国家林业局森林公安局记集体二等功；江油市获“全国林业信息化建设十佳县级单位”；江油市林业局获“中国智慧林业最佳实践案例50强”；全市林业工作在全省农田水利基本建设考核中获第2名；绵阳市在省人民政府2012—2016年保护发展森林资源目标考核中获优秀等次；绵阳市林业局、游仙区林业局、安州区林业局、梓潼县林业局造林站、平武县龙门山国有林场获“四川省建设长江上游生态屏障先进集体”。

【森林绿化】 2017年，全年完成人工造林7546.67公顷，义务植树628.33万株，实施封山育林7546.66公顷，抚育中幼林1.79万公顷，改造低效林3640公顷。巩固退耕还林成果4.12万公顷，兑现补助资金4727.15万元，完成新一轮退耕还林4040公顷，申报2018年任务1200公顷。管护国有公益林30.64万公顷，集体公益林22.52万公顷，全市天然商品林面积达21.93万公顷。中国绿色碳汇基金会绵阳大熊猫专项基金正式成立，市林业局与四川农业大学林学院签订战略合作框架协议，游仙区徐家镇和北川县都坝乡入选首批省级“森林小镇”。

【森林资源管护】 2017年，全市围绕实现森林资源总量增加、质量提高、功能改善目标，落实林地用途管制和林地使用定额管理制度，严格执行林地保护利用规划，规范林地审核审批。全年发放林木采伐许可证16162份，采伐林木27.67万立方米。其中，占用限额采伐24.47万立方米，林木采伐严格控制在采伐限额以内。办理运输证6593份，运输木材7.47万立方米，活立木266株。推进森林防火责任体系建设，进一步健全和完善森林防火联防和群防群治机制，连续29年无重大、特大森林火灾发生。承办四川省首届森林消防技能竞赛，绵阳市森林火灾扑救队在22支参赛队中获第2名。市林业有害生物检疫检测中心经省林业厅认定为省级松材线虫病鉴定实验室。全市森林公安机关受理各类森林和野生动植物案件899起，其中立刑事案件87起，破获刑事案件83起(重特大及省市督办案件7起)，查处行政案件812起。

【自然保护区建设】 2017年，全市林业系统不断加强自然保护区正规化建设，组织开展保护区总体规划、生态旅游规划的编制和更新，加大资源调查、科学考察和科研监测及保护区专项执法检查力度，完善保护管理设施，提升保护管理水平。成立三江湖国家湿地公园管理中心，落实编制及管护人员；安装湿地科普教育标识标牌208块，完成冬季湿地水鸟监测工作，全市湿地保护、生态恢复工作稳步推进。成功承办2017年“世界野生动植物日”暨四川省第36届“爱鸟周”等宣传活动，开展涉林环保督察工作，共锁定5大类118个问题，制定整改方案，加强现场督查，推进问题整改工作。

【现代林业产业】 2017年，全市推进现代林业产业发展，优质藤椒、优质核桃、优质厚朴列入绵阳农业十大主导产品，分别制定发展方案和扶持方案。举办2017年四川首届藤椒产业创新发展论坛。推进现代林业重点县建设，三台县现代林业产业基地面积达10.05万公顷，实现林业生产总值38.6亿元；盐亭县现代林业产业基地面积达到3.24万公顷，实现林业总产值24.2亿元。成立绵阳市花卉林木行业协会，认定东林牧歌·世界月季博览园、宇承玫瑰庄园等7家基地为首批市级花卉林木示范基地。开展森林康养基地和森林康养人家建设工作，建成国家级森林康养基地3家、省级森林康养基地16家、市级森林康养基地20家；建成省级森林康养人家27家，市级森林康养人家52家；建成森林康养林2余万公顷，森林康养步道280千米；培育、规范林业专合组织354家（国家级6家、省级17家），带动农户10万余户。

【深化林业改革】 2017年，全市深化推进林业改革，成立大熊猫国家公园体制试点工作推进领导小组，开展机构及资产清查，基本做到底子清、底数明。推进经济林木（果）权证抵押贷款改革试点，健全经济林木（果）权证制度、林地经营权流转制度等。完成全市4个国有林场主体改革，国有林场定性为公益一类事业单位，实现职工全员上岗和全员参保。全面完成林业行政执法综合改革，健全以森林公安为主的5类74项林业行政执法体系，规范执法行为，提高执法效率。

【林业脱贫攻坚】 2017年，全市按照市委、市政府脱贫攻坚工作的部署要求，落实《绵阳市生态建设扶贫专项2017年度实施方案》，实施生态建设扶贫项目18个，累计完成投资6.92亿元。按照“生态补偿脱贫一批”的要求，争取中央、省生态护林补助资金545万元，平武、北川农村建档立卡贫困人口919人选聘为生态护林员，帮助参与贫困户年均增收5900元。

【中国绿色碳汇基金会绵阳大熊猫专项基金成立】 2017年3月7日，中国绿色碳汇基金会绵阳大熊猫碳汇专项基金正式成立，是四川省首个以大熊猫保护、植树造林、增汇减排、应对气候变化为目的，在全国范围内公开募资的专项基金。其目的是为政府、爱心企业、民间组织和社会人士志愿参与绵阳绿色碳汇事业，搭建捐资造林增汇、履行社会责任、改善生态环境的绿色公益平台。募集的资金将在充分尊重捐资人意愿的前提下全部用于绵阳的荒山荒地造林、湿地及生物多样性保护、森林抚育、低效林改造、水库江河绿化、公路通道绿化、乡村绿化及城市绿化等具有固碳功能的植树造林和森林经营项目。

【小寨子沟刺虎天牛】 2017年12月，继2016年在北川小寨子沟国家级自然保护区首次发现并命名世界新物种北川驴蹄草后，再次发现并命名世界新物种——小寨子沟刺虎

图83　小寨子沟刺虎天牛

天牛。小寨子沟刺虎天牛一般最大体长7毫米，腿和触角呈褐色，第四节触角内侧具刺状突起，通体黑色或黑褐色，鞘翅具有三行白色曲状和横状斑纹。刺虎天牛属（Demonax）隶属于鞘翅目（Coleoptera）天牛科（Cerambycidae）天牛亚科（Cerambycinae）虎天牛族（Clytini）。

（郭　飞）

水　利

概　述

【概况】　2017年，全市围绕基本完成“再造一个都江堰灌区”核心目标，按照“大抓项目、抓大项目”的总体思路，以重大项目为龙头，抓好项目推进工作，全年完成全社会水利投资20亿元，占年度投资计划的100%。其中，完成中央及省上下达投资计划11.71亿元，其他投资8.29亿元。全市在建水电站建设完成投资4.2亿元，地方电力完成发电量18亿千瓦时，完成产值4.82亿元。

【水利工程建设】　2017年，全市坚持规划引领，聚焦水利短板，推进武引二期灌区、开茂水库、沉抗水库3处大中型工程全面建设。重点水利项目前期工作取得实质性进展，草溪河水库完成初设工作；祠堂湾水库、新华水库正在抓紧可研编制；建兴水库正在进行项目建议书论证工作。推进引通济安工程，完成可研设计勘察单位招标，长江勘察设计院即将进场开展可研报告编制工作；美丽绵阳重点项目石桥铺一级闸坝工程主体工程完工验收。

【农村水利建设】　2017年，全市新增恢复蓄引提水能力2415万立方米；新增有效灌面5126.66公顷；发展高效节水灌面2820公顷；新增饮水安全受益人口8.6万人；完成病险水库除险加固3座；水库水质达标613座；完成水土流失治理129平方千米。加快贫困地区大中型灌区续建配套与节水改造，统筹解决好“最后一千米”问题。依靠高标准农田和小农水重点县政策，新建一批小型水源工程，实施“五小”工程建设，推进水利工程维修养护，开展节水型社会建设等，新建防渗各类渠道1257千米；新建维护塘坝堰闸2165处；新建维修蓄水池2506口，解决11.25万人饮水安全；进一步提高贫困村生产用水保障率。

【水土保持】　2017年，全市治理水土流失251.69平方千米。其中，梓潼县、江油市等5个国家水土保持重点建设项目治理水土流失面积54.10平方千米，地方水土保持项目共治理水土流失面积16.20平方千米（省级治理项目15平方千米、市级治理项目1.2平方千米），其他部门共治理水土流失面积173.57平方千米，专业户或个人治理工程共治理水土流失面积7.82平方千米。全市完成坡改梯7509.27公顷，水保林555.95公顷，经济林3065.97公顷，封育治理4704.33公顷。资金总投入共计40193.98万元，其中：中央投资15849.68万元（其中国家水土保持重点建设工程1792万元），地方投资18756.77万元，其他投资4986.63万元，群众投劳折资600.90万元。

【河长制体系建立】　2017年，全市建立全市河长制组织领导体系，全市8大主要河流及流域内大中型湖库全部实行双河长制，分级分段设立由同级党政主要领导担任河长，共设立市级河长16人、县级河长147人、乡（镇）级河长1387人、村级巡河员5701人，实现市、县、乡三级河长全覆盖，全年开展市级河长巡河16次，县级河长巡河635次。

【民生水利项目建设】　2017年，全市推进农村饮水安全巩固提升工程建设，完成总投资7200万元，巩固提升集中供水工程151处，分散供水工程760处；加强群众管水组织建设，组建农民用水户协会555个，参与农户473261户，145.3万余人，管理灌溉面积达9.07万公顷，协会工作人员3184人。

【水利脱贫攻坚】　2017年，全市实施“水利扶贫五大行动”，发挥水利项目在脱贫攻坚中的重要作用。针对全市520个贫困村、16.88万名贫困人口实际，分类科学制定贫困地区农田水利精准灌溉、水利工程建设、生态保护等规划目标，明确工作主攻方向，全市投入资金4.7亿元，实施水利建设扶贫专项计划，结合农村饮水安全巩固提升工程优先保障解决2017年脱贫的29166名贫困人口饮水安全问题。

【节水型社会建设】 2017年，全市持续推进节水型社会重点县建设，全年累计投资5000余万元，完成第一批节水型重点县建设评估工作，推动实施第二批重点县省级补助资金农业节水项目。组织实施国家水资源监控能力项目建设，国控二期2017年项目建设完成取水户水量监测、水源地水质监测两个项目的招标工作。基本完成中小河流水文监测系统（二期）建设。 （王 平）

武引工程

【概况】 2017年，市武引局通过对接省、市有关部门，争取到位项目建设资金8亿元，其中中央预算内资金2亿元、绵阳市世界银行贷款1.91亿元、绵阳市财政资金1.59亿元、江油市过桥贷款1亿元、江油市财政资金0.9亿元、剑阁县过桥贷款0.5亿元、盐亭县财政资金863万元、梓潼县财政资金63万元。完成项目过桥贷款政府债券置换7.74亿元，其中绵阳3亿元、各县4.74亿元；全年累计完成投资7.55亿元，其中：建安及临时工程5.69亿元，建设及征地移民费用0.87亿元。其他费用0.99亿元。累计完成西梓干渠明渠开挖27.4千米，占规划的69%，衬砌13.18千米。完成隧洞开挖50.3千米，占规划的90.52%，衬砌19.86千米，浇筑渡槽（槽身）5.39千米，占规划的84%。完成倒虹管安装3.18千米，占规划的96.9%。金峰水库全断面筑至423.5米高程；1—4标（24千米）具备通水条件，投资1700万元的7标段控制性工程“二洞渡槽”（长518米，高44米）建成。凤凰水库建成完工，凤凰管理中心办公用房正加速推进。金龙分干渠一标段完成明渠开挖10.4千米，占设计长度的85.7%；隧洞共计17.5座，开工14座，开挖5.29千米，占设计长度的79%，衬砌1.22千米；渡槽7座，已开工6座，浇筑渡槽槽身0.21千米，占初设总长度的19%；南部县境内1条，盐亭县境内6条，梓潼县境内4条，江油市境内1条，射洪县境内2条，剑阁县境内2条支渠与分支渠全面开工；世行项目完成中期调整工作。二期灌区工程累计完成永久征地及临时占地954.54公顷，拆迁各类房屋139171.34平方米，搬迁人口845户，共计3085人。

【灌区管理】 2017年，全市完成灌区三轮供水，总干渠取水实现19.33亿立方米，农业供水实现1.35亿立方米，工业及生活供水实现17.84亿立方米，保证全灌区农田灌溉用水，做到群众满意和“零上访”；完成渠道清淤除障1073.6千米，平台整治24.38千米，新建、改建末级渠道91.56千米；投资3680万元的取水枢纽拦河闸除险加固维修整治项目全面启动，完成工程量70%，实现投资2131万元；根据市委、市政府“引沉济芙”要求，分三次向芙蓉溪生态补水1027万立方米，通过涪梓干渠向游仙魏城河补水190万立方米。武都水库完成工程建设档案验收档案整编两万余卷，水保项目通过水利部专项验收，环保、档案、灾后重建验收准备工作已就绪；编制完成《武都水库防洪抢险应急预案》《武都水库调度规程》《武都水库大坝安全管理应急预案》；完成大坝电梯安全门及安全通道工程；武都水库工业视频监控系统完善升级有序进行；完成大坝建成以来首

图84 西梓干渠第二标段梯形明渠面板浇筑

图85 梓潼江倒虹管施工

次低水位检修工作。2017年，水库入库水量47.93亿立方米，总出库水量46.29亿立方米，执行调度指令操作共计208次，保证武都水库安全运行和涪江下游安全度汛；进行武都水库清漂整治，清理上游流入垃圾1000余立方米；配合农业部门完成武都水库生态增殖放流鱼苗150万尾，有效改善涪江水质生态。

（何雨峰）

三江工程管理

【概况】　三江工程是四川省和绵阳市“九五”重点工程建设项目，是绵阳建成百万人口大城市的关键性基础设施，三江因涪江、安昌江、芙蓉溪而得名。三江工程是集发电、防洪、交通、土地开发、城市建设、旅游、环境保护为一体的综合性水资源开发利用工程。工程主要由水电站、拦河闸、交通桥、防洪堤组成。三江美亚电站装机容量3×17兆瓦；水库正常蓄水位448米，库容2590万立方米，水库面积5.06平方千米；三江大坝拦河闸15孔，其中3孔冲砂闸，高15米；12孔泄洪闸，高14米，均宽14米；三江大坝交通桥长400米，宽21米，引桥长640米，宽21.5米；江河防洪堤长16.05千米，高5—15米，堤距500—800米；堤后为绿化带和城市交通道路。三江主体工程枢纽大坝位于绵阳市三江（涪江、安昌江、芙蓉溪）交汇口下游7.5千米的李家渡处，枢纽距绵阳城区中心10千米，库区两岸为绵阳100万人口城市规划的城南新区。工程总投资8.8亿元，其中水电站3.06亿元，拦河闸1.77亿元，交通桥0.6亿元，防洪堤3.37亿元。1997年11月28日开工，1999年年底防洪堤建成，工程修建总工期39个月，其中施工准备期6个月，施工期29个月，完建期4个月。李家脊（桃花岛）护堤工程2000年6月20日完工，拦河闸（交通桥）2000年9月18日下闸蓄水，三江水电站工程于2002年1月动工修建，首台机组于2003年12月投产发电，2004年8月全面竣工，三台机组投入运行。三江工程建成后，年平均发电量2.3亿千瓦，年均税收1200万元。三江库区全年水位变化幅度最大为2米，水位最低是在1月，由于汇合口河道施工需要而降水位运行。

【三江河道管理所成立】　2017年1月1日，三江工程整体并入绵阳市河道管理局管理，从此，三江工程的管理机构变为绵阳市河道管理局，三江工程正式进入水利系统管理体系中，三江工程原管理单位—绵阳经开区三江工程枢纽管理处也同时注销，其在编人员全部并入绵阳市河道管理局管理，并且重新招聘闸坝运行管理人员，对新聘用的三江闸坝运行管理人员进行岗位培训。9月28日绵阳市河道管理局成立三江河道管理所，其主要职责是：三江闸坝日常运行及维护管理，保持水工设施、机电设备运行正常；及时准确执行上级调度指令，确保三江闸坝蓄水、泄洪安全；三江河堤安全巡查，病害隐患排查、上报，并配合局内相关科室进行病险修复；河道正常秩序维护和卫生管理，包括河滩内乱耕乱种、乱搭乱建等违法行为的制止，河道水面清漂、阻止、严查向河道乱倒垃圾、乱挖乱采砂石以及有损河道卫生及行洪安全的行为，配合局机关的执法和查处行动；做好库区水资源调度，争取工程效益最大化利用。

【防洪度汛】　2017年，三江库区结合美亚电站发电的情况，编制《绵阳三江水电综合工程防洪度汛预案》。与市防汛办、市水文局等多家单位加强联系，第一时间掌握水情、汛情、天气变化情况。落实工作责任制，实行主汛期领导带班制度，做好各项值班工作。2017年，汛期三江大坝出库流量最大峰值为4200立方米/秒，出库超过三江库区分界流量1500立方米/秒的洪水4次。纵观2017年汛期，有洪水峰值不大，但洪水持续时间长的特点，7月中下旬连续12天出库超过1500立方米/秒。

【闸坝检修】　2017年，三江管理所对三江大坝1号—15号闸门的启闭机构进行维护保养，包括电气控制部分、机电传动机构；对三江左右两岸堤防沉降定点观测及数据进行分析测算；建立三江枢纽流量实时监测系统，对三江大坝机电设备、水工设施的维修保养，保证大坝的设施设备完好，确保三江大坝的正常运转。

（王　平）

水产业

【概况】　2017年，全市有渔业村38个，渔业从业人员65541人；水产养殖面积24465公顷，稻田养鱼面积3836公顷；生产各类鱼苗145505万尾；水产品总产量达114695吨，同比增长6.60%；实现渔业经济总产值30亿元，同比增长9.59%；全市人均占有水产品21.06千克。主要养殖品种及产量是：鲢鱼25462吨、草鱼27079吨、鳙鱼16969吨、鲫鱼13468吨、鲤鱼10030吨、鲶鱼3239吨、叉尾鮰3262吨、鳊鲂2652吨、鲈鱼3326吨。鲢、鳙鱼主要产自水库和池塘，其他品种主要产自池塘。

【《养殖水域滩涂规划》编制工作】　2017年，全市根据农业部和省农业厅有关文件要求，市本级（除平武、北川外）的三区一市三县必须制定和颁布养殖水域滩涂规划。市县区成立以农业局局长为组长的规划编制领导小组，通过公开招标方式，委托川农大、省水研所、省水产校等省内知名度较高的单位作为编制单位。截至12月31日，涪城区、游仙区人民政府已经颁布养殖水域滩涂发展规划。市本级、安州、江油、三台、盐亭、梓潼的编制工作全面启动。

【稻渔综合种养示范区创建】　2017年，全市根据农业部《关于组织开展国家级稻渔综合种养示范区创建工作的通知》，开展创建国家级、省级稻渔综合种养示范区（基地），推广稻渔综合种养技术，全市稻渔综合种养面积达3172公顷。截至年底，江油市贯福生态种养殖专业合作社被命名为首批国家级稻渔综合种养示范区；三台县双乐乡奕川水产养殖农民专业合作社、安州县区菩提新富水产养殖专业合作社等5个合作社被评为省级稻渔综合种养示范基地。

【渔政管理体制改革】 2017年，市农业局根据绵阳市人民政府办公室《关于印发〈绵阳市农业局主要职责内设机构和人员编制规定〉的通知》（绵府办发〔2015〕7号）文件精神，将原绵阳市渔政管理站撤销。8月8日，市农业局正式成立清算组，在网上刊登申请注销登记公告，开展资产负债、资产确认、债务清偿、人员分流、完税等情况清算工作。为提升水生动物疫病防控能力，经四川省农业厅批准，在绵阳市的3区1市、5县（园区除外）设立9个水生动物检疫申报点，并实行水生动物检疫合格证明联网电子出证。

（谢贵强）

畜牧业

【概况】 2017年，全市畜牧业发展全面转型升级，在保障“菜篮子”供给、推进畜禽粪污治理及资源化利用、提升畜产品质量。编制印发《绵阳市现代农业重点产业畜牧水产发展规划（2017—2020）》《绵阳市农业主导产品优质生猪发展行动方案（2017—2020年）》《绵阳市农业主导产品优质禽蛋发展行动方案（2017—2020年）》，确定建设现代畜牧业强市的发展思路、建设目标、空间布局和具体的工作措施。

先后承办全国、全省畜牧业转型升级绿色发展暨畜禽养殖废弃物资源化利用现场推进会。截至年底，全市出栏生猪348.24万头，小家禽6112.17万羽，肉牛15.58万头，肉羊132.79万只，兔913.33万只；肉类产量40.06万吨，禽蛋产量14.12万吨，奶产量1.85万吨，实现畜牧总产值201亿元（按可比价格计算）。

【生猪种业纳入国家项目】 2017年，全市推进生猪产业转型发展，建立完整的产业发展链，从源头着手，全市3家国家生猪核心育种场（铁骑力士、新希望海波儿、明兴牧业）全部进入全国基因组联合育种计划；同时，启动外种猪引进计划，引进外种猪1500余头。明兴牧业公司成功申报实施国家生猪能繁推一体化示范项目（全国共2家）。

【畜禽业标准化生产】 2017年，绵阳市以创建质量安全监管示范市为目标，成功创建畜禽养殖部级标准化示范场2个、省级标准化示范场8个、市级标准化示范场17个；全市标准化示范场累计达252家，其中部级标准化示范场20个、省级标准化示范场53个、市级标准化示范场179个；畜禽规模化养殖比重达65%，畜禽标准化生产覆盖率达62%。

【畜牧业产业扶贫】 2017年，全市结合产业扶贫工作需要，通过村集体牵头成立扶贫合作社等形式，贫困户入股，再与龙头企业合作，建立起兜底利益联结机制，实现产业发展和脱贫攻坚的无缝衔接。绵阳正大集团的“1+5”生态循环产业扶贫模式，在带动贫困村和贫困农户脱贫致富过程中一次性投资，拉动贫困农户户均年增收达4000元以上。

【畜禽养殖污染治理】 2017年，全市为做好畜禽养殖污染治理工作，制订出台《绵阳市散养密集区管理及污染治理工作方案》《绵阳市畜禽规模养殖场（小区）和专业养殖户污染治理工作方案》《绵阳市全面推进畜禽养殖污染治理工作方案》。推进畜禽养殖废弃物综合利用，全面落实畜禽规模养殖环评制度和畜禽养殖废弃物监管。截至年底，全市关停禁养区养殖场（户）1178家，完成规范化治理8079家，规模化养殖场畜禽粪污综合利用率达89.42%，粪污处理设施装备率达92%。

【全国畜禽粪污资源化利用重点县培训班在绵阳举行】 2017年，农业部为贯彻落实国务院《关于加快推进畜禽养殖废弃物资源化利用的意见》文件精神，7月6—9日，农业部联合财政部组织全国31个省（自治区、直辖市）畜牧、财务处室负责人、51个畜禽粪污资源化利用重点县畜牧部门负责人、农业部耕地质量监测保护中心、农业生态与资源保护总站、畜禽粪污资源化办公室等直属单位负责人，在绵阳召开畜禽粪污资源化利用重点县专题培训会。农业部畜牧业司副司长王俊勋、财政部农业司副处长时锋、全国畜牧总站站长杨振海、省农业厅副厅长杨朝波出席培训会，副市长经大忠出席培训会并致辞。共300余人参加会议。与会代表一行先后前往涪城区四川国沃生物科技有限公司、江油市新安农业公园、梓潼县泉源家庭农场和许州镇循环农业产业园

图86 全国畜禽粪污资源化利用重点县培训班在绵阳举行

图87 “黑溜宝”生态猪肉被农业部第十五届中国国际农产品交易会组委会评为第十五届中国国际农产品交易会参展农产品“金奖”

参观学习绵阳市在畜禽粪污资源化利用工作中的经验和做法。会议邀请同济大学、中国农业机械化科学研究院专家就“粪污资源化利用模式选择”“畜禽粪污肥料利用”“农村沼气发展与展望”等内容作讲解培训。会上，辽宁瓦房店市、江苏泰兴市、江西进贤县、河南新蔡县、三台县做交流发言。北京丹青诺和公司、上海林海公司、河北京安公司等行业龙头企业分别介绍当前研发的先进畜禽粪污处理技术。

【“黑溜宝”生态猪肉获金奖】 2017年9月21—24日，农业部主办的第十五届中国国际农产品交易会在北京举行，本届农交会参展国内展团49个1600余家企业，26个国家和地区50余家国外公司参展。绵阳市组团参加此次农交会，参展的“黑溜宝”生态猪肉被组委会评为第十五届中国国际农产品交易会参展农产品“金奖”。 （谢贵强）

农机化管理

【概况】 2017年，农机化工作以服务农业供给侧结构性改革、保障粮食生产安全、增加农民收入为中心，抓好重点作物、关键环节机械化发展，发展农机社会化服务组织，农业机械化事业进入持续、协调发展。年末农机总动力达334万千瓦，同比增长3.5%。主要农作物耕种收综合机械化水平达56%，较2016年增长9个百分点。组织参加四川省农田水利基本建设竞赛，获农业项目第3名。农业部南方丘陵山区农机购置补贴政策创新研讨会、全省农机购置补贴政策培训会、全省农机化道路项目建设管理培训班在绵阳成功召开。2017年创建国家级示范社数量占全省1/4，农机专业合作社发展走在全省前列。

【农机化投入】 2017年，全市坚持把争取农机化投入摆在工作首位，农机投入总量达41076万元。其中一般行政事业支出1390.5万元，基础建设20809万元，农业机械购置18622万元。在国家强农、惠农、富农政策的引导下，农民购机踊跃，全市兑付农机购置补贴资金3056万元，补贴机具4500余台，直接受益农户4500户。

【农机装备结构优化】 2017年，全市通过实施农业机械购置补贴等强农惠农政策，新增各类机具2万余台套。通过示范推广，全市油菜机播和机收、水稻机插、玉米机收等薄弱环节机具大幅增加，其中大中型拖拉机增长9.69%，播种机增长8.2%，乘坐式水稻插秧机增长15.63%，稻麦联合收割机增长5.9%，秸秆粉碎还田机增长27.69%，谷物烘干机增长46.36%，其他收获机械增长5.8%。

【农机作业水平提升】 2017年，全市围绕提高主要作物关键环节机械化水平，着力加强农机农艺融合，大力推广机械化育插秧、油菜机械化栽植和收获等先进适用的新机具新技术。召开高效植保机械现场演示暨技术培训会、机插育秧技术培训会、油菜机收暨水稻机械化栽植现场培训会、油菜机械化栽植现场培训会等。通过现场培训和技术推广，全市主要作物关键环节机械化水平快速增长，油菜机播和机收、水稻机插、玉米机收分别增长11.9、11.31、2.82、3.11个百分点，小麦、水稻、玉米、油菜的耕种收综合机械化水平分别达68%、72%、32%和50%。完成机耕作业面积39.08万公顷，机械播种面积9.82万公顷，较2016年增长22.6%；孔械收获面积24.6万公顷，较2016年增长8.6%。主要农作物耕种收综合机械化水平增长9个百分点，达56%。

【农机社会化服务组织发展】 2017年，全市新增农机专业合作社8个，年末达104个。安州区龙腾农机专业合作社、江油市维农农机专业合作社成功创建全国农机合作社示范社。至此，全市国家级农机合作社示范社达4个，农机专业合作社服务能力和水平增强，合作社机械化作业面积同比增长26%。安州区永福农机专业合作社参与脱贫攻坚，获“绵阳市首届脱贫达人奉献奖”，理事长林启平被人社部、农业部表彰为“全国劳动模范”。

【安州区永福农机专业合作社】 2010年3月，绵阳市安州区永福农机专业合作社成立，注册资金268万元；现有社员90人，农机从业人员152人，聘请各类专业人才4人。合作社现有资产780.49万元，拥有各型农业机械136台套，农业机械原值523.8万元；机械设备涵盖农业生产的各个环节；合作社有集农机库棚、农机维修、配件、仓储、烘干、办公、培训、生活等设施于一体的综合性农机合作社基地，流转土地170余公顷。合作社建立有水稻育插秧中心、植保中心、粮食烘干中心、粮食储藏中心、农机操作人员培训中心。承接代耕代种、土地委托、土地托管、订单服务等业务。2012年12月被省农业厅评为“第二批四川省农机专业合作社示范社”，2014年1月被省农业厅评为“省级农机专业合作示范社”，2015年10月被四川农业厅、省财政厅、省发改委等10部门联合评为“农民合作社省级示范社”，2016年10月被农业部评为“全国农机专业合作社示范社”，2017年3月合作社生产的黄土地香米经中国食品发展中心审核，被认定为食品A级产品，获得绿色食品认证标志，是全区第一家获绿色食品认证标志农机专业合作社。

【安州区龙腾农机服务专业合作社】 2012年8月，绵阳市安州区龙腾农机服务专业合作社成立，位于绵阳市安州区秀水镇龙泉村3组；主要由粮食种植大户、农机大户、农机专业技术人员和农机技术能手等自愿组成并依法经工商行政管理部门登记成立的农机专业性合作组织。合作社主要从事农机机耕、机收、机械化育插秧、机播、农机跨区作业、农机技术推广、农机技术培训等业务。合作社注册资金310万元；合作社理事长张勇，经过5年的发展，合作社现有成员102人，总资产900万元，拥有集中办公、培训、仓储、烘干、维修于一体的综合性农机合作社基地5.8万平方米，各型农业机械140余台套，农业机械设备涵盖农业生产的各个环节；从业人员160余人，年消化农村剩余劳动力500余人。合作社2014年1月被省农业厅评为“省级农机专业合作示范社”，2015年10月被四川农业厅、省财政厅、省发改委等10部门联合评为“农民合作社省级示范社”。2017年12月农业部评为“全国农机专业合作社示范社”。

【江油市维农农机专业合作社】 2012年5月，合作社成立，注册地址为江油市彰明镇新街1幢1号，现有合作社成员118户，合作社注册资本171.2万元，拥有各类大、中、小型机械218余台套，主要从事机耕、机插（播）、机收、秸秆还田、深耕（松）机械植保、农产品回收、统防统治等。2017年，合作社实现农机作业864.77公顷，统防统治130余公顷，收入1015.01万元，获利354.17万元，人均收入同比非社员增长29.5%。先后被评为江油市、绵阳市和四川省级示范社，2017年获“全国农机合作社示范社”。

【三台县潼川镇大兴农机专业合作社】 2008年8月8日，三台县潼川镇大兴农机专业合作社经三台县工商局注册登记正式成立。2011年10月被农业厅评为省级示范合作社，2012年被农业部评为全国示范合作社。合作社是一家集粮食规模化生产、机耕、机播、机收、农业植保、加工、饲养为一体化，农业机械化程度很高的国家级专业合作社。现有社员310人，从业人员135人。合作社现已流转山场、田、地330余公顷。有各类农机具160余台；烘干房2处，总占地面积达6000余平方米，日烘干能力达400余吨；地磅房2处；全自动化育秧温室5000余平方米，资产总额1000万元。（谢贵强）

农业监测

【概况】 2017年，全市抓认证，推进农业标准化发展“三品一标”。全年新申报（复查换证、续展、再认证）“三品一标”243个，其中无公害农产品137个、绿色食品44个、有机食品62个。“三品一标”达634个（无公害产品405个、绿色产品120个、有机产品89个、地标20个）。以“三品一标”生产基地为重点，逐步建立完善具有标识管理可追溯的产地准出制度。完成《净作夏播玉米全程机械化生产技术规程》等两项农业地方标准编写。推进标准化示范区建设。开展全市6000余公顷现代经作产业标准化基地建设，三台县推进永明—花园“万亩麦冬标准化种植示范片”建设，全市建成现代农业万亩示范区76个。部省市畜禽标准化养殖示范场275个，水产健康养殖示范场28个。截至年底，绵阳市的“蜀好湃牌香米”获第十八届中国绿色食品博览会金奖，“黑溜宝”生态猪肉获得第十五届中国国际农产品交易会参展产品“金奖”，“圣迪乐”鸡蛋、“黑溜宝”猪肉、“菜籽王”菜籽油列入四川省首批50个优质品牌农产品。

【农产品监管检测体系建设】 2017年，全市推进市县级检测站建设，市检测中心完成资质认定和机构考核认定复查换证工作。三台县、北川检测站作好“双认证”准备。江油市、梓潼县、游仙区、平武县完成实验室建设验收，涪城区检测站建设进入收尾阶段。安州区、盐亭检测站开展专项检测，发挥检测机构在监管中的支撑作用。206个乡镇质量安全服务站、218个生产基地、重点村配备速测设备，全市以市级检测中心为龙头，县级检测站为基础，市场（基地、批发市场、超市）检测室为补充的农产品质量安全检测体系基本构建。

【农产品质量安全专项整治】 2017年，全市开展滥用乱用投入品、非法添加违禁物质、生鲜乳违禁物质、生猪屠宰等专项整治，全年化肥使用量比2016年减少0.79%，农药使用量减少9.4%。渔业风险隐患专项整治全年出动执法人员122人次，现场监查重点区域52处。开展对生鲜乳收购站和生鲜乳运输车辆的现场检查，进行三聚氰胺、黄曲霉毒素M1、磺胺类、喹诺酮类检测770项（次），合格率为100%；开展生猪屠宰“扫雷行动”，严厉打击屠宰违法行为，接到举报数量9次，查实6次。开展执法检查2957次，出动执法人员12561人次，开展联合执法1001次，立案数1件。

【农产品质量安全监测】 2017年，全市为确保农产品质量安全，开展部、省级例行和专项监测4次，抽样565个，合格率99.9%。市检测中心开展例行和专项监测5次，抽样510个。开展专项监测，农产品质量安全监测合格率达100%，水产品抽样100个，合格率达100%。开展农产品质量安全监测5类产品，监测样品510个，合格率99.8%。开展县乡速测。检测筛查农残超标农产品共抽样14445个，速测合格率达99.9%。

【农产品质量安全监管示范县创建】 2017年，全市以政府为主体，开展“双安双创”工作。安州、北川、三台在成功创建省级农产品质量安全监管示范县，建立农产品质量安全网格化移动监管平台和农业标准化展示中心。涪城、游仙、盐亭、江油、梓潼、平武把创建省级农产品质量安全监管示范县作为全年全局重点工作，通过市级考核初验，作好省级考核验收的准备。

【“瘦肉精”专项监管】 2017年，全市继续开展养殖环节“瘦肉精”专项监测，做好日常监管的基础上，4月和9月组织全市集中拉网监测。全年全市对6.02万个（次）规模养殖场、定点屠宰场、饲料企业共抽样26.53万余份，均未检出“瘦肉精”，全市继续保持“瘦肉精”检测零纪录。

【动物疫病防控】 2017年，全市免疫城市犬只35449只，免疫率96.1%，免疫农村犬235268只，免疫率94.6%。全市6个血防县市区全部达到国家血吸虫病传播阻断标准，其中江油血吸虫病消除达标，检测耕牛6983头次，用吡喹酮扩大化治疗5496头次，检测羊1218头次。全市检测奶牛结核病1980头，家畜布病14270头，其中结核病阳性牛102头，布病阳性牛38头、羊29只，分别按照要求扑杀并无害化处理；对高致病性禽流感、口蹄疫等6种动物疫病完成血清学检测3007份、病原学检测4446份，作为省级定点监测实验室，完成定点监测实验室任务2560份，为省级疫情预警提供科学的指导数据。全年调运疫苗11181.8万羽份（头份、毫升），累计免疫畜禽11657.51万头（只、羽），应免率和消毒面均达100%，实现全市无区域性重大动物疫情的防控目标。铁骑力士牧业科技有限公司松桠原种猪场、江油新希望海波尔种猪育种有限公司获国家第二批“动物疫病净化创建场”授牌。

【种子安全监管】 2017年，全市杂交水稻制种面积1.05万公顷，占全省面积的50%。“绵阳水稻种子”地理标志证明商标11月21日被国家工商总局核准注册。全年检测种子样品987个，检测样品5161份。其中，全市监督抽查大小春农作物种子827个，检测样品4201份，抽检种子的合格率达97.6%，完成农业部、省农业厅下达给绵阳市的监督抽检任务。组织开展对全市大、小春农作物种子质量的监督抽查：抽取大春种子256个品种，检测样品1536份。抽取小春种子104个品种，检测样品624份。抽取转基因快速检测样品467个，检测样品1101份。对抽取的水稻、玉米等主要农作物种子235个样品进行田间纯度种植鉴定940份次。接受各县农业、工商、公安、进出口检验检疫以及种子企业等送样委托、扦样委托的品种160个，检测样品960份。为各县市区农业执法部门、水稻种子出口提供种子质量公正数据，为种子企业和种子经营单位提供准确的种子质量信息；在杂交水稻制种关键时期，组织全市进行种子质量生产检查，抽检种子生产企业17家，抽检制种田面积1300余公顷，种子生产企业从生产源头上把好种子质量关。

【农产品质量检测】 2017年，全市实际完成检测样2852个，其中完成省、市下达的各类检验检测样品2315个，农业部农、畜产品风险监测（省农科院农产品、农业部畜产品样品）305个，市食安办重点检测样品200个，其他检测（市农业局驻村农技员扶贫村、区市县农业局等）样品32个。实际检测超任务537个，同比增长23%。

【农业综合执法】 2017年，市农业局执法支队与各县市区农业执法机构上下联动，组织全市农业执法检查13次，出动执法人员9885人次，立案查处违法案件182件，结案180件，罚款没收违法所得22.93万元，移送公安机关处理1起。全年组织开展农资打假专项治理行动出动农业执法人员23531人次，印发张贴宣传资料9.5万份，整治农资市场267个次，检查农资生产、经营、使用企业5462个次，全市现有农资生产经营企业3411家，农资生产经营企业监督检查率达100%，做到了监督检查面全覆盖。抽检农资样品291个，农畜产品样品190个。全市流通环节共抽检瘦肉精28.16万份，全市屠宰企业“瘦肉精”自检率达100%，“瘦肉精”检出率为零。组织实施动物及动物产品检疫，全年全市产地检疫畜、禽1613.12万头（只），检出病畜禽4987头（只），无害化处理4987头（只）；对166个生猪屠宰场（点）、28个牛羊屠宰点、212个禽屠宰点屠宰检疫畜禽958.99万头（只），检出病畜禽559头（羽），全部进行无害化处理；全年全市检疫出川动物456.29万头（只），产品1577.90万千克；检疫入川动物76.57万头（只），产品570.37万千克。 （谢贵强）

农村能源建设

【概况】 2017年，全市农村能源建设坚持因地制宜，走“开发”与“节约”并重、“建设”与“管理”并行之路，聚力畜禽养殖粪便资源化利用，推进农村能源项目建设，在脱贫攻坚、生态循环农业发展、农业面源污染防治和改善人居环境等方面取得明显成效，实现农村能源建设的持续健康发展。截至年底，全市在用户用沼气池为57.493万户，政府投资建成沼气工程规模达101处，其中省级财政资助建成新村集中供气项目72处、中央预算内投资建成规模化沼气工程29处；城镇生活污水净化沼气工程规模达2798处，总容积达24.58万立方米；乡村沼气服务网点建设规模达931个，基本覆盖全市沼气用户；“三沼”综合利用推广3.93万公顷，建成应用“三沼”综合利用技术生产优质特色农产品示范基地14处。绵阳市被省政府认定为“四川省沼气化市”，6个县市区被认定为“四川省沼气化县”，绵阳市获2017年度四川省农村能源建设一等奖。

【农村能源扶贫项目】 2017年，全市按照农村能源建设要在扶贫攻坚中精准聚焦、精准发力的要求，推进农村能源扶贫项目的建设。全市有1处规模化沼气工程扶贫项目，9处省级集中供气扶贫项目全部投入运行，其中三台、北川、江油、盐亭4个县市区完成省级集中供气扶贫项目的县级验收。2处“三沼”综合利用示范建设项目完工并投入运行。全年农村能源扶贫计划总投资980.5万元，其中，省级新村集中供气项目完成投资563.5万元，投资完成率为100%；“三沼”综合利用示范点总投资75万元，投资完成率为100%；规模化沼气工程完成投资342万元，投资完成率为100%。全年推广太阳能热水器6600台、1.32万平方米，太阳能光伏发电站4处，装机容量51千瓦时、太阳能杀虫灯2140盏，生物质炉6100台（套）；并根据脱贫攻坚的形势和任务，鼓励和引导农村集体经济薄弱贫困村利用产业扶贫基金建设光伏发电扶贫项目，实现光伏发电项目推广和精准脱贫的双赢。

【农村户用沼气项目】 2017年，全市农村户用沼气项目由于农村能源建设的转型升级，中央预算内投资和省级财政取消户用沼气项目的财政支持，全市结合部分农户对户用沼气的建设和使用需求，加强对建成户用沼气池的管护，强化沼渣、沼液综合利用，推动依托“家庭微循环”的生态循环农业建设，向党委、政府及主管部门寻求财政支持，并与扶贫、住建等部门协调，在省定贫困村把户用沼气池的建设与危房改造、异地搬迁等扶贫项目有机结合起来，全市新建户用沼气池1670户。

【新村集中供气项目】 2017年，全市累计建成新村集中供气项目72处，其中省级新村集中供气项目68处、市级新村集中供气项目4处。2017年，全市新建新村集中供气15处，供气农户1034户，总投资739.06万元。其中，省财政投入537.68万元；地方财政配套76.21万元，业主自筹资金125.17万元。

【规模化沼气工程建设项目】 2017年，全市累计建成规模化沼气工程29处，建成中央预算内投资规模化沼气工程项目7处，年产沼气1095.2万立方米，装机容量1510千瓦时，年发电366.6万千瓦时。项目总投资2992万元。其中中央预算内投资1005万元，项目业主投资1987万元。

【节能减排CDM项目】 2017年，全市完成CDM项目第三方对游仙区13户项目农户的入户核查工作。CDM项目碳减排交易成功，共向全市11.86万户CDM项目农户兑付收益第1期和第2期交易资金276.4万元。

【“三沼”综合利用示范工作】 2017年，全市坚持“主体明确、示范引领、生态循环、规模效益”的思路，以“家庭微循环”为主，依托沼气工程，形成以梓潼万亩蜜柚基地、涪城关帝生态循环农业基地、三台麦冬“三沼”综合利用示范园等14处“养殖+沼气工程（户用沼气池）+绿色农产品”的生态循环农业基地。10月27日，全市生态循环农业“家庭微循环”现场推进会在游仙区柏林镇洛水村润沁春生态园召开。全年市财政安排农村能源建设专项资金75万元，在江油市生态阳光养殖有限公司、涪城区关帝镇清水村、游仙区柏林镇洛水村新建3处“三沼”综合利用示范基地。 （谢贵强）

概 述

【概况】 2017年，全市以高新技术产业和战略性新兴产业为方向，抓好电子信息、汽车产业发展，支持新材料、节能环保、高端装备制造等优势产业提升能级，全市规模以上工业企业主营业务收入2723.2亿元，同比增长18.2%；全市实现工业增加值681.6亿元，工业化率32.85%。规模以上工业增加值增长10.5%，高于全省平均水平2个百分点，位居全省第4位，是绵阳市自2004年以来在全省的最高排位。完成工业投资493.21亿元，增长26.6%，技改投资454.8亿元，增长26.8%，均超额完成省市下达的年度目标任务。单位工业增加值能耗下降6.7%。“两新”产业产值占规模以上工业总产值比重分别达54.1%、37.5%，同比分别提高0.6和1.5个百分点，继续保持全省领跑优势。

2017年，全市八大产业累计实现产值2397.3亿元，同比增长14.9%，占全市工业比重达75%。八大重点产业产值增长9.5%，其中电子信息产业增长9.9%，汽车产业增长30.8%，新材料产业增长20.8%，节能环保产业增长27.6%，高端装备制造产业增长20.8%，生物产业增长13.3%，食品产业增长8.4%，化工产业增长18.4%。2017年全市纳入统计的战略性新兴产业企业总数达到252家，占全市工业比重达37.5%。

2017年，全市实施工业大企业大集团培育“领航计划”，新增50亿元以上企业2家，10亿元以上企业7家，4亿元以上企业17家。全市规模以上企业达928家，新增规模以上工业企业108家。截至年底，规模以上工业企业中，年产值4亿元以上企业114家，比2016年增加16家，其工业总产值同比增长14.1%，占全市规模工业企业年产值的73.2%，比重比2016年下降0.1个百分点。10亿元以上企业35家，增加7家，其工业总产值同比增长14.2%，产值占全市规模工业企业年产值的58.2%，比重比2016年下降0.5个百分点；50亿元以上企业6家，新增2家，其工业总产值同比增长9.6%，占全市规模工业企业年产值的38.8%，比重比2016年下降0.5个百分点。

全市规模以上工业企业主营业务收入2723.2亿元，同比增长18.2%；盈亏相抵后利润总额133.3亿元，增长19.9%。制定出台改进服务工业企业九条措施，帮助解决企业生产经营中的困难问题。攀长钢结束20年亏损，实现扭亏为盈，长虹控股公司蝉联川企百强榜首。出台特色园区推进工作方案，促进产业集群发展，全市产业园区规模以上工业总产值2656.5亿元，增长17%。推进“三去一降一补”，实行水泥企业错峰生产，压减水泥产量345.4万吨。努力减轻企业负担，减免各类税费62.82亿元。着力解决企业融资难题，为63家企业办理应急转贷资金4.94亿元，降低融资成本2500万元。

2017年，全市61个质量管理小组被授予“四川省优秀质量管理小组”称号；长虹模塑等企业的9个班组被授予“四川省质量信得过班组”；长虹集团入选第二批全国双创示范基地企业示范基地名录，2家入选国家小型微型企业创业创新示范基地；7家企业技术中心被新认定为第22批省级企业技术中心，8家企业被授予“四川省实施卓越绩效模式先进企业”。

▲“两新”产业：指高新技术产业、战略性新兴产业。

【绵阳工业设计企业亮相首届中国工业设计展览会】 2017年12月1—3日，受工业和信息化部委托，工业和信息化部国际经济技术合作中心与武汉市经济和信息化委员会在武汉举办首届中国工业设计展览会。本届展览会以“创新、绿色、发展”为主题，集中展示中国近年来工业设计发展所取得的成就和国内优秀设计企业的最新成果，全国30多个省市的500多家顶级工业设计中心和工业设计企业参展。绵阳本土工业设计企业——四川长虹创新设计中心、四川九洲电器集团有限责任公司、四川嘉泰工业产品设计有限责任公司参展。国家级工业设计中心——四川长虹创新设计中心获得优秀作品奖，并被工信部认定为复核成功，授牌为全国110家国家级工业设计中心之一。

【企业质量管理获表彰】 2017年11月28日，四川省经济和信息化委员会、省质量技术监督局、省科协、省总工会、共青团省委和省质协共同主办的四川省第三十九次质量管理小组代表会召开。会上，绵阳市的长虹电器、九洲空管、东材科技、攀长钢、丰谷酒业、佳禧（佳联）印染、美丰化工、绵阳卷烟厂、绵阳雅化、富临精工、金发科技、太极制药、建成电子、中国铁塔绵阳分公司、核工业二四建设公司等单位的61个质量管理小组被授予“四川省优秀质量管理小组”；长虹模塑等企业的9个班组被授予“四川省质量信得过班组”。

【绵阳两基地入选全国第三批“双创”示范基地】 2017年10月，工业和信息化部发布《关于公布第三批国家小型微型企业创业创新示范基地名单的通告》（工信部企业〔2017〕229号），公布全国第三批双创示范基地名单，绵阳市游仙经济开发区（游仙孵化中心）创业示范基地、西南科技大学国家大学科技园创业示范基地2家入选并授予“国家小型微型企业创业创新示范基地”。

【四川省企业技术中心认定】 2017年10月，四川省经信委公布四川省2017年度新认定企业技术中心名单（川经信技创〔2017〕339号），四川长虹电源有限责任公司、绵阳铜鑫铜业有限公司、攀钢集团江油长城特殊钢有限公司、四川安和精密电子电器有限公司、中九建工集团有限公司、四川绵阳德鑫机械有限公司、四川隆盛科发实业有限公司7家企业技术中心被新认定为第22批省级企业技术中心。截至年底，全市有各级企业技术中心159家，其中国家级企业技术中心8家、省级企业技术中心67家、市级企业技术中心84家。

【四川省重大产业项目集中开工绵阳市分会场】 2017年9月22日，按照省委省政府关于“项目年”活动的安排部署，绵阳市举行2017年四川省重大产业项目集中开工绵阳市分会场暨绵阳新华内燃机股份有限公司30万套发动机关键零部件项目开工仪式。市政府副秘书长龙佳林主持开工仪式。市政府副市长罗宗志出席开工仪式并宣布项目开工。各县市区、园区分管负责人，工信部门主要负责人，绵阳市级相关部门负责人，开工项目企业代表、参建单位代表约200人参加开工仪式。集中开工工业项目16个，计划投资48.8亿元，2017年计划投资4.34亿元。其中投资亿元以上项目8个，5亿元以上项目4个，10亿元以上项目2个。项目涵盖电子信息、汽车及零部件、新材料、生物医药和化工等产业。

【“新三板”企业上市培训会】 2017年1月12日，市经信委联合中兴通集团企巢新三板学院绵阳分院召开绵阳市“新三板”企业上市培训会。全市100余家有上市意愿的企业参加培训会。会上，企巢新三板学院绵阳分院执行院长周韬围绕企业为何要上市、如何上市等问题作专业专题培训，并详细介绍中国多层次资本市场建设的最新动态。绵阳市经信委与企巢“新三板”学院绵阳分院签订战略合作协议，以携手推动更多的绵阳企业在新三板上市，提升已上市企业市值。截至年底，全市上市企业30家，其中“新三板”上市企业18家。

【攀长钢实现扭亏为盈】 2017年，攀长钢继2016年关停原焊管钢丝厂，结束普钢生产历史，集中全力发展高端的特钢产品。1月，击败日本、韩国等国的竞争对手，成为新款苹果手机外壳模具钢供应商，在半年时间内完成2000吨苹果手机外壳模具钢订单；11月，成为韩国汽车模具钢供应商，拟生产132吨模具钢产品发往韩国。截至2017年10月，实现净利润近1000万元，结束长达20年的亏损历史。

【军民融合工业企业认定】 2017年，绵阳印发《四川省军民融合企业（单位）认定管理办法（试行）》，启动2017年军民融合企业认定工作，全市新认定军民融合企业85家，总数达321家，共实现军民融合企业总产值1530亿元，占工业总量比重超过50%。（张晨航）

电子信息产业

【概况】 2017年，绵阳电子信息产业已迈进千亿级产业集群，全市电子信息产业规模以上企业76家实现总产值约1067亿元，同比增长9.9%，占全市工业总产值的34.9%，位居全省第二，约占全省电子信息产业制造业的1/4。2017年，长虹、九洲两家龙头骨干企业在中国电子信息百强企业排名分别为第6位和第30位。

2017年，数字家庭、物联网等重点领域技术水平持续提升。率先推出搭载声纹识别的人工智能电视CHiQ Q5K系列，CHiQ电视581N获得中国电子商会颁发的最佳客厅电视奖；机顶盒产品向“三网融合”类产品转型，在海内外市场上保持销售增长势头；冰箱持续推进变频、智能化等高端转型升级；无线连接模块市场占有率跃居全国第一；自主研制综合监制系统、一体化二次雷达装备、多通道ADS-B系统等新一代空管产品；针对5G Wireless应用推出SFP28 LR产品；多款具有自主知识产权超高频RFID芯片在全国处于领先地位。产业集聚度提高，以数字家庭、通信产业为发展重点的高新区聚集电子信息规模以上企业有30余家，科技城软件产业园入驻144家软件企业，科创园区集聚以智能家电为代表的数字家庭产业链配套企业逾200家。九州光电子、艾默生、华正电子、海格恒通、华拓光通信等一批光通信器件、移动通信网、专网通信企业规模逐步扩大，形成具有较强竞争力的通信产业集群。

2017年，推动发展新型显示器、集成电路、下一代信息网络等核心产业。以AMOLED（柔性）面板制造为核心，以京东方为龙头，长虹、旭虹光电、艾萨斯、龙华薄膜等本地具有研发创新基础的企业加大技术创新力度；推动集成电路产业，扶持集成电路设计业、芯片制造业，完善集成电路产业链；培育下一代信息网络产业，围绕实施“宽带中国”战略，以大数据、云计算、IPV6、5G等下一代信息技术产业为支撑，以九洲等企业为依托，研发高性能、高可靠性的光网络器件、传输设备、光缆和线缆，推进100Gb/s超高速光模块和光纤连接器、光纤耦合器、波分复用器、光衰减器和光隔离器等产品产业化；开展5G前沿关键技术研究，加快一体化基站产业化；研发支持IPV6的路由器交换设备、接入设备、网关设备、终端设备、传感设备以及IPV4和IPV6网络互通设备。

【工业设计作品荣获2017“太阳神鸟杯”天府·宝岛工业设计大赛多项大奖】 2017年11月17日，台湾工业总会和四川省工业经济联合会主办的2017“太阳神鸟杯”天府·宝岛工业设计大赛颁奖典礼暨创新作品展示交易会在成都市世纪城新会展中心举行。大赛自3月份启动以来，共征集作品4451件，最终评出金奖12个，银奖26个，铜奖25个，未来之星奖15个。绵阳市参赛作品共获得2金2银4铜的佳绩，其中四川长虹电器股份有限公司的“长虹CHiQ Aeolus智能厨房电器”和四川杰邦科技有限公司的“隧道反光瓷砖”荣获本次大赛金奖；四川九洲电器集团有限责任公司的“应急信息广播平台系统”，四川长虹电器股份有限公司的“长虹CHiQ-C5F系列100吋激光电视”获得银奖；四川科瑞软件有限责任公司的“吸毒人员数字化管控服务系统”，四川杰邦科技有限公司的“玩也百变音箱”，四川长虹电器股份有限公司的“长虹HOMY系列电视”，绵阳麦迪克电子科技有限公司的“MDK-9900推车式彩超扫描仪”获得铜奖。

【长虹品牌价值破1300亿元】 2017年6月22日，世界品牌实验室（World Brand Lab）主办的第十四届“世界品牌大会”在北京举行，并发布2017年《中国500最具价值品牌》分析报告。长虹品牌价值达1319.75亿元，位居第19名，凭借智能化和产业升级战略的实施，在军民融合、智能制造、核心元器件等多个领域做大做强，连续多年稳健增长。

【长虹入选国家双创示范基地】 2017年6月21日，国务院办公厅公布第二批大众创业万众创新示范基地名单，长虹入选企业示范基地。在践行大众创业万众创新的过程中，长虹与企业“智能化、网络化、协同化”的“新三坐标”智能转型战略有机结合，探索具有长虹特色的智能化创新之路。推出了人工智能电视、物联网冰箱等一系列引领行业发展趋势的CHiQ系列智能家电。截至6月，长虹旗下各类智能终端已超过5000万台，成为中国家电领域网络化、智能化程度最高的厂商之一。除技术创新、产品创新，逐步完善内部创新机制，实施产品经理负责制和混合所有制，建立创客空间和企业孵化平台，设立创投基金等，为双创提供人才支持和资金保障。

【长虹数字电视“DTMB项目”获国家科技进步一等奖】 2017年1月9日，2016年度国家科学技术奖励大会在北京举行，279个项目、7名科技专家和1个国际组织受到表彰。长虹联手清华大学等单位共同参与的“DTMB系统国际化和产业化的关键技术及应用”项目荣获国家科学技术进步奖一等奖。该项目属广播电视工程技术领域的重大创新，在地面数字电视系统中，对数字电视信号进行信道编解码、调制解调、发射接收等地面传输技术处理，主要解决传输效率与可靠性问题。该项目发明了一种兼容单载波的多载波传输方式，解决了多载波调制和单载波调制融于一体的世界性技术难题，同时，发明了一种LDPC纠错编码专利技术，使系统接收门限显著优于同类国际标准系统。

【长虹CHiQ电视Q5A获评十佳电视】 2017年7月6日，“2017年第十三届中国数字电视产业发展大会”在京举行，长虹CHiQ电视Q5A荣获“2017年十佳电视”，同时长虹电视获得“2017年消费者喜爱的电视品牌”大奖。长虹CHiQ电视Q5A除搭载更高级别的HDR技术和杜比视界（Dolby Vision）外，还配备最新一代的OLED显示技术，顶级的AAA+级4K纯色屏幕，拥有高达830万自发光像素，像830万个独立控制的小灯泡，跟更注重明暗对比和暗部细节，能使景色变得更加绚丽纯净。

【长虹CHiQ人工智能电视55Q5N获“人工智能电视行业贡献奖”】 2017年7月26日，中国电子商会联合京东在京举行“2017人工智能电视行业高峰论坛”，会上公布中国电子商会联合国家数字音视频及多媒体产品质量监督检验中心对市场上的主流人工智能电视产品摸底测评结果。长虹CHiQ电视55Q5N凭借深厚的人工智能技术，以及出色的自然语音人机交互表现（语音识别准确率高于行业平均值97%，语音识别平均时间低于3秒，智能推荐准确率93%，语音交互非常顺畅），获得“人工智能电视行业贡献奖”。同时，中国电子商会联合京东成立“人工智能电视产业联盟”，长虹、夏普、海信、创维、TCL、小米、乐视、暴风等20余家企业和机构共同加入。

【长虹年产15万台激光投影机生产基地正式投产】 2017年7月，继2016年长虹正式布局激光投影领域后，长虹年产15万台激光投影机生产基地正式投产。该生产线的投产运营标志着长虹拥有了激光显示产品的自主研发能力和自主生产制造能力。北京瑞士达公司为长虹激光投影战略合作伙伴，双方拟在激光教育、商务市场等领域合作。

【长虹制造云平台获国家“互联网+”工程支持】 2017年3月，国家发展改革委高技术产业司发布2017年“互联网+”重大工程拟支持项目名单，涉及物联网、大数据、人工智能、云服务等22个项目。长虹智能家电产品协同制造云服务平台建设项目成为中国家电行业唯一获国家“互联网+”重大工程支持的项目。该项目覆盖智能研发、智能制造、智能交易三大环节，面向家电产业链进行产品协同制造，即协同研发、协同制造、协同交易。一期工程已经完成，初步实现长虹旗下智能电视、智能冰箱、智能空调等的大数据处理。

【长虹智能语音空调登录苏宁易购】 2017年3月20日，苏宁易购、长虹战略合作签约仪式暨长虹语音空调新品发布会在南京举行。发布会上，推出一款由苏宁易购独家定制包销的语音空调，该空调配置了长虹最新语音识别系统，能与苏宁云居系统无缝衔接，可以准确识别用户的各种操作指令，与用户实现语音交互，甚至能识别方言语音。同时双方基于智能产品订制、立体渠道构建等方面，签订20亿元的战略合作协议，共同打造新型的未来商业发展模式。

【长虹智能空调获两项行业大奖】 2017年7月13日，中国制冷学会与北京奥维云网大数据科技股份有限公司联合主办的“2017‘大道共赢’中国家用空调及空气净化产业高峰论坛”在常州举行。长虹空调CHiQ Q2F人工智能语音王柜机采用II代语音直联技术，直接语音对聊，6米范围内保证95%以上的语音识别准确率，能满足消费者“能动口不动手”的便捷需求，荣获“2017冷年创新产品奖”；CHiQ Q2L自然风挂机独创自然风技术，外摆叶1800个羽毛呼吸微孔排列有序、方向不一，共同组成有效的散风装置，在上下扫风的同时让出风更轻柔更舒适，同时两段式内摆叶可实现左右摆动扫风，内外组合而成360度无死角送风，与普通空调的机械风相比气流更均匀，获“2017年最受消费者关注产品奖”。

【长虹助力2017央视春晚实时收视大数据服务】 2017年1月27日除夕，长虹集团助力欢网科技，为中国广视索福瑞媒介提供实时收视大数据服务。长虹是国内家电行业内唯一一家拥有全渠道数据采集能力，用家行为分析能力，大数据算法分析能力以及庞大服务器资源的公司。通过长虹智能电视终端和机顶盒实时回传的收视数据，以秒级刷新呈现，依托物联网运营支撑平台（UP平台），全方位采集，能精确计算收视率、收视份额、用户流入流出、到达率，精准绘制观看用户画像，并可智能导视全国及各地方区域用家实时关注内容。

【长虹CHiQ激光影院获“最佳轻奢激光影院奖”】 2017年1月5—8日，国际消费电子展（CES）在美国拉斯维加斯举办。长虹公司参展并展示全套基于物联网、面向社区的智慧家庭解决方案与系列智能终端产品，其中CHiQ激光影院荣获组委会颁发的“全球年度最佳轻奢激光影院”奖。该激光影院采用全球独创的超高效远心激光光机和全球首创的柔性非涅尔光学屏幕，其80—150英寸超大屏幕，屏幕仅8.6毫米，光学系统采用纳米级金属镀膜材料，音响系统采用杜比5.1影院技术。

【长虹C5F激光影院获得第六届“太湖奖”设计大赛特等奖】 2017年9月22日，第六届“太湖奖”设计大赛评选结果出炉，长虹C5F系列100吋激光电视荣获产品组特等奖。该产品采用原装进口超短焦内反镜头，内置电动调焦功能，可实现80—150英寸精准对焦；采用美国TIDLP数字光学影像技术，成像具有空间性特点，画面层次感强，景深效果好；进口日亚光源，亮度高，寿命长达3万小时，彩色纯臻。在不占据太多室内空间的情况下，能够投射出超大的100吋画面，画质、亮度、色域等都表现优异。 （王周耀）

汽车产业

【概况】 2017年，绵阳市有华瑞、野马、中国重汽等汽车规模以上企业65家，其中1亿元以上企业25家，汽车产业领域国家级技术中心1个，省级技术中心7个，市级技术中心9个，部分企业已通过ISO 9000、ISO 9001、TS1 6949等相关质量体系认证。整车产品包括重卡、轻卡、皮卡、SUV、轿车、新能源汽车等，拥有智尚S30、S35、金杯大力神、蒂阿兹、野马T70、E70、T80、重汽专用重卡、LNG重型卡车等多款车型；零部件涵盖发动机总成、转向器总成、传动轴总成、汽车支架、各种滤清器、新能源汽车“电池、电机、电控”等100余种产品。

2017年，全市汽车产业规模以上企业实现总产值231.5亿元，同比增长30.8%；整车产量11.1万辆，同比增长5.1%，产值85.6亿元，同比增长25.1%；新能源汽车生产3212辆，产值7.7亿元。发动机产量24.72万台，同比增长7.87%，发动机产值35.14亿元，同比增长0.35%。

2017年，规划建设四川绵阳汽车产业园，园区规划为：2020年前建成面积30平方千米，形成年产50万辆整车、50万套零部件能力；2025年前建成50平方千米，重点发展汽车整车、关键零部件、汽车后市场、汽车文化创意等产业，最终构建起集整车制造、零部件配套、汽车后市场为一体的专业化汽车产业园区。

2017年，利用全市科技资源，将科技成果应用于汽车产业。与多家高校签订战略合作协议，加强技术和人才合作，以野马汽车绵阳公司为代表的整车企业与清华大学等加强技术合作；以西科大为代表的本地高校参与新能源汽车样车研发。汽车产业规模壮大，拥有一批龙头企业，具有较为完整的产业和产品链基础。整车企业有中国重汽绵阳公司、华瑞汽车、野马汽车绵阳公司、威马汽车、申龙客车；零部件企业有新晨动力、三力股份、富临精工等；推进四川野马汽车绵阳制造有限公司年产12万辆新能源及传统能源乘用车生产基地二期项目、华瑞汽车普明生产基地搬迁改造项目、天津力神锂离子动力电池西南生产基地二期项目等重点项目。将新能源汽车产业作为重点培育产业，野马汽车绵阳公司的纯电动乘用车E70实现量产；华瑞汽车的新能源汽车样车试制成功；长虹电源、豪特集团、赛恩科技、英志新能源等零部件及配套设施企业快速发展。推动新能源汽车智能化、配套设施智慧化。组建新能源汽车产业联盟和新能源汽车智慧服务创新产业联盟，建成中国科技城新能源汽车重点实验室、新能源汽车工业技术研究院、锂电工业技术研究中心、四川新能源汽车产业研究院研发中心。强化配套发展，坚持加强本地企业之间、本地企业与外地企业的配套对接，50余家本地汽车及零部件企业形成相互配套关系，30余家本地企业与上汽集团、长安集团、一汽东风、郑州日产、上柴动力、北京汽车等整车及零部件企业实现配套关系。

【绵阳市汽车产业推进会】 2017年5月18日，绵阳市工业经济暨“两新”产业发展领导小组主办、四川绵阳汽车产业园承办，以“发展、协作、共享、生态”为主题的绵阳市汽车产业推进会在安州工业园区召开。相关市级部门、各县市区及园区负责人和来自省内外业界100余家企业负责人参加了推进会。推进会上，除重点介绍绵阳投资环境、来绵企业发展情况、全市汽车产业及四川绵阳汽车产业园发展情况外，50余家汽车整车及零部件企业还展示了智尚S35、金杯大力神、蒂阿兹、野马T70、E70、T80、重汽卡车等多款“绵阳造”整车，以及发动机总成、转向器总成、传动轴总成、新能源汽车“三电”（电池、电机、电控）产品及充电桩等百余种零部件产品。推进会上成功签订11个项目投资合作协议，其中安州区、高新区、三台县各3个，涪城区、经开区各1个；项目总投资金额达21.2亿元。

【汽车产业2017年新项目新产品发布会】 2017年10月27日，宝马集团授权绵阳新晨动力生产的王子发动机正式投产。同日，绵阳市举行汽车产业2017年新项目新产品发布会。此款发动机内部代号为“王者项目”，被誉为宝马乃至全球最优秀的发动机之一。会上发布2017年1—9月绵阳汽车产业相关数据：全市汽车产业实现产值176亿元，同比增长25%；新上项目22个，计划总投资52.5亿元，项目涵盖传统乘用车、智能网联汽车、新能源汽车、专用车等四大领域；新增产品30种，产品涵盖整车和零部件两个方面；新能源汽车整车生产1282辆，同比增长13倍；锂离子电池生产2983.5万只，同比增长425倍。 （任 为）

新材料产业

【概况】 2017年，绵阳市拥有国家绝缘材料工程技术研究中心、国家磁性产品质量监督检验中心和中国工程物理研究院、中国电子科技集团公司第九研究所、西南科技大学等国内一流的新材料领域研发机构，聚集了攀钢集团四川长城特殊钢有限责任公司、四川东材科技集团股份有限公司、绵阳开元磁性材料有限公司等一批在国内领航新材料产业发展的创新型企业。在电工绝缘材料、功能高分子材料、改性塑料、聚碳酸酯（PC）薄膜、高性能烧结钕铁硼永磁材料、高性能铁氧体软磁材料、软体功能膜材料、新型环保水性涂料、高品质不锈钢、高温合金、高合金工模具钢、取向硅钢、双（多）金属复合材料等领域处于国内同行业领先地位。高端熔石英玻璃既是国家重大光学工程关键主材之一，也是电子信息和集成电路制造领域非常重要的关键基础材料，结合国家重大光学工程落户绵阳及全市电子信息产业发展优势等实际，依托神光石英公司的高端熔石英玻璃产业化项目建设，聚集相关原材料及配套产业，成立“高端熔石英玻璃产业推进工作小组”，打造横向共生、纵向闭合的高端熔石英玻璃产业。石墨烯产业处于从研究、实验阶段走向产业化的关键时期，依托中物院、麦斯威尔，打造“石墨烯水性功能涂料系列产品产业链”。搭建政产学研沟通对接平台，召开“绵阳市石墨烯产业发展应用对接会”，参加“四川石墨烯产业合作项目对接会”，麦思威尔新建石墨烯水性功能涂料项目开工建设。2017年，全市新材料产业实现总产值212.7亿元，同比增长20.8%，新增规模企业15家，总数达58家。

2017年产值超1亿元新材料企业名录

表40

序号	企业名称	序号	企业名称	序号	企业名称
1	四川东材科技集团股份有限公司	6	四川金发科技发展有限公司	11	江油市鸿翔特殊钢有限公司
2	四川六合锻造股份有限公司	7	绵阳高新区三阳塑胶有限责任公司	12	四川欣达复合材料有限公司
3	江油市长祥特殊钢制造有限公司	8	攀钢集团四川长城特殊钢有限责任公司	13	四川旭虹光电科技有限公司
4	江油炳辉改性沥青有限公司	9	四川远方高新装备零部件股份有限公司	14	平武县雄升科技开发有限公司
5	绵阳开元磁性材料有限公司	10	四川龙华光电薄膜股份有限公司	15	四川新为像塑有限公司

续表

序号	企业名称	序号	企业名称	序号	企业名称
16	江油市重鑫特种金属材料有限公司	22	绵阳朗迪新材料有限公司	26	江油三丰汽轮机材料有限公司
17	绵阳市胜源耐磨合金厂	22	绵阳市聚合新材料有限公司	27	绵阳德华磁材有限公司
18	绵阳西磁磁电有限公司	23	北川天讯新材料有限公司	28	绵阳市东兴绝缘制品有限责任公司
19	四川开元创亿生物科技有限责任公司	24	绵阳市盛宇新材料有限公司		
20	四川鑫鼎新材料有限公司	25	绵阳华通磁件技术有限公司		

【攀钢集团江油长城特殊钢有限公司】 公司产品覆盖面广，可为用户提供12大类、350余个牌号、5000余个规格的高级优质特殊钢和金属制品，其中34个产品先后荣获国家、部、省级优质产品称号。主导产品是高温及耐蚀合金、金属钛及钛合金等高端金属材料，不锈钢，模具钢，轴承钢、低合金高强度等中高端合金钢。产品广泛用于国防军工、航空、航天、家电、工程机械、石化、医药器械、模具、核电等领域。2017年实现产值9.7亿元。

【四川东材科技集团股份有限公司】 公司是目前中国最大的综合性电工绝缘材料制造商，连续22年在全国同行业综合经济指标名列前茅。公司目前主导产品为：B-C级耐热等级的电工绝缘材料产品、特种高分子材料和精细化工产品。公司在保持传统绝缘材料行业优势地位的同时，根据自身设备和技术优势，开发新技术新产品，成功开发应用于背光源、液晶显示器等电子及光伏光电行业的PET保护膜、PET散射膜、PET离型膜等产品。2017年实现产值23亿元。

【四川六合锻造股份有限公司】 公司专业生产超临界、超超临界和核电汽轮机组叶片、转子、加强环、螺栓等主要部件用耐热耐腐蚀高品质不锈钢材料和高温合金及其锻材、锻件和高端工模具钢，产品规模达到2万吨/年。在国内汽轮机材料市场中，公司市场份额已达14%，其中在动叶片锻材锻件方面市场份额已达30%，尤其是公司生产的几个超临界机组动叶片用钢已逐渐替代国外高价进口，市场占有率已超过50%。2017年实现产值22.8亿元。

【新材料产业推进会】 2017年8月11日，绵阳市新材料产业推进会在安州区召开。市政府副市长、市国资委主任罗宗志出席会议，各县市区（园区）党委或政府分管负责人、工信局（经发局）主要负责人、永柏领中创投基金代表以及部分重点新材料企业负责人60余人参加会议。市政府副秘书长龙佳林主持会议。会上，除通报全市新材料产业发展情况、企业代表交流发言外，六合锻造、鑫鼎新材料、麦思威尔、积水科技分别与上海大学、中铁隆昌铁路器材有限公司、陕西汽车集团有限责任公司、芬尼克兹公司、长虹新能源公司签订《战略合作协议》，并举行麦思威尔“年产5万吨水性纳米及石墨烯高端特种涂料项目”开工仪式。

【绵阳市新材料产业专家咨询委员会成立暨第一次会议】 2017年3月16日，市经信委召开绵阳市新材料产业专家咨询委员会成立暨第一次会议。该专家咨询委员会主任为卢忠远（西南科技大学教授、副校长），副主任为王欣（市经信委副主任）、冯建勇（攀长钢高工、副总）。委员会主要职责是根据市经信委的委托，对全市新材料产业发展战略、政策和规划进行研究分析并提出意见和建议，参与重大招商引资项目及产业化项目的咨询论证，组织新材料产业领域的学术交流活动。市经信委为绵阳市新材料产业专家咨询委员会颁发聘书。会议通过《绵阳市新材料产业专家咨询委员会工作职能和工作机制》，对《绵阳市新材料产业“十三五”发展规划（征求意见稿）》和《2017年绵阳市新材料产业推进方案》提出意见和建议。

【石墨烯产业发展应用对接会】 2017年2月28日，绵阳市石墨烯产业发展应用对接会在绵阳举行，全市8家相关科研院所、大专院校，100家企业负责人等180余人参加会议。会议介绍四川省“十三五”石墨烯产业规划及相关政策、“石墨烯材料及其产业化应用”“石墨烯在水性功能涂料中的应用”、石墨烯产品及应用情况，并重点介绍绵阳麦思威尔科技有限公司研发的军民两用特种石墨烯水性功能涂料。（李文华）

节能环保产业

【概况】 2017年，全市节能环保产业规模以上企业38家，实现工业总产值250.1亿元，同比增长27.6%。其中，产值过50亿元企业1家，产值过亿元的企业24家。经过多年发展，绵阳节能环保产业逐步呈现出依托骨干企业向重点园区和区域集聚的发展格局。游仙区、江油市、经开区相关企业总产值为234.5亿元，占节能环保总产值近94%。其中游仙区节能环保产业实现产值197.2亿元，占全产业比重为78.8%。江油市实现产值32.4亿元。城市污水处理和水净化方面，中科城环保致力于工业、城市污水处理技术与设备开发，2017年产值达20.6亿元。资源循环利用方面，2017年，保和富山公司投资50亿元在游仙区五里梁工业开发区建成西部再生资源产业示范基地。

【长虹入选全国首批绿色供应链管理示范企业】 2017年7月，工信部公示全国首批绿色制造体系建设示范名单，评出15家选绿色供应链管理示范企业、203家绿色示范工厂、193种绿色设计产品、24个绿色示范园区。四川长虹公司是四川唯一一家入选的绿色供应链管理示范企业，旗下30余款长虹空调、美菱冰箱等产品同时入选绿色设计产品名单。该公司是国内较早从事绿色供应链管理的企业，先后承担了工信部电子发展基金项目、国家“863”项目、国家科技支撑计划项目等10余项绿色制造相关项目的技术研究及应用示范，已经形成从研发设计、采购、制造、销售到回收的产品全生命周期绿色产业链。

【长虹与环保部固管中心签订战略合作协议】 2017年3月23日，环保部固管中心与长虹在绵签署关于共同开展生产者责任延伸制研究的战略合作协议。该协议计划以电器电子产品生产企业需承担的延伸责任为研究重点，在系统梳理企业现状和政策环境的基础上，强化制度顶层设计，通过构建全方位的战略合作平台，系统解决环境管理风险，制定实施方案共同推进生产者责任延伸制度的落实，为国家政策、标准及技术规范的制定提供基础数据和参考。2016年12月25日，国务院正式印发《生产者责任延伸制度推行方案》，要求到2020年，产品生态设计取得重大进展，重点品种的废弃产品规范回收与循环利用率平均达40%。长虹公司是国内具有废弃电器产品回收处理资质的3家家电企业之一，已被工信部等四部委列入电器电子产品生产者责任延伸首批试点名单。长虹公司分别从生态设计、再生材料使用、回收拆解业务拓展等领域大力推进生产者责任延伸制度，通过整合一流的专家和技术资源，进一步提升长虹公司的环境管理及技术研发水平，推动企业绿色发展与产业战略转型升级。

【长虹电器和银河化学入选第一批绿色制造体系示范名单】 2017年7月底，经省经信委、工信部遴选与审核，工信部将全国拟入选2017年第一批绿色制造体系示范名单进行公示。四川省银河化学股份有限公司、四川长虹电器股份有限公司，分别入选绿色工厂、绿色供应链管理示范企业名单；四川长虹空调有限公司3款房间空气调节器KFR-51LW/ZDKIZ（W1-H）+A1、KFR-26GW/ZDKIZ（W1-H）+A1、KFR-35GW/ZDKIZ（W1-H）+A1）入选绿色产品名单。

【全省绿色制造系统集成工作现场会】 2017年6月6—7日，四川省绿色制造系统集成工作现场会在绵阳召开，省经信委、省财政厅相关领导出席会议。会议重点介绍了德阳绿色发展情况、长虹公司“家电行业绿色供应链集成项目”、中国二重“核电复杂关键构件全流程绿色制造工艺创新及应用项目”、银河化学“高效自循环湿法连续制备红矾钠绿色关键技术开发及产业升级绿色改造项目”。会议期间，省主管部门相关领导一行赴长虹公司、银河化学进行调研，并对绵阳市绿色制造集成工作给予充分肯定。 （唐孝吉）

高端装备制造产业

【概况】 2017年，全市高端装备企业主要集中在航空装备、卫星应用、轨道交通装备、智能制造装备领域。经过多年的积累，全市高端装备制造业已经具备一定基础，部分产业技术水平国内领先，形成具有一定规模和技术水平的产业体系，为全市高端装备制造业的发展奠定基础。2017年，全市高端装备产业实现总产值36.8亿元，同比增长25.6%，产业发展呈现持续健康的发展态势。规模以上企业17家，规模以上企业总产值33.2亿元，同比增长26%。科莱电梯实现产值8.39亿元，同比增长16.8%，四川永贵实现产值6.4亿元，同比增长48.5%。四川永贵科技有限公司投资2.5亿元新建光电连接器建设项目。中科西奥电梯有限公司投资2亿元建设年产1万台元机房电梯整机智能制造生产线，一期项目投资8000余万元，基础设施修建完成。

【北斗卫星导航产业区域综合示范项目通过验收】 2017年8月26日，受国家发展改革委、财政部委托，四川省发展改革委、四川省财政厅组织专家对绵阳市北斗卫星导航产业区域综合示范项目进行竣工验收评审，该项目按要求按期完成全部建设任务，顺利通过竣工验收。绵阳市北斗卫星导航产业区域综合示范项目是国家发改委2014年北斗卫星导航产业重大应用示范发展专项区域示范应用类项目之一，项目由绵阳市政府牵头，以四川省北斗卫星导航产业联盟理事长单位——四川九洲电器集团有限责任公司及其旗下专业从事北斗导航与位置服务的高技术企业——四川九洲北斗导航与位置服务有限公司为建设主体，旨在通过项目实施，推动区域北斗导航技术创新和产业发展资源聚集，通过示范区域内北斗规模应用，促进北斗产业与国民经济发展的深度融合，加速中国自主北斗卫星导航系统发展进程。截至2017年，绵阳市已完成四川省北斗高精度导航与位置服务总平台建设，针对旅游、交通领域完成18个应用系统建设、研制13类北斗终端，实现终端推广部署93969台/套，实现北斗卫星导航系统在绵阳市交通、旅游等领域的全面应用。

【北斗开放实验室·中国（绵阳）科技城分实验室授牌】 2017年9月8日，在第五届中国（绵阳）科技城国际科技博览会北斗卫星导航产业军民融合创新发展论坛上，中国卫星导航系统管理办公室总工程师张春领，北斗全球系统应用验证系统总设计师、北斗开放实验室领导小组组长赵文军为北斗开放实验室·中国（绵阳）科技城分实验室正式授牌，标志着绵阳成为继北京、长沙等城市之后的北斗开放实验室第7个分实验室，也是布局西南地区首个分实验室。该实验室由九洲集团、绵阳市工业技术研究院、电子科技大学、民航飞行学院、西南科技大学5家单位共建，采用政、产、学相结合的共建模式，由区域龙头企业九洲集团联合政府、高校进行资源共建，并充分发挥中国（绵阳）科技城军民融合优势，围绕北斗智慧城市应用构建军民融合示范平台，依托“基于北斗的多模式智慧信息技术研究与应用国家地方联合工程实验室”“四川省高精度导航与位置服务平台”数据和客服中心、“国家军民两用技术交易中心”“军民融合创客空间”“现代导航技术实验室”等既有资源与平台，建设“一中心四基地”（对外交流、管理服务、科研试验及产品测试中心，数据与服务共享基地、科研与教学培养基地、广汉测试服务基地、成果转化及创投孵化基地），合作构建服务中国（绵阳）科技城及西南地区且辐射全国的北斗应用与军民融合相结合的北斗资源开放共享基地。

【绵阳市高端装备产业专家咨询委员会成立】 2017年3月21日，市经信委召开绵阳市高端装备产业专家咨询委员会成立暨第一次会议。市经信委党组副书记、副主任李维主持会议，并为绵阳市高端装备产业专家咨询委员会委员颁发聘书。绵阳市高端装备产业专家咨询委员会委员由绵阳市重点院校、部分重点企业、政府部门等熟悉高端装备产业的专家学者组成，主任为张华（西南科技大学信息工程学院副院长，教授、博导），副主任为潘晓勇（长虹智能制造技术有限公司总经理，教授级高级工程师）。第一次会议选举产生了专家咨询委员会主任、副主任，通过《绵阳市高端装备产业专家咨询委员会章程》，对《绵阳市高端装备产业“十三五”发展规划》和《2017年绵阳市高端装备产业推进会方案》提出意见和建议，并对绵阳市智能制造建设工作相关活动进行深入讨论。

【四川中油九洲北斗科技能源有限公司项目签约】 2017年2月20日，市政府与中国石油四川销售分公司在成都举行深化战略合作暨四川中油九洲北斗科技能源有限公司项目签约仪式。双方拟开展“互联网+”、油气网络、智慧油气站建设等领域的合作。建成后的中油九洲北斗科技能源有限公司拟搭建中国最具影响力的石油互联网物流服务平台，力争年销售规模尽快突破100亿元。

【九洲北斗技术正式登陆智能旅游领域】 2017年1月6日，“2017中国互联网+智能旅游”北斗导航技术军民融合智能景区管理与服务研讨会在京召开。会议期间，九洲北斗位置服务公司与北京圆明畅和文化公司签署“北斗智游星系统在圆明园部署的合作协议”，标志着九洲北斗技术民用版块正式在智能旅游领域登陆。

【九洲助力C919大飞机研制】 2017年5月5日，C919国产大型客机在上海浦东机场成功首飞。九洲集团作为C919大型客机项目一级供应商，承担C919客舱广播内话子系统、客舱内部照明系统以及飞行指挥车的研制任务，参与C919综合监视系统需求分析和顶层设计。客舱广播内话子系统是客舱的核心系统，主要包括旅客广播功能、客舱内话功能、自检维护功能和数据加载功能等。在飞行过程中为机组、乘客提供客舱广播、音乐播放、乘客呼叫、内部通话等多功能服务，具有数字化和智能化特点。客舱照明系统主要采用Washlight洗墙灯照明光源，是新一代的高技术照明系统，具有节能、环保、长寿命及安全的特点，能实现红、绿、蓝、白光的变化、明暗调节和情景模拟，优于传统的荧光灯产品。“九洲造”飞行指挥车能够迅速部署到任务区域，实现对试飞航空器的有效监视指挥，提高对各种飞行任务的监视、服务和管理能力，也可以实现对地面车辆、人员的指挥调度，具有灵活、机动、高可靠性，为C919的飞行发挥重要作用。

【兵装集团五八所入选国家第一批《智能制造系统解决方案供应商推荐目录》】 2017年12月4日，工信部公布第一批《智能制造系统解决方案供应商推荐目录》，全国23家单位入选，其中北京8家，上海3家，湖北、广东、辽宁各2家，四川、黑龙江、浙江、山东、河南、云南各1家。绵阳市兵装集团五八所是四川唯一入选单位，也是绵阳市重点培育的装备企业，利用装备生产优势为其他企业智能化改造提供系统解决方案和设备、生产线维修，利用互联网开展远程运维、远程监控等服务，加快从由制造产品为主向提供系统集成、工程承包和远程运维服务转变。

（孟凡东）

生物产业

【概况】 2017年，全市生物产业实现规模工业产值90.5亿元，同比增长13.3%；新增规模以上企业12家，总数达40家。2017年5月，“四川泰灵生物科技有限公司的天麻基地”“四川江油中坝附子科技有限公司的附子基地”“北川安特天然药业有限公司的白芨基地”被选为2016—2017年度四川省中药材种植示范基地。四川省凯瑞药业有限公司投资3亿元的生物制剂IL-12/FC融合蛋白和体外诊断生物原液研发生产项目达成协议，成都驷博生物科技有限公司多肽原料药及生物诊断试剂研发生产项目签订投资协议。

2017年，建立生物和化工产业项目库，对项目建设情况进行随时跟踪、掌握。好医生药业中药提取自控技术及其产业化、太极集团绵阳制药新建饮片颗粒剂车间、绵阳和润电子有限公司年产4000台膀胱扫描仪产业化项目进展顺利。

【绵阳市食品及生物医药产业推进会】 2017年5月25日，绵阳市食品及生物医药产业推进会在三台县芦溪工业园召开。推进会上举行15个项目签约仪式，其中三台县3个，梓潼县2个，高新区2个，安州区、平武、游仙、江油、北川、盐亭、涪城、经开各1个。项目涵盖技术投资、基地建设、产品研发、合作投资等。绵阳卷烟厂、绵阳双汇、丰谷酒业、平武、北川茶叶、清香园、雪宝乳业、光友薯业、好医生、太极、赛卓、伴农、麦迪克等50家食品生产及生物医药企业进行成果展示。

市委常委元方出席会议并讲话。市政府副市长罗宗志主持大会。各县市区、园区政府分管工业工作的领导，市经信委党组书记、主任韩晓清、各县市区工业主管部门的主要负责同志、部分重点食品及生物医药企业代表等100人参加了此次推进会。

【绵阳生物医药产业园投资恳谈会】 2017年4月21日，绵阳市人民政府主办，绵阳市投促局和梓潼县人民政府承办的绵阳生物医药产业园投资恳谈会暨签约仪式在成都举行，省食药监局副局长蔡买松、市委常委、副局长杨学宁出席。会上，梓潼县人民政府与南京同仁堂乐家老铺投资股份有限公司、成都中医院大学、国药集团四川省医疗器械有限公司、广东南海朗肽制药有限公司、西南科技大学、四川生物医药、四川凯瑞药业有限公司、四川百胜药业有限公司八家公司签约，项目涉及生物制药、医疗器械、医药服务、医学研究等领域，投资金额达16亿元。

【好医生康复新液获省科技进步一等奖】 2017年4月10日，在成都举行的四川省科学技术奖励大会上，四川好医生攀西药业、成都中医药大学、四川大学联合完成的《中药大品种康复新液系统创新及产业化关键技术研究应用》荣获四川省科学技术进步一等奖。好医生康复新液是以美洲大蠊为原料研制的现代中药，广泛应用于治疗胃、十二指肠溃疡，口腔溃疡等创面病症。四川好医生药业为实施健康中国战略、推进中医药大健康发展，建立了国内首个美洲大蠊全基因组和转录组研究，实现从美洲大蠊原药材、饮片至中成药康复新液的全面质量控制系统。

【绵阳市生物化工产业专家咨询委员会成立】 2017年3月15日，市经信委组织召开绵阳市生物、化工产业专家咨询委员会成立暨第一次全体会议。专家咨询委员会由绵阳市院校、部分企业技术骨干、政府部门等熟悉生物、化工产业的专家学者组成。会上，分别推选了生物和化工产业专家咨询委员会主任；审议并通过《绵阳市生物和化工专家咨询委员会工作制度》，讨论《2017年产业工作重点》以及绵阳市生物、化工产业《"十三五"发展规划》。

（唐小茜）

化工产业

【概况】 2017年，全市化工产业结构不断优化，产品盈利能力逐渐提高，龙头企业增长能力提高，产业发展趋于稳中向好，全年全市化工产业实现规模工业产值同比增长18.4%，新增规模企业4家，总数达40家，全年目标任务超额完成。有国家技术中心2个、省级技术中心3个、市级技术中心4个，产业的本地配套率、精细化率不断提高，企业竞争力不断增强。

2017年，绵阳市组织成立生物和化工专家咨询委员会；编制《2017年化工产业发展工作重点》《绵阳市化工产业"十三五"发展规划》，制作《化工产业链图谱》；全市组织《禁止化学武器公约》系列主题宣传活动，利尔化学有限公司（第二类监控化学品生产企业）通过国际核查。

2017年，全市扩大优质产品产能，推进产业从高能耗向低能耗转变，从控制污染向绿色发展推进，从低附加值向高附加值产品方向发展，增强产业的市场竞争力。银河化学自主研发的"5万吨双自返富氧液相化与碳化法制备红矾钠"技术改造项目试产；利尔化学3000吨/年草铵磷生产线试运行；四川鑫达新材料公司基本建成；安县神龙重科通过技改实现产品转型；雅化集团绵阳实业公司"高端民用起爆器智能制造新模式"推进化工企业在设计、生产制造、信息采集、控制等环节精细化、信息化、智能化改造，提升"两化融合"和智能制造水平；以国家级绿色工厂、绿色关键技术银河化学公司为示范，开展行业内绿色工厂（车间）、绿色产业链试点示范工作。

2017年，全市推动化学农药、化学肥料、专用化学品由单一生产型向"制造+服务"转变，着力精细化、定制化、专用化产品开发，开展服务型制造试点示范。截至年底，本地配套率达到18%。完成"人口密集区危险化学品生产企业搬迁改造""长江经济带化工污染整治"的摸底调查工作，依法依规淘汰落后产能。

【利尔化学通过国际禁化武组织专项核查】 2017年是国际禁止化学武器组织成立20周年，中国是《禁止化学武器公约》的原始缔约国。11月19日至24日，受国际禁止化学武器组织委派，3名国际专家到利尔化学有限公司（第二类监控化学品生产企业），对民用化工设施进行考察（通常称为"国际核查"）。绵阳市政府、利尔化学有限公司高度重视，做好各项迎检工作的安排和准备，国家禁化武办、省经信委相关领导和专家亲临现场进行指导和帮助工作。利尔化学有限公司通过核查，并受到国际专家肯定为：严格按照《禁止化学武器公约》进行生产和经营，认真履行《禁止化学武器公约》的相关要求。此次核查是绵阳市首次接受国际禁止化学武器组织核查。

（唐小茜）

食品产业

【概况】 2017年，食品产业以深化供给侧改革为主线，以转方式调结构为实现路径，以科技创新为驱动，以提质增效为中心任务，牢固树立"创新、协调、绿色、开放、共享"的发展理念，全市食品产业总体保持平稳、良性的发展的态势。

食品产业作为全市传统优势产业，立足于本地农副产品资源优势和产业基础，形成一批有较强竞争力的规模企业，涌现出一批优势行业和知名品牌。截至年底，全市食品产业企业建有国家级技术中心1个（铁骑力士），省级技术中心6个（丰谷、光友、圣迪乐、新希望、雪宝、清香园），市级技术中心9个；中国驰名商标6件（光友、铁骑力士、圣迪乐、中坝、丰谷、金太阳荣强），四川省名牌产品20个，四川省著名商标28件，绵阳市知名商标90余件。

截至年底，全市食品产业有136家规模以上企业，较2016年底净增11家；累计实现工业总产值361.7亿元，较2016年同比增长8.4%，占八大产业总产值的15.1%，占工业总产值的11.8%；产业规模在八个重点产业中优势明显，仅次于电子信息产业。

2017年，全市食品产业各子行业大致分为四大类：农副食品加工业、食品制造业、酒及饮料制造业、烟草制品业。其中农副食品加工业累计实现产值214.4亿元，同比增长15.6%；食品制造业累计实现产值43.5亿元，同比增长21.9%；饮料制造业累计实现产值43.7亿元，同比增长17.5%；烟草制造业累计实现产值60.2亿元，同比下降20.2%。

【第五届北川羌茶节开幕】 2017年4月1日，第五届北川羌茶节暨首届古羌茶艺手工制茶技能大赛在北川新县城禹王广场开幕。开幕式上，为展示古羌茶文化魅力，举办祭祀茶神、游人采茶、手工制茶、茶企斗茶、游客品茶、古羌茶艺等表演。羌茶节系列活动时间安排为4月1日至7月30日，设有1个主会场——北川永昌镇禹王广场，2个分会场——擂鼓镇盖头村、曲山镇石椅村、绵阳文化广场。（张　俊）

粮油工业

【概况】 2017年，全市大力推进粮食产业化经营，取得显著效果。坚持以“大粮食、大产业、大市场、大流通”的思路发展产业经济，引导全市粮食行业延伸产业链、优化创新链、提升价值链、紧密利益链“四链协同”以增强粮食产业经济新活力，增创粮食产业发展新优势。推进国有粮食企业深化改革，转型发展，完善法人治理结构，鼓励采取合并、划转、兼并等方式，整合企业资产资源，更好发挥国有粮食企业规模优势，提高企业资产质量和效率；继续抓好国有资产的管理，建立适应现代企业制度要求的国有粮食企业人、财、物管理运行机制，确保国有资产的保值增值；促进县域粮食产业发展，以安州区“中国好粮油”四川行动示范工程建设为引领，推动县市区加快发展绿色优质粮油经营，发展“特色粮油”和“订单粮油”；助推重点企业发展壮大，促进国家粮油产业化龙头企业“仙特米业”“神龙粮油”加快改造提升，做强做大，创建品牌，提高产品附加值和企业竞争力；促进一二三产业融合发展，实现粮源基地化、加工规模化、产品品牌化、服务多样化，逐步形成“产收储加销”一体化的全产业链经济，推动行业整体进步，增强发展后劲。

2017年，全市围绕粮油加工重点培育一批粮油加工龙头企业，改善产粮产油大县（市区）的粮油加工生产结构和布局，在市场持续处于“稻强米弱”“麦强粉弱”“籽强油弱”的困境中，保留应有的加工生产体系，以确保粮食应急加工和配送。

2017年，全市纳入统计的粮油工业企业73家，按企业类型分，民营企业68家，国有及国有控股企业5家。民营企业成为粮油工业的主体力量。四川大陈粮油、绵阳绿源米业等民营企业在产能和智能化建设方面得到较大提升。按行业分，稻谷加工所占比重大。其中大米加工企业30家、小麦加工企业5家、食用植物油加工企业14家、饲料生产企业12家、养殖企业1家、食品及副食品酿造企业2家、制酒企业4家。粮油加工企业实现工业总产值87亿元，较2016年增加14.21亿万元；销售收入85.07亿万元，较2016年增加1.366亿万元；实现利润总额20617万元，较2016年增加12667万元。2017年，全市加工企业固定资产投资6049万元，较2016年减少954万元。粮油加工企业设计生产能力方面，日处理小麦865吨，较2016年减少60吨；日处理稻谷3565吨，较2016年增加462吨；日处理油料2662吨，较2016年减少226吨；日处理油菜籽2662吨，较2016年增加64吨；日精炼油脂695吨，较2016年增加20吨；日精炼菜籽油695吨，较2016年增加20吨；日灌装小包装油脂1124吨，较上年减少150吨。

【混合所有制经济发展】 2017年，混合所有制企业四川浩东食品科技有限公司加大固定资产投入，先后投资1500余万元，建设完成年压榨3万吨原料的小榨浓香菜籽油生产车间、年灌装6万吨食用油灌装车间、年处理3万吨原料（稻谷）的大米加工车间、日处理150吨粮食油料烘干中心、储存2200吨食用油的油罐等。全年实现销售收入8700万元，利税总额100余万元。三台琴泉粮站与台沃生态农业发展有限公司组建混合所有制企业，以部分土地、仓库、烘干和检验设备等出资入股，共同打造“台沃香米”品牌，实现产销深度融合，企业转型发展步伐加快。

【粮食加工企业经营】 2017年，全市粮油加工企业参加川渝（遂宁）粮油精品展销会、黑龙江金秋粮食交易会，推介优质产品，抢占市场份额。丹桂、仙特、梓香等菜籽油著名品牌日益受到消费者青睐。全市粮油加工企业在市场低迷、原料价格上涨、销售竞争异常激烈的环境中，通过强化管理，控制成本，创新营销策略等方式，保持良好的经营发展势头。

【粮食储备销售】 2017年，全市加快推进储备库建设，通过“退城进郊”等途径多方筹资，全面完成梓潼城关、三台琴泉等4个储备库新库建设，提升全市粮食收储供应能力；完成低温绿色储粮技术项目建设，完成安州秀水、盐亭凤灵粮站等6个低温粮库建设；完成3个标准化配送中心、18个放心粮油示范店、20个乡村粮油超市和连锁店、12个粮食烘干中心的建设。　（王　树）

三台县：千年梓州　抗战后方

三台县是著名的中国米枣之乡、麦冬之乡、四川省足球之乡、四川省历史文化名城，其历史悠久，文化底蕴丰厚。境内最早的县级建置为西汉高祖六年（公元前201年）设立的郪县。隋唐时期，为梓州（得名自梓潼水）；宋、元、明为潼川府；清置三台县（得名自三台山），至今已有2200多年历史。隋唐时期，一度极为繁盛，有“北有梓州，南有成都”和“蜀川巨镇，郪道名邦”之美誉。

诗圣文化、抗战文化、客家文化、郪文化等是三台文化的重要代表。

诗圣文化。“潼川绕郭多名胜，都在少陵诗句中”。宝应元年（762年）秋七月到广德二年（764年）春三月，唐代伟大现实主义诗人杜甫避乱流寓梓州，期间，留下了近150首诗作，记录下了唐代梓州大地自然之美的诗画风光。著名的七律《闻官军收河南河北》也就是在梓州创作的。梓州，给了杜甫飘零孤苦人生中难得的一段安定时光，因此不同于以往沉郁顿挫之风，杜甫梓州诗作有着独特的清新秀丽。为纪念杜甫，明代隆庆年间，牛头山顶建起杜甫草堂。三台因此成为继四川成都之后、川内第二大草堂圣地。

抗战文化。抗战时期，三台作为抗战的大后方，不仅输送了大量的兵源和物资，承担着将抗战坚持下去的重任，还接纳了内迁三台的东北大学，担负起庇护学子、保存中华文脉的历史重任。此外，抗战时期的三台人民还在山洞里建起飞机场，用以起降军用飞机。时任三台县长郑献征，带领三台人民整修旧堰，新开堰渠，引入涪江水，供应农业生产所需。该堰被命名为永和堰，作为“中华抗战第一堰”而声名远播，当地修建“抗战水利文化公园”以资纪念。

客家文化。清代初期，因“湖广填四川”而来的大量移民，又给三台文化融进了客家文化的因子，三台至今保存着的许多会馆建筑都是客家会馆。四川境内，三台县的客家人密集度仅次于龙泉洛带镇。

郪文化。三台县城南45公里的郪江镇，在先秦时为郪国王城所在地，西汉高帝六年（公元前201年）于此建郪县。郪江崖墓群就开凿在周围悬崖峭壁之上，数以万计，密若蜂房，因此郪江镇素有“汉墓之乡”的称誉。墓室内浮雕栩栩如生，极富情趣，石柱斗拱堪称中国石窟艺术一绝。郪江崖墓具有极高的历史、考古、建筑、美学价值。

三台杜甫草堂

交通运输·邮政

Transport · Post

概 述

【概况】 2017年，绵阳市围绕国家科技城建设和本部经济强市建设为目标，推进全市区域交通枢纽建设。34个交通基础项目相继开工，九（寨沟）绵（阳）高速、绵（阳）西（充）高速等项目建设整体推进，绵阳机场扩建项目设计方案、概算方案经西南民航管理局审批通过，并在上半年开工。至年底，全市公路通车里程20171.46千米，其中高速公路318.42千米、一级公路445.38千米、二级公路842.18千米、三级公路937.74千米、四级公路13199.70千米、等外级公路4428.04千米；公路密度，按国土面积计算：99.6千米/百平方千米；按人口计算：37.58千米/万人。客运站2254个，其中一级站5个、二级站7个、三级站3个、四级及以下站2239个（五级简易站、招呼站）。营运汽车27794辆，其中客车3057辆，货车24737辆。公路客运量4268.116万人次，周转量244576.852万人千米；公路货运量6574.724万吨，周转量771749.131万吨千米。

【水陆运输基础设施建设】 2017年，全市以贫困县村级招呼站（牌）为建设重点，建成村级招呼站（牌）575个，投资总额510.6万元。完成梓潼客运站站务功能验收并于10月1日投入使用；平武、北川乡镇客运站覆盖率达70%以上，村级招呼站(牌）覆盖率分别达78.2%、88.1%，完成省市下达的目标任务。3座渡改人行桥，完工2座，在建1座。海事工作码头35米级趸船项目，主甲板以下工程完工。冬瓜山电航工程，进行主体左岸闸底板和泄洪冲砂闸闸墩浇筑。

【绵阳市34个交通基础设施项目集中开工仪式举行】 2017年7月18日，绵阳市交通攻坚项目第三季度集中开工暨省道418线一级公路建设项目开工动员大会在安州区秀水镇举行。本次集中开工的34个交通项目，有拓宽对外联通的高速公路，又有完善路网结构的干线公路，还有与民生工程、脱贫攻坚任务紧密相连的农村公路，年内投资约22亿元，是绵阳区域性综合交通枢纽的重要组成部分。省道418线花荄至睢水快速通道、成（都）绵（阳）复线宝林出口至睢水等4个项目位列其中。开工建设的省道418线全长33.24千米，项目总投资91783万元，采用一级公路标准建设，设计速度每小时60—80千米，路基宽度为21.5—24.5米。

公 路

公路建设

【概况】 2017年，全市公路建设贯彻落实市委、市政府交通大会战会议精神，九（寨沟）绵（阳）高速、绵（阳）西（充）高速、广（元）平（武）高速等项目进行整体推进、项目进场施工、项目签约；省道黄土梁隧道建成通车，涪江三桥完成加固维修，安州区成功创建省级“四好农村路”示范县。

【高速公路建设】 2017年，九（寨沟）绵（阳）高速绵阳境内18个标段、146千米于10月起陆续进场施工，受平通河裂腹鱼水产种质资源保护区影响的41千米、7个标段正在修改设计、暂缓招标施工；控制性工程白马隧道单洞全长26013米，完成初支3419米，占全长的13%。绵（阳）西（充）高速路基工程基本完工并启动路面施工。广元至平武高速公路5月重新招标确定新疆北新路桥集团为投资人；6月8日，广元、绵阳市政府与新疆北新路桥集团股份有限公司正式签约。

【干线公路建设】 2017年5月8日，省道205线黄土梁隧道试通车。省道205线绵阳绕城改线绵（阳）梓（潼）路至江油界段开工建设，绵（阳）梓（潼）路至南一环段路基工程基本完工，江油段完成项目公司组建并启动拆迁。省道416线绵阳至中江改造提升进行路基和桥涵基础施工，完成路基工程50%。省道418线安州花荄至睢水快速通道启动建设。国道108线绵阳城区过境段与沉抗大道线段启动施工。

【农村公路建设】　2017年，全市推进“四好农村路”建设，安州区成功创建省级“四好农村路”示范县，交通项目获全省农田水利基本建设2017年度考核第一名。全年完成县乡道建设392千米，通村公路1226千米。纳入省渡改桥2016—2020年建设推进方案的13座渡改公路桥完工6座，在建3座，前期准备工作4座。

【省道205线黄土梁隧道建成通车】　省道205线黄土梁隧道位于绵阳市平武县和阿坝州九寨沟县交界处，总长4.896千米，双向两车道，路基宽7.5米，总投资2.3亿元，由绵阳市与阿坝藏族羌族自治州共同建设，其中绵阳段于2010年7月底开工建设。施工期间克服海拔高、工程地质复杂、冰雪期长等诸多困难，2017年4月29日试通车。项目的建成，提高省道205线抗灾、通行能力和安全保障水平，绵阳到九寨沟路程时间节省半小时以上。

【涪江三桥维修加固工程】　2017年，涪江三桥因桥系杆达到设计使用年限，加之专业检测机构检测发现水平系杆、主桥拱肋弦杆及横向联结钢管砼、桥梁基础等存在病害，影响桥梁使用安全，经市政府批准实施维修加固。项目立项总投资4366万元，维修加固主要内容是更换系杆、新增纵梁、处治病害、更换引桥支座、增设检修通道等。项目于2016年12月施工入场，2017年1月起全封闭施工，8月29日完工通车。

公路运输

【概况】　2017年，全市开展运输组织模式改造，创新服务模式，在绵江（油）线试点“大改小”定线包车模式取得初步成效，并在绵（阳）盐（亭）线、成（都）绵（阳）线进行复制推广。绵阳东亨物流公司作为交通运输部“无车承运人”平台试点，完成春运客运任务和第五届科博会和2017年中国（四川）电子商务发展峰会等重要活动运输保障工作。截至年底，全市公路客运量4268.12万人次，周转量244576.85万人千米；公路货运量6574.72万吨，周转量771749.13万吨千米。

【运输行业市场规范整顿】　2017年，全市维护旅游运输市场秩序，重点对旅游包车异地经营进行查处；加强出租汽车经营行为检查力度，重点对火车站、机场等人口密集地出租汽车经营行为进行规范整治；打击非法营运纳入依法治市工作范畴，继续加大非法营运打击工作力度，配合公安部门打击非法营运团伙，采取划片区负责、集中力量整治火车站、机场、客运站、主商贸区、市内客运线路等重点区域的非法营运。全年出动执法人员23628人次，检查车辆24408辆次，查扣“非法营运”355辆。

【春运水陆运输情况】　2017年春运期间，全市投入班线客车2968辆、旅游客车182辆、公交车1852辆、出租车2935辆，投入船舶189艘，客位数2881客位。开行287121班，运送旅客389.48万人次，同比下降16.63%。水路运输累计完成客渡运量283094人次，同比增长2.5%。全市水路运输未发生事故，道路客运未发生较大事故和重大服务质量投诉，确保旅客“走得舒心、走得安心、走得放心”。

【科博会交通保障工作】　2017年，第五届科博会期间，全市交通运输部门投入各类车辆798辆（其中公交车350辆、出租车300辆、大巴车65辆、考斯特中巴车20辆、小车51辆、执法车12辆），交通服务工作人员903人（其中驾驶员798人、管理人员32人、维持秩序执法人员40人，服务保障人员33人），发车16000余趟次，运送来宾、群众35万人次，全面保障来自44个国家、地区的参会嘉宾、知名企业、重点科研院所、高等院校等754家参展单位和参观群众的交通出行需求。

公路交通管理

【概况】　2017年，绵阳市政府办公室印发《关于促进普通国省道建管养运协调发展的实施意见》（绵府办发〔2017〕56号），首次对普通国道、省道（不包含由农村公路新提升的国省道）新改建项目由市财政按部、省补助额的50%给予补助，并对2015年建立的国、省干线大中修工程补助资金“四六开”政策进行完善。全年交通运输市级执法部门实施行政处罚640件，其中重大行政处罚案件备案460件。

【造价质量监督】　2017年，全市交通造价审查项目32个，送审金额达45亿元，审减9000余万元，平均审减率为1.93%，审核项目和金额分别为2016年的160%和200%。开展交通工程建设质量监督检查，按照专项检查、综合检查、日常检查相结合的原则，全年组织检查162次，发出整改通知65份，整改到位率100%。对涪江三桥维修加固工程、省道302线北川禹里至茂县段水毁恢复工程、省道205线黄土梁隧道及引道工程等19个项目，组织开展交竣工验收质量鉴定（检测），把好质量监督最后一道关。

【路域环境整治】　2017年，全市查处侵犯损坏公路的违法行为，拆除公路违章建筑58起，处理损坏公路及其设施277起，处理占用公路及其留地209起，清排路障2299起。排查上报公路安全隐患260余次，发放整改通知书170余份，新增公路安全警示标志248块。

【交通运输违法违规行为处理】　2017年，全市对存在较大安全隐患的运输企业进行安全约谈，约谈1家客运企业。执行“六严禁”规定，对违反规定的4辆客车和驾驶员给予停班和下岗学习的处理。全年查处扣留非法营运车辆496辆次，处罚违法违规营运车辆460辆次。对违反《四川省道路营运驾驶员记分管理办法》

的99名道路营运驾驶员进行记分，对一个记分周期记满15分以上（不满20分的）的14名驾驶员列入《道路运输从业人员重点监控名单》，并在绵阳运政网和绵阳道路运输微信公众号予以公告。全市投入执法人员1.4万余人次，与公安联合治超检测货运车辆289133辆，查处超限车辆2531辆，卸载货物9417吨，路面超限超载率控制在0.88%

【公路道路安全隐患排查治理】 2017年，全市按照分级分类监管原则，在全市交通运输系统开展安全风险源的辨识、分级、管控和建档工作。市本级排查出安全风险点225个，全部为一般及以下风险点。按照分级管控原则，市本级安全监管风险点217个，督促责任主体单位落实相应的管控责任和措施。推进汛期安全生产大检查，检查企业981家次，排查出一般隐患988处、重大安全隐患8处，对安全隐患采取工程治理。

【交通运输安全教育培训】 2017年6月20—22日，市交通运输局组织在梓潼县举办全市交通运输系统2017年度安全生产与应急管理培训。局直各单位安全生产工作分管领导和安全科长、各县市区交通运输局分管安全的副局长（安全总监）、安全股长，重点运输企业安全管理人员近80人参加培训。通过“绵阳道路运输安全”微信公众号，把道路运输安全法律法规、安全应急知识等相关信息推送给广大从业人员；归纳整理道路客运、普通货运、危货运输和从业资格等方面的重点宣传信息，发放警示宣传资料4万余份。开展《吵华人民共和国安全生产法》《公路安全保护条例》《四川省安全生产条例》《超限运输管理规定》等安全生产法律、法规的宣传，出动执法人员800余人次，执法宣传车40余辆次，到公路沿线人员密集村镇，走访公路沿线矿山、沙场等企业、货运场等，发放“制止公路打场晒粮”“双超治理”“禁止在公路建控区内建设永久性建筑物和地面构筑物的通告”“卡车司机之友”等宣传资料1万余份。

【干线公路地质灾害防范】 2017年，市交通运输局邀请西科大6名专家学者对全市国省干线公路进行全面的风险评估和排查，针对排查出的82处地质灾害隐患点、333处汛期安全隐患点，按照分级分类治理原则，逐级逐项并突出重点开展针对性的专项治理。“8·8”九寨沟地震后，组织力量对受地震影响严重的省道205线进行再一次的排查，针对排查出的27处公路灾害隐患点，设置12处观察哨（其中3个制式移动板房观察哨），增设安全警示标志42块，同时调整全线8个机械设备应急保障点，配置挖掘机、装载机和拖车等大型机械设备35台，落实抢通队伍183人，确保道路畅通安全。

铁 路

铁路建设

【概况】 2017年，西（安）成（都）客运专线正式开通投运，实现与成（都）绵（阳）乐（山）客专贯通运营，境内121千米高铁贯穿南北，形成北上出川高铁大通道。成（都）兰（州）高铁绵阳段项目整体推进，绵（阳）遂（宁）内（江）城际铁路建设前期规划工作基本完成，皂角铺铁路物流基地项目完成进场。截至年底，全市超额完成年初下达的12.15亿元铁路建设投资任务，境内西成客专完成投资10.07亿元（年度计划10亿元），成（都）兰（州）铁路完成投资2.5亿元（年度计划2.15亿元）。

【西成客运专线通车运营】 2017年12月6日，西安至江油段正式开通运营，标志西成高铁全线贯通，其中江油至成都段2014年12月20日开通运营。西安至成都高铁自陕西省西安市引出，向南经陕西省安康、汉中市，至四川省广元市、绵阳市，在江油站与绵阳至成都至乐山铁路相连，抵达成都市，全长658千米。其中，新建西安至江油段506千米，设西安北、阿房宫、鄠邑、佛坪、洋县西、城固北、汉中、宁强南、朝天、广元、剑门关、青川、江油北、江油等14个车站，运营时速250千米。西成高铁开通，结束绵阳无高铁的历史，加快西安与绵阳两地互通，绵阳至西安由原来的8小时缩短至现在3个半小时时间。

【成兰铁路（安州段）建设】 2017年，成（都）兰（州）铁路（安州段）各项工作进展顺利，白溪河三线大桥、雎水河双线大桥下部工程全部完工，高川站四线大桥主体工程完成；雎水关隧道、柿子园隧道全线贯通，跃龙门隧道工程加快推

图88 成兰铁路柿子园隧道完工

进；客货站区间路基主体工程完工，施工单位开展无碴轨道施工前期准备工作。

【绵遂内城际铁路建设前期规划工作】 2017年，绵阳市在省铁路机场办的牵头组织下，市发改委（铁建办）加大与沿线地市政府、发改委系统的配合衔接力度，加快推进绵遂内城际铁路前期工作。4月，省政府召开全省铁路建设工作会议，研究推进绵遂内城际铁路PPP模式实践；11月，省发改委同意绵遂内城际铁路先行开展勘察设计招标工作。截至年底，项目前期工作有序推进，预计2018年完成项目招商和有关前期工作，力争2019年开工建设。

【皂角铺铁路物流基地建设】 2017年1月4日，市委常委、常务副市长颜超主持召开专题会议研究皂角铺铁路物流基地建设工作。会上，市发改委、市经信委、市国资委、市财政局、市城乡规划局、市国土资源局、民航管理局、涪城区政府、科发集团相关负责人结合各自职责分工，分别汇报皂角铺铁路物流基地建设进展情况及存在的问题。9月7日，皂角铺铁路物流基地完成工程招标，中铁二十局为施工单位，9月底入住现场。市发改委（铁建办）、市经信委、涪城区政府、科发集团等单位，按照市政府召开的皂角铺铁路物流基地建设项目专题会要求，开展各自牵头负责的各项工作。

【城市轨道交通建设】 2017年5月17日，绵阳市城市轨道交通建设领导小组会议召开，市委、市政府主要领导专题研究城市轨道交通建设推进事项，会议作出“轨道交通是城市发展的必然选择，建设宜早不宜晚，要加力加劲、加快进度，全力以赴确保在2019年年底具备开工条件”等重大决定。市发改委（铁建办）会同交发集团等单位，5月下旬完成集中办公，落实专人具体承办领导小组办公室日常工作，制定《绵阳市城市轨道交通建设领导小组办公室工作规则》，起草《绵阳市城市轨道交通建设领导小组议事规则》《关于下达绵阳市城市轨道交通建设前期重点工作目标任务的通知》，确保前期各项工作有序推进。（杨 辉）

图89 西（安）成（都）高铁江油段竣工

铁路客运

【概况】 2017年，绵阳铁路客站加强安全管理，提升服务质量，为旅客营造一个轻松、舒适的购票、候车环境，完成春运、暑运、国庆等重大节假日期间的运输任务，完成年度主要任务目标。全年发送旅客6593429人，比2016年5792192人增加801237人，同比增长13.8%。直通人数851012人，比2016年895927人减少44915人，同比下降5%。管内人数5742417人，比2016年4896265人增加846152人，同比增长17.3%。

【“春运”客运情况】 2017年春运自1月13日起至2月21日止，为期40天。春运收入完成4434.69万元，与2016年同期4276.35万元相比增加158.34万元，上升3.7%。发送旅客73.98万人，较2016年同期63.37万人增加10.61万人，同比增长16.7%，其中直通旅客发送12.88万人，较2016年同期13.43万人，减少0.55万人，同比减少4.27%；管内旅客发送61.1万人，较2016年同期49.93万人增加11.17万人，同比增长22.4%。绵阳车站为努力实现“平安春运，有序春运，温馨春运”，以“服务为宗旨，待旅客如亲人”的理念，扎实抓好春运各项工作的落实，完成春运任务。

【“十一”黄金周客运情况】 2017年“十一”黄金周自9月30日（节前一天）起至10月7日止，为期8天。发送旅客217472人，较2016年同期209775人增加7697人，同比增长

绵阳站2017年旅客列车时刻一览

表41

车次	始发—终到	类别	始发	绵阳			终到
				到	停	开	
C6202	成都东—江油	动车	6:07	6:58	4	7:02	7:19
G2202	成都东—郑州东	—	7:04	7:46	2	7:48	13:20
D1902	成都东—太原南	动车	7:12	8:01	2	8:03	15:18

续表

车次	始发—终到	类别	始发	绵阳			终到
				到	停	开	
D1912	成都东—西安北	动车	7:28	8:10	2	8:12	11:43
C6201	江油—成都东	—	8:06	8:23	2	8:25	9:01
D1914	成都东—西安北	动车	7:47	8:29	2	8:31	12:06
D1904	成都东—太原南	动车	7:55	8:43	2	8:45	15:57
G2204	成都东—郑州东	动车	8:14	8:56	3	8:59	14:23
C6301	江油—峨眉山	动车	8:13	8:30	3	8:33	10:59
D1916	成都东—西安北	动车	8:28	9:16	2	9:18	12:41
C6303	苍溪—峨眉山	动车	8:10	10:15	3	10:18	12:18
G1836	重庆西—青岛北	—	7:55	10:22	3	10:25	22:42
D1911	西安北—成都东	动车	7:05	10:26	2	10:28	11:18
G574	重庆西—北京西	—	8:10	10:36	2	10:38	19:53
D1922	成都东—西安北	动车	10:02	10:45	3	10:48	14:38
G1888	成都东—南京南	动车	10:22	11:04	2	11:06	20:26
G1702	成都东—秦皇岛	动车	10:35	11:17	2	11:19	22:10
C6305	江油—峨眉山	动车	10:56	11:19	3	11:22	13:52
G308	成都东—北京西	动车	10:42	11:24	2	11:26	20:20
G1976	重庆西—上海虹桥	—	9:10	11:39	2	11:41	22:26
C6304	峨眉山—江油	动车	9:28	11:52	2	11:54	12:11
D1924	成都东—西安北	动车	11:38	12:26	2	12:28	15:50
G2201	郑州东—成都东	动车	7:10	12:33	2	12:35	13:19
D1919	西安北—成都东	动车	9:12	12:45	2	12:47	13:31
D1921	西安北—成都东	动车	9:25	12:52	2	12:54	13:38
C6307	江油—峨眉山	动车	12:47	13:04	2	13:06	15:50
G1710	重庆北—天津西	动车	10:31	13:11	3	13:14	22:43
D1925	西安北—成都东	动车	10:33	13:47	3	13:50	14:47
G2206	成都东—徐州东	—	13:09	13:51	3	13:54	22:10
D1930	成都东—西安北	动车	12:57	13:57	2	13:59	17:21
G2203	郑州东—成都东	动车	8:17	14:00	9	14:09	14:53
C6306	峨眉山—江油	动车	11:38	14:05	3	14:08	14:31
G2208	成都东—郑州东	动车	13:40	14:22	2	14:24	19:55
C6308	峨眉山—江油	动车	12:38	14:55	3	14:58	15:15

续表

车次	始发—终到	类别	始发	绵阳			终到
				到	停	开	
D1929	西安北—成都东	动车	11:36	15:06	3	15:09	15:59
D1936	成都东—西安北	动车	14:31	15:13	2	15:15	18:51
C6211	江油—成都东	动车	14:56	15:19	2	15:21	16:17
G2205	郑州东—成都东	动车	9:53	15:38	2	15:40	16:24
D1931	西安北—成都东	动车	12:15	15:50	2	15:52	16:36
G2207	徐州东—成都东	—	7:50	15:57	4	16:01	16:47
D1906	成都东—太原南	动车	15:21	16:03	2	16:05	22:51
C6309	江油—峨眉山	动车	15:52	16:09	2	16:11	18:47
G2210	成都东—郑州东	动车	15:30	16:13	2	16:15	22:09
D1940	成都东—西安北	动车	15:39	16:21	2	16:23	19:57
D1935	西安北—成都东	动车	13:15	16:39	2	16:41	17:31
C6310	峨眉山—江油	动车	14:11	16:48	2	16:50	17:07
G1887	南京南—成都东	动车	8:12	17:14	2	17:16	17:54
G1709	天津西—重庆北	动车	8:05	17:20	2	17:22	20:03
C6312	成都东—苍溪	动车	16:49	17:32	2	17:34	19:29
G1975	上海虹桥—重庆西	—	7:24	17:40	2	17:42	20:09
D1944	成都东—西安北	动车	16:57	17:45	3	17:48	21:20
C6311	江油—峨眉山	动车	17:40	17:57	10	18:07	20:20
G2212	成都东—郑州东	动车	17:21	18:03	2	18:05	23:21
D1946	成都东—西安北	动车	17:33	18:15	2	18:17	21:44
G571	北京西—重庆西	—	9:22	18:19	2	18:21	20:56
D1948	成都东—西安北	动车	17:56	18:44	2	18:46	22:03
G307	北京西—成都东	动车	9:38	18:56	2	18:58	19:42
D1943	西安北—成都东	动车	16:15	19:39	3	19:42	20:33
D1952	成都东—西安北	动车	18:58	19:46	2	19:48	23:11
G2209	郑州东—成都东	—	14:26	19:55	2	19:57	20:41
G1835	青岛北—重庆西	—	8:21	20:02	2	20:04	22:31
D1945	西安北—成都东	动车	17:23	20:57	2	20:59	21:43
D1947	西安北—成都东	动车	18:00	21:29	2	21:31	22:15
D1949	西安北—成都东	动车	18:07	21:37	2	21:39	22:23
C6222	成都东—江油	动车	21:12	21:48	4	21:52	22:09

续表

车次	始发—终到	类别	始发	绵阳			终到
				到	停	开	
D1903	太原南—成都东	动车	14:40	21:58	2	22:00	22:45
G2211	郑州东—成都东	动车	16:18	22:07	3	22:10	22:55
D1951	西安北—成都东	动车	18:40	22:19	2	22:21	23:05
D1905	太原南—成都东	动车	16:20	22:44	2	22:46	23:24
C6223	江油—成都东	动车	22:35	22:52	3	22:55	23:31
C6224	成都东—江油	—	22:47	23:23	2	23:25	23:42

3.6%。其中直通旅客发送21082人，较2016年同期20062人增加1020人，同比上升5.1%。管内旅客发送196390人，较2016年同期189713人增加6677人，同比增长3.5%。

【客运安全保障】 2017年，绵阳站为保障旅客乘车安全，提升车站在紧急情况下处突、人员紧急疏散、伤员紧急救护等方面的应急处置能力，预防绵阳站周边、人员密集场所的恐怖活动，绵阳站决定进行大型反恐演练。9月22日9时，绵阳站会同车站派出所、绵阳武警支队和绵阳西区医院举行反恐演习。演习预设两名恐怖分子在出站口持刀砍杀群众事件，演练车站安保人员发现情况后的处置，与车站派出所民警、武警支队官兵的协商配合能力及伤员的救护等内容。通过演习，提升车站工作人员、干警、安保人员的应急处置突发事件的能力。

民用航空

【概况】 2017年，共实现航班起降2.85万架次，同比增长48.4%；运输旅客354.3万人次，同比增长63.10%，完成年度目标任务（230万人次）的154.1%；运输货邮行2.23万吨，同比增长31.6%；年平均客座率77.5%，同比提升1.9%。位居四川省第2位，西南地区第8位，全国第49位。累计新增航点5个，恢复航点6个，加密城市航线15个。夏秋航季期间，有通航城市38个、航线47条、执飞航空公司21家。2017年，机场集团收入1.88亿元，净增长3100万元，净利润534万元，首次实现扭亏转盈。至12月31日，机场债务率降低到35%；辅业收入8411万元，占集团总收入的39%，其中子公司及参股公司共计实现净利润336万元，较2016年增长70%。截至年底，机场安检站获中国妇联“全国巾帼文明岗”；机务处外场队获民航西南管理局“五好班组”。

2017年绵阳机场出入航班调整情况

表42

新开航点	合肥、桂林、徐州、张家界、西昌
恢复航点	济南、天津、南昌、太原、银川、南宁
加密航点	深圳、郑州、西宁、拉萨、丽江、昆明、海口、长沙、兰州、宁波、哈尔滨、厦门、青岛、杭州、三亚

【空管保障能力提升】 2017年，绵阳机场通过与民航飞行学院绵阳分院就共同提升空管保障能力，促进运训协同发展达成一致，安排新聘管制员13名，委托绵阳分院空管站进行培训，并参与塔台值班；委托成都西南民航空管工程建设公司完成绵阳机场P248方向进离场分离飞行程序设计；经成都地区空管协调委办公室同意，绵阳机场新增临时航线和等待程序各1条。先后主导投产建设CRS（区域协同放行）、AIMS（飞行计划报自动处理）、CDM（航班放行协同决策）和A-CDM（机场协同放行）系统，开通空管站自动通播系统；完成绵阳机场航班运行容量指标评估。

【地面保障服务】 2017年，绵阳机场投资6000余万元开工扩建停机坪，新增7个停机位，新建登机廊桥1座，改造远机位候机厅、搬迁头等舱候机室，累计新增候机面积1200平方米，增加座位580座；新增人工、自助值机柜台13台；新建安检通道3条；全面升级改造行李传送系统，扩大行李提取区近300平方米；投资3500万元更新离港系统、改造弱点网机房；新增各类地面保障车辆17辆，使现场保障车辆总计达69辆；新增到岗空管、安检、消护、旅服等专业人员188名。

【航空安全服务管理】 2017年，全年无一起危险品运输事故征候，信息报告差错率为零，投诉复核率100%。全年未发生一般事故征候以上事件；修订机场《航空安全保卫协议》《航空运行安全协议》《危险品运输协议》，并与执飞航空公司签订各类安全责任协议16份；组织运行保障部门等查找、更新危险源，累计新增危险源69条；制订中等以上风险管控计划，并限时整改完成。开展“安全生产月”“安康杯”“安全大检查”“安全大讲堂”“安全生产天府行”“青年安全示范岗”“平安民航”“平安货运”等安全活动，实现机场连续16年安全无事故。10月，绵阳机场通过国家民航局消费者事务中心的机场服务质量评审。

【航线网络建设】 2017年3月26日，祥鹏航空两架B738飞机入驻绵阳机场，开通绵阳至昆明、郑州、三亚、天津4个航点；3月26日至7月20日期间，西藏航空临时停放过夜航班；协助川航、桂林航完成关于入驻绵阳机场的前期航线规划、市场调研等相关工作。

【绵阳机场集团】 2017年，绵阳机场集团的经营收入和营业利润大幅增加，机场集团收入1.88亿元，净增长3100万元；净利润534万元，首次实现扭亏转盈；截至12月31日，降低到35%；辅业收入8411万元，占集团总收入的39%，其中：子公司及参股公司共计实现净利润336万元，较2016年增长70%。机场收入的增加，有条件提高运行保障能力和改善服务环境，保证运营支出。

（吴 滨）

航务海事管理

【概况】 2017年，全市通航里程645.79千米，通航河流7条（涪江、梓江、凯江、湔江、弥江、安昌江、渭河）；按海事统计口径有各类登记船舶598艘、18507总吨、3469客位，其中客、渡船148艘；有渡口66处；有船乡镇70个；船员1129人（机动船舶船员231人、非机动船舶船员898人）。全市未发生水上交通安全责任事故，连续15年无水上交通安全责任事故。截至年底，全市完成水路客运量16万人次、旅客周转量177.5万人千米。

【水路基础设施建设】 2017年，全市围绕“打造美丽绵阳”的工作思路，推进水路基础设施建设。完成省交通运输厅下达的冬瓜山电航枢纽投资4亿元统计目标任务。全年基础建设投资577.98万元。其中，市政府下达的市本级海事趸船续建投资任务191.53万元；续建两座渡改人行桥268万元（梓潼县回銮渡改人行桥167万元、龙口渡渡改人行桥101万元），开工建设1座渡改人行桥（三台县刘营苏家河渡口，完成投资25万元）；平武县海事工作船码头93.45万元。

【水路运输管理】 2017年，市海事局制定处机关行政审批会商会签制度，按照制度开展会商会签工作。禁止经营者经营资质条件不达标、违规挂靠、船舶超载、船舶配员不足以及新建改建船舶检验质量监管不到位的问题。开展全市水路运输经营资质年度核查工作。6家水路运输企业的47艘、672总吨、1078客位、2024.95千瓦营业性运输船舶通过核查。有1户水路运输企业（营业性运输船舶6艘、78总吨、124客位、360.46千瓦）未申请参加年度核查；1家水路运输企业（营业性运输船舶2艘、60总吨、100客位、384千瓦）注销。

【航务海事监督管理】 2017年，全市开展“安全生产月”活动，市县两级航务海事执法人员多次到码头、渡口、场镇等人群聚集区域，开展水上交通安全知识宣传活动。活动中印发宣传资料1万余份，张贴宣传画305张，悬挂宣传标语83幅，受教育群众10万余人次。开展“船舶安全检查知识”和“船舶检验业务”培训，提高海事执法人员的专业技能水平。对全市水上交通安全中存在的风险源开展辨识工作，排查辨识出较大风险源3个、一般风险源20个、低风险源21个，针对不同风险源制定管控措施。截至年底，全市航务海事机构出动检查组851个次，检查人员2106人次，检查船舶7852艘次，查出隐患59起，整改59起。

【全市水上交通应急演练】 2017年7月17日，市政府应急办主办，市海事局等有关单位参与，在涪城区三江库区举办全市水上交通应急救援演练。演练设置海事冲锋舟搜救、船舶消防、船舶乘客落水自救互救与搜救、水上溢油处置四个科目。通过演练，提高绵阳市航务海事系统及相关单位对水上交通应急救援的快速反应能力、应急处置能力和综合协调能力。汛期期间，盐亭县、安州区、游仙区等县处分别在各自辖区内进行水上交通应急救援演练。

【水上交通环境保护】 2017年11月底开始，全市水运行业开展水上交通行业环保专项整治工作。全市辖区船舶防治污染的设施、设备、器材均按相关规范、标准配备，按相关要求发放“垃圾计划书”“垃圾记录簿”，张贴垃圾公告牌，配备垃圾桶。全市有80艘船舶安装油水分离器，安装油水分离设备及产生油污水的船舶均与具有废油回收资质的单位签订“废油回收协议”，全市签订废油回收协议36份。

【船舶检验管理】 2017年，全市以清理规范船舶技术档案、船厂资质管理为重点，加强船检基础工作，全年检验船舶136艘。按照工作程序，通过复核提请、复核受理、实船复核、文件审核、吨位证书签发、证书盖章等环节，按期完成船舶吨位复核工作。

（罗鹏程）

邮政管理

【概况】 2017年，全市拥有邮政营业网点448个，便民服务站2298个，村邮站1288处，邮路179条，邮路总长度（单程）5198千米；登记在册的快递品牌33个，法人企业37家，分支机构352家，行业从业人员4379人，行业车辆838辆，三轮车1021辆。邮政业增长速度高于GDP增长，快递业继续保持高增长态势。全市邮政业累计完成业务收入9.87亿元，同比增长29.03%；累计完成业务总量10.5亿元，同比增长30.64%。其中，完成快递收派业务量10450.86万件，同比增长39.28%，快递配送“绵阳造”电商产品价值约65亿元。

图90　邮政业务总量（亿元）

图91　邮政业务收入（亿元）

【邮政普遍服务业务】　2017年，全市邮政寄递服务业务量累计完成7228.38万件，同比增长2.32%；邮政寄递服务业务收入累计完成0.49亿元，同比增长30.67%。函件业务下降放缓。全年函件业务量完成116.29万件，同比下降4.01%。包裹业务同比小幅增长。全年包裹业务量完成4.74万件，同比增加16.46%。报刊业务同比下滑。全年订销报纸业务完成6444.32万份，同比下降0.83%。全年订销杂志业务完成245.84万份，同比下滑26.55%。汇兑业务大幅下降。全年汇兑业务完成2.63万笔，同比下降51.12%。

【快递业务情况】　2017年，全市快递业务快速增长，快递服务企业业务量完成2720.33万件，同比增长35.91%；快递业务收入完成4.78亿元，同比增长53.37%。快递业务收入在行业中占比继续提升。快递业务收入占行业总收入的比重为48.43%，比上年提高7.78%。同城快递业务出现负增长。全年同城快递业务量完成380.98万件，同比下降5.34%；实现业务收入0.34亿元，同比增长22.77%。异地快递业务快速增长。全年异地快递业务量完成2336.75万件，同比增长46.22%；实现业务收入3.35亿元，同比增长51.72%。国际及港澳台快递业务大幅增长。全年国际及港澳台快递业务量完成2.6万件，同比增加146.75%；实现业务收入0.03亿元，同比增长13.69%。同城业务收入占比下降。同城、异地、国际/港澳台快递业务量占全部比例分别为14%、85.9%和0.1%，业务收入占全部比例分别为7.21%、70.16%和0.52%。

【快递业发展政策出台】　2017年，绵阳市根据省政府《关于促进快递业健康发展的实施意见》，市政府制订并印发《关于促进快递业健康快速发展的实施意见》（简称《意见》）。《意见》从业务规模、服务能力、创新能力、基础设施、协同发展、安全快递等六个方面细化目标要求，到2020年，把绵阳建设成为西部具有自主创新力、品牌影响力、区域竞争力的“中国快递示范城市”。《意见》在促进快递业与物流业、电商产业以及一二三产业实现产品链、资金链、信息链深度融合协调发展，提升快递企业管理水平与创新能力，改善快递基础设施与运营环境，加快建设安全快递，实现健康快速发展等方面发挥着指导性作用。同时，绵阳邮政业纳入全市“十三五”规划纲要实施意见及交通、电商、物流等多个“十三五”发展规划，有利于整合资源，产业联动发展。

【邮政业基础设施建设】　2017年，全市邮政业结合政府“电商下乡”工程，推进村邮站建设工作，基本实现邮件接转到户；对邮政营业网点“合标”及开办法定业务情况进行专项检查，出动162人次，下发责令整改通知书3份；开展建制村通邮统计工作，核实全市276个乡镇3257个建制村通邮情况，建制村通邮率100%。开展“电子商务进农村”和“快递下乡”工程，快递“向西、向下”不断拓展。截至年底，各主要快递品牌在全市各县市区城区实现全覆盖，部分快递企业在各县市区乡镇设立分支机构和代办点，乡镇覆盖率达94.56%。绵阳首个校园快递超市在西南财经大学天府学院亮相。

【邮政快递业监管】　2017年，全市开展邮政普遍服务营业网点合格标准、邮政机要、机要通信邮路外包、纪念邮票销售、“扫黄打非”等专项检查工作，获全市2017年度“扫黄打非”工作先进集体，1人获市先进个人，1人被市“扫黄打非”办推荐为省先进个人。围绕寄递渠道安全专项整顿活动，采取专项和双随机检查的方式，加强日常监督检查，协调相关职能部门，合力监管，落实处罚，确保寄递渠道行业安全，获全省邮政管理系统2017年度市场监管三等奖。2017年出动检查760余人次，约谈邮政快递企业60余家，下发责令整改通知43份，行政处罚决定书23份，共处罚款39.55万元。联合相关部门开展寄递渠道打击涉烟违法专项行动，查处流入绵阳涉烟违法案件240余起，其中案值在2万元以上的假烟案件12起，查扣各类涉烟违法卷烟4000余条，标值共计90余万元，获绵阳市2017"寄递渠道涉烟违法行为专项整治行动"先进集体，绵阳市快递企业未发生违规寄递烟草行为，7个先进集体和45个先进个人在专项整治行动中受到表彰。

【邮政快递业安全管理】 2017年，全市组织开展行业安全培训5次，覆盖邮政快递企业负责人400余人，通过签订安全责任书、制作寄递渠道安全培训视频、制作实名收寄警示牌，召开警示教育大会、案情通报大会落实企业安全生产主体责任和3项安全制度。完善绵阳市邮政业突发事件应急预案，督促指导各企业修订完善应急预案60余份，组织开展应急演练20余次。开展"3·15"消费者权益保护日法制宣传、安全生产暨"七五"普法主题宣传进企业活动，以及"全民禁毒集中宣传月"、"10·9世界邮政日"宣传活动。印制《绵阳市邮政管理局〈关于邮件、快件实行实名寄递的通告〉》1000份、《中华人民共和国反恐怖主义法》2000册、禁寄物品指导目录及处理办法1500份、四川省寄递物流企业责任告知书1500份，下发至各法人企业并张贴至网点营业部。制作邮政寄递安全培训视频，用于对邮政业一线员工进行普法培训。

【邮政快递业服务能力提升】 2017年，全市快递业与制造业、电子商务融合发展，服务全市电子商务和"互联网+"一号工程。绵阳邮政业纳入全市"十三五"规划纲要实施意见及交通、电商、物流等多个"十三五"发展规划，有利于整合资源，促进产业联动发展。鼓励快递企业服务制造业，各主要品牌业务量达100余万件，为客户寄递的产品价值达7亿余元，实现业务收入3000余万元。绵阳壹号递为长虹产品提供售后服务（长虹家电整机或维修配件的寄递派送），开发物流管理信息平台，依托申通快递网络、整合其他快递资源，规范快件包装并采取相应保护技术，保障服务质量，覆盖范围广泛，包括江苏、上海、安徽等华东地区，广东、广西、贵州、重庆等华南地区。

【邮政申诉处理】 2017年，全市邮政系统共处理市长信箱转来案件11件，市长公开电话交办单65件，省邮政管理局消费者申诉中心转办申诉案件1699件，电话投诉23件，现场投诉6件，案件结案率达100%，用户满意率99.5%，挽回经济损失近2.7万元，获全省邮政管理系统2017年度申述处理工作三等奖。

（赵　欢）

国内贸易

概 述

【概况】 2017年，全市推进全企入网、全民触网、电商示范"三大工程"和"旗舰平台"培育计划，统筹发展现代旅游、养老健康、科技服务、金融服务、会展服务等新兴先导型服务业。截至年底，全市实现社会消费品零售总额1112.48亿元，居全省第二，成为全省首个突破千亿元的地级市，增速12.5%。其中城镇市场实现消费品零售总额742.81亿元，同比增长12.5%，占全市社消零总额70.3%，在消费品市场占主导地位；乡村市场实现消费品零售额369.67亿元，同比增长12.7%，高于城镇0.2个百分点，乡村消费市场迅速发展。据统计，全市有各类商品交易市场240个，其中：消费品市场222个，生产资料市场18个。

从消费形态看，全市批零住餐行业实现商品零售额932.6亿元，占社会消费品零售总额83.83%，同比增长12.3%，商品消费依然占据消费市场主导地位；实现餐饮收入179.87亿元，占社会消费品零售总额的16.17%，同比增长14.1%，餐饮业转型升级成效显著，大众餐饮迅速发展。

从消费结构看，全市有限额以上单位1141家，限额以上单位实现社会消费品零售总额478.63亿元，占全市社会消费品零售总额的43.02%，同比增长15.2%，比2016年提升3.5个百分点，商贸流通行业供给侧结构性改革成效显著，重点商贸流通企业成为消费品市场的主力军。其中限上单位实现餐饮收入38.29亿元，同比增长13.1%；实现商品零售440.34亿元，同比增长15.4%。全市限额以上商贸流通企业实现"互联网+"模式比例达90%以上。本地企业连锁经营比例扩大，全市连锁经营企业达188家，连锁率达31.5%。

从热点商品看，除体育、娱乐用品类下降外，其余15类商品销售均呈正增长。其中，粮油、食品、饮料、烟酒类实现销售额75.13亿元，同比增长13%；汽车类实现零售额97.11亿元，同比增长9.9%；家用电器和音像器材类实现零售额97.52亿元，同比增长35.2%。（鲜明芬）

绵阳市大中型商业零售企业一览

表43

序号	企业名称	法人代表	经营范围
1	绵阳大润发商贸有限公司	张宗翰	预包装食品兼散装食品销售。日用百货、服装鞋帽、针纺织品、化妆品、洗涤用品、照相器材、灯具、玩具、文体用品、皮革制品、办公用品、计算机及配件、通信器材（不含大功率发射器）、钟表眼镜、箱包、五金交电、化工产品（不含易燃易爆易制毒品）、珠宝首饰（不含钻石）、工艺品、家用电器、摩托车及配件、电动自行车及配件、自行车及配件、消防器材、建筑装饰材料、农机配件、汽车配件销售，盐、酒、一二类医疗器材、图书零售，场地和柜台租赁，仓储服务（不含危险、违禁物品），物业管理，停车场管理服务，为店内销售商品的厂家提供各类促销服务，家用电器维修（取得消防合格证后，方可从事上述经营活动；依法须经批准的项目，经相关部门批准后方可开展经营活动）
2	绵阳万达百货有限公司	王志彬	企业依法自主选择经营项目，开展经营活动；依法须经批准的项目，经相关部门批准后方可开展经营活动

续表

序号	企业名称	法人代表	经营范围
3	绵阳富临百盛广场有限公司	钟珊珊	商业零售（包括代销、寄售）、批发经营：预包装食品、散装食品、乳制品（婴幼儿配方乳粉）；摄影及照片冲洗，食品加工，场地设施租赁服务（依法须经批准的项目，经相关部门批准后方可开展经营活动）
4	绵阳新世界百货有限公司	牛伟	商业零售经营，包括:综合百货、化妆品、家用电器、五金交电、针纺织品、服装鞋帽、皮革制品、日用杂品、办公用品、钟表眼镜、工艺美术品、金银饰品、珠宝、日化制品、电讯器材、摄影器材、家具、保健用品、健身器材、酒、糖果、茶、饮料（取得消防合格意见书后，商场方可经营）；组织国内产品的出口业务；自营商品的进口业务；黄金制品、白银制品、贵金属制品、珠宝首饰回收；佣金代理（拍卖除外：以上商品进出口不涉及国有贸易、进出口配额许可证、出口配额招标、出口许可证等专项管理的商品；依法须经批准的项目，经相关部门批准后方可开展经营活动）
5	成都人民商场（集团）绵阳有限公司	高宏彪	百货、农副产品、水果、粮油制品、预包装食品、冷冻饮品、冷冻食品、饮料、酒类、乳及乳制品、豆制品、糖及巧克力、调味品、禽肉鲜肉及制品、水产品及制品、蛋及蛋制品、卤制品及冷荤凉菜、保健食品、非直接入口散装食品、商务服务、一类医疗器械、计生用品、文化用品、摄影摄像器材、黄金珠宝、家电、通信设备、工艺美术品的销售；烟零售；糕点制售（裱花）；家电维修；停车场服务；国内广告设计、制作（依法须经批准的项目，经相关部门批准后方可开展经营活动）
6	绵阳富安百货有限公司	顾大宁	日用百货、摄像及照相器材、通信器材（不含国家禁令的器材）、黄金珠宝、钟表、眼镜、办公用品销售，自营商品的进口和国内商品采购出口（国家政策允许范围内的；依法须经批准的项目，经相关部门批准后方可开展经营活动）
7	深圳沃尔玛百货零售有限公司绵阳临园路分店	肖志谦	在公司经营范围内从事经营活动（须取得前置审批的，待取得前置许可证后，方可经营；依法须经批准的项目，经相关部门批准后方可开展经营活动）
8	沃尔玛（四川）百货有限公司绵阳跃进路分店	肖志谦	在公司经营范围内从事经营活动（须取得前置审批的，待取得前置许可后，方可经营；依法须经批准的项目，经相关部门批准后方可开展经营活动）
9	成都市人人乐百货有限公司绵阳崇尚国际购物中心	洪都喜	百货、日用杂品（不含烟花爆竹）、五金交电、化工原料及产品（不含危险品）、建筑装饰材料、电气机械、电子产品、通信器材（不含无线电发射设备）、工艺美术品（不含文物、古董）、医疗器械一类及二类中无需许可和审批的合法项目、蔬菜、果品、蛋的销售；农副产品收购（不含粮、棉、油、麻、蚕茧）；柜台、场地租赁（以上经营范围，需许可、备案的取得许可、备案后经营，需资质的凭资质经营；依法须经批准的项目，经相关部门批准后方可开展经营活动）
10	四川永辉超市有限公司绵阳市花园路万达广场分公司	王雪飞	企业依法自主选择经营项目，开展经营活动；依法须经批准的项目，经相关部门批准后方可开展经营活动

【服务业发展】 2017年，全市实现服务业增加值944.3亿元，居全省第2位，同比增长10.8%，比2016年提高1.3个百分点，分别高出全国和全省平均增速2.8个和1个百分点，增速是建市以来首次排名全省第1位；完成服务业投资876.6亿元，占全市固定资产投资总额的61%；服务业占GDP比重45.5%，比2016年提高9.8个百分点，全市经济结构第一次由“二三一”调整为“三二一”；对经济增长贡献率达50.1%，拉动经济增长4.6个百分点，服务业成为全市经济发展的“压舱石”。制订《绵阳市服务业重点产业行动方案》，完善服务业重点产业统计体系，推进电子商务、科技服务、物流、金融、会展、旅游、文化创意、健康养老八大重点产业加快发展。八大重点产业培育规模以上(限额以上）企业986家，实现增加值200亿元。建设绵安北、绵江平、绵三盐、绵梓四条服务业发展带，形成江油、三台、盐亭、北川、平武6个服务业特色区域。全市服务业增加值100亿元以上区市2个，50亿元以上区县2个，25亿元以上区县5个。（林　楠）

【消费促进活动】 2017年，全市结合四川省“惠民购物全川行”“川货全国行”“万企出国门”等活动，持续拓展市场，推动“绵阳造”产品走出去。全年“惠民购物全川行动”组织9172家企业（品牌）开展各类促销活动566场次、实现销售金额729亿元；组织30余家企业参加“第九届中国西安国际食品博览会暨丝绸之路特色食品展”“川货全国行”上海站、广州站、长春站活动；组织“绵阳造”产品开展进展会、进超市、进商圈、进网络、进市场、进餐企等“六进”活动，实现交易额180亿元；组织开展“电商进商圈”“电商贺羌年”等专场活动，实现线上线下交易额100余万元。组织长虹、九洲、光友薯业等

153家企业参加50余个“万企出国门”系列展会，达成意向成交额4.38亿美元。

【内贸流通法治化建设】 2017年，全市肉菜流通可追溯体系建设项目通过商务部的考核验收，“来源可查、去向可追、责任可究”的信息链条基本建成。开展打击侵犯知识产权和制售假冒伪劣商品及商务诚信建设工作，组织“信用消费进万家”主题日活动，400余家企业和15家金融机构参与活动。开展整治单用途商业预付卡违规经营专项行动，出动执法人员36人次，检查企业41家，新增备案1家。加强药品流通信息监测统计、中药材基础数据统计上报工作，上报率达100%。

（鲜明芬）

粮油购销

【概况】 2017年，全市粮食市场供给相对过剩的情况下，多元市场主体从自身利益和企业信誉的长远效益考虑，适时介入新粮收购，推动粮价的阶段性上扬。粮食加工企业因粮源的选择性强，对产新稻谷的需求趋旺。国有粮食承储企业因地方储备粮轮换的时间和质量要求，造成收购时段的相对集中。粮食购销企业为确保仓容的有效利用，抓住国家连续实施的稻谷最低收购价收购的政策机遇，及时改善仓容条件，优化收储环境，适时启动《四川省2017年中籼稻最低收购价执行预案》，以国标三等中籼稻为标准品，在2017年的基础上每公斤调减0.04元，执行每公斤1.36元，相邻等级价差0.02元，具体执行步骤和监管，严格按照有关制度规定和纪律执行。全年全市入库最低收购价稻谷4.2万吨，促进农家增产增收。此外，国有粮食购销企业还利用维修改造后完善的仓储条件，多方筹措收购资金，通过委托收购、签约代购、自购商品粮源等方式，从当地生产者、市外、省外全方位购进，充实全市粮源库存，确保区域粮食供给。至年底，全市有国有粮食企业33家，其中国有粮食购销企业31家。全市粮油收购主体从当地和省内外市场购进粮食138万吨，其中国有粮食购销企业购进30万吨，占总购进的21.7%；收购油菜籽19.9万吨，其中国有粮食购销企业购进3.3万吨，占总购进的16.6%。累计销售粮食63万吨，其中国有粮食购销企业销售28.6万吨，占总销量的45%；销售食用油（籽折油）11万吨，其中国有粮食购销企业销售食用油（籽折油）2万吨，占总销量的18%。全市国有粮食企业实现销售收入9.37亿元，同比增加1.67亿元，增幅1.8%；实现利润436.7万元，同比增长19.6%。

【储备粮规模调整】 2017年，全市按照川粮函〔2015〕247号文件要求，经市政府同意，对全市的市、县两级储备粮规模进行调整布局，优化品种结构，强化安全管理措施，解决原储备规模大于省上保底计划的矛盾。同时，规范储备粮轮换管理程序，严格轮出、购进的空仓、数量、质量验收制度，完成储备粮食轮换计划。全市完成省级储备粮食轮换14218吨，菜籽油1900吨，占计划的100%；完成市级储备粮食轮换244280吨，菜籽油1000吨，占计划的100%。

【粮油销售产销结构创新】 2017年，全市粮食“去库存”的压力持续存在，粮食行业供给侧结构性改革的目标预期受多种因素困扰，市场对优质粮油的需求制约常规粮食品种的销售，粮食购销企业在竞争中不断创新营销手段，以产区县粮源多、品质好（无重金属超标）的优势，售给外市粮食储备企业轮换用粮的价位高于当地市场行情；随行就市，优质优价，利用绿色环保、生态有机、健康营养的市场消费理念来细分市场情况，达到全方位占有销售份额；企业主管部门与用粮大户所在的粮食主管部门对等签订粮食产销战略合作协议，企业之间再根据“双赢”原则对签销售协议，先后与宜宾五粮液集团、新疆北大荒集团等省内外知名企业建立长期稳定的贸易关系；做好政策性粮油销售轮换的同时，利用法定节假日和传统节日，加大库存商品粮油促销力度；利用全市18个“放心粮油”连锁店和20个乡村粮油超市，扩大消费群体，增加销售份额；在省上规定的时间内完成3.2万吨超标托市稻谷的物理处置销售任务；形成以仙特米业、神龙油脂、大成粮油等民营企业为代表，以梓潼、安州、江油、游仙、涪城等县市区国有粮食购销企业为依托的粮油销售主体，保持全市粮油销售的势头，稳定城乡市场。全市规模以上的用粮企业在粮食购销上率先启用电子商务模式，从国家、省粮油批发市场网上询价参拍，节约购销成本，保证大宗生产加工用粮。 （谢安忠）

烟草专营

【概况】 2017年，绵阳烟草商业系统贯彻落实中央及行业各项决策部署，坚持“稳中求进”工作基调，以税利核心指标，提高发展的质量效益。全年销售卷烟13.55万箱；销售川烟5.75万箱，同比增长1.1%；实现川烟（共享品牌）份额为45.5%，全省排名第2位，同比增长3.25个百分点。全年实现销售收入43.33亿元，同比增长1.76%；创造税利11.52亿元，同比增长2.7%；上缴财政和行业共计11.2亿元。

【卷烟营销方式创新】 2017年，全市在品牌培育方面，形成上下“有领导主抓、有部门协调”的氛围，建立“每月有目标、每月有活动、每月有考核、每月有通报”工作机制。开展地产烟主题宣传、派吸、促销活动93场，参与消费者达9.3万人次；组织召开“零售客家川烟培育座谈会”167场，覆盖客家13200余家；面向婚宴、寿宴等特色市场开展团购活动，营造“家有喜事，我选川烟”浓厚氛围；通过试点引领带动，推进地产烟亲情服务，全市确定活动定点客家449家，收集省外消费者信息34521条，全年计寄送卷烟5974单，共11830条。开展零售终端标准化陈列工作，建成川烟陈列形象店300个；探索“互联网+”新营销模式，推广终端二维码，发展客家832家，累计参与消费者32760名，交易91645笔，交易金额达400万元，参与扫码购烟活动13988人，销售卷烟2.2万包；推进零售客家自律互助小组建设工作，初步建成小组9个，参与客家182家。

【烟草专卖管理】 2017年，全市加强卷烟市场监管，加大打假打私，发挥联合打击涉烟违法行为合作机制和涉烟情报分中心作用，全年查获涉烟违法案件2736起，同比增长8.74%；查获“假私非”卷烟总量1163万支，超额完成全年查缉量任务121.15%；查获万元以上案件163起，同比增长34.71%；通过省烟草专卖局认定的重大涉烟网络案件3起。针对涉烟违法经营大户、铁路非法贩运烟草专卖品、物流运输邮政寄递涉烟违法犯罪等情况开展4次集中整治专项行动，全市烟草、公安出动人员16386人次，清查各类经营、存储重点场所8478家次，行政处罚249人。开展烟草专卖品准运证审核工作，全年审核准运证218份。

（勾　婷）

餐饮业

【概况】 2017年，全市餐饮企业从政策倾向、资金扶持、市场环境等方面入手，推动餐饮企业转型升级。休闲餐饮、大众餐饮需求增强，兰亭十三厨、京川生态园、海上海等高端餐饮开发推出大众菜品。餐饮企业线上线下融合发展，逐步趋向品牌化、时尚化，融入绿色、健康、文化创意等新概念。组织餐饮行业协会、企业赴南京、江苏等地交流学习，与内蒙古、重庆等省（自治区、直辖市）和省内的成都、德阳、雅安等市州餐饮协会建立合作交流机制，联合组织各类学习培训、行业技能大赛、专题活动。截至年底，全市实现餐饮业零售额161.97亿元，同比增长14.3%。占社会消费品零售总额14.57%，上缴税金近10亿元，同比提高7.5%。全市餐饮经营户达2.1万余家，从业人员达21万余人。其中，大众餐饮企业共计1600余家，年营业额实现120亿元，占全市餐饮业营销额的80%；新兴餐饮企业4500余家，年营业额55亿元以上，就业人员6.5万余人。

【知名餐饮企业】 2017年，全市餐饮行业知名企业队伍持续壮大。森林雨旗下有“森林雨”“古今一家”“炫美”三个品牌，有各种直营、加盟管理店面100余家，是绵阳最具影响力餐饮品牌，年均营业收入超过10亿元。紫金印象餐饮公司旗下有“紫金湾”“紫金印象”“滋味工坊”“十三小厨”等多个品牌。六月雪是一家以餐饮连锁、农产品开发、调味品生产为主营业务的大型综合企业，旗下餐饮产业涵盖特色干锅、养生汤锅、中高档中餐，其直营品牌“六月雪”“三缺一”“八道菜”“新鱼上任”均为绵阳市知名品牌，有餐饮直营店20家，加盟店80余家，有配套的中央冻库、调味品生产、物流运输企业，发展成为四川地区最具影响力的大型连锁特色餐饮企业之一。四海香拥有“四海香”“仙龙潭”两个品牌，在省内外发展多家连锁加盟店。德华开元米粉、高水杨米粉、永华米粉、老牌胖米粉、通安巷胖米粉、安县鲜米粉、四维涪娃米粉等绵阳米粉品牌均有多家连锁门店，部分品牌在全国开展连锁经营。

【特色餐饮菜品】 2017年，绵阳市餐饮行业在继续巩固传统特色品种的同时不断开发创新产品。有紫金湾酒楼的石锅三角蜂、担担面、木瓜炖雪蛤，六月雪的糯香鸭掌，四海香的三姐鸡丝凉面，虾圣的蒜蓉小龙虾，钟兔子风味店的麻辣兔头，安州焦鸭子酒楼的全鸭席，何记集美的大刀玻璃耳叶，廖排骨卤菜店的五香卤排骨，江油周肥肠的红烧肥肠，金诺瑞的老婆饼，春梅饭店的凉拌鲫鱼，雨春谷的南瓜酥等知名特色菜品。同时，绵阳餐饮市场还引进泰国菜、日式料理、意大利面、披萨，以及湖南湘菜馆、粤菜馆、兰州拉面、重庆特色火锅、成都串串香、特色汤锅等。建成南河烧烤一条街、马家巷特色休闲餐饮文化一条街、高水烧烤一条街、芙蓉汉城餐饮集中区、高新区餐饮一条街、经开区餐饮一条街等餐饮集中消费区域。

（邹家应）

供销合作商业

【概况】 2017年，全市供销社系统贯彻落实市委、市政府《关于深化供销合作社综合改革的实施意见》，开展“市场不愿干、农民干不了、政府最关切、农民最期盼”的服务。推进供销系统综合改革，9月19日，全省供销社综合改革“双线运行”暨“三化联动”现场交流会在绵阳梓潼县召开。4月，市供销社获“全国供销合作社综合改革试点工作先进单位”。11月，市供销社党组书记、主任岳正宴获“全国供销社先进工作者”。截至年底，全市供销社系统资产总额185997万元，比2016年减少10597万元，其中流动资产101360万元，比2016年减少13319万元，固定资产66593万元，比2016年增加763万元；负债总额92607万元，同比减少1490万元；所有者权益93390万元，同比增加9108万元。全年经营服务总值160.6亿元，售给农民生产资料5.3亿元。全系统实现利润总额22893万元，比2016年增长40%。

【农村产权交易市场建设】 2017年，市委、市政府授权，市供销社按照“市服务、县交易、镇审核、村收集”的总体思路和统一信息发布、统一交易平台、统一交易规则、统一交易鉴证、统一服务标准、统一监督管理的“六统一”模式，建成“市县乡村”全覆盖的农村产权流转交易市场体系，形成市县一体、上下贯通、功能齐全、规范有序的农村产权流转交易市场体系。截至年底，全市建成市中心1个、分中心3个、县中心6个、交易服务站277个、交易信息收集点3370个。办理农村产权流转交易鉴证120宗，交易鉴证金额突破5亿元。

【农业社会组织服务】 2017年，全市坚持政府引导、部门协同、供销组织、企业运作，整合民政、农业、林业、扶贫等社会组织资源，建成全省第一家农业社会组织服务中心，建成"云农新生活"微信平台和"农当家"信息网，免费提供项目发布、产业资讯、种养技术、农资供销、市场信息等农业信息"一站式"共享服务，宣传推广各类招商项目120余个，金额近8亿元；开展"华农讲堂"300余期，线下培训60余场，参培人员5000余人次。

【现代农业社会化服务】 2017年，全市创新农业生产服务方式和手段，探索适应小农生产特点和各类新型经营主体需要的"2+5+N"现代农业社会化服务模式。建成现代农业社会化服务示范性超市200个，为农民提供测土配方、农资供应、农机耕作栽培、租赁销售、新品种推广、新技术应用、信息咨询发布、农村产权交易、资金互助、农村理财等系列服务。5月8日，省委书记王东明在盐亭县玉龙镇调研现代农业社会化服务超市时给予肯定，要求全省推广。9月，全省供销社土地托管现场会在盐亭召开。

【资金互助组织会计记账服务】 2017年，全市建成农村资金互助社、农村资金互助协会和资金互助社联合社3种形态的资金互助组织16家，注册资本合计2200万元。其中，8家资金互助协会带动142家贫困家庭年人均增收2300余元。以帮助记账理财为重点，组建记账理财服务中心，为116个村和各类新型农业经营主体提供代理记账、纳税申报、项目咨询等系列服务，理财金额近1000万元。 （赖小蓉）

物流业

【概况】 2017年，全市营业性货运车辆保有24737辆，总吨位15.032万吨。公路货运量6574.724万吨，公路货物周转量771749.131万吨公里。铁路货物到发量571.5825万吨，同比增长17%。其中发送量79.8887万吨，同比增长1.14%；到达量491.6938万吨，同比增长20%。航空货运量2.227万吨，同比增长31.6%；旅客吞吐量354.3403万人次，同比增长63.1%。快递业累计完成业务收入5.43亿元，同比增长27.06%；累计完成业务总量7228.38万件，同比增长2.32%。

绵阳市第三方物流企业名单

表44 单位：万元

企业名称	地　址	注册资本	县市区
梓潼天地物流有限公司	梓潼县城	50	梓潼
堂宏物流有限公司	游仙区	100	游仙区
绵阳市游仙区天达物流中心	游仙区沈家坝北街83幢3号	55	游仙区
绵阳都贝特物流有限责任公司	游仙区剑南路153号	50	游仙区
绵阳精尖运业有限公司	游仙区	50	游仙区
绵阳林轩物流有限公司	游仙经济试验区光彩园星光街31号	50	游仙区
绵阳市昌俊气体有限公司	游仙路307号	50	游仙区
三台县远洋物流有限公司	三台县潼川镇三射路118号	30	三台
平武县恒然物流有限责任公司	平武县龙安镇金龙路	50	平武
绵阳丰禾快运	平武龙安镇	20	平武
四川江油贤达物流有限公司	江油市小溪坝镇小溪街155号	500	江油
江油市国兴物流有限责任公司	江油市含增镇界池村	100	江油
江油市运成物流服务有限公司	江油市三合镇双流村1组	100	江油
江油捷方物流有限公司	江油市二郎庙高坝村五组	80	江油
江油市昌兴运输有限公司	江油市太平镇新华村一组	50	江油

续表

企业名称	地　址	注册资本	县市区
江油市吉荣运输有限责任公司	江油市三合镇双流村一组	50	江油
江油市通舟物流有限公司	江油市重华镇灵溪街 1 号	50	江油
绵阳天地物流有限公司	梓潼县经济技术产业园区	50	江油
江油市奔成物流运输有限公司	江油市厚坝镇万寿村	30	江油
江油市全顺物流运输有限公司	江油市建南路 33 号	30	江油
江油市天祥汽车运输有限公司	江油市三合镇建南路 27 号	30	江油
江油市中超物流有限公司	江油市建设南路 16 号	30	江油
江油市中天运输有限公司	江油市太平镇新华村欣欣园内二楼	30	江油
四川长虹民生物流有限责任公司	绵阳市涪城区绵绢路 9 号	10000	高新区
绵阳海生物流运输有限公司	科创园区科技路 1 号倍特景苑 B 区	500	高新区
四川绵阳富鸿物流有限公司	绵阳高新区永兴镇兴业南路	500	高新区
中外运绵阳物流有限公司	绵阳高新区石桥铺大桥南岸西侧	300	高新区
四川宏远物流有限公司	温州商贸广场	200	高新区
四川万邦物流服务有限公司	科创园区创业服务中心	218	高新区
绵阳安运物流有限公司	绵阳高新区一康路	200	高新区
绵阳佳顺物流公司	火炬西街 155 号	200	高新区
四川乾坤物流有限责任公司	绵阳市高新区永兴镇兴业南路 21 号	200	高新区
绵阳高新区汇通物流有限公司	绵阳高新区长虹福利厂内	100	高新区
绵阳嘉华物流有限公司	绵阳科创园区元通村二社	100	高新区
绵阳崛宏物流有限公司	绵阳市高新区普明中路 58 号	100	高新区
四川奉天承运物流有限公司	虹苑北路 5-3	100	高新区
四川杰通物流有限公司	绵阳高新区绵兴东路 54 号	100	高新区
四川荣星物流有限公司	绵阳高新区永兴镇	100	高新区
绵阳安运达物流运输公司	高新区虹苑路	50	高新区
凯意达物流公司	高新区	50	高新区
绵阳安能物流有限公司	高新区虹阳街 18 号	50	高新区
绵阳诚意物流有限公司	绵阳高新区火炬大厦 A 区 605 室	50	高新区
绵阳出口加工区华泰物流有限公司	绵阳高新区出口加工区	50	高新区
绵阳海乾物流有限公司	绵阳高新区普明南路东段 106	50	高新区
绵阳宏扬物流有限公司	高新区万象装饰城	50	高新区
绵阳佳鸿物流有限公司	绵阳高新区永兴镇永发路 131 号	50	高新区

续表

企业名称	地　址	注册资本	县市区
绵阳劲诚物流有限公司	高新区万象装饰城	50	高新区
绵阳瑞临物流有限公司	绵阳高新区火炬西街 153 号	50	高新区
绵阳盛达物流有限公司	绵阳高新区永兴镇华裕路 8–9 号	50	高新区
绵阳新路缘物流有限公司	绵阳高新区虹苑路 26 号	50	高新区
绵阳市安驰物流服务有限公司	绵阳高新区普明南路东段 95 号	50	高新区
绵阳市安速达物流有限公司	高新区园艺街	50	高新区
绵阳市鼎凡物流服务有限公司	绵阳高新区永兴镇绵兴西路 257 号	50	高新区
绵阳市富华物流有限公司	绵阳高新区双碑 4 组	50	高新区
绵阳市豪曼物流运输有限公司	绵阳高新区双碑东路 35 号	50	高新区
绵阳市衡通物流有限公司	绵阳高新区火炬北路 14 号	50	高新区
绵阳市金海物流有限责任公司	科创园区园艺街 37 号	50	高新区
绵阳市凯达物流运输有限公司	绵阳高新区绵兴东路 95 号	50	高新区
绵阳市淞元物流有限公司	绵阳高新区虹苑路	50	高新区
绵阳市迅雷物流有限公司	绵阳高新区普明路 129 号	50	高新区
绵阳新路缘物流有限公司	绵阳高新区虹苑路 26 号	50	高新区
绵阳新旺峰物流有限公司	高新区尚高城市花园二期 A3 幢 2 号	50	高新区
绵阳优速物流有限公司	高新区金祥寺弘光路	50	高新区
淞元物流公司	高新区虹苑路	50	高新区
翔驰（倍路）物流公司	高新区虹苑路	50	高新区
绵阳一路发物流有限公司	绵阳市磨家镇	50	高新区
绵阳涪翔航空货运有限公司	双碑中街	50	高新区
绵阳高新区顺达物流有限公司	绵阳高新区绵兴中路 216 号	30	高新区
绵阳市安保物流服务有限公司	绵阳高新区虹苑北路 5–1 号	30	高新区
绵阳市鑫远航物流有限公司	高新区普明北路东段居委会二组 90 号	30	高新区
绵阳贝路物流	双碑中街 32	30	高新区
金鸿物流公司	梅花西街	10	高新区
四川省邮政绵阳邮政速递物流分公司	绵阳市临园路西段 49 号	800	涪城
四川双汇物流有限公司	绵阳市涪城区新皂	600	涪城
四川舜通物流有限责任公司	绵阳新皂工贸经济实验区 8 号路中段	500	涪城
绵阳市江雁物流有限公司	绵阳市小北街 7 号富临外滩花园 C 区	200	涪城
四川浩通物流有限责任公司	绵阳市西河东路 4 号	200	涪城

续表

企业名称	地　址	注册资本	县市区
四川光友沪林物流有限公司	绵阳市涪城区荷花东街 9 号综合楼	150	涪城
绵阳中储物流有限公司	绵阳市涪城区园艺乡牌坊沟村三队	120	
绵阳易圣物流有限公司	绵阳市泗王庙巷 28 号		
绵阳市正翰物流有限公司	绵阳市涪城区磨家镇接龙寺村五社	108	涪城
绵阳恒安达物流有限公司	绵阳市泗王庙巷 28 号	100	涪城
绵阳市奔驰物流有限公司	绵阳市涪城区绵州路南段 25 号	100	涪城
绵阳市奔成物流有限公司	绵阳一环路西一段	100	涪城
绵阳市天源物流有限公司	绵阳市涪城区一环路西段 61-附 2 号	100	涪城
绵阳市万福物流有限公司	绵阳市涪城区长虹大道中段 121 号	100	涪城
四川远达物流有限公司	绵阳市涪城区花园二社区居委会四组	100	涪城
绵阳千汇隆物流有限公司	绵阳市涪城区龙门镇场镇	100	涪城
千汇隆物流公司	一环路西段 61 号	100	涪城
绵阳市杰永物流有限公司	绵阳市涪城区长虹大道南段 17 号	80	涪城
绵阳富邦物流有限责任公司	涪城区花园路 26 号东辰现代花园	69	涪城
绵阳机场物流有限公司	经开区机场东路 1 号	60	涪城
绵阳鑫源物流有限公司	绵阳市涪城区一环路西段 49-3 号	60	涪城
绵阳亨通航空货运代理有限责任公司	绵阳市绵州南路西一巷 59 号	58	涪城
绵阳申通快递	绵阳市滨河北路	50	涪城
嘉里大通物流有限公司绵阳分公司	绵阳市花园路 8 号	50	涪城
绵阳奔成物流有限责任公司	绵阳市军供站 1-18 号	50	涪城
绵阳长林物流有限责任公司	绵阳市涪城区城郊乡新庙村六社	50	涪城
绵阳袋鼠物流有限责任公司	绵阳市涪城区西山东路 17 号	50	涪城
绵阳宏鑫物流有限公司	绵阳市涪城区临园路中段 70 号	50	涪城
绵阳佳弘物流有限责任公司	绵阳市涪城区城郊乡南河村一社二巷	50	涪城
绵阳佳兴物流有限公司	绵阳市西山东路 17 号	50	涪城
绵阳玲安物流有限公司	绵阳市一环路西段 61 号	50	涪城
绵阳民源物流有限公司	绵阳市泗王庙巷 28 号 3 楼 302 号	50	涪城
绵阳荣成物流有限公司	绵阳市梅花东街 71 号	50	涪城
绵阳市巴士望物流有限公司	绵阳市一环路西段 49-2 号	50	涪城
绵阳市博大物流有限责任公司	绵阳市涪城区临园路中段 70 号	50	涪城
绵阳市东方物流有限责任公司	涪城区城郊乡平政武引后街 19-20 号	50	涪城

续表

企业名称	地　址	注册资本	县市区
绵阳市恒发物流信息咨询有限公司	绵阳市涪城区临园路西段 80 号	50	涪城
绵阳市九龙物流有限公司	绵阳市一环路西段五十二号	50	涪城
绵阳市凯泰物流有限公司	绵阳市涪城区丰谷团结路 19 号	50	涪城
绵阳市联溢物流有限责任公司	绵阳市涪城区青义镇场镇	50	涪城
绵阳市天府物流有限责任公司	绵阳市石塘镇红星村	50	涪城
绵阳市鑫鑫物流有限责任公司	绵阳市涪城区一环路西段 61-27 号	50	涪城
绵阳市中诚快递有限责任公司	绵阳市金菊街 38-9 号	50	涪城
绵阳双强物流有限责任公司	绵阳市一环路西段 39-3 号	50	涪城
绵阳四海物流有限公司	绵阳市涪城区一环路西段 49-3 号	50	涪城
绵阳泰福昌物流有限公司	绵阳市南河路 3 社	50	涪城
绵阳万兴物流有限公司	绵阳市涪城区一环路西段 61-21 号	50	涪城
绵阳兴合物流有限公司	绵阳市涪城区临园路东段 54 号	50	涪城
绵阳亚通物流有限公司	绵阳市泗王庙巷 28 号 3 楼 302 号	50	涪城
绵阳禹轩物流有限公司	绵阳市涪城区平政一巷 4 号	50	涪城
绵阳正成物流有限公司	农科区	50	涪城
绵阳中奥科技有限公司	绵阳市长虹大道中段 121 号	50	涪城
四川安捷物流有限责任公司	绵阳市长虹大道中段 97 号	50	涪城
四川华遥物流有限公司	绵阳市涪城区一环路西段 61 号	50	涪城
兴合物流有限公司	临园口	50	涪城
绵阳朝阳物流服务有限公司	绵阳市涪城区长虹大道北段 19 号	30	涪城
绵阳明达物流有限公司	绵阳市会仙路中段 9 号附 2 号	30	涪城
绵阳市安顺达物流有限公司	绵阳市涪城区新皂镇新希望街 313 号	30	涪城
佳信航空货运代理有限责任公司	绵阳市涪城区御旗路 7 号金裕苑	30	涪城
绵阳市宏达物流有限公司	绵阳市涪城区一环路西段 61 号	30	涪城
绵阳市辉巨物流有限公司	绵阳市涪城区翠花街 56 号	30	涪城
绵阳市汇程物流有限公司	绵阳市涪城区长虹大道中段 121 号	30	涪城
绵阳市四通物流有限公司	绵阳市成绵路 83 号	30	涪城
绵阳市鸵鸟物流配送服务有限公司	绵阳市临园路中段 19 号 906 号	30	涪城
绵阳市星至物流有限公司	绵阳市迎宾路 98 号	30	涪城
绵阳鹏宇物流有限公司	长虹大道迎宾路	20	涪城
北川汇通物资经贸物流有限公司	北川羌族自治县安昌镇沙汀路	50	北川

续表

企业名称	地 址	注册资本	县市区
四川省易浦物流有限公司	安县花荄镇解放外街	100	安县
安县骏驳物流有限公司	安县花荄镇花兴路	50	安县
绵阳市金祥物流有限公司	安县花荄镇华丰小区（好医生大道）	50	安县
力展物流盐亭货运部	盐亭	20	盐亭

【物流通道建设】 2017年，全市在公路通道方面，打造川西北区域性综合交通枢纽，构建起“一环八射三联”的高速公路网布局，推进“重构一环、贯通二环”，构建起外联内通、布局合理、衔接顺畅、安全可靠的综合交通运输网络。铁路通道方面，构建“一纵一横两联”的铁路主骨架，拓展绵阳口岸功能，对接成都市口岸办、青白江区，争取青白江铁路口岸功能延伸至绵阳口岸，争取实现绵阳与欧洲的贸易往来。开通运营西安至成都客运专线，成兰铁路安州段加快建设。

航空通道方面，有航线45条，新开通至张家界、徐州、西昌、济南、合肥、桂林的航线。完善南郊机场的设备设施，构建覆盖全国各地的航空网络；并将在北川、平武和三台规划建设通用航空机场，发展通用航空产业。

【重点物流园区建设】 2017年，全市按照全国二级物流园区布局城市的推进工作要求，推进中国科技城（绵阳）科技物流产业园、石塘商贸物流城、龙门农副产品物流加工产业园及石马—东林物流园的建设进程。截至年底，石塘商贸物流城、龙门农副产品物流加工产业园建成并投入运营，科技物流产业园首期启动区开工建设。

【物流市场培育】 2017年，全市新培育9家省级物流重点联系企业，绵阳市省级物流重点联系企业总数达24家。4人被评为四川省物流专家，省物流专家累计达11人。申报绵阳机场、金循环、长虹民生等八家现代物流服务体系项目。物流专业人才培训计划与具有培训资质的高校、培训机构进行前期咨询对接。引导高校、研究机构加入绵阳市物流协会，实现校企地物流业多方合作机制。完善社会物流核算体系项目建设，完成绵阳市物流统计核算及专家库迁移至云中心运行。10月启动国际贸易“单一窗口”建设，促进企业贸易便利化，实现降本增效。

【现代物流服务体系项目建设】 2017年7月，市政府物流办联合市财政局向省办申报绵阳机场、长虹民生等8个绵阳市现代物流服务体系项目，所有项目建设快速稳步推进。依托龙门川西北农产品批发市场，打造以西部冷都、高水农副为代表的农产品冷链物流工程，完善县乡批发市场配套冷链设施。运用现代先进物流技术着力打造统仓统配的城乡配送模式，推动配送资源共享，切实降低配送成本。引进四川中油森泰新能源开发有限公司、绵阳普力诺新能源技术有限公司在涪城区、游仙区规划建设3座LNG清洁能源加注站，推进绿色城市配送体系建设。

【首列蓉欧长虹专列从成都发车】 2017年9月30日，首列蓉欧绵阳长虹专列在成都国际铁路港举行直达布拉格的班列首发仪式。15时30分，满载41节车厢长虹产品的专列驶出成都国际铁路港中心站，10月13日抵达捷克共和国布拉格，这是绵阳市在对外贸易中参与到“一带一路”倡议发展战略中，在9月19日的“成都—捷克通用航空专场对接会”上，成都班列公司、长虹民生物流公司、捷克布拉格场站公司签订《中欧班列·蓉欧快铁成都—捷克布拉格直达班列合作意向书》，让“绵阳造”产品快速走向欧洲国家市场。通过蓉欧长虹专列，绵阳生产的产品比以往走海路运输缩短20天的时间，运输成本减少一半以上。为发展绵阳与“一带一路”倡议沿线国家的经贸合作发挥重要的作用。

（李东山 赵 欢）

图92 首列蓉欧绵阳长虹专列在成都国际铁路港整装待发

会展业

【概况】 2017年，全市举办展览、会议论坛及节庆赛事活动224场（其中展览54场、会议论坛47场、节庆赛事123场），展览总面积约71万平方米，实现会展总收入77.2亿元（其中直接收入7.72亿元、间接收入69.48亿元）。全市会展企业12家，其中规模以上企业3家，期末会展从业人员331人。市政府审议通过《绵阳市会展业发展“十三五”规划》，编写制定《绵阳市会展业2018年行动方案》，荣膺“2017年度中国十佳品牌会展城市”。

【中国科技城（绵阳）第三届农资交易展示会】 2017年3月18—20日，绵阳市委农工委、市博览事务局、市农业局、市商务局、市供销联社和涪城区政府主办的中国科技城（绵阳）第三届农资交易展示会落下帷幕。此次展会室内展场8万余平方米，室外展场2万平方米，国内外涉及种子、农药、农机、农具、饲料、化肥、农用器械等80余家企业参展，吸引了国内外80余家大型农资企业参展，现场成交额达1.1亿元。展会上，设立“绵阳造”农资企业展示区、“新、奇、特”农业展示区、农资新产品新技术推广宣传区、庄稼医生咨询专区以及农资电商平台推广。同期举办美食节巡展及绵阳土特产展、稻草人主题艺术展等活动。

【中国科技城绵阳休闲农业博览会暨四川花艺展览会】 2017年3月24—28日，中共绵阳市委农工委、绵阳市农业局、绵阳市旅游发展委员会、绵阳博览事务局联合主办，四川城记会展服务有限公司、绵阳科发会展旅游有限责任公司、四川省双喜文化传播有限公司共同承办的“2017中国科技城绵阳休闲农业博览会暨四川花艺展览会”在绵阳会展中心举办。本届展会展览面积2万平方米，参展商家共107家，汇集休闲农业、花卉花艺、绿植鱼鸟、民俗手工、农特产品等优质展品。共吸引4.2万余人次参观，现场成交总金额约210余万元，意向成交金额约800余万元，先后举办各类文化及展销活动17场，为绵阳及周边特色旅游产品、休闲观光项目搭建展示与交流平台。

【第六届绵阳之春国际车展暨第三届绵德广国际汽车博览会】 2017年4月19—23日，由《华西都市报》的《封面新闻》栏目，尚格会展股份有限公司联合主办的“擎奏春之声律动科技城”—2017（第六届）绵阳之春国际车展暨第三届绵德广国际汽车博览会在绵阳会展中心盛大开幕。本届车展展览面积10万余平方米，囊括了超跑、越野、SUV、家轿、房车、电动车、摩托车等各类车型，奔驰、宝马、奥迪等80余家主流品牌联袂参展。展会5天，吸引20万人次观展，销售车辆约4793辆，累计销售金额7.18亿元。

【中国爆破器材行业协会第五届第四次理事会暨第五届科技奖颁奖大会】 2017年6月15日，工业和信息化部和中国爆破行业协会主办，雅化集团承办，绵阳科发会展旅游公司承办的中国爆破器材行业协会第五届第四次理事会暨第五届科技奖颁奖大会在绵阳会展中心举行。工信部副部长刘利华出席会议并致辞。本次大会展览面积5600平方米，吸引来自全国各地37家民间爆破企业携先进爆破装备和技术参会并现场展示，700余名专业观众前来观展参会。会期，举办民爆行业智能制造装备科技论坛、2017年民爆科技工作座谈会暨智能制造推进会等大型专业论坛。

【第五届中国（绵阳）科技城国际科技博览会】 2017年9月7—9日，以“军民融合、科技创新、开放合作”为主题的第五届中国（绵阳）科技城国际科技博览会（简称“科博会”）在绵阳新会展中心举办。国务院总理李克强、以色列总理内塔尼亚胡分别发来贺信。本届科博会落实总理李克强、副总理刘延东对科技城建设重要批示指示要求，贯彻科技城建设部际协调小组第12次会议和四川省建设科技城领导小组第18次会议精神，共设置展览面积3.9万平方米，举办主要活动36项。全国政协副主席齐续春，省委书记王东明与22个国家部委共36位省部级领导、13个军方单位12位将军、8位“两院”院士和外国政商、学术界要员、专家参加科博会，参会嘉宾近万人，观众超过40万人次，专业观众近9万人次。44个国家、地区和国内10余个国家自主创新示范区、全面创新改革试验区、高新区到绵阳参展参会，包括世界500强、知名企业、重点科研院所、高等院校在内的754家单位参展。参展项目3065项，同比增长48%；展品10019件，同比增长10%；签约各类项目665个，金额1114亿元，同比增长3%；社会满意度80.8%。

【中国（绵阳）科技城首届国际儿童戏剧展暨童博会】 2017年10月1—4日，绵阳市精神文明建设办公室、绵阳市教育和体育局、绵阳市旅游发展委员会、绵阳科技城发展投资（集团）有限公司主办的中国（绵阳）科技城国际儿童戏剧展暨童博会在绵阳会展中心举行。这是绵阳市文化广电新闻出版局、绵阳市博览事务局指导的全国首个以“演出+展会+论坛”为核心内容的儿童主题活动。期间，来自以色列、马来西亚、捷克、塞尔维亚、克罗地亚、罗马尼亚等“一带一路”倡议沿线国家和北京、上海、成都、宜宾等国内外优秀儿童剧团，上演近40部、200场经典儿童剧目。博览会是全市贯彻落实《绵阳市会展业发展“十三五”规划》，推动“会展业+现代业+服务业”产业融合发展的新举措，每年举办一届，培育打造成为西部儿童文化产业发展示范项目。

【城记·第七届绵阳国际汽车展】 2017年11月8—12日，为期五天的城记·第七届绵阳国际汽车展在绵阳会展中心举行。本届车展展位数量突破100个，法拉利、阿斯顿·马丁、玛莎拉蒂、奔驰、宝马、奥迪、雷克萨斯、林肯、沃尔沃等90个汽车品牌的近800款车型参展，2000平方米新能源生态中心集中展出包括雷克萨斯、丰田、比亚迪、荣威、北汽、江淮、野马等品牌在内的近30款新能源车型，房车主题展区展出包括奔驰、凯伦宾威、丰田、大通、依维柯、GMC等品牌旗下20款房车。展期实现整车销售5510辆，成交额约8.32亿元，10余万人次参观本届车展。

【绵阳2017中华全国专项集邮展览】 2017年12月8—10日，中华全国集邮联合会主办，中国集邮总公司、绵阳市人民政府、中国邮政集团公司四川省分公司、四川省集邮协会承办的绵阳2017中华全国专项集邮展览在会展中心举行。邮展设非竞赛性展品（特邀类）和竞赛性展品两大板块。中华全国集邮联合会31个成员的邮展组织参展，全国各地的集邮爱好者、各省（自治区、直辖市）300多位邮协代表参加，观展人数将10万余人。 （杨 玲）

电子商务

【概况】 2017年，全市以打造“中国西部电商城”为引领，以高标准承办电商峰会、开展网销品牌培育、推进电子商务与一、二、三产业深度融合为抓手，发挥电子商务在经济社会发展中的新兴先导作用，电子商务实现强劲发展。引导农产品生产经营企业、专合组织、种养大家开展农产品网上销售；鼓励工业企业开展个人定制、云制造等新型制造模式，提升营销流通智能化水平；打造“绵阳现代服务业+电商示范基地”，全市2517家服务业企业自建或利用第三方平台开展电子商务，产生线上订单41.6万单，交易额达28.23亿元。全市农业龙头企业电商应用率100%，规模以上工业企业电商应用率90%，服务业领域规模以上（限额以上）企业电商应用率100%。全年实现电商网络交易额2606.13亿元，同比增长28.94%，居全省第二；实现网络零售额103.83亿元，同比增长35.23%。

【网销品牌培育】 2017年，绵阳市制订《特色网销品牌培育行动方案》，培育三台米枣、涪城麦冬、北川腊肉等品牌10余个，圣迪乐村研发的儿童营养蛋获“中国好产品”大赛全国亚军，成为唯一获奖的农产品；“双十一”以长虹为代表的电视、空调、冰箱等家电类产品销量高居全省前十位。在全国前三大电商平台上开设的“绵阳特色馆”，上线产品数近600个，实现线上交易额629.3万元。

【电子商务公共服务平台建设】 2017年，全市整合电商产业园区、行业协会、电商企业等资源，提升绵阳电子商务公共服务平台水平。发挥9个县级电商运营中心、1480个村级服务网点作用，搭建起信息发布、网点建设、业务拓展培训、孵化等功能于一体的政企对接、产业联合协作公共服务平台。定期开展优秀网商、网销能手评选活动，培育选拔一批优秀网销人才；全年开展电商培训50余次，培训近万人次，强化电商人才孵化培育。

【电子商务助力精准扶贫】 2017年，全市围绕北川、平武等贫困县和三台综改区等重点区域，制订电商产业扶贫计划，引导优势电商企业通过“产业扶贫、创业扶贫、用工扶贫”等模式主动融入精准扶贫，引导贫困户开展中药材、茶叶、蜜蜂、生猪等特色农产品种养殖和生产加工。北川普网·药博园通过建立“万亩中药材规模化种植”基地，帮扶贫困户600余人；平武发展中蜂+产业，利用“平武生态农特馆”商城，“平武蜜之源”微信公众号等销售渠道，帮助贫困户拓展蜂蜜销售渠道；三台“云端363”线上集市（综改区特色农产品展示馆）将农村“小散乱”产品集中打包上线，统一品牌、推广和营销，增强知名度。

【2017中国（四川）电子商务发展峰会举行】 2017年9月21—23日，四川省人民政府、中国互联网协会支持，绵阳市人民政府、四川省商务厅主办，亿邦动力承办，以“智能互联·融合创新”为主题的2017中国（四川）电子商务发展峰会在绵阳科技城国际会展中心成功举行。峰会期间，举办“开幕式暨领袖峰会”“电子商务招商对接洽谈会”“‘一带一路’倡议圆桌会”“世界互联网川籍精英圆桌会”“2017中国农村电商发展与精准扶贫论坛”“实体企业线上线下融合发展论坛”等活动。格力电器董事长董明珠、顺丰集团总裁王卫、摩拜单车创始人胡玮炜、360公司创始人兼360企业安全集团董事长齐向东等行业领袖参会分享观点，3000余名行业权威专家、知名金融投资机构负责人、互联网企业负责人、创客代表到会对接，近万人次现场参加峰会论坛，超过300万人次通过网络观看直播，省内15个地市州500余企业（单位）携万类产品参展，观展人数达38.5万人次，交易商品近10万种，实现线上交易额14.1亿元。峰会期间，绵阳市与摩拜、顺丰签订战略合作协议。

【安州区省级电商产业发展示范县项目通过验收】 2017年10月26日，省电子商务产业发展示范县推进工作组对安州区2017年省级电商产业发展示范项目的产品服务体系、电子商务集聚区建设进行中期验收，验收组对照电子商务示范县验收有关要求，通过实地查看、资料查阅、听取汇报、座谈交流等形式对示范项目进行验收，经综合评估通过验收。 （宋 伟）

外贸与交往

出口贸易

【概况】 2017年，全市受国际国内经济形势影响，外贸系统负重前行，全年实现外贸进出口总额115亿元，实现外贸出口总额61.38亿元，同比下降10%，较2016年收窄36个百分点。机电产品出口34.5亿元，占全市出口比重56.2%；高新技术产品出口21亿元，占全市出口比重34.2%。全市新增外贸备案企业90家，累计达1039家。新增进出口上亿美元企业1家、上千万美元企业2家，40余家企业从代理出口转为自营出口或首次实现自营出口。

【国际市场开拓】 2017年，全市主要出口市场136个国家和地区，进出口产品涵盖电子信息、精细化工、新材料、机械制造和服装纺织等20个大类，1400多个品种。2017年第五届科博会期间，承办采购商大会，组织440余家企业现场对接，达成意向合作协议128亿元。长虹、九洲等14家骨干企业牵头组建“绵阳企业进出口联盟”，联盟内家电企业于2017年首次在悉尼举办“绵阳造”家电产品海外发布会，吸引100余家澳大利亚当地经销商及代表参会对接，达成多项合作意向。

【出口加工贸易】 2017年9月30日，首列满载41节车厢长虹产品的蓉欧专列从成都出发直达欧洲，货运时间从45天缩短至13天。制定支持企业利用蓉欧快铁进出口政策，吸引本地龙头企业回迁，安和电子、艾默生等企业外地产能从沿海发达地区转移至绵阳。全年实现加工贸易出口额1.7亿美元。

【跨境电商】 2017年，绵阳市制定鼓励跨境电商出口政策，鼓励企业利用跨境电商扩大出口。引进孵化跨境电商企业37家，光彩国际进口商品体验中心及双创平台、慧聪“一带一路”消费电子孵化交易基地、易田农村电商综合平台川北运营中心投入运营。 （杨万寿）

进口贸易

【概况】 2017年，全市受国家层面加大减少贸易摩擦、控制对外贸易顺差等系列措施帮助，推动骨干企业转型升级，鼓励企业引进国外先进生产技术，抢抓关键部件加工等生产流程。动员企业参加“中国进口商品博览会”等活动，协调多个境外经贸团到绵阳推介产品，与绵阳企业达成合作意向。全市外贸进口连年增长，2017年，实现外贸进口53.59亿元，同比增长10.7%，居全省第二位；进出口产品涉及亚洲、美洲、欧洲、非洲等45个国家和地区；进口产品涉及化工、塑料制品、毛皮、服装纺织和矿产品、饮料等15大类，近500个品种。

【高新机电产品进口下降】 2017年，全市通过鼓励企业加快转型升级，提高进口产品质量，外贸企业在机电、高新技术产品等产业呈现下降态势，全年实现机电产品进口25.8亿元，同比下降33%，占全市进口总额的46.1%；高新技术产品进口15亿元，同比下降46%，占全市进口总额的28%。 （杨万寿）

利用外资

【概况】 2017年，全市外商投资实际到位1.05亿美元。新增外商投资企业27家，总投资2.89亿美元；增资企业5家，增资金额1488.69万美元。全市外商投资企业109家，累计投资总额24.39亿美元，居全省第二位。总投资1亿美元以上的5家，5000万美元以上的7家，1000万美元以上的27家。投资制造业的企业63家，占比58.88%，主要集中在电子信息、汽车零部件、化工原材料等行业；投资批发零售的企业14家，占比13.08%；投资房地产的企业8家，占比7.48%。

外商投资企业涉及新加坡、韩国、美国等20个国家（地区）。沃尔玛、艾默生、丰田等世界500强企业在绵阳市直接投资设立外商投资企业3家。外商投资企业累计实现营业收入321.31亿元，利润23.79亿元，上缴利税10.41亿元，就业人数1.86万人次。全市涉及出口业务的外资企业20家，全年出口3.4亿美元，占全市出口总量的33%。

【外商投资结构】 2017年，全市外商投资服务业领域积极性较高，全年新设服务业领域外商投资企业10家。新设外商投资企业投资工业、农业、服务业数量分别占比3%、59%、37%，投资金额分别占比5%、87%、8%。

【中以经贸促进活动】 2017年，第五届科博会期间，开展以色列主宾国活动，设立3000平方米以色列国家馆。举办中国—以色列（四川）创新合作大会、中以高科技产业对接会、中以高科技产业合作项目路演等系列活动307场次。104家以色列企业、近200位政要和嘉宾参会参展。德阳等7个市州和省内开发区参会，省内先进制造业、生物医药、现代农业等10余个领域企业代表500余个参会。累计达成合作意向96个，达成协议、意向成交额近1200万元。活动期间发布《加强四川省与以色列地方创新合作中国绵阳（科技城）行动计划》。国务院总理李克强、以色列总理内塔尼亚胡分别为活动致贺信。

【中德（绵阳）创新产业合作平台（园区）】 2017年，市政府动员县市区（园区）、企业参加德国经贸促进活动、第二届中德经济论坛等活动。长虹、新晨动力、六合锻造、美丰化工等绵阳企业分别与西门子、菲尼克斯、宝马、卡梅腾、梅塞尔等德国企业进行投资合作。宝马集团授权绵阳新晨动力公司生产宝马王子发动机项目正式建成投产，形成年产25万台生产能力；江油泰生金属有限公司在法兰克福投资成立泰生欧洲公司，该项目被省商务厅评为“中德（四川）装备制造国际产能合作交流中心”，成为四川“一带一路”倡议重点项目。

【投资促进活动】 2017年，全市组织县市区（园区）、企业参加中国国际投资贸易洽谈会、中德汽车大会、汉诺威工业博览会等投资促进活动10余场。波鸿集团与ABB全球机器人与应用公司签订合作协议。接待境外投资考察团队近10个，举办诺丁汉—绵阳经贸推介活动，英国诺丁汉市市长柯睿恩率团访问绵阳，双方围绕双向贸易与投资进行深入交流。

（邓 君）

国际商务活动

【概况】 2017年，绵阳市国际商会开展经贸服务，组织企业参加津洽会、西洽会等省外八个外向型展会；组团参加2017年亚洲消费电子展(CES Asia)、第二届中国西部国际博览会进出口商品展暨中国西部（四川）国际投资大会、美国夏季食品展、第二十一届肯尼亚内罗毕国际贸易展览会、中国机械工业（俄罗斯）品牌展中意创新展览展示洽谈会等国内外重点展会活动。开展投资推广研讨会等各类经贸交流活动20余次。截至年底，全年累计为全市出口企业办理一般原产地证537份，出口金额7350万美元；优惠原产地证34份，出口金额917万美元。

【境内外国际展会活动】 2017年，全市46家企业参加第二届中国西部国际博览会进出口商品展暨中国西部（四川）国际投资大会，达成签约项目44个，签约金额147.75亿元；绵阳展区现场贸易成交额12.14万元，意向签约金额1660万元，采购签约项目数3个；四川长虹电器股份有限公司参加美国拉斯维加斯消费类电子展、2017年德国柏林消费电子展览会（IFA)；四川九洲电器集团有限责任公司参加2017年荷兰广播电视展览会IBC、2017年迪拜广播电视展CABSAT；经开区绵阳铜鑫铜业有限公司参加中国机械工业（俄罗斯）品牌展会，境外参展总面积达到1276平方米。

【国内外经贸交流活动】 2017年，全市组织企业参加省会举办的中国（四川）—南亚经贸合作圆桌会议、“一带一路，共创新思路”投资推广研讨会等各类经贸交流活动20余次。8月，美国消费技术协会（CTA）副总裁Brain Moon（布莱恩.沐恩）及机电商会一行到绵阳交流回访，就如何帮助企业开拓市场进行交流，推动绵阳市与国际经贸组织的交流合作。

【经贸商事法律服务】 2017年，全市为企业提供涵盖出证认证、ATA单证册、商事调解、法律顾问、海损理算等系列商事法律业务。组织企业代表参加“2017贸易通关便利化及国际贸易投资税务政策及实务培训会”“2017经贸摩擦案件应对实务培训”等培训会。坚持履行24小时预约办证承诺，全年累计为出口企业办理一般原产地证537份，出口金额7350万美元；优惠原产地证34份，出口金额917万美元；发票认证21份，领事认证62份，商事认证114份。 （杨 玲）

盐亭县：界分巴蜀 因盐而名

据《太平寰环记》引《蜀记》记载，南朝刘宋元嘉十九年（442 年）于今盐亭县毛公乡侨置宕渠县和西宕渠郡，隶益州（治今成都市区），是为县境州郡建置之始。梁大同元年（535 年）改西宕渠郡为实郡，又分广汉县（治今射洪县广兴乡）新置北宕渠郡，于灵江之东盐井亭置盐亭县，因盐井为名，作为北宕渠郡郡治，此为盐亭建县之始。北朝西魏恭帝（554—556 年）改北宕渠郡为盐亭郡，治盐亭县并领高渠县（治今盐亭西北 18 里）。北周武帝保定初（562 年）析盐亭郡置高渠郡领高渠县。隋开皇三年（583 年）罢郡，以州统县，废盐亭郡、高渠郡，盐亭、高渠二县隶梓州，隋大业三年（607 年）省高渠县入盐亭县，仍隶梓州。唐武德四年（622 年）分盐亭置永泰县（治今盐亭县东北 60 里），天宝元年（742 年）梓州改梓潼郡，唐肃宗乾元元年（762 年）又复名梓州，盐亭县皆隶。五代因之。宋乾德四年（967 年）析盐亭置关东县（治今射洪县东 100 里），宋熙宁五年（1073 年）省永泰县为镇入盐亭县，南宋永泰县复置；盐亭县隶潼川府。元至元二十年（1283 年）并关东县入盐亭县，仍隶潼川府。明洪武九年（1377 年）改府为州，盐亭县隶潼川州。洪武十年省射洪县入盐亭。清雍正十二年（1735 年）潼川改州为府，盐亭县改隶潼川府。民国 2 年（1913 年）废府置道，

盐亭笔塔

盐亭属四川省嘉陵道。民国 10 年以后，盐亭县仍属嘉陵道，实受军阀田颂尧直辖。民国 24 年 3 月，盐亭属四川省第十二行政督察区管辖。1949 年 12 月 28 日盐亭县解放，隶遂宁专区。1952 年，盐亭县隶遂宁专区。1958 年 9 月，遂宁专区并入绵阳专区后，盐亭县隶绵阳专区。1968 年、1985 年，盐亭县先后隶绵阳地区、四川省绵阳市。

金　融

Finance

概　述

【概况】　2017年，全市金融系统以市委、市政府的决策部署，坚持服务实体经济为根本，防控金融风险，深化金融改革，构建军民融合金融服务体系。新增社会融资规模317.3亿元，同比增长13.9%，完成全年目标任务220亿元的144.2%。辖内金融机构人民币存款余额3588.52亿元，比年初新增406.82亿元，同比增长12.79%；人民币贷款余额1864.71亿元，比年初新增197.28亿元，同比增长11.83%。人民币新增贷款完成全年150亿元目标任务的131.52%。全市保费收入112.04亿元，完成全年80亿元目标任务的140.05%，高于2016年实际完成情况19.17亿元，同比增长20.64%。有融资担保公司41家，为19076家企业和个人提供担保贷款39.35亿元，在保余额87.51亿元；开展经营的小额贷款公司21家，全年发放贷款7.62亿元，贷款余额27.22亿元。加强残缺污损人民币净化和人民币反假工作，在江油开展人民币反假货币示范区建设试点。截至12月末，中支钞票处理中心清分230.26亿元，销毁227.21亿元。

【资本市场】　2017年，全市建立拟上市发债企业数据库，入库企业达到350家。其中：4家拟上市企业进入全省IPO推进重点企业名单，18家中小企业进入全省“新三板”挂牌重点后备企业名单，12家国企及上市公司进入全省债券发行重点企业名单。年内新增“新三板”挂牌企业2家，全市上市挂牌公司总数达32家，稳居全省第二位。截至12月末，全市实现直接融资和其他融资资120亿元。

【金融生态环境建设】　2017年，全市持续保持防范和打击非法集资的高压态势，新增非法集资案件2起，同比下降93.3%，辖内非法集资案件得到有效遏制。开展互联网金融和交易场所专项整治，清理整顿第三方支付平台2家，P2P公司5家；督促2家本地交易场所清退客户6.1万户，清退资金3000余万元；对27家交易场所代理机构、6家微盘进行清理规范和整改。

【金融体制改革】　2017年，绵阳市推动市商业银行成立全国首家军民融合科技支行，获批成立天府（四川）股权交易中心军民融合绵阳分中心，组建全国首家军民融合担保公司绵阳科技城科发军民融合融资担保有限公司；纵深推进应收账款融资服务工作，提升军民融合金融服务的水平，应收账款融资额达到43亿元；申建“绵阳科技城军民融合金融改革创新试验区”，形成《绵阳科技城军民融合金融改革创新试验区总体方案》上报国务院。

【应收账款融资服务】　2017年，市政府出台《应收账款融资服务深化试点工作方案》，应收账款融资服务“长虹模式”成功升级为“绵阳模式”。在全国率先实现应收账款全流程在线融资，供应商企业24小时内即可获得贷款。长虹供应链融资扩大到九洲、富临精工和新晨动力等核心企业；参与银行扩大到15家金融机构，实现核心企业应收账款融资业务线上和线下并行办理。截至12月末，全市167家金融机构及其分支机构、237家企业已加入中征平台，累计实现平台融资82.77亿元，是2016年的2.6倍。

【科技金融结合试点工作】　2017年，绵阳市出台《绵阳市科创企业融资培育与拓展计划》，推动辖内10家金融机构共设立科技金融专营机构13个，其中科技支行2个（全国首家军民融合科技支行）、科技金融服务中心8个、军民融合金融服务中心3个。推动专营机构开展“六专”制度机制建设，创新拓展科创·税e贷（累计发放27.12亿元）、税鑫融、科技企业公积金信用贷等金融产品的广度和深度。北川县政府出台《北川羌族自治县数字普惠金融最佳实践区行动方案》，3家重点机构通过电子银行、手机银行和自助机具等方式实现金融业务地理空间上的全域覆盖，且银行网点门柜业务替代率达85.4%。

【非金融企业直接债务融资】 2017年，绵阳市企业累计在银行间市场发行债券32亿元，其中，支持绵投集团在全省地级城市中成功发行首笔10亿元永续中票。长虹、科发集团创新“军民融合债”“双创债”等债务融资产品，设立天府联合股权交易中心军民融合（绵阳）分中心，一批金融支持的军民融合企业成功挂牌。

【利率定价自律机制完善】 2017年，绵阳市建立市场利率定价自律联席会议制度，组织辖内10家地方法人金融机构参与合格审慎评估，其中9家被评为全国利率定价自律机制观察成员，1家被评为全国利率定价自律机制基础成员。地方法人金融机构加快内部资金转移定价机制建设和定价信息系统建设，提高自主定价能力。

【跨国公司外汇资金集中运营业务发展】 2017年，全市跨国公司外汇资金集中运营业务成功报批并新增成员单位6家，可集中外债额度扩大至10亿美元，促进政策红利惠及更多企业。长虹集团、九洲集团2家企业在跨国公司外汇资金集中运营政策框架下累计归集和下拨外汇资金4.56亿美元。

【支付系统建设和运行管理】 2017年，全市组织开展全辖ACS账户基础信息核查工作，完成ACS系统的升级换版。改善农村支付服务环境，扩大电子商业汇票再贴现业务，截至12月末，累计办理大小额支付清算业务8.29万亿元，办理电票再贴现业务37.82亿元。加强第三方支付机构管理，对60余家商户进行现场真实性核查，召集银行及第三方机构负责人约见谈话15次。

【首家军民融合银行在绵阳挂牌成立】 2017年3月1日，中国银行业监督管理委员会四川监管局核准同意，全国首家军民融合科技支行——绵阳市商业银行军民融合科技支行正式挂牌开业。市委书记彭宇行、人行成都分行副行长边志良、省银监局副局长赵霖、省国防科工办副主任施遐出席揭牌仪式，共同为军民融合科技支行开业揭牌。市委常委、副市长杨学宁主持揭牌仪式。绵阳银监分局为绵阳市商业银行军民融合科技支行颁发金融许可证。人行绵阳中心支行负责人宣读绵阳市商业银行军民融合科技支行加入金融管理与服务体系批复。挂牌仪式上，举行军民融合银企对接会，会上支行与4家军民融合企业对接，现场签约授信33亿元。

【天府金融论坛绵阳分论坛在成都举行】 2017年11月24—26日，绵阳市政府与四川省金融工作局、四川省国防科学技术工业办公室、新华社中国财富传媒集团共同举办的“金融助力军民融合发展”天府金融论坛绵阳分论坛暨首届天府金博会绵阳馆在成都西部博览城举行。来自国家部委和省市政府主要负责人，知名军民融合专家，40余家上市公司和投资机构，20余家省级金融机构以及绵阳市金融机构和军民融合企业400余家参加活动，共议军民融合发展与金融创新。论坛上，绵阳市人民政府与四川省金融工作局签订《战略合作备忘录》，开启地方省级金融管理部门与绵阳市合作助推军民融合发展的新格局。论坛邀请中国航空工业技术装备工程协会秘书长于嘉力、中关村军民融合信息装备产业促进会副会长单玉灵、绵阳市商业银行董事长何苗、绵阳市人保财险公司党委书记（总经理）罗宗彬、新晖资本创始合伙人杨朝晖、广东风华高新科技股份有限公司总经理王金全为嘉宾进行对话交流。

金融监管

人民银行绵阳中心支行

【概况】 2017年，支行加强“货币信贷政策+宏观审慎政策”双支柱调控框架，定期开展法人金融机构宏观审慎评估。引导金融机构围绕辖内供给侧结构性改革和精准扶贫要求，改善金融服务，银行信贷融资保持快速增长。截至12月末，全市金融机构本外币各项贷款新增196.27亿元，增量比同期多增68.22亿元；贷款余额增长11.75%，增速较2016年同期提高4.6个百分点。累计办理军民融合票据通1148笔，金额15.64亿元。办理“央行科票通”再贴现38.35亿元，办理“央行小微票据通”24.22亿元。金融机构运用支小、支农、扶贫再贷款发放的贷款加权平均利率为5.19%，较全市贷款加权平均利率低0.81个百分点。

【金融运行监管】 2017年，全市加强金融风险监测排查，对辖区问题机构开展现场办公和现场检查，指导问题机构制定整改方案，落实整改措施；协调政府部门和典型企业稳妥处置大额不良贷款风险，改善银行营运质量。参与开展互联网金融风险专项整治，对绵阳市7家重点机构（其中P2P领域4家、第三方支付3家）进行分类清理，出具整治意见。规范法人投保机构存款保险评级、保费测算及保费征缴工作，改进完善投保手续，截至12月末，累计收缴保费2214.13万元。

【金融业综合管理】 2017年，全市完成3家农信社改制转型工作，办结5家新设机构开业管理申请，对18家金融机构进行年度综合评价。综合运用反洗钱质询、现场走访、洗钱风险评估等一揽子手段，对市级银证保机构的反洗钱监管，完成7家机构的反洗钱分类评级。对农业银行绵阳分行开展综合执法检查，19家银行业机构、1家证券机构、1家保险机构开展专项业务执法检查，全年中支执法检查处罚金额达94.85万元，对金融机构负责人约见谈话6人次。建立金融消费纠纷非诉第三方调解机制，全年受理办结金融消费电话咨询和投诉71件。

绵阳银监分局

【概况】 2017年，绵阳银监分局围绕服务实体经济、管控金融风险、深化改革转型等重点，推动全市银行业与经济社会事业协同发展。截至12月末，全市有各类银行业机构30家（其中法人机构14家），网点数量1047个，各项存款余额3687.17亿元，比2016年年末增加448.8亿元，增长13.86%；贷款余额1926.21亿元，比2016年年末增加212.25亿元，增长12.38%。

【银行业服务实体经济】 2017年，市银监局印发《绵阳银行业服务实体经济发展普惠金融十四条措施》等指导文件，引导银行业围绕全市全面创新改革、重点项目、小微企业等重点领域和金融服务薄弱领域进行信贷倾斜，支持供给侧结构性改革。全年全市银行业机构累计发放贷款1661亿元，比2016年多投贷款180亿元。指导成立银行业机构债权人委员会106家，涉及金融债权780亿元，切实帮助企业化解信贷风险。推进普惠金融发展，年内解决2个农村乡镇金融机构空白问题，引导平武农商行派出首台汽车银行支援九寨沟抗震救灾工作。指导开展银企对接会45场覆盖全市9个县区，全市银行业机构小微企业贷款实现“三个不低于”，涉农贷款实现持续增长。

【银行业风险管控】 2017年，市银监局组织开展“两个加强、两个遏制回头看”“三违反”“三套利”“四不当”“十乱象”等系列专项治理活动，通过监管检查和银行业机构自查发现存在的问题，责成严肃内部问责和实施经济处罚。对个别问题分支机构的主要负责人督导上级行进行调整，督促8名法人机构主要负责人交流任职，对违法违规行为启动行政处罚15项。新推出针对绵阳市商业银行的监管指标清单。主动联合相关部门集中整治化解银担合作不代偿担保贷款本息8亿余元。联合出台加强金融债权司法保护的22条实施工作意见。专题致函四川省农村信用联合社，协调帮扶化解相关联社的风险。同时，建立房地产信贷风险、重点客户风险等监测机制，对重点领域、重点客户的风险密切关注，加强对流动性风险、社会金融风险、操作性风险、交叉金融产品风险、声誉风险的防控督查排查。参与做好处置非法集资、互联网金融风险专项整治、各类交易平台清理整顿工作，继续保持案件防控高压态势，确保辖内金融秩序的总体稳定。

【金融体制改革】 2017年，全市聚焦绵阳独特的军民融合优势，推动制定多个军民融合金融服务的监管指导意见，全国首家军民融合科技支行落户绵阳。在全国率先设立3家军民融合金融服务中心，引导银行业机构创新军民融合金融产品与服务。银监会、中央电视台相继给予宣传报道，四川银监局认定为军民融合金融服务“绵阳模式”。农信社改制股东资质和高管任职资格严把准入关口，提升实质性审查实效，三台、平武、安州3家农商行正式挂牌。绵阳市商业银行成都分行对外营业，核心监管指标持续达标。长虹财务公司新获4项业务许可，资金归集度保持较好水平，应收账款融资服务模式作为国务院可复制、可推广经验在全国推广。（赵利敏）

银行业

【概况】 2017年，全市各类银行业机构18家，其中国有银行与国有商业银行14家，地方银行4家（绵阳本土银行1家）。辖内金融机构人民币存款余额3588.52亿元，比年初新增406.82亿元，同比增长12.79%；人民币贷款余额1864.71亿元，比年初新增197.28亿元，同比增长11.83%。人民币新增贷款完成全年150亿元目标任务的131.52%。

【工商银行绵阳分行】 2017年，工商银行绵阳分行作为工总行重点城市行和全国10家新经济特色支行之一，结合绵阳市全国重要的国防军工和科研生产基地的实际，融入全创改革试验，在全国率先成立三家军民融合金融服务支行，根据军民融合“两高一轻”的特点，量身制定专属的融资产品“套餐”，与绵阳市人民政府共建1亿元“高新技术企业风险补偿基金”，并推出“军民融合贷”“三板贷”“科技贷”“住房公积金信用贷”“投贷联动”、“油e贷”等金融创新产品，服务军民融合企业191家，占全市军民融合企业的59%，全年新建军民融合企业信贷关系21家，累计授信81亿元，贷款余额突破40亿元。全年工行绵阳分行与全市634家小微企业建立信贷关系，按照评级、授信、融资、抵押“四合一”统筹业务流程，全面助力小微企业，小微企业贷款余额51.6亿元，新增3.5亿元，增幅6.8%。提供应收账款融资服务，为全市产业链中小企业提供融资服务1.5亿元。利用引入境外资金，累计办理国际贸易融资4.25亿元人民币和人民币外汇期权1200万美元。截至年底，工行成功争创中银协文明规范服务“千佳示范单位”1家、“五星级”网点2家、“四星级”网点2家；工行总行服务“五星级”网点4家，“四星级”网点10家。（师　阳）

【中国农业银行绵阳分行】 2017年，绵阳分行对接服务军民融合企业达40余家，授信近40亿元，贷款余额超13亿元。通过中征应收账款融资服务平台为九洲线缆等4家客户提供应收账款融资超2亿元。推广小企业“简式贷”等特色信贷产品，支持优质小微企业发展，小微企业贷款余额超40亿元，小微企业“三个不低于”指标和科技支行“三个不低于50%”指标均达到监管要求。以扶贫惠农为主线，突出资源特色，完善服务模式，构建起城市和县域业务双轮驱动、两翼齐飞的战略格局。先后对江油河西片区项目、盐亭安置房项目、三台棚户区改造项目投放贷款近5亿元，推动县域城镇化建设进程。支持产业化农业企业，向专业合作社、专业大户、家庭农场等新兴经营主体投放贷款520万元支持藤椒、茶叶、麦冬、柑橘等绵阳名优农产品专业合作社发展。为 310 户专业大户、家庭农场主投放贷款近 4000 万元，有效带动产业链上 209 户农户增收致富。截至年底，全市共建成金融旗舰店 3 个、全功能网点 30 个、金融便利店 9 个、自助银行 37 个，市分行营业部成功创建中银协文明规范服务“百佳示范单位”，实现网点分类、功能分区、业务分流、客户分层、产品分销的服务模式。柜员机、转账电话、POS 等电子机具同业第一，惠农通服务点超 6800 余个，电子机具对行政村业务覆盖率超 80%。电子渠道交易占比超 90%。通过“全国文明单位”复查验收，绵阳分行营业部被中国银行业协会授予文明规范服务“百佳示范单位”。辖区 7 个县域支行，2 个城区支行，1 个科技支行和分行营业部，78 个营业网点，在职员工 1590 人。

【中国银行绵阳分行】 绵阳分行成立 1984 年 12 月，现有内设部门 10 个（不含营业部），辖属县域支行 4 个，经营性营业网点 39 个（分行及各县域支行营业部）。截至 2017 年年末，全辖在岗员工 608 人；本外币存款余额 180.74 亿元，较上年增长 18.76 亿元，增幅 11.58%；本外币贷款余额 67.45 亿元，较上年增长 14.08 亿元，增幅 26.37%；实现拨备前利润 18961.91 万元，实现净利润 11331.18 万元，实现中间业务净收入 8880.65 万元；不良贷款余额 5825.22 万元，不良贷款占比为 0.86%。分行获中国人民银行绵阳市中心支行综合评价 A 等，被国家外汇管理局绵阳市中心支局评定为 A 类银行，获中国银监会绵阳监管分局监管综合评级为 3A 级。分行围绕九洲集团及旗下军工成员打造“1+N”供应链融资服务模式，拓展供应商客户。线上线下供应链融资新增投放 4.31 亿元，同比增长 287%。中高端客户加权新增 27641 户，全省排名第二；中高端客户金融资产新增 14.16 亿元，全省排名第一；全量客户非存款金融资产新增 7.66 亿元，全省排名第三；私行客户专属产品销售 26914.9 万元，全省排名第三。个人网络金融活跃客户 130853 户，排名四川中行全省第一；实现企业网络金融交易额 559.23 亿元。化解不良预期授信 3650 万元，实现中小企业不良贷款清收 1500 万元。实现个人不良贷款现金清收 3360 万元；实现银行卡不良现金清收 738.01 万元，核销 1426 万元。改造搬迁网点 2 个，增设离行式 ATM 机 3 个。完成辖区 39 个网点智能柜标示标牌制作及线路布局改造工作，覆盖率 100%。投产智能柜台 2 批，智能柜台上线网点达到 9 家。承办中以高科技产业合作对接会，对接会共吸引 48 家以色列方企业代表以及 119 家中方企业代表参加，行业涵盖通用航空、生物科学、现代农业、信息技术等多个领域。共收集到有效信息反馈表 140 份，其中有 96 份反馈显示双方有合作意愿。 （苗卫锋）

【中国建设银行绵阳分行】 绵阳分行（现址绵阳市临园路东段 16 号）是建设银行四川省地市州分行中规模最大、功能完善、产品齐全、服务领先和特色明显的二级分行之一，现有员工 662 人。分行下设 13 个内设部门，对外营业网点共 44 个。ATM 存取款机 277 台。依托数据开展经营决策和过程管控，实现客户、产品、渠道三位一体的精细化管理和精准营销；依托网络提升经营层级，开展以移动为主的全渠道营销，整合全行线上线下渠道、对公对私资源、金融非金融服务，实现客户综合服务和产品交叉销售。组织 2017 年度旺季营销工作，旺季期间存款新增 23.7 亿，居全省第一，新增四行占比 27.16%，比 2016 年同期提升 4.49%。组织各类保险、CTS 签约及基金代销、理财产品、贵金属、分期及商户和私行产品等重点产品的销售。开展“合规建行知行合一”活动，集中开展银行业市场系列整治工作“三违反”“三套利”“四不当”和整治金融乱象等专项治理工作，完成“新一代对私核心系统”上线工作和“新一代系统”的推广工作。完成住房维修基金新系统的上线及人行“畅行巴蜀，金融 IC 卡交通便民工程”安州公交挥卡乘车 IC 卡对其他行开放。自助设备、计算机及系统的维修维护、自助设备的正常开机率超过 95%。截至年底，分行获“先进分支行奖”，获省分行资金结算业务知识竞赛一等奖，分行兴达广场支行被命名为省分行“十佳基层网点”和 2015 年至 2016 年度省分行级女职工文明示范岗，并被四川金融工会授予四川金融先锋号，兴达支行廖相容获 2017 年四川省五一劳动奖章。 （卿烈海）

【农业发展银行绵阳分行】 2017年，全市农发行有员工 155 人。全年累计投放各类贷款 32.29 亿元，贷款余额 71.44 亿元，较年初增加 4.44 亿元。年末存款余额 36.42 亿元，比年初增加 13.24 亿元。实现账面利润 4333 万元。全年累计投放粮油类贷款 3.26 亿元支持企业储备、轮换、调销粮食。其中：投放粮油储备贷款 6092 万元，支持国有粮食购销企业轮入和收储地方储备粮 46259 吨；投放粮油购销贷款 14900 万元，支持企业收购和购进粮食 16.19 万吨、油菜籽 4.67 万吨；投放调控粮油收购贷款 1.16 亿元，支持中储粮和其他委托企业收购稻谷 3.95 万吨。全年上报农业农村基础设施建设类贷款 23 笔 62.78 亿元，获批中长期贷款 12 笔 25.42 亿元，累计投放中长期贷款 28.26 亿元，重点支持武引二期灌区工程建设和江油工业园区整体城镇化建设。全年上报扶贫过桥贷款项目 6 个，申报贷款金额 16 亿元；获批项目 6 个，金额 16 亿元；投放 6 个，金额 12.2 亿元。其中：农村公路建设项目 2 个，审批 6.6 亿元、投放 5 亿元；农村危旧土坯房建设项目 3 个，审批 6.2 亿元，投放 4.4 亿元。切实做好省级统筹易地扶贫搬迁资金的供应和管理工作，累计支付易地扶贫搬迁资金 7761.47 万元。累计投放农业科技创新类流动资金贷款、其他涉农企业贷款和自营性贷款 7660 万元，支持四川光友薯业有限公司、太极集团绵阳制药有限公司、四川天雄药业有限公司等企业发展。先后营销四川梓州农业科技开发有限公司等企业3家，达成融资意向近2亿元。营销全省农发行系统首笔非银团PPP农村公路建设项目（三台支行中涪路项目），首笔土坯房改造贷款和自营性教育扶贫贷款项目（三台县职业教育园区建设项目）；推进国际业务发展，全年新开户2家，外汇结算实现21.42万美元。

【交通银行绵阳分行】 绵阳分行2009年成立，位于绵阳市临园路西段1号。2017年，分行设有物理网点3个，分别为：营业部（千佳五星）、高新支行（税鑫融综合服务大厅）、涪城支行（普惠网点），员工共计57人。设立自助设备15处，其中自助银行7个，机具32台。总存款规模27.88亿元；贷款规模25.01亿元。4月，交通银行绵阳分行与绵阳市政府正式签署金融服务战略合作协议，800亿授信支持绵阳经济建设发展。10月，交通银行绵阳分行与绵阳高新区国税局、四川长虹电器股份有限公司联手打造全国首创的税企银服务平台——“税鑫融”平台，为平台企业提供专属定制产品的一揽子金融服务。12月，交通银行绵阳分行与四川长虹集团财务有限公司合作，成功上线全国首家总行级战略创新产品财务公司财资管理系统（CAMS）。该系统以交通银行核心技术架构体系为基础，融合银行系统的操作理念和管理经验，为财务公司向其所属集团成员单位提供资金结算、存贷款业务、票据管理、国际业务、金融市场业务、网上金融、银企直联、报表报送等综合化金融业统建设服务，帮助财务公司搭建内部金融平台。

（李　晶）

【中国邮政储蓄银行绵阳市分行】 2017年，绵阳市分行内设14个一级部门，下辖270个对外营业网点，70%以上机构分布在县及县以下地区，运营ATM、CRS等自助机具602台。年末，全行资产规模325.81亿元，增加26.35亿元，增幅8.8%；各项存款余额311.28亿元，新增24.26亿元，增幅8.45%；各项贷款余额70.81元，新增15.78亿元，增幅28.68%。11月15日，绵阳市人民政府与中国邮政储蓄银行四川省分行在绵阳举行战略合作协议签字仪式，共同签署《绵阳市人民政府中国邮政储蓄银行四川省分行战略合作协议》。在交通建设、旅游、现代农业、水务、节能环保、工业园区、棚户区改造、中小企业及相关区域经济建设上深化合作，邮储银行四川省分行拟在未来五年内向绵阳市提供不低于600亿元的意向金融贷款支持。7月26日，中国邮政储蓄银行“三农”金融事业部绵阳市分部成立。分部采取“3+3中心”运营模式，即下设小额贷款中心（扶贫业务中心）、农业产业化中心、审查审批中心等3个专业管理中心；在县市区设立营业部，形成与总行、省分行事业部机构相对应，覆盖全市各级机构的专业化服务体系。分行在全行范围内开展商业银行价值创造理念教育实践活动，推动分行向现代商业银行转型跨越，年末全行收入增长7.7%，利润增长44.35%。9月28日，绵阳市分行铁骑力士名单制小额贷款全国项目实现首批放款。年末分行为75名客户，投放贷款1302.65万元，解决“三农”融资难题，该项目预计投放额度1亿元。

（马雪婷）

【浦发银行绵阳分行】 2017年，绵阳分行支持绵阳经济和社会发展。分行以政府类、央企、国企、上市公司和弱周期行业为方向，抓好对公合意资产的营销。年内，向绵阳新晨动力机械有限公司投放项目贷款4.3亿元、短期流动资金贷款3000万元，并签署全省首个票据池业务合作协议；向四川长虹电子控股集团有限公司投放短期流动资金贷款10000万元；向绵阳教育投资集团有限公司发放中期流动资金贷款9000万元；成交成都分行第一笔汇出汇款押汇业务731万美元。同时，制定并实施一户一策分类处置方案，上挂和打包处置了部分不良贷款。年末，剔除不良贷款上挂和核销情况，全行贷款余额较年初增加近亿元。分行通过在城区人行天桥LED电子显示屏、楼宇画框、绵阳广播电视台103.3频道、万达广场等公共场所投放宣传广告等形式开展业务宣传；与保险、证券公司合作举办专场活动，组织开展万达影院刷卡优惠观影活动、知名餐饮“靠浦生活”刷卡优惠活动、知名商圈（万达、凯德）玩转商圈活动、信用卡加油优惠活动。成立城南名著社区支行并开业，增强网点辐射能力。年末，分行零售条线考核得分126分，名列全省第一。定期开展现金及重空、代保管权证检查，并重点对贷后管理工作情况、反洗钱业务、现金结算业务、结算账开户变更销户操作管理情况、银企对账、自助设备安全检查、强休轮岗执行情况、保安人员尽责履职情况、接送钞过程管理规定执行情况、行政印章使用管理情况、机房管理情况、系统运行管理情况、案防目标责任落实情况等内容进行排查，整改问题。参与新一代核心系统产品化项目测试、上线。组织开展安全生产检查、网点安全评估、防抢劫演练和消防知识培训与消防演练。开展“反洗钱”“反假币”“征信知识”专项宣传活动以及“送金融知识进社区”“金融知识进万家”等项宣传活动。通过接受绵阳人行、绵阳银监分局现场与非现场检查、季度走访，总行神秘人暗访、成都分行季度例检、自身现场检查、调阅监控录像、开展服务问卷调查等方式形成本行金融消费权益保护工作监督检查体系。

（赵建华）

【招商银行绵阳分行】 2017年，绵阳分行开展“金融知识进万家”、防范和打击非法集资、征信宣传、安全生产月、反假货币、反洗钱等宣传活动，普及金融知识。成立第一家内置式信用卡部，全年新增信用上海客户1.5万户，餐饮、影院合作商家90余家，信用卡全年消费23.8亿元，同比增长55.1%。银行理财资金6.5亿元投资四川长虹应收账款资产支持计划落地实施，是绵阳分行首单应收账款类ABS业务，也是国内首单家电制造业ABS业务落地。截至年底，绵阳分行各项存款13.34亿元，其中公司存款8.61亿元、个人存款4.73亿元；各项贷款9.86亿元，其中公司贷款3.96亿元，个人贷款4.9亿元；票据融资9578万元。分行取得2017年度执行人民银行和外汇管理局法规政策和管理综合评价等级A级、2017年度银行业金融机构消费者权益保护工作等级一级。（石　天）

【兴业银行绵阳分行】　2017年，绵阳分行业务考核五年来首次得分超过1010分，位居成都分行异地机构第一；存款增长五年来首次上10亿元，年末各项存款余额36.62亿元。实现不良贷款双降，不良贷款率0.14%。实现经营利润2.48亿元，同比增加0.76亿元。小微企业贷款余额16.19亿元，完成年度计划的107.65%；涉农贷款余额25.26亿元，涉农贷款增速35.51%，高于贷款平均增速23.27个百分点。首笔绵阳市政府采购业务、首家与长虹跨行联网的股份制银行、首笔兴业银行成都分行国内反向保理业务等新业务成功落地。企金基础客户193家，比年初增加62家，完成成都分行计划的138%。人民币法定利率存款日均余额18.95亿元、比年初增加4.34亿元、完成分行计划的217%。分行获人行绵阳市中心支行2017年度执行人民银行和外汇管理局法规政策和管理规定综合评价等级A等，获兴业银行成都分行2017年企金业务考评一等奖。（王　斌　张　辉）

【中国光大银行绵阳分行】　绵阳分行2012年12月31日开业成立，辖分行营业部、涪城支行、高新支行和长虹世纪城社区支行四个营业网点。2017年，分行围绕绵阳市重点发展的“两新”产业和重点推动的传统优势产业提质增效，发展各类业务，支持实体经济发展及绵阳地方城镇化及项目建设，争取总分行信贷政策和贷款规模，将信贷资源向绵阳市重点发展的企业、项目和小微企业、“三农”经济、军民融合等民生领域倾斜。各项贷款余额26.78亿元，较年初增加3.01亿元，同比增长12.66%。其中军民融合贷款余额0.89亿元、科技型企业贷款余额7.56亿元、涉农贷款余额2.88亿元。小微企业贷款余额3.68亿元，实现对江油鸿飞、安州投资、花园投资、绵阳伟腾、金顺达等企业投放。年内帮助绵投债券融资计划成功实现高资理财5亿元投放。同时分行加大个人贷款的支持，累计新增发放个人贷款1.8亿元。其中个人精准扶贫贷款未脱贫余额为113万元，包括支持3户贫困户住房按揭贷款、13户个人小额信用贷款。成功发放普惠金融贷款产品“随心贷”近1000万贷款。至年末，分行一般性存款余额23.71亿元，较年初减少2.95亿元。通过银行间市场为企业成功代理发行24亿债券，资产质量优良，不良贷款率为零。分行推动“减窗减柜”工作，减少高柜人员占用，年内削减营业窗口2个，增添7台自助机具，实现90%的个人业务在自助发卡机上完成，实现98%的理财产品线上销售。分行通过线上+线下营销活动推动移动支付业务发展，分行电子支付用户达6万户，手机银行及网上银行开通用户近4万户，移动支付商户发展155户。建立水务云、物业云、租房云、教育云等平台可为行业提供科技+支付+金融+N的服务，做到让老百姓足不出户就能完成缴费的一条龙服务，全年分行光大云缴费平台实现交易3000余万元。（唐　徽）

【长城华西银行绵阳分行】　2017年，绵阳分行贯彻严控风险、回归本源、支持实体经济发展的国家政策，深化依法合规展业、稳健经营发展的工作思路，全年运行平稳，无案件事故发生。截至年底，本外币各项存款时点余额6.87亿元，较年初增加0.43亿元；各项贷款投放8.6亿元，余额6.72亿元，较年初增加1.76亿元。分行按照“产业政策、条线指引、区域特色、经营定位”的工作思路，引领信贷资金投向中小高科技产业、军民融合产业、绿色金融、新材料、节能环保、高端装备制造等实业的流动资金贷款和项目融资需求，降低优质企业融资难度和融资成本。全年实现小微贷款投放2.23亿元，较年初增长1.38亿元，涉农贷款投放1288.94万元，较年初增加136.27万元。推行“诚易贷”“税易贷”“容易贷”等小微融资方案，其中“诚易贷”获“四川省十佳小微产品”，为绵阳地区的小微企业提供了新型的融资保障和丰富的融资类型。全年为贫困企业和个人共计发放扶贫贷款2800万元，比2016年同期新增1950万元。年底，分行被总行表彰为“2017年度优秀管理分行”。（陈　平）

证券业

【概况】　2017年，绵阳市有证券经营机构35家，其中证券营业部33家、分公司2家，新增证券分支机构5家。证券营业部经营范围主要有证券经纪；证券投资咨询；证券投资基金代销；融资融券；代销金融产品；为期货公司提供中间介绍业务；与证券交易、证券投资活动有关的财务顾问；证券资产管理；证券承销与保荐等业务。截至年底，全市证券从业人员有633人，经纪人219人，投资咨询执业人员94人；客户合格主资金账户522980户，净增72611户，客户资产达4851495万元；证券营业收入25927万元，手续费及佣金收入22645万元，净利润10213万元。2017年，绵阳证券分支机构金融产品销售额为1651399万元，同比增长36.9%，其中自行销售额10003738万元，占总销售额的60.8%，代理销售额为647661万元，占总销售额的39.2%。

2017年绵阳市证券业金融机构名录

表45

序号	机构名称	机构地址	联系电话
1	国信证券绵阳兴达街营业部	四川省绵阳市兴达街 11 号长兴商厦五楼	0816-2243409
2	国信证券四川第二分公司	四川省绵阳市兴达街 11 号长兴商厦五楼	0816-2243409
3	中投证券绵阳临园路营业部	绵阳市临园路东段 50 号	0816-2236437
4	华西证券川北分公司	四川省绵阳市安昌路 33 号	0816-2243027
5	华西证券绵阳安昌路营业部	四川省绵阳市安昌路 33 号	0816-2243027
6	华西证券绵阳安县恒源大道营业部	绵阳市安州区花荄恒源大道花城广场 1 楼 8 号	0816-4367289
7	华西证券绵阳江油东大街营业部	江油市东大街 152 号	0816-3224682
8	华西证券三台恒昌路营业部	四川省绵阳市三台县恒昌路 70 号	0816-5330390
9	安信证券绵阳涪城路营业部	绵阳市涪城路 167 中央美地商住楼 4 楼 1 号	0816-2236330
10	安信证券绵阳绵兴东路营业部	四川省绵阳市高新区绵兴东路 97 号	0816-2241565
11	中信证券绵阳临园路营业部	绵阳市涪城区临园路西段附 5 号 1-1-4	0816-2373380
12	新时代证券绵阳泗水巷铁牛广场营业部	绵阳市涪城区泗水巷 58 号海赋外滩 2 栋 3 楼 4 号	0816-2222389
13	新时代证券三台北泉路营业部	绵阳市三台县北坝镇北泉路百乐时代广场一幢	0816-5222233
14	国金证券绵阳警钟街营业部	绵阳市涪城区警钟街 6 号	0816-6855066
15	招商证券绵阳临园路营业部	绵阳市临园路西段 5 号	028-86319076
16	海通证券绵阳长虹大道营业部	绵阳市涪城区长虹大道北段 21 号未来城 4 幢 2 楼	0816-2288929
17	宏信证券绵阳滨江路营业部	绵阳市涪城区滨江路 10 号凯信水韵滨江 4 号	0816-6388177
18	宏信证券江油金轮干道营业部	四川省江油市中坝镇金轮干道川信小区	0816-3263486
19	银河证券绵阳跃进路营业部	绵阳市涪城区跃进路 6 号长虹国际 26 幢 3 单元 5 楼	0816-2831253
20	西南证券绵阳安昌路营业部	绵阳市涪城区安昌路 6 号	0816-2341808
21	长江证券绵阳花园南街营业部	四川省绵阳市涪城区花园南街 56-23	0816-2349565
22	国都证券绵阳滨江路营业部	绵阳市涪城区滨江路 10 号（凯信·水韵滨江）	0816-2880338
23	国盛证券绵阳泗水巷营业部	绵阳市涪城区泗水巷 58 号海赋外滩 3 幢 2 层	0816-2507789
24	光大证券绵阳飞云大道营业部	四川省绵阳市高新区飞云中街 1 号	0816-2829888
25	红塔证券绵阳临园路营业部	绵阳市涪城区临园路东段 78 号兴达国际大厦 1 幢	0816-8186817
26	广州证券绵阳临园路营业部	绵阳市涪城区临园路东段 72 号新益大厦	0816-2818088
27	万和证券绵阳临园路西段营业部	绵阳市涪城区临园路西段 25 号王子大酒店裙楼	0816-2332666
28	英大证券绵阳体运村路营业部	绵阳市涪城区体运村路 2-9 号	0816-2696998
29	国海证券绵阳滨江路营业部	四川省绵阳市涪城区剑南路西段 8 号 4 幢 102	0816-2812512
30	国泰君安证券绵阳剑南路营业部	绵阳市涪城区剑南路西段 8 号富临东方广场 2 栋	0816-2553569
31	华林证券绵阳九洲大道营业部	四川省绵阳市科创区九洲大道创新中心 1688 号	0816-2777916
32	西藏东方财富证券绵阳临园路营业部	绵阳市涪城区临园路中段 80 号综合楼	0816-2290899
33	金元证券绵阳安昌路营业部	四川省绵阳市涪城区安昌路 18 号爱喜嘉年华	0816-2557288
34	天风证券江油李白大道营业部	江油市李白大道东侧宏安中华御景 1 栋 2 楼 1 号	0816-6788886
35	国融证券江油金燕南路营业部	江油市金燕南路 8 号中润御翠豪庭 7 幢 2 层 228 号	0816-3887385

保险业

【概况】　2017年，全市保险机构发挥在防灾减灾、生命健康、民商事纠纷化解、经济补偿等方面的保障功能，全年共处理各类赔案84万件，理赔金额34亿元；年金、满期给付和退保金额约33亿元。服务“三农”事业。政策性农业保险、农村小额人身保险的承保面不断扩大，全年政策性农险实现保费2.22亿元，承保件数24573件，理赔件数18077件，理赔金额1.28亿元；小额人身保险实现保费0.35亿元，共承保871355人，保险金额201.72亿元，理赔件数9691件，理赔金额0.17亿元。推进商业保险机构受托承办绵阳市城镇职工补充医疗保险和城乡居民大病保险，形成政府、个人和保险机构共同参与的大病风险分担机制。推进城乡居民住宅地震巨灾保险工作，医疗责任保险全面承保，小额贷款保证保险启动试点，食品安全责任保险、安全生产责任保险、诉讼保全保险、建设工程保证保险等稳步推进。发挥保险在全面创新改革五大体系中的重要作用，在军民融合保险、科技保险、首台套保险和出口信用保险方面取得实质性突破。全年上缴税金4.04亿元，同比增加0.24亿元，增长6.3%，代收车船使用税1.6亿元；行业新增保险销售从业人员2837人，累计从业人员达到3.6万人。全市保险业三级机构50家，其中产险机构21家、寿险机构29家；四级机构140家；代理公司58家。全市保险业实现保费收入112.04亿元，同比增长19.4%。全年保费收入中，财产险公司实现保费收入29.48亿元，同比增加2.73亿元，增长10.2%。人身险公司实现保费收入82.56亿元，同比增加15.48亿元，增长23.07%；保险密度2309元，同比增长18.22%；保险深度5.4%，同比增长8%。

【保险风险防范和治理】　2017年，保险行业协会制订《绵阳市保险业2017年防范打击非法集资宣传月活动实施方案》，组织会员单位分别开展专题宣传，并联合绵阳市金融学会、西南财大天府学院等开展“保险知识进校园”活动，宣传普及金融防范非法集资的相关内容。围绕互联网金融风险专项整治工作要求，制订整治方案和细化风险清理方案，对各会员单位和保险专业中介机构进行全面摸底排查和部分现场核查，采取有力措施优化市场竞争环境，促进互联网金融的规范有序发展。印发《关于做好2017年防范化解满期给付和退保风险工作的通知》，对全年满期给付和退保规模进行预测，要求各会员单位强化主体责任，做好风险排查，加强销售管理，坚守风险底线。全年满期给付13亿元，退保金额18亿元。两次组织财产险会员单位召开车险市场乱象整治工作专题会议，并组建整治车险乱象工作组，强化车险合规监管，加强车险市场自律，促进商业车险深化改革。

【军民融合保险】　2017年，绵阳市人民政府出台《绵阳市开展科技保险工作的实施意见》，绵阳市保险行业协会印发《关于成立军民融合保险推进工作小组的通知》和《关于成立保险业全面创新改革工作领导小组的通知》，涪城区人民政府出台《关于开展小额贷款保证保险试点工作的实施意见》。人保军民融合支公司立足市场，探索契合军民融合企业需求的“军融保”系列保险产品，包括“军融宝”一号企财险类、“军融宝”二号责任险类、“军融宝”三号信用保证类和“军融宝”四号员工福利类，基本覆盖军民融合企业及人才的保险需求。平安财险的综合金融服务，人保险资直贷与军民融合相结合的运作模式，通过创新保险产品供给，为军民融合创新提供更好的保险服务。第五届科博会期间，人保财险作为军民融合专业保险公司，为参会厂商、工作人员，参观群众提供600万元的人身财产综合保险。

【保险行业形象宣传】　2017年，保险行业协会刊发各类新闻共计350余篇，其中3篇在《中国保险报》、中保网上发表；在“7·8保险公众宣传日”活动中，开展各类宣传活动50余次，宣传报道80余篇。组织会员拍摄“说保险”视频；在《绵阳日报》《绵阳晚报》《市场信息报》《新谭》、保险行业协会网站、微信公众号、科技城在线网等开辟“全国保险公众宣传日”宣传专栏；在绵阳广播电台开设“保险知识讲堂”节目，解答消费者关心的热点难点问题。“3·15”期间，开展以“诚信保险，自主消费”为主题的宣传活动，《绵阳日报》整版宣传“2015年度十大典型理赔案例”。全年有17家会员单位开展58次公益活动。

【消费者权益维护】　2017年，保险行业协会选聘9名兼职调解员，先后组织两次调解技能专项培训。同时，健全保调委各项制度，规范调解工作流程，确保调解工作有序开展。绵阳交通事故诉讼案件从2014年近万件降至2017年1400余件。引导消费者依法维权，提升各公司矛盾纠纷化解能力，保险行业协会设立重大疑难案件投诉评估机制，成立法律、保险、调解等专业人才组成的评估小组，对重点、难点投诉案件进行性质分析与评价，客观公正维护各方权益。截至年底，保险行业协会接待来信、来电、来访等案件329件，其中面访及信访43件、四川保监局转办追踪件159件、来电咨询和投诉96件、诉调对接31件。投诉内容主要为理赔纠纷、退保争议、险种销售等问题，保险行业协会与各公司协同解决信访投诉，及时化解矛盾纠纷。

【校企合作】　2017年10月，保险行业协会携人保财险、平安财险、阳光人寿等10家会员单位与西南财大天府学院联合召开校企合作研讨会，建立起优秀人才输送、保险课题研究的校企互动机制。行业专业人才加入到西南财大天府学院《保险学原理》课程体系研讨小组，在

图93 保险业“十佳”获奖人员颁奖

秋季开学时间以保险进校园的方式为在校生现场教学。校企合作平台的搭建，促进高校培养金融机构人才，加快高校应用型人才培养转型。

【保险业“十佳”评选活动】 2017年4月22日，绵阳市保险协会印发《关于开展绵阳市首届“十佳保险销售明星”“十佳保险理赔服务明星”“十佳保险团队”评选活动的通知》（绵保协〔2017〕52号），活动正式拉开帷幕。经过宣传发动和组织推荐，共有32位销售明星，24位理赔服务明星，22个保险团队进入候选。通过网络投票和理事审核投票，产生10名“十佳保险销售明星”、10名“十佳保险理赔服务明星”、10个“十佳保险团队”，并有22人获得“十佳保险销售明星入围奖”、14人获得“十佳保险理赔服务明星入围奖”、12个团队获得“十佳保险团队入围奖”。7月7日，召开绵阳保险业“十佳”表彰大会，向获奖人员颁奖。（李洪敏）

【中国人寿保险股份有限公司绵阳市分公司】 2017年，全市系统遵循“重价值、强队伍、优结构、稳增长、防风险”经营方针，业务发展再上新台阶。全年实现保费总收入19.66亿元，同比增长20.03%，占据绵阳市寿险市场份额23.75%。全年公司首年标准保费、首年期交、10年期及以上首年标准保费、标准保费均有较大幅度增长。续期保费占总保费的比例从2016年的57.12%增长至2017年的57.67%；首年期交保费占新单保费的比例从2016年的45.35%增长至2017年的51.86%；10年期及以上首年期交保费占首年期交保费的比例从2016年的40.33%增长至2017年的59.39%。完成城乡居民大病保险调费工作，成功中标2018—2020年“城镇职工补充保险商业合作保险机构”项目。城乡居民大病保险承保232.53万人（建卡贫困户14.6万人），基金收入6138.81万元，同比增长17.48%。城镇职工补充医疗保险承保29.76万人，实收保费2856.96万元。公司全年个险渠道在册人力5678人，主管队伍638人。季均有效人力3178人，同比增幅27.43%；银保渠道规划师队伍年末在册人力1042人，同比新增242人，月均举绩人力350人，同比新增80人。

（李　莉　蒋　勇）

【中国人民财产保险股份有限公司绵阳市分公司】 2017年，公司有正式员工530余人，营销员1800余人，农村保险服务人员2700余人。实现保费收入13.28亿元，同比增长13.96%，占绵阳财险市场保费收入总额的45.01%；全年累计承担风险保障金额5865亿元，处理各类理赔案件1.4万件，支付赔款6.24亿元；上缴税金1.3亿元。其中车险保费收入8.86亿元，同比增长13.96%；非车险（不含社保）保费收入1.63亿元，同比增长14.35%；农险保费收入1.63亿元，同比增长3.22%；社保业务保费收入1.16亿元，同比增长48.69%。全年增量保费1.63亿元，增量份额59.55%，市场排名第一。非车险推进地震保险，开展扶贫保项目，社会医疗保险实现亿元大关，人社局综合服务质量考评连续两年第一，续签城乡居民大病保险，中标2018—2020年城镇职工补充医疗保险。公司获交警队独家授权，在城区开通4个交通管理服务站点，为客户办理证照信息变更、车辆免检等业务。11月3日，启动人保直升机救援服务，打破传统应急救援壁垒。理赔质量全面提升，万元以案件理赔周期缩短至7.7天，运用手机开展勘查。参与公益扶贫，农村居民大病保险扶贫江油、安县、北川涉及赔付19093人。

【中国太平洋财产保险股份有限公司绵阳中心支公司】 绵阳中心支公司2002年8月成立，年保费规模近2亿。公司承保各种财产保险、农业保险、短期健康保险和意外伤害保险业务。公司承保业务涉及各行各业、各个领域。公司设立高新、江油、三台、安州、盐亭、梓潼支公司，在平武、北川设立有服务站点，实现绵阳全覆盖。承保绵阳涪城区财政车辆、三台县财政车辆、安县财政车辆、四川长虹、绵阳新华集团、农业银行、工商银行、科研单位等重大项目。在全省首推“全年无休、365天营业、24小时理赔”的服务举措，依托全国统一客户服务电话号码：95500，实行全方位、无障碍的客户沟通；针对9座以下投保车损险且为家庭自用车、党政机关团体客车、事业单位团体客车、企业非营业客车的车辆提供无限次十项免费道路救援服务（派送燃料、电瓶搭电、更换轮胎、加防冻液、

图94 保险公司员工为转移的游客提供饮用水与食物

现场快修服务、紧急拖车服务、困境救援服务、在线故障排除指导、紧急信息传递、驾车医疗救援）。在绵阳“7·5”暴雨和九寨沟“8·8”地震发生后，公司启动应急预案，在参与抢险救灾的同时做好相关损失财产理赔工作。

【中华联合财产保险股份有限公司绵阳中心支公司】 2017 年，中华保险绵阳中支实现保费收入 1.07 亿元，同比增长 0.98%，其中：车险 4080.58 万元；财险 1156 万元，同比增长 14%；人险 1764 万元，同比增长 10%；农险 3741 万元，同比增长 3%；信保 15.16 万元；保费规模在全省排名第 7 位；在绵阳财险市场稳居第 6 位，份额占比 3.65%。全年有效报案（不含农险）3929 件（其中车险 2887 件、非车险 1180 件），已结案 4024 件，累计赔款 3402.2 万元，综合赔付率 59.31%，综合成本率 98.51%；全年实现净利润 440.34 万元，缴纳各类税金及附加 406.92 万元。公司下设涪城区、游仙区、高新区、安州区、江油市、三台县、梓潼县、盐亭县、北川羌族自治县、平武县 10 个营业机构。公司将车险作为全年业务发展的重点，制定发展策略和经营措施，全年车险保费收入 4081 万元，盈利 306.46 万元。探索创新新业务发展，开拓环污险、诉责险、实习生责任险、产品责任险及养老机构责任险、火灾公众责任险等险种业务，其中校责险签单保费达到 146 万元。承保三台的藤椒、北川的高山蔬菜、平武的牦牛等，全年农险保费实现 3741 万元，同比增长 2.5%。承保盐亭、三台、北川 3 个县的在册贫困户综合保险，保费共计 170 余万元。

通过农业贷的方式推进信保业务，全年信保实现保费收入 16.21 万元，为 23 户个人与企业融资 535 万元。 （谢 静）

财政管理

【概况】 2017年，全市地方一般公共预算收入实现110.59亿元，同口径增长8.02%，完成预算的100.47%。其中：税收收入66.87亿元，同比增长4.75%；非税收入43.72亿元，同比下降0.14%。全市一般公共预算支出实现365.06亿元，同比增长8.96%，完成预算的97.36%。全市政府性基金预算收入实现80.01亿元，同比增长33.44%，完成预算的99.01%。政府性基金预算支出实现81.32亿元，同比增长3.67%，完成预算的99.11%。国有资本经营预算收入实现1.01亿元，完成预算的100%；加上上级补助等收入后，可供安排的收入总量为1.16亿元。国有资本经营预算支出实现1.02亿元，完成预算的88.17%。社会保险基金预算收入实现66.83亿元，完成预算的100%；加上上年滚存结余后，可供安排的收入总量为162.91亿元。全市社会保险基金预算支出实现59.28亿元，完成预算的100%。

【市级财政收支】 2017年，市级一般公共预算收入实现12.28亿元，同比增长0.1%，完成预算的100.27%（自2015年1月1日起，城区执行新的财政体制，市属企事业税收收入按照属地原则划归各区、园区，市级分享财力）。市级一般公共预算支出实现70.24亿元，同比增长3.76%，完成预算的91.02%。市级政府性基金预算收入实现22.49亿元，同比增长19.81%，完成预算的115.67%。市级政府性基金预算支出实现19.01亿元，下降4.86%，完成预算的99.71%。

市级国有资本经营预算收入实现0.85亿元，完成预算的100%；加上上级补助等收入后，可供安排的收入总量为0.99亿元。市级国有资本经营预算支出实现0.85亿元，完成预算的86.16%。市级社会保险基金预算收入实现34.3亿元，完成预算的100%；加上上年滚存结余后，可供安排的收入总量为102亿元。市级社会保险基金预算支出实现29.95亿元，完成预算的100%。

【财政收支平衡情况】 2017年，全市结存资金10.52亿元，结存资金按规定清理后，补充预算稳定调节基金3.47亿元、因项目跨年实施需要结转下年继续使用9.88亿元，净结余赤字2.83亿元（为北川县因地震形成的历年赤字滚存结余）。其中：市级结存资金9.17亿元，结存资金按规定清理后，补充预算稳定调节基金2.24亿元，因项目跨年实施需要结转下年继续使用6.93亿元。

【教科卫与公共安全支出完成情况】 2017年，全市教育、科技、医疗卫生、公共安全完成支出129.72亿元。其中，教育支出61.05亿元，同比增长9.72%；医疗卫生支出41.83亿元，同比增长7.49%；公共安全支出20.71亿元，同比增长13.56%；科技支出6.13亿元，同比增长21.79%。市本级教育、科技、医疗卫生、公共安全完成支出26.57亿元。其中，教育支出9.65亿元，同比增长7.89%；医疗卫生支出7.82亿元，同比增长39.51%；公共安全支出5.9亿元，同比增长7.85%；科技支出3.2亿元，同比增长13.43%。

【财政转移支付情况】 2017年，市财政对县市区的财力性补助（包括返还性补助和一般性转移支付补助）、专项转移支付补助194.09亿元。其中，均衡性转移支付38.05亿元，县级基本财力保障10.17亿元，下达各项专项拨款补助64.73亿元等，主要用于地区均衡性发展，提升民生保障，落实中央、省、市重大决策等（只包含公共财政方面）。

【财政政策支持经济建设】 2017年，全市继续实施财政政策，对基础设施、产业、“三农”等方面支持力度。全年安排交通、城建、科技城集中发展区三大“攻坚行动”资金10.65亿元。安排产业发展资金2.86亿元，安排各类商贸流通专项资金8574万元。培育科技中小企业发展壮大，安排科技、中小企业发展资金7000万元。实施减税降费各项优惠政策，全年减免各项税收62.32亿元，减少行政事业性收费32项，减轻企业负担5000万元。建立健全支农投入机制，全年下达各级财政支农专项资金20亿元。支持电子商务、环保、房地产等重点领域发展。

【民生事业财政投入】 2017年，全市坚持民生优先，持续加大民生投入。省级十项民生工程及20件民生实事到位资金63.08亿元，占计划的106.72%；市级民生工程到位资金12.61亿元，占计划的72.68%。支持保障性安居工程建设，筹集资金6558万元。落实租赁住房租赁补贴政策，发放补贴2150户。加大棚改货币化安置力度，市本级安置525户。

【扶贫攻坚财政支持】 2017年，全市各级财政安排脱贫攻坚资金36.09亿元，支出进度达97%。市本级落实财政扶贫资金4620万元，其中专项扶贫资金规模同比增长41.33%，高于2017年市本级一般公共预算收入增幅33个百分点。安排产业化扶贫资金3.4亿元，推动农业规模化发展。四项扶贫基金总规模累计达到4.51亿元，较2016年同比增长2.29亿元。贫困县统筹整合使用财政涉农资金3.87亿元，占可整合资金的93.8%，支出进度为84.5%，整合比例及支出进度均超过省财政厅考核标准。探索财政扶贫资金管理新模式，“互联网+精准扶贫会计代理记账”试点工作得到中共中央政治局委员、国务院副总理汪洋肯定，财政部党组成员、部长助理赵鸣骥带队到绵阳开展专题调研，总结试点经验。

【转变财政支持方式】 2017年，绵阳市发挥政府投资引导基金作用，基金投资额达23.7亿元，加快推进总规模达246亿元的五支基金组建工作，其中县域经济产业投资基金、科技城城市发展建设投资基金已签订合作协议，基金市州行（绵阳站）活动成功签约项目42个，投资总额320亿元，其中绵阳签约项目20个，投资总额285亿元。按PPP程序筹备推进项目19个，总投资304.48亿元，加快实施13个PPP项目，投资总额157.2亿元，吸引社会资本（含融资）145.8亿元，其中全省最大的市政PPP项目科技城集中发展区地下综合管廊及道路建设项目已开工建设，盐亭县乡镇污水处理站（第一批）项目成功入选四川省PPP环保领域示范项目库。继续做好政府购买服务牵头工作，2017年，市本级纳入年初部门预算的政府购买公共服务资金1.69亿元，涉及单位19个、项目64个。

【政府债务管理】 2017年，全面规范政府性债务的举借、使用、偿还，加强全市政府性债务管理。截至年底，市政府债务余额377.04亿元，在省政府批准限额391.28亿元内。市政府出台《绵阳市政府债务风险化解规划》《绵阳市政府债务风险应急处置预案》《绵阳市政府债务预算管理暂行办法》和《绵阳市政府债务风险评估和预警暂行办法》等制度，进一步规范各级各部门举债方式，严格债务资金用途，严禁违法违规举债和担保政府债务行为。2017年，全市到位债券144.51亿元，同比同比增长17.14%。其中新增债券42.59亿元，同比同比增长77.90%。各级财政部门及债务单位积极筹措化解政府债务，2017年偿还政府债券本息4.3亿元。

【赵鸣骥到绵阳调研“互联网+精准扶贫代理记账”试点工作】 2017年11月15—16日，财政部党组成员、部长助理赵鸣骥带队到绵阳调研“互联网+精准扶贫代理记账”试点工作并召开座谈会。省财政厅厅长王一宏陪同调研。市委副书记、市长刘超汇报绵阳市“互联网+精准扶贫代理记账”试点工作开展情况。财政部会计司司长高一斌主持座谈会。座谈会上，省财政厅党组成员、总会计师黎家远汇报全省“互联网+精准扶贫代理记账”工作开展情况。财政部农业司副司长柯凤，国务院扶贫办规划财务司副司长郭建军作交流发言。北川羌族自治县、甘孜藏族自治州财政局主要负责人分别汇报“互联网+精准扶贫代理记账”工作开展情况。调研期间，赵鸣骥一行先后前往长虹公司、北川擂鼓镇等地，围绕“互联网+精准扶贫代理记账”试点工作开展情况进行实地调研。

2017年绵阳市一般公共预算、政府性基金支出完成情况

表46　　单位：万元

区域	绵阳一般公共预算支出完成情况					绵阳市政府性基金支出完成情况				
	调整预算数	2017年	2016年	占预算的%	增长%	调整预算数	2017年	2016年	占预算的%	增长%
绵阳市	3749456	3650634	3350412	97.36%	8.96%	820501	813162	784350	99.11%	3.67%
市本级	771703	702366	676907	91.02%	3.76%	190614	190062	199763	99.71%	-4.86%
市区县合计	2977753	2948268	2673505	99.01%	10.28%	629887	623100	584587	98.92%	6.59%
涪城区	261946	251946	252014	96.18%	-0.03%	9188	8256	13052	89.86%	-36.75%
游仙区	268184	268184	222687	100.00%	20.43%	29701	29701	13545	100.00%	119.28%
江油市	444910	441746	381884	99.29%	15.68%	210965	210693	227929	99.87%	-7.56%

续表

区域	绵阳一般公共预算支出完成情况					绵阳市政府性基金支出完成情况				
	调整预算数	2017年	2016年	占预算的%	增长%	调整预算数	2017年	2016年	占预算的%	增长%
安州区	215182	215162	201408	99.99%	6.83%	80606	80493	62081	99.86%	29.66%
梓潼县	224385	223558	193385	99.63%	15.60%	13310	12763	31848	95.89%	-59.93%
平武县	184060	179468	183175	97.51%	-2.02%	4529	4498	5465	99.32%	-17.69%
北川县	228218	228138	214154	99.96%	6.53%	35134	33106	14582	94.23%	127.03%
三台县	566976	561578	523853	99.05%	7.20%	130368	130368	57442	100.00%	126.96%
盐亭县	333277	330917	286621	99.29%	15.45%	48240	47269	105555	97.99%	-55.22%
高新区	104891	104286	83933	99.42%	24.25%	36987	36543	17602	98.80%	107.61%
科创区	65908	63469	53844	96.30%	17.88%	8823	7374	19872	83.58%	-62.89%
经开区	60322	60322	55664	100.00%	8.37%	20804	20804	14162	100.00%	46.90%
仙海区	12973	12973	12984	100.00%	-0.08%	1214	1214	1433	100.00%	-15.28%
科学城	6521	6521	7899	100.00%	-17.45%	18	18	19	100.00%	-5.26%

说明：收入调整预算数为各地区报人大数。其他数据为2017年绵阳市财政总决算报表数。

国家税务

【概况】 2017年，全市国税系统坚持以组织收入为中心，落实“坚决依法收好税，坚决不收过头税，坚决落实减免税，坚决打击偷骗税”的“四个坚决”要求，统筹“收、防、减、查”工作，着力在优管促收、挖潜稳收和堵漏增收上下功夫，科学分解收入计划，强化收入任务观，通过联动分析、统筹管理、通盘调度等措施，共同应对收入中的难题和风险，确保各级次收入入库，税收收入首次跨上百亿元台阶。截至年底，全市国税系统共入库税收收入113.71亿元，同比增收31.23亿元，同比增长37.9%，完成省局年度计划的106.1%，收入规模居全省第5位，比上年提升1位，首次跨越百亿大关，创历史新高。其中：中央级收入68.36亿元，同比增长30.4%；省级收入17.42亿元，同比增长55.8%；市县级收入27.93亿元，同比增长48.1%，剔除前5月营改增四大行业影响入库23.67亿元，完成年度8%可比增幅目标的116.2%。不打折扣落实税收优惠政策，减免税27.93亿元；办理出口退（免）税6.56亿元，其中退税5.6亿元。

【“营改增”试点工作】 2017年，全市加强后续管理，新扩围四大行业入库增值税27.77亿元，比改革前营业税收入减收近3亿元，减税效应比较明显。深入推进征管体制改革，有序落实5类21项工作任务，试点打造“一平台两中心N团队”税收管理模式，国地税合作取得新成果，建成“全国百佳国税地税合作市级示范区”。

【开展征管基础建设年活动】 2017年，全市实施税户普查、基础事项

绵阳市国税局2017年税收收入完成情况

表47　　单位：万元

下级单位＼指标	税收收入合计	国内增值税	国内消费税	企业所得税	个人所得税	车辆购置税	海关代征
合计	1206201	728747	88957	226949	3	92422	69123
绵阳市国税局直属税务分局	146631	50909	0	26599	0	0	69123
科学城国家税务局	13350	12780	0	570	0	0	—
绵阳经开区国家税务局	60870	44045	730	16095	0	0	—
绵阳高新区国家税务局	180596	124096	39055	17445	0	0	—

续表

指标 下级单位	税收收入合计	国内增值税	国内消费税	企业所得税	个人所得税	车辆购置税	海关代征
涪城区国家税务局	213477	162356	4097	47023	1	0	—
游仙区国家税务局	148857	81734	44247	22875	1	0	—
安州区国家税务局	52039	44727	83	5067	0	2162	—
北川羌族自治县国家税务局	21923	16678	31	4407	0	807	—
江油市国家税务局	160408	96083	551	59055	0	4719	—
梓潼县国家税务局	15312	10751	45	3081	0	1435	—
平武县国家税务局	23678	19213	13	4065	0	387	—
三台县国家税务局	65820	46142	80	15743	1	3854	—
盐亭县国家税务局	25759	19233	25	4924	0	1577	—
绵阳市国税局车购税分局	77481	0	0	0	0	77481	—

规范和走逃（失联）纳税人虚开发票专项整治，积极推行实名办税，全市综合实名采集率99.72%，实名认证率90.35%。进一步强化风险管理，打击偷逃骗税，风险应对收入3.28亿元，占总收入的3.21%，其中稽查立案检查171户，查补税款1.13亿元。

【深化“放管服”改革】 2017年，全市打造“智税绵阳”服务品牌，逐步建成“网上办税为主、自助办税为辅、实体办税兜底”的纳税服务体系。推行“非接触式”办税，“非接触式”办税总比率在全省率先突破50%，发票办理及外管证等三项核心业务“非接触式”办理率达44.9%，较2016年提升39.81个百分点，居全省第一。全国首创财税资综合智能服务平台“税鑫融”，推广“科创·税e贷”金融服务，累计为312家科技型中小微企业提供信贷资金，市局荣获“全省银税互动工作先进单位”。推进税收法治建设，新建全省系统法治税务基地1个，6个单位获评全市“六五”普法先进单位；1个单位作为全省唯一的国税机关被纳入“三项制度”省级试点；全面推行法律顾问制度，聘任法律顾问24人；全市国税系统开展重大案件审理32件；全市国税系统执法资格考试通过率接近90%。

【“科创·税e贷”】 2015年9月，绵阳市国税局、人民银行、科知局、地税局、财政局等5部门联合推出“科创·税e贷”，有效降低科技型中小企业融资准入门槛，缓解科技型

绵阳市国税局2017年纳税十强企业

表48　　单位：万元

纳税人名称	入库税额			
	增值税	消费税	企业所得税	合计
四川省烟草公司绵阳市公司	7772	44219	6436	58427
拉法基瑞安（四川）投资有限公司	711		41388	42099
四川中烟工业有限责任公司	5689	25450	—	31139
四川省绵阳市丰谷酒业有限责任公司	3961	12953	—	16914
四川长虹空调有限公司	14489	—	—	14489
绵阳市商业银行股份有限公司	3542	—	10781	14323
绵阳铜鑫铜业有限公司	10673	—	—	10673
四川长虹电器股份有限公司	10168	—	—	10168
四川三台农村商业银行股份有限公司	1652	—	7879	9531
四川长虹佳华数字技术有限公司	2078	—	6090	8168

中小微企业“融资难、融资慢、融资贵”的难题。该产品是指金融机构针对科技型中小微企业轻资产特征，依托“绵阳市科技型中小微企业信用信息库网平台”，在风险可控前提下，依据企业信贷状况，综合参考平台发布的企业纳税信用等级、税款缴纳等信息，满足科技型中小微企业融资需求而创新开发的一种以信用贷款和轻资产质押贷款为主的金融产品。截至年底，全市银行机构有针对性地开发“科创·税e贷”金融服务产品59个，累计为312家中小微企业发放贷款27.12亿元。

【全国首创财税资综合服务平台“税鑫融”启动运行】 2017年10月16日，绵阳高新区联合市国税局、长虹公司、交通银行共建全国首创财税资综合服务平台“税鑫融”启动运行。省政府副省长朱鹤新，省政府副秘书长牛晓峰，市委副书记、市长刘超，民革四川省委主委、省金融工作局局长欧阳泽华，省政务服务和公共资源交易服务中心党委书记、主任杨娟，省国税局党组副书记、副局长胡苏华出席启动仪式。“税鑫融”通过优化纳税服务、规范财务核算、防范涉税风险、拓展融资渠道，助力中小微企业健康成长，推动军民融合不断深化。政府补贴600万元帮助1000户入驻企业3年内免费使用财务核算模块，入驻企业实名认证，上传财务原始单据，平台自动识别数据按月生成财务信息，提供智能化核算服务和财务建议。财务核算模块可形成纳税报表自动报税，根据企业经营状况自动识别可享受的小微企业、高新技术等优惠政策，自动计算税款，完成优惠备案，实行先减后审，确保税收优惠落地。信用评级模块根据财务状况、纳税信用等级、税收缴纳等信息实行动态信用积分管理，银行机构量身定制“税融通”“优贷通”等5款信贷产品，为符合条件的企业提供年利率最高下浮2.25%的免担保抵押贷款，累计提供免抵押信用贷款3900万元。（罗雪梅）

地方税务

【概况】 2017年，全市地税系统组织入库各项地方收入69.84亿元，剔除“营改增”因素，同口径增收3.52亿元，同比增长5.31%。其中：税收收入59.79亿元，其他收入10.05亿元。入库地方级收入44.95亿元，同口径增收3.03亿元，同比增长7.22%。共计依法落实税收优惠政策减免32.44亿元，有效推动全市经济社会可持续发展。

【推进依法治税】 2017年，全市推进依法行政工作，涪城局成功创建为“四川省地税系统法治基地”，游仙局7所、江油局1所创建为“四川省地税系统依法行政示范单位”。落实税收救济工作，办理行政处罚行政复议案2件。整理以往年度办结的行政复议案件资料，建立行政复议案例库。以案件查处为中心，切实发挥稽查职能，通过稽查立案检查、企业自查辅导、推进“双随机一公开”监管、开展税警协作等工作，优化税收执法环境。落实税收风险管理，共完成40批次、1.5万余条风险应对任务，累计入库税款及滞纳金、罚款共计6738.15万元。加强行政权力依法规范公开运行工作，市本级上线运行5282件，完成全年任务数的105.6%，录入件次和推进进度排名全市部门前列。

【深化征管改革】 2017年，全市做好环保税和水资源费改税改革各项准备工作，分别制定改革方案，成立工作领导小组，取得市政府及相关单位支持，分别从水务部门、环保部门接收384户、447户相关纳税人基础资料。贯彻落实商事制度改革，持续推进单位纳税人“三证合一”“五证合一”“多证合一”登记制度。落实工商简易注销制度，对1299户纳税人信息数据进行核实和反馈。推进网上办税CA认证试点工作，共发放并绑定CA用户4669户。创新执法手段，出台《建立解决基层税务机关业务需求长效机制方案》，建立起解决基层税务机关业务需求长效机制。在北川和安州分别开展重大执法决定法制审核制度和行政执法公示制度的试点。在安州和江油开展“以地控税、以税节地”试点。强化税收征管，启用电子档案、存量房交易税收估价等系统数据备份服务器并建立备份机制。深化与国税部门合作，推动51个合作事项全面落地，与市国税局联合建成全国百佳国地税合作市级示范区。

【地税纳税服务】 2017年，全市“提升·创响”纳税服务质效，为解决纳税人休息日办税需求，推出周六休息日特色办税服务。依托网线、无线和“12366”热线、“天府E税”、网上办税厅、自助办税终端、短信等互联互通平台，推广线上+线下纳税服务，全年受理热线话务8646件，推广网上纳税申报，全年网上纳税申报达52.74万户次，入库税款33.26亿元，网报率89.73%。强化纳税信用结果运用，向各级金融机构推送1.73万户纳税信用信息，全市多家金融机构据此累计向1.67万户企业授信52.85亿元。向各级政府部门推送和反馈纳税信用690户次，反馈意见建议37条。开展主城区纳税人线下快递寄送服务需求调查，发放调查问卷4万余份。组织开展全国纳税人和服务一线管理人员需求调查，广泛收集提升纳税服务质效意见建议。发挥税务机关的监管和服务职责，召开国地税、纳税人和涉税专业服务机构三方座谈会和国地税联合检查，促进涉税中介专业服务健康有序发展。

2017年绵阳市地方税务收入情况统计
（剔除营改增因素）

表49

单位：万元

项目	累计收入	累计同比±%
各项收入总计	698458	5.31
一、税收收入合计	597943	5.05
1. 增值税	8866	82.62
2. 营业税	11161	
3. 企业所得税	77231	-22.30
4. 个人所得税	153292	4.47
5. 资源税	6566	12.82
6. 城市维护建设税	52459	4.12
7. 房产税	38410	2.71
8. 印花税	16767	21.30
9. 土地使用税	34280	18.33
10. 土地增值税	53300	7.70
11. 车船税	18235	14.52
12. 耕地占用税	47080	4.57
13. 契税	80296	12.48
14.其他税收	0	—
二、基金附加收入	100515	6.86
1. 教育费附加	25596	7.24
2. 地方教育费附加	17109	7.21
3. 社会保险基金收入	30929	-5.00
4. 其他收入	26881	23.99

（刘　操）

科学技术

自然科学

概　述

【概况】　2017年，全市科技创新工作抓住全面创新改革试验区机遇，树立“五大发展”理念，实施《绵阳市科技创新“十三五”规划》，贯彻落实国家、省、市科技创新大会精神，着力整合创新资源，聚集创新要素，搭建创新平台，提升创新能力，以科技创新支撑引领经济转型升级为主线，实施创新驱动、军民融合战略，推进“互联网+”创新创业，推动“大众创业、万众创新”。全社会R&D投入占GDP比重达7%，科技创新综合水平指数达70.64%。全市高新技术产业总产值实现1701.37亿元，新增孵化器8家，新增孵化面积10万平方米，科技型中小企业认定超过1万家，其中新增升级规模纳入统计78家，专利申请量10889件，专利授权量4749件，实现技术合同成交总额8.8亿元。

【畜禽养殖加工及废弃物处理技术国际培训班在西南科技大学开班】2017年8月2日，2017年畜禽养殖加工及废弃物处理技术国际培训班在西南科技大学开班。本次国际培训由科技部国际合作司主办，西南科技大学承办。来自“一带一路”倡议沿线的马来西亚、巴基斯坦、老挝、赞比亚、缅甸、尼泊尔等国家的有关政府官员、20多名从事动物科学研究的专家学者，四川省科技厅、绵阳市政府、西南科技大学、绵阳市科知局等有关人员出席开班典礼。培训班本着和平合作，开放包容，互学互鉴，互利共赢的丝绸之路精神，旨在提高发展中国家畜禽养殖加工水平，解决现代畜禽养殖、加工及废弃物处理技术在发展中国家推广过程中遇到的技术难题，充分发挥现代畜禽养殖、加工在增加收入、提高食品安全质量、提升废弃物循环利用和环境保护的能力，促进发展中国家现代家畜禽养殖、加工产业的可持续发展，推进中国和发展中国家的交流合作及现代畜牧业先进科技的推广应用。

【第六届中国创新创业大赛军转民大赛颁奖仪式在绵阳举行】　2017年8月31日，科技部火炬高技术开发中心、绵阳市政府共同主办，市科知局、科创区管委会共同承办，国家军民两用技术交易中心协办的第六届中国创新创业大赛军转民大赛颁奖仪式在科技城创新中心隆重举行。市委副书记、市长刘超出席颁奖仪式并致辞，科技部火炬中心金融处副处长王仰东、省科技厅副厅长张巍、省国防科工办副主任施遐、省生产力促进中心副主任董路出席大赛颁奖仪式。市委常委、科技城党工委副书记、管委会常务副主任、

图95　2017年畜禽养殖加工及废弃物处理技术国际培训班在西南科技大学开班

图96 8月31日，第六届中国创新创业大赛军转民大赛颁奖仪式在科技城创新中心举行

市国资委党委书记元方主持颁奖仪式。颁奖仪式上，刘超、王仰东、张巍、施遐、董路等分别为北京航天动力研究所、绵阳天眼激光科技有限公司等获奖项目单位颁奖。副市长孙福全宣读决赛获奖公告。大赛自5月18日启动，受到各军工院所、军转民企业及团队的广泛关注，共征集来自中国航天科技、中国航天科工、中国兵器装备、中国核工业等军工集团，中国工程物理研究院等国防科研院所，以及哈尔滨工程大学、北京交通大学等涉军院校优秀军工项目445项，经初赛、半决赛角逐，20个优秀项目进入总决赛。绵阳入围的5个项目获1个一等奖、1个二等奖、3个优胜奖。

【第五届科博会科技成果和专利技术发布】 2017年9月7日下午，以“搭建军民两用技术发布与交易平台，促进科技成果和专利技术转移转化”为主题的第五届科博会科技成果和专利技术发布与交易专场活动在绵阳创新中心举行。中共绵阳市委副书记付康、四川省知识产权局局长谢商华、四川省科技厅副巡视员罗彦春出席开幕式并致辞。此次专场活动共发布电子信息、先进制造、新材料、新能源与节能、环境保护、现代农业等领域的科技成果和专利技术213项，其中现场发布8项。 （李芝军）

科技工作

【概况】 2017年，全市实施高新技术企业倍增计划，组织企业参加高企认定培训，引导和支持科技型企业按照高新技术企业标准推进企业建设。高新技术产业总产值实现1701.37亿元。打造高新技术产业载体，四川游仙经济开发区、四川江油工业园区升级为省级高新技术产业园区。实施科技型中小企业提质增效工程，解决企业发展瓶颈，使科技型中小企业成为快速发展的生力军。全市科技型中小企业累计认证超过1万家，其中，新增规模以上企业78家。

【科技创新平台建设】 2017年，西科大申报国家重点实验室工作取得进展。全市建成国省级重点实验室26家，国省级工程技术研究中心21家，国省级国际科技合作基地5个。持续完善国家军民两用技术交易中心，发挥技术转移机构作用，提高技术交易质量和水平。四川军民融合大型科学仪器共享平台揭牌，并完成创新中心1号楼2楼物理平台建设。为近千家企业提供服务3000余次，央视新闻联播专题报道。根据大众创业、万众创新的发展需求，加快创新创业孵化载体建设，全市新增孵化机构8家，累计达58家，孵化总面积达110万平方米，入驻孵化企业和服务机构3500余家。

【科技成果转移转化】 2017年，全市开展科技成果精准对接行动，走访企业、收集企业需求、对接院所高校成果，促成多方达成合作意向。全年走访企业500家，收集到企业需求200余份。创新科技成果转化机制，利用技术转移示范机构，因地制宜地促进高校和科研院所技术转移转化，推动科技成果资本化和商品化。截至年底，全市技术合同交易登记额达8.8亿元。

【科技创新试点示范】 2017年，全市推进国家科技和金融结合试点工作，形成“科金云”绵阳科技金融服务模式，并在《中国科技金融》刊发此模式，并在全省推广。科技型企业贷款余额257.2亿元，贷款企业1625家。3月，全国银行业首家军民融合科技支行在绵阳成立。推进国家知识产权质押融资试点和专利保险试点，全市专利权质押贷款累计3.56亿元，专利申请量10889件，专利授权量4749件。做好相关项目包装和申报工作，科技文化融合省级项目获得支持1个，市级项目拟支持5个。

【民生科技服务】 2017年，绵阳分平台、北川和平武运管中心在“四川科技扶贫在线平台”上线，在线解答贫困户各类技术难题400余个。帮扶梓潼县贫困村大新乡曙光村，展现新风貌，实现“脱贫摘帽”。指导“涪城麦冬”上档升级，建立四川省麦冬产业技术研究院，争取将“涪城麦冬”列入国家中药材大品种和争取科技部中医药现代研究专项相关工作。推动一、二、三产业融合发展，建设并挂牌国家农业科技园区三台、游仙、梓潼分园区，筹备申建国家农业高新区，加快江油附子专家大院等科研平台建设。开展“科技之春”科普活动月、科技活动周等科普宣传活动，宣传科技知识，展示科技成果，提升全民科学素质。

【大众创业万众创新工作】 2017年，全市强化创新创业学习培训，组织高校、孵化机构定期开展创新创业特色活动。各类孵化器、高校创业孵化服务活动达240余场，累计服务企业和创客团队2000余家。塑造"双创"活动品牌，组织并参与科博会、中国创新创业军转民大赛、"双创周"等赛事活动，以形式多样的政策宣传、展览展示、经验交流、创客高校行、专题巡讲等掀起"双创"热潮。强化宣传，发挥"双创风采"电视专访、《中国科技城创新创业》期刊等新闻媒体作用，加大对"双创"的新闻宣传和舆论引导，树立创业创新典型，营造良好创新创业氛围。2017年，长虹集团被批准为全国第二批大众创业万众创新示范基地，游仙孵化中心、西南科技大学国家大学科技园被批准为第三批国家小型微型企业创业创新示范基地。

【四川省麦冬产业技术研究院在三台挂牌成立】 2017年6月26日，四川省麦冬产业技术研究院授牌仪式在中国麦冬之乡三台县举行。作为2017年度第一批省级产业技术研究院，麦冬产研院将致力于麦冬产业的研究、开发和利用，重点围绕技术研发和技术创新，攻克和突破一批关键共性技术，努力形成产业链条式、产业集群式发展，探索"政产学研用"协同创新路径，推动绵阳乃至四川麦冬大健康产业发展。同时，麦冬产研院还将与各级各部门合作，解决科研力量"短板"、破解技术难题，实现麦冬三次产业融合发展。

【2017年度全市技术合同认定登记工作会】 2017年，绵阳市活跃技术市场，做好技术合同认定登记工作，确保完成省科技厅下达的2017年目标任务。6月29日，市科知局组织召开2017年度全市技术合同认定登记工作会。市科知局机关党委书记陈光明主持会议，市科知局成果科、县市区科知局、市生产力促进中心、中物技术、情报所、登记站点等单位30多人参加会议。会上，对2016年全市技术合同认定登记工作情况进行总结，表扬2016年技术合同先进个人，安排部署2017年目标任务，并开展技术合同登记培训。

（李芝军）

专业技术和技能人才队伍

【概况】 2017年，全市累计初定和确认初、中级职称1126人，注册职称证书5235本，新办理各类职称证书2582本。受理审核中、高级专业技术职务申报材料1870份。组织开展工程、教师、农技等12个中级专业技术职务评审工作，评审通过2035人。连续4年组织开展电子信息和机械材料化工工程高级职务评审工作，接受申报219人，评审通过178人。首次组织开展中小学高级教师和中等专业学校高级讲师任职资格评审，接受申报966人，通过960人。12月，市人社局、市委组织部、市委编办、市财政局联合印发《绵阳市加强基层专业技术人才队伍的实施意见》，由市人才工作领导小组第三次会议审议通过。中国科技城工业技术研究院专家服务基地和绵阳市中心医院成功获批2017年度四川省专家服务基地，绵阳市第三人民医院、四川六合锻造有限公司获批2017年博士后创新实践基地。开展就业技能培训29717人，其中青年劳动者17491人、技能脱贫培训4485人。开展电子商务专项职业能力培训10292人。参加职业技能鉴定59829人，54445人鉴定合格获得职业资格证书。其中初级工19187人、中级工17065人、高级工11451人、技师769人、高级技师48人、专项职业能力证书5925人。

【绵阳市人才工作领导小组2017年第三次会议召开】 2017年11月21日，市人才工作领导小组召开2017年第三次会议，受市委常委、组织部部长、市人才工作领导小组组长岳勇委托，市委组织部常务副部长文刚出席会议并讲话，市委组织部副部长、市人才办主任黄晓军主持会议。会议审议《关于进一步加强党委联系服务专家工作增强人才工作团结引领服务功能的实施意见》和《绵阳市企业经营管理人才队伍建设"十三五"规划》《绵阳市专业技术人才队伍建设"十三五"规划》《绵阳市技能人才队伍建设"十三五"规划》《绵阳市农村实用人才队伍建设"十三五"规划》《绵阳市社会工作人才队伍建设"十三五"规划》《绵阳市律师行业人才队伍建设"十三五"规划》等文件，总结全市人才工作成效，并就下阶段工作进行安排部署。会议还对《绵阳市"十三五"人才发展规划》《绵阳市高层次人才特殊支持办法（试行）》《关于大力促进大学生和科技人才创新创业的实施意见》《市属国有企业领导班子和领导人员综合考核评价暂行办法》等改革方案落实情况进行研究和部署。市人才工作领导小组各成员单位参加会议，各县市区委组织部（人才办）、园区党工委党群工作部（人社局）、市级有关部门分管负责人列席会议。

【《绵阳市专业技术人才队伍建设"十三五"规划》出台】 2017年11月21日，绵阳市人才工作领导小组2017年第三次会议召开，审议通过《绵阳市专业技术人才队伍建设"十

资料链接：

三台是中国麦冬之乡，有500多年麦冬种植历史，种植面积3500公顷，居全国之首。年均产量达1.2万吨，占全国麦冬总产量的70%以上，出口量占全国的80%，从事麦冬种植和相关产业的人口达30余万人。为此，绵阳麦冬产业发展也得到国家、四川省、绵阳市各级政府的高度重视。2013年，"四川省三台县涪城麦冬集成技术推广与应用"纳入科技部科技惠民工程；2014年，麦冬成为四川省八大省级中药材大品种之一；2015年，麦冬产业被纳入绵阳"十三五"规划并成为绵阳国家农业科技园三大产业之一。

三五”规划》（简称《规划》），《规划》共分为4个部分。第一部分是《规划》指导思想、基本原则和发展目标；第二部分是重点人才工程；第三部分是体制机制改革和创新；第四部分是《规划》的组织实施。

【省级高技能人才培训基地建设】 2017年，经省人社厅、省财政厅《关于公布2017年度省级高技能人才培训基地建设项目名单的通知》（川人社办发〔2017〕911号）批准，四川绵阳高级技工学校9月成功获建省级高技能人才培训基地。四川绵阳高级技工学校是一所以旅游专业为重点的特色专业技工院校。学校建立完善的校企合作机制，工学结合、工学交替的人才培养模式。现开设有饭店（酒店）服务、旅游服务与管理（导游方向）、航空服务、铁路客运服务等专业，为社会培养5000多名旅游人才，年培训高技能人才不少于1500人。

【兰明路技能大师工作室】 是以全国技术能手、中式烹调高级技师兰明路为领办人，汇聚多名高级技师，致力于在中式烹调领域开展技术创新和技能人才培养的优秀团队。工作室长期从事川菜创新设计与推广、厨师团队培养、厨艺交流平台搭建，以及创建“文昌养生文化”理论体系。随着工作室影响力不断加强，对外交流亦日趋频繁。先后举办、协办第229期中国厨艺高级技师研修班、第252期中国厨艺高级技师研修班、奢部国际美食文化展暨国际美食高峰论坛、世界中餐业联合会青年名厨排名赛等。领办人兰明路参与“舌尖上的中国（第三季）”拍摄，并在节目中展示川菜技艺，推广川菜的技艺传承、技能攻关。

【张宝技能大师工作室】 是以四川烟草工业有限责任公司绵阳分厂为依托单位，以维修电工为主要工作领域的技能大师工作室。领办人张宝系全国技术能手、维修电工高级技师，四川烟草工业有限责任公司绵阳分厂电气维修团队技术带头人，四川省有突出贡献的优秀专家，主要从事现代物流系统设备管理维护，设备在线故障诊断、大型风机故障智能诊断等技术、方法研究。近年来，工作室共完成技能攻关44项、取得国家专利18项，创造经济效益528.9万元；编写出版教材1套、发表论文9篇；其培养的选手先后8次在各级技能大赛上获奖。

【参加首届“四川工匠杯”职业技能大赛】 2017年11月15—16日，首届“四川工匠杯”职业技能大赛在眉山市举行，全市选派16名选手参加工具钳工、数控车工、焊工、汽车修理、电子商务、中式烹调、养老护理、茶艺师全部8个比赛项目，共获2枚金牌、3枚银牌、1枚铜牌。绵阳市因成绩突出获“四川省高技能人才摇篮奖”。

农业科技

【概况】 2017年，绵阳市举行2017年文化、科技、卫生“三下乡”、“科技之春”科普活动月、“科技活动周”启动仪式暨大型科普宣传活动。免费赠送电脑2台、打印机2台、移动硬盘1个，现场发放农业宣传资料3500份，解答群众咨询180余次。绵阳市农业科学研究院等单位合作完成的科研成果《西南玉米重大病害病原与抗性研究及绿色防控技术体系构建》获2017年四川省科技进步一等奖、《油菜可持续绿色高产高效生产技术创新与应用》获2017年湖北省科技进步二等奖；绵阳市农业科学研究院主持完成的科研成果《白皮大粒高产抗病小麦品种国豪麦15和国豪麦18选育与应用》获2017年绵阳市科技进步二等奖、《设施、露地兼用豇豆品种绵豇7号和绵豇8号选育及应用》获2017年绵阳市科技进步三等奖。截至年底，全市农业科技进步贡献率达59%。主要农作物良种覆盖率达96%。全市全年实现水稻机械栽植3.96万公顷，油菜机播2.22万公顷，油菜机收4.74万公顷，主要农作物耕种收综合机械化水平达56%。

【农业科技示范推广项目】 2017年，全市推进基层农业技术推广体系改革与建设，组织实施部省下达的基层农技推广体系改革与建设补助项目，全市基层农业技术推广体系改革与建设项目资金1150万元，主要用于推进基层农技推广体系改革创新；建立农科教产学研一体化农技推广联盟。通过项目实施，对全市969名基层农技人员进行知识更新培训，提升基层农技人员业务水平。依托现有科研教学推广单位、试验示范基地、种养大户、涉农企业、农民专业合作社、家庭农场等，建设19个长期稳定的农业科技试验示范基地，开展新品种、新技术、新机具、新模式引进、试验、示范、展示和技术培训等工作。全市共遴选农业科技示范主体8621户，通过精准指导服务，提高其自我发展和辐射带动能力。各县市区根据省农业厅发布的年度农业主推技术，结合当地农业主导产业发展要求，遴选确定一批符合绿色增产、资源节约、生态环保、质量安全要求的年度农业主推技术，制定技术操作规程，落实到试验示范基地、科技示范主体进行示范推广，全市农业主推技术到位率达95%以上。

【新型职业农民培育】 2017年，全市完成新型职业农民培训2210人，其中：青年农场主26人、新型农业经营主体带头人1772人、计划外培训412人。部省级补助资金484万元，重点用于培育青年农场主和新型农业经营主体带头人。其中，江油市、安州区率先开展农业职业经理人培育试点，为全市全面开展农业职业经理人培育探索成功经验。向省科技厅推荐江油“名师带徒”新型职业农民培育新模式，江油市代表四川省在全国新型职业农民培育工作推进会暨农民培训项目管理培训班上做交流发言。

【开展农业技术扶贫行动】 2017年，全市农业系统持续开展技术扶贫行动，选派农技员540名、农业技术巡回服务小组成员351名，对全市

520个贫困村、184个非贫困村实现技术帮扶全覆盖。同时，组建13个专家服务团，为贫困村提供菜单式服务。按照“换人不撤人”制度，全年调整驻村农技员73人。针对驻村农技员、专家服务团开展2期市级集中培训班，共计培训200余人次；组织开展基层农技人员知识更新培训，共计培训基层农技人员969人；各县市区针对驻村农技员、农业技术巡回服务小组成员举办培训班30余期，针对村两委负责人举办培训班20余期。从业务素质、政策水平、工作方法上全方位提高驻村农技员、农业技术巡回服务小组帮扶能力。全年技术帮扶人员协助贫困村编制产业发展规划520份，组织各类培训13.3万人次，发放技术宣传资料18.4万册（份），帮助解决技术瓶颈问题377个，建立科技示范基地达1200公顷，示范推广新技术38项。

（谢贵强）

企业科技

【概况】 2017年，全市实施京东方绵阳第6代AMOLED（柔性）生产线、旭虹光电曲面显示用盖板玻璃生产线等419个投资500万元以上的重点工业项目，计划总投资1470.7亿元。全市完成工业投资493.21亿元，分别占省、市下达全年目标任务（省目标440亿元、市目标445亿元）的112.09%、110.83%，总量居全省第5位，比2016年同期提升3位；同比增长26.6%，比2016年同期提高16.6个百分点，快于全市全社会固定资产投资增速13.5个百分点，高于全省平均增速14.1个百分点，增速列全省第4位，比2016年同期提升1位。完成技改投资454.8亿元，占省、市上下达全年目标任务（省目标400亿元、市目标405亿元）的113.7%、112.3%，总量居全省第3位，比2016年同期提升1位；同比增长26.8%，比2016年同期提高17.3个百分点，高于全省平均增速10.6个百分点，增速列全省第6位，比2016年同期提升4位。

【重点项目技术改造】 2017年，全市有六合锻造年产16000吨航空与燃机合金锻件和锻材加工生产线、银河化学20kt/a电解法制备晶体铬酸酐产业化等193个项目开工建设，总投资207.4亿元，完成年度投资74.9亿元；旭虹光电曲面显示用盖板玻璃生产线、京东方绵阳第6代AMOLED（柔性）显示产品生产线等84个在建项目加快建设，总投资772.9亿元，完成年度投资201.2亿元；中科绵投生活垃圾焚烧发电、富临精工年产150万支汽车高精度电控系统执行机构用电磁阀生产线技术改造项目等73个工业项目竣工，总投资134亿元，完成年度投资75.4亿元。

【重点项目企业投资】 2017年，全市列为省56个重大产业项目之中的绵阳京东方第6代AMOLED（柔性）生产线、神华天明50万吨国家煤炭应急储备基地工程及2×1000兆瓦超超临界燃煤发电机组等6个项目完成投资88.93亿元，占年度计划投资的181.79%。列为省政府135个重点项目的六合锻造航空与燃机合金及高端模具钢工程、龙华光电薄膜新材料产业园项目等16个项目完成投资71.4亿元，占年度投资计划的198.39%。列为省经信委500个亿元以上重点项目的华晨瑞安凸轮轴生产线项目、电子九所军民融合磁性材料产业园等38个项目完成投资115.09亿元，占年度投资计划的124.73%。

【技改项目资金争取】 2017年，全市累计向省上争取资金支持2533万元。其中，省技改项目12项，争取资金支持1933万元；省工业项目技术改造专项扶贫资金400万元，省技改工作前期工作经费200万元。

（杨　波）

社会科学

概　述

【概况】 2017年，绵阳市社科联以思想政治建设为引领，推动全市哲学社会科学繁荣发展。新批建“两弹文化研究中心”“四川岐伯文化研究中心”“四川王右木研究中心”等3个市级社科研究基地，全市建成27个社会科学研究基地，其中省部级基地7个、市级基地20个。新增市级社科普及基地1个，命名江油市王右木纪念园为“马克思主义中国化传播与普及基地”。新吸纳市林业学会、市演讲与品牌协会、汇德轩文化公司等3个组织为团体会员。市社科联被省社科联评为“先进市州社科联”“学会管理先进单位”“学术活动先进单位”和“信息工作先进单位”，江油、北川、平武等3个基层社科联被省社科联评为“先进县市区社科联”。在全国大中城市社科联第28次工作会议上，绵阳市社科联、涪城区社科联、绵阳市商务协会被评为“全国社科组织先进单位”。市社科联作为全市人才工作领导小组成员单位，全程参加全市人才评审工作，2个社科联团体会员单位、4名社科界专家学者获得市委市政府“全市第二批文化领军（团队）人才”“第十批绵阳市有突出贡献的中青年拔尖人才”。

【社会科学规划项目立项与研究】 2017年，市社科界7项课题成功申报国家社科基金项目，获扶持资金140万元。其中，西科大谢宏图申报的《数字化背景西南地区羌族民间图像的抢救、整理与研究》是绵阳市首次获国家社科基金艺术学项目立项。26项获教育部、省社科规划办等省部级项目立项。绵阳师范学院杜漪主持的《“5·12”汶川地震极重灾区县域经济可持续发展研究》（专著）、西科大曾小鹏《四川俄亚纳西族东巴经整理与研究》等15项省部级社科规划项目顺利结项。绵阳师院蒋宗许主持的《李白全集编年集注》（专著）获“四川历史名人文化研究”省社科规划重大项目立项，全省仅立项5项。围绕绵阳经济社会发展重大课题开展社科规划研究。市级社科规划项目立项141项，结项118项。其中围绕市委市政府中心和重点工作开展的前瞻性、应用性、对策性研究就有70余项，编印《重大成果专报》和《智库文萃2017》呈送市委市政府领导和有关部门。《聚焦基础设施领域 推进四川军民融合深度发展的建议》获省委书记王东明签批。《关于加快民营经济发展的研究与建议》等3篇报告获市委副书记、市长刘超肯定性签批。市社科联批准市级社科研究基地等智库围绕市委市政府中心和重点工作申报市级专项课题立项20批次，152项，结项77项。

【优秀社科成果奖】 2017年，市社科联推荐的社科成果在四川省第十七次优秀社会科学成果颁奖大会上15项获省政府奖励。年内，市委、市政府召开第十五次社科优秀成果颁奖大会，对198项社科优秀成果进行颁奖。其中一等奖7项、二等奖32项、三等奖60项、优秀奖99项。

【社科智库建设】 2017年，市社科联将社会科学研究基地纳入智库建设。对市级社科研究基地实行进退制，评选出优良与合格基地12个；取消2个市级研究基地命名；限期整改工作薄弱的4个基地。西南科技大学“军民融合发展研究智库”被确定为首批四川22个新型智库之一。绵阳师范学院“四川基础教育学科教学改革研究团队”被确定为“四川省社会科学高水平研究团队(2018—2020)”。

【决策咨询工作】 2017年，市社科联充分发挥市委市政府决策咨询委员会办公室作用，初步建立决咨委调查研究、咨询服务、经费使用管理和日常运行等各项制度。全年市决咨委完成8个重点课题；提出3个专项建议。4项课题得到市委副书记、市长刘超等市领导签批转办。《关于推动装配式建筑产业园建设的建议》成果得到转化落实；《关于隧道反光瓷砖推广应用的建议》成果已形成产业效益，在京昆高速秦岭隧道群、绵阳至西充高速一连接线隧道等工程中应用。

【社会科学普及】 2017年，市社科联组织参加“科普活动月”“科普周”、“科普日”和“三下乡”活动。出台《绵阳市社科联社科普及专项工作管理办法》，对社科普及重点及特色工作予以专项资金扶持。5家省级社科普及基地参加省委宣传部、省社科联的复查评审，其中3家获优秀等次，2家获良好等次，获评等次和数量在全省居第一。市委宣传部、市社科联、市科知局联合对已满三年的7家市级社科普及基地进行复查验收，评选出优秀基地2个、合格基地3个，限期整改2个基地。组织编印《四川首批历史名人您知道吗？》《中国农耕节令与农谚》《平武白马藏族》等10余套科普读本。打造人文社科讲坛品牌“中国科技城·绵州讲坛”统领高校、各县市区等分讲坛，“绵州讲坛”开展讲坛52期，受众上万。省社科联党组书记、常务副主席姜怡3次到绵阳调研科普基地建设与四川历史文化名人传承创新工程开展情况。 （袁 斌）

学术活动

【概况】 2017年，市社科联以“中国科技城·智库论坛”统领学术研讨活动，牵头举办“第七届社会科学学术年会”“现代农业发展专家论坛”等10余场次学术研讨活动。组织社科界开展学习贯彻中共十九大精神系列座谈会。各社科组织积极围绕地方党委政府中心和重点工作，结合实践开展多种形式的学术交流活动200多场次。江油市主办“第四届两岸哪吒民俗文化交流研讨会”；盐亭县举办“中华母亲嫘祖文化论坛”；涪城区举行欧阳修1010周年诞辰纪念活动。西南科技大学和四川历史文化故事普及基地联合举行《羌人密码》丛书首发式；四川省犯罪防控研究中心举行非法集资违法犯罪行为防控研究研讨会。在“第七届成都经济区建设与发展学术交流会”上，全市11篇文章入选，其中6篇文章获一、二、三等奖，位居全省市州前列；市社科联获“组织工作先进集体”。会刊《绵阳论坛》出刊6期，登载文章近200篇；“绵阳社科在线”刊发社科信息900余条。

【中国科技城·智库论坛—绵阳现代农业发展专家论坛】 2017年3月18日，市社科联、市委农工委、市国土资源学会、市市场信息协会联合举办中国科技城·智库论坛—绵阳现代农业发展专家论坛。各县市区农工委（办）的分管领导和工作人员、部分农业产业化重点龙头企业和农民合作组织、市级社科学会及团体会员单位、在绵阳高校部分涉农专业教师、学生代表等240余人参会。

【军民融合科技情报服务研讨会】 2017年5月24日，西科大四川信息管理与服务研究中心主办军民融合科技情报服务研讨会暨四川信息管理与服务研究中心2017学术年会。西科大副校长陈朝先，绵阳市社会科学界联合会主席何季德，中国科学技术情报学会竞争情报分会副理事长高原出席。研讨会对于探索应对军民融合信息服务挑战的新思路、新对策，激励四川信息管理与服务研究中心发挥咨政辅政、服务社会的新型智库作用，将起到积极的推动作用。

【从“三线”建设到军民融合发展专家论坛】 2017年7月18日，中共四川省委党史研究室、中共绵阳市委、绵阳市人民政府主办，中共绵阳市委宣传部、中共绵阳市委党史研究室、绵阳市经济和信息化委员会、绵阳市社会科学界联合会承办的从“三线”建设到军民融合发展专家论坛举行。来自全国各地的专家学者齐聚“三线”建设城市绵阳，共叙“三线”建设伟大成就，共商军民融合发展大计。中共中央党史研究室副主任吴德刚，省人大常委会副主任李向志，省政协副主席、省工商联主席陈放，市委书记彭宇行，中共中央文献研究室第五编研部主任张爱茹，中央财经领导小组办公室一局副局长伞锋出席论坛。省委党史研究室主任刘晓晨作论坛总结。市委副书记、市长刘超主持开幕式并作主题发言。市人大常委会主任马华，市政协主席张锦明，市委副书记付康出席论坛开幕式。

【传承和弘扬地方优秀传统文化工作交流会】 2017年9月14日，市社科联、市图书情报学会、市教育学会、市欧阳修文化研究会和市博物馆联合举办绵阳市社科界传承和弘扬地方优秀传统文化工作交流会。市级20多个文史教育类社科学会、协会、研究会、促进会负责人及高校等50余位负责人参会。会议围绕贯彻落实习近平总书记关于加强中华优秀传统文化传承与发展系列重要讲话及中共中央办公厅、国务院办公厅印发的《关于实施中华优秀传统文化传承发展工程的意见》提出要加强中华优秀传统文化挖掘和创新发展等文件精神，对绵阳地方优秀传统文化工作进行分析。

【第三届四川省非物质文化遗产口述史学术研讨会】 2017年11月12日，市社科联、市文化新闻广电出版局、市非物质文化遗产保护中心、绵阳师范学院主办，四川省哲学社会科学重点研究基地民间文化研究中心、绵阳博物馆承办的第三届四川省非物质文化遗产口述史学术研讨会于在绵阳博物馆举行。以“以‘非遗’传承人为中心保护‘非遗’文化，探讨新形势下‘非遗’保护的理论和实践”为主题，来自省内外“非遗”口述史专家、学者及部分“非遗”项目传承人150余人与会。

【中国科技城·智库论坛——绵阳市第七届社科学术年会】 2017年12月1日，绵阳市社科联举办中国科技城·智库论坛——绵阳市第七届社会科学学术年会。市社科联机关全体干部、各县市区社科联、高校社科联、人文社科院系、省市社科研究重点基地，在绵大中院校，市级社科学会（协会、研究会），市级有关部门，市级社科研究规划项目课题主研人共计120余人参加会议。此年会展示和交流绵阳市2017年全市社科研究成果，通报全市2017年度社科规划项目开展情况。 （袁　斌）

学术成果

【概况】 2017年，全市社科工作者在市级以上报刊发表各类社科论文400多篇，公开出版或内部出版各类社科学术专（编）著、论文集、教参书、工具书、科普读物、译著60多部。

【《“虚无”世界的“黑色悲剧”：20世纪“新黑色电影”研究》出版】 2017年4月，四川大学出版社出版，西南科技大学尹兴著。全书33.6万字，主要内容包含“黑色虚无的悲剧世界”、黑暗无处不在：经典黑色电影的衍生、从“经典黑色电影”到“新黑色电影”、新黑色电影的跨文化融合、新黑色电影的“黑色元素”、以及黑色电影中的“存在”与“虚无”等组成部分。该书梳理20世纪新黑色电影文本，对新黑色电影文本的特征和现象作出一系列理论勘查与拓荒，在一定程度上填补了黑色电影研究空白，具有较强的学术价值。

【《李白诗歌英译历史》出版】 2017年7月，巴蜀书社出版，绵阳师范学院詹晓娟、高虹著。全书28万字，分李白诗歌英译历史概述、国外主要译者、国内主要译者、名家译介作品选比录四章。该书给江油在建的李白国际诗歌小镇提供丰厚的资料以充实其内涵，为李白诗歌英译者和研究者提供比较全面集中的资料和译作版本，为李白文化研究提供参考。

【《中国特色社会主义道路形成研究》出版】 2017年8月，由西南交通大学出版社出版，绵阳师范学院何花著。全书24.9万字，除导论和结语外，分中国特色社会主义开启奠基、中国特色社会主义开创发展、中国特色社会主义继续发展、中国特色社会主义不断推进、中国特色社会主义全面推进、中国特色社会主义形成路径、中国特色社会主义形成启示共七章。该书对于广大党员干部深刻领会习近平新时代中国特色社会主义思想，牢固树立中国特色社会主义“四个自信”，提供学习帮助。

【《胡适语文教育思想研究》出版】 2017年10月，东北师范大学出版社出版，绵阳师范学院赵海红著。全书43.2万字，除导论、结语外，分胡适语文教育思想的人学背景、胡适语文教育思想的学科基础、胡适语文教育思想的发展脉络、胡适语文教育思想的基本构成（上）、胡适语文教育思想的基本构成（下）、胡适语文教育思想的历史地位、语文教育思想的现代价值共七章。该书较详尽全面地分析研究胡适语文教育思想，为人们认识、评价、研究胡适语文教育思想提供有益的帮助。

【《历史视域下的中国商标权双轨保护制度研究》出版】 2017年11月，四川大学出版社出版，西南科技大学程皓著。全书20万字，除绪论外，分中国商标权双轨保护制度的发展流变、中国商标权双轨保护制度的形成根源、中国商标权双轨保护制度的运行机制与对比分析、中国商标权双轨保护制度的反思与转型四章。该书从法律史的角度，对具有中国特色的商标双轨保护制度现象进行分析和解读，提出商标法未来发展趋势，为包括商标法在内的知识产权法制建设提供有益的借鉴和参考。该书系四川省教育厅重要研究项目“商标权双轨保护制度研究”和西南科技大学博士基金研究项目“知识产权双轨保护制度研究”的研究成果。

【《生态文明融入经济建设的多维理路研究——制度、机制与路径》出版】 2017年11月，中国社会科学出版社出版，西南科技大学翟坤周著。全书40万字，除导论、结语外，分生态文明融入经济建设理论建构、历史进程、现实困境、国际比较、战略系统、制度体系、整合机制和推进路径7章。该书从“五位一体”总布局和“国家治理现代化”双重视域出发，提出构建率先推进“生态文明融入经济建设”的战略框架与运行系统问题，为生态文明融入经济建设的制度机制和实践路径探讨提供了战略思路，为政策研究、制定部门提供参考和借鉴。该书系国家社科基金青年项目“中国特色社会主义经济绿色治理的机制、路径与政策研究”阶段性成果。

【《聚焦非常规突发事件应急管理：理论与实践》出版】 2017年11月，科学出版社出版，西南科技大学刘樑著。全书25万字，分绪论、非常规突发事件应急管理理论研究、情景及情景应对理论研究、在线信息处理及其传播演化规律理论研究、在线信息预警理论研究、基于情境的理论模型构建研究、非常规突发事件关键在线信息挖掘与预警实证研究、军工核设施非常规突发事件应急管理实证研究、研究结论与展望九章。该书探讨了非常规突发事件应急管理的关键科学问题，具有较强的理论和实践价值，可供公共管理和应急管理研究方向研究人员、政府决策部门提供参考和借鉴。

【《宋代都市笔记俗语词研究》出版】 2017年11月，由四川辞书出版社出版，绵阳师范学院杨观著。全书除绪论外，共6章。该书着眼于对宋代都市笔记所涉词语进行深入研究，清理大型词源性工具书未收词语或阙如义项，或失载词形；对语焉不详及聚讼纷纭的疑难问题作深入考辨，对目前通行整理本作重新审视，存真求是，补其不逭，使更臻完善。该书于汉语词汇史研究、大型语文辞书编纂及修订、古籍整理及方法等，均具有重要的理论意义和学术参考价值，并为相关学科，如古代文学、历史地理学、名俗学乃至整个传统文化研究对有关材料的解读和利用提供借鉴和参考。该书系教育部人文社科项目最终结题成果。（曹　智）

气象监测与服务

【概况】 2017年，绵阳市气象部门准确预报“2·21”转折性大雨、“6·5”西部冰雹及“7·5”特大暴雨等天气过程，动态监测和滚动服务，灾害性天气预报准确性和时效性明显提高。从3月下旬起提前进入汛期气象服务工作状态，组织开展汛前检查和应急演练，畅通预警信息发布渠道，强化内部联防和部门联动，启动暴雨应急响应7次，发布重要天气预报11期、短临天气预报60期、灾害性天气预警13期和预警信号95期；发送决策服务短信1039次、80.4万人次，公众服务短信19次、249万人次；通过官方微博（新浪、腾讯）发布气象信息1744条；报送《绵阳气象工作要情专报》28期，其他类决策服务材料50余份，气象防灾减灾工作扎实有效。

【“三农”气象服务】 2017年，全市围绕气象灾害和农业生产关键时节，开展干旱监测、农业生产关键时节等为农气象服务及重大气象灾害影响评估工作。在全市5个县区实施中央财政设立的“三农”服务专项，安装完成5套农田小气候站建设，且监测数据正常，为农气象服务手机APP软件也已上线，顺利完成“三农”服务专项年度建设任务。完成千亿斤粮食增产项目征地前期手续。市政府分管负责人与各县市区政府负责人签订人影安全责任书，召开全市人影工作会议，更新制作人影作业点的安全射界图。协同广元、阿坝人影办，对市州安装空域自动申请平台进行了调研、方案论证和组织实施。全市开展人工增雨消污、抗旱、防治病虫害、保障性人工增雨作业26次，出动火箭发射车17架次，发射增雨火箭弹60余枚，有效增雨2800万立方米，人工增雨作业不仅有效缓解旱情，还降低森林火险等级和空气污染程度。开展绵阳城市热岛效应强度分析、绵阳城市总体规划修编气象环境因素分析、绵阳大气环境质量限期达标规划气象要素分析、农业病虫害保险理赔气象条件鉴定等工作。

【重大活动气象保障服务】 2017年，市气象局完成第五届中国（绵阳）科技城国际科技博览会、中国（四川）电子商务发展峰会、绵阳市“水域救援应急演练”和“安全生产（危化品泄漏）事故应急救援演练”等重大活动气象保障服务任务。针对发生的“8·8”阿坝九寨沟、“9·30”青川地震，提供气象服务，发布专题预报67期、地质灾害气象风险预警18期。针对每次重大活动，市气象局均提前制定气象保障服务方案，启动应急响应，开展上下联动和会商联防，全程做好预报预测服务，组织开展人工影响天气保障，确保了重大活动顺利开展。

【农经信息报送】 2017年，全市农村经济综合信息网信息服务站收集、整理、上报供求信息400余条，被四川农村信息网采用380条。绵阳市高水蔬菜批发市场等信息服务站每天采集市场内各类蔬菜批发价格信息，及时上传到四川农经网等网站，全年共上传蔬菜批发价格信息8666条。按照中国气象局和省气象局安排，绵阳市有安州区、北川县、梓潼县、盐亭县和平武县五个县（区）开展“三农”气象服务专项建设，其中平武县为2017年新增县。开展“直通式”服务，优化粮食作物生产农业气象服务流程，细化订正和发布当地特色农作物农用天气预报，继续与农业部门联合开展农情调查以及作物病虫情、灾情会商。开展“知农时、懂农事、察农需、接地气”调研活动14次，针对经营主体的需求开展及时又有针对性的精细化为农气象服务6次，全年发布农用天气预报、农业气象情报、作物病虫情趋势预报、气象灾害预报预警等直通式气象服务手机短信24次、QQ群信息120次、手机报信息10次、电子显示屏信息35次。（蔡元刚）

地震监测预报预防

【概况】 2017年，绵阳市地震监测台网中心设备安装、调试完毕并投入试运行。北川、安县、江油、平武等地地震监测台网中心已建立运行，形成一套集地震监测中心、数据传输中心、震情会商中心于一体，功能齐全、多层面的防震减灾技术系统，实现地震监测的“网络化”。全年绵阳市境内发生ML≥1.0级地震875次，其中，1.0≤ML≤1.9级地震727次，2.0≤ML≤2.9级地震130次，3.0≤ML≤3.9级地震16次，4.0≤ML≤4.9级地震2次。其中：4月11日，平武县发生M4.2级地震。

【日常数据处理】 2017年，防震减灾局指定专人负责对网络、电脑、电台进行定期维护与检测，发现和遗漏的问题及时处理，确保信息、资料数据传输系统正常运转，资料连续可靠、通讯畅通。做到资料的及时收集、分析、处理和上报。全年分析处理地震事件15574个，分析预处理前兆数据735.84万个。测震台网数据记录连续率99.5%，前兆监测川10井地下水观测数据连续率99.5%，川41井地下水观测数据连续率99.5%，川43井地下水观测数据连续率99%。

【震情趋势会商】 2017年，全市完成震情会商机制改革，建立震情会商制度。根据省地震局和市委深改办的要求，推动改革创新，完成《绵阳市震情会商制度改革实施方案》，建立新的震情会商制度。根据新的会商制度，组织开展2017年年中趋势会商、“8·8”九寨沟7.0级地震、“9·30”青川5.4级地震会商，向省地震局和市政府提交周会商意见48份，月会商意见12份，加密会商意见27份。

【调查宏观异常平息地震谣言】 2017年，全市建立《预测意见登记制度》《群测群防工作制度》《异常落实管理制度》等制度，做好宏微观异常信息的及时核实与上报；按照要求及时报送宏微观异常“零报告”及前兆数据跟踪分析月报；年初制定2017年度震情跟踪方案，细化责任措施，做到任务明确、措施可行；加强督促检查，积极推动震情跟踪措施实施到位。

【地震台监测设施建设】 2017年，市地震监测台网中心建成，江油市台网中心技术系统完成升级改造，市县两级监测台网运行正常，测震台网数据记录连续率99.5%，前兆监测川10井地下水观测数据连续率99.5%，川41井地下水观测数据连续率99%，川43井地下水观测数据连续率99%，数据信息及时分析处理、上报；建有全市地震监测数据共享与监控系统，实现市内各县的测震等数据共享、音频视频的互联互通和地震监测台网全数字化，与省地震局及周边县台网数据实现共享；已完成省地震烈度速报与预警工程项目中绵阳市境内的104个台站站址的勘选任务；认真贯彻落实水利部、中国地震局联合文件精神，绵阳武都水库等已按《四川省水库地震监测规定》建有专用地震监测台网并保持运行，目前，绵阳市根据《四川省人民政府办公厅关于进一步加强水库地震监测工作的通知》（川办函〔2017〕201号）精神，督促三台鲁班水库按有关要求开展补建专用台网工作。

【行政审批】 2017年，市防震减灾局的“建设工程的抗震设防要求审查备案”“危害地震监测设施和观测环境建设项目审查”等审批事项纳入并联审批流程，办结58件，对富临·绵州水郡二期、涪城区新皂镇汽车实训中心等5项建设工程项目进行抽查，加大事中事后监管力度。落实《四川省农村住房建设管理办法》，推动新建农村民居执行第五代《中国地震动参数区划图》和有关农村建筑抗震设防技术规范，协助市规划局、住建局推广《绵阳市农村民居建房设计图集》和《绵阳市农

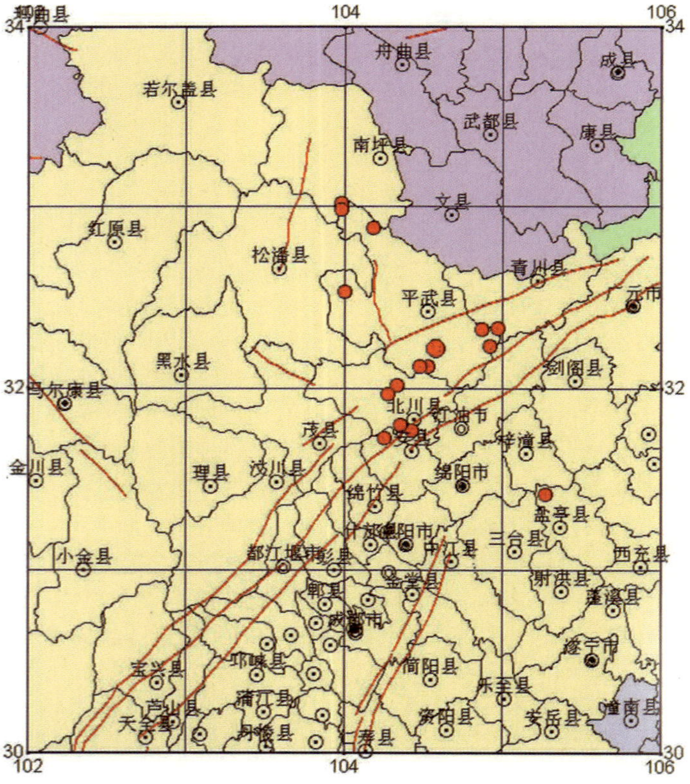

●4.0–4.9（2） ●3.0–3.9（16）

图97 2017年绵阳市境内3级以上地震活动分布

村民居建房技术导则》。

【行政执法】 2017年，绵阳市防震减灾局加强执法队伍建设，通过专题学法、会前学法、自学等方式组织全局干部职工学习防震减灾和其他方面法规文件，提高防震减灾执法队伍的素质和执法能力。开展建设工程项目进行抽查，对四川富临实业集团有限公司开发的富临·绵州水郡二期、涪城区新皂镇汽车实训中心等5个项目就建设前期选址工作中尚未办理“危害地震监测设施和观测环境的建设项目审查”“建设工程的抗震设防要求审查备案”行政审批事项的问题提出整改要求。要求业主单位尽快到绵阳市政务中心防震减灾局窗口补办行政审批，并将相关资料交政务中心窗口备案。

（王　琴）

技术标准

【概况】 2017年，全市贯彻落实国务院《深化标准化工作改革方案》，统筹协调标准化工作，推动标准强市建设；围绕供给侧结构改革，深化标准化改革，深化职能转变、激发市场主体活力，强化标准实施和实施监督，创新标准管理新模式，夯实标准工作基础，全市“质量对标提升”的实施，增强标准化服务能力。推进企业产品和服务标准自我声明公开和监督，至年底有235家企业声明公开902项标准。考核验收到期农业标准化示范项目8个，组织申报国家级服务业标准化试点2家。协调部门完成《地理标志保护产品涪城麦冬种植技术规范》等9个区域性地方标准的立项、初审和发布工作。组织申报“马槽酒”等3个地理标志产品。全年新增商品条码成员110家。

【军民融合发展标准经验在全省推广】 2017年，绵阳市委、市政府在全面创新改革试验工作中，探索标准化工作改革，成立“中国（绵阳）科技城军民融合磁性材料标准创新中心”。探索军地协同制定军民通用标准经验成果1项，经验被省全创办推广。开展钐钴永磁体质量对标提升行动，检测比对8家市内外生产企业。

【磁材标准创新中心成立】 2017年1月，磁材标准创新中心正式成立，覆盖磁性材料生产、使用、科研、检测全部领域，现有国内知名专家21名，整合磁性能检测、电子电器安全性能检测、环境检测、ROHS检测、物理性能检测及原材料检测研发。提高军工磁材市场的整体效率，发挥其在“军转民”和“民参军”上的作用，实现军民融合深度发展。

（赵军亨）

知识产权

【概况】 2017年，全市商标监督管理工作按照国家工商总局、省工商局商标品牌战略实施工作的新要求，构建“政府推动、部门联动、企业主动、社会互动”四轮驱动的商标品牌提升行动工作机制，全面推进商标战略实施，提高商标监管效能和水平，提升绵阳企业核心竞争力。截至年底，绵阳市有各类注册商标17800件，农产品地理标志证明商标9件。全市现有中国驰名商标14件，四川省著名商标92件，绵阳市知名商标185件。专利申请量10889件，专利授权量4749件，万人发明专利拥有量达8.54件。

【知识产权示范城市建设】 2017年，全市贯彻落实《关于深入实施知识产权战略加快建设西部知识产权强省的意见》《四川省知识产权战略行动计划（2016—2020年）》和《四川省“十三五”知识产权保护和运用规划》，按照《绵阳市知识产权战略行动计划（2016—2020）》《绵阳市建设知识产权示范城市实施方案》要求，制定2017年任务分解表，明确工作任务，加强信息通报，共同推动国家知识产权示范城市建设。以知识产权强县建设、园区试点示范建设为抓手，全面加强科技城核心区域知识产权创造运用与保护水平，指导和协助相关县市区、园区开展国家知识产权强县和园区的试点示范建设，游仙区、安州区国家知识产权强县示范、试点县（区）获正式授牌，涪城区、高新区通过国家知识产权强县试点区、试点园区验收。委托专业机构对绵阳市2000—2015年的专利情况进行分析，形成12万字的《绵阳市专利状况分析报告》，准确掌握全市专利在空间、技术、企业、产业的分布状况，为政策制定、资金支持、科技创新、重大项目的规划和决策提供更好的参考。

【知识产权创造运用】 2017年，全市落实国省关于提升知识产权质量、强化知识产权运用的要求，对《绵阳市专利资助与奖励专项资金管理办法》进行修订，把专利分析评议、专利涉外诉讼、企业贯标等纳入专项资金资助范围，引导企业加强高质量专利培育，提高专利运用与保护水平。按照“知识产权强企年”安排，积极开展企业贯标工作，确定支持28家企业开展知识产权贯标，提升企业知识产权制度的运用能力。继续加强知识产权质押融资工作，帮助企业与金融机构、知识产权运营基金对接，帮助解决知识产权融资需求。推荐融资企业10家，知识产权质押融资贷款累计突破3亿元，受理8家企业专利保险资助申报，涉及专利70件，保险金额达567万元。组织企业申报第十九届中国专利奖，四川长虹电器股份有限公司等企业的3个项目获得中国专利优秀奖。承办科博会科技成果和专利技术发布与交易专场、与广州汇桔集团联办2017中国军民融合知识产权金融高峰论坛活动，邀请中国商业联合会会长姜明等嘉宾出席，汇集220项军民融合科技成果和专利技术，中物院、西科大等8家单位的最新创新成果进行了现场发布。

【知识产权综合管理体制改革】 2017年9月26日，高新区科学技术和知识产权局正式挂牌成立，把不属于职责范围内的版权、商标的管理权纳入职能职责，实现专利、商标、版权的综合管理。首次在中国科技城知识产权公共服务平台设立版权登记受理窗口，开展专利、版权的咨询服务、项目申报受理、举报投诉等工作，着力打造知识产权综合性服务窗口。第五届科博会期间，开展首次成德绵跨区域专利行政执法协作，组织成都、德阳、绵阳等地知识产权执法人员40余人次，对参展展位进行知识产权保护宣传和专利执法检查，首次尝试省内跨区域知识产权联合执法。

【知识产权管理服务】 2017年，绵阳市深化中国（绵阳）科技城知识产权服务公共平台建设，打造“一站式”知识产权综合服务平台，新引进4家知识产权服务机构入驻，入驻平台的省内外知识产权服务机构达到25家，集中提供知识产权政策咨询、项目辅导、专利预警分析等专业服务，满足各类创新主体服务需求。建成绵阳市知识产权资助系统平台，完成2016年9月—2017年8月共计4669件次专利资助申请的网上受理与审核工作，拨付专利资助资金共计559万元，减少受资助对象往返负担。绵阳市知识产权（专利）管理应用系统初步开发工作基本结束，待测试完善后将为全市知识产权信息查询、工作谋划提供更为及时的数据支持。强化知识产权专家库建设，吸纳61名知识产权高端人才入库，为全市知识产权政策研究与制定、专利行政执法与维权援助、专利运用与保护等提供支持。

【知识产权保护】 2017年，全市实施“双打”“护航”“清风”专项行动，开展专利行政联合执法检查，重点对大型超市、商场、专业市场等经营场所进行专利执法专项整治，大力打击涉及民生领域的侵权假冒专利行为。出动行政执法人员90余人次，检查经营场所300余家，检查商品5000余件，立案查处假冒专利行为案件69件，调处专利纠纷案件2件，处理电子商务专利侵权纠纷573件。在第五届科博会上设立知识产权保护工作站，组织公安、工商、版权等部门开展联合执法检查，接受知识产权法律咨询300余人次，发放《知识产权保护工作手册》等宣传资料4000余份。在省局支持和指导下，成立四川（绵阳）军民融合知识产权举报投诉与维权援助中心，制定《绵阳知识产权维权援助工作办法》《绵阳假冒专利举报投诉奖励办法》以及举报投诉、维权援助受理、移交、办理等相关工作制度和流程，开通“12330”热线电话，构建知识产权维权援助和举报投诉体系。完善行政权力依法规范公开运行平台、行政执法与刑事司法衔接信息共享平台以及一体化政务平台相关信息。

【企业商标注册】 2017年，市工商局通过多种方式鼓励引导企业进行商标注册。科创园分局对有发展潜力的科技型企业共85户赠送124件商标，帮助企业打造自主品牌。盐亭出资向全县15家涉农企业在争创品牌中成绩突出分别给予1000—1500元的奖励。经开区党工委、管委会投入30.7万元对2015年、2016年获得省著名、市知名商标的企业进行奖励，对新申请注册商标17件给予补助。三台对全县7户涉及猕猴桃、葡萄、家禽、农机具等农副产品及禽畜养殖等行业的农专社免费赠送商标。安州对有市场前景、市场信誉良好的中小型企业送出商标8件，其中涉农企业有7件。

【知名商标品牌创建】 2017年，市工商局将优势特色产业骨干企业、行业龙头企业、高新技术企业和规模出口型企业列为培育指导重点，更新和完善企业品牌培育储备库名单。指导“长虹”电器、“科莱”电梯、“涪城麦冬”等企业争创中国驰名商标。培育四川省著名商标，推荐37家企业申报四川省著名商标。组织推荐26家企业申报复审四川省著名商标。指导企业争创绵阳市知名商标，申报2017年绵阳市知名商标10件。安县魔芋、平武天麻等具有绵阳特色的产品申报地理标志商标注册。盐亭“鹅溪绢”完成地理标志商标注册的申报工作。“绵阳水稻种子”成功注册地理标志证明商标。指导“涪城麦冬”地理标志证明商标打造知名品牌，帮助涪城麦冬协会规范商标使用管理，今年完成绵阳市知名商标、四川省著名商标的各项申报工作。

【推进商标品牌馆（网）建设】 2017年，市工商局为推广四川商标品牌形象，4月中旬，组织全市拥有驰名商标、省著名商标、市知名商标、地理标志商标的近百家企业分别在高新区、涪城区、三台县、江油市等地召开片区动员大会，从立足提升本土企业的品牌形象和扩大产品销路等方面，按照自愿入驻原则，参加四川商标品牌馆和四川商标品牌网建设，全面提升企业商标品牌形象。9月，组织全市45家涉农企业及部分工业企业入驻四川商标品牌网，增加宣传绵阳商标品牌的渠道，提升绵阳商标品牌的知名度。

【中国知识产权金融高峰论坛】 2017年9月8日，汇桔集团主办,知商金融、汇桔网承办的以“知识产权金融助推军民融合大发展”为主题的2017军民融合知识产权金融高峰论坛在绵阳（微博）市科创中心举行，来自全国各地的近百多家金融机构、企业代表600余人参加，一起探讨知识产权及金融如何助力军民融合大发展话题。此次军民融合知识产权金融高峰论坛，从军民融合的顶层制度设计和实际操作的讨论，为现场企业解决技术转移、知识产权运营与融资出谋划策，有效助推绵阳军民融合与知识产权金融工作的纵深发展，服务好实体经济的创新发展，为国家深入实施军民融合重大发展战略探索积累出更多更好的经验，作出最佳示范。（李芝军）

概　述

【概况】 2017年，全市按照“大项目（龙头企业）—产业链—产业集群—产业生态”的发展理念，以构建产业集群和强链补链为重点方向，围绕京东方AMOLED（柔性）生产线项目、长虹智慧制造产业园等重点项目和特色产业园区建设，针对产业链上下游配套企业，开展招商引资，推进电子信息产业基地建设。以绵阳京东方第6代AMOLED（柔性）生产线项目为核心，推动基于智能终端的产业大数据应用及绿色数据中心试点建设、家庭网络终端行业绿色供应链系统集成项目、年产500万套PLC光分路器建设项目等15项亿元以上重点在建项目顺利建设，总投资520亿元。围绕长虹公司，发展智能终端、智能家电、电源系统等产业，打造“长虹智慧智制造产业园”，依托长虹智能终端、长虹智能空调、美菱冰箱、长虹电源、海立电器、华丰连接器、金华洋连接器等重点企业，重点建设平板整机、移动终端设备、电子材料和元器件项目，布局实施长虹空调、美菱冰箱等智能白电产业及华丰连接器、信息化物流园及相应的前端配套产业，引入国安启祥大数据存储、豆萁科技存储芯片设计等重点军民融合项目，形成智慧制造产业链。截至年底，入园企业25家，引进项目6个，实现投资10.2亿元，实现产值47.2亿元。围绕京东方，重点发展新型显示器件、光电线缆、通讯线缆等产业，推进第6代AMOLED（柔性）面板技术，打造“光电产业园”，着力打造集AMOLED（柔性）显示器件以及其他电子元件、空管、航空航天用光电线缆等产品的集聚区。园区有京东方、长虹、九洲线缆等7家企业入驻。全年引进项目4个，完成投资56亿元，实现产值23.5亿元。

【宽带绵阳建设】 2017年，全市围绕市委“两个一号”工程，推进城市通信基础设施建设，完成城市通信基础设施规划的专业评审和综合评审，争取“电信普遍服务招标结余资金”用于行政村通宽带建设，同时加大城域骨干网建设和强化4G网络覆盖。继续全面推广“三网融合”，广电、电信业务双向进入并全面覆盖。宽带通信网、下一代广播电视网（NGB）和下一代互联网建设加快推进，广电网络累计实现3015个行政村（覆盖62万户）和3511个小区（覆盖36万户）的双向改造，全市覆盖约88万户，并逐步全面升级NGB。6月，率先在全省建成“千兆城市”，全市建成固定宽带接入端口超270万个（提前两年完成“十三五”规划指标），固定宽带互联网实际绑定用户超过150万户，科技城主城区宽带平均接入能力提升至80兆以上，乡镇宽带平均接入能力提升至20兆以上（全面超越工信部电信普遍服务12兆要求标准），并可平滑过渡至200兆；提升骨干网络容量和网间互通能力，适度超前建设，优化互联网骨干网络结构，增加网间互联带宽，宽带网络承载能力大幅提升，全市城域出口带宽超2800G。

【宽带乡村建设】 2016年10月，绵阳市被工业与信息化部、国家宽带发展联盟、新华网评为国家“宽带中国”示范城市最佳实践奖。2017年，全市争取到“国家电信普遍服务补偿试点项目”第一批试点和第三批支持项目，不断缩小城乡数字鸿沟，结合农业部“信息进村入户试点工程”，推进农村宽带建设。至年底，全市完成3232个行政村（社区）通宽带建设工作，所建设的通宽带行政村全部采用光纤接入方式并实现IPTV、电话及上网的全业务能力。争取到“电信普遍服务招标结余资金”项目，率先在全省开展由行政村到自然村的光纤延伸覆盖建设工作。同时加大无线网络建设力度，全市手机用户超480万人；新增4G基站超1500个，3G/4G基站累计超13200个，城镇3G/4G网络覆盖达95%以上，用户超380万户，占手机用户总数的78.6%以上，各项指标稳居全省第二，领先西部地级城市。

实现城镇、院校、高速公路、高铁全覆盖，继续扩大覆盖农村区域范围，鼓励移动用户全面向4G网络迁移，持续提升移动宽带速率。

【中国（绵阳）科技城“千兆城市”建成】 2017年6月26日，中国科技城·绵阳“千兆城市”建成仪式暨智慧家庭产品发布会在电信绵阳分公司举行。中国电信四川公司总经理郑成渝，中共绵阳市委常委、中国（绵阳）科技城党工委副书记元方、市经济和信息委员会主任韩晓清、中国电信绵阳分公司总经理周雪峰、中国电信四川公司电视宽带部副总经理李晓斌等出席发布会并启动“千兆城市”，标志中国（绵阳）科技城“千兆城市”正式建成。2011年6月，绵阳市政府与四川电信公司签署了战略合作协议，推进数字绵阳建设。同年，国家启动实施“宽带中国”战略，市政府和电信绵阳分公司启动光网络建设，2015年9月在全省率先建成“全光网城市”。同时，持续投入建设资金，进行全光网络升级、城域网设备改造等，提升光网接入能力，2017年6月正式建成“千兆城市”，即实现绵阳城区、各县城、重点场镇全面具备万兆到楼、千兆到户的接入能力。

【北斗开放实验室·中国（绵阳）科技城分实验室通过授牌评估】 2017年8月22日，中国北斗二号应用系统总设计师吴光辉、北斗卫星导航全球系统应用验证系统副总师何海波、中国导航定位协会首席专家曹冲等专家率领的北斗开放实验室专家团队一行9人到绵阳，对北斗开放实验室·中国（绵阳）科技城分实验室的建设情况进行实地考察与评估，经评估与审核，评估组专家一致同意通过北斗中国（绵阳）科技城开放实验室建设评估，北斗开放实验室办公室择日举行授牌开通仪式。作为北斗开放实验室布局西南地区的首个分实验室，中国（绵阳）科技城分实验室定位“智慧城市应用”，依托承建单位“基于北斗的多模式智慧信息技术研究与应用国家地方联合工程实验室”“四川省高精度导航与位置服务平台”数据和客服中心、“国家军民两用技术交易中心”“军民融合创客空间”“现代导航技术实验室”等资源与平台，建设“一中心四基地”（中心：对外交流、管理服务、科研试验及产品测试中心；四基地：数据与服务共享基地、科研与教学培养基地、广汉测试服务基地、成果转化及创投孵化基地），合作构建服务中国（绵阳）科技城及西南地区且辐射全国的北斗应用与军民融合相结合的北斗资源开放共享基地。

图98 北斗开放实验室·中国（绵阳）科技城分实验室的建设情况汇报会在绵阳召开

【北斗卫星导航产业区域综合示范项目通过验收】 2017年8月26日，受国家发展改革委、财政部委托，四川省发展改革委、四川省财政厅组织专家对绵阳市北斗卫星导航产业区域综合示范项目进行竣工验收评审，该项目按要求按期完成全部建设任务，通过竣工验收。绵阳市北斗卫星导航产业区域综合示范项目是国家发改委2014年北斗卫星导航产业重大应用示范发展专项区域示范应用类项目之一，项目由绵阳市政府牵头，以四川省北斗卫星导航产业联盟理事长单位——四川九洲电器集团有限责任公司及其旗下专业从事北斗导航与位置服务的高技术企业——四川九洲北斗导航与位置服务有限公司为建设主体，旨在通过项目实施，推动区域北斗导航技术创新和产业发展资源聚集，通过示范区域内北斗规模应用，促进北斗产业与国民经济发展的深度融合，加速全国自主北斗卫星导航系统发展进程。项目建设期内，绵阳市政府成立“绵阳市北斗卫星导航产业发展推进小组”，发布《绵阳市五个强化力推北斗卫星导航产业发展》《绵阳市北斗卫星导航产业发展推进方案》等专项支持政策。经过3年建设实施，完成四川省北斗高精度导航与位置服务总平台建设，针对旅游、交通领域完成18个应用系统建设、研制13类北斗终端，实现终端推广部署93969台/套，实现北斗卫星导航系统在绵阳市交通、旅游等领域的全面应用。（曹小龙）

信息安全

【概况】 2017年，绵阳作为中国唯一科技城及军民融合试点城市，依托良好的智能终端产品研发生产基础，发展智慧城市、智慧社区和数字家庭相关设备和终端产业，形成智慧城市、数字家庭整体解决方案，发展智慧城市、智慧社区和数字家庭运营服务产业。全面贯彻落实《绵阳市信息安全产业规划（2015—2020）》，围绕塑造中国科技城信息安全产业品牌，打造中国西部信息安全产业高地和国家军民融合信息安全示范基地。制定《2017年信息安全产业发展重点工作》，明确全年任务目标、重点工作及工作措施。组建专家咨询委员会、信息安全专委会，2月28日召开专委会成立及第一次会议，讨论通过专委会章程。围绕北斗卫星导航等重点产业编写《关于发展绵阳北斗卫星导航产业推进方案》。截至年底，全市信息安全相关产业实现主营业务收入66.6亿元，同比增长13.1%。

【信息安全产品研发生产】 2017年，全市提升重点产品和关键技术的生产、研发加强，产业核心竞争力。推出搭载AI Center的CHiQ人工智能电视系列Q5N和Q5A（OLED电视）；冰箱持续推进变频、智能化等高端转型升级；无线连接模块市场占有率跃居全国第一；TRS100型空管应答机实现地空监视、空空监视功能，6月取得中国民用航空局技术标准规定项目批准书；针对5G Wireless应用推出SFP28 LR产品；完成RFID应用于铁路、公路、石油石化等野外设备设施巡检管理、资产管理等系统的开发与推广。九洲集团基于TVOS系统的智能机顶盒、数字家居产品及溯源类产品及其他泛智能终端产品的关键共性技取得突破。推动网络动态墙系统项目示范应用、高分综合应用、电子车牌等具有重要示范作用的项目试点示范，凯路威的汽车电子标识芯片的研发，全球独创的多款高安全防伪芯片成功在贵重物品溯源监管、烟酒防伪、资产管理等领域批量使用。基于X-RFID技术应用的整体解决方案在智能楼宇、智慧交通、档案管理、食品安全等领域获得扩展。（曹小龙）

【公共无线上网场所管控系统建设】 2017年，全市把公共无线管控系统建设纳入到“智慧绵阳”建设体系中，在机场、车站等地建设包含无线WiFi特征采集和视频传输于一体的“超级WiFi”建设点位1150个，投入建设资金1032余万元。在茶楼、酒店、歌城、洗浴中心等公共无线上网场所安装安全审计系统16797家，提升公共上网场所网络信息安全。

【网站备案和违法信息处置】 2017年，全市公安网安部门加强对运营商的监管，完善与电信运营商和IDC的协作工作机制，畅通有害信息的及时处置和落地查证通道。落实网站巡查，版主、吧主实名制和网站先审后贴工作制度，对本地278家网站进行备案，开展对接入地网站信息审核37000多条。通过技术措施对违法有害信息进行过滤、堵截，全年下发治枪、缉爆等各类关键词1760多组，处置各类有害信息24700余条，有效预防有害信息的网上传播。

【信息基础设施安全监管】 2017年，绵阳市成立“绵阳市网络安全信息通报中心”，建设关键信息基础设施安全防护平台，常态化对全市446家党政机关、重点企事业单位网站开展漏洞扫描和监测预警工作，扫描漏洞15846个（其中高危漏洞318个、中危漏洞689个），预警6起，编撰《信息安全通报》18期。市公安局与市委网信办成立联合检查小组，对全市关键信息基础设施进行全面检查，实地检查关键信息基础单位67家，信息系统176个。针对检查过程中发现的网络安全漏洞、隐患风险，向62家问题单位下发风险评估报告和限期整改通知书进行整改，查处市招办网站数据丢失、市血站网站被攻击等6件网络安全案事件。

【信息安全监督管控】 2017年，全市公安网安部门强化对本地网站和网络社区舆情监测，严格上报纪律，提高发现、预警能力。全年发现、上报违法信息324条，违法栏目178个，违法网站16个。处置异地通报的有害信息122条，上报涉稳、涉警等重要情报信息2590条。应对网络群体性事件和涉警涉稳舆情炒作，强化涉警涉稳舆情的预警监测和动态研判，强化“三同步”机制，掌握网上主动权，严防网上煽动串联引发大规模聚集和个人极端暴力事件。妥善处置“海能海洋、平祥、安泰集资案受害人”上方、“南山中学老师游行”“市实验高中学生坠楼”“善心汇传销”等网上重大舆情事件19件。加大对网上政治谣言打击力度，通过查控平台上报政治谣言样本信息1009条，通过教育训诫、治安拘留等方式处罚11名发布政治谣言的本地网民。开展网警公开巡查执法活动，利用绵阳网警公开巡查执法账号开展“公安宣传”“警示教育”“公开辟谣”“预防诈骗”等活动，提升网上见警率和管事率，全年发布贴文931条，警示网站6个、栏目178个、网民112人。

【打击网络犯罪】 2017年，全市网安部门立网络刑事案件18件，采取强制措施91人，批捕29人，起诉76人。重点开展打击“网络黑客犯罪、网络侵犯公民个人信息犯罪”两个专项行动，在“打黑侵公”专项行动中立案13件，抓获犯罪嫌疑人73

图99 市公安局召开“向人民报告”网安专场新闻通气会

人，移送起诉54人。其中“10·25”破坏计算机信息系统案、“3·10”侵犯公民个人信息案、“5·10”侵犯公民个人信息案、“5·25”破坏计算机信息系统案、“7·06”破坏计算机信息系统案等5件案件被公安部列为挂牌督办案。“5·10”专案同时被最高人民检察院和公安部列为挂牌督办案件，“5·25”“7·06”专案侦破得到公安部贺电表彰，因侦破的刘某团伙利用百度云盘贩卖淫秽视频牟利案取得显著的打击效果和社会效果，市公安局被授予“全国打黄扫非先进集体”。同时，完成上级机关交办的线索协查13件，根据线索立刑事案14件，刑事打击15人，立治安案件39件，治安处罚27人，办理外地协查256件，协助外地公安机关抓获犯罪嫌疑人65人。

（刘　锐）

【360企业安全集团全国安全服务运营总部落户绵阳】 2017年12月29日上午，绵阳市人民政府与360企业安全集团在北京签署战略合作协议，360企业安全集团在绵阳建设360企业安全集团全国安全服务运营总部、国家级网络安全人才培养基地、军民融合网络安全示范基地、国家级大数据安全实验室及安全智慧城市示范工程，把绵阳打造成为全国网络安全服务的中心，全国网络安全工程师培养的摇篮，全国网络安全领域军民融合示范的高地，全国安全智慧城市的样板。其中在涪城区建设的360企业安全集团全国安全服务运营总部和网络安全人才培养基地，总投资10亿元，人员规模将达到5000人。绵阳将成为360企业安全集团信息安全领域高技术人才、专业工程师培养“摇篮”。

信息产品开发与利用

【概况】 2017年，全市打造“一城、一核、多园”的产业布局，以科技城为主体，重点打造以金家林总部经济试验区为龙头的软件产业核心区，重点发展中国（绵阳）科技城软件产业园，推进绵阳科技城科教创业园区、绵阳高新技术产业开发区、九洲国际软件园、西南科大科技园等特色园区发展，逐步形成定位明确、分工协作、互补配套的集约发展模式。

主要涉及软件产品开发、信息技术咨询服务、信息系统集成、嵌入式系统软件、信息安全、电子商务等行业，软件产品主要应用于工业控制、企业管理、金融、安全、教育、医疗、通信、政务服务等领域。

【数字家庭产品】 2017年，全市数字家庭应用解决方案在智能控制、安全、大媒体、能源、健康等五个业务方向取得突破，并进入全面市场化阶段，加速从智能硬件迈向智能服务。全年实现数字家庭产业主营业务收入达499.6亿元，同比增长9%。彩电中高端产品稳步增长，10月13日长虹在全国首次发布搭载声纹识别的人工智能电视CHiQ Q5K系列，智能电视产量突破276万台；变频空调累计占比超过54%，产量突破129万台；冰箱持续推进变频、智能化等高端转型升级，产量突破32万台；机顶盒产品向“三网”融合类产品转型，在海内外市场上保持销售增长势头，产量突破1560万台，保持家电行业稳定增长，长虹建成激光产品制造中心并正式投产，产能达5万台/年，开发可实现半卷和全卷的光学屏幕。

【计算机与软件开发】 2017年，全市通过政策扶持、优化发展环境、帮助开拓市场、强化指导服务等系列措施，全市软件和信息技术服务业实现快速增长。全年实现软件主营业务收入285亿元，同比增长112.6%；软件业务收入102亿元，同比增长33%；获得软件著作权632项，同比增长42.3%。全市有软件企业320余家，软件从业人员1.1万人，拥有九洲电器集团、科瑞软件等年主营业务收入10亿元以上龙头软件企业5户；虹信软件、海格恒通等年主营业务收入1亿元骨干软件企业10家；才子软件、奇石缘等年主营业务收入1000万元以上优势软件企业29家。九洲电器集团在2017年全国软件业务收入百强企业中排名72位。

【长虹数字电视“DTMB项目”获国家科技进步一等奖】 2017年1月9日，2016年度国家科学技术奖励大会在北京举行，共有279个项目、7名科技专家和1个国际组织受到表彰。其中，长虹联手清华大学等单位共同参与的“DTMB系统国际化和产业化的关键技术及应用”项目荣获国家科学技术进步奖一等奖。“DTMB系统国际化和产业化的关键技术及应用”项目属广播电视工程技术领域的重大创新，在地面数字电视系统中，对数字电视信号进行信道编解码、调制解调、发射接收等地面传输技术处理，主要解决传输效率与可靠性问题。该项目发明一种兼容单载波的多载波传输方式，解决多载波调制和单载波调制融于一体的世界性技术难题，同时，发明一种LDPC纠错编码专利技术，使系统接收门限显著优于同类国际标准系统。“DTMB系统国际化和产业化的关键技术及应用项目”是DTMB标准的核心技术，为国家自主制定数字电视标准做出重大贡献，开创数字电视领域国家强制性标准在海

图100　“DTMB系统国际化和产业化的关键技术及应用项目”获国家科学技术进步奖

外应用的历史，带动行业技术、产品、服务和文化产品成套出口。DTMB标准打破数字电视标准领域美、欧、日的垄断，使得“中国标准”成为国际标准，被国际电联誉为全球数字电视发展四十年的一个重大里程碑。

（曹小龙）

电子政务

【概况】 2017年，全市按照国家和省政府下发的2017网站绩效评估指标体系，结合第一次全国政府网站普查要求，对政府门户网站进行全面梳理和整合升级，优化栏目、强化服务功能。梳理整合网站集群便民服务资源，按民生领域和重点服务（场景式）进行分类，提供多层次多角度的政府服务。完善互动栏目建设，畅通交流渠道，为公众参与互动交流创造条件。围绕社会热点，开展民意征集调查并及时将征集调查结果进行公开，正确舆论引导，提升政府网站公众参与质量。围绕市委、市政府中心工作，建设文明城市创建、2016年财政决算及三公决算、“环保督查”专栏、质量强市示范市、“双公示”专栏等全市性的专题专栏。全年门户网站站群共加载信息77559条，市级部门政府信息公开目录共计加载信息9313条，日均访问量达3万余次，最高访问量超过5万人次。

【政府网站管理】 2017年，全市按《政府网站发展指引》要求，清查全市政府网站域名、名称、标识等的规范使用情况，政府网站建设更加标准和规范。引进政府网站监测服务项目，全市74家政府网站全部纳入监测范围，开展日常监测。印发《绵阳市经济和信息化委员会关于进一步强化政府网站建设相关工作的函》，对全市政府网站安全问题进行专项排查，就勒索病毒的防范方法对全市的网站进行端口关闭和打补丁，采取措施进行核查并加强防范。

【政府网站普查】 2017年，全市按季度开展政府网站抽查工作，对不合格网站进行通报，印发《绵阳市经济和信息化委员会关于对2017年一季度全市政府网站抽查情况的通报的函》《绵阳市经济和信息化委员会关于对2017年二季度全市政府网站普查情况的通报的函》《绵阳市经济和信息化委员会关于对2017年三季度全网站普查情况的通报的函》《绵阳市经济和信息化委员会关于对2017年四季度全网站普查情况的通报的函》，做好市各县市区、各市级部门政府网站建设的督查和整改，在全市政府门户网站面向公众公开检查结果。针对第一季度和第二季度省政府办公厅对全省政府网站抽查的通报开展督查工作，督促全市问题网站进行整改，对相关责任人进行约谈问责。

【网站集约化建设】 2017年，全市按照国办和省政府办公厅对县级政府网站的建设要求，指导县市区对部门和乡镇网站进行有序关停，永久下线，将其内容和服务迁移到县级门户网站；全市所有县级部门、乡镇网站全部永久下线。全年有5家市级部门网站永久下线。截至年底，全市纳入普查范围的政府网站74家，其中市级政府门户网站1家、县市区门户网站9家、市级部门（园区）网站64家。6月，国办电子政务办到四川调研网站集约化建设，绵阳作为市州代表参加会议，绵阳市的集约化建设入选国办组织召开的贯彻落实政府网站发展指引推进政府网站集约化建设业务研讨会优秀案例，在会上进行交流发言，作为优秀案例会后在中央政府门户网站进行公开。

【政府网站绩效评估】 2017年，全市根据国办和省政府办对政府网站的要求，编制绵阳市政府部门网站指标体系与各县市区指标体系，印发《绵阳市经济和信息化委员会关于印发〔2017年绵阳市政府网站绩效评估指标体系〕的通知》，结合全市各部门实际情况，具体细化各市级部门政府信息公开的重点工作和服务事项，指导全市政府网站的建设内容和发展方向。按照《2017年政府网站绩效评估指标》的要求，对全市各级各部门网站进行全面考评并逐一打分，印发《绵阳市信息化工作领导小组办公室关于表扬2017年度电子政务建设工作先进集体的通报》，对在2017年度全市电子政务建设工作中成绩突出的4个县市区、园区及33个市级部门进行通报表扬。

（李蕙玥）

智慧城市建设

城市信息化建设

【概况】 2017年，绵阳市物业管理协会聘请北京万物至尚科技有限公司（第三方）对全市实施专业化物业服务住宅小区进行一次业主满意度免费测评。对实施专业化物业管理，交房满一年且入住率达50%以上的住宅小区，通过APP网络在线测评，以每一个物业项目为单位，一个专有部分按一票计算，对所在小区的物业服务提供满意度测评，让业主当“裁判”，客观评价物业服务质量。并在全市住宅小区健全安防与停车管理、设施设备远程管理、移动APP智慧之家等智能管理系统。推广小区智能便民服务终端应用。搭建智慧小区平台，整合社区资源、拓展经营性业务，构建社区“O2O”生态圈，全面开展社区运营工作。制定智慧小区评价标准，对小区基础设施建设、物业管理软件系统应用、门禁系统建设、安防监控系统建设、便民服务装置、社区服务活动进行精细化评定，对建设情况较好的16个企业和小区进行表彰。

【数字城管建设】 2017年，全市围绕城管体制改革，运用现代信息技术加强城市管理数字化、智慧化水平的同时，健全完善数字城管管理机制，实现数字城管管理“质”与“量”双提升。通过科学规划工作区域、调整巡查时间、增减案卷上报量、强化预立案机制，全年的受理城市事件问题89799件，部件问题

2421件，处置率分别是99.38%、99.75%，受理“12319”城市管理热线10759件，处置率98.37%，在2016年的基础上翻近两倍。利用北斗/GPS、GPRS、3G/4G、物联网等现代信息技术，完成数字城管智慧环卫监控子系统建设。建成的运行环卫基础设施数据管理子系统、环卫车辆智能监管子系统、密闭式转运站在线监管平台、环卫监督考核子系统，实现环卫工人和作业车辆的有效监管。（张连梅）

金融信息化

【概况】 2017年，全市金融系统结合数字绵阳、宽带绵阳建设，优化升级“绵阳市中小微企业信用服务网”（科创融在线融资对接平台），举办“科技绵阳·智慧出行·公交全支付上线”启动仪式，在全省率先实现公交“全支付工具运用”；持续开展企业信用信息采集，全市1732家中小企业信息入库入网；推进国库信息化建设，推动“互联网+银税卡”缴税试点，全辖发行银税卡410张。

【移动金融应用】 2017年，全市公交行业全部上线金融IC卡公交运用项目，并接入四川省金融IC卡暨移动金融基础服务平台。举办“科技绵阳·智慧出行·公交全支付上线”启动仪式，在全省率先实现公交“全支付”工具运用，7家省级金融机构、6家地市中支负责人亲临现场观摩指导。完成江油爱情谷金融IC卡闪付通道建设，实现闪付通关；推动绵阳市商业银行接入省交警缴罚项目，在全市61个网点开通金融IC卡交警罚没应用。截至年末，全市累计发行金融IC卡1125万张，存量占比58.7%。

【征信体系建设】 2017年。全市加强小微企业、科创企业、“三农”库网平台等基础设施建设，优化升级“绵阳市中小微企业信用服务网（科创融在线融资对接平台）”，持续开展企业信用信息采集，全市1732家中小企业信息入库入网。推进金融守信红名单企业评选和农村“三信评定”工作，引导金融机构创新“信贷+信用”产品，累计创新信用融资产品59个。加强征信合规性和查询用户规范性监管，全年对4家金融机构开展专项征信业务检查，对存在问题的机构高管分别进行约见谈话。

【国库信息化建设】 2017年，全市推进横向联网电子扣税业务，全辖电子缴税87.14万笔，业务量占比达98%；加强国库核算业务管理，截至12月末，累计办理财税收纳、报解、拨付业务1247.19亿元。推动“互联网+银税卡”缴税试点，全辖发行银税卡410张，在银行自助大厅安装自助办税终端12台，使用银税卡缴税35笔，金额2万元，实现缴税便民化。

【绵阳公交“全支付”暨“畅行巴蜀，金融IC卡交通便民工程”启动】 2017年，绵阳市推动互联网和实体经济深度融合，提升城市公共交通科技含量，在发展中保障和改善民生，更好地服务绵阳科技城建设和智慧城市建设。11月28日，绵阳人民公园文化广场上举行绵阳公交“全支付”暨“畅行巴蜀，金融IC卡交通便民工程”启动仪式，标志绵阳公交“全支付”系统在全省率先实施。自11月28日起，绵阳公交全部配备全新的国朗车载全支付一体机，公交“全支付”系统在所有无人售票线路公交车上试运行，并计划年内覆盖绵阳公交所有线路。市民可以使用用银联云闪付、绵州通、支付宝扫码支付、微信扫码支付、翼支付、和包支付等多种方式乘坐公交车，不再为没零钱乘车发愁。公交“全支付”系统投入运行后，乘客乘公交车只需打开支付宝或者微信等APP的二维码，放到扫码区域扫一下，全程不过0.3秒就可以完成缴费。该系统省时、方便、快捷，有利于公交公司通过系统平台，获取全面、客观的乘客出行数据，分析客流分布情况，为市民出行提供更加全面、准时、便捷的公交服

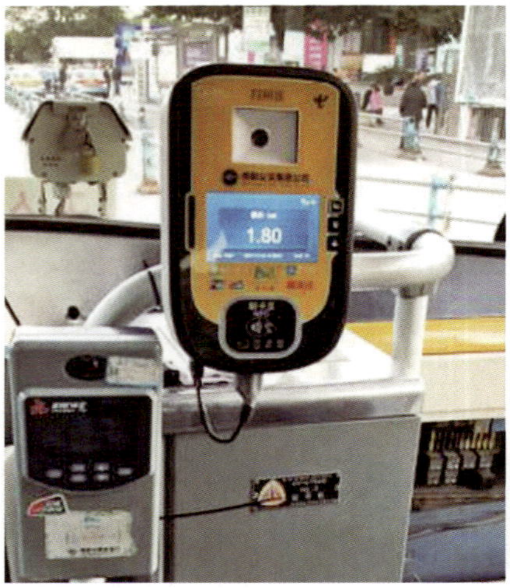

图101 公交“全支付”系统

图102 绵阳公交全支付暨“畅行巴蜀·金融IC卡交通便民工程”启动仪式在人民广场举行

务，提升城市公共交通服务品质和服务水平。

企业信息化

【概况】 2017年，全市组建智慧城市产业运营公司，实施“互联网+”政务服务平台等20个智慧城市建设项目。政务服务推行“一号申请、一窗受理、一网通办”，年内公共服务事项70%可在网上办理。推进政务信息系统整合共享工作，印发《关于统计部门政务信息系统的函》《关于开展编制政务信息资源目录有关工作的函》《关于印发绵阳市政务信息系统整合共享工作方案的通知》等，指导部署政务信息资源整合共享相关工作。完成四川省北斗高精度导航与位置服务总平台建设，北斗卫星导航产业区域综合示范项目通过国家发改委验收，实现北斗卫星导航系统在全市市政、交通、旅游等领域的推广应用。推进物联网产业发展。组建绵阳物联网产业发展联盟，编制完成《绵阳市物联网产业发展规划》，召开四川省北斗卫星导航产业联盟2017年年会暨绵阳市北斗卫星导航产业发展推进会，中国卫星导航定位协会分别与绵阳市北斗卫星导航产业办公室、长虹集团签订合作协议，北京东方计量测试研究所与九洲集团签订合作协议。

【制造业与互联网融合发展】 2017年，绵阳市编订出台《绵阳市制造业服务化发展行动计划（2017—2020年）》，开展服务型制造试点示范工程，长虹、九洲、川汽、科莱电梯等重点企业从单纯的产品供应商向提供全生命周期、总承包与系统解决方案、开展众包设计、个性化定制等高端服务延伸。推广定制化服务，鼓励长虹智能制造、三五三六公司、佳联印染、兴事发门窗、豪意木业、新为橡塑、中物技术等企业在电子终端、纺织服装、家居建材、装备制造等行业，增强定制设计和柔性制造能力，推进生产制造关键环节组织调整和柔性化改造。持续推进工业电子商务应用普及，开展企业触网行动，提升传统线下业务运营效率，降低业务风险，做大做强本土电商平台，以长虹智易家、九洲觅来平台、金循环再生资源交易平台、长虹佳华B2B电商平台、普网、药博园等为代表的本土电商平台发展壮大。重点培育兴事发门窗、长城特钢、双马建材、清香园、双汇食品、光友粉丝、仙特米业、铜鑫铜业、太极药业、湖山音响等网销品牌。

【制造业智能化建设】 2017年，全市完成对916家规模以上工业企业的智能制造水平调查，编制出台《绵阳市制造业智能化发展行动计划（2017—2020年）》，通过物联网、云计算和自动化控制等技术，重点在电子信息、汽车零部件、新材料、生物医药、食品、化工、建材、服装、印染等行业对现有机器设备和生产流程进行数字化、网络化、智能化、服务化转型升级，由“制造”转向“智造”。雅化集团三台化工有限公司“高温敏化乳化炸药智能工厂试点示范”获工信部“2017年智能制造试点示范项目”。四川绵阳三力股份有限公司、绵阳佳联印染有限责任公司、新希望六和股份有限公司工信部“两化融合管理体系贯标试点”，攀钢集团江油长城特殊钢有限公司、四川台沃农业科技股份有限公司、四川皇龙智能破碎技术股份有限公司、际华三五三六实业有限公司、四川永贵科技有限公司、四川九洲视讯科技有限责任公司、四川三台力达泵业有限公司、四川省柏均机械制造有限责任公司等四川省“两化融合管理体系贯标试点企业”。培育兵装集团58所、鼎鑫智能、长虹智能等3户智能制造系统解决方案供应商，其中兵装集团58所入选国家第一批《智能制造系统解决方案供应商推荐目录》；全市总投资18.5亿元的19个智能制造项目进展顺利。长虹制造云平台成为家电企业唯一获国家“互联网+”重大工程支持项目，好圣汽车公司节能型高效汽车发动机关键件数字化铸造车间、雅化公司起爆器材数字化工厂项目等19个智能制造重点项目顺利推进，全市工业企业电子商务应用率达90%以上。（曹小龙）

农业信息化

【概况】 2017年，全市分期分批打造“益农信息社”（信息进村入户工程），全市建成“益农信息社”1610家，初步实现广大农村居民足不出户享受公益、便民、电商、培训体验等服务。依托“绵阳农业”微信公众平台，面向社会公众提供农业工作动态、政策法规、科技服务、病虫害发生趋势及防治措施等农业信息服务。通过“绵阳农业”微信平台发送各类农业图文信息316条。公众号关注人数达603人。全年完成农情（灾情）汇报72期报表130余份。同时，结合农情（灾情）报送及时撰写粮油产量趋势、大小春备耕及播栽特点等分析材料11篇。全省农情信息考核中被省农业厅考评为二等奖。

【绵阳农业网站建设】 2017年，市农业局完善和丰富网站功能和内容，绵阳农业网站分政务版和服务版。政务版设置政务动态、政务公开、办事指南、政策法规、绵阳农业、循环农业、产业扶贫、农业补贴等32个栏目，服务版设置农业热点、网上展厅、产品展销、市场动态、科技服务等6大特色专栏。全年网站累计更新各类信息和资料7406篇，新建《学习贯彻党的十九大精神》《聚焦2017中央一号文件》《环保督查》《中华人民共和国网络安全法》《双公示》等多个专题栏目，年内网站点击率达32.2万人次，网站的形象和影响力持续提升。

【实施新农村“百千万”信息惠农工程】 2017年，全市继续开展新农村“百千万”信息惠农工程试点工作。全年新发展51个镇村、经营主体在“绵阳新农网”建立信息网络平台，累计总数达1340个。与绵阳电视台联合制作《乡韵绵州》农业电视栏目，围绕农业环保、产业扶贫、经营主体培育与休闲农业等工作进行报道，全年录播52期。全年各级各类媒体采用信息1900余条，其中国家级307条、省级487条。

【推进“互联网+”现代农业】 2017年，全市农业龙头企业、专业合作社、家庭农场等新型农业经营主体触网率达100%。建成6个涵盖大田种植、设施园艺、畜禽水产养殖等不同类型的农业物联网试验示范基地。全市有241家种养殖生产企业、专业合作社“三品一标”农产品通过农产品质量安全追溯平台实施种养殖过程追溯。全市9家县级电商运营中心运转顺利，全年销售收入6.8亿元，累计发展电商经营主体5000个，村级电商服务店1480家（贫困村370家），全年农产品网络交易额达28亿元，全市农产品网络销售额占农业总产值比重达7.1%。

无线电管理

【概况】 2017年，全市完成国家无线电办公室、省经信委《关于开展2017年频谱使用评估工作的通知》的要求。研究制订《2017年无线电频谱使用评估专项活动工作方案》，成立主要负责人任组长的专项活动领导机构，从工作目标、组织保障、工作安排、工作要求等方面做出周密的安排，对全市广播电视、卫星广播等重点频段进行数据采集、存储与分析，较为详细的掌握全市相关频谱资源的实际使用和台站设置情况。全年无线电执法14次，查获伪基站设备1套，GPS干扰器19台，没收非法车载电台2套，发现定位非法广播8起，排查其他干扰12起。完成全国高考、中考以及公务员招考等各类考试无线电安全保障30余天次，出动无线电监测车100多辆次，参加人员300余人次，无线电设备110多辆次，监测时间达220小时。

【无线电台监管】 2017年，全市落实国家、省安排布置的无线电监察任务，制定工作预案和应对措施，要求基础运营企业以及相关单位加强通信设备维护和网络安全监管，完善无线电监测网络，对全市民航、广播给予重点监测和频率保护。全市处理无线电批复实验12件，批复无线电台单位更名1件，批复继续使用无线电频率5件，审查无线电台380台。行政执法14起，配合执法8次。出动监测车58辆次，运用监测设备90余台次。出动人员260余人次，工作时间280余小时。

【无线电法规宣传】 2017年，全市结合无线电与通信管理工作的特点，发挥职能部门的作用，加大无线电和通信法律法规宣传力度，利用“法制宣传日”“无线电宣传月”等活动，联合中国电信、移动、联通、铁塔以及省广电绵阳分公司等基础通信企业采用多种方式开展的主题宣传活动。各基础通信企业围绕企业发展情况，各类便民惠民的服务项目和产品以及无线电法规、科普知识等相关内容，开展宣传活动，发放各类宣传资料2000余份，加深广大市民对无线电法规和知识的了解。

（许安疆）

通信技术

【概况】 2017年，绵阳通信技术服务主要以电信、移动、联通为主。全年3家通信公司助力推进智慧绵阳、宽带绵阳建设，全年完成电信业务总量72.79亿元，同比增长64.6%。固定电话用户105.43万户，移动电话用户569.52万户，互联网宽带用户148.68万户。

【电信助力智慧城市建设】 2017年，绵阳电信在全市持续推进居家养老、平安医院、智慧旅游、智慧司法、智慧校园等项目。通过建设装维培训基地，推动打造面向智慧家庭的装维工程师队伍，为智慧家庭的建立提供强力保障，借力IPTV平台整合语音、数据、视频网络资源，推进产品创新，实现电视手机多屏互动。9月8—10日，第七届中国智慧城市技术与应用产品博览会在宁波召开，基于中国电信NB网络的中国科技城（绵阳）物联网产业联盟参与NB-IOT成果展示。在绵阳分公司的参与下，绵阳市在同步举行的全国窄带物联网技术与应用合作论坛上获“物联网应用示范先进城市”。同时，四川电信与九洲集团成立物联合实验室，打造绵阳物联网生态圈产业联盟。物联网联合实验室以中国电信LTE 800M低频4G网络为载体，利用其广覆盖、低功耗、大连接、低成本等优势，并联合九洲集团强大的制造、研发能力，快速进军物联网产品制造、模组研发上游，开拓物联网智慧应用，加速物联网生态圈的形成，未来将有望形成百亿级产业链，有效推动绵阳的“智慧城市”打造，服务绵阳经济。

【绵阳电信】 中国电信绵阳分公司成立2000年11月，有员工1018人，是绵阳市主体电信企业和综合信息服务提供主导企业，也是绵阳市承担普遍电信服务、党政机要通信、国防通信、保密通信、应急通信等任务的唯一通信企业。主要经营移动语音通话、数据、电视宽带等业务，拓展电子金融、物联网、5G等新兴领域。公司下设26个部门，在各区县设有15个经营单位，负责本地的市场拓展、网络建设维护和客户服务。全年电信手机支付（翼支付）覆盖实体消费场所、民生领域、交通系统、餐饮娱乐、金融行业等场景，翼支付成为具有绵阳本地特色的主流手机支付方式。吸引数千家绵阳本地企业共同投入资源、共享客户，带动上下游合作伙伴交易流水。基于绵阳各级政府支持及手机支付（翼支付）良好发展态势，绵阳成为全国手机支付（翼支付）生态圈建设领先城市。2017年绵阳电信4G网络品质发生质的飞跃，在建设中引入业内多项新技术，NB-IOT（窄带物联网），VOLTE（高清语音），CA（载波聚合）等，在农村区域完成800M LTE建设数千个4G基站，实现有电信无线信号的地方都具备4G业务提供能力，成功实现3G向4G的技术更新和换代，为市民提供快速、稳定、安全的4G业务。推进信息进村入户工程，实现全市行政村100%通宽带,有线宽带方面建成千兆网络，实现千兆到户，有效提高光纤网络覆盖水平。绵阳电信建成两张精品网，千兆城市的建立使上网速度步入千兆时代；率先实现4G网络800M双频段双覆盖，4G网速全市领先。绵阳电信对主流套餐全面升级，推出全国流量不限量。主流套餐全面升级为“全国流量不限量”后，不限量套餐户均流量将迎来暴涨，带来流量单价、宽带单价下降超8成。针对家庭用户，家庭融合套餐可让个人及全家的手机通信支出下降80%以上。持续建设信息进村入户平台（益农信息社），平台依托手机支付（翼支付），融合公益、便民、电商、培训等服务功能，服务“三农”，建成近2000个村级服务点，提供5000个工作岗位。全年，绵阳电信获绵阳市五一劳动奖章，被中国质量协会授予“全国实施用户满意工程企业类用户满意奖”。

（肖淑文）

【绵阳联通】 2017年，绵阳联通“瘦身健体”精简机构取得明显效果，本部部门减少7%，本部管理人员职数减少8.3%，中层干部数量精简37%。当年完成主营收入33613万元，完成年度任务的91.33%。移网出账用户达54.4万户，当年增幅5.6%。重点产品为2I2C腾讯王卡、要卡，“冰激凌”套餐产品及创新业务（产业互联网、物联网、ICT）。5月12日，参加绵阳市安州区政府在安州区高川镇组织的“防灾应急演练”，演练中绵阳联通应急通信保障设备配备齐全，人员保障有力，完成政府下达的各项应急通信保障任务。“7·5”暴雨、“7·16”暴雨、“8·28”暴雨造成绵阳联通220个基站掉站、289个站点断电的重大险情，城区12处传输光缆被大风刮断，至少6个板房基站的站房被强风损毁，累计出现740多个基站退服，60余千米的传输杆路损坏。绵阳联通迅速启动汛期抢险应急预案，抢修损坏设施，确保通信网络平安度汛。“8·8”九寨沟地震发生后，绵阳联通启动应急预案，组成抢险小分队，12:30在江油会合后出发，共计15名抢险人员、4辆皮卡车、2台熔接机、2台OTDR、5千米光缆和8台发电机。17:30到达九寨沟，与阿坝藏族羌族自治州联通抢险队会合，立即开展抢通工作。

梓潼县：蜀地门户 文昌帝乡

七曲山大庙

梓潼是一座古城一点不为过，因为它有两千多年的历史。梓潼因树因江而得名。《太平寰宇记》载：“因县城东倚梓林，西枕潼水而名梓潼”。梓潼“地联秦关，路当扼蜀”，北扼剑门，南控涪江，号称“扼控三巴，益州衿领”，是古蜀国北部门户，古蜀道金牛道北南横贯其中。秦昭襄王六年（前301年），秦国在蜀地置巴、蜀二郡，各辖县若干，此为四川地区建置郡县之始。早期设县，详情难以考证。据《汉书/高帝纪》，“汉王王巴、蜀、汉中四十一县”，现有据可考者仅十九县。西汉高帝六年（前201）置广汉郡，领十三县，梓潼始见于记载，此为有据可考梓潼置县之始。梓潼置县至今，县名一直沿用，仅王莽篡汉时，一度改名“子同”；西魏废帝二年（553年）至隋大业三年（607）期间，曾易名安寿。此外，虽迁移并析不定，但县名再无变更。由于历朝历代建制的变化，梓潼县隶属关系也随之发生频繁变化。秦属蜀郡；西汉属广汉郡；东汉属就都郡、广汉郡；三国至魏晋南北朝属梓潼郡；南北朝末期至隋，属潼州郡，又名潼川郡、东川郡；唐至北宋属利州、剑州；南宋属普安军、隆庆府；元属剑州、保宁府；明属剑州；清属剑州、绵州；民初为川军六旅刘军、川军二十一师田颂尧防区；后属四川省府；民国24年（1935年）4月，中国工农红军第四方面军攻占梓潼，在县境内设置梓潼、百顷、重华3个县级苏维埃政府，隶属川陕省苏维埃政府；红军撤离后，隶属四川省第十三行政督查区（治绵阳）；1949年中华人民共和国成立后，隶属绵阳专区；1985年，梓潼隶属改制后的绵阳市。

梓潼虽为川北小县，但却因“文昌祖庭”而声蜚海内外。《明史·吉礼四》称，“（梓潼）神姓张，名亚子，居蜀七曲山。仕晋战没，人为立庙。唐、宋屡封至英显王。道家谓帝命梓潼掌文昌府事及人间禄籍，故元加号为帝君，而天下学校亦有祠祀者。景泰中，因京师旧庙辟而新之，岁以二月三日生辰，遣祭。”随着唐宋以迄明清，科举制度的逐步完备，读书提高素质，科举改变人生，成为中国社会公认的价值观。文昌，以文化、人文精神为内核，以宗教仪式为载体，至今香火不衰。

概 述

【概况】 2017年，市政府出台《绵阳市“十三五”文化产业发展规划》；组织专家评审、推荐省级文物保护单位18处，完成第九批省级文物保护单位申报登记工作。保护绵阳“三线”建设工业企业遗址，组织专家对全市现存的工业企业厂房、生活居住区、街道等建筑物进行评估，市政府办印发《关于做好绵阳市三线建设遗产保护工作的通知》，首批“三线”建设工业企业遗址保护名单出炉。年底，绵阳市获国家版权局批准为创建全版权示范城市。

2017年，根据统计全市有不可移动文物4826处，其中全国重点文物保护单位18处、省级文物保护单位56处、市级文物保护单位54处；馆藏文物77817件，其中一级文物79件、二级文物345件、三级文物4965件。列入国家级非物质文化遗产代表性项目7项（其中“羌年”列入联合国教科文组织急需保护非物质文化遗产名录），省级非物质文化遗产代表性项目36项，市级非物质文化遗产代表性项目157项。全市有广播电视台8座、公共广播10套、公共电视节目9套，广播综合覆盖率99.59%，电视综合覆盖率99.58%；有线高清数字电视机顶盒在网用户达33.32万户，比2016年增长6.9%，高清机顶盒渗透率达63.6%。全市有城市影院28家（178块银幕）、农村数字电影院线1家、乡镇固定放映点283个、农村公益电影工作站9个、农村电影放映队157个。全市有网吧1070家、歌舞娱乐312家、电子游戏（艺）287家、艺术品经营单位7家、演出团队40个、印刷企业223家、出版物发行单位（网点）357家。

【文广新系统机构情况】 2017年，绵阳市文化广电新闻出版局内设机构13个，机关行政编制50名，工勤人员事业编制5名。全市有市级文化市场综合执法支队1个、县（市、区）级文化市场综合执法大队9个。市级文化馆1个、县（市、区）级文化馆9个、乡（镇）文化站277个。市级公共图书馆1个、县（市、区）级公共图书馆8个，从业人员58人。专业艺术表演团体2个，从业人员98人。市级博物馆1个、县（市、区）级博物馆（纪念馆）11个。市级广播电视台1个、县（市、区）级广播电视台7个、乡镇广播站203个。

全市文化艺术人才总量较大，县市区公共文化服务一线文化艺术人才充足，专业分布、学历结构合理，每年度文化行政部门组织开展的继续教育及专业培训实现全覆盖。全市有各类文化艺术人才2448人（非公有制领域），专业技术人才1686人，女性1585人，离退休435人；从知识层次分析，研究生10人（博士4人）、大学本科679人、大学专科1385人、中专及以下374人；从年龄结构分析，35岁及以下327人、36-45岁1089人、46-60岁791人、61岁及以上241人；从所在地域分析，市本级单位118人、县级单位1858人、乡镇级单位128人、村级单位344人。

【文联机构情况】 2017年，市文联核定编制11人，其中行政编制3名，事业编制6名，机关工勤人员2名。市文联有绵阳市文学与书画艺术研究院1个直属全额拨款事业单位，核定编制6人。市文联主办有民办非企业组织市文学艺术培训学校。

【《绵阳市“十三五”文化产业发展规划》出台】 2017年2月10日，市政府第10次常务会议召开，审议并原则通过《绵阳市“十三五”文化产业发展规划》（简称《规划》）等事项。3月30日，绵阳市人民政府办公室印发《关于印发绵阳市“十三五”文化产业发展规划的通知》（绵府办发〔2017〕12号），从现实基础、总体思路、重点领域、空间布局、支撑平台、重大工程和保障措施等七个方面对全市“十三五”期间文化产业发展工作进行安排部署。《规划》提出，到2020年，全市文化产业增加值在2013年72.68亿元的基础上翻一番，总量达175亿元，占全市地区生产总值的比重达7%。《规划》提出文化产业重大工程建设任务。文艺精品生产工程主要任务是加强文学艺术创作出版、提升影视生产质量水平和打造文化演艺特色品牌；文化科技创新工程主要任务是建设绵阳国家级文化和科技融合示范基地、推动数字创意产业繁荣发展；文化消费促进工程主要任务是优化文化消费设施环境和加强文化消费权益保护；知识产权保护工程主要任务是推进知识产权管理创新和加强知识产权风险防控；对外文化贸易工程主要任务是壮大文化贸易企业和优化文化贸易人才结构。

图103　国家版权考察组在绵阳听取市政府创建工作情况汇报

【绵阳市获批创建全国版权示范城市】　2017年11月9—10日，国家版权局版权管理司社会服务处宋萍萍处长率队考察绵阳市创建全国版权示范城市工作，四川省版权局、绵阳市人民政府及相关市级部门负责人陪同考察。考察组听取绵阳市政府创建全国版权示范城市工作情况汇报，深入调研中国（绵阳）科技城软件产业园、军民融合知识产权运营平台、汇德轩公司等版权保护和成果转化现状，随机抽查部分市级政府部门和国有企业软件正版化推进情况，详细查阅版权社会服务机构管理和版权作品登记资料，对绵阳市创建全国版权示范城市取得的成绩给予充分肯定。11月23日，国家版权局在全国版权社会服务工作会议上宣布授予山东省即墨市、广东省东莞市“全国版权示范城市”称号，同时宣布同意四川省绵阳市、河北省廊坊市创建全国版权示范城市。创建期满后，国家版权局将按照《全国版权示范城市、示范单位和示范园区（基地）管理办法》的相关规定，对绵阳市创建全国版权示范城市工作进行综合考察测评。

（戴大鹏）

资料链接：

近年来，绵阳市以争创全国版权示范城市为抓手，扎实推进创新驱动发展和知识产权战略，着力构建“三四五六”版权工作模式，打造知识产权高地，建设西部版权强市。构建版权管理、版权保护、社会服务“三大体系”。专设版权工作业务部门，率先在全省组建包括版权执法在内的文化市场综合执法机构；市中级人民法院设立川西北首个知识产权审判庭，组建知识产权巡回法庭；设立成版权事务中心、版权服务窗口，并整合中介组织力量，建成覆盖全市的版权登记工作网络，开展线上线下服务。提升版权创造、运用、保护、管理“四项能力”。制订实施《绵阳市知识产权保护行动纲要（2016—2020年）》等10余个文件，出台“著作权免费登记”等20余项扶持政策，年均投入专项资金2000余万元，建成中国（绵阳）科技城软件产业园、汇德轩公司等省级版权示范园区和示范单位，武道数码等市级版权示范单位。打造新闻出版、广播影视、信息网络、计算机软件、文化创意、文学艺术“五大产业”。着力抓好长虹、九洲等70余家大型企业和近万家科技型中小企业著作权登记和成果转化，推动“绵阳制造”向“绵阳智造”转变；积极推动新闻出版、广播影视、文化创意、文学艺术发展，助推著作权登记量逐年攀升。落实版权法规宣传、执法监管、软件正版化、作品登记、成果转化、产业发展“六大任务”。实现版权宣传常态化、执法监管规范化、作品登记信息化，全面完成政府机关和重点国有企业软件正版化任务，版权登记年均增长率约居各市（州）前列，组团参加科博会、版博会等版权成果转化活动20余批次，版权产业在文化产业占比达20%，呈现出持续向好的发展态势。

物质文化遗产与非物质文化遗产保护

【概况】　2017年，全市文物主管部门利用博物馆日、文化遗产日等重要节点开展文保主题宣传，完成全市博物馆、纪念馆绩效评估和评估定级申报工作。争取国家、省级文物保护专项资金2000余万元。市非遗中心组织、参与绵阳市春晚、第六届国际非物质文化遗产节、“非遗”主题文化展演等各类演出活动21场。创作《加油向未来》《绵州风韵》《白马女人歌》《母亲的扫帚》《川剧操》《百年梦想》6个“非遗”艺术作品。全市重点“非遗”项目在国内、国外交流及参展23场次。12月14日，《中国文化报》以《积极探索“非遗”传承保护新路子》为题，专版报道绵阳市开展“非遗”进校园活动。羌族文化生态试验保护区建设通过文化部文化生态保护区评估工作专家组及省文化厅领导评估检查，获得“优秀”等次。市文广新局被省人民政府表扬为第六届中国成都国际非物质文化遗产节突出贡献单位。

【工业遗产保护与历史建筑挂牌工作】　2017年，市文广新局根据《跃进路历史文化街区工业遗产普查征集工作方案》安排，督促绵阳市博物馆对跃进路工业遗产进行初步调查，按照国家第三次文物普查的标准对该区域工业遗产进行数据采集和影像摄录，与其他相关部门共同完成《跃进路工业遗产普查工作报告》。牵头开展越王楼——碧水寺历史文化街区地下文物勘探，邀请相关专家到绵阳开展勘探。10月，配合市规划局开展绵阳市第一次历史建筑认定登记，经过专家评审，认定绵阳市10余处近现代建筑（包括8处工业遗产）为历史建筑并登记在册。

【绵阳市首批“三线”建设工业企业遗址出炉】 2017年，绵阳市委、市政府为保护绵阳“三线”建设工业企业遗址，组织专家对全市现存的工业企业厂房、生活居住区、街道等建筑物进行评估。市政府办印发《关于做好绵阳市“三线”建设遗产保护工作的通知》（绵府办函〔2017〕125号），禁止未经评估擅自拆除三线建设遗址。文件的印发实施，标志着绵阳“三线”建设工业遗产保护利用工作正式进入规范化轨道，包括工业遗产、原“三线”建设期间在绵相关单位原址等将受到依法保护。首批“三线”建设遗址保护名单：东方绝缘材料厂、国营涪江机器厂、国营长虹机器厂、国营华丰无线电器材厂、十一设计院、国营涪江有线电厂、职工医院、国营四川峨眉无线电厂、中国科学院西南物理研究所、总字0912部队东升机械厂、朝阳机械厂、曙光机械公司（现中国工程物理研究院，包括位于梓潼县、江油市、平武县、安州区的原中物院相关科研院所及生产、生活环境）、民航器材总库、民航飞行学院绵阳分院、清华大学西南分校、粮食部绵阳粮食机械厂、普明机械厂、江陵电缆厂、西南二二公司四处、西南二三公司四处、西南二四公司、硫铁矿、江油水泥厂、第三机械部第六研究院第十一研究所、长城钢厂、江油发电厂、四川矿山机器厂、四川石油管理局广宁石油勘探指挥部、四川储备物资管理局、成都无缝钢管厂江油钢铁厂、陶瓷总厂、中坝磷肥厂、天化厂、七〇砂厂、钢铁厂江油钛厂、织布厂、涪江机械厂、奔箭水泥厂、江油锅厂、广利寺铁矿、东兴砖瓦厂等41处绵阳“三线”建设工业遗址被纳入禁止拆除范围。

【开展“非遗五进”工程项目】 2017年，市文化主管部门在辖区实施“非遗进校园”等“非遗五进”（进学校、进农村、进景区、进商场、进集市）工程项目。全年，“非遗”进校园79所，17所学校挂牌“绵阳市非物质文化遗产传习基地”，羌族草编、剪纸、川剧等46个项目进驻。《川剧操》作为戏曲进校园拓展的重大编创成果，向全市中小学推广。“非遗进超市”逐步推广，绵阳三江半岛游客中心“非遗集市”、“故乡味绵阳特产”繁华商业城店、“故乡味绵阳特产”花园店、绵阳新世界商场设立“非遗专柜、专架”，集中展示、展销“非遗”产品，引起社会各界关注和好评。

【“非遗”文化交流】 2017年，绵阳市“非遗”项目参加国内、国外交流展览活动23场次，其中“平武羌绣”“羌族草编制作技艺”“羌茶手工制作技艺”“平武剪纸”“涪城剪纸”“羌族水磨漆艺”“羌绣传统刺绣工艺”等受邀赴日本、俄罗斯、蒙古、美国、马来西亚、泰国、新加坡等国参加第八届“联合国中文日”“画坛翘楚——中国画全球巡回展”“世界艺术家经验分享”等活动，向世界活态展示绵州传统技艺，扩大绵阳“非遗”项目知名度和美誉度。

【“非遗”保护成果出版】 2017年，市文广新局、市“非遗”中心共同编纂的《绵阳市非物质文化遗产代表性项目名录图典》《国家级羌族文化生态保护实验区绵阳地区非物质文化遗产传承人口述史》由四川大学出版社出版发行，市“非遗”产中心、市关心下一代工作委员会、四川文化艺术学院共同编纂的《绵阳市非物质文化遗产青少年读本》（中、小学版）正式印刷，市“非遗”中心与绵阳晚报社联合推出的《守望与传承——绵州技艺图册》正式印刷。以上“非遗”保护成果向全社会免费发放。

【《二十四节气之农耕图》获“汉博杯”金奖】 2017年9月29日至10月3日，第四届中国·徐州文化博览会暨徐州民间工艺博览会在徐州举行，绵阳市级非遗“鑫田粮艺”代表性传承人潘德贵受邀参加。在本次博览会参展的传统工艺美术产业十一大类中，以粮食画《二十四节气之农耕图》获中工美“汉博杯”工艺美术创意大赛金奖。“鑫田粮艺”年代久远，传承于民间，是川西地区典型的乡土文

图104 “鑫田粮艺”传承人潘德贵与作品《二十四节气之农耕图》

化，纯手工技艺。以五谷杂粮和其他各类种子为材料，利用植物自然颜色、形状，通过构图、线条明暗、粘贴、镶嵌等传统技法，制作出以吉祥、喜庆的图饰、文字和人们生产、生活场景为内容的作品。（何　先）

绵阳市非物质文化遗产名录

表50

序号	级别	项目名称	区域
1	世界级	羌年	北川
2	国家级	抬阁（青林口高抬戏）	江油
3	国家级	洞经音乐（文昌洞经古乐）	梓潼
4	国家级	豆豉酿制技艺（潼川豆豉酿制技艺）	三台
5	国家级	羌年	北川
6	国家级	禹的传说	北川
7	国家级	口弦音乐	北川
8	国家级	跳曹盖	平武
9	省级	文昌出巡	梓潼
10	省级	灯戏（许家湾十二花灯戏）	北川
11	省级	石刻工艺 (雾山石刻)	江油
12	省级	重华烟火架制作工艺	江油
13	省级	蚕丝祖神传说	盐亭
14	省级	羌族沙朗	北川
15	省级	龙舞（盐亭桃子龙）	盐亭
16	省级	耍蚕龙	盐亭
17	省级	羌戈大战（羌族古典叙事长诗）	北川
18	省级	江河号子（涪江号子）	三台
19	省级	平武虎牙藏族斗牦牛	平武
20	省级	建中高跷狮灯	三台
21	省级	花灯（大新花灯）	梓潼
22	省级	马鸣阳戏	梓潼
23	省级	羌族推杆	北川
24	省级	羌族水磨漆艺	北川
25	省级	四川手工剪纸（平武剪纸）	平武
26	省级	四川手工剪纸（涪城剪纸）	涪城
27	省级	传统民居营造技艺（羌家石碉房与吊脚楼）	北川
28	省级	羌族碉楼营造技艺	北川
29	省级	羌族碉楼营造技艺	平武
30	省级	大禹祭祀习俗	北川

续表

序号	级别	项目名称	区域
31	省级	睢水春社踩桥会	安州
32	省级	蚕姑庙会	盐亭
33	省级	灯舞（羌族麻龙马灯）	北川
34	省级	梓潼片粉制作技艺	梓潼
35	省级	梓潼酥饼制作技艺	梓潼
36	省级	郪江镇城隍庙会	三台
37	省级	羌族婚俗	北川
38	省级	龙舞（盐亭水龙）	盐亭
39	省级	羌笛演奏技艺	北川
40	省级	龙舞（盐亭梓江龙）	盐亭
41	省级	羌绣传统刺绣工艺	北川
42	省级	羌绣传统刺绣工艺	平武
43	省级	毛笔制作技艺（炳林毛笔制作技艺）	涪城
44	省级	蒸馏酒传统酿造技艺（玉米酒传统酿造技艺）	北川

文物·博物

【概况】 2017年，绵阳市组织专家评审、推荐省级文物保护单位18处，完成第九批省级文物保护单位申报登记工作。组织开展全市文物安全状况大排查、全市文物消防安全专项检查，市文广新局联合市文化执法支队、市消防支队赴9个县市区开展专项督查，摸排安全隐患。联合市工商局、市公安局、各县市区人民政府开展文物流通市场专项检查行动、打击文物犯罪专项行动、文物法人违法专项整治行动，有效打击文物违法犯罪行为，整顿全市文物流通市场，净化文物保护大环境。组织召开全市文物安全工作会议，就文物消防安全做了专项培训。与各县市区、各园区签订文物安全责任书，落实文物安全保护责任，确保文物有人管、有人护。办理人大代表建议和政协委员提案6件（其中市人大重点督办1件、市政府领导牵头办理2件）。对九（寨沟）绵（阳）高速沿线进行文物勘察、复核，并实施抢救性发掘。

截至年底，全市有不可移动文物4826处，其中全国重点文物保护单位18处、省级文物保护单位56处、市级文物保护单位54处、县级文物保护单位347处；有馆藏文物77817件，其中一级文物79件、二级文物345件、三级文物4965件。全市建成博物馆（纪念馆）11个，其中纳入国家免费开放博物馆（纪念馆）9个。（顾晓燕）

绵阳市国家级文物保护单位名录

表51

编号	名称	年代	地址	类别
1	汉平阳府君阙	东汉	绵阳科技馆广场	古建筑
2	云岩寺	宋至清	江油市窦团山	古建筑
3	平武报恩寺	明	平武县龙安镇	古建筑
4	七曲山大庙	元至清	梓潼县七曲山	古建筑
5	郪江崖墓群	东汉	三台县郪江镇	古墓葬
6	老君山古硝洞遗址	明、清	江油市重华镇	古遗址

续表

编号	名称	年代	地址	类别
7	李业阙	汉	梓潼县长卿镇	古建筑
8	卧龙山千佛崖造像	唐	梓潼县卧龙镇	石窟寺
9	永平堡古城	明	北川羌族自治县	古遗址
10	河边九龙山崖墓群	汉	涪城区	古墓葬
11	千禧寺	明至清	安州区	古建筑
12	鱼泉寺	明至清	游仙区	古建筑
13	潼川古城墙	明至清	三台县	古建筑
14	云台观	明至清	三台县	古建筑
15	尊胜寺	明至清	三台县	古建筑
16	马鞍寺	清	游仙区	古建筑
17	青林口古建筑群	清	江油市	古建筑
18	碧水寺摩崖造像	唐	游仙区	石窟寺及石刻

【绵阳市博物馆】 是汶川特大地震灾后异地重建项目之一，2016年12月开馆。博物馆占地面积43527.94平方米，总投资2.3亿元，建筑面积29960平方米，其中展厅面积7634平方米。馆藏文物28539件，其中珍贵文物1682件。2017年，绵阳市博物馆率先在全省实施错时延时开放。年内举办6个临时展览、2个基本陈列和4个专题陈列，吸引13万市民和游客参观学习。“汉平阳府君阙恢复修缮工程”代表四川省参评“全国十佳文物保护工程奖”。博物馆（新馆）的陈展体系由2个基本陈列和4个专题陈列构成。基本陈列包括：千年回望古绵州——绵阳历史文化陈列、神奇自然美丽家园——绵阳自然生态陈列；专题陈列包括：富乐梦想——绵阳摇钱树陈列，国之大用——绵阳汉马陈列，山间洞府——绵阳崖墓陈列，流淌的记忆——绵阳非物质文化遗产陈列。2017年，先后举办弘扬生态文明理念的“关爱、责任、使命—绵阳的珍禽异兽摄影展”“竹韵童心——孙竹篱、童韵樵书画联展”、突出地方特色的“旧貌新颜——平武风情摄影展”、展示“一普”成果的“百工诸巧——绵阳市第一次全国可移动文物普查成果展”“翰墨欢歌——喜迎十九大，庆祝建国68周年书画展”“涪城汉韵——绵阳汉代精品文物展”“翰墨留香——绵阳市博物馆藏现代书画展”等临时展览6个；结合“文化遗产日”“5·18”国际博物馆日等活动，举办“一带一路”主题图片展览。全年，博物馆全年免费开放334天，接待游客13万余人；提供讲解服务758次，其中收费讲解143次、免费讲解615次。5月26日，绵阳市博物馆率先在全省实施错时延时开放，每年5月至9月之间的每周五、六、日3天，延迟闭馆至晚上9点，较正常开放时间延长4小时。

图105　绵阳博物馆新馆

【文物抢救保护】 2017年，绵阳市博物馆完成“汉平阳府君阙恢复修缮工程”，通过省文物局初验，项目代表四川省参评2017年度“全国十佳文物保护工程奖”；总投资约2100万元的国家重点文物保护项目——绵阳博物馆馆藏文物预防性保护项目和绵阳市博物馆中心库房保存环境提升达标项目通过专家验收，完成环境监控，微环境调控，柜架、囊匣配置等任务，达到项目预期目的；完成老馆文物中心库房565箱文物（其中珍贵文物3576件套）的清点、包装、装箱和搬迁工作；完成馆藏珍贵文物数据复核及器物扫描；修复馆藏铜器17件套、瓷器39件套、铁器90件套；完成“绵阳41处省级文物保护单位木结构建筑类测绘调查。完成跃进路工业遗产普查工作，形成普查报告初稿，提出保护建议和利用建议。完成西山公园营盘嘴等地10座墓葬（群）的抢救性考古发掘工作，出土器物48件套。

（顾晓燕）

文艺创作

【概况】　2017年，全市创作多部文艺新品，7个节目及演员获国家和省奖励。2月11日，平武县吉祥白马艺术团《哭嫁歌》获在甘肃文县举办的“白马民歌大奖赛”二等奖。4月12日，中央电视台戏曲和音乐频道主办的“中华颂”小戏小品曲艺大展赛“一鸣惊人”栏目《梦想微剧场》第二季比赛中，江油市选送的川剧小戏《骂鸡新编》《停电》获全国团体银奖，曾小梅获“最佳演员奖”。6月23日，市艺术学校选送的群舞《挂帅》获2017年四川省舞蹈新作比赛表演三等奖。6月29日，国家艺术基金管理中心公布2017年度国家艺术基金立项资助项目。绵阳市歌剧舞剧院音乐剧《卓玛卓玛》获舞台艺术创作资助项目大型剧和作品资助400万元；绵阳市文学与书画艺术研究院唐龙获“青年艺术创作人才资助项目”资助10万元。7月，绵阳市艺术剧院公司新创舞蹈《白马女人歌》入选文化部、国家民委主办的第二届全国少数民族优秀舞蹈作品展演。8月，绵阳小选手魏宝懿表演四川清音《峨眉茶》获第八届全国优秀少儿曲艺节目展演四川选拔赛暨全省第四届少儿曲艺大赛决赛一等奖。11月，绵阳市艺术学校选送的舞蹈《跷巧俏》入围参加第十一届中国舞蹈“荷花奖”古典舞终评比赛；绵阳市艺术剧院公司新创的小川剧《山村喜事》获四川省第十六届戏剧小品（小戏）比赛三等奖；江油市川剧团、江油市文化馆新编川剧《审英雄》获第八届全国戏剧小品曲艺大展金奖；音乐《爱你如初》、舞蹈《小戏迷》、小品《暖冬》、四川清音《峨眉茶》入围四川省第二届农民艺术节“群星奖”决赛。12月24日，绵阳市首届舞蹈新作精品展演在绵州大剧院举行，44件舞蹈新作品参加角逐，双人舞《母亲的扫帚》、群舞《挂帅》等15件作品获奖。全年组织文艺创作扶持项目申报3次，其中上报中国文联文艺扶持项目7件、省“五个一”工程作品6件、市文艺扶持项目52件；组织申报省出版选题34件。市歌曲剧院音乐剧《卓玛卓玛》获国家舞台艺术创作资助项目；文学与书画艺术研究院唐龙荣获国家青年艺术创作人才资助项目。

【文艺人才培训】　2017年，全市分层次开展好全市文艺人才培训工作。举办“西部人文讲坛”4次。分别邀请《花城》杂志主编田瑛做“小说的结构艺术”讲座；四川省社科院艺术研究中心主任、四川省美协理论委员会副主任、著名美术史专家唐林教授做“绵阳美术历史及其思考”专题讲座；四川大学文学与新闻学院教授博士生导师、影视系主任、四川省学术与技术带头人黎风就“新时代下文艺创作审美多元化与爱国主义”作专题讲座；四川省文艺评论家协会副主席刘火以其独特的审美视角和独特的思维方式就“尊重定式与超越定式”进行文艺创作创新做专题讲座。举办2017绵阳市音协歌词创作品培训班，承办省音协词曲创作培训班、《星星诗刊》夏令营、书法研修班等培训活动。与绵阳师院、四川文化艺术学院举办舞蹈创作培训研讨、《合唱艺术发展概览》专题讲座，开办绵阳市青年文学创作培训班、书法艺术高研班等。按照《绵阳市文化领军人才评奖办法》，推出文艺领军团队（书法创研团队）、8名文艺领军人才，营造了生气勃勃的文艺生态。市文学与书画研究院、市书协连续开办四届书法研修班；市美协成立版画培训工作室；市影视协开办“影视小屋”；市摄协常年举办专家讲座、摄影沙龙。

【主旋律文艺精品创作】　2017年，全市推进主旋律精品文艺创作，出版专著60多部、900余万字。围绕省“历史文化名人工程”组织精品创作。支持以李白故事为蓝本的川剧《诗酒太白》创作。涪城区委、区人民政府出品，本土知名艺术家联袂打造的四幕舞台版清唱剧《欧阳修》，在四川绵阳师范学院行知音乐厅举行首场演出。围绕脱贫攻坚邀请作家马平到北川实地考察脱贫攻坚面貌，创作中篇小说《高腔》在《人民文学》发表，出版报告文学《羌山追梦记》。围绕重要的文艺展赛组织参展参赛，全年获国内外奖项23个、省级奖项42个。创作出小说《温暖的手铐》（梁斌小说奖）、国画《高原》（第二届中国画水墨大展入展）、歌曲《科技之梦》（入选全国科普征歌）、群舞《白马女人歌》（已入选省舞蹈新作比赛决赛）、电视剧《向天》（中央电视台播出）、雕刻作品《福寿双全》（中国民间艺术博览会金奖）等文艺精品。

【川剧《诗酒太白》首演】　2017年6月14日，国家艺术基金资助项目——川剧《诗酒太白》在成都市锦城艺术宫首演成功。该剧由江油著名作家、戏剧家王慧清精心创作，四川艺术职业学院、遂宁市川剧团联袂演出，省文联、省戏剧家协会等单位联合打造。该剧通过现代艺术设计，调动多种艺术手段丰富川剧舞台艺术表现形式，塑造伟大的爱国主义、浪漫主义诗人——李白的川剧艺术形象，讲述诗仙李白用川人的激情和智慧，戏谄权贵，踏星醉月，光耀盛唐，登上诗歌顶峰的浪漫故事。

【绵阳市援建壤塘县文艺创作成果展演】 2017年8月23日，“情满壤巴拉”2017绵阳市援建壤塘县文艺创作成果展演在阿坝藏族羌族自治州壤塘县举行。晚会在民俗展示《壤巴拉之风》浓郁的民族风情中拉开帷幕，诗朗诵《援建两地情》、舞蹈《难忘藏乡》、音乐短剧《情满壤巴拉》、歌曲《壤巴拉之恋》等7个节目一一精彩呈献。所有作品均由两地文艺家、干部群众原创和演出，真切反映当地文化风情和援建人物故事。

【清唱剧《欧阳修》首演】 2017年8月31日，纪念宋代文豪欧阳修1010周年诞辰之际，首部大型清唱剧《欧阳修》四幕舞台版第四次剧目研讨会暨开排启动仪式在绵阳市文化馆举行。10月21日晚，在绵阳师范学院首演。该剧由涪城区文广新局、涪城区文联、绵阳师院音乐与表演艺术学院、市文化馆等部门联袂打造，分为《父爱深深母爱浓》《波折三回显锋芒》《初心不改破时弊》《梦回绵州诵华章》等四幕十一场，选取为人、为官、为学等人生历程中最有意义的几个片段，通过舞台清唱的形式和艺术的手段，再现宋代文豪欧阳修的人生历程，以及他与绵州故土的不解之缘。

【话剧小品《两个人的车站》参加全省惠民演出】 2017年9月20日，四川省“脱贫攻坚、文化暖冬”暨“群星奖”优秀作品惠民巡演走进洛带古镇，绵阳市文化馆创作的话剧小品《两个人的车站》作为唯一的语言类节目受邀参加演出。《两个人的车站》创作于2013年，多次参加全国、省、市群众文化会演，也是第二次参加四川省“脱贫攻坚、文化暖冬”暨“群星奖”优秀作品惠民巡演。

【“喜庆十九大·戏剧进校园”公益行动启幕】 2017年11月22日，市教体局、市文广新局主办，绵阳市艺术剧院有限责任公司承办的绵阳市“喜庆十九大·戏剧进校园”公益行动启动仪式在跃进北路学校举行。本次戏剧进校园活动在全市21所大中小学开展21场免费公益演出，包括5场国家艺术基金扶持项目儿童剧《哪吒》以及15场传统优秀川剧折子戏。

（袁 珂）

文化行政审批

【概况】 2017年，市文广新局按照“放管服”改革要求，对行业行政权力事项进行全面清理和规范，完善并公布市级行政权力清单、行政审批事项、依据、条件、数量、程序、期限、材料目录及示范文本。实现“行政权力进清单、清单之外无权力”。全年窗口受理行政许可申请事项301件，办件成功率100%，群众回访测评满意度为100%。推进“互联网+政务服务”技术应用，推进一体化服务平台建设，完成一体化政务服务平台数据的认领、核实、录入等基础工作，部门业务融入全省一体化政务服务平台。经过测试和运行，本部门行政审批事项和公共服务事项实现统一平台、统一上网、统一办理。

【全市文化市场管理暨执法业务培训会召开】 2017年12月20日，市文广新局召开全市文化市场管理工作暨执法业务培训会议，深入贯彻中共十九大精神，落实全国全省文化市场管理工作会精神，总结2017年度工作，部署2018年工作。会议要求全市文化执法人员主动适应新时代、新任务，及时掌握新领域、新情况，加强重点行业、重点部位监管，持续规范文化市场经营秩序，为建设全国文明城市、实施文化提升战略营造有利文化环境。培训会上，三台、江油、平武等县市文广新局作经验交流发言。市文化市场综合执法支队“以案施训”，开展法律法规业务培训及网络执法案件讲解。各县市区、园区文广新局部门和文化市场综合执法机构负责人、业务骨干等70余人参加培训。

（冯开军）

文化市场

【概况】 2017年，全市文化市场监管部门建立文化市场安全生产信息台账，强化综合执法力度，开展文化市场大型专项检查、整治行动5次；重点突出检查歌舞、游戏游艺、营业性演出、网吧等人员聚集场所，排查安全隐患；严厉打击文化市场违法违规经营行为，对存在重大违法违规经营行为或重大安全生产隐患的经营单位，进行重点监管和检查。引导和推动文化娱乐行业转型升级，在全省进行经验交流。全年

图106　10月21日晚，清唱剧《欧阳修》在绵阳师范学院首演

回复并处理群众举报信件25件、接待来访群众83人次。

【营业性演出审批与执法培训】 2017年10月16日，市文广新局召开全市营业性演出行政审批暨执法培训工作会，细化中共十九大期间文化市场专项保障行动措施。各县（市、区）文化市场监管部门代表、市属各营业性演出经纪机构、表演团体（单位）和营业性演出场所（单位）负责人等40余人参加培训。会议传达中共十九大期间文化市场专项保障行动相关安排部署，分析研判全市营业性演出审批存在的突出问题，并结合案例，对营业性演出行政许可相关法律法规、审批流程、审批要求等进行系统培训。

【迎接中共十九大文化市场专项保障行动】 2017年9月30日18：00至10月27日18：00期间，全市文化部门和文化市场综合执法机构全体动员、全员参与，落实文化市场督查巡查，全面排查文化市场隐患，营造良好社会文化环境。在中共十九大重要保障期，市文广新局、市文化市场综合执法支队实行24小时值班制度，对全市开展专项保障行动情况进行跟踪督查，并派出督查组分赴绵阳城区和各县（市区）文化市场暗访抽查，发现问题立即查处整改。全市出动执法人员700余人次，检查文化经营单位400余家次，立案、警告、责令整改3家次，保障了绵阳文化市场安全。

【文化市场执法】 2017年，全市开展网吧和娱乐场所专项安全检查、互联网文化市场管理全面开展安全排查、暑期互联网上网服务营业场所专项整治、加强导向管理开展净化文化市场环境专项整治、建设全国文明城市文化市场专项整治行动等5次文化市场大型专项检查、整治行动。实施城区执法市、区联动，分组分片区检查歌舞娱乐、互联网上网服务、电子游戏等文化市场经营场所，严厉打击文化市场违法违规经营行为。全年回复并处理有关文化市场的群众举报信件25件、接待来访群众83人次。 （黄仁全）

2017年绵阳市文化市场基本情况一览

表52

产业分类＼数量情况		经营单位数量（个）	从业人数（人）	总资产额（万元）	年总收入（万元）
文化娱乐	歌舞娱乐	312	1385	25811.0	10617.2
	电子游戏	287	186	2014.0	622.0
	演出团队	40	471	949.0	1127.8
网吧		1070	3020	38268.7	18605.8
艺术品		7	7	50.0	35.0

城市文化

【概况】 2017年，全市文化部门以文化基础设施提升改造为重点，以丰富多彩的文化活动为载体，以传承发展历史文化和扩大文化交流为根本任务，推动绵阳城市文化上档升级。全市年内举办喜迎党的十九大文化活动、春节系列文化活动、系列文物临展、全民阅读十大主题活动等城市文化活动26场次。公共图书馆通过全国第六次公共图书馆评估定级四川省第三专家组考核验收。2017年新春，全市各地以“我们的节日——春节”为主题，相继举办社区春晚、百姓春晚、网络春晚、综艺春晚等形式多样的系列春节晚会21场，直接参与演出的干部群众达到万余人次，掀起春节文化活动新高潮。

【绵阳文物赴美参展】 2017年3月27日，中国国家文物局和美国纽约大都会艺术博物馆共同举办的“秦汉文明展”如期举行，中国32家文物收藏机构的164组（283件）秦汉时期重要文物亮相纽约。其中包括来自四川绵阳的东汉大铜马（牵马俑）、西汉漆木马（骑马俑），共10件精品文物。东汉大铜马1990年出土于绵阳何家山东汉崖墓，高134厘米，在四川出土同类型文物中体量最大、最完整。大铜马体态矫健，极富动感，力压众多精品文物，入选《纽约时报》新闻报道的巨幅照片。

【第三届海峡两岸文昌文化交流活动】 2017年2月28日至3月1日，国务院台办交流局指导，四川省台办和绵阳市人民政府主办，绵阳市台办和梓潼县人民政府承办，以“中华文昌两岸同源”为主题的第三届海峡两岸文昌文化交流活动在梓潼大庙山举行。此活动是国台办确定的2017年两岸交流项目之一，也是四川省唯一被列入的项目。开幕式上，国务院台湾事务办公室副主任龙明彪、四川省副省长朱鹤新出席开幕式和祭祀大典。海峡两岸各地嘉宾代表500余人应邀参加，海内外游客超过5万人次。活动期间，举行“文昌祖庭、美丽梓潼”书画摄影展、两岸文昌文化讲坛、项目推介会、两岸学子拜文昌、丁酉年海峡两岸文昌祭祀大典、文昌出巡和梓潼非物质文化遗产展演、“中华文昌·两岸同源”文艺晚会、文昌文化研讨会、中国诗人蜀道行等9项特色活动。其中，祭祀大典将突出海峡两岸及全球华人“同根、同脉、同文、同行”的民族特点，展

图107　2月28日，丁酉年海峡两岸文昌祭祀大典在梓潼举行

示七曲山大庙古老的庙会习俗。现场展出著名书画名家普石、刘墨等人的作品。

【第二届海峡两岸嫘祖文化交流活动】　2017年3月5—12日，国务院台湾事务办公室批准，中华炎黄文化研究会、四川省人民政府台湾事务办公室、四川省妇女联合会、四川省归国华侨联合会、绵阳市人民政府联合主办的第二届海峡两岸嫘祖文化交流活动暨2017年华夏母亲嫘祖故里祭祖大典在盐亭县举行。5日，来自美国、英国、法国、日本、韩国等五大洲50个国家和地区的60名嫘祖文化传播大使全球选拔赛城市花车巡游活动在盐亭启动。7日，2017（丁酉）年华夏母亲嫘祖故里祭祖大典在盐亭县金鸡镇举行。其间，还举行母亲礼赞——2017海峡两岸著名诗人盐亭诗会、2017年首届嫘祖文化国际论坛暨中国先秦史学会成立35周年年会、第29届嫘祖杯中国围棋名人战总决赛、绵阳市（盐亭）投资促进会、世界民族服装展演暨首届嫘祖文化传播大使全球选拔赛决赛晚会、2017“嫘祖故里，迎春祭祖”中国（盐亭）国际马拉松赛等系列活动。来自世界各地、全国各地的参赛选手和游客近十万人参加。

【开展全民阅读十大主题活动】　2017年，市全民阅读委员会组织打造“书香绵州·美丽绵阳”10大主题活动，持续推进“4·23”世界读书日活动、农民读书月活动、优秀图书推介活动、“你选书·我买单”活动、数字图书馆推广活动、校地图书馆共享活动、“中国科技城·绵州讲坛”系列活动、“零门槛·无障碍”阅读活动、流动图书车服务活动、全民阅读“八进”活动，在全市掀起全民阅读新高潮。

▲阅读“八进”：指进农村、进社区、进企业、进军营、进学校、进机关、进家庭、进景区。（袁　珂）

图108　3月7日，2017（丁酉）年华夏母亲嫘祖故里祭祖大典在盐亭举行

农村文化

【概况】　2017年，绵阳市贯彻落实乡村文化振兴战略部署，加快转变农村文化发展方式，进一步健全农村公共文化服务体系，平武上游村入选中国传统村落名单，三台县成功举办四川省2017年“书香天府·农民读书月”启动仪式，安州区“中国春社·睢水踩桥”在第六届中国民族节庆峰会上获“最具创新价值节庆”殊荣，7个村获评四川省“文化扶贫示范村”，农村群众精神文化生活得到丰富。全市开展送文化下乡、广场文艺展演等群众文化活动300余场，组织文昌祭祀、嫘祖故里祭祖等民俗文化活动40余场，举办基层文化类骨干培训20余期，免费放映农村公益电影39168场。截至年底，绵阳市的平武县木座藏族乡民族村、北川羌族自治县紫霞村、三台县潼川镇解放村、北川羌族自治县安昌镇金龟村、江油市雁门镇斑竹园村、梓潼县定远乡同心村、安州区晓坝镇齐心村退出贫困村，获四川省2017年“文化扶贫示范村”。

【“绵州大舞台·文艺下基层”活动】　2017年，绵阳市委宣传部、市文广新局主办，市艺术剧院承办的“绵州大舞台文艺下基层”惠民演出顺应农村群众文化期盼，推出“文艺下基层”项目，陆续走进城市社区、乡镇场镇、村社院坝巡演45场。《绵阳之恋》《月季盛开的涪江畔》《情系老百姓》《大城小事》《梨花颂》等原创精品节目，《滚灯》《变脸吐火》等经典川剧节目，以及魔术《炫彩》等群众喜闻乐见的曲艺节目，赢得普遍赞誉。

图109　3月25日，三台县第三届稻草文化艺术节在三台建平镇举行

【三台县第三届稻草文化艺术节】 2017年3月25日至4月4日，中共三台县委、三台县人民政府、四川省产业经济发展促进会、四川省创意农业联盟、四川省艺术产业协会主办，三台县商务旅游局、三台县农业局、三台县文化广播新闻出版局、三台县教体局、中共三台县建平镇委员会、三台县建平镇人民政府、四川台沃农业科技股份有限公司、洋明稻草艺术专业合作社承办，三台县作协、三台县美协、三台县书协、三台县文化馆、邦扶专业合作社、紫云文化公司协办的四川省三台县第三届稻草文化艺术节在三台建平镇举行。艺术节期间，举行了民俗、书画、文艺等传统项目展演，放映《科学种田巧施肥》《果树栽培》《吸烟有害健康》《农村电力设施和电能保护常识》等科教片。艺术节根植于本土，让农民成为节会的主体，让他们参与到节会中去；同时，与校园结合，让学生走进田园，让农耕文化走进校园；更是邀请到艺术家和农民互动，让艺术家走进田园，体验农村生活，提升稻草文化艺术内涵，实现文化专业人才与民间艺术人才的互动。建平镇的群众利用稻草编织出各式各样的稻草雕塑，让满是金黄的油菜花地里有了别样的韵味。艺术节吸引来自成都、绵阳、遂宁、德阳等地万余名游客参与。游客在稻草雕塑扎制活动、传统书画创作表演活动、乡村民俗演绎活动、家庭亲子游玩、乡村趣味活动、农事体验和丰富的乡村美食等系列活动中，享受田园乐趣，了解到农耕文化。

【"中国春社·睢水踩桥"获最具创新价值节庆】 2017年6月18日，中国人类学民族学研究会、国际节庆协会、文化部民族民间文艺发展中心联合举办的第六届中国民族节庆峰会上，安州区"中国春社·睢水踩桥"获"最具创新价值节庆"。这是"中国春社·睢水踩桥"是继2012年获"中国最具民族特色节庆奖"后再次获奖。睢水春社踩桥会是安县睢水镇一带民间自发的大型踏青闹春、拜桥祭祀的汉族传统民俗文化活动，是四川省非物质文化遗产。踩桥盛会每年在"春社"这天举行，"春社"是每年立春后的第五个戊日，又叫"逢社"。所踩之桥名叫太平桥，位于安县睢水镇虎头山下，是一座被誉为"川西之冠"的巨型单孔弧形大拱桥，全部用青石砌成。桥的两头各有36级石阶相通，桥两侧石栏杆上刻有走兽坐像，栏杆之间的石板上雕有浮雕花鸟图案。该桥始建于清嘉庆年间（1796—1820年），距今已有200余年历史。每年逢社，安县及相邻的绵阳市区、北川、涪城、仙游、江油和德阳市区、广汉、罗江、绵竹等地数万名百姓扶老携幼，自发地涌至睢水太平桥参加"踩桥盛会"。参与者逐年增多，场面越来越热闹，已成为川西汉族民俗活动一大亮点。尽管"踩桥"的由来，有种种不同的传说，但"来回走三遍""拜干爹""丢药钱"以消灾免难，保来年平安的汉族民俗一直传承至今，经久不衰。近年，"子夜踩桥""舞狮祈福""红线连吉祥""彩船群仙图""拜卧佛寺"又在踩桥活动中悄然兴起。

【中央电视台"送文化走基层"走进游仙】 2017年9月10日，中央电视台军事农业频道（CCTV-7）阳光大道栏目"送文化、走基层"国庆特

图110　睢水"春社踩桥"

图111 中央电视台送文化走基层演出在游仙举行

别节目《向祖国致敬 欢聚绵阳游仙》主题文艺录制活动在四川绵阳国际兰花主题公园举行。驻游仙部队、政法干警、医生护士代表、环卫工人代表、学校师生代表等2000余人共同观看演出。2011年《星光大道》年度总冠军刘赛、旭日阳刚组合的王旭、著名音乐人郭峰和山楂妹、张地、周丽珍等著名艺人先后登台表演。歌曲《十二万花开》《富乐花乡》等本土文艺作品也登上央视节目。演出期间，主持嘉宾通过话题互动，介绍了游仙的红萝卜、芦笋、土鸡蛋等特色农产品，节目中渗透着游仙经济发展成果、丰富的旅游资源和深厚的历史文化底蕴，让全国人民了解游仙、认识游仙。

（袁 珂）

公共图书馆

【概况】 2017年，绵阳市有公共图书馆10个，其中市级公共图书馆1个、县市区级公共图书馆9个。原安县图书馆更名为安州区图书馆。全市图书馆（分馆）馆藏文献总量279万册，2017年新增23.2万册。数字资源总量105TB，2017年新增24TB。办证读者总数9.4万，全年新增1.84万。2017年全市公共图书馆接待读者总数182.4万人次，数字资源访问总数逾400万次。2017年，全市启动图书馆总分馆建设，升级管理系统，实现市图书馆与城区开发区、涪城区、游仙区、安州区图书馆、北川羌族自治县图书馆、平武县图书馆、盐亭县图书馆以及城区30个社区图书室通借通还。签订通借通还协议并制定通借通还服务规则。在城区设置2个24小时无人值守智能图书馆，填补城区无24小时智能图书馆的空白。全市公共图书馆深入城区广场、街道社区、军营、学校开展形式多样、内容丰富的“全民阅读”活动、科普宣传活动。17个家庭入选绵阳市第二届“书香之家”“中国科技城·绵州讲坛”举办30余场次，成为两大文化服务品牌。

【图书馆项目成果建设】 2017年，全市申报有市级社科研究规划项目《杜甫绵州诗注》、市科协创新和服务能力提升项目《构建绵阳市图书情报网络对策与建议》。申报有文化部、国家公共文化服务体系制度设计研究课题《公共图书馆资源与互联网数字有线电视平台的融合与推广实践研究》和《云图书馆平台系统开发及推广应用》获批准立项。同广电网络公司、四原科技公司合作，云图书馆管理平台项目入选文化部文化产业支持项目。主编和参与编印《杜甫绵州诗注》《涪城印象》《中国茶文化·川茶卷》等科普读物、完成再造晚清绵阳籍红学家孙桐生文献《孙桐生生平纪事》《孙桐生手稿》《孙桐生书信集》。

【公共图书馆评估定级通过验收】 2017年8月13—14日，全国第六次公共图书馆评估定级四川省第三专家组对绵阳市图书馆评估定级工作进行实地检查，同时抽查北川县和江油市两个图书馆。专家组采取实地查看、查阅资料、听取汇报等方式进行评估，肯定绵阳市公共图书馆评估准备和各项业务工作，并就加快图书馆总分馆制改革、推进资源整合与共享提出指导意见。

（郭育辉）

新闻出版与版权

【概况】 2017年，全市组织四次报刊审读会，强化对全市印刷企业的日常指导、巡查，对图书发行企业的常规管理，严控违禁违法出版物进入市场。11月，国家版权局同意绵阳市创建全国版权示范城市。截至年底，全市有印刷企业223家，其中出版物印刷企业26家，包装装潢印刷企业59家，其他印刷品印刷企业138家，完成印刷工业总产值21亿元，从业人员4580人；全市出版物发行单位（网点）357家，其中图书、音像制品批发企业10家，图书、音像制品零售单位347家，网上书店6家。全市有出版物发行单位总资产年内完成年销售总量6649.32万册（盘），销售总额6463.16万元，从业人员648人。印刷企业、出版物发行单位共实现利润总额9373.56万元。完成作品著作权登记6178件，完成目标总量的123.56%，比2016年增长101.6%，位列全省市州第三位。完成3265个农家书屋补充更新任务。“全民阅读”活动持续深入，举办“‘4·23’书香绵州·美丽绵阳”全民阅读系列活动。完成41个阅报栏的项目建设任务。12月19日，在三台县新生镇举办四川省2017年“书香天府·农民读书月”活动启动仪式。

【出版物执法监管】 2017年，市文广新局强化新闻出版管理职能，加强行业监管，营造健康和谐的社会文化环境。全年组织报刊审读会4次，印制审读简报12期。加强书刊、印刷业市场管理，加强对全市印刷企业的日常指导、巡查，严查印刷五项制度上墙、印刷委托书等相关承印手续，强化对图书发行企业的常规管理，严控违禁违法出版物进入市场。全市组织版权执法检查3587人次，收缴侵权盗版及非法出版物8205册，查处侵权盗版及非法出版行政案件4件，没收非法所得8048元，行政罚款14000元，吊销“出版物经营许可证”1家。

【全国版权示范城市创建】 2017年11月，国家版权局印发《关于同意绵阳市创建全国版权示范城市的复函》（国版函〔2017〕21号），绵阳市成为四川第二个创建全国版权示范城市的城市。中国（绵阳）科技城软件产业园、四川汇德轩文化艺术有限公司成功创建“四川省版权示范园区”和“四川省版权示范单位”。梓潼如意年画文化传播有限公司、安州区文化馆、北川和谐旅游开发有限公司、江油李白纪念馆等4家单位被授予“绵阳市版权示范单位”。截至年底，全市有43家政府机关新采购正版软件3078套（计算机操作系统软件1312套、办公软件许可1666套、杀毒软件许可100套），金额450余万元，全市政府机关计算机软件正版化工作得到进一步补充和完善。 （许志鸿 杨从文）

现代传媒

广播影视

【概况】 2017年，绵阳城市影院产业呈持续增长态势。全年新增城市影院6家，影院总数达到28家，银幕178块，座位数22207座，城市院线观影人次达628.8万人次，同比增长28.1%；城市影院票房总收入达到1.87亿元，同比增长23.1%，居四川省非省会城市榜首，上升至全国城市影院票房排行榜55位。第六届广播电视公益广告创作大赛，全市评选出获奖作品40件，推送10件作品参加全省比赛，5件作品获奖，市文广新局获优秀组织奖；在“2017年四川省网络视听作品征集推选和展播活动”优秀作品发布会上，绵阳市2部作品获优秀奖、1部作品获入围奖；在全省广播电视媒体融合创新案例评选中，绵阳广播电视台、三台县广播电视台获全省“媒体融合创新十佳案例”。绵阳市成为全省“高清四川 智慧广电”5个示范市之一。

【农村和城市公益电影放映】 2017年，市文广新局继续实施农村和城市公益电影放映民生工程，全年完成39287场农村电影公益放映，比目标任务数多放映100余场；组织开展城市公益电影放映活动，为进城务工的群众和城市低收入群体免费放映城市社区公益电影500余场，完成率达125%。

【广播电视节目创优评优】 2017年，绵阳市在全省2015—2016年度广播电视节目评优中，获奖36件，其中优秀奖12件，排名全省第二；市文广新局广播电视创优评优工作获得省局通报表扬。在全省“浓浓亲情 暖暖家风”优秀广播电视作品评选中，3件作品获奖，市文广新局被评为“优秀组织单位”。绵阳市广播电视台的少儿广播栏目《小叮当》获得国家新闻出版广电总局5万元扶持，江油市广播电视台《医纪录》、梓潼县广播电视台《帝乡风情》各获5万元创作扶持资金。

【媒体融合产品走出绵阳】 2017年，绵阳市广播电视台作为全省媒体融合创新案例十佳单位受邀参加“新使命 新视界 新动能”第五届中国网络视听大会，展示绵阳智慧党建平台；中国新闻出版广电报及中国新闻出版广电网刊发《四川：媒体融合打造“智慧广电”》，专门介绍绵阳市广播电视台“直播绵阳”品牌产品和三台县广播电视台“一套蓝本、多个窗口，多点多极传输、多元多区推广、全程全域覆盖”大区域媒体融合经验。

【卫星广播电视监管】 2017年，市广电管理部门组织开展地卫设施清理整治行动，规范境外卫视接收传输秩序。全市拆除非法安装使用卫星电视广播地面接收设施2988套，申请置换有线电视和地面数字电视1020套户；组织开展全市非法卫星地面接收设施专项治理行动，对3家宾馆违规接收传输广播电视节目进行调查，责令限期整改违规问题。

【四川微电影协会联盟在绵阳成立】 2017年8月10日，绵阳微电影协会、攀枝花微电影协会、眉山微电影协会、南充微电影协会、遂宁微电影协会、三台微电影协会等市县微电影协会单位发起的四川省微电影协会联盟在绵阳成立。成立会上，讨论通过联盟章程，召开四川省（市州）微电影协会首次会长会议，选举产生首届四川省微电影协会联盟主席、副主席、秘书长。经过大会投票选举，绵阳微电影协会会长杨伟当选首届四川省微电影协会联盟主席，攀枝花市微电影协会会长黄朝荣、眉山市微电影协会常务副主席邓友权、南充市电影微电影协会会长何朝礼、遂宁市微电影协会常务副会长孙小川、三台县微电影协会会长王彦喻当选为联盟副主席，绵阳市微电影协会副会长邹辉当选为联盟秘书长。 （周 涛）

绵阳市广播电视台

【概况】 绵阳市广播电视台是绵阳市最大的综合性媒体，下辖绵阳人民广播电台、绵阳电视台、绵阳广播电视报社、绵阳广电传媒有限责任公司、博引传媒公司、文广传媒公司、广电视讯文化传播公司。全台在职职工343人，退休职工45人。内设机构11个：全媒体中心、新闻中心、外宣部、广播部、总编室、技术中心、发射部、办公室、资产与财务管理部、人力资源部、监审室。所属公司4个：广电传媒公司、博引传媒公司、文广传媒公司、视讯公司。开办3套广播节目（综合广播、科技生活广播、交通音乐广播）、3套电视节目（新闻时政综合频道、公共频道、科技频道），拥有官方网站《迈尚网》以及官方手机客户端《直播绵阳》。栏目《绵阳新闻》《天天800》《直播绵阳》《阳光问廉》《Mianyang Today》形成全方位新闻播报体系。2014年，在全省率先成立全媒体中心，整合新闻宣传资源，搭建面向电视、广播、报纸、互联网、移动互联网的全媒体新闻资讯平台，打造面向传统电视机、广播、互联网终端（网台、迈尚网）、移动互联网终端（“直播绵阳”微博、微信、APP）的新闻中央厨房，实现新闻一次采集，多次编发，个性化表达和在绵阳广电的多终端发布。

据不完全统计，广播电视台获省级优秀奖以上的各类作品逾百件，有2件作品获国家、省精神文明建设“五个一工程”奖，在全省“五个一工程”评比中实现“九连冠”，是四川省唯一每届都有“五个一工程”奖项的市、州电视台。2012年，广播新闻专题《总理的牵挂——北川中学采访纪实》获第二十二届“中国新闻奖”二等奖，实现绵阳广播电视台建台以来“中国新闻奖”零的突破。10集系列片《重生》获第七届巴蜀文艺奖，电视片《坚守》荣获第十一届中国民间文艺山花奖民俗影像类大奖，纪录片《涪江行-水润真珠》获第十二届四川电视节奖“金熊猫”入围奖。2013年5月，建筑面积2.2万平方米的现代化广播电视新大楼在科创区九洲大道落成启用。

2015年，面对传统媒体全行业广告经营的断崖式下滑，电视台争取党委、政府支持，解决大量的历史遗留问题。化解银行贷款1.6亿元，减免第二电源建设双碑立交桥到创新中心段的建设费用800万元至1000万元，从2015年起财政预算从140万增加到500万元，免除涪城、游仙两区新闻制作费每年160万元，2015年年底财政一次性追加补助500万元。争取到财政两年投入1000万元，资助购置8+2讯道高清转播车，2016年3月，高清转播车投入使用，提升直播节目的安全保障水平和节目制播能力。同时，深化产业经营改革，拓展经营渠道。电视改分频道经营为统一经营。广播由北京大向公司代理经营为自主经营。举办符合本地文化特色的1033本土音乐节、寻找绵阳最美乡村、火锅美食节、绵阳十大江湖菜、百姓春晚、绵阳师生迎新晚会等活动。

【《直播绵阳》开发和利用】 《直播绵阳》是绵阳市广播电视台官方APP。2014年，绵阳广播电视台开始进行移动客户端的搭建和探索。2017年，《直播绵阳》着力功能创新与开发运用，推进新媒体融合。突出用户服务性、稿件时效性，组成网络直播小组、视频制作小组，形成直播、微视频项目制工作机制，为新媒体功能拓展构建保障机制。开发和新增手机网络直播、订阅、第三方分享等服务功能。新整合上线“直播三台”“直播平武”“直播北川”“直播盐亭”“直播梓潼”“直播游仙”，形成以《直播绵阳》为龙头的区域性综合新媒体集群。《直播绵阳》全年发稿量达1.6万件，单条稿件点击量最高达26万多人次，稿件被各大媒体广泛转载，其中《直播绵阳》上线的微视频《“5·12”地震九周年致敬重生》先后被中央电视台新媒体平台、中央电视台新闻网、中央电视台财经网、中央电视台第一套等国内大型官方媒体和新媒体播放和转载，引起全国电视观众、网民的极大关注和共鸣。10月，在举行的全省2017广播电视媒体融合创新案例评选中，《直播绵阳》从90多个参评项目中脱颖而出，荣获“十佳案例”。

【寻找绵阳最美乡村活动获奖】 2015年，绵阳广播电视台启动的“寻找绵阳最美乡村大型评选活动”是绵阳交通广播在转换运营思路、借助自身平台优势、整合多方资源后打造的具有可持续性的品牌活动。2017年9月3日，绵阳市广播电视台FM103.3绵阳交通广播“寻找绵阳最美乡村”活动，获全国广播活动联盟广播超级碗十佳活动案例。是全川唯一一家获此殊荣的电台。活动由中共绵阳市委宣传部、中共绵阳市委农村工作委员会、绵阳市旅游发展委员会、绵阳市广播电视台共同主办，FM103.3绵阳交通广播承办的“寻找绵阳最美乡村”活动不仅为政府工作提供宣传载体，展示乡村的风土人情、自然人文景观和特色农产品，还打通乡镇经济创收渠道，缔结新农村建设成果与大众日常生活的纽带，实现主流媒体与政府之间的融合。2015年至2017年，73次深度乡村游，发现美、感受美，展示其新农村建设和四好村建设成就、深度发掘乡村旅游价值，先后评选出42个最美乡村。

【《阳光问廉》走进三台】 2017年4月27日晚8点，三台广播电视台与绵阳广播电视台《阳光政务》栏目联合推出的全媒体直播节目《阳光问廉——走进三台》在三台县广播电视台演播厅进行现场直播。从市区走入基层，加强对县级政务工作的监督，这是《阳光问廉》栏目进一步推进治庸问责、电视问政常态化的新举措。当晚，直播节目重点关注三台县委、县政府的践诺情况，以“强效能　树清风”为主题进行问廉互动。问廉短片直观清晰地呈现问题，围绕现场曝光的超限超载长期治理不到位、非法电鱼无人管、村居垃圾数月不清理等不履责不践诺的典型案例，主持人和问廉代表团嘉宾向相关部门、乡镇负责人发问。人大代表、政协委员、特邀监察员以及基层群众代表组成的“阳光考评团”即时投票，公开评议。节目开播一小时内，《阳光问廉》网络留言专区就收到网民留言5000余条，市县收听收看观众近百万人次。

【“今日绵阳更加美丽”在中央电视台《新闻联播》播出】 2017年，是“5·12”汶川特大地震九周年。5月12日，中央电视台《新闻联播》以《汶川地震九周年 灾区实现新跨越》为题，反映四川地震灾区浴火重生后实现新发展，民生持续改善，产业优化升级。新闻以较大篇幅，反映绵阳经济发展、对外开放、民生改善取得的重大成就，“大美羌城—泛美航空科技城”项目开工、“欧盟项目创新中心科技城分中心”揭牌以及北川全域景区建设等内容亮相其中，向海内外充分展示“5·12”汶川特大地震极重灾区绵阳的发展新貌和发展潜力。该新闻先后在中央电视台《东方时空》《24小时》《朝闻天下》《新闻直播间》《中国新闻》等栏目中播出。

【《喜迎十九大主播看绵阳》大型节目制作活动】 2017年10月19日，绵阳市电视电影艺术家协会主办的《喜迎十九大主播看绵阳》收官。经过专家评委的评选，《军民融合——一座城市的国家使命（上）》《立体交通网络承载发展与梦想》《穷山窝飞出“金凤凰”——探寻涪城区金家林从村到城的秘密》《深山传奇——晓坝镇齐心村脱贫攻坚看变化》《三台：绿色“新生态” 丘区“新景观”》、《幸福一天 大美绵阳》等6件电视节目作品荣获特等奖，另外19件作品获得优秀奖。本次活动由绵阳市广播电视台携手14个会员单位共同参与采访制作，23名各台精心挑选的主播围绕选定的25个主题代表各地展示不同的精彩。活动自8月底启动，9月30日开播，10月18日展播结束。

【首届绵州诗词会暨市第八届中华经典诵读活动举办】 2017年5月开始，中共绵阳市委宣传部、共青团绵阳市委、市广播电视台主办的首届绵州诗词会暨绵阳市第八届中华经典诵读活动推出。活动初期通过组织推荐和社会海选两种方式报名。海选形式上，组织方更是巧化参与方式，利用中心地段诗歌小亭打造和新媒体进行人员诗歌水平测评。活动启动后，各县市区、企事业单位、学校、社会人士积极参加，各参赛主体借此机会重温古诗词，感受优美诗句里蕴藏的魅力。最终，决赛决出一等奖1名、二等奖2名、三等经3名。获奖选手还被推荐到四川省电视台、中央电视台等相关节目代表绵阳市参赛。首届绵州诗词会暨绵阳市第八届中华经典诵读活动带动全市人民感受中华诗词之趣，在全市营造重温传统诗歌文化的美好氛围。本次活动在“第二届中华学子青春国学荟”活动被评为“全国优秀国学教育项目”。

报 业

【概况】 2017年，绵阳日报社以新闻宣传和舆论引导主阵地，统筹日报、晚报、绵新网编采力量，围绕市委、市政府中心工作、大事要事，组织实施系列重大活动报道、重要会议报道、重大主题报道、先进典型报道、民生报道，为加快绵阳发展和国家科技城建设提供思想舆论支持。把中共十九大精神的宣传报道工作作为首要政治任务，层层宣传动员，组建指挥机构，组织策划，制订方案，全媒体、多栏目、多形式、大版量进行宣传报道。《绵阳日报》《绵阳晚报》以及新媒体各平台先后开设专栏18个，刊发文字报道1300余篇，图片报道280余幅。围绕市委、市政府中心工作日报、晚报、新媒体各平台推出各类重大主题报道109组，推出典型报道490余篇，民生报道1900余篇，评论言论302篇；在中央、省级报刊发表宣传绵阳稿件220余件。在服务型政府建设、城市建设、交通建设、科技城集中发展区建设、“项目年”建设、绵阳地区生产总值（GDP）冲刺2000亿元以及脱贫攻坚、第五届科博会、中央环保督察行动、文明城市建设等方面进行专题报道宣传。年底，绵阳日报社获“中国城市党报媒体融合十强”，户外多媒体阅报系统项目、政务服务微信公众号集成平台项目分别荣获2016—2017年四川报业发展创新项目二等奖和优秀奖。

【新媒体融合发展】 2017年，绵阳日报社搭建新媒体平台框架，推进传统媒体和新兴媒体深度融合、优势互补、一体化发展，打造包括传统纸媒、电子媒体、移动媒体、户外媒体在内的矩阵式多媒体产品组合，形成全媒体形态和格局。新建户外多媒体阅报栏14个，使户外多媒体阅报栏总量达55个，分布绵阳城区主要广场和街道。扩大报社官方微信微博、中国绵阳新闻网、绵阳党政参考手机报、“Hi绵阳”移动客户端受众数量。PC端、移动端、户外多媒体屏等新媒体用户超过150万人，同比增长约50%。其中报社官方微信中国新媒体清博指数排名进入全省报媒第一方阵。建立绵阳日报社重大（突发）报道统筹指挥机制，搭建由社长、总编辑挂帅的重大（突发）报道指挥中心和全媒体微信群指挥平台。九寨沟地震发生后，报社启动重大报道统筹指挥机制，安排记者到第一线现场报道，及时向社会各界传播抢险救灾情况，为党委、政府决策提供有效信息。在中共十九大、省党代会、第五届科博会召开期间，报社手机新闻客户端“Hi绵阳”与四川日报客户端联合进行VR、H5作品合作开发、联合视频直播，受到用户广泛关注。报社官方微信开展的“最美家庭评选”投票点击达189万次。托管《绵阳政协》《网信绵阳》《绵阳工信微报》《绵阳住建》《绵阳公积金》《科技城党建》等行业微信公众号。

【报业集团经营创收和报纸发行】 2017年，绵阳日报社面对全国报业经营继续断崖式下滑、新闻纸价格飙涨等市场形势，全年完成广告、发行、印刷经营收入共计5438万元。制定并实施《绵阳日报社扩大项目制试点实施办法》，立足体育产业项目组建“绵阳宏报体育传媒有限公司”，立足绵阳土特产网上销售项目，搭建“绵报购”电商平台等项目。以开展公益活动、商务活动为载体，着力扩大党报影响，遏制传统报业经营下滑趋势。策划实施系列活动，基本实现“每月一小活动，每季一大活动”。先后举办“2017相约健康猪肉寻找羌山品客”“首届江油汽车博览会”“2017学前教育大会暨学前教育产业博览会”“2017绵阳晚报读者节”“首届绵阳中学杯寻找小李白活动”“富民银行杯首届百姓广场舞大赛”“绵阳首届大学生新媒体大赛”等十余项活动。

【《绵阳日报》】 2017年，《绵阳日报》围绕中央、省委、市委中心工作、重点工作、重大活动、重要会议，精心组织策划，完成党的十九大、全国和省市“两会”、省第十一次党代会、绵阳科技城部际协调小组第13次会议、第五届中国（绵阳）科技城国际科技博览会、2017中国（四川）电子商务发展峰会、市委经济工作会、市纪委七届二次全会、全市县域经济发展工作会等系列重大宣传报道任务。党的十九大报道，开设“学习贯彻习近平总书记‘7·26’重要讲话精神·以优异成绩喜迎党的十九大”“满怀豪情颂党恩 百姓喜迎十九大”等栏目，重点报道十八大以来的发展成就。开设“中国共产党第十九次全国代表大会特别报道”大栏目，报道会议的盛况，并在大栏目下设子栏目，报道全市干部群众的反响。会后，开设“认真学习贯彻中共十九大精神”“新时代·新梦想”“新时代 新气象 新作为”等栏目，报道全市学习宣传贯彻落实习近平新时代中国特色社会主义思想，宣传贯彻落实十九大精神，落实中共十九大各项决策部署的情况。开设中共十九大报道专栏12个，刊发文字报道1100余篇，图片报道130余幅。围绕建设服务型政府、依法治市、两个“一号工程”“三大攻坚”行动、精准脱贫行动、农业供给侧结构性改革、振兴县域经济发展等全市重点工作策划推出各类深度报道、主题报道46组180余篇。

【《绵阳晚报》】 2017年，《绵阳晚报》在完成好重点工作报道、重大主题报道的同时，推动新一轮报道改革，探索“新闻+服务”路子，做深做活做强民生报道。西成高铁开通、富乐大桥封闭施工、虹云桥通车、市治堵办成立、市政务服务中心设立个人征信查询机等涉及民生的工作《绵阳晚报》及时进行宣传报道。西成高铁开通，派出多路记者，在绵阳境内设多个点位，安排记者搭乘高铁从绵阳到西安，多侧面、多角度、全景式、立体化记录反映开通盛况；涪江三桥封闭施工，晚报发布相关消息，随后从封闭原因、交通组织、施工现场见闻等多层面多角度进行报道，回应市民的关切情况。城市建设、交通攻坚、治堵缓堵、公交听证等老百姓关注的民生新闻，刊发《东方红大桥桥头将变三层立交》《月季嫁木香 一树开三花》《一环路南段东延线工程全速推进 从三江大桥将可直上绵遂高速》《绵阳大熊猫专项基金开通“二维码捐款”》《柳树“避孕”成功，飞絮减少近八成》等重点稿件。通过专栏报道，把市委、市政府为民惠民利民的决策举措通过群众的切身感知反映出来。

（秦力勇）

教育·体育

概述

【概况】 2017年，全市有各级各类学校1416所（其中高等教育学校14所、普通高中36所、普通初中183所、小学409所、幼儿园744所、特殊教育学校7所、中等职业学校23所），有在校学生836919人（其中高等教育137947人、普通高中105647人、普通初中129918人、小学271071人、幼儿园145561人、特殊教育学校787人、中等职业学校45988人），有教职工63650人（高等教育11000人），教师43663人（普通高中9824人、普通初中11323人、小学13687人、幼儿园7065人、特殊教育学校124人、中等职业学校1640人）。全年教育基金会接受社会捐赠24.19万元，其中接受个人扶贫捐赠23.77万元、接受社会个人捐赠0.42万元。教育基金会对社会公益项目支出32.59万元，其中资助金秋助学贫困大学生23.1万元、资助贫困县扶贫资金9.49万元。

【农村义务教育经费保障机制改革】 2017年，全市完善城乡义务教育经费保障机制，统一城乡义教经费保障，对城乡义务教育学生免除学杂费、免费提供教科书和作业本，对家庭经济困难寄宿生补助生活费（统称“三免一补”）。按小学每生每年不低于600元、初中每生每年不低于800元的基础定额补助公用经费。在此基础上，对寄宿制学校按照寄宿生年生均200元标准增加公用经费补助，对农村地区不足100人的学校按100人核定公用经费，特殊教育学校和随班就读残疾学生按每生每年6000元标准补助公用经费。

【“全面改薄”项目建设】 2017年，全市规划“全面改薄”项目学校192所，规划项目322个，项目总投资12663.24万元（其中中央专项资金2582.12万元、省级专项资金5607.15万元、市级资金417万元、县级配套资金4056.97万元），建设面积228957万平方米，设施设备购置3771.82万元，惠及学生4.1万人。校舍建设类项目开工学校108所，占总规划的22.04%；竣工学校104所，占总规划的21.22%。开工项目132个，占总规划的26.04%；竣工项目126个，占总规划的24.85%。开工面积217197平方米，占总规划的34.47%；竣工面积216622平方米，占总规划的34.38%。设备采购类项目完成学校138所、项目158个，完成采购金额2582.12万元，设施设备采购完成率100%。

【教师周转宿舍项目建设】 2017年，全市新建、改扩建教师周转宿舍27套，投资资金123万元。梓潼县黎雅中学教师周转宿舍项目改扩建教师周转宿舍13套，总投资18万元（均为省级资金），8月中旬竣工，入住教师13人；梓潼县二洞小学教师周转宿舍项目新建14套，总投资105万元（其中省级资金90万元、县级配套资金15万元），竣工待验收。

【教育“项目年”建设项目】 2017年，全市实施教育类“项目年”项目35个，投入资金4.17亿元，其中市级重点项目有南山双语学校综合楼和绵阳外国语学校食礼堂两个。南山双语学校综合楼项目，建筑面积11908平方米，总投资4000万元，2017年投入资金1200万元，项目竣工交付使用；绵阳外国语学校食礼堂项目，建筑面积11000.3平方米，总投资3400万元，2017年投入资金1500万元，截至2017年12月底，项目完成一层框架。

【首届“牵手绵州·情系教育”中外学生文化交流活动举行】 2017年3月27日，市教育和体育局、西南科技大学主办，绵阳外国语实验学校和高新区火炬实验小学承办的绵阳市首届“牵手绵州情系教育”中外学生文化交流活动在绵阳外国语实验学校学术厅拉开帷幕。绵阳市教体局、市外办、市公安局、各县市区、各市直属学校的外事负责人以及西南科技大学来自8个国家的45名留学生参加活动。启动仪式上，承办学校代表进行发言，西南科技大学国际合作与交流处张贯之教授介绍西南科技大学近年来的国际化进程，尤其是自2016秋季以来留学生人数显著增长、学科全面覆盖、层次大幅提升的态势。来自哈萨克斯坦的爱达娜代表全体留学生向主办方和两校师生表示感谢并宣誓。绵阳市人民政府外事侨务办主任方敏宣布绵阳市首届“牵手绵州情系教育”中外学生文化交流活动正式启动。留学生一行到绵阳外国语实验学校、高新区火炬实验小学参观特色课堂，和同学们一起做手工艺、品茶艺、学刺绣、写毛笔字，观看传统的诗经诵读、戏曲舞蹈、川剧绝活《变脸》等节目。 （杨进平）

2017年绵阳市高中教育收费情况

表53

单位：元/生·期

学校 类别	学费			高中毕业会考费	住宿费	课本费	作业本费
	国家省级示范高中	市级示范高中	一般高中				
绵阳市	460	340	280	5元/生。只对高二学生一次性收取	按当地物价部门核定的标准执行	300（据实结算，多退少不补）	30（据实结算，多退少不补）

2017年绵阳市中小学、幼儿园一览

表54

	校数（所）	班数（个）	毕业生（人）	招生数（人）	在校生（人）	预计毕业生（人）	教职工	
							计	其中：专任教师
合　计	1379	16289	174583	183187	652984	177509	50619	42023
幼儿园	744	5094	50718	57928	145561	56648	13284	7065
小　学	409	6399	39183	46939	271071	42798	14236	13687
初　中	183	2823	43604	43983	129918	41720	12276	11323
高　中	36	1899	39494	34202	105647	36290	10696	9824
特　教	7	74	57	135	787	53	127	124

教育管理

【概况】 2017年，市政府出台《绵阳市深化高中阶段学校考试招生制度改革实施方案》《绵阳市人民政府关于统筹推进县域内城乡义务教育一体化改革发展的实施意见》《绵阳市足球改革发展实施意见》等文件。南山中学“拔尖创新人才培养基地”全国试点项目完成，按程序上报完成试点并进行推广；创新高校人才培养机制试点，为西南科技大学等4所高校争取军民融合学科团队建设专项资金320万元。三台全国青少年校园足球试点县试点工作，梓潼县稳定农村教师队伍改革试点工作有序推进，承担省教育厅的项目通过省教育厅专家组验收。

【依法治教工作】 2017年，全市教体系统围绕科技城依法治省示范区创建和“七五”普法工作，制定《绵阳市教育和体育系统法制宣传教育第七个五年规划》，贯彻落实“法治周周行”普法教育制度，通过开展“开学法治第一课”“11·9消防安全日”“12·4宪法日”“法治绵阳”建设宣传周、全国青少年学生法治知识网络大赛等活动，实现全市各级各类学校法治宣传教育全覆盖，受教师生达50余万人。全年发布权力清单和责任清单，完成行政权力公开运行录入16600余件。12月19日，北川羌族自治县“七一”职业中学、盐亭县云溪实验中学、三台县西平镇中心小学、绵阳市南街小学4所学校被省依法治省办、省委宣传部、省教育厅、省司法认定为“四川省依法治校示范学校”，全市有“四川省依法治校示范学校”15所。11月，对110所市级依法治校示范学校开展动态管理，抽查学校35所，全市中小学提高依法治校水平普遍提高。

【教育系统队伍建设】 2017年，全市公开招聘特岗教师254人，会同市人社局组织市直属学校（单位）公招工作人员5人，考核招聘免费师范生20人、硕士研究生38人。全市公办义务教育学校交流教师2007人，校长交流轮岗162名，超过了应交流轮岗总数的10%。评选推荐特级教师22人、正高级教师12人；组织评审中小学高级教师956人、一级教师1017人。组织开展绵阳市教育家型校长和专家型教学名师培养，首批遴选的30名优秀校长、50名优秀教师通过西南大学为期两年的全方位、多元化的高层次综合培养培训，顺利结业。开展春季、秋季教师资格认定，组织1126名非师范生参加教育教学基本素质和能力测试，全年认定高中（中职）教师资格2846人。审核并完成教师资格证书信息变更、证书遗失补发、补制申请表等278人。市招生自考办组织10296人参加教师资格全国统考笔试。教师节期间，全市通报表扬30个教育工作先进集体、170名师德标兵、57名优秀教育工作者、30名支教工作先进个人。至年底，北川羌族自治县、平武县实施农村教师生活补助政策学校73所，享受补贴教师2429人，补助资金1189.9万元，其中市级财政补助资金341.56万元。全市普通高中、初中、小学、幼儿园学历达标率分别为98.14%、99.96%、100%、99.88%，高学历比例分别为5.14%、79.95%、92.85%、83.88%。

【干部教师队伍培训】 2017年，全市完善以师范院校为主体、教师培训机构为支撑、现代远程教育为支持、立足校本的教师培训体系。推进县级教师培训资源整合共享，倡导建立县级教师发展中心。打造南山中学等50所市级中小学幼儿园教师培训基地，为参训教师跟岗研修、专题研讨、培训成果展示、公开课、示范课演示、教学实践等提供平台。打造绵阳中学等13所省级校本研修示范学校，该项工作在11月份举行的全省督查复核与专项调研活动中获得专家组好评。继续与北师大、西南大学、上海师大、西华师大、绵阳师院合作，利用高校资源优势开展教育家型校长、专家型教学名师、市级骨干教师培训。在全市优秀教师中遴选建立覆盖小、初、高各个层次各个学科的27个专家团队，打造10个省级和4个市级名师工作坊。采取定向招生、进编定岗、定期服务的方式，通过“本土化”培养模式，为乡村学校培养“一专多能”的教师，解决全市边远艰苦地区小学教师“下不去、留不住”的难题。北川、平武申报2017—2018年度国培计划中西部项目县和幼师国培项目县获批。完成第二批（2014—2017年）市级骨干教师培训任务，2473名学员取得培训合格证。完成100名培训者、90名财会和审计人员、200名心理健康教师、1600名学科教师、80名幼儿园园长任职资格、3825名教师信息技术应用能力提升培训。市教体局与四川省陶研会幼儿园园长专家委员会合作，由市机关幼儿园和花园实验幼儿园承办，通过外地学习、集中培训、跟岗研修、送教下县等形式，培训农村幼儿教师2655名、培训者50名。全年有3100人参加国家级和省级培训。落实市级教师培训专项经费240万元、县级教师培训经费1042万元，6530名教师和校园长参加市级培训。

【开展师德师风专项治理活动】 2017年11月，市教体局印发《贯彻落实十九大精神，办好人民满意的幸福教育开展师德师风专项治理活动的通知》，在全市教育系统开展师德师风专项治理活动，对全市中小学（中职）、幼儿园教职工、管理干部涉及师德师风问题的十项内容进行重点治理，从根本上解决少数教师和管理干部师德不纯、师风不正、师能不精、师表形象不佳等问题，健全完善师德师风规章制度，加强对教师师德师风的考核，构建教育行政部门、学校、教师、学生、家长和社会广泛参与的监督体系，净化教育生态环境，强化规范管理，加强教师队伍建设。该项活动分学习动员、自查自纠、全面治理、完善制度、巩固提高等阶段，活动将持续到2018年3月。11月完成师德师风专项治理的学习动员阶段工作，各地各校及时召开专项治理动员大会，制订实施方案，并积极开展各项治理工作；12月，市教体局派出以局领导带队、相关业务科室负责人为成员的7个督察组包县、包校督查各地各校师德师风专项治理活动落实情况。

【学校安全管理】 2017年，全市发生学校安全事故5起，死亡5人，未发生较大及以上安全事故和安全责任事故。市教体局出台《学校安全工作领导小组工作规程（试行）》，按照“一岗双责”原则，层层签订责任书，把学校安全责任分解落实到校长、分管校长、班主任、寝室管理员、门卫等39个工作岗位。各级教体行政部门进一步健全与公安、交通、安监、食药监、城管、文化、应急等部门的沟通协调机制，先后召开涉校涉生联席协调会20余次，开展集中宣传教育12次、综合执法检查活动78次，联合开展城市交通拥堵、拒乘“黑车”野的、防恐防暴、文明交通出行、水上交通安全、校园周边摆摊设点整治、非法音像制品和非法刊物清缴等专项活动10次。全市各级各类学校投入“三防”建设资金1500余万元，学校保安全部持证上岗。全市共有专用校车61辆，分布在8个县市区，均为民办幼儿园所有和使用。市教体局组织开展6次学校安全检查，首次对学校安全工作进行专项考核，对考核排名最后2名的园区社发局和直属学校进行约谈。以“11·9”消防宣传周开展火灾逃生演练，全市所有高中、大学实现消防知识（技能）进军训活动，市教体局安全科、涪城区教体局分别荣获省人民政府消防安全委员会、省人社厅“11·9”消防先进集体。7月13—14日，市教体局在绵阳实验高级中学举办“绵阳市首届中小学校岗位安全知识竞赛活动”，来自各县市区教体行政主管部门、市直属学校29支代表队，共计120余名学校安全员、保安、宿管员、食堂从业人员参加，经过角逐，游仙区代表队夺得比赛特等奖。

【教育督导评估】 2017年，全市建立健全义务教育均衡发展监测复查制度，对通过国家认定的县市区实行连续3年的跟踪复查，建立问题台账，逐项整改，跟踪整改情况，巩固成果。制定并实施《绵阳市全面改善贫困地区义务教育薄弱学校基本办学条件工作专项督导实施办法》，开展“全面改薄”专项督导，强化过程考核。制定并实施《绵阳市中小学校素质教育督导评估实施办法》，连续五年分期分批对全市637所中小学校实施素质教育工作进行督导评估，并将评估结果纳入学校和县市区年度考核，作为学校评先选优的重要条件及校长年终考核的重要依据。完成第一轮中小学校素质教育督导评估，评选素质教育优秀学校111所。结合学前教育三年行动计划、规范幼儿园办园行为等开展过程督导和专项督查不断增加普惠性学前教育资源供给，持续提高学前教育保教质量。全面启动义务教育质量监测工作，对部分义务教育阶段学校初一至初三年级相关学科的教育教学质量进行监测。

【未成年人思想道德建设】 2017年，全市教育系统继续以文化滋养学生心灵，以文明创建规范学生品行发展。围绕“五好小公民”“我们的节日”“做一个有道德的人”等主题，开展中华优秀传统文化教育、理想信念教育、心理健康教育、劳动教育、创新教育、生态文明和环境保护等教育。3月，市教体局被省妇联、省教育厅、省文明办、省民政厅、省计生委、省关心下一代工作委员会联合评为“四川省家庭教育工作先进集体”；5月，市教体局被省委宣传部、省文明办、省教育厅、省文化厅等联合评为“四川省‘童眼看四川最美是家乡’未成年人文艺作品征集评选活动组织工作先进单位”。7月，市教体局被教育部关工委评为“全国青少年五好小公民主题教育读书活动20周年先进集体”“全国第二十届主题教育读书活动优秀组织奖”；绵阳一中蒋思齐在教育部关心下一代工作委员会组织的全国青少年“五好”小公民主题教育读书活动演讲比赛总决赛中获“初中组二等奖”，绵阳财经校的扎西泽让和绵阳农业学校的拿郎甲先后被团中央学校部、全国学联秘书处、中国青年报社联合授予2016年度、2017年度全国“最美中职生”。10月，绵阳中学实验学校被教育部办公厅评为“全国第二批心理健康教育特色学校”。11月，三台中学被中央文明委授予第一届“全国首批文明校园”，绵阳南山中学双语学校等48所学校成功创建省级文明校园，绵阳外国语实验学校等65所学校成功创建市级文明校园；平武县南坝中学《留守学生品德教育创新案例》被教育部基础教育司评为“全国中小学德育工作优秀案例”。高新区火炬一小学校被中央文明委评为“全国未成年人思想道德建设工作先进单位”。截至年底，全市推荐表彰省级优秀学生4名、省级“三好”学生50名、优秀学生干部41名、先进班集体16个，组织评选市级“三好”学生1179名、优秀学生干部622名、先进班集体675个。

【校外教育工作】 2017年，全市坚持一校两用、一室两用，推进学校少年宫活动常态开展，免费让每一位学生享受公平的校外教育机会。开展“分类划档、晋位升级”活动，建成市级特色学校少年宫10所、市级示范性学校少年宫7所；坚持专室专用，专款专用，全市8个县级青少年活动中心获中央专项彩票公益金支持校外教育事业发展项目经费366万元，开展“圆梦蒲公英”主题系列活动，提升县级青少年活动中心品牌力量。

【教育监督审计】 2017年，全市组织对绵阳职业技术学院等14所市属学校（单位）进行审计。从2016年9月至2017年年底，省教育厅、市审计局分别对绵阳职业技术学院党委书记钟乐海、校长何礼果，绵阳农业学校校长韩松、绵阳财经学校校长黄正华任期经济责任进行审计。市教体局对绵阳中学、绵阳南山中学、绵阳实验高级中学、绵阳第一中学、绵阳市普明中学、绵阳民族初级中学、绵阳市机关幼儿园、绵阳市花园实验幼儿园8所市直属学校2014—2016年度财务收支情况进行审计（其中绵阳南山中学审计期间为2015—2016年度）。市审计局对市教体局2016年度预算执行情况进行审计，并延伸审计市教育技术和信息管理中心和市大学中专招生委员会办公室。

【教育信息化建设】 2017年，绵阳教育城域网互联网出口达6.8G，绵阳教育资源中心微课数量2000余件，新装备标准化学校8所、建设“无线校园”学校23所、建设健康教室9间、改扩（新）建网络教室12间、新购计算机2019台，90%以上的中小学实现优质资源“班班通”。5月，市教体局印发《绵阳市中小学智慧校园建设指南》，为绵阳市中小学数字校园建设向智慧校园建设过渡提供指导和依据。市教体局印发《绵阳市教育和体育局关于进一步加强教育城域网络安全管理工作的通知》，与县市区、直属学校签订网络安全责任书，规范网站、微博、微信群、QQ群等新媒体管理。涪城、北川接受“中小学实验教学”省级评估验收；市教体局组织对涪城区、安州区、北川县、直属学校（高中7所、初中8所、小学8所）进行2017年度“中小学实验教学”市级评估验收。市教体局印发《绵阳市教育和体育局关于聘任绵阳市教育信息化资源建设首批专委会成员的通知》，建立绵阳资源建设专家委员会库，入库会员96名。开展“一师一优课，一课一名师”活动，全市有9611名教师参与晒课10530节（有实录4707节），选送85件优秀作品参加部级和省级评选，22节作品获部级优课。教育优质资源实现城、乡学校全覆盖并推送到壤塘等援建地区，为壤塘县的每一位老师开设“绵阳教育云平台”账号，与绵阳本地教师共享绵阳教育云平台上优质教育资源。全面完成全市中小学教师信息技术应用能力提升工程项目（2014—2017年），完成3.9万余人的培训任务，上报7项工程组织实施案例和8个教师信息技术应用学科案例。11月，绵阳作为四川唯一一个地市州被中央电化教育馆列入区域“基础教育信息化应用典型案例”；“绵阳教育资源中心”被中央电化教育馆确定为“国家数字教育资源公共服务体系建设与应用试点示范工作第一批试点平台”。

【教育对外交流活动】 2017年，市委、市政府出台《关于做好新时期教育对外开放的实施意见》，开展绵阳市首届“牵手绵州、情系教育”中外文化交流活动、天府高校外事联盟及留学生文化节活动、留学生汉语主题演讲比赛、中意师生文化交流活动等交流活动。全市接待来自德国、新加坡等19个国家和地区的56批次、634人次政府代表团、教育集团、机构、教育代表团到绵阳参观学习、交流合作。派出19个批次120人次的管理干部、校长及教师赴外培训、交流、访问，与欧盟项目创新中心、新加坡国际企业发展局等10个国外机构就多个合作项目进行洽谈交流，并达成合作意向；新签校际合作协议10份，新增6对国际学校结对（其中法国1对、荷兰3对、澳大利亚2对）；吸引来自英国、美国等32个国家135名外教在绵阳大中小校任教，中小学开设5个非通用语言专业课程（日语、法语、俄语、德语、韩语），有26个国家270名学生在绵阳留学。学生赴国境外交流331人次。2名学生首次入选“校园足球赴西班牙培训”项目，6名教师入选国家留学基金委公派项目和国家汉办、孔子学院汉语公派和志愿者项目到英国、美国、埃及等国家出国研修及担任汉语教学工作，12名学生入选新加坡公派高二项目和初三项目到新加坡留学，7人入选科技部首批“青少年科技交流计划”高中生赴日交流。“中法百校交流计划”获教育部资金支持9万元。中德项目绵阳一中成为四川省中小学唯一获歌德学院表彰的“绿色YEAAEP学校奖”学校，1名学生获歌德学院提供4000欧元全额奖学金，入选“2017年德国青少年夏令营”。

【教育脱贫攻坚】 2017年，市教体局编制出台《绵阳市教育扶贫专项2017年实施方案》《绵阳市教体系统2017年脱贫工作行事历》等文件，建立联席会议制度，层层签订目标责任书。完善由“县长、乡（镇）长、校长、村主任、家长”共同负责的责任制，对农村、边远、贫困、民族等地区流动儿童、留守儿童、家庭经济贫困儿童等重点群体的监控。对全市2395名学生的学籍信息进行逐一核实，保证减贫人口家庭子女义务教育阶段无因贫失学和辍学。在江油市江油中学、长城实验中学、江油职中设立“布拖族班”，从2017年秋季至2020年秋季，每年分别招收凉山州布拖族初中毕业生和小学毕业生到江油接受初中或高中阶段的教育，首届“布拖族班”122名学生在9月入学。

【学校健康教育】 2017年，全市的学校健康教育在春秋两季开学期间，市教体局、市卫计委对各县市区78所中小学、托幼机构进行学校卫生安全工作检查。结合学校饮水和高考中考期间卫生安全问题，市教体局印发《关于加强学校生活饮用水卫生安全管理工作的通知》《关于做好高考中考期间学校卫生监督检查工作的通知》。组织全市中小学开展爱国卫生主题宣传月活动，开展“爱国卫生运动65周年暨国家卫生城市15周年征文比赛”“征集爱国卫生典型案例和个人事迹活动”；开展“共担防艾责任，共享健康权利，共建健康中国”（英文主题为Right to Health）为主题的第30个“世界艾滋病日”宣传活动，组织28名骨干教师参加全省中小学校禁毒防艾骨干教师培训；举办学校艾滋病防治专项培训，各县市区教育行政部门、中小学、绵阳的高校相关负责人、卫生专业人员、健康教育教师150余人参训。市教体局、市卫计委、市食药监局组成联合检查组对中考、高考期间的学校卫生安全工作进行督导检查。市教体局与宝洁公司合作开展全市的初中女生青春期健康教育和小学生口腔、个人卫生健康教育，全市4.3万余名中小学生受益。

【国防教育】 2017年，全市遴选、推荐23所中小学参加2017年教育部国防教育特色学校的认定；遴选、推荐绵阳中学、富临实验小学参加2017年教育部国防教育示范学校的认定，并获教育部命名。全市各级各类学校利用元旦、国庆、“八一”、国防教育日、征兵期间等时机，通过文艺会演、书画比赛、知识竞赛、观看军事题材影片和征兵公益广告等学生易于接受的活动进行国防教育。组织召开全市学生军训工作会，对学生军训工作进行详细的安排部署，与绵阳军分区组成联合检查组到各县市区、学校军训工作开展督导检查。印发《绵阳市关于做好学校适龄青年兵役登记工作的通知》要求各级教育行政部门、学校做好兵役登记和查验提示工作。

【艺术教育】 2017年，绵阳市出台《绵阳市艺术教育特色学校评估细则（2017年修订版）》《关于进一步规范管理全市普通高中招收体育艺术特长生工作的通知》等文件。全面完成学校艺术教育工作自评报告及公示制度，全市学校学生艺术素质测评覆盖面达100%。全市补充艺术教师187人，音乐专用教室达标率达90.38%，美术专用教室达标率达86.86%，音乐器材设备达标率93.43%，美术器材设备达标率实现91.67%。全年开展艺术活动1204场，每周1068场，学生参与面达83%；市县区级艺术活动182场，学生参与面达90%。省教育厅主办，市教体局和涪城区政府承办的全省艺术教育现场工作会在东辰国际学校、成绵路小学、安昌路小学、吴家小学、石洞小学等举行。参加四川省第三届中小学川剧展演活动，获得优秀组织奖1个、最佳表演奖1个，一等奖1个、二等奖2个、最佳创作奖1名；参加“意林杯”四川省第四届管乐比赛，获得一等奖1个、二等奖4个、优秀组织奖1个；举办二十余场“戏剧进校园”活动，承办四场“高雅艺术进校园”活动；开展第十三届四川省优秀艺术人才大赛绵阳分区赛，3000余名学生参加；开展绵阳市第六届中小学生合唱比赛、绵阳市第三届校园舞蹈大赛、绵阳市第四届器乐比赛、“紫荆杯”学生绘画大赛、绵阳市首届少儿网络春晚、中国绵阳科技城首届儿童戏剧博览会等多项活动及赛事。三台外国语学校、游仙区徐家镇伟清小学2所学校成功创建省级艺术教育特色学校，绵阳中学实验学校、外国语实验学校、三台芦溪中学等12所学校被评为市级艺术教育特色学校。

【语言文字工作】　2017年，全市实施国家通用语言文字普及攻坚工程，提升农村地区普通话水平，加快民族地区国家通用语言文字普及。9月，通过中华经典诵读、书写、讲解等形式在全市开展第20届全国推广普通话宣传周活动。推进语言文字信息化建设，全面施行计算机辅助测试，全市通过计算机测试普通话的人数达到1.4万余人。全年全市有8811人参加测试，其中达到一级乙等9人、二级甲等1130人、二级乙等4730人。

【支援少数民族地区教育工作】　2017年，全市选派105名优秀骨干教师赴民族地区教育教学一线开展教学工作，其中阿坝藏族羌族自治州红原县13名、壤塘县13名，凉山彝族自治州昭觉县13名、布拖县13名，绵阳市平武县20名、北川羌族自治县33名。

【学校后勤服务监管】　2017年，全市学校后勤管理工作按照食品安全“党政同责、一岗双责、失职追责”“四个最严”的要求，抓主体责任落实，强化监管督促，深化专项整治，健全完善食品采购索证索票、留样等规章制度，1100多所学校完成“明厨亮灶”建设，推进食堂量化分级评估，“肉菜溯源系统”、快检系统建设有序推进。经省机关事务管理局批复，绵阳市实验高级中学纳入国家级公共机构节约型示范单位创建（2017—2018）目录，南山中学双语学校、三台中学纳入省级公共机构节约型示范单位创建(2017—2018）目录。举行全市学校后勤管理干部职工培训，全年累计培训8.9万余人。全市新建改扩建学校食堂建设投入达9180余万元，学校食堂信息化建设投入达6520余万元。持续开展绿化全川校园活动，新增教育绿化资金投入1.3亿余元。“免费午餐”计划全面覆盖全市502所农村义务教育学校的18.7万余名学生，市县两级财政投入资金达1.6亿余元。全年实现食品安全“零事故”。

【首届“十佳乡村教师”评选活动】　2017年6月，市委宣传部、市教体局在绵阳市范围内启动开展首届“十佳乡村教师”评选活动，宣传师德高尚、业务精湛、群众公认、学生爱戴的乡村教师先进典型。经过基层申报、县级初选、投票审核、专家初评、网络投票、专家终审等程序，涪城区龙门镇小学易素容、游仙区忠兴镇雅居乐小学周桂芝、安州区高川乡小学肖玲、江油市太白中学陈树怀、三台县塔山镇中心小学李碧芳、梓潼县仙峰小学胡成和、盐亭县富驿镇中心小学李桂英、平武县坝子乡白鸭中心小学赵光明、北川县马槽乡小学唐金平、仙海区中心学校陈永玉10名教师入选绵阳市首届“十佳乡村教师”。

（杨进平）

基础教育

【概况】　2017年，全市继续开展公办幼儿园帮扶民办幼儿园工作，民办幼儿园办园水平明显提升。开展普惠性民办幼儿园认定工作，设立100万元专项资金引导民办幼儿园提供普惠性服务，全市普惠性学前教育资源覆盖率71.24%。全面启动义务教育质量监测工作，对部分学校初一至初三年级的语文、数学、英语、科学教学质量进行监测。印发《关于做好居住证持有人接受义务教育工作的通知》，明确居住证持有人凭居住证可在绵阳接受义务教育。制订《“高中阶段教育普及攻坚计划”学校建设规划表（2017—2020年）》，确保普及高中阶段教育目标如期实现。截至年底，全市有全市有幼儿园744所，在园幼儿145561人，教职工13284人；义务教育学校592所，在校学生400989人，教职工26512人；全市高中学校36所，在校学生105647人，教职工10696人。

【学前教育】　2017年，全市有幼儿园744所，在园幼儿145561人，教职工13284人（其中专任教师7065人），较去年新增幼儿园43所、在园幼儿新增795人，新增教职工997人。普惠性民办幼儿园463所，在园幼儿54827人。全市学前三年入园率达

图112　9月6日，绵阳市首届“十佳乡村教师”颁奖典礼在绵州大剧院举行

96.9%，普惠性学前教育资源覆盖率达71.24%。继续开展公办幼儿园帮扶民办幼儿园工作，民办幼儿园办园水平明显提升。开展普惠性民办幼儿园认定工作，设立100万元专项资金引导民办幼儿园提供普惠性服务。5月，围绕“游戏—点亮快乐童年”活动主题，组织各县市区、幼儿园开展2017年全国学前教育宣传月活动。6月，盐亭县城东幼儿园被省教育厅命名为“四川省示范性幼儿园”。12月，《绵阳市第三期学前教育行动计划（2017—2020年）》出台，持续缓解“入园难”问题。

【义务教育】 2017年，全市义务教育学校592所，在校学生400989人，教职工26512人。全面启动义务教育质量监测工作，对部分学校初一至初三年级的语文、数学、英语、科学教学质量进行监测。7月，市教体局印发《绵阳市实施消除义务教育学校大班额专项规划（2017—2020年）》，将消除大班额作为重要内容纳入对县市区的年度目标考核，实行一票否决。9—10月，开展市级示范小学、初中复查评估。根据绵阳市户籍制度改革关于推行居住证制度的要求，市教体局印发《关于做好居住证持有人接受义务教育工作的通知》，明确居住证持有人凭居住证可在绵阳接受义务教育。简化进城务工人员随迁子女入学手续，全年解决近3万名进城务工人员随迁子女入学。出台《绵阳市重点招商项目和重点企业“服务绿卡”就学服务实施细则（试行）》，妥善解决17名重点招商项目和重点企业职工子女入学问题。

【普通高中教育】 2017年全市高中学校36所，在校学生105647人，教职工10696人。2017年高考本科硬上线34600人（不含保送、公派留学和艺体飞上线人数），较2016年增加2.51%，本科硬上线率71.81%，较2016年增加3.14个百分点，一本硬上线18632人，一本硬上线率38.67%；被北大、清华录取人数99人，约占全省录取总人数1/3；本科硬上线率、本科硬上线万人比连续17年全省“双第一”。12月，实验高中通过“四川省一级示范高中”现场评审，北川中学、平武中学通过“四川省二级示范高中”现场评审。市教体局制定《“高中阶段教育普及攻坚计划”学校建设规划表（2017—2020年）》，确保普及高中阶段教育目标如期实现。继续执行取消普通高中择校生的政策，加强对学籍注册系统的管控，严禁超计划招生和招收最低录取控制线下学生。制订《绵阳市普通高中选课走班试点工作实施方案》，绵阳中学和南山中学开展选课走班试点工作，从测算教学资源需求、完善课程资源体系、转变教师的教育观念、积累选课走班经验等方面进行探索。

【学生素质教育】 2017年，市教体局组织参加第十三届“宋庆龄少年儿童发明奖”，全市400余件作品参赛，上报国家级发明作品和创意作品82件、国家级科幻画15件，7件发明作品和创意作品入围决赛，绵阳作为全国唯一的地市级单位参赛，连续四年荣获优秀组织奖，涪城区安昌路小学被授予“宋庆龄少年儿童发明实验基地校”。举办全市首届青少年机器人创新大赛，激励全市青少年学生养成爱科学、学科学、用科学的良好习惯，不断提高全市青少年的科学素质。空军青少年航空实验班招生工作，全年组织1929名初三应届学生报名，报名人数比2016年增长19%，217人通过初选，30人通过定选，123人进入备选。全国数学、物理、化学、生物、信息技术五大学科竞赛获全国一等奖150人，进入国家集训队7人，保送清华大学、北京大学10人。

【特殊教育】 2017年，全市有特殊教育学校7所，在校生787人，专任教师124人。全年有随班就读特殊儿童（学生）1771人，其中送教上门服务240人。市教体局印发《做好我市义务教育阶段重度残疾儿童少年送教上门服务工作通知》，会同市残联对全市适龄未入学残疾儿童少年情况进行调查摸底，实施“一人一案”，对不能到校就读的重度适龄残疾儿童少年实施“送教上门”，让每一位残疾少儿都能接受合适的教育。

【民族教育】 2017年，全市使用《2017年行动计划》省级专项资金605万元，主要投向校舍建设、设备配置、远程教育和师资培训等项目。10月27—28日，国家民委政策司副司长王平带领“检评学”工作组到绵阳职业技术学院、绵阳普明中学检查指导少数民族流动人口服务管理示范城市建设工作。根据北川实际情况，以“多村一幼”方式规划布点，规划32个村级学前教学点，覆盖311个行政村，村覆盖率100%，基本解决北川全县幼儿上园难问题。

（杨进平）

【绵阳中学】 始建1957年，是四川省一级示范性普通高中，全国“空军青少年航空学校”，清华大学“新百年领军计划”，北京大学“中学校长实名制”推荐资质学校，清华大学“优质生源中学”。2017年，入选“中国百强中学”，名列全国第17名。中学占地面积20余公顷，建筑面积17万平方米。有高等级教师217人（正高级教师6人、特级教师16人、高级教师195人），具备硕士及硕士研修班教育经历者171人。绵阳中学提出“345校本研修体系”“健康课堂”“绿色德育”“全员阅读”等教育模式，培养“品德高尚、行为高雅、能力高强”的“三高”品位学子，搭建以读书节、体育运动节、科技创新节、音乐合唱节、文化艺术节、社团成果展示周、心理健康周和优秀班集体展评周为主体的“五节三周”活动平台。2017年，43人被清华大学和北京大学录取（占全省的近1/5），1028人被“985”大学录取，1963人被“211”大学录取。五大学科奥赛全国联赛获一等奖80人，10人入选省队，全国决赛中获8金2银，5人进入集训队，1人入选国家队。

【绵阳南山中学】 1908年创办，四川省一级示范性普通高中。学校占地18.2万平方米，建筑面积10.8万平方米，教学班164个，在校学生9936人，教职工567人。现有在职正高级教师5人，特级教师12人，高级教师203人。学校有多学科标准实验室、网络管理中心、国际标准运动场、网球场，图书馆藏书20余万册。南山中学坚持“让学生做成长的主人，为学生终身发展奠基”的办学思想，“爱国读书、勤勉诚朴、求实向上、民主创新”的核心价值取向，“开启多元启智、阶梯引领、自主发展之门，为每一个学生搭建成功的立交桥”的教育理念，以班级文化化育人，以人文环境熏陶人，以心理教育启迪人，以安全教育守护人，以特色活动锻炼人，积极构建南山德育系列教育的“五朵金花”和“四项工程”，着力培养“后劲足、潜力大、综合素质高”的阳光学子。

【绵阳实验高级中学】 2000年创建，省部级重点中专绵阳机电工业校改制而成，绵阳市教体局直属公办高中，有教职工357名，学生5318人。2017年12月，学校通过四川省一级示范性普通高中现场验收。全年有33名教师荣获高考学科特等奖，40余名教师在全国、省、市“一师一优课，一课一名师”活动中全获一、二等奖，88名教师获各级各类竞赛“优秀指导教师”，16名教师被评为绵阳市优秀班主任。学校推行“仁爱教育”，以修身、感恩、报国为主题，构建德育课程体系。截至年底，学校被教育部评为“国防教育特色学校”，被国家关工委评为第20届青少年主题教育读书活动“示范学校”，获国家体育总局第六届全国全民健身操大赛第二名。荣2017年绵阳市教学质量评估特等奖，省级课题获四川省人民政府第六届教学成果三等奖，282名学生获各类竞赛全国一、二等奖。

【绵阳第一中学】 清乾隆五年（1740年）始建，四川省二级示范性普通高中，是宋代文豪欧阳修的诞生地。校园建筑面积4.1万平方米，教学班73个，在校学生4733人，教职工260人，其中正高级教师1人，特级教师3人，高级教师79人，中高级教师占专任教师的80.2%。学校秉承“面向未来，和美育人”的办学理念、“传承创新，引领激励”的管理理念，坚持立德树人，以活动为载体，儒化学生人格，以“导学案为载体的小组合作”模式，深化课堂改革。

【绵阳普明中学】 清光绪三十二年（1906年）始建，绵阳市教育体育局直属的四川省二级示范学校。有在校师生员工6000余人，教职工329人，特级教师5人，省级骨干教师10人，市级骨干教师46人，市级学科专家库教师31人，校园面积10.67公顷。

2017年，学校教师参加国家、省市各类教学竞赛，获奖65人次，其中1人获全国亚军、1人获省一等奖、1人被授予国家级田径裁判员。在第十三届全国运动会上两名同学夺4×100米第六名，学校被国家体育总局授予2017年“全国体育事业突出贡献奖”。

【绵阳外国语学校】 1999年始建，是一所集小学、初中、高中于一体的全寄宿制民办学校。学校占地13.9万平方米，教学班271个，在校学生7882人，教职工551人。专任教师中，特级教师3人，中高级以上教师占专任教师的68%。学校秉承“办心中有人的学校”的理念，践行“学汇中西、彰显个性、教融古今、以文化人”办学准则，重视过程之美，强调人性关怀，追求素质与升学并重，智育发展与人格塑造同步的办学目标，让每一个孩子“走进绵外，赢在起跑线，美在成长中，胜在人生路”！绵外教育致力于建设质量高地，搭建成功阶梯，通过教学改革，追求绿色质量，构筑生态课堂，培养学生学会生存、学会交流、学会发展、学会协作、学会学习的能力。

【科学城一中】 1990年创办，四川省一级示范性普通高中。学校始终坚持面向全体、面向人人，致力于“创造适合子弟发展的尊重的教育”。学校坚持为学生搭建成才立交桥，生动活泼的心理教育、科创教育、艺体教育，常年坚持的德育品牌活动“励志·科技”教育、艺术节、大课间等，构建多元学校课程，促进学生的全面发展。2017年，校安工程建设完成，优化办学条件。在2017年绵阳市高中教育质量综合评估中，文理全部学科获特等奖，学校荣获A1组学校特等奖及“义务教育质量先进学校”。推进素质教育，打造运动会、艺术节、励志夏令营等品牌活动，组建校园足球队、羽毛球队、跳绳队等。

【绵阳东辰国际学校】 2000年创办，四川省一级示范性普通高中，是一所集学前、小学（一部、二部）、初中、高中、出国预备教育于一体的全日制寄宿制民办学校。学校占地32公顷，有师生员工1.7万余人。学校秉承“崇尚科学、弘扬人文、发展个性、创造卓越”教育理念，坚持“培养有中国灵魂有世界眼光的现代人”的办学目标，以人为本，立德树人，坚持“双高”质量标准，全面推行核心素养教育和以人为本素质教育为核心的“七位一体”的教育创新模式，实行管理模式创新、学校德育模式创新、学校课程模式创新、课堂教学模式创新、高质量发展模式创新、学生学习模式创新、教师发展模式创新。学校获评中国最具影响力艺术教育名校、全国十佳科技教育创新学校、四川省一级示范性普通高中、四川小学课改联盟发起学校、全国示范初中、全国优质品牌学校、绵阳市教育工作先进集体；连续11年荣获“绵阳市普通高中教育质量综合评估特等奖”。学校现成为北京大学、清华大学等60余所校长实名推荐学校和自主招生学校，北京大学四川首批三所校长实名推荐制学校；人民大学、复旦大学等60余所高校的优质生源基地校；同济大学苗圃计划实验基地、工业4.0—智能教学科研基地，南方科技大学英才计划试点中学。

【江油中学】 1956年始建，四川省一级示范性普通高中，获全国体育先进集体、全国篮球特色学校等20多项市级以上荣誉。校园占地14.33公顷，有教学班115个，在校学生6300人，425名在岗教职工中，全国优秀教育工作者1人，全国优秀教师2人，中学特级教师2人，四川省教育专家1人，省市级优秀教师、班主任、学科骨干100多人，中、高级教师260余人。竞赛国家级奖数学3名、物理16名、化学2名、生物6名、英语51名、作文大赛15名。“农村高中四维指导体系建构的实践研究”获四川省第六届普教教学成果二等奖。王克被评选为四川省特级教师。四川省青少年武术锦标赛获3块金牌、3块银牌、5块铜牌，四川省青少年拳击锦标赛第6名，四川省青少年排球锦标赛第8名、绵阳市2017年普通高中教育质量综合评估A1组学校“特等奖”，四川省第十二届中小学校园电视评选活动“一等奖”。

【安州中学】 1929年创办，四川省一级示范学校。学校占地面积10.53公顷，有在岗教职工383人，中学特级、高级教师140人，全国优秀教师2人，省、市级优秀教师、明星教师、优秀班主任等130人，现有教学班86个，学生约5000人。学校以“厚德善学、发展为本”为办学理念，以“建设现代化、高质量、有特色的省一级示范学校”为办学目标，形成“重实际、重实效、重落实、重实绩”的德育特色、“重基础、重落实、重大面积提高，善教善导促善学”的教学特色和“低入口、高出口，高入口、优出口”的办学特色。学校先后荣获“全国五讲四美为人师表先进集体”“全国群众体育先进单位”“四川省文明单位”“四川省阳光体育示范学校”“四川省绿色学校”“四川省五四红旗团支部”。 （杨进平）

职业教育和成人教育

【职业教育概况】 2017年，全市有中等职业学校30所（10所民办中职学校、7所技工学校），其中：国家级示范中职学校1所（绵阳财经学校）、国家级重点中职学校3所（绵阳农业学校、三台刘营职中、绵阳职业技术学校）、省级重点中职学校3所（江油中坝职中、盐亭职中、安州职中），开设有加工制造类、信息技术类、财经商贸类、旅游服务类、交通运输类等15个专业大类的70余个专业，有在校学生45988人，在校教职工1941人（专任教师1640人），年培养合格毕业生2万余人。

【“双师型”教师培育】 2017年，全市采取自培、送培等方式，鼓励学校管理干部、骨干教师参加国家、省、市级各类培训，培训人数达150人次。开展教师技能竞赛，组织参加省级班主任基本功复赛、市级教师说课、赛课、论文评比等活动，参赛教师达60余人，达到“以赛促教、以赛促学”目的。

【特色职业教育】 2017年，全市中职学校新增紧缺特色专业14个，停办专业9个。督促绵阳职业技术学院、四川汽车职业技术学院、绵阳财经学校等6所省级现代学徒制试点学校开展试点工作，组织游仙职中申报为第三批省级现代学徒制试点单位。机电技术与应用、汽车维修等15个专业分别与苏州宝馨科技实业股份有限公司、四川野马汽车股份有限公司等10余家企业开展现代学徒制试点，试点学生达300余人。组建绵阳市中等职业学校教学工作诊断与改进专家委员会，负责统筹协调中职学校教学诊改工作。成功举办第六届绵阳市中职学生技能大赛，组队参加国家级、省级中职学生技能大赛，参赛学生达100人，荣获国赛二等奖4名、三等奖5名；荣获全省中职学生技能大赛一、二、三等奖共56名，获奖人数、获奖率均位居全省第三，北川职中、绵阳服装学校获2018年全国中职学生技能大赛参赛资格。成功举办第三届职业教育活动周活动，参展参会达10万余人，活动盛况被新华网、四川在线等多家省内外媒体报道。

【职业技能人才培养】 2017年，为进一步规范中职招生行为，全部实行网上报名、网上填报志愿、现场公开录取，成立职业教育宣讲团，深入宣讲中职毕业生就业形势、升学途径等，切实增强职业教育影响力。全年招生20989人，完成率达106.2%。全市15所中职学校与川内

2017年绵阳市中等职业教育情况

表55

	校数	毕业生	招生数	在校生	预计毕业生	教职工	
						计	其中：教师
合　计	23	21814	20989	45988	22116	1941	1640
中职学校	10	1053	3140	5254	22116	269	180
普通中专	3	6241	3521	13059	2790	289	227
成人中专	1	9448	8244	9614	5125	48	41
职业高中	9	5072	6084	18061	8339	1267	1142
其他机构	—	—	—	—	5862	68	50

注：不含技工学校

35所高职院校开展“3+2”和中高职衔接贯通培养，2017年通过对口高考、单招、“3+2”等方式升入本科、专科中职毕业生1300余人。引导企业与职业院校建立区域综合型职教集团，江油职中、北川职中、绵阳职业技术学院等学校与无锡恩福油封有限公司、富士康鸿准精密模具公司、京东方等一些名优企业建立“以培代训”“以练代教”合作关系，开设“鸿准班”“恩福班”等企业冠名班5个，实现“招生即招工、毕业即就业”。2017年全市中职学校向社会输送技术人才2万余名，学校毕业生一次就业率达95%，专业对口率达85%。

【成人教育概况】 2017年，全市有社区大学1所（校区在绵阳电大）、社区学院1所（校区在三台电大）、社区教育学习中心23个，有社区教育专职人员3名、专兼职教师110名、志愿者558名。全年举办社区教育活动30余次，参加社区活动和培训居民36万人次。90余个社会培训机构年职业技能培训10万人次。2017年，市财政拨付社区教育专项资金100万元。3月，与致公党绵阳市工委合作，共建平武县水晶镇社区教育学习中心。11月，在江油市举行绵阳市全民终身学习活动周活动，评选出市级终身学习品牌项目3个、市级学习之星30名。新建涪城区御营新村二社区、铁牛街社区、北川县金霞社区、仙海区海棠社区、平武县水晶镇社区等直属社区教育学习中心8个。绵阳市农业学校、财经学校等配合市农业局、市残联、市人社局等部门，对农业系统技术人员、退役士兵、实习见习大学生、专项扶贫人员等开展岗前、在职、再就业培训，截至年底，全市累计培训5000余人次。配合省、市妇联开展“精彩人生女性终身学习计划”项目，绵阳被确定为全国10个试点城市之一，四川妇联把该项目评为2017年十佳项目；“银发乐团”项目建设获国家级“终身学习品牌项目”称号；三台社区学院的“剪纸”项目建设获国家级“终身学习品牌项目”；全市全系统有2名社区教育工作老师获国家级“百姓学习之星”，1名社区教育工作者和1名社区教育老师获省级“百姓学习之星”。

（杨进平）

教育园区建设

【概况】 2017年，绵阳市教育投资发展（集团）有限公司实施教育园区建设项目54个，施工总产值17620万元。其中四川医专人行天桥等市政建设项目5个，施工总产值3600万元；春晖花园建设项目，施工总产值8700万元；完成绵中实验、南山实验、外国语实验三校提档升级项目48个，施工总产值5300万元。完成教育园区2.87公顷和5公顷两宗用地的前期方案设计，9号道路建设，1#支路等园区次支路网完善一期项目用地拆迁等工作。截至年底，教育园区入驻绵中实验、南山实验、绵阳外国语实验、四川医专、四川幼专、绵阳电大、绵阳农校、民族初级中学8所学校，入驻学生4万余人，教职工3344人。其中绵中实验在校生近1万人、南山实验在校生近1万人、绵阳外国语实验在校生约5500人、四川医专（教育园区南、北校区）在校生1.2万余人、四川幼专（绵阳校区）学前一系2600余人、绵阳电大（教育园区校区）在校生1571人、绵阳农校在校生300余人、绵阳紫荆民族中学在校生2000余人。

【春晖花园项目】 2017年，绵阳教育投资发展有限责任公司旗下绵阳科达置业实力开发，项目总占地31989.8平方米，总建筑面积75766.7平方米，其中住宅有56635平方米、商业有6129平方米，总停车位620个、地上229个车位、地下车库391个，总投资约2亿元。项目2016年4月开工建设。截至12月31日，项目住宅501套售罄，且2号、3号楼已交付业主使用。

【国际足球学校项目】 2017年，绵阳今尚教育体育发展有限责任公司继续有序推进国际学校项目，11月竞得绵阳市国土局挂牌出让的（绵国土资公告〔2017〕192号）该宗国有建设用地使用权并签订土地出让合同。该宗土地13公顷，位于教育园区。今尚公司在竞得地块建设国际足球学校，已启动前期筹备工作，办理学校动工建设各项许可批复，力争2019年秋季实现招生。

【幼教集团项目】 2017年，四川幼专春晖学前教育管理有限责任公司实现在全市范围内的12所幼儿园布点工作（教育园区西园幼儿园1所），红星、西园幼儿园报名招生开园，仙海第一幼儿园、三台上东街幼儿园等装修阶段。绵阳今尚教育体育发展有限责任公司与绵阳外国语实验学校幼小衔接班教室改造工程2017年暑假竣工落成并于秋季招生，现有在校生40余名。 （杨进平）

招生考试

【概况】 2017年，全市推进高中阶段学校招生考试改革，在省内率先实行普通高中电子录取通知书、网上成绩单，考生可通过网站或微信公众号查询成绩及录取情况，首次在中职学校招生录取实行平行志愿填报。11月，市招委、市教体局转发四川省招考委、四川省教育厅《关于做好国家教育考试网上巡查系统建设和高清升级工作的通知》，正式启动标准化考点高清升级工作，12月底前完成全市标准化考点调查摸底、项目规划编制、需求测算等工作，形成初步方案上报省教育考试院。

2017年，全市普通高考报考人数52060人，同比减少2人。其中普通类49957人（文科17381人、理科32576人），职教高职类2103人。全市中考报名考生41728人。

【普通高校招生考试】 2017年，全市普通高考报考人数52060人，同比减少2人。其中普通类49957人（文科17381人、理科32576人），职教高职类2103人。全市设24个考点，1669个考场（普通类考场1633个、对口高职类36个考场）。全市录取考生46546人，总录取率为90.62%，同比增加1.8个百分点。按录取层次分：重点本科16506人、一般本科16886人、预科本科99人、专科13050人、预科专科1人、高中中专4人。其中保送生10人，清华大学48人，北京大学42人，飞行员63人（空飞6人、民飞57人），“985”高校2696人，“211”高校6693人，高职单招录取2430人。国家专项录取138人，较2016年增加40人；地方专项录取63人，较2016年增加17人；高校专项录取45人，较2016年增加20人；免费师范生录取81人，较2016年减少1人；艺体录取2490人，较2016年增加482人。

【高中阶段学校招生考试改革】 2017年，全市推进高中阶段学校招生考试改革，改革事项中明确所有在籍初三学生均须参加中考；英语科目恢复2008年起中断的听力考试，英语学科听力考试占30分；组织开发中考网上缴费软件，全市中考首次实行网上缴费；在省内率先实行普通高中电子录取通知书、网上成绩单，考生可通过网站或微信公众号查询成绩及录取情况，并可在网上打印成绩证明单及电子录取通知书；规范中职学校招生秩序，首次在中职学校招生录取实行平行志愿填报，设立中职招生录取场，实现统一集中录取，统一打印录取名册及通知书。2017年，全市中考报名考生41728人，设9个考区、21个考点、1401个考场。初二学业水平考试全市报名考生41575人，全市设9个考区、90个考点、1426个考场。参与中考及初二学业考试两项考试工作人员各近7000人。普通高中录取26344人，三年制中职录取11478人；五年制高职录取1066人，三年制中专学校录取2265人，其中统招1950人、自主招生315人。

【自考和非学历考试】 2017年，全市组织高等教育自学报名考试3次，累计报考30536人、62916科次（其中社会型考生7850人、18929科次，应用型考生22686人、43987科次），累计办理社会型自考毕业证书207人。办理免考95科，转出考籍7人次，更改考籍12人次。组织全国大学英语四、六级考试2次，累计报考91565人次，较2016年增加5540人次，增幅6.41%。全年新增中小学教师资格考试（笔试）考点3个（绵阳中学实验学校、南山中学实验学校和四川幼儿师范高等专科学校），全市中小学教师资格考试（笔试）考点增加到4个。全市全年报考教师资格考试（笔试）人数达10296人，较2016年净增8584人，增幅501.4%，全市报考科次22983科次，较2016年净增19005科次，增幅477.75%。承担全省书法水平测试试点工作，组织实施了首次四川省书法水平测评，设四川文化艺术学院和江油外国语学校两个考点，参加测试的大、中、小学生和社会书法爱好者达119人、120科。组织全国计算机等级考试两次，累计参考34499人次，较2016年增加9011人次，增幅35.35%。

【电子考务管理系统开发】 2017年，市招办组织开发基于互联网的电子考务管理系统，实现互联网模式下“建立监考员信息库”“堂堂抽签”“记录监考业务和考评”等功能，并在自学考试、成人高考、高中阶段学校招生考试中全面推广使用，提升全市考务管理现代化、信息化水平。

（杨进平）

高等教育

【概况】 2017年，市委、市政府主要负责人就西南科技大学新增博士点和省部共建国家重点实验室、绵阳师范学院硕士学位授权等高校发展事宜先后两次到成都省教育厅汇报情况。组织召开在绵阳高校思想政治工作座谈会，贯彻落实全国、全省高校思想政治工作会议精神。教育部同意支持西南科技大学新增一级学科博士点和部省共建军民融合协同创新中心。9月28日，西南科技大学等14所在绵阳高校和中物院研究生院等3所科研院所联合成立“中国（绵阳）科技城高教联盟”。组织21所在绵阳高校、职业技术学校和京东方人力资源部的就业对接工作。全年在绵阳14所高校的毕业生就业率达92.8%。

截至年底，绵阳市有高等院校14所（全日制普通教育本科院校6所、市属全日制普通教育专科院校3所、全日制民办高等职业技术学院2所、成人教育本科院校1所、成人教育专科院校2所），全日制在校大学生137947人，新增5560人，在校教职工11000人，办学规模居全国市州城市第3位。在四川省“十三五”高校设置规划中，四川通用航空职业学院进入设置规划。在绵阳高校校园总面积1013.31公顷，校园内建筑总面积3961905平方米，学校固定资产总值62.51亿元，图书馆藏书量（电子图书）31341701册，全年科研投入1.46亿元。有省部级重点实验室（实训基地）17个、博士点3个、硕士点（覆盖专业）72个、职业技能鉴定站（覆盖工种）147个。

【科技城军民融合人才培养】 2017年，绵阳市首次开展军民融合人才培养学科（专业）团队建设申报工作，制定出台《绵阳市军民融合人才培养项目资金使用办法》，西南科技大学国防科技学院、九州技师学院、中物院工学院、绵阳职业技术学院信息工程系争取到军民融合人才培养项目资助资金320万元。9月，第五届中国（绵阳）科技城国际科技博览会上，清华大学、北京大学等24所国内高校到绵阳参加开幕式和相关论坛。派出代表团到北京大学、清华大学等21所国内高校洽谈校地合作事宜，洽商在绵阳办学、联合人才培养、进行项目合作、技术转化服务等政策，并形成《加强与重点高校开展深度合作的调研报告》专题调研报告，为市委、市政府决策提供依据。 （杨进平）

【西南科技大学】 2017年，学校实施研究生学术能力提升专项计划，68名研究生赴境外交流学习；2017

届毕业研究生发表科研论文814篇，其中核心期刊240篇、三大检索收录123篇，奖励高水平学术论文134篇、评选优秀硕士学位论文28篇。完成68个专业学位实践基地的检查和授牌，立项联合培养基地3个。知识产权、翻译及医学影像技术专业增列学士学位授权专业，广播电视学入选四川省“卓越新闻传播人才教育培养计划”，3个专业通过国家工程教育认证；2个专业入选2017年中国校友会网本科专业排行榜五星级专业，16个专业进入全国排名前20%。获批四川省首批网络安全人才培养基地，成立中国（绵阳）科技城高教联盟。5门课程获批四川省精品在线开放课程，获四川省教学成果奖13项。成立“工程训练国家级实验教学示范中心”教学指导委员会，《创新思维方法与实践》《网络文学创意写作与实践》入选首批省级创新创业教育示范课程，学校成为首批省级“深化创新创业教育改革示范校”，国家大学科技园被认定为“省级大学生创新创业园区（孵化基地）”“省级小企业创业示范基地”。2个学科群获批四川省双一流建设学科项目，建设经费700万元；获得中央支持地方高校学科建设经费1000万元；环境科学与工程等5个学科入围教育部第四轮学科评估排名，其中环境科学与工程获评B-类学科。申报“‘十三五’国防特色学科条件建设项目”3900万元，新增“军用软件”国防特色学科方向。3个一级学科博士学位授权点参加国务院学位办组织的专项评估；生物学新增为博士学位一级学科授权点，地质资源与地质工程、法学、中国语言文学等3个专业新增为硕士学位一级学科授权点。“环境友好能源材料省部共建国家重点实验室”建设列入2017年科技部优先启动支持范围，工程材料与结构冲击振动四川省重点实验室获省科技厅授牌，制造过程测试技术——省部共建教育部重点实验室通过验收。与中国工程物理研究院、中国空气动力研究与发展中心、中国航发四川燃气涡轮研究院、中国兵器装备集团自动化研究所、四川长虹电子控股集团有限公司、四川九洲电器集团有限责任公司等董事单位签订军民融合发展合作协议。学校董事会产学研联合办学、推进军民融合协同育人、协同创新模式受到绵阳市2017年人才发展专项资金军民融合人才培养项目资助，并获第八届四川省高等教育教学成果一等奖。实施“龙山学术人才科研支持计划”，305名科研人才和15个团队首批入选龙山人才“重点支持”专项。全年学校自然科学科研项目立项583项，立项经费13708万元。获自然科学类省部级科技成果奖10项，科技成果鉴定10项，出版著作16部，重要核心期刊发表论文832篇，三大检索收录542篇。发表ESI高被引论文1篇、自然指数期刊论文6篇。JCR期刊分区数据在线平台收录430篇，一区论文与2016年同比增长165%。申请发明专利157项、实用新型专利35项、外观设计专利8项；获得授权发明专利131项、实用新型专利71项、外观设计10项。获四川省专利年费资助62项、绵阳市专利资助185项。推进繁荣哲学社会科学支持计划，全年获得国家社科基金、教育部项目立项11项，其他各级项目立项432项，立项总经费1108万元；获四川省社会科学优秀成果奖13项，绵阳市优秀科研成果奖41项。“四川军民融合战略研究中心”获批四川省教育厅人文社会科学重点研究基地，“社会法制教育普及基地”获评省级优秀社科普及基地，学校社科联获评“四川省先进高校社科联”。“四川省军民融合研究院服务平台”建设获准立项，完成军民融合指数分析平台、军民融合科技服务平台的建设，获得国防科技进步奖三等奖1项；“军民融合发展研究智库”获批四川省首批新型智库。全年转化科技成果31项、转让发明专利权9项、植物新品种使用权1项。建立“西南科技大学遂宁工业技术转移中心”，在遂宁市13家企业建立专家工作站。

2017年，学校本专科招生7685人，一本比例达82%。研究生招生1219名，其中博士研究生36名，增幅70%。学校获四川省“2017年度硕士研究生招生考试工作目标考核先进单位”。2017届本科毕业生一次性就业率93.89%，应届研究生一次性就业率96.08%。全年签署校际合作协议9份，聘请外教、外籍特聘教授68人，申报国家级高端外国专家项目和四川省外专局引智项目。

（唐继平）

【绵阳师范学院】 2017年，学院成立本科教学审核评估与建设领导小组，启动本科教学审核评估迎评创建工作，完善师范实践教学体系，提高教师教育质量，毕业生申报教师资格证获证率96%，其中非师范生测试合格率95%。获四川省师范生教学能力竞赛一等奖3项、二等奖3项、三等奖6项，取得历史性突破。创新创业教育改革、创新创业教育课程改革、新媒体课程运营改革、移动互联开发课程校内联合实训基地建设、网络安全创客中心建设5个项目获教育部产学合作协同育人项目立项。获四川省第八届教学成果奖一等奖1项、二等奖2项，取得近12年来的重大突破。修订学院“十三五”学科建设规划。“服务国家特殊需求人才培养项目”环境工程专业硕士学位通过教育部验收评估。新增“材料科学与工程”“遥感科学与技术”专业。新增“秘书学”“汽车服务工程”“风景园林”3个学士学位授予专业。柔性引进学科带头人2人，考核招聘高层次人才和专业紧缺人才27人，引进高技能人才6人，新增四川省千人计划1人。组织各级各类科研项目申报，国家级立项3项，省部级立项13项，厅局级立项163项，横向合作项目37项。各级各类项目立项总经费615万元，较2016年增加73.20%。发表科研论文565篇，出版学术著作27部，获国家发明专利2项，专利及计算机软件登记3项。获四川省科技进步二等奖

1项，四川省社会科学优秀成果一等奖1项、三等奖1项，四川省教育厅社科成果三等奖2项。四川李白文化中心入选四川首批历史名人文化研究中心。四川民间文化研究中心、四川李白文化研究中心、四川县域经济发展研究中心通过省社科联合格评估。大学生创新创业训练计划项目国家级立项50项，省级立项100项。大学生专利授权32项目。建立创业就业实践基地13个，孵化创业项目23个。获四川省“挑战杯”一等奖2项、二等奖3项、三等奖4项，实现一等奖零的突破。获第九届高等学校信息技术创新与实践活动一等奖2项、二等奖8项、三等奖5项。

2017年，学院新招环境工程硕士研究生20名，建立“硕士研究生工程实训实验室”，建设教学案例库3门，编写案例教学教材2部。录取各类新生5377名，其中普通类本专科5076名。录取一志愿考生占99.1%，新生报到率96%。2017届毕业生4847人，就业率90.72%。全年培训学员25939人。新增成教、自考校外教学点16个。

2017年，绵阳市城乡建设研究院在学院设立绵阳市城市园林绿化研究所，雪宝顶山地生态系统野外科学观测研究站挂牌成立，四川历史名人李白研究中心在学院成立，举办2017雅马哈亚洲音乐奖学金综合师范类院校全国汇报音乐会。

【四川文化艺术学院】 2017年，普通高等学校在校生总数12483人，其中普通本科生9724人、普通专科生2759人；普通高等教育招生3344人，其中普通本科生2776人、普通专科生568人；普通高等教育毕业生2954人，其中普通本科生毕业2423人、普通专科生毕业531人。教职工1153人，专任教师727人，其中正高级职称61人、副高级职称175人。学校设本科专业34个，专科专业19个。学院修订各专业人才培养方案，开展2017—2018学年度课程综合改革项目评审立项工作，30项课程综合改革项目通过立项；学院通过学士学位复审工作，增列为学士学位授予单位；通过2017年教育综合改革试点年度考核。学院组织各级各类教学科研项目申报工作，发布科研申报信息53条，申报24项，其中《唐宋蜀道文化资源的再生利用研究》《思政教育“侧供给改革”的“实然”与“应然”之思》等19个市厅级项目立项；完成《羌族审美文化研究》1项国家社科基金项目结题的相关工作。共引进各类人才190人，学院通过高教评审，有16名教师取得副教授职称；派送9人参加SYB创业师资培训并取得证书。学院为新学期开学设立绿色通道，为797名同学办理生源地助学贷款，涉及金额635万元。开展国家奖助学金的工作，获国家奖学金15人、国家励志奖学金329人、国家助学金2924人。组织形式多样的就业双选活动，有450多家用人单位到学院招聘并发布需求信息。组织专场招聘会210余场，网络双选会4场，提供就业岗位10600余个。截至年底，毕业生就业人数2405人，就业率95.09%。

2017年，学院与四川长虹空调有限公司、北京五洲树人教育投资有限公司等8家单位签订校企合作协议；与川艺傲加影视人才孵化基地、中竞互动（深圳）科技有限公司2家单位建立实践实训基地。学院与韩国国立仁川大学、美国纽约州立弗雷多尼尔分校等外国高校及机构签署合作协议。与美国、意大利、韩国等国外艺术学院开展专升本、本升硕、师生访学、海外实习等项目。成立中国书法篆刻学院，开设书法造型基础、书法创作研究等课程，设有名家书法工作室、艺术作品观摩室、数字化多媒体理论教室和创业实践基地。四川文化艺术学院西部写生创作基地暨盐亭县2017年第四季度重大项目集中开工仪式在盐亭县安家镇举行。西部写生创作基地以梓江沿岸原生态景观为载体，以中医药文化、农耕文化为发展核心，通过校、企、镇合作，从不同角度、不同高度将梓江美景展现给社会各界，共同打造文化、教育、旅游、特色示范景区。（张玉琴）

【西南财经大学天府学院】 2006年4月，学院经教育部批准设立的独立学院，设有本科、专科学历教育，有本科专业31个、专科专业24个。学院现有绵阳和成都两地三个校区，绵阳校区为本科教学区。2017年，西南财经大学天府学院成立转设评估工作领导小组，正式独立学院启动转设工作，形成《天府学院转设可行性论证报告》《天府学院关于依法办学规范管理情况的报告》。修订2016版人才培养方案和制定2017版人才培养方案，建立“2+N”协同育人机制。3月，启动第一批校级应用型课程建设项目7门，包括《人机工程学》等7门应用型课程；7月，启动第二批校级应用型课程建设项目的申报工作，立项20余项，包括《Excel在财务中的应用》等24门。

学校推动四川省民办高校重点特色专业质量提升计划，会计学实行分类培养模式，初步形成“基础层+综合层+创新层”的实践教学体系；艺术设计专业申请成立西财天府康养产业艺术研究中心，申请国家艺术基金“老年宜居环境高级设计人才培养”项目；老年服务与管理专业与万科幸福家、朗力养老服务中心等9家企事业单位签订实训基地。成立康养产业艺术研究中心、文献信息服务与创新发展研究中心、应用语言学研究中心、珠绣唐卡文化创意研究中心4个研究中心。金融学专业与平安金融集团四川分公司开设的《金融产品营销实训》课程帮助金融专业毕业生掌握实战营销技能；农村区域经济专业的“天府有机农庄”实践教学项目建设电子商务平台，通过农产品实际流通的现代化操作模式来锻炼学生的创业思维及管理能力。学校成立康养专业集群建设协同创新中心，建成解剖实验室、病理实验室等11个专业教学实验室，共计2300平方米。中心与5家三级甲等医院、1家三级乙等医院等（11家医院）签署临床教学基地协议，与4家社会养老机构、3家社会服务机构签署养老实训实习基地，与35家社会养老服务单位共建实践活动基地。成立智能应用（财经）专业集群建设协同创新中心，与达内集团共建320余平方米的多功能创新实验室。

2017年，学校普通本科招生3974人，普通专科招生2943人。在专科录取工作中，首次创新性地采取“录取过程中实时调整专业计划”的策略，降低学生进校后的转专业比例，提升专科报到率。学校组织大中型双选会2场，专场招聘会80余场，与企业签订校企合作协议106份，累计发布招聘单位信息1600余条，提供有效用人岗位53100余个，组织学生13000余人次参加各类聘会。学校中英双文凭实验班招生人数为99人，中法双文凭实验班招生人数为67人，中澳双文凭实验班招生人数为26人，中美双文凭实验班招生人数为13人，硕士预科班招生人数为54人。4月，未来大学联盟成立大会在学校举行；5月，学校迎接省学位办和省教育厅的专家组检查，完成学士学位授予单位及18个专业的学士学位授予权复审，社会工作和资产评估2个专业批准新增为学士学位授权专业。（张　燕）

【西南科技大学城市学院】　2006年，学院经教育部批准，由西南科技大学与万博社会事业发展集团公司共同举办，以本科层次为主，面向全国统一招生的全日制普通高等学校。学校以工科为主，涵盖工学、管理学、文学、经济学和艺术学多学科的应用技术型大学。学校有城南、城西两个校区，占地面积53.34公顷，校舍建筑面积257982.23平方米，其中教学行政用房166217.27平方米；科研教学仪器设备总值5107.32万元，建有各类实验实训（室）场所173个，其中省级实验教学示范中心一个，校内教学实训基地4个，校外教学实习基地38个；图书馆建有现代化的电子图书系统和计算机网络服务体系，馆藏图书55万余册。学校现设有1个通识教育学院，3个专业学院（经济管理学院、工程技术学院、土木与环境工程学院）和1个校企合作产业学院——“鼎利学院”。学校开设52个本专科专业，4个四川省特色质量提升工程专业，2个四川省应用型示范专业，有城乡融合研究中心、碳排放权研究中心、军民融合研究中心、建筑节能技术研究所、渣土改良技术研究所、BIM研究中心等22个研究中心（所）。学校现有全日制在校学生1万余人，专任教师487人，兼职教师122人。专任教师中硕士以上学历教师276人，硕博比例为56.67%，教授、副教授（高级工程师等）职称教师占比33.67%，双师型教师占比近40%。

2017年，学院完成2017版人才培养方案修订工作，组织培养方案解读与培训会6次，完成23个本科专业和23个专科专业人才培养方案修订、审核、论证和编制工作。全年学院获批校级教改立项38项，评出校级教学成果奖级一等奖2项、二等奖3项和三等奖5项，推荐2项申报四川省第八届教学成果二等奖。开展“学生评教”“同行评教”“专家评教”。完成12个评估专业二级指标31个观测点的所有定性材料的收集，对192个文件40余万字的定性材料进行审查、考核和评价工作。完成电子信息工程专业省级评估专业评估所有材料筹备和报送工作。审核同意测绘工程专业工程教育认证项目申报。组织完成2批次校本科研项目申报，共立项53项，下达经费20万元。申报省教育厅科研项目10项，立项9项；申报省科技厅项目2项，申报省教育厅新工科研究与实践项目1项；在四川省大型科学仪器共享平台上申报并发布设备信息1项，建立了与有关部门的联系渠道。在渣土综合处理技术研究、教育教学与信息化深度融合研究、学生自主管理体系研究、教学质量管理体系研究等重要方向初步形成研究团队。支持各专业学院依托专业社团参与科技竞赛活动，获“斯维尔杯”建筑信息模型（BIM）应用技能大赛、“比泽尔杯”中国制冷空调行业大学生科技竞赛等国家级个人奖项2项；获第十四届“挑战杯”四川省大学生课外学术科技作品竞赛、全国大学生电子设计竞赛、四川省工业大赛等10余项省部级个人及团队奖项；获全国大学生翻译比赛、四川省大学生测绘技能竞赛、中国建设工程造价管理协会第三届“全国高等院校工程造价技能及创新竞赛”等6项国家级、地区性比赛专业竞赛个人及团队奖项。

2017年，学院报到新生3183人，报到率85.52%，在校生规模达10300余人。同时学院提供小自考专升本、计划内5.3%专升本和国外留学专升本三种形式，给专科学生的学历提升提供平台。截至8月31日，毕业生就业率达96.94%，高出四川省高校毕业生平均就业率8.31个百分点，同比2016年（91.3%）增长5.64个百分点。学院融入绵阳市、游仙区军民融合总体战略，加强与国防科工单位互动交流，与科研院所、重点军工企业建立联席会议机制，建立长效深度合作关系。参加“众创空间（星创天地）+创业苗圃+专业孵化器+特色加速器+特色园区”链条建设，打造孵化平台，建设学院省级众创空间，推动院级科技创新平台建设。（何闫旭）

【绵阳职业技术学院】　1933年学院创建，2001年经四川省人民政府批准成立全日制普通高等学校，隶属绵阳市人民政府，省市共管。2017年，学院纳入四川省优质高等职业院校培育项目。实施的“8138”质量工程进入收尾阶段，结题精品资源共享课程28门、精品视频公开课7门，特色专业、开放性实训基地验收基本完成。信息工程系获得绵阳市军民融合人才培养项目立项，取得支持经费60万元。入选省级现代学徒制试点专业增加到6个并初步形成各具特色的培养模式。省级“游洪建机械加工技能大师工作室”通过组建技术创新团队，取得国家实用新型专利2项，完成课程标准编制10门，建设在线开放课程1门。拔尖创新人才培养计划第二批25名学生结业。继续实施综合素质工程，完成学生综合素质测评11500人。实施专业动态调整，高职招生专业调整到45个，新增五年一贯制专业2个。投入资金2000余万元，完成电子信息技术等3个省级重点专业建设；旅游管理专业入选国家旅游局和教育部联合选拔的全国职业院校旅游类专业示范点；建筑材料工程技术专业“需求定向 分向培养”人才培养模式入选2017年版《高等职业教育（专科）专业目录及专业简介》成为国家标准。先后完成工业机器人实训室（一期）、物联网智能硬件实验室等一批实训设施建设。出台《创新人才校企双向流动实施办法》等人才政策。推荐市高评委专家27人；引进副高以上专业技术职务人员2人、博士研究生1人、硕士研究生15人；外聘全职硕士10人，新增兼职教师30人。定向委培博士、硕士研究生5人，选送培训教师70批、130人次。组织参加全国信息化课堂教学大赛荣获省赛区一等奖3人、全国总决赛二等奖1人。全年立项科研项目61项，到账科研经费总额近100万元，其中“工业机器人智能工具快速更换器的研发与应用”“提升知识产权质押实效的法制政策研究”等课题列入四川省科技计划项目。有10项应用成果取得国家专利授权，出版学术专著3部。学院首次承担全国研究生招生考试考点工作，完成各种社会培训8000人次，为2200余名在校大学生免费开展电子商务职业能力培训，为合作企业培训员工1700人次，参与电子商务教育机构培训3500人次。校地共建中国（绵阳）科技城软件学院、富乐绵阳大学生创新创业园等合作项目，启动与游仙区、绵阳工研院共建“大学科技园”项目。先后与工商银行绵阳分行、绵阳京东方、四川吉利等企业开展合作，其中，京东方、吉利“成蝶计划”两个定向培养班正式开班；绵阳职业教育集团组建成立专家委员会、招生就业专委会，确立“开放合作、军民融合”的发展新思路和发展重点，入选四川省10大骨干职教集团建设项目，省财政支持经费100万元。组织参加全国大学生电子设计、全国三维数字化创新设计等39项各类竞赛，获国家级奖项41项、省级奖项88项，获奖学生380人次，其中国家级一等奖4项、二等奖21项、三等奖16项；省级特等一等奖22项、二等奖35项、三等奖31项。设立200万元的大学生创新创业种子基金，完成富乐绵阳大学生创新创业园的整合，两门创新创业教育课程入选四川省示范课程，完成大学生创新创业训练计划项目25个，获得省级计划项目立项10个，获四川省第三届“互联网+”大学生创新创业大赛铜奖1项，开展创业者素质培训、创业咨询1600人次，举办创业沙龙等活动50余场次，完成四川省创新创业教育改革示范校申报工作。全年共录取专科新生4419人，报到率91.58%；录取联合培养应用型本科新生100人。拓展就业市场，开展校企就业合作，探索新型合作培养模式，开展毕业生质量调查和就业帮扶，先后举办大型校园双选会3场、专场招聘会20余场次，提供就业岗位11500余个，2017届毕业学生3897人，实现就业3831人，就业率达98.31%。 （唐应平）

【四川幼儿师范高等专科学校】 2017年，学校修订《四川幼儿师范高等专科学校学分制学生学籍管理办法》《四川幼儿师范高等专科学校学生实习管理办法》。优化人才培养方案，构建“UGSS”四位一体人才培养新机制。启动实施“一流专业”建设项目。张庆敏代表四川省高职院校参加体育教师说课全国总决赛中获二等奖，董旭代表四川省参加第十三届全国学生运动会科学论文报告会获二等奖。学前教育专业获省教育厅批准转型为省级“骨干专业”建设项目；“老年教育与服务实训基地”、《创新创业指导》获省教育厅批准立项。修订学校《科研经费管理办法》和《科研奖励办法》。申报各级各类科研项目103项，其中获准立项省教厅科研项目15项，省级重点社科研究基地项目14项，绵阳市社科联项目3项。全年引进硕士研究生5人，招聘辅导员11人。133名大学生通过SYB大学生创业培训获合格证书，16项大学生创新创业训练计划项目被省教育厅立项，完成BT项目审计、消防验收、环保验收等工作。全年自考、成教、网教三大学历继续教育，招收新生848人，毕业学生888人，学历继续教育保有在籍学生2708人。实施“国培2016”园长省内培训、园长任职培训、教师访名校培训3个国培项目，培训全省各地的幼儿园园长及骨干教师449人。面向1023名大学毕业生开展“春雨工程”电子商务专项职业能力免费培训，802名毕业生获职业能力证书。提供国家职业技能鉴定服务2544人次，提供全国计算机等级考试服务2923人次。 （裴 枫）

【四川中医药高等专科学校】 2017年，学校现有教职员工570人，其中专任教师412人，副高以上职称174人。2017年学校普通专科毕业生2124人，毕业生人数较2016年增加150人，有全日制大专在校生9683人。学校持续推行学分制学籍管理，创新举办学徒制男护士班，新增国控专业预防医学在内的3个专业。参编教材62类科目，占中医药规划教材的75%。学生参加各级技能大赛取得突破性成绩，获全国技能大赛四个一等奖。首次成为全国研究生招生考试考点，成功申报全国职业医师资格考试基地。学校投入资金800万元用于改善校内实训条件，并根据学校实践教学和实习实训的需要调整部分实习基地，学校的实习单位达155家，其中医院117家、企业38家。2017年，学校调档线位居四川省高职高专综合排名第一，各专业录取分数超过省控二本分数线考生1294人，连续两年超过50%。普通专科毕业生2124人，毕业生人数较2016年增加150人，一次性就业率为96.20%，较2016年毕业生就业率增加一个百分点，其中对口就业率为73.44%，连续两年超过70%。学校附属医院编制床位1000张，开设临床医技科室及专病专科50余个。医院加大基础设施建设力度，门急诊综合楼二期工程和住院大楼的装修及ICU、手术室的改造已完成投入使用。医院的发展态势良好。学校通过公开招聘新进7名硕士研究生，2名博士研究生，调入3名教师，教职工攻读硕士、博士学位6人，进修5人，短期培训115人次。教师参加全国赛事2人获奖，参加省级赛事5人次获奖（其中3人获一等奖）；学生2人获国家级竞赛特等奖，1人获一等奖，1人获二等奖。学校获国家级技能大赛三等奖。全年各级各类校外课题共立项17项，其中，四川省科技计划项目立项2项，四川省中医药管理局中医药科研专项项目立项5项，四川省教育厅项目立项3项，校级科研项目结题验收14项，授权专利6项。教职工发表论文356篇，主编教材4部，参编教材15部（参与31人次，其中主编4人次、副主编11人次）。学校举办2017年度省级中医药继教项目“药物经济学在中医药领域的应用培训班”。承担四川中医药管理局“2017年四川省中医医院健康服务技能人才培训班”，来自全省21个地市州95家医院的108名在职从业人员参加培训。（梁晓峰）

【四川电子机械职业技术学院】 2017年，学院深化教学综合改革，构建科学合理、实效性强的教学管理体系。修订完善216门课程的教学大纲和授课计划。编写《数控技术专业现代学徒制人才培养方案》，开展数控技术技能强化的集中培训。组织公开课83堂，教师能力提升专题培训5次，100余位教师参加说课、专业剖析初赛、决赛。制定完善学院《学生违纪处分办法》等24个学生工作核心管理制度，印发《学生手册》并加强学习与执行，实行制度化管理。把职业生涯规划、就业创业指导和创新创业教育课纳入教学计划，建有大学生创新创业俱乐部，有创业团队25个，举办创业知识讲座7场，600余人次参与“SYB”培训；开展创新创业大赛、创业演讲、创业沙龙等活动，引导学生多渠道，多种形式创新创业。2017年，学校普通高等教育在校学生总数8460人，其中普通专科生数8447人、成人专科生数13人；普通高等教育招生数3272人，普通专科生数3272人；教职员工650人，专职教师458人，其中正高职称4人、副高职称81人。学校设置专业24个，图书馆藏59.64万册。入学新生达3272人，学院基本实现万人高校办学规模。2017级学院的录取分数线文科、理科分别高出省控线121分、78分。建立500余家学生就业基地，实现学院2017届毕业学生专业对口就业、学生满意就业、学生就业100%。投资6000万元的会议活动中心、近1万平方米的学生公寓开工。投入资金1024万元增加教学仪器设备，新建3D打印实验室、机器人实验室、新增数控加工中心等设备，新增图书51万册。2017年，学院移动互联应用技术2016级团支部获2017年全国高校“活力团支部”。

【四川九洲技师学院】 1979年创建，是四川九洲电器集团有限责任公司技工学校，2011年被确定为国家重点技工院校，2013年被评为四川省高技能人才培训基地、四川省技能人才培育突出贡献奖，2015年被授予国家高技能人才培训基地，2016年被授予四川省军民融合产业高技能人才培训基地。2011年11月11日，学院灾后重建搬迁至科创园区九盛路9号，占地面积14.73公顷，设电子技术应用、数控加工、机械设备装配与自动控制、计算机应用与维修、汽车维修5个专业。2016年7月7日，四川省人民政府批准四川九洲高级技工学校晋升为四川九洲技师学院。学院在册学生3400余人，教职工200余名。拥有教学实习设施设备2000余台套。学院开设有电子技术应用、数控加工、机械设备装配与自动控制、汽车运用与维修、幼儿教育等30余个专业，其中电子、数控是四川省重点专业。举办绵阳市人才服务走进九洲技师学院系列活动；阿坝州首批跨市州就业培训“扶贫专班”在学院开班；承办绵阳市机关事业单位工人技术等级考试培训工作，开设13个工种，培训学员646名。承办全省首个军民融合信息安全管理培训，共计50人参加培训。学院郑章辉获首届“四川工匠杯”职业技能大赛工具钳工一等奖。学院被列为绵阳市军民融合人才培养主体单位，获政府支持的人才培养专项资金80万元。（陈　丽）

【四川汽车职业技术学院】 2017年，学院有普通高等教育在校学生4824人（普通专科生），招生1490人，毕业1326人。设置20个专科专业，有教职员工285人。招聘高校优大生59人（硕士研究生9人、本科生50人）；引进兼职教师43人（博士2人、硕士研究生4人，副高以上职称12人）；56名青年教师参加四川省高等院校青年教师职业技能岗前培训及校内的岗前培训；15名教师参加高校教师资格考试并取得高校教师资格证；参加国培2人次、省培11人次。“现代学徒制”试点专业的学生共815人，分别与四川野马汽车股份有限公司、四川致恒汽车销售服务有限公司建立“现代学徒制试点”合作关系，汽车新能源专业的老师与野马公司共同开发产学合作课程——《电动汽车动力电池及电源管理》；成立黄锋技能大师工作室和王鹏技能大师工作室。全年完成从业资格继续教育、汽车经营性维修行业资格、汽车经营性道路运输资格、职业技能鉴定等短期培训4694人，汽车驾驶培训2778人。2014级毕业生就业率达98.36%；82名毕业生“专升本”进入西南科技大学、绵阳师范学院、四川理工大学深造，专升本录取比例达78.8%。12月1日，成立创新创业中心和力源众创空间，学生自主创业共30余家入驻力源众

创空间；完成在校大学生340人次的SYB培训。 （杨国玲）

【绵阳广播电视大学】 1979年创建。学校开办有大学本科、专科、中专层次的学历教育，涉及30多个专业；开展社区教育、岗位培训、教师继续教育等各种非学历教育。依托绵阳广播电视大学挂牌成立绵阳市中小学教师培训中心、绵阳社区大学、国家奥鹏远程教育绵阳学习中心、绵阳市普通话培训与测试中心等教育基地。2013年4月28日经绵阳市人民政府批复同意绵阳市机械电气工业学校整体并入绵阳广播电视大学。学校有御营坝校区、原机电校区、教育园区校区3个校区，占地7.73公顷，建筑面积94236平方米，固定资产约3亿元。全校网络进行升级改造，实现主干全万兆、千兆到桌面，全校园无线覆盖。2017年，全系统招收开放教育、成人大专学生2741人。奥鹏学习中心校本部招生并确认缴费学员1153人，招收中专学生870人，全年学历教育招生4764人。至年底，全系统在籍学历教育学生总数16293人，学生就业率达100%。学校在各类学术期刊公开发表论文18篇，市厅级、校级课题立项5项，其中市厅级结题2项。学校选送的微电影《最美角色》获四川省第十二届校园电视评选活动“校园微电影类”二等奖。学校“银发乐团项目”被中国成人教育协会授予全国“终身学习品牌项目”，吴宗勇被授予全国“百姓学习之星”。学校社区教育选送的小川剧《审英雄》获中国民间文艺家协会民间戏曲艺术委员会“中华颂全国小戏小品曲艺大赛”金奖。 （黄 宏）

体 育

【概况】 2017年，绵阳体育系统围绕建设西部体育强市和“健康绵阳”目标，探索新途径、实现新发展，推动全市竞技体育、学校体育、体育场馆功能、群众体育、体育产业等创新、健康、快速发展。全年承办国家级赛事训练活动5项、省级重要赛事7项，组织全市高中校园足球、篮球、排球四级联赛，举办县级以上各级各类运动会90余场次，参加运动人数达10万余人次。发展一级运动员30人、二级运动员203人，新发展一级裁判员14人、二级裁判员164人、三级裁判员209人，新增注册运动员476人。全年输送101名运动员参加国家、省专业运动队集训，刘伟林、邓陈洪、陈雨、谭鑫炜4名运动员经省人民政府批准入选省优秀运动队。绵阳籍乒乓球运动员朱雨玲夺得2017年女乒世界杯冠军，世界排名跃居第一；赖佳新获2017年天津全运会男团亚军；尤熊获2017年天津全运会男子90公斤级亚军；林春燕作为四川队主力队员夺得了在第十三届天津全运会群众比赛健身气功易筋经第1名，张华明获群众比赛中国象棋展示第3名。在第十三届全运会上，34名绵阳籍运动员参赛，获得1块金牌、5块银牌、3块铜牌，24人次进入前8名。

绵阳市体育场馆一览

表56

编号	场馆名称	占地面积（平方米）
1	绵阳市九洲体育馆	111322
2	绵阳市南河体育中心	99990
3	涪城区体育馆	46000
4	游仙区全民健身活动中心	1333
5	江油市体育中心	59096
6	江油市全民健身中心	1400
7	三台县体育馆	13327
8	三台县全民健身中心	34500
9	三台县体育场	41958
10	安县体育馆	4000
11	盐亭县体育场	46667
12	盐亭县体育健身馆	2100
13	平武县文化体育中心	14300
14	北川羌族自治县体育中心	56000
15	科学城九龙运动休闲中心综合运动馆	45000

2017年绵阳市举办省级以上体育比赛一览

表57

序号	比赛名称	时间	地点	主办单位	承办单位
1	2017年全国第二届“人教杯”中国科技城（绵阳）校园足球邀请赛	10月12日至16日	绵阳南山中学实验学校 绵阳外国语实验学校	人民教育出版社 绵阳市人民政府	四川省校园足球领导小组办公室 绵阳市教育和体育局 新华文轩出版传媒股份有限公司
2	2017年全国中学生游泳锦标赛	7月	绵阳富乐国际学校	中国中学生体育协会	富乐国际学校
3	2017年“我爱足球”中国足球民间争霸赛（岩羚杯四川赛区）海选决赛暨四川省校园足球夏令营	7月7日至11日	三台中学	中国足球协会	四川省足球协会 四川省教育厅 四川省青少年足球训练中心 三台县教育和体育局
4	2017年全国体育传统项目学校田径联赛（南区）	7月25日至27日	绵阳普明中学	国家体育总局青少年体育司 教育部体育卫生与艺术教育司	中国田径协会 中国中学生体育协会 绵阳市教育和体育局
5	第三届中国小学生柔道比赛	8月3日至5日	绵阳外国语实验学校 绵阳中学实验学校	中国中学生体育协会柔道分会	绵阳市体育总会 绵阳外国语实验学校
6	2017年四川省（盐亭）第一届“中华嫘祖杯”青少年武术散打邀请赛	4月28日至30日	盐亭县	四川省武术协会 盐亭县教育和体育局	盐亭县武术协会 盐亭县体育中心
7	2017年四川省青少年田径（甲组）锦标赛	7月10日至15日	绵阳普明中学	四川省体育局	绵阳市教育和体育局
8	2017年四川省青少年排球（丙组）锦标赛	7月12日至19日	绵阳东辰国际学校	四川省体育局	绵阳市教育和体育局 四川省排管中心
9	2017年四川省青少年沙滩排球（甲组、乙组）锦标赛	7月14日至21日	绵阳东辰国际学校	四川省体育局	绵阳市教育和体育局 四川省排管中心
10	2017年全国青少年“未来之星”阳光体育大会四川分会场暨四川省青少年足球夏令营	7月17日至22日	绵阳外国语实验学校	四川省体育局 四川省教育厅 共青团四川省委	绵阳市教育和体育局 共青团绵阳市委 四川省足球协会
11	2017年四川省青少年足球（丙组）锦标赛	8月5日至16日	绵阳中学实验学校	四川省体育局	绵阳市教育和体育局
12	2017年四川省青少年足球（男子甲组、男子乙组）锦标赛	8月15日至26日	绵阳中学实验学校	四川省体育局	绵阳市教育和体育局

【学校体育】 2017年，全市学校体育遵照学生发展规律，开足开齐体育与健康课程，义务教育阶段小学1至2年级每周安排4节体育与健康课，3至9年级每周安排3节体育与健康课，高中阶段（职业学校）每周安排3节体育与健康课；没有体育课的当天下午安排1小时的课外体育锻炼，并鼓励有条件的地方为中小学增加体育课时，确保学生在校每天体育锻炼时间不少于1小时。制订《大课间体育活动实施方案》，推进阳光体育，开展“阳光体育活动”，并挖掘整理民族民间体育，充实和丰富体育课程内容，鼓励北川、平武等民族地区开展具备民族特色的大课间活动。2017年，全市新增运动场达标学校45个，其中新建37个，面积85568平方米，投入金额4357.99万元；改扩建运动场123个，面积达305988.85平方米，投入金额5939.13万元，运动场达标学校比例为88.78%。改扩建运动场123个。新建“五人制”足球场30个、“七人制”足球场14个、“十一人制”足球场3个、其他类别足球场3个。新增体育器材设备达标学校91所，投入金额2191.65万元，体育器材设备达标学校比例为86.86%。新增加专职体育教师139人，体育教师配备率为84.09%，体育教师参训2447人次，1153人受县级以上表彰。绵阳中学育才学校等48所学校被评为全国校园足球特色学校，江油中学等16所学校被评为全国校园篮球特色学校。15所省级“阳光体育示范学校”全部通过省级复查，巩固“阳光体育示范学校”创建成果。中考体育分值保持在80分，占中考总分10%，实施跨县市区异地监考的组考模式，完成191所学校（市直属9所、县市区学校182所）4.1万余名考生41万余人次的测试工作，实现“安全零事故、投诉零事件”。绵阳普明中学获2017年“全国体育事业突出贡献奖”。

【竞技体育】 2017年，绵阳承办全国体育传统项目学校田径联赛、全国第二届“人教杯”中国科技城（绵阳）校园足球邀请赛、全国中学生游泳锦标赛等5项全国赛事活动和全省5项青少年锦标赛，被省体育局授予“四川省青少年体育竞赛优秀赛区”，绵阳中学实验学校作为优秀承办单位在2017年全省青少年体育竞赛工作总结会上作经验交流。组织50支代表队、1000多名运动员参加2017年四川省青少年锦标赛23个大项的比赛，共获得奖牌177枚（其中金牌40枚、银牌63枚、铜牌74枚）、团体总分4163分，参赛成绩综合排名全省第二位。举办市级青少年锦标赛和“三大球”联赛10余项，参赛人数累计5000余人。绵阳女子足球队荣获全国青少年足球冠军杯赛U11组比赛第二名、中国足协U12青训中心足球比赛第六名；男子足球队荣获全国青少年足球冠军杯赛中获第二名，并有2名选手入选国家足球少年队。

全年组织60余名足球教练参加“校园足球国际培训班”学习，组织10余名教练和体育教师参加国家级的教练员培训，组织50余名教练和体育教师参加省级的教练员培训；组织了市级“三大球”、乒乓球、田径等项目专业培训，参训教练和体育教师达500余人。完成省十三运会目标任务分解、反兴奋剂承诺书签订、省运会资格运动员名单确认等工作，拟定省十三运会绵阳市体育代表团组建方案，起草《省十三运会考核奖励办法》和参赛经费申请报告。

【群众体育】 2017年，全市新建社区多功能运动场1个，乡镇农民体育健身工程2个，全民健身路径159条，行政村农民体育健身工程75个，全市行政村农民体育健身工程已达1334个。全市体育场馆实施免费、低收费开放，方便市民就近、就便参与健身，吸引超过120万人次的群众前来锻炼。积极发展各级各类体育社会组织，新增单项体育协会1个，全市单项体育协会达31个。全市新增二级社会体育指导员200余名、三级社会体育指导员600余名，全市各级社会体育指导员总数1.8万余人，社会体育指导员比例超过3.3‰。全年参加国家和省级培训50余人次。举办“峨眉传奇”——海灯武术杯C3国际职业搏击联赛揭幕站和总决赛、中国盐亭嫘祖故里·迎春祭祖国际马拉松赛、“嫘祖杯”第29届中国围棋名人战决赛、“李白故里杯”全国象棋公开赛、2017年亚足联女足日“女孩足球节”、中国足协女子甲级联赛四川队主场、全国百城千村健身气功展示活动、第四届体育舞蹈（国际标准舞）全国公开赛、第三届中国小学生柔道嘉年华、2017四川省全民健身乒乓球公开赛、绵阳市首届拔河争霸赛、绵阳市第九届健康活力大赛、绵阳市第七届风筝公开赛、绵阳市“雪宝杯”业余足球超级联赛、绵阳市教体系统首届职工排球联赛、安州区环山环湖自行车公开赛以及元旦、春节群众体育系列比赛活动等县级以上全民健身赛事活动100余场次，参与群众50余万人次。绵阳市住房和城乡建设局、绵阳市体育总会、绵阳市涪城区教育和体育局、绵阳市游仙区教育和体育局、三台县教育和体育局、北川羌族自治县教育和体育局、绵阳市仙海水利风景区宣传文化服务中心7个单位被国家体育总局授予“2013—2016年度全国群众体育先进单位”，刘虎、张旭辉、邓艳、冉志明、洪锦平5人被国家体育总局授予“2013—2016年度全国群众体育先进个人”。绵阳代表队参加四川省社会体育技能交流展示活动荣获一等奖、优秀组织奖、体育道德风尚奖，参加全省健身气功交流展示活动荣获太极养生杖一等奖、混合功法二等奖、体育道德风尚奖。开展全市《国家体育锻炼标准》达标活动，依托学校、单项体育协会和俱乐部，组织2000余人参与达标测试。

【体育产业】 2017年，绵阳市坚持国家体育产业导向，实施可持续发展战略，拓展健身休闲产业市场、体育竞赛和表演市场，扶持推动体育用品销售市场。按照“突出优势、整合资源、整体布局”的思路，依托南河体育中心，构建绵阳城区体育产业发展极，举办或承办各级各类大型赛事和体育竞技表演商业性竞技表演展示活动；依托江油、北川、三台体育人口优势和体育场馆，构建体育培训、赛事培育产业带，承办体育专业项目培训和举办各类体育赛事；依托涪城、安州、平武、北川、仙海的自然资源和独特的区位优势，构建户外运动产业带，发展水上运动、自行车骑游、野外露营、国际钓鱼、徒步、竞走、滑雪等体育休闲旅游项目；依托三江半岛、南河体育中心、科技会展中心、北川九皇山、仙海风景区、科创教育园区及在绵高校等丰富的体育资源和体育产品，全力打造科技观光、汽车漂移、赛艇、皮划艇、三江两岸马拉松漫步、健康大数据、体育用品销售等为主的体育休闲产业集聚园（街、校）区建设，示范效应突出。科学谋划储备全国中学生网球培育基地、南河体育中心体育用品销售集聚街区、教育园区足球集中培训和比赛专区、三江水上运动旅游中心、平武涪江第一漂和王郎自驾骑游项目、涪城体育产业园、北川九皇山滑雪场、绵阳富乐山公园—盐亭嫘祖新寨—梓潼大庙—江油窦圌山—平武大熊猫—北川地震遗址—安县罗浮山温泉环线自驾游等体育产业项目。

图113　10月13日，“人教杯”中国科技城（绵阳）校园足球邀请赛开幕式举行

【2017年“人教杯”中国科技城（绵阳）校园足球邀请赛】　2017年10月13—16日，人民教育出版社和绵阳市人民政府主办，四川省校园足球领导小组办公室、绵阳市教育和体育局、新华文轩出版传媒股份有限公司、绵阳市教育投资发展有限责任公司共同承办的2017年“人教杯”中国科技城（绵阳）全国校园足球邀请赛在绵阳南山中学实验学校举行。比赛来自四川、广东、湖北、内蒙古、重庆等9个省市区校园足球示范校的18支球队、200余名足球小将参赛，设小学男子、女子组“五人制”比赛，高中组“十一人制”单循环晋级赛。主场地设在绵阳南山中学实验学校，绵阳外国语实验学校为分赛场。经过为期4天的角逐，绵阳外国语实验学校代表队获得小学组冠军，河南郑州七中代表队获得高中组冠军，绵阳南山中学实验学校夺得高中组亚军。

【2017年全国体育传统项目学校田径联赛（南区）】　2017年7月24日至27日，国家体育总局青少年体育司和教育部体育卫生与艺术教育司主办，中国田径协会和中国中学生体育协会承办，四川省体育局、绵阳市教育和体育局协办，绵阳普明中学具体承办的2017年全国体育传统项目学校联赛田径赛（南方赛区）在绵阳普明中学举行。比赛设短跑、长跑、跨栏、跳高、跳远等17个比赛项目，设2个年龄组，分男、女甲组和乙组4个组别，来自海、安徽、福建、江西、湖北、湖南、广州、广西、海南、重庆、四川、贵州、云南等16个省（自治区、直辖市）的50支代表队的1000余名运动员、裁判员、教练员等参加比赛。

【2017年“全民健身日”展示活动】　2017年8月6日，绵阳市“义门陈杯”全民健身日健身展示活动在铁牛广场举行，活动以“全民健身，全民健康，全面小康”为主题，开展广场舞、太极、瑜伽、街舞、盲棋、武术、跆拳道、少儿走秀等舞台展示表演节目40余个、水上足球、真人CS、指压板挑战、呼吸的力量、疯狂毛毛虫、骑行台PK、体脑合一技能挑战、车模体验、VR运动体验等趣味运动体验项目20余个、微型城市定向、轮滑绕桩穿杆、围棋、象棋车轮战、象棋残棋拆解、乒乓球、城市定向、台球等常规运动体验项目30余个，与体育运动项目相关的协会、俱乐部、场馆、商家等近50个单位参与，参与人次达5000余次。　（杨进平）

卫生与健康

Hygiene and Health

概　述

【概况】 2017年，全市卫生与健康工作重点推进公立医院综合改革，出台《绵阳市深化医药卫生体制改革规划（2017—2020年）》《绵阳市深化医药卫生体制综合改革试点方案》，印发《绵阳市深化医药卫生体制综合改革2017年重点工作任务》。评选出绵阳市首届“十佳绵州健康卫士”。绵阳市跨区域心身整合联盟和绵阳跨区域眼病专科联盟相继成立，实现区域间的医疗资料共享服务。完成“6·24”茂县山体滑坡心理救援任务、“8·8”九寨沟地震医疗救援任务。市卫计委被省委、省政府表彰为“四川省‘8·8’九寨沟地震抗震救灾先进集体”。

2017年，绵阳市境内有各级各类医疗卫生机构4449个，其中医院90家（公立医院47家、民营医院43家）、三级医院16家、基层医疗机构4315个，其中社区卫生服务中心（站）64个、乡镇卫生院276个、门诊部2个、村卫生室3274个、诊所676个；专业公共卫生机构40个，其中疾病预防控制中心11个、专科疾病防治机构2个、妇幼保健院10家；卫生监督机构11个，民营医疗机构1775家。全市医疗卫生机构床位36322张，每千人实际拥有病床7.51张，医院出院者平均住院日9.22日。全市医疗卫生机构总诊疗量达3145.88万人次，出院107.41万人。全市卫生从业人员38265人，其中卫生技术人员29418人；执业（助理）医师11184人，注册护士12135人，平均每千人拥有卫生技术人员6.57人，平均每千人拥有执业（助理）医师2.50人，平均每千人拥有注册护士2.71人，平均每万人口拥有全科医生2.16人（临床和中医转岗），每万人口拥有专兼职公共卫生人员6人。

【首届“十佳绵州健康卫士”评选颁奖典礼举行】 2017年3月16日，首届大美医者·健康绵阳——绵阳市首届“十佳健康卫士”评选活动颁奖典礼在绵阳广播电视台演播厅举行。本次活动评选出杨昆、刘冰、段劲峰、赵平武、陆朝卫、谢周荣、许小蕻、马悦、沈雪梅、刘平共十名优秀医务工作者，并授予他们“十佳绵州健康卫士”。

首届“十佳健康卫士”评选活动是市文明办、市卫计委、市广播电视台主办，2016年6月24日启动，通过各县市区推荐、自荐、群众推荐方式，采取专家组评审和网络投票评出20名侯选人，在20名中最后评选出10名“十佳绵州健康卫士”。

【绵阳市跨区域心身整合联盟成立】 2017年5月19日，绵阳市第三人民医院，省精神卫生中心牵头，绵阳市二级以上综合医院、精神专科医院为主，周边省内的德阳市、广元市、乐山市和甘肃省、陕西省等地3

图114　首届“十佳健康卫士”评选活动颁奖典礼

图115　国务院医改办督导组在北川人民医院检查日间病房建设

省29市139家医院共同加入的绵阳跨区域心身整合医疗联盟宣告成立。该联盟成立后，整合绵阳市及周边地区心身医疗资源，实现资源共享，通过专科共建，技术帮扶，人才培养，科研协作等方式加强合作交流，共同探索联盟内双向转诊，会诊和互联网+智慧医疗模式及运行机制，实现优势互补，共同提高，满足人民群众日益增长的医疗新需求。

【国务院医改办到绵阳调研】　2017年5月23—24日，国家卫计委基层卫生司副司长高光明带队的国务院医改办第一督导组到绵阳督导赴绵阳督导医改工作。督导组一行先后到北川县人民医院、北川县擂鼓镇中心卫生院、绵阳市中心医院等地，实地调研北川远程影像建设，绵阳市医联体建设、分级诊疗、远程会诊平台建设及中心医院肿瘤日间病房建设等情况。在绵阳召开四川省暨绵阳市医改工作座谈会，会上省卫计委向督导组汇报四川省医改工作情况，市政府副市长蒋丽英介绍绵阳市医改工作情况，督导组与省卫计委、绵阳市政府交换实地调研情况。

【绵阳市卫生与健康大会召开】　2017年8月18日，市委、市政府组织召开绵阳市卫生与健康大会，市委副书记、市长刘超主持会议，市委书记彭宇行、市政协主席张锦明出席会议，各县市区委、政府负责人，各园区管委会党工委、管委会负责人，市级各部门负责人参加会议。会议贯彻落实全国、全省卫生与健康大会精神，总结近年来全市卫生与健康事业发展成绩，安排部署“健康绵阳”建设工作。会上，市委、市政府通报表扬“绵阳市卫生与健康特别贡献先进个人”10人。

【绵阳市深化医药卫生体制改革】　2017年，市卫计委编制完成《绵阳市深化医药卫生体制改革规划（2017—2020年）》（简称《改革规划》）、《关于巩固完善分级诊疗制度建设推进医疗联合体发展的实施意见》（简称《实施意见》）。12月25日，市政府第34次常务会议，会议审议并原则通过《绵阳市深化医药卫生体制改革规划（2017—2020年）》《关于巩固完善分级诊疗制度建设推进医疗联合体发展的实施意见》。26日，市政府办公室印发《绵阳市深化医药卫生体制改革规划（2017—2020年）》。《改革规划》提出，健全覆盖城乡的全民预防保健、科学合理的分级诊疗、统一高效的现代医院管理、精准可持续的健康扶贫等八项基本制度，到2020年基本适应人民群众多层次医疗卫生需求，人人享有基本医疗卫生服务，人民群众健康水平进一步提高。《实施意见》明确，到2020年基本构建布局合理、规模适当、层级优化、职责明晰、功能完善、富有效率的医疗服务体系，形成基层首诊、双向转诊、急慢分治、上下联动的新型分级诊疗格局。　（段兴兵）

图116　8月18日，市委、市政府组织召开绵阳市卫生与健康大会

医疗技术

【概况】　2017年，全市围绕医疗技术服务领域，重点推进公立医院综合改革，出台《绵阳市深化医药卫生体制改革规划（2017—2020年）》。探索实施人事薪酬制度改革，巩固完善医联体建设和分级诊疗制度的运行，构建家庭医生签约服务新模式，全市医疗机构上转7.7万人次、下转1.4万人次，县域内就诊率达92.4%，全市推行药品采购“两票

制”。建成一批以“医养结合”为特色的综合养老机构。全年先后完成第五届中国（绵阳）科技城国际科技博览会、中国（四川）电子商务发展峰会等70余次各种重要会议、大型活动医卫保障工作任务。开展贫困白内障患者免费手术，完成贫困白内障患者复明手术600例。继续对口支援阿坝州红原县、壤塘县和凉山州昭觉县、布拖县的卫生工作。承担各类医卫保障工作70余次，参与“6·24”茂县山体滑坡心理救援任务、“8·8”九寨沟地震医疗救援任务等，市卫计委被省委、省政府表彰“四川省‘8·8’九寨沟地震抗震救灾先进集体”。

【公立医院综合改革】 2017年，绵阳市出台《绵阳市深化医药卫生体制改革规划（2017—2020年）》《绵阳市深化医药卫生体制综合改革试点方案》《绵阳市深化医药卫生体制综合改革2017年重点工作任务》。在所有公立医院取消药品加成，公立医院药占比29.16%，同比下降3.95%，门诊次均药费为73.2元，同比下降5.66%，住院病人次均药费为2118.71元，同比下降11.72%，累计减轻群众用药负担近2.85亿元。推动人事薪酬制度改革，出台《绵阳市公立医院薪酬制度改革试点工作实施方案》，首次明晰医务人员收入水平定位、首次实行薪酬总额和人均绩效“双锁定”、首次形成配套政策框架体系，市本级5家公立医院、绵阳市骨科医院、北川县3家县级医院纳入试点范围，按照“两个允许”的原则进行公立医院薪酬制度改革，全面建立以公益性为核心的绩效考核分配制度。在安州区、北川县开展开展综合医改示范试点，全市县级医疗机构建成省级重点学科（专科）9个、市级75个。

【分级诊疗制度建设】 2017年，绵阳市出台《关于巩固完善分级诊疗制度建设推进医疗联合体发展的实施意见》《绵阳市推进家庭医生签约服务的实施意见》《家庭医生签约服务包及其收付费标准的指导意见》。建立起综合、专科、社区、跨区域联盟、远程医疗协作网等市级医联体25个，成员单位近400家。探索建立紧密型联体试点，市中医医院正式托管涪城区朝阳社区卫生服务中心医疗业务。构建“两大联动+三大支撑+四大机制”的家庭医生签约服务新模式，实行“3+2+X”组合签约，实行电子化签约。全市组建签约服务团队1899个、签约近300万人。其中签约服务高血压患者33万余人、糖尿病患者12万余人，常住建档立卡贫困户实现全覆盖。市级医疗机构诊疗情况同比呈现“两上升”：疑难重症病人占比上升0.45%，三、四级手术占比上升4.49%。全市医疗机构上转7.7万人次、下转1.4万人次，县域内就诊率达92.4%。

【绵阳跨区域眼病专科联盟成立】 2017年5月27—28日，绵阳跨区域眼病专科联盟成立、屈光手术新进展（2017年省继教项目）暨眼科论坛在绵阳万江眼科医院举行，绵阳跨区域眼病专科联盟主要以绵阳市二级以上综合医院、眼科专科医院为主，周边德阳、广元、南充、乐山及河南、甘肃、陕西、重庆等地6个省29个市217家医院共同加入，由绵阳万江眼科医院任理事长单位。绵阳跨区域眼病专科联盟的成立，以眼科协作为纽带，形成补位发展模式，重点提升绵阳市及相关地区眼科疾病救治能力。

【药械供应保障制度】 2017年，市卫计委、市发改委等10个部门制定印发《关于在绵阳市公立医疗机构药品采购中推行“两票制”的实施方案（试行）》，9月1日起在全市（北川除外）所有公立医院全面推行。执行全省统一的“一个平台、一套机制”药品采购模式，加强短缺药品动态监测和药品阳光采购考核力度。绵阳市2017年药械采购阳光积分达114.89分，超过省定标准24.89分，国家基本药物制度在全市医疗机构实现全覆盖。

【健康服务业发展】 2017年，绵阳市制订《绵阳市养老与健康服务业发展2017—2018年行动方案》。建成万鸿颐养院等10家集养老托老、老年护理、医疗康复、老年养生、保健功能为一体，以“医养结合”为特色的“医护型”综合养老机构。市政府出台《关于促进社会办医加快发展的实施意见》。全年引进社会资本8.5亿元，新设置民营医疗机构121家，其中医院20家，全市现有民营医疗机1775个，占医疗机构总数的39.9%；民营医疗机构总诊疗量达675.67万人次，占全市总诊疗量的20.38%。 （段兴兵）

卫生防疫

【概况】 2017年，全市严格疫苗规范化管理，一类疫苗实行3个10%计划管理，第二类疫苗全面落实网上阳光采购；加强预防接种管理，开展全市麻风疫苗等国家免疫规划疫苗查漏补种，完成对口支援阿坝州壤塘县和红原县的麻风疫苗查漏补种工作；全市免疫规划报告接种率达99.5%，疫苗针对传染病发病率持续下降。截至年底，全市连续30年无脊灰野病毒引起的病例发生；连续32年无白喉病例报告；连续11年无流脑病例报告；全市314个预防接种门诊全部建成规范化接种门诊，建成AAA级门诊120个（数字化门诊4个），全市建成儿童预防接种信息化平台，实现预防接种数据全市共享；完成创建省级免疫规划示范区3个。

【精神卫生管理试点工作】 2017年，全市国家精神卫生综合管理试点取得显著成效，多次代表四川省接受国家调研督导和相关省市交流学习。全市有在管严重精神障碍患者2.3万人，管理率为93.59%，患者检出率为4.35‰，服药率为72.2%。 （段兴兵）

中医管理

【概况】 宣传、贯彻落实《中华人民共和国中医药法》，印发《绵阳市中医药发展“十三五”规划》。推进基层中医药服务能力提升工程“十三五”行动计划，新增国家级中医馆6个、省级10个。三台县、梓潼县通过全国基层中医药工作先进单位复评。常态化开展中医药服务监测，建立健全中医质控体系，建成市级中医专业质控中心4个。推广中医药适宜技术，在市中医院举办“冬病夏治”“第四届中医膏方节”等活动，普及“三伏贴”“三九贴”“膏方”等的运用。推动中医药参与基本公共卫生服务工作，100%的乡镇卫生院、社区卫生服务中心设立中医科室和中药房，90%以上的社区卫生服务中心、村卫生室可提供中医药服务。

【中医药传承创新】 2017年，绵阳市率先在全省启动“中医中药中国行—中医药健康文化推进行动”，举办第二届中医经典诵读比赛。举办“中羌医培训班”“西学中培训班”，培训中医技术人员2100余名。新建沈其霖、袁秀丽全国基层名老中医药专家传承工作室2个。1名国家级中医药人才培养项目传统医学师承人员出师，20名确有专长人员考试合格。

【中药资源】 2017年，江油市扩大优质附子种植400公顷，平武县建设厚朴、天麻、大黄、重楼等有影响力的重点中药材区域和种植基地4个。三台、盐亭、梓潼被国家中医药管理局列入第五批国家中药普查试点县，绵阳市实现国家中药资源普查试点县全覆盖。

【中医中药中国行——中医药健康文化推进行动启动】 2017年9月24日，绵阳市卫生和计划生育委员会、绵阳市中医药管理局主办，北川羌族自治县人民政府、绵阳市中医药学会、绵阳市健康教育所承办的中医中药中国行——绵阳市中医药健康文化推进行动启动暨四川省中羌医药培训班在北川举行。启动仪式上，四川省中医药管理局副局长杨正春等出席启动仪式，绵阳市各县市区卫生计生局负责人、中医医院院长等100余人参加，北川中羌医医院的医务人员进行八段锦、五禽戏等中医保健操表演。此次活动标志绵阳市在全省内率先启动中医中药中国行——中医药健康文化推进行动。（段兴兵）

妇幼保健

【概况】 2017年，市卫计委制定印发《绵阳市产儿科急救管理工作方案（修订版）》，确立市中心医院、绵阳四〇四医院、市三医院为市级产儿科危急重症救治中心。制定《绵阳市高危孕产妇管理实施方案》，产儿科危急重症抢救和高危孕产妇管理的指挥、急救、支持等组织体系职责进一步明确，呼救和转诊流程更加清晰。市卫计委、市发改委、市财政局、市人社局、市教体局制发《关于加强生育全程基本医疗保健服务的实施意见》，开展产儿科分级诊疗工作。开展妇幼保健计划生育服务机构标准化建设，实行规范管理。在县级以上医疗保健机构普遍开设“两孩生育”联合门诊及“优生咨询门诊”，建立分级管理的孕产妇安全管理机制，对高危孕产妇和新生儿进行专案管理，着力打造“婚、孕、产、保、育”一站式服务新模式。截至年底，全市户籍人口活产数44398人；孕产妇死亡4人，孕产妇死亡率9.01/10万；婴儿死亡163人，死亡率3.67‰，5岁以下儿童死亡249人，死亡率5.61‰；医疗机构剖宫产率49.52%，住院分娩率100%。户籍人口孕产妇系统管理率97.68%，3岁以下儿童系统管理率97.08%。

【妇幼健康服务体系建设】 2017年，举办全市妇幼健康工作会暨产儿科急救管理技术培训会;分片在三台、涪城、江油举办预防艾梅乙母婴传播项目技术培训班3期;举办了2017年全市孕优项目管理暨技术培训会、2017年全市婚检人员培训班;分别开展2017上半年、下半年全市孕产妇死亡和危重孕产妇、新生儿死亡评审管理培训;举办了全市出生医学证明管理培训班;全市妇幼健康信息管理培训班;全市重大公共卫生项目管理培训班。共举办市级政策和业务培训班11期，培训妇幼健康管理人员、妇产科、儿科、计划生育技术服务人员，妇幼信息人员1085人次。制订印发《绵阳市母子健康手册推广使用方案》，及时收集反馈使用情况信息，各县市区相继投入推广工作，全市发放《母子健康手册》56753份，其中针对计划怀孕妇女发放手册6357份，使用率99.26%;针对孕妇发放手册21648份，使用率99.79%;针对儿童发放手册28748份，使用率99.36%。2017年，全市自愿免费婚检36229对，婚检率98.88%；免费孕前优生健康检查37804人，目标人群覆盖率122.72%。

【绵阳市儿童医院项目建设】 2017年6月26日，开工建设，建设工期550日历天。该项目由四川建基建筑工程有限公司承建；四川名扬建设工程管理有限公司监理。该项目是国家儿童医疗服务体系建设项目、省市重点项目、重要民生工程，项目总投资1亿元。项目建筑面积2万平方米，净占地面积约1.6万平方米，位于绵阳高新区石桥铺古泉社区。该项目规划定位与中国唯一科技城，“幸福、美丽、宜居”绵阳城市定位相符合，坚持以人为本、满足患者需求的原则，高起点规划投入、高标准设计建设。遵循“大专科、小综合”设计理念，发挥选址地块背靠山林地理优势的特点，建成集休闲、清雅、风貌别致的“公园式儿童医院”。

该项目按照国家三级儿童医院评审标准进行设计修建。业务开展集儿童内外科疾病治疗、科研、教学、保健、康复、疗养为一体；以儿童常见及疑难病诊治、儿童危急重症救治、儿童保健和疾病康复为重点的儿童医学中心。

【2017年妇幼健康工作会暨产科急救管理和技术培训班召开】 2017年5月9—10日，全市召开2017年妇

幼健康工作会暨产科急救管理和技术培训班。会议学习贯彻全省妇幼健康工作会议精神，总结2016年全市妇幼健康工作成绩，分析当前形势和存在问题，对2017年妇幼健康工作作出安排部署。会议宣读2016年省级妇幼健康优质服务示范县（市、区）、受省、市级卫生计生委表扬名单和市级危重孕产妇救治中心名单，并为市级危重孕产妇救治中心：市中心医院、市第三人民医院、四〇四医院授牌。游仙区、三台县卫生计生局，市中心医院、江油市妇幼保健院作大会交流发言。妇幼健康工作会议后，举办产科急救管理和技术培训班。邀请市级产科专家和管理人员从全市孕产妇死亡形势及干预策略、产科的质量和分级管理、危重症急救技术以及孕产妇死亡评审规范等从技术和管理层面对全市产科急救工作进行全方面系统培训，提升全市产科急救能力和水平，最大程度保障孕产妇和新生儿生命安全。各县市区卫生计生局、园区社发局分管领导、妇幼股长、妇幼保健计划生育服务中心主任（妇幼保健院院长）、产科主任、基保科科长，市级产儿科急救管理办公室成员，委直属医疗机构产科主任，县级危重孕产妇救治中心分管院长、产科主任，市卫生计生委相关科室负责人等共计100余人参加会议。 （段兴兵）

基层卫生

【概况】 2017年，全市开展基层医疗卫生服务能力提升年活动，重点提升基层医疗卫生机构管理、门诊医疗服务、急诊急救、住院服务、检验检查及药品服务、中医药服务能力。基层医疗卫生机构信息化建设进展迅速，远程诊疗、电子化签约得到推广。继续开展基层医疗卫生机构规范化建设活动，落实基层医疗卫生机构基本建设、基本医疗、基本公共卫生服务、机构管理、行风建设等各项任务，全市基层医疗卫生机构规范化建设达标率达70%以上。开展建设“群众满意的乡镇卫生院”和启动“优质服务示范社区卫生服务中心”活动。截至年底，全市成功创建国家“群众满意的乡镇卫生院”40家、“优质服务示范社区卫生服务中心”1家（国卫办基层函〔2018〕81号文件公布），全市“群众满意的乡镇卫生院”达84家。2017年，全市乡镇卫生院和社区卫生服务中心门诊诊疗量上涨7.46%，住院服务量上涨8.36%。启动2017年度全科医生转岗培训项目，全市新建县级临床培训基地5个，组织师资培训33人，组织实施311名基层医疗卫生机构临床执业（助理）医师转岗培训工作。组织210名符合条件的人员参加通过全省乡村医生执业注册考试，北川县、平武县落实全市首批97名定向培养乡村医生毕业学员到协议的村卫生室工作，充实乡村医生队伍。继续推动落实乡村医生收入待遇、养老和退出等方面的政策措施，确保全市劳动年龄内在岗乡村医生购买养老保险率100%，给符合条件的退出乡村医生发放生活补助率达100%。

资料链接： 近年来，绵阳高度重视卫生计生工作，自2011年在全省率先推行“家庭医生健康顾问服务活动”试点以来，绵阳把推进家庭医生签约服务作为深化医改和健康扶贫的重要内容，并纳入民生工程逗硬考核。2017年，在签约服务方式、收付费机制、医保配套支持政策、家庭医生综合激励机制等方面实现了重大突破，尤其是推行“互联网+家庭医生”签约服务模式，运用信息化手段提升家庭医生签约服务质量，为家庭和个人提供安全、方便、有效、连续、经济的基本医疗服务和基本公共卫生服务。绵阳组建签约服务团队1880个、签约313万余人，常住人口签约服务覆盖率达66%，重点人群签约服务覆盖率达83%，22万余名建档立卡贫困人口签约服务基本实现全覆盖。

【家庭医生签约服务】 2017年，市卫生计生委、市发改委、财政局、人社局等部门联合出台《绵阳市推进家庭医生签约服务的实施意见》和《绵阳市家庭医生签约服务包及其收付费标准的指导意见》，9个县市区、4个园区及科学城同步开展相关工作，全市家庭医生签约服务工作迅速启动。构建“两大联动+三大支撑+四大机制”的签约服务新模式，实行“3+2+X”签约方式，同时在收付费机制、医保等政策支撑、信息化支持等方面实现突破，形成家庭医生签约服务绵阳特色。全市组建签约服务团队1899个、签约近300万人。其中，签约服务高血压患者33万余人、糖尿病患者12万人，常住建档立卡贫困人口签约服务实现全覆盖。绵阳经验受到《国办要

图117 全省家庭医生签约服务现场推进会与会代表到游仙忠兴镇双建村参观

情》宣传推广。

【全省家庭医生签约服务现场推进会在绵阳召开】 2017年10月25—26日，省卫计委主办，绵阳市卫计委、中国（绵阳）科技城管委会承办的全省家庭医生签约服务现场推进会在绵阳召开。会议总结四川家庭医生签约服务工作成绩，推广先进经验，明确下一步的目标，旨在加快推进全省家庭医生签约服务工作。全省各市州卫生计生委分管领导、基层卫生科科长、各县市区卫生计生局分管领导等共计290余人参加会议。会上，绵阳市卫生计生委、游仙区人民政府、绵阳市第三人民医院、游仙区忠兴中心卫生院等作经验交流发言。会议期间，与会人员先后到游仙区忠兴镇双建村卫生计生服务室、忠兴中心卫生院、游仙区经济试验区社区卫生服务中心现场参观游仙区慧康家庭医生签约服务信息系统及电子化签约服务情况。

【国家基本公共卫生服务】 2017年，全市提高基本公共卫生服务人均补助标准到50元，着力提升居民对基本公共卫生服务的获得感、满意度。举办国家基本公共卫生服务项目（第三版规范）专题培训会，培训相关人员共计150余人。制定印发《关于开展2017年度基本公共卫生服务项目督导工作的通知》，市指导中心办公室组织市级项目督导、考核4次。落实2016年度国家基本公共卫生服务项目省级绩效考核整改工作，通过制订项目整改方案、开展项目“回头看”督导、强化业务技能培训、开展项目半年工作督导考核等措施，加快县级基本公卫信息化建设，探索促进公卫与临床的互通互融，推广居民健康卡和区域卫生信息平台实现无缝衔接的家庭医生业务应用系统，包含PC工作站和手机APP，将实时的、动态化的更新、管理居民健康信息，提高居民健康档案使用率。至年底，全市电子健康档案建档率95.74%；预防接种证建证率99.46%；新生儿访视率95.7%；儿童健康管理率94%；早孕建册率92.18%；产后访视率94.85%；65岁及以上老年人健康管理率80.11%；35岁及以上高血压规范化管理率81.4%；2型糖尿病患者规范化管理率77.68%；严重精神障碍患者规范管理率89.6%；肺结核患者规范服药率99.45%；老年人中医药健康管理率76.25%；0—36个月儿童中医药健康管理率81.83%；传染病及突发公共卫生事件信息报告率95.38%。

图118　9月21日，中国初级卫生保健基金会对四川江油市区域卫生发展精准扶贫项目捐赠仪式在绵阳举行

【中国初级卫生保健基金会对四川江油市区域卫生发展精准扶贫项目捐赠仪式】 2017年9月21日，中国初级卫生保健基金会对江油市区域卫生发展精准扶贫项目捐赠仪式在绵阳市举行。全国政协副主席、农工党中央常务副主席刘晓峰出席仪式并讲话。中国初级卫生保健基金会秘书长周庆年，中共省委统战部常务副部长刘坪，农工党四川省委驻会副主委夏华祥，农工党四川省委秘书长荆小庆，中共绵阳市委常委、统战部部长李亚莲，副市长蒋丽英，市政协副主席、农工党绵阳市委主委沈其霖等出席捐赠仪式。仪式由市政协主席张锦明主持。仪式上，中国初级卫生保健基金会秘书长周庆年向江油市政府市长柳江交付价值6093.72万元的医疗设备，江油市政府向中国初级卫生保健基金会赠送锦旗。中国初级卫生保健基金会副秘书长李宝金等省、市相关负责人及受捐赠卫生院代表等100余人参加仪式。　（段兴兵）

医学教育科研

【概况】 2017年，全市共招聘卫生计生从业人员1706人，其中县以下554人；19家公立医院新考核招聘专业技术人员778人，引进高层次卫生专业技术人才5人。县以下医疗机构空编率为10.3%，同比下降2.6个百分比。全市406名专业技术人员新取得高级专业技术职称。完成住院医师规范化培训招生340人、继续教育和岗位培训1.8万人、干部培训660人。

全年新增省级重点学科3个，总数达59个。加强市级重点学科（实验室）、重点专科评审工作，完成验收立项60个。向省卫生计生委推荐省级科研立项课题27项、省级适宜技术推广5项，市级科研立项课题61项。全年申报国家级继教项目13项，省级继教项目148项。全市卫技人员在相关核心期刊发表论文568篇，其中SCI论文39篇。加强对外学术交流，邀请国（境）外专家61人次到绵阳开展学术交流活动69次。组织参加国（境）外进行培训、学术交流45人次。

（段兴兵）

卫生行政管理

【概况】 2017年，全市深化行政审批制度改革，落实“放管服”政策，保留行政许可项目15项。优化卫生计生领域政务服务，实施医疗机构综合审批，申请单位可以根据实际需要,在申请医疗机构执业许可时,同时申请放射诊疗许可、母婴保健技术服务机构执业许可、麻醉药品和第一类精神药品购用许可、设立计划生育技术服务机构审批。是实行医疗机构“多证合一”，只保留“医疗机构执业许可证”正本和副本,取消放射诊疗许可证、母婴保健技术服务执业许可证、麻醉药品和第一类精神药品购用印鉴卡、计划生育技术服务执业许可证等。实施医师执业资格并联审批。实行医师“多证合一”，只保留“医师执业证书”，取消母婴保健专项技术服务人员资格证书、职业病诊断人员资格证、助产技术服务等证。全年受理行政许可363件，办结363件；办理医师信息修改50件、护士信息修改11件；接待来访、来电咨询2786人次，现场办结率、按时办结率、群众满意率、提前办结率“四个100%”，实现行政审批事项无差错、无超时、无违纪、全面提速、提效的目标；收到县级医疗机构设置备案161家，市级发出医疗机构设置11家，拟投资8.5亿元。截至年底，全市注册执业登记民营医院共73家（2家体检门诊部）。

【医疗服务质量管理】 2017年，市卫计委制订《绵阳市医疗机构日常监督管理工作实施方案（2017—2018年）》，组织开展医疗机构日常监督检查。今年检查800家医疗机构，发现存在14个方面的共性问题，对116家医疗机构给予不良执业行为记分，共记分689分；推进《无证行医查处工作规范》的实施，完善联动工作机制，建立无证行医“非法名单”制度，继续开展严厉打击重点专业“黑诊所”和无证医疗美容等非法行医专项行动，共取缔无证行医17户，立案查处17户，罚款154950元，没收违法1554元。

【医疗质量控制建设】 2017年，全市新增设6个市级医疗质量控制中心，全市已建市级医疗质控中心53个。强化重点学科建设，调整制定《绵阳市重点学科（实验室）及重点专科建设项目管理办法》及《绵阳市重点学科（实验室）、重点专科评估体系（2017年版）》《绵阳市专科（病）诊疗中心管理办法（试行）》。在保障医疗质量和安全的前提下，推进日间手术工作，与社保协调，将日间手术纳入报销范畴，2017年共开展日间手术2731例。促进临床路径的规范管理，市中心医院有30个专业开展临床路径，开展病种数为287，变异率≤5%，完成率≥90%，变异率和完成率已达国家卫计委的控制标准。

图119　8月10日，人民群众在市中心医院为九寨沟地震伤员志愿献血

【医疗服务信息化建设】 2017年，全市创新开展预约诊疗，建立健全全市区域预约诊疗服务，在信息平台上统一管理预约号源，合理安排患者就诊，全市三级医院100%开展预约诊疗服务，市中心医院、四〇四医院、市三医院等三级医院部分科室已开展分类分时段预约，合理安排患者错峰就诊。推进医疗服务信息化，患者可通过微平台、告知单等多种形式提供提示服务，通过支付宝、微信支付等移动设备支付，推行电子病历，建立互联互通的大数据信息库，提供诊疗信息、费用结算、信息查询、检验报告自助打印等服务。

【推进优质护理】 2017年，市卫计委制订《护士岗位管理工作方案》，全市部分三级医院病房优质护理开展率已达100%。开展“5·12”国际护士节纪念大会，对“2017年优质护理服务示范岗”“百名微笑天使”和“护龄三十年光荣护士”进行通报表扬。

【平安医院建设】 2017年，市卫计委会同相关部门印发《关于进一步加强医疗机构安全保卫工作维护正常医疗秩序的通知》《绵阳市严厉打击涉医违法犯罪专项行动实施方案》，警医联动，深化创建“平安医院”活动，打击涉医违法犯罪，维护正常医疗秩序。积极处理医疗投诉、化解医疗纠纷，全年委机关共接收医疗投诉221起，已处理209起，成功调解医疗纠纷25起。

【血液安全管理】 2017年，全市采血52795人次，采血量86390.2U，采血量居全省第二位。其中，采集全血51312人次，采血量84135U，采集单采血小板1483人，采血量2255.2U，互助献血717人次，占献血总人次的1.4%，互助献血占无偿献血的比例不高，且呈逐年下降趋势。

【卫生信息化建设】 2017年，全市开展智慧健康医疗服务体系建设，市全民健康信息平台上线运行，实现与省、县两级全民健康信息平台的互通共享，9个县市区、273个乡镇卫生院、74个社区卫生服务中心（站）、973个村卫生室使用基层医疗卫生机构管理系统。58.3%的基层医疗机构建立起HIS、LIS、PACS等信息系统和相关便民应用系统，新增数字化医院11家，同比增长38%，总数达40家。发放居民健康卡539万张，是全省唯一实现发卡全覆盖的市州；印发《绵阳市“绵州通居民健康卡”管理办法（暂行）》，游仙区、江油市等试点地区持卡就诊率达85%以上。推进“三医”监管平台建设试点，建成市级远程心电、影像、病理等诊疗中心，成员单位涵盖各级各类医疗机构，市中心医院、市三医院互联网医院运行良好，已实现远程心电监护患者数量28985余人次，危重病人危急事件1633人次，常规远程心电诊断19866例，远程影像诊断报告23763例，远程病理诊断开展会诊116例，临床检验每天送标本500余个。二甲及以上医院全面开展预约挂号等服务，预约诊疗人次占比接近50%。

【卫生计生精准扶贫】 2017年，市政府印发《绵阳市健康扶贫专项2017年度实施方案》，市卫生计生委联合多部门制定《绵阳市农村贫困人口大病专项救治工作方案》等配套措施，出台10余个配套文件，持续深化健康扶贫“五大行动”，争取全国健康扶贫示范县创建项目落户北川县。落实专项资金1.54亿元，支持贫困地区医疗机构基础设施建设，贫困地区所有乡镇均有标准化卫生院、520个贫困村中已有324个村建成标准化村卫生室，2017年脱贫的176个贫困村村卫生室全部达标，全部有合格村医。完善对口支援制度，选派508人对口支援贫困地区医疗卫生机构，指导开展新技术、新业务100多项，开展学术讲座、手术示教近900次。平武县人民医院在市中医院的帮扶下，开展的血液透析技术填补了该县多年技术空白。市卫生计生委募集525万元，率先在全省成立市级医药爱心扶贫基金会，7个有扶贫任务的县均建立不低于500万元的“卫生扶贫救助基金”，全市基金总量达4157余万元，2017年支出1069万元，救助12127人次。全面落实“十免四补助”政策、县域内住院“先诊疗后结算”制度和“一站式”即时结算服务，累计免除一般诊疗、院内会诊、白内障手术等10项医疗服务和符合条件的残疾儿童等4项治疗费用4005万元，惠及84万人次；全市贫困人口县域内住院9.35万人次，总费用3.36亿元，报销3.18亿元，个人自付比为5.34%。 （段兴兵）

爱国卫生运动

【概况】 2017年，市政府将爱国卫生工作纳入重点目标考核范围，与各县市区政府签订目标管理书。开展爱国卫生运动65周年纪念活动，推进健康城镇健康村镇试点，启动2018年国家卫生城市复审工作。截至年底，全市建成国家卫生城市1个、卫生县城1个、卫生乡镇4个，国家卫生县城覆盖率分别达20%；省级卫生县城实现全覆盖，省级卫生乡镇127个，省级卫生乡镇覆盖率达45.8%。投入5389.4万元，推进农村改水改厕工作，新增无害化卫生厕所4.28万户，84.33%的农户用上卫生厕所。

【爱国卫生运动65周年活动】 2017年4月7日，是省爱卫办确定的爱国卫生月绵阳日，为纪念爱国卫生运动65周年，弘扬爱国卫生运动优良传统，4月7日上午，绵阳市在文化广场开展主题为“历史与展望——为了人民健康的65年”集中宣传活动，进行爱国卫生、病媒生物防制、春季传染病防治、无偿献血及健康素养66条等健康知识宣传，现场开展义诊和无偿献血。同时设立县市区、园区宣传点13个和乡镇宣传点145个同步开展集中宣传活动，形成爱国卫生市、县、乡立体宣传网络。活动期间，共组织各级单位100余家，出动工作人员1300余名，义诊、咨询24319人次，发放各类宣传资料、健康手册87800余份，无偿献血120余人次。

（段兴兵）

地方病与传染病防治

【概况】 2017年，全市传染病网络报告机构增至377个，全市传染病诊疗机构网络正常运行率100%，报告信息质量评价综合率为99.77%，高于全省平均水平。共报告突发公共卫生事件4起，按事件分级统计，较大事件1起、一般事件3起。按事件性质统计，传染病类事件2起，食物中毒2起。已建立国家级、省级传染病监测点14个（霍乱1个、流感3个、狂犬病1个、钩体病1个、包虫病1个、血吸虫病6个、登革热媒介监测1个），监测传染病流行特征与规律，掌握急性传染病流行因素，规范处置流感、手足口病等急性传染病暴发疫情，避免传染病传播流行，为卫生行政部门制定防控策略提供科学依据。

科学开展寄生虫病监测与防治，江油市通过血吸虫病消除达标省级考核验收；开展包虫病流行状况调查，对现有病例进行规范治疗与随访。及时发现救治输入性疟疾病例，科学处置疫点，避免本地传播。

巩固碘缺乏病和大骨节病消除成果，持续开展地方病影响因素监测。饮用水、碘盐和病情状况符合碘缺乏病消除标准。针对重点人群开展碘缺乏病健康教育和防治知识宣传，提高全市广大群众防治知识知晓率。经开区和江油市2个饮水型氟中毒病区通过省级考核评估，达到控制标准。全市大骨节病、疟疾、碘缺乏病、麻风病、血吸虫病五种地方病等达到国家基本消除标准，实现“四年除五病”。

2017年，全市报告法定管理传染病23种，报告发病18642例，报告死亡95人。传染病报告发病率387.495/10万，较2016年上升4.806%。全年无甲类传染病报告发病。

【艾滋病防治】 2017年，全市建成艾滋病确证实验室1家、筛查实验室57家、检测点213家，实现市、县、乡三级医疗机构艾滋病检测网络全覆盖。完成HIV抗体检测938231人次、艾滋病确证检测1245人、艾滋病感染者和病人CD4细胞检测3180人、病毒载量检测1996人；完成艾滋病自愿咨询检测6613人次，确证阳性75例；完成暗娼、吸毒、男男性行为、孕产妇、性病门诊男性就诊者5类人群艾滋病哨点监测2483人，HIV抗体确认阳性33人；完成监管场所被监管人员艾滋病检测5886人，确认阳性46例；抽检绵阳市中心血站HIV、HCV、梅毒抗体检测质量，共抽检200份，经检测HIV、HCV、梅毒抗体均为阴性；全市已累计治疗海洛因成瘾者1678人，在治450人，日均治疗191人；全市新增艾滋病抗病毒治疗874人，在治2985人；艾滋病检测网络实现全覆盖。

【举办第30个“世界艾滋病日”活动】 2017年12月1日，是第30个“世界艾滋病日”，宣传活动的主题是“共担防艾责任，共享健康权利，共建健康中国”。绵阳市在江油中坝剧场广场举行大型宣传活动。副市长蒋丽英出席并致辞，对全市艾滋病防治工作取得的成效给予肯定，指出全市艾滋病疫情的严峻形势，对下一步工作提出要求。活动指出，艾滋病不但对个人和家庭带来严重危害，也是严重的经济问题、社会问题和政治问题，艾滋病威胁着每一个人和每一个家庭，预防艾滋病是全社会的责任，希望全市人民行动起来，投身到艾滋病防治工作中去，共担防艾责任，共享健康权利，共建健康中国，为全市人民健康事业做出贡献。并为江油市预防艾滋病宣传、志愿服务的爱心大使颁发爱心大使证书。

【慢性病防治】 2017年，全市创建国家级慢病综合防控示范区1个、省级5个。《盐亭县2008—2012年的癌症发病资料》被世界卫生组织权威刊物《五大洲癌症发病》第11卷收录，获全国肿瘤登记工作杰出贡献奖。“中美老年人结核病主动筛查策略项目”通过国家评审，推进国家互联网+慢病管理试点项目、脑卒中高危人群筛查与试点干预项目，全市城乡居民电子健康档案建档率达96.54%，高血压、糖尿病患者规范化健康管理率分别达81.67%、78.99%。

（段兴兵）

人口与计划生育

【概况】 2017年，全市死亡人口34913人，人口死亡率6.42‰；出生人口52018人，人口出生率9.57‰，人口自然增长率3.15‰，出生人口性别比106∶100常住人口483.56万人。

【全面实施“两孩”政策】 2017年，市委、市政府出台《关于实施全面两孩政策改革完善计划生育服务管理的意见》和《关于坚持和完善计划生育目标管理责任制的实施意见》，市政府与各县市区签订计划生育目标管理责任书，推动生育政策平稳有序实施。加强政策宣传，回应社会关切，全面实施“两孩”政策群众知晓率达99%以上。深入推进计划生育服务管理改革，全面推行网上办证，取消“两孩”生育线下审批，全面实行生育服务登记制度，群众满意度稳步提升。全年完成生育登记44829例,生育49125人，其中生育两孩19996人，占40.7%；符合政策生育率达99.7%，生育秩序保持稳定。夯实基层计划生育服务网底，落实计生专干工资报酬。

【计划生育家庭发展】 2017年，全市落实计划生育家庭奖励、奖扶、特扶三项政策，全年发放奖励扶助资金2.23亿元，惠及56.8万余人。实施计生特殊家庭就医优先优惠政策，在所有公立医疗机构实施计划生育特殊家庭就医“两免四优先”、在乡镇卫生院或社区卫生服务中心每年进行1次免费体检、优先提升家庭医生签约服务等政策，惠及1.52万余人次。加强精准服务关怀，持续开展“一对一”“多对一”联系慰问制度，2017年走访慰问对计生特殊贫困家庭18000余人次、发放慰问金270万元。强化计生利益导向与相关民生普惠政策衔接，为计生特殊家庭落实保障性住房83套、农村危房改造141套、代缴基本养老保险金1716人、安排入住公立养老机构79人。

▲“两免四优先”：指免挂号费、免门诊诊疗费，优先接诊、优先挂专家号、优先检查、优先住院。

【流动人口均等化服务】 2017年，全市流动人口信息建库120.8万人，信息平台接收率、反馈率、及时率均在95%以上。全面实施流动人口基本公共卫生计生均等化服务，完成首批省级流动人口均等化服务示范涪城区创建任务。全市建立流动人口健康档案70万份，65岁以上老人慢病管理建档数2.6万份，0—6岁流动儿童预防接种建卡2.6万人，服务1.6万人，流动人口密集地区传染病监测次数319次，流动人口接受婚检孕前优生健康检查孕期保健1.8万人，计划生育技术服务1万余人，免费发放避孕药具6.7万人次；健康资料发放29万份、健康知识讲座人次11.2万人次，流动人口公共卫生计生基本权益切实得到保障。

绵阳市大型医院

【绵阳市中心医院】 绵阳市中心医院始建于1939年，占地面积7.66公顷，有职工3000余人，编制床位1500张，年门诊服务200余万，年住院服务9万余人次。医院建成了以临床医疗、健康管理为主，集医疗、教学、科研、急诊急救、灾难医学为一体的三级甲等综合医院，是四川省川西北区域医疗中心。医疗服务辐射包括川西北区域和甘肃、陕西等省份，服务覆盖人口上千万，医院综合实力在四川省地市州同级医院中处于领先地位，在在2017年艾力彼“中国地级城市医院竞争力排行榜”中居全国第40位，连续6年名列百强医院。绵阳市中心医院设职能部门23个，各类专业学科46个。其中麻醉科、神经内科、检验科、肿瘤科是四川省乙级重点学科，有省二级生物实验室1个，检验科通过了ISO 15189国际质量认可；肝胆外科、介入诊疗中心、眼科、妇产科、普外科、骨科、护理、儿科、乳腺外科是四川省甲级重点专科；有市级重点学科专科29个。有国务院授予的“有突出贡献专家”9人，省、市级“科技拔尖人才”及高科技人才100余人，博士、硕士近300人。装备有宝石CT、3.0T超导磁共振（MRI）、大型平板数字血管造影机（DSA）、图像引导容积调强放射治疗、飞秒激光等大型高精设备。

绵阳市中心医院是国家卫计委直属北京医院远程会诊医院和国家卫计委国际紧急救援网络医院、国家脑卒中筛查与防治基地医院，医院综合介入诊疗技术项目培训基地；是国际慈善组织“微笑列车”定点医院，美国儿科协会“心连心”技术培训基地，中国西部健康快车眼科显微手术培训中心，四川省“孤残儿手术康复明天计划”定点医院。绵阳市急救中心、放射介入诊疗中心、临床检验中心、眼病防治中心、白内障复明低视力康复训练中心、妇科腔镜治疗中心，肿瘤防治中心、危重孕产妇救治中心以及四川省新生儿听力障碍诊治绵阳分中心均设在绵阳市中心医院；建成国家高级卒中中心、胸痛中心；建成肾脏病专业、临床麻醉、临床病理、病历质量、临床检验、院感管理、急救、输血、护理专业、儿科、放射医学、放射治疗、妇产科、临床营养、皮肤病性病医学、普外科、肿瘤性疾病、重症医学、眼科、超声医学、骨科、健康体检、风湿免疫、外周介入诊疗、耳鼻咽喉、血液内科、内分泌、整形美容、小儿外科、胸外科等33个绵阳市医疗质量控制中心。

近年来，医院着力引进和开展高新技术，在微创、介入、肿瘤综合治疗等多领域技术居省内乃至国内先进水平。微创手术已在妇科、肝胆外科、胃肠外科、小儿外科、胸外科、泌尿外科、骨科、耳鼻喉科、神经外科等专业中广泛应用；搭建了恶性肿瘤、脑卒中、心脏中心、消化、呼吸、关节疾病、大动脉疾病、凶险型前置胎盘等MDT诊疗平台或协作组，各类介入技术迅速发展，成为重要的多学科协作支撑技术，医院疑难危重患者救治能力处于区域内领先水平。

绵阳市中心医院是陈孝平院士工作站建站医院，国家自然科学基金依托单位，国家卫计委卫生人才培训基金基地医院、国家卫计委临床药师培训基地、国家卫计委首批住院医师规范化培训基地（24个专业纳入基地管理）、四川省全科医师培训基地、住院医师规范化培训基地。先后编辑出版《地震灾害医院医疗救治分析》《护理驱动力——护士岗位管理创新与实践》《医院综合目标管理与务实》《眼科临床路径》《现代临床检验诊断大全》等多部医学专著，“十二五”期间，获市厅级及其以上科研立题100余项、市级及其以上科研成果40余项，承担国家、省级继续医学教育项目100余项，发表学术论文3000余篇（其中SCI论文40余篇）。是重庆医科大学、西南医科大学、成都医学院非直管附属医院，是西南科技大学医学影像技术卓越人才技术培养中心，承担成都医学院本科班临床教学工作及西南医科大学、川北医学院、成都医学院研究生培养任务。

【绵阳市第三人民医院】 绵阳市第三人民医院始建于1955年，占地8.66公顷，建筑面积8万余平方米，总资产6亿元，开放床位1700余张，是一所以脑系和老年医学为特色的三级甲等医院，系四川省精神卫生中心。医院现有在岗员工1886名，其中硕士研究生导师10名，省市学科带头人、拔尖人才60多名，具有硕博学位人员144名，拥有正高职称人员43名、副高职称157名、中级职称298名，担任国家级、省市级专业委员会委员职务的人员200多人。医院开设大内科、大外科、精神大科、门诊大科四个学科体系60余个临床业务科室，建成省甲级重点学科1个、乙级重点学科3个，省年级重点专科1个；市级重点学科9个、质控中心9个，辖游仙区中医医院、高新区医院两个分院。

医院拥有以脑系和老年医学为特色的一大批在本地区处于领先地位的优势医疗技术，包括颅内复杂动脉瘤的夹闭及介入治疗，经鼻蝶鞍区占位切除，三叉神经痛及面肌痉挛的微血管减压，顽固性癫痫手术、无框架有框架立体定向技术；急性脑梗死机械取栓术、经桡动脉穿刺全脑血管造影术、脑动脉狭窄支架置入术；腹腔镜下胆、肝切除及门奇静脉断流术、腹腔镜下胆总管切开取石、经皮肝穿胆道成形；V4C新型晶体植入、飞秒激光近视治疗、白内障超声乳化人工晶体植入；体外循环下不停跳心脏直视技术、胸腹腔镜联合食管癌根治术、心脏大血管置换术、心脏多瓣膜置换术、冠脉搭桥术、胸腔镜下纵隔及肺手术；输尿管硬镜钬激光输尿管结石碎石术、输尿管软镜肾结石钬激光碎石术、经尿道前列腺及膀胱肿瘤电切术、尿流动力学检查、腹腔镜下肾/肾上腺肿瘤切除术；腹腔镜下子宫/卵巢肿瘤切除术、宫腔镜下Ⅱ型黏膜下肌瘤切除术、宫腹腔镜联合治疗女性不孕不育患者的输卵管复通手术；腹主动脉瘤腔内隔绝术、下肢动脉硬化闭塞症经皮腔内血管成形术/支架植入术、腹腔镜直肠癌/胃癌根治术、乳腺旋切治疗乳腺肿瘤；下腔静脉滤网血栓清除；人工髋膝关节置换术、关节镜下膝，肩，踝，肘微创手术；颈椎间盘置换、咽后壁脊索瘤切除、颈前路零切迹椎间减压融合术、寰枢椎椎弓根螺钉内固定术、脊柱侧凸矫治术、经皮穿刺椎间盘臭氧消融术、经皮穿刺椎体后凸成形术；新生儿脐静脉置管术；内镜下黏膜剥离术、食管静脉曲张套扎术、经皮内镜胃造瘘术、射频及高频电刀消化道出血及肿瘤治疗；冠心病介入诊疗、先心病介入封堵、主动脉球囊反搏；伽马刀治疗、直线加速器治疗、超声介入治疗、高压氧治疗、精神心理疾病无抽搐电休克治疗等专业技术。其中，颅底肿瘤摘除、脑动脉瘤夹闭、冠脉搭桥、颈椎间盘置换等技术进入全省前列，急性脑梗死机械取栓术和V4C新型晶体植入手术填补了绵阳的学术空白，达到了区域先进水平。

医院拥有美国瓦里安医用直线加速器及IGRT图像引导下的三维适形调强放射治疗设备、头部伽马刀、德国西门子3.0T超导磁共振、西门子64排128层4D螺旋CT、飞秒激光近视手术治疗系统、准分子激光治疗系统、白内障超声乳化治疗系统、大型数字平板减影血管造影机（DSA）、奥林巴斯AU2700全自动生化仪、直接数字X射线摄影系统（DR）、高压氧舱、全数字化彩色超声诊断系统、无抽搐电休克治疗系统、双能X线骨密度仪、价值300余万元的康复医学治疗中心设备等大型高精设备百余台件，为救治患者提供了专业、规范、安全、高效的医疗保障。

作为四川省精神卫生中心，医院负责牵头全省精神卫生医、教、研、防工作，承办多个国际灾后心理援助项目和国家“686”项目；作为国家精神卫生综合管理试点牵头单位和四川六大区域精神卫生中心，不断探索和创新精神障碍预防、治疗、康复服务和心理健康促进工作模式，解决精神卫生工作中的重点、难点问题；主办省级核心期刊《四川精神卫生》杂志。

医院与台湾马偕医院、中南大学湘雅二院、海军总医院、成都市第二人民医院等机构签订战略合作协议；是四川省首批国家级住院医师规范化培训基地、四川省心理卫生服务培训基地、四川省专科医师培训基地、四川省首批护士规范化培训基地、四川省首批药师规范化培训基地、绵阳市全科医学教育临床实习基地，系西南医科大学、川北医学院非直管附属医院，成都中医药大学、成都医学院等高等院校的教学医院。医院先后与美国、德国、以色列、泰国等国家医疗机构建立互派研修人员和科研协作关系。近年来，先后承担省级科研课题立项81项，市级科研立项145项，获部、省、市级科技成果奖50项。

【四川绵阳四〇四医院】 1964年，医院始建，医院占地4.67公顷，业务用建筑面积7万余平方米，除跃进路本部外，建有四〇四医院丰谷病区（绵阳市传染病医院）。开放床位1500张，在岗职工1672余人。四川绵阳四〇四医院是集医疗、教学、科研、急救、康复、预防、保健为一体的国家三级甲等综合医院，系川北医学院附属第二医院、绵阳市红十字医院、绵阳市传染病医院，是西南医科大学、川北医学院、成都医学院等高等院校临床教学基地，中国基层医师心血管疾病培训示范中心，专科医师规范化培训基地，住院医师培训基地，省内首家医院院士工作站，省内首批国务院重大疾病救助四川省农村儿童先天性心脏病定点救助医院。拥有“全国肝炎防治健康教育计划实施基地”“全国中医药防治传染病临床基地”“绵阳市心血管疾病研究所”“绵阳市心血管疾病防治中心”“绵阳市消化疾病防治中心”“绵阳市传染病防治中心”“绵阳市危重孕产妇救治中心”“绵阳市危重新生儿救治中心”“西京消化病医院绵阳整合医学中心”“四川省胃癌外科临床研究协作组”“卒中中心”“胸痛中心”等四川省内乃至西部地区独具规模的专业技术品牌。

医院现有内、外、妇、儿、五官、传染等临床、医技科室45个，其中省级重点学（专）科6个（心血管内科、消化内科、腹部外科、呼吸内科、感染科、医学检验科）；市重点学（专）科23个（心胸外科、感染科、肾病内科、中医及中西医结合科、重症医学科、麻醉科、医学检验科、临床护理、神经外科、骨科、泌尿外科等）；绵阳市医疗质量控制中心7个。医院内设功能齐全、设备先进、设施一流的内镜中心、介入中心、放射治疗中心、血液透析室、ICU、CCU、PICU、NICU以及全净化手术间等，拥有西门子1.5T低温超导核磁共振、西门子64排128层CT、大型平板数字减影血管成像仪（DSA）、数字化X线摄像系统、心脏三维标测仪、超声纤维支气管镜和超声胃镜、食道超声、四维超声等先进诊疗设备。为患者医疗、康复、保健等提供了有力的硬件保证。

医院着力引进和开展高新技术，拥有的腔镜技术、介入技术、内镜技术三大核心品牌技术已居省内乃至国内先进水平。微创手术已在心脏大血管外科、胸外科、肝胆外科、胃肠外科、泌尿外科、骨科、耳鼻咽喉科、神经外科、妇科、消化内科、呼吸内科等专业广泛应用。开展胸腔镜下心脏、肺、食道手术和腹腔镜下胃肠肿瘤根治术、肝叶切除术、经皮肾镜下超声联合气压弹道碎石术、超声弹道碎石技术治疗肝内胆管结石术、经十二指肠镜逆行胆胰管造影术（ERCP）、乳头括约肌切开取石术（EST）、内镜下黏膜切除术（EMR）、经颈静脉肝内门体分流术（TIPS）、复杂先心病矫治术、冠状动脉搭桥术、心脏病瓣膜置换术，心脏瓣膜置换联合射频消融术治疗风心病伴心房纤颤、颅内动脉瘤夹闭术、颅内肿瘤切除术、三叉神经痛、面肌痉挛微血管减压术、高位颈椎骨折椎体重建修复内固定术、椎间盘置换术、断指再植术、新生儿呼吸衰竭病人机械通气治疗术、人工肝技术、血液透析、腹膜透析、结肠透析技术、无痛分娩术、多种妇科肿瘤根治术；常规开展血管及综合放射介入技术：如急症冠脉介入治疗、三维标测下房性及室性心律失常的射频消融、心脏再同步起搏器安置、先心病介入封堵术、颅内动脉瘤栓塞术、原发性肝癌介入治疗、肺大咯血介入治疗等，一大批具有省内国内先进水平的高新医疗技术已经形成了医院医疗技术的龙头。

医院在科研、教学方面取得长足进步，获批为“国家自然基金依托单位”，承担或参与各级政府资助的医学科研项目177项，其中国际项目2项（合作）、国家自然科学基金面上项目1项、国家重大科技专项1项（合作）、国家自然科学基金重点项目1项（合作）、国家自然科学基金项目4项（合作）、国家卫生计生委吴阶平基金项目1项，省部级项目11项，市厅级项目156项。科研成果获奖57项，其中国家卫生计生委科技进步二等奖1项、省科技进步奖7项、省医学科技奖10项、市科技进步奖36项，其他科研成果奖3项。每年发表医学论文逾百篇，同时医院具备硕士研究生培养能力，承担多所医药院校本科、专科学生的理论教学与实习任务，并且与四川大学公共卫生学院、西南科技大学等多所知名高校建立战略合作关系。

医院创立“呵护蓓蕾”“消化疾病周”“绵医爱心周”三大公益活动品牌，分别向全市、全省、全国的贫困先心病患儿、消化道疾病患者以及心、肺、血管疾病患者提供优质的医疗及健康惠民服务。先后成为中国红十字会“胡大一爱心工程”、中国红十字基金会“天使阳光基金”、中国民政部残疾孤儿康复手术“明天计划”“爱心2008——走进绵阳”“爱心希望”、民政部/李嘉诚基金“西部贫困家庭疝气儿童手术康复计划”等公益活动项目定点救助医院。

【绵阳市中医医院】 1984年，绵阳市中医医院成立，是国家三级甲等中医综合医院，成都中医药大学附属绵阳医院、成都中医药大学绵阳临床医学院，四川中医药高等专科学校附属医院下辖南桥眼科分院、机关分院、惠民帮扶医院、绵阳市中医药研究所、涪江中药饮片厂等分支机构。医院现有在岗职工近千名，其中专业技术人员800余名，博士、硕士研究生学历120余名，高级职称150余名，中级职称200余名；有博士研究生导师1人，硕士研究生导师13人。全国中医医院信息化建设示范单位，国家99家中医药传承创新项目重点中医院之一，全国中医住院医师、全科医生规范化培训（培养）基地，全国中医诊疗模式创新试点单位，四川省博士后创新实践基地，四川省中医、西医住院医师、全科医师、护士规范化培训基地，四川省急性胰腺炎中西医结合防治技术协作中心，绵阳市定点优抚医院，绵阳市中医医疗集团理事长单位。医院开放床位1000张，开设临床医技科室及专病专科50余个，其中脾胃病科、针灸科、眼科为国家级重点专科，肺病科、骨伤科、心血管病科、老年病科为省级重点专科，儿科、康复科、内分泌科、肛肠科、普外科、泌尿外科为市级重点专科。

医院主要开展的现代医学技术有：胰十二指肠切除术、肝叶切除术；腔镜下胃大部切除、结直肠、疝修补、甲状腺术；胸腔镜食道癌、肺癌、纵隔肿瘤手术；腔镜下子宫全切、次全切、子宫肌瘤剥离、附件肿瘤切除术；输尿管软镜钬激光碎石取石术，腔镜下肾上腺肿瘤切除术；内镜下颅内血肿清除术；包括射频、椎间孔镜、微通道显微镜下手术等多种微创技术治疗椎间盘突出；髋关节、膝关节置换术；半肩关节置换术；椎体球囊扩张脊柱后凸成形术；颈椎骨折、脱位手术复位植骨融合术；膝关节镜下各类手术；麦默通微创乳腺肿块切除术，乳癌保乳根治术；经肛门直肠肿瘤切除术，直肠会阴瘘修补术，经肛门直肠黏膜重度脱垂固定术，高位复杂性肛瘘根治术；胃肠镜下黏膜切除（EMR）术，黏膜下肿块剥离术（ESD），ERCP，超声内镜；支气管镜下止血、取活检术；冠脉支架植入，主动脉球囊反搏，起搏器植入术；眼科白内障超声乳化切除术，玻璃体切割术；口腔显微根管治疗CT、口腔舒适化治疗；直肠癌环周切缘的MRI评估，皮质脊髓束损伤MRI评估，CT脑灌注成像（CTP），食管支架植入术和血管腔内成形术，以及超声介入诊疗技术等。

医院主要开展的中医诊疗技术有：醒脑开窍技术，靳三针疗技术，电针技术，贺氏三通技术，浮针技术，小儿推拿技术，器械辅助推拿技术，砭石治疗技术，三伏天灸技术，热敏灸技术，雷火灸技术，穴位敷贴技术，中药熏蒸技术，针刀技术，骨折整复技术，挂线技术，枯痔（硬化）技术、揉抓排乳技术，以及八段锦、五禽戏、易筋经、保健功、回春功、内养功、强壮功等中医特色保健技术。同时，每年定期开展中药“膏方节”“三伏贴”“三九贴”等特色诊疗活动。医院有中药院内制剂品种30余个。

医院与俄罗斯、泰国等10多个国家和地区建立良好的交流与合作关系，先后有400多名国外学员来院学习，同俄罗斯奥布宁斯克市康复中心长期互派专家。按照国家、省卫生计生和中医药管理局的安排，对口支援平武县中医医院、北川羌族自治县中羌医医院、壤塘县藏医医院、红原县藏医医院、昭觉县中彝医医院、九寨沟县中藏医医院等6家民族地区医院。

【绵阳市妇幼保健计划生育服务中心】 1976年，绵阳市妇幼保健计划生育服务中心始建，是国家三级乙等妇幼保健机构。2011年增挂

“绵阳市儿童医院”牌子，2015年挂牌成立绵阳市产后康复中心，2016年9月完成与市计划生育指导所、市药管站的机构合并，成立绵阳市妇幼保健计划生育服务中心。中心建筑面积1.6万余平方米，有职工近400人，编制床位400张。共设有孕产保健部、儿童保健部、妇女保健部和计划生育技术服务部四大部及28个二级专业科室。开展妇科、产科、普儿科、新生儿科、围产保健、乳腺保健、计划生育、妇儿营养咨询、妇女病查治、集体儿童保健、儿童生长发育、听力监测、口腔保健等临床保健业务。近几年开展腹腔镜下各种手术、孕期营养评价、孕期体重管理、导乐分娩、分娩镇痛、人流术后关怀（PAC）、宫腔疾病诊治、宫颈疾病诊治、婴幼儿智护训练等特色业务。为降低区域性新生儿死亡率和致残率，该院启用有“移动新生儿重症监护病房”之称的新生儿急救转运系统，建立新生儿急救转运通道，确保危重新生儿能得到及时有效的救治。年均为妇女儿童提供医疗保健服务近30万人次，妇女病普查普治和儿童体检近3万人次，妇幼健康咨询、宣教3万人次，产后康复中心年诊治病人近3万人次，新筛分中心年筛查人数约6万人次。

中心第二门诊部位于绵阳市涪城区临园路东段63号（原市计划生育指导所所在地）。除开展常规产儿科保健和疾病诊治外，即将建成省内一流的生物分子实验室，该实验室包括实时荧光PCR技术平台，Fish技术平台，串联质谱技术平台、二代测序CNGS技术平台。主要用于感染性疾病的DNA、RNA的定性、定量分析，遗传性疾病和肿瘤疾病的基因突变检测。Fish技术平台可用于产前诊断中羊水穿刺的核型分析，二代测序可用于产前诊断中胎儿染色体异常的临床筛查，PCR技术平台可用于产前诊断中优生优育项目的筛查和诊断。

中心依据《中华人民共和国母婴保健法》及相关法律法规开展和指导全市孕产妇、0—6岁儿童保健各项具体工作。负责承担孕产妇死亡、新生儿出生缺陷、儿童死亡三网监测任务，以及国家、省、市、区《妇女发展纲要》和《儿童发展纲要》中相关健康指标任务的实施。平均每年派出各类专家200余人次深入基层开展妇幼健康业务质量管理。完成的主要妇幼民生指标近十年来均居全省前茅。开展为育龄群众提供优生优育、生殖保健、避孕节育、遗传优生等方面的技术服务，并且承担基层计划生育业务技术培训指导任务。为育龄群众提供避孕、节育药具服务并负责全市计划生育避孕药具的调拨、保管、发放。

中心拥有国内知名妇、产、儿科专家教授及高级职称人员近40人，参与多项国家级新技术开发及科研项目，获多项省市科技奖。年均100余篇专业学术文章在省级及以上专业学术期刊发表。中央资金支持建设的绵阳市儿童医院项目信体工程基本完成。（段兴兵）

旅 游

概 述

【概况】 2017年，全市旅游工作坚持以活动为载体，以产品为引领，以宣传为手段，以服务为宗旨，围绕“212”发展布局，推进“517”战略工程，旅游经济总体保持强劲的增长势头，全市旅游业对稳增长、调结构、转方式、惠民生的综合带动作用更加显著。截至年底，全市旅游总收入实现533.22亿元，同比增长26.37%；累计接待国内游客5292.32万人次，同比增长25.84%。春节黄金周全市接待游客358.22万人次，同比增长21.01%，旅游收入15.08亿元，同比增长31.6%；国庆、中秋黄金周全市接待游客387.27万人次，同比增长13.94%，创收17.17亿元，同比增长17.58%。两个“黄金周”15天，创收32.25亿元，占全市旅游总收入比重6.1%。

【旅游管理体制改革】 2017年2月9日，省委编办正式批准绵阳市旅游局更名为绵阳市旅游发展委员会。市委常委、宣传部部长张学民在2017年绵阳市旅游工作会上为市旅发委进行授牌。绵阳市旅游机构体制改革完善旅游业统筹协调机构，对深化旅游综合改革、适应全市旅游业快速发展、打造全域旅游城市等方面都具有重要意义，在促进相关产业融合发展、加快全市重点旅游项目建设、形成旅游品牌建设的合力、营造更加良好的旅游市场环境等方面能发挥更加积极的作用，有效推动全市旅游业实现跨越式发展。

【旅游扶贫】 2017年，全市对上争取各级资金1440万元用于贫困地区旅游产业发展。强化旅游扶贫人才培训，组织民族地区、贫困地区旅游人才赴浙江大学学习。北川维斯特农业休闲旅游区成功创建全省首批民族地区旅游人才培养开发示范基地。组织协调规划设计单位与安州区沸水镇红星村、平武县虎牙藏族乡虎丰村、北川县坝底乡通坪村进行对口帮扶，并针对各试点村编制《旅游扶贫试点村专项规划》。实施“千村万户”旅游富民计划，构建旅游开发与贫困群众脱贫致富的利益联结机制。安州区晓坝镇两河村、盐亭县安家镇鹅溪村等11个贫困村通过省级旅游扶贫示范村创建初评。

【全省旅游业新技术应用大会】 2017年9月6日，四川省旅发委、省科技厅、绵阳市人民政府主办，游仙区人民政府、绵阳市旅游发展委、绵阳市科知局承办的全省旅游业新技术应用大会在绵阳创新中心二期召开。会议以“新动能、新业态、新格局、新平台”为主题，依托“中国科技城”创新平台，创新技术发展与旅游产业有机融合，助力旅游产业实现创新升级发展。大会通过展示行业最前沿的新技术，为旅游企业引进和转化新技术提供切实可行的方案，一批三维技术、水下娱乐技术、野外集成房屋技术等新技术亮相。会上，省科技厅发布首批四川省级科技旅游示范基地创建名单，成都大熊猫繁育研究基地、成都市植物园、泸州老窖旅游区、绵阳科技馆、北川县维斯特示范园、四川嘉阳国家矿山公园、川茶集团科技园、汶川映秀防灾减灾科普基地、西昌邛海湿地公园、西昌卫星发射基地景区共计10个景区成为首批省级科技旅游示范基地。此外，省旅发委还发布《四川省旅游业新技术应用导则》。会上，省旅发委与成都理工大学签订“国家旅游环境保护与安全重点实验室”实施协议，游仙区与北京八号体育发展有限公司签订合作协议，四川旅发环保科技有限公司、稻城亚丁景区管理局、成都理工大学签订三方战略合作框架协议，省旅发委与恒丰银行成都分行签订战略合作协议。

【四川省第八届乡村文化旅游节（冬季）】 2017年12月20日，四川省第八届乡村文化旅游节（冬季）暨首届平武冰瀑节在平武报恩寺广场隆重开幕。省政府副秘书长黄小平，省政府参事、省旅游协会会长陈保明，省旅发委主任傅勇林，省农工委副巡视员周学礼，副市长罗蒙，市政协副主席沈其霖出席开幕式。此次乡村文化旅游节主题是“探寻平武秘境，奇遇南国冰瀑”，主体活动由特色乡村旅游成果展示、开幕仪式、“南国冰恋·梦境平武”主题晚会、旅游扶贫与乡村振兴研讨会、特色民俗美食文化品鉴等五大板块构成。开幕式上，平武、九寨沟、松潘三县宣布达成环雪宝顶旅游联盟，在区域规划统筹、旅游产品开发、资源保护共享等方面展开多方位紧密合作，共同推动大九寨旅游经济圈的建设；北大青鸟集团与平武签订合作开发中国报恩城文化旅游项目，拟投资100亿元，助力平武打造九环线东线旅游集散地、目的地。

【越王楼·三江半岛景区通过国家AAAA级景区现场评审】 2017年9月，省旅游景区质量等级评定委员会检查组对越王楼·三江半岛景区创建国家AAAA级旅游景区进行现场评定检查。市政府副秘书长杨朝晖出席评审会并讲话。检查组专家一行通过实地察看、查阅资料、听取汇报等方式对越王楼·三江半岛景区进行现场评定，认为创建工作扎实推进，景区生态环境良好、文化底蕴深厚、夜游产品打造凸显科技城的特色，现场打分达到国家AAAA级旅游景区标准，提交省旅游标准评定委员会审定。同时，检查组还对景区二期建设、现有项目提升、业态布局等提出建议意见。

【九皇山景区上市挂牌】 2017年4月6日，九皇山生态旅游股份有限公司（证券简称：九皇山，证券代码：871007）成功在“新三板”上市挂牌，成为全市首家上市的国家A级旅游景区，也是北川首家本土上市企业。九皇山成功上市，是全市旅游产业发展的一个重要里程碑，为全市旅游企业转换融资方式和模式积累经验。探索旅游企业管理模式转换，提升企业运营、监管分离，企业依法、依规经营的自律性。

（葛　佳）

旅游饭店管理

【概况】 2017年，全市有星级饭店25家，其中四星级以上10家；农家乐、乡村酒店416家，其中四星级以上农家乐39家，四星级以上乡村酒店12家。2017年度星级饭店复核工作中，取消1家饭店的星级旅游饭店资格，通过复核不断提升星级饭店的品质和竞争力。

2017年绵阳市星级饭店一览（四星以上）

表58

饭店名称	星级	等级(金树叶级或银树叶级)	联系电话	地址	简要介绍
富乐山九洲国际酒店	五星	金叶级	0816—2284888	四川绵阳市游仙区芙蓉路一段1号	酒店占地面积16.73公顷，主楼高4层，主楼后方分别有5幢独立别墅。共有客房176间（套），床位数239个；设特色豪华包房20个，可供1000人就餐；共有大小会议室5间，最大的多功能厅面积556.35平方米；酒店健身中心拥有6片网球场、沙壶球、健身器械等服务和设施；康乐中心设有棋牌、足浴、SPA等服务；店内设有商场和美容美发
长虹国际酒店	四星	金叶级	0816—2416666	四川省绵阳市高新区火炬西街北段89号	酒店由长虹电子集团公司投资兴建，属长虹集团公司下的子公司。酒店主体大楼地面共六层，地下一层，总建筑面积3.2万平方米。酒店现有客房216间/套，374个床位。酒店1、2楼分别设有能同时接待200人、400人就餐的中餐厅和多功能宴会厅，可供宾客休闲的棋牌包间、茶吧、游泳池和健身房；副设锦绣宫，有豪华包间8个，120个餐位。有大小会议室40余个，其中最大的会议室可容纳400人，适合举行大型政务、商务会议、学术论坛等会展活动
王子大酒店	四星	金叶级	0816—6358999	四川省绵阳市临园路西段25号	酒店拥有客房230间，其中套房39间、单间76间、标准间115间。设置5个各具特色的会议室，餐饮采用中西式风格，君悦大厅采用现代设计风格，可同时容纳300余人就餐，12个雅间可同时接待150人就餐
绵州酒店	四星	金叶级	0816—6350999	四川省绵阳市涪城区临园路东段62号	酒店占地面积1.6万平方米，总建筑面积4.3万平方米。设餐饮部、房务部、前厅部、营销部、工程部、安全部、行政部、计财部、质培部共9个部门,员工393人。现有客房298间（套），共446个床位，并设有21间包房，可同时容纳1000人用餐。拥有各类大中小型会议室共6个，可提供会议、用餐及住宿服务
绵州温泉酒店	四星	金叶级	0816—4636282	四川省绵阳市安县桑枣镇松林村	酒店占地11.73万平方米，总建筑面积3.5万平方米，拥有客房共计249间（套）、床位453张，其中三开间套房1套、套房14套、单间28间、标间155间、经济房50间、残疾人房1间，能充分满足政务接待、商务会议、休闲度假等不同客人的需求。酒店餐饮中心内设叠翠轩宴会厅及各型雅间12间及罗浮宫西餐厅，可为近800人提供餐饮服务。公司会议中心共有9种不同规格的会议厅，能同时容纳350人

续表

饭店名称	星级	等级(金树叶级或银树叶级)	联系电话	地址	简要介绍
顺辉·世纪巴登酒店	四星		0816—6353333	临园路西段28号	酒店总占地面积约5300余平方米，建筑面积近2.1万平方米。酒店有不同类型的豪华客房206间（套），餐饮服务区拥有5个中餐贵宾包房和宴会大厅1个，可为300余位客人提供用餐。会议中心有可接待200余人的大型会议室1个，课桌式、洽谈式、会见式等形式的会议室4个，商务会所大厅能容纳50余位客人同时品茗、休闲，另有棋牌包间12个
梓州国际酒店	四星		0816—5899999	三台解放上街49号	酒店占地1万平方米，建筑面积2万平方米，分主楼和附属楼两栋，其中主楼共计14层，主要有餐饮、客房、会议、娱乐、健身、休闲及各类中西式糕点等服务项目
新北川宾馆	四星		0816—4229999	北川羌族自治县尔玛路25号	宾馆占地面积14600平方米，建筑面积20016平方米，2012年5月10日正式挂牌四星。宾馆周边景点有国家AAAAA级景区羌城旅游区、国家AAAA级景区九皇山、千佛山景区、罗浮山温泉、药王谷、吉娜羌寨等景点
江油宾馆	四星		0816—3277777	江油市东大街169号	宾馆占地1.3万平方米，客房总数128间（套），其中行政套房1间、豪华套房8间、豪华单间28间、标间91间。会议中心规模宏大，拥有8个能同时接待20—300人使用的各种规格会议室和同时容纳100多桌婚宴的多功能厅
江油国际大酒店	四星		0816—3233333	江油市花园路北段1号	酒店建筑面积11800平方米，拥有94套不同功能的客房和155个床位，1个可容纳500余人聚会的中餐厅，14个VIP宴会包间，1个咖啡厅，1个中型会议厅，4个小型会议室，1个洽谈室，1个小商场，1个行政酒廊，1个健身房，11个KTV包厢，1个茶室及6个棋牌间

【旅游饭店发展暨主题酒店创建专题讲座】 2017年5月17日，市旅发委在王子大酒店举办旅游饭店发展趋势暨主题酒店创建专题讲座，特邀四川大学旅游学院管理系主任、《四川省主题旅游饭店标准》主要起草人李原教授进行专题讲解并答疑，培育旅游住宿新业态，推动旅游住宿更好地满足游客多元化、特色化的需要。全市县级旅游部门、星级饭店等相关单位负责人、业务人员120余人参与讲座。

【五星级乡村酒店（农家乐）通过省级评定】 2017年9月5—6日，省旅游协会秘书长柴延祝、成都西蜀人家总经理韩小安、省旅游协会秘书处处长尹海生3人组成旅游标准评定委员会专家评定小组，按照《四川省农家乐/乡村酒店旅游服务质量等级划分与评定》，对绵阳涪城区兰庭生态园、安州区汇森山庄创建五星级农家乐，仙海区龙源会议中心创建五星级乡村酒店进行评定。评定小组围绕环境、景观与建筑，住宿、餐饮、配套设施，服务质量，安全管理，管理绩效等七个方面，采取听取汇报、现场查看、查阅资料等方式，进行逐项评定。经评定，3家创建单位产业与旅游、乡村旅游与农业，按照旅游六要素融合发展，做到目标定位清晰化、产业发展规模化、种植养殖专业化、乡村旅游特色化、服务管理标准化，有特色、有亮点，达到标准要求，通过评审。

（葛　佳）

旅行社管理

【概况】 2017年，全市有旅行社55家（4家拟注销非正常营业旅行社），旅行社分社26家，旅行社服务网点455个。办理旅行社业务经营许可证核发审批2项、注销5项、变更3项，1家旅行社质量保证金被执行赔偿。

【全市旅游行业文明旅游暨旅行社诚信经营培训】 2017年11月29日，绵阳市旅游行业文明旅游暨旅行社诚信经营培训会在开元酒店召开。市旅发委副主任马理慧进行开班动员，文明办副主任凌开业出席会议并进行文明旅游培训讲话。培训会邀请旅游业界经验丰富的从业者、律师分享从业经验、解答实际工作中遇到的法律难题。各县市区旅游主管部门、星级饭店、A级景区、旅行社等相关单位业务负责人、执法人员、其他人员代表200人参加此次培训。

【旅行社责任保险监管】 2017年，通过旅行社责任保险续（投）保提醒、督促和催办，全市52家旅行社续（投）保2017年度旅行社责任保险，其中续（投）保2017年全国旅行社责任险统保示范项目旅行社47家，统保率达85.5%。全年催办责任险续（投）保及填报团队系统投保信息15家次。

（葛　佳）

旅游行业监管

【概况】 2017年，市旅发委联合公安、工商、发改、质监、食药监等职能部门，开展“不合理低价游”“秋冬会战”等旅游市场综合治理行动，打击各类违法违规行为。全年出动检查旅游市场96次，出动执法人员340人次，检查涉旅企业815家次，受理旅游投诉和纠纷154件，旅游咨询214件，理赔金额近29万元，办理行政处罚案件2件、其他行政权力事件109件。组织开展“A级旅游景区整治行动”、全市旅游行业安全大检查、地质灾害隐患排查和防治工作，开展“8·8”九寨沟地震应急抢险救援、灾害应对工作，确保旅游市场的安全有序。全年无重大旅游投诉和旅游安全事故发生。

2017年绵阳市旅行社一览

表59

序号	许可证号	旅行社名称	法人	投诉电话	注册地址	所在地区
1	L-SC-B00001	绵阳壹零叁叁旅行社有限公司	何淑华	0816-2721033	绵阳市临园路东段 58 号（星联广场二期四层）	涪城区
2	L-SC-B00002	绵阳市交发旅游集散中心管理有限责任公司	唐孝鹏	0816-2228499	绵阳市涪城区临园路西段 29 号	涪城区
3	L-SC-B00003	绵阳青年旅行社有限责任公司	周　岩	0816-2239926	绵阳市安昌路 18 号爱喜嘉年华 B 座 5 楼 5 号	涪城区
4	L-SC-B00004	绵阳东方旅行社有限公司	夏　英	0816-2233111	绵阳市临园路西段 5 号	涪城区
5	L-SC-B00005	绵阳市康辉国际旅行社有限责任公司	范宗荣	0816-2339827	绵阳市临园路中段 84 号三力大厦五楼	涪城区
6	L-SC-B00006	绵阳中旅西部旅行社有限公司	张敏娟	0816-2226488	绵阳市安昌路 17 号（百盛富临花园 3 楼 5 号）	涪城区
7	L-SC-B00007	绵阳市天马旅行社有限责任公司	岳俊颖	13881136966	绵阳市警钟街 72 号	涪城区
8	L-SC-B00008	四川天颂国际旅行社有限公司	杨挺彪	0816-2269723	绵阳涪城区御苑路 9 号 5 幢 1 楼	涪城区
9	L-SC-B00009	绵阳市仙海旅行社有限公司	王一平	0816-6620924	绵阳市红星街 61 号	涪城区
10	L-SC-B00010	绵阳市虎跃旅行社有限公司	李成学	0816-7228376	绵阳市盐亭县八角镇文卫街 136 号	盐亭县
11	L-SC-B00011	绵阳市中旅假日旅行社有限公司	王小丽	0816-2228499	绵阳市涪城区临园路东段 72 号新益大厦（栋）公寓 12 层 4 号	涪城区
12	L-SC-B00012	绵阳市三国旅行社有限公司	郑　红	0816-2323710	绵阳市富乐路 22 号	涪城区
13	L-SC-B00013	绵阳市金航旅行社有限公司	游　川	0816-2232208	绵阳市临园路东段樊华商业城一楼 3-19	涪城区
14	L-SC-B00015	绵阳市友谊旅行社有限公司	杨志勇	0816-2344822	绵阳市佳辉花园 B 幢 3-2-2 号	涪城区
15	L-SC-B00016	绵阳温馨国际旅行社有限公司	贾雪蕾	0816-2239993	绵阳市涪城路盛鑫苑 2 幢 8 楼 C 号	涪城区
16	L-SC-B00017	四川同业国际旅行社有限公司	贾小平	0816-2250117	绵阳市涪城区临园路西段 29 号绵阳汽车客运总站办公楼 3-19	涪城区
17	L-SC-B00018	绵阳高新国际旅行社有限公司	杨子贤	0816-2333653	绵阳市涪城区顺河前街 7 号一楼	涪城区
18	L-SC-B00020	绵阳市启明星国际旅行社有限责任公司	宋钒嘉	0816-2301183	绵阳市剑南路西段 73 号	涪城区
19	L-SC-B00021	四川亚晖国际旅行社有限责任公司	张　兵	17738426085	绵阳市涪城区剑南路西段 26 号	涪城区
20	L-SC-B00022	绵阳市联合国际旅行社有限责任公司	安　俊	0816-2310288	绵阳市涪城区临园路东段 67 号	涪城区
21	L-SC-B00023	绵阳骏辉旅行社有限公司	汪德俊	0816-2358412	绵阳市涪城区花园路 9 号绵阳涪城万达广场 6 栋一单元 19 层 16 号	涪城区
22	L-SC-B00024	四川绵阳国际旅行社有限公司	贾小平	0816-2221331	绵阳市警钟街 28 号商住楼三楼	涪城区

续表

序号	许可证号	旅行社名称	法人	投诉电话	注册地址	所在地区
23	L-SC-B00025	绵阳众信国际旅行社有限公司	汪忠鹏	0816-2240686	绵阳市安昌路 18 号 ESSE 爱喜嘉年华 1 幢 2-12-B14	涪城区
24	L-SC-B00026	绵阳市海天国际旅行社有限责任公司	王　臻	0816-2245631	绵阳市富乐路 28 号（长兴江岸精典 1 栋 1-26-3 号）	涪城区
25	L-SC-B00027	绵阳市云帆国际旅行社有限公司	周　洁	0816-2301899	绵阳市涪城区剑南路西段 8 号（富临东方广场）2 幢 1 单元 34 层 4 号	涪城区
26	L-SC-B00028	绵阳七曲山旅行社有限公司	梁　勇	0816-8260987	四川省绵阳市梓潼县文昌镇崇文街东段北侧金柏林一幢一层 10、11 号	梓潼县
27	L-SC-B00029	绵阳绿地假日旅行社有限公司	黄　勇	0816-2351026	绵阳市涪城区花园路 9 号（万达广场）	涪城区
28	L-SC-B00030	绵阳甲天下旅行社有限公司	张　勇	0816-2310308	绵阳市长虹大道中段 129 号都市时尚 1-1-2106	涪城区
29	L-SC-B00031	江油印象旅行社有限责任公司	梁　敏	0816-3220878	江油市中坝镇金轮干道中段太白广场电梯公寓 1 幢 1 层 49 号	江油市
30	L-SC-B00033	绵阳五洲旅行社有限责任公司	程红梅	0816-2233737	绵阳市涪城区安昌路 18 号	涪城区
31	L-SC-B00036	江油阳光旅行社有限公司	陈秋华	0816-3271003	江油市顺辉购物广场一楼	江油市
32	L-SC-B00037	江油李白故里旅行社有限公司	唐安民	0816-3251567	江油市中坝东大街 87 号	江油市
33	L-SC-B00039	江油畅游旅行社有限公司	张　琴	13340886799	江油市中坝镇东大街 1 号 1 楼	江油市
34	L-SC-B00040	江油青年旅行社有限公司	何　英	0816-3253473	江油市新华中路 279 号（诗城大酒店内一楼大厅）	江油市
35	L-SC-B00041	绵阳神州国际旅行社有限公司	秦　鸣	0816-2231882	绵阳市临园路东段 68 号富临大都会 2 幢 2 单元 3 楼 4 号	涪城区
36	L-SC-B00044	北川羌族自治县民族旅行社有限公司	孙　莉	0816-4825082	北川羌族自治县永昌镇白沙街 22 号	北川羌族自治县
37	L-SC-B00045	绵阳市快乐生活国际旅行社有限公司	顾炯语	13881109016	绵阳市涪城区安昌路 18 号（爱喜嘉年华 1 幢 2018 号）	涪城区
38	L-SC-B00046	绵阳新航线旅行社有限公司	赵　勇	0816-2269111	绵阳市文庙街 2 号（广电局一楼）	涪城区
39	L-SC-B00052	绵阳中青国际旅行社有限责任公司	王　成	0816-2351141	绵阳市涪城区临园路西段 5 号（花园景都一楼 47 号）	涪城区
40	L-SC-B00053	北川云朵旅行社有限公司	邓远海	0816-2244461	北川县安昌镇大北街 89 号	北川羌族自治县
41	L-SC-B00054	绵阳环球国际旅行社有限公司	王丽辉	13198666999	绵阳市西大街 50 号	涪城区
42	L-SC-B00055	绵阳创亿国际旅行社有限责任公司	曾　勇	18681696888	绵阳市涪城区长虹大道中段 120 号	涪城区
43	L-SC-B00056	绵阳华阅国际旅行社有限责任公司	刘红梅	13890173968	绵阳市安州区花荄镇文苑路中段北侧 1 栋 2 单元 6 号	安州区
44	L-SC-B00058	四川金赐国际旅游有限责任公司	王洪伟	0816-6095888	绵阳市涪城区平政一巷 28 号（五一名都）	涪城区
45	L-SC-B00059	绵阳环奥国际旅行社有限公司	杨　晋	0816-2245688	绵阳市涪城区石塘路 18 号（东瑞公寓 1-1-4）	涪城区

续表

序号	许可证号	旅行社名称	法人	投诉电话	注册地址	所在地区
46	L-SC-B00060	绵阳市百事通国际旅行社有限公司	陈宗雅	0816-2242816	绵阳市涪城区安昌路18号ESSE爱喜嘉年华1栋2层2029号	涪城区
47	L-SC-B00061	四川美亚假日旅行社有限公司	张志辉	0816-2748700	四川省绵阳市临园路东段54号	涪城区
48	L-SC-B00062	绵阳优游之旅旅行社有限公司	林　波	0816-2557938	绵阳高新区绵兴路东段62号33幢39#	高新区
49	L-SC-CJ00019	四川绵阳假日国际旅行社有限公司	何淑华	0816-2222499	四川省绵阳市临园路东段58号	涪城区
50	L-SC-CJ00036	四川省绵阳九龙国际旅行社有限公司	王　卓	0816-2496233	绵阳市绵山路64号（科学城八区职工班车站）	科学城办事处
51	L-SC-CJ00045	四川长虹国际旅行社有限责任公司	袁冬梅	0816-2418499	绵阳市高新区长虹国际酒店内	高新区
52	L-SC-CJ00074	四川中盛国际旅行社有限公司	李海清	0816-2310108	绵阳市涪城区临园路东段67号	涪城区
53	L-SC-CJ00091	绵阳市绵州国际旅行社有限公司	王　刚	0816-2233598	绵阳市临园路东段68号（富临大都会七栋二单元六楼8号）	涪城区
54	L-SC-CJ00096	四川绵阳机场国际旅行社有限责任公司	党　红	0816-2334998	绵阳市涪城区花园北街6号海关（副楼）	涪城区
55	L-SC-CJ00104	绵阳沪春秋旅行社有限公司	孙文霞	0816-2223727	绵阳市涪城区铁牛街12号樊华商业城	涪城区

【旅游行业安全工作培训】 2017年4月21日，市旅发委召开全市2017年度旅游行业安全工作暨培训会，组织各县市区旅游主管部门、星级饭店、A级景区、旅行社等相关单位业务负责人近100人专题学习党中央、国务院《关于推进安全生产领域改革发展的意见》，并结合旅游行业实际提出贯彻落实意见。会上，市旅发委同各县市区、园区旅游主管部门签订“2017年度旅游行业安全工作目标责任书”，督促落实旅游安全监管工作。

【文明旅游建设】 2017年2月27—28日，全市文明旅游推进联席会议召开，传达贯彻全国、全省文明办主任会议精神，推动中央、省、市文明委关于精神文明建设暨文明旅游工作，要求加强推进包括开展文明旅游志愿者服务在内的各项工作，提高文明旅游素质。全市成立各类文明旅游志愿服务组织126个，设立固定、流动文明旅游志愿服务点312处，志愿服务人数1798人。

【重点旅游线路诚信参考价出台】 2017年3月31日，市旅发委与市旅游协会组织全市9家旅行社（平台社、旅行社分会副会长单位）主要负责人就全市2017年重点旅游线路组（接）品质旅游团队诚信参考价的制定召开研讨会议。会议重点讨论12条全市发往省内热点旅游线路接待服务成本价，并通过与会人员共同研究确定《2017年度绵阳重点旅游线路诚信参考价》,明确该诚信参考价以市旅游协会名义出台并对外发布，发布期间为2017年4月1日至2018年3月31日。

【“8·8”九寨沟地震旅客安置】 2017年8月8日，九寨沟地震发生后，市旅发委反应迅速，组织疏散绵阳市25个团队、司导及游客911人，无人伤亡。疏散、转运、接待由九寨沟、黄龙寺进入平武境内的游客6469人次（客运班车119班、3729人，由九寨沟县派出22座中巴车70辆、1440人，自驾车270辆、1300人），旅游接待3500余人次。（葛　佳）

旅游市场推广

【概况】 2017年，全市旅游推广围绕“寻找美丽、追逐幸福——绵阳见”宣传主题，以形象宣传为重点，旅游节庆活动为依托，整合资源，多方协作，扩大绵阳旅游客源市场影响力。与成都、德阳、汉中、广元、西安建立“两汉三国·秦蜀古道”六城市联盟，与18个同属大九寨环线黄金走廊上重要节点的县市区共同发起建立大九寨环线旅游黄金走廊区域联盟。通过到北京、上海、西安、重庆、贵阳等地宣传推介，在成都宽窄巷子举办绵阳旅游图片展，邀请主要客源地旅行商到绵阳体验线路产品等方式多方位、多角度、多层次地展现绵阳旅游独特魅力。

【“非绵阳　不青春”绵阳旅游进高校活动】 2017年3月13—17日，市旅发委整合各县市区旅游资源在成都5所高校校园内开展以“非绵阳　不青春”为主题的绵阳旅游进高校落地活动，引发大范围的图片及新闻稿件传播。此次宣传合作期间，四川新闻网文化旅游频道焦点图发布14天，旅游活动栏目发布20天，四川旅游新闻网首页顶部通栏12天，焦点图发布8天，四川新闻网旅游频道官方微信3条、官方微博5条，四川旅游新闻网头条号、四川新闻网旅游频道头条号共3条，每条特稿在全国旅游媒体联盟推送。

【安州区睢水“春社”踩桥会】 2017年3月22日，中国最具特色民俗活动“中国春社·睢水踩桥”在安州区睢水镇太平桥举行，来自周边省市10余万人次汇集到安州区睢水镇。活动当天，“安州造”特色商品、商贸集中交易区共实现销售额66.83万元。

【第六届绵阳（仙海）端午文化旅游节】 2017年5月28—30日，第六届绵阳（仙海）端午文化旅游节在仙海举行。此次节会以“动感仙海、时尚仙海、绝味仙海、乐在仙海”为主题，推出“地方特色文艺展演、激情端午龙舟公开赛、仙海主题美食季”等系列活动。龙舟比赛参赛队伍达46支，为历届之首。为期3天的文化旅游节，仙海旅游度假区共迎来12万余名游客，实现旅游收入1089万元。

【成都宽窄巷子绵阳旅游图片展】 2017年9—10月，市旅发委整理全市优秀旅游摄影图片作品45幅在成都宽窄巷子进行为期1个月的“多彩山水 富乐绵阳”旅游宣传营销活动。据统计，活动期间到访宽窄巷子游客达150万人次，其中，国庆中秋假日参观人次多达71.5万人。到宽窄巷子游客通过绵阳旅游图片展，了解绵阳市的旅游资源情况。

【参加“天府四川 最美金秋”——2017四川旅游推介活动】 2017年9—10月，省旅发委组织各地市州赴北京、上海、广州、西安等地举办“天府四川 最美金秋”大型旅游营销活动。绵阳市由旅游主管部门、景区、酒店、旅行社等组成宣传团队，重点推介“两弹”城科技之旅、山水绵阳城市灯光之旅、九环东线生态之旅、文化探源之旅、羌乡风情之旅、美丽田园乡村之旅六大精品旅游线路，并与当地旅行社进行交流，洽谈合作事宜。

【旅游新媒体平台】 2017年，绵阳旅游依托新媒体宣传平台开展内容丰富的旅游形象、线路产品宣传，包括绵阳美食、农家乐、景区活动、时事消息、政策等类型消息。“绵阳旅游”微信公众平台共发布图文消息728条，粉丝数量达92600余人，平均周阅读量达3000—4000人次；“绵阳旅游”官方微博共发布图文消息221条，关注数量达70500余人。

（葛　佳）

旅游景区管理

【概况】 2017年，全市有国家A级景区25个，其中国家AAAAA级景区1个、国家AAAA级景区14个，省级旅游度假区2个，省级生态旅游示范区2个，四川省旅游强县2个，四川省乡村旅游强县1个，四川省乡村旅游特色乡镇6个，四川省乡村旅游精品村寨8个。全年成功创建国家AAAA级景区2个（百年好合爱情谷景区、越王楼·三江半岛景区），国家AAA级景区3个（安州幸福七里旅游区、花城果乡旅游区、平武印象梅林景区）。

2017年绵阳市国家A级景区一览

表60

序号	景区	级别	评定时间	地址
1	北川羌城旅游区	AAAAA	2013.05.04	绵阳市北川县永昌镇
2	绵阳市西羌九黄山猿王洞景区	AAAA	2006.10.23	绵阳市北川县桂溪乡
3	绵阳市北川药王谷旅游景区	AAAA	2013.09.13	绵阳市北川县桂溪乡林峰村二组
4	梓潼县七曲山风景区	AAAA	2006.10.23	绵阳市梓潼县七曲山
5	绵阳市平武报恩寺	AAAA	2008.04.30	四川省绵阳市平武县龙安镇
6	绵阳市江油窦团山风景区	AAAA	2005.12.22	四川省江油市武都镇团山村
7	江油李白纪念馆景区	AAAA	2012.12.11	绵阳市江油市文风街 1 号
8	绵阳市科技馆旅游景区	AAAA	2014.05.04	绵阳市游仙区一环路东段 232 号
9	绵阳市江油李白故居景区	AAAA	2015.01.06	江油市青莲镇粉竹路
10	绵阳市北川维斯特农业休闲旅游区	AAAA	2015.01.06	北川新县城农业科技园
11	绵阳市仙海旅游景区	AAAA	2015.12.16	绵阳市仙海水利风景区
12	绵阳寻龙山景区	AAAA	2015.12.16	绵阳市北川县安昌镇沙汀路
13	绵阳市江油佛爷洞景区	AAAA	2016.12.06	四川省江油市大康镇因明村

续表

序号	景区	级别	评定时间	地址
14	绵阳市百年好合爱情谷景区	AAAA	2017.01.03	四川省江油市大康镇
15	绵阳市越王楼·三江半岛景区	AAAA	2017.11.29	绵阳市剑南路东段326号
16	三台梓州杜甫草堂	AAA	2009.10.12	绵阳市三台县西外街
17	绵阳市安州区花城果乡旅游景区	AAA	2017.01.16	绵阳市安州区花荄镇联丰村
18	绵阳市安州区幸福七里旅游景区	AAA	2017.01.16	绵阳市安州区塔水镇七里村
19	绵阳市平武印象梅林景区	AAA	2017.02.06	绵阳市平武县平通镇桅杆村
20	富乐山	AA	2002.12.11	绵阳市游仙区芙蓉路1段10#
21	碧水蓝天旅游景区	AA	2010.12.16	绵阳市涪城区杨家镇团阳寺三社
22	涪城区小桥村	AA	2007.10.16	绵阳市涪城区龙门镇小桥村
23	涪龙苑旅游景区	AA	2010.12.16	绵阳市涪城区龙门镇香社村七社
24	绵阳市盐亭县玉龙山旅游景区	AA	2012.12.13	四川省盐亭县
25	绵阳市涪城区晨曦森林度假村旅游景区	AA	2012.12.13	绵阳市涪城区丰谷镇民杨村一组

【旅游项目建设】 2017年，全市在建旅游项目完成投资76.08亿元，招商引资签约金额92.4亿元。在建项目126个，其中新开工51个、续建75个。阔达藏族乡蜜蜂小镇旅游扶贫项目、乾元山—吴家后山旅游度假区等73个项目进入全市储备项目库。江油紫杉谷有机旅游度假区项目、“湖光山色”美丽乡村项目等9个项目成功签约，李白文化产业园、华夏文明传承园等重大旅游项目顺利推进。全年对上争取资金1824万元，用于旅游扶贫、乡村旅游、旅游人才培训等16种类型项目建设。

【越王楼·三江半岛景区】 景区由越王楼历史文化名楼区、三江半岛观光休闲区组成。越王楼，中国历史文化名楼，为唐太宗第八子越王李贞于唐显庆元年（656年）任绵州刺史时所建，与黄鹤楼、滕王阁、岳阳楼并称为唐代四大名楼，曾多次毁损、重建。2011年原址重建的越王楼共15层，高99米。收录李白、杜甫等历代大诗人题咏越王楼的诗文多达154篇，人称“天下诗文第一楼”。三江半岛观光休闲区，是开放式亲水滨江生态公园。可乘游船观赏“美丽绵阳”夜景及三江十大特色景观“唐楼凌霄、铁牛镇水、富乐仙踪、龙拜南山、城中鸟岛、涪翁钓烟、东津古渡、湖滨曙色、五桥流碧、万顷琉璃”。

【百年好合爱情谷景区】 景区位于江油市城区西北方向2.5千米处，距绵阳37千米、成都142千米，交通便利，拥有完善的旅游配套服务设施，是集“百合、爱情、农耕、民俗、餐饮、娱乐”等多种文化旅游元素于一体的国家AAAA级旅游景区，同时有国家百合公园之称，是峨眉电影制片厂拍摄基地、中国最具特色婚庆基地。景区依托中国最大百合花种球繁育基地而建，是全国最大的以百合花为主题的农业旅游融合发展景区。分为旅游观光、爱情体验、民俗文化、加工生产“四大板块”，由千亩花海、机器人餐厅、百合博览园、爱情谷酒店、相思游乐园、山盟广场、爆品花卉园、爱情小火车、百合餐厅、蓬客酒店等以爱情为主题特色景点组成，巧妙融入百合、爱情元素，令游客享受温馨的爱情之旅、甜蜜之旅、浪漫之旅。（葛　佳）

传统村落保护

【概况】 2017年，全市传统村落工作从强化领导、强制保护、强力监管和宣传引导四个方面着手，稳步推进北川县马槽乡黑水村等14个已列入中国传统村落名录村落的保护利用工作，做好第五批国家级传统村落调查推荐工作。全年完成14个国家级传统村落保护规划的编制；新申报游仙区徐家镇和阳村等25个国家级传统村落，通过住房城乡建设厅初步审查，并报住建部进行评审；完成江油市二郎庙镇青林口村等5个国家级传统村落村内道路、供水、垃圾和污水治理等基础设施建设工作，完善消防、防灾避险等必要的安全措施，整治公共场地、荷塘沟渠，改善人居环境；江油市二郎庙镇青林口村等5个国家级传统村落获得1325万元中央财政专项资金支持，完成保护项目实施投资675万元。

绵阳市省级传统村落第三批名单

表61

序号	所属县	所属镇	村落名称	批次	获批时间
1	安州区	宝林镇	大沙村	第三批	2017.04
2		高川乡	天池村	第三批	2017.04
3		桑枣镇	红牌村	第三批	2017.04
4		塔水镇	双林村	第三批	2017.04
5		睢水镇	红石村	第三批	2017.04
6	北川县	片口乡	保尔村	第三批	2017.04
7		曲山镇	石椅村	第三批	2017.04
8		桃龙藏族乡	大鹏村	第三批	2017.04
9		青片乡	正河村	第三批	2017.04
10	涪城区	丰谷镇	二社区	第三批	2017.04
11	江油市	重华镇	公安社区	第三批	2017.04
12		含增镇	长春村	第三批	2017.04
13	平武县	白马藏族乡	亚者造祖村	第三批	2017.04
14		大印镇	金印村	第三批	2017.04
15		豆叩镇	银岭村	第三批	2017.04
16			紫荆村	第三批	2017.04
17		虎牙藏族乡	上游村	第三批	2017.04
18	平武县	龙安镇	两河堡村	第三批	2017.04
19		木座藏族乡	民族村	第三批	2017.04
20		响岩镇	双凤村	第三批	2017.04
21			中峰村	第三批	2017.04
22	三台县	塔山镇	南池村	第三批	2017.04
23		西平镇	柑子园村	第三批	2017.04
24	盐亭县	安家镇	鹅溪村	第三批	2017.04
25		柏梓镇	龙顾村	第三批	2017.04
26		高灯镇	阳春村	第三批	2017.04
27		黄甸镇	龙台村	第三批	2017.04
28		黄溪乡	马龙村	第三批	2017.04
29		巨龙镇	五和村	第三批	2017.04
30		林山乡	青峰村	第三批	2017.04
31		石牛庙乡	风华村	第三批	2017.04
32		五龙乡	龙潭村	第三批	2017.04
33		洗泽乡	凤凰村	第三批	2017.04

续表

序号	所属县	所属镇	村落名称	批次	获批时间
34	游仙区	东宣乡	鱼泉村	第三批	2017.04
35			飞龙村	第三批	2017.04
36		观太乡	卢家坪村	第三批	2017.04
37		刘家镇	曾家垭村	第三批	2017.04
38		石板镇	白马村	第三批	2017.04
39		太平乡	南山村	第三批	2017.04
40		魏城镇	铁炉村	第三批	2017.04
41			先锋村	第三批	2017.04
42		徐家镇	和阳村	第三批	2017.04
43		玉河镇	上方寺村	第三批	2017.04
44	梓潼县	定远乡	同心村	第三批	2017.04
45		交泰村	高垭村	第三批	2017.04
46		双板乡	南垭村	第三批	2017.04
47		文昌镇	七曲村	第三批	2017.04
48		先锋乡	甘滋村	第三批	2017.04
49		演武乡	柏霖湾村	第三批	2017.04
合　计				49个	

【传统村落保护规划编制】 2017年，市城乡规划局推进14个国家级传统村落保护规划的编制工作。北川县青片乡上五村、北川县马槽乡黑水村、江油市二郎庙镇青林口村、游仙区魏城镇绣山村、涪城区丰谷镇丰谷场镇二社区、平武县白马藏族乡亚者造祖村、平武县虎牙藏族乡上游村、平武县木座藏族乡民族村、盐亭县林山乡青峰村、游仙区刘家镇曾家垭村、游仙区玉河镇上方寺村、游仙区东宣乡鱼泉村、游仙区魏城镇铁炉村、安州区桑枣镇红牌村保护发展规划编制完成，并全部通过省住建厅组织的传统村落保护发展规划技术审查。

【传统村落申报】 2017年，市城乡规划局贯彻落实党中央、国务院关于加大力度保护传统村落的要求，开展第五批国家级传统村落调查推荐工作，在市辖区范围内全面开展普查，发现有价值的文物古迹、历史建筑、传统民居、古路桥涵、古井藤树等历史环境要素，充分挖掘当地的传统文化、传统技艺，保持传统村落的完整性、真实性和延续性，对具有保护价值的乡镇做好资料收集，并安排专人编制传统村落申报资料。全市申报的25个国家级传统村落全部通过住房城乡建设厅初步审查，住房城乡建设厅将25个村落的申报资料转报至住建部。

【传统村落专项资金使用情况】 2017年，北川县青片乡上五村、北川县马槽乡黑水村、平武县虎牙藏族乡上游村、江油市二郎庙镇青林口村和游仙区魏城镇绣山村5个中国传统村落收到中央财政专项补助资金。北川县青片乡上五村中央财政专项资金到账150万元，全部用于村内西窝羌寨修缮与保护，全部竣工；北川县马槽乡黑水村中央财政专项资金到账300万元，全部用于村落公共服务设施和基础设施建设、生态环境整治、历史建筑及古树的建档挂牌保护、消防设施配备及“非遗”文化传承人认定等方面；平武县虎牙藏族乡上游村中央财政专项资金到账300万元，其中95万元用于村内民居旧房试点性打造；江油市二郎庙镇青林口村中央财政专项资金到账275万元，其中125万元用于古镇路灯、光伏发电、标志标牌3个项目，全部完工并通过审计；游仙区魏城镇绣山村中央财政专项资金到账300万元，其中150万元用于村内基础设施建设，150万元用于郭家大院和李家大院历史建筑修缮保护、新建10处垃圾房、安装太阳能路灯59盏，基础设施建设竣工，历史建筑修缮保护、新建垃圾房及安装太阳能路灯3个项目平稳推进。

【虎牙藏族乡上游村】 地处涪江源头，紧邻国家级自然保护区雪宝顶，位于虎牙藏族乡政府北部3千米，面积24平方千米。该村依山傍水，四大院落地势分布开阔平缓，村域沿边四周山峰险峻、造型奇特，多为悬崖峭壁，地质构造奇特，水流长年不断，清澈见底，从西向东穿过，形成大小瀑布20余处,四面青山环抱，森林茂密，古树参天，珍稀动植物和矿产资源十分丰富。其中森林约1826公顷、竹林约30公顷，森林覆盖率约为85%，属于国家一级保护的植物有红豆杉、珙桐、南方红豆杉、水杉、银杏、独叶草6种，属于国家二级保护植物有水青树、连香树、四川红杉、独叶草、麦吊云杉、巴山榧、红椿等20种。动物种类繁多，其中属于国家一级保护动物有大熊猫、金丝猴、云豹、牛羚、金雕、绿尾虹雉、斑尾榛鸡、雉鹑9种，属于国家二级保护动物有扭角羚、林麝、马麝、藏酋猴、小熊猫、黑熊、斑羚、岩羊等34种，村域内有水晶、海兰宝、云母、锡石及大宗矿铁、猛、铝、锌等20余种。2016年11月，上游村被住房城乡建设部等7部门列入全国第四批传统村落保护名录。

【木座藏族乡民族村】 位于木座藏族乡西北部9千米，村内老寨子三面环山，位居半山腰上，面朝岷山山脉，前被火溪河环抱，形成太师椅的形态。村内林业资源、生物资源及药材资源极其丰富，具有多冷杉、云杉、麦吊衫、红松、华山松、桦木等优质树种；有大熊猫、金丝猴、扭角羚等国家一级保护动物，猕猴、小熊猫、黑熊、马熊、水鹿、猞猁、兔狲、水獭、斑羚、岩羊等17种国家二级保护动物；有贝母、虫草、当归、党参、羌活、大黄、天麻等近百种药材。2016年11月，民族村被住房城乡建设部等7部门列入全国第四批传统村落保护名录。

【林山乡青峰村】 位于林山乡北部2.1千米，面积3.15平方千米。林山乡，古名灵山，明代设镇，清初设铺，地处四川北部浅丘陵区，因造林绿化出色而全国闻名。该村现保存完好的古村落3处，高灵古道观1处，回族清真寺1处，敬氏祠堂1处。古村落民居建筑群位于该村4、5、6社，海拔在430–510米之间，整个村落传统风貌破坏较小，古建筑类型多样，工艺及传统民居式样独特丰富，农耕文化符号齐全，整体民俗面貌颇具特色。现存穿斗木结构（由青石、柏木、青瓦、竹篾泥墙构成）。院落118套，依山弯而建，错落有致，掩映于丛林绿树之中，多套为清代所建，年久失修的有23套。位于洞孔湾的王家大院、正方湾的王氏民居、王家坝老屋、王家坝二房头，正堂屋雕梁画栋、有中国易学和道家文化的太极图案、青龙白虎祥云图案，门窗木雕栩栩如生，房顶有福禄寿喜造型，大院内多处建构天井，形成各具风格的小院落至今保存完好，整个院落背靠尖子山面向高灵古道观呈五岳朝天之势，王家老屋有三道朝门，木雕人物花草活灵活现，石雕砖画线条优美。2016年11月，青峰村被住房城乡建设部等7部门列入全国第四批传统村落保护名录。

【刘家镇曾家垭村】 位于刘家镇北部1.5千米，面积9.6平方千米。曾家垭村历史悠久，有国家级文物保护单位：马鞍山麓的马鞍寺。是现存规模较大、历史久远、底蕴厚重、不可多得的文化遗产资源。该寺建于明代，毁于明末。重建于清乾隆年间，历经清朝、民国，屡有修缮，现遗格局基本为清代原貌。此外，马鞍寺壁画数量众多，在全川罕见。寺内只要能作画的地方——建筑的挑、枋、壁间都绘有壁画。壁画的内容广泛，涉及当时的现实生活、神话故事、宗教题材、戏剧历史。如钟馗降魔、刘海戏金蟾、太公钓鱼、吕洞宾戏牡丹等壁画栩栩如生，做工相当精细。大雄宝殿壁上绘有二十四诸天、十八罗汉等佛教题材的壁画数幅，仿唐吴道子画技，技法高超，用笔生动传神，有“吴带当风”之神韵。马鞍寺乐楼结构完整，屋面装饰保留川西北民间风格，且壁头保留大量民间壁画和戏班题记，是全市乃至四川省保留最完整的清代戏楼之一。2016年11月，曾家垭村被住房城乡建设部等7部门列入全国第四批传统村落保护名录。

【玉河镇上方寺村】 位于玉河镇的西南部，距离镇政府3千米，面积1.8平方千米，辖12个小组。上方寺村的民居属川西北民居，选址注重相地，讲求风水环境艺术的追求，且与自然环境相协调融合，同时也很注重人工绿化的营造，屋后常植竹林，房前栽植果树。民居多近农田，便利耕作，呈大分散小集中的星罗棋布方式布局，有不少是单门独户，与周围竹木树林、院坝等形成一个单元体，有的三五户形成一个较大的院落组团。在元代以前，这个小村落就已形成，上方寺古称法水院，是佛教圣地，寺下为古盐泉县城遗址，寺周古柏森林，碧绿葱翠，依山傍水，风景宜人，并有很多美丽的传说，浓厚的历史积淀。村内有李家祠堂、贾家祠堂、雍家老宅、贾家大院、田家老宅、张氏祖屋、上方寺等数量极多的近代老建筑。2016年11月，上方寺村被住房城乡建设部等7部门列入全国第四批传统村落保护名录。

【东宣乡鱼泉村】 位于东宣乡东北部，距乡政府7.5千米，面积5.03平方千米，辖8个小组。村内传统建筑依山势筑台为基而建，选址合理，背依茂密柏树林，前眺远山，视野开阔，环境幽静，其建筑用材因地制宜（其木材多为本地桤樣树、柏树），其门窗、挑枋、柱础等建筑构件雕刻精细，从其建筑形制和装饰风格，初步推断该建筑为清代中期偏晚的民居建筑；它的发现对研究川西北地区清中期以后的社会发展状况，民风民俗情况及建筑布局、工艺水平等无疑有一定的参考价值。该村历史悠久，古迹人文资源深厚。村内有鱼泉寺、清代雍家老宅、清代守墓祠、镇西将军府等大量古代建筑及众多珍贵树种，其中国家一级保护树种有2种，二级以上保护树种有2种。村内动物资源丰富，以翠鸟、鹭鸶居多。2016年11月，鱼泉村被住房城乡建设部等7部门列入全国第四批传统村落保护名录。

【魏城镇铁炉村】 位于魏城镇东南部，距魏城镇政府3千米，面积4.8平方千米，辖8个小组。铁炉村紧临古蜀道，三国时期铸过剑、红军时期支过军。村域依涂家山，圣泉山、窦平山三山环抱，呈铁炉状。村民世代绕涂家湾、王家下湾、邹家湾、贾家湾、何家湾、张家湾、水塘湾、王家上湾和袁家湾等九大湾而居。村内有百年以上的夯土建筑群、古墓群和老堂屋，是重要村史文化资源。近年来正在自发地保护，建设土木屋、农耕馆、珍禽园、芦笋种植园、家庭农场产业园等，是传承古文化的现代版田园风光、山村旅游升级篇章。2016年11月，铁炉村被住房城乡建设部等7部门列入全国第四批传统村落保护名录。 （杨 涛）

汶川特大地震纪念馆

【概况】 2017年，纪念馆管理中心围绕“保护、开发、管理、运行”四大主题，依托地震资源，强化服务建设，抓好地震纪念馆开放运行、地震遗址持续保护、唐家山堰塞湖综合开发利用等工作，全面发挥地震纪念馆的社会教育功能，开展爱国主义教育和地震知识普及工作。截至年底，“5·12”汶川特大地震纪念馆（北川老县城地震遗址）接待社会公众208.87万人次，同比增长9.8%。

【北川地震遗址保护区海峡两岸交流基地授牌仪式举行】 2017年4月28日，中央台办、国务院台办批准，正式将北川地震遗址保护区设为“海峡两岸交流基地”。这是全省继成都大熊猫基地之后获批的第二个国家级海峡两岸交流基地。“基地”以北川地震遗址保护区为主体，含北川老县城地震遗址、沙坝地震断层、唐家山堰塞湖地震遗迹和北川新县城。8月3日，海峡两岸交流基地授牌仪式在北川举行。国台办交流局局长黄文涛，省台办主任周敏谦，省台办副主任赵宇，市委常委、宣传部部长张学民，市政协副主席李京平出席授牌仪式。授牌仪式上，黄文涛宣读批复并向基地授牌。

【北川地震遗址入选国家防震减灾科普教育基地】 2017年11月，中国地震局正式印发《2017年度国家防震减灾科普教育基地、2017年度国家防震减灾科普示范学校认定结果的通知》，认定23个单位为国家防震减灾科普教育基地，126所学校为国家防震减灾科普示范学校；北川地震遗址入选国家防震减灾科普教育基地，也是此次全省唯一入选基地。北川地震遗址是留存“5·12”汶川特大灾难记忆、开展预防自然灾害研究和科普教育的基地。纪念馆围绕“早日建成世界级地震灾难研究基地和科普教育基地，打造国际一流、国内领先地震纪念场馆，带动周边区域经济社会高速发展”的总体目标，加快地震遗址保护、利用地震遗址资源、地震科普知识，充分发挥地震遗址、地震纪念馆科普教育功能。

【纪念馆入选全国旅行教育实践与科普教育基地】 2017年3月14日，中国科协办公厅公布2016年度全国科普教育基地考核结果：在被推荐的187个基地中，共评出110个2016年度优秀全国科普教育基地。“5·12”汶川特大地震纪念馆与成都动物园成为四川省仅有的两家获奖单位。11月20日，教育部正式公示“第一批全国中小学生研学实践教育项目”评议结果，在中央有关部门和各省级教育行政部门推荐基础上，经专家评议、基地实地核查及综合评定，命名204个单位为第一批“全国中小学生研学实践教育基地”，14个单位为第一批“全国中小学生研学实践教育营地”。“5·12”汶川特大地震纪念馆入选全国第一批中小学生研学旅行教育实践基地。

【第四届“地震纪念馆杯”社会主义核心价值观征文演讲和书画比赛活动】 2017年，中共市委宣传部、市教育和体育局、市文联、“5·12”汶川特大地震纪念馆管理中心联合主办的第四届“地震纪念馆杯”社会主义核心价值观征文演讲和书画比赛活动，4月25日在四川省绵阳实验高级中学正式启动。11月25—26日，在普明中学举行演讲比赛（复赛），来自全市各县市区近百所学校580多名学生参加比赛。12月9—10日，在南山中学双语学校举行演讲比赛决赛，选手们围绕党的十九大提出的新理论新战略，结合自身学习、工作实际或所见所闻，表达对美好未来充满信心的憧憬。经过选手们两天激烈角逐，以及评委老师们认真评审，共评选出一等奖7名、二等奖11名、三等奖24名和优秀奖若干。

【首届《城市与减灾》论坛“科普场馆与减灾宣传专题”暨第四届“城市与减灾”杯作品大赛】 2017年6月14日，中国地震局震害防御司、北京市地震局、四川省地震局指导，城市与减灾杂志社、中国灾害防御协会主办，北京市防震减灾宣教中心、北川县人民政府、绵阳市防震减灾局、“5·12”汶川特大地震纪念馆管理中心承办的首届《城市与减灾》论坛“科普场馆与减灾宣传专题”暨第四届“城市与减灾”杯作品大赛启动仪式在绵阳市北川举行。本次论坛来自中国地震局以及北京、上海、天津、重庆、四川、广东、安徽、河南、大连、海南、江苏、山东、内蒙古等30个省、直辖市、自治区的专家和部分企业的代表近150人应邀参加。启动仪式上，国家减灾委委员、中国地震局原副局长刘玉辰出席论坛开幕式并致辞。本届论坛以“加强防震减灾科普场馆建设，提升防震减灾科普场馆传播能力”为主题，以最大限度减轻地震灾害为宗旨，相互交流、分享各地在加强和创新防震减灾科普场馆的建设与传播方面的新思考、新探索、新实践、新成绩，提升防震减灾综合能力。论坛会上，绵阳市委宣传部副部长、“5·12”特大地震纪念馆党委书记、主任（局长）冯正碧，作《发挥教育培训功能，普及防震减灾知识》发言，向参会代表详细介绍“5·12”汶川特大地震纪念馆基本情况。与会代表参观“5·12”汶川特大地震纪念馆、北川老县城地震遗址、地震科普体验馆参观考察。（赵建平）

园　林

公　园

【概况】　绵阳城区有人民公园、西山公园、南山公园、南湖公园、中华科学家公园、富乐山公园、滨河公园、圆通公园、小枧湿地公园9个公园。集休闲、文化、历史人文、科技、湿地、湖泊、自然景观、爱国主义教育基地为一体，供群众休闲、参观、学习等场所。

【人民公园】　2017年，疏通道路系统给排水井近百个，维修硬质铺装地面约600平方米，更新更换游览标识系统三十余块、应急指示牌50余块、应急供电设施（发电机）维护、应急供水维护12余次，全园温馨提示牌400余个、维修翻新公共座椅600根、垃圾桶近300个，维修更新公厕设施设备百余件，维修更换塑钢护栏、塑木栏杆、实木栏杆、护道桩1000余米。对公共建筑的墙面进行清理、屋顶攀附物、顶面杂物等进行清理，清理面积约5600平方米，屋面防漏处理约1000平方米，确保配套服务用房的正常使用。对全园供配电设施设备、室外落地柜27个、室外电表箱42个及线路进行定期检查和维护，及时排查和整改供电安全隐患对全园供水系统进行维护、维修，确保各公用设施包括公厕的正常用水；对监控系统进行维修、维护并建立正常运行长效管理机制，确保监控的正常运行。

【富乐山公园】　2017年，公园管理处完善富乐堂及宋哲元墓道、宋哲元墓道碑周围区域道路系统；改造跌水、湖心亭、观景桥、花架及且筑驳岸等水系景观；修复神道门，对周边植被进行改造提升；修缮景区周边防护栅栏；在片区西北侧新增出入口，拆除该处砖墙，新建石牌坊、砌筑台阶挡墙、新增景石、道路铺装；局部水电管网提升改造。新建原商校靠芙蓉汉城区域、原邮电校、原针织二厂等区域园林绿化景观及配套服务建筑；新建道路系统；新建给排水、供电及其他附属设施；建设母婴喂养室1处。完成滑道堡坎维修872立方米，园路及广场铺装维修25处100平方米，栏杆维修12处。

【西山公园】　2017年，西山公园管理处完成西山公园照明亮化及其他设施配套工程——公园亮化设施设备项目的施工，完善老园区道路路灯、主要游步道路灯、草坪灯及庭院灯，新建配电控制室含设备，建设母婴喂养室1处，举办芙蓉葵花卉展。西山公园新区建设（一期）规划占地约10公顷，完成新建剑南路和二号路交汇处公园主入口（包括管理房、服务配套建筑、景观步道等景点设施以及沿二号路景观节点和生态停车场打造），改造既有老西门，结合梅花园，整体打造以梅花园为主体的精品院落，完成西山公园内环道新增挡墙及生态修复，营造植物景观，将营盘嘴片区景观打造及配套设施建设纳入项目建设范围。完成“7·16”风灾抢险工作，恢复栽植倒伏大小乔木360余株，对风折树木1500余株进行清理整治，共计清理树枝、树根40余车，恢复风灾受险厕所1座，景观围墙50余米及其他景点基础设施。

【南山公园】　2017年，管理处对园内8处公厕的设施设备维修90余次，路灯维护50余次，电路维修维护50余次，生产、生活用水管网维修20余次，排洪沟渠100余米，沉陷地面700余平方米，对全园的道路、栏杆、梯步、房屋、门窗等公共设施和公共建筑检修130余次，并对全园监控系统49个监控点、30余个音箱进行全面改造升级，为游客提供了方便舒适安全的游憩环境。

【小枧生态湿地公园】　项目位于小枧片区绵盐路以西、涪江以东的滨水绿地，南起涪江三江大坝，北至一号桥，总占地面积（河堤）约74公顷。其中：绿化面积约26.5公顷，人工湖面积约14.7公顷，配套房屋和道路广场用地约8.47公顷，配套房屋建筑面积约1.14万平方米。该项目是2012年12月26日市政府集中开工的重点市政工程项目之一，该项目由嘉来建工公司作为业主负责实施建设。2013年3月组建项目部，同年9月3日进场施工;2016年9月底竣工投入使用。

【绵阳汽车博览中心】　位于高新区永兴镇黎家院（辽宁大道左侧），绵安快速通道上，交通便捷，距成绵广高速公路、绵阳二级货运站、绵阳物流园区、绵阳二环路均在5千米内。依据绵阳市政府对该项目的规划要求，规划用地33公顷，建设乘用车的大型专业交易市场，成为绵阳汽车及零部件简易集中区和集散地。汽博中心整体布局为“两轴”、“一心”、“五片区”，由政府完成地块基础设施建设，然后分成若干小块，分别引进4S店进行建设经营。2017年项目建成并投入使用，是全市汽车整车及零部件交易中心区，可供市民休闲游览。

【三江湖码头建设项目】　该项目位于绵阳市涪城区青年广场前，起于富乐大桥，止于南山大桥，长约1.6千米,总占地面积96304平方米,由房屋建筑工程、景观工程、码头工程组成。房屋建筑工程总建筑面积4768.98平方米，由7栋单位工程组成，地上一层框架结构，为码头管理用房及配套商业。景观工程主要打造一条长度约1.65千米的沿江水生观景观鸟旅游生态平台。码头工程分为旅游客船泊位区、海事执法泊位区、餐饮码头、休闲广场四个区域（其中旅游客船泊位区占用岸线约220米，设计泊位数5个；海事执法区占用岸线约85米，设计泊位数2个；餐饮码头占用岸线月300米，设计泊位数4个）；休闲广场交通分流平台5200.36平方米。2017年该项目建成并投入使用。（杨 涛）

广 场

【概况】 绵阳城区有文化广场、青年广场、五一广场、滨江广场、铁牛广场、兴达广场、樊华广场、时代广场、火炬广场等城市广场，供群众休闲娱乐、锻炼的场所，也是绵阳城区绿化面积相对集中地区。

【滨江广场】 滨江广场位于涪江西岸，始建于1998年8月，1999年10月竣工，占地面积7.835万平方米，是绵阳城市基础设施重点工程之一。北起东方红大桥300米处，南抵涪江三桥，总长1600余米，宽29—39米，分上下两层，上层为步行广场，下层为机动车道、停车场，是集防洪、休闲、停车等功能为一体的综合性大型广场。步行广场构思独特，布局精美，喷泉叮咚，铁牛、汉代铜车马、说唱俑等青铜雕塑与相邻的铁牛广场仿古亭台建筑相得益彰，尤以绿化见长。以大面积绿地为主，适当栽植乔、灌木组织绿化景观，上有乔木、中有灌木、下有植被花草。同时根据季节变化，以数万盆四季花卉布置造型图案，广场色彩更加丰富，处处生机盎然。

【铁牛广场】 铁牛广场位于绵阳市滨河路，绵阳市东方红大桥东侧，广场占地近2万平方米，绿地面积11886平方米，是城市居民密集居住地段，紧邻涪江，地势开阔，交通便利，四面均有道路到达城区交通干道。环境绿化以马蹄筋草坪建植为主，黄葛树、桂花、南天竹、芭蕉等植物为辅，罗汉松、棕竹、苏铁等树桩盆景点缀其间，7株胸径50厘米以上的黄葛树滴翠吐绿，是城区重要避难场所之一。

【青年广场】 青年广场位于绵阳市滨河北路东段，是城区主要绿地广场之一，面积4.1万平方米。种植有大规格香樟、银杏、朴树、菩提、栾树，中小乔木桂花、樱花、红叶李、白玉兰，栽植红继木、洒金珊瑚、红叶石楠等灌木，分季节点缀不同品种花卉丰富景观效果，形成了乔灌花草有机结合，精心配置，富有浓郁都市风情的绿化景观，是周围居民重要的休闲、健身场所。因其周围住宅小区众多，居民相对集中，交通便利，也是城区重要的避难场所之一。

【文化广场】 兴建于1990年，占地37335平方米，广场绿化面积28374平方米，彩色音乐喷泉和观赏鸽是两处特色鲜明的主要景观，别具一格的灯饰和花卉成为绿树碧草的最佳点缀，是市民群众休闲、娱乐的首选场所。栽植有丰花月季、树状月季、毛鹃、红花葱兰等，现有草坪24517平方米。

【火炬广场】 坐落在绵阳国家高新技术开发区东、西街之间，东、西长600米，跨越德绵公路，南、北宽240米，总面积约6万平方米，是绵阳西大门上较大的一处公共绿地。广场呈中心对称式布局，中心硬地广场为正方形，面积1600平方米，是主要的群众性活动场所。东西两侧各有一放射状椭圆形硬地广场。广场中心是声控彩光喷泉，四周安放8组古今中外杰出科学家花岗石雕塑，是主要的休息、游戏和教科场所。栽植有红叶李、桂花、樱花等为主的乔木，迎春、红继木、红叶石楠、春羽等大灌木，八角金盘、十大功劳等小灌木，麦冬、扁竹根等地被，及各种时令。

【五一广场】 是绵阳市人民政府1999年为市民办的十件实事之一，由绵阳市总工会主持建设和管理。“五一广场”由清华大学建筑设计院设计，是集文化、娱乐、体育、休闲于一体的多功能广场，总投资4000万元，绿地建设经费260万元，占地面积100001平方米，其中：建筑面积16200平方米，绿地面积71000平方米，道路面积12801平方米。1999年1月破土动工，同年5月1日竣工并对外开放。五一广场在植物造景中运用生态学方法和生物多样性原则，以常绿植物为主，强调大乔木的比例，以速生乔木的即时效果和慢生树的持续发展进行空间组合，合理、有效地配置乔、灌、草、花卉。在绿化配置中根据广场的功能分区，除表现绿化四季季相景观外，重点突出春季绿化景观。在主题广场两侧的缓坡草坪中，大块面配置流线型灌木色带，犹如起伏的彩色水浪，流畅而奔放。在运动休闲区中，由红枫、银杏、香樟组成了深厚的背景林带，远远望去，简洁大气之中流露出自然植物群落的色彩变化特征。

【时代广场】 20世纪90年代始建，2012年11月起开始对时代广场进行改造提升，采取边改造边开放的形式，2013年7月改造完成。改造提升后的时代广场占地4.2万平方米，新增照明、音响、绿化等基础设施，方便周边居民休闲健身。（杨 涛）

审　计

【概况】 2017年，绵阳市审计局人员编制92人，实有78人。设有办公室、人事科、财政科、行政事业科、金融科、农业科、企业科、投资科、审计监督科、法规科、经责局等11科室单位。管理直属工作机构园区经济审计局，事业单位绵阳市审计信息中心。

2017年，市、县两级审计机关审结审计项目533个，查出违规金额1.76亿元，管理不规范金额129.26亿元，核减投资额4.13亿元，促进增收节支6.14亿元，向司法、纪检等有关部门移送处理事项94件，提出审计建议1167条，提交审计信息201篇，向社会公告审计结果131篇。全市完成绵阳市内部审计师协会脱钩，市政府办出台《关于进一步加强和改进内部审计工作的实施意见》。市审计局获全省综合考核“优秀单位”，重大政策措施落实情况跟踪审计、扶贫审计、经责审计、投资审计等四个单项考核“先进单位”，组织实施的“绵阳市游仙区2015年至2016年6月医疗保险基金审计”项目获全省表彰项目。

【扶贫审计】 2017年，市、县两级统筹审计力量，采取“上审下”“交叉审”的方式，对全市9个县市区开展专项扶贫审计，揭示和反映部分地方精准扶贫政策措施落实不到位、扶贫项目绩效不佳、部分扶贫项目建设管理不到位等问题，涉及金额1.02亿元，移送纪检监察和主管部门问题线索14件。

【重大政策措施落实情况跟踪审计】 2017年，市审计局先后对财政存量资金盘活、“营改增”政策、化解过剩产能、行业协会收费与脱钩等13项重大政策的落实情况进行审计，发现问题106个，涉及金额26.15亿元，促进29个项目加快建设进度，促进完善配套政策3项，促进整合专项资金1280万元，收回结存财政资金6785万元，加快资金下达7858万元，向纪检监察机关移送案件线索1件。

【公共资金审计】 2017年，市审计局对全市2016年度税收征管和2014至2016年预算执行情况进行审计，组织开展市、县两级财政预算执行审计和决算审签，查出违规资金1.74亿元，管理不规范资金95.15亿元，提出审计建议156条。

【民生资金与项目审计】 2017年，市审计局对市、县两级2016年保障性安居工程进行跟踪审计，对9个县市区新农合基金进行专项审计，对市、县两级2016年住房公积金资产负债净资产进行审计，对医疗保险重复参保问题进行专项核查，对“8·8”九寨沟地震救灾款物进行跟踪审计。

【政府投资审计】 2017年，市审计局完成圣水涪江大桥、人口和计划生育服务中心、任家坪居民安置房、科技城创新中心三期等政府投资审计项目184个，查处问题金额10亿元，核减投资额4.13亿元。同时，结合审计署、审计厅投资审计改革的新要求，按照“支持到位、指导到位、总结到位、推广到位”的工作思路，支持游仙区开展修订法规制度、厘清部门职责、出台实施意见、推动信息共享等“三个转变”示范建设工作，初步探索出投资审计改革经验并在全省审计工作会议上进行交流推广。

【经济责任审计】 2017年，全市首次采用政府购买服务的方式，探索社会力量参与九洲和富达公司资产负债损益审计，弥补审计力量不足的短板；首次以会议的形式向被审计单位中层以上干部进行审计结果反馈，提醒警示效果明显。共审结领导干部73名，查出违规金额6863万元，管理不规范金额18.01亿元，发现各类问题333个，提出审计建议198条，移送纪检监察机关和有关部门处理事项17项。同时，完成省审计厅授权对巴中市巴州区、宜宾市南溪区党政主要领导干部任期经济责任交叉审计任务。

【联网审计平台建设年行动】 2017年4月6日，全市审计工作会议召开，会议提出“要大力开展‘联网审计平台建设年'行动，确保全面完成联网审计平台建设，为推进审计信息化建设提供有力支撑"的工作要求，全市联网审计平台建设工作启动。4月11日，全市联网审计平台建设现场会在三台县召开，全市联网审计平台建设工作全面展开。按照市政府的工作要求，市审计局组织县市区审计局赴贵阳、南京、嘉兴等地考察学习联网审计的组织模式、保障机制、队伍建设等方面的经验做法，制定出台《联网审计平台建设的指导意见》，提出"立足长远、统一标准、分散建设、完全覆盖、适时监督、防范风险"的平台建设思路，召开联网审计平台建设工作推进会，形成《财政联网审计平台建设方案》。截至年底，覆盖全市9个县市区260个乡镇、598个县级部门、634个学校、269个卫生机构的联网审计平台在全省率先建成。该平台通过在财政、教育、卫生等行业主管部门设置前置服务器，每天定时采集财务业务数据，并依托平台数据字典管理、数据转换、数据清洗、审计方法建模、审计数据调度、审计成果展示等功能，提高审计机关查核问题、评价判断和宏观分析的能力。（张一波）

工商行政管理

【概况】 2017年，全市工商行政管理推进商事制度改革，构建事中事后监管新机制，切实维护消费者合法权益。1—12月，全市新登记各类市场主体4.87万户，同比增长34.97%，其中新登记企业12555家，同比增长10.04%。截至年底，全市市场主体共计28.97万户，市场主体总量稳居全省第2位。"红盾春雷行动"、法治工商建设等工作连年获省工商局表彰，取得全省工商系统第一名。

【商事制度改革】 2017年9月25日，市工商局先于全国全面实施"多证合一"改革。在"五证合一"基础上，首批将公安、住建、海关等6个部门（单位）的15个涉企证照事项整合到营业执照上，全面实行"二十证合一"。截至年底，全市发放"多证合一"执照3万余份。6月27日起，实施企业注册登记全程电子化。通过互联网完成企业申请材料提交和材料受理审核工作，申请人"足不出户"就能领取营业执照。至12月底，全市办理完成并发放全程电子化登记营业执照1611张，居全省第1位。推动《绵阳市企业住所（经营场所）登记管理办法》实施，有效解决原《暂行规定》中"住改商"限制过多问题，放宽"住改商"的限制，住所改革红利得到释放。以科创园区为试点，为集群企业提供住所托管服务，解决企业经营场所紧张问题。至年底，核准6家企业开展集群企业住所托管服务，托管科技型企业、电商企业等小微企业139家。

【企业年报监管】 2017年，市工商局引导企业通过国家企业信息信用公示系统（四川）向社会公示企业信息，全市企业年报公示率稳步提升。2013年度全市企业年报率为96.26%，2014年度为96.87%，2015年度为98.41%，2016年度为99.54%。企业年报公示工作每年都受到省工商局通报表扬。

【信用监管联合惩戒】 2017年，全市有5263家企业被列入经营异常名录，80525户个体户被标注为经营异常状态，1336家企业经申请移出经营异常名录，49021户个体工商户经报送纸质年报取消异常状态。通过国家企业信用信息公示系统公示一般程序企业违法案件3487件，公示率100%。

【执法监管】 2017年，市工商局加强重点领域监管执法，为经济发展提供更优市场竞争环境。截至12月底，全市工商和市场监管部门共办结各类经济违法案件1136件，案值638.7万元。上半年"红盾春雷行动2017"荣获全省工商系统第一名，被省人社厅和省工商局评为"红盾春雷行动"先进集体。

【网络市场监管】 2017年，市工商局牵头建立绵阳市网络市场监管部门联席会议制度，开展2017网络市场监管专项行动。截至12月底，开展网上检查网站网店1782个次，实地检查网站网店经营者572个次，规范电子链接标识1500余条，定向监测涉嫌网络违法广告线索36条，关闭违法网站375个，立案查处各类网络交易违法案件86件。

【广告市场监管】 2017年，市工商局开展互联网金融违法广告、非法

图120 全市联网审计平台建设现场会召开

集资广告、医疗、保健品、房地产类虚假违法广告专项整治。截至12月底，约谈媒体36家次，查处各类虚假违法广告案件129件，取缔违法广告1836幅，依托国家工商总局、省工商局广告数据监测平台监测主流媒体广告9517条，涉嫌严重违法广告151条。

【打击传销】 2017年，市工商局重点打击以“微商”“电商”“招聘、介绍工作”等为名义的新型网络传销。出动执法人员3200余人次，检查社区、居民点400余个次，检查市场主体286个次，捣毁取缔传销窝点7个，教育遣散传销人员9000余人次，立案查处1起，向公安移交案件（线索）4件。

【整治限制竞争和行业垄断】 2017年，市工商局以供水、供气、殡葬等行业为重点，开展公用企业限制竞争和垄断行为突出问题集中整治，查处典型案件10件，实现查处一批案件、规范一个行业的目标。

【重点领域整治】 2017年，市工商局以中央环保督察为契机，进一步加强成品油、煤炭市场监管力度，共抽检煤炭5批次，抽检结果全部合格；抽检车用燃油100批次。继续加大对投资理财企业非法集资整治力度，最大限度降低金融风险，发现涉嫌开展“购物返现”活动9起。

【合同监管】 2017年，市工商局开展合同格式条款专项整治，检查公用事业等领域格式合同160余份、条款700余条，规范格式条款90余条，查处合同违法案件15件。

【流通领域商品监管】 2017年，市工商局分别对家用电器、家居用品等640批次商品实施抽检，依法查处销售假冒伪劣和不合格商品案件96件。针对“地条钢”开展为期6个月的钢材“拉网行动”，先后抽检钢材150批次，立案查处案件27件。钢材市场监管扎实有序，得到省政府暗访督查组充分肯定。 （姜海涛）

国土管理

【概况】 2017年，绵阳市国土资源系统围绕“系统防治腐败”“遗留问题化解”“全面改革创新”“地质灾害防治”四大工作亮点和“项目保障、资源保护、权益维护、执法监察、科学管理、能力建设”六大工作重点，强化矩阵管理、突出工作质效，完成2017年目标任务。在全省率先研究并出台《土地利用“四管理一会商”制度》，通过加强“项目管理、‘三地’管理计划管理、责任管理、建立会商机制”，构建国土资源管理新格局，有力地助推全市经济社会发展。

【耕地资源保护】 2017年，全市按照基本农田保护“总量不减少、用途不改变、质量不降低”的总要求，对基本农田实行特殊保护。全市耕地保有量达44.86万公顷，基本农田保护面积达36.26万公顷，完成省政府下达目标。实施土地综合整治工作，总投资2.29亿元，实施土地整治项目18个，开发整理总面积1.19万公顷，建成高标准基本农田9160公顷，实现新增耕地面积900公顷。用地审批关和农用地转用严格把关，对各类建设用地，坚持预审制度，做好建设项目前期论证和选址工作，严格审核用地规模，合理引导用地布局。

【重点项目用地保障】 2017年，全市新增储备土地537.73公顷，储备土地总量4690.2公顷；争取到新增建设用地计划指标770公顷，其中市本级375公顷，指标总数位居全省前列，通过科学管理、合理分配、精准投放，保障全市某重大装置、京东方、汉能、惠科等重大项目的用地需求；针对重大装置项目、核医学、青义变电站不符合土地规划的项目，开展土地利用总体规划局部调整工作，调规规模达72.53公顷；完成《绵阳市土地利用总体规划（2006—2020年）》，成果已上报省政府审批，调整完善后，绵阳中心城区允许建设区面积达198平方千米，按人均100平方米计算可承载198万人，保障“十三五”新型城镇化建设需求。

【国土改革与不动产登记】 2017年，全市城乡建设用地增减挂钩入库4个，完成立项8个，立项规模215.53公顷；工矿废弃地复垦利用试点争取省国土资源厅追加指标413.33公顷，复垦利用指标规模达906.66公顷；开展不动产统一登记工作，完成数据共享、档案资料移交以及登记机构、登记簿册、登记依据和信息平台“四统一”工作，通过增设办事机构，在城区设立涪城、游仙、高新3个分中心；优化办事流程，将原来的初审、复审、核定登记簿“三审制”，调整为初审、核定登记簿“两审制”；创新服务方式，实施周六延时服务，全年市本级颁发不动产权证书3.78万本，不动产证明2.91万份；推进行政审批制度改革，承接国务院调整行政审批事项1项、省国土资源厅下放一般业务事项2项，清理规范113项行政权力清单和责任清单、负面清单。

【国土项目扶贫攻坚】 2017年，全市争取资金2306.36万元专项用于北川、平武两个县扶贫土地整治项目；争取地质灾害工程治理和排危除险生态扶贫项目上级补助资金571.53万元专项用于北川坝底乡、平武县南坝镇地灾项目建设；定点联系帮扶梓潼县宝石乡天生村，帮扶贫困户16户，协调资金16万元用于天生村阵地建设，持续推进当地“1100”生猪代养场项目建设以及山坪塘清淤和村道等基础设施建设。

【征地拆迁安置】 2017年，市辖区共上报征地批次18个，面积共计494.53公顷，其中城市批次15个、面积452.63公顷，双挂钩项目批次1个、面积1.90公顷，乡镇批次2个、面积40公顷；完成征地拆迁安置补偿方案公告135份，发布征收土地公告184份，现场抽查复核农房546户，核算供地成本69宗478.4公顷，完成人员社保安置3453人。

【国土资源执法监察】 2017年，市国土局制定出台《绵阳市国土资源违法违规用地监管倒逼机制考核办法（试行）》，强化用地监管责任落实，全面加强建设用地供后开发利用的全程监管，对已供土地的开工、竣工及开发建设进度等情况实地巡查。办理信访件4件，办理“12336”登记整理举报线索50件（其中国土资源部、省国土资源厅交办30件）。受理行政复议和诉讼案件46件，办结24件。完成核查2016年度土地卫片执法监督检查，核查处置图斑2099个、面积1746.67公顷，核查违法宗地67宗、违法面积101.51公顷（违法占用耕地面积13.34公顷），其中立案查处违法用地38宗、结案28宗，非立案查处整改29宗，落实罚款403.3万元，没收违法建筑物面积15.54万平方米，拆除违法面积0.66万平方米；开展土地矿产动态巡查，上报动态巡查土地违法行为19件，涉及土地面积8.79公顷（其中耕地面积3.79公顷），有效制止1件，立案查处18件。核查处置矿产卫片图斑23个，其中合法12宗，伪变化6宗，立案查处违法5宗、结案1宗。核查处置预警图斑472个、439.34公顷，立案查处违法用地图斑74个、结案12宗，计划拆除复耕1宗。

【地籍地政】 2017年，全市受理数据关联3.4万余件，不动产登记申请5.78万余件；发布国有建设用地使用权出让信息69条、涉及面积约277.73公顷，其中成交50宗，面积约256.73公顷，成交总金额37.5亿元；办理土地转让业务12宗，成交面积约0.8公顷，实现成交总额573.57万元；完成划地测量59宗187.27公顷，地籍测量278宗469.47公顷，乡镇勘界2批次39.54公顷，城市勘界17批次501.2976公顷；完成市重点工程剑门路西段片区排水改造、雨水泵站新建、剑南路二期（涉铁路）改造等勘界工作；完成全市284个乡镇、3445个村、2731个村民小组的集体土地所有权调查、确权工作；集体土地所有权确权登记3.04万宗，确权登记率100%，确权登记面积146.58公顷，发证宗数2.4万宗，发证率78.9%；农村宅基地使用权确权登记103万宗，确权登记率100%，确权登记面积1.68万公顷，发证宗数86万宗，发证率83.5%；集体建设用地使用权确权登记1.55万宗，确权登记率100%，确权登记面积1180公顷，发证宗数0.69万宗，发证率44.5%。

（蒋建波）

统计工作

【概况】 2017年，全市统计工作落实市委、市政府各项工作部署和全省统计工作的总体要求，以统计服务为中心，以统计改革为主线，以依法治统为抓手，努力提高统计数据质量和统计服务能力。全面推进统计管理体制改革各项工作，采取“清单制+责任制+督察制”的工作方法，深化统计管理体制改革工作纳入绵阳市委深改组《2017年改革工作台账》，市委、市政府与省统计局签订《绵阳市人民政府四川省统计局推进统计改革创新战略合作框架协议》，落实13项目重点创新工作。市委办、市政府办出台《绵阳市深化统计管理体制改革实施意见》。市委编办、统计局、农业局三个部门联合印发《关于加强乡镇农村经营体系及统计管理体系建设的意见》。市、县两级成立统计执法监督局，市局增挂绵阳统计大数据中心，涪城、江油、安州区对各乡镇统计机构进行试行对乡镇的统计业务和统计人员配备县上垂直管理，其他县市区按市委编办文件落实乡镇专职或者兼职统计人员，园区增挂统计局牌子。完成第三次全国农业普查和第四次全国经济普查年度工作，完成统计资格初级77人和中级111人认定。绵阳市统计局、江油市统计局被国务院第四次全国经济普查领导小组表彰为先进单位。

【统计服务工作】 2017年，市统计局整理发布年度国民经济和社会发展统计公报，编纂《绵阳统计年鉴》《四川省扩权试点县主要经济指标》《西部重点城市主要数据排位》。按月做好《绵阳统计月报》等进度统计指标数据收集及整理编工作，全年编写统计分析及预警预报80篇，向党委、政府反映各县市区经济社会以及民生发展态势，提供监测预警。坚持“首问负责制”“即时办结制”“服务零收费”三项制度，兑现各项承诺，全年接待社会电话访问、证明函件及公众咨询300余次。按照省局统一部署，完成工业、能源、投资、商贸、劳资、科技、服务业、旅游、农业、畜牧、文化产业、综合核算，两纲监测、民营经济等专业的年报和定期报表工作。通过公开招标投资37.5万元对绵阳统计内网进行改版并结合市政府智慧城市建设建立宏观数据库及统计数据共享平台，推进信息化在统计工作中的应用。开展统计业务培训、职称教育和从业资格考试，全年组织培训基层统计人员近1000人，组织统计初级、中级职称考试近200人。

【统计方法制度改革】 2017年，全市不断探索和深化核算制度改革，推进地区GDP统一核算、地方资产负债表编制，探索地方自然资源资产负债核算。结合绵阳实际创新性地制定《军民融合统计指标体系》得到省统计局批复并组织实施。根据市委、市政府关于服务业发展行动方案要求，会同商务、住建等8个部门制定绵阳市八大重点服务业统计指标体系并付诸实施。

【依法统计工作】 2017年，市统计局印制《统计法律法规及工作指南》和统计法律法规宣传画，发放法律法规宣传资料，提高社会公众对统计法律法规的知晓率，全年各类统计法律法规和统计业务知识宣传画报和宣传手册1万余份。严格统计执法，确保基层统计人员依法统计；加强统计巡查、执法检查和数据质量不定期抽查制度。全年对全市400余个单位进行网上巡查或者专项抽查工作，对数据异常和修改痕迹较明显的128家企业进行实地核查，立案查处1个统计违法单位。

【第三次全国农业普查情况】 2017年，全市按照国家统计局、省统计局的统一安排部署，规范有序推进第三次全国农业普查。2月23日，绵阳市组织召开第三次全国农业普查工作推进视频会议，贯彻落实全省农业普查推进会议精神，通报前期入户登记现场检查工作中存在的问题，安排部署全市第三次全国农业普查下一阶段工作；3月10日，绵阳市召开第三次全国农业普查数据审核验收视频会议，贯彻落实全省农业普查数据审核验收视频会议精神；接受国家农业普查事后质量抽查及数据汇总、审核上报工作。绵阳市农业普查工作被国务院农业普查领导小组办公室表彰为先进单位。

【国务院第三次全国农业普查事后质量抽查工作】 2017年4月20—25日，国家统计局核算司巡视员刘丽萍为组长的国务院第三次全国农业普查事后质量抽查组一行5人，先后到三台县和江油市开展第三次全国农业普查事后质量抽查工作。抽查组分为5个抽查小组，在省、市、县、乡、村相关人员陪同下，分别对三台县永明镇澜田坝村第三小区、石缘寺村第一和第四小区204户普通农户、12户规模农业生产户、4户农业经营单位；江油市太平镇桥楼村第10普查小区和石磬村第2普查小区202户普通农户、14户规模农业生产户、23户农业经营单位用PDA进行现场逐一入户登记。检查组对抽中小区数据及清查摸底表和普查小区地图进行整理和拍照。 （梁贵忠）

调查工作

【概况】 2017年，绵阳调查队坚持“为国调查、为民服务”为宗旨，推进基层基础建设，提高统计调查数据质量，不断提升统计调查服务水平。全年上报总队和地方政府调查快讯、调查报告共113篇次，完成四川调查总队和市委、市政府约稿26篇。其中，被国家统计局、《中国信息报》和《四川调查》等采用近12篇次，被市级有关领导签批10篇。按照“标准统一、标识清楚、制度完善、设施完备、记录完整、台账明细”的总体要求，上墙岗位职责、方法制度、业务流程、网点布局，在样本分布集中乡镇（村）、街道（社区）、行业协会，标准化分类建设调查网点60余处，统一挂“国家调查”牌匾，统一规范管理。根据经济发展重点，群众关心热点问题开展调查，形成《2016年绵阳市民幸福感调查报告》；印发《调查工作过程痕迹化管理办法》等措施，规范调查数据质量；开展“专业全覆盖、过程全覆盖”数据质量巡查，开展2017年国际比较项目（ICP）居民消费价格调查工作；启动并开始实施粮食产量对地遥感调查，对原传统的粮食产量对户调查方法进行改革。截至年底，全市调查工作在全省年度业务考核评比中，获6项优秀奖。

图121 国务院第三次农业普查事后质量抽查组到农村入户核实情况

【数据质量管控体系】 2017年，全市实行全程“痕迹化”管理，印发《调查工作过程痕迹化管理办法》《农业调查监测痕迹管理基层实施细则》等措施，对数据采集、审核、评估、上报、公布等环节以及日常工作开展实施“痕迹化”管理，确保数出有据、数过留痕。对市、县、乡三级调查人员、调查对象实行全员管理，建立居民收支、农业、价格、企业调查等重点专业辅助调查员名单，明确责任；完善调查对象考评机制，住户调查建立考评“晒账”制定期随机抽查住户记账本，企业调查建立信用档案制，对配合度低、质量差的企业通报批评。

【“双随机”数据质量巡查】 2017年7月，市调查队分6个小组，开展“专业全覆盖、过程全覆盖”数据质量巡查。通过听取汇报、查看资料、随机访问调查对象、实地察看等形式对全市所有调查专业进行双随机抽查。其中住户记账户36户，农民工监测记账户6户，贫困监测记账户6户，畜禽养殖场9个，粮食监测小区2个，工价企业8家，采购经理企业5家，削价采价点2个、规格品23个。10月，集中开展“回头看”，全面督促问题整改落实。

【居民消费价格调查国际比较项目（ICP）】 2017年5月，全国开展2017年国际比较项目（ICP）居民消费价格调查工作，四川成都、绵阳、内江为参与单位。绵阳调查队成立ICP调查项目领导小组，召开专题业务培训会。ICP调查制度要求调查规格品1114个。摸底调查中，国家目录340个调查商品绵阳共采集1743笔价格，季度219个调查商品采集1372笔价格，半年555个调查商品采集1924笔价格，达到国家每个调查商品摸底采集4-6笔价格要求。绵阳ICP调查点共计466个，其中大型商场22个、中小商店65个、市场5个、街边小店67个、批发折扣店2个、专卖店105个、私人服务点131个、公共服务点65个、在线调查点4个。

【住户调查大样本轮换】 2017年，全市为防止样本老化，定期进行住户调查样本轮换。全市住户调查样本轮换工作历时11个月，涉及全市9个县市区的160个街道（乡镇），2.5万多户居民，73个县级相关部门。按照国家统计局的要求，完成160个小区图的绘制工作、2.5万多户居民的摸底调查工作，1600户居民的开户调查工作。

【粮食产量调查方法改革】 2017年，绵阳市根据国家统计局四川调查总队、省统计局、省发改委、省财政厅、省农业厅《关于开展粮食产量对地遥感抽样调查工作的通知》，启动并开始实施粮食产量对地遥感调查，对原传统的粮食产量对户调查方法进行改革。全市选聘动员500余名调查员，国家抽中的128个样本村开展调查。在每个村抽取3个200米×200米的样方，开展地物面积遥感测量，据此推算粮食等主要农作物面积；在每个样方抽取种植小麦、水稻、玉米的地块各3-5个，进行实割实测，取得主要农作物单产水平。全年主要完成秋冬播农作物面积、夏收粮食产量、春夏播农作物面积、秋收粮食产量等具体调查任务。

【民生专项调查】 2017年，全市围绕市委、市政府中心，就经济发展重点，群众关心热点问题开展调查，形成《2016年绵阳市民幸福感调查报告》《异地就医普惠民众 好事做好管理需加强》《加大市场培育 积极推动新能源汽车产业发展》《绵阳民营企业发展环境调查》《大赞医改惠民生翘盼看病不再贵——绵阳取消药品加成改革情况调查报告》《绵阳PPP发展调查报告》《上半年绵阳规模以下服务业经营状况分析》《脱贫攻坚成效显著贫困人口生活水平改善明显》等40篇专题调查报告，其中多篇信息分析在国家统计局、总队内网和市委、市政府等相关信息平台发布。（刘旭东）

物价管理

【概况】 2017年，全市围绕国家、省市深化价格改革工作目标，坚持将稳定价格总水平作为宏观调控的首要任务，发挥价格调控、监管、服务职能作用。完成年度居民消费价格指数（CPI）3.0%的控制目标。组织相关部门和各县市区进行研究，对四川省定价目录（2015年版）提出意见建议并向省发改委作出书面汇报。加强药品价格监管，受理各类药品咨询、投诉等40余件。1—12月，全市CPI累计上涨1.9%，分别高于全省、全国0.5和0.3个百分点。八大类商品价格同比呈现“7升1降”。其中：食品烟酒价格同比下跌1.0%；衣着价格同比上涨0.1%；居住价格同比上涨4.6%；生活用品及服务价格同比上涨3.8%；交通和通信价格同比上涨1.6%；教育文化和娱乐价格同比上涨4.6%，医疗保健价格同比上涨3.5%；其他用品和服务价格同比上涨3.5%。市政府办公室印发《转发市发展改革委等六部门进一步完善社会救助和保障标准与物价上涨挂钩联动机制实施方案的通知》。完善生猪市场调控机制，缓解生猪生产和市场价格周期性波动，印发《关于绵阳市缓解生猪市场价格周期性波动调控预案实施细则的通知》。组织召开《完善中心城市居民用水阶梯价格制度和建立城市供水终端销售价格联动机制》《绵阳市城区公交票价结构性调整方案》和《绵阳市城区机动车临时占道停放差别化收费方案》听证会。利用信息化手段，提升价格调控监管和服务水平。

【价格管理监督服务】 2017年，全市落实国家和省各项收费减免政策，取消、停征行政事业性收费41项，降低行政事业性收费8项，取消政府性基金2项。市发改委会同市财政局编制完成“绵阳市行政事业性收费目录清单”“绵阳市涉企行政事业性收费目录清单”“绵阳市政府性基金目录清单”等清单，并在部门网站上公布、更新，提高涉企收费透明度。开展收费专项检查，对市级部门、各县市区、园区开展清理规范涉企经营服务性收费的全面检查。推进差别化收费工作。按照法定程序完成原《绵阳市机动车停放服务收费管理办法》修订，新办法以绵府办发〔2018〕5号印发实施。落实市委、市政府“缓堵保畅”工作部署，完成绵阳城区机动车临时占道停放差别化收费调整方案。持续做好价格投诉举报咨询工作，指导县区网格化建设。按照价格投诉举报咨询受理、办理流程，执行价格投诉举报咨询工作行为规范。按规定值守“12358”价格举报热线。全年开展电力收费、涉企收费、旅游、市属民办教育、医用耗材、砂石水泥、商品房销售价格等各类专项执法检查243次。查处价格违法案件23件，实行经济制裁金额79.35万元。累计受理价格投诉、举报等209件，办结209件，受理群众咨询2385余件。

【价格监测与成本调查监审】 2017年，市发改委针对汛期和九寨沟县地震与全市在建工程所需砂石、水泥等原材料供应不足等突发事件，启动应急预案，对重要商品（服务）和砂石、水泥价格实行定期报告制度，发现问题，快速上报，并妥善处置。针对生猪、鸡蛋价格持续下跌，启动价格应急监测，查找分析原因、预测价格走势，上报监测情况，并在媒体进行正面报道。开展重大问题调研，完成生猪、鸡蛋、钢材、房地产价格等方面多篇调研报告。在政府和单位门户网站、微信公众号、农贸市场LED显示屏和报纸等主流新闻媒体发布信息300余条。蔬菜批零差降低45%，让群众得到实惠。对8个行业开展成本监审（调查）项目65个，比2016年增长144%。开展农产品成本调查数据质量建设年流动。构建全市价格认定工作数据库。率先在全省建立“绵阳市价格认定管理系统”，被省价格认证中心推举为国家价格认定综合业务平台测试及试点单位。

【重点领域价格改革】 2017年，市发改委完善全市居民用水阶梯价格制度，制订《绵阳市推进农业水价综合改革实施方案》和2017年农业水价综合改革实施计划任务，协调推进完成涪城区、游仙区、三台县的人民渠灌区、武引灌区内2.33万公顷灌面农业水价改革相关工作。开展医疗服务价格改革。出台《关于推进绵阳市公立医院按病种收付费改革有关问题的通知》，规定在全市二级及以上公立医院推出101个病种实施按病种收付费改革，减轻患者负担。继续推进城市公立医院取消药品加成改革。修订规范142项、新增140项、批复8项互联网医疗项目和放开108项医疗服务价格项目。严格定价程序，合理调整收费标准：批复绵阳一中学生公寓住宿费、市中心社会福利院托养、普通高校招生体检费收费标准，市本级、仙海区、科创区等公租房租金标准，分类调整机动车安全技术检验最高限价收费标准。

【天然气与城市污水处理收费标准调整】 2017年，全市建立天然气市场化价格形成机制，完善环境服务价格政策，根据非居民用天然气基准门站价格浮动机制和上下游价格联动机制，从2017年9月1日起，非居民用气销售价格下调0.13元/立方米，价格为2.49元/立方米。调整全市污水处理收费标准。设市城市污水处理收费标准：居民0.95元/立方米，非居民1.40元每立方米；县城、重点建制镇污水处理收费标准：居民为0.85元/立方米，非居民为1.20元/立方米。 （吴 辉）

食品药品监管

【概况】 2017年，全市以争创“国家食品安全示范城市”为契机，落实“四有两责”，运用“四个最严”依法监管，坚持定期对食品药品等开展专项检查工作，开展食品质量安全风险研判培训会，开展食品检测技能大比武活动，出台《绵阳市食品安全事件应急预案》，制定全市“三小”认定标准等，食品药品安全保障水平加快提升，全市食品安全总体状况满意度连续四年位居全省第一，绵阳市中心医院成为全省首批全国医疗机构药品不良反应监测哨点联盟医院。截至12月31日，全市有食品药品生产经营单位50199家。其中，食品生产企业650家，流通企业22189家，餐饮企业（单位）15077家；药品生产企业26家，药品经营单位3222家，各类医疗机构3992家；医疗器械生产企业18家，经营单位341家（三类）；化妆品经营单位4684家。

【基层监管能力建设】 2017年，市食药监局出台《基层监管所规范化建设验收操作细则》，梓潼等8个县市区全部通过市食药监局、市工商局和市质监局的联合验收；全市88个基层监管所全部设置快检室，基层标准化建设率97%，80个所配备执法车，配备率达90%。3月22日，绵阳市食品药品检验所顺利通过四川省质量技术审查评价中心组织的实验室资质认定和食品检验机构资质认定复评审及扩项现场评审，现场确认非食品（药品、化妆品）检测能力两大类41个参数，确认食品检测能力（食品、餐饮用具）两大类105个产品、249个参数。平武建成区域检验检测中心项目，年初挂牌运行。

【食药品安全量化管理】 2017年，全市推行“双随机双检查一回访一公开”工作机制，实现检查项目全覆盖，防范区域性、系统性、行业性风险。组织开展白酒、肉制品、面制品、食用油、饮用水、茶叶、畜禽水产品、调味品、酒类、学校食堂、旅游景区、农村坝坝宴、药品流通、中药材中药饮片、医疗器械、保健食品等16个专项整治；与市检验检疫局签订战略合作备忘录。加强两法衔接，并率先在全省设立食品药品检察室；12月，开展全市餐饮服务食品安全监督量化分级管理A级单位核查工作。全年全市立案查处案件1035件，移送司法机关案件10件，处罚没款1042.83万元。

【食品安全示范创建】 2017年，安州区、三台县、北川羌族自治县获省级第一批食品安全示范县称号，江油、平武被纳入省级第二批食品安全示范县创建名单。组织实施市级食品安全示范乡镇创建，出台《绵阳市食品安全示范乡镇（街道）验收标准》，12月26日，在江油召开全市食品安全示范乡镇创建工作推进会，安州区桑枣镇、江油市三合镇、三台县富顺镇、平武县南坝镇等10个乡镇成为全市首批申报创建的示范乡镇。

【食药品企业产业扶持】 2017年，全市支持与服务食品药品产业发展，在规模以上食品生产企业中推行实施HACCP管理；在药品经营行业开展“绵阳市药品诚信经营示范企业”创建活动。3月28日，四川大陈粮油公司与西华大学教学合作实践基地及产学研联合实验室在大陈粮油公司揭牌；7月27日，举办“关于现代制药理念、动态、案例及策略与建议”专题培训会；8月3日，与绵阳市药品行业协会在绵阳科伦医贸联合举办“绵阳市2017药品生产GMP专题培训会”；8月10日，规划投资6.68亿元的中国中药（绵阳）产业园天雄药业生产基地项目在安州工业园区落地，绵阳市成为中国医药集团总公司建立的全国第一个地级市生产基地。全年推进政务服务标准化，对涉及食品药品医疗器械的相关行政权力事项进行动态调整，清理取消无明确规定的现场勘验“转外”环节，并实时公布办事进程，明示法律法规、政策文件、监督举报方式等相关信息。

【食盐质量安全监管职能移交】 2017年6月，按照国务院盐业体制改革总体部署，根据四川省、绵阳市关于盐业监管体制改革方案和关于划转食盐监管职能及调整机构编制相关文件精神，市食品药品监督管理局通过组织学习食盐改革精神、理清食盐监管职能职责、制定移交实施方案、开展职能移交协商座谈会及组织监管人员培训等，有序推进各项移交准备工作。12月29日，绵阳市举行食盐质量安全监管职能移交协议签字仪式。市食药监局、市盐政稽查处代表在食盐职能移交协议上签字，标志着绵阳市盐业监管体制改革工作取得阶段性成果，实现政企分开，市食品药品监督管理局正式履行食盐生产经营质量安全管理与监督执法职责。

【食品检测技能大比武】 2017年12月25日，市食安办、市总工会、市食药监局联合举办全市食药监系统职工职业技能竞赛，考核食品安全抽检监测法律法规知识、模拟现场抽样和快速检测农药、兽药残留量和甲醛含量等技能。来自全市各县市区（园区）食药监部门的14支代表队参赛，全市食药监管系统职工190余人到场观摩。最终评选出团体单项奖12个、团体综合奖3个以及个人快检技术能手1名、快检技术标兵5名。

【首次举行实验室开放日】 2017年12月26日，绵阳市首次举行食品药品检测实验室开放日活动。以"'健康绵阳'共治共享食品药品安全"为主题，邀请人大代表、政协委员、企业负责人、社区群众以及新闻媒体的记者等30余人参观市食品药品检验所食品药品检测实验室。现场展示人员操作、仪器分析、计算分析得出精确数据的全过程，普及辨别食品药品真伪优劣的专业知识。

【节日期间食品药品安全专项整治】 2017年12月，为切实加强节日期间食品药品监管，按照"双随机双检查一回访一公开"有关规定，全市组织开展平安元旦、春节食品药品安全专项整治集中交叉检查。食品安全检查在全市执法检查人员名录库中随机抽取执法人员104名，组成11个检查小组，分赴各县市区开展检查工作。针对元旦、春节期间消费特点，集中力量对年货市场、食品批发市场、集贸市场、食品展销会等节日消费重点场所，白酒、肉及肉制品、糖点、汤圆、粮油、化妆品等重点品种重点监管。依据《药品医疗器械飞行检查办法》，制定《绵阳市关于在"元旦春节"前开展药品流通企业"双随机双检查一回访一公开"飞行检查的实施方案》，抽调药品检查认证员15人，组成6个检查组，对全市药品经营企业开展为期1周的异地交叉飞行检查，严厉打击从非法渠道购销药品、购销非法回收药品、销售假劣药品等违法违规行为。共随机检查食品药品医疗器械化妆品生产经营使用企业（单位）共1475家，查出存在问题共416个，涉嫌立案查处案件共72件。

【全国首批区域性食品药品检验检测中心在绵阳试运行】 2017年8月，全国首批区域性食品药品检验检测中心—平武县食品药品检验检测中心建成并试运行。该中心全面承担绵阳市平武县、北川县和江油市，阿坝藏族羌族自治州松潘县和九寨沟县，甘肃省文县的食品、水质、土壤、农残、兽残、产品质量等检验检测任务，整合平武县内食品药品、工商、质监、农业以及水务等部门所辖检验机构的机构、人员、设备设施，避免周边地区县级食品检验中心的重复建设。至年底，该中心已初步具备食品检测实验室运行能力，达到检验检测机构资质认定的基本要求。

【食药监一体化平台录入工作】 2017年10月23日，绵阳市召开全市一体化平台工作推进会。会后，绵阳市食药监局全面推开一体化平台工作。10月25日，开始录入工作。截至10月30日12时，全市9类权力事项审核通过1510项，省食药监局下发指导数373项，市食药监局审核通过事项300项，占全市市本级完成数20%，省下发数完成率达80.4%。

【绵阳市较大食品安全突发事件（Ⅲ级）应急处置演练】 2017年10月27日，市食品安全委员会主办，市食安办、市食药监局、盐亭县人民政府、三台县人民政府、梓潼县人民政府承办的2017年绵阳市较大食品安全突发事件（Ⅲ级）应急处置演练在盐亭县两河镇举行。该演练

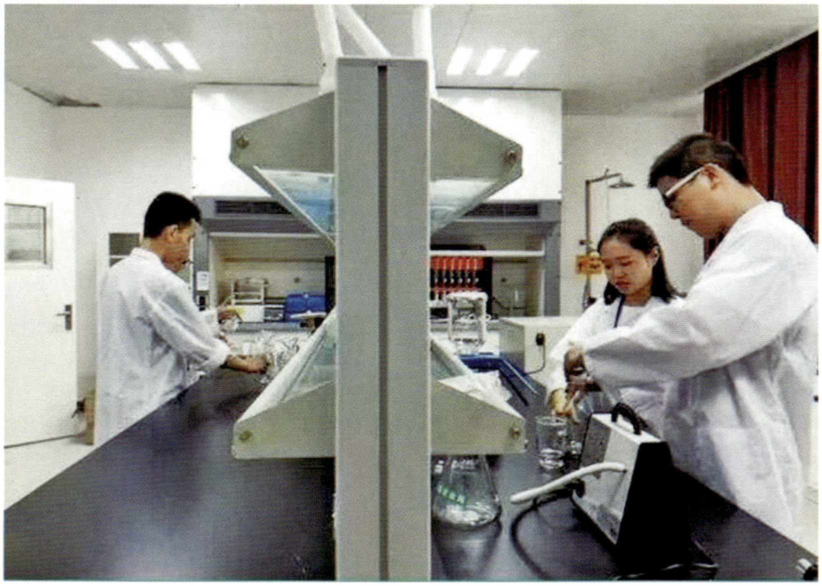

图122 平武县食品药品检验检测中心

是绵阳市第一次以农村集体聚餐为主题举办的三级食品安全应急处置实战演练。演练以盐亭两河口镇发生食品安全事故，按照演练方案，重点演练报告、组织、指挥、急救等环节。省食药监局党组成员、食品总监张海峰，市委常委、市政府常务副市长、市食安委主任颜超，市政府副市长、市食安委副主任蒋丽英和各县市区食安委、食安办领导以及成都、南充等6个市州食药监部门负责人现场观摩。

【全国首个地级市中药智能生产基地落户安州区】 2017年8月10日，中国医药集团总公司计划总投资6.68亿元的中国中药（绵阳）产业园天雄药业生产基地项目在安州工业园区顺利落地，该项目使绵阳成为中国医药集团总公司在全国建立的第一个地级市生产基地。该项目整合三台麦冬、江油附子、平武天麻等中药材产业基地资源，建设4条中药饮片生产线，年提取中药材8000吨的中药配方颗粒提取物智能化生产线10条。

【“绵阳造”暨全国药品医疗器械精品博览会】 2017年4月25—26日，“绵阳造”暨全国药品医疗器械精品博览会在绵阳科伦医贸公司举行。会议由绵阳市食药监局、市商务局、市卫计委指导，绵阳市药品行业协会、市医疗器械协会、市药学会、市药品商贸协会主办。来自23个省市的116家药械生产厂家参展，1900余家药品器械生产企业、医疗机构、药品经营企业参会，其中“绵阳造”本土企业20余家。博览会期间实现药品器械签约金额1.02亿元，成交金额5200万元，合同订单成交5000万元。

（周　强）

质量技术监督

【概况】 2017年，市质量技术监督局实施市委、市政府全面创新改革，专注发展，全面落实省委治蜀兴川方略，以“科技绵阳．品质领航”绵阳城市质量精神，推进创建“全国质量强市示范城市”；依托科技城建设，加大检验检测基础和能力建设；围绕构建推动军民融合的创新转化体系，着力促进品牌建设、对标提升、民生计量、产品质量、特种设备安全监管机制建设；开展质量保障措施和执法打假行动，全市产品质量整体水平持续发展。创建全国质量旨市示范城市通过省级验收，发出首张电子证书。全市84家企业、109个产品（服务）获第十二届四川名牌，名牌总数居全省第三。

【实施质量强市战略】 2017年，全市推进第二届政府质量奖评审工作，开展12个现场示范点创建；定期开展对绵阳市质量发展状况进行分析；组织召开绵阳品牌创建和卓越绩效管理工作培训工作；制定和完善《质量安全事故报告制度（试行）》等管理制度。对全市近百家企业进行品牌创建、质量奖申报等质量强市创建重点内容进行重点培训。全市84家企业、109个产品（服务）荣获第十二届四川名牌称号，名牌总数居全省第三。中国（绵阳）科技城电梯产业园区通过四川省知名品牌创建示范区现场考核验收。组织全市24家企业参与品牌价值评价工作，组织新亚科技、湖山音响等名牌企业开展“首席质量官”培训工作，编印《绵阳市“十三五”质量发展规划（2016—2020年）》。省政府对市政府质量工作考核评价，绵阳市获A级。

【创建全国质量强市示范城市】 2017年，全市争创“全国质量强市示范城市”。组织创建部门赴江苏扬州、南通等地考察学习。组织游仙、江油开展省级质量强市示范县创建。9月，绵阳市全国质量强市创建工作以932分高分通过省级预验收，得到专家组的一致好评，已提请国家质检总局验收。

【产品质量安全监督】 2017年，全市开展16起市级、17起省级监督抽查不合格后处理工作。对化肥、水泥、电线电缆等100余家生产许可证获证企业开展专项监督检查。设立产品质量安全风险监测和预警评估中心，收集风险信息51条，指导安州区桑枣镇、江油市武都镇2个乡镇建设消费品质量安全风险监测示范点。

【特种设备专项检查整治】 2017年，全市组织开展落实安全生产主体责任宣誓活动、车用CNG气瓶检验技能竞赛、电梯维护保养大比武等活动。开展“安全大检查”和“质监利剑扫雷行动”等专项行动10余个。全年检查特种设备使用单位820家，检查特种设备1120余台次，发出安全监察指令书312份，发现并督促企业整改安全隐患520处。开展燃煤锅炉淘汰“清零行动”，淘汰（改造）燃煤锅炉47台。

【计量与认证工作】 2017年，全市加强重点管理计量器具的监管，开展计量能效标识、国家级和省级定量包装商品净含量等专项监督检查。新增11项市级社会公用计量标准，监督检查270项社会公用计量标准。建设能源计量数据在线采集平台，与市级9个部门联合推进能源数据的采集和应用，实现5家耗能单位的数据采集。引导、培育50家企业实现诚信计量自我承诺。指导平武县成功获批“省级有机产品认证示范县创建区”，实现绵阳市零的突破。

【检验检测能力建设】 2017年，全市围绕传统和战略新兴产业的质量需求，培育国家质检中心和重点实验室。整合军工、科研院所等检验检测资源，成立军民融合质量发展联盟。全年完成样品检验7726批次，检定、校准计量器具11万余台件，检验各类纤维制品样品2633个，完成特种设备检验检测约3.05万台（只）次，压力管道检验22万余米。

【法治质监建设】 2017年，全市推进依法治理、建设法治质监，制定市质监局“七五”普法规划。推进“质监利剑”和“双打”行动。全年全市系统出动执法人员12600余人次，查办案件1108件，受理投诉举报转办135件；接受“12365”电话咨询投诉3153件。未发生区域性、行业性的质量违法行为。执法案卷

图123　客运索道联合应急救援演练

（绵阳市仙海人民医院使用未经定期检验和检验不合格的特种设备案）入选全国12个典型案例中，向全国质监系统参训执法人员解析、交流。

【客运索道联合应急救援演练在北川举行】　2017年12月21日，绵阳市质监局联合北川县食药工质局、消防大队、公安、卫生、北川九皇山索道救援队、江油窦圌山索道救援队、广元剑门关索道救援队等部门在九皇山景区举行客运索道应急救援演练。此次演练模拟索道突发故障，正在运行的索道出现紧急停车，游客被困在高空。运营方在第一时间启动应急预案，利用索道广播向“被困”空中的游客解释事故原因及救护方法，稳定游客情绪。同时，应急救援队伍迅速集结，奔赴救援现场，对被困吊篮内的“游客”实施空中救援。救援人员首先将救援行走小车安装到运载索上，随后空中滑行至被困缆车并将缓降绳放至地面，让被困“游客”穿上安全带后，利用救生缓降器将被困“游客”缓缓安全送回地面，最后守候在地面的医护人员对被困“游客”展开救治。（赵军亭）

安全生产管理

【概况】　2017年，绵阳市委、市政府出台《绵阳市党政同责工作目标绩效管理办法（试行）》《绵阳市安全生产党政同责工作目标绩效管理实施细则（试行）》和《绵阳市安全生产党政同责工作目标任务及考评细则》等文件，落实党政领导责任。市政府印发《关于进一步明确安全生产职责全面落实安全生产责任的通知》，明确安全生产管理机构和安全管理责任。市委编办印发《市级部门安全生产工作职责及分工》，对部门监管责任进行界定，完善安全生产责任制。130余家重点企业主要负责人在全市重点企业安全监管工作会议上，以“企业落实安全生产主体责任宣誓活动”的形式，对安全生产主体责任进行现场承诺。截至年底，全市建成“四川省安全社区”9个，21个复评单位通过验收，各县市区财政补助50万元，带动各类项目资金4.5亿元。取得安全生产许可证的76家非煤矿山企业和尾矿库全部达三级以上标准，其中8家达二级标准；36家危化品生产企业、19家烟花爆竹批发经营企业、380多家加油加气站等储存经营企业，取得安全生产标准化三级以上达标证书；烟厂、九洲、国大水泥达到一级标准。排查辨识重大风险点38个，较大风险点64个，一般风险点2994个，低风险点5063个。将37家已完结的建筑施工项目、53家倒闭或停止经营企业、13家无效企业从安全监管监察对象单位名录库和安全生产基础数据库剔除，全市重点监管企业（单位）由原2199家变更为2118家。督促重点企业自查自改自报，上报隐患23598条，整改23533条，整改率99.72%。全市发生生产安全事故120起、死亡104人、受伤120人，事故起数、死亡人数、受伤人数同比下降19.46%、19.38%、20.52%。生产安全事故死亡人数占全年控制指标的53.88%。发生较大事故4起、死亡12人、受伤8人，同比下降42.9%、50%、27.3%。连续十三年未发生重特大生产安全事故。农业机械、通信施工、水上交通、非煤矿山、危险化学品、烟花爆竹等重点行业（领域）未发生人员伤亡事故。

【安全宣教培训】　2017年，绵阳市安监局组织开展“安全生产宣传月”“安全生产宣传咨询日”等活动，在《绵阳日报》《绵阳晚报》发稿60余篇，绵阳电视台深度主题报道3条、消息23条；开通“绵阳安监”微信宣传平台，推出72期200余条图文信息。组织全市安全监管监察人员参加四川省2017年第二期安全监管干部网络培训班，134人参加培训并通过考试；组织全市240余名乡镇（街道办）安监干部开展业务培训；举办全市安全生产监察执法业务培训班，全市约80余名安监执法人员参加培训学习。加大对培训机构的监督检查，对学时、师资、内容、档案等进行规范，8600余名生产经营单位主要负责人、安全管理人员和特种作业人员通过取证培训。开展职业病防治宣教培训，广播、电视、报刊等传统媒体报道42次，公益短信、微博、微信、在线访谈等新媒体报道37次，散发宣传册5万份，制作和发放专题宣传（视频）片14部，深入企业宣传5000余次；组织培训监管人员1800余人次，组织培训企业负责人、职业健康管理人员1440余人次，培训接触职业病危害人员2080余人次。

【应急管理能力提升】 2017年，全市建成市、县、乡（镇）三级安全生产应急管理工作体系，市安监、经信、公安、环保、住建、交通等部门均成立专兼职安全生产应急管理机构。组织开展安全生产应急预案备案登记，全市编制备案危险化学品生产经营企业综合预案523个、专项预案974个；非煤矿山综合预案255个、专项预案389个；烟花爆竹经营单位预案1494个；主要工矿商贸行业编制备案综合预案128个、专项预案1896个。建立市、县安全生产值班机构网络，实行24小时值班和应急值守，制订《绵阳市生产安全事故信息报告和处置工作规范》。开展安全生产各类应急演练，针对危化品泄漏、非煤矿山施工作业、爆破、烟花爆竹、库区管理等开展21次应急演练；协调督促交通、住建、交警、消防、质监、防汛、旅游等部门牵头开展各类应急演练180余次。

【安全生产大检查】 2017年，市安委办印发《绵阳市安全生产大检查实施方案》，于7—10月组织开展为期4个月的安全生产大检查。市委、市政府领导分别带队对分管的行业领域安全稳定工作进行督导检查，市政府安委会成立督查组，对各类专项督查发现问题整改情况进行督导检查。组织检查组5278个，其中暗访暗查组783个，检查企业28602家，排查一般隐患27901项、整改27144项，排查重大隐患18项、整改17项，投入整改资金2881.2万元；打击严重非法违规违章行为539起，停产整顿305家，暂扣吊销证照1048个，关闭取缔130家，处罚款1674.7万元。

【安全工作法治化建设】 2017年，市安监局制订印发《关于推进安全生产领域改革发展的实施意见》，经市深改领导小组会议审定后印发，为做好全市安全生产工作提供制度保障和政策依据。制订出台《绵阳市安全生产执法规范（试行）》《安全生产案件立案及审理规则》《生产安全事故信息报告及处置规范》《行政调解工作制度》《“双随机一公开”抽查工作实施细则》《绵阳市安全生产监督管理局“三集中、三到位”工作方案》《重大行政决策规则》等制度，形成依法行政、规范执法的制度体系。在全省市级层面率先出台《绵阳市安全生产执法规范（试行）》，明确以监督检查、事故调查、监察执法、举报投诉等为重点，从执法主体和管辖、执法程序、执法重点内容、执法文书、执法监督等方面进行统一和量化。组织开展全市安全生产监察执法实训暨比武活动；组织参加省安监局举办的第二片区安全生产监察执法实训暨比武活动获二等奖。

【安全生产信息化建设】 2017年，市安监局探索安全生产与信息化融合的有效途径，预计总投资1300余万元，建设“绵阳市安全生产预警和综合监管信息平台”，将36家危化品企业数据接入。按照国家安监总局要求，在全市矿山企业开展禁止使用设备及工艺专项检查，淘汰落后工艺和设备，推广新型适用安全技术及装备，露天矿山中深孔爆破、机械铲装、液压锤二次破碎，地下矿山小型装载机采掘、安全避险“六大系统”，尾矿库在线监测系统、干式排尾等先进适用技术已广泛运用，全市露天矿山淘汰落后设备37套，投入700余万元配置履带式捕尘装置的潜孔设备28台。非煤矿山领域“机械化换人、自动化减人”试点成效明显，北川神州矿业有公司、安县高川磷矿、平武县大茅坡铅锌矿3座地下矿山计划投入800余万元，改地面人工装车为装载机装车，井下人工出矿改为重力漏斗出矿，井下运输方式从拖拉机运输方式改为有轨机车运输。 （王一焓）

进出口商品检验检疫

【概况】 2017年，绵阳进出口商品检验检疫局融入绵阳经济发展大局，推动绵阳开放型经济发展。全年检验检疫进出口货物1578批，货值18523万美元，同比分别增长13.12%、31.74%。其中出境货物1220批，货值8564万美元，同比分别增长11.01%、13.34%。入境货物358批，货值9959万美元，同比分别增长20.95%、53.11%。检验鉴定货物包装454批，同比下降1.94%。

【出口产品检验检疫监管】 2017年，全市检验检疫出口动植食类产品554批，货值5502万美元，检出不合格产品4批，货值0.4万美元。其中，检验检疫出口动物产品5批、74万美元；检验检疫出口植物及其产品187批、1018万美元，检出不合格植物产品（魔芋粉）1批、1万美元，主要的出口植物是种用籼米捣鼓33批、260万美元，出口植物产品有154批、758万美元，主要的出口植物产品是中药材68批，货值505万美元，同比批次、货值分别下降5.56%、6.83%，主要输往新加坡、印度尼西亚等国家和地区；检验检疫出口食品362批、4410万美元，主要的出口产品——罐头124批、15799.55吨，货值4073万美元，同比批次下降25.75%、重量和货值分别增长6.33%、2.44%，主要输往菲律宾、印度尼西亚等国家和地区，检验检疫出口粮食制品类160批、554.94吨，货值154万美元，同比批次、重量、货值分别增长119.18%、103.06%、108.11%，主要输往德国、美国等国家和地区。检验检疫出口工业产品303批，货值1210万美元，检出不合格产品19批，货值110万美元。其中，检验出口化工品294批，货值1179万美元，同比批次、货值分别增长31.25%、20.65%，检出不合格19批、110万美元，不合格率分别为6.49%、9.31%，主要输往韩国、日本、俄罗斯等国家；检验出口纺织品8批、25万美元；检验机电产品1批、6万美元。

【进口产品检验检疫监管】 2017年，全市检验检疫进口产品358批、货值9959万美元，同比分别增长20.95%、53.11%，来自德国、英国等国家和地区。检出不合格产品69批、货值1705万美元，同比分别增长64.29%、200.83%。其中检验检疫进口动物产品——动物皮张123批，货值5036万美元，同比批次货值分别增长179.55%，79.15%，来自丹麦、芬兰、加拿大等国家和地区，未检出不合格；检验检疫进口植物油18批、360万美元，主要来至英国及西班牙；检验进口机电产品137批，货值2665万美元，同比批次下降19.88%，货值增长0.42%，检出不合格53批、1181万美元，不合格率分别为38.69%、44.32%；检验进口矿产品32批、1335万美元，同比分别增长18.51%、102.08%，检出不合格产品12批、361万美元，不合格率分别为37.5%、38.19%；检验进口化工品23批、361万美元，检出不合格产品1批、1万美元；检验检疫进口食品17批、16万美元，检出不合格产品2批。其中检验进口红酒1批、1万美元，食品添加剂2批、1万美元，食品用包装容器及食品用具14批、4万美元；检验其他进口产品8批、186万美元。 (赵璐君)

绵阳海关

【概况】 2017年，绵阳海关（7905现场）监管进出口货物5.9万吨，同比增长55.5%；货值27.3亿元，同比下降0.3%。其中进口5.7万吨、增长59.1%，货值26.3亿元、同比下降0.4%；出口2899吨、增长7.8%；货值1亿元、增长2.9%。“两税”入库6.9亿元，同比下降7%，其中关税9291万元，进口环节代征税6亿元。货物报关单8764份，其中进口8371份、出口393份。监管进出境集装箱2763标箱次，增长34.5%，其中进口2602标箱次、出口161标箱次。核销转关货物申报单115份，出口115份。办理减免税手续856批次，减免关税2450.2万元，同比下降35%；减免增值税1.1亿元，同比下降25%。

【绵阳出口加工区监管】 2017年，绵阳出口加工区（7914现场）监管进出口货物5459吨，同比减少14.3%；货值7.9亿元，同比下降25.3%。其中进口160吨，同比减少31.9%，货值6719.2万元，同比下降13.8%；出口5299吨，同比减少13.6%；货值7.2亿元，同比下降26.2%。货物报关单1.8万份，其中进口8883份，出口9019份；监管进出境集装箱764标箱次，同比减少11.4%，其中进口17标箱次，出口747标箱次。核销转关货物申报单1132份，其中进口14份、出口1118份。

【服务绵阳经济建设】 2017年，绵阳海关落实成都海关支持四川外贸发展20项措施，向绵阳市政府报送《绵阳海关关于支持绵阳外贸回稳向好相关措施的报告》，提出六个方面的具体措施；参与绵阳综合保税区申建工作，争取海关总署、成都海关支持，配合完成综保区用地“两规”规划、拟入区项目的初审等工作，向市政府报送《绵阳综合保税区海关功能区域规划建议》，参与综保区项目引进工作；推进绵阳跨境电商工作，协助完成跨境电商监管中心建设。主动对接服务绵阳重大项目招商引资工作，参与京东方、新晨动力宝马发动机等项目，接受企业咨询，宣讲海关政策及便捷通关措施；协助完成绵阳综合监管平台规范性整改并通过验收，配合绵阳出口加工区整改取得实质性进展；完成第五届中国（绵阳）科技城国际科技博览会前期协调工作及海关总署加贸司和成都海关领导的对口接待任务。

【通关环境建设】 2017年，绵阳海关完成综合监管平台规范整改“全域通”改革措施开始实施，落实“双随机”改革措施，推进“一简一优”改革措施、“集中汇总征税”改革措施，开展关检合作“三个一”工作，累计发送18票《海关、检验检疫“一次查验”通知单》，关检双方对其中12票货物共同实施“一次查验”。通过推行改革措施，通关效率和本地报关率明显提升。1月至12月平均通关时间：进口32.9小时，同比降低60.5%，出口1.34小时，同比降低7.6%。绵阳企业本地报关率为30.7%，持续保持上升趋势，较2016年同期提升9.4个百分点。

【打击走私活动】 2017年，绵阳海关配合开展“国门利剑2016”联合专项行动，落实“两简案件”办案模式改革任务，全年办理“两简案件”7起；加强一线监管查验和后续稽查，移交一般程序案件线索6条，立案5起，案值184.06万元，补税7.8万元。落实“两个机制、两个办法”，支持配合参与缉私工作，对有可能出现违规走私行为的情况进行重点监管查验。全年查获2起货物申报不实案件，案值合计53.48万元，涉及漏缴税款6.39万元，均已移交绵阳海关缉私分局作调查处理并结案。 (谭　鹏)

卫生执法监督管理

【概况】 2017年，绵阳市卫生执法监督支队围绕卫生计生中心工作，深化卫生计生行政执法综合体制改革，推进卫生计生综合监督能力建设，完善卫生计生综合监督管理机制。全市应监督各类管理单位11833户，实监督37227户次，监督覆盖率97.9%，合格率99.2%。全市办理各类行政处罚案件535件，较2016年增加218件，同比增长68.77%，罚没款金额78.505万元。全年共撰写动态新闻241篇，经验交流、典型案例10篇。其中被省卫生计生执法监督总队采用215篇，市卫计委网站采用38篇，《绵阳日报》《绵阳晚报》采用21篇，各类新闻APP平台采用23篇，各级各类门户网站采用、转载35篇。全年支队共受理举报投诉72件，其中市卫计委交办16件、省总队交办1件，对调查核实存在违法行为的立案查处达100%。

【监督执法全过程记录试点工作】 2017年，按照省卫计委试点工作的安排，针对试点工作中存在实际问题，结合《卫生计生行政执法全过程记录制度（征求意见稿）》，对全过程记录制度进行修订，建立信息保存台账，加强使用和信息保存稽查通报，使用情况纳入年终目标考核，确保全过程执法记录使用工作落实到位。全面开展手持移动执法终端使用，按照上级业务部门的工作安排，推广使用手持终端进行监督检查录入。截至年底，支队执法人员在各专业日常监督执法检查工作中均使用手持移动执法终端进行制作监督检查记录，现场直接上传省监督系统。

【医疗服务市场监督】 2017年，支队开展市直医疗机构依法执业、医疗技术临床应用、麻醉药品及第一类精神管理、医疗核心制度贯彻落实情况、医疗文书书写、《中医药法》宣传贯彻、计划生育项目登记备案情况等专项督导工作；组织全市开展打击非法行医、医托等专项监督检查，并联合园区对部分医疗机构、药店等进行检查，有效净化医疗服务市场；积极开展全市打击非法医疗美容、打击代孕、查处非法开展人类辅助生殖技术等专项执法监督检查，规范医疗服务市场秩序。

【传染病防治监督】 2017年，支队对辖区内1611家医疗卫生机构贯彻落实传染病防治相关法律法规进行了专项监督检查；积极采取措施对全市医疗卫生机构、医疗废物集中处置单位开展医疗废物和污水处置专项执法监督检查，对限期整改问题仍未到位单位及整改不力者严肃依法查处，全市医疗废物和污水行政处罚立案调查58件，警告56件，罚款13.25万元，使全市医疗卫生机构的医废、污水处置工作发生了巨大变化，全面实现了合法化、规范化、标准化，顺利通过了中央环保督察组的督查；强化二级生物安全实验室检查及备案工作，审核二级生物实验室备案资料28家，完成备案22家；加强对辖区内15家消毒产品生产企业开展了监督检查，并对7家消毒产品经营使用单位共计30个消毒产品进行了监督抽检，完成了2017年消毒产品国家监督抽检任务；持续推进血液安全监督；确保全市未发生一起非法采血、采浆事件。全年共查医疗卫生机构3003家，对81家存在违法违规行为的，立案查处25家，警告25家，罚款20家，共罚款4.2万元。对限期整改问题仍未到位单位及整改不力者严肃依法查处。全市医疗废物和污水行政处罚立案调查58件，警告56件，罚款13.25万元。

【职业与放射卫生监督】 2017年，支队加强对放射工作人员接受放射防护知识培训、职业健康监护、个人剂量监测、防护用品配备使用及质量控制等情况进行全面的监督检查；完成对全市6家职业健康检查机构的专项监督检查；全年共举办4期放射工作人员法律法规及防护知识培训，培训1600余人次，并成功申报全省卫生计生监督培训基地并撰写绵阳市放射卫生监督培训基地建设方案。

【饮用水及涉水产品卫生监督】 2017年，支队开展全市生活饮用卫生安全专项监督检查；对全市各级监督机构、园区社发局、设计日供水千吨以上集中式供水单位、二次供水单位、现制现售水经营单位及涉水产品生产企业等单位进行《四川省生活饮用水卫生监督管理办法》等卫生法律法规培训；完成了国家卫计委和省总队下达的农村在用集中式供水设施基本情况个案调查和农村饮用水卫生状况监督调查统计上报工作。

【公共场所卫生监督】 2017年，支队完成对旅游景区景点及周边集中式供水单位、消费者节日集中消费的住宿、商场、美容美发等公共场所经营单位专项执法监督检查；完成市人大六届八次会议、市政协六届六次会议、市科技博览会、电子商务会等活动期间公共卫生安全保障任务；积极开展公共场所安全套推广工作，开展“共担防艾责任，共享健康权力”防艾志愿者服务活动，宣传防艾知识，发放防艾物品、宣传资料2000余份；精简食品标准备案工作流程，缩短备案受理时间，不断提升备案工作水平，进行跟踪评价，深入企业实地调研、问卷调查、座谈会、专家咨询等形式收集食品安全标准在全市执行情况，在2017年四川省食品安全国家标准跟踪评价总结会上作经验交流。全年共办理食品安全企业标准备案59件，其中新办7件。

【学校卫生监督】 2017年，支队完成全市各级各类学校教学环境的监督抽检，积极开展春、秋两季开学学校卫生安全监督检查和督导检查，对突出问题责成当地卫生行政主管部门、监督机构和疾控机构调查处理和追踪督导，并形成通报上报市卫计委，对整改落实情况进行了回访；做好高、中考期间学校卫生监督检查工作和考点医疗卫生安全的督导检查工作；加强与疾病预防控制机构密切合作，及时处置部分学校或托幼机构发生传染病疫情；总结并上报绵阳市2015年和2016年开展学校综合评价工作。

【完成“双随机”监督抽检】 2017年，支队按照国家和省卫计委《关于印发2017年监督抽检计划的通知》要求，及时组织全市培训，将655家国抽和141家省抽任务分解到各监督机构和各双随机执法人员，通过政府统一招标，落实第三方检测机构，积极组织监督抽检采样检测工作。确保国抽、省抽任务按时全面完成。对监督抽检中发现的违法行为依法予以立案处罚和公示。对抽检不合格单位进行行政处罚。

应急管理

Emergency Management

概 述

【概况】 2017年，全市遭受“8·8”九寨沟7.0级地震、“9·30”青川5.4级地震和“7·5”“7·15”洪灾等自然灾害28起（20次洪涝过程、6次风雹、2次地震灾害袭击），直接经济损失约30.86亿元，共造成73.66万人次受灾，1人因雷击死亡，无人员失踪。全年发生各类生产安全事故120起，死亡104人、受伤120人（其中高速公路事故12起，死亡13人、受伤9人），事故起数、死亡人数、受伤人数同比分别下降19.46%、19.38%、20.52%。未发生重特大生产安全事故。发生较大生产安全事故4起（高速公路1起、三台农村自建房1起、平武道路施工1起、江油道路交通1起），死亡12人、受伤8人，事故起数、死亡人数、受伤人数同比分别下降42.9%、50%、27.3%。全年未发生较大以上突发公共卫生事件和社会安全事件。成功应对处置“4·18”跃进路1958火灾、“6·6”涪江水质锰超标、“6·30”绵江路危化品槽车自燃泄漏、“7·5”区域性特大暴雨、“8·8”九寨沟7.0级地震、“9·30”青川5.4级地震、“10·25”九（寨沟）绵（阳）高速白马隧道坍塌等200余起突发事件；自2014年以来，汛期连续4年暴雨洪涝灾害人员“零死亡”，连续7年地质灾害人员“零伤亡”；完成安州睢水春社踩桥、“圣诞节”交通治安管制、春节期间“除夕夜”圣水寺值守应急等一系列大型安保应急任务。在“8·8”九寨沟地震应对处置中，全市各级贯彻省委、省政府和市委、市政府决策部署，市应急办充分发挥职能作用，协调各方出色完成保畅、疏散、服务等各项任务，9个单位、26名个人获省委、省政府表彰；“10·25”九（寨沟）绵（阳）高速白马隧道坍塌事故应急救援中，省市县迅速响应，救援力量协同配合、救援处置有序高效，成功营救4名被困施工人员中的3人，成功案例在全国隧道救援工作会上作经验交流发言。

【基层应急调度中心成立】 2017年，全市结合应急平台建设实践，改革创新体制机制，推进县市区应急调度中心建设，全天候向公众提供紧急救助服务，实现突发事件第一时间沟通、会商和调度，解决县市区政府应急办人员力量不足、应急平台功能发挥不充分等问题。截至年底，涪城、游仙、安州区分别成立应急调度中心（科级事业单位），分别核定编制7人、5人、10人。

【应急预案管理】 2017年，全市坚持应急预案修编“一三一”工作机制，即凡是全市整体性、全局性工作的应急预案，必须做到“一征求”（征求各县市区、园区和市级有关部门意见），“三审查”（经专家审查、市政府应急办业务审查、法制办等部门规范性审查），“一审议”（经市政府常务会议审议通过印发）。全市重点开展道路交通安全、地质灾害、疫情、防汛、消防、食品药品安全、危化品管控、重污染天气、学校安全等重点行业领域应急预案清查修编工作，全年修订市级专项应急预案21个、其他重点应急预案492个。

【应急队伍建设】 2017年，全市有综合应急救援支队18个大队、46个分队、2567人的应急救援专业力量。入汛期间，全市落实防汛应急抢险队伍1289支、应急抢险队员34751人；市政府应急办组织协调武警交通三支队在防汛重点地区和地灾易发县市区开展前置驻训；“6·24”茂县山体滑坡和“8·8”九寨沟地震期间，分别组织协调市级各类抢险救援队伍共17支1495人449台（套）机械、装备紧急支援灾区抢险救灾。

【应急资金保障】 2017年，全市各级坚持把应急管理工作经费纳入同级财政预算。全市应急平台建设财政投入8200余万元，其中9个县市区先后投入4300余万元。市政府应急指挥平台自建成以来，实现与公安、卫生、城管、气象、水务、旅游、人防、政务服务中心等已建市级部门专业应急指挥平台的互联互通和非涉密资源共享；启动并完成首期

21条政务服务热线整合工作，建立起“统一受理、分类办理”的市政府政务综合服务平台。县市区政府应急指挥平台建成6个（游仙、安州、盐亭、梓潼、平武、北川）、在建3个（涪城、江油、三台），市、县市区、市级重点部门平台互联互通、互为支撑、互有侧重的绵阳应急指挥平台体系基本形成，初步实现公共安全综合管理、城市安全监控、应急指挥联动、灾害防控管理等功能。

【应急物资保障】 2017年，全市做好《绵阳市应急物资储备规划（2016—2020）》的组织实施、专项督察和销号工作，现建成市级物资储备库10个、物资储备站32个、物资储备点106个。入汛期间，全市完成1536万元防汛物资储备；市政府应急办先后整合公安、人防、军分区、3家基础通信运营企业等应急通信设施设备，组建5种相互补充、互相衔接的应急指挥通信网络，完善全市应急通信网络体系，投入20余万元加强市政府应急指挥平台应急通信指挥保障体系建设；为各县市区政府应急办配备GOTO数字智能对讲手机，每周一利用该系统对县市区值班情况进行点名，并指导督促各地各部门（单位）加快专业化值班建设。

【应急监测预警】 2017年，全市坚持定期开展应对极端天气、洪涝、地质灾害等自然灾害安全防范专题会商，互通趋势情况、研判分析形势、强化预警防范，提前做好防范应急准备。市、县市区分别组织气象、水务（防汛、河道）、水文、国土、住建、民政、农业、林业、防震减灾等部门（单位），开展自然灾害专题研判会商，形成《专报》并印发各单位，从灾害责任落实、培训演练、隐患排查、监测预警、物资队伍、联防联动、值班值守等方面提出针对性措施和要求，督促抓好贯彻落实。全年市政府应急办与市气象、国土、防汛等部门（单位）联合发布各类预警632期、预警信号77期，决策短信985次、713284人次。

【应急演练】 2017年，全市坚持一切应急演练向实战聚焦，推行“双盲”演练模式。市政府先后举行防灾救灾、防汛减灾水域救援暨通信指挥、安全生产（危化品泄漏）事故、食品安全事件（Ⅲ）应急处置“蜀盾—2017”人防综合应急演练，市委、市政府主要领导到会讲评，各县市区、园区和市级有关部门主要负责人现场观摩；12月2日“全国交通安全日”之际，在国道93线成渝环线遂（宁）绵（阳）高速组织四川省高速公路直升机应急救援演练，填补全市空中救援演练科目空白，增加空中应急救援队伍力量。全年全市开展防汛减灾、反恐防暴、危化品泄漏、直升机救援、医疗急救、食品安全、重大动物疫情、人民防空、校园突发事件等重要应急演练123次、参演33795人次，出动各类机械装备577台套。

【应急值班制度落实】 2017年，全市落实突发事件信息报送，执行突发事件信息报送规定。组织4次全市紧急信息报送工作专题调研、会商，2次专题培训；市委办、市政府办印发《关于进一步加强和规范突发事件信息报送工作的通知》，全市突发事件信息报送体系和机制健全完善。落实应急值班值守管理和值班值守制度，加大节假日和重要敏感时间节点抽查力度，全年市政府应急办电话抽查县市区、园区、市级部门和重点乡镇应急值班值守情况24批520余次。

【应急科普宣传教育】 2017年，全市加大应急管理培训力度，组织开展多种形式的应急管理专题培训。落实市应急办主任集中授课和县市区应急办主任分区巡回讲课制度，持续做好“5·12”防灾减灾应急知识宣传活动。全年市政府应急办组织县市区、园区、应急管理重点部门和重点乡镇300余人，在省公务员培训中心开展2期全市应急管理干部专题培训；全市各级各地开展应急宣传培训1500余次、38527人次。

【防灾救灾综合应急演练】 2017年5月12日，安州区政府主办，市国土资源局、市水务局协办，在安州区应急调度中心和高川乡举行“防灾救灾综合应急演练”。演练以防汛地灾应急救援为背景，设计汛期应急疏散、值班视频点名、应急指挥系统、救援力量集结、地灾疏散转移、河堤抢险加固6个演练科目，安州区11支专业应急队伍580余人参演，动用专业机械设备100余辆次，实现有线无线通信“喊得应”，现场视频图像实时传输“看得见”，应急指挥平台多点互联互通、可视化指挥调度演训目标，为处置突发事件提供技术保障。

【防汛减灾水域救援暨通信指挥综合应急演练】 2017年，绵阳市演练贯彻习近平总书记关于防灾减灾救灾工作“两个坚持”“三个转变”要求，省委、省政府关于防汛减灾“四个到位”决策部署，检阅全市防灾减灾救灾体系建设情况。7月17日，市政府主办，市政府应急办、市公安消防支队联合承办，绵阳市防汛减灾水域救援暨通信指挥综合应急演练在三江大坝新龙舟码头水域举行。市委书记彭宇行，市委副书记、市长刘超参加演练并现场组织指挥演练，省公安消防总队副参谋长董绍棠对演练进行点评。市委、市政府、绵阳军分区有关负责人，各县市区、园区、市级有关部门主要负责人、驻绵阳部队军政主官现场观摩演练。演练以三江水域船只碰撞起火、游客落水被困；涪江上游普降暴雨、江河水位猛涨，河面出现不明漂浮物并发生泄漏；三江小岛30余名群众被困；城市低洼区发生内涝为背景，按照“结合实际、着眼实战、讲求实效、演训结合、确保安全”原则，设置水域交通安全事故处置、水域溢油事故处置、水下搜救打捞、孤岛救援、城市内涝排险5个科目，通信指挥系统演练贯穿应急处置全过程，采取分段、分科目演练的模式进行，演练还组织市综合应急救援支队装备展示。市公安、消防、应急、交通（海事）、卫计、环保、住建、气象、广播电视台，绵阳军分区、武警交通三支队、武警绵阳支队和绵阳供电、电信、移动、联通公司等17个单位200余台（套）装备350余人参演。

【安全生产（危化品泄漏）事故应急演练】 2017年10月11日，市政府主办，市安全监管局、经开区管委会、四川美丰化工公司承办，在四川美丰公司举行“绵阳市安全生产（危化品泄漏）事故应急救援演练”。市委副书记、市长刘超出席并讲话，市委常委、政法委书记夏凤俭主持演练活动，省安监局副局长刘健点评；各县市区、园区、市级有关部门主要负责人现场观摩演练。演练以美丰化工公司合成氨车间液氨库区1000立方米液氨2#球罐双硝用氨管线第一截止阀阀前法兰连接处液氨泄漏约10吨，导致5人失踪，事故直接威胁车间乃至整个公司及周边1.5千米范围群众生命安全、可能造成周边环境污染为背景。市安监、公安、卫计、环保、交通、质监、经信、商务、民政、气象、应急、消防、新闻、广播电视台，绵阳供电、电信、移动公司，四川美丰化工等20余个单位150余台套装备480余人参演。演练从事故发生、信息报送、人员疏散、交通管控、事故研判、环境监测、应急处置、舆情控制等方面演示液氨泄漏事故应急处置过程，检验政府和相关部门应急指挥、应急联动及救援处置能力。

【食品安全事件（Ⅲ）应急处置演练】 2017年10月27日，市食安委主办，市食安办、市食药监局、盐亭县、三台县、梓潼县联合承办，在盐亭县两河镇举行“绵阳市2017年食品安全事件（Ⅲ级）应急处置演练”。省食药监局总监张海峰，市委常委、常务副市长、市食安委主任颜超，副市长、市食安委副主任蒋丽英现场指挥。演练以盐亭县两河镇村民举办600余人婚宴后，陆续出现三台、盐亭、梓潼等地部分就餐群众疑似食物中毒为背景，各地各部门迅速反应，开展事件发生报告、先期处置响应、紧急处置调查、舆情监测处置、响应升级、响应降级终止、后期处置等应急处置演练。市委宣传部、市食药监局、市卫计委、市公安局、市疾控中心，盐亭食药工质局、教体局、公安局、农业局、卫计局、疾控中心，三台食药工质局、梓潼食药监局等24个市县两级食安委成员单位500余人次参加演练，共出动装备30余台次。演练检验全市农村自办群体性聚餐和跨区域食品安全事件应急协作处置水平，市食品安全突发事件应急处置能力。

【四川省高速公路直升机应急救援演练】 2017年12月2日，省政府应急办、绵阳市政府、省公安厅交警总队主办，省公安厅交警总队高速公路二支队、上海金汇通用航空股份有限公司、市政府应急办承办，在国道93线成渝环线高速新桥服务区和（遂绵向）118千米路段处举行四川省高速公路直升机应急救援演练。省、市两级有关部门（单位）、企业负责人参加演练。演练以国道93线遂绵向118千米处发生三车追尾事故，造成当事人严重受伤为背景，设置突发事件发生、处警、调度、救援、勘验、清障、恢复等系列处理救援科目。省公安厅交警总队高速公路二支队、上海金汇通用航空股份有限公司、市公安消防支队、四川国科资产管理有限公司、人保财险绵阳分公司、科学城医院、联通绵阳分公司等20余个单位140余人参加演练，共出动装备30余台（直升机1架）。演练是首次在全市使用直升机参加应急救援演练，填补全市空中救援演练科目空白，增加空中应急救援队伍力量。

【“蜀盾—2017”人防综合应急演练】 2017年12月6日，四川省政府、省军区主办，绵阳市政府协办，市人防办承办，组织开展“蜀盾—2017”人民防空综合性演练（绵阳分场）。市政府副市长罗蒙，市人防、应急、公安、交通、经信、卫计、科创园区、经开区有关负责人参加演练。演练科目主要有室内网上作业、人员疏散掩蔽、城市管控行动等三项任务。全市参演指挥员和人防专业队伍100余人、参演群众500余人、参演车辆机械50余台套。通过演练，提升全市人防系统组织指挥、快速反应和综合保障能力，增强广大市民国防观念和人防意识。

（周乃军）

自然灾害应急处置

地震震害防御

【概况】 2017年，全年绵阳市境内发生ML≥1.0级地震875次，其中，1.0≤ML≤1.9级地震727次，2.0≤ML≤2.9级地震130次，3.0≤ML≤3.9级地震16次，4.0≤ML≤4.9级地震2次，年度最大震级是4月11日平武县发生的4.2级地震。绵阳周边分别发生“8·8”九寨沟7.0级和“9·30”青川5.4级地震，两次地震绵阳全境震感强烈，靠近震区的平武、江油两县的乡镇分别有震灾情况。地震发生后，市委、市政府按照《绵阳市防震减灾应急预案》，及时启动应急预案响应，派出检查组实地空看灾情，组织救援人员赶赴灾区抢险救灾，及时上报震情信息。抓好平时的应急演练，锻炼抢险队伍素质，做到哪里有灾情抢险队伍拉得出，展得开，能把人民的生命财产损失降到最低限度。

【“9·30”青川地震应急处置】 2017年9月30日14时14分，四川广元市青川县发生5.4级地震，震中位于北纬32.27度、东经105.00度，震源深度13千米。青川县发生地震，绵阳震感明显，绵阳的江油市、平武县部分乡镇地震烈度达Ⅵ度，市防震减灾局立即向市委、市政府主要领导报告震情正式速报信息。市委、市政府按照《绵阳市防震减灾应急预案》中绵阳邻区发生强有感地震的有关要求，立即启动地震Ⅳ级应急响应，并按照应急预案组建震情跟踪、灾情核查、信息报送等工作组开展地震应急工作。灾情核查组与江油、平武、北川、安州等9个县市区和国土、交通、住建、环保、水务等13个灾种部门联系，收集灾情、及时上报。10月1日上午8：30，副市长经大忠、市政府副秘书长周志强分别率检查组到江油市枫顺乡和六合乡、平武县水观乡和南坝镇等地查看灾情、看望受灾群众。市委、市政府指挥部加强舆情监控与应对，维护社会稳定；加强余震趋势研判，防控地震次生灾害，处置地震应急各种问题。市抗震救灾指挥部由市防震减灾局、市应急办、市国土局、市交通局、市民政局、市经信委联合24小时值守，实行24小时连续值班值守，直至中秋、国庆两节结束才终止应急响应。

【应急救援工作定期检查】 2017年，全市贯彻落实《绵阳市2017年地震应对工作方案》，召开全市防震减灾工作领导小组扩大会，印发《绵阳市2017年地震应对工作方案》，对各县市区、园区和市级部门地震应对工作任务进行安排部署。开展县市区年度地震应对防范工作落实情况调研督查，市防震减灾局到各县市区（园区）通过听取汇报、查阅资料、实地检查等方式对相关部门和县市区政府地震应急救援组织体系建设、地震应急救援指挥平台建设、地震应急预案体系建设、地震应急救援队伍建设、地震应急救援物资、装备和设施情况、地震应急救援科普宣传教育、地震安全隐患排查情况与加固除险、地震应急避难场所等方面的工作开展检查，推进地震应急基础工作，确保全市地震应对各项工作任务落到实处。

【地震应急指挥技术系统建设】 2017年，全市各级政府综合应急指挥平台的建设，基本实现省、市、县市区、重要部门、行业地震应急指挥平台对接；绵阳市地震台网中心地震应急指挥平台成功运行，并实现与省地震局、各县市区防震减灾局（办）的指挥平台互联互通、资源共享，在“8·8”九寨沟7.0级地震和“9·30”青川5.4级地震应急救援工作中发挥重要作用。

【地震灾害救援队伍和志愿者队伍建设】 2017年，全市健全完善市（1000余人）、县（2500余人）两级总规模达3500人以上的地震灾害紧急救援队；建立规模达6000人的市级应急救援兼职队伍；建立规模达10万人（其中市级1万人、县级9万人）的志愿者队伍；各县市区、园区根据自身实际情况建立相应的应急救援兼职队伍，确保具备应对大到特大地震应急救援的队伍建设要求。9月20日，绵阳市安州区民兵抗震救灾分队正式授旗成立。安州区民兵抗震救灾分队60余人，是省内唯一一支由民兵组建的抗震救灾专业队伍。

【应急避难场所建设】 2017年，绵阳新城区、园区的应急避难场所增加，完善市、县、乡（镇、街道）、村（社区）四级避难场所体系建设，按照《地震应急避难场所场址及配套设施》国家标准建立紧急避难场所和固定避难场所建设3503个，其中，绵阳城区、县城和乡镇驻地建立大型避难场所67个，乡镇、村组建立小规模避难场所3436个，完善避难场所标志、标牌、应急通道、通信、供水、供电、供气、消防、环保等相应的配套设施。组织防震减灾研究会开展绵阳城区地震应急避难场所情况的调查，编制《绵阳城区主要地震应急避难场所分布图》，更新基础数据库。 （王 琴）

地质灾害处置

【概况】 2017年，全市组织专业地勘单位开展地质灾害隐患调查评价工作，采取专业监测和落实监测员的方式，对汛期地质灾害隐患监测。应对“6·24”茂县特大山体滑坡、“8·8”九寨沟地震和“9·30”青川地震可能发生的次生地质灾害，开展隐患大排查，全市排查核实地质灾害隐患1863处，其中核实原有地质灾害隐患点1674处，排查发现新增隐患点189处，复核已销号点1769处，调查工程建设项目149处。全年有针对性地发布地质灾害气象风险预警信息上万条，做到提前预判及时处置，实现成功避险2起，避免13户45人伤亡。平武县虎牙藏族乡上游村羊圈沟泥石流实现成功避险案例更受到中央电视台和四川电视台、《四川日报》等媒体报道，汛期地灾防治连续七年实现“零伤亡”。

【汛期地质隐患排查和防治】 2017年，全市贯彻“雨前排查、雨中巡查、雨后核查”的汛期工作制度，组织有关部门和各级政府开展汛前、汛中、汛后以“社”为单位的“三阶段”拉网式巡排查、核查，及时掌握地质灾害隐患新动态。全年排查出地质灾害隐患点2093处，其中新增198处，落实专职监测人员1988人。争取地质灾害防治资金7511.75万元，地质灾害防治民生项目工程治理5处、地质灾害生态扶贫项目工程治理5处，全部按时完成。

【地质灾害宣传和演练】 2017年，全市结合实施“三下乡”活动，开展地质灾害防治宣传培训128场次，培训基层监测员、村组干部、隐患点受威胁群众20617人次；开展覆盖市县乡村的“四级”地质灾害防治知识宣传活动，发放宣传资料7000余份、宣传画2000余份、光碟180张、防灾明白卡2万余张、临灾避险卡2万余张；组织北川、平武、安州、江油开展以县为单位的大规模演练，将地灾高发易发区演练延伸到乡镇和村组，全市组织应急演练159次，参加演练人数达29587人次。

（蒋建波）

气候灾害处置

【概况】 2017年，全市启动7次重大气象灾害和重污染天气应急保障响应。分别在7月4—6日启动暴雨Ⅲ级应急响应，7月6—8日、8月24—27日、8月28日、8月29—31日启动暴雨Ⅳ级应急响应，在12月26—29日启动重污染天气应急保障Ⅳ级应急响应，应急响应天数共计17天。

全市气象部门发文对全市气象预报预警信息接收人信息进行收集更新，气象防灾减灾短信预警发布平台覆盖市、县、乡镇、村社四级防灾减灾责任人共计2.6万余人；与广电、通信等部门建立的预警信息发布传播“绿色通道”继续保持畅通；在九寨沟县7.0级地震气象应急保障、重污染天气预警、森林火险警报和防汛抗旱等方面与应急、水务、国土、环保、林业等部门开展应急联动。组织开展人工增雨消雾霾作业、抗旱人工增雨作业、防治蜀柏毒蛾人工增雨作业和保障性人工增雨作业，出动火箭发射车14架次，发射增雨火箭弹49枚，有效增雨1653万立方米。

【预报预警信息发布】 2017年，市气象局发布重要天气预报7期、灾害性天气预警13次、预警信号75次、短临预报59次；发送决策气象短信948次、67.7万人次，发布地质灾害气象风险预警18期、中小河流洪水预警8期、山洪地质灾害气象风险预警11期、森林火险气象等级预报149期；发送公众气象短信13次、171.1万人次，新浪微博1500条，腾讯微博1500条；报送高中考专题11期，节假日专题46期；报送《绵阳气象工作要情专报》28期。（蔡元刚）

洪涝灾害处置

【概况】 2017年，绵阳汛期降水分布极不均匀，局地洪涝偏重，盛夏异常酷热，大风天气多。强降雨主要集中在7—8月，共有7次区域性暴雨天气过程。5月1日至9月30日，全市平均降水量689毫米，较常年同期少111毫米，其中，江油、涪城、游仙、平武等县市区降雨偏多8%—33%，其余县区降雨偏少25%-40%。7月5日，绵阳主城区出现特大暴雨，绵阳站24小时降雨266.7毫米，为该站有气象记录以来第二大值。汛期期间，全市9个县市区、198个乡（镇、街道）53.89万人受灾，农作物受灾2.53万公顷，公路中断694条次，无人员因灾死亡。洪涝灾害造成直接经济损失12.66亿元，其中工业交通损失7.37亿元、农林牧渔业损失3.15亿元、水利设施经济损失1.27亿元。全市开展应急救援、山洪灾害危险区避险等各类演练788次，参加演练人数达3万余人次，落实防汛应急抢险队伍1289支，应急抢险队员34751人；完成价值1536万元防汛物资储备，其中包括铅丝138吨、编织袋麻袋111万条、各类抢险救援船只38艘。汛期共发布性天气预警13次、预警信号74次，发送决策气象短信936条，公众气象短信171.1万人次，有效降低灾害损失。

图124 平武县虎牙藏族乡上游村羊圈沟泥石流

【防汛应急责任制建设】 2017年，市防汛部门先后印发文件并通过媒体向社会公布绵阳市2017年山洪灾害危险区防汛安全责任人和2017年防汛抗旱责任人信息，明确重点江河、水库水电站、水利工程、堰塞湖、集中安置区、城市等重点区域、部位相关责任人和山洪灾害危险区（受威胁人口在2000人以下）的行政、监测巡查、预警转移责任人，主动接受社会监督，确保防汛工作职责和任务落实。完善“市、县、乡、村、社、点”六级群测群防、群专结合监测预警体系，强化应急值班值守，遇有重要天气过程，坚持提前主动转移，确保受威胁区域群众生命安全。

【虎牙藏族乡上游村羊圈沟泥石流灾害成功避险】 2017年7月2日，平武县国土局结合气象预警信息，迅即发布地质灾害预警预报信息。在巡查过程中，负责平武县虎牙藏族乡上游村羊圈沟泥石流监测人发现上游村羊圈沟附近降雨量较大且呈持续增大趋势，发生泥石流地质灾害可能性增大，即向虎牙藏族乡政府、平武县国土资源局报告险情。平武县国土资源局综合前期巡查情况，立即启动应急预案，组织受威胁群众11户、42人撤离到预定的安全地带。7月3日凌晨1点左右，虎牙藏族乡上游村羊圈沟爆发泥石流，造成通村道路受损2000米，土地受损约10公顷。因前期预防工作到位、主动避让及时，未造成人员伤亡，实现地质灾害成功避险。

（王 平 张永兴）

公共突发事件处置

公共卫生应急处置

【概况】 2017年，全市编制《绵阳市洪涝灾害医疗卫生应急预案》，加强洪涝灾害医疗救援工作；印发《绵阳市突发公共卫生事件应急指挥部工作规则和指挥部办公室细则》，制定《重污染天气医疗救治专家组》工作方案。成立绵阳市突发事件卫生应急专家咨询委员会，组建应急救援队伍8支，应急救援队员188人。举办或参加各类应急救援演练8次；组织协调处置突发公共卫生事件11起，参与处置280人次，出动应急车辆26辆次；完成"6·24"茂县山体滑坡心理救援任务、"8·8"九寨沟地震医疗救援任务等，制定的"4433"地震伤员医疗救治方案得到国家医疗救援专家组和各级领导的充分肯定。绵阳市卫生计生委被省委、省政府表彰为四川省"8·8"九寨沟地震抗震救灾先进集体。

【"4433"地震伤员医疗救治方案】 2017年8月8日，九寨沟地震发生后，根据市委、市政府主要领导的批示和省卫计委统一安排，绵阳市组织开展医疗救治、伤员转运、卫生防疫、医卫保障等工作。为确保伤员得到快速救治，绵阳市制订出"4433"救治方案.坚持"四集中"，集中患者、集中资源、集中专家、集中救治，将九寨沟转送绵阳市的地震重度伤员全部集中到市中心医院，北京派遣的专家和绵阳市医疗救治专家组集中进驻市中心医院，在市中心医院开辟相对独立的住院病区，开辟检验和后勤保障绿色通道，全力实施救治。坚持"四同步"，同步开展医疗救治与早期康复、心理干预与诊断治疗、西医诊疗与中医诊疗、亲属陪伴与志愿陪护，突出心理抚慰和中医康复，降低致残率，让每一位伤员都感受到党和政府的温暖。坚持"三联合"，联合会诊、联合查房、联合治疗，统筹市第三人民医院、绵阳四〇四医院、市中医医院、市骨科医院的心理、感染、中医、骨科、重症医学、护理、营养等相关专业专家。实现"三确保"，确保每一位伤员均有精准的救治方案，确保每一位伤员均得到最优质的医护服务，确保每一位伤员均有最充分的后勤保障。

农业畜牧业应急处置

【概况】 2017年，全市成立动物疫控中心为主要成员的应急队伍12个，包括164个乡镇兽医站的4455个村级防疫员，形成纵向市、县、镇、村的四级动物防控应急队伍，横向由各级兽医行政负责干部、动物防疫和监督执法人员、兽医专家和执业兽医等组成的重大动物疫情应急处置预备队和专家组。按照"常备不懈，确保供给"的要求，有针对性地加强应急物资储备，并对储备物资进行动态管理。每年定期对过期失效的应急物资予以及时补充和更新，同时，不定期地对储备物资进行清点，防止储备物资被盗用、流散。确保储备物资数量科学合理、品种适宜、质量可靠。现储备有市级应急防疫物资：防护设施800余件（套、只）、消杀设备22台，其他应急物资30个、消毒药4.7吨。

【农作物重大病虫害监测防治】 2017年，全市农作物重大病虫害发生和防治面积分别为56万公顷次和143万公顷次，病虫危害总损失率1.2%，为农民挽回损失24.07万吨。全市完善病虫草鼠测报点的合理布局，建立61个病虫测报点，保障监测预警的准确性和时效性。全市主要农作物绿色防控覆盖率31.5%，专业化统防统治覆盖率49.4%。全国检疫性有害生物稻水象甲、毒麦、柑橘溃疡病，经全力阻截防控，没有造成扩散，处理违规调运案2件，责令整改1件，防控处置率100%。通过防控处置，稻水象甲控制在盐亭发生，面积2000公顷；安县1个乡镇1个村发生0.02公顷的毒麦只。

【H7N9紧急流调监测】 2017年，全省多个地市州相继发生人感染H7N9病毒的情况下，绵阳市未发生一起人感染H7N9病毒的病例。同时，市农业局加强对县市区H7N9防控工作的专项指导和督查，就H7N9作专项监测。监测H7N9血清学样品570份，H7抗体阳性0份。监测H7N9病原学（咽喉泄殖腔拭子和环境样品）样品820份，H7核酸阳性0份。重点监测涪城区、游仙区活禽交易市场和养鸡场的环境拭子，检测H5拭子197份，H5核酸阳性1份，H5核酸阳性率为0.5076%；检测H7拭子197份，H7核酸阳性0份，H7核酸阳性率为0；检测H9拭子197份，H9核酸阳性6份，H9核酸阳性率为3.05%。

【"6·5"平武暴雨冰雹灾情处置】 2017年6月5日，平武县局部地区遭遇强对流天气，出现短时暴雨并伴有冰雹灾害，造成水观、水田、南坝、大印、坝子、大桥6个乡镇47个村玉米和部分油菜（已收未打、未收割）受灾损失。据核实，全县农作物受灾面积2420公顷、成灾面积1680公顷，绝收面积750公顷，损失粮食0.19万吨，损失油料0.03万吨，累计直接经济损失561.1万元。灾害发生后，农业部门迅速深入田间进行调查分析，全面掌握灾情，及时协调保险公司启动保险赔付，组织农户通过及时采取排水和中耕松土、追施速效氮肥、病虫害防治等措施，开展生产自救，尽量减少损失。

【四川省2017年突发重大动物疫情（VI级）应急演练举行】 2017年11月11日，省农业厅指导，绵阳市农业局、涪城区人民政府承办的四川省2017年突发重大动物疫情（VI级）应急演练在涪城区进行。演练假设以涪城区金峰镇莲花池村达冠源养殖有限公司肉鸡厂突发家禽感染H7N9流感变异株为背景，分疫情报告诊断与先期处置、应急响应与应急处置、应急响应终止与善后处置三大科目进行。涪城区农业局接到疑似疫情报告后，及时向区政府作汇报并紧急行动，对扑杀禽、病死禽及其产品进行无害化处理并对其内外环境实施严格消毒，限制发病厂户周边3千米的家禽及其产品移动，经国家禽流感参考实验室进行病毒分离和鉴定，达冠源养殖有限公司所发生疫情最终确证为家禽H7N9流感变异株疫情，涪城区政府迅速启动重大动物疫情Ⅳ级应急响应，在各成员单位及时处置疫情，疫情得到有效控制，疫情检测评估专家组对疫情处置情况进行评估，指挥部宣布疫区解除封锁，涪城区突发重大动物疫情Ⅳ级应急响应解除，演习结束。（谢贵强）

交通突发事件处置

【概况】 2017年，公安交警部门与绵阳市保险协会沟通，以农村“交管办”为平台，组建一支专门服务于农村的快处快赔队伍，将轻微事故快处快赔工作向农村推进。利用“绵阳公安微警务”轻微事故快处功能，提高城市交通事故处置效率，减少交通事故造成的交通堵塞。全市发生一般程序以上道路交通事故608起，死亡180人，受伤728人，直接经济损失518万元，与前3年道路交通事故平均数相比，次数下降15%，死亡总数持平，受伤人数下降14%，直接经济损失上升29%。全年发生一次死亡3人的较大交通事故1起，死亡3人，受伤4人，直接经济损失10万元，与前3年较大事故平均相比，次数减少2起，死亡减少7人，受伤减少2人。全年发生简易程序处理的交通事故32931起，受伤7013人，直接经损2712.4916万元，同比次数下降14.64%，伤人数下降6.63%，直接经损下降19.44%。全年绵阳城区就受理交通肇事及危险驾驶刑事案件121件，立刑事案件121件，刑事拘留7人，提请及批准逮捕2人，取保候审119人，提起诉讼108人。

【交通应急处置】 2017年，全市公安交警部门和交通部门根据第五届中国（绵阳）科技城国际科技博览会、2017年中国（四川）电商发展峰会等重要活动交通保障方案，完成交通运输和交通管制任务。在春节、元旦、清明、“五一”、端午、中秋、国庆等假日期间，通过监测及时调控车流量，确保主要高速干线交通通畅。妥善处置国道108线魏柳一号桥火灾事故现场；配合川北高速公路公司，研究制订国道5号线（北）京昆（明）高速部分路段封闭施工交通组织方案，保障境内高速公路“大动脉”的正常运转。6月24日茂县发生山体高位垮塌灾情后，绵阳公安交警立即启动重大灾难应急预案，迅速指挥调度相关交警大队开展道路远端分流管控，并在第一时间集结出动救援队驰援灾区。55名民警不分昼夜全力奋战，确保抢险救援生命线的畅通。特别是7月5日、7月16日，绵阳相继发生特大暴雨、暴风灾害，启动应急预案，确保城区各主要街道交通畅通。

（秦雪凌）

社会治安突发事件处置

【概况】 2017年，绵阳市公安局特巡警支队成功处置“4·10”暴力刑事案件、“4·19”嫌疑人持刀抢劫、“4·29”个人极端突发事件、“10·7”长虹第六家属区劫持人质等多起突发暴力案事件，妥善处置2起涉爆警情。

【“4·10”暴力刑事案件】 2017年4月10日10时许，嫌疑人魏某（男）在绵阳市桑林坝开元电站家属区一房间内，持匕首和菜刀，将其前妻和前妻男友砍成重伤，并将匕首、菜刀置于自己腹部和颈部疯狂叫嚣，与先期赶到现场的游仙公安分局涪江派出所民警对峙，自杀意图和对外攻击倾向强烈。特巡警支队巡逻二大队、特警大队接警后，迅速启动突发事件应急处置预案。现场处置的特巡警经一个多小时劝导无果后，两名突击队员利用事先抢占的有利地形隐蔽快速接近，以假意阻止其他人员翻窗进入房间为由突然发声转移其注意力，特巡警趁嫌疑男子分神之机，将其制服。

【“4·19”嫌疑人持刀抢劫处置】 2017年4月19日19时许，嫌疑人汪某（男）在高新区普明桥头与二环路交汇处一绿地，采取泼洒刺鼻性液体、持刀威胁、语言恐吓等方式，抢走受害人何某某1个双肩背包、部分现金和1部苹果手机，导致受害人手部受伤。事发后，特巡警支队巡逻七大队、机动三大队、警犬中队，永兴派出所、普明派出所多警联动，迅速封锁事发河道，对河堤沿岸开展地毯式搜查。当晚23时，巡逻七大队和警犬中队民警将躲藏在河堤草丛内的嫌疑人汪某抓获。

【“4·29”个人极端行为突发事件处置】 2017年4月29日16时30分许，中年男子袁某因与某信贷公司发生借贷纠纷，双方多次协商未果。情急之下，袁某用汽油淋湿全身，并手拿打火机，窜至新益大厦附近天桥上，坐在若干个装满汽油的塑料瓶中间扬言自焚，情绪异常激动。特巡警支队接警后，副支队长林峰带领特警大队民警立即赶到现场，迅速制定处置方案。随后，消防支队、涪城分局战训大队赶至现场配合增援。处置中，特巡警支队巡逻五大队民警对男子进行语言安抚疏导，分散其注意力，特警大队抓捕手找准时间间隙，从袁某后方将其按倒，夺下打火机将其控制。

【“10·7”长虹第六家属区挟持人质处置】 2017年10月7日19时许，绵阳市长虹第六家属区39栋4单元2楼住户陈某（男、29岁）因家庭琐事，持尖刀将其妻子周某某（25岁）挟持在家中，向周某某父母提出无理要求，扬言要与周某某同归于尽，求公安机关将其击毙，并将房门反锁。事发后，特巡警支队特警大队多名突击队员快速赶到现场，按照应急方案要求与嫌疑人谈判，对其进行劝解，同时，满足嫌疑人要求，安排其父母双双到场。被挟持者周某某趁嫌疑人陈某放松戒备，打开防盗门冲出房间，处置民警闪身进入房间将嫌疑人成功控制。

（李　波）

工业企业安全应急处置

【概况】　2017年，全市工业企业发生事故45起，死亡38人，受伤21人，其中，发生较大事故1起，死亡3人、受伤1人，其余均为一般事故。事故管理分类分属机械、建材、建筑、化工、贸易、轻工等六种行业，其中建筑、建材、轻工、机械行业事故最多，事故起数、死亡人数、受伤人数，分别占工矿商贸事故的80%、81.5%、85.7%。事故类型分属高处坠落、物体打击、坍塌、机械伤害、车辆伤害、起重伤害、火灾、中毒和窒息、淹溺、触电等十种类型，其中高处坠落、车辆伤害、坍塌和机械伤害等4类事故类型最多，事故起数、死亡人数、受伤人数分别占工亡事故的82.2%、78.9%、76.2%。

【工业企业突发事故责任追究】　2017年，全市工业企业事故发生的原因多为生产作业场所安全防护设施欠缺，设备质量缺陷，安全防护措施不到位，作业场所环境不良，违章操作，违反劳动纪律，安全常识缺乏或因处理不当等原因。事故发生后，事故发生单位、安监、卫生等部门组织力量投入救援工作、并对善后赔偿、安抚等事宜进行妥善处理。安监部门按照“四不放过”的原则，查明事故发生的直接和间接原因；对事故责任人进行严肃处理；对事故发生单位隐患进行排查；制订整改措施；对事故责任人和周围群众进行教育。按照相关法律规定，各地安监局对发生事故的45家单位依法进行行政处罚，处罚金516.88万元。

【工业企业突发事故应急预案】　2017年，全市按照《生产安全事故应急预案管理办法》要求，市安监局加强预案修订完善和备案，高危行业企业应急预案编制率达100%。截至年底，全市编制备案危险化学品生产经营企业综合预案523个、专项预案974个;非煤矿山综合预案255个、专项预案389个;烟花爆竹经营单位预案1494个;主要工矿商贸行业编制备案综合预案128个、专项预案1896个。市安监管部门监管的其他行业单位1371个，其编制综合预案963个，专项预案1873个。全市交通运输企业145家（法人单位35个），编制综合预案35个，专项预案69个。

【工业企业突发事故应急演练】　2017年，全市安监系统针对危化品、非煤矿山施工作业、爆破、烟花爆竹、库区管理等开展57次应急演练；协调联动交通、住建、交警、消防、质监、防汛、旅游等部门开展各类应急演练200余次。10月11日，在四川美丰化工科技有限责任公司液氨罐区首次举行绵阳市安全生产（危化品泄漏）事故应急救援演练。此次演练全市有23个市级部门和单位460余人参加。市政府安委会对演练工作表现突出的10个单位和20名先进个人予以通报表扬。

【“10·25”九绵高速C2标段隧道坍塌事故应对处置】　2017年10月25日0时10分，四川川交路桥有限责任公司承建、四川公路工程监理事务所负责监理的九（寨沟）绵（阳）高速C2标段K46+951米处隧道发生坍塌事故,造成隧道内4名施工作业人员被困。事故发生后，市政府成立“10·25”九（寨沟）绵（阳）高速C2标段坍塌事故绵阳市协调配合领导小组，由副市长罗宗志、罗蒙带领应急、安监、交通、消防等部门赶赴现场指挥救援。现场指挥部通过安监总局应急指挥中心、交通运输部和省安监局协调调度、地方政府邀请，中铁贵阳和昆明两个国家隧道救援队、中国交建和芙蓉矿山救援队的顶尖设备和专业救援队伍、资深专家星夜兼程赶到现场投入救援。10月25日16时30分成功打通送风生命管道，救援队伍优化救援方案，采取三角形小导坑掘进。由于洞顶变形速率过大，为保证救援人员的安全，救援被迫暂停。同时指挥部召开紧急会议，讨论研究后采取临时加固措施，在确保安全的前提下，重新组织救援工作。26日0时10分，中交隧道救援队及救援设备赶到现场，在开挖三角形小导坑的同时，同步组织C6XP型Φ106潜孔钻机再次钻孔。4时31分，救援人员通过反复敲击导管喊话与其中三名被困人员取得联系，得知三名被困人员生命体征平稳，立即通过管道输送流质食物并全力抢筑小导坑救援通道。28日上午10时20分，中铁五局隧道救援队大口径水平救援钻机打通救援通道，并与被困人员取得联系；中午12时05分至12时38分，分别营救出三位被困人员，并送往医院观察。为尽早找到第四名被困人员，在保证救援人员安全的前提下，救援队按抢险救援方案安全有序推进钢支撑和喷射混凝土加固支护，同时将隧道中的淤泥挖出并进行换填，确保施工救援过程中不再次发生二次伤害。11月24日上午9时许，救援队找到第四名被困人员。救援工作受到国家安监总局、省委、省政府的通报表扬。（李佳澪）

2017年1—12月绵阳市生产安全事故情况

表62

	总计						一般事故						较大事故					
	事故起数	同比		死亡人数	同比		事故起数	同比		死亡人数	同比		事故起数	同比		死亡人数	同比	
		±	±%		±	±%		±	±%		±	±%		±	±%		±	±%
合　计	120	-29	-19.5	104	-25	-20.2	115	-27	-19	91	-14	-13.33	4	-3	-43	12	-12	-50
一、工矿商贸合计	47	-11	-19	41	-3	-6.82	45	-13	-22.4	35	-9	-20.45	2	2		6	6	
1. 煤矿																		
2. 金属非金属矿山		-1	-100					-1	-100									
3. 建筑施工	29	-6	-17.1	27	-1	-3.57	28	-7	-20	24	-4	-14.29	1	1		3	3	
4. 化工和危险化学品	2	2		1	1		2	2		1	1							
其中：危险化学品																		
5. 烟花爆竹																		
6. 冶金机械等8行业	6	-9	-60	4	-7	-63.6	6	-9	-60	4	-7	-63.64						
7. 工商贸其他	10	3	42.86	9	4	80	9	2	28.57	6	1	20	1	1		3	3	
二、生产经营性火灾																		
三、道路交通	69	-13	-16	59	-19	-24.4	66	-8	-10.8	53	-1	-1.85	2	-5	-71	6	-18	-75
四、水上交通																		
五、铁路交通																		
六、民航飞行																		
七、农业机械		-4	-100		-3	-100		-4	-100		-3	-100						
八、渔业船舶																		
九、其他	4	-2	-33.3	3	-1	-25	4	-2	-33.3	3	-1	-25						

九寨沟地震应急处置

【概况】 2017年8月8日21时19分，四川阿坝州九寨沟发生7.0级地震，震中位于北纬33.20度，东经103.82度，震源深度20千米。绵阳市震感强烈，平武部分乡镇地震烈度达到Ⅵ度，局部到达Ⅶ度，市委、市政府紧急启动防震减灾预案，成立以市委书记、市长任指挥长，市委、市人大常委会、市政府、市政协负责人为副指挥长、相关部门为成员的“8·8”九寨沟地震抢险救灾指挥部。指挥部要求各县市区及时开展抢险救灾工作，特别是受伤人员的抢救工作，并做好相关灾情统计。当晚，市委、市政府组织公安、消防、防震减灾、卫生等抢险救援队赶往九寨沟参加抢险救灾。8月9日市委书记彭宇行在江油主持召开九寨沟地震抢险救援工作会，安排部署抢险救灾工作，并到市中心医院看望慰问转移救治的伤员；市长刘超在江油现场组织指挥灾区群众转移安排工作。截至8月15日，全市调集客运车辆346辆，转移游客5万余人；转移伤员到绵阳救治76人，完成省委、省政府赋予绵阳的转移保障任务。

【公安系统抢险救灾】 2017年8月8日，九寨沟地震发生后，市公安局根据市委、市政府抢险救灾部署，立即启动突发公共事件应急救援预案，迅速成立“8·8”九寨沟地震抢险救灾工作指挥部，当晚9时25分，结集83名公安消防官兵、56名交警，30余辆抢险救援车、2条搜救犬以及相应救援物资装备，组成抢险救灾突击队，连夜赶往九寨沟灾区。9日凌晨3时30分到达指定位置开展抢险救灾和灾区道路保通保畅工作。绵阳交警成立“生命线”保障突击队，保证从九寨沟到绵阳沿线道路全部随时畅通。全线在8日、9日的“黄金救援”时间内未发生一起交通拥堵、交通事故。抗震救灾期间，绵阳公安消防官兵和公安民警始终坚持奋战在一线，连续作战5天4夜，

图 125 绵阳消防官兵在九寨沟抢险救灾

打通守护生命通道，维护着九环线东线290千米道路畅通，完成5万余名游客和务工人员的安全转移，1万余辆次旅游车辆的安全撤离、380辆次政府转移游客大巴安全进出、1000余辆救援车辆的安全通行，并完成全省其他市州赴灾区参与抢险救灾的消防部队1100余名官兵救援应急保障任务。市交警支队被省委、省政府授予四川省“8·8”九寨沟地震抗震救灾先进集体，支队长陈蒙原被省委、省政府授予四川省“8.8”九寨沟地震抗震救灾先进个人，副支队长邓伟被省公安厅记二等功1次。

（胡　攀　秦雪凌）

【卫生系统抢险救灾】 2017年8月8日，九寨沟地震发生后，绵阳市卫生计生委紧急成立灾后医疗救援工作领导小组，召开会议安排部署救援工作，抽调市级5家医院、市中心血站和九〇三医院、平武县人民医院、中医院等医疗救援力量，组织10支救援队伍共50辆救护车、2辆防疫车、209名医务人员，连夜赶赴九寨沟地震灾区开展抗震救灾工作。抗震救灾期间，绵阳市救援队现场救治伤员163人次，在绵阳境内绵九环线沿线设置医疗救助点36个，安排医务人员142名，为地震灾区游客撤离沿途提供医卫保障。绵阳市收治九寨沟地震伤员76人，其中累计手术42例。截至8月15日，已组织运送2车应急救援药品和医疗器械抵达灾区，紧急调运价值约10万元的破伤风抗毒素、注射用头孢唑林钠，清创包，纱布绷带等应急药械送往灾区。

【交通运输抢险救灾】 2017年8月8日，九寨沟地震发生后，市交通运输系统立即启动突发公共事件应急预案一级响应，在保障灾区生命通道九环东线畅通的同时，紧急组织应急救援客车346辆（其中绵阳调派190辆，成都德阳支援156辆），用时40小时完成九寨沟游客和受灾群众219车次6166人的转运任务。

【民政系统抢险救灾】 2017年8月8日，九寨沟地震发生后，市民政局根据市委、市政府统一安排，组织全市各级民政部门在九环线沿线设立3个应急保障服务中心，65个应急保障服务站，投入315人参与抗震救援工作，出动车辆68辆，累计发放矿泉水3963件，方便面、面包、饼干等方便食品7020件，牛奶1919件，充电宝15个，药品240盒，鸡蛋5500个，散装方便食品1170千克，馒头包子5150个，大米520斤，挂面480斤，为4.2万名紧急转移的受灾群众和前往灾区的救援队伍提供食物、饮水等应急保障服务。并连夜紧急向灾区调运帐篷500顶，轮椅10辆，方便食品3094件，矿泉水2200件，上百种药品2056件，头灯100盏，安全帽200顶，冷冻柜4个。（张永兴）

概　述

【概况】　2017年，全市城乡建设坚持“创新、协调、绿色、开放、共享”五大发展理念，围绕“多点多极、城乡统筹、创新驱动”三大发展战略，贯彻落实“拓展城市空间、优化城市布局、完善城市功能、提升城市品质”总体思路和“全域城建攻坚”总体部署。全年，城建攻坚扎实推进，年度完成投资79.7亿元，全市城镇危旧房棚户区改造开工5237套，完成年度目标的109.8%，货币化安置2950户，完成年度目标的123.7%，基本建成3803套，完成年度目标的112.3%，竣工3833套，完成年度目标的123.8%；发放租赁住房补贴2152户，完成年度目标的125.8%，其中新增发放404户，完成年度目标的250.9%；实施建筑业、房地产业企业“服务绿卡”制度，已公布首批20家建筑业“服务绿卡”和10家房地产业“服务绿卡”企业，全年建筑业总产值达561.63亿元，同比增长31.5%；商品房销售554.85万平方米，同比增长40.8%，实现销售额279.62亿元，同比增长60.4%；297个老旧小区治理全面开工。

【勘察设计】　2017年，市本级已注册勘察、设计单位41家，其中甲级13家、乙级12家、丙级16家。全年，完成初步设计审批项目43个，其中：房屋建筑项目23个，市政项目20个。完成施工图备案项目82个，建筑总面积约280万平方米。完成12个项目的抗震设防专项论证。抽查了16个建设工程项目，共涉及8家勘察单位、14家设计单位和8家施工图审图单位。对检查中发现存在的问题责令相关责任单位立即认真整改。

【省级海绵城市试点建设】　2017年5月，绵阳市印发《绵阳市海绵城市管理暂行办法》（简称《办法》），《办法》规定市总体规划范围内新建、改建、扩建项目都必须按照海绵城市要求建设；贯彻海绵要求成为项目和规划审批的前置条件；初步设计和施工图审查中将重点审查海绵城市建设内容；工程竣工验收前必须复核年径流控制率指标。在海绵城市具体建设过程中，根据城市排水分区和城市路网、城市宗地性质等因数将城市划为52个管控单元进行管控，全面对城市水安全、水生态、水环境和水资源进行建设管控，系统建设海绵城市。全年，根据《绵阳市海绵城市建设专项规划（2016—2030年）》，推进城市道路与广场、建筑与小区、公园与绿地以及城市河流水系建设。截至年底，全市已经完成市本级海绵城市建设项目13个，建成约253.6万平方米的海绵面积，西山公园、富乐山公园改造等27个在建。　（张连梅）

城乡规划管理

【概况】　2017年，全市城乡规划围绕市委、市政府建设国家科技城和幸福美丽绵阳建设，推进绵阳市城市总体规划修编等17项重点工作和6项亮点工作，开展规划编制20余个，依法按程序开展游仙区中经路36号等14个地块规划调整，推进沿江二社、金桥商场、绵阳卷烟厂老厂区等6个危旧房棚户区改造，共审批房地产项目31个，建筑面积约260万平方米；为市、区两级109个工业项目、38个市政基础设施项目提供规划服务，批后跟踪管理项目135个，承办涉法涉诉和来人来访500余人次，办理“一书三证”375件次。为重大装置项目规划保障服务，完成项目涉及的城市总体规划调整、项目选址、地块规划调整、项目配套设施及拆迁安置居民点选址等系列

资料链接：

“海绵城市”就是让路面会呼吸。“海绵路面”通过透水地坪、透水混凝土等路面铺装让城市绿地、道路、建筑等像海绵一样会“呼吸”，既避免了内涝，又实现雨水在城市区域的自然积存、渗透和净化，达到水资源的循环利用和生态环境保护等多重效果。

任务。完成京东方项目选址和征地、供地以及污水处理专项方案编制等规划相关工作，推动项目全面开工并加快实施。服务金能、惠科等全市重大招商引资项目，推动项目快速落地实施，完成项目规划选址和征地工作。与仙海区管委会组织召开绵阳市旅游度假产业创新发展研讨培训会，联合西南科技大学、市城乡规划协会共同举办首届龙山论坛，会同市交发集团举办城市轨道交通系统车站TOD开发策略讲座，组织召开全市城乡规划工作交流培训、机关软件正版化工作布置及教育培训会、乡村规划师规划业务培训会等9期专题培训会。全年，市城乡规划局获省市各级表彰的先进集体（单位）28项、个人22人次。

▲"一书三证"：指建设项目选址意见书、建设用地规划许可证、建设工程规划许可证、乡村建设规划许可证。

【城市总体规划】 2017年，市城乡规划局编制完成《绵阳市城市总体规划（2010—2020）实施评估报告》，并先后通过省住房城乡建设厅专家审查和市人大常委会审议；10月，经省政府批准，由省住建厅复函同意绵阳市开展绵阳城市总体规划的修编工作。

【专业专项规划】 2017年，市城乡规划局编制完成《绵阳市海绵城市专项规划》《绵阳市城市地下综合管廊专项规划》《绵阳市中心城区建筑垃圾处理专项规划》，并经市政府批复实施；启动《绵阳市综合交通规划修编》《绵阳市慢行系统专项规划》《绵阳市停车设施专项规划》等专项规划编制工作。

【控制性详细规划】 2017年，市城乡规划局编制完成《科技城集中发展区核心区城市设计暨控制性详细规划》《安州区河东新区控制性详细规划》《富乐山风景名胜区详细规划》，并加快成果报批；启动科创园区、高新区、经开区3个片区控制性详细规划修编工作，完成科创园区、高新区、小岛片区初步方案编制；完成游仙东林镇、高新区河边镇、涪城区吴家镇等重点镇总体规划及控制性详细规划编制（修编）工作，推动重大项目及时落地。

【风景园林规划】 2017年，市城乡规划局会同德阳市、广元市编制完成《剑门蜀道总体规划》，并经国务院同意由住建部正式批复。编制完成《富乐山风景名胜区详细规划》《西山公园园林景观改造提升方案》，配合完成园林景观改造提升工程。梓潼县编制完成《七曲山景区重点地段控制性详细规划》初步方案，安州区启动《千佛山风景名胜区总体规划》《罗浮山片区控制性详细规划》。

【规划审批】 2017年，市本级全年共核发建设项目选址意见书61件（选址面积约1350万平方米）、建设用地规划许可证119件（用地面积约779万平方米），建设工程规划许可证181件（建筑面积约638万平方米）、乡村建设规划许可证14件，组织开展规划竣工核实72件（竣工面积279万平方米）。各县市区核发"一书三证"6355件，核发建设项目选址意见书96件（选址面积约214万平方米）、建设用地规划许可证190件（用地面积约451万平方米）、建设工程规划许可证236件（建筑面积约942万平方米）、乡村建设规划许可证5833件（建筑面积约89万平方米）。

【乡村规划管理】 2017年，全市开展农房图集推广使用工作，全年新改建住房采用农房图集推荐户型3400余户；新招聘乡村规划师16名，实现市辖区55个乡镇全覆盖。

【历史文化保护】 2017年，全市推进跃进路、越王楼—碧水寺街区改造提升项目，跃进路项目首批实施的长虹121广场、九洲1958北入口广场和福星激情广场三个节点工程项目已经全面建成并开放；越王楼·碧水寺项目已完成项目历史文化研究初期成果，选定设计单位并启动设计工作，完成80%的拆迁安置调查摸底工作。推进全市历史文化街区划定及历史建筑保护工作，江油市编制完成《江油市历史文化名城保护规划》，并获得省政府批复同意；全面开展历史建筑普查筛选，完成全市第一批41栋历史建筑挂牌保护（其中市本级挂牌17栋历史建筑、江油市挂牌9栋历史建筑、三台县挂牌14栋历史建筑、平武县挂牌1栋历史建筑）。

【县市区规划工作】 2017年，平武、北川编制完成县域村镇体系规划和县城总体规划，江油市编制完成城市地下综合管廊、海绵城市建设专项规划；启动全市270个乡镇新一轮总体规划修编，现已编制完成乡镇总规116个、控规75个，其中全市23个各级试点镇规划均已全部完成；安州区、江油市、梓潼县、盐亭县、平武县、北川羌族自治县完成地下管线普查工作；编制完成14个国家级传统村落的保护规划，向上新申报第五批国家级传统村落25个，省级传统村落43个，25个国家级传统村落已全部通过省住建厅审核并提交国家住建部复审；结合扶贫攻坚任务，编制完成三台综改区莲花嘴村、红灯桥村、红花园村3个村庄的修建性详细规划编制。

【规划决策机制】 2017年，全市推行"业务会—专家评审会—市规委会"三级会审制度，全年召开业务会31次，对重点复杂项目的选址、建筑方案审查等246个事项进行技术审查；组织约500名专家召开各类专家评审会105次，对223个项目方案集智献策；筹备召开6次市规委会，审议《绵阳市城市总体规划(2010—2020)》局部调整论证、《绵阳市中心城区建筑垃圾处理专项规划》《四川绵阳西山公园新区景观设计方案》《中国科技城（绵阳）总部经济试验区控制性详细规划局部调整方案》等37项重要规划事项。

【城乡规划督查】 2017年，全市探索创新"各县（市）+市本级"的规划督察员派出模式，向各县（市）派出6名、市本级派出1名城乡规划督察员，率先在全省实现规划层级监督全覆盖。全年开展2次集中巡查。7名督察员全年列席派驻地各类工作会议128次，审议或踏勘项目151个，向派驻县（市）政府发出督察文书2份，遏制违法行为苗头15起，预防、制止和纠正未批先建、饮用水上游区域建设等违法违规行为。

【测绘管理】 2017年，市城乡规划局联合市文广新局、经信委等10余个市级部门开展“问题地图”专项整治工作，对全市675所大中小学校、473个政府网站、市图书馆、文化馆、博物馆3个公开展馆和科博会1个大型展会进行排查清理，检查地图1600余幅，对发现的问题地图，及时进行纠正；开展测绘成果质检工作，全市抽检19家测绘资质单位，抽检率31%，主要抽检财政投资项目、重大工程项目和涉及民生项目三大类，分别对各单位的成果质量和质量体系进行检查；筹建省质检站绵阳分部，分部已由省站批复同意设立，并已落实人员、场所和经费保障。

【测绘保障】 2017年，市城乡规划局更新河边镇南侧片区、红旗水库片区约16.6平方千米1：1000地形图测绘，进一步丰富全市基础地理信息数据库，保障相应区域规划建设有“图”可用；做好2000绵阳坐标系测绘基准维护，确保全市测绘基准完好准确；充分利用基础测绘成果和企业汇交测绘成果对“数字绵阳”地理信息系统数据库进行了维护更新；向游仙区经济试验区管委会提供高等级控制基准，确保试验区建设准确、顺利实施；向市建设局、市公安局等单位提供了约400平方千米1：1000基本比例尺地形图和约1000平方千米高分辨率卫星遥感影像图，确保相应项目的顺利开展。

【规划管理制度】 2017年，绵阳市出台《绵阳市城市规划编制管理暂行办法》，明确全市各级规划编制的组织主体、各级规划的报批程序要求和规划成果管理要求，并对不同类型控制性详细规划的修改程序进行了系统梳理，作为全市规划编制管理工作的依据；出台《绵阳市市辖区乡村建设规划许可管理办法（试行）》，在市辖区55个乡镇全面铺开乡村建设规划行政许可工作；印发《绵阳市农村住宅建设管理及推荐户型奖励工作考评暂行办法（试行）》，农房图集推广使用覆盖面不断扩大；出台《绵阳市市辖区乡村规划师管理办法（试行）》，乡村规划师管理机制制度不断健全；研究起草《绵阳市派驻城乡规划督察员管理办法》《绵阳市城乡规划督察工作规程》《绵阳市城乡规划督察办法》，不断推进城乡规划督察工作法治化、程序化、规范化。

【重点项目建设规划】 2017年，全市推进科技城集中发展区核心区“四纵四横”骨架路网、综合管廊项目等基础设施建设，开展创业大道西延线、滨河北路、绵安第二快速通道重要干线和节点的规划设计，完成科技城大道二期、京东方排污等18个重点项目的规划相关工作；推进安昌河、草溪河综合整治，完成高铁大道西段、界青路、滨河北路道路景观方案设计；完成轨道交通线网规划，形成轨道交通1、2号线沿线土地控制初步方案；完成重构一环、贯通二环项目设计和一环路北段东延线绵阳职院段线型调整方案、一环路南段东延线局部调整方案，双碑大桥桥梁、城北大道跨线桥、创业大道南延线、二环路四期等10余个重点城建攻坚项目顺利推进；完成国道108线、省道205线绵阳段市政化研究方案；科学确定国道5号线（北）京昆（明）高速扩容通道绵阳城区段线型方案；开展南郊机场航站楼改扩建项目的方案及选址论证，完成机场航站区道路及消防泵站选址工作；配合交通部门开展中遂高速、省道416线绵中路改造提升等工程的项目设计和方案论证。

（胥　英）

城市重大基础设施建设

【概况】 2017年，绵阳科技城集中发展区基础设施工程项目52个，总投资324.8亿元。全年完成投资102.1亿元。由科发集团负责实施的项目共14个（重点项目11个），分别是绵安快速第二通道地下综合管廊及道路工程（普明北路西延线段，总投资估算260012万元）、创业大道西延线地下综合管廊及道路工程（总投资估算333134万元）、永青路地下综合管廊及道路工程（总投资估算168336万元）、龙界路地下综合管廊及道路工程（总投资估算48964万元）、滨河北路道路建设工程（安州，总投资估算24000万元）、科技城大道河边段（启动区范围，总投资估算23000万元）、安昌河综合整治项目（集中发展区范围内，总投资估算79500万元）、科技城集中发展区启动区1号路（总投资估算11500万元）、科技城集中发展区启动区2号路（总投资估算21000万元）、科技城集中发展区启动区4号路（总投资估算17500万元）、防灾减灾园二期项目（总投资估算68000万元）、界青路道路建设工程（总投资估算12000万元）、河边镇中式风貌小镇统建房项目（总投资估算47000万元）、科技城会展中心三期（总投资估算59500万元）。

【科技城大道河边段项目】 该项目为集中发展区启动区项目子项工程，系省重点建设项目。该道路工程位于高新区河边镇，起于科技城大道与B10号道路交界处，终于九龙山公墓东侧草溪河旁，全长1.78千米，宽度60米。该工程总投资约2.3亿元，2016年6月开工建设，2017年12月已全面完工。道路建成后将增强集中发展区综合承载能力、提高城市运行效率。建设单位绵阳科技城发展投资（集团）有限公司，施工单位中国五冶集团有限公司，监理单位四川正菱建设监理咨询有限公司，设计单位中冶赛迪工程技术股份有限公司，勘察单位中冶成都勘察研究总院有限公司。

【科技城大道启动区道路工程】 该项目为集中发展区启动区项目子项工程，系省重点建设项目。该道路

图126　科技城大道

工程位于高新区河边镇。1号路全长1.55千米，宽度40米，起点接规划的科技城大道，止点接已建的工业园1号路；2号路全长3.38千米，宽度30米，起点接规划的科技城大道，止点接已建的工业园2号路；4号路全长4.27千米，宽度20米，起点接规划的科技城大道，止点接已建的工业园4号路，沿草溪河走向。该工程总投资约5亿元，于2016年6月开工建设，截至2017年12月，三条道路基本完工，进行后续收尾工作。道路建成后将增强集中发展区综合承载能力、提高城市运行效率。建设单位绵阳科技城发展投资（集团）有限公司，施工单位中国五冶集团有限公司，监理单位四川正菱建设监理咨询有限公司，设计单位中冶赛迪工程技术股份有限公司，勘察单位中冶成都勘察研究总院有限公司。

【会议展览中心三期项目】　项目定位为会议中心，功能涵盖“会议、酒店、演出和宴请”四大功能。作为会展中心一、二期项目配套功能的补充。项目位于绵阳市高新区，项目总用地面积40652平方米，总建筑面积60486平方米。其中地上建筑面积约46472平方米；地下建筑面积约14014平方米；停车数约308辆。项目总投资约5.95亿元，2017年4月开工建设，截至12月，完成展馆基础施工，进行会议中心、南北塔楼主体施工。建设单位绵阳科技城发展投资（集团）有限公司，施工单位中国五冶集团有限公司，监理单位四川伟业建设监理有限公司，设计单位悉地国际设计顾问（深圳）有限公司，勘察单位中冶成都勘察研究总院有限公司。

【科技城防灾减灾科技产业园（二期）项目】　项目位于高新区永兴镇，二期范围主要为永安公路以东至安昌河、界牌以南至绵广调整公路区域，项目总用地约226.3公顷，主要建设内容包括道路、排水、照明、河堤路、景观绿化等市政基础设施，场地平整及支挡结构等附属工程。项目总投资约6.8亿元，2016年8月开工建设，截至2017年12月，项目范围内8号路全面完工，11号路进场段底油铺设完成，6号、7号、9号、10号、12号、13号、14号、15号路与滨河南路受拆迁影响，暂未进场施工。建设单位绵阳科技城发展投资（集团）有限公司，施工单位重庆建工集团股份有限公司，监理单位四川亿博工程项目管理有限公司，设计单位中国市政工程西南设计研究总院有限公司，勘察单位四川省地质工程勘察院。

【安昌河综合整治工程项目】　项目位于科技城集中发展区内，整治工程从上游安县界牌至下游草溪河汇口成绵乐高铁桥处，涉及安昌河两岸安州区、高新区、涪城区。建设内容为两岸生态堤防建设13382米、生态湿地水景观建设（新建生态湿地1处、新建水景观蓄水闸坝3处），两岸绿化景观建设92.98万平方米及相关配套附属工程。项目总投资约7.95亿元，截至12月，已完成项目方案设计、临时搭建等工作，推进前期拆迁工作。建设单位绵阳科技城发展投资（集团）有限公司，施工单位云南建投第一水利水电建设有限公司，监理单位四川元丰建设项目管理有限公司，设计单位信息产业电子第十一设计研究院科技工程股份有限公司，勘察单位四川省川建勘察设计院。

【综合管廊项目及市政道路建设工程】　该项目主要内容为绵安快速第二通

图127　建成的科技城集中发展区8号路

道、创业大道西延线、永青路、龙界路四条地下综合管廊项目、市政道路建设工程，总投资估算约81.27亿元。四条道路的地下综合管廊总长度33.65千米，其中污水入廊段约14.64千米，概算工程总造价37亿元；道路工程部分工程估算投资约44.27亿元。截至年底，已完成地勘、初步设计工作。项目全线共分为7个工区，第一阶段15个开工点位进行清表清淤、土方开挖、临时便道等施工，累计完成土石方开挖约32万方，已形成约16千米的施工作业面。

【朝阳片区棚户区改造及基础设施配套项目】 该项目位于绵阳市游仙区朝阳片区，主要内容及规模主要包括朝阳厂内棚户区改造和配套基础设施建设两个方面。朝阳厂内棚户区改造，内容主要包括棚户区改造提升、征地拆迁安置还建房及项目区内道路管网、配套设施等。建设规模包括朝阳片区棚户区拆迁户数1813户，拆迁面积14万平方米，新建安置房占地面积15.6公顷，新建466户，新建建筑面积4.7万平方米。配套基础设施，内容主要包括新建朝阳片区对外连接市政道路两条、桥梁一座及相关配套工程。一条城市支路起点与朝阳景观大道平交，从芙蓉雅阁北侧穿过后，沿现状芙蓉东路步线，终点止于规划的一环北路延伸段，全长933米，标准路宽14米。一条城市次干道起于剑南路东段富乐路汽车站附近，止于仙人路社区服务中心附近，全长1363米，标准路幅宽15米；该条道路含建设17+20+17米钢筋混凝土连续钢构桥一座，长64米，宽22米。本项目估算总投资约为17.25亿元。本项目计划建设工期为5年。

【安州区滨河北路界青路道路建设工程】 项目位于绵阳市安州区，其中滨河北路西起潮金大道，东至安州区区界，长度约3.15千米，宽度24米，总投资约2.4亿元。界青路南起滨河路，北至绵阳第二快速通道，长度约1.2千米，宽度40米，总投资约1.2亿元。截至2017年12月，正在进行前期拆迁、表土清理工作。建设单位安州投资控股集团有限公司，施工单位绵阳高新建设开发有限公司，监理单位四川正菱建设监理咨询有限公司，设计单位中国华西工程设计建设有限公司，勘察单位中国华西工程设计建设有限公司。 （刘　霖）

建筑业管理

【概况】 2017年，全市建筑业总产值达到561.63亿元，同比增长31.5%，增加值157.6亿元，其中省外产值79.3亿。全市推广使用散装水泥741.5万吨，散装率达68.7%。全市在建工程质量监督覆盖面达100%，受监工程竣工验收合格率100%。全年创市级安全文明施工标化工地24个，创“绵州杯”市优质工程奖11个。

【建筑市场秩序规范建设】 2017年，市政府制定出台《关于进一步支持建筑业加快发展的意见》，从鼓励企业资质升级增项、引导企业争先创优等九个方面32条措施支持加快建筑业发展。制定和完善《绵阳市规范建设工程项目施工、监理从业人员管理办法（试行）》《绵阳市房屋建筑和市政基础设施工程施工现场项目主要管理人员到岗履职管理办法（试行）》《绵阳市建筑行业“黑名单”管理办法（试行）》和《绵阳市建筑业及房地产绿卡企业服务管理办法（试行）》等配套文件。开展建筑企业首批20家建筑业“绿卡企业”和综合实力50强企业的评选，扩大本地企业的社会影响力。通过网上招投标密匙办理、招投标活动、中标备案、合同备案、施工许可办理、施工现场监管等环节的闭合，加强施工单位、监理单位从业人员管理；开展施工现场主要管理人员到岗履职情况专项检查，对人员不到岗或履职不到位的行为予以公开曝光和查处；对企业出借资质、挂靠、转包、违法分包等违法行为进行综合整治，依法查处转包违法分包行为。

【从业资格管理】 2017年，全市受理审批269家建筑业企业资质申请（新申请142家、资质增项127家）。嘉来建工、隆华、东信、开元、普力诺等5家企业新取得建筑施工总承包一级资质。推进“放管服”改革，对申报公路、水利三级资质不再进行行业审核，减少审批环节；对优势企业实行“一企一策”，有资质升级意愿的企业主动帮扶。开展建筑施工企业动态核查，全市40家建筑施工企业资质标准和市场行为进行核查，其中核查结论为合格的18家、基本合格的3家、不合格的17家、注销资质企业2家。依据相关规定，对不合格的17家企业作出撤回资质证书的处理。开展建造师考试资格审查和注册工作，全年受理审核二级建造师注册3723人（初始686人、增项335人、延续988人、变更1714人）；配合人社部门受理审核通过一级建造师1586人、二级建造师4936人、监理工程师452人执业资格考试资格审查工作。开展（A、B、C）三类人员安全生产能力考核合格证审查工作，全年新办3553人、继续教育2217人、换证2199人。

【建筑施工质量安全生产】 2017年，全市组织开展工程质量安全三年提升行动，制订并印发工作方案，成立组织机构，明确工程质量安全提升的目标、步骤和措施，通过日常巡查、季度检查等多种形式，开展质量安全专项治理。开展“安全生产月”活动、住建系统汛期安全生产、住建行业高层建筑消防安全综合治理、住建系统今冬明春安全生产工作等；开展重大危险点源排查，加强建筑施工现场重大危险点源监控管理和施工现场作业人员安全教育和管理；按照《标准》对照岗位职责开展履职情况检查，开展质量安全综合执法检查等措施。全年发生建筑施工安全生产事故10起，死亡9人、受伤2人，事故起数、死亡人数同比下降13.8%、4.3%。住建系统开展汛期安全生产大检查、大检查“回头看”等各项工作，在

2017年度全省住建系统安全生产综合考核工作中被评定为优秀单位，名列全省第一。

【清理拖欠民工工资】 2017年，全市统一按照农民工工资直发率、建账率达60%的目标任务要求，开展治理专项检查，通过企业和项目部的自查整改、各县市区及市城建监察支队的督查，对有拖欠隐患的企业和项目部负责人进行约谈等，全市在建的建筑工地较好地构建劳动关系。配合人社部门受理农民工工资拖欠投诉，使每一起投诉都有落实。全年受理拖欠农民工工资投诉83起，涉及拖欠工资7900余万元。

【预拌混凝土（砂浆）场站扬尘污染整治】 2017年，市住建局对城区对18家预拌商品混凝土和4家预拌砂浆企业扬尘污染进行专项检查，对检查中发现的问题及时发出整改通知22份，督促责任单位限期整改落实。市城管局召开约谈会，召集商混（砂浆）企业负责人就环保专项检查中存在的问题进行约谈。办理中央环保督察组督察期间信访举报案件，受理经开区京基商砼公司等4起信访举报案件，反映部分商砼企业存在着无环评验收、“三防”措施未落实、环保设施不到位以及违法生产等问题，涉及被举报的商砼企业有10家。成立联合工作组，落实了包案领导，组织人员到现场核；经查实的，立即向被举报的商砼企业发出停产整改通知书，并帮助指导商砼企业按环保要求进行整改；所有举报案件，均在规定的时间内办结。建立长效机制，印发《绵阳市预拌混凝土搅拌站综合整治工作方案》，按照建设绿色环保搅拌站的要求，对所有的商砼企业限期开展环保综合整治，对逾期达不到绿色搅拌站标准的企业要停业整改，整改后仍不达标的，坚决撤回其资质证书。

住房建设

概　述

【概况】 2017年，省政府下达绵阳市危旧房棚户区改造新开工4769套，基本建成3635套，竣工3815套，棚改货币化安置2385户，2014年底前政府投资公租房2017年新增分配2675套，发放租赁补贴1710户。截至12月底，全市棚户区改造新开工5237套，完成年度目标任务的109.8%，基本建成4053套，完成年度目标任务的111.5%，竣工4354套，完成年度目标任务的114.1%，棚改货币化安置2950户，完成年度目标任务的123.7%，2014年底前政府投资公租房2017年新增分配3579套，完成年度目标任务的133.8%，发放租赁补贴2152户，完成年度目标任务的125.8%。

【房地产开发】 2017年，全市完成房地产开发投资176.65亿元，同比下降14.1%；施工面积1882.76万平方米，同比下降5.1%，其中新开工面积466.37万平方米，同比增长15.8%；竣工面积303.15万平方米，同比下降20.1%。绵阳城区1—12月完成房地产投资124.05亿元，同比下降14.8%；施工面积1087.31万平方米，同比下降1.4%，其中新开工面积331.84万平方米，同比增长16.5%；竣工面积160.27万平方米，同比下降8.1%。全市商品房销售面积554.85万平方米，同比增长40.8%；实现销售额279.62亿元，同比增长60.4%；其中，商品住房销售45382套443.19万平方米，同比增长20.5%和21.1%。绵阳城区商品房销售面积305.21万平方米，同比增长58.2%，实现销售额176.93亿元，同比增长82.3%；其中，商品住房销售24648套240.51万平方米，同比增长30.3%和32.3%。

住房公积金管理

【概况】 2017年，市政府常务会审议通过《绵阳市中小企业“住房公积金信用贷”实施方案》，市住房公积金管理委员会出台《绵阳市农民工及个体从业人员缴存使用住房公积金管理暂行办法》《绵阳市住房公积金失信行为处理暂行办法》《关于规范住房公积金贷款政策的意见》。全年住房公积金贷款量占全市商业银行住房贷款的29.98%，支持职工购买自住住房面积97.5万平方米。全市净增单位358家、0.73万人，通过实施住房公积金信用贷和个人延伸贷款，建行绵阳分行、工行绵阳分行分别共向17家企业发放贷款1880万元，有18家企业办理住房公积金开户缴存，10家企业表示尽快建立住房公积金制度。全年发放住房公积金个人住房消费延伸贷100笔889万元。截至年底，全市实缴单位4628家，实缴职工26.45万人，缴存40.22亿元，同比增长10.19%。当年新开户单位455家，新开户职工3.99万人。截至年底，缴存总额241.31亿元，缴存余额124.29亿元，同比分别增长20%、16.05%。

【住房公积金提取】 2017年，市公积金中心为符合条件的职工6.36万人提取住房公积金23.03亿元，同比分别下降19.90%、5.53%，提取占当年缴存额的比率57.25%，比2016年同期减少9.51个百分点。从分项提取来看，全市购买、建造、大修自住住房提取1.09万人、7.54亿元；离退休提取0.57万人、4.23亿元；完全丧失劳动能力、与单位终止劳动关系提取0.75万人、1.08亿元；户口迁出所在市、县或出境定居提取0.07万人、0.3亿元；偿还购房贷款本息提取3.31万人、8.96亿元；租赁住房提取0.5万人、0.58亿元；其他提取（包括家庭特殊困难及大病提取等）0.07万人、0.34亿元。截至年底，提取总额117.02亿元，同比增长24.5%。

【住房公积金贷款】 2017年，市公积金中心发放个人住房贷款0.98万户、30.09亿元，同比分别增长22.5%、30.25%。截至年底，全市累计发放个人住房贷款7.69万户、146.89亿元，同比分别增长14.43%、25.76%；贷款余额90.78亿元，同比增长27.48%。全市住房公积金贷款余额占缴存余额的比例（个贷率）为73.04%，比2016年增长6.55%；全年回收个贷本金10.52亿元，利息1.48亿元，当年还清个贷0.41万户，累计还清个贷3.09万户；住房公积金贷款逾期96户，逾期金额98.20万元，逾期率为0.11‰。

【住房公积金增值收益】 2017年，全市住房公积金实现业务收入3.56亿元，业务支出1.62亿元，实现增值收益1.94亿元，在人行调高公积金个人存款利率、下调个人住房公积金贷款利率的基础上，实现增值收益比上年增长3.24%；住房公积金增值收益率为1.7%;实现的增值收益按财政部有关规定进行分配并报市财政局批准；提取贷款风险准备金0.91亿元，提取管理费用0.26亿元，提取城市廉租房（公共租赁住房）建设补充资金0.77亿元;全年管理费用实际支出2908.30万元。其中，人员经费1593.19万元，公用经费528.85万元，专项经费786.26万元。

【《绵阳市农民工及个体从业人员缴存使用住房公积金管理暂行办法》出台】 2017年4月21日，绵阳市住房公积金管理委员会印发《关于印发〈绵阳市农民工及个体从业人员缴存使用住房公积金管理暂行办法〉的通知》（简称《办法》）。《办法》有6章19条，6章分别是总则，账户设立、缴存，基数调整、比例设定，缴存变更、转移，住房公积金使用，其他；《办法》于7月1日正式实施。《办法》把全市行政区域内农民工、城镇个体工商户、自由职业者和自主择业军队转业干部全部纳入缴存范围，明确城镇个体工商户和自由职业者的范围，也扩大住房公积金政策的受惠面，让更多的群众享受到公积金的政策福利。

【全省首创“住房公积金信用贷”项目实施】 2017年10月19日，市政府第29次常务会审议通过《绵阳市中小企业“住房公积金信用贷”实施方案》（简称《方案》），《方案》规定?企业只需正常为职工缴存住房公积金，就可以凭缴存信息到银行贷到最高为200万元额度的信用贷款，不需要提供财产抵押或第三方担保。10月31日，绵阳市住房公积金信用贷推进会上，西科种业、四川福德、四川聚强等15家为职工缴纳住房公积金的中小企业分别与建行绵阳分行、工行绵阳分行签署“住房公积金信用贷”协议，取得两家银行的低息授信，共计1440万元，其中2家企业向工行绵阳分行申请的公积金信用贷款当天放款。项目的实施是住房公积金个人住房消费延伸贷款，旨在解决当前中小企业融资难、融资贵问题，同时增强企业缴存住房公积金积极性，促进“扩面缴交”，维护职工的住房公积金合法权益，满足缴存人家居、装修、车位等大额消费需求。

【《绵阳市住房公积金失信行为处理暂行办法》出台】 2017年4月21日，市住房公积金管理委员会审议出台《绵阳市住房公积金失信行为处理暂行办法》（简称《办法》），《办法》有7章（总则、失信行为、认定程序和信息披露、失信行为的处理、信用的修复、监督管理与法律责任、附则）24条，7月1日正式实施。《办法》规范缴存单位、职工以及合作银行、开发商等关联单位在住房公积金业务办理中的各项行为，确保资金安全和有效使用；规范住房公积金缴存基数和比例，严格执行“控高提低”政策，实行依法合规缴存，支持生产困难企业按规定和程序申请降比和缓缴。督促行政事业单位为聘用人员建立住房公积金制度，按政策为职工结息，切实保障职工合法权益。

【《关于规范住房公积金贷款政策的意见》出台】 2017年4月21日，市住房公积金管委会印发《关于印发〈关于规范住房公积金贷款政策的意见〉的通知》（简称《意见》）。《意见》调整住房公积金贷款条件、贷款首付款比例和可贷额度、再交易房贷款年限、贷款额度计算公式；明确商业贷款转公积金贷款政策，积极支持高校毕业生到绵阳创新创业，在全市行政区域内购房，符合条件的大学本科、硕士研究生学历毕业生，贷款额度上浮20%；博士研究生学历毕业生，贷款额度上浮30%；借款申请人及配偶在绵阳中心无公积金贷款余额的，均按首套房贷款认定。

【住房公积金综合服务平台建设】 2017年，市住房公积金中心根据住建部建设综合服务平台的要求，多形式、全方面开通服务渠道，形成集“12329”住房公积金服务热线、门户网站、微信公众号、微博、网上业务大厅、自助服务终端、手机客户端、免费短信于一体的服务体系。全年接听“12329”住房公积金热线电话2.16万人次，“12329”提供服务63.14万人次，服务群众满意达100%。“绵阳住房公积金微信公众号”全年推送47篇，网上营业厅开通所有缴存单位。6月，成功接入全国住房公积金异地转移接续平台。中心根据实际工作需要，对归集、提取、贷款的业务目录逐条进行梳理和规范，重新升级业务操作系统，结算运用系统与受托银行实时结算，实现提取住房公积金实时到账，接入省政府一体化服务平台，业务办理速度更加快捷。制定出台贯彻落实重点招商项目和重点企业“服务绿卡”实施细则、建设服务型政府实施方案，开通绿色通道，开展“延时服务”和构建节假日服务体系，全面执行服务指南标准化，受理审查标准化。

（王春明）

城市综合管理

公用事业管理

【城市供排水概况】 2017年，全市城镇供水、污水处理行业监管。在公示水质检测结果制度的基础上，适时抽查供水企业水质情况。各供排水企业全年无大小安全生产责任事故。城区已建成排水管网密度为15.49千米/平方千米，已建成排水管网总长度为2271.6千米，其中，雨水管1324.5千米，污水管947.1千米；市住建局管理维护的已建成排水管网394千米，其中雨水管224千米、污水管170千米；最小管径300毫米、最大管径1800毫米。

【城市燃气供应概况】 2017年，全市已建成高中压燃气管道2637.85千米，储配站8座、门站6座、LPG充装站4座、液化气销售换瓶站点70个、CNG加气站26座、LNG加注站4座。市区范围内已有天然气居民用户74.67万户，液化石油气用户1.26万户；天然气用气量4.76亿立方米，液化石油气用气量3697吨。

电力管理

【概况】 2017年，国网绵阳供电公司是绵阳境内最主要的电网规划、建设、运营和电力供应企业。公司供电区域包括绵阳市涪城区、游仙区、安州区、江油市、梓潼县、北川县、盐亭县，与三台县、平武县有趸售关系，拥有电力客户174万余户。完成售电量82.28亿千瓦时，同比增长6.66%。通过500千伏变电站和多回500千伏线路构成的主网架接入四川主网，已形成较完善的220千伏环网。截至年底，公司拥有35千伏及以上变电站120座，变电容量866.12万千伏安，输电线路278条，线路长度4260.7千米；全网最高负荷182.5万千瓦、最大日电量3458万千瓦时。公司荣获全国五一劳动奖状、全国文明单位、国家电网公司新一轮农网改造升级“两年攻坚战”工作先进集体、绵阳市政府质量奖。

【电力安全生产】 2017年，国网绵阳供电公司秉持“五安三制”理念（关爱护安、依法治安、作风强安、实干兴安、科技助安，分工负责制、专业负责制、现场负责制），落实安全风险清单制管理，实行全员安全等级认证，挂牌督办“十大安全隐患”，开展“双月亮剑”“安全生产大检查”“电力建设工程施工安全年”等专项行动，排查治理隐患1342项，查处违章382例，发布各类风险预警128次。开展线路综合治理，35千伏及以上输电线路跳闸、10千伏配网线路跳闸、外力破坏同比下降38.5%、18.3%、42%。低电压、重过载公变同比减少40.01%、26.03%。优化电网运行方式，强化停电计划刚性执行和配网调控管理，重复停电次数同比减少28.9%。27小时全部恢复绵阳“7·16”大风雷暴雨受损的10.64万客户供电。

【电网建设】 2017年，国网绵阳供电公司加速“三个一”电力发展新格局理念，代表省公司与平武县政府签订合作意向协议。推进三台梓州产城新区增量配电业务、长虹公司220千伏群文站回购。持续优化发展环境，加强与各县市区合作，围绕电网升级、电力通道、设施保护等领域凝聚政企合力。对接绵阳产业布局，开展中心城区“网格化”规划和农村电网全覆盖规划，完成重点园区“一园一册”规划编制。建成投产西成客专绵阳220千伏供电工程等10个项目。公司获国网公司配电网标准化创建活动达标单位，配电网工程入选“百佳工程”。新增智能电表22.89万只，覆盖率99.73%。奋战40天安装20台京东方项目施工配变，50天完成中物院902项目电力线路迁改。

【电力服务】 2017年，国网绵阳分公司主动对接园区、主动服务客户，与市级及以上园区全部签订战略合作协议，同步设立供电办或服务站，快速响应园区企业用电需求。网格化配置“电管家”978名，细分客户群体，提供“定制式”服务。推进客户配电资产移交，新增入账2.35亿元。支持实体经济发展，市场化电量18.41亿千瓦时，存量市场有效巩固。解决京东方、汉能等重大项目提供用电服务方案。拓展节能服务和合同能源管理等新型业务，建成车联网区域充换电网络，实现替代电量1.28亿千瓦时，同比增长315.74%。“多表合一”集采集抄1.76万户。推进北川公司“三全”试点，核心指标居22个试点县公司前列，示范带动营销自动化、信息化、智能化、集约化水平提升。完成新一轮农网改造升级攻坚，累计改造小城镇（中心村）电网371个、机井通电298眼，公司获国网公司“两年攻坚战”工作先进集体。实施“电力助推脱贫攻坚”十大行动，312个贫困村电网全部实现改造升级，惠及贫困人口12.82万人。

（杨　佳）

水务管理

【概况】 2017年，绵阳城区发生中雨以上降雨56次，共计发布暴雨蓝色预警5次、黄色预警5次、橙色预警2次，单次最大降雨量达260毫米以上，致使城区地势低洼路段积水点超过30处。汛期共组织防汛抢险40余次，出动抢险人员1.2万余人次，出动各类抢险车辆2000余辆次，启闭雨水口、雨水箅9000余个次，启闭闸门50余次。

【防汛度汛制度健全】 2017年，全市制定防汛工作预案，层层落实责任，对汛期出现的重大汛情、险情，严格执行首长负责制，使防汛抢险工作有章可循，临危不乱，确保中心所有人员在汛期无一脱岗、离岗。落实24小时值班和局领导带班制度，及时对雨情、汛情、险情、灾情要做详细记录，凡遇特大暴雨或暴雨持续时间超过2小时并雨量不减的情况，除对城区重点部位进行现场蹲点排险值守外，值班人员每20分钟收集汇总一次汛情，并迅速传递到相关责任领导和责任人，视情况启动预案响应程序。按照“分片负责，就近快速，机动补给”的工作原则，组织防汛抢险人员600余人，成立16支突击抢险队，购置启闭疏通雨水箅（井）等专用工具400余套、柴油应急抽水泵10台、抢险沙袋4000余袋、河沙100余方；配备防汛抢险车、疏通车、吸水车等50余辆、对讲机97部。（王　平）

市政设施管理

【概况】　2017年，市城管局对城区110余座桥梁进行年度常规定期检测，确保桥梁安全通行。对城区内400余千米雨污水管道於堵段和15000余个雨水篦、近12000座雨污水检查井进行了全面清掏疏浚，共计清掏淤积物15200余立方米。年维修人行道、广场约6万平方米，维修车行道22万平方米，沥青灌缝60万余米。管理维护城市路灯63171余盏，景观灯具近38万盏套。

【城市桥梁】　2017年，城管局对城区110余座桥梁进行年度常规定期检测，并对桥梁进行了日常巡查。对安昌河人行天桥、绿岛大桥、桃花岛大桥栏杆进行除锈和涂刷，其他桥梁的车行道、伸缩缝、护栏等维修工作。共计完成桥梁涂刷4000余平方米，修补桥梁车行道6000余平方米，护栏维修约300米，伸缩缝修补约270米。

【排污雨水管道】　2017年，城管局在汛前对城区雨污水提升泵站集水池、泄洪口及排水管网进行全面清掏，共计清掏淤积物8150余立方米；选取16家施工企业，对城区内400余千米雨污水管道於堵段和1.5万余个雨水篦、近1.2万座雨污水检查井进行全面清掏疏浚，共计清掏淤积物15200余立方米。通过对主干管清淤疏浚，增设雨污水收集口和排水管道，安装雨水篦及检查井，增强了管网泄水能力。

【道路管理】　2017年，城管局维修人行道、广场约6万平方米，维修车行道22万平方米，沥青灌缝60万余米。加大城区三道开挖管理力度，配合相关执法部门，处理城区内无证开挖。全年接办三道占道及开挖申请63件，已办理46件，退件13件，正在办理4件。对区（园区）行业协调指导工作。向区（园区）责任单位发出市政维护及检查井维修督促整改函60余份。

【路灯管理】　2017年，城管局对城市照明处管辖63171余盏、景观灯具近38万盏套、楼宇亮化灯实行“全域管理、重点防护”，强化精细管理，按区域分片管理、责任到班。坚持“设施三率”、“安全作业”周检制、公示制，奖惩逗硬。累计共投入劳务4万余人次，出车3000辆次，拉网式清除灯杆广告、清洁各式路灯、景观灯4万余盏盏，灯杆补漆5000余柱，使管理维护半径达30千米以上的照明设施运行状态良好。完成九洲大道、绵兴西路等路段景观照明提升、城区城市亮化改造提升和博物馆及周边道路沿线亮化项目建设。主干道亮灯率常年达到99.5%以上，次干道亮灯率常年达99.2%（设施完好率达99%以上，清洁率达98%以上）。（张连梅）

城市卫生与绿化管理

【概况】　2017年，绵阳城区（未含安州区）投入运行的污水处理厂7座，日污水处理能力已达31.4万吨，实际每天处理污水量为约29.63万吨。七星坝污水处理厂（设计污水处理规模为5.5万吨/日，分两期建设）一期日处理规模为2.5万吨，现已建成正在进行调试。永兴污水处理厂扩建项目在原有一期项目的基础上扩建的二期工程，主要处理来自京东方及河北平武工业园区在内的工业废水。由市水务集团作为业主单位负责建设，并计划于2018年4月30日前完成通水试运行。该项目估算总投资4.77亿元，设计处理总水量9万吨/日，工业污水部分设计处理量6.5万吨/日，生活污水部分为现在运行的一期处理量2.5万吨/天。该项目土建施工已完成总工程的65%。

【道路清扫保洁】　2017年，绵阳城区市级环卫管理范围300多条街道1000余万平方米的清扫保洁工作全域覆盖，95%街道实行双班作业，繁华路段实行三班作业，主要街道实行18小时全天候保洁，采用机械化冲洗除尘与人工清扫保洁相结合的作业模式。同时根据季节性变化和落叶、落花、落果等植物生长特点，制订针对性的清扫保洁作业方案。机械化作业率达90.04%，道路扫净率达95%以上。全年新增道路、人行道、隔离栏、护栏42条（处），新增道路、人行道等作业面积约35万平方米。

【垃圾清运】　2017年，绵阳城区日清运垃圾1000余吨（其中市级环卫管理范围约日清运垃圾约700吨），做到密闭运输，日产日清。车辆规范化管理，环卫清运车辆及机械化作业车辆严格实行错峰作业，同时增加扫地车、多功能清洗车清扫范围和频次，提高机械化清扫率。全年清运生活垃圾约36万吨，清运及处理医疗垃圾1900余吨，城区生活垃圾无害化处理率达100%，医疗垃圾无害化处理率达100%。

【垃圾无害化处理】　2017年，全市首个PPP项目绵阳市生活垃圾焚烧发电项目7月27日正式点火运行，城区生活垃圾焚烧率达100%，发电量约1250万千瓦时。完成餐厨垃圾资源化和无害化利用PPP项目合同招标等前期工作，并正式开工建设，一期工程预计2018年年底前投入试运行，日处理能力达100吨。梳理楼房村填埋场工程封场工程自2012年以来推进缓慢等问题，采取多种措施有序推进工程建设。该工程已完成坡面、堆体整形，压实度检测并分别验收，正待实施覆膜工序。在涪城、游仙、安州、经开等区域设置4处建筑垃圾临时消纳场所；配合规划部门，完成《绵阳中心城区建筑垃圾处置专项规划》，以“近期中转调配+消纳填埋”和“远期资源化利用”为原则，推进建筑垃圾治理。完善《绵阳市市域生活垃圾收运处置专项规划（2016—2030）》《绵阳市存量生活垃圾治理规划（2016—2020）》，并经2017年第一次规委会审议通过；市政府出台《绵阳市城乡垃圾处理设施建设三年推进方案（2017—2019）》。

【公厕管理】　2017年，城管局在长青街绿道、南河加油站绿道、南河闸坝、越王楼河边、三江半岛等地新建公厕14座，对环卫直管103座公厕的设施设备进行维修更换，全年维修次数约1400次左右。对218座社会产权公厕的业务指导管理，保障市民入厕需要。磨家公厕、越王楼公厕、九洲大道绿道公厕、一号桥公厕等8座公厕被评为四川省市政市容协会2017年度泓欣杯“优秀示范公厕”和“管理示范公厕”。

【扬尘治理】　2017年，全市在扬尘执法过程中，做到依法办案、处罚适当、用法准确，全年无行政复议及行政诉讼案件。每季度联合交警、城建、路政及各园区城管局对城区在工地和道路运输车辆抛、冒、滴、漏等行为进行专项治理。采取固守防控与机动巡控相结合、日间巡查与夜间突击相结合的方式，在市区主要交通干线设置临时检查点427个，出动执法车1230辆次，检查运输车辆3671辆，纠正违规建渣车1259辆次，纠正乱倾乱倒行为100余起，处罚违规“抛撒滴漏”建渣车128辆，行政罚款33050元；

【城市绿化】　2017年，全市完成市级事权518万平方米公园绿地、道路绿化管养。施用肥料40吨，修剪混播草坪12次，绿篱球型8次，清理干枝210立方米，清除绿化垃圾470余立方米，保持绿地整洁美观。实施错峰作业，开启夜间模式，人歇车不歇，力求灌透、灌均、灌到位，保持植物生长水分。对临园干道、长虹大道、安昌河堤、火车站片区、御营坝片区等80多处植物遮挡视频监控、红绿灯、变压器和市民反映遮挡采光的2150株行道树实施修枝，清运绿化垃圾1650车。宣传执行《城市绿化条例》，加大监察力度，处理交通违法损坏绿化事件20起，配合市政建设新开道口、移植树木30余处，处置破坏绿化行为3起。完成“2017年元旦、春节花卉氛围营造项目”“2017年科博会花卉氛围营造”项目。增加栽种月季、虞美人等特色花卉115.3万株、美人蕉、紫娇、木春菊等宿根花卉108.8万株，树状月季、藤本月季、三角梅等花灌木3.3万株，适地适花进行品种调整、花色配置。　（张连梅）

城市交通管理

【概况】　2017年，绵阳城区剑门路、涪江三桥、滨河南路等市政重点工程相继实施全封闭施工，城市交通拥堵进一步加剧。为加强城市治堵工作的领导，市委副书记、市长刘超组织规划、住建、公安、交通等部门召开“城区交通拥堵治理现场办公会”，成立专门的治堵工作机构，市府办印发《关于成立绵阳城区交通拥堵治理工作领导小组的通知》，市长刘超任交通拥堵治理工作领导小组组长，下设“治堵办”和7个职能组。先后对城区20个路口、路段实施偏移道路中心线增加进道口、设置单行道、增设交安设施改造工作，合理诱导车流；新增信号灯33处，优化配时和维护信号灯165个，新增固定式交通标志502块（套），更新交通标线34171平方米，调整物理隔离设施4.5千米，调整公交站点6个；增加4个子区23条“绿波带”，实施8次城市建设项目交通影响评估，建设便民“警邮亭”10处。并在九洲大道移动路口设置全市首条“潮汐可变导向车道”，在一环路东段芙蓉桥路口设置全市首条“借道左转弯车道”。实施西山东路、中心医院周边道路单向循环交通组织，保障涪江三桥维修、石桥铺闸坝和双碑安昌大桥建设、剑门路西段和剑南路西段改造等一批市政重点项目工程推进。

【城市交通环境治理】　2017年，全市开展城区重点交通违法集中整治行动，组织“违法抢道占道整治”“重点区域周边交通整治”“非机动车交通违法整治”“机动车不礼让斑马线及行人过街不遵守交通信号整治行动”“机动车夜间突出交通违法整治”“静态交道秩序整治行动”等六次专项行动，全面查处城市不文明交通违法行为。截至年底，市城区查处行人交通违法1.06万起、非机动车交通违法7.2万余起、机动车乱停乱放17.3万起。同时，设立省级文明畅通示范街2条、市级文明畅通示范街11条，启动临园路交通管理示范街建设。

【交通管理勤务机制改革】　2017年，市交警支队开展城市道路智能交通管理平台二期项目建设和全省公安交通集成指挥平台第一批试点建设，完成城区道路交通运行指数评价系统联网调试，建设应急救援保障系统，共接入7个执法服务站、303个视频点，备案关联卡口94处，共计过车数据3.6亿余条。其中签收有效预警1835余次，出警拦截2122次，查获各类嫌疑车1295辆次。建立网格化勤务机制，城区设5个管辖片区，划分三级勤务管理岗位，实现城市交通精准管理；改革和规范静态交通管理模式，建设“绵阳市静态交通管理物联网”系统平台，实现收费管理、信息服务、停车诱导和缉查布控等功能；建立“情指合一”的交通指挥调度机制，对重点区域和车辆进行“视频巡逻管控”。

（秦雪凌）

【城市公交】　2017年，全市建立起公交主营亏损市、区（园区）财政及公交企业分级负担制度，市政府办印发《绵阳城市公交主营亏损分担实施方案》，确定城市公交主营亏损按照圈层划分，由市、区（园区）按比例分担。完成部、厅交通一卡通试点工作及绵州通由绵投控股转为公交控股工作。

市政府着力提升城市公共交通服务能力和水平，推动公交覆盖面扩大，6月1日实现游仙区公交全覆盖。全面扩展精品线路，优化公交线路。通过网络问政和现场调研等方式了解群众出行需求，结合绵阳城区道路交通状况，对城区部分公交线路进行优化调整，降低线路重复率，全年优化调整公交线路12条。全年城区公交运输客流1.75亿人次，营运里程5548万千米，免费服务特殊群体2500万人次。

【城区公交票价结构性调整】 2017年，市政府综合考虑社会承受能力、财政保障水平、企业运营成本、运输产品服务质量差异、交通供求和竞争状况等因素，界定划分城区公交和城乡公交，探索完善城区公交和城乡公交价格形成机制，合理确定票制票价，建立具有层次化、差异化的公交票价体系，更好地满足城乡居民出行需求。6月1日起，实现城区公交票价结构性调整，根据季节情况时势调整城区公交票价，普通车起价为1元，中级及以上车辆起价2元。

【出租车行业改革】 2017年，全市出租车行业按照重大行政决策五个程序（公众参与、专家论证、风险评估、合法性审查和集体讨论）相结合的原则，在确保出租汽车行业稳定的前提下，推动出租汽车改革各项工作。4月14日，正式发布《绵阳市深化出租汽车行业改革实施方案》《绵阳市城区网络预约出租汽车经营服务管理实施细则》。制订绵阳网约车平台、车辆、驾驶员许可标准。11月8日，发放首张网络预约出租汽车经营许可证。新增投放660个巡游出租车经营权，其中256辆已于6月逐步投入运营。开展出租汽车不规范行为集中整治专项行动，共查处出租汽车违规经营行为132起。

【开展出租汽车“爱心送考”活动】 2017年高考期间，全市投入出租汽车1000辆开展“爱心送考”活动，参与驾驶员1000余名。免费接送考生共计2699人次，其中预约接送117人次，在各服务点安排接送2552人次，运送量创历年新高，全部运载考生均及时、安全送达考场。

城市消防管理

【概况】 2017年，全市发生各类火灾事故264起，同比2016年下降39.6%，直接财产损失605.86万元，同比2016年上升32.8%，死亡4人，同比2016年上升100%，受伤9人，同比2016年上升28.6%。组织开展今冬明春、夏季检查、高层建筑、电气火灾防控等21个消防安全专项治理工作。完成春节、国庆等重大节日以及“两会”、第五届科博会、中共十九大等重大消防安全保卫任务，连续24年未发生重特大及群死群伤火灾事故。

【消防管理创新】 2017年，绵阳公安消防部门创新甲、乙、丙三类动态分级管理，建立消防安全职业经理人和“楼长”制度，设立“消防安全信息公示栏”，全市1500栋高层建筑、1363家人员密集场所实现动态分级并挂牌公示，提升消防安全监管水平。建筑消防设施物联网远程监控平台建成投用。引导和规范消防安全重点单位和街道社区建成有人员、有器材、有战斗力的“微型消防站”1289个，其中，829个重点单位均建成微型站，建成率为100%；建成街道社区微型消防站450个，建成率为95%；新增独立式火灾探测报警器4626个，推动社区设置电动车集中停放点290个。全市289个乡镇街道全部纳入基层综合服务管理平台，消防安全社区已达标410个，达标率86%。

【火灾隐患整治】 2017年，全市公安消防部门加大政府挂牌督办力度，提请市、县两级政府（管委会）挂牌20件重大火灾隐患，已摘牌销案12家。开展“利剑”专项行动，集中警力、集中时间、集中检查、集中报告的方式开展错时夜查，形成严密的火灾隐患查改情报网络体系。全年，全市共检查单位41881家次，督促整改火灾隐患110931处，临时查封单位754家，责令“三停”单位667家，罚款621.11万元，拘留187人。

【消防行政许可服务】 2017年，绵阳市出台《关于调整消防行政许可管辖范围的通知》。开辟重大建设项目及民生工程消防审批“绿色通道”，推行“消防服务大厅”，减少消防审批条件、合并部分消防审批事项、简化消防审批受理程序、实施24小时受理隐患举报投诉等系列便民利民措施。全年，共办理公众聚集场所开业前检查439起，发出“公众聚集场所投入使用、营业前消防安全检查合格证”432份，建设工程消防设计审核249件，设计备案抽查237件，建设工程消防验收224件，验收备案抽查218件。

【抢险救灾技能培训】 2017年，全市公安消防部门狠抓实战化训练，先后举办基层指挥员、攻坚组队员、冲锋舟操作手等业务培训15期，培训官兵200余人；组建重型搜救队、维稳处突机动队、搜救犬分队、水域救援队等专业救援队伍；开展实兵实装拉动演练12次，承办绵阳市防汛减灾水域救援、危化品泄漏事故处置、高层建筑火灾扑救、高速公路直升机应急救援等4起大型实战演练，参与茂县山体垮塌、九寨沟地震、白马隧道垮塌等重大抢险救灾活动。

【消防安全宣传】 2017年，市委党校把消防军训和消防知识培训纳入年度党政领导干部培训内容；联合教体部门连续四年开展“暑期消防安全宣传教育行动”；开展电动车、汗蒸足疗场所、高层建筑等消防安全专项宣传培训，印制8000套消防安全管理规定系列挂图发放全市；举行“关注消防 平安你我”大型119消防宣传月活动；联合电视台、广播电台定期播发消防安全提示和公益广告；联合绵阳广播电视台《法制在身边》栏目开办“火线119”专栏；开展“红门有礼”消防科普教育基地开放和暑期消防安全夏令营活动；开展“勇往直前”消防知识互动官方微信互动体验活动；推出全国首套消防主题手机壁纸；建立微博、微信、手机短信等信息服务平台，关注量突破25.5万人次。微电影作品《辛巴》和微博作品《这个世界需要更多的英雄》，分别被评为全国第二届消防微电影类作品二等奖和一佳微博作品；《人民日报》发表专刊《致敬！那些穿越火线的人》，专题报道北川专职消防员刘显权先进事迹。（胡　攀）

人口管理

【概况】　2017年，全市总人口为5368154人，总户数2069397户。其中男性人口2752896人，女性人口2615258人，城镇人口1790072人，乡村人口3578082人，流动人口802346人，出生人口62309人。

【常住人口】　全市总人口为5368154人，比上年减少83679人，减少率为15.3‰；总户数2069397户，平均每户2.6人。其中，男性人口2752896人，占总人口的51.28%；女性人口2615258人，占总人口的48.72%。男女性别比为105：100。总人口中城镇人口1790072人，比上年增加3414人，城镇人口占总人口数的33.3%；乡村人口3578082人，比上年减少87093人，乡村人口占总人口数的66.7%。全市出生人口62309人，比上年增加9039人。其中男性31998人，占总出生人口的51.35%；女性30311人，占总出生人口的48.65%。出生男女性别比为106：100；出生率为11.6‰。死亡等户籍注销人口131025人，其中男性70844人，女性60181人，死亡等户籍注销率为24.4‰。出生与死亡等户籍注销相抵，自然减少68716人，自然减少率为12.8‰。迁入人口34463人，其中省内迁入27816人，省外迁入6647人；迁出人口49426人，其中迁往省内36535人，迁往省外12890人。迁入与迁出相抵，机械减少14963人，机械减少率为2.79‰。城区（含涪城区、游仙区、安州区、高新技术产业开发区、经开区、科教创业园区、科学城办事处）总人口1732595人，比上年减少14955人，减少率为8.56‰。其中城镇人口979133人，比上年减少20353人。绵阳城区出生22487人，死亡等户籍注销44628人，自然减少22141人。迁入25057人，其中省内迁入21240人，省外迁入3817人；迁出17871人，其中迁往省内13343人，迁往省外4528人，机械增长7186人。

【流动人口管理】　2017年，全市公安机关采取多种措施，做好流动人口的管理和服务工作。建立公安内外多部门齐抓共管的流动人口管理服务机制，建立以政府牵头，公安等部门参与的政府流动人口服务管理工作机构，在街道办事处、乡镇建立了流动人口服务管理工作站，社区建立了流动人口管理服务点，按照市委办、市府办《关于加强社会治安分类防控体系建设的实施意见》，加强社区实有人口管理，按照一类地区500：1，其他地区1000：1的比例配备流动人口协管员，将经费纳入各级财政预算。全面实施居住证制度。市政府印发《关于认真做好〈居住证暂行条例〉贯彻实施工作的通知》，1月1日，全市实施居住证制度，市公安局开通居住证办证系统，并协调人社、卫计委、教体、文化、公积金等部门落实居住证持有人享有的7项权利和享有的5项便利，截至年底，全市实现居住证制度全覆盖，全市受理和办理居住证9568个。摸清城镇出租房屋底数，逐户登记造册，并逐个与出租房东签订治安管理责任书，不定期开展检查，严格执行租住人员登记报备制度，明确房东的法律责任。四是加强对建筑施工工地和外来人口集中的单位、企业的管理，按照“谁用工谁负责”的原则，督促落实登记，核查等管理措施，落实兼职管理人员。暂住人口和出租房屋信息录入信息平台，实行联网，做到科学化、规范化管理。对形迹可疑的外来暂住人员，采取发函或公安网上调查的方式，及时发现和打击隐藏其中的违法犯罪嫌疑人员。管理与服务相结合，各级公安机关依法保护外来流动人口的合法权益不受侵害，并对外来流动人口提供及时有效的各类服务，全市公安机关采集录入流动人口802346人。

【户口清理整顿】　2017年，全市按照卫计、人社和民政部门提供的近七年来绵阳籍死亡人员名单和军分区提供的参军入伍人员名单，利用人像比对系统，组织全市公安机关开展“疑似重户清理”、“死亡应销未销人员清理”、“户籍和实有人口清理”等集中专项行动，逐一清理核查相关常住人口信息，核实注销历年死亡未申报、服现役未注销及重户重人等户籍人口信息，全年全市集中清理死亡和注销户籍131025人，2017年度全市户籍总人口减少8.37万人。（魏　超）

户政管理

【概况】　2017年，全市贯彻落实《国务院关于进一步推进户籍制度改革的意见》和《四川省进一步推进户籍制度改革实施方案》，印发《绵阳市关于进一步改革户籍制度管理有关制度的通知》，调整户口迁移政策。全面放开落户限制。在全市城市、城镇有合法稳定住所的人员，本人及其共同居住生活的配偶、未成年子女、父母等，可以在当地申请登记常住户口。放宽租赁房屋落户政策。在涪城区、游仙区、科创区租赁房屋，连续居住满一年，且有稳定工作和在绵阳市其他县市区租赁房屋，连续居住满半年的人员，本人及其共同居住生活的配偶、未成年子女、父母等，可以申请登记常住户口。由辖区派出所在公共户口簿上落户，实际租赁房屋地址在常住人口信息系统进行备注，并参照集体户口管理。承租全市城区保障性住房的申请人和共同申请人，按照租赁房屋落户方式申请登记常住户口。全面放宽引进人才户口迁移政策。具有中专以上学历、初级以上技术职称资格，以及各级党政机关、社会团体、企事业单位引进的各类人才，本人及其共同居住生活的配偶、未婚子女、父母可在当地申请登记城镇常住人口。在城市城镇有合法稳定住所的在住所地登记户口，无合法稳定住所的可在公共集体户口登记户口。鼓励支持城市规划区内失地农民入户城镇。对全市城市（镇）规划区内因城市建设需要已无集体土地的农村居民，可登记为城镇居民。对仍有少量耕地（人均不足266.67平方米）的农村居民，本着自愿原则，就地登记为城镇居民。鼓励支持农村新型集中居住区人员入户城镇。在农村因灾后重建、新农村建设或经济发展等原因自然汇集形成的非行政建制集镇，或因政府统一规划，统一建房的农村人口集中居住的农村新型社区、新农村建设聚居区等居住地，可根据本人意愿在集中居住地登记为城镇居民户口。取消城镇居民直系亲属投靠入户限制。在城市城镇范围内属夫妻投靠的，不受婚龄、年龄、职业、固定场所限制；属父母投靠子女的，不受父母年龄和身边有子女限制；属子女投靠父母的，子女不受年龄限制，均可投靠入户。推进居住证人员入户制度。按照《居住证暂行条例》，符合落户条件的居住证持有人员，可在居住的城市、城镇申请登记常住户口。放宽单位集体户口设立条件。落户绵阳市的机关、团体和企事业单位，具有集体宿舍或者办公房屋产权为本单位所有，或者本单位享有房屋使用权，居住集体宿舍人数在10人以上或者集体户入户人数在10人以上并落实户籍协管人员的，经公安机关核准，可设立单位集体户口，一个单位原则上只设立一个集体户口，除集体户人员申报的出生登记外，非本单位职工不得登记单位集体户。各地根据需要，经公安机关核准，可以以乡镇、街道或者社区、村（居）委会为单位设立公共集体户，统一登记符合当地城镇落户条件但在本地无合法稳定住所且无处登记户口的公民户口。放宽购买非住宅用房人员的入户条件。在我市城市城镇范围内购买商业用房、办公用房、工业用房或其他非住宅用房的人员，本人及其共同居住生活的配偶、未婚子女、父母，可以在城市城镇合法稳定住所地登记户口，无合法稳定住所的，可以在购买地申请登记常住户口。放宽土地流转人员的入户条件。在市内合法获取使用流转农村土地达到一定规模并实际从事农业生产经营的，经相关部门认定，可在土地流转所在地申请登记本人及其共同居住生活的配偶、未婚子女、父母的城镇常住户口。全面放宽特殊人员入户条件。被相关部门认定的优秀农民工、见义勇为人员、在部队立三等功以上奖励和为国家军队服役满十年的复转退军人不受稳定工作、居住时间和有无合法稳定住所等条件限制，可在城市城镇的居住地或工作地登记入户，其共同居住生活的直系亲属可以随迁或投靠。

【户籍人口管理创新】 2017年，全市建立城乡统一的户口登记制度，推行“一元”化户籍登记制度，逐步取消农业户口与非农业户口性质区分，统一登记为居民户口。实行城乡统一户口登记制度的地区，全面实行城乡户籍的自由迁移，凡共同居住的所有家庭成员不分户口性质，登记在统一家庭户中。建立流动人口居住证管理制度。公民离开常住户口所在地，到市城区、县城、城镇居住半年以上，符合有合法稳定就业、合法稳定住所、连续就读条件之一的，可在全市的居住地申领居住证。以居住证为载体，建立健全持有人在居住地依法享有劳动就业、参加社会保险、缴存和使用住房公积金、义务教育、文化体育、卫生和计划生育等基本公共服务以及享受办理出入境证件、机动车登记、申领机动车驾驶证、换领和补领居民身份证等其他相关便利提供机制。（魏　超）

出入境管理

【概况】 2017年，全市共办理中国公民因私出国（境）证件309819件次，比2016年同期301867件次增长2.6%，其中普通护照108845件，同比增长2.8%；往来港澳通行证及签注169105件次，同比增长1.8%；往来台湾通行证及签注31879件次，同比增长6.5%。全市全年临时入住境外人员15290人次，同比增长33%；常住境外人员937人，同比增长12%；外国人住宿登记信息24小时

图128　游仙分局全流程自助式出入境办证大厅

内上报率达96%，准确率达99.9%，办理签证证件人员住宿登记率达100%，境外人员住宿登记数据整体质量水平在全省名列首位。举办全市基层出入境业务培训班6期，参训人员230余人次，并通过微信群开展相关业务知识培训80余次，受训人数达600余人次。截至年底，市公安局出入境管理支队被省厅表彰为“全省公安出入境管理部门基础业务工作先进单位（一等奖）”和全省公安机关外国人管理“两个专项行动”成绩突出单位；被绵阳市委评为“全面深化改革工作先进单位”，被绵阳市人民政府评为“市级部门窗口工作先进单位”；被市公安局评为工作绩效考评一等奖单位，荣记集体三等功1次；1个集体被评为全省公安系统“万警进万家”亲民助民活动先进集体，1个集体被评为全省“十佳公安出入境窗口”。全市出入境管理部门涌现出一批先进集体和个人：11个（次）集体受市级部门表彰；1名民警被评为全省先进个人，1名民警评为全省“最美公安出入境民警”，2名民警被市局荣记个人三等功1次，60名（次）民警受到市级部门表彰。2017年全省公安出入境工作现场会在绵召开，市局出入境工作先后两次在全省工作会上作经验交流。群众办证窗口现场评价满意率100%，省公安工作综合评价体系窗口满意度测评满意率99.3%。

【出入境窗口建设】 2017年，市、县两级接待大厅全面布置自助照相设备共14台，新增自助服务设备共21台，全市窗口共有自助设备61台。制定出入境窗口标准化建设三年规划，持续打造涪城、游仙接待大厅，市局和盐亭窗口规范建设了自助服务区，高新完成接待大厅搬迁打造。全面下放电子往来港澳通行证签注制作权工作，实现全市11个县级出入境接待大厅均可现场受理、快速制作电子港澳通行证签注，取证时间由5个工作日缩短到2个工作日，急事急办“立等可取”。涪城分局安昌路社区警务室建成全省首个社区24小时出入境自助服务区并正式启用。市局还发出通知要求各县分局统一部署自助签注一体机。

【利民便民五项举措出台】 2017年，全市公安出入境管理部门推出五项便民举措。在全省首次推出中国邮政EMS和广东方图智能“选择邮政特快专递，免费拍摄出入境办证电子相片”便民服务。正式启用绵阳公安“微警务”服务平台，推出“办证点导航”功能这一新“微”举措，实现了在线预约办证、在线拍照、查询办理，港澳再次签注申请可在线申请、在线缴费、邮政上门取件和送证上门。在全市全面推出“免费采集制证照片”惠民举措，节约群众办证成本。全市市、县两级出入境窗口推出周六全天延时服务，该便民举措分别被公安部、省厅肯定并推广。

【公民出入境证件收费标准调整】 2017年，全市降低公民出入境证件收费标准。普通护照收费，由每本200元降为每本160元，因丢失要求补发因私普通护照的，收费标准为每本160元；出入境通行证收费，一次出入境有效由每证20元降为每证15元，多次出入境有效由每证100元降为每证80元；往来港澳通行证收费，由每证100元降为每证80元。前往港澳通行证收费标准，由每证50元降为每证40元。内地居民赴港澳签注的收费标准，一次有效签注由每件20元降为每件15元，二次有效签注由每件40元降为每件30元，短期（不超过一年）多次有效签注由每件100元降为每件80元，一年以上（不含一年）两年以下（两年）多次有效签注由每件150元降为每件120元，两年以上三年以下（不含三年）多次有效签注由每件200元降为每件160元，长期（三年以上，含三年）多次有效签注由每件300元降为每件240元；往来台湾通行证收费，电子通行证由每证100元降为每证80元，一次有效通行证由每证20元降为每证15元。大陆居民前往台湾签注收费标准，一次有效签注由每件20元降为每件15元，多次有效签注由每件100元降为每件80元；台湾居民来往大陆通行证收费，电子通行证由每证250元降为每证200元，一次有效通行证由每证50元降为每证40元。

【开展清理整治骗领出入境证件专项行动】 全市公安出入境管理部门开展清理整治骗领出入境证件专项行动，对中国公民利用多重（伪假）户籍骗领出入境证件、利用“假结婚”或提供虚假证明等方式骗领前往港澳通行证件、外国人利用虚假证明文件骗取签证等违法犯罪活动进行集中清理打击，共清理查办各类骗证案件12起13人。全市共查处

图129　2月28日，2017年全省公安出入境工作现场会在绵阳召开

各类涉外案（事）件50起54人，处罚48人，其中“三非”案件26起26人，处警告9人，警告并处罚款1人，罚款4人，拘留4人，拘留并处限期出境1人，遣送出境7人。

【全省公安出入境管理工作会议召开】 2017年2月28日，全省公安出入境管理工作会议在绵阳召开。省公安厅党委委员、副厅长张颖出席会议并作讲话。省厅相关部门领导，厅出入境管理总队及各业务支队负责人，各市、州公安局分管领导、出入境管理部门主要领导和部分县（区、市）公安局出入境部门负责人参加会议。绵阳市副市长、公安局局长王明华出席会议并致辞。28日上午，与会人员参观涪城分局、游仙分局出入境接待大厅。会上，成都、绵阳、南充、泸州等地公安出入境管理部门分别作经验交流发言；总结回顾2016年全省公安出入境管理工作取得的成效，对2017年全省出入境管理工作进行安排部署；对全省公安出入境管理工作先进单位和个人进行表彰奖励。（诸永杰）

城乡环境综合治理

概　述

【概况】 2017年，绵阳市城乡环境综合治理结合中央环保督察，重点开展城乡生活垃圾治理、省级民生项目建设等工作。编制出台《绵阳市市域生活垃圾收运处置专项规划（2016—2030）》《绵阳市存量生活垃圾治理规划（2016—2020）》；市政府出台《绵阳市城乡垃圾处理设施建设三年推进方案》《绵阳市城镇污水处理设施建设三年推进方案》。全年向省综合环境治理办公室、省建设厅、省财政厅、省环保厅等单位争取环境治理专项资金7060万元。结合国家、省、市环保督察，重点对城乡生活垃圾治理、城市生活垃圾填埋场安全运行情况进行排查和整治。对21个试点镇和120个行政村生活垃圾无害化处理，至年底，120个行政村完成率为100%，21个试点镇完成率为100%。

【《绵阳市城乡生活垃圾处置专项规划》编制出台】 2015年9月启动《绵阳市市域生活垃圾收运处置专项规划（2016—2030）》编制工作，完成招标，12月底完成初稿；2016年3月召开专家讨论会，完成征求意见稿，5月通过专家评审会；2017年3月经市规委会审议通过，6月经市政府同意批转实施，并印发各县市区政府，各地正按规划加快城乡生活垃圾处理设施及收运体系建设。

【《绵阳市城乡垃圾处理设施建设三年推进方案》出台】 2017年，绵阳市根据四川省人民政府办公厅《关于印发四川省城镇污水处理设施建设三年推进方案和四川省城乡垃圾处理设施建设三年推进方案的通知》，结合《绵阳市市域生活垃圾收运处置专项规划（2016—2030）》和《绵阳市存量生活垃圾治理规划（2016—2020）》。《绵阳市城乡垃圾处理设施建设三年推进方案（2017—2019年）》经两次征求各县市区人民政府、园区管委会、市级相关部门意见，11月经市政府常务会审议通过后，市府办印发实施，方案明确全市城乡垃圾治理的总目标、三年设施建设内容、总投资、各项目建设的责任单位、完成时限等，有力保障了这项系统工程按时保质完成，进而提升全市垃圾无害化处理水平，加速推动绵阳生态文明建设进程。

【环境治理专项资金争取】 2017年，绵阳市对上争取专项资金7060万元。向省治理办争取农村垃圾治理和场镇污水管网配套项目资金1460万元，4月分配到相关县市区。向省住房和城乡建设厅、省环保厅、省财政厅争取新型城镇化城乡生活垃圾设施建设项目债券资金5600万元，10月前全部将项目及资金分配各县市区。

【城乡生活垃圾治理环保督察】 2017年，绵阳市在国家、省、市环保督察期间，集中精力和时间对各县市区开展轮番督察，对全市10个县级生活垃圾填埋场督察40余次，梳理城乡生活垃圾治理方面各类问题59个，下发整改通知（通报）30余份，督促各县市区投入资金2500余万元，清理城乡生活垃圾1万余吨。初步整治非正规生活垃圾填埋场（点）200余处。同时，重点对县级填埋场安全运营管理方面的督察工作，督促全市县级填埋场切实开展库区雨污分流、科学分区填埋、导排气管安装、渗滤液处理等重点工作，共消化库存渗滤液1.4万余吨，提升渗滤液处理能力200余吨/日。

【城市生活垃圾填埋场安全运行情况摸排整治】 2017年，市城管局组织专业人员分别对全市的10座城市生活垃圾填埋场安全运行情况进行了督察督办，对存在的问题建立台账，限定整改时限。通过市上督办、各县市区政府及有关部门的强有力整改措施，全市现运行的9座生活垃圾填埋场的日常管理、填埋作业更加规范，渗滤液处理能力进一步提升，填埋场的安全运行得到有效控制。

【非正规生活垃圾填埋场整治工作启动】 2017年，绵阳市根据《绵阳市存量生活垃圾治理规划》，存量生活垃圾点有258处，其中1万吨以上的有46处，且个别县市区的大部分填埋场仍在使用。各县市区结合《绵阳市存量生活垃圾治理规划》，按不同类别进行应急处理，采取关停、简易覆土绿化、编制项目可行性研究报告及治理方案等措施，对非正规填埋场进行有效整治。

【环保民生项目建设】 2017年，绵阳市牵头省级民生项目建设任务是21个试点镇和120个行政村生活垃圾无害化处理，重点解决重点乡镇垃圾处理问题。通过市、县财政投入，完成三台县芦溪镇、游仙区魏城镇、石马镇、梓潼县许州镇、涪城区丰谷镇等乡镇生活垃圾压缩转运站或收集站项目建设，实现生活垃圾无害化处理目标；争取资金，优先保障民生项目建设资金需求，对争取到位的债券资金进行合理分配，对民生项目实现资金全覆盖；加强项目建设督促指导，严格按照时间节点推进工作落实。截至12月31日，120个行政村完成率为100%，21个试点镇完成率为100%。

【城乡环境综合治理工作考评】 2017年，全市市城乡环境综合治理办坚持季度考评（4次），常态化管理，确保了城乡环境基本卫生秩序保持良好，对反弹问题情况及时通报，下发通报文件10余件。逗硬年终考核，2017年各县市区城乡环境综合治理考核结果如下：安州区、江油市、游仙区、涪城区、经开区、高新区、科创区、梓潼县、平武县等9个县市区城乡环境综合治理工作目标分值1.5分，实际得分1.5分；仙海区工作目标分值5分，实际得分5分。盐亭县、三台县、北川县工作目标分值1.5分，实际分别得分1.4分。其中对三台县和北川县年终考核进行扣分。 （张连梅）

城乡环境集中整治

【概况】 2017年，绵阳市首部地方实体法规《绵阳市城市市容和环境卫生管理条例》正式实施。围绕农贸市场、主要干道、车站广场、繁华商业区等重点区域和重要节点，对辖区跨门经营、流动摊贩等问题的整治。完成建设绵阳科技城第13次部际协调小组会议、第五届中国（绵阳）科技城国际科技博览会、2017中国（四川）电子商务发展峰会、全国文明城市建设等系列活动市容保障工作任务，全年累计出动执法队员165600余人次，开展各类专项整治60余次，纠正及查处各类违法、违规行为255800余次，城市市容秩序得到持续有效改善。

【城乡违建查处】 2017年，全市为贯彻落实《中共中央国务院关于进一步加强城市规划建设管理工作的若干意见》提出的“用5年左右时间，全面清查并处理建成区违法建设，坚决遏制新增违法建设”要求和《四川省住房和城乡建设厅关于引发城市建成区违法建设专项治理工作行动方案的通知》文件精神，全市在违建整治三年行动的基础上，调整组织领导、制订工作方案、分解目标任务、完善考核制度，按照坚决遏制新增、逐步消化存量的工作原则，开展城市建成区违法建设专项治理工作，全年整治违法建设551宗，面积10.2万余平方米，罚没款140余万元。重点拆除群众反映强烈的20余宗小区违法建设和影响市重点工程“虹云桥”建设的违法建设，超额完成省住建厅下达的2017年查处城市建成区违法建设累计比例不低于违法建设底数50%的工作目标。

【《绵阳市城市市容和环境卫生管理条例》出台实施】 2016年3月，《绵阳市城市市容和环境卫生管理条例》（简称《条例》）经市人大常委会正式立项，明确由市城管执法局为文本草案起草单位，5月上旬完成《条例（草案）》初稿，随后广泛征求各县市区（园区）、市级部门、相关行业协会和社会公众意见，并通过征求公众意见、委托法学专家论证、举行听证以及召开立法协商会议等方式，完善《条例》文本草案。9月29日，《条例》经绵阳市第六届人民代表大会常务委员会第43次会议审议通过；11月30日，四川省第十二届人民代表大会常务委员会第29次会议批准；2017年3月1日《条例》正式实施。《条例》分总则、市容和环境卫生责任区制度、市容管理、环境卫生管理、执法保障和监督、附则共六章七十条。 （张连梅）

交通秩序整治

【概况】 2017年，全市公安交警部门以事故预防为核心，围绕货车超限超载治理、道路隐患排查治理、公路护栏建设、农村交通安全管理等基础性工作，积极开展源头治理和事故预防专项行动，推进“三个不发生”创建活动。全年规范23处高速公路收费站货车出入站口管控，查处货车超限超载450起，非法改装2207起；100%完成农村公路安保工程建设任务共707.81千米（其中县乡道491.89千米，通行客车的村道215.92千米）；加强桥梁、隧道、涵洞、边坡、沿江沿河、临水临崖路段的巡查，共排查上报各类隐患1220处，督促完成8座国省干线桥梁和隧道养护维修和281座桥梁、13座隧道的定检工作；全市所有乡镇均建立“交管办”，2826个行政村建立农村劝导站，落实劝导员5113名，共采集农村驾驶人信息61307条、车辆信息98271条、道路信息11975条32000多千米，劝阻农村交通违法3.5万余起。

【道路交通秩序集中整治】 2017年，公安交警部门开展春运交通安保、重点交通违法专项整治、事故预防专项行动等10余次专项集中整治，严查交通违法，严打交通肇事犯罪。全市查处各类交通违法144.8万起，其中现场查处54万起、非现场查处90.8万起；全市查获醉酒驾驶236起、酒后驾驶7471起，实施各类行政强制措施2.4万起，吊销机动车驾驶证545本、暂扣机动车驾驶证4539本、行政拘留299人。绵阳城区共受理交通肇事及危险驾驶刑事案件121件，立刑事案件121件，刑事拘留7人，逮捕2人，取保候审119人，起诉108人。 （秦雪凌）

市场秩序整治

【概况】 2017年，市工商局贯彻落实省政府《关于印发土壤污染防治行动计划四川省工作方案》以及省工商局等六部门《关于加强农资市场监管与执法的通知》，全市工商系统积极采取措施，强化监管，维护农资市场正常秩序。对成品油、煤炭市场质量的监管，加大对车用燃油、煤炭等商品的抽检力度。对机动车市场的监管执法，销售“三无”及假冒伪劣机动车配件等行为。全市系统出动执法人员7600人次，出动执法车辆1320余辆次，检查市场280个次，查处取缔无照经营840余件。

【农资商品质量监测】 2017年，全市（省工商局抽检）在流通领域共抽检化肥、农膜等商品170个批次，其中化肥不合格22个批次、农膜不合格2个批次，对不合格产品进行立案查处。查处打击商标侵权、傍名牌等违法行为，保护农资商品的知识产权；监管农资广告，严厉打击制作发布虚假违法农资广告违法行为；查处农资大要案件的，依法从严查处假冒伪劣农资案件，切实保护农民的合法权益。全市查处农资违法案84件。

【成品油与煤炭市场监管】 2017年，市工商局全面贯彻落实《大气污染法》，按照绵阳市政府办公室《关于印发绵阳市大气污染防治行动计划实施方案2017年度实施计划的通知》，市工商局、市环保局、市质监局联合印发《关于印发加强煤炭质量监管工作方案》的通知，市工商局、市经信委、市环保局、市质监局、市安监局联合下发了《关于印发加强成品油质量监管工作方案的通知》，对成品油、煤炭市场质量的监管，加大对车用燃油、煤炭等商品的抽检力度。全市（省工商局抽检）共抽检车用燃油商品100个批次，其中：5个批次不合格，立案进行查处；全市抽检煤炭商品5个批次，商品煤的全硫含量应≤3%，抽检样品全部满足要求。

【机动车市场整治】 2017年，市工商局、市经信委、市公安局、市交通局、市工商局、市质监局五个部门联合印发《关于开展绵阳市货车非法改装专项整治行动的通知》，以“防事故、保安全、促畅通”为核心进行专项部署。印制发放宣传单（贴纸）5000余份，与辖区机动车销售、维修企业签订机动车辆企业（经营户）守法经营承诺书、机动车商品质量承诺书，全市签订承诺书1128份，签订覆盖面达到100%。加强对辖区汽车销售及维修企业的日常检查，做好定期检查记录；加强部门配合，系统共开展联合检查8次。重点检查机动车配件经销点及维修业（户）证照是否齐全，机动车配件的进货渠道、质量合格证明及商品包装标识是否正规，是否销售“三无”及假冒伪劣机动车配件等行为。检查经营者在更换机动车配件中是否存在以假充真、以次充好、以旧充新等问题，严禁经营者违规使用报废机动车零配件。全系统共出动执法人员950余人次，出动车辆400余台次。检查汽车销售企业376户，汽车维修企业757户，改装车企业3户，客车销售企业6户，立案件查处货车改拼装案1件。

【旅游市场监管】 2017年，市工商局在旅游市场监管中，规范旅游合同的签约行为，全面推行旅游合同示范文本，加强旅游广告的监管，严查发布虚假违法广告行为，坚决打击销售假冒伪劣旅游商品、欺诈和诱骗游客购物消费的行为。全市系统出动执法人员600余人次，检查经营户1200余户，检查景区60余个，推进“12315”进景区工作，及时处理、化解旅游消费纠纷。

【集贸市场秩序综合整治专项行动】 2017年，市工商局围绕《全国文明城市测评体系》《全国未成年人思想道德建设工作测评体系》指标任务分工。全市系统出动执法人员7600人次，出动执法车辆1320余台次，检查市场280个次，查处取缔无照经营840余件，清理市场内的乱摆摊点8620余户次，整顿、规范不亮照经营500余户，清理、规范各类违规广告2300多幅，经过集中整治，全市的市场环境得到了明显改善。监测查处电视购物广告、医疗、药品、互联网手机非法“性药品”广告和性病治疗广告行为。共出动执法人员2300余人次，执法车辆290余辆次，检查经营广告企业和个体户2600余户，拆除违规户外广告230幅。

文化秩序集中整治

【概况】 2017年，市文化执法部门在全市范围内开展网吧市场专项整治行动，网吧市场经营秩序得到有效规范。版权执法案件数量、质量大幅提升，全市查处5起典型侵权盗版违法案件，侵权盗版违法行为得到有效遏制。加强电影院线日常管理，查处影院超时播放广告案1件，有效地规范广电市场秩序。加强艺术考级市场监管，全年备案管理艺术考级活动单位7家、备案管理艺术考级活动13次，参加考级人数11091人。全年查办各类文广新案件58件、行政罚款金额29.3万元。绵阳市文化市场综合执法支队被文化部表扬为2016—2017年度全国文化市场重大案件办案单位。

【网吧市场整治】 2017年，全市文化市场综合执法机构强化网吧市场监管，利用市场机制改造和提升现有网吧产业，营造未成年人健康成长环境。开展安全隐患“大排查大整治”、网吧市场专项整治、暑期网吧市场专项整治等专项行动，采取定期巡查和突击检查、错时检查和顺时检查相结合的方式，统一管理标准，明确严管重罚要求，提高违法经营成本的管理措施，网吧市场经营秩序得到有效规范。

【版权市场整治】 2017年，全市文化市场综合执法机构相继查处涪城区博学书屋销售侵权盗版图书《公路工程管理与实务复习题集》案；北川中学教师曾福林向学生销售侵权盗版《现代汉语词典》《古汉语常用词典》案；绵阳城区华蕾彩印盗版《施工员专业基础知识》《施工员考试大纲习题集》案；安州区辽宁大道，科创区新庙社区流动商贩销售侵权盗版音像制品案等一批典型的侵权盗版违法案件，市内侵权盗版违法行为得到有效遏制。

【广电市场整治】 2017年，市文广新局、市公安局、市经信委等部门对“黑广播”开展联合执法，查获发射机、发射天线、馈线等非法设备7余套。加强广播电视台管理，查处广播电台发布虚假广告案1件。加强电影院线日常监管，建立“一户一档”资料，开展影院专项检查，查处影院超时播放广告案1件。

【娱乐市场整治】 2017年，市文化市场综合执法机构与环保、城市管理、工商、公安等部门建立联合执法协作机制，对全市娱乐场所及酒吧噪音扰民进行排查和治理，取得良好效果。加强娱乐场所消防安全检查，督促存在消防安全隐患的场所及时整改。全年查处歌舞娱乐场所违规经营2家，下发整改通知12家，现场取缔1家，收缴违法经营电子游戏机4台、电脑主板12张。

（邓　洁）

北川巴拿恰

北川县：县城四迁　涅槃重生

北川，中国唯一的羌族自治县,建县一千多年，治所数易其址。北川自北周天和元年（564）建县，先后以青石、禹里、曲山为治所。2008年汶川特大地震，曲山受到毁灭性破坏。经国务院批准，在原安县安昌以东两公里处重建县城，命名永昌。永昌由此成为北川的第四个县治地。据旧志记载，北周天和元年（564年）建北川县时，治所位于“县西三十里”。这里的“县”，指清代石泉县治禹里。初设北川县时，属茂州管辖，北川县治设在禹里以“西三十里”的青石。唐贞观八年（634年），析北川之地，在禹里置石泉县，唐永徽二年（651年），北川县并入贞观年间析置的石泉县。北川县并入石泉县，禹里仍为县治。北宋末年，宋王朝为加强禹里的军事地位，防止茂县和北川羌人南下成都平原，政和七年（1117年）在禹里设置石泉军。石泉军管辖石泉、龙安、神泉三县，大致包括北川关内地区和安县境域。石泉军的治地也一直设在禹里。直到南宋末年，禹里时常遭到羌人的袭击，而蒙古军南下之势又咄咄逼人，才于宝祐三年（1255年）迁石泉军至今永安镇。1952年，曲山至安县的公路动工修建，给改变北川的交通状况带来希望，而进出禹里仍要走数十里的崎岖山路，极为不便。禹里作为县治地，随着人口增加、物资缺乏、交通不便，县委便决定将县城从禹里临时迁至曲山。2008年5月12日，突如其来的汶川特大地震，将北川县城彻底摧毁。曲山作为北川县城的时间共56年。汶川特大地震发生后，北川县城是整个灾区唯一需异地选址重建的县城，原县城已不宜居住。通过专家工作组从人与自然和谐发展、经济社会长期可持续发展的目标出发，提出新县城选址的前提与原则，最后确定在安县黄土镇红旗村等6个村作为北川县城新址。2008年12月，中共中央总书记、国家主席胡锦涛在四川慰问灾区群众时，为新县城取名为“永昌”，意为永远繁荣昌盛。2009年5月，新县城正式开工建设。2011年2月1日，北川新县城永昌镇隆重举行“开启永昌之城，点燃幸福之火”为主题的开城仪式，新县城从此诞生。

民生工程

【概况】 2017年，全市实施省、市级民生工程139个小项，其中省级民生工程（20件民生实事）十大类95个小项；市级民生工程十大类44个小项。截至年底，全市的省、市级民生工程项目全面完成，省、市级民生工程投入财政资金80.56亿元，完成计划的100.94%。其中，省级十项民生工程与20件民生实事投入财政资金63.34亿元，完成计划的101.34%；市级民生工程投入财政资金17.22亿元，完成计划的99.42%（部分工程建设项目保留质保金）。6月、12月全省民生工程专项督查中，省政府督查组对绵阳市民生工作成效给予肯定；省政府办公厅通报表扬绵阳市民生工作。

【生态环境工程】 2017年，全市管护国有林30.64万公顷，巩固退耕还林成果4.12万公顷，补偿集体和个人所有公益林22.52万公顷。天然林保护及退耕还林补偿集体和个人所有公益林22.52万公顷。乡镇（街道）环境执法能力建设监管平台正式投入使用。全市秸秆禁烧覆盖率100%。

【教育助学工程】 2017年，全市建设市辖区范围内义务教育学校11所，免除387212名义务教育阶段学生学杂费，免费提供教科书和作业本。中职学校招生22800人。免去除艺术类相关表演专业外的中职学生36657人学费，为普通高中家庭经济困难学生32967人发放国家助学金，免除非民族自治地区普通高中家庭经济困难学生23691人学费。全市75350人农村义务教育学生享受营养改善计划，为187678人农村义务教育学生提供免费午餐。减免3200人民族待遇县在园幼儿保教费。资助地方普通高校学生7600人，国家奖学金资助地方普通高校优秀学生700人。金秋助学5528人，资助家庭困难职工子女上学2377人，资助贫困学生110人，资助业余训练贫困学生运动员140人。向“三区”人才计划支持计划教师101人。打造市级示范或特色学校少年宫17所，建设“留守学生之家”项目化运行160个。减免13444人非民族地区家庭经济困难在园幼儿保教费，向73423人困难寄宿学生发放生活补助，向9203人中职学校困难学生发放生活补助。资助建档立卡贫困家庭2016年及以后新入学的本科专科学生1048人，资助建档立卡贫困家庭中职学生613人。

▲“三区”：指边远贫苦地区、边疆民族地区、革命老区。

【就业促进工程】 2017年，全市城镇新增就业58232人，城镇失业人员再就业12216人，城乡残疾人居家灵活就业49444人，城镇登记失业率3.70%。就业困难人员再就业4839人，下岗人员再就业5209人。高校毕业生就业率87.80%，2014级藏族地区“9+3”毕业生初次就业率100%。劳务品牌培训2545人，青年劳动者技能培训17491人，实施青年创新创业培训2000人，农民工技能培训2850人次。提供青年创业贴息小额专项贷款1200万元，向创业的在校大学生和毕业五年内高校毕业生给予创业补贴、创业担保贷款等政策扶持。

▲藏族地区“9+3”：即四川省近年组织藏族地区初中毕业生（9年义务教育）和未升学的高中毕业生到帮扶地区免费接受3年中等职业教育。

【社会保障工程】 2017年，绵阳市城市居民最低生活保障标准调整为460元/月。农村居民最低生活保障标准调整为275元/月，全面实现低保线和贫困线“二线合一”。向持有第二代“残疾人证”的低保对象发放困难残疾人生活补贴每人70元/月。建设县级残疾人托养中心1个。完成城乡居民医疗保险整合，完成7个县市区被征地农民社保欠费清欠任务。新增民办公办养老机构床位2000张，维修改造公办养老机构床位2050张，建设城乡日间照料中心308个，为10.395万名困难家庭中的失能老人和80岁以上高龄老人提供居家养老服务。城乡居民参保率97.27%，参保居民住院政策范围内医疗费用报销比例75%。向58883名重度残疾人发放护理补贴，为470户残疾人家庭实施无障碍改造。新增社会保障卡持卡26.05万人。完成智慧人社II期项目建设。青少年权益维护基地运行107场。招募省级西部计划志愿者36名。代缴贫困人员基本医疗个人缴费186642人。完成全额报销贫困人口县域内政策范围内住院费用。

【医疗卫生工程】 2017年，全市建设公共医疗机构5所，完成市级卫生信息平台1期建设。城乡居民健康档案规范化电子建档率96.54%，自愿免费婚前医学检查率98.88%，免费孕前优生检查覆盖率122.72%。抽检大宗食品样品878批次，食品、药品、化妆品监督抽样检测4035批次、快速检测6780批次。向符合条件的退出乡村医生发放生活补助率100%。免费对贫困人口2.5863万人进行健康体验。全面取消公立医院药品加成4975.15万元。加大重大传染病和地方病防治6510人。

【百姓安居工程】 2017年，绵阳市91路公交车延伸至安州区花荄镇；6月，游仙区所有乡镇实现公交线路全覆盖。实施农村危房改造2454户。改造城镇危旧房棚户区5237户，发放城镇居民租赁住房补贴2152户。建成省级安全社区5个、市级安全社区19个。治理地质灾害2处、隐患点5处。市财政补贴老幼军残免费乘坐公交车1200万元、补贴公交运营1000万元。治理老旧小区295个。

【民生基础设施工程】 2017年，全市县乡道改造150.31千米，村道改造390.52千米。国省干线公路路面使用性能指数达83%，建成渡改公路桥2座。解决脱贫人员29263人饮水安全。武引二期灌区工程完成投资6.49亿元。实施城乡垃圾、污水集中整治建设行动计划21个乡镇、无害化处理120个村。完成“幸福美丽绵阳”三期工程项目33个，完成市政基础设施重点工程项目建设14个。绵阳市生活垃圾焚烧发电PPP项目完成投资1.2亿元，完成城区餐厨垃圾综合处理工程。新建公厕15座，改造提升30座，新购果屑箱1000个。

（姜　涛）

脱贫攻坚

【概况】 2017年，绵阳市制定出台《全面决战决胜脱贫攻坚46条硬措施》《脱贫攻坚领导小组成员单位牵头负责事项》《脱贫攻坚工作考核办法》等系列政策文件，实行“清单制+责任制+督考制”，推动脱贫攻坚任务落实。全年投入产业扶贫资金2.12亿元，新建改建产业基地1.67万公顷，带动1.77万贫困人口脱贫；培训贫困劳动力4157人，实现贫困劳动力就业4.4万人，公益性岗位托底安置2160人。全年完成2263人易地扶贫搬迁住房建设任务；建档立卡贫困户危房改造竣工4654户、完成计划的135.8%。农村最低生活保障标准提高到3300元/年；安排资金3105万元资助贫困学生，2.2万人次受益；贫困患者县域内住院和慢性病门诊维持治疗个人支付控制在5.34%。全年建成县乡道路371千米、村道1168千米，改造提升307个贫困村农村电网，解决2.9万贫困人口安全饮水保障问题。全年实现31866名贫困人口脱贫、占省下达减贫计划的101.1%；176个贫困村退出、占省下达减贫计划的100%；北川通过省级实地验收。

【社会帮扶扶贫】 2017年，全市调动社会资源和力量，社会帮扶脱贫取得突破。在“五个一”帮扶基础上，落实每个贫困村1个家庭医生服务团队，实现“六个一”帮扶。市县统筹对20户以上贫困户的188个非贫困村全面开展“三个一”帮扶。率先在20户以下贫困户的非贫困村开展“两结对两帮扶”，434个村与周边454个贫困村结对，7714户与12184户贫困户结对，加快补齐插花贫困帮扶短板。开展“中国社会扶贫网”试点，用户人数突破16万人，对接贫困需求3.2万余件、位居全省前列，全省现场推广会在绵阳召开。开展“扶贫日”系列活动，募集捐款（物资折价）0.8亿元，是2016年的3.6倍。评选全市首批30名“脱贫达人”，1人获省首批脱贫攻坚奖。绵阳社会组织扶贫和“互联网+精准扶贫会计代理记账”试点两项工作得到国务院副总理汪洋肯定性批示。

【“百企帮百村”精准扶贫行动】 2017年，全市开展以产业、公益、教育、医疗、就业等为重点的“百企帮百村”精准扶贫行动，形成政府、市场、企业互为支撑，专项扶贫、企业扶贫、社会扶贫三位一体的大扶贫格局。截至8月底，全市贫困人口达到减贫标准31980人，占年度目标任务的97%，175个计划退出贫困村880项“五有”指标845项指标达到标准，占所有指标项的96%。全年有599家企业（商会）与467个贫困村结成帮扶对子，企业投入资金5.3亿元，实施扶贫攻坚项目603个，10万名余贫困人口受益。2017年，绵阳市境内的梓州农业科技公司、平武康昕生态农业科技公司等2家民营企业被授予金融支持“万企帮万村”精准扶贫行动试点企业。

【脱贫长效机制建立】 2017年，全市先后3次开展建档立卡贫困人口动态调整，“错评漏评”“未整户识别”“自主移民识别”等问题得到解决。坚持防止返贫与继续攻坚并重，对照2016年脱贫标准，对2014—2016年已脱贫的15万贫困人

资料链接： 2015年的10月17日，全国工商联、国务院扶贫办、中国光彩会就正式发起“万企帮万村”。该行动以民营企业为帮扶方，以建档立卡的贫困村、贫困户为帮扶对象，以签约结对、村企共建为主要形式，力争用3到5年时间，动员全国1万家以上民营企业参与，帮助1万个以上贫困村加快脱贫进程，为促进非公有制经济健康发展和非公有制经济人士健康成长，打好扶贫攻坚战、全面建成小康社会贡献力量。“百企帮百村”是“万企帮万村”在基层的具体落实形式。

口逐一开展“回头看”，并将1463人次脱贫不稳定对象纳入帮扶计划，逐户开展“回头帮”，确保已脱贫对象在攻坚期内保持政策不变、帮扶力度不减。建立总规模4.5亿元的“四项扶贫基金”，救助、扶持贫困人口达19.1万人次。推进扶贫小额信贷工作，全市2.5万户贫困户获得支持，扶贫小额信贷余额达6.3亿元。创新开展“扶贫保”工作，累计为8.48万户贫困家庭提供42.4亿元的风险保障。

【扶贫督导问责机制建设】 2017年，全市出台《全面决战决胜脱贫攻坚46条硬措施》，完善全市脱贫攻坚体系，明确8个层面、14类主体、54项具体责任，并对“脱贫弄虚作假”等9类、26种情形严肃问责，压紧压实责任。市县联动开展3轮脱贫攻坚全覆盖调研督导，组织开展2次扶贫《条例》执法检查、3次综合暗访督查。针对省市考核、督导检查发现的440个问题，分县、分类建立台账，限时完成整改407个、正在整改33个。全年优化考核方案，统筹运用省级考核结果，减轻基层迎检负担，迎接省直定点扶贫部门交叉考核和县际交叉考核。强化执纪问责，扶贫领域立案58件，结案31件，处分38人，问责处理工作不落实的乡镇党委书记3名、党员干部10人。市委、市政府对31个脱贫攻坚先进县乡村、40个帮扶先进单位、108名驻村帮扶优秀干部给予通报表扬，树立起“奖优罚劣”的鲜明导向。

【扶贫解困工程】 2017年，全市扶持31866人农村扶贫对象脱贫。法律援助54005万人次，法律援助案件5010件，法律援助事项43985件，新建乡镇（街道）规范化法律援助工作站29个。确认计划生育奖励扶助对象145067人，特别扶助对象8443人。救助困难职工7120人，应急救助城乡特殊困难群众6805人次。扶持8914人农村贫困残疾人发展生产，为9412人贫困残疾人适配亟须的基本辅助器具，对600例贫困白内障患者实施复明手术，救助323名贫困家庭脑瘫儿童和61人贫困家庭听力残疾儿童，符合医疗救助条件的重点救助对象经各类医疗保险报销后的政策范围内住院自付费用在年度救助限额内救助比例达75%。为边远贫困地区和民族地区农村教师建设周转房27套。对贫困家庭发展产业给予小额信贷分险基金7个和贫困村产业扶持基金520个。（梁晓芳）

对口帮扶

【概况】 2017年，绵阳市根据省委、省政府决策部署，绵阳市对口帮扶阿坝藏族羌族自治州的红原、壤塘两县，凉山彝族自治州昭觉、布拖两县。市委、市政府成立了对口帮扶领导小组，组织领导对口帮扶各项工作。由市政协牵头、相关各部门及高校的对口援藏工作组，负责对口帮扶红原、壤塘；江油市和涪城区对口帮扶凉山彝族自治州的布拖县和昭觉县。8月22日、12月18日，市委副书记、市长刘超率相关人员到阿坝和凉山两州检查调研对口帮扶情况，并与阿坝、凉山两州政府召开座谈会，交流商定有关帮扶事宜。

【对口援助红原和壤塘工作】 2017年，全市按时足额拨付对口援藏族地区资金5382万元到红原、壤塘两个对口帮扶县。结合受援县实际，编制《绵阳对口援建红原、壤塘2017—2021五年规划》。加大产业帮扶力度，打造藏族地区特色电商平台，利用购食汇、食哈哈等绵阳本土电商平台，销售藏族地区特色农牧乳肉产品。加强智力支持帮扶，促成绵阳10余家企业到藏族地区招聘用工，成功帮助当地48名藏族地区群众实现外出就业和就地就业。开展干部人才“双向挂职”交流活动，协调31名藏族地区干部安排到各市级部门和县市区顶岗锻炼。同时，加大绵阳对口援藏族地区工作宣传力度，在《四川日报》上刊载绵阳援建信息3篇，省委统战部援藏专报采用绵阳宣传信息2条。动员绵阳社会各界人士参与到受援县脱贫攻坚工作中，为两个藏族县争取各类社会无偿帮扶资金478万元，物资折款78万余元，争取规划外产业发展项目2个，总投资1600万元。

【涪城区对口帮扶昭觉县】 2016年8月21日，全省对口帮扶藏区彝区贫困县工作会议后，涪城区对口帮扶昭觉县工作正式启动。涪城区委总揽全局、协调各方，四套班子主要负责人与联系分管负责人累计前往昭觉开展帮扶工作28人次，区委区政府先后10次召开常委会、专题会研究对口帮扶工作，将对口帮扶工作纳入全区目标考核体系，协商制定帮扶计划、规划和其他一揽子方案，主动将帮扶资金比例提高到上年地方公共财政预算收入的0.5%以上。2017年，涪城区到位财政性资金1300万元，实施重点帮扶项目6大类37项。落实定项目、定目标、定责任的“三定”工作机制，探索实

图130 8月22日，绵阳—阿坝对口帮扶工作座谈会在马尔康召开

施“1+1+1”帮扶模式。区级部门和乡镇参与，全年组织68批次810人次赴昭觉开展结对帮扶。区内32个单位对口联系昭觉县24个深度贫困村，确保每个村有1个以上帮扶单位、1家帮村企业和1名以上援彝干部人才。援昭干部人才达到94人。广泛动员社会力量参与。精心组织实施“以购代捐”“爱心募捐”等活动，全区共认购昭觉县农副产品价值220余万元，捐助善款190余万元，捐物价值810余万元，直接帮助贫困家庭800余户、贫困学生130余名。

产业扶贫方面：协助建成半细毛羊示范牧场66.67公顷、核桃栽培和嫁接示范基地200公顷，帮助有机苦荞、马铃薯成功争创“三品一标”农产品，推进羊肚菌、重楼、续断、草莓和高山蔬菜种植，带动建成有机种植示范区800余公顷。推动规划建设总投资1亿元的涪昭现代商贸物流园区，串联发展种养、物流、商贸等全产业链。

教育、医疗帮扶方面：建立双向交流培训机制，累计培训昭觉本地教师、医护人才2000余人次，努力培养一支带不走的人才队伍。积极搭建起远程教育平台，在昭觉49所乡村学校实现网络课堂同步教学。在全省率先开展彝族学生异地培养，并从义务教育扩大到职业教育，累计培养学生131名。实施医疗卫生机构规范化建设、科室共建等重点工程，帮助建设骨科、妇产科等昭觉急需专科4个，指导帮助昭觉县医院创建三级乙等综合医院，全力打造凉山东五县区域医疗中心。指导帮助昭觉中彝医院实现从闭门无业到开门问诊的重大突破，全年就医就诊近5千人次，实现营业收入近500万元。开展巡诊义诊暨禁毒防艾健康知识宣讲活动38场次，惠及群众5400余人次。

实施“党旗飘扬、党音传递、党建引领、党员先锋”四大行动，投入11.3万元，帮助完成9个村级党建活动阵地建设，规范基层组织运行，提升基层党建水平。区内32个单位党组织与24个深度贫困村党组织建立支部联建关系，推动实现组织联建、党员联管、活动联办。探索实施积分管理，推行党员先锋指数评价，最大限度激发党员正能量，引导贫困村党员在发展产业、环境治理、遵纪守法、移风易俗等方面发挥率带作用。探索“村支两委+驻村第一书记+家支”治理模式，倡导“衣服挂起来、脸盆架起来、板凳坐起来、标兵树起来”，将慰问品变奖品，通过以奖代补推动“四好”创建，教育引导和激励彝族群众养成好习惯，形成好风气，培养致富带头人24名。

2017年，涪城区协助昭觉县完成26个贫困村、1120户、4000余名贫困群众通过省级验收，完成年度对口帮扶各项目标任务。涪城区对口帮扶工作多次得到省、市党政主要领导的充分肯定，先后两次作为省内45个对口帮扶县市区的唯一代表，在全省对口帮扶大会上做交流发言。

图131　江油援建布拖县的集中安置点和大棚蔬菜产业园

【江油市对口帮扶布拖县】　2017年，江油市践行“布拖所需、江油所能”承诺，选派52名工作人员，按5年帮扶资金“过亿”标准分批足额投入布拖脱贫奔小康。全年投资4800万元，在安全住房、产业就业、教育保障、医疗保障、基础设施、干部培训、移风易俗等方面安排项目34个。结合布拖县级部门联乡包村工作情况，全市26个部门（乡镇）负责人进村入户，与结对帮扶极贫村共商帮扶措施，制订结对帮扶方案，实施项目落地落实。前线指挥部13名干部成为江油26个单位定点帮扶布拖26个极度贫困村的联络员，全年26个帮扶单位确定的总投资770余万元的115个帮扶项目，完成75个，完成投资600余万元。全年完成2个村5个集中安置点228套安全住房帮扶资金投入1300万元。投资3400万元规划建设“布江蜀丰现代农业科技示范园”，建成智能温室5000平方米、气调库1400平方米以及电商培训大楼1900平方米。组织布拖县参加第五届中国（绵阳）科技城国际科技博览会，助力布拖提升开放合作水平。投入240万元为10个受扶村建设分布式光伏发电项目2处、集中式圈舍、牲畜交易市场和加工用房8处。建成“布江300亩附子标准化种植示范基地”，试种魔芋、半夏共5.33公顷，试养蜜蜂200箱，引导种养标准化、多元化。推动“以购代捐”，组织市级部门认购马铃薯26.5万千克、采购黑山猪240头。引进江油远林食品公司以每500克高于市场0.3元的价格在若普村收购附子88千克。组织建筑工匠、种养技术培训10期，培训870人次。全年交流互派298人次，培训布拖教师和幼儿辅导员354名，首批98名江油初高中“布拖班”和24名“幼教师资班”学生在江油接受教育，改造新建村幼儿园9所、安装“班班通”设备4套和远程视频互动教学设备，开展110名布拖小朋友参加的2017暑期精准关爱夏令营活动，向2017年考上大学的20名布拖贫困家庭学子发放助学金5.6万元。全年两地13家医疗卫生单位结成对子，培训医技人员241人次，完成6所卫生机构改造提升，组织4期江油医疗专家团队赴布拖开展义诊活动，诊治患者3500余人。深入开展“四好家庭”创建评选活动，先后在13个受扶村开展“四好家庭”评选表彰活动，向700余户“四好家庭”示范户奖励价值40余万元的电视机等生活用品。

【绵阳市对口帮扶壤塘县就业扶贫专场招聘会在壤塘举行】 2017年7月26日，绵阳市为贯彻落实省、市精准扶贫的工作部署和《绵阿劳务扶贫协作框架协议》，帮助农村有就业能力和就业愿望的贫困人口通过就业实现脱贫。中共壤塘县委、县人民政府、绵阳市人社局、阿坝州就业局主办，绵阳市援建壤塘前线工作指挥部、绵阳市就业局、壤塘县人社局、壤塘县公共就业和人才交流服务局承办的2017年绵阳市对口帮扶壤塘县就业扶贫专场招聘会在壤塘县人民政府广场举行。此次招聘会以“促进转移就业，助力脱贫攻坚”为主题，以建档立卡贫困人员、有就业意愿大中专毕业生、“9+3”毕业生、牧区无业青年、农村富余劳动力等为主要服务对象。为此，绵阳市就业局和阿坝州就业局有针对性地组织州内外39家企业参会，其中绵阳长虹器件、绵阳普思、绵阳美家净家政服务有限公司、四川风帆企业服务有限公司、四川思迈科技有限公司等16家企业参会。提供操作工、检验员、装调工、水电工、保洁员、快递分拣员等1266个岗位供求职选择。参会企业普遍降低入职门槛，所提供的岗位均是文化程度要求不高、技能水平要求不强、年龄结构要求宽松、待遇水平相对较高且提供食宿等优惠条件，受到众多求职者的青睐。现场发放《绵阳市就业扶贫用工信息专刊》和各种就业宣传资料800余份。据初步统计，现场有500余名当地求职者参加，其中建档立卡贫困人员103人，达成用工意向登记352人次（绵阳企业登记197人次），其中现场签订用工协议21人。 （王　娄　谢小东）

社会保障

【概况】 2017年，全市调整城乡最低生活保障标准，惠及全市26万人。全市保障城市低保对象1075287人次，支出保障金30513.29万元；全市资助参加基本医疗保险241065人，支出救助金2936.11万元；全市特困人口24134人，其中农村特困人员20910人、城市特困人员3224人。

【城乡最低生活保障标准调整】 2017年7月25日，市政府市长刘超主持召开24次常务会议，审议并原则通过调整城乡最低生活保障标准有关事宜，自2017年1月1日起，全市城乡最低生活保障标准分别调整为460元/月、275元/月。此次提高城乡居民最低生活保障标准惠及全市26万余人。

【城乡低保发放】 2017年，全市保障城市低保对象1075287人次，支出保障金30513.29万元，月人均补助283.77元；保障农村低保对象1928455人次，支出保障金33013.47万元，累计月人均补助171.19元。城乡低保实现按户施保、按标补差、应补尽补、应保尽保、应退尽退。

【医疗救助】 2017年，全市资助参加基本医疗保险241065人，住院救助61928人次、门诊救助14780人次，分别支出救助金2936.11万元、8255.41万元、545.63万元。重点救助对象政策范围内住院自负费用经各类保险报销后在年度救助限额内的救助比例达76%。

【特困人员救助供养】 2017年，全市完成特困人员摸底排查和认定及生活自理能力评估，根据人数统一发放特困人员救助供养证书。全市农村特困人员20910人，支出救助供养金10357.1万元；全市城市特困人员3224人，支出救助供养金2617.79万元。

社会福利

【概况】 2017年，绵阳市被省民政厅确定为全省老龄工作大格局试点、农村养老服务体系建设试点、居家社区养老服务工作试点、养老服务人才队伍建设试点，结合四项试点工作，绵阳市印发《绵阳市全面构建老龄工作大格局试点工作实施方案》《2017年养老服务体系建设工作安排意见》《绵阳市农村养老服务体系建设实施方案》等文件，对全市养老服务工作进行科学布局。全年民办公办机构新增养老床位2000张，完成目标任务的100%；维修改造公办养老机构床位2050张，完成目标任务的100%；完成城乡社区日间照料中心314个，超额完成6个，完成率达102%；为103950名困难家庭失能老人和80岁以上高龄老人提供居家养老服务，完成目标任务的100%；按70元/人·月的标准向48002名持有第二代“残疾证”的低保对象发放困难残疾人生活补贴资金3631.61万元，完成目标任务的100%。全市实施慈善项目17个，募集资金256万余元，惠及困难群众3048人次。

【养老服务体系建设资金拨付】 2017年，全市养老服务体系建设资金总需求14763.5万元，其中省级足额配套5869.975万元、市级对非扩权县足额配套837.75万元、县区需配套8055.775万元。省级资金按目标任务补助标准配套下拨，市级配套资金已下拨。游仙、高新、科创、仙海、安州、江油足额配套；梓潼、三台两县全年均安排资金200余万元用于前期补差。

【困难残疾人生活补贴资金拨付】 2017年，全市按年初对报送的低保对象中的残疾人数量47036人统计预算，全年需配套资金约3951万元，省级按对扩权县40%，非扩权县30%的比例配套，需补助资金1521万元（省级配套1078万元），市级需足额配套59万元，县区需配套2371万元。省级补助资金1078万元已下拨，市级对非扩权县配套资金59万元下拨。截至11月底，全市发放困难残疾人生活补贴48002人，发放补贴资金3631.61万元。

【“12349”居家养老服务信息平台升级】 2017年，全市推动“互联网+老年人生活”行动，发挥“12349”居家养老服务信息平台在推进居家养老进程中的作用，针对不同地区、不同层次、不同群体、不同偏好的老年人对居家养老服务的不同需求，有针对性、菜单式地为老年人提供优质价廉、形式多样的居家养老服务。全年10.395万名困难老人的居家养老服务全部通过政府购买服务的方式由“12349”居家养老服务信息平台完成。“12349”居家养老信息服务平台加盟商达290家，总投入1800万元，实现产值3400万元。绵阳市“12349”居家养老服务信息平台被工信部、民政部和卫计委评定为“智慧健康养老服务示范企业”。

【养老机构管理】 2017年，全市城市养老机构达41家，其中民办26家、公办15家，新增养老机构3家，全市具有规模化、企业化的居家养老服务类社会组织达10家。全市民办养老机构发展加速，民办养老机构实力壮大。养老服务业项目总投资将超过13.54亿元。全市以养老院服务质量建设专项行动为契机，对253个养老机构进行运营管理、生活服务、医疗健康服务、社会工作服务、安全管理五个方面的调查摸底，对68家养老机构下发整改通知书，取缔2家无证经营的养老机构。争取省厅1699.17万元专项补助资金用于养老机构维修改造。从福彩公益金中支出20万元用于养老机构人员能力提升建设。2017年，市民政局下发《绵阳市民政局关于养老机构防范打击非法集资工作的通知》、《绵阳市民政局关于转发〈绵阳市打击和防范非法集资专项整治行动实施方案〉的通知》等文件，与全市民办养老机构签订《抵制非法集资承诺书》，对养老机构（项目）提前收取老人入住、护理等费用或者以“养老”为噱头的违法活动进行打击和预防。

【《绵阳市农村养老服务体系建设实施方案》编制】 2017年10月17日，绵阳市召开四川省绵阳市农村养老服务体系建设试点工作启动会，按照会议要求，全市建立市、县(区)、乡（镇、街道）三级工作领导机制、工作推进报告制度、资金管理及绩效考评制度，并对三个具有代表性的乡镇、村开展走访调研，发放调查问卷600份，与554名农村老人座谈，形成《绵阳市农村养老服务体系建设工作的调研报告》。10月起，经过意见征求、组织讨论、实地调研，《绵阳市农村养老服务体系建设实施方案》出台。

【“医养结合”探索】 2017年，全市调动社会资源，多种形式开展“医养结合”探索。医疗机构进驻养老机构开展服务。游仙民办养老机构万鸿颐养苑与游仙人民医院合作，在院内设立分支机构，经开区九九佳苑颐养苑引进民办养老机构雨辰医院开展医养结合工作；医疗结构投资建设养老机构。江油市老年病医院设立老年康复护理院，集中230张床位，开设老年痴呆病区和老年人家庭式病房，精心烹调老年人特色营养餐，提供亲情感动式服务；养老机构与医疗机构签订服务协议，医疗机构派驻医生定期到敬老院等养老机构坐诊、开通养老机构老人入院绿色通道、设立医务室等方式，方便老人就医。

【开展养老职业培训】 2017年，绵阳市与四川中医药高等专科学校签署战略合作协议，规范并加快培养养老服务业相关人才，开辟“校局合作”新局面。鼓励社会资本举办职业院校，设立养老服务专业，培育养老服务专业人才，全年培训养老机构负责人、养老机构护理员400余人。

【老龄事业创新】 2017年，绵阳市重新调整老龄工作委员会组成人员，市委副书记兼任老龄委主任，加强老龄工作的组织领导。与西南科技大学合作，编制《绵阳市“十三五”老龄事业发展和养老体系建设规划》，加强老年教育工作，逐步将老年教育向县、乡、村三级辐射。执行高龄津贴制度，为全市13万余名80周岁以上老人发放高龄津贴2547万元。组织参加中国（四川）老龄事业暨养老事业服务业国际博览会，搭建200余平方米的绵阳展馆，展示绵阳老龄工作新形象。 （李翔宇）

婚姻与家庭

【概况】 2017年，全市开展新中国成立以来的纸质婚姻登记历史数据的补录工作；举办“春风送岗位”大型招聘会，解决家庭妇女就业问题；举办关爱女性健康暨两癌筛查培训会、第二期“幸福使者·母亲课堂”骨干讲师培训班开班，增强女性健康知识。全市有10个县级婚姻登记机关，分别是涪城区、游仙区、安州区、江油市、盐亭县、三台县、梓潼县、北川羌族自治县、平武县、科学城民政局婚姻登记处。截至年

2017年绵阳各县市区居民结婚及离婚情况

表63　　　　单位：对

指标名称	结婚登记	离婚登记
涪城区	6093	3272
游仙区	3800	1735
安州区	3115	1200
江油市	6484	3546
三台县	9240	3463
盐亭县	3633	1390
梓潼县	2665	917
平武县	1010	391
北川羌族自治县	1700	630
科学城	320	111

底，全市婚姻登记机关办理登记结婚38060对，办理离婚登记16655对。

【“春风送岗位”大型招聘会】 2017年，市妇联为满足更多的妇女“离土不离乡、就业不离家”的愿望，热心参与，为城乡妇女搭建就业择业和企事业单位招聘用工的交流合作平台，3月6日开始，市妇联与人社局、扶贫移民局、总工会、残联、就业局等多家单位合作，在五一大厦、五一广场、人民公园等地开展多场市级“春风送岗位”大型招聘会。招聘会涉及多行业多岗位，覆盖一二三产业，近万名城乡求职者入场求职。

【关爱女性健康暨“两癌”筛查培训会】 2018年5月16日，绵阳市妇联系统关爱女性健康暨“两癌”筛查培训会在江油召开。来自全市各县市区妇联工作人员，部分乡镇街道和村社区妇联主席100余人参加培训。市妇幼邀请医务人员从妇纲主要指标、免费婚前医学检查、“两癌”预防及筛查、女性自我保健四个方面为与会人员做详细讲解。培训受到与会人员好评。大家对做好“两癌”筛查、救助工作充满信心，同时更加意识到推进“女性安康保障计划”的重要性和责任感。

【第二期“幸福使者·母亲课堂”骨干讲师培训班开班】 2017年11月6日，市妇联主办、市家庭教育会承办的绵阳市妇联第二期“幸福使者·母亲课堂”骨干讲师培训班开班。本期培训涵盖家庭教育指导师必备能力、儿童早期家庭教育的常见误区及指导、儿童权利保护、心理危机干预、家长学校操作实务以及学员实操演练等内容。来自全市幼儿园、小学、中学和社区家长学校负责人、基层妇联干部、社会组织家庭教育工作骨干和巾帼志愿者等共计154人参加。

【王晓红家庭获省文明家庭】 王晓红家庭居住在绵阳市盐亭县云溪镇新西街60号，王晓红丈夫蒋光春1996年被确诊为“脊髓空洞症”，为治好丈夫的病，她背上简单的行囊，带上患病的丈夫，上北京治疗。经过几次手术治疗病情得到控制，但落下下肢瘫痪的病根。丈夫蒋光春心里千百次的怨恨自己，怨恨这个家拖累王晓红。面对丈夫王晓红却说：“只要能每天看着你，能守在你身边，我就很开心了。”2017年12月，王晓红家庭获第一届四川省文明家庭。

【肖荣隆家庭获省文明家庭】 肖荣隆家庭居住在绵阳市三台县黎曙镇土城村六组。肖荣隆家庭相敬如宾，与邻里和睦相处，尊老爱幼，团结互助。肖荣隆夫妇经常义务帮助村民组建广场舞队，为农村留守老人一次次化解束手无策的生活琐事，在当地镇村社干部群众中都有目共睹，交口称赞。夫妇两把疯瘫岳母接到家中照顾，直至归终，妻子家嫂嫂萧晓玲，患尿毒症，夫妇两又把她接待到家里无微不至地照料，四处求医问药。2017年12月，肖荣隆家庭获第一届四川省文明家庭。

【罗艳家庭获省文明家庭】 罗艳家庭居住在绵阳市涪城区绵兴路东段70号。罗艳是国网绵阳供电公司物资供应中心的员工，在丈夫因工致残左臂高位截肢，右手功能性障碍的情况下，她不向命运低头，不向困难屈服，靠着一股子倔劲，撑起整个家庭。2017年12月，罗艳家庭获第一届四川省文明家庭。

【夏桂琼家庭获省文明家庭】 夏桂琼家庭居住在绵阳市三台县西平镇狮王村四组。夏桂琼丈夫24年前在劳作时从树上摔下成高位截瘫，此后，她除打理自家的责任田空余时间还到建筑工地打零工贴补家用，她既要照顾丧失劳动力的丈夫和两个儿女，还要照顾丈夫家双亲和娘家患老年痴呆的父亲，凭一己之力把一个家撑起来。2017年12月，夏桂琼家庭获第一届四川省文明家庭。

（李翔宇　罗　芳）

物　价

【概况】 2017年，全市居民消费价格总水平（CPI）呈温和上涨的运行态势，涨幅高于2016年。据绵阳调查队调查数据显示：1—12月全市居民消费价格总水平同比上涨1.9%，分别高于全省、全国0.5和0.3个百分点，在省下达的3.0%调控目标内。基础农产品方面，小麦价格上涨，稻谷价格略跌；经济作物质量较好，价格有较大幅度上扬；仔猪价格先升后降，生猪价格呈U型走势。生活必需品方面，粮食、食用油价格平稳运行，副食品价格涨跌互现。

【小麦稻谷价格】 2017年1—7月，全市小麦价格微幅波动，8—12月价格缓慢上涨，12月小麦（三等）收购均价1.23元/500克，较6月上涨8.85%，同比上涨9.82%；1—5月稻谷收购价格走势较平稳，6—9月价格在下行通道运行，10月全市启动稻谷托市收购政策，价格小幅回升。12月份稻谷（混等）综合收购均价1.34元/500克，较6月略涨1.52%，同比略跌1.47%。

【经济作物价格】 2017年，全市新上市油菜籽（中等）质量较好，价格较2016年同期上涨较大。6月全市新油菜籽（中等）收购均价2.67元/500克，同比上涨18.67%。气温适宜，蚕茧质量好，同时受国际市场生丝价格上涨影响，6—10月，蚕茧（混等）收购均价43.51元/千克，同比上涨24.74%。

【仔猪与生猪价格】 2017年第一季度，全市生猪养殖户盈利较丰厚，补栏意愿较强，仔猪价格上涨较大，进入4月，受生猪价格下跌的影响，养殖户观望，价格由升转降进入下行通道，到11月下旬创新低后小幅反弹，12月仔猪收购均价11.41元/500克，较6月下跌14.98%，同比下跌27.28%。2017年全市生猪市场供应相对宽松，2月8日起生猪价格跨入下降通道，二季度中下旬进入传统的消费淡季，前期补栏生猪集中出栏以及河南低价生猪冲击市场，导致生猪供应阶段性放大，价格快速下落，6月初触底后缓慢回升。12月全市生猪收购均价7.63元/500克，较6月上涨18.11%，同比下跌15.50%，猪料比价4.83：1，猪粮比价（7.20：1）在绿色区域运行，养殖户盈利情况较好。

【粮食与食用油价格】 根据调查显示，2017年12月，绵阳市城区中籼米（本地、二级）2.20元/500克、面粉（本地、特一粉）2.05元/500克，零售均价同比增长0.92%、0.99%；粳米（东北珍珠米）2.74元/500克、面粉（外地、特一粉）2.30元/500克，零售均价同比持平。

12月，城区菜籽油（桶装、金龙鱼AE纯香）69.68元/5升，零售均价同比略涨1.83%；食用调和油（桶装、金龙鱼二代、转基因）58.69元/5升，零售均价同比持平。

【副食品价格】 2017年，全市猪肉价格下滑：鲜猪肉零售价格与生猪价格走势基本一致，猪肉价格总体下滑。12月，城区鲜猪肉（去骨一级）零售均价12.50元/500克，较6月上涨12.82%，同比下跌12.22%。

牛肉价格微跌：牛肉市场供求关系趋于平衡，总体微跌。12月城区鲜牛肉（牛腩）零售均价28.10元/500克，同比微跌0.53%。

鸡蛋价格先降后升，家禽价格平稳：受产能偏高和禽流感疫情影响，鸡蛋价格先降后升，家禽价格平稳。1—4月，鸡蛋价格延续下跌走势，5月中旬创近几年新低后反弹，6—9月受高温天气蛋鸡产蛋量减少、8月底学校开学采购量增加以及食品生产企业为“中秋节”备货等影响，上涨幅度加大，9月后有所回落。12月城区鸡蛋零售均价5.81元/500克，较6月上涨41.36%，同比上涨18.09%；白条鸡和鸭价格基本稳定。

淡水鱼价格小涨：12月城区鲫鱼10.16元/500克、草鱼8.25元/500克、花鲢10.26元/500克，零售均价同比分别小幅上涨2.83%、1.10%、2.29%。

蔬菜价格呈现正常的季节性波动：春节期间部分零售菜商停业，市场需求集中，价格上涨，节后，蔬菜供需恢复正常，本地蔬菜陆续上市，价格持续回落；进入三季度，高温多雨和强对流天气导致鲜菜储运成本增加，价格上涨，国庆节后价格小幅下跌。12月，城区26个蔬菜品种批发均价2.46元/500克，较6月上涨9.33%，同比小幅下跌2.38%；零售均价3.86元/500克，较6月上涨10.60%，同比略跌1.78%。

【日用工业消费品价格】 2017年，全市的衣着类价格中，部分换季中低档服饰价格下跌，中高端品牌、时令服饰价格在上行通道运行，价格总水平小幅上涨；家庭日化用品类6个日化品种同比2升3降1平，零售均价微涨0.35%；家用电器类14个品种价格同比9升5降，零售均价上涨14.76%；烟、酒类价格中高档白酒价格缓慢回升，中低端酒价格整体运行平稳，香烟类消费群体固定，价格稳定。

【药品价格】 2017年12月底，全市监测的200个品规药品批发企业进价同比63升34跌87平，16个暂无货；零售企业药品销售价格16升16降164平，4个暂无货，个别低价药品涨幅较大，如：醋酸地塞米松（0.75毫克×100片）进价11.02元/瓶，同比上涨217.46%，零售价格14.50元/瓶，同比上涨150.00%。

（熊小蓉　李诗梅）

城镇居民生活

【概况】 据绵阳调查队调查显示，2017年，全市城镇居民人均可支配收入突破3万元大关，达31822元，比2016年增长8.2%。收入水平比全国低4574元，比全省高1095元，在全省排名第3；增速比全国低0.1个百分点，比全省低0.2个百分点，在全省排名第20。全市城镇居民家庭恩格尔系数为34.7，比2016年降低1.2。全市城镇居民家庭户均人口3.03人，户均就业人口1.63人，就业者负担系数1.85。全市每百户城镇居民家庭家用汽车拥有量为34辆，比2015年增加4辆，同比增长14.1%。全市城镇居民家庭现住房人均建筑面积38.3平方米。

2017年四川省各市州城镇居民人均可支配收入情况

表 64　　单位：元、%

市州名称	2017年	2016年	增速	水平排位	增速排位
成都市	38918	35902	8.4	1	16
自贡市	31016	28455	9.0	8	3
攀枝花	35620	32860	8.4	2	16
泸州市	31449	28959	8.6	5	10
德阳市	31609	29159	8.4	4	16
绵阳市	**31822**	**29407**	**8.2**	**3**	**20**
广元市	28132	25762	9.2	21	1
遂宁市	29308	26962	8.7	16	7
内江市	30393	27986	8.6	12	10
乐山市	31070	28583	8.7	7	7
南充市	28333	25993	9.0	18	3
眉山市	31130	28691	8.5	6	13
宜宾市	30832	28390	8.6	10	10
广安市	30616	28218	8.5	11	13
达州市	28383	26016	9.1	17	2
雅安市	29732	27352	8.7	14	7
巴中市	28286	25950	9.0	19	3
资阳市	30867	28501	8.3	9	19
阿坝州	30264	28048	7.9	13	21
甘孜州	29486	27101	8.8	15	6
凉山州	28170	25963	8.5	20	13

【居民人均可支配收入】 2017年，从全市城镇居民人均可支配收入构成看，城镇居民人均转移净收入增速最快，达11.2%；人均工资性收入贡献率最高，达53.1%，占总收入的61.1%。

2017年绵阳城镇居民人均可支配收入情况

表 65　　单位：元、%

指标名称	2017年	2016年	增速
可支配收入	31822	29407	8.2
工资性收入	19432	18151	7.1
经营净收入	3427	3160	8.4
财产净收入	2676	2444	9.5
转移净收入	6287	5652	11.2

【县市区城镇居民人均可支配收入】 2017年，分区域看，全市山区城镇居民人均可支配收入增长较快，丘陵次之，平原增长最慢。分区县看，全市除游仙区和江油市以外，其他7个县市区增速均高于或等于全市平均水平，其中北川、平武增速最高为8.7%。

2017年绵阳各县市区城镇居民人均可支配收入情况

表66 单位：元、%

区县名称	2017年	2016年	增速
涪城区	33914	31351	8.2
游仙区	37349	34598	8.0
三台县	30005	27620	8.6
盐亭县	29573	27307	8.3
安州区	29212	26979	8.3
梓潼县	28916	26675	8.4
北川羌族自治县	27041	24888	8.7
平武县	28242	25989	8.7
江油市	30798	28503	8.1

【居民人均生活消费支出】 根据绵阳调查队调查显示，2017年，全市城镇居民人均生活消费支出21043元，同比增长7.6%。消费排在前三名的是食品烟酒、居住、交通通信，其中食品烟酒消费支出7307元，同比增长4.1%；居住消费支出3418元，同比增长5.1%；交通通信消费支出2730元，同比增长13.7%。 （杜　烨）

2017年绵阳城镇居民人均生活消费支出情况

表67 单位：元、%

指标名称	2017年	2016年	增速	比重
消费支出	21043	19561	7.6	100.0
食品烟酒	7307	7016	4.1	34.7
衣着	1789	1679	6.6	8.5
居住	3418	3253	5.1	16.2
生活用品及服务	1371	1299	5.6	6.5
交通通信	2730	2402	13.7	13.0
教育文化娱乐	2214	1954	13.3	10.5
医疗保健	1536	1326	15.8	7.3
其他用品和服务	678	632	7.3	3.2

农村居民生活

【概况】 据绵阳调查队调查显示，2017年，全市农村居民人均可支配收入14752元，比上年增长9.2%。收入水平比全国高1320元，比全省高2525元，在全省排名第5位；增速比全国高0.6个百分点，比全省高0.1个百分点，在全省排名第13位。全市农村居民家庭恩格尔系数为37.9，比2016年降低1.3。全市农村居民家庭户均人口3.45人，户平均就业人口2.60人，就业者负担系数1.33。全市每百户农村居民家庭家用汽车拥有量为17辆，比2016年增加2辆，增长11.2%。全市农村居民家庭现住房人均建筑面积41.4平方米。

2017年四川省各市州农村居民人均可支配收入情况

表 68 单位：元、%

市州名称	2017年	2016年	增速	水平排位	增速排位
成都市	20298	18605	9.1	1	16
自贡市	14380	13192	9.0	7	19
攀枝花	15336	14057	9.1	2	16
泸州市	13670	12450	9.8	10	5
德阳市	15207	13951	9.0	3	19
绵阳市	**14752**	**13504**	**9.2**	**5**	**13**
广元市	10801	9819	10.0	20	3
遂宁市	13579	12423	9.3	13	11
内江市	13640	12491	9.2	12	13
乐山市	13922	12749	9.2	9	13
南充市	12389	11273	9.9	15	4
眉山市	15203	13935	9.1	4	16
宜宾市	14063	12843	9.5	8	9
广安市	13655	12479	9.4	11	10
达州市	12843	11718	9.6	14	8
雅安市	12145	11138	9.0	16	19
巴中市	10946	9969	9.8	19	5
资阳市	14670	13422	9.3	6	11
阿坝州	11751	10702	9.8	17	5
甘孜州	10445	9367	11.5	21	1
凉山州	11415	10368	10.1	18	2

【农村居民人均可支配收入】2017年，从全市农村居民人均可支配收入构成看，工资性收入和经营净收入是农村家庭的主要收入来源，分别占人均可支配收入的比重为40.2%和38.0%。财产净收入和转移净收入同比分别增长14.0%和12.6%，仍保持较快的增长速度。

2017年绵阳农村居民人均可支配收入情况

表 69 单位：元、%

指标名称	2017年	2018年	增速	比重
可支配收入	14752	13504	9.2	100.0
工资性收入	5932	5499	7.9	40.2
经营净收入	5610	5160	8.7	38.0
财产净收入	538	472	14.0	3.6
转移净收入	2673	2373	12.6	18.1

【县市区农村居民人均可支配收入】 2017年，分区域看，全市山区农村居民人均可支配收入增长较快，丘陵和平原增长较慢。分区县看，北川、平武、江油和游仙4个县市区的增速高于或等于全市平均水平，其他5个县市区增速低于全市平均水平。

2017年绵阳各县市区农村居民人均可支配收入情况

表70　　单位：元、%

区县名称	2017年	2016年	增速
涪城区	18052	16568	9.0
游仙区	15770	14435	9.2
三台县	15430	14152	9.0
盐亭县	14294	13107	9.1
安州区	14086	12913	9.1
梓潼县	14209	13029	9.1
北川羌族自治县	11814	10677	10.6
平武县	11279	10202	10.6
江油市	15642	14304	9.4

【农村居民人均生活消费支出】 根据绵阳调查队调查显示，2017年，全市农村居民人均生活消费支出11638元，同比增长8.9%。消费支出排在前三名的是食品烟酒、居住、交通通信，其中，食品烟酒消费支出4414元，同比增长5.3%；居住消费支出2161元，同比增长12.6%；交通通信消费支出1378元，同比增长18%。　（杜　烨）

2017年绵阳城镇居民人均生活消费支出情况

表71　　单位：元、%

指标名称	2017年	2016年	增速	比重
消费支出	11638	10684	8.9	100.0
食品烟酒	4414	4191	5.3	37.9
衣着	814	767	6.1	7.0
居住	2161	1919	12.6	18.6
生活用品及服务	934	852	9.6	8.0
交通通信	1378	1168	18.0	11.8
教育文化娱乐	821	748	9.8	7.1
医疗保健	834	796	4.9	7.2
其他用品和服务	282	244	15.4	2.4

创业就业

【概况】 2017年，全市城镇新增就业57200人，其中城镇失业人员再就业12216人、困难对象就业4838人，年末全市城镇登记失业率3.7%，零就业家庭实现动态消除。民族地区“9+3”毕业生初次就业率100%，开展劳务品牌培训2545人。全市扶持高校毕业生创业694名，为694名成功创业的高校毕业生发放一次性创业补贴694万元，开展普通高校在校大学生创业培训3873人。

【企业工资管理】 2017年，全市部署开展县市区（园区）国有企业负责人薪酬制度改革工作，制定发布2017年全市企业工资增长指导线，调整基准线为7.5%，上线为12%，下线为3%。

【劳动关系管理】 2017年，全市推进企业劳动合同制度，全市签订工资专项集体合同10330份，覆盖企业17308家、职工425931人，签订率达97%。全市企业（包括规模以下企业）劳动合同签订率96.5%。开展清理整顿人力资源市场秩序、农民工工资支付、用人单位遵守劳动用工和社会保险法律法规、农民工工资季度排查等多项专项检查行动，为劳动者追回工资、抵押金等经济损失5726.47万元，补缴社会保险费59.78万元。取缔非法职业介绍机构2个。市县两级仲裁机构和基层调解组织全年共调处各类劳动人事争议4352件，涉案金额1.3亿元，结案4344件，结案率99.8%，其中调解结案3287件，调解成功率75.7%，终局裁决452件，终局裁决率46.7%；全市省级示范仲裁院建成率达70%。

【创业平台建设】 2017年，全市建立高校毕业生创业孵化基地、创业示范园区，开展创业培训，鼓励有创业条件、意愿和能力的大学生积极创业。建成省级大学生创业园（创业基地）16家。设立大学生创业服务窗口25个。建立市、县、乡（街道）创业就业指导服务中心263个，社区（村）创业就业服务工作站183个。

【失业保险】 2017年，全市征缴失业保险费1.8亿元，参保人数36.31万人，失业保险待遇发放率达100%，失业人员基本生活得到保障。为1929家企业发放稳岗补贴金额5797.53万元，惠及职工15.89万人。失业保险稽核面达参保职工人数30%以上，失业保险基金无违规违纪、挤占挪用问题。

社区管理

【概况】 2017年，全市有街道办事处23个，社区531个，其中涪城区77个、游仙区56个、安州区27个、江油市75个、三台县110个、梓潼县20个、盐亭县67个、平武县16个、北川县33个、高新区19个、经开区13个、科创区9个、仙海区2个、科学城7个。全市农村社区建设加快推进，2017年建设农村试点社区152个。江油市大康镇官渡村农村社区示范创建通过省民政厅、民政部专家组考核验收，被民政部命名为首批全国农村幸福社区建设示范单位。

【基层民主机制健全】 2017年，全市3247个村，531个社区依法选举产生第十届村（居）民委员会，选举成功率达100%，其中选举一次性成功率达98.24%。全市换届工作得到省民政厅肯定和表扬，三台县是全省183个县市区中唯一一个换届工作得到表扬的单位。印发《加强农村基层组织建设着力整治“村霸”问题工作方案的通知》，加大整治“村霸”力度。指导各地修订完善村（居）民自治章程和村规民约（居民公约），并上墙公示。建立健全村规民约的检查执行机构，检查村规民约、居民公约的落实情况。按照民政部和省民政厅的要求落实基层群众性自治组织统一社会信用代码证发放工作。

【社区治理模式创新】 2017年，全市继续推行“三治协同 共创和谐”社区治理模式。5月26日，《绵阳日报》整版介绍换届选举和推行“三治协同”社区治理工作。绵阳“三治协同”模式得到省民政厅肯定，并将相关社区治理创新模式材料上报民政部。11月21日，承办全省城乡社区服务体系建设工作推进现场会，绵阳市在会上做经验推广发言。在涪城、游仙、安州、北川、江油开展“社区货币”试点，盘活社区志愿服务资源。落实《绵阳市2016年“互联网+”重点工作方案》，经过前期版面开发、功能设计、基础数据录入、评审验收和培训，社区综合信息平台在年底上线运行。

（李翔宇）

社团管理

【概况】 2017年，绵阳市新注册登记社会组织253个，社会团体146个，民办非企业单位107个。全市登记在册社会组织3031个（社会团体1722个、民办非企业单位1309个），其中全市性社会团体351个、全市性民办非企业单位158个。全市社会组织参与脱贫攻坚，全年开展扶贫项目311个，协调投入资金1400余万元，帮扶困难群众5.1万余人次，相关经验获国务院副总理汪洋批复，并在省民政厅社会组织参与扶贫工作会上做经验交流发言。组织完成《绵阳市社会工作专业人才队伍建设“十三五”规划》编写，启动志愿者信息网上注册工作。

【社会组织孵化中心建设】 2017年，绵阳市创新运行社会组织孵化中心，成功孵化培育公益类社会组织12家、农业类社会组织25家，实施项目30个，资金220万元，个案服务211件，服务群众5.8万余人次。全年，对11家社会组织进行第三方评估，评出二星级社会组织3家、三星级社会组织4家、四星级社会组织4家，并予集中授牌。

（李翔宇）

民族宗教

【概况】 2017年，市委办、市政府办印发《贯彻落实〈中共绵阳市委绵阳市人民政府关于做好新形势下民族工作的实施意见〉责任分工方案》，把36项重点任务分解到各县市区和市级有关部门。举办第13期少数民族干部进修班，38人参加为期一个月的集中培训。北川羌族自治县曲山镇石椅村、擂鼓镇猫儿石村、桂溪乡渭沟村伊纳羌寨、马槽乡黑水村、青片乡上五村获全国第二批中国少数民族特色村寨命名。年内新批准设立宗教活动场所5处。其中佛教3处、道教2处。全市经批准开放宗教活动场所156处。全年，办理人大代表建议、政协委员提案5件，其中主办件1件、会办件4件，主要涉及少数民族政策落实、清真食品监管、宗教场所安全管理、党的民族宗教政策宣传等。代表、委员面商率100%，满意率100%。整治宗教场所违法建设，全市拆除未经批准宗教场所4处，就地封闭5处，改作其他用处23处，取缔功德箱65个，打击假僧假道17人，制止规模较大的非法传教活动3起，取缔基督教地下传教5处。全年化解和妥善处置涉及民族因素的矛盾纠纷12起，排查宗教领域影响稳定的隐患和苗头性问题23起。推进北川羌族自治县创建“省民族团结进步示范试点县”工作和盐亭县大兴回族乡全省民族交往交流交融示范点创建工作；命名首批全市民族团结进步创建活动示范（机关、社区、村寨、景区、企业、学校、寺观教堂）21个。

图132　国家民委检查组涪城区城郊派出所检查少数民族流动人口示范城市建设情况

【民族项目资金争取】　2017年，省民委、省民开办全年下达绵阳市三州开发资金300万元，支援不发达地区发展资金210万元，民族事业发展专项资金80万元，少数民族发展资金564万元。市级两项配套资金350万元。项目资金主要投向北川、平武等民族地区“四小”工程项目、特色种养殖业发展等方面。全年争取到位民族各类资金1166万元，同比增长18%。

【李昌平到绵阳调研】　2017年6月1日，国家民委副主任李昌平带领中央统一战线领导小组第六调研检查组到绵阳，就贯彻落实中央关于宗教工作重大决策部署情况开展专题调研。听取绵阳市委、市政府关于宗教工作情况汇报，先后到沈家坝东街社区、北川羌族自治县国恩寺、安州区基督教奉安堂，以及科技城创新中心等地进行检查调研，实地了解社区宗教工作开展情况，得知社区设立民族宗教工作站，把宗教工作纳入网格化管理后，对此给予充分肯定。市委书记彭宇行陪同调研检查，市委副书记、市长刘超主持汇报会并作表态发言，市委常委、统战部部长、市总工会主席李亚莲汇报绵阳市宗教工作情况。四川省民族宗教委党组书记、主任姚斌，副主任杨伯明陪同调研。

【少数民族流动人口服务管理示范城市创建】　2017年，绵阳市通过中央统战部、国家民委和云南省、广东省等有关部门组成的专家评审组的检查评比。10月27—28日，国家民委政策法规司副司长王平带队，到绵阳开展少数民族流动人口服务管理示范城市建设“检评学”活动。到涪城区城郊派出所、游仙区沈家坝东街社区、涪城清真寺、绵阳科伦药业医贸有限公司、绵阳职业技术学校、绵阳市普明中学等地，检查指导少数民族流动人口示范城市建设情况，详细了解绵阳市创新实施的“一三三”社区民族宗教工作法、“21字”服务管理工作法和企业支持少数民族群众就业等工作。12月12日，国家民委命名绵阳市为“第三批少数民族流动人口服务管理示范城市”，为四川省第一个少数民族流动人口服务管理示范城市。绵阳市少数民族17.8万人，其中城区少数民族有5万余人。绵阳市统筹联动、创新举措、强化保障，推进少数民族流动人口服务管理精细化的经验做法在全省范围推广。

【开展宗教界“规范年”教风整治活动】　2017年4月，全市以突出教育引导、问题整改、规范管理、团体建设等重点，集中8个月时间，分四个阶段在全市宗教界开展“规范年”教风整治活动。集中开展“三清一建”工作，即集中清理宗教教职人员身份、清理宗教活动场所教产、清理宗教场所财务状况，建立长效管理机制；对全市24个重点宗教活动场所2012年至2016年度财务收支情况开展审计；全市宗教界排查整理问题440余个，清理处置违规教职人员19人，各宗教团体、宗教活动场所针对查找出的问题制订专项整治方案92个、落实整改措施300余条；全市选树先进典型爱国宗教团体4个，宗教活动场所32处，宗教教职人员55人。结合“宗教政策法规学习月”“宪法日”等主题活动，持续推进宗教领域法治教育，分别在涪城区、平武县召开宗教界“七五”普法工作现场会、“法律进寺庙”推进会，在三台县举行宗教界人士法治培训会，在经开区开展防邪教宣传等活动。探索城市宗教工作管理途径，形成“一站三员三化”的“一三三”社区民族宗教工作法，即在社区设立民族宗教工作站，把社区干部培养成民族宗教工作信息员、宣传员、调解员，实现民族宗教工作网格化管理、多元化服务、制度化保障，逐步解决城市社区民族宗教工作管理难等问题，该工作法得到国家民委、省民宗委肯定，并在全省作为经验推广。

（吴　东）

老龄工作

【概况】 2017年。绵阳市出台《绵阳市全面构建老龄工作大格局试点工作实施方案》，推进全省农村养老服务体系建设试点工作。通过60周岁数据统计平台、老年教育平台、老年宣传平台、老年保障优待平台、表彰激励平台、规划平台建设，掌握老年人口数据，为80周岁及以上老年人12.36万人发放高龄津贴5010余万元。举行“翰墨欢歌·喜迎十九大”书画展、老年大学建校30周年庆祝等活动。截至年底，市老龄办被表彰为“四川省老龄工作先进单位”，全市7个单位被评为“全国敬老文明号”，7个单位被评为“四川省敬老文明号”，7人被评为“全国敬老爱老助老模范人物”。

【绵阳老龄信息管理系统上线】 2017年11月，全市老龄信息管理系统正式上线运行。绵阳市老龄信息管理平台分为老年人口信息管理、老龄工作数据统计分析、老龄工作行政管理、高龄津贴管理、人口老龄化态势监测、老年人生活质量综合监测与跟踪评估、老龄事业评估、老龄工作考核评估8个功能模块，可以适时掌握老年人的动态信息。系统可为跟踪和提高老年人生活质量、分析统计老龄事业发展情况、科学制定老龄相关政策、促进经济发展与社会和谐稳定提供高效便捷的数字手段，对于全面掌握人口老龄化信息和老年人生活状况，为市委、市政府决策提供参考依据。

【绵阳市老年大学】 绵阳市老年活动中心，1987年5月，绵阳市人民政府批准成立，学校位于涪城区南河路8号，是一所以老年人为对象的“多层次、多学科、多功能、开放式”的文化教育与娱乐活动相结合的综合性老年大学。先后获四川省老年教育先进集体、四川省首批示范性老年大学、四川省A级老年大学、省级“敬老文明号”、四川省老年大学协会副会长单位。截至年底，老年大学现开设声乐、美术、器乐、舞蹈、健身、语言文学6大系32个专业，有1个教学点、85个教学班，有书法、绘画、摄影、诗词、楹联5个专业学会及1个艺术团，开办市老年大学九洲分校，每期学员达5000余人次，学校多次参加公益演出活动并获奖。获金牌58枚、银牌87枚、铜牌105枚；老年艺术团作品《北川绣娘》2012年代表绵阳市参加中国文联、四川省政府主办的第二届全国新农村文化艺术表演获金土地奖最佳表演奖；原创舞蹈《白马响铃舞》2014年参加四川省第五届金秋乐中老年舞蹈比赛获金奖。2008年5月12日地震后，学校活动楼、教学楼因受损严重停止使用。

【朱耀垠到绵阳调研】 2017年9月20日，全国老龄办副主任朱耀垠率全国老龄办专题调研组一行到绵阳专题调研老龄工作情况。调研期间，调研组先后到四川医学高等专科学校、“12349”居家养老服务信息平台服务中心进行实地调研，了解高校在养老方面设置的专业情况和科技城军民融合老科技人才医养和研创示范基地的建设情况。并召开座谈会，听取四川医学高等专科学校关于科技城军民融合老科技人才医养和研创示范基地的建设情况专题汇报，各县市区老龄办负责人在座谈会上分别进行发言。省民政厅、省老龄委负责人参加调研，市老龄办、县市区老龄办负责参加座谈会。 （李翔宇）

资料链接：

2012年，市老年大学（老年活动中心）确定原址重建，2015年9月竣工，10月正式投入使用。新的教学楼总建筑面积16240.23平方米，有12楼。大楼1-3楼为工作人员办公区，5-9楼为集中教学区，设有25间教室，10-12楼为老年活动区域，设有保龄球、台球室、乒乓球室、棋牌室等，可容纳8000人次办学规模。

残疾人事业

【概况】 2017年，全市以“全面建成小康社会，残疾人一个都不能少”目标，履行“代表、服务、管理”职责，市政府出台《关于加快推进残疾人小康建设进程的实施意见》，服务37.19万名残疾人。发挥专门协会和助残社会组织作用，开办辅具维修回收中心、截瘫残疾人生活能力训练营，举行“爱无声、梦起航”系列活动和聋人飞镖比赛、手语培训推广活动，承办全省高级盲人按摩师培训。全年新建残疾人体育文化示范基地6个、投入102万元，组队代表四川参加全国特奥滚球单项竞技比赛和澳门特奥融合滚球城市邀请赛。组织专家深入壤塘县各乡镇开展精神残疾评定181名，协调解决壤塘、红原县残疾人综合服务中心建设营运资金600余万元。通过电视、广播、报刊、微信、QQ群等多种形式宣传残疾人工作。绵阳市残疾人“双创”空间受到中央电视台大众生活频道和《华西都市报》《四川日报》《四川经济日报》《四川工人日报》等媒体专题报道。全市残疾人就业保障金征收入库12053万元，同比增长13.2%，其中市本级5669万元，同比增长4%。“基础量服”入库196696人，“智慧量服”手机录入率达100%，“机构量服”入库108家，“开放量服”项目102个。年底，市残联被省残联评为2017年度全省市（州）残联绩效考核一等奖。

【残疾人民生工程任务完成】 2017年，全市实施省级民生工程项目7项，总投入5647万元，惠及12.75万人次。其中，城乡残疾人居家灵活就业工程项目完成50949人，完成率170.4%；扶持农村贫困残疾人发展生产完成8967人，完成率144.63%；为重度残疾人发放护理补贴完成59422人，完成率123.25%；贫困家庭重度听力残疾儿童救助项目完成97人，完成率190.2%；贫困家庭脑瘫儿童救助完成343人，完成率

114.33%；为贫困残疾人适配亟须的基本型辅助器具完成9208人，完成率307.75%；残疾人家庭无障碍改造完成530人，完成率265%。

【残疾人就业创业】 2017年，全市创办全省首个市级残疾人“双创”空间，搭建政策咨询、项目推介、营运指导、资金扶持、人才培训、就业促进于一体的孵化平台，组织“创享汇”、创业沙龙等系列活动。举办电子商务、彩妆、蛋雕、草编、刺绣、盲人电脑、手语等培训465人次；举办残疾人就业专场招聘会18场，1003名残疾人实现就业；举办全市首届残疾人职业技能竞赛暨“双创”展能节，17个代表团289名残疾人参加5大类10小项竞技，同时进行残疾人作品才艺展示和产品展销。全年全市发放就业直补4621人，其中市本级补助187人77.6万元，居家托养2774人、集中托养219人。与四川北川富民村镇银行合作为残疾人发放贷款76笔、资金1163万元，与市邮政公司、市商务局合作，借助“邮乐网”商务平台，包装、营销残疾人种养殖、手工等产品。创建“互联网+企业+残疾人”模式，建立绵阳市残疾人服务中心网站，长虹公司“财务云”计算工种为残疾人提供“看图识字、看图填字”的居家灵活就业岗位。开通绵阳市按比例安排残疾人就业网上申报系统，297家行政、企事业单位通过网上申报审核，17家企业通过现场申报审核，主城区896名残疾人得到就业安置，其中军残41名、重度残疾245名。

【残疾人康复服务】 2017年，全市残疾人康复服务结合全国精神卫生管理综合试点工作，实现管理机制、救治救助、康复服务、联动服务、心理干预、智慧精障平台同步建设，家庭医生签约优先覆盖残疾人180614人，达到“量服”入库数99%。三台、涪城完成全省基本辅具适配全覆盖试点任务，适配1.5万次、配发5624件，投入114.5万元。“残联+爱心企业+医疗康复机构+残疾人家庭”模式，填补全市开展肢残畸形矫正、听障人工耳蜗手术的空白。绵阳市残疾人康复中心医疗污水处理等4个附属项目完工，新建三台县残疾人托养中心主体工程竣工，梓潼、平武残疾人托养（综合）服务设施建设列入中央预算内投资计划。

【残疾人精准脱贫】 2017年，全市纳入建档立卡贫困残疾人19562人，脱贫11072人，占贫困残疾人的56.6%。组织创业和职业技能培训2115人次，农村种养殖实用技术培训18414人次；按7000元/人扶持6个扶贫基地安置或带动残疾人就业；争取省残联扶贫资金80万元，在北川、三台等5县试点“股权量化”扶贫，实行保底分红和二次分红，受益388人。发放重度残疾人护理补贴59031人3989万元，困难残疾人生活补贴48002人3631万元，贫困残疾人生活费补贴3801人333万元；落实困难残疾人低保“应保尽保”和成年重度困难残疾人“单独低保”。贫困家庭脑瘫、听障、智障、孤独症儿童救助和0-6岁残疾儿童筛查救助601人，实施白内障复明2256人、基本辅具适配8643人、假肢装配75例，投入1357万元。游仙特校新办学前教育，涪城特校新办高中教育；落实“送教上门”，争取省扶贫协会资助336人、33.6万元，“三类”适龄残疾少年儿童义务教育入学率达94%；36名考生享受高考便利，市本级资助残疾人大学新生227名61万元。贫困残疾人家庭无障碍改造补助523户，发放机动轮椅车燃油补贴、C5驾照补贴1223人，“温暖万家行”和临时救助8515人；残疾人康复（健身）体育“送器材、送方法、送服务”3641户。

（张　鑫）

消费者权益保护

【概况】 2017年，绵阳市建立消费者权益保护工作联席会议制度，形成消费维权合力。完成“12315”视频调解系统的升级改造，扩大“12315”维权服务点覆盖面，共建立消费投诉站和“12315”联络站2362个，“12315”热线“一次接通率、咨询回复率”均为100%。在《绵阳晚报》发布消费维权文章30余篇，在门户网站发布消费警示6期。全年全市消委会受理消费者投诉4748件，解决4675件，处理率达98.5%，为消费者挽回经济损失570万元。

【开展网络市场监管专项行动】 2017年，绵阳市为加强网络市场监管，促进网络市场持续健康发展，市工商局、发改委、经信委、公安局等10个部门联合发布《绵阳市2017网络市场监管专项行动实施方案》，开启“绵阳市2017网络市场监管专项行动”。专项行动以省厅际联席会议决定的“亮网剑，规范网络市场主体的责任和义务”“净环境，强化线上虚假广告、侵权假冒等违法行为监管”“促信用，深化刷单炒信违法行为整治”3个子行动和10部门商议决定的“落实《网购商品七日无理由退货暂行办法》，严查第三方平台格式条款侵权行为”为工作重点，推动联合督查，突出重点领域和商品，强化网络交易平台主体责任，重点打击网络侵权假冒、刷单炒信、虚假宣传等违法行为，提升一体化监管和协同管网水平。通过情报收集、技术分析、数据共享、证据固定和协同共治等多种手段，全市提高网络违法线索的发现率和案件查处的精准度，严厉查处虚假打折、价格欺诈、泄露倒卖个人信息、合谋寄递空包裹等违法违规行为。

志愿服务

【概况】 2017年11月30日，市文明委、市志愿服务总队组织召开全市贯彻落实《志愿服务条例》工作座谈会，印发《绵阳市2017年志愿服务工作实施方案》《关于开展扶贫志愿者行动的通知》《绵阳市公共文化设施开展学雷锋志愿服务实施意见》《绵阳市支持和发展志愿服务组织实施意见》等规范性文件，全方位部署，全覆盖考核。2017年度，全市新增志愿服务组织210个，建立标准化社区志愿服务站350个，建立公共场所、文化设施志愿服务站点300余个，在医院、学校、敬老院等场所建立志愿服务实践基地23个。全年承办省“暖冬行，爱传递”主题志愿服务活动启动仪式。全市在扶老、助残、爱幼、文化、卫生、科技、扶贫、环保、赛会等方面志愿服务项目达200余个，参与志愿者达70余万人次。

【2017年度绵阳市志愿服务“十佳”评选】 2017年，绵阳市精神文明建设委员会、绵阳市志愿者服务总队主办的2017年度绵阳市志愿服务“四个十佳”评选活动年初开始，通过逐级推荐、资格审查、事迹展示、市民投票、综合评议等程序，评选出“十佳志愿服务项目”“十佳志愿服务组织”“十佳志愿者”。

【十佳志愿服务项目评选】 2017年，绵阳市精神文明建设委员会、绵阳市志愿者服务总队主办2017年度绵阳市志愿服务“四个十佳”评选活动。经评选，十佳志愿服务项目是“绵阳市一元爱心协会“留守儿童家园”志愿服务项目、涪城区南山街道公益创投项目、绵阳师院学院“幻彩生命 铸爱社区”志愿服务项目、江油市“小小讲解员”志愿服务项目、科创区“共享书屋”志愿服务项目、游仙区“小手牵大手”志愿服务项目、市委组织部“双报到+小区党建”志愿服务项目、高新区“关爱留守儿童”志愿服务项目、安州区“文明安州·你我同行”志愿服务项目、仙海区“扶弱济困”志愿服务项目。

【十佳志愿服务组织评选】 2017年，绵阳市精神文明建设委员会、绵阳市志愿者服务总队主办2017年度绵阳市志愿服务“四个十佳”评选活动。经评选，十佳志愿服务组织是四川幼儿师范高等专科学校青年志愿者协会、涪城区“和事老”志愿服务队、绵阳市热血公益联盟、四川中医药高等专科学校青年志愿者协会、绵阳市交通运输局运管处青年志愿服务队、游仙区温馨社会工作综合服务中心、江油市总工会职工志愿服务大队、“爱在行动”公益组织平武分会、北川羌族自治县桃龙藏族乡志愿者服务队、梓潼县总工会志愿服务大队。

【十佳志愿服务社区评选】 2017年，绵阳市精神文明建设委员会、绵阳市志愿者服务总队主办2017年度绵阳市志愿服务“四个十佳”评选活动。经评选，十佳志愿服务社区是涪城区建国门社区、游仙区仙人路社区、江油市中心社区、梓潼县潼江社区、高新区火炬东街社区、盐亭县凤池街社区、科创区元通社区、平武县人民东路社区、三台县皂角城社区、经开区南塔社区。

【十佳志愿者评选】 2017年，绵阳市精神文明建设委员会、绵阳市志愿者服务总队主办2017年度绵阳市志愿服务“四个十佳”评选活动。经评选，十佳志愿者是徐金发，男，中国工程物理研究院七所退休职工；刘剑峰，男，北川羌族自治县社区志愿者服务协会会长；冯一隽，男，涪城区一凡助学促进会志愿者；仲维锋，男，游仙区“绵州好人”公益群发起者；李桂刚，男，安州区晓坝镇学校教师；蒲洪建，男，盐亭县云溪镇先锋社区党支部副书记；张伟，男，绵阳市人社局四级主任科员；刘元，男，盐亭县文化馆工作人员；郭望，女，绵阳银监分局科员；余晓东，女，绵阳市婚姻家庭教育促进会常务副会长。

（张永兴）

彩票业

【概况】 2017年，绵阳市彩票业主要有福利彩票和体育彩票两大类，按照销售方式有电脑型、即开型、竞猜型3种，全年销售8.29亿元，其中福利彩票销售5362亿元、体育彩票销售2.67亿元。全年按照省财政厅留成彩票公益金分成比例，省财政厅下达绵阳市市级彩票公益金3537.95万元。其中市级福利彩票公益金2490.75万元、体育彩票公益金1047.2万元。

【福利彩票销售】 2017年，全市福彩实现销售5.62亿元，继续位于全省地级市州首位。全年任务完成率101.8%，同比增加3700万元，增幅6.89%；全年电脑票实现销量3.63亿元，位居全省地级市州首位，任务完成率112.37%，同比增加6065万元，增幅高达20.05%，远超全省平均。快开站点网格化管理效果明显，站均销量增加15.79万元。“快乐12”在福彩销量增长中发挥主要拉动作用，得益于网格化管理的严格落实和准入门槛的提高，快开游戏已经成为优秀站点和普通站点的分水岭。

【体育彩票销售】 2017年，聚力体育彩票市场开发，以电脑型、即开型彩票为支撑点，以竞猜型彩票为增长点，全市全年体彩销量2.67亿元，基础目标完成率101.7%，同比增加1194万元，增长比例4.69%，全省排名第二。绵阳市体育彩票在售网点数448个，同比减少13个。投入资金92.3万元通过网点、报刊、公交站台牌、网络等平台强化体彩宣传，尤其是开展4个月100个街名牌的连续投放宣传，有效提高了体彩的知晓度和销售额。“乐透型”“竞彩型”“即开型”三大游戏类彩票完成率为92.9%、116.2%、80.8%。

【福利彩票公益金使用情况】 2017年度，全市市级福利彩票公益金2016年结转572万元，省财政厅下达绵阳市2490.75万元，实际支出1965.55万元，年末结余1097.2万元。支出分配情况：安排用于2017年养老服务体系建设市级补助资金837.75万元，“12349”居家养老服务信息平台运营补助50万元，2016年居家养老服务项目第三方机构监督评估费用10万元，老龄意外伤害保险59.6万元，绵阳市养老市场繁荣调研15万元，参加全省老年人合唱比赛补助资金6万元，“十三五”期间养老及老龄事业规划制定15万元，北川羌族自治县郭牛村日间照料中心建设补助30万元，三台县双乐乡敬老院维修改造70万元，救灾物资储备库三号库维修及滑坡治理70万元，金秋助学补助资金74.4万元，北川县郭牛村费用5万元，孵化中心补助租金及运营费用49.8万元，救助管理站维修、更换救助人员生活区域设施、设备10万元，春节慰问资金63万元，市殡仪馆迁建项目600万元。

【体育彩票公益金使用情况】 2017年度，绵阳市市级体育彩票公益金2016年结转215万元，省财政厅下达绵阳市1047.2万元，实际支出1101.65万元，年末结余160.55万元。支出分配情况：安排用于绵阳市首届老年人健身节暨市民健身展示大会5万元，市足球协会选派老男孩和三台县足球队2支队伍参加四川省业余足球联赛5万元，市桥牌协会开展2016年桥牌俱乐部锦标赛、“周末桥牌赛”“老年桥牌赛”等赛事22.3万元，游仙区开展全民健身活动，购置全民健身器材17万元，绵阳市教体局、绵阳市总工会、绵阳市直属机关工委在全市范围内联合举办拔河争霸赛27万元，绵阳市篮球协会主办，绵阳中学、星源篮球运动中心共同承办绵阳市第四届篮球等级赛5万元，高新、经开、科创、仙海4个园区用于开展国民体质监测工作60万元，游仙区建设公共田径场跑道和足球场地及边坡治理补助资金103万元，经开区11中学校运动场地改造50万元，绵阳中学、南山中学、实验高中、普明中学开展“三大球”举办活动、参加比赛、场地建设、器材设施购置等119万元，四川省青少年体育锦标赛参赛补助61.01万元，绵阳市教体局、绵阳市体育总会举办大中专院校足球联赛、篮球联赛、排球联赛、三模锦标赛等赛事活动补助资金15万元，对2017年四川省锦标赛获奖运动员、教练员奖励118万元，备战省第十三届运动会，购置比赛及训练器材65.55万元，南河体育中心维修和设备购置40万元，市教体局采购健身器材10万元，涪城区教体局承办“2017年四川省青少年排球（丙组）锦标赛”和“2017年四川省青少年沙滩排球锦标赛”20万元，游仙区富乐国际学校承办“2017年全国中学生游泳锦标赛”5万元，绵阳市第六届端午龙舟公开赛30万元，江油市承办“四川省第十三届青少年乒乓球公开赛10万元，三台县教体局承办“我爱足球”中国足球民间争霸赛、“金立杯”中国围棋甲级联赛等赛事补助30万元，北川县承办“四川省第32届‘晚霞杯’”和“首届‘大禹杯’桥牌公开赛”等赛事补助10万元，梓潼县举办“全国高等院校（体育院系组）健身气功比赛”10万元，下达涪城区体育彩票公益金地方分成资金214.32万元，下达游仙区体育彩票公益金地方分成资金49.47万元。

（李翔宇）

殡　葬

【概况】 2017年，全市有1个市级殡仪馆（绵阳市殡仪馆）和5个县级殡仪馆（安州区、盐亭县、梓潼县、三台县、江油市殡仪馆）。市殡仪馆有火化炉7台，全年火化遗体8067具。安州区殡仪馆有火化炉3台，全年火化遗体3318具。盐亭县殡仪馆有火化炉4台，全年火化遗体1858具。梓潼县殡仪馆有火化炉3台，全年火化遗体465具。三台县殡仪馆有火化炉4台，全年火化遗体2752具。江油市殡仪馆有火化炉5台，全年火化遗体5899具。

【殡葬管理工作】 2017年，全市贯彻《殡葬管理条例》和《公墓管理条例》，持续推进殡葬改革，倡导绿色环保祭祀、推行节地生态安葬。全年火化遗体22400余具，为4100余名“五保”户、低保户、“三无”人员、特殊困难群众等减免基本殡葬费用400余万元。完成清明节祭扫服务保障，全市各经营性公墓共服务扫墓群众46.24万人次，疏导机动车6.6万辆次。组织开展全市殡葬行业突出问题专项整治、殡葬服务环保专项整治等行动，深化“殡葬服务提升年”活动。年底，绵阳市殡仪馆被评为省级文明单位。

▲“五保”户：保吃、保穿、保医、保住、保葬（孤儿为保教）。

▲“三无”人员：无劳动能力，无生活来源，无法定赡养、抚养、扶养义务人。（李翔宇）

县市区·科学城办事处

County City District · Science City Office

概　述

【概况】 2017年，绵阳市辖3区（涪城、游仙、安州）、5县（三台、盐亭、梓潼、平武、北川）、1市（江油），代管科学城办事处。年初，市委、市政府印发《实施“振兴计划”推动县域经济加快发展的意见》，组织召开全市县域经济发展工作大会，对全市县域经济发展作出安排部署，提出通过扎实推进“五大行动”，全面提升县域新型工业化、城镇化、信息化、农业现代化绿色化水平。研究制定《县域经济发展考核办法》，下达21项考核指标，实行百分制考核，并且与县域经济工作表扬奖励和当地党政领导重用调配挂钩。截至年底，全年县域范围实现地区生产总值1619.27亿元，占全市总量的78.05%，较2016年提高0.37个百分点。部分地区实现经济总量上台阶，其中涪城区首次突破300亿元，游仙区首次突破200亿元，盐亭县、梓潼县首次突破100亿元。与2016年相比，按照全省统一排名，5个县区实现升位，其中游仙区上升7名，涪城区上升4名，安州区上升2名，盐亭县、北川羌族自治县各上升1名，江油市、梓潼县、平武县排名保持不变，三台县依据统计年报数据下降1名，依据统计快报数据排名保持不变；按照全省类区县排名，游仙区上升5名，涪城区上升3名，其他县市区排名均与上年持平，这也是全市县域自2015年全省分类区考核以来的最好成绩。全年实现固定资产投资1139.17亿元，占全市总量的79.3%，完成目标任务的101.8%。工业投资356.62亿元，完成目标任务的111.4%。社会消费品零售总额872.59亿元，完成目标任务的100.4%。北川、平武被省委、省政府命名为第二批县域经济发展模范县。

【县域三次产业融合发展】 2017年，全市县域有38家工业大企业大集团成为首批工业大企业大集团培育对象。产业园区产业集中度达到82%。投资超过400亿元的汉能移动能源产业园项目落户涪城区。规模以上服务业企业入库35家。“一核驱动、四带辐射、六区联动”服务业新格局基本建立。累计建设现代农业万亩亿元示范区76个，建成现代农业园区31个、创业创新园区20个。涪城区规模以上“两新”企业产值同比增长28%；游仙区军民融合产值占规模工业总产值比重达到37%；安州区汽车及零部件企业达26家，产值达40亿元；江油市17个省市重点项目完成投资60.3亿元，完成年度投资计划的126.2%；三台县通过多渠道融资，到位资金近16亿元；梓潼县新增蜜柚基地1666.7公顷；盐亭县建立“1+N”“5+2”工作机制，确保160个项目有效推进；平武县“中蜂+”产业的扶贫模式得到国务院扶贫办的充分肯定；北川羌族自治县推动电商产业集聚，国家第二批电商进农村综合示范项目绩效考评得分排四川第一位。

【县域城乡统筹建设】 2017年，全市着力构建现代基础设施体系，西（安）成（都）客专开通投运，成（都）兰（州）铁路加快推进，九（寨沟）绵（阳）高速全线启动，广（元）平（武）高速开工建设，建设完成农村公路1658千米，武引二期灌区等3处大中型工程建设稳步推进，新增有效灌面5126.67公顷。加快新型城镇化步伐，着力打造游仙石马等工业强镇，涪城龙门等商贸重镇，安州桑枣等旅游名镇。江油青莲镇成功入围第二批全国特色小镇行列。

【县域民营经济发展】 2017年，全市新增民营规模工业企业84家，新增“专精特新”企业52家。为90家企业发放企业“服务绿卡”。签约实施PPP项目10个，总投资71.89亿元。11家中小企业成功登陆“新三板”。建成省级民营小企业创业示范基地5个。

【县域改革开放】 2017年，县市区推进供给侧结构性改革，“三去一降一补”“一提一创一培”取得阶段性成效。深化“放管服”改革，项目审批时限压缩到6个工作日。出台《绵阳市国家投资工程建设项目招标投标办法》，围标串标、高价中标得到有效遏制。扩大对外开放，提升招商引资实效，全年实现县域国内省外到位资金477.05亿元。

【社会民生改善】 2017年，全市脱贫攻坚成绩突出，有176个贫困村退出，1个贫困县摘帽，31866人脱贫，完成率达101.1%，贫困发生率下降至1.14%。社会事业惠及更多居民，城乡居民基本养老保险参保覆盖面超过91%，县域内就诊率提高到90%以上。

【县域经济问题】 2017年，全市县域经济根据统计数据和全省县市区排名、平原区县市区排名、丘陵区县市区排名显示，全市县市区经济发展不充分、不平衡，丘陵区、山区在全市经济总量中占比很小；民间投资热度不高，县域范围实现民间投资592.40亿元，占县域总投资比重为52%，低于2016年同期4.8个百分点；财政收入出现下滑，6个县市区地方一般公共预算收入增速均低于2016年同期水平，个别县市区出现同比下降情况。 （陈 港）

2017年四川省县级经济综合评价排位

表72

县市区名称	位次	县市区名称	位次	县市区名称	位次	县市区名称	位次
龙泉驿区	1	船山区	23	雨城区	45	广安区	67
双流区	2	乐山市中区	24	中江县	46	**安州区**	**68**
涪城区	**3**	峨眉山市	25	泸 县	47	五通桥区	69
新都区	4	绵竹市	26	**游仙区**	**48**	邻水县	70
温江区	5	威远县	27	蒲江县	49	贡井区	71
旌阳区	6	崇州市	28	安岳县	50	东兴区	72
郫都区	7	射洪县	29	夹江县	51	宝兴县	73
新津县	8	仁和区	30	前锋区	52	南溪区	74
青白江区	9	沙湾区	31	华蓥市	53	岳池县	75
翠屏区	10	金堂县	32	富顺县	54	达川区	76
江阳区	11	内江市中区	33	南部县	55	宣汉县	77
西昌市	12	仁寿县	34	乐至县	56	罗江县	78
广汉市	13	大邑县	35	武胜县	57	**三台县**	**79**
顺庆区	14	邛崃市	36	资中县	58	犍为县	80
雁江区	15	通川区	37	盐边县	59	洪雅县	81
都江堰市	16	彭山区	38	荣 县	60	江安县	82
东坡区	17	大竹县	39	沿滩区	61	合江县	83
简阳市	18	利州区	40	石棉县	62	长宁县	84
什邡市	19	米易县	41	宜宾县	63	青神县	85
龙马潭区	20	隆昌县	42	阆中市	64	康定市	86
彭州市	21	会理县	43	渠 县	65	珙 县	87
江油市	**22**	大安区	44	纳溪区	66	丹棱县	88

续表

县市区名称	位次	县市区名称	位次	县市区名称	位次	县市区名称	位次
古蔺县	89	天全县	111	沐川县	133	红原县	155
大英县	90	万源市	112	屏山县	134	色达县	156
汶川县	91	安居区	113	**平武县**	**135**	丹巴县	157
梓潼县	**92**	理　县	114	雷波县	136	金川县	158
蓬安县	93	冕宁县	115	峨边县	137	道孚县	159
筠连县	94	南江县	116	松潘县	138	炉霍县	160
巴州区	95	平昌县	117	巴塘县	139	甘孜县	161
会东县	96	**北川县**	**118**	昭化区	140	若尔盖县	162
高坪区	97	兴文县	119	宁南县	141	新龙县	163
荥经县	98	苍溪县	120	茂　县	142	阿坝县	164
金口河区	99	叙永县	121	泸定县	143	金阳县	165
井研县	100	雅江县	122	乡城县	144	石渠县	166
高　县	101	芦山县	123	马边县	145	甘洛县	167
蓬溪县	102	名山区	124	恩阳区	146	普格县	168
旺苍县	103	稻城县	125	朝天区	147	壤塘县	169
马尔康市	104	九寨沟县	126	黑水县	148	德格县	170
德昌县	105	九龙县	127	得荣县	149	越西县	171
仪陇县	106	西充县	128	青川县	150	布拖县	172
营山县	107	剑阁县	129	通江县	151	昭觉县	173
盐亭县	**108**	白玉县	130	盐源县	152	喜德县	174
嘉陵区	109	木里县	131	小金县	153	美姑县	175
开江县	110	汉源县	132	理塘县	154		

涪城区

【概况】 绵阳市涪城区因古涪县得名，因治地近涪水而得名，位于涪江西岸，是绵阳市的主城区，四川省“十强县”，全国投资潜力百强区，欧阳修出生地。辖区（绵阳国家级高新技术产业开发区、绵阳经济技术开发区、绵阳科教创业园区）面积597.3平方千米，其中区本级管辖面积422平方千米。辖区2个乡、14个镇、9个街道办事处。年末辖区常住人口92.87万人，城镇化率77.71%；辖区耕地面积11051.4公顷；森林面积14473公顷，森林覆盖率26.1%。全年市区年降水量1034毫米，年平均气温度17.6℃，年日照时数1274.2小时。涪城区实现地区生产总值774.91亿元，同比增长9.8%。实现地方一般公共预算收入53.56亿元。农林牧渔业总产值41.09亿元，同比增长3.8%。年末规模以上工业企业223家，实现总产值1462.9亿元，实现主营业务收入1265.43亿元，产销率97.6%，实现利润47.07亿元。国内贸易实现社会消费品零售额458.66亿元，同比增长12.7%。全年外贸进出口总额5335.6万美元，其中出口总额3933万美元。外商直接投资1000万美元，外商直接投资合同项目19个。当年实际使用外资金额6746万美元。全年接待游客672.7万人次，同比增长23.7%。实现旅游总收入97.05亿元，同比增长17%。全社会固定资产投资总额507.6亿元，同比增长7.7%。固定资产项目投资384.46亿元，同比增长16.9%。年末全区公路总里程1274.11千米，铁路旅客运量（发送量）615.28万人。绵阳机场旅客吞吐量354.3万人次，同比增长63.1%；邮政业务总量1.53亿元，电信业务总量27.83亿元。民营经济全年实现增加值473亿元，同比增长10.0%。全区有小学学校43所，在校学生6.97万人。普通高校12所（成人教育），全年招生41034人，在校学生131489人。区内有公共图书馆1所，藏书16.8万册。广播覆盖率为100%、电视覆盖率为100%。有各类医疗卫生机构（诊所等）258个，卫生机构从业人员9566人，执业医师及执业助理医师2634人，注册护士4057人。年末城镇登记失业人数11027人，城镇登记失业率3.6%。涪城区居民消费价格总指数（CPI）上涨2.0%。农村居民人均可支配收入18052元，增加1484元，同比增长9.0%；城镇居民人均可支配收入33914元，增加2563元，同比增长8.2%。涪城区万元GDP综合能耗下降3.5%；建成省级生态乡镇8个、生态村7个，市级生态村97个。涪城万达广场入选全国“绿色商场”创建名单。杨家镇获评全国卫生镇；获全国投资潜力百强区第59位，较2016年上升3位。

【区域特色产业集群打造】 2017年，科技城集中发展区的永贵科技二期、智能终端产业园等24个产业项目加快推进，360全国安全服务运营总部、华康能仁等37个项目签约，高铁大道、滨河北路等64个基础设施项目实施。金家林总部城项目全面复工，基金小镇项目装修基本完成，军民融合产业园项目复工准备工作全面启动。全年完成固定资产投资102亿元，到位国内省外资金34亿元。临港经济发展区金能、凤凰膜都等11个项目加快建设，皂角铺铁路物流基地、科技城物流产业园启动建设，智慧铁塔、绵州里文化商业街等6个亿元项目签约引进，完成400余公顷征地拆迁，水、电、气、路等要素保障持续完善。全年完成固定资产投资50亿元，到位国内省外资金31亿元。中心城区培育特色楼宇7个，引进企业200余家，实现就业1200余人。认证区级特色商业街3条，解决就业1400余人，新增营业额2亿元。完成棚户区改造213户，实施老旧小区治理92个。农旅融合区国家农业科技园区核心区、省级田园综合体试点建设加快推进，引进总投资13亿元的九洲汉地康养综合体项目，“欢乐碗”水上乐园等39个项目加快实施，特色小镇前期工作加快启动。

【绵阳首个田园综合体通过省专家组评审】 2017年10月17日，省财政厅、省委农工委组织四川大学、西南财经大学、四川农业大学、省农科院、省规划院、省社科院等7个科研院所的专家，对涪城区田园综合体项目进行综合评审并通过专家组审定。涪城区田园综合体是贯彻落实2017年中央一号文件精神，四川省3个县试点田园综合体项目建设之一，并获得试点县项目补助资金3000万元。涪城区田园综合体试点区规划范围为杨家、关帝、玉皇、丰谷4个镇27个行政村，规划面积约70平方千米。规划通过3—5年时间，建成一个芳香特色小镇、十个“农趣景区”、百个“创意农庄”、千个“乡愁院落”、万亩“特色农产品基地”。体现农民主体，集循环农业、创意农业、农事体验于一体，通过农业综合开发、农村综合改革开展

图133 滨江广场

试点示范，为全省浅丘区农户脱贫致富、建设美丽乡村探索可复制的经验。

【涪城蚕桑“三新三化”模式入选“2017四川十大农业供给侧结构性改革案例”】 蚕桑产业是涪城区支撑区域农业经济发展的重要支柱产业。全区开发有“八倍蚕”蛹虫草、“桑之玉”桑叶茶、“七彩之虹”精品生丝及丝绵被等二产产品，利用废弃桑枝条年产桑枝食用鲜菌2000余吨，蚕沙年产有机肥1万吨，实现年销售收入3200余万元；实施“千鹤桑田”观光带、“杨家绣房”体验培训馆、“七彩之虹”精品生丝制品及服饰品展示厅、“桑之玉”桑葚酒庄加工体验、“桑之玉”桑叶茶文化品味厅等一批传承丝绸文化的三产项目，年接待游客10万余人，实现销售收入1000余万元。探索“互联网+农业”在蚕桑产业上的应用，利用物联网技术进行科学技术管理和温湿度调控，逐步实现标准化饲养，节本增效提高蚕茧质量；应用“互联网+电商”模式，推动流通方式转变，年电商销售收入突破1000万元。全区8个蚕桑产业镇建成高标准桑园460余公顷，标准化蚕业基地2000余公顷，培育0.3公顷以上业主大户500余户，返包1.3公顷以上大户220户，带动农户养蚕近万户；实现年均蚕丝总产值3.5亿元、农民茧款收入2.2亿元，亩桑蚕茧收入比同业高出3000元以上。涪城区蚕桑产业园被命名为“四川省现代蚕桑产业示范园”“中国优质茧丝生产基地”，“涪城蚕茧”获评国家地理标志证明商标。天虹丝绸销售精品干蚕茧高于同行业售价20%以上，“涪城蚕茧”和“七彩之虹”精品生丝在中国纤检局公布的抽样检验中各单项及综合指标排名全国第一，其6A级顶级精品生丝成为APEC会议和G20杭州峰会领导人服装原料丝；被LV、香奈儿、爱马仕等国际知名品牌指定原料。涪城区将蚕业生产纳入政策性农特产品保险试点，政府出资75%、企业出资25%，减少生产风险，调动农户积极性。首创“龙头企业+服务主体+生产主体”机制，该机制被列入《四川省2013—2020年蚕桑产业发展纲要》重点推广。

图134 5月8日，汉能集团绵阳移动能源产业园项目签约仪式在绵阳举行

【金能移动能源产业园开工建设】 2017年5月，汉能集团绵阳移动能源产业园项目签约，项目总投资超453亿元。首期投资66亿元的金能移动能源产业园项目7天完成签约，120天完成项目拆迁等前期工作，117天实现开工建设。金能移动能源产业园项目是汉能投资集团公司在涪城投资的重点项目，占地面积约为187公顷。项目总体规划包括：600兆瓦柔性砷化镓（GaAs）薄膜太阳能电池组件制造项目，2100兆瓦铜铟镓硒（CIGS）薄膜太阳能电池组件制造项目，5万辆全太阳能动力汽车生产制造项目，汉能移动能源亚太研发中心项目，汉能清洁能源智慧小镇项目。项目分四期建设，项目一期总投资额约66亿元，总占地面积约为33公顷，两年内建设完成并调试投产。建设内容包括：20兆瓦柔性砷化镓（GaAs）薄膜太阳能电池组件制造项目，600兆瓦铜铟镓硒（CIGs）薄膜太阳能电池组件制造项目。截至年底，园区完成项目初步设计和办公场地装修，临时用电、用水已建设完毕，进行101号厂房建设收尾，并对首批设备进行调试安装。

【欧阳修1010周年诞辰纪念大会】 2017年8月11日，区政协、区委宣传部和绵阳市欧阳修研究会共同主办的北宋文学家、政治家、思想家、史学家欧阳修1010周年诞辰纪念大会在富临大都会酒店举行。来自海内外各界人士、欧阳修研究学者、欧阳修后裔等近400人参加纪念大会。省政协副秘书长王元勇，市委常委、宣传部部长张学民，市政协副主席田荣华出席活动。涪城区委书记郑志恒、区政协主席张晓丰先后致辞，中国欧阳修研究会副会长李德书宣读祭文。活动现场举行《欧阳修诗词文赋选读》首发式，首批8000册图书赠送给辖区机关单位、中小学校、公共图书馆、乡镇文化站、农民书屋、社区文化室，并向全国数十个欧阳修生活经历过的地区赠阅。市、区部分单位表演纪念欧阳修的文艺节目。 （王 龚）

游仙区

【概况】 游仙区位绵阳城区涪江以北，是绵阳主城区之一，全区面积1000平方千米，辖1个经济开发区（省级开发区，内含省级循环经济示范园区），1个经济试验区，3个街道办事处，18个镇、3个乡。辖区总人口为55.77万人，农村人口25.29万人，城镇人口30.48万人，城镇化率达53.3%。农作物总播面达56867公顷，森林管护面积达6169公顷；森林覆盖率为28.8%。辖区实现地区生产总值（GDP）241.06亿元，同比增长9.0%，实现人均地区生产总值46501元。实现农林牧渔业总产值51.54亿元，同比增长3.9%。全年农作物总播面达56867公顷，同比增长0.2%。全区新增市级以上农业产业化龙头企业5家，市级以上农业产业化重点龙头企业实现销售收入58.16亿元，同比增长9.7%。区属规模以上工业实现总产值443.54亿元，同比增长23.8%。全区规模以上工业综合能源消耗量102244吨标煤，规模工业万元增加值综合能耗同比下降0.3%。辖区完成全社会固定资产投资197.72亿元，同比增长14.3%。区属完成全社会固定资产投资168.64亿元，同比增长17.3%。实现社会消费品零售总额95.94亿元，同比增长12.8%。全区实现旅游收入62.7亿元，同比增长40.5%。接待旅游人数651.43万人次，同比增长28.8%。区属国内省外招商引资履约项目74个，协议引资375.93亿元，到位资金80.45亿元；全区直接利用外资1438万美元。货物进出口3648.18万美元，同比下降9.9%。非公有制经济增加值146.77亿元，同比增长9.3%。全区实现财政总收入24.36亿元，同比增长13.7%。金融机构各项存款余额为267.31亿元，同比增长9.8%；金融机构各项贷款余额为215.30亿元，同比增长8.3%。辖区内有各类学校（普通高中、职业高中、初中、小学、幼儿园）142所，在校学生数83822人；全区广播覆盖率达到100%，电视覆盖率达到100%。有各级各类卫生机构405个，有床位数1980张。全区城镇登记失业人员6510人，城镇登记失业率为3.8%。城镇居民人均可支配收入达到37349元，比2016年增加2751元，同比增长8.0%；农村居民人均可支配收入达到15770元，比2016年增加1335元，同比增长9.2%。游仙区街子镇岳家村、白蝉镇王家寨子村和新桥镇玉泉村获住房和城乡建设部公布的全国第四批美丽宜居小镇、美丽宜居村庄。游仙区获“国家知识产权强县工程示范区”。

【军民融合产业发展】 2017年，全区军民融合全创试验成效显著，兵装集团绵阳智能制造中心落户游仙，中物院某重大装置项目用地拆迁提前完成、配套基础工程加快推进。成功孵化中天蓝瑞、沃飞光电等军民融合企业33家，引进中尚能源等军民融合项目25个，军民融合认定企业达51家，实现军民融合产业产值164.1亿元。编制军民融合产业园产城一体规划，完成规划区范围内711户农房拆迁。举办第五届科博会游仙主题区活动。西部军民融合创新科技研发试验区建设全面启动，在沈家坝成立专门服务中心，租赁人才公寓，为园区招引军融创新一号至八号项目20个、概算总投资416亿元。

【重大项目签约游仙】 2017年3月14日，游仙区举办2017年项目集中签约仪式。思迈科技、中国兵器装备集团自动化研究所、海创利等24家企业与游仙区人民政府签订合作协议，总投资达150.6亿元。本次签约仪式共签约项目24个，签约金额共计150.6亿元。其中工业项目10个，总投资47亿元，主要有投资15亿元的珠海宸华环保工业废物综合处置中心项目、投资6亿元的四川思迈科技5G通讯光模块制造项目、投资5亿元的珠海海创利电子产品项目；综合服务类项目11个，总投资84.1亿元，主要有投资37亿元的四川民富国康科研后勤中心康养保障基地项目、投资12亿元的新华林业仙山植物园二期项目、投资10亿元的四川富达创新创业股权投资基金项目；园区基础设施类项目1个，总投资18亿元，由中铁城市发展投资集团有限公司投资建设；农业项目1个，投资1.5亿元的四川亿冠林农

图135　富乐山风景区

业苹果矮化项目。

【第五届中国（绵阳）科技城国际科技博览会游仙区军民融合产业发展论坛活动】 2017年9月8日，第五届中国（绵阳）科技城国际科技博览会游仙区军民融合产业发展论坛活动在游仙举行，商务部、省科技厅、省发改委、省经信委、省投促局以及省知识产权局等相关部门负责人，中物院、兵装集团等科研单位负责人，业内专家、各地客商、企业代表等近400人（区外客人270人）参加活动。区长陈华斌从智能制造产业、核技术应用产业、航空配套产业、信息安全产业等方面进行项目推介。中物院院士徐志磊、国防科大博士刘长利、中科院西安光学精密机械所孵化中心总经理曹慧涛、国家发改委产业经济与技术经济研究所副所长费洪平、北京瑞风协同科技公司总经理张成胜5名军民融合领域的专家学者，围绕军民融合科技协同创新、科研院所军民融合产业发展探索与实践等内容做专题报告。

【四川省首届旅游新技术应用大会】 2017年9月6—7日，省旅发委、省科技厅、市政府主办，游仙区政府、市旅发委、市科知局承办的四川省旅游业新技术应用大会在绵阳召开。绵阳市副市长罗蒙致欢迎辞；省旅发委发布并解读《四川省旅游业新技术应用导则》；省科技厅发布首批《四川省科技旅游示范基地创建名单》；游仙区委书记江彬就发挥科技优势，发展全域旅游等方面接受新华社、《四川日报》等主流媒体采访。游仙区人民政府区长陈华斌就游仙区位优势、人文底蕴、产业基础、品牌效应、招商引资、政策优势等情况做推介。会上，游仙区、成都鱼说科技有限公司等7家单位进行专题推介。游仙区人民政府与北京8号体育公司签订框架协议，协议引资105亿元。

【走进中央电视台文化活动在游仙举行】 2017年9月10日，中国中央电视台军事农业频道（CCTV-7）阳光大道栏目“送文化、走基层”国庆特别节目《向祖国致敬　欢聚绵阳游仙》主题文艺录制活动在四川绵阳国际兰花主题公园举行。中共绵阳市委常委、宣传部长张学民、游仙区四大班子负责人及驻游仙部队、政法干警、医生护士代表、环卫工人代表、学校师生代表等2000余人观看演出。演出期间，主持嘉宾通过话题互动，介绍游仙的红萝卜、芦笋、土鸡蛋等特色农产品，节目中渗透着游仙经济发展成果、丰富的旅游资源和深厚的历史文化底蕴，通过节目将游仙区经济建设、信义文化建设、军民融合成果、乡村旅游、精神文明建设、地域文化、对外开放政策和招商引资环境展示给全国观众，促进全国人民了解游仙、认识游仙。活动录播节目于10月8日18：05—19：30在中央电视台军事农业频道播出。

【绵阳生态文明建设高层研讨会】 2017年7月10日，中国生态文明研究与促进会、中组部、团中央博士服务团主办的“创新驱动·绿色发展——绵阳生态文明建设高层研讨会”在游仙区举行。来自全国100余位国内知名专家、教授和企业家出席研讨会，为绵阳的生态文明建设献计献策。研讨会上，现场签约项目12个，涉及军民融合、智能制造、节能环保等领域，协议投资221.3亿元。其中涉及军民融合领域的项目7个，投资资金188.3亿元。

（林莲　张洁）

安州区

【概况】 2017年，全区总面积1189平方千米，辖15个镇、3个乡、234个行政村、27个社区。2017年，全区地区生产总值达132.05亿元，同比增长9.2%。人均地区生产总值（GDP）达33976.0元，同比增长11.5%。农业总产值51.35亿元，同比增长3.85%。农作物播种面积6.42万公顷，粮食总产量25.73万吨，同比增长0.78%。肉类总产量3.47万吨。有规模以上工业企业109家，实现规模以上工业总产值262.05亿元，同比增长25.1%；规模以上工业销售产值260.15亿元，同比增长24.9%。社会固定资产投资132.03元，同比增长15.5%。社会消费品零售总额73.17亿元，同比增长12.4%。招商引资到位资金58.61亿元，进出口总额达4.64万美元。地方公共预算收入5.69亿元。全区金融机构各项存款余额175.3亿元，同比增长8.77%。收入各种保费6.16万元，同比增长55.6%。接待旅游者人数939.56万人次，同比增长43.52%；实现旅游收入66.66亿元，同比增长38.93%。各类学校38所，

图136　安州姊妹桥

在校学生42843人。医疗卫生机构317个，床位1927张，各类卫生技术人员1898人。2017年，全区总人口443347人，人口出生率为10.04‰；人口自然同比增长率为3.65‰。城镇居民人均可支配收入30005元，同比增长8.6%，农村人均可支配收入15430元，同比增长9.0%。城镇职工养老保险参保3.73万人，城乡居民养老保险参保23.38万人；城镇职工医疗保险参保2.7万人；城镇失业率为3.74%，失业保险参保人数1.62万人；新农合参保农民35.43万人。截至年底，安州区获“2017四川县域电子商务十佳县”，“幸福七里”入选全国农村创业创新园区（基地）目录，桑枣镇入选全国第四批美丽宜居小镇示范镇和四川第一批省级特色小镇，全省首批“四好农村路”示范县。

【安州区获“2017四川县域电子商务十佳县”】 2017年9月21日，中国农村电商发展与精准扶贫论坛在绵阳举办，该论坛为中国（四川）电子商务发展峰会的主要活动之一，安州区荣获“四川县域电子商务十佳县”。此次评选活动历时3个月，有82个县的电商企业和个人参与评选。评选依据“成长性、影响力、创新性”等指标，经过网络报名、网络投票、行业专家及媒体评审打分等环节，最终理县、汶川县、绵阳市安州区等十个区县获“2017四川县域电子商务十佳县”。

【桑枣镇入选全国第四批美丽宜居小镇示范镇】 2017年1月11日，住建部公布安州区桑枣镇入选第四批美丽宜居小镇、美丽宜居村庄示范名单，成为全市唯一荣获宜居小镇称号的城镇。桑枣镇位于安州区北部，是全国重点镇、四川省“十二五”旅游型重点镇、四川省“百镇建设”试点镇、四川省环境优美示范乡镇、四川省卫生城镇、省级文明城镇、省级特色旅游小镇、全市小城镇建设试点镇及示范镇。近年来，桑枣镇按照“一山一带”发展战略空间布局，以高品质温泉、特色小城镇、桑河路乡村旅游带为重点，优化旅游投资环境。已建成集交通运输和农事体验于一体的农业观光道路13.2千米，发展玫瑰种植80公顷，莲藕种植67公顷，“温泉花海”“十里荷塘”初具规模。同时，以经过国家医疗卫生部门鉴定的医疗地热矿温泉——罗浮山温泉为依托，建有10平方千米的四川省罗浮山温泉旅游度假区，至入选名单之前，度假区内有各类星级酒店和温泉水疗中心8家、农家酒店13家。6月，四川省加快推进新型城镇化工作领导小组办公室公布第一批省级特色小镇名单，桑枣镇成为安州区唯一成功入选的乡镇。

图137　赛手骑过场镇路段

【第五届环山环湖国际自行车公开赛举行】 2017年3月12日上午9:00，绵阳市安州区第五届环山环湖国际自行车公开赛在省级风景名胜区罗浮山下游客接待中心鸣枪开赛。来自国内30个省、146个地市州，安道中国车队、凯宇中国车队等134个车队的661名选手和加纳、蒙古3名外籍选手参加赛事。本届赛事赛道延续往届全场50.4千米，从国家地质公园管理处出发，途经乐兴、辽安路（桑乐路口）、秀水成青路口、睢水镇、沸水镇，最终到达晓坝中国院子，赛道涵盖了安州乡村旅游最美的路段。赛事共设置外地青年男子A、B组、青年女子组、中年男子组、中年女子组及本地青年男子女子组、中年男子女子组共九个组别的比赛。经过角逐，来自浙江新南北太阳车队的吴春元获外地男子青年A组第一名，来自江苏南京森地客—鑫元鸿车队的郭鑫伟获外地男子青年B组第一名，来自四川高校联队的杨昊宇获本地青年男子组第一名，来自浙江飞龙体育车队的吴刚荣获外地中年男子组冠军，来自绵阳光速车队的赵斌获本地中年男子组冠军，何艳荣获外地女子青年组第一名，来

资料链接：

安州区抓住“互联网+”机遇，按照“政府引导、企业主导、产业支撑、品牌带动、全民参与”发展思路，率先创建电子商务发展中心，建立安州区电商协会，建成7万平方米的安州电商产业园和好农电商创业园，引进阿里村淘项目，在全区18个乡镇建立村（社区）级电商服务站，发展173人的“村小二+淘帮手”村淘队伍，推动魔力科技、无花果、李氏红酥、森泰鸡蛋等特色优势网销产品线上线下同步营销。2017年，全区实现电商交易额79.5亿元，同比增长160.66%。支持华教、网库魔芋等重点企业发展，网络零售额达到12亿元。

自江油蜀道体育的邱付萍获本地青年女子组冠军，来自陕西宝鸡即刻启程UCC车队的张俊英荣获外地女子中年组第一名，来自绵阳路标自行车户外俱乐部的于爽获本地中年女子组冠军。

【2017中国舟钓路亚公开赛·分站赛（四川安州站）举行】 2017年9月15日至17日，历时两天的"安州农商银行杯"中国舟钓路亚公开赛·分站赛（四川安州站）在绵阳市安州区举行。比赛由中国钓鱼运动协会、安州区人民政府举办。来自全国各地的80位选手们经过两日鏖战，克服阴雨天气的考验，最终冠军由来自四川本地的选手黄坚以总重5.9千克夺得，同时获得代表中国队参加第七届舟钓世锦赛资格，四川选手鲜大宾和四川选手魏褐夫分别获得第二、三名，单尾最大奖为1.6千克，由鲜大宾获得。

【银河化学被评为全国首批"绿色工厂"】 2017年9月，工信部为贯彻落实《中国制造2025》，实施绿色制造工程，加快构建绿色制造体系，率先打造一批绿色制造先进典型，按照《工业和信息化部办公厅关于开展绿色制造体系建设的通知》《关于请推荐第一批绿色制造体系建设示范名单的通知》要求和工作程序，经申报单位自评价、第三方评价机构评价、省级工业和信息化主管部门推荐、专家论证、复核以及网上公示等环节，确定2017年第一批绿色制造示范名单，安州区银河化学入选，成为全国首批"绿色工厂"。

【安州区环保督察工作】 2017年，安州区成立以区委书记、区长任组长的环保督察问题整改领导小组，区委、区政府主要领导专题研究并现场督察环保问题整改30余次。陆续出台《突出环境问题整改实施方案》《关于切实加强环保督察问题和自查突出问题整改工作的通知》《深入推进环境问题整改做好迎接中央环境保护督察工作总体方案》《关于加强中央环保督察组转办信访问题整改的通知》，逐一明确环保突出问题整改牵头县级领导、责任部门、整改要求、整改方案和完成时限，定期汇总并上报整改进度和工作动态信息，实施挂图作战、跑表计时、到点验收。先后召开环境突出问题专项整改工作会20余次，对问题整改进度进行集中调度。严格实行问题整改"挂牌督办"和"销号制"，做到整改一件、销号一件。区四套班子、纪委、组织部领导带队开展突出环境问题专项督导和"回头看"5次以上。中央环保督察期间，在落实省市总体部署的基础上，坚持区级领导包案、主管部门牵头，分行业、分辖区开展工作。坚持重拳治乱、铁腕治污，进一步加大环保联合执法力度，持续开展环境保护大检查，坚决打击偷排、漏排、超标排放等违法行为，确保问题存量加快消化。2017年，下发行政命令600余件，立案查处60余起，处罚金额近270万元，移送案件4件，约谈对象120余人，停产整改企业200多家。安州区自查突出环境问题53个，完成整改42个。省督察组反馈现场点位问题17个（49个小问题），移交环保信访案件12件，认领反馈意见中问题49个，共119件问题，完成整改101件。中央环保督察期间，移交安州辖区内环保信访举报件35件，其中安州区牵头办理27件，35件信访件涉及27个点位问题整改，完成整改19个点。

【迎新小学足球队获全国亚军】 2017年，迎新小学留守儿童组成的足球队先后获得2017年全国"花样年华杯"青少年"五人制"足球邀请赛亚军和2017年全国青少年室内五人制足球精英赛精英组U12亚军。球队2012年组建，通过刻苦训练，2015年获安县小学足球联赛亚军；2016年5月夺得安县"局长杯"足球赛小学组冠军；2016年10月再获安州区首届中小学足球赛冠军；同年12月，代表安州区参加绵阳市第五届"绵州决"小学生足球联赛，获三四年级组夺冠，在"八人制"比赛中名列第三。同年10月，教育部批准迎新乡小学创建国家级足球特色学校。

（杨晓灵）

江油市

【概况】 江油市位于绵阳西北部，面积2720平方千米，全市有耕地38041公顷，矿藏20余种；旅游景区30多个，其中国家级AAAA级景区5个（窦圌山、李白纪念馆、李白故居、百年好合爱情谷、佛爷洞）。窦圌山云岩寺、重华老君山古硝洞遗址、青林口古镇为全国重点文物保护单位。全市辖29个镇，11个乡，1个省级工业园区（四川江油工业园区），2个街道办事处（华坪办事处和长城办事处），96个社区居民委员会，365个村民委员会。年末，全市公安户籍人口86.63万人，其中乡村人口52.88万人，城镇人口33.75万人，人口自然同比增长率4.04‰。全年地区生产总值（GDP）实现384.6亿元，同比增长9.2%。人均GDP达48542元，比2016年增加4816元，同比增长9.4%。规模工业完成总产值529.11亿元，同比增长21.3%；其中"两新"产业总产值166.34亿元，同比增长21.6%。全部工业增加值124.93亿元，同比增长9.4%。全年农林牧渔业实现总产值80.53亿元，同比增长3.9%，森林覆盖率达48.2%。幸福美丽新村建成数累计达203个，成功申报省级"四好村"34个、绵阳市级"四好村"63个。全市评选"好习惯十星户"等各类榜样8000余户。全社会完成固定资产投资218.1亿元、同比增长19.1%。实现社会消费品零售总额92.22亿元，同比增长15.3%。全市接待国内外游客736.41万人次，同比增长21.4%；实现旅游总收入97.96亿元，同比增长22.3%。全市实现财政总收入50.47亿元，同比增长10.2%；地方一般公共预算收入19.07亿元，同比增长8.1%。财政总支出65.28亿元，同比增长7.2%。地方公共财政预算支出44.17亿元，同

图138　太白碑林

比增长16%。全市金融机构人民币各项存款余额487亿元，增加30.52亿元，同比增长6.7%。金融机构人民币各项贷款余额224.59亿元，增加29.49亿元，同比增长15.1%。全市各类保险保费收入5.6亿元，同比增长21.5%。全市有各类学校172所，在校学生8.85万人，广播综合覆盖率100%，电视综合覆盖率100%。全市有医疗卫生机构652个。全市城镇居民人均可支配收入30798元，增加2295元，同比增长8.1%。全市农村居民人均可支配收入15642元，增加1338元，同比增长9.4%。4月，江油市被省委、省政府授予四川省2016年脱贫攻坚工作先进县；获第四届四川省文明城市和四川省未成年人思想道德建设工作先进县；四川省旅游强县；江油市人民检察院获第五届“全国文明单位”。

【江油与荷兰法肯堡市结为姊妹友好合作城市】　2017年2月24日，江油与荷兰法肯堡市举行友好合作交流座谈会暨姊妹友好合作城市备忘录签字仪式。受江油市人民政府邀请，荷兰法肯堡市政府代表团8月5—9日对江油市进行为期5天的交流访问。法肯堡与江油正式结为姊妹友好合作城市，标志着两地之间的友好合作迈入新的阶段，推动江油融入“一带一路”倡议沿线建设，扩大对外开放交流，促进与对外友好城市间在经贸、文化、科技、教育、旅游等方面互补合作。

【江油市正式获批四川省旅游强县】　2017年5月15日，四川省旅游产业发展领导小组公布2016年四川省旅游强县名单，江油市等6个县市区正式获批为2016年四川省旅游强县。2017年，江油市旅游经济总体保持强劲的发展势头，在绵阳各县市区名列前茅。全市接待国内外游客736.41万人次，同比增长21.4%；实现旅游总收入97.96亿元，同比增长22.3%。

【纪念王右木130周年诞辰系列活动】　2017年11月12日，中共绵阳市委组织部、宣传部、党史研究室、江油市委共同主办的纪念王右木130周年诞辰学术研讨会在江油市举行。上午9时，来自北京、重庆、河北、成都等地党史研究专家学者前往王右木纪念馆共同敬献花篮，缅怀王右木烈士，并参观王右木故居。在纪念王右木130周年诞辰学术研讨会上，8名专家学者代表以“传承先烈风范，建设伟大工程”为主题，共同探讨王右木对四川马克思主义早期传播所做的贡献及其当代价值，为学习弘扬革命先烈的崇高精神，挖掘和传承推进江油红色文化遗产在新时代中国特色社会主义的伟大实践中深入推进党的建设新的伟大工程，实现中共十九大提出的目标任务建言献策。

【江油市举行2017年重大招商引资项目集中签约仪式】　2017年12月18日，江油市举行2017年重大招商引资项目集中签约仪式。绵阳市委常委、科技城党工委副书记、管委会常务副主任、市国资委党委书记元方出席仪式并致辞。新疆金和企业集团有限公司、北京赛伯乐绿科投资集团、成都纵横自动化技术有限公司等签约企业代表先后发言。本次集中签约仪式共计签订正式投资协议32个，投资金额328亿元。32个项目中，主要涵盖新材料、节能环保、电子信息与光电、模具加工、高端装备制造等领域，5亿元以上项目4个、10亿元以上项目10个、50亿元以上项目2个。其中，中石化、华为科技和碧桂园是江油首次引进的三家“世界五百强”企业。

【大康镇官渡村入选首批全国农村幸福社区建设示范单位】　2017年12月22日，民政部发布《关于公示首批全国农村幸福社区建设示范单位的公告》，江油市大康镇官渡新村入

图139　江油市2017年重大招商引资项目集中签约仪式举行

选首批全国农村幸福社区建设示范单位。官渡村结合新农村建设和乡村旅游发展，采取“政府补助+官渡村”共同投资的方式，对旅游景区沿线的183户农家进行家庭院落风貌改造，成功打造“爱情农家”，发展乡村旅游，既改善环境，又增加村民收入。渡村发展三大支柱产业，第一大产业就是爱情谷，村子里所有人，不分男女老少都可在百合国际博览园摘花、除草，一天工作8小时收入50块钱。第二产业是采摘农业，村里的桑葚从采摘到酿酒都给老百姓提供就业岗位，2014年桑葚酒获得世博会金奖，还被指定为2020年冬奥会庆功酒。第三大产业支柱就是高山休闲养生。三大产业的支撑让村民摆脱贫困。该村2008年村民的人均年收入5000多元。2017年，官渡村村民全部脱贫，人均年收入达17800多元，十年时间，村民收入翻三番。（谢小东）

三台县

【概况】 2017年，三台县总面积2659.38平方千米，其中耕地118468.91公顷，占总面积44.54%。辖49个镇，13个乡，1个政府派出机构北坝街道办事处，1个工业园区；有932个村民委员会，110个居民委员会。全县总户数545198户，总人口1423749人。县城面积约21.1平方千米，常住人口27.2万人；集镇建成区面积32.3平方千米，常住人口28.6万人，城镇化率37.5%。全年旅游收入54.53亿元，接待游客529.54万人次。实现地区生产总值245.66亿元，比2016年同比增长8.5%。全社会固定资产投资120.03亿元，同比增长17.2%。新增规模以上工业企业16家，科技型中小企业67家，新认定国家高新技术企业4家，培育产值过1亿元企业2家，新增科技型中小企业68家，总数396家；新认定国家级高新技术企业4家，高新技术产值实现28.75亿元；专利申请量392件，其中发明专利申请93件，授权量达160件。引进境内省外固定资产投资到位资金35亿元，新签约项目资金160亿元。社会消费品零售总额实现158.85亿元，同比增速12.3%；全年进出口额实现2742.79万美元，其中外贸进口额65.68万美元，出口额2677.11万美元；电商交易额突破125.78亿元，网络零售额突破13.15亿元。有公办建制幼儿园5所，小学109所，初中64所，普通高中4所，中等职业学校1所。全县有民办学校159所，在校学生13.9万人。有各类体育场地1583个，建筑面积1104376平方米。城镇居民人均可支配收入29573元，同比增长8.3%。农村居民人均可支配收入14294元，比2016年增加1186元，同比增长9.1%。

【纺织服装产业】 2017年，全县以印染布、丝织品、纱、布、军装、工装等为主要产品的纺织服装产业，是三台县重要的支柱产业。鞋服纺织产业规模企业14家，实现产值22.8亿元，税金总额7685万元。佳联、佳禧公司是纺织服装产业的龙头企业，中西部最大的印染企业，形成纺纱、织布（和首纺织、泰宇达棉纺等）—印染（佳联、佳禧印染）—服装（恒昌制衣等）较为完整的产业链，基本形成产业聚群发展的模式。佳联入选中国印染20强，“佳联牌工装面料”“佳禧牌防红外迷彩面料”分别获中国印染行业优秀面料一等奖、二等奖，并被四川省人民政府授予四川省名牌产品、获第25届中国华东进出口商品交易会创新奖殊荣。鞋业企业主动承接成都鞋业产业转移，引进鞋业制造企业帮助发展鞋服产业，新引进8家制鞋企业。

【食品医药产业】 2017年，全县食品生物产业有规模企业26家，实现产值29.08亿元，税金6787万元。食品产业以各种罐头、精制猪肉、精品菜籽油、调味品生产等为主要产品。规模企业22家实现产值20.7亿元，上缴税金4184万元，基本实现聚集集群发展。潼川农产品的“潼川”豆豉获“国家非物质文化遗产”“四川老字号”“四川省著名商标”；神龙公司的“梓香”菜籽油获“四川省著名商标”；以芦溪工业集中区为核心打造“绵阳健康食品产业园”，有梅林正广和、神龙粮油等15家企业入驻。智华食品、曹氏酱腌菜等5家企业进入规模企业。生物医药产业以医药制剂、生态配方肥、麦冬制品为主要产品，全年产业规模企业实现产值8.38元，上缴税金2603万元，主要有台沃农业、太极药业、永生农业、代代为本等。太极天诚的产品30余个，产品覆盖全国市场，部分产品已成为全国区域性领导品牌。台沃公司获专利授权63项（其中发明专利9项），产品获“四川省著名商标”。代代为本公司与西南交通大学、四川九洲集团等高校和企业建立长期的技术合作关系，发展麦冬中药材产品。

图140　鲁班湖国家水利风景区

【装备制造产业】 2017年，全县以汽车零部件、摩托车车圈、水泵、电感器、磁元件等产品为主要产品的装备制造产业，是三台传统优势产业。规模企业19家，实现产值16.22亿元，上缴税金4934万元。产业以鸿凯双泰、力达泵业、剑门泵业、中研磨具、金开立磁电、勇奇电子等骨干企业为龙头。

【麦冬大健康产业】 2017年，三台县做好麦冬申报国家"中医药现代化研究"重点专项（中药材大品种开发）相关工作。组建麦冬产业技术研究院，获批省科技厅2017年第一批省级产业技术研究院，11月完成民办非企的注册登记工作。抓好麦冬产业中专利的挖掘和申报工作。培育麦冬相关的科技型中小企业，已培育33家麦冬相关科技型中小企业。完成三台麦冬大健康产业园的授牌。参与麦冬大健康产业园总体规划的修改完善。与四川农业大学、东北大学等10多个科研院校（所）建立稳定的产学研合作关系，建立5个科技特派团和4个专家大院。依托中国中医科学院、北大药学院和四川200余家重点科研院所和医疗机构、8个国家级研究开发中心技术力量，成立由成都中医药大学、华润三九等近20家单位组成的麦冬产学研联盟。四川代代为本农业科技有限公司与成都中医药大学等多家国内科研院所和企业共同组建绵阳大地麦冬产业技术研究院；四川梓州农业科技开发有限公司与四川农业大学等多家科研院所共同组建绵阳森康藤椒产业技术研究院。

【防洪排涝暨引水入城工程完工】 2017年，三台县防洪排涝暨引水入城工程属绵阳市重点工程、三台县民生工程。防洪排涝工程项目位于北坝镇，项目所处区域内原有水系有刘家壕、民力堰和龙潭沟，水系完全是自然走向且不规整，片区内防洪排涝情况存在很大隐患。本工程设计根据城市规划的要求，将该区域水系进行整合，在利用原有排洪沟的同时按要求新建排洪沟，在非汛期季节将涪江水通过民力堰和新建的截止闸、分水闸引入净水公园，形成溪流并贯穿城北新区内部的主水系骨架，在防洪排涝的同时达到美化城市的目的。防洪排涝工程建设规模及内容为：建设防洪排涝及附属工程长3200米，宽18—28米，深1.8—5.3米，景观面积6万平方米；项目计划总投资7500万元，其中工程建设费5555万元，征地拆迁等费用1945万元。工程于2016年8月开工，渠系分为北渠和南渠，北渠起于滨疆加油站止于恒昌路与龙潭路交叉口（外国语学校南），南渠起于北泉路王家桥箱涵沿龙潭路至刘家濠。渠中设有汀步与沿线健身步道形成循环通道。沿途设有三个公园北泉路与北塔路交叉口的净水公园（约5000平方米）、恒昌路老年大学对面的亲水公园（约9000平方米）、龙潭路与梓州干道交叉路口的街头花园（约700平方米）。沿途需新建箱涵5座。景观层次延续生态自然的景观层次，按常绿乔木、落叶乔木和花乔的自然组合，通过丛植、孤植和列植等形式形成疏林草地的植物景观；沿渠岸间断式设置具有水生特点的乔木，体现滨水带特色。主要植物三角梅、樱花、小叶香樟、皂荚、垂柳、广玉兰、栾树、天竺桂、桂花和红叶李等。防洪排涝暨引水入城工程于11月23日通过竣工验收，是集市民休闲景观、城市绿道和社区交流为一体的多元复合防洪排涝景观公园。

图141 防洪排涝景观公园

【绵阳市丘区农村脱贫攻坚示范区建设】 2017年，绵阳市丘区农村脱贫攻坚示范区（绵阳市农村综合改革发展试验区）简称综改区，位于三台县南，覆盖16个镇乡，区域面积533平方千米45万人，其中核心区7个乡镇36个村，面积约100平方千米。综改区围绕"脱贫攻坚示范区、农村改革先行区、基层党建样板区"总体目标，深化农业农村改革与农业供给侧结构性改革，脱贫攻坚与社会治理同步推进。前线指挥部切实履行牵头协调职能，充实完善指挥部工作人员和职责分工，落实2017年新一轮挂职第一书记，建立指挥部工作运行机制。制定印发《综改区2017年工作要点》《县级部门支持综改区建设事项清单》，将各重点项目和部门支持重点，落实到单位、落实到人头。结合综改区"三变"改革和产业发展工作，制定培训方案，举办"三变"改革、政策法规、农业经营管理、农民夜校等培训班15期，参会学员超过13600人次。组织改革试点相关负责人前往苏州学习先进农村改革经验。根据产业发展短板，组织相关镇乡、村和龙头企业代表前往烟台、阆中、广元等地参观考察取经。组织核心区7个镇乡及重点村包装项目，编写综改区《项目投资指南》，包装项目165个，在全市农业投资促进会上进行推介。并先后赴山东烟台、南充阆中、广元苍溪等地与中国绿岛集团、华虹园林公司、杨氏果业等10余家企业进行招商洽谈，就发展金鸡代养、水珍品深加工、柑橘种植、蔬菜工厂等与企业达成合作意向。43个股份合作社完成合作社章程讨论、理事会成员选举及股份合作社注册登记等工作，并于7月18日正式授牌、授印，全面展开运营。对集体土地、林地、塘库堰等资源进行清产核资、评估认定、入股农业企业、种养专合作社等经营主体。其中土地股份合作社入社农户4053户，入股土地面积1066.67公顷，发展藤椒、柑橘、康养等新产业万余亩，带动2756名贫困群众脱贫。推进生态养殖、木本油料和优质蔬菜三大特色产业提质增效，着力构建“2+3”现代农业产业体系。双乐乡134公顷甜橙基地全面建成，林下套种花生、蔬菜66.5公顷。中涪路沿线藤椒产业带新发展藤椒面积86.67公顷。红灯桥村、龙台寺村、半边街村3个金鸡代养场正式投产，销售成品鸡35万只，白鹤湾、廖昌沟等3个代养场新建育雏室14个、大鸡棚10个。建成王家堰村泥鳅孵化中心，新发展稻鳅基地30公顷。新建成露地蔬菜基地53.4公顷，连片发展莲藕种植67公顷。完成绵阳市稻鳅香食品贸易有限责任公司工商注册，奕川香米、泥鳅片、泥鳅酱等系列产品即将上市销售。试验区在中涪路入口、牡丹产业园区、稻香渔村、甜橙基地等重点产业园区，建设综改区展陈中心、会展中心及文化广场，配套建设艺术小品、观光栈道、景观彩绘、农耕文化等旅游设施。

（冉进财）

盐亭县

【概况】 盐亭县是嫘祖文化圣地、世界丝绸之源，古称“潺亭”“秦亭”，因境内多盐井，盐卤出产丰富得名盐亭。盐亭县位于四川盆地中部偏北，地处嘉陵江、涪江分水岭，行政区域面积1645.45平方千米。2017年，全县辖1个省级经济开发区、2个街道办事处、14个镇、19个乡（1个民族乡），下设332个行政村、67个社区居委会。年末全县总户数24.34万户，户籍人口55.33万人，常住人口45.55万人。全年实现地区生产总值103.83亿元，同比增长7.7%；全社会固定资产投资完成77.11亿元，同比增长14.6%。实现农林牧渔业增加值37.94亿元，同比增长4.2%。森林面积达到7.38万公顷，森林覆盖率达48.75%。工业实现增加值15.66亿元，同比增长9.1%。社会消费品零售总额61.68亿元，同比增长12.3%。全年实现旅游收入9.66亿元，同比增长34.7%；接待游客总人数190.12万人次，同比增长21.2%。金融机构存、贷款余额分别达168.35亿元、67.47亿元。实现财政总收入10.86亿元，同比下降22.3%。实现地方公共财政收入3.40亿元，同比增长4.1%。财政总支出45.70亿元，同比下降12.8%。全县有各级各类学校126所，在校学生44523人。有卫生机构596个，从业人员数2356人。城镇居民人均可支配收入为29212元，同比增长8.3%；农村居民人均可支配收入14086元，同比增长9.1%。4月22日，盐亭省委、省政府表彰为“全省脱贫攻坚先进县”；年底，获第四届省级文明城市。

【供给侧结构改革】 2017年，全县把供给侧结构作为抢抓机遇、破除壁垒、统筹推进各项工作的关键之举，推进全国基层政务公开标准化试点工作，成立行政审批局，网上办件9.8万件，行政许可权实现相对集中，行政审批进一步提速。工商登记实现“二十证合一”，新增市场主体1999家。土地经营权确权登记全面完成，供销社土地托管经验在全国丘区县推广。重组建立的中嫘集团，落实现代企业法人制，市场化、经营性、投融资和项目建设能力增强。

【城乡基础设施建设】 2017年，全县推进旧城改造和新区建设，凤凰大道污水管网、城市品牌文化艺术项目、团结街市政道路开工建设，嫘祖大桥步行梯建设加快推进，扬武桥投入使用；改造老旧小区30个，棚改货币化安置130户。出台房地产去库存奖补政策，销售商品房32.4万

图142 嫘祖陵

平方米。建设幸福美丽新村55个，创建市级以上“四好村”78个，两河白虎村荣获省级文明村。实施重点基建工程50余项，新改建等级以上公路339.8千米，安装波形护栏180千米，建成渡改公路桥2座，改造危桥19座。省道101线改造、刘黑路安家段等项目全面完成，绵（阳）西（充）高速盐亭段建设进展顺利。新建和整治塘库堰135座、渠道252千米，改善恢复灌面7066.67公顷。新建供水工程148处，解决1.53万人安全饮水问题。武引二期新华水库、金峰水厂、山洪沟治理等项目列入国家和省投资目录。县城生活污水处理厂改造提升全面完成，工业污水处理厂投入使用，6个乡镇污水处理设施启动运行。新建生态河堤4.2千米，清淤疏浚河道146千米。整治砖瓦厂9家，淘汰落后产能生产线7条，单位地区生产总值综合能耗下降3.5%。

【“嫘祖杯”中国围棋名人战在盐亭举行】 2017年10月31日，人民日报社、中国棋院主办，人民网、人民网体育部承办，盐亭县委、县政府协办的“嫘祖杯”第三十届中国围棋名人战在四川省绵阳市盐亭县中华龙凤谷举行开幕仪式，人民日报社体育部主任李中文、中国围棋协会副主席林建超将军、人民日报海外版国际与体育部原主任陈昭，人民网体育部主任、人民体育董事长朱凯，盐亭县委书记袁明、县长向赟、首届“名人”刘小光九段、

图143　连笑和芈昱廷在中国围棋名人战中对决

现任“名人”连笑九段、挑战者芈昱廷九段出席开幕式。11月4日，第30届中国围棋名人战总决赛在盐亭落下帷幕。经过决赛，连笑成功卫冕，获得名人战三连冠。

【嫘祖蚕桑生产系统成功申遗】 2017年，全县注重嫘祖蚕桑生产系统的挖掘与传承，成立嫘祖蚕桑生产系统保护领导小组，推广蚕桑生产技术。年内，通过省级农产品质量安全监管示范县创建验收、省级无公害农产品产地认定复查换证、《盐亭县国家现代农业产业园总体规划》省级专家评审。6月28日，农业部公布第四川批中国重要农业文化遗产名单，四川盐亭嫘祖蚕桑生产系统榜上有名。

【第二届海峡两岸嫘祖文化交流活动暨2017（丁酉）年华夏母亲嫘祖故里祭祀大典在盐亭举行】 2017年3月7日，中华炎黄文化研究会、四川省人民政府台湾事务办公室、四川省妇女联合会、四川省归国华侨联合会、绵阳市人民政府联合主办的2017（丁酉）年华夏母亲嫘祖故里祭祖大典在盐亭嫘祖陵祭祀广场举行。活动吸引港澳台同胞、50多个国家和地区的旅游形象大使及盐亭当地群众近万人参加祭祖大典。在祭祀大典开始前，举行“华夏母亲嫘祖国家纪念公园”“中国先秦史学会嫘祖文化研究会”授牌仪式。活动期间，举行中华旅游小姐环球大赛暨首届嫘祖文化传播大使全球选拔赛、海峡两岸著名诗人盐亭诗会、嫘祖故里迎春祭祖国际半程马拉松赛、中国微电影艺术创作高峰论坛、中国（盐亭）国际女性微电影年度大展等系列活动。

（董晶晶）

图144　中国重要农业文化遗产奖牌和蚕农采摘桑叶

梓潼县

【概况】 梓潼县位于绵阳以北，因潼水而得名。2017年，全县面积1443.92平方千米，辖13个镇、19个乡、1个经济开发区、1个七曲山风景区。年末总人口38.39万人，其中女性人口18.63万人；乡村人口31.54万人。少数民族27个，全县有耕地面积1037.1公顷，森林覆盖率42.1%，年平均气温17.2℃，年极端最低气温-6.8℃，年总降水量968.2毫米，年日照时数1255小时。地区生产总值突破百亿元大关，实现100.46亿元，同比增长8.3%；农业总产值49.7亿元，同比增长4.1%；规模以上工业增加值同比增长11%；服务业增加值32亿元，同比增长10.6%；地方一般公共预算收入2.4亿元，同口径同比增长8%；全社会固定资产投资90亿元，同比增长12.9%；社会消费品零售总额43亿元，同比增长12%；全年接待游客567万人次，同比增长15.23%，实现旅游综合收入59.6亿元，同比增长22.2%。新签约凯瑞药业、大北农等重点招商引资项目20个，实现国内省外到位资金26亿元，同比增长8%。城镇居民人均可支配收入28809元，同比增长8%；农村居民人均可支配收入14215元，同比增长9.1%。全年，“两弹”城被评为全国第一批中小学生研学实践教育基地、全省优秀社科普及基地、全省优秀对外统一战线基地。成立“两弹一星”干部学院。梓潼县获第四届省级文明城市、四川省“三无”活动先进县、四川省无邪教创建示范县、全省农田水利基本建设先进单位、全市“三农”工作先进县。

【全面深化改革】 2017年，梓潼成立县行政审批局，实行相对集中行政许可权改革。成立县医疗保险管理局，城乡居民基本医疗保险实现并轨。启动实施盐业体制改革、县属国有企业负责人薪酬制度改革，推进公务员职务与职级并行制度试点。完成国有林场改革和经济林木（果）权抵押贷款改革试点。推进供销社综合改革，创新打造“一平台、六中心”模式，承办全省供销社综合改革“双线运行”暨“三化联动”现场交流会。完成农村集体资产清产核资，建立村集体经济组织308个。开展农村社区建设试点，设立宏仁金宝、仙峰迎春等农村社区10个。

【第三届海峡两岸文昌文化交流活动】 2017年2月28日，第三届海峡两岸文昌文化交流活动在梓潼县举行。活动由国务院台办交流局指导，四川省台办和绵阳市人民政府主办，四川省文化厅支持，绵阳市台办和梓潼县人民政府承办。活动包括第三届海峡两岸文昌文化交流活动开幕式、丁酉年海峡两岸文昌祭祀大典、两岸学子祭拜文昌、两岸经贸投资恳谈会、中国诗人蜀道行、文昌出巡和非物质文化遗产展演、“中华文昌·两岸同源”大型主题文艺晚会等，活动内容安排突出文昌文化与华人寻根文化相融合、文昌文化与绵阳梓潼人文文化相映照、文昌文化影响力向经贸合作推动力相拓展。自美国、马来西亚、新加坡等国家和中国香港等地区的嘉宾代表500余人，同时吸引海内外游客5万余人次参加活动。第三届海峡两岸文昌文化交流活动是国台办2016年11月在“两岸和平发展论坛”上发布的41个2017年两岸交流项目中四川省唯一列入其中的一个项目，也是2017年四川省一次大规模、高规格的川台交流盛会。开幕式上，省台办主任周敏谦在向梓潼县“四川省海峡两岸交流基地”授牌。

图145　梓潼七曲山大庙

【庆祝氢弹爆炸成功50周年纪念活动】 2017年6月22日，“纪念我国第一颗氢弹爆炸成功50周年暨两弹精神展陈基地共建第一次会议”和“纪念邓稼先93周年诞辰”主题活动在中国“两弹”城举行(2017年6月17日，是中国第一颗氢弹爆炸成功50周年；6月25日，是“两弹”元勋邓稼先93周年诞辰)，部分“两弹”研制的亲历者，中国工程物理研究院专家代表，青海原子城、山东荣成、中物院科技馆等地嘉宾参加纪念活动。参会代表在两弹城参观思怀，并为中国核武器研制工作的开拓者和奠基者邓稼先献上花篮；中物院向“两弹”城捐赠氢弹文物。青海原子城、山东荣成、中物院科技馆、中国“两弹”城，四方签署合作共建协议，共同开发红色文化资源，轮流举办“两弹”相关纪念活动，共同打造红色文化，弘扬“两弹”精神。中国“两弹城”、中国邮政集团公司合作发行纪念第一颗氢弹爆炸成功50周年邮册《核盾啸天》。邮册分为《大器》《大家》《大境》三个版块，宣传介绍新中国研制原子弹、氢弹的艰辛历程和“两弹”元勋的光辉伟业。

【“两弹一星”干部学院成立】 2017年7月20日，中共绵阳市委与中国工程物理研究院党委、中国航天科技国际交流中心三家联合办学发起单位和西南科技大学、绵阳师范学院、中国航发涡轮院、中共梓潼县委等多家合作成员单位共同组建，正式成立绵阳市“两弹一星”干部学院。学院总部在梓潼“两弹”城，以中国工程物理研究院院部（原九院）旧址梓潼“两弹”城为主承载地，占地20公顷，建筑面积20万平方米，可同时容纳1000余人就餐，600余人住宿，3000余人学习培训。学院实行理事会领导下的院务委员会负责制。坚持学员培训模块化，教学方式多元化，研究确立以“‘两弹一星’精神、军民融合发展、国防爱国教育和创业创新教育”四大培训模块和“理论教学、影视教学、现场教学、体验教学、拓展训练”五种教学方式，设立《“两弹一星”精神内涵及当代价值》《军民融合国家战略》等核心理论课程，打造中物院科学技术馆、国家军民两用技术交易中心、中国空气动力研究与发展中心、中国燃气涡轮研究院以及李白故居等10余个现场教学点，开发“邓稼先小道”“两弹一星”亲历者、见证者、参与者和元勋后代讲述等体验式教学、访谈式教学课程，搭建全方位、立体式的培训课程体系。坚持传承与发展，在保护“两弹”城历史原貌的前提下，根据功能布局、教学需求及文保要求，着力加快各区域的改造升级，凸显“两弹城”红色氛围，形成具有“两弹一星”特殊历史印迹、特定标识、爱国情怀浓厚的校园氛围。坚持“立足绵阳、辐射四川、面向全国”发展方向，先后与青海原子城、中物院科学技术馆、山东荣成郭永怀纪念馆结成“四地教学联盟”，实现红色教育资源共享、红色教育联盟共建、合作共赢的新模式。

【“两弹”城景区被评为全国第一批中小学生研学实践教育基地】 2017年11月25日，梓潼中国“两弹”城景区被教育部命名为“全国中小学生研学实践教育基地”。2013年10月，“两弹”城景区被省委宣传部、省社科联命名为中国“两弹一星”红色文化社科普及基地。2016年3月被省委统战命名为“四川省统一战线中国特色社会主义教育基地”，先后接待国民党原副主席詹春柏一行、九三学社副主席邵鸿一行、国台办台湾参访团、中国和平统一促进会、香港中文大学、台湾学生夏令营等团队。2017年，省委统战部授予中国“两弹”城景区“四川省优秀统一战线中国特色社会主义教育基地”。（颜　友）

平武县

【概况】 平武县位于四川盆地西北部，青藏高原向盆地过渡边缘地带，涪江的上游地区，绵阳西北部，辖区面积5974平方千米。辖9镇16乡（其中8个藏族乡、5个羌族乡、3个羌族聚居镇）、248个村、16个社区居委会、1478个村民小组，有20个民族，总人口18.6万人（其中少数民族人口6.65万人，占全县总人口的35.8%）。全县有珙桐、红豆杉等国家保护野生植物55种；有大熊猫、扭角羚、金丝猴等国家重点保护野生动物88种，其中野生大熊猫数量居全国之首，被誉为“熊猫故乡”“天下大熊猫第一县”。县境共有耕地31.9万公顷，林地48.6万公顷。

全县地区生产总值41.53亿元，同比增长7.7%；一般公共预算收入2.62亿元，占年初预算的109%；农业增加值增速3.9%；规模以上工业增加值增速9.6%；服务业增加值增速9.5%；社会消费品零售总额16.5亿元，同比增长11.5%；招商引资国内省外到位资金24.6亿元，同比增长33.8%。全年接待游客370.56万人次，同比增长31.81%；旅游总收入达33.35亿元，同比增长36.01%。

截至年底，平武县被省委、省政府命名为县域经济发展模范县。获“全国百佳深呼吸小城”，入选“美丽中国国土气候旅居名片”。

【四川省第八届乡村文化旅游节（冬季）暨首届平武冰瀑节】 本届乡村文化旅游节（冬季）主体活动由平武乡村旅游成果展示、开幕式、主题晚会、高峰论坛、美食文化品鉴等五大板块构成，各个环节都融入平武民俗文化体验活动。2017年12月20日晚，四川省第八届乡村文化旅游节（冬季）暨首届平武冰瀑节开幕式主题晚会在县城报恩寺广场精彩上演。整台晚会以“秘境平武·南国冰恋”为主题，共分《风情平武》《冰雪恋曲》《乡村振兴》三个篇章，中央电视台韩乔生主持，

图146　平武报恩寺

国家级、省级演员和团体以及平武本土演员的倾情演绎，展现平武悠久厚重的历史民族文化和绚丽多彩的自然人文风情，为各位来宾、游客和广大群众献上一场难忘的民族文化盛宴。

【2017“全国百佳深呼吸小城”】 2017年5月25日，四川平武县荣获全国“百佳深呼吸小城”新闻发布在平武县锁江羌族乡举行，在2017“全国百佳深呼吸小城”榜单中，平武县位列全国第59、四川第2，同时列入“美丽中国国土气候旅居名片”。“深呼吸小城”是指森林覆盖率达50%以上、空气新鲜的县域、县级市，也包括部分大中城市城区、郊区及重视生态环境建设的功能与产业片区。这是中国国土经济学会2014年启动推选工作以来发布的第四届“百佳深呼吸小城”榜单。该榜单由中国国土经济学会等多家高级机构参与研究，依据国土空间森林与植被覆盖率，历史年度空气质量优良天数比率等六项指标进行综合评定。

【平通镇桅杆村“中国美丽休闲乡村”】 2017年12月5日，四川武胜县举行的“2017年中国美丽休闲乡村授牌仪式”上，平武县平通镇桅杆村被农业部授予“中国美丽休闲乡村”。桅杆村享有“万亩梅林、十里花海”的美誉，有黄泥坝坪、印象梅林、古梅园三大景点。其中“印象梅林”，为国家AAA级旅游景区，源自于梅林文化的传承，梅树、梅花、梅果、梅园、梅酒成为果梅文化的主旋律。

（薛茜　顾林）

北川羌族自治县

图147　北川新县城巴拿恰

【概况】 北川，古名“石泉”，位于四川盆地西北部，绵阳西部。辖区面积3084平方千米，辖10个镇13个乡，311个行政村。2017年，全县实现地区生产总值50.19亿元，同比增长9.1%；地方一般公共预算收入4.51亿元，同比增长12.5%。城乡居民人均可支配收入分别达27041元和11814元，分别同比增长8.7%和10.6%。全年粮食总产量4.78万吨，新发展农民专业合作社118个、累计566个。实施技改项目57个，完成投资17.7亿元，万元GDP能耗降低3%。6家工业企业升为规模以上企业、累计36家，规模工业总产值超过30亿元。泰和新材料、安福魔芋被认定为国家高新技术企业，高新技术产业产值3.6亿元，比2016年同比增长14.3%。实现电商交易额130亿元，网络零售额2.2亿元。社会消费品零售总额20.1亿元，同比增长12.3%。全年新增城镇就业2336人，转移输出劳动力5.4万人，城镇登记失业率控制在3.8%。全年免费开放接待游客42.6万人次。至年底，北川被省委、省政府评为四川省民族地区经济发展十强县和县域经济发展先进县、模范县。

【脱贫攻坚通过省级验收】 2017年，全县继续深化“结亲帮万户奔上小康路”“脱贫攻坚说变化感恩奋进跟党走”等活动，改造农村电网19个村，修建村组道路340千米，实施宽带乡村和广播村村响工程，实现村村有网络、户户通电视。创建“四好村”111个。4933名贫困人口借贷产业扶持基金4136万元，11603名贫困人口借贷小额信贷1.4亿元，发展高山蔬菜、特色果品等基地1.6万亩。全域旅游带动7600余名贫困人口就业。投入22个扶贫专项资金10.35亿元，统筹整合资金2.68亿元，实施全域危改5034户，发放卫生扶贫救助基金232万元、救助2799人次，贫困人口城乡基本医保参合率100%。累计发放教育扶贫救助基金399万元，救助2920人次，对全县46名重症残疾儿童实施送教上门，适龄学生入学率达100%。完成4404人减贫，48个贫困村退出任务，全县贫困发生率降至0.79%，贫困县退出“一低三有”全面达标，通过市初审、省验收考核及第三方评估。

【泛美航空科技城项目建设】 2017年3月28日，北川“大美羌城”—泛美航空科技城项目开工，项目总投资50亿元，占地200公顷，包括西南航空飞行学院、“双创”文化街沙朗恰、泛美创客公园、通航小镇朗巴瓦以及泛美汇晶高科技产业园五大板块。一期工程建设西南航空飞行学院的主体。建设内容包括第一教学大楼、图书馆、实训大楼、国际交流中心、运动场、学生食堂、学生宿舍及学生服务中心等。至年底，完成项目一期施工图的设计，建成临时施工通道路基1500米，办公区及生活区5000平方米。

【绵阳科博会及通航高峰论坛静态展活动】　2017年9月7—9日，第五届科博会通航产业发展高峰论坛和通航产业园展馆静态展在绵阳科博会会展中心举行。活动分为通航高峰论坛和静态展览两个部分，中科院院士曹春晓、中央军委科学技术委员会正军职常任委员曾路生、西部战区空军副政委钟卫国、军事科学院世界军事研究部副部长罗援等，英国航空器持有者及驾驶员协会首席执行官马丁·罗宾逊，世界机场城市大会执行副主席亚历山大·科比，京东X事业部无人机研发中心政策标准总监史睿及省、市产业主管部门负责人、新闻媒体，知名通航企业以及有意向入驻园区的企业负责人，白云通航、驼峰通航、中电科、龙浩集团、京东等企业代表300余人出席论坛。曹春晓院士做“一代材料一代飞机”，罗援少将做“从沙场阅兵看军改”主旨报告。与会嘉宾围绕“通用航空如何引领绵阳（北川）经济发展”展开讨论。静态展展馆面积348平方米，中航发四川涡轮燃气研究院、中国空气动力研究中心、九洲空管有限公司、特飞科技等36家科研院所和部分企业参展，展品包括航空发动机、无人机、空管系统、航空应急装备等前沿科技产品共计100余件。展示活动声光电结合，采用视频、灯箱展板、实物等多种形式，并结合北川特色、羌族元素，举行多场伴有羌族舞蹈的推广活动。活动累计接待观众超过1.5万人次，发放各类宣传资料5000余份，接受专业咨询800余次，收集合作意向单位60余个，吸引各类媒体50余家。

【石椅村被《人民日报》头版报道】　2017年6月17日，北川石椅村作为四川省首批“四好”村（住上好房子、过上好日子、养成好习惯、形成好风气）与巴中市南江县白鹤村、南充市西充县李子垭村一同被《人民日报》头版报道。石椅村位于北川羌族自治县曲山镇，震后，石椅村按照打造“川西第一羌寨”发展规划，新建寨门、广场和接待中心，建成可一次性接待500余人的石椅羌寨，完成羌族风貌改造。依托枇杷、李子等特色水果种植，发展乡村旅游，建成规模的农家乐20余家，其中三星级农家乐4家。年吸引游客40余万人，旅游收入800余万元。2013年石椅村被评为“全国文明新村”，2015年入选国家旅游局首批“中国乡村旅游模范村”。

【跨湖大桥主拱合龙】　2017年10月17日，北川羌族自治县曲山镇楼房坪村的唐家山堰塞湖溜索改桥（简称“跨湖大桥”）桥主拱合龙。跨湖大桥位于漩坪乡石龙村，横跨唐家山堰塞湖，主桥长277.56米、宽10米，引道长8.5千米、宽6.5米，设计主跨为1孔净跨径160米、净矢高32米上承式钢管混凝土拱桥。2016年3月跨湖大桥开建，是四川省最后一座溜索改桥项目，是绵阳市境内单孔净跨最大的公路桥梁。建成后方便漩坪乡、白坭乡、都坝、贯岭及曲山镇部分村的群众出行，带动周边乡（镇）的经济发展。

【国家海峡两岸交流基地挂牌】　2017年4月28日，中共中央台办、国务院台办批准，正式将北川地震遗址保护区设为“海峡两岸交流基地”，这是四川省继成都大熊猫基地之后获批的第二个国家级海峡两岸交流基地，也是绵阳市获批的第一家国家级海峡两岸交流基地。9月3日，授牌仪式在北川举行。国台办交流局局长黄文涛，省台办主任周敏谦，省台办副主任赵宇，市委常委、宣传部部长张学民，市政协副主席李京平，县委书记赖俊出席授牌仪式。县委副书记、县长瞿永安，“5·12”汶川特大地震纪念馆管理中心主任冯正碧接牌。基地以北川地震遗址保护区为主体，含北川老县城地震遗址、沙坝地震断层、唐家山堰塞湖地震遗址和北川新县城。

【第五届羌茶节开幕】　2017年4月1日，北川第五届羌茶节暨首届古羌茶艺手工制茶技能大赛在新县城禹王广场开幕。本次活动由北川县茶业协会举办。除举办手工茶技能大赛外，还有祭祀茶神、游客制茶、游客品茶等体验活动。北川县是古代朝廷贡茶之乡，产茶历史悠久，距今已有1300多年的历史。二十世纪八九十年代，佛泉牌茶叶即成为北川唯一的出口创汇产品。2009年，生长于海拔1000米至1800米以上，耐寒、芽壮、叶厚、氨基酸含量高的“北川苔子茶”被评为国家地理标志保护产品。至2017年底，北川有茶园3666.67公顷，其中珍稀百年老茶树近1000公顷，形成佛泉、羌笛、禹露、羌龙谷、五星、大盛等20多个名优茶叶品牌。

【第二届羌绣旗袍文化艺术节】　2017年5月1日，第二届羌绣旗袍文化艺术节暨羌绣旗袍环球盛宴在北川举行，活动由北川羌族自治县文广新旅局、中国旗袍协会、北川羌族自治县羌绣协会主办。来自全国30多支代表队，以及海内外嘉宾参加本次羌绣旗袍艺术节。比赛根据年龄分为天使组、佳丽组、名媛组、至尊组。本次的活动包括羌绣旗袍文化创意体验、羌绣旗袍文化历史沿革展示、羌绣旗袍工艺流程展示以及羌绣绣娘技艺展示等，旨在让更多的人了解羌绣文化。（谢雁萍）

科学城办事处

【概况】　科学城坐落于绵阳城区北侧，占地面积约6平方千米，城区人口约5万人，是中国工程物理研究院的科研、生产和生活基地。2017年，科学城推进法治政府和服务型政府建设，推进“大部门制”，完成科办职能局委办责任清单梳理发布，以平安、美丽、和谐、便捷科学城建设为抓手，以民生保障和公共服务事业为重点，围绕辖区居民关心关注的焦点热点重点难点问题，创新公共服务供给方式，发展教育卫生事业，推进基础教育管办分离，辖区医疗医院加快建立现代医院管理制度，推进民生项目建设，加强市政基础设施建设，不断完善住房保障，科学城城市环境不断美化亮化。

【重点民生工作】 2017年，办事处推进科学城健康“绿道”工程建设，与绵阳市住建局签订项目建设委托协议，完成可研报告编制并获院批复。推进中物院公租房项目建设，三个地块主体工程建设全部完成，室外工程完成公开招标。春蕾幼儿园建设项目完成立项批复，春蕾小学完成项目选址和可研报告编制，并落实学校用地。科学城医院医疗业务用房及地下室建设项目完工并通过初验，完成数字化医院建设项目；九〇三医院完成数字化医院建设项目建议书编制。推进公租房用地办证工作，市主管部门已纳入办理流程。完成839地区第一批一类公共资产清理，初步建立起公益类公共资产数据库。全年围绕教育医疗、交通安保、公共场所建设等领域共安排重点民生项目13个，完成项目建议书、展陈构想等前期论证10个。

【城市管理】 2017年，办事处坚持以文明城市建设为平台，持续开展城乡环境综合治理等专项行动，着重加大对辖区环境卫生、机动车乱停乱放、犬类管理等内容整治力度，消除“城市顽症”，提升城市品质。推进城市精细化管理，分类制定市政基础设施管理办法，健全完善辖区市政基础设施数据库，数字化城管基础夯实。继续推进城市管理“管干分离”，推行“门前三包”、路灯管理维护、环卫绿化管理等市场化运作取得成效。加强公共区域公益宣传，推进志愿服务工作常态化开展，引领良好社会风尚，提升辖区居民文明素养，通过第四届全国文明城市总测评、中物院通过全国文明单位复查。

【社会事业】 2017年，办事处发展素质教育，学前教育实践多元化办园模式，小学教育深化自主高效课堂教学模式实践应用，初中高中教育质量保持绵阳市领先地位，2017年高考重本上线率51.82%，科学城教文体旅局、科学城一中及文理12个学科均获绵阳市普通高中教育质量综合评估特等奖。开展小学晚托服务工作，实施科学城一中、材料所学校和各幼儿园“明厨亮灶”工程，教育服务项目及方式不断拓展。辖区医院加强对外合作，分别与13家国内一流医院建立战略合作关系，持续引进医疗高端技术人才，参与市场竞争，开展医疗新技术、新设备、新材料运用，加强重点专科建设和医疗技术能力提升，为中物院重大科研装置建设专家提供就医绿色通道保障服务，科学城医院成功创建国家级健康管理示范基地，通过国家级胸痛中心现场验收，启动三甲医院创建规划，九〇三医院建成江油市首家胸痛中心、卒中中心，完成三级乙等综合医院复审。

图148 绵阳科学城标志“科技之光”

【文化体育事业】 2017年，办事处以弘扬社会主义核心价值观为主线，开展群众性文体活动，成功举办科学城纪念氢弹成功爆炸50周年大型专题文艺演出以及社区群众性纪念活动，精心策划推出“老照片里的中物院人”第四季，组织开展邻居节等睦邻活动，居民文化生活更加丰富多彩。坚持弘扬传承“两弹”精神，保护挖掘利用好中物院特色文化资源，科技馆通过四川省爱国主义教育基地测评考核，全年接待观众2.5万余人次，传承教育作用发挥更加充分。不断完善公共文化服务硬件设施配置，科学城辖区三个街道新增设备240件（套），图书1135册。

【平安科学城建设】 2017年，办事处完成天网工程二期项目建议书编制，健全技防、物防、人防、联防相结合的立体化社会治安防控体系，全面掌握辖区实有房屋、实有人口、实有单位信息。深化辖区普法“五进”工作，巩固无毒害城市创建成果。强化社会治安综合治理，坚持开展各类专项行动，加强流动人口管理和重点人员管控，依法严厉打击各种犯罪行为，辖区各类案件发案率同比下降11.8%。不断提升居民小区治理水平，推进科学城住宅小区服务规范化管理改革，加强辖区物业服务企业行业监管，通过公推直选方式完成第十届社区基层党组织及居委会换届选举工作，深化城镇基层群众自治实践，社区基层共建共享自治能力不断提升。组织、指导、实施火灾预防工作，加强消防检查监督和建审工作，开展安监环保、水务防汛、森林防火、信访维稳、应急管理以及特种设备与环保综合监管等工作，辖区全年无重大安全生产事故和群体性信访维稳事件发生。科学城辖区治安环境保持良好，在四川省公安厅组织的城市派出所辖区群众安全满意度测评中，位列全省第八、全市第一。

（张晓波）

全国劳动模范

【林启平】　男，汉族，1975年9月出生，四川安县（现安州区）人。先后任安州区黄土镇第二农机管理服务站会计、县农机作业协会会长、安州区永福农机专业合作社理事长，安州区永福农业机械驾驶培训学校校长。2017年，被安州区委、区政府评为“首届安州区拔尖人才（第二届安州区优秀人才）优秀农村实用技术人才”。12月22日，被人力资源社会保障部、农业部授予“全国农业劳动模范”。

公安二级英雄模范

【付雄志】　男，生于1975年4月5日，四川江油人，大专文化，1997年8月参加公安工作，2006年6月加入中国共产党，三级警督，生前系江油市公安局刑事侦查大队城东中队指导员。2016年5月25日早7时许，付雄志按照江油市公安局刑事侦查大队安排，前往成都抓捕一名逃犯。8时40分左右，车辆行至京昆高速罗江路段时发生交通事故，付雄志因伤势过重，于当日中午12时许，抢救无效，光荣牺牲，英年41岁。2017年4月，因公牺牲的付雄志被公安部追授为“全国公安系统二级英雄模范”（公奖字〔2017〕65号）。付雄志参加工作后，先后获嘉奖3次、三等功1次；优秀公务员4次，2009年被江油市政法委评为“优秀政法干警”。

四川省优秀共产党员

【青方华】　男，汉族，1969年8月生，四川江油人，初中文化，1995年12月加入中国共产党。曾任江油市枫顺乡小坝村团支部书记兼三队队长，枫顺乡小坝村党支部书记，政协第十三届江油市委员会委员。先后评为“优秀基层党组织书记”“创先争优优秀共产党员”“优秀基层党组织书记”。2016年底，小坝村顺利通过市贫困人口退出验收和绵阳市贫困村退出验收。12月20日，青方华在脱贫攻坚走访贫困户途中遭遇车祸，不幸离世，年仅48岁。2017年5月11日，中共绵阳市委追授青方华“全市脱贫攻坚优秀共产党员”。9月，中共四川省委追授青方华“四川省优秀共产党员”。

四川十大国企工匠获得者

【冷晓江】　男，四川九洲集团无线电调试高级技师、无线电调试首席技师，四川省技能大师工作室领办人。2017年10月，省国资委主办的中央在川企业、省属国企、市州国有企业首次评选的“四川国企十大工匠”活动中，获“四川国企十大工匠”。

第五届四川省道德模范

【游洪建】　男，汉族，1973年6月生，中共党员，四川九洲电器集团有限责任公司机制中心钳工班班长、钳工高级技师、公司首席技师。他主持重大技术革新13项次，参与重要技改活动39项次，设计自制工装夹具100余项，多项成果获得国家专利，多个项目获得省、部、国家级优秀成果。他所领办的“游洪建技能大师工作室”成立并获准为国家级与省级技能大师工作室。作为公司军工生产战线的技能带头人，主要承担机载二次雷达、北斗导航

及空管产品关键零组件的生产加工，攻克大量技术难题。在某自主研制项目生产中打破国外的技术垄断，推进国防军工产品的技术进步。他先后获“享受国务院特殊津贴的高技能人才”“四川省五一劳动奖章”“全国技术能手”“四川好人”“感动绵阳十大人物”。2017年，获第五届四川省敬业奉献道德模范。

【李见廷】男，汉族，1963年5月生，中共党员，绵阳市安州区宝林镇调元社区居委会书记。正义之心必有正义之举，他以不变的初心，弘扬着社会正气，引领着道德风尚。李见廷在4年里有着数次见义勇为的事迹。2014年12月28日上午9点半，李见廷得知一位6岁小孩在玩耍时不慎掉进化粪池，情急之下他脱下外套，屏住呼吸，毫不犹豫地跳下齐肩深的化粪池中，奋力将小孩托起；2015年6月13日晚11时许，正在街边乘凉的李见廷，得知邻居家猪圈房失火，情急之下，他不顾墙塌房倒的危险，撞开猪圈门，并有序组织赶来的群众和他一起进行施救。经过与消防队员的共同努力，大火终于被扑灭，但李见廷身体多处被烫（烤）伤。他先后获“四川好人”“绵阳市见义勇为勇士”“安州区见义勇为公民”“安州区见义勇为道德模范”。2017年，评为第五届四川省见义勇为道德模范。

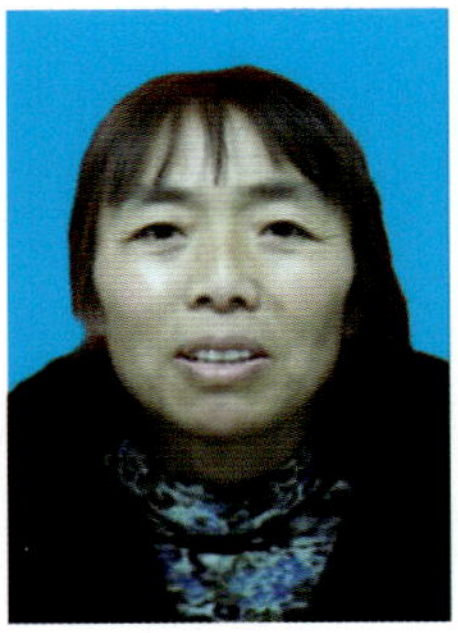

【秦　秀】女，藏族，1968年6月生，绵阳市平武县阔达藏族乡阔丰村村民。她是一个普通的农村妇女，她没有豪言壮语，没有丰功伟业，有的只是一如既往，不计得失，任劳任怨。她出生在一个不幸的家庭，一家4口人中三人罹患精神疾病，作为全家唯一正常的她自5岁开始，便默默地挑起照顾家庭的重担，竭尽全力地服侍着家里三个精神病患者，秦秀几十年如一日，每天既要辛勤劳作照顾小家，还要抽空给父母和弟弟送吃送穿。俗话说“久病床头无孝子”，当亲人长期生病需要照顾时，便是考验一个人孝心真伪的试金石。而这个朴实无华的农村妇女怀着一颗孝顺之心、用行动诠释着孝道的丰富内涵。她先后获平武县“孝老敬老模范”“文明家庭”。2017年，经省妇联系统推荐，被评为第五届四川省孝老爱亲道德模范。

【李敦锋】男，汉族，1974年2月生，中共党员，武警绵阳市支队支队长。结婚18年，相濡以沫；妻子患病，不离不弃。2010年，李敦锋之妻曾小英突然感到身体不适，跑了很多家医院检查，最后确诊为重症风湿病。随着病情的不断恶化，简单的日常生活起居都变得异常困难。此时，李敦锋已任绵阳支队的支队长，肩上的责任更大了，他虽然牵挂着妻子的病情，却不能时刻陪伴左右。每逢轮休，他便急着赶回家，为妻子穿衣、做饭、干家务，陪妻子聊天，让她感受到家的温暖。对于妻子，他心存愧疚，“嫁给我后，她承受太多辛苦，可她却从不抱怨，如今她生病了，要用一辈子去好好照顾她”。先生获武警总队“优秀基层带兵干部”，所在单位记“集体三等功”二次。2017年，经武警四川总队推荐，被评为第五届四川省孝老爱亲道德模范。

（王一鸿）

四川好人

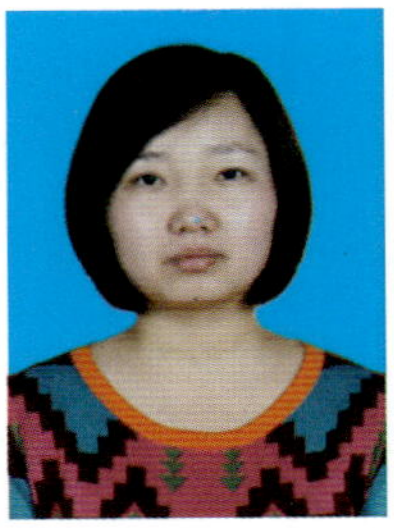

【廖春丽】女，34岁，中共党员，绵阳市涪城区金峰镇小学教师。家在城区，却选择了偏远的乡镇任教15载。在课堂上，她是学生眼中的严师；在课下，她是和蔼可亲的“知心妈妈”。2001年毕业后，她成为涪城区金峰小学首位专业音乐教师，承担起了全校十二个班的音乐课。2014年春季末，学校班额增多，退休教师增加，教师编制紧缺，数学学科严重缺老师。她主动向学校申请教学任务并担任班主任。她编排的舞蹈先后多次荣获市级一等奖、区特等奖、区艺术特等奖等多项荣誉，所教班级数学成绩每次考试名列年级第一。2017年1月被评为四川好人——敬业奉献类。

【金艳华】男，汉族，38岁，绵阳市平武县古城镇火炬村村民。金艳华2015年11月偶然中组建“一点爱”慈善爱心群，从起初的十几个人发展到500余人，成立管理团队，对捐赠资金严格管理，公开透明。一年来共收入捐赠63000元，帮助贫困老人、失学儿童等各类贫困家庭17户，帮扶资金6万余元。2017年1月被评为四川好人——助人为乐类。

【贺烈明】男，汉族，53岁，中共党员，绵阳市江油为民安防服务有限公司保安部部长。从1989年初开始，至今已连续27年不间断地从事

着保安工作。27年来，贺烈明从一个农民的儿子，成长为保安业界的“明星”，用大半生的职业生涯，诠释“保安”职业的深刻含义。荣获第四届“全国先进保安员”。2017年2月，被评为四川好人——敬业奉献类。

【李海燕】女，汉族，53岁，中共党员，绵阳市平武县龙安镇报恩寺社区党支部书记，2008年地震后，李海燕成立平武县爱心志愿者服务队，带领志愿者帮扶救助灾区的孩子，帮扶结对，争取社会帮扶资金。2010年，进入社区工作后，她将志愿者们引入社区，通过志愿服务团队，开通了电器维修、法律服务等19个便民热线，辖区居民以奉献社会、奉献他人为荣。荣获全国百名优秀志愿者、四川省灾后恢复重建先进个人、四川省留守学生（儿童）关爱行动先进个人、感动绵阳十大人物。2017年2月评为四川好人——助人为乐类。

【文小南】女，汉族，52岁，绵阳市盐亭县云溪镇文同路居民。文小南在其得肝硬化的妹妹文小红需要用活体肝来拯救生命时，挺身而出，义无反顾的捐献出自己一半的肝，并与妹妹一起承担生命的风险。虽然肝移植手术宣告失败，但作为活体捐肝的文小南一点也不后悔，如果能让一切都重新来过，面对文小红垂危的生命，她一样会毫不迟疑地陪妹妹走上手术台。2017年3月评为四川好人——孝老爱亲类。

【王晓燕】女，50岁，汉族，中共党员，绵阳市中心医院综合部护士长兼儿科护士长。晓燕志愿者服务队发起者及队，四川骨髓库捐献志愿者，曾获“四川省无偿献血先进个人”、“全国无偿献血奉献奖铜奖”“中国南丁格尔志愿护理服务队十佳志愿者”“2015年度十大最美绵阳人”和首届“健康四川·大美医者”等。2017年3月评为四川好人——助人为乐类。

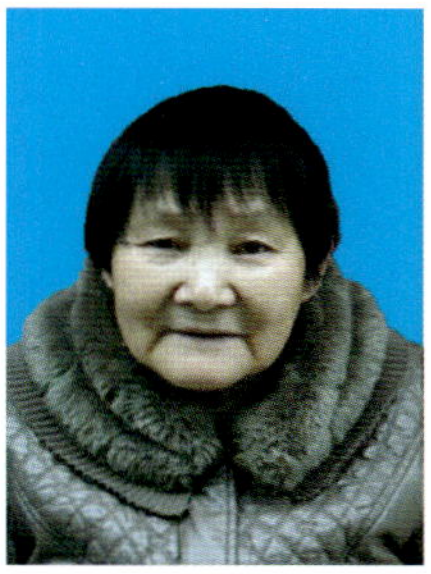

【唐开容】女，68岁，绵阳市安州区界牌镇金凤村九组村民。丈夫2001年患上脑瘫，需要大笔医疗费，为了丈夫她四处借钱。2011年丈夫逝世后，政府将她安排进敬老院，但倔强的唐开容却想着要尽快还上丈夫生病欠下的9万元债。她悄悄地搬出了敬老院在外打临工。2011年至今，这位年近古稀之年的婆婆依靠自己微薄的收入，已还债3万余元。对于以后，也许钱无法全部换上了，但她还会继续坚持。荣获“2015年度十大最美绵阳人”“安州区首届诚实守信道德模范”。2017年4月评为四川好人——诚实守信类。

【胡小林】男，33岁，汉族，绵阳市三台县进都乡响滩子村民。2015年1月24日，进都乡场镇口进都大桥附近，一名幼童玩耍时不慎落水，胡小林在他人危难之时不顾自身安危，从七八米高的桥上跳下，挽救了这名落水儿童的生命。用实际行动，赢得社会的认可，乡民的钦佩。荣获“2015年三台县人民政府见义勇公民”。2017年4月评为四川好人——见义勇为类。

【罗　燕】女，45岁，共产党员，国网绵阳供电公司物资供应中心综合技术专责。罗艳是国网绵阳供电公司物资供应中心的员工，在丈夫因工致残左臂高位截肢，右手功能性障碍的情况下，她不向命运低头，不向困难屈服，靠着一股子倔劲，撑起了这个家庭。她本人在单位争做优秀员工，曾先后61次被评为市级、区级和单位先进工作者。在家庭做称职一员，在社会做文明公民，追求社会公德，职业道德和家庭美德完美统一。2017年4月评为四川好人——孝老爱亲类。

【李顺贵】男，60岁，汉族，绵阳市安州区界牌镇环卫工人。李顺贵在界牌镇安绵大道北段清扫街道时，无意中发现路边躺着一个鼓鼓的手包，里面装有厚厚的一叠百元大钞、身份证、驾驶证和金项链等物件。经多方查找终于找到了失主信息，经核对确认后，将失物物归原主。2017年5月评为四川好人——诚实守信类。

【张　辉】男，36岁，汉族，中共党员，绵阳市游仙区爱在行动公益组织联合会会长。多年来，他参加无偿献血20次，献血7800毫升，成为中华骨髓库志愿者。2012年，他发起并

组建“爱在行动”公益组织，先后发展有平武、新都、三台、盐亭分会，并以身作则带动各分会在周边开展各种帮扶救助活动。“5·12”地震后，他以一个志愿者身份参加了抗震救灾，并多次捐款捐物帮助灾区困难儿童。2017年5月评为四川好人——助人为乐类。

【杜显康】男，62岁，汉族，中共党员，原绵阳市三台县花园镇枣河村党支部书记。2007年妻子患上老年痴呆症，生活不能自理，女儿又在外地工作，照顾妻子的重担全部落在了这个男人身上。3年之后，妻子病情加重，大小便失禁，杜显康更是时刻守在妻子身边悉心照料。2017年6月评为四川好人——孝老爱亲类。

【青方华】男，48岁，汉族，中共党员，绵阳市江油市枫顺乡小坝村党支部书记。多年的奔波操劳，使青方华积劳成疾。2013年6月，青方华在指导村上冻库的后续建设后，回到家中突发脑溢血。住在医院里的他，却时刻牵挂着村里的情况。2016年12月20日，青方华在脱贫攻坚走访贫困户途中遭遇车祸，因伤势过重，经抢救无效去世，年仅48岁。2017年6月评为四川好人——敬业奉献类。

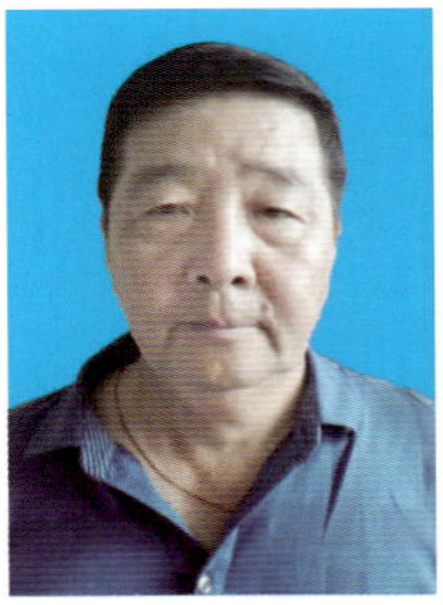

【贺培成】男，66岁，汉族，中共党员，原黑龙江省佳木斯市体委副主任，全国优秀教练。2011年，退休后的随儿子定居绵阳。他长期坚持义务带学生训练和参加各级轮滑比赛，指导的学生多次夺得全国轮滑大奖。无论寒暑假，还是节假日，贺培城从不在家中度过，他总是在训练场守护着他的学生。他的付出改变四川轮滑运动项目的短板局面，为绵阳的体育事业发展贡献余热。2017年7月评为四川好人——助人为乐类。

【秦　龙】男，28岁，汉族，中共党员，绵阳市三台县八洞镇龙轩家园老年公寓党支部书记。2011年7月从山东理工大学毕业后，秦龙回乡自主创业，用大学中十多万元的创业积蓄和向父母借来的三十万元投资创办“龙轩家园”民办养老服务机构。从遭到人们质疑，到老人们不请自来。老人们感受到这个老年公寓带给他们的关心和关怀。2017年7月评为四川好人——助人为乐类。

【游洪建】男，汉族，44岁，中共党员，四川九洲电器集团有限责任公司机制中心钳工班班长、钳工高级技师、公司首席技师。他主持重大技术革新13项次，参与重要技改活动39项次，设计自制工装夹具100余项，多项成果在全国、全省获奖。他所领办的“游洪建技能大师工作室”获准国家级与省级技能大师工作室。作为公司军工生产战线的技能带头人，主要承担机载二次雷达、北斗导航及空管产品关键零组件的生产加工，攻克大量技术难题。在某自主研制项目生产中打破国外的技术垄断，推进国防军工产品的技术进步。荣获“享受国务院特殊津贴的高技能人才”“四川省五一劳动奖章”“全国技术能手”“感动绵阳十大人物”。2017年7月评为四川好人——敬业奉献类。

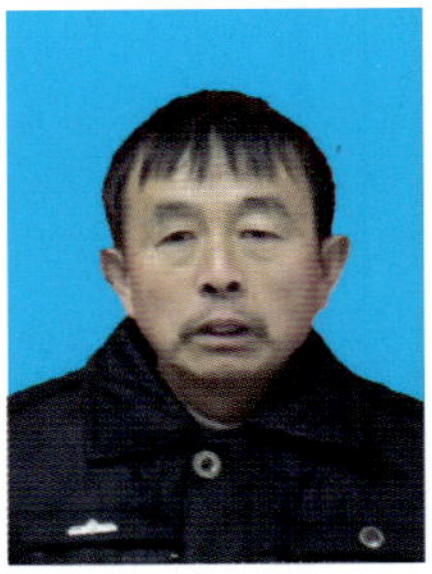

【汪国金】男，55岁，汉族，中共党员，绵阳市游仙区魏城镇莲池寺村3社社长。为发展村级经济，他牵头在家乡开办了肉羊养殖场。2012年，汪国金在一次生产事故中不幸失去了右臂，落下残疾。在给自身及家庭带来巨大灾难的同时，养殖场也一度面临倒闭。但汪国金并没有因此一蹶不振，他身残志不残，扭转局面，带动周边社员到养殖场就近务工，同时他还积极指导社员办“家庭农场”，养羊场的30多只小种羊赠送给附近的一些残疾兄弟，带领大家致富。2017年8月评为四川好人——诚实守信类。

【绵阳中心医院医疗救援团队】2017年8月8日，九寨沟地震发生后，绵阳市中心医院迅速反应，制定五大措施确保伤员安全。第一，院前急救与院内急救高效配合，为伤员制定个体化治疗方案；第二，医院打破医疗建制，统一管理伤员，组成专家团队，制定最佳治疗方案；第三，借助外力提升医疗水平，国家卫计委派来凌峰教授等5名国内一流专家，对医院的伤员救治提供帮助；第四，成立抗震救灾领导小组，下设9个小组，分工合作，提升效率；第五，加强心理干预和志愿服务关

怀，为伤员提供心理支持，同时派出志愿者，帮助伤员寻亲、日常生活关怀等。2017年8月评为四川好人——助人为乐类。

【刘龙勇】男，汉族，47岁，中共党员，绵阳市盐亭县人民检察院司法警察、三级警长。从检27年他协助办案近60余起案件，无一错案。他是武警出身，看似壮实的身体却承受着高血糖、后脑颅内囊肿的痛苦，但他依然加班熬夜办案，从无怨言，即使亲人过世也绝不懈怠办案工作。曾获“政法系统主题教育实践活动和警民亲先进个人”市检察机关“破案能手”“优秀司法警察”“抗震救灾先进个人”和县“十佳政法干警”。2017年9月评为四川好人——敬业奉献类。

【王　艳】女，31岁，羌族，国网北川县供电公司陈家坝供电所职工。2008年“5·12”汶川特大地震发生后，王艳的男朋友蒋波不幸遇难，作为父母的独生儿子，蒋波的离去给两位老人带来了沉痛的打击。王艳作为未过门的儿媳妇，自愿承担起照顾他们的重任，替遇难的男友继续孝敬他的父母，以抚慰两位老人受伤的心灵。使他们逐步从地震的阴影中走出来，重新过上幸福的生活。2017年9月评为四川好人——孝老爱亲类。

【郭文培】男，86岁，汉族，中共党员，绵阳市平武县志愿者服务队队员。九寨沟7.0级地震后在抗震救灾中，作为志愿者中年纪最大的“小红帽”，率先把家里的桌子搬到车站帮着摆放方便面等物资，并叫上老伴雷玉珍一起前去开展志愿服务。已有63年党龄的郭文培积极发挥党员先锋示范作用为过往旅客提供众多便利。2017年9月评为四川好人——助人为乐类。

【唐金平】男，59岁，羌族，中共党员，绵阳市北川羌族自治县马槽乡小学高级教师。1976年高中毕业以后在明头、木坪和黑水村小任教24年，2000年调入马槽乡中心小学任教至今。四十多年的边远山区教学生涯，不仅凭靠无怨无悔的坚守，而且心中始终敞亮着一盏明灯，用自己辛勤的汗水哺育一代又一代大山的孩子，为他们插上理想的翅膀，去创造他们灿烂的人生。2017年10月评为四川好人——敬业奉献类。

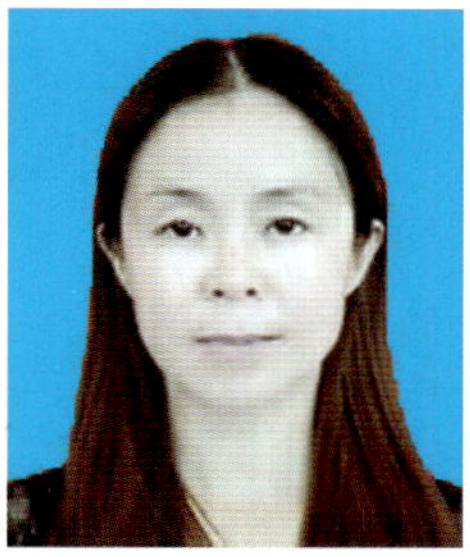

【赵小林】女，43岁，汉族，中共党员，绵阳市安州区兴仁乡学校小学高级教师。赵小林面对艰苦的生活和工作条件，毅然坚守农村基础教育工作一线25载，理想信念坚定，忠诚党和人民的教育事业，坚持以雷锋为榜样，服务奉献，把学生成长成才当作头等大事，体贴入微、润物无声，是爱岗奉献的典范。2017年10月评为四川好人——敬业奉献类。

【任昌贵】男，45岁，羌族，中共党员，绵阳市北川羌族自治县国土资源局坝底国土资源管理所所长。负责北川关内墩上、坝底、马槽、白什、青片5个乡932平方千米的国土资源管理工作。这个看似瘦弱的汉子，日复一日，年复一年，在这大山里奔忙19个春秋，他没有惊天动地的壮举，也没有十分耀眼的光环，但他爱岗敬业，凭着对事业的执着和追求，把青春和热血奉献给了国土事业，奉献给大山里的父老乡亲。2017年11月评为四川好人——敬业奉献类。

【雷明芬】女，79岁，汉族，绵阳市盐亭县富驿镇民主村八组村民。在民主村乃至邻村的村民中提起她，都称赞她是一位乐善好施的大善人，是一位和蔼可亲的慈祥长者。靠自己和老伴的退休工资和儿女孝敬她们养老钱，省吃俭用，先后出资数万余元，帮助救济困难家庭，主动出资给村社义务修路。2007年11月评为四川好人——助人为乐类。

【周　静】女，30岁，汉族，中共党员，绵阳市北川羌族自治县禹里镇人民政府工作人员。2015年大学毕业参加公务　员考试后被分配禹里镇人民政府上班，同时也是禹里镇新埔村的驻村干部，工作上视新埔如故乡、视乡亲胜家人、扎根基层，舍小家顾大家、兢兢业业、无私奉献，没有豪言壮志、没有丰功伟绩，有的只是一颗甘于平凡、爱岗敬业的美丽心灵。2017年12月评为四川好人——敬业奉献类。

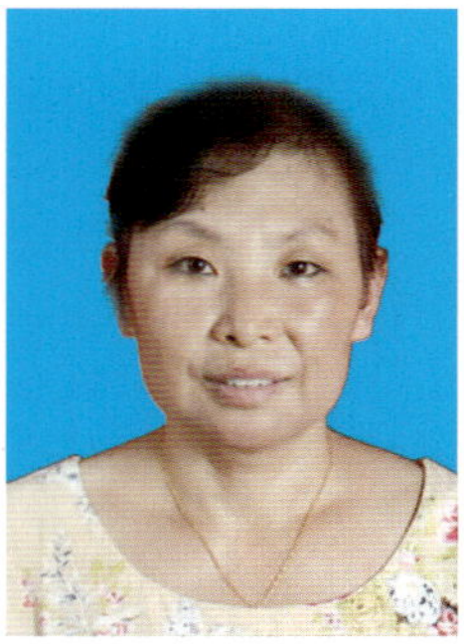

【金永清】女，54岁，汉族，绵阳市涪城区丰谷镇居民。她的丈夫梁隆建是一位肢体二级残疾人，因后期病情加重导致瘫痪，为了照顾卧病在床的丈夫，她辞去工作，对丈夫不离不弃，与丈夫患难与共，相依相伴，30年如一日，风里来，雨里去，精心照顾着丈夫，用她那柔弱的双肩托起一片爱的天空。2017年12月，评为四川好人——孝老爱亲类。

2017年度十大最美绵阳人

【龙凤明】45岁，汉族，中共预备党员，市环卫处片区清扫组大组长。龙凤明在环卫一线默默付出20年，担任大组长后，也总是勤勤恳恳、任劳任怨。她所带班组成员，完成清扫保洁任务，取得明显成绩，所在片区的群众对其道路卫生评价颇高。曾获四川省优秀环卫工人、全市抗震救灾先进工作者等。

【王　莉】40岁，汉族，中共党员，市公安局交警支队秩序科副科长。从2016年起，她负责分管全市道路交通违法处理工作、全市危化品运输车辆以及全市客运车辆工作，制定全市道路交通违法处理窗口的工作规范，统一全市交通违法处理窗口的执法程序，缓解群众与执法者之间的矛盾。曾获全国“三八”红旗手、四川省“三八”红旗手、记三等功3次。

【刘显权】54岁，羌族，中共党员，北川县消防中队专职消防队员。2015年，刘显权主动请缨来到条件艰苦的青片乡，一个人坚守消防站。近2年来，他坚守岗位，舍小家顾大家，该乡未发生一起火灾。曾获四川省专职消防工作先进个人、四川省身边雷锋·时代榜样—争当“岗位学雷锋敬业标兵”。

【杨思赞】54岁，汉族，中共党员，盐亭县武引局机关支部书记、安全维稳办主任。2017年8月23日，挺身而出勇救落水青年，生死关头抛弃个人安危，演绎大义凛然的壮举，收获一座城市的目光，见证生命的重量、人性的光辉，谱写一曲嫘祖儿女的英雄赞歌。

【李朝明】48岁，汉族，安州区永河镇金花村六组居民。李朝明的父亲患有精神分裂症，母亲是肢体重度一级残疾，妻子肢体一级残疾，还有一个正在上大学的女儿。10年来，他一个人悉心照顾家中三个残疾人，不离不弃。靠打零工为女儿挣取学费。

【李　辉】39岁，汉族，绵阳东辰培训学校教师。1995年9月，18岁的李辉认识了68岁的孤寡老人左桂珍婆婆，为了能让老人感受到家人的关怀，他义务照顾老人至今，如今，婆婆已90高龄。他对老人视若亲人，与老人建立的深厚的婆孙情谊，受到当地老百姓广泛好评。

【李仕锦】38岁，汉族，中共党员，绵阳市商务局发展科副科长。2017年10月30日，李仕锦途经富乐大桥时发现三江半岛河中有人溺水，便迅速跑向出事地点。不顾危险只身跳入寒冷的三江半岛河中，即使最后全身已经冻僵，他也聚集最后一股力气，把溺水者救上岸。

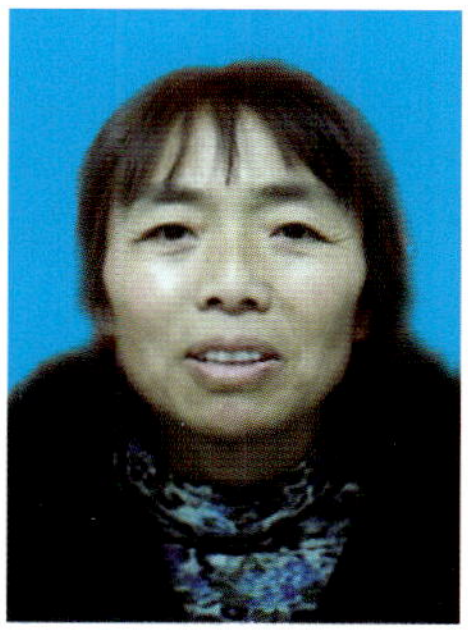

【秦　秀】50岁，藏族，平武县阔达藏族乡阔丰村村民。秦秀出生在一个不幸的家庭，一家4口人中3人罹患精神疾病，作为全家唯一正常的她自5岁开始，便默默地挑起了照顾家庭的重担，竭尽全力地服侍着家里三个精神病患者，几十年如一日，任劳任怨。曾获第五届四川省孝老爱亲道德模范。

【雍小凤】35岁，汉族，中共党员，绵阳市人民检察院未成年人刑事检察处副处长。从工作以来，她全身心致力于未成年人保护和挽救工作，为罪错未成年人量身制定帮教措施，组织策划儿童自我保护主题法治巡讲50余场。她坚信，案件办理一定要带着爱心，要最大限度挽救失足未成年人，彰显司法温度，才能真正化解矛盾，促进社会和谐。

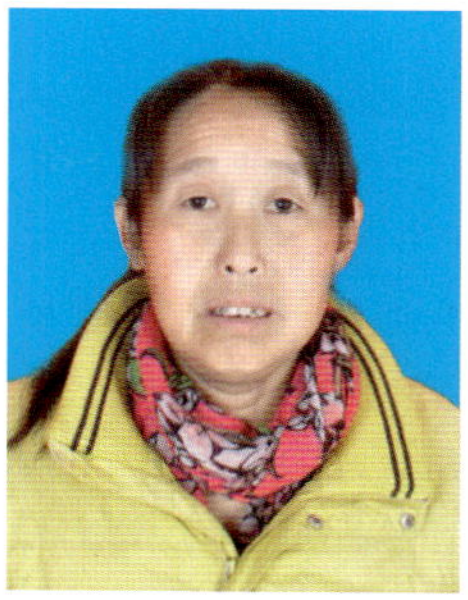

【杨群芳】52岁，汉族，游仙区魏城镇荣发村七组村民。面对身患白血病的丈夫，她不离不弃，多方筹借医药费为丈夫治病，2014年丈夫离世后，她坚守诚信，打工挣钱还债。三年来她通过自身努力偿还各方欠款20余万，而为了早点还清剩余欠款，现年52岁的她依旧在外打工挣钱。

（王一鸿）

2017年度感动绵阳十大人物

【王万涛】55岁，汉族，中共党员，绵阳市公安局刑侦支队政委。从警36年来，成功侦破各类刑事案件3000余件。其中，参与侦办的黑社会性质犯罪大案5起，侦破的黑恶势力犯罪案件180多起。先后被授予全国公安百佳刑警、绵阳市十佳民警、绵阳市十佳刑警，省市公安机关记二等功3次、三等功6次。

【王昌大】汉族，82岁，民盟盟员，绵阳市爱鸟协会发起人，首任会长。23年间，他用相机记录下上千种鸟类，并集结出版《西羌神韵——绵阳野鸟》摄影专集，为国家考察鸟类资源提供了珍贵的参考依据。同时，他也是这些精灵的保护者和宣传者，在他的感召之下，近百人加入到爱鸟护鸟的行列。如今，年逾古稀的他依旧奔波在爱鸟护鸟的路上。

【刘仕龙】汉族，77岁，中共党员，盐亭嫘祖文化开发研究会副会长。自费组建蚕龙、水龙、桃子龙表演队巡回展演。2007—2009年，桃子龙、水龙、蚕龙被列入四川省非物质文化遗产名录，刘仕龙被认定为“三龙”代表性传承人。“三龙”非遗资料陈列于四川省体育博物馆和绵阳市非物质文化遗产博物馆。县府批准设立龙潭非遗传习所，实物图文陈列所内。四十多年来，专心致志弘扬盐亭优秀地方文化，以一名盐亭人的自觉积极书写“华夏母亲之都、世界丝绸之源”的盐亭文化名片

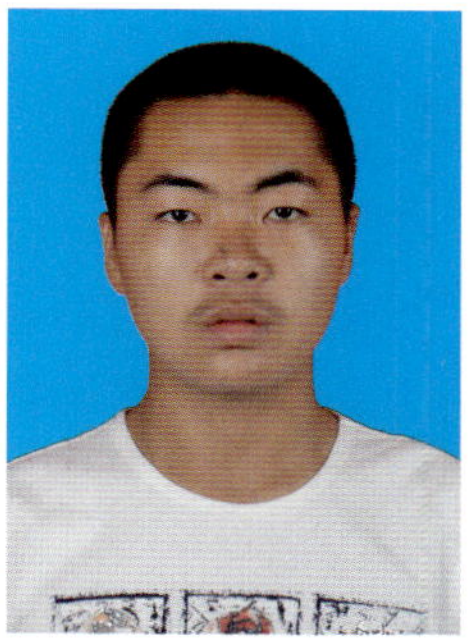

【李　涛】20岁，汉族，西南科技大学在校学生，安州区花荄镇六合村居民。出生不久妈妈因病瘫痪，20年来全靠爸爸撑起整个家。2016年他考入西南科技大学，不久后，父亲又因患重病倒下。为了照顾不能自理的父母，每天骑自行车3小时往返学校与家之间照顾父母，用单薄的肩膀和孝心撑起了整个家。

【吴治国】男，41岁，汉族，中共党员，绵阳市实验小学教师。2001年赴阿坝州支教，期间不幸患病，导致左眼

失明，右眼视力模糊。但他身残志坚，靠自己的力量筹办了多所希望小学；建成爱心图书室43个；并自费开展近600场感恩励志演讲。曾获四川省首届十大杰出青年志愿者、四川省五四奖章提名奖、绵阳市残疾人事业贡献奖等称号。

【赵符修】男，72岁，汉族，中共党员，原九洲集团线缆公司退休职工。51年前，内蒙古巴丹吉林沙漠深处，我国成功实施了首次导弹原子弹结合试验。在这次“两弹”结合试验任务中，四川战士赵符修和田现坤（已故）参与其中，并肩负了重要任务。完成任务后，二人回到绵阳，在九洲集团当了一名普通职工，默默坚守岗位几十年。

【陈　芳】女，43岁，汉族，中共党员。国网绵阳供电公司变电运维室变电运维二班班长。22年来，她扎根变电运维生产一线，守护着一方电网的平安。拥有创新成果2项，《通风型电缆沟盖板》《电子围栏短路测验环》荣获国家实用新型专利证书。曾获中电联技术能手，国家电网公司优秀专家、国网四川省电力公司优秀共产党员。

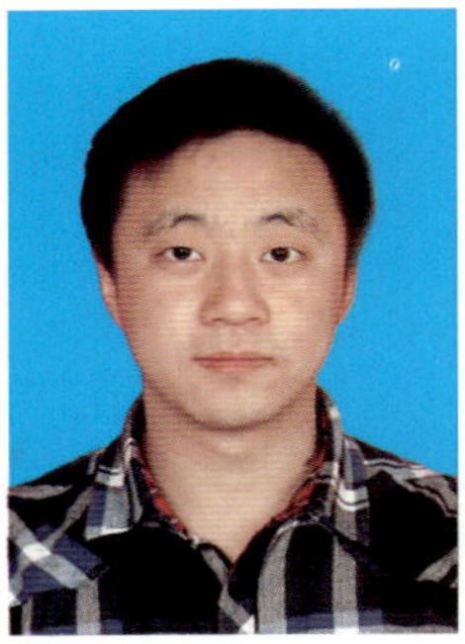

【秦　龙】男，汉族，29岁，中共党员。三台县八洞镇龙轩家园老年公寓党支部书记。大学毕业后的他用在校积攒的十多万元投资创办“龙轩家园”民办养老服务机构，邀请当地孤寡困难老人免费入住。从遭到人们质疑无一人入住，到老人们不请自来。从四面楚歌四处举债到各方理解略有盈利，他实现了自己“传播中华孝文化”的梦想。曾获全国向上好青年、绵阳市十大创业先锋。

【蔡元刚】男，50岁，汉族，中共党员，绵阳市气象局公共气象服务中心、农业气象中心主任。30年来，他蔡元刚深入田间地头了解农情、墒情、病虫情，撰写了大量面向农业生产、防灾减灾和城市建设等高质量的气象服务材料，是全省知名的农业气象和气象防灾减灾领域专家。曾获全国粮食生产突出贡献农业科技人员。

【绵阳市中心医院医疗救援团队】“8·8九寨沟地震”绵阳中心医院作为“后方救治的前哨战”，先后派出24名专家奔赴前线、开展救援处置500余人次，共收治伤员49名，创造了伤员零死亡的奇迹。同时，在历次大型自然灾害中医院均奋战在救治第一线，并致力于灾难医学研究，为灾害医学救治总结出“绵阳模式”。曾获全国抗震救灾先进基层党组织、全国五一劳动奖状、全国2004—2014灾害医学突出贡献奖、优秀南丁格尔志愿服务队。

（王一鸿）

绵阳首批十佳健康卫士

【赵平武】　绵阳市中医医院副院长、绵阳市中医医院普外科主任医师。1991—1997年，潜心研究“急性出血坏死性胰腺炎”的研究，使该疾病在临床死亡率方面大大降低，并提高了当地整体治疗水平。1999年开始，在“微创外科”领域做了大量的临床运用与推广工作，在四川省率先创新性开展了腹腔镜阑尾切除术、腹腔镜直肠癌根治术、腹腔镜胃癌D2根治术、腹腔镜脾切除术、腹腔镜疝TEP修补术等一系列手术，并在学术推广和技术革新方面做大量的实际工作。自2002年起，每一年举办国家级、省级、市级医学继续教育项目。其中2002年、2005年、2009年三次在绵阳市主持召开了第五届、第八届和第十二届全国腹腔镜技术与学术交流会，对我国腹腔镜微创外科的发展起到明显的促进作用，并因此于2013年在济南山东大学“中国腹腔镜外科20年总结会议”上，受到《腹腔镜外科杂志》编辑部的授牌表彰。同时，一直致力于外科营养方面的临床应用与研究，成为绵阳市临床营养质控中心的领军人。

【许小蕻】 毕业于四川大学华西医学院，现任绵阳市肛肠病医院内科主任，绵阳市血液细胞成分治疗专委会委员，绵阳市内分泌系统专委会委员。工作严谨认真，思想积极主动，全身心投入到医疗事业中，积极主动学习，提升业务素质，态度决定成果，爱心托起健康，连续5年被评为医院先进工作者，绵阳市卫生系统先进工作者。

【谢周荣】 北川卫生站乡村医生，在行医40余中任劳任怨，爱好学习，医术精湛，医德高尚。2013年3月21日荣获绵阳市卫生局“优秀乡村医生”荣誉称号；2014年9月授予北川羌族自治县卫生局“最美乡村医生”荣誉称号；2015年2月授予小坝乡中心卫生院啊“先进乡村医生”荣誉称号；2016年6月授予北川羌族自治县县委。县政府“羌山英才骨干人才”。

【陆朝卫】 绵阳市游仙区皮肤病医院院长，2007年被评为“感动绵阳人物”；2009年，荣获麻风病防治国际奖——“马海德奖”；2015年被评为“绵阳好人”、进入绵阳“好医生”前20强、绵阳市游仙区道德模范。今年62岁的陆朝卫是绵阳麻风病医院一名普通的医生，一辈子只在一个工作单位工作，就是麻风病医院．只干了一件事情，就是给麻风病人医病。陆朝卫已在麻风村度过坚守了43个春秋，从风华少年，到满头银发的老人，在特殊的岗位上他与病人牵手，同呼吸，共命运，不离不弃并结下了不解之缘，建立了深厚的感情，实现着了自己的人生价值。这些年来，陆朝卫先后救治各型麻风病人310余人，治愈150余人．1999年10月达到卫生部基本消灭麻风病标准。期间还保密治愈了旺苍煤矿，绵阳师院、市气象局，南部、达州等单位的病人，看到多少个家庭破镜重圆，多少个病人重获新生，使他们重返工作岗位。

【段劲峰】 主任医师，绵阳市中心医院神经内科主任。连续多年获院级、市级优秀党员。擅长诊治神经系统各种疑难疾病和心身疾病，尤其是脑血管病、头痛、眩晕和情绪障碍。公开发表医学论文数十篇，主持多项省、市级科研立项，获四川省科技进步奖3次，绵阳市科技进步奖4次。曾获“非典”工作“优秀个人”称号，并被评为医院“十佳医生”，医院“十大风云榜”风云人物。担任各类国家级、省级、市级学术兼职，目前任四川省医学会神经内科专委会副主任委员、绵阳市医学会神经内科专委会主任委员、中国研究型医院眩晕专委会常务委员、卫生部脑卒中筛查与防治工程基地医院专委会委员、四川省卫生厅学术技术带头人后备人选等。作为科室带头人，他发展科室建设，带领科室在绵阳市率先开展脑梗塞超早期静脉溶栓及桥接治疗、卒中患者卵圆孔筛查及治疗，并开展脑卒中“绿色通道”、脑血管病血管内介入治疗等。2011年科室成为卫生部首批区域性卒中筛查与防治基地，2012年成为绵阳市重点学科，2015年成为四川省乙级重点学科及卒中联盟“卒中中心”，2016年成为卫生部卒中筛查与防治工程“高级卒中中心”。除此之外，科室还积极开展各种义诊、义教及宣传活动，如“脑卒中筛查与防治大型义诊”、“国际帕金森日义诊”、“国际睡眠日义诊”等，为绵阳市广大神经系统疾病患者来来福音。

【杨 昆】 主任医师，绵阳市第三人民医院精神大科主任、心身疾病一科主任、临床心理研究室主任、学科带头人。曾任全国心身医学专委会委员，西部重性精神病专业委员会委员，省医师协会精神医学专委会常委，省医师协会心身医学与心理治疗专业组副组长，省心理咨询与治疗专委会委员。绵阳市心身医学专委会主任委员。对焦虑及抑郁相关障碍、睡眠障碍、应激相关障碍、躯体症状障碍、情感障碍、精神分裂症、人格障碍等有较高诊治水平，对心理治疗有较深入研究，擅长短程整合心理咨询与治疗，家庭心理治疗很有特色。在国内率先开展心身疾病个案管理。

【刘 冰】 四川绵阳四〇四医院感染科主任医师、教授，绵阳市传染病防治中心（绵阳四〇四医院感染科）副主任、四川医科大学硕士生导师（兼职），四川省卫计委第十一批学科带头人后备人选；北京亚太肝病技术联盟四川省联盟副理事长，四川省医学会感染病专业委员会常务委员；绵阳市医学会感染病专业委员会主任委员。从事传染病临床工作22年，对各型病毒性肝炎、结核病等传染性疾病诊治具有丰富经验。多次参加处置绢阳地区各类突发性公共卫生事件，2003年参与绵阳地区SARS的疫情处理，2008年参与灾区医疗、卫生防疫工作以及灾后重建工作。带领科室通过市级重点学科验收以及完成四川省重点学科申报。主持申报省部级科研项目3项，建设项目1项；参编专著2部，发表论文20篇。

【马 悦】 副主任护师，九〇三医院公共卫生科主任。1981年参加工作，曾担任九〇三医院妇产科护士长。2013年3月，任医院护理部主任；2016年4月负责医院公共卫生科和社区卫生服务中心工作。主要从事传染病防控和基层卫生服务中心建设。2001年度材料研究所“优质服务员”；2002年绵阳百佳文明市民；2003年材料研究所非典防治“先进个人”；2004年度、2006年度、2008年度中物院材料研究所质量先进个人。2008年全国抗震救灾医药卫生先进个人、2008年中国工程物理研究院抗震救灾突出贡献奖；2010年江油“十佳护士长”2010年全国卫生系统先进个人。2011-2012成都医学院“优秀教师”；2008年度、2010年度、2012年度、2014、2015年度医院优秀员工。

【沈雪梅】 中共党员，副主任护师，绵阳市第三人民医院急诊科护士长四川大学本科学历，从事临床护理工作22年，先后在精神科、手术室、消化内科、富乐分院担任专科护士或护士长职务。现任绵阳市急救医疗质量控制分中心专家、绵阳市急诊护理专委会副主任委员、四川神中医药高等专科学校兼职副教授、绵阳市三医院急诊科护士长。作为一名临床护士，应常怀敬畏之心，常念仁慈之意，对患者亲切善良、对家属仁爱包容。急诊科犹如一个小型社会，每天都有无数的故事发生，危重症、突发事件频发，对从业人员有着极大的考验。扎实的理论、专业的技能、专注的态度、专心的服务、全面的协调、灵活的应变等等~这些都是一名优秀的急诊护士的应备技能，作为急诊护理团队的“头儿”更是不光自己要做到，还要带领队员们做到，才为人民群众的健康更好的保驾护航！担任急诊科护士长以来，沈雪梅带领团队成员不断地更新观念，积极学习借鉴先进有效的经验，优化制度、改造流程、改革排班模式、创新培训方法、注重团队建设、充分调动团队成员的工作积极性，并身先士卒的率先垂范。沈雪梅所带领的团队先后获得多次院“优秀文明科室”、“巾帼建功先进女职工小组”、“先进党小组”等荣誉，2015年获得绵阳市“优质护理服务示范岗”的荣誉。

【刘　平】　绵阳市疾病预防控制中心消毒与媒介生物控制所。2003年：中共绵阳市委、绵阳市人民政府防治“非典”工作先进个人；2008年：中国国民党革命委员会中央委员“民革全国抗震救灾先进个人”；2012年：中共绵阳市委芦山“420”抗震救灾工作先进个人。

龙安府变迁

古龙安府治地在今绵阳平武。建置始于明嘉靖四十五年(1566年)。平定龙州宣抚司宣抚使薛兆乾叛乱之后，朝廷对龙州土司实行改土归流，改龙州宣抚司为龙安府。《明史?四川土司》记载：“至嘉靖四十四年，宣抚薛兆乾与副使李蕃相仇讦，兆乾率众围执蕃父子，殴杀之。抚按檄兵备佥事赵教勘其事。兆乾惧，与母陈氏及诸左右纠白草番众数千人，分据各关隘拒命，绝松潘饷道。胁佥事王华，不从，屠其家。居民被焚掠者无算。是年春，与官军战，不利。求救于上下十八族番蛮，皆不应。兆乾率其家属奔至石坝，官军追及之，就擒。四十五年，兆乾伏诛，籍其家，母及其党二十二人皆以同谋论斩，余党悉平。遂改龙州宣抚司为龙安府，设立流官如马湖，而割保宁之江油、成都之石泉二县分隶之。”《明实录世宗实录》大卷五百六十六“嘉靖四十五年十二月壬辰条”记载：“改四川龙州宣抚司为龙安府。先是，巡抚谭纶言：宣抚薛兆乾悖逆伏诛，薛氏不可复立。宜如马湖事例，创建府治，改设流官知府、同知、推官及照磨、司狱官吏，其原设宣抚司副使、佥事，改衔通判。兆乾弟兆芝降为知事，俱世袭。令辖生熟番夷，不得与有司政事。土民散处宁羌利保等处者，悉入版图。且割保宁、成都二府所属江油、石泉二县并青川所隶之，而总隶于川西安绵道。户部覆如其言，乃诏易今名云。”

龙安府初设时，下辖江油、石泉二县及青川守御千户所，以及境内被降级、分设、迁徙的薛、王、李诸姓土司。明神宗万历十八年（1590年）四月，龙安府新置宁武县附郭（与府同治一城）。《明实录神宗实录》卷之二百二十二记载：“甲午，四川抚按奏请添设龙安县治，并请钦定县名，命县名为宁武。”次年，改宁武县为平武县，成为龙安府的“首县”。《明史》列传第一百九十九“四川土司”记载：“是时叠、茂诸番众纠结为乱，镇巡官率兵剿之，俘馘八百余级，番寇亦斩其部长黑卜、白什等，献功赎罪。而松坪诸恶屯据大雪山顶，诸将卒搜讨，亦有斩获。以捷闻，遂设平武县于龙安府。”龙安府的得名，是取“薛氏土司叛乱已经平定，龙州从此安宁”之意。明郭子章《郡县释名》四川卷下：龙安府“取龙州安辑之义也”。安辑之意为安定、使安定。明人曹学佺《蜀中广记》卷五十一记载：“龙安府……向为龙门州郡，元弃为龙州宣慰司。国朝嘉靖四十五年改流，系以安字。”此为县境第三次以平武为名建县，并相沿至今。龙安现为镇，平武县城所在地。

平武报恩寺

统计资料

绵阳市在全省的地位

（2017 年）

表 74

指标名称	计量单位	四川省	绵阳市	比重（%）
土地面积	（万平方公里）	48.61	2.02	4.16
年末常住人口	（万人）	8302	483.56	5.82
地区生产总值	（亿元）	36980.22	2074.75	5.61
第一产业	（亿元）	4282.81	291.66	6.81
第二产业	（亿元）	14293.99	838.76	5.87
第三产业	（亿元）	18403.42	944.33	5.13
规模以上工业企业个数	（个）	14144	925	6.54
规模以上工业增加值增速	（%）	8.5	10.5	—
全社会固定资产投资	（亿元）	32097.25	1436.54	4.48
社会消费品零售总额	（亿元）	17480.53	1112.48	6.36
地方公共财政收入	（亿元）	3579.80	110.59	3.09
地方公共财政支出	（亿元）	8686.10	365.06	4.20
金融机构人民币各项存款余额	（亿元）	71591.42	3588.52	5.01
金融机构人民币各项贷款余额	（亿元）	48124.44	1864.71	3.87
白酒	（万千升）	372.40	5.6	1.50
彩色电视机	（万台）	1051.30	626.7	59.61
粗钢	（万吨）	2026.3	21.4	1.06
钢材	（万吨）	2491.2	89.4	3.59
水泥	（万吨）	13810.00	1087.6	7.88
农用氮磷钾化学肥料	（万吨）	414.9	12.9	3.11
汽车	（万辆）	150.80	10.5	6.96

绵阳市国民经济主要指标

表 75

指标名称	计量单位	2013年	2014 年	2015 年	2016 年	2017 年
一、综合						
1. 自然资源	*					
行政区域土地面积	平方公里	20248.4	20248.4	20248.4	20248.4	20248.4
年平均气温	度（℃）	17.8	17.3	18.0	17.9	17.6
年降水量	毫米	938.4	841.9	691.5	545.5	1034.0
年平均日照时数	小时	1490.0	1021.5	1233.4	1294.2	1274.2
2. 年末总人口	万人	547.38	548.78	545.48	545.18	536.82
# 男	万人	281.53	281.97	280.26	279.93	275.29
女	万人	265.85	266.81	265.22	265.25	261.53
当年出生人口	万人	4.45	4.36	4.77	4.65	52018
当年死亡人口	万人	3.40	3.57	3.65	3.37	34913
3. 年末从业人员	万人	299.88	300.71	301.74	303.80	303.72
# 第一产业	万人	108.62	106.09	94.35	90.82	89.13
第二产业	万人	89.37	94.46	100.76	101.65	101.28
第三产业	万人	101.90	100.16	106.63	111.33	113.31
城镇登记失业人员数	人	33208	33915	35097	34791	33527
4. 地区生产总值（现价）	亿元	1455.12	1579.89	1700.33	1892.55	2074.75
# 第一产业	亿元	238.96	247.64	260.05	280.29	291.66
第二产业	亿元	747.61	805.33	858.93	789.97	838.76
# 工业	亿元	637.65	680.11	728.03	657.03	681.60
第三产业	亿元	468.55	526.92	581.35	822.29	944.33
5. 地区生产总值增长速度	%	10.0	9.1	8.6	8.3	9.1
# 第一产业	%	3.5	3.9	3.8	3.9	4.0
第二产业	%	12.2	10.0	9.3	8.9	9.2
# 工业	%	12.0	9.4	9.7	9.3	9.3
第三产业	%	9.1	9.7	9.4	9.5	10.8
6. 人均地区生产总值	元	31237	33558	35754	38202	43015
二、农村经济	*					
有效灌溉面积	公顷	212680	215660	217300	218680	220830
农业机械总动力	万千瓦	281.44	292.09	301.07	323.71	333.8
三、规模以上工业						
企业单位数	个	731	781	839	894	971
# 大型企业	个	22	22	22	22	23
中型企业	个	89	95	97	91	80
小型企业	个	619	648	720	781	868

续表

指标名称	计量单位	2013年	2014 年	2015 年	2016 年	2017 年
工业总产值（当年价）	万元	20630240	23290466	25252803	26035066	25800030
#轻工业	万元	9702732	11629776	12728602	12886613	6143986
重工业	万元	10304736	11660691	12524201	13148452	19656043
#内资企业	万元	19803777	22238828	23608104	24270417	23583970
#国有企业	万元	856461	915610	905092	43480	39987
集体企业	万元	32369	39099	46320	58061	70993
股份合作企业	万元	39790	31998	41029	48357	61077
联营企业	万元	3975				2656
有限责任公司	万元	12067684	13457053	14710122	15144234	13060738
股份有限公司	万元	2472750	2622852	1934998	2157457	2402813
私营企业	万元	4298890	5145986	5928232	6796386	7935827
其他企业	万元	29857	26230	42311	22440	9879
港澳台商投资企业	万元	292325	401801	1062109	1119848	1505937
外商投资企业	万元	534138	649837	582590	644801	710123
工业增加值增速	%	10.7	10.1	10.7	9.9	10.5
资产总计	万元	21740897	23314924	23768679	24340043	26268304
负债合计	万元	14397996	15514123	15177319	15090848	16576716
主营业务收入	万元	20248047	21685192	23720007	24217117	27031724
主营业务税金及附加	万元	270312	283094	276231	168197	203587
利润总额	万元	1029705	1074070	1065956	1222658	1400368
所得税费用	万元	150364	149859	155548	141430	192524
利税总额	万元	2247597	2044985	2092780	2288543	2500898
本年应交增值税	万元	946091	686216	749260	895463	892201
全部从业人员年平均人数	万人	23.00	22.78	21.51	19.91	20.05
四、交通运输、邮电通讯						
境内公路总里程	公里	19573	19888	19910	19919	20172
#等级公路	公里	12876	13501	13645	14448	15744
等级外公路	公里	6421	6067	5946	5471	4428
境内铁路营运里程	公里	121	160	167	167	213
公路客运周转量	万人公里	326130	336848	339193	295352	244577
公路货运周转量	万吨公里	544725	674954	664241	710671	771749
民用汽车拥有量	辆	334700	374310	427518	472407	584287
#私人汽车拥有量	辆	306250	341000	390713	469316	545984
邮电主营业务收入	万元	368994	358178	356514	376757	393685
#电信主营业务收入	万元	335678	323284	318084	332260	343840
年末本地固定电话用户	户	759630	734033	781363	864180	1054333

续表

指标名称	计量单位	2013年	2014年	2015年	2016年	2017年
年末移动电话用户数	户	3734921	4074056	4241542	5212355	5695173
互联网接入户数	户	653348	794466	997732	1274556	1486840
五、固定资产投资						
全社会固定资产投资完成额	万元	10010035	10803708	11540858	12699722	14365411
#国有	万元	3458552	3281131	3520063	4142424	5509647
集体	万元	78877	39579	10448	8942	55854
房地产开发投资完成额	万元	1699379	2107355	1983475	2055775	1766548
#住宅	万元	1198884	1362998	1272491	1282195	1111921
商品房施工面积	万平方米	1658.72	1888.96	1965.64	1983.76	1882.76
商品房竣工面积	万平方米	229.50	353.37	224.86	379.22	303.15
商品房销售面积	万平方米	329.00	302.84	339.33	394.15	554.85
六、国内贸易						
社会消费品零售总额	万元	6885157	7782856	8791555	9884783	11124769
#城镇的零售额	万元	4542112	5182550	5864477	6603633	7428057
乡村的零售额	万元	2343045	2600306	2927079	3281151	3696713
七、对外经济与贸易						
进出口总额	万美元	280985	291779	262710	176832	169831
#进口总额	万美元	100657	84545	70628	73350	79072
#出口总额	万美元	180328	207234	192082	103482	90759
直接利用外资	万美元	24134	22982	23221	18240	10330
星级饭店个数	个	33	30	28	26	25
旅游人数	万人次	2463.5	2821.86	3386.42	4206.11	5292.76
#国际旅游者旅游人数	万人次	1.02	0.74	0.72	0.51	0.44
国内旅游者旅游人数	万人次	2462.48	2821.12	3385.70	4205.60	5292.32
旅游外汇收入总额	万美元	315.02	212.25	189.66	171.57	118.23
八、财政、金融、保险						
财政总收入	亿元	217.71	227.39	186.68	204.18	207.76
#地方公共财政收入	亿元	90.48	101.75	104.13	107.62	110.59
#税收收入	亿元	63.03	69.67	67.10	63.84	66.87
财政总支出	亿元	394.14	396.05	363.03	413.48	446.38
#公共财政支出	亿元	290.64	294.64	304.22	335.04	365.06
年末金融机构人民币存款余额	亿元	2410.28	2621.72	2882.91	3181.69	3588.52
#企业存款	亿元	491.74	546.26	586.43	631.64	675.00
储蓄存款	亿元	1311.91	1464.46	1640.86	1838.25	2028.73
#定期	亿元	923.12	1047.63	1186.34	1320.55	1466.18
年末金融机构人民币贷款余额	亿元	1252.78	1398.96	1532.85	1667.43	1864.71

续表

指标名称	计量单位	2013年	2014 年	2015 年	2016 年	2017 年
短期贷款	亿元	563.13	601.76	616.37	649.86	643.06
中长期贷款	亿元	671.94	768.96	827.33	917.19	1093.34
保费收入	万元	500410	614597	682316	928710	1120859
赔款及给付	万元	184796	198398	245498	381112	391246
九、文化、教育						
广播覆盖率	%	98.84	99.08	99.19	99.37	99.59
电视覆盖率	%	99.15	99.37	99.44	99.56	99.58
公共图书馆	个	9	9	10	10	10
公共图书馆藏书量	千册	1802	1855	1933	1985	2075
学校总数						
# 幼儿园数	所	582	603	661	701	744
小学	所	436	414	412	404	409
普通中学	所	234	235	226	226	219
普通高等学校	所	14	14	14	14	14
在校学生总数						
# 小学	人	233767	240629	250247	260373	271071
普通中等学校	人	269908	260085	250882	240930	235565
普通高等学校	人	136722	147240	149421	150122	141937
专任教师总数						
# 小学	人	14625	14037	13949	13487	13687
普通中学	人	21552	21528	21484	21739	21147
普通高等学校	人	7136	7543	7768	7955	7646
十、卫生						
卫生机构数	个	4436	4494	4417	4371	4449
# 医院、卫生院	个	357	357	358	363	366
卫生机构床位数	张	28755	30756	32110	33708	36322
# 医院、卫生院床位数	张	27880	29821	31106	32634	35132
卫生机构人员数	人	35932	37303	37180	38265	39971
# 卫生技术人员	人	26610	27620	28157	29417	30868
# 医生	人	10788	11055	10945	11184	11738
十一、人民生活						
城镇在岗职工人数（非私营）	万人	45.06	48.21	47.07	45.99	46.40
# 国有经济单位	万人	18.58	19.21	18.83	18.69	18.37
城镇集体经济单位	万人	1.07	1.23	1.16	1.25	1.27
# 机关行政职工（在岗）	万人	4.30	4.35	4.77	4.89	4.73
事业单位职工	万人	12.43	13.09	12.47	12.32	12.18

续表

指标名称	计量单位	2013年	2014 年	2015 年	2016 年	2017 年
在岗职工年平均人数	万人	44.92	47.47	46.43	45.47	45.56
城镇单位在岗职工工资总额（非私营）	亿元	217.50	247.62	274.36	289.26	317.20
城镇在岗职工年平均货币工资	元	48417	52163	59093	63618	69621
#国有经济	元	57790	60861	71054	75945	88685
集体经济	元	55476	59207	65552	70058	74904
城镇居民人均可支配收入	元	23100	25341	27170	29407	31822
城镇居民人均消费性支出	元	16714	17973	18133	19561	21043
#食品（烟酒）支出	元	6452	7065	6731	7016	7307
农村居民人均可支配（纯）收入	元	9257	10326	12349	13504	14752
农村居民人均生活消费支出	元	6162	7492	9787	10684	11638
#食品（烟酒）支出	元	2661	3153	3672	4191	4414
参加基本养老保险的企业在职职工数	人	600779	652926	684024	694416	740021
参加基本医疗保险的城镇职工数	人	628379	648291	676210	687760	706711

注：1. 2013 年起公路客运数据剔除了出租车客运和周转量，公路货运通过月度货运样本车抽样和月度公路计重收费情况进行推算，经交通运输部认定，由省运管局推算返还。

2. 2013 年以后移动电话用户剔除了移动公司停机保号用户。

3. 小学专任教师不含九年制和十二年制义务教育，九年制和十二年制义务教育专任教师计入普通中学。

4. 农村居民人均可支配（纯）收入 2014 年及以前为纯收入，2015 年及以后为可支配收入。

（何　林）

绵阳市国民经济主要比例关系

表 76

指标名称	计量单位	2013年	2014 年	2015 年	2016 年	2017 年
一、农业总产值中农林牧渔业比例						
农业	%	50.5	51.0	50.7	49.7	52.0
林业	%	3.5	3.6	3.6	3.6	3.9
牧业	%	40.8	40.0	40.4	41.2	38.0
渔业	%	3.5	3.6	3.5	3.5	3.7
农林牧渔业服务业	%	1.7	1.8	1.9	2.0	2.4
二、工业总产值中轻重工业比例						
轻工业	%	51.4	50.1	50.4	50.9	23.8
重工业	%	48.6	49.9	49.6	49.1	76.2
三、地区生产总值中产业比例						
第一产业	%	16.4	15.7	15.3	15.3	14.1
第二产业	%	51.4	51.0	50.5	47.9	40.4
第三产业	%	32.2	33.3	34.2	36.8	45.5
四、财政收支占地区生产总值比例						
地方公共财政预算收入相当于地区生产总值比例	%	6.2	6.4	6.1	5.9	5.3
地方公共财政预算支出相当于地区生产总值比例	%	19.9	18.6	17.9	18.2	17.6

注：2017 年采用《民国经济行业分类》（GB/T 4754—2017）

（何　林）

平均每天主要社会经济活动

(2013—2017)

表 77

指标名称	计量单位	2013年	2014 年	2015 年	2016 年	2017 年
每天创造的财富						
地区生产总值	(万元)	39866	43285	46584	51851	56843
第一产业	(万元)	6547	6785	7125	7679	7991
第二产业	(万元)	20483	22064	23532	21643	22980
工业	(万元)	17470	18633	19946	18001	18674
建筑业	(万元)	3013	3431	3586	3654	4318
第三产业	(万元)	12837	14436	15928	22528	25872
粮食	(吨)	5929	5916	6052	6130	6227
油料	(吨)	927	959	991	997	1014
肉类总产量	(吨)	1106	1146	1139	1124	1098
粗钢	(吨)	579	624	463	496	586
成品钢材	(吨)	2738	2441	2268	2247	2449
水泥	(吨)	28012	30164	29838	29573	29797
彩色电视机	(台)	20411	18970	20027	20899	17170
每天消费量						
最终消费	(万元)	20544	22821	24807	27198	30251
居民消费	(万元)	15386	17639	19563	21534	23886
农村居民	(万元)	5050	5935	7446	8144	8953
城镇居民	(万元)	10336	11705	12117	13390	14933
政府消费	(万元)	5158	5182	5244	5663	6365
社会消费品零售总额	(万元)	18863	21323	24086	27082	30479
每天其他经济活动						
资本形成总额	(万元)	18970	20115	21421	22807	26457
固定资本形成	(万元)			20293	21920	24008
存货增加	(万元)			1128	887	2449
全社会固定资产投资	(万元)	27425	29599	31619	34794	39357
每天人口和婚姻变动						
出生	(人)	132.8	119.5	130.8	127.5	142.5
死亡	(人)	73.1	97.8	110.1	92.2	95.7
居民登记结婚	(对)	128.8	124.7	118.9	114.4	103.2
居民离婚数	(对)	40.2	41.1	43.6	45.1	45.3

(何　林)

四川省各市地州国民经济主要指标

(2017 年)

表 78

地　区	年末常住人口（万人）		城镇化率（%）		地区生产总值（亿元）			
	绝对量	位次	绝对量	位次	绝对量	位次	增长%	位次
全　省	8302.00	.	50.79		36980.22		8.1	
成　都	1604.47	1	71.85	1	13889.39	1	8.1	11
自　贡	290.14	15	50.92	5	1312.07	11	8.3	7
攀枝花	123.61	19	65.99	2	1144.25	14	7.4	17
泸　州	431.72	7	48.95	7	1596.21	6	9.1	1
德　阳	353.16	9	50.98	4	1960.55	3	9.0	4
绵　阳	483.56	4	51.01	3	2074.75	2	9.1	1
广　元	266.00	16	43.98	14	732.12	17	8.1	11
遂　宁	323.59	13	48.52	8	1138.06	15	8.3	7
内　江	375.37	8	47.9	10	1332.09	10	7.1	18
乐　山	327.21	11	50.17	6	1507.79	8	8.2	9
南　充	641.79	2	46.47	11	1827.93	5	8.5	6
眉　山	297.48	14	44.77	13	1183.35	12	5.3	19
宜　宾	453.00	6	48.12	9	1847.23	4	8.8	5
广　安	325.03	12	40.24	18	1173.79	13	8.1	11
达　州	568.95	3	43.92	15	1583.94	7	8.2	9
雅　安	153.78	18	45.35	12	602.77	18	8.0	15
巴　中	331.67	10	40.54	17	601.44	19	8.1	11
资　阳	255.31	17	41.34	16	1022.21	16	7.8	16
阿　坝	94.01	21	38.92	19	295.16	20	4.0	21
甘　孜	118.63	20	30.56	21	261.50	21	9.1	1
凉　山	483.52	5	34.30	20	1480.91	9	5.3	19

续表

地　区	第一产业（亿元）				第二产业（亿元）			
	绝对量	位次	增长%	位次	绝对量	位次	增长%	位次
全　省	4282.81		3.8		14293.99		7.5	
成　都	500.87	1	3.9	5	5998.19	1	7.5	16
自　贡	142.94	15	4.1	3	638.25	10	8.4	11
攀枝花	37.16	21	4.3	2	745.02	7	7.2	17
泸　州	183.19	9	3.9	5	850.56	4	10.0	2
德　阳	228.46	7	3.9	5	941.81	2	9.5	4
绵　阳	291.66	5	4.0	4	838.76	5	9.2	6
广　元	113.17	16	3.8	13	327.01	17	8.2	13
遂　宁	160.41	12	3.6	17	548.60	13	8.6	8
内　江	209.60	8	2.8	21	660.67	9	7.2	17
乐　山	158.80	14	3.9	5	691.41	8	8.5	9
南　充	363.68	2	3.9	5	749.69	6	9.2	6
眉　山	176.62	10	3.9	5	538.82	15	2.9	21
宜　宾	238.83	6	3.5	18	918.74	3	9.3	5
广　安	169.81	11	3.4	19	546.05	14	7.8	15
达　州	322.13	3	3.8	13	558.12	12	8.1	14
雅　安	80.85	18	3.9	5	284.64	19	8.3	12
巴　中	93.30	17	3.7	16	293.39	18	9.7	3
资　阳	160.35	13	3.9	5	503.94	16	8.5	9
阿　坝	46.44	20	3.2	20	141.34	20	6.6	19
甘　孜	61.29	19	4.4	1	103.82	21	16.1	1
凉　山	296.52	4	3.8	13	621.88	11	5.0	20

续表

地　区	第三产业（亿元）				人均 GDP（元）			
	绝对量	位次	增长%	位次	绝对量	位次	增长%	位次
全　省	18403.42		9.8		44651		7.5	
成　都	7390.33	1	8.9	15	86911	2	7.0	15
自　贡	530.88	10	9.5	9	46182	4	5.8	18
攀枝花	362.07	15	8.0	17	92584	1	7.2	13
泸　州	562.46	9	9.5	9	37020	11	8.7	2
德　阳	790.28	3	10.0	6	55607	3	8.7	2
绵　阳	944.33	2	10.8	1	43015	6	8.4	4
广　元	291.94	17	9.6	8	27653	19	7.4	12
遂　宁	429.05	14	10.0	6	34835	14	9.2	1
内　江	461.82	12	9.0	14	35521	13	6.9	17
乐　山	657.58	7	9.1	13	46130	5	8.1	8
南　充	714.56	4	10.5	2	28516	17	8.1	8
眉　山	467.91	11	9.5	9	39605	9	5.8	18
宜　宾	689.66	6	10.2	5	40868	7	8.3	6
广　安	457.93	13	10.3	4	36034	12	8.0	11
达　州	703.69	5	10.5	2	28066	18	7.1	14
雅　安	237.28	18	9.2	12	39172	10	8.4	4
巴　中	214.75	19	8.0	17	18148	21	8.3	6
资　阳	357.92	16	8.6	16	40137	8	7.0	15
阿　坝	107.38	20	0.8	21	31487	15	3.5	21
甘　孜	96.39	21	5.3	20	22097	20	8.1	8
凉　山	562.51	8	6.5	19	30669	16	3.7	20

续表

地　区	规模以上工业增加值		全社会固定资产投资（亿元）				社会消费品零售总额（亿元）			
	增长%	位次	绝对量	位次	增长%	位次	绝对量	位次	增长%	位次
全　省	8.5		32097.25		10.2		17480.53		12.0	
成　都	9.0	15	9404.24	1	12.3	12	6403.53	1	11.5	15
自　贡	9.4	12	832.24	15	17.2	2	624.04	9	12.3	9
攀枝花	7.5	17	745.28	16	7.0	14	352.41	17	11.2	17
泸　州	10.9	2	2042.11	2	18.0	1	722.07	7	13.3	1
德　阳	10.5	4	1311.41	9	16.6	3	790.78	6	13.2	2
绵　阳	10.5	4	1436.54	7	13.1	11	1112.48	2	12.5	8
广　元	9.2	14	715.13	17	15.7	6	371.79	15	12.3	9
遂　宁	9.7	9	1257.63	11	11.7	13	526.97	11	12.0	12
内　江	6.1	19	860.18	14	–5.0	18	511.87	13	11.1	20
乐　山	9.7	9	1273.79	10	14.8	9	705.25	8	13.0	4
南　充	10.2	7	1820.08	3	16.6	3	888.27	3	13.1	3
眉　山	0.6	21	1110.84	13	–4.5	17	486.93	14	11.2	17
宜　宾	10.5	4	1685.10	5	15.1	8	867.91	4	13.0	4
广　安	9.3	13	1513.28	6	16.5	5	524.96	12	12.0	12
达　州	9.6	11	1727.65	4	15.2	7	860.37	5	13.0	4
雅　安	9.0	15	461.24	20	–16.3	20	248.07	19	11.2	17
巴　中	10.7	3	1370.63	8	14.7	10	324.23	18	12.8	7
资　阳	9.8	8	594.13	18	–22.4	21	365.65	16	12.2	11
阿　坝	7.0	18	340.14	21	–13.6	19	85.81	21	2.3	21
甘　孜	21.5	1	461.32	19	5.3	15	90.86	20	11.4	16
凉　山	1.8	20	1134.04	12	2.0	16	616.28	10	11.8	14

续表

地区	地方一般公共预算收入(亿元)				一般公共预算支出(亿元)			
	绝对量	位次	增长%	位次	绝对量	位次	增长%	位次
全省	3579.80		9.5		8686.10		10.8	
成都	1275.50	1	11.6	5	1759.40	1	10.2	5
自贡	53.20	15	11.5	6	223.10	17	24.3	1
攀枝花	60.60	12	7.0	16	136.80	21	12.1	4
泸州	146.00	2	7.2	15	368.70	6	9.4	7
德阳	106.20	6	4.9	19	240.20	13	5.8	16
绵阳	110.60	5	5.0	18	366.00	7	9.2	8
广元	44.00	18	13.0	4	249.30	12	8.2	12
遂宁	60.20	13	13.9	3	230.40	15	15.2	2
内江	56.10	14	9.1	11	217.50	18	8.6	10
乐山	99.20	8	8.9	12	281.60	9	9.6	6
南充	105.30	7	16.8	1	458.80	3	7.4	14
眉山	93.20	9	6.8	17	225.50	16	4.1	19
宜宾	138.80	3	10.7	8	369.60	5	9.1	9
广安	71.20	11	15.9	2	265.00	11	8.5	11
达州	90.70	10	10.0	9	387.70	4	8.0	13
雅安	34.80	19	9.5	10	137.30	20	-9.4	21
巴中	45.50	17	8.8	13	281.50	10	5.1	17
资阳	49.80	16	8.7	14	180.30	19	-4.3	20
阿坝	26.80	21	-15.8	21	236.20	14	6.9	15
甘孜	27.40	20	-9.0	20	343.30	8	14.3	3
凉山	134.50	4	11.1	7	479.90	2	4.5	18

续表

地 区	城镇居民人均可支配收入（元）				农村居民人均可支配收入（元）			
	绝对量	位次	增长%	位次	绝对量	位次	增长%	位次
全 省	30727		8.4		12227		9.1	
成 都	38918	1	8.4	16	20298	1	9.1	16
自 贡	31016	8	9.0	3	14380	7	9.0	19
攀枝花	35620	2	8.4	16	15336	2	9.1	16
泸 州	31449	5	8.6	10	13670	10	9.8	5
德 阳	31609	4	8.4	16	15207	3	9.0	19
绵 阳	31822	3	8.2	20	14752	5	9.2	13
广 元	28132	21	9.2	1	10801	20	10.0	3
遂 宁	29308	16	8.7	7	13579	13	9.3	11
内 江	30393	12	8.6	10	13640	12	9.2	13
乐 山	31070	7	8.7	7	13922	9	9.2	13
南 充	28333	18	9.0	3	12389	15	9.9	4
眉 山	31130	6	8.5	13	15203	4	9.1	16
宜 宾	30832	10	8.6	10	14063	8	9.5	9
广 安	30616	11	8.5	13	13655	11	9.4	10
达 州	28383	17	9.1	2	12843	14	9.6	8
雅 安	29732	14	8.7	7	12145	16	9.0	19
巴 中	28286	19	9.0	3	10946	19	9.8	5
资 阳	30867	9	8.3	19	14670	6	9.3	11
阿 坝	30264	13	7.9	21	11751	17	9.8	5
甘 孜	29486	15	8.8	6	10444	21	11.5	1
凉 山	28170	20	8.5	13	11415	18	10.1	2

西部主要城市经济指标

(2017 年)

表 79

城市名称	地区生产总值（亿元）				第一产业（亿元）			
	绝对量	位次	±%	位次	绝对量	位次	±%	位次
成　都	13889.39	1	8.1	24	500.87	1	3.9	36
自　贡	1312.07	30	8.3	21	142.94	31	4.1	32
攀枝花	1144.25	37	7.4	37	37.16	47	4.3	25
泸　州	1596.21	24	9.1	13	183.19	23	3.9	36
德　阳	1960.55	17	9.0	15	228.46	17	3.9	36
遂　宁	1138.06	38	8.3	21	160.41	27	3.6	48
绵　阳	2074.75	15	9.1	13	291.66	8	4.0	35
宜　宾	1847.23	19	8.8	18	238.83	14	3.5	51
内　江	1332.09	29	7.1	40	209.60	19	2.8	54
贵　阳	3537.96	6	11.3	4	147.33	30	6.3	6
遵　义	2748.59	9	12.1	2	402.34	3	6.8	2
六盘水	1461.71	25	11.1	5	134.82	35	6.6	5
安　顺	802.46	41	12.3	1	135.70	34	6.7	4
昆　明	1841.61	20	11.7	3	378.61	5	6.8	2
曲　靖	4857.64	3	9.7	9	210.13	18	6.0	8
玉　溪	1941.12	18	10.0	7	351.76	6	6.0	8
拉　萨	1415.14	26	9.3	11	141.95	32	6.3	6
西　安	479.25	49	10.0	7	17.54	51	4.5	21
宝　鸡	7469.85	2	7.7	32	281.12	9	4.6	17
延　安	2179.81	14	8.7	20	175.32	25	4.3	25
咸　阳	1266.39	33	7.6	33	119.88	36	5.0	13
榆　林	2340.65	13	8.1	24	312.17	7	4.3	25
渭　南	3318.39	7	8.0	27	167.68	26	5.0	13
兰　州	1656.62	23	8.3	21	230.50	16	4.8	16
天　水	2523.54	12	5.7	45	61.47	42	5.9	10
金　昌	224.29	53	1.9	53	20.65	50	5.7	11
白　银	449.89	50	0.4	54	63.89	41	5.0	13
银　川	1803.17	21	8.0	27	61.38	43	4.2	30

续表

城市名称	地区生产总值（亿元）				第一产业（亿元）			
	绝对量	位次	±%	位次	绝对量	位次	±%	位次
石嘴山	534.98	47	7.2	39	27.70	49	4.6	17
中 卫	374.14	51	7.5	35	52.82	45	4.1	32
吴 忠	508.10	48	8.0	27	57.70	44	4.6	17
西 宁	1284.91	32	9.5	10	41.80	46	5.1	12
格尔木	327.24	52	9.0	15	4.58	53	11.7	1
乌鲁木齐	2743.82	10	8.1	24	29.62	48	2.7	56
克拉玛依	722.40	44	7.5	35	4.90	52	3.0	53
呼和浩特	2743.72	11	5.0	50	107.74	39	2.8	54
包 头	—	—	5.5	46	—	—	3.6	48
乌 海	—	—	5.3	47	—	—	3.9	36
赤 峰	1406.80	27	3.6	52	280.60	10	4.5	21
通 辽	1222.62	35	0.3	55	262.96	12	3.6	48
鄂尔多斯	3579.81	5	5.8	44	111.27	38	3.8	42
乌兰察布	—	—	5.3	47	—	—	3.7	45
呼伦贝尔	1185.86	36	0.1	56	249.45	13	3.8	42
南 宁	4118.83	4	8.0	27	404.18	2	4.1	32
柳 州	2755.67	8	7.1	40	189.54	22	3.7	45
桂 林	2045.18	16	3.9	51	381.83	4	4.3	25
梧 州	1338.11	28	6.7	42	136.41	33	4.4	23
玉 林	1699.54	22	7.6	33	276.91	11	3.2	52
钦 州	1309.82	31	8.8	18	234.95	15	3.9	36
北 海	1229.84	34	10.2	6	190.54	21	3.7	45
贵 港	1082.18	39	9.0	15	193.65	20	4.2	30
来 宾	663.69	45	7.4	37	159.96	28	4.6	17
防城港	741.62	42	6.7	42	89.27	40	3.9	36
贺 州	548.83	46	5.3	47	115.76	37	4.3	25
崇 左	907.62	40	9.3	11	181.25	24	4.4	23
河 池	734.60	43	7.8	31	158.96	29	3.8	42

续表

城市名称	第二产业（亿元）				第三产业（亿元）			
	绝对量	位次	±%	位次	绝对量	位次	±%	位次
成　都	5998.19	1	7.5	29	7390.34	1	8.9	33
自　贡	638.25	32	8.4	25	530.88	30	9.5	25
攀枝花	745.02	24	7.2	31	362.07	40	8.0	44
泸　州	850.56	16	10.0	13	562.46	28	9.5	25
德　阳	941.81	12	9.5	14	790.28	17	10.0	18
遂　宁	548.60	35	8.6	22	429.05	35	10.0	18
绵　阳	838.76	17	9.2	19	944.33	13	10.8	12
宜　宾	918.74	13	9.3	18	689.66	19	10.2	16
内　江	660.67	31	7.2	31	461.82	32	9.0	31
贵　阳	1375.18	9	10.0	12	2015.45	5	12.6	5
遵　义	1241.05	11	11.9	2	1105.20	10	14.3	2
六盘水	729.38	27	10.7	7	597.51	26	12.4	6
安　顺	267.82	45	12.1	1	398.94	38	14.2	3
昆　明	692.19	29	10.1	11	770.81	18	15.6	1
曲　靖	1865.97	5	9.0	20	2781.54	3	10.5	14
玉　溪	756.88	22	11.7	3	832.50	16	10.0	18
拉　萨	729.44	26	7.9	28	543.75	29	12.0	8
西　安	189.38	50	10.4	10	272.33	43	10.0	18
宝　鸡	2596.08	2	5.5	40	4592.65	2	9.2	27
延　安	1404.81	8	9.4	16	599.69	25	8.7	36
咸　阳	712.23	28	6.6	34	434.28	34	10.0	18
榆　林	1369.64	10	8.6	22	658.84	22	9.0	31
渭　南	2086.08	3	6.0	39	1064.63	12	11.8	9
兰　州	778.41	21	9.5	14	647.71	23	8.2	43
天　水	881.74	15	3.1	48	1580.34	8	7.2	47
金　昌	112.88	53	1.0	51	90.75	53	2.6	55
白　银	175.63	51	-1.8	54	210.38	48	1.2	56
银　川	908.60	14	6.5	35	833.18	15	10.1	17

续表

城市名称	第二产业（亿元）				第三产业（亿元）			
	绝对量	位次	±%	位次	绝对量	位次	±%	位次
石嘴山	323.27	43	6.3	38	184.01	49	9.2	27
中　卫	167.16	52	7.2	31	154.16	50	9.1	29
吴　忠	299.00	44	9.0	20	151.30	51	7.5	45
西　宁	556.44	34	10.6	8	686.67	21	8.7	36
格尔木	220.79	48	8.4	25	101.87	52	10.0	18
乌鲁木齐	827.63	18	7.4	30	1886.56	6	8.4	40
克拉玛依	501.30	37	5.3	41	216.10	47	12.4	6
呼和浩特	755.75	23	2.6	49	1880.23	7	6.1	50
包　头	—	—	4.5	44	—	—	6.5	49
乌　海	—	—	6.4	36	—	—	3.8	54
赤　峰	502.70	36	–0.2	52	623.50	24	6.1	50
通　辽	440.98	39	–6.1	55	518.68	31	4.3	53
鄂尔多斯	1889.83	4	4.5	44	1578.71	9	7.4	46
乌兰察布	—	—	4.0	47	—	—	6.7	48
呼伦贝尔	356.11	42	–9.7	56	580.29	27	4.9	52
南　宁	1599.50	6	8.6	22	2115.15	4	8.4	40
柳　州	1487.08	7	4.4	46	1079.05	11	11.6	10
桂　林	791.94	19	–0.5	53	871.41	14	8.5	39
梧　州	785.71	20	5.2	43	415.98	37	10.4	15
玉　林	734.14	25	8.1	27	688.49	20	9.1	29
钦　州	625.01	33	11.2	5	449.86	33	8.9	33
北　海	668.66	30	10.5	9	370.64	39	13.3	4
贵　港	465.86	38	11.3	4	422.68	36	8.8	35
来　宾	250.08	46	5.3	41	253.65	44	11.5	11
防城港	421.23	40	6.4	36	231.12	45	8.3	42
贺　州	210.91	49	1.6	50	222.16	46	9.9	24
崇　左	398.20	41	10.8	6	328.17	42	10.6	13
河　池	231.49	47	9.4	16	344.15	41	8.7	36

续表

城市名称	规模以上工业增加值		规模以上工业主营业务收入（亿元）			
	±%	位次	绝对量	位次	±%	位次
成　都	9.0	27	12228.92	1	13.4	37
自　贡	9.4	25	1708.37	29	17.4	30
攀枝花	7.5	34	1726.70	27	21.9	19
泸　州	10.9	9	1651.22	30	17.6	28
德　阳	10.5	12	3397.29	7	13.3	38
遂　宁	9.7	19	1486.06	31	16.3	33
绵　阳	10.5	12	2723.19	11	18.2	24
宜　宾	10.5	12	2591.98	12	18.1	25
内　江	6.1	41	1043.02	38	−5.4	51
贵　阳	9.7	19	2750.11	10	9.7	45
遵　义	11.7	6	2358.80	16	31.6	5
六盘水	10.2	17	1261.86	36	28.4	9
安　顺	12.1	4	692.44	46	34.0	4
昆　明	10.6	11	952.95	40	22.8	18
曲　靖	10.4	15	3695.94	6	19.1	21
玉　溪	11.0	7	1758.68	23	24.0	13
拉　萨	7.2	35	1419.03	32	17.1	32
西　安	14.5	1	—	—	—	
宝　鸡	5.8	45	4488.10	3	7.0	46
延　安	9.7	19	2323.48	18	25.3	12
咸　阳	7.0	36	1268.45	35	—	49
榆　林	8.5	28	2876.30	9	10.3	43
渭　南	5.7	47	3146.50	8	36.4	2
兰　州	9.7	19	1762.50	22	26.9	10
天　水	4.8	48	1897.30	21	19.0	22
金　昌	1.3	50	2354.63	17	12.4	39
白　银	−2.7	55	842.90	42	10.8	42
银　川	8.5	28	1905.31	20	17.7	27

续表

城市名称	规模以上工业增加值		规模以上工业主营业务收入（亿元）			
	±%	位次	绝对量	位次	±%	位次
石嘴山	7.0	36	723.40	45	35.6	3
中　卫	8.2	32	481.35	52	30.0	8
吴　忠	10.4	15	678.30	47	18.0	26
西　宁	9.7	19	885.74	41	−0.8	50
格尔木	7.8	33	243.78	55	15.7	35
乌鲁木齐	9.5	24	2393.84	15	23.9	14
克拉玛依	8.5	28	1380.80	33	23.2	16
呼和浩特	6.1	41	1744.10	24	10.9	41
包　头	6.0	43	2000.96	19	11.1	40
乌　海	11.0	7	581.95	48	51.9	1
赤　峰	0.5	51	999.20	39	1.8	48
通　辽	0.1	53	788.70	44	−26.0	55
鄂尔多斯	7.0	36	4188.20	4	30.9	6
乌兰察布	6.4	40	553.71	49	19.8	20
呼伦贝尔	0.3	52	505.25	51	−11.7	54
南　宁	9.9	18	3702.25	5	13.6	36
柳　州	4.7	49	4533.20	2	2.9	47
桂　林	−1.5	54	1740.20	25	−5.6	52
梧　州	5.8	45	2442.30	13	16.2	34
玉　林	8.3	31	1728.00	26	17.6	28
钦　州	12.8	2	1720.25	28	26.3	11
北　海	11.9	5	2431.70	14	18.8	23
贵　港	12.2	3	1099.60	37	22.9	17
来　宾	5.9	44	506.70	50	10.1	44
防城港	6.5	39	1329.06	34	17.3	31
贺　州	−3.8	56	382.72	53	−11.0	53
崇　左	10.8	10	803.56	43	30.2	7
河　池	9.2	26	371.10	54	23.6	15

续表

城市名称	固定资产投资（不含农户）（亿元）				社会消费品零售总额（亿元）			
	绝对量	位次	±%	位次	绝对量	位次	±%	位次
成　都	9404.20	1	12.3	28	6403.53	1	11.5	23
自　贡	832.24	38	17.2	13	624.04	24	12.3	14
攀枝花	745.28	41	7.0	40	352.41	38	11.2	26
泸　州	2005.11	16	17.6	12	722.07	20	13.3	4
德　阳	1282.91	29	16.7	15	790.78	16	13.2	6
遂　宁	1257.63	30	11.7	31	526.97	29	12.0	19
绵　阳	1402.54	25	14.0	24	1112.48	11	12.5	10
宜　宾	1685.10	20	15.1	20	867.91	13	13.0	7
内　江	860.18	37	-5.0	50	511.87	30	11.1	28
贵　阳	3850.60	5	18.1	10	1335.28	8	11.7	22
遵　义	2523.62	11	22.0	4	811.69	14	12.2	16
六盘水	1652.50	21	21.7	5	371.94	36	12.1	18
安　顺	794.54	40	21.7	5	197.11	45	11.8	21
昆　明	1730.00	17	18.1	10	381.98	35	12.3	14
曲　靖	4217.94	4	7.6	38	2590.95	3	12.2	16
玉　溪	2244.80	13	25.1	3	635.33	23	12.5	10
拉　萨	1080.85	34	20.9	7	367.45	37	12.5	10
西　安	611.73	45	5.1	41	258.76	42	12.7	8
宝　鸡	7463.31	2	13.0	26	4329.51	2	10.5	35
延　安	3746.49	6	20.2	8	800.88	15	14.1	1
咸　阳	1181.69	31	-1.8	49	284.65	41	10.4	36
榆　林	2341.83	12	11.4	32	613.04	25	14.0	2
渭　南	1400.83	26	11.4	32	472.12	32	11.9	20
兰　州	2681.84	10	20.1	9	651.85	21	13.6	3
天　水	1315.35	28	-33.9	54	1358.72	7	7.6	46
金　昌	93.07	54	-59.4	56	89.06	53	7.4	47
白　银	308.00	50	-41.7	55	207.19	44	7.0	49
银　川	1719.05	18	1.4	44	562.31	26	9.4	40

续表

城市名称	固定资产投资(不含农户)(亿元)				社会消费品零售总额(亿元)			
	绝对量	位次	±%	位次	绝对量	位次	±%	位次
石嘴山			7.5	39	111.28	52	8.8	43
中　卫	346.85	49	0.2	46	73.07	54	11.0	30
吴　忠	798.80	39	8.2	37	112.70	51	9.7	39
西　宁	1600.03	22	14.3	23	560.79	27	9.3	41
格尔木	234.65	52	15.9	18	65.87	56	9.3	41
乌鲁木齐	2020.00	15	25.7	2	1317.00	9	6.5	52
克拉玛依	264.00	51	40.5	1	66.10	55	5.5	56
呼和浩特	1490.78	24	-19.4	52	1570.95	5	6.0	55
包　头	2958.79	8	0.1	47	1486.41	6	6.2	54
乌　海	178.91	53	8.4	36	161.84	48	6.5	52
赤　峰	1507.00	23	2.8	43	758.20	18	8.3	44
通　辽			-1.6	48	551.09	28	6.9	51
鄂尔多斯	3065.70	7	0.5	45	777.90	17	7.0	49
乌兰察布	533.47	46	-19.3	51	341.66	39	7.7	45
呼伦贝尔	709.06	43	-27.8	53	644.30	22	7.3	48
南　宁	4307.95	3	12.6	27	2204.16	4	11.3	24
柳　州	2697.20	9	15.3	19	1155.64	10	10.6	34
桂　林	2234.24	14	4.8	42	928.12	12	11.0	32
梧　州	1330.15	27	13.8	25	445.87	33	12.6	9
玉　林	1689.33	19	15.1	20	728.86	19	10.4	37
钦　州	1088.85	33	14.5	22	411.75	34	10.2	38
北　海	1099.68	32	8.8	35	250.13	43	11.0	30
贵　港	983.81	35	16.9	14	480.70	31	11.3	24
来　宾	432.16	48	16.5	17	180.29	46	13.3	4
防城港	672.77	44	12.1	30	124.02	50	10.8	33
贺　州	722.02	42	10.9	34	178.85	47	11.1	28
崇　左	970.50	36	16.7	15	146.09	49	11.2	26
河　池	453.20	47	12.2	29	301.20	40	12.4	13

续表

城市名称	进出口总额（亿美元）				# 出口总额（亿美元）			
	绝对量	位次	±%	位次	绝对量	位次	±%	位次
成　都	583.16	1	42.3	12	305.59	1	39.3	14
自　贡	4.54	36	15.3	34	2.59	34	15.1	27
攀枝花	3.89	37	89.3	5	1.66	42	22.8	21
泸　州	20.57	15	566.1	1	19.64	10	616.2	2
德　阳	15.40	20	–10.5	49	10.49	17	–20.2	51
遂　宁	3.49	41	–11.5	51	1.77	41	–11.5	48
绵　阳	16.98	18	–4.0	44	9.08	18	–12.3	49
宜　宾	8.50	28	–8.8	47	4.72	26	–14.6	50
内　江	1.42	49	7.3	40	1.13	44	11.2	33
贵　阳	29.92	12	25.3	23	22.71	8	17.7	25
遵　义	11.59	22	114.7	4	10.79	16	342.9	3
六盘水	3.31	42	22.9	25	0.79	47	–9.4	46
安　顺	2.17	45	25.6	22	2.03	38	24.6	19
昆　明	2.05	46	120.2	3	2.05	37	124.0	4
曲　靖	78.18	6	18.2	31	29.43	6	–27.5	53
玉　溪	8.72	26	38.0	15	8.42	20	33.9	17
拉　萨	21.01	14	4.0	43	20.64	9	3.6	38
西　安	6.56	31	7.4	39	4.23	28	1.0	42
宝　鸡	377.00	2	39.1	14	229.92	2	63.9	9
延　安	8.52	27	–9.6	48	5.31	25	–21.3	52
咸　阳	0.26	55	22.1	28	0.24	55	41.0	13
榆　林	5.72	33	28.7	18	2.86	31	19.9	23
渭　南	1.84	47	28.1	19	1.06	46	74.6	7
兰　州	1.71	48	–4.5	45	1.51	43	–4.0	44
天　水	18.53	17	21.8	29	10.79	15	55.4	10
金　昌	13.18	21	15.7	33	0.54	53	4.2	37
白　银	7.99	29	79.4	6	0.58	50	–8.2	45
银　川	40.08	9	65.6	8	29.03	7	49.7	11

续表

城市名称	进出口总额（亿美元）				#出口总额（亿美元）			
	绝对量	位次	±%	位次	绝对量	位次	±%	位次
石嘴山	5.79	32	63.4	9	1.86	40	74.4	8
中　卫	3.84	38	7.5	38	2.83	33	35.4	16
吴　忠	1.18	50	70.3	7	1.12	45	101.9	6
西　宁	4.58	35	−61.4	55	2.83	32	−74.8	55
格尔木								
乌鲁木齐	68.07	7	41.8	13	53.30	4	30.0	18
克拉玛依	0.92	52	−30.6	53	0.70	48	10.2	34
呼和浩特	15.99	19	22.2	27	7.63	22	11.9	32
包　头	19.96	16	22.3	26	12.89	14	13.0	30
乌　海	0.61	54	−29.8	52	0.57	52	−33.2	54
赤　峰	8.96	24	4.6	41	2.44	35	16.0	26
通　辽	3.68	39	−10.9	50	3.05	30	3.5	39
鄂尔多斯	7.84	30	−38.7	54	5.34	24	21.0	22
乌兰察布	2.47	44	221.8	2	2.33	36	621.1	1
呼伦贝尔	30.50	11	14.9	35	7.51	23	1.2	41
南　宁	89.91	5	48.8	11	40.83	5	35.8	15
柳　州	25.51	13	26.7	21	8.03	21	18.2	24
桂　林	10.43	23	19.2	30	8.79	19	14.2	28
梧　州	8.92	25	48.9	10	4.36	27	13.4	29
玉　林	5.03	34	27.2	20	3.71	29	12.9	31
钦　州	50.43	8	16.6	32	17.22	11	9.5	35
北　海	34.19	10	12.5	36	17.22	11	5.4	36
贵　港	3.53	40	23.2	24	1.90	39	48.2	12
来　宾	1.15	51	31.3	16	0.63	49	103.5	5
防城港	113.60	4	29.4	17	17.03	13	0.6	43
贺　州	0.72	53	−6.3	46	0.58	51	2.1	40
崇　左	198.38	3	10.0	37	132.27	3	24.2	20
河　池	2.88	43	4.5	42	0.33	54	−10.0	47

续表

城市名称	公共财政预算收入（亿元）				公共财政预算支出（亿元）			
	绝对量	位次	±%	位次	绝对量	位次	±%	位次
成　都	1275.50	1	11.3	15	1756.70	1	10.1	22
自　贡	53.21	41	11.5	14	223.10	39	24.1	2
攀枝花	60.59	38	6.8	32	136.84	50	12.1	14
泸　州	146.04	14	11.3	15	368.71	20	9.5	27
德　阳	106.17	24	6.1	36	240.22	36	5.8	38
遂　宁	60.18	39	13.9	8	230.40	38	15.2	7
绵　阳	110.59	23	5.0	40	365.06	21	9.0	30
宜　宾	138.82	17	10.7	17	369.57	19	9.1	29
内　江	56.10	40	9.1	24	217.51	41	8.6	32
贵　阳	377.77	5	8.0	28	578.08	6	10.1	23
遵　义	216.39	10	17.9	5	636.81	5	21.6	3
六盘水	138.62	18	6.1	36	292.21	31	3.1	46
安　顺	76.24	34	12.3	10	255.69	34	14.9	8
昆　明	123.84	22	12.3	10	527.75	8	16.7	5
曲　靖	560.86	3	8.2	27	775.90	3	12.7	10
玉　溪	136.20	21	7.8	29	442.50	12	10.6	18
拉　萨	137.22	20	4.7	41	162.12	46	12.3	13
西　安	89.63	27	26.0	3	257.47	33	4.0	44
宝　鸡	654.50	2	9.8	21	1045.09	2	7.1	34
延　安	81.08	31	9.7	22	301.59	30	6.6	35
咸　阳	140.42	16	7.6	30	353.28	22	7.9	33
榆　林	77.28	33	14.9	7	346.57	24	11.3	16
渭　南	312.97	8	34.5	1	555.55	7	17.9	4
兰　州	73.54	35	11.9	12	407.65	16	15.6	6
天　水	234.20	9	11.9	12	434.53	14	2.4	48
金　昌	22.22	55	7.1	31	59.70	55	3.9	45
白　银	29.94	51	4.3	42	160.23	47	−0.3	50
银　川	177.46	13	9.2	23	341.53	25	−2.0	52

续表

城市名称	公共财政预算收入（亿元）				公共财政预算支出（亿元）			
	绝对量	位次	±%	位次	绝对量	位次	±%	位次
石嘴山	23.06	54	-1.1	45	92.67	53	2.8	47
中　卫	24.00	53	15.0	6	156.69	49	9.6	26
吴　忠	32.70	49	10.0	20	200.10	43	10.2	20
西　宁	79.16	32	18.2	4	288.37	32	0.2	49
格尔木	14.00	56	10.1	19	35.62	56	-1.9	51
乌鲁木齐	400.78	4	8.4	26	458.58	11	9.8	25
克拉玛依	87.40	28	10.6	18	111.30	52	11.8	15
呼和浩特	201.63	11	-23.0	55	402.27	17	-4.4	54
包　头	137.61	19	-49.3	56	330.32	26	-20.3	56
乌　海	37.79	46	-9.6	49	90.39	54	30.0	1
赤　峰	100.70	26	-6.3	47	462.60	10	5.4	39
通　辽	70.46	36	6.8	32	316.99	29	5.4	40
鄂尔多斯	356.80	6	5.1	39	477.10	9	-15.1	55
乌兰察布	43.10	45	-19.7	54	319.56	28	5.4	39
呼伦贝尔	85.25	29	-17.3	53	433.96	15	5.1	42
南　宁	332.15	7	6.2	35	646.31	4	10.1	21
柳　州	179.79	12	13.0	9	374.28	18	10.2	19
桂　林	144.16	15	-0.8	44	434.71	13	8.9	31
梧　州	84.55	30	-11.6	50	242.15	35	6.2	36
玉　林	105.55	25	0.7	43	351.63	23	10.7	17
钦　州	52.81	42	6.7	34	205.94	42	6.1	37
北　海	64.34	37	28.5	2	157.54	48	5.0	43
贵　港	50.41	43	5.9	38	233.82	37	10.0	24
来　宾	27.64	52	-8.9	48	179.78	45	12.7	10
防城港	47.60	44	-14.5	51	122.16	51	-4.3	53
贺　州	30.89	50	-4.7	46	181.60	44	12.7	10
崇　左	34.07	48	-16.4	52	221.62	40	9.2	28
河　池	36.22	47	8.6	25	328.92	27	13.2	9

续表

城市名称	城镇常住居民人均可支配收入（元）				农村常住居民人均可支配收入（元）			
	绝对量	位次	±%	位次	绝对量	位次	±%	位次
成　都	38918	7	8.4	23	20298	1	9.1	23
自　贡	31016	34	9.0	8	14380	12	9.0	29
攀枝花	35620	10	8.4	23	15336	9	9.1	23
泸　州	31449	30	8.6	14	13670	16	9.8	11
德　阳	31609	29	8.4	23	15207	10	9.0	29
遂　宁	29308	44	8.7	13	13579	20	9.3	18
绵　阳	31822	28	8.2	34	14752	11	9.2	21
宜　宾	30832	35	8.6	14	14063	14	9.5	16
内　江	30393	37	8.6	14	13640	17	9.2	21
贵　阳	32186	22	9.1	5	14264	13	10.0	8
遵　义	29617	42	9.3	4	11130	40	10.1	7
六盘水	27893	50	9.5	2	9069	51	10.2	6
安　顺	27224	53	9.4	3	8956	52	10.3	5
昆　明	27320	52	9.1	5	8473	53	10.5	3
曲　靖	39788	4	8.3	29	13698	15	9.1	23
玉　溪	31932	26	8.3	29	11345	37	9.3	18
拉　萨	34880	11	8.4	23	13057	25	9.1	23
西　安	32408	20	10.3	1	12994	26	13.5	1
宝　鸡	38536	8	8.2	34	16522	6	8.8	38
延　安	34351	13	8.3	29	11209	39	9.0	29
咸　阳	33168	16	8.1	40	11525	35	9.1	23
榆　林	34246	14	8.2	34	11430	36	9.1	23
渭　南	32153	24	8.0	44	11534	34	9.0	29
兰　州	29808	39	8.5	18	10260	48	9.0	29
天　水	32331	21	9.0	8	11305	38	8.8	38
金　昌	34672	12	8.1	40	13291	23	8.2	50
白　银	27465	51	8.5	18	8263	54	8.4	46
银　川	32981	17	8.2	34	13087	24	8.7	41

续表

城市名称	城镇常住居民人均可支配收入（元）				农村常住居民人均可支配收入（元）			
	绝对量	位次	±%	位次	绝对量	位次	±%	位次
石嘴山	28186	49	8.5	18	12880	27	8.9	37
中　卫	25344	56	8.9	12	9365	50	8.6	44
吴　忠	25364	55	8.6	14	10912	42	9.8	11
西　宁	30043	38	9.1	5	10548	45	9.0	29
格尔木	30436	36	9.0	8	16851	3	9.0	29
乌鲁木齐	36993	9	8.2	34	17790	2	9.0	29
克拉玛依	39000	6	9.0	8				
呼和浩特	43518	3	8.2	34	15710	8	8.2	50
包　头	44231	1	8.0	44	15901	7	8.2	50
乌　海	39400	5	7.9	48	16821	4	8.7	41
赤　峰	29660	41	8.5	18	10352	47	8.8	38
通　辽	29667	40	8.1	40	12566	29	8.5	45
鄂尔多斯	43559	2	8.3	29	16729	5	8.1	53
乌兰察布	28796	48	8.4	23	9848	49	8.4	46
呼伦贝尔	31195	32	8.0	44	13581	19	8.3	49
南　宁	33217	15	8.1	40	12515	31	9.8	11
柳　州	32661	18	7.9	48	12151	32	9.4	17
桂　林	32534	19	8.0	44	13345	22	9.6	15
梧　州	29359	43	7.7	51	11085	41	9.3	18
玉　林	32159	23	6.9	56	13597	18	8.0	54
钦　州	31415	31	7.0	55	11801	33	7.8	55
北　海	31912	27	8.5	18	12749	28	9.7	14
贵　港	28806	47	7.6	52	12544	30	8.4	46
来　宾	31047	33	7.2	54	10674	44	8.7	41
防城港	32079	25	7.8	50	13373	21	10.4	4
贺　州	28899	45	7.5	53	10498	46	9.9	10
崇　左	28813	46	8.3	29	10860	43	10.8	2
河　池	25647	54	8.4	23	8260	55	10.0	8

2017年绵阳市国民经济和社会发展统计公报

2017年，面对复杂多变的宏观经济形势，市委、市政府坚定以习近平新时代中国特色社会主义思想为统揽，认真落实党中央、国务院和省委、省政府决策部署，牢牢把握稳中求进工作总基调，自觉践行新发展理念，坚定推进供给侧结构性改革，全市经济发展取得重大阶段性成就，经济总量迈上2000亿台阶，在全省多点多极发展战略中率先实现次级突破。

一、综合

国民经济。全年实现地区生产总值2074.75亿元，按可比价格计算，比上年增长9.1%，其中：第一产业增加值291.66亿元，增长4.0%；第二产业增加值838.76亿元，增长9.2%；第三产业增加值944.33亿元，增长10.8%。人均地区生产总值43015元，增长8.4%。三次产业结构为14.1∶40.4∶45.5。民营经济全年实现增加值1269.53亿元，增长9.4%，占全市经济总量的比重为61.2%，比上年提高0.2个百分点。

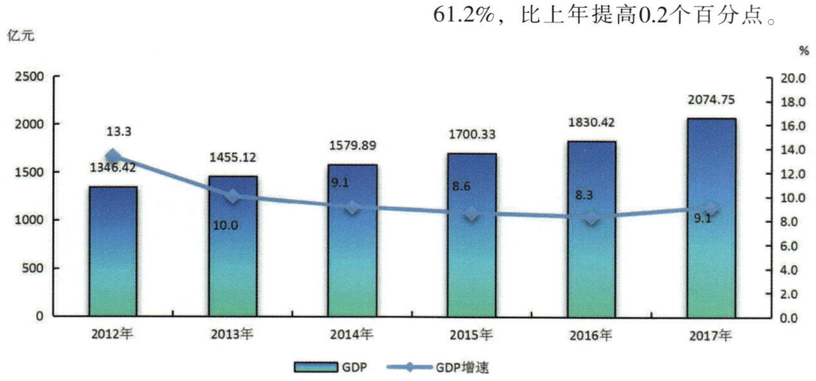

图 149　2012—2017 年地区生产总值及增长速度

基本单位。年末全市共有基本单位54495个，比上年增加8964个，增长19.7%。其中，法人单位47744个，比上年增加9046个，增长23.4%。“四上”企业法人单位2840个，分专业看，规模以上工业971个，资质内建筑业426个，限额以上商贸企业631个，房地产企业254个，规模以上服务业558个。

价格。全年居民消费价格上涨1.9%。其中：居住上涨4.6%、教育文化和娱乐上涨4.6%、生活用品及服务上涨3.8%、医疗保健上涨3.5%、其它用品和服务上涨3.5%、交通和通信上涨1.6%、衣着上涨0.1%、食品、烟酒下降1.0%。工业生产出厂价格指数（PPI）上涨1.2%，工业生产购进价格指数（IPI）上涨6.9%。

科技城。全年科技城实现二三产业增加值1476.88亿元，增长9.9%。其中：第二产业增加值746.80亿元，增长9.1%；第三产业增加值730.08亿元，增长10.9%。规模以上工业增加值同比增长10.5%；全社会固定资产投资完成1137.51亿元，增长13.4%；实现社会消费品零售总额833.78亿元，增长12.7%。

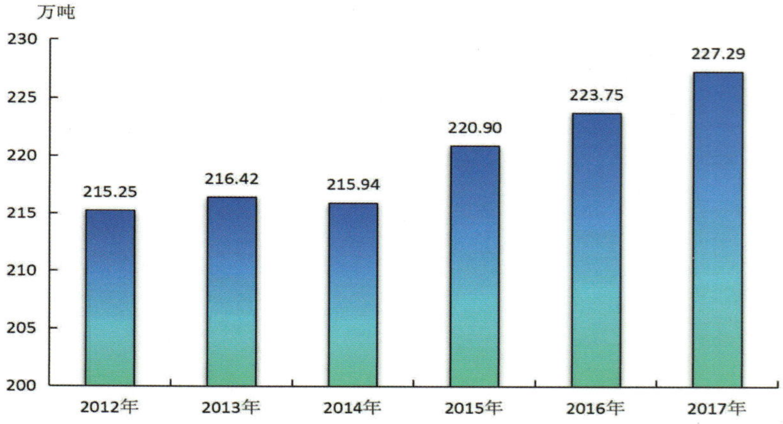

图 150　2012—2017 年粮食总产量

二、农业

农业。全年实现农林牧渔业增加值298.24亿元，增长4.1%。其中：农业增加值174.20亿元，增长5.3%；林业增加值11.34亿元，增长7.7%；牧业增加值94.57亿元，增长1.0%；渔业增加值11.55亿元，增长7.7%；农林牧渔服务业增加值6.58亿元，增长10.2%。

农产品产量。全年农作物总播种面积66.88万公顷，增长0.6%。其中：粮食播种面积42.22万公顷，增长0.4%；油料作物播种面积14.17万公顷，增长0.5%。全年粮食总产量227.29万吨，增长1.6%，单产增长1.1%，其中：大春粮食产量174.19万吨，增长1.4%；小春粮食产量53.10万吨，增长2.0%。稻谷产量101.63万吨，增长1.1%；小麦产量44.20万吨，增长2.7%；油料作物产量37.01万吨，增长1.7%；蔬菜及食用菌产量211.28万吨，增长2.1%。

畜牧业。全年生猪出栏348.24万头，下降3.7%。年末生猪存栏235.31万头，与上年持平。肉类总产量40.06万吨，下降2.3%，其中，猪肉产量25.19万吨，下降2.9%；禽蛋产量14.12万吨，下降1.7%；牛奶产量1.85万吨，下降12.7%。

林业。全年完成造林面积36931公顷。年末有自然保护区11个，自然保护区面积32.82万公顷。年末全市森林面积108.54万公顷，森林覆盖率53.6%，比上年提高0.6个百分点。

农田水利。年末实有水利工程7.30万处，水利工程蓄引能力26.04亿立方米，实际供水15.11亿立方米。年末耕地有效灌溉面积22.08万公顷。

三、工业和建筑业

工业生产。规模以上工业企业增加值增长10.5%，分轻重工业看，轻工业增长6.5%、重工业增长12.3%，分经济类型看，国有及国有控股企业增长10.6%、股份制企业增长10.7%、外商及港澳台商投资企业增长7.3%、私营企业增长9.2%。

重点产业。八大重点产业总产值增长14.9%，其中：电子信息产业产值增长9.9%，汽车产业产值增长30.8%，新材料产业产值增长20.8%，节能环保产业产值增长27.6%，高端装备制造产业产值增长26.1%，生物产业产值增长13.3%，食品产业产值增长8.4%，化工产业产值增长18.4%。

主要工业产品。全市重点监测的工业产品中，有94种产量增长，增长面为61.4%，比上年提高5.8个百分点。主要产品中：空调增长55.4%、粗钢增长23.0%、钢材增长12.2%，电视接收机顶盒增长10.3%；彩色电视机下降17.8%、发动机下降6.7%。

2017年主要工业产品产量及其增长速度

表80

名　称	计量单位	绝对数	增长%
饲料	万吨	112.4	–4.3
鲜、冷藏肉	万吨	27.1	3.0
饮料酒	万千升	24.6	–13.7
白酒（折65度，商品量）	万千升	5.6	5.7
啤酒	万千升	19	–18.1
纱	万吨	1.9	–24
布	亿米	1.0	11.1
服装	万件	773.2	–9.5
农用氮、磷、钾化学肥料（折纯）	万吨	12.9	–34.8
水泥	万吨	1087.6	0.8
商品混凝土	万立方米	913.6	–2.4
粗钢	万吨	21.4	23
钢材	万吨	89.4	12.2
发动机	万千瓦	2182	–6.7
矿山专用设备	万吨	5.0	28.2
水泥专用设备	万吨	5.3	10.2
汽车	万辆	10.5	2.9
运动型多用途乘用车（SUV）	万辆	7.3	4.3
载货汽车	万辆	3.2	
其中：新能源汽车	万辆	0.3	
改装汽车	万辆	0.8	100
房间空气调节器	万台	316.1	55.4
移动通信手持机（手机）	万台	87.9	–50.4
彩色电视机	万台	626.7	–17.8
液晶（LCD）电视机	万台	626.7	–17.8
电视接收机顶盒	万台	1201.8	10.3

工业经济效益。全年规模以上工业企业实现主营业务收入2723.19亿元，增长18.2%。盈亏相抵后利润总额133.29亿元，增长19.9%，其中：国有及国有控股企业23.9亿元，下降18.2%；股份制企业111.2亿元，增长16.5%；外商及港澳台商投资企业17.7亿元，增长36.7%。

建筑业。全市资质以上总承包和专业承包建筑企业384个，其中：有工作量的378个，完成建筑业总产值561.63亿元，增长31.5%。其中建筑工程产值501.48亿元，增长32.0%；安装工程产值41.49亿元，增长16.8%；其他产值18.66亿元，增长60.4%。分控股类型看：国有及国有控股企业完成100.37亿元，增长30.1%；其他企业完成461.26亿元，增长31.8%。

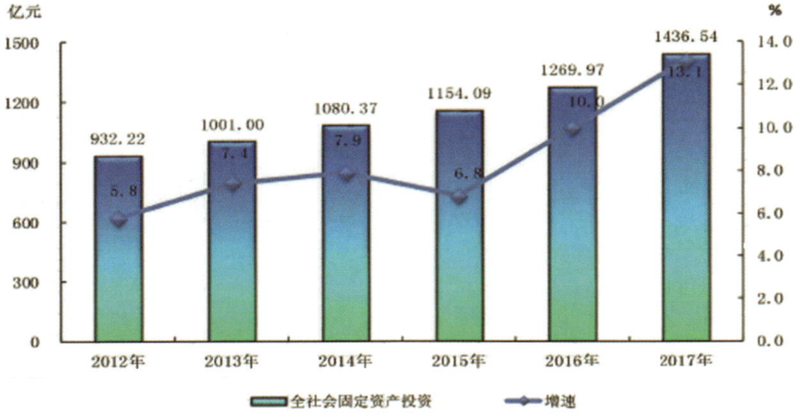

图 151　2012—2017 年全社会固定资产投资及增速

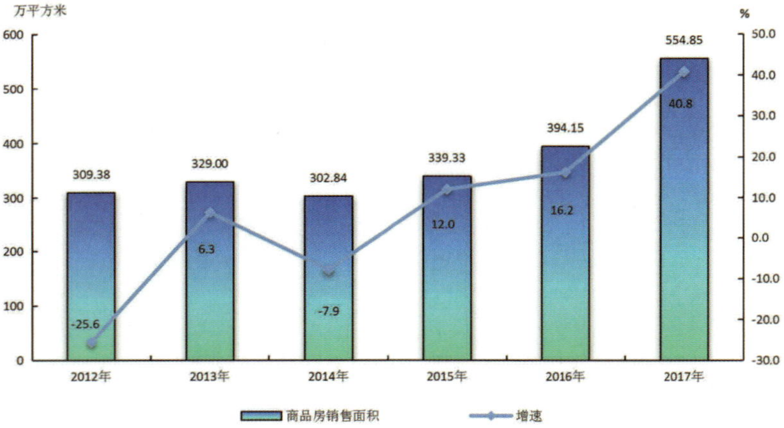

图 152　2012—2017 年商品房销售面积及增速

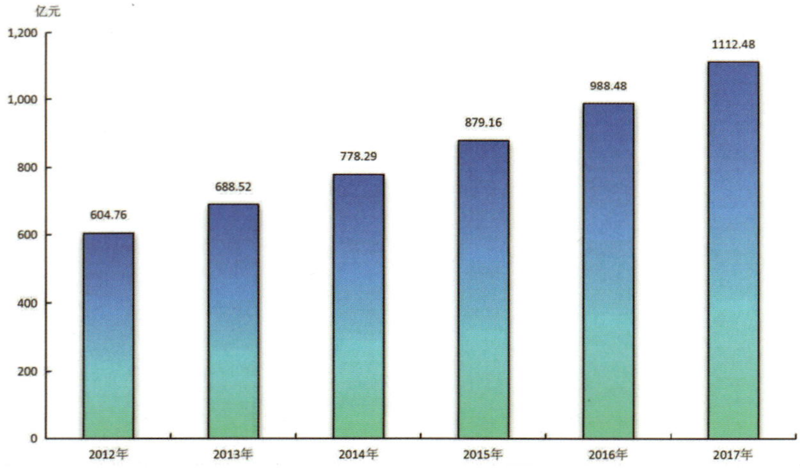

图 153　2012—2017 年社会消费品零售总额

四、固定资产投资

固定资产投资。全年全社会固定资产投资1436.54亿元，增长13.1%。其中：建筑工程投资961.18亿元，增长15.7%；安装工程投资136.48亿元，增长9.9%；设备工器具购置投资221.86亿元，增长9.7%；其他费用投资117.03亿元，增长3.5%。分产业看：第一产业投资62.80亿元，增长7.7%；第二产业投资497.19亿元，增长26.8%；第三产业投资876.55亿元，增长7.0%。

房地产。全年房地产开发投资176.65亿元，下降14.1%。商品房施工面积1882.76万平方米，下降5.1%；商品房竣工面积303.15万平方米，下降20.1%；商品房销售面积554.85万平方米，增长40.8%。

五、国内贸易和旅游

消费品市场。全年社会消费品零售总额1112.48亿元，增长12.5%。其中：批发业实现零售额202.61亿元，增长11.5%；零售业实现零售额726.24亿元，增长12.4%；住宿业实现零售额21.65亿元,增长14.1%；餐饮业实现零售额161.97亿元，增长14.3%。按经营地分：城镇市场实现零售额742.81亿元，增长12.5%；乡村市场实现零售额369.67亿元，增长12.7%。

在限额以上企业（单位）主要商品零售额中，粮油、食品、饮料、烟酒类实现零售额75.13亿元，增长13.0%；汽车类实现零售额97.11亿元，增长9.9%；家用电器和音像器材类实现零售额97.52亿元，增长35.2%；服装、鞋帽、针纺织品类实现零售额28.59亿元，增长13.8%。

旅游。全年实现旅游总收入533.22亿元，增长26.4%，其中：国内旅游收入533.14亿元，增长26.4%；

旅游外汇收入118.23万美元，下降21.3%。接待游客总人数5292.76万人次，增长25.8%，其中：国内旅游人数5292.32万人次，增长25.8%；入境旅游人数4447人次，下降12.5%。

六、招商引资和对外贸易

招商引资。全年合同引进内资项目696个，国内省外到位资金686.58亿元。

对外贸易。全年外贸进出口总额（包括转口贸易）16.98亿美元，下降4.0%。其中：进口总额7.91亿美元，增长7.8%；出口总额9.08亿美元，下降12.3%。

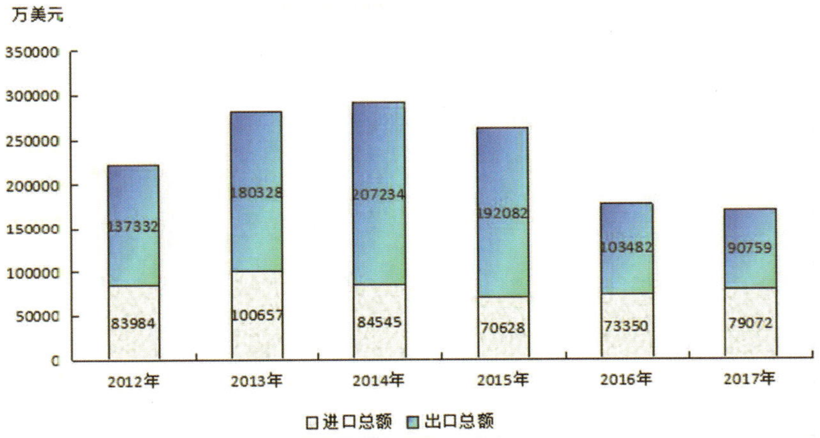

图 154　2012—2017 年进出口总额

七、交通和邮电

交通。年末全市公路通车里程20172公里，西成客专正式通车，铁路营业里程213公里，民航营运航线45条。全年公路客运周转量24.46亿人公里，下降17.2%；公路货运周转量77.17亿吨公里，增长8.6%；水运客运周转量177.52万人公里，下降2.9%；铁路旅客发送量783.74万人，增长8.0%；铁路货运发送量82.92万吨，增长1.4%；民用航空客运量354.34万人次，增长63.1%，成为近年来唯一一个用时不到1年实现旅客吞吐量从200万人次跨越到300万人次的机场；民用航空货邮行运量22270吨，增长31.6%。

邮电业务。全年完成邮政业务总量5.43亿元，比上年增长27.1%；完成邮政函件业务116.30万件，包件业务4.68万件，特快专递业务437.94万件。年末全市共有邮政局（所）447处。全年完成电信业务总量72.79亿元，比上年增长64.6%，固定电话用户105.43万户，移动电话用户569.52万户，互联网宽带用户148.68万户。

八、财政、金融和保险业

财政。全年完成地方一般公共预算收入110.59亿元，其中：税收收入完成66.87亿元，非税收入43.72亿元。

金融。年末金融机构人民币各项存款余额3588.52亿元，比上年末增长12.3%，比年初增加406.82亿元，其中：住户存款2028.73亿元，比年初增加190.28亿元。人民币各项贷款余额1864.71亿元，比上年末增长11.6%，比年初增加197.28亿元，其中：住户贷款614.08亿元，比年初增加77.59亿元。

保险。年末全市共有保险公司50家，其中：产险公司21家，寿险公司29家。全年各类保险保费收入112.09亿元，增长20.7%，其中：财产险29.44亿元，增长10.2%；人身险82.65亿元，增长24.9%。各类保险赔款及期满给付支出39.12亿元，增长2.7%。

九、教育和科学技术

教育。年末全市共有各级各类学校1402所（不含高校、技工学校及职业培训机构），在校学生69.90万人，教职工5.26万人。其中：专任教师4.37万人。

全市有小学409所，招生4.69万人，在校学生27.11万人，小学学龄儿童入学率100%；普通中学219所，招生7.82万人，在校学生23.56万人；中等职业教育学校23所，招生2.10万人，在校学生4.60万人；学前教育在园幼儿14.56万人。

全市有高校14所。招生（含成教全日制生）4.50万人，在校生14.19万人，毕业生3.72万人，专任教师7646人。

科学技术。全年申报国家级科技项目落实无偿资金8703万元，申报省级科技项目落实无偿资金9564万元。全市已通过高新技术企业认定239家，有国家级工程技术研究中心5家，省级工程技术研究中心16

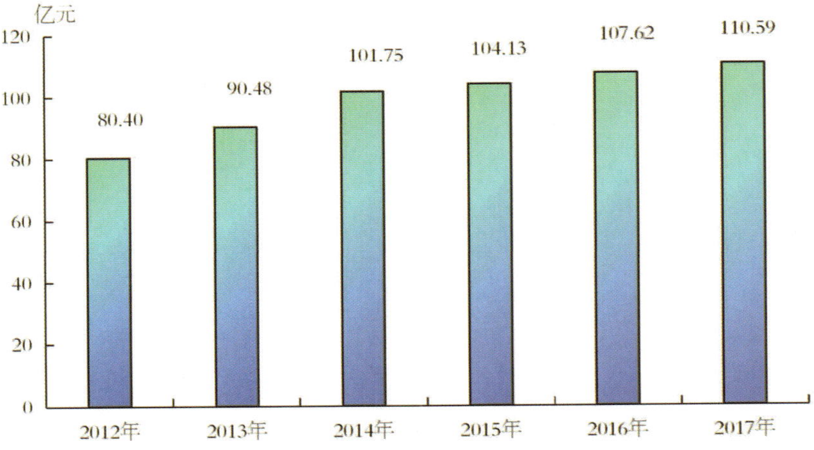

图 155　2012—2017 年地方财政一般预算收入

注：图中2012年至2016年数据为决算数，2017年为执行数。

家。全年共申请专利10889件，专利授权4749件，其中：发明专利申请量4275件，授权1277件，发明专利授权突破千件大关。年底拥有科技企业孵化器58个，其中：国家级7个，省级16个。全年新增科技型中小企业2076个，科技型中小企业总数突破万家达到10252个。

十、文化、卫生和体育

文化事业。年末全市有公共图书馆10个、文化馆10个、乡镇综合文化站277个，城市社区（街道）文化中心17个，博物馆纪念馆9个，美术馆2个。全市广播覆盖率99.59%，电视覆盖率99.58%，城区数字电视转换率100%。全市公开发行报纸5种，公开发行杂志17种。

卫生。年末全市有卫生机构4449个（含社区卫生服务中心、村卫生室），其中：等级医院43个，卫生人员4.00万人，卫生技术人员3.09万人，执业（助理）医师1.17万人，注册护士1.30万人，卫生机构床位3.63万张。

体育事业。全市共有体育场馆16个，全年共举办各种运动会500次，参加人次222.30万。在参加省以上比赛中获奖牌198枚，其中：金牌45枚、银牌68枚。

十一、环境保护和安全生产

继续打好大气、水、土壤环境污染防治“三大战役”，持续开展党政领导干部自然资源资产和环境责任审计，深入实施涪江流域水环境生态补偿和水质超标资金扣缴制度，积极配合开展生态保护红线划定。

水环境质量。涪江、梓江、安昌江、通口河、芙蓉溪年均水质与上年持平，未发生明显变化，各断面年均水质均达到或优于相应水质类别标准。其中涪江出境断面百顷水质Ⅱ类（优）、梓江出境断面天仙镇大佛寺水质Ⅲ类（良）。凯江通过集中整治，水质从2016年的Ⅳ类（轻度污染）变为目前的Ⅲ类（良），水质有所好转。鲁班水库水质为Ⅲ类（良），与上年持平呈中营养状态。城市集中饮用水源地水质所有评价指标全部达标，饮用水水源地水质未发生明显改变。

空气质量。全年有效监测361天，参照《环境空气质量标准》（GB3095–2012），优106天，良189天，轻度污染47天，中度污染11天，重度污染8天，绵阳市达标天数比例为81.7%，与上年相比，全市空气质量有所上升。全市降水酸雨频率4.4%，降水pH均值为5.97，属非酸雨区，与上年相比，酸雨污染有所加重。

声环境质量。全年区域环境噪声昼间平均值56.3dB（A），质量状况等级为三级（一般），与上年相比，区域环境噪声平均值上升了1.7dB（A），质量等级由二级下降为三级；道路交通噪声昼间平均声级69.8dB（A），质量状况等级为二级（较好），与上年持平质量等级无变化；城区1、2、3类功能区昼间、夜间达标率均为100%，4a类功能区昼间达标率为75%，与上年相比，1–3类功能区声环境质量无明显变化，4a类功能区昼间声环境质量有所好转。

节能减排。单位GDP能耗下降5.61%。规上工业企业综合能源消费量289.46万吨标准煤，增长3.08%。单位工业增加值能耗下降6.71%。

安全生产。全年发生各类生产安全事故120起，下降19.5%，死亡104人，下降20.2%，亿元地区生产总值生产安全事故死亡人数0.050人。其中：工矿商贸事故47起，死亡41人；道路交通事故69起，死亡59人；其他事故4起，死亡3人。

十二、人口、人民生活和社会保障

人口。年末全市总户数206.94万户，户籍人口536.82万人。年末常住人口483.56万人，常住人口城镇化率51.01%，比上年末提高1.51个百分点。当年出生人口52018人，死亡人口34913人，人口自然增长率3.15‰。

城乡居民收支。全市城镇居民人均可支配收入31822元，增长8.2%；城镇居民人均生活消费支出21043元，增长7.6%，其中：食品烟酒支出7307元。农村居民人均可支配收入14752元，增长9.2%；农村居民人均生活消费支出11638元，增长8.9%，其中：食品烟酒支出4414元。

就业和再就业。全市新增城镇就业人员5.72万人，失业保险参保人数36.31万人。年末城镇登记失业人员3.35万人，城镇登记失业率为3.70%。全市有1.22万失业人员实现再就业。

社会保障。全市企业职工养老保险参保人数121.52万人；城乡居民养老保险参保人数218.64万人；城镇职工基本医疗保险参保人数70.67万人，城乡居民基本医疗保险参保人数456.44万人；工伤保险参保人数43.96万人，生育保险参保人数40.63万人；城镇最低生活保障标准为460元/月，享受最低生活保障补助的城镇居民8.45万人，下降11.9%；农村最低生活保障标准为275元/月，享受最低生活保障补助的农村居民15.82万人，下降4.6%。失业保险金标准调整为1104元/月，最低工资标准1380元/月。年末全市有社会福利收养性单位234个，床位2.94万张。

注：1.《公报》中使用数据为统计快报数据，正式数据以《绵阳统计年鉴2018》为准。部分数据因四舍五入的原因，存在着与分项合计不等的情况。

2.公报中地区生产总值、各产业增加值绝对数按当年价格计算，增长速度按可比价格计算。地区生产总值核算执行国家统计局新的《三次产业划分规定》，即第一产业是指农、林、牧、渔业（不含农、林、牧、渔服务业）；第二产业是指工业（不含开采辅助活动，金属制品、机械和设备修理业）和建筑业；第三产业即服务业，是指除第一产业、第二产业以外的其他行业。2017年地区生产总值数据为研发支出核算方法改革后的数据

3.行业数据由相关部门提供。邮政行业业务总量按2010年价格计算，电信业务总量按2015年价格计算。

（钱　慧　何　林）

2017年绵阳市党政军群团机关及其工作部门领导名录

绵阳市领导机关

中国共产党绵阳市委员会

书　记　彭宇行（2017.12前）

副书记　刘　超

　　　　付　康

常　委　李亚莲（女）

　　　　马　骏

　　　　颜　超

　　　　张学民

　　　　岳　勇

　　　　夏凤俭

　　　　元　方

　　　　杨学宁（挂职）

绵阳市人民代表大会常务委员会

主　任　马　华（藏族）

副主任　陈兴春

　　　　黄正良

　　　　董晓彬

　　　　代顺兴

　　　　李川萍（女）

　　　　李作虎

绵阳市人民政府

市　长　刘　超

副市长　颜　超

　　　　杨学宁（挂职，2017.02后）

　　　　王明华（彝族）

　　　　经大忠（羌族）

　　　　孙福全（挂职）

　　　　韩圣健（挂职）

　　　　蒋丽英（女）

　　　　罗宗志

　　　　赵迎春

　　　　罗　蒙

中国人民政治协商会议绵阳市委员会

主　席　张锦明

副主席　李敦双

　　　　沈其霖

　　　　李京平（土家族）

　　　　尚丽平（女）

　　　　钟正军

　　　　胡安虎

　　　　郭兴林

　　　　田荣华

纪检、法院、检察院

中共绵阳市纪律检查委员会

书　记　马　骏

市中级人民法院

院　长　马泽波

市人民检察院

检察长　吴长福

党群系统工作部门

市　委

秘书长　邹若力

副秘书长　谷　雨

　　　　田丛荣

　　　　陈兴刚

　　　　刘林建

　　　　张廷伟

　　　　胡友谊

市委办公室

主　任　谷　雨

市委政策研究室

主　任　付　强

市委组织部

部　长　岳　勇

常务副部长　文　刚

市委宣传部

部　长　张学民

常务副部长　何长鹰

市委统战部

部　长　李亚莲（女）

常务副部长　袁　蓉（女）

市委政法委员会

书　记　夏凤俭

市直机关工委

书　记　冯雪莲（女）（2017.12前）

　　　　岳　勇（2017.12后）

市委农工委

主　任　陈　伟

市委非公有制经济组织和社会组织工委

书　记　卿官亮

市委机构编制委员会办公室

主　任　淳道怀

市委保密委员会办公室（市国家保密局）

局　长　安　瑛（女）

市委台湾工作领导小组办公室（市政府台湾事务办公室）

主　任　陈福林

市精神文明办公室

主　任　韩贵钧

市委党建办

主　任　范付忠

市人才办

主　任　黄晓军

市委老干部局

局　长　周茂龙（女）

市委党校

校　长　岳　勇

常务副校长　党海燕（女）

市委党史研究室

主　任　敬东阳

市委机要局

局　长　杜章福

市委群工局（市政府信访局）

局　长　陈兴刚

市委对外宣传办公室、市政府新闻办公室

主　任　李　涛

市互联网信息办公室

主　任　张　杰

市委防范和处理邪教问题领导小组办公室

主　任　王忠雪

市委、市政府目标督查办（民生工委办）

主　任　蒲方方

市委、市政府接待办

主　任　潘　凌（女）

市总工会

主　席　李亚莲（女）

党组书记、副主席　彭时荣

共青团绵阳市委员会
书　记　刘雨果（女）
市妇女联合会
主　席　刘春涛（女）
市科学技术协会
主　席　范国滨（2016.03后）
党组书记、副主席　薛　凯
市文学艺术界联合会
主　席　马培松
市工商业联合会
主　席　黄正良（无党派）
党组书记、常务副主席　易显云
市总商会
会　长　黄正良（无党派）
副会长　易显云
市社会科学界联合会
主　席　何季德
市红十字会
会　　长　蒋丽英（女）
常务副会长　林　桦（女）
市归国华侨侨眷联合会
主　席　蒋　蓓（女）
市人民对外友好协会
会　长　方　敏（女）
中国国际贸易促进委员会绵阳支会（绵阳商会）
会　长　邹士勇
绵阳博览事务局
局　长　邹士勇
市残疾人联合会
理事长　谭荣达
绵阳日报社
社　长　周　华

民主党派

中国国民党革命委员会绵阳市委员会
主任委员　郭兴林
中国民主同盟绵阳市委员会
主任委员　勾永阶
中国民主促进会绵阳市委员会
主任委员　李京平（土家族）
中国民主建国会绵阳市委员会
主任委员　蒋丽英（女）
中国农工民主党绵阳市委员会
主任委员　沈其霖
九三学社绵阳市委员会
主任委员　尚丽萍（女）
中国致公党绵阳市工作委员会
主任委员　田荣华

市人大委、室

市人大常委会
秘书长　王昭洪
副秘书长　朱　林
　　　　季代双
　　　　胡　蓉(女)（2017.12前）
　　　　张　鹏（2017.12后）
办公室
主　任　朱　林
市人大内务司法委员会
主　任　刘　伟
法制委员会
主　任　高维志
法制工作委员会
主　任　何国洪（2017.12前）
　　　　胡　蓉（2017.12后）
财政经济工作委员会
主　任　刘加勇
农业工作委员会
主　任　肖清华
城乡建环境资源保护工作委员会
主　任　覃天国
人事代表工作委员会
主　任　王　涛
民族宗教外事侨务工作委员会
主　任　何　力（2017.12前）
　　　　何国洪（2017.12后）
教科文卫工作委员会
主　任　郭　平（女）

市人民政府工作部门

市人民政府
秘书长　谭　岗
副秘书长　刘　强
　　　　严　俊
　　　　魏　勇
　　　　赵开年
　　　　周志强
　　　　郑文京
　　　　陶　筠（女）
　　　　邓　辉
　　　　冯中兵
　　　　陈松柏
　　　　龙佳林
　　　　杨朝晖（2017.12前）
　　　　蒋诗才（挂职）
　　　　侯瑞兵(挂职，2017.04后）
市人民政府办公室
主　任　刘　强
市民政局
局　长　周福兰（羌族，女）
市监察局
局　长　任　斌
市公安局
局　长　王明华(彝族）
市国家安全局
局　长　白秉元
政　委　李成刚
市法制办公室
主　任　赵开年
市司法局
局　长　苏　杰
市档案局
局　长　陈　波
市民族宗教事务局
局　长　王久华（女，羌族）
市外事侨务办公室
主　任　方　敏（女）
市卫生和计划生育委员会（挂市中医药管理局牌子）
主　任　何承平
市文化广播影视新闻出版局
局　长　胡　科
市广播电视台
台　长　何晓涛
市发展和改革委员会（挂市粮食局市物价局牌子）
主　任　兰　劲
市经济和信息化委员会（挂市国防学技术工业办公室牌子）
主　任　韩晓清
市政府金融办公室
主　任　王　健
市政府国有资产监督管理委员会
党委书记　元　方（兼）
主　　任　罗宗志（兼）
市住房和城乡建设局
局　长　申　泽
市城市规划局
局　长　张洪宇
市科学技术和知识产权局
局　长　刘青川

市教育和体育局
局　长　胡　东
市人力资源和社会保障局（挂市公务员局牌子）
局　长　张斯恩
市交通运输局
局　长　寇子胜
市交通运输局公路管理处
处　长　张　迅
市统计局
局　长　张贵刚
市投资促进局
局　长　邓　辉
市经济社会调查队
队　长　杨　彬
市财政局
局　长　侍玉蓉（女）
市国家税务局
局　长　杨光荣（2017.08前，其后空缺）
市地方税务局
局　长　陈　彬
市审计局
局　长　王　刚
市商务局
局　长　潘大钦
市工商行政管理局
局　长　杨纯忠
市食品药品监督管理局
局　长　李　勇
市农业局（挂市畜牧局、市农业机械管理局牌子）
局　长　贾友忠
市林业局
局　长　王理效
市水务局
局　长　敬永杰
市国土资源局
局　长　赵　飚
市环保局
局　长　钟思亮
市质量技术监督局
局　长　任晓平（女）
绵阳民航管理局（机场集团公司）
局　长　冯建华
市武都引水工程管理局
局　长　勾承建

市供销合作社联合社
主　任　岳正宴
市旅游发展委员会
主　任　谭　莉（女）
市地方志办公室
主　任　余正道
市防震减灾局
局　长　周时光
市大学中专招生委员会办公室、高等教育自学考试委员会办公室
主　任　黄阔仲
市人民防空办公室
主　任　张　军
市老龄委员会办公室
主　任　空　缺
市安全生产监督局（挂市政府安全生产委员会牌子）
局　长（主任）　银登春
市建设绵阳科技城协调小组办公室
主　任　胡国洪

市住房公积金管理中心
主　任　蒋静瞻（女）
市社会保险事业管理局
局　长　王　岚（女）
市就业服务管理局
局　长　贾智艳（女）
市政府政务服务管理局
局　长　蒋玉平
市扶贫和移民局
局　长　冯中兵
市财政监督检查局
局　长　宋文勇（2017.12前）
黄文胜（2017.12后）
北川地震纪念馆管理中心（唐家山堰塞湖管理局）
主任（局长）　冯正碧（女）
市反贪污贿赂局
局　长　杨德辉（2017.08前）
申　勇（2017.08后）
政治委员　张　俊
市反渎职侵权局
局　长　申　勇（2017.08前）
市政府驻京办
主　任　空　缺
市公共资源交易服务中心
主　任　杨邦琼（女）

市政协委、室

市政协
秘书长　赵　黎（女）
副秘书长　元承军
黄宗甫
陈　刚
办公室
主　任　元承军
提案委员会
主任委员　唐建华
政协委员工作和地方政协联络委员会
主任委员　文　实
经济委员会
主任委员　何中先
城乡建设和资源环境委员会
主任委员　汤云春
社会法制和台侨民宗委员会
主任委员　肖永富（2017.12前）
杨朝晖（2017.12后）
教科体卫委员会
主任委员　张有贵

文化和文史资料委员会
主任委员　吴　坤

高新区、经济技术开发区、科技城科教创业园区、科技城现代农业科技示范区、科学城办事处

中共绵阳高新技术产业开发区工作委员会
绵阳高新技术开发区管理委员会（副厅级）
书　记　夏　明
主　任　董　泓（女）
中共绵阳市经济技术开发区工作委员会
绵阳市经济技术开发区管委会（中共绵阳科技城现代农业科技示范区工作委员会、绵阳科技城现代农业科技示范区管委会）
书　记　毛一兵
主　任　赵明君
中共绵阳科技城科教创业园区工作委员会
绵阳科技城科教创业园区管委会
书　记　周　钰
主　任　李　哲

中共绵阳市仙海水利风景区工作委员会
绵阳市仙海水利风景区管委会
书　记　代　宏
主　任　魏　魁
科学城办事处
党委书记　侯志辉
主　　任　陈广平

军队系统

绵阳军分区
司令员　时义清（2017.06后）
政治委员　汪泽元（2017.06后）
武警绵阳支队
支队长　李敦锋　（2017.05前）
　　　　黄春雷（2017.05后）
第一政治委员　王明华（彝族）
政治委员　莫子贤（2017.05前）
　　　　陈　伟（2017.05后）
武警绵阳消防支队
支队长　李志全
政治委员　刘俊锋　（2017.07前）
　　　　孔　令（2017.07后）

其他正县级机构

绵阳气象局
局　长　蒲　明
绵阳海关
关　长　梁　陶
绵阳出入境检验检疫局
局　长　杨　昊
中国人民银行绵阳市中心支行
行　长　黄全祥
中国工商银行绵阳分行
行　长　李思林
中国农业银行绵阳分行
行　长　曾振华
绵阳市商业银行
董事长　何　苗（2017.02后，此前空缺）
行　长　孙　伟
监事长　空　缺
中国银行绵阳分行
行　长　朱桂龙（2017.11前）
　　　　陈诗国（2017.11后）
中国建设银行绵阳分行
行　长　张德茂
中国邮政储蓄银行绵阳分行
行　长　梁元勋
绵阳市邮政公司
总经理　黄全明
四川电信公司绵阳分公司
总经理　周雪峰
四川移动通信公司绵阳分公司
总经理　丁洪荣
中国联合通信有限公司绵阳分公司
总经理　空　缺
绵阳市烟草专卖局、四川省烟草公司绵阳分公司
局长（经理）　王　斌
四川中烟绵阳分厂
厂　长　刘　林
国家电网绵阳供电公司
经　　理　严光升
党委书记　杨迎春

2017年绵阳市各县（市、区）主要领导人名录

涪城区
区委书记　郑志恒
人大常委会主任　高　峰
区　　长　姚永红
政协主席　张晓丰
游仙区
区委书记　江　彬
人大常委会主任　袁玉国
区　　长　陈华斌
政协主席　姜　曦
安州区
区委书记　廖雪梅（女）
人大常委会主任　梁　建
区　　长　李昊天
政协主席　赵　奎
江油市
市委书记　周　涛
人大常委会主任　冯　钢
市　　长　柳　江
政协主席　李　平
三台县
县委书记　赵迎春（2016.09前）
　　　　马　辉（2016.09后）
人大常委会主任　李蜀光（2016.09前）
　　　　杨增辉（2016.09后）
县　　长　谭　岗（2016.04前）
　　　　吴明禹　（2016.04后）
政协主席　苏才华（2016.09前）
　　　　贺强华（女）(2016.09后）
安　县
县委书记　马　辉
人大常委会主任　杨增辉
县　　长　吴明禹
政协主席　贺强华（女）
梓潼县
县委书记　周　琳
人大常委会主任　杜林平
县　　长　贺　旺
政协主席　敬友忠
盐亭县
县委书记　袁　明
人大常委会主任　何光明
县　　长　向　赟
政协主席　黄加伦
北川羌族自治县
县委书记　赖　俊
人大常委会主任　张周凯
县　　长　瞿永安（羌族）
政协主席　刘平安
平武县
县委书记　李治平
人大常委会主任　何　充
县　　长　黄　骏
政协主席　廖玉平

（梁　睿）

市委、市政府委要文件目录

市委重要文件目录

表 81

序号	发文字号	发文机关	文件名称	发文时间
1	绵委发〔2017〕1 号	中共绵阳市委 绵阳市人民政府	中共绵阳市委、绵阳市人民政府关于印发实施“振兴”推动县域经济快发展的意见》的通知	2017.01.03
2	绵委发〔2017〕2 号	中共绵阳市委 绵阳市人民政府	中共绵阳市委、绵阳市人民政府关于印发《绵阳市加快推进生态文明建设实施方案》的通知	2017.02.06
3	绵委发〔2017〕4 号	中共绵阳市委 绵阳市人民政府	中共绵阳市委、绵阳市人民政府关于深化农业供给侧结构性改革加快培育农业农村发展新动能的意见	2017.03.15
4	绵委发〔2017〕5 号	中共绵阳市委 绵阳市人民政府	中共绵阳市委、绵阳市人民政府关于构建和谐劳动关系的实施意见	2017.04.24
5	绵委发〔2017〕6 号	中共绵阳市委 绵阳市人民政府	中共绵阳市委、绵阳市人民政府关于印发《绵阳市法治政府建设实施方案（2016—2020 年)》的通知	2017.05.16
6	绵委发〔2017〕7 号	中共绵阳市委 绵阳市人民政府	中共绵阳市委、绵阳市人民政府关于印发《绵阳市法治宣传教育第七个五年规划（2016—2020 年)》的通知	2017.05.04
7	绵委发〔2017〕8 号	中共绵阳市委	中共绵阳市委关于实施基层党建“3+2”书记项目的意见	2017.05.04
8	绵委发〔2017〕9 号	中共绵阳市委 绵阳市人民政府	中共绵阳市委、绵阳市人民政府关于印发《绵阳市全面落实河长制工作方案》的通知	2017.05.19
9	绵委发〔2017〕12 号	中共绵阳市委	中共绵阳市委关于认真学习宣传贯彻省第十一次党代会精神的通知	2017.06.13
10	绵委发〔2017〕13 号	中共绵阳市委 绵阳市人民政府	中共绵阳市委、绵阳市人民政府关于 2017 年党风廉政建设和反腐败工作的意见	2017.06.27
11	绵委发〔2017〕14 号	中共绵阳市委 绵阳市人民政府	中共绵阳市委、绵阳市人民政府关于实施全面两孩政策改革完善计划生育服务管理的意见	2017.07.26
12	绵委发〔2017〕15 号	中共绵阳市委 绵阳市人民政府	中共绵阳市委、绵阳市人民政府关于印发《2017 年绵阳市县市区目标绩效管理办法》和《2017 年绵阳市市级单位目标绩效管理办法》的通知	2017.08.10
13	绵委发〔2017〕16 号	中共绵阳市委	中共绵阳市委关于旗帜鲜明讲政治进一步加强领导班子思想政治建设的实施意见	2017.08.24
14	绵委发〔2017〕17 号	中共绵阳市委	中共绵阳市委关于认真学习宣传贯彻党的十九大精神的通知	2017.11.01
15	绵委发〔2017〕18 号	中共绵阳市委	中共绵阳市委关于加强社会主义协商民主建设的实施意见	2017.11.22
16	绵委发〔2017〕19 号	中共绵阳市委 绵阳市人民政府	中共绵阳市委、绵阳市人民政府关于印发《“健康绵阳 2030”规划纲要》的通知	2017.11.24
17	绵委发〔2017〕21 号	中共绵阳市委 绵阳市人民政府	中共绵阳市委、绵阳市人民政府关于加快推进“十三五”期间健康绵阳建设的实施意见	2017.12.12
18	绵委发〔2017〕22 号	中共绵阳市委 绵阳市人民政府	中共绵阳市委、绵阳市人民政府关于推进安全生产领域改革发展的实施意见	2017.12.12
19	绵委发〔2017〕24 号	中共绵阳市委	中共绵阳市委关于加强和改进新形势下党校工作的实施意见	2017.12.15

续表

序号	发文字号	发文机关	文件名称	发文时间
20	绵委办发〔2017〕3 号	中共绵阳市委办公室	中共绵阳市委办公室关于印发《关于在市一级开展谈话提醒工作的实施方案》的通知	2017.03.13
21	绵委办发〔2017〕4 号	中共绵阳市委办公室、绵阳市人民政府办公室	中共绵阳市委办公室、绵阳市人民政府办公室关于印发《绵阳市脱贫攻坚督查巡查工作办法》的通知	2017.03.17
22	绵委办发〔2017〕7 号	中共绵阳市委办公室、绵阳市人民政府办公室	中共绵阳市委办公室、绵阳市人民政府办公室关于印发《关于建立健全绵阳市“十三五”规划纲要实施机制的意见》的通知	2017.04.27
23	绵委办发〔2017〕8 号	中共绵阳市委办公室、绵阳市人民政府办公室	中共绵阳市委办公室、绵阳市人民政府办公室关于印发《绵阳市县域经济发展考核办法（试行）》的通知	2017.05.22
24	绵委办发〔2017〕9 号	中共绵阳市委办公室	中共绵阳市委办公室关于印发《在联系服务群众中教育引导群众十七条举措》的通知	2017.06.27
25	绵委办发〔2017〕11 号	中共绵阳市委办公室	中共绵阳市委办公室关于印发《绵阳市调研工作联席会议制度》的通知	2017.06.13
26	绵委办发〔2017〕12 号	中共绵阳市委办公室、绵阳市人民政府办公室	中共绵阳市委办公室、绵阳市人民政府办公室关于印发《绵阳市环境污染防治“三大战役”实施方案》的通知	2017.06.15
27	绵委办发〔2017〕13 号	中共绵阳市委办公室、绵阳市人民政府办公室	中共绵阳市委办公室、绵阳市人民政府办公室关于进一步精简文件简报规范公文处理工作的通知	2017.06.12
28	绵委办发〔2017〕14 号	中共绵阳市委办公室、绵阳市人民政府办公室	中共绵阳市委办公室、绵阳市人民政府办公室关于印发《关于全面推进政务公开工作的实施意见》的通知	2017.06.21
29	绵委办发〔2017〕15 号	中共绵阳市委办公室	中共绵阳市委办公室关于印发《绵阳市党员领导干部任前党纪党规廉政考试规定（试行）》的通知	2017.08.18
30	绵委办发〔2017〕16 号	中共绵阳市委办公室、绵阳市人民政府办公室	中共绵阳市委办公室、绵阳市人民政府办公室关于印发《关于进一步深化廉政风险防控工作的实施意见》的通知	2017.07.10
31	绵委办发〔2017〕17 号	中共绵阳市委办公室、绵阳市人民政府办公室	中共绵阳市委办公室、绵阳市人民政府办公室关于印发《绵阳市环境保护工作职责分工及考核问责办法》的通知	2017.07.14
32	绵委办发〔2017〕18 号	中共绵阳市委办公室、绵阳市人民政府办公室	中共绵阳市委办公室、绵阳市人民政府办公室关于贯彻《四川省关心下一代工作委员会工作规则》的实施意见	2017.07.27
33	绵委办发〔2017〕19 号	中共绵阳市委办公室、绵阳市人民政府办公室	中共绵阳市委办公室、绵阳市人民政府办公室关于印发《关于坚持和完善计划生育目标管理责任制的实施意见》的通知	2017.08.07
34	绵委办发〔2017〕20 号	中共绵阳市委办公室、绵阳市人民政府办公室	中共绵阳市委办公室、绵阳市人民政府办公室关于印发《全面决战决胜脱贫攻坚 46 条硬措施》的通知	2017.08.31
35	绵委办发〔2017〕21 号	中共绵阳市委办公室、绵阳市人民政府办公室	中共绵阳市委办公室、绵阳市人民政府办公室关于印发《绵阳市党政主要负责人履行推进法治建设第一责任人职责实施办法》的通知	2017.09.01
36	绵委办发〔2017〕22 号	中共绵阳市委办公室、绵阳市人民政府办公室	中共绵阳市委办公室、绵阳市人民政府办公室关于印发《绵阳市党政同责工作目标绩效管理办法（试行）》的通知	2017.09.06
37	绵委办发〔2017〕26 号	中共绵阳市委办公室、绵阳市人民政府办公室	中共绵阳市委办公室、绵阳市人民政府办公室关于印发《绵阳市正风肃纪常态化监督检查实施办法（试行）》的通知	2017.09.30

续表

序号	发文字号	发文机关	文件名称	发文时间
38	绵委办发〔2017〕28 号	中共绵阳市委办公室	中共绵阳市委办公室关于印发《关于进一步加强和改进机关党的建设的实施意见》的通知	2017.10.16
39	绵委办发〔2017〕32 号	中共绵阳市委办公室、绵阳市人民政府办公室	中共绵阳市委办公室、绵阳市人民政府办公室关于印发《绵阳市生态文明建设目标评价考核办法》的通知	2017.11.24
40	绵委办发〔2017〕33 号	中共绵阳市委办公室、绵阳市人民政府办公室	中共绵阳市委办公室、绵阳市人民政府办公室印发《关于推动国有文化企业把社会效益放在首位、实现社会效益和经济效益相统一的实施意见》的通知	2017.12.04
41	绵委办发〔2017〕35 号	中共绵阳市委办公室	中共绵阳市委办公室关于印发《绵阳市学习贯彻党的十九大精神重大课题研究方案》的通知	2017.12.06
42	绵委办发〔2017〕39 号	中共绵阳市委办公室	中共绵阳市委办公室关于全面贯彻习近平总书记改革认识论方法论进一步完善改革推进机制的实施意见	2017.12.15
43	绵委办发〔2017〕40 号	中共绵阳市委办公室	中共绵阳市委办公室关于印发《绵阳市党风廉政建设“一案双查”实施办法（试行)》的通知	2017.12.15
44	绵委办发〔2017〕41 号	中共绵阳市委办公室	中共绵阳市委办公室关于学习宣传贯彻省委十一届二次全会精神的通知	2017.12.21
45	绵委办发〔2017〕42 号	中共绵阳市委办公室	中共绵阳市委办公室关于印发《关于加强全市党史工作的实施意见》的通知	2017.12.21
46	绵委办〔2017〕2 号	中共绵阳市委办公室	中共绵阳市委办公室关于印发《市级党员领导干部参加和指导县级领导班子民主生活会安排表》的通知	2017.01.03
47	绵委办〔2017〕3 号	中共绵阳市委办公室、绵阳市人民政府办公室	中共绵阳市委办公室、绵阳市人民政府办公室关于表扬 2016 年度建议提案办理工作先进单位和先进个人的通报	2017.01.04
48	绵委办〔2017〕6 号	中共绵阳市委办公室	中共绵阳市委办公室关于 2016 年度党的机关公文评审情况的通报	2017.01.09
49	绵委办〔2017〕7 号	中共绵阳市委办公室	中共绵阳市委办公室关于呈报 2016 年度备案工作有关材料的报告	2017.01.11
50	绵委办〔2017〕10 号	中共绵阳市委办公室	中共绵阳市委办公室关于印发《市委秘书长、副秘书长分工》的通知	2017.01.13
51	绵委办〔2017〕11 号	中共绵阳市委办公室	中共绵阳市委办公室关于印发《市委办班子成员及其他县级领导干部分工》的通知	2017.01.13
52	绵委办〔2017〕12 号	中共绵阳市委办公室、绵阳市人民政府办公室	中共绵阳市委办公室、绵阳市人民政府办公室关于做好 2011—2015 年全市法治宣传教育先进集体和先进个人评选表扬工作的通知	2017.01.19
53	绵委办〔2017〕13 号	中共绵阳市委办公室	中共绵阳市委办公室关于市委领导同志分工调整的通知	2017.01.24
54	绵委办〔2017〕14 号	中共绵阳市委办公室、绵阳市人民政府办公室	中共绵阳市委办公室、绵阳市人民政府办公室关于调整绵阳市县域经济工作领导小组成员的通知	2017.01.26
55	绵委办〔2017〕15 号	中共绵阳市委办公室、绵阳市人民政府办公室	中共绵阳市委办公室、绵阳市人民政府办公室关于印发《绵阳市交通建设扶贫专项 2017 年实施方案》等 23 个扶贫专项 2017 年实施方案的通知	2017.04.06
56	绵委办〔2017〕16 号	中共绵阳市委办公室、绵阳市人民政府办公室	中共绵阳市委办公室、绵阳市人民政府办公室关于印发《绵阳市环境保护工作职责分工方案》的通知	2017.02.08
57	绵委办〔2017〕17 号	中共绵阳市委办公室、绵阳市人民政府办公室	中共绵阳市委办公室、绵阳市人民政府办公室关于对完成 2016 年度全市维护社会稳定和社会治安综合治理工作目标先进单位进行表扬的通报	2017.02.13

续表

序号	发文字号	发文机关	文件名称	发文时间
58	绵委办〔2017〕18 号	中共绵阳市委办公室、绵阳市人民政府办公室	中共绵阳市委办公室、绵阳市人民政府办公室关于印发《绵阳市行业协会商会与行政机关脱钩实施方案》的通知	2017.02.13
59	绵委办〔2017〕19 号	中共绵阳市委办公室	中共绵阳市委办公室关于表扬全市党委系统信息工作先进单位和先进个人的通报	2017.02.17
60	绵委办〔2017〕20 号	中共绵阳市委办公室、绵阳市人民政府办公室	中共绵阳市委办公室、绵阳市人民政府办公室关于集中精力抓落实做好一季度工作的通知	2017.02.20
61	绵委办〔2017〕21 号	中共绵阳市委办公室、绵阳市人民政府办公室	中共绵阳市委办公室、绵阳市人民政府办公室关于健全完善绵阳市对口帮扶藏区彝区贫困县工作机制的通知	2017.02.20
62	绵委办〔2017〕22 号	中共绵阳市委办公室、绵阳市人民政府办公室	中共绵阳市委办公室、绵阳市人民政府办公室关于表扬 2016 年度信访工作先进集体和先进个人的通报	2017.02.27
63	绵委办〔2017〕23 号	中共绵阳市委办公室、绵阳市人民政府办公室	中共绵阳市委办公室、绵阳市人民政府办公室关于印发《绵阳市现代农业重点产业、主导产品及空间布局方案》的通知	2017.03.15
64	绵委办〔2017〕25 号	中共绵阳市委办公室	中共绵阳市委办公室关于印发《2016 年市委书记抓党建工作述职评议查摆问题整改方案》的通知	2017.03.21
65	绵委办〔2017〕26 号	中共绵阳市委办公室、绵阳市人民政府办公室	中共绵阳市委办公室、绵阳市人民政府办公室关于印发《2017 年全市实施省级十项民生工程及 20 件民生实事方案》的通知	2017.03.24
66	绵委办〔2017〕28 号	中共绵阳市委办公室	中共绵阳市委办公室关于市委领导联系高层次人才的通知	2017.03.24
67	绵委办〔2017〕29 号	中共绵阳市委办公室、绵阳市人民政府办公室	中共绵阳市委办公室、绵阳市人民政府办公室关于印发《2017 年绵阳市“项目年”工作方案》的通知	2017.03.28
68	绵委办〔2017〕30 号	中共绵阳市委办公室、绵阳市人民政府办公室	中共绵阳市委办公室 绵阳市人民政府办公室关于印发《绵阳市 2017 年精神文明建设工作要点》的通知	2017.03.30
69	绵委办〔2017〕31 号	中共绵阳市委办公室、绵阳市人民政府办公室	中共绵阳市委办公室、绵阳市人民政府办公室关于印发《李白出生地 中国科技城——绵阳市情简介（2017 年)》和《绵阳市概况（2017 年)》的通知	2017.03.30
70	绵委办〔2017〕32 号	中共绵阳市委办公室	中共绵阳市委办公室关于印发《市委全面深化改革领导小组 2017 年工作要点》的通知	2017.03.30
71	绵委办〔2017〕33 号	中共绵阳市委办公室	中共绵阳市委办公室关于印发《2017 年全市党委（党组）理论学习中心组学习意见》的通知	2017.04.01
72	绵委办〔2017〕34 号	中共绵阳市委办公室	中共绵阳市委办公室关于绵阳市以税收政策推动军民深度融合发展的情况报告	2017.04.14
73	绵委办〔2017〕35 号	中共绵阳市委办公室、绵阳市人民政府办公室	中共绵阳市委办公室、绵阳市人民政府办公室关于进一步调整充实绵阳市依法治市领导小组及办事机构组成人员的通知	2017.04.17
74	绵委办〔2017〕36 号	中共绵阳市委办公室	中共绵阳市委办公室关于印发《法治绵阳建设 2017 年工作要点》的通知	2017.04.17
75	绵委办〔2017〕37 号	中共绵阳市委办公室、绵阳市人民政府办公室	中共绵阳市委办公室、绵阳市人民政府办公室关于下达 2017 年度决策咨询课题和重点调研课题的通知	2017.04.24
76	绵委办〔2017〕38 号	中共绵阳市委办公室	中共绵阳市委办公室关于印发《2017 年政党协商（会议协商）计划》的通知	2017.04.24

续表

序号	发文字号	发文机关	文件名称	发文时间
77	绵委办〔2017〕39 号	中共绵阳市委办公室、绵阳市人民政府办公室	中共绵阳市委办公室、绵阳市人民政府办公室关于 2017 年市级领导定点联系重点项目的通知	2017.04.26
78	绵委办〔2017〕40 号	中共绵阳市委办公室、绵阳市人民政府办公室	中共绵阳市委办公室、绵阳市人民政府办公室政协绵阳市委员会办公室关于印发《2017 年度协商计划》的通知	2017.04.27
79	绵委办〔2017〕41 号	中共绵阳市委办公室、绵阳市人民政府办公室	中共绵阳市委办公室、绵阳市人民政府办公室关于印发《绵阳市系统推进全面创新改革试验 2017 年工作计划》的通知	2017.05.02
80	绵委办〔2017〕42 号	中共绵阳市委办公室	中共绵阳市委办公室关于印发《深化拓展三项整改"回头看"工作方案》的通知	2017.05.03
81	绵委办〔2017〕43 号	中共绵阳市委办公室	中共绵阳市委办公室关于印发《深化领导班子思想政治建设巩固发展良好政治生态工作方案》的通知	2017.05.04
82	绵委办〔2017〕44 号	中共绵阳市委办公室	中共绵阳市委办公室关于开展 2017 年市级领导牵头重点课题调研的通知	2017.05.04
83	绵委办〔2017〕45 号	中共绵阳市委办公室、绵阳市人民政府办公室	中共绵阳市委办公室、绵阳市人民政府办公室关于实行市级领导联系重点企业和项目制度的通知	2017.05.04
84	绵委办〔2017〕47 号	中共绵阳市委办公室	中共绵阳市委办公室关于姚德行、赵萍同志分工调整的通知	2017.05.18
85	绵委办〔2017〕48 号	中共绵阳市委办公室	中共绵阳市委办公室关于印发《关于在全市开展"纪律教育学习月"活动的方案》的通知	2017.05.18
86	绵委办〔2017〕49 号	中共绵阳市委办公室、绵阳市人民政府办公室	中共绵阳市委办公室、绵阳市人民政府办公室关于市级领导带队开展环境保护综合督察的通知	2017.05.22
87	绵委办〔2017〕52 号	中共绵阳市委办公室、绵阳市人民政府办公室	中共绵阳市委办公室　绵阳市人民政府办公室关于扎实开展脱贫攻坚"回头看""回头帮"的通知	2017.06.13
88	绵委办〔2017〕54 号	中共绵阳市委办公室	中共绵阳市委办公室关于进一步加强市委值班工作的通知	2017.06.13
89	绵委办〔2017〕55 号	中共绵阳市委办公室	中共绵阳市委办公室关于印发《关于推进"两学一做"学习教育常态化制度化的实施意见》的通知	2017.06.15
90	绵委办〔2017〕57 号	中共绵阳市委办公室、绵阳市人民政府办公室	中共绵阳市委办公室、绵阳市人民政府办公室关于建立市级领导基层调研联系点制度的通知	2017.06.19
91	绵委办〔2017〕58 号	中共绵阳市委办公室、绵阳市人民政府办公室	中共绵阳市委办公室、绵阳市人民政府办公室关于印发《绵阳市贯彻落实省环境保护督察组督察反馈意见整改方案》的通知	2017.06.19
92	绵委办〔2017〕59 号	中共绵阳市委办公室、绵阳市人民政府办公室	中共绵阳市委办公室、绵阳市人民政府办公室关于印发《学习宣传贯彻省党代会精神抓好当前有关工作专项督导方案》的通知	2017.06.22
93	绵委办〔2017〕62 号	中共绵阳市委办公室	中共绵阳市委办公室关于印发《绵阳市党的工作机关清理规范实施方案》的通知	2017.06.27
94	绵委办〔2017〕63 号	中共绵阳市委办公室	中共绵阳市委办公室关于开展纪念建党 96 周年系列活动的通知	2017.06.26
95	绵委办〔2017〕64 号	中共绵阳市委办公室、绵阳市人民政府办公室	中共绵阳市委办公室、绵阳市人民政府办公室关于认真做好汛期带班值班工作的通知	2017.06.29

续表

序号	发文字号	发文机关	文件名称	发文时间
96	绵委办〔2017〕66 号	中共绵阳市委办公室、绵阳市人民政府办公室	中共绵阳市委办公室、 绵阳市人民政府办公室关于绵阳市生态环境损害问题整改及问责追责情况的报告	2017.07.10
97	绵委办〔2017〕67 号	中共绵阳市委办公室、绵阳市人民政府办公室	中共绵阳市委办公室、绵阳市人民政府办公室关于印发《绵阳市迎接中央环境保护督察工作方案》的通知	2017.07.07
98	绵委办〔2017〕68 号	中共绵阳市委办公室	中共绵阳市委办公室关于印发《贯彻落实省第十一次党代会报告实施方案》的通知	2017.07.09
99	绵委办〔2017〕71 号	中共绵阳市委办公室、绵阳市人民政府办公室	中共绵阳市委办公室 绵阳市人民政府办公室关于对突出环境问题进行挂牌督办的通知	2017.07.14
100	绵委办〔2017〕72 号	中共绵阳市委办公室	中共绵阳市委办公室关于贯彻落实省委议军会精神的情况报告	2017.07.21
101	绵委办〔2017〕73 号	中共绵阳市委办公室、绵阳市人民政府办公室	中共绵阳市委办公室、绵阳市人民政府办公室关于印发《〈绵阳科技城“十三五”发展规划〉任务分解方案》的通知	2017.07.25
102	绵委办〔2017〕75 号	中共绵阳市委办公室、绵阳市人民政府办公室	中共绵阳市委办公室、绵阳市人民政府办公室关于驰援“8·8”九寨沟地震灾区全力做好抗震救灾工作的紧急通知	2017.08.09
103	绵委办〔2017〕76 号	中共绵阳市委办公室、绵阳市人民政府办公室	中共绵阳市委办公室、绵阳市人民政府办公室关于开展防汛减灾和地质灾害防范督导工作的通知	2017.08.14
104	绵委办〔2017〕78 号	中共绵阳市委办公室	中共绵阳市委办公室关于做好市委常委会会议研究事项申报工作的通知	2017.08.21
105	绵委办〔2017〕79 号	中共绵阳市委办公室、绵阳市人民政府办公室	中共绵阳市委办公室、绵阳市人民政府办公室关于转发《中共四川省委办公厅、四川省人民政府办公厅关于进一步加强突发事件信息报送工作的通知》的通知	2017.08.22
106	绵委办〔2017〕80 号	中共绵阳市委办公室、绵阳市人民政府办公室	中共绵阳市委办公室、绵阳市人民政府办公室关于印发《绵阳市脱贫攻坚工作考核办法》的通知	2017.08.27
107	绵委办〔2017〕81 号	中共绵阳市委办公室、绵阳市人民政府办公室	中共绵阳市委办公室、绵阳市人民政府办公室关于印发《绵阳市自然保护区专项督察突出问题整改工作方案》的通知	2017.08.18
108	绵委办〔2017〕82 号	中共绵阳市委办公室、绵阳市人民政府办公室	中共绵阳市委办公室、绵阳市人民政府办公室关于印发《贯彻落实〈中共绵阳市委、绵阳市人民政府关于构建和谐劳动关系的实施意见〉重要政策措施分工方案》的通知	2017.09.05
109	绵委办〔2017〕83 号	中共绵阳市委办公室、绵阳市人民政府办公室	中共绵阳市委办公室、绵阳市人民政府办公室关于加强司法行政基层基础工作的实施意见	2017.09.05
110	绵委办〔2017〕84 号	中共绵阳市委办公室、绵阳市人民政府办公室	中共绵阳市委办公室、绵阳市人民政府办公室关于持续做好环境保护督察有关工作的通知	2017.09.12
111	绵委办〔2017〕85 号	中共绵阳市委办公室、绵阳市人民政府办公室	中共绵阳市委办公室、绵阳市人民政府办公室关于实行人才工作目标责任制考核的通知	2017.09.19
112	绵委办〔2017〕90 号	中共绵阳市委办公室、绵阳市人民政府办公室	中共绵阳市委办公室、绵阳市人民政府办公室关于印发《贯彻落实省市脱贫攻坚总结推进会重要部署责任清单》的通知	2017.10.12

续表

序号	发文字号	发文机关	文件名称	发文时间
113	绵委办〔2017〕91号	中共绵阳市委办公室	中共绵阳市委办公室关于进一步贯彻落实《市县党委工作运行规则》《乡镇党委工作运行规则》《村党组织工作运行规则》的通知	2017.10.16
114	绵委办〔2017〕92号	中共绵阳市委办公室、绵阳市人民政府办公室	中共绵阳市委办公室、绵阳市人民政府办公室关于印发《绵阳市全面构建老龄工作大格局试点工作实施方案》的通知	2017.10.17
115	绵委办〔2017〕93号	中共绵阳市委办公室、绵阳市人民政府办公室	中共绵阳市委办公室、绵阳市人民政府办公室关于印发《绵阳市环境保护党政同责工作目标绩效管理实施细则（试行）》的通知	2017.11.01
116	绵委办〔2017〕94号	中共绵阳市委办公室、绵阳市人民政府办公室	中共绵阳市委办公室、绵阳市人民政府办公室关于印发《绵阳市深化国有企业改革实施方案》的通知	2017.11.02
117	绵委办〔2017〕95号	中共绵阳市委办公室、绵阳市人民政府办公室	中共绵阳市委办公室、绵阳市人民政府办公室关于贯彻落实《中共四川省委、四川省人民政府关于深化投融资体制改革的实施意见》责任分工的通知	2017.11.02
118	绵委办〔2017〕96号	中共绵阳市委办公室、绵阳市人民政府办公室	中共绵阳市委办公室、绵阳市人民政府办公室关于“宣传绵阳特殊贡献奖”和“绵阳市名记者、名编辑、名主持”评选结果的通报	2017.11.07
119	绵委办〔2017〕97号	中共绵阳市委办公室	中共绵阳市委办公室关于省委常委会2017年工作要点落实情况和2018年工作要点安排建议的报告	2017.11.15
120	绵委办〔2017〕99号	中共绵阳市委办公室、绵阳市人民政府办公室	中共绵阳市委办公室、绵阳市人民政府办公室关于对中央环保督察组交办突出信访问题进行挂牌督办的通知	2017.11.23
121	绵委办〔2017〕102号	中共绵阳市委办公室、绵阳市人民政府办公室	中共绵阳市委办公室、绵阳市人民政府办公室关于表扬党的十九大期间全市信访维稳工作先进集体和先进个人的通报	2017.11.24
122	绵委办〔2017〕103号	中共绵阳市委办公室	中共绵阳市委办公室关于贯彻落实全省党内法规工作会议精神情况的报告	2017.11.29
123	绵委办〔2017〕104号	中共绵阳市委办公室、绵阳市人民政府办公室	中共绵阳市委办公室、绵阳市人民政府办公室关于印发《绵阳市安全生产党政同责工作目标绩效管理实施细则（试行）》的通知	2017.12.04
124	绵委办〔2017〕105号	中共绵阳市委办公室	中共绵阳市委办公室关于做好2018年度党中央、省委和市委机关报刊发行工作严格规范报刊发行秩序的通知	2017.12.06
125	绵委办〔2017〕106号	中共绵阳市委办公室、绵阳市人民政府办公室	中共绵阳市委办公室、绵阳市人民政府办公室关于印发《市科协所属学会有序承接政府转移职能试点工作实施方案》的通知	2017.12.06
126	绵委办〔2017〕107号	中共绵阳市委办公室	中共绵阳市委办公室关于印发《2017年度全市党建述职评议考核工作方案》的通知	2017.12.11
127	绵委办〔2017〕110号	中共绵阳市委办公室、绵阳市人民政府办公室	中共绵阳市委办公室、绵阳市人民政府办公室关于进一步做好困难群众安全温暖过冬工作的紧急通知	2017.12.22
128	绵委办〔2017〕111号	中共绵阳市委办公室、绵阳市人民政府办公室	中共绵阳市委办公室、绵阳市人民政府办公室关于印发《2017年度正风肃纪考核细则》的通知	2017.12.21
129	绵委办〔2017〕114号	中共绵阳市委办公室、绵阳市人民政府办公室	中共绵阳市委办公室、绵阳市人民政府办公室关于做好2018年元旦春节期间有关工作的通知	2017.12.29

绵阳市人民政府重要文件目录

表 82

序号	发文字号	文件名称
1	绵府发〔2017〕1 号	关于进一步加强农村留守儿童关爱保护工作的实施意见
2	绵府发〔2017〕3 号	关于印发《绵阳市重点招商项目“服务绿卡”管理办法（试行）》和《绵阳市重点企业“服务绿卡”管理办法（试行）》的通知
3	绵府发〔2017〕4 号	关于印发《绵阳市深化医药卫生体制改革试点方案》的通知
4	绵府发〔2017〕5 号	关于印发《土壤污染防治行动计划绵阳市工作方案》的通知
5	绵府发〔2017〕6 号	关于推进特色小镇培育工作的实施意见
6	绵府发〔2017〕8 号	关于印发《深入实施绵阳市涪江流域水环境生态补偿和水质超标资金扣缴制度》的通知
7	绵府发〔2017〕9 号	关于印发《绵阳市深化医药卫生体制改革经验推广实施方案》的通知
8	绵府发〔2017〕10 号	关于加快推进残疾人小康进程的实施意见
9	绵府发〔2017〕11 号	关于进一步支持建筑业加快发展的意见
10	绵府发〔2017〕13 号	关于进一步促进民间投资健康发展的实施意见
11	绵府发〔2017〕14 号	关于支持快递业健康快速发展的实施意见
12	绵府发〔2017〕15 号	关于印发《绵阳市城乡居民基本医疗保险暂行办法》的通知
13	绵府发〔2017〕16 号	关于统筹推进县域内城乡义务教育一体化改革发展实施意见
14	绵府发〔2017〕17 号	关于印发绵阳市重大科研基础设施和大型科研仪器向社会开放实施意见的通知
15	绵府发〔2017〕18 号	印发关于《改革和完善我市国有资产管理体制的实施意见》的通知
16	绵府发〔2017〕20 号	关于进一步扩大开放促进投资若干政策措施的意见
17	绵府发〔2017〕21 号	关于做好当前和今后一段时期就业创业工作的实施意见
18	绵府发〔2017〕22 号	关于加快推进社会信用体系建设的实施意见
19	绵府发〔2017〕23 号	关于印发《绵阳市深化医药卫生体制改革规划（2017–2020 年）》的通知
20	绵府函〔2017〕64 号	关于《绵阳市水土保持规划（2015–2030 年）》的批复
21	绵府函〔2017〕112 号	关于《进一步明确安全生产职责全面落实安全生产责任》的通知
22	绵府函〔2017〕154 号	关于在政府工作中进一步加强同民主党派工商联和无党派人士联系的通知
23	绵府函〔2017〕276 号	关于印发《绵阳市大气环境质量限期达标规划（2017–2020 年）》的通知
24	绵府函〔2017〕284 号	关于印发《绵阳市科技计划管理改革实施方案》的通知
25	绵府函〔2017〕319 号	关于公布《绵阳市第一批历史建筑名单》的通知
26	绵府办发〔2017〕1 号	关于印发《绵阳市安全生产工作考核办法》的通知
27	绵府办发〔2017〕2 号	关于印发《绵阳市安全生产举报奖励办法》的通知
28	绵府办发〔2017〕3 号	关于全面治理拖欠农民工工资问题的实施意见
29	绵府办发〔2017〕4 号	关于印发《绵阳市交通运输“十三五”发展规划》的通知
30	绵府办发〔2017〕5 号	关于印发《绵阳市“十三五”质量发展规划（2016—2020 年）》的通知

续表

序号	发文字号	文件名称
31	绵府办发〔2017〕6 号	关于推进农业标准化品牌化建设的意见
32	绵府办发〔2017〕7 号	关于印发《绵阳市政府债务风险化解规划》等四个规划（预案、办法）的通知
33	绵府办发〔2017〕8 号	关于印发《绵阳市水利发展“十三五”规划》的通知
34	绵府办发〔2017〕10 号	关于印发《绵阳市“十三五”消防事业发展规划》的通知
35	绵府办发〔2017〕11 号	关于印发《绵阳市“十三五”生态环境保护规划》的通知
36	绵府办发〔2017〕12 号	关于印发《绵阳市“十三五”文化产业发展规划》的通知
37	绵府办发〔2017〕13 号	关于印发《绵阳市危险化学品安全综合治理实施方案》的通知
38	绵府办发〔2017〕14 号	关于印发《绵阳市深化出租汽车行业改革实施方案》的通知
39	绵府办发〔2017〕15 号	关于印发《绵阳市特色工业园区认定管理办法（试行)》的通知
40	绵府办发〔2017〕16 号	关于印发《大规模绿化绵州总体规划（2016—2020 年)》的通知
41	绵府办发〔2017〕17 号	关于印发《绵阳市会展业发展“十三五”规划》的通知
42	绵府办发〔2017〕18 号	关于印发《绵阳市农村产权流转交易市场体系建设实施方案》的通知
43	绵府办发〔2017〕19 号	关于印发《绵阳市工业“十三五”发展规划》的通知
44	绵府办发〔2017〕20 号	关于印发《绵阳市地下综合管廊建设管理暂行办法》的通知
45	绵府办发〔2017〕21 号	关于印发《绵阳市现代物流业发展规划（2016—2020 年)》的通知
46	绵府办发〔2017〕22 号	关于印发《绵阳市服务业发展“十三五”规划》的通知
47	绵府办发〔2017〕23 号	关于印发《绵阳市海绵城市建设管理暂行办法》的通知
48	绵府办发〔2017〕25 号	关于印发《绵阳市电子商务发展“十三五”规划》的通知
49	绵府办发〔2017〕28 号	关于印发《绵阳市全民科学素质行动计划纲要实施方案（2016-2020 年)》的通知
50	绵府办发〔2017〕29 号	关于印发《绵阳市科技服务业发展规划（2016-2020 年)》的通知
51	绵府办发〔2017〕31 号	关于印发《绵阳市推进农业水价综合改革实施方案》的通知
52	绵府办发〔2017〕34 号	关于促进社会办医加快发展的实施意见
53	绵府办发〔2017〕36 号	关于印发《绵阳市“十三五”防震减灾规划》的通知
54	绵府办发〔2017〕38 号	关于印发《绵阳市安全生产“十三五”规划》的通知
55	绵府办发〔2017〕39 号	关于加强和改进学校美育工作的实施意见
56	绵府办发〔2017〕40 号	关于印发《绵阳市“十三五”农业农村经济发展规划》的通知
57	绵府办发〔2017〕43 号	关于印发《绵阳市足球改革发展实施意见》的通知
58	绵府办发〔2017〕44 号	关于印发《绵阳市企业住所（经营场所）登记管理办法》的通知
59	绵府办发〔2017〕45 号	关于印发《绵阳市“十三五”金融业发展规划》的通知
60	绵府办发〔2017〕47 号	关于印发《绵阳市国家投资工程建设项目招标投标办法（试行)》的通知
61	绵府办发〔2017〕49 号	关于支持新型农业经营主体开展农业社会化服务的指导意见
62	绵府办发〔2017〕51 号	关于进一步创新机制引导鼓励社会力量积极参与脱贫攻坚的实施方案意见

续表

序号	发文字号	文件名称
63	绵府办发〔2017〕53 号	印发关于《强和改进企业国有资产监督防止国有资产流失的实施意见》的通知
64	绵府办发〔2017〕55 号	关于发布绵阳市第 2 批鼓励社会资本投资重大项目名单的通知
65	绵府办发〔2017〕56 号	关于促进普通国省道建管养运协调发展的实施意见
66	绵府办函〔2017〕5 号	关于印发《绵阳市重污染天气应急预案（2017 年修订版）》的通知
67	绵府办函〔2017〕19 号	关于印发《绵阳市推进“互联网+政务服务”开展信息惠民试点实施方案》的通知
68	绵府办函〔2017〕28 号	关于印发《绵阳市 2017 年项目计划》的通知
69	绵府办函〔2017〕29 号	关于印发《绵阳市 2017 年市重点项目名单》的通知
70	绵府办函〔2017〕75 号	关于印发《绵阳市 2017 年政务公开工作要点》的通知
71	绵府办函〔2017〕81 号	关于印发《市政府 2017 年度法治政府建设工作安排》的通知
72	绵府办函〔2017〕87 号	关于印发《2017 年绵阳科技城建设重点工作安排任务分解方案》的通知
73	绵府办函〔2017〕93 号	关于印发《绵阳市大气污染防治行动计划实施方案 2017 年度实施计划》的通知
74	绵府办函〔2017〕103 号	关于印发《绵阳市 2017 年推进供给侧结构性改革重点工作方案》的通知
75	绵府办函〔2017〕107 号	关于公布绵阳市首批“服务绿卡”重点招商项目和“服务绿卡”重点企业名单的通知
76	绵府办函〔2017〕110 号	关于印发《绵阳市贯彻实施质量发展纲要暨建设质量强市 2017 年行动计划》的通知
77	绵府办函〔2017〕125 号	关于做好绵阳市三线建设遗产保护工作的通知
78	绵府办函〔2017〕126 号	关于印发《绵阳市保留的村（社区）证明事项清单》《绵阳市取消的村（社区）证明事项清单》的通知
79	绵府办函〔2017〕129 号	关于印发绵阳市 2017 年统筹城乡改革发展工作要点的通知
80	绵府办函〔2017〕131 号	关于印发《绵阳市建设服务型政府行动方案》的通知
81	绵府办函〔2017〕133 号	关于印发《绵阳市城乡居民住宅地震巨灾保险实施方案》的通知
82	绵府办函〔2017〕152 号	关于做好开征环境保护税和推进水资源费改税工作的通知
83	绵府办函〔2017〕153 号	关于印发《绵阳市自然灾害救助应急预案》的通知
84	绵府办函〔2017〕156 号	关于印发《绵阳市现代农业六大重点产业发展规划（2017 年-2020 年）绵阳市现代农业十大主导产品行动方案（2017 年-2020 年）》的通知
85	绵府办函〔2017〕163 号	关于印发《绵阳市城市垃圾处理设施三年推进方案（2017-2019 年）》的通知
86	绵府办函〔2017〕166 号	关于印发《绵阳市城镇污水处理设施建设三年推进方案》的通知
87	绵府办函〔2017〕167 号	关于印发《绵阳市重污染天气应急预案》的通知
88	绵府办函〔2017〕168 号	关于印发《绵阳市粮食生产功能区和重要农产品保护区实施方案》的通知
89	绵府办函〔2017〕169 号	关于印发《绵阳市产融合作试点实施方案（2017-2019 年）》的通知
90	绵府办函〔2017〕170 号	关于印发《绵阳市地沟油综合治理实施方案》的通知
91	绵府办函〔2017〕172 号	关于开展拖欠农民工工资问题专项整治行动的通知

先进集体和先进个人统计

先进集体统计

表 83

获奖单位	获奖名称	授奖单位
绵阳市	全国文明城市	中央文明委
绵阳市	中国十佳品牌会展城市	中国会展经济研究会
农工党绵阳市委	农工党坚持和发展中国特色社会主义学习实践活动先进集体	农工党中央
农工党三台支部	党史和理论研究工作先进集体	农工党中央
绵阳海关	全国文明单位	中央文明委
绵阳银监局	银监系统信息报送先进单位	中国银监委
绵阳地税局	全国百佳国地税合作市级示范区	国家税务总局
绵阳检察院	全国微电影“最佳微视频”奖	中央政法委、中央综治委
绵阳检察院	全国检察机关文明接待室	最高人民检察院
绵阳检察院	全国检察机关信息工作先进单位	最高人民检察院
绵阳市武引局	全国文明单位	中央文明委
绵阳市科学技术协会	全国科普日活动优秀组织单位	中国科协
绵阳市人民政府	安全生产工作优秀单位	省政府
游仙区	全国红十字应急救护知识竞赛最佳组织一等奖	中国红十字会总会
游仙区	国家知识产权强县工作示范县	国家知识产权局
游仙区	第一批区域性良种繁育基地	农业部
绵阳市供销社	全国供销合作社综合改革试点工作先进单位	中华全国供销合作总社
绵阳市供销社	信息工作先进单位	中华全国供销合作总社
绵阳市	中国十佳品牌会展城市	中国会展经济研究会
地震纪念馆管理中心	全国优秀科普教育基地	中国科协
四川旭虹光电科技有限公司	第一批制造业单项冠军培育单位	工信部、中国工业经济联合会

先进个人统计

表 84

姓名	单位与职务	获奖名称	授奖单位
屈　斌	军分区动员处处长	优秀共产党员	四川省军区
刘小琼	军分区政治处正营职干事	优秀党务工作者	四川省军区
梁　博	军分区战备建设处处长	军事训练先进个人	四川省军区
余宏彦	军分区保障处正营职助理	安全稳定工作先进个人	四川省军区
丁　艺	市政协科长	脱贫攻坚优秀第一书记	省委、省政府
周乃军	市政府应急办科长	九寨沟地震抢险救灾先进个人	省委、省政府
赵利敏	银监局副科长	银监系统信息报送先进个人	中国银监委
刘　婧	市检察院办公室副主任	二等功	省人民检察院
张绍平	安州区检察院副检察长	二等功	省人民检察院
陈小乔	三台检察院检调办主任	二等功	省人民检察院
吴子晗	北川检察院副科长	二等功	省人民检察院
李　平	市供销社办公室主任	信息工作先进个人	中华全国供销合作总社
王均沛	市农业局副局长	全国农业先进工作者	人社部、农村农业部
侍玉蓉	市财政局局长	建设长江上游生态屏障先进个人	省政府
何大旭	三台农业局农艺师	全国农牧渔丰收奖农业技术推广一等奖	农业部
朱祥君	高新区检察院检察员	民盟法治论坛优秀论文奖	民盟中央
胡进耀	绵阳师范学院科技学院副院长	省科技进步二等奖	省政府
陈邦福	市司法局	全国模范人民调解员	司法部
严荣斌	市司法局	全国模范人民调解员	司法部
李　华	市司法局	全国模范人民调解员	司法部
冯德强	市司法局	全国维护妇女儿童权益先进个人	全国妇联
胡红斌	市司法局	全国维护妇女儿童权益先进个人	全国妇联
李建军	市规划局科长	全国住房城乡建设系统先进工作者	住建部
杨丽琳	市科协企部部长	全国科协系统先进工作者	人社部、中国科协
阎晓秋	市法院刑二庭庭长	全国法院刑事审判工作先进个人	最高人民法院
胡亚非	法院法警支队副支队长	全国法院刑事审判工作先进个人	最高人民法院
茆　雁	市法院监察室调研员	退休司法警察警衔荣誉章	最高人民法院
唐　龙	市文联	国家艺术基金资助	中国文联
谢树人	市摄影协会会员	26 届全国摄影艺术展艺术类作品	中国文联、中国摄影协会
颜小云	市摄影协会会员	26 届全国摄影艺术展艺术类作品	中国文联、中国摄影协会
张　镭	市委编办科长	脱贫攻坚五个一驻村帮扶先进个人	省委、省政府
张远辉	市防震减灾局科长	九寨沟地震抢险救灾先进个人	省委

索　引

索引说明

一、本索引是《绵阳年鉴（2018）》的主题词、内容分析索引，分主题关键词索引和图表索引；正文中凡具有独立检索意义的完整资料，都可以通过本索引进行检索；正文中的概述述与概况不作检索内容；统计资料与附录以类目进行检索。

二、索引按汉字拼音字母（同音字按声调）顺序排列。类目、分目作为索引款目用黑体字排印，其余款目用宋体字排印。

三、索引款目后的数字表示内容所在的页码，数字后的拉丁字母（a、b、c）表示栏别（即版面的1.2.3栏）。表、图（示意图）索引以页码序号排列。

四、内容有交叉、重复的款目，为方便读者检索，在本索引词条后有页码出现。

主题词索引

A

B

C

D

G

H

J

K

L

M

N

P

Q

R

S

T

W

X

Y

Z

图表索引

方志绵阳微信公众号　方志江油微信公众号　健康绵阳微信公众号　绵阳志愿服务微信公众号　教育新报微信公众号

科技城党建微信公众号　老干局微信公众号　绵阳日报社微信公众号　绵阳工会微信公众号　绵阳发改委微信公众号

绵阳电信微信公众号　绵阳移动微信公众号　廉洁绵阳微信公众号　绵阳电子商务微信公众号　直播绵阳微信公众号

绵阳人大微信公众号　绵阳检察微信公众号　绵阳商务微信公众号　绵阳脱贫攻坚微信公众号　绵阳科知局微信公众号

绵阳新报微信公众号　天府学院微信公众号　青春绵阳微信公众号　农工市委微信公众号　绵阳政务微信公众号

绵州先锋微信公众号　西地财大天府学院微信公众号　绵阳政协微信公众号　梓潼发布微信公众号　经开区微信公众号

文明绵阳微信公众号　长虹微信公众号